TABLE B.2
Percentiles of the *t* Distribution.

Entry is $t(A;\nu)$ where $P\{t(\nu) \leq t(A;\nu)\} = A$

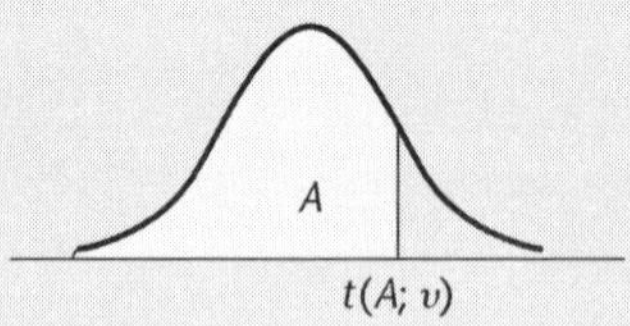

ν	A: .60	.70	.80	.85	.90	.95	.975
1	0.325	0.727	1.376	1.963	3.078	6.314	12.706
2	0.289	0.617	1.061	1.386	1.886	2.920	4.303
3	0.277	0.584	0.978	1.250	1.638	2.353	3.182
4	0.271	0.569	0.941	1.190	1.533	2.132	2.776
5	0.267	0.559	0.920	1.156	1.476	2.015	2.571
6	0.265	0.553	0.906	1.134	1.440	1.943	2.447
7	0.263	0.549	0.896	1.119	1.415	1.895	2.365
8	0.262	0.546	0.889	1.108	1.397	1.860	2.306
9	0.261	0.543	0.883	1.100	1.383	1.833	2.262
10	0.260	0.542	0.879	1.093	1.372	1.812	2.228
11	0.260	0.540	0.876	1.088	1.363	1.796	2.201
12	0.259	0.539	0.873	1.083	1.356	1.782	2.179
13	0.259	0.537	0.870	1.079	1.350	1.771	2.160
14	0.258	0.537	0.868	1.076	1.345	1.761	2.145
15	0.258	0.536	0.866	1.074	1.341	1.753	2.131
16	0.258	0.535	0.865	1.071	1.337	1.746	2.120
17	0.257	0.534	0.863	1.069	1.333	1.740	2.110
18	0.257	0.534	0.862	1.067	1.330	1.734	2.101
19	0.257	0.533	0.861	1.066	1.328	1.729	2.093
20	0.257	0.533	0.860	1.064	1.325	1.725	2.086
21	0.257	0.532	0.859	1.063	1.323	1.721	2.080
22	0.256	0.532	0.858	1.061	1.321	1.717	2.074
23	0.256	0.532	0.858	1.060	1.319	1.714	2.069
24	0.256	0.531	0.857	1.059	1.318	1.711	2.064
25	0.256	0.531	0.856	1.058	1.316	1.708	2.060
26	0.256	0.531	0.856	1.058	1.315	1.706	2.056
27	0.256	0.531	0.855	1.057	1.314	1.703	2.052
28	0.256	0.530	0.855	1.056	1.313	1.701	2.048
29	0.256	0.530	0.854	1.055	1.311	1.699	2.045
30	0.256	0.530	0.854	1.055	1.310	1.697	2.042
40	0.255	0.529	0.851	1.050	1.303	1.684	2.021
60	0.254	0.527	0.848	1.045	1.296	1.671	2.000
120	0.254	0.526	0.845	1.041	1.289	1.658	1.980
∞	0.253	0.524	0.842	1.036	1.282	1.645	1.960

TABLE B.2
(*concluded*)
Percentiles of the *t* Distribution.

ν	.98	.985	.99	.9925	.995	.9975	.9995
	A						
1	15.895	21.205	31.821	42.434	63.657	127.322	636.590
2	4.849	5.643	6.965	8.073	9.925	14.089	31.598
3	3.482	3.896	4.541	5.047	5.841	7.453	12.924
4	2.999	3.298	3.747	4.088	4.604	5.598	8.610
5	2.757	3.003	3.365	3.634	4.032	4.773	6.869
6	2.612	2.829	3.143	3.372	3.707	4.317	5.959
7	2.517	2.715	2.998	3.203	3.499	4.029	5.408
8	2.449	2.634	2.896	3.085	3.355	3.833	5.041
9	2.398	2.574	2.821	2.998	3.250	3.690	4.781
10	2.359	2.527	2.764	2.932	3.169	3.581	4.587
11	2.328	2.491	2.718	2.879	3.106	3.497	4.437
12	2.303	2.461	2.681	2.836	3.055	3.428	4.318
13	2.282	2.436	2.650	2.801	3.012	3.372	4.221
14	2.264	2.415	2.624	2.771	2.977	3.326	4.140
15	2.249	2.397	2.602	2.746	2.947	3.286	4.073
16	2.235	2.382	2.583	2.724	2.921	3.252	4.015
17	2.224	2.368	2.567	2.706	2.898	3.222	3.965
18	2.214	2.356	2.552	2.689	2.878	3.197	3.922
19	2.205	2.346	2.539	2.674	2.861	3.174	3.883
20	2.197	2.336	2.528	2.661	2.845	3.153	3.849
21	2.189	2.328	2.518	2.649	2.831	3.135	3.819
22	2.183	2.320	2.508	2.639	2.819	3.119	3.792
23	2.177	2.313	2.500	2.629	2.807	3.104	3.768
24	2.172	2.307	2.492	2.620	2.797	3.091	3.745
25	2.167	2.301	2.485	2.612	2.787	3.078	3.725
26	2.162	2.296	2.479	2.605	2.779	3.067	3.707
27	2.158	2.291	2.473	2.598	2.771	3.057	3.690
28	2.154	2.286	2.467	2.592	2.763	3.047	3.674
29	2.150	2.282	2.462	2.586	2.756	3.038	3.659
30	2.147	2.278	2.457	2.581	2.750	3.030	3.646
40	2.123	2.250	2.423	2.542	2.704	2.971	3.551
60	2.099	2.223	2.390	2.504	2.660	2.915	3.460
120	2.076	2.196	2.358	2.468	2.617	2.860	3.373
∞	2.054	2.170	2.326	2.432	2.576	2.807	3.291

APPLIED LINEAR REGRESSION MODELS 4th Edition

Michael H. Kutner | Christopher J. Nachtsheim | John Neter

응용 선형회귀모형

제4판

김철응 옮김

McGraw Hill Education

자유아카데미

McGraw Hill Education

Applied Linear Regression Models, 4th Edition

1 2 3 4 5 6 7 8 9 10 Freedom Academy 2017

Original: Applied Linear Regression Models, 4th Edition © 2004
By Michael Kutner, Christopher Nachtsheim, John Neter
ISBN 978-0-07-301466-1

This authorized Korean translation edition is jointly published by McGraw-Hill Education Korea, Ltd. and Freedom Academy. This edition is authorized for sale in the Republic of Korea.

This book is exclusively distributed by Freedom Academy.

When ordering this title, please use ISBN 979-11-5808-055-6

Printed in Korea

저자 서문

선형회귀모형은 오늘날 경영학, 경제학, 공학, 사회과학, 보건학, 생물학 등에서 널리 사용되고 있다. 이 모형을 성공적으로 적용하기 위해서는 기초 이론 및 실제 상황에서 이 모형을 사용할 때 일어나는 현실적인 문제들에 대한 철저한 이해가 필요하다. 이 책 "응용 선형회귀모형(Applied Linear Regression Models) 제4판"은 기본적으로 응용 부분을 다루는 책이므로, 이론과 응용을 효과적으로 조합하고자 한다. 동떨어진 별개의 이론을 제시하거나, 이해를 위한 이론적인 기반 없이 적용사례만 극단적으로 제시하는 것을 지양할 것이다.

4판은 다음과 같은 여러 중요한 부분에서 3판과 차이가 있다.

1. 더 명확히 이해할 수 있고, 주제의 원활한 흐름을 위해 장들을 다시 구성하였다. 정규상관모형에 대한 이전 15장의 자료는 적절한 장에 통합시켰다. 그 중 대부분은 회귀분석에서의 추론에 초점을 맞춰 확장 및 수정된 2장에서 찾을 수 있다. 다항 및 상호작용 회귀모형과 관련 있는 이전 7장과, 질적 예측변수에 대한 지난 11장의 자료는 '양적 및 질적 예측변수에 대한 회귀모형'을 다루는 새로운 8장으로 통합되었다. 모형타당성에 대한 이전 10장의 자료는 '회귀모형구축 I: 모형선택과 타당성입증'이라는 제목의 9장에 모형선택에 대한 최신 자료들로 통합되었다.
2. 11장, 13장에 각각 나오는 회귀나무와 신경망모형을 포함한, 데이터마이닝을 위한 중요한 기법에 대한 것을 추가하였다.
3. 문제에 대해서도 대대적으로 수정하였다. 데이터셋은 일반적으로 자료가 더 크고 도전적인 것들이며, 부록 C에 이러한 많은 양의 새로운 데이터셋을 포함시켰다. 여기에 장의 맨 뒷부분에 '사례연구(Case Studies)'라는 새로운 항목을 추가하였다. '사례연구'는 전반적인 목표가 주어진 채로, 학생들이 부록 C에 있는 다양한 상황의 데이터셋에 대한 완전한 분석을 수행하도록 하는 개방형 문제들로 구성되어 있다. 이는 학생들에게 구체적인 분석절차를 간략히 수행하도록 하는 '문제(Problems)' 및 '프로젝트(Projects)' 부분과 구별된다.
4. 로지스틱회귀에 대한 장(14장)은 광범위하게 수정되었는데, 로지스틱, 프로빗, 보로그-로그 모형, 로지스틱회귀잔차, 모형선택, 모형평가, 로지스틱회귀진단, 적합도검정 등에 대한 내용을 더욱 보완하였다. 또한 새로운 다가(다범주) 명목형 로지스틱회귀모형과 다가 순서로지스틱회귀모형에 대한 자료를 개발하였다.
5. 모형선택 방법과 기준에 대한 논의를 확장하였다. Akaike 정보기준과 Schwarz의 Bayesian 기준이 추가되었고, 모형선택과 타당성입증을 위한 교차타당성입증의 사용에 강조점을 두었다.

6. 산점도행렬, 3차원 회전그림, 3차원 반응표면과 등고선그림, 조건부효과그림 등의 그래픽 자료를 전보다 상당히 많이 확장하였다.
7. 책 전체적으로, 제시한 것들을 더 명확히 설명하기 위해 수업 경험을 기반으로 한 해설로 광범위하게 수정하였다.

우리는 이 책에 회귀에 대한 더 일반적인 주제들뿐 아니라, 자주 간과되지만 실제로 중요한 주제들도 포함시켰다. 예측변수의 좋은 부분집합을 찾고 선택된 회귀모형의 타당성을 검정하기 위해, 세 개의 장(9~11장)을 컴퓨터를 이용한 선택절차를 포함한 회귀모형 구축과정에 할애하였으며, 두 개의 장(8, 14장)은 반응 및 예측 지표변수 모두를 포함하는 지표변수에 할애하였다. 잔차분석과 회귀모형의 적절성을 검사하기 위해 다른 진단들을 사용하는 것은 이 책 전체에 걸쳐 계속 반복되는 주제이다. 모형이 적절하지 않을 때 도움이 될 수 있는 해결책을 사용하는 것 역시 마찬가지이다. 응용에서 추정이 더 의미 있는 경우가 많기 때문에, 연구결과 분석에서 유의성검정보다 추정 방법의 사용을 더 중요하게 강조한다. 또한, 실제 문제들은 거의 단일추론으로 끝나지 않기 때문에 동시추론 방법의 사용에 중점을 둔다.

이론적인 부분은 제대로 된 적용을 하기 위한 이해 수준이 되도록 하는 정도로 제시하며, 중요한 접근 방법에 대해 설명이 필요한 경우에는 증명을 제시한다. 이러한 점들은 적절한 적용을 기반으로 하기 때문에 회귀모형의 철저한 이해, 특히 모형모수의 의미에 강조점을 두어야 이해할 수 있다. 이론적 원리의 사용을 설명하기 위해, 또한 회귀모형의 다양한 적용들을 보여 주기 위해, 그리고 서로 다른 문제들에서 분석이 어떻게 수행되는지 설명하기 위해 매우 다양한 예와 사례들을 제시하였다.

추가적인 논의 및 전개의 주요 흐름과 관련된 문제들을 제시하기 위해 각 장에 **'부연설명(Comments)'** 부분을 두었다. 이를 통해 각 장의 기본적인 요점들이 산만하지 않고 간결하게 제시된다.

회귀모형의 적용에는 많은 계산이 자주 필요하다. 독자 대부분 컴퓨터 사용이 가능하고, 컴퓨터 사용자는 회귀분석을 위한 프로그램 패키지에 쉽게 접근할 수 있다고 가정하였다. 따라서 회귀모형을 적합할 기본적인 수학적 단계들을 설명하지만, 계산적인 세부 내용을 많이 이야기하지는 않을 것이다. 이러한 접근법은 많은 복잡한 식들을 피하고, 기본 원리에 집중할 수 있도록 해준다. 계산을 수행하고 그래픽 그림을 그리기 위해 컴퓨터를 많이 사용하였는데, 이러한 다양한 컴퓨터 출력물, 그림들을 설명하고 그들이 분석에 어떻게 사용되는지 설명한다.

각 장의 마지막에는 여러 문제들이 제공된다. 여기서 독자는 방법론을 더욱 이해할 수 있고, 데이터 분석에 대해 배운 개념을 활용할 수 있다. 이를 위해 데이터 분석을 제대로 공부할 수 있는 문제들을 준비하는 데 심혈을 기울였다. 대부분의 문제에 나오는 계산은 컴퓨터를 이용하는 것이 좋을 것이다. 데이터 입력이 용이하도록 부록 C의 데이터셋뿐 아니라 예(examples), 문제(problems), 연습문제(exercises), 프로젝트(projects), 사례연구(case studies)의 데이터셋(자료)을 통해 제공한다.

이 책으로 공부하는 독자는 부록 A에 설명된 자료를 포함한 통계적 추론의 입문 수업을 마쳤다고 생각한다. 사전지식이 부족한 독자들은 본문 도입부의 관련 부분을 공부하거나, 수업을 가르치는 강사가 부족한 부분에 대해 보충 자료를 사용하여 설명해 줄 수 있다. 이 책을 통해 독자 여러분이 성장할 수 있도록, 부록 A는 기본적인 통계 결과에 대해 지속적으로 참고할 수 있도록 준비하였다.

이 책은 미적분학이 필요하지 않다. 중요한 결과를 어떻게 얻을 수 있는지 설명하기 위해 예시들에서 미적분학을 사용하기도 하지만, 이러한 설명들은 추가적인 부연설명에서만 나오며 흐름이 끊기지 않도록 생략할 수 있다. 미적분학을 아는 독자들이라면 수학적으로 더 잘 이해할 수 있을 것이다. 다중회귀를 위해 행렬대수의 기본적인 요소들이 어느 정도 필요하다. 5장에서는 이러한 행렬대수의 요소들을 쉽게 배울 수 있는 단순회귀에 대해 소개한다.

이 책은 회귀분석 및 응용 통계학의 두 번째 과정을 위한 학부 및 대학원 수업의 사용을 위해 만들어졌다. 특정 과정에서 사용되는 본문의 각 부분은 가능한 시간의 양과 과정의 목표에 따라 달라진다. 기본적인 회귀의 요소들은 1~3장, 4장(4.1~4.3절), 5~10장에서 설명되며, 11~14장은 시간이 허락하고 관심이 있다면 공부할 수 있도록 준비하였다.

이 책은 또한 회귀모형의 적용을 더욱 잘 하고 싶은 경영, 경제, 공학, 사회과학, 보건학, 생물학 분야에 종사하는 사람들이 독학할 수 있도록 구성하였다.

이 책은 많은 사람들의 큰 도움으로 나올 수 있었다. 이 책에 제시된 이론과 활용법을 발전시킨 사람들에게 감사의 말을 드린다. 또한 여기에 포함된 설명 방법을 만들기 위해 다양한 방법으로 도움을 준 우리 학생들에게 고마움을 전한다. "응용 선형통계모형(*Applied Linear Statistical Models*)"과 "응용 선형회귀모형(*Applied Linear Regression Models*)"의 많은 사용자들에게도 감사하다. 그들은 이 책들을 가르쳐 본 경험을 바탕으로 우리에게 값은 조언과 제인을 주었다. 또한 "응용 선형통계모형(*Applied Linear Statistical Models*) 1판"을 검토해 준 Missouri 대학의 James E. Holstein 교수와 West Florida 대학의 David L. Sherry 교수, "응용 선형회귀모형(*Applied Linear Regression Models*) 1판"을 논평해 준 Collage Park에 있는 Maryland 대학의 Samuel Kotz 교수, Iowa 대학의 Ralph P. Russo 교수, The George Washington 대학의 Peter F. Thall 교수, "응용 선형통계모형(*Applied Linear Statistical Models*) 2판"을 논평해 준 Washington 대학의 John S. Y Chiu 교수, Iowa 대학의 James A. Calvin 교수, Arizona 주립대학의 Michael F. Driscoll 교수, "응용 선형회귀모형(*Applied Linear Regression Models*) 2판"을 논평해 준 Wyoming 대학의 Richard Anderson-Sprecher 교수, "응용 선형통계모형(*Applied Linear Statistical Models*) 3판"을 논평해 준 Pennsylvania 주립대학의 Alexander von Eye 교수, College Park에 있는 Maryland 대학의 Samuel Kotz 교수, Harvard 대학의 John B. Willett 교수, "응용 선형회귀모형(*Applied Linear Regression Models*) 3판"과 "응용 선형통계모형(*Applied Linear Statistical Models*) 4판"을 논평해 준 Chicago 대학의 Jason Abrevaya 교수, Maryland 대학의 Frank Alt 교수, Purdue 대학의 Vitoria Chen, Georgia Tech, Rebecca Doerge 교수, Clemson 대학의 Mark Henry 교수, Florida 대학의 Jim Hobert 교수, Iowa 주립대학의 Ken Koehler 교수, Massachusetts Amherst 대학의 Chii-Dean Lin 교수, Arizona 주립대학의 Mark Reiser 교수, Missouri Columbia 대학의

Lawrence Ries 교수, Wisconsin Milwaukee 대학의 EhsanSoofi 교수 등 여러 교수들에게도 감사의 말을 전한다. 이러한 논평들은 책을 완성하는 데 있어 많은 도움이 되었다.

또한 Arizona 주립대학의 Richard K. Burdick 교수, Minnesota 대학의 R. Dennis Cook 교수, Texas Tech 대학의 W. J. Conover 교수, Central Florida 대학의 Mark E. Johnson 교수, Williams College의 Dick DeVeaux 교수, Los Alamos 국립연구소의 Richard I. Beckman 박사, Sandia 국립연구소의 Ronald L. Iman 박사, SAS Institute의 Brad Jones 박사 등 여러 교수, 박사 분들도 소중한 도움을 주셨다. 기꺼이 도와준 것에 매우 큰 감사를 표한다. 또한 "응용 선형회귀모형(*Applied Linear Regression Models*) 2판"의 설문에 응한 88명의 참여자, "응용 선형통계모형(*Applied Linear Statistical Models*) 3판"의 설문에 응한 76명의 참여자, "응용 선형회귀모형(*Applied Linear Regression Models*) 3판"과 "응용 선형통계모형(*Applied Linear Statistical Models*) 4판"의 설문에 응한 73명의 참여자들에게 감사의 말을 전한다. 설문을 통한 유용한 제안들은 감사하게 수용하였다.

Weiyong Zhang과 Vincent Agboto는 새로운 문제 자료를 개발하는 데 도움을 주었고, Lexin Li와 Yingwen Dong은 상당한 시간 압력 속에서 개정된 해답 설명서 준비를 도왔다. Amy Hendrickson은 매우 필요했던 LaTeX 전문가였다. 이들 개개인의 굉장한 도움과 조력에 매우 감사하다는 말을 전한다. 또한 흥미롭고 관련 있는 사례연구 데이터를 제공해준 2003, 2004년 Carlson Executive MBA 프로그램 수업의 다양한 구성원들, 특히 Mike Ohmes, Trevor Bynum, Baxter Stephenson, ZakirSalyani, Sanders Marvin, Trent Spurgeon, Nate Ogzawalla, David Mott, Preston McKenzie, Bruce DeJong, Tim Kensok에게도 감사드린다.

마지막으로, 우리 가족들은 이번 개정 작업을 완성하는 데 전념할 수 있도록 인내하고 지켜봐 주었다. 이해해 준 가족들에게 감사의 말을 전한다.

Michael H. Kutner
Christopher J. Nachtsheim
John Neter

역자 서문

이 책은 미국 여러 대학교에서 회귀분석 과목 교재로 가장 많이 쓰이는 책 중에 하나일 것이다. 책에 나온 통계용어는 한국통계학회의 통계용어대조표를 기본으로 참조하였으며, 여기에 수록되지 않은 용어는 최대한 그 의미가 잘 전달되도록 노력하였다. 번역하면서 문장을 매끄럽게 하기 위해 애썼지만 거친 곳이 많이 남아 있을 것이다. 독자들의 너그러운 이해를 구한다.

저자 서문에서는 1장에서 10장까지(4장은 1~3절만) 다루는 것을 추천하였는데, 학부 과정에서 14장의 로지스틱회귀 부분을 포함하는 경우도 많다. 대학원의 경우는 학생 수준이나 전공 분야에 따라 조정해야 할 것이다.

도움을 준 아래의 연세대학교 응용통계학과 대학원생들에게 감사의 말을 전한다.

강재훈, 강혜진, 공준호, 권기범, 고태석, 김규태, 김나현, 김미경, 김보라, 김새미나, 김익태, 노현우, 박민섭, 박병화, 박세호, 박지환, 박진영, 박홍주, 박희재, 배서희, 배우정, 배지훈, 박혜준, 손로사, 손무경, 손원정, 손현주, 서효령, 승현석, 양희경, 오진아, 유미리, 이성호, 이영은, 오영우, 이원재, 이재엽, 이중협, 이창세, 이태희, 이하재, 임예원, 성윤구, 조은아, 지영미, 최도윤, 최동락, 최민경, 최영식, 한솔지

역자 김철웅

책과 관련된 데이터파일, 문제 정답(* 표시 부분), 정오표 등은 자유아카데미 홈페이지 www.freeaca.com이나 web.yonsei.ac.kr/cekim에서 얻을 수 있다.

차례

I부 단순선형회귀

1장 ■ 예측변수가 하나인 선형회귀

1.1 변수 사이의 관계 · 3
두 변수 사이의 함수적 관계 · 3
두 변수 사이의 통계적 관계 · 4
1.2 회귀분석과 용례 · 6
역사적 기원 · 6
기본 개념 · 6
회귀모형의 구축 · 8
회귀분석의 용례 · 9
회귀와 인과 관계 · 9
컴퓨터의 사용 · 9
1.3 단순선형회귀모형과 명시되어 있지 않은 오차항의 분포 · 10
모형의 정형적 제시 · 10
모형의 중요 사항 · 10
회귀모수의 의미 · 12
회귀모형의 대안 형태 · 13
1.4 회귀분석을 위한 자료 · 13
관측자료 · 14
실험자료 · 14
완전확률화설계 · 14
1.5 회귀분석 절차의 개요 · 15
1.6 회귀함수의 추정 · 16
최소제곱법 · 16
평균반응의 점추정 · 22
잔차 · 23
적합된 회귀선의 성질 · 24
1.7 오차항 분산 σ^2의 추정 · 25
σ^2에 대한 점추정량 · 26
1.8 정규오차회귀모형 · 27
모형 · 27
최대가능도법에 의한 모수추정 · 28

2장 ■ 회귀분석과 상관분석에서의 추론

2.1 β_1에 대한 추론 · 43
b_1의 표집분포 · 44
$(b_1 - \beta_1)/s\{b_1\}$의 표집분포 · 47
β_1의 신뢰구간 · 48
β_1에 대한 검정 · 50
2.2 β_0에 관한 추론 · 51
b_0의 표집분포 · 52
$(b_0 - \beta_0)/s\{b_0\}$의 표집분포 · 52
β_0에 대한 신뢰구간 · 52
2.3 β_0과 β_1에 관한 추론에 대한 고려사항 · 53
정규성 위배에 대한 영향 · 53
신뢰계수와 오차의 위험에 대한 해석 · 53
X 수준의 간격 · 53
검정력 · 54
2.4 $E\{Y_h\}$의 구간추정 · 55
$\hat{Y}_h$의 표집분포 · 55
$(\hat{Y}_h - E\{Y_h\})/s\{\hat{Y}_h\}$의 표집분포 · 57
$E\{Y_h\}$에 대한 신뢰구간 · 57
2.5 새로운 관측값에 대한 예측 · 59
모수가 알려져 있을 때 $Y_{h(\text{new})}$에 대한 예측구간 · 59
모수가 알려져 있지 않을 때 $Y_{h(\text{new})}$에 대한 예측구간 · 61
주어진 X_h에 대한 m개의 새로운 관측값의 평균에 대한 예측 · 64
2.6 회귀선에 대한 신뢰띠 · 65
2.7 회귀분석에 대한 분산분석 접근법 · 67
총제곱합 분해 · 67

자유도 분해 · 70
평균제곱 · 70
분산분석 · 71
기대평균제곱 · 72
$\beta_1 = 0$과 $\beta_1 \neq 0$의 F검정 · 73
2.8 일반적 선형검정접근법 · 76
전체모형 · 76
축소모형 · 76
검정통계량 · 77
요약 · 78
2.9 X와 Y 사이의 선형 연관성의 기술측도 · 78
결정계수 · 78
R^2의 한계 · 79
상관계수 · 80
2.10 회귀분석 적용의 고려사항들 · 81
2.11 정규상관모형 · 82
회귀모형과 상관모형의 구분 · 82
이변량정규분포 · 83
조건부추론 · 85
상관계수에 대한 추론 · 88
스피어만 순위상관계수 · 92

3장 ■ 진단과 해결방안

3.1 예측변수의 진단 · 105
3.2 잔차 · 107
잔차의 성질 · 107
준스튜던트화 잔차 · 107
잔차를 이용하여 연구하는 모형으로부터의 이탈 · 108
3.3 잔차에 대한 진단 · 108
회귀함수의 비선형성 · 109
오차분산의 비상수성(nonconstancy; 이분산성, heteroscedasticity) · 111
특이점의 존재 · 112
오차항들의 비독립성 · 114
오차항의 비정규성 · 115
중요한 예측변수의 누락 · 118
몇 가지 마지막 부연설명 · 119
3.4 잔차를 포함하는 검정에 대한 개관 · 120
확률성(randomness)에 대한 검정들 · 120
분산의 상수성에 대한 검정들 · 120
특이점에 대한 검정들 · 120
정규성에 대한 검정 · 120
3.5 정규성에 대한 상관검정 · 121
3.6 오차분산의 상수성에 대한 검정 · 121
Brown-Forsythe 검정 · 121
Breusch-Pagan 검정 · 124
3.7 적합성결여에 대한 F 검정 · 125
가정들 · 125
표기법 · 126
완전모형 · 127
축소모형 · 128
검정통계량 · 129
분산분석표 · 130
3.8 해결방안의 개요 · 133
회귀함수의 비선형성 · 134
오차분산의 비상수성 · 134
오차항들의 비독립성 · 134
오차항의 비정규성 · 134
중요한 예측변수의 누락 · 135
특이 관측값 · 135
3.9 변환 · 135
비선형 관계만을 위한 변환 · 135
오차항의 비정규성과 이분산에 대한 변환 · 137
Box-Cox 변환 · 139
3.10 회귀함수 형태의 탐색 · 142
Lowess 방법 · 143
적합된 회귀함수를 확증하기 위한 평활곡선의 사용 · 145
3.11 사례 – 플루토늄 측정 · 146

4장 ■ 동시추론과 회귀분석의 다른 주제들

4.1 β_0와 β_1의 결합추정 · 161
결합추정의 필요성 · 161
Bonferroni 결합신뢰구간 · 162
4.2 평균반응의 동시추정 · 164
Working-Hotelling 절차 · 165
Bonferroni 절차 · 166
4.3 새로운 관측값에 대한 동시예측구간 · 167
4.4 원점 통과 회귀 · 168

모형 · 168
추론 · 168
원점을 지나는 회귀분석을 할 때의 주의사항 · 171
4.5 측정오차의 영향 · 172
Y의 측정오차 · 172
X의 측정오차 · 172
Berkson 모형 · 174
4.6 역예측 · 175
4.7 X 수준의 선택 · 178

5장 ■ 단순회귀분석에 대한 행렬적 접근

5.1 행렬 · 185
행렬의 정의 · 185
정방행렬 · 187
벡터 · 187
전치 · 187
행렬의 동치 · 188
5.2 행렬의 합과 차 · 189
5.3 행렬 곱셈 · 191
행렬과 스칼라의 곱셈 · 191
행렬과 행렬의 곱셈 · 191
5.4 특수한 형태의 행렬 · 194
대칭행렬 · 194
대각행렬 · 194
모든 원소가 동일한 벡터와 행렬 · 196
영벡터 · 196
5.5 행렬의 선형종속과 계수 · 197
선형종속 · 197
행렬의 계수 · 197
5.6 행렬의 역 · 198
역행렬 찾기 · 199
역행렬의 사용 · 201
5.7 행렬에 대한 몇 가지 기본 결과들 · 202
5.8 확률벡터와 확률행렬 · 203
확률벡터와 확률행렬의 기댓값 · 203
확률벡터의 분산공분산행렬 · 204
몇 가지 기본 결과들 · 205
다변량 정규분포 · 206
5.9 행렬 형태의 단순선형회귀모형 · 207
5.10 회귀모수의 최소제곱추정 · 209
정규방정식 · 209
추정된 회귀계수 · 210
5.11 적합값과 잔차 · 211
적합값 · 211
잔차 · 213
5.12 분산분석 · 214
제곱합 · 214
이차형태로서의 제곱합 · 215
5.13 회귀분석에서의 추론 · 217
회귀계수 · 217
평균반응 · 218
새로운 관측값 예측 · 220

II부 다중선형회귀

6장 ■ 다중회귀 I

6.1 다중회귀모형 · 227
다양한 예측변수에 대한 필요성 · 227
두 개의 예측변수가 있는 일차모형 · 228
두 개 이상의 예측변수가 있는 일차모형 · 230
일반선형회귀모형 · 231
6.2 행렬 형태의 일반선형회귀모형 · 235
6.3 회귀계수의 추정 · 237
6.4 적합값과 잔차 · 237
6.5 분산분석의 결과 · 238
제곱합과 평균제곱 · 238
회귀관계의 F 검정 · 239
다중결정계수 · 240
다중상관계수 · 241
6.6 회귀모수의 추정 · 241
β_k의 구간추정 · 241
β_k의 검정 · 242
결합추정 · 242
6.7 평균반응의 추정과 새로운 관측값의 예측 · 242
$E\{Y_h\}$의 구간추정 · 242
회귀표면의 신뢰영역 · 243
몇 개의 평균반응에 대한 동시신뢰구간 · 244
새로운 관측값 $Y_{h(\text{new})}$에 대한 예측 · 244

X_h에 대한 m개의 새로운 관측값들의 평균 예측 · 244
g개의 새로운 관측값들에 대한 예측 · 245
숨겨진 외삽법에 대한 주의사항 · 245
6.8 진단과 해결방안 · 246
산점도행렬 · 246
3차원의 산점도 · 247
잔차그림 · 247
정규성에 대한 상관관계 검정 · 248
오차의 상수분산성을 검정하는 Brown-Forsythe 검정 · 248
오차의 상수분산성을 검정하는 Breusch-Pagan 검정 · 248
적합성결여에 대한 F 검정 · 249
해결방안 · 249
6.9 예 – 두 개의 예측변수가 있는 다중회귀 · 250
설정 · 250
기초적인 계산들 · 252
추정된 회귀함수 · 253
적합값과 잔차 · 255
모형의 적절성 분석 · 255
분산분석 · 257
회귀계수의 추정 · 258
평균반응추정 · 259
새 관측값에 대한 예측 한계 · 260

7장 ■ 다중회귀 II

7.1 추가제곱합 · 271
기본 발상 · 271
정의 · 274
추가제곱합으로 SSR을 분해하기 · 274
SSR의 분해를 포함하는 분산분석표 · 276
7.2 회귀계수 검정에서 추가제곱합의 사용 · 277
개별 $\beta_k = 0$ 검정 · 277
몇 개의 $\beta_k = 0$인지에 대한 검정 · 279
7.3 회귀계수 검정 요약 · 281
모든 $\beta_k = 0$ 검정 · 281
개별 $\beta_k = 0$ 검정 · 281
몇 개 $\beta_k = 0$ 검정 · 282
다른 검정들 · 283
7.4 부분결정계수 · 283
두 개의 예측변수들 · 284
일반적인 경우 · 284
부분상관계수 · 285
7.5 표준화다중회귀모형 · 286
정규방정식 계산에서의 버림오차 · 286
회귀계수의 비교가능성 결여 · 287
상관변환 · 287
표준화회귀모형 · 288
변환된 변수들에 대한 $\mathbf{X'X}$ 행렬 · 288
추정된 표준화회귀계수 · 290
7.6 다중공선성과 그 효과 · 293
상관이 없는 예측변수들 · 294
예측변수들이 완전 상관됐을 때 문제점의 특성 · 296
다중공선성의 영향 · 298
다중공선성에 대한 좀 더 강력한 진단의 필요 · 303

8장 ■ 양적 및 질적 예측변수에 대한 회귀모형

8.1 다항회귀모형 · 311
다항모형의 사용 · 311
한 개의 예측변수 – 이차 · 311
한 개의 예측변수 – 삼차 · 313
한 개의 예측변수 – 고차 · 314
두 개의 예측변수 – 이차 · 314
세 예측변수 – 이차 · 315
다항회귀모형의 이행 · 315
사례 · 317
다항회귀에 대한 추가 부연설명 · 322
8.2 상호작용 회귀모형 · 323
상호작용효과 · 323
선형효과가 있는 상호작용 회귀모형의 해석 · 324
곡선효과가 있는 상호작용 회귀모형의 해석 · 326
상호작용 회귀모형의 이행 · 328
8.3 질적 예측변수 · 330
두 계급 질적 예측변수 · 330
회귀계수의 해석 · 332
두 개 이상의 계급이 있는 질적 예측변수 · 335

시계열 적용 · 337
8.4 지표변수의 사용에 대한 고려사항 · 338
지표변수 vs 코드 할당 · 338
지표변수 vs 양적 변수 · 339
지표변수의 다른 코딩 · 340
8.5 양적 변수와 질적 변수의 상호작용 모형화 · 341
회귀계수의 의미 · 341
8.6 더 복잡한 모형들 · 344
둘 이상의 질적 예측변수 · 344
질적 예측변수만 갖는 경우 · 345
8.7 두 개 혹은 그 이상의 회귀함수 비교 · 346
비누 생산라인 예 · 347
계기 눈금보정 연구 예 · 350

9장 ■ 회귀모형구축 I: 모형선택과 타당성입증

9.1 모형구축과정의 개요 · 361
자료수집 · 361
자료준비 · 364
예비 모형조사 · 364
설명변수의 축소 · 364
모형정밀화와 선택 · 367
모형타당성입증 · 367
9.2 수술 단위 예 · 368
9.3 모형선택의 기준 · 371
R_p^2 또는 SSE_p 기준 · 372
$R_{a,p}^2$ 또는 MSE_p 기준 · 373
Mallow의 C_p 기준 · 374
AIC_p와 SBC_p 기준 · 377
$PRESS_p$ 기준 · 378
9.4 모형선택 자동탐색절차 · 379
'최량'부분집합 알고리즘 · 379
단계적 회귀 방법 · 381
전진 단계적 회귀 · 382
다른 단계적 절차 · 385
9.5 자동선택절차에 대한 마무리 논평 · 386
9.6 모형타당성입증 · 387
모형 점검을 위한 새로운 자료수집 · 387
이론, 실증적 근거, 시뮬레이션 결과의 비교 · 388
자료분할 · 389

10장 ■ 회귀모형구축 II: 진단

10.1 예측변수의 모형 적정성 – 추가변수그림 · 401
10.2 *Y* 관측값의 바깥값의 식별 – 스튜던트화 제거 잔차 · 407
바깥값 사례 · 407
잔차와 준스튜던트화 잔차 · 408
모자행렬 · 408
스튜던트화 잔차 · 410
제거 잔차 · 411
스튜던트화 제거 잔차 · 412
10.3 *X* 관측값의 바깥값 식별 – 모자행렬의 지렛값 · 414
X 관측값의 바깥값 식별을 위한 모자행렬의 사용 · 414
모자행렬을 이용한 숨은 외삽의 식별 · 416
10.4 영향값들의 식별 – *DFFITS*, Cook의 거리, *DFBETAS* 측도 · 417
단일 적합값에의 영향력 – *DFFITS* · 417
전체 적합값에 대한 영향력 – *Cook*의 거리 · 419
회귀계수에의 영향력 – *DFBETAS* · 420
추론에의 영향 · 422
10.5 다중공선성의 진단 – 분산팽창인수 · 423
비정형적 진단 · 423
분산팽창인수 · 424
10.6 수술 단위 예 – 계속 · 426

11장 ■ 회귀모형구축 III: 해결방안

11.1 불균등 오차분산의 해결방안 – 가중최소제곱 · 439
오차분산을 알고 있는 경우 · 440
비례상수가 알려진 오차분산 · 442
오차분산을 알지 못하는 경우 · 442
11.2 다중공선성의 해결방안 – 능선회귀 · 449
몇 가지 해결방안 · 449
능선회귀 · 450
11.3 영향 자료의 해결방안 – 로버스트 회귀 · 455
로버스트 회귀 · 456
IRLS 로버스트 회귀 · 458
11.4 비모수적 회귀: Lowess 방법과 회귀나무 · 467

Lowess 방법 · 468
회귀나무 · 472
11.5 붓스트랩 – 비표준적인 상황에서 정밀도 평가에 대한 해결방안 · 477
일반적인 절차 · 477
붓스트랩 추출 · 478
붓스트랩 신뢰구간 · 478
11.6 사례 예 – MNDOT 교통량 추정 · 483
AADT 데이터베이스 · 483
모형개발 · 484
가중최소제곱추정 · 487

12장 ■ 시계열 자료의 자기상관

12.1 자기상관 문제 · 501
12.2 일차자기회귀오차모형 · 504
단순선형회귀 · 504
다중회귀 · 504
오차항의 성질 · 505
12.3 Durbin-Watson 자기상관 검정 · 508
12.4 자기상관을 위한 해결방안 · 510
예측변수 추가 · 511
변수변환 사용 · 511
Cochrane-Orcutt 절차 · 512
Hildreth-Lu 절차 · 515
일차 차분 절차 · 517
세 가지 방법의 비교 · 519
12.5 자기상관오차항과 예측 · 519

III부 비선형회귀

13장 ■ 비선형회귀와 신경망

13.1 선형과 비선형회귀모형 · 533
선형회귀모형 · 533
비선형회귀모형 · 534
회귀모수의 추정 · 537
13.2 비선형회귀의 최소제곱추정 · 538
정규방정식의 해 · 539
직접적 수치탐색–Gauss-Newton 방법 · 541
다른 직접적인 탐색 절차 · 548
13.3 모형구축 및 진단 · 548
13.4 비선형회귀모수에 대한 추론 · 550
오차항 분산의 추정 · 550
대표본이론 · 550
언제 대표본이론을 적용할 수 있을까? · 551
하나의 γ_k에 대한 구간추정 · 554
여러 개의 γ_k에 대한 동시구간추정 · 554
하나의 γ_k에 대한 가설검정 · 555
여러 개의 γ_k에 대한 가설검정 · 555
13.5 학습 곡선 예 · 556
13.6 신경망모형화 소개 · 559
신경망모형 · 560
네트워크 표현 · 563
선형회귀의 일반화로서의 신경망 · 564
모수추정: 벌점최소제곱 · 564
예: 허혈성 심장 질환 · 566
모형 해석과 예측 · 569
신경망모형에 관한 몇 가지 최종 부연 설명 · 569

14장 ■ 로지스틱회귀, 포아송 회귀, 일반화선형모형

14.1 이항반응변수의 회귀모형 · 579
결과변수가 이항인 반응함수의 의미 · 580
반응변수가 이항일 경우 특수한 문제들 · 581
14.2 이항반응변수에 대한 시그모이드 반응 함수들 · 583
프로빗 평균반응함수 · 583
로지스틱평균반응함수 · 584
보 로그–로그 반응함수 · 586
14.3 단순로지스틱회귀 · 587
단순로지스틱회귀모형 · 587
가능도함수 · 588
최대가능도추정 · 588
b_1에 관한 해석 · 591
프로빗 함수와 보 로그-로그 반응함수의 사용 · 592
반복 관측 – 이항 결과물 · 592
14.4 다중로지스틱회귀 · 594
다중로지스틱회귀모형 · 594

모형 적합 · 595
다항로지스틱회귀 · 599

14.5 회귀모수에 관한 추론 · 601
단일 β_k의 검정: Wald 검정 · 602
단일 β_k의 구간추정 · 603
여러 개의 $\beta_k = 0$인지 검정: 가능도비 검정 · 604

14.6 자동모형선택법 · 606
모형선택기준 · 607
최량부분집합 절차 · 607
단계적 모형선택 · 608

14.7 적합도검성 · 610
Pearson 카이제곱 적합도검정 · 610
이탈적합도검정 · 612
Hosmer-Lemeshow 적합도검정 · 614

14.8 로지스틱회귀진단 · 615
로지스틱회귀잔차 · 615
진단 잔차그림 · 619
영향 관측값의 발견 · 622

14.9 평균반응에 대한 추론 · 626
점추정량 · 626
구간추정 · 626
여러 개의 평균반응에 대한 동시신뢰구간 · 627

14.10 새로운 관측값에 대한 예측 · 628
예측규칙의 선택 · 629
예측 오류율의 타당성입증 · 632

14.11 명목형 반응에 대한 다가로지스틱회귀 · 633
다가 반응을 포함한 임신기간 자료 · 633
$J-1$개의 명목반응에 대한 기저범주 로짓 · 634
최대가능도추정 · 636

14.12 순서반응에 대한 다가로지스틱회귀 · 639

14.13 포아송 회귀 · 643
포아송 분포 · 643
포아송 회귀모형 · 644
최대가능도추정 · 644
모형구축 · 645
추론 · 646

14.14 일반화선형모형 · 648

부록 A ■ 확률과 통계의 기초 · 667

부록 B ■ 표 · 685

부록 C ■ 데이터셋(Data Sets) · 701

부록 D ■ 참고문헌 · 711

문제 정답(* 표시 부분)

※ 자유아카데미 홈페이지(www.freeace.com) 자료실에 탑재

찾아보기 · 719

I부 단순선형회귀

1장 | 예측변수가 하나인 선형회귀

회귀분석은 두 개 이상의 양적 변수 사이의 관계를 분석하여 **반응변수**(response variable) 또는 **결과변수**(outcome variable)가 한 변수 혹은 여러 다른 변수에 의해 예측이 가능하도록 하는 통계 방법론이다. 이 방법론은 경영학, 사회학, 행동과학, 생물학 등 다양한 분야에서 광범위하게 사용된다. 회귀분석을 적용한 예는 다음과 같다.

1. 상품의 매출액은 매출액과 광고 지출규모 사이의 관계를 분석하여 예측할 수 있다.
2. 직원의 실적은 실적과 일련의 적성검사 결과 사이의 관계를 분석하여 예측할 수 있다.
3. 아동의 어휘력은 어휘력, 아동의 나이, 부모의 교육수준 사이의 관계를 분석하여 예측할 수 있다.
4. 수술 환자의 입원기간은 병원에서 보내는 시간과 수술의 심각성 사이의 관계를 분석하여 예측할 수 있다.

1부에서는 하나의 **예측변수**(predictor variable)가 관심 있는 **반응변수** 또는 **결과변수**를 예측하는 회귀분석을 다룬다. 2부와 3부에서는 예측을 위해 두 개 이상의 변수가 사용되는 회귀분석을 다룬다. 이 장에서는 회귀분석의 기본 개념과 하나의 예측변수로 구성되어 있는 회귀분석모형의 모수추정에 대해 다룬다.

1.1 ■ 변수 사이의 관계

가계소득과 가계지출처럼 두 변수 간 관계에 대한 개념은 매우 익숙한 개념이다. **함수적 관계**(functional relation)와 **통계적 관계**(statistical relation)를 구별하고 차례로 다루고자 한다.

두 변수 사이의 함수적 관계

두 변수 사이의 함수적 관계는 수식으로 표현할 수 있다. X를 **독립변수**(independent variable)로 표기하고 Y를 **종속변수**(dependent variable)로 표기한 함수 관계는 다음과 같은 형태로 나타난다.

$$Y = f(X)$$

X가 특정한 값이 주어졌을 때, 함수 f는 그에 해당하는 Y 값을 의미한다.

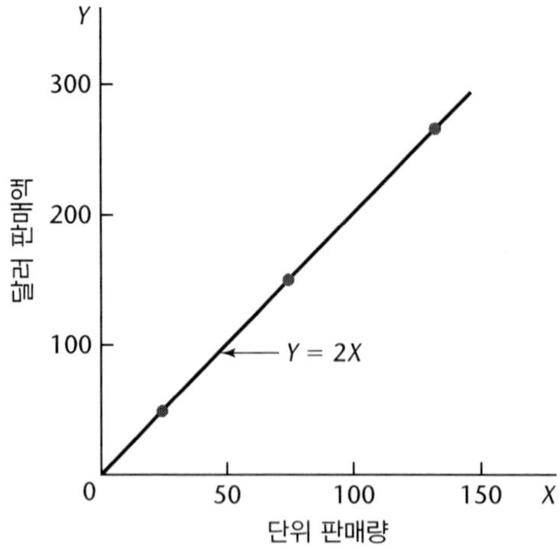

그림 1.1 함수적 관계의 예시

예 고정 가격에 판매된 달러 판매액(Y)과 단위 판매량(X) 간의 관계를 고려해 보자. 단위당 판매 가격이 $2이면, 두 변수 사이의 관계는 다음과 같이 표현된다.

$$Y = 2X$$

그림 1.1은 이 함수적 관계를 보여 준다. 판매된 단위수와 세 기간 동안의 달러 판매액(단위당 판매가가 $2로 고정되어 있을 때)은 다음과 같았다.

기간	판매된 단위수	달러 판매액
1	75	$150
2	25	50
3	130	260

그림 1.1은 자료의 관측값들을 표시한다. 모든 관측값이 함수의 선상에 있다는 점을 주목하라. 이것이 함수적 관계의 특징이다.

두 변수 사이의 통계적 관계

함수적 관계와 달리 통계적 관계는 완벽한 형태가 아니다. 다시 말해, 관측값들은 통계적 관계 곡선에 완벽하게 놓이지 않는다.

예 1 한 해의 중간과 연말 두 차례에 거쳐 10명의 직원 실적평가 자료를 수집하였다. 이 자료를 표시하면 그림 1.2a와 같다. **종속변수**(dependent variable) 또는 **반응변수**(response variable) Y는 연말 평가이며 연중 평가는 **독립변수**(independent variable), **설명변수**(explanatory variable), 또는 **예측변수**(predictor variable) X이다. 그래프 그리는 방법은 전과 동일하다. 예를 들면, 첫 번째 직원의 연중 실적 평가와 연말 실적 평가 결과는 각각 $X = 90$, $Y = 94$ 지점에 표시한다.

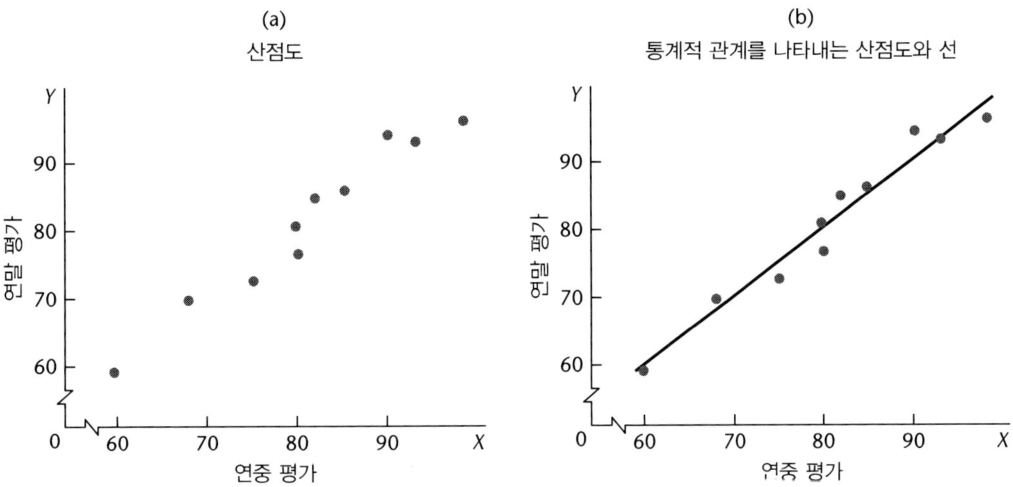

그림 1.2 연중 실적 평가와 연말 실적 평가 사이의 통계적 관계

그림 1.2a에서 보듯이 연중 평가가 높을수록 연말 평가가 높은 경향이 있다. 이러한 면에서 그림 1.2a는 연중과 연말 평가 간에 관계가 있음을 분명하게 보여 준다. 하지만 그 관계는 완벽하지 않다. 흩어져 있는 점들의 형태는 연말 평가의 변동성 중 일부가 연중 실적 평가에 의해 설명되지 않는다는 점을 시사한다. 예를 들면, 두 직원의 연중 평가는 $X = 80$으로 동일하지만 연말 평가는 조금 다른 값을 갖는다. 통계적 관계를 가진 점들의 흩어진 형태 때문에 그림 1.2a는 **산점도**(scatter plot 또는 scatter diagram)라고 한다. 산점도에 있는 각 점은 통계용어로 **관측값**(observation, observed value), **시행**(trial) 혹은 **사례**(case)를 의미한다.

그림 1.2b는 연중과 연말 평가의 통계적 관계를 선형의 관계로 그린 것이다. 이 그림은 연중 실적 평가의 수준에 따라 연말 평가가 변동하는 일반적인 경향을 보여 준다. 대부분의 점들이 직선 형태의 통계적 관계와 완벽하게 일치하지 않는다. 직선 주변에 흩어진 점들은 연말 평가의 변동성을 나타낸다. 이 변동성은 연말 평가와 연관성이 없는 연중 실적 평가를 대표하고 보통 무작위적인 확률적 특성을 지닌다는 것을 보여 준다. 비록 함수적 관계의 수학적인 정확성이 없다고 할지라도 통계적 관계는 매우 유용하게 사용될 수 있다.

예2 그림 1.3은 연령이 8세에서 25세 사이인 건강한 여성 27명의 혈중 스테로이드 수준과 나이를 나타낸다. 이 자료는 통계적 관계가 직선이 아닌 **곡선**(curvilinear)이라는 점을 강하게 보여 준다. 이 곡선 관계는 나이가 증가할수록 스테로이드 수준이 일정선까지 증가하다가 수평이 되는 것을 나타낸다. 통계적 관계의 곡선 근방에 점들이 흩어진 것에 주목하자. 이것은 모든 통계적 관계의 전형적인 형태이다.

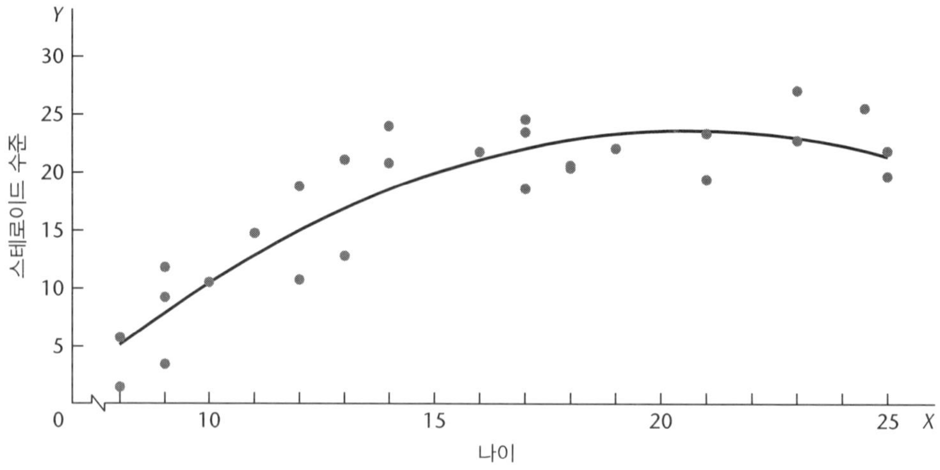

그림 1.3 8세에서 25세 사이 건강한 여성의 나이와 스테로이드 수준의 곡선 형태의 통계적 관계

1.2 ■ 회귀분석과 용례

역사적 기원

회귀분석은 19세기 말 갈톤(Francis Galton)에 의해 처음 발전되었다. 갈톤은 부모의 키와 자녀의 키 사이의 관계를 연구하였고 키가 작은 부모에서의 자녀의 키와 키가 큰 부모에서의 자녀의 키 둘 다 그룹의 평균에 되돌아가거나 회귀한다(regress)는 사실에 주목하였다. 그는 이 경향을 '보통으로의 회귀(regression to mediocrity)'라고 생각하였다. 갈톤은 이러한 회귀 경향을 수학적인 표현으로 도출하였으며 이는 오늘날 회귀모형의 전형이 되었다.

회귀(regression)라는 용어는 변수들 사이의 통계적 관계를 설명하는 것으로 굳어져 사용되고 있다.

기본 개념

회귀모형은 통계적 관계의 두 필수적인 요소를 표현하는 형식 수단이다.

1. 반응변수 Y가 예측변수 X에 의하여 체계적으로 변하는 경향
2. 통계적 관계의 선 근방에 흩어진 점

이 두 특성은 다음을 가정함으로써 회귀모형에서 구현된다.

1. X의 각 수준에 따라 Y의 확률분포가 존재한다.
2. 확률분포의 평균은 X에 의해 체계적으로 변한다.

예 그림 1.2에 나타난 실적 평가 예를 다시 고려해 보자. 회귀모형에서 연말 평가 Y는 확률변수이다. 연중 실적 평가의 각 수준에서 Y가 확률분포를 갖는다고 가정한다. 그림 1.4는 첫 번째 직원의 연중 평가 $X = 90$일 때의 확률분포를 나타낸다. 이 직원의 실제 연말 평가 $Y = 94$는 이 확률분포에서의 확률추출로 간주한다.

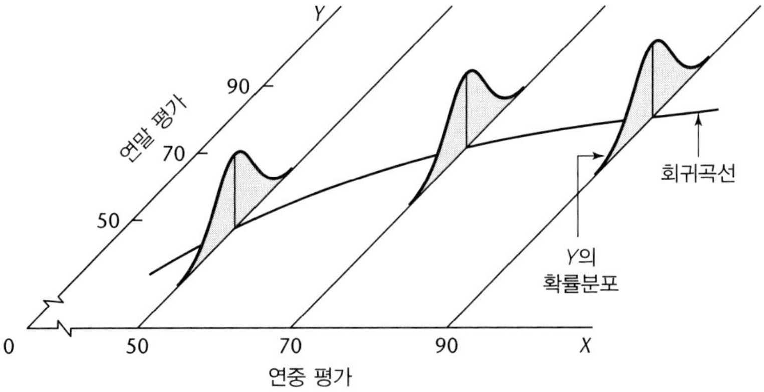

그림 1.4 그림으로 나타낸 회귀모형

또한 그림 1.4는 연중 평가 수준 $X = 50$과 $X = 70$일 때 Y의 확률분포를 보여 준다. 확률분포의 평균이 X의 수준과 체계적인 관계를 갖고 있다는 점에 주목하자. 이 체계적 관계는 X에 대한 Y의 **회귀식**(regression function of Y on X)이라고 한다. 회귀식의 그래프는 **회귀곡선**(regression curve)이라고 한다. 그림 1.4에서 회귀식이 살짝 곡선 형태인 것에 주목하자. 연중 실적 평가의 증가에 따른 연말 평가의 기댓값(평균)의 증가폭이 연중 평가의 수준이 높을 때 줄어든다는 점을 시사한다.

회귀모형은 회귀함수의 형태(선형, 곡선), Y의 확률분포(대칭, 비대칭) 등에서 여러 형태로 달라진다. 세부적인 차이에 관계없이, 주어진 X에서의 Y의 확률분포를 생각하는 개념이 흩어진 점들에서 통계적 관계를 정립하는 데 기본이 된다. 이와 유사하게, Y의 확률분포의 평균과 X의 수준 사이의 관계를 보여 주는 회귀곡선은 통계적 관계에서 X에 따라 Y가 체계적으로 변화하는 일반적인 성향을 반영한다.

예측변수가 두 개 이상인 회귀모형. 회귀모형은 예측변수가 두 개 이상일 수 있다. 세 가지 예는 다음과 같다.

1. 소비자 금융 체인의 67개 지점에 대한 성과 조사에서 반응변수는 이번 연도의 전체 운영비용이었다. 4개의 예측변수는 한 해 동안의 평균 미지급 대출금, 평균 미지급 대출 수, 처리된 대출 신청의 총 수, 그리고 직무별 급여에 대한 지표였다.
2. 트랙터 구매 연구에서 반응변수는 농기구 업체의 판매 영역에서 구매한 트랙터의 양(단위: 마력)이다. 이 지역에 있는 농장의 평균 트랙터 연식, 지역에 있는 농장의 수, 그리고 지역의 농작물 생산량 지수를 포함한 9개의 예측변수가 있었다.
3. 키가 작은 아동에 대한 의학 연구에서 반응변수는 혈중 성장 호르몬 최고치였다. 나이, 성별, 키, 몸무게, 10개의 피부주름 측정법을 포함한 14개의 예측변수가 있었다.

그림 1.4에 나타나는 모형 특성들은 예측변수가 하나보다 많을 때 회귀모형은 더 큰 차원으로 확장되어야 한다. 예를 들면, 두 개의 예측변수 X_1과 X_2가 있을 경우 회귀모형에 의해 각 (X_1, X_2)의 조합에 대한 Y의 확률분포를 가정할 수 있다. 확률분포의 평균값들과 예측변수 X_1과 X_2 간의 체계적 관계는 회귀 표면(regression surface)으로 표현된다.

회귀모형의 구축

예측변수 선택. 모형을 구축할 때, 현실을 다루기 편한 범위로 축소해야 하기 때문에 설명변수 혹은 예측변수의 개수를 제한할 수밖에 없다. 따라서 탐색적 연구에서 회귀모형을 세울 경우 발생하는 중요 문제는 연구 목적에 맞는 일련의 '좋은' 예측변수를 선택하는 것이다. 변수를 선택할 때 중요한 사항은 회귀모형에 이미 잠정적으로 포함된 다른 예측변수들의 Y 변동성에 대한 기여 부분을 빼고, 새로 선택한 변수가 남은 Y의 변동성에 기여하는 정도이다. 다른 고려사항으로는 분석 과정에서 상관관계를 설명할 때 선택변수의 중요성, 다른 변수들에 비해 선택한 변수를 정확하고 신속하며 경제적으로 관측치들의 얻을 수 있는 정도, 그리고 선택변수가 통제될 수 있는 정도이다. 9장에서 회귀모형에 포함할 예측변수의 선택 방법과 문제점에 대해 다룰 것이다.

회귀관계의 함수 형태. 회귀관계의 함수 형태를 선택하는 것은 예측변수 선택과 연관이 있다. 때때로 문제와 관련된 이론이 적절한 함수 형태를 제시한다. 예를 들면, 학습 이론은 단위 생산 가격과 과거 그 물품을 생산했던 횟수의 관계를 특정한 점근적 성질을 갖는 구체적인 모양의 회귀함수로 제안한다.

하지만 회귀관계의 함수 형태를 사전에 모르는 경우가 더 자주 발생한다. 따라서 이 함수 형태는 자료가 얻어졌을 때 경험적으로 결정되어야 한다. 회귀함수가 알려지지 않았다면 근사 초기적 방법으로 선형회귀함수 혹은 이차회귀함수가 보통 사용된다. 또한 이론에서 적절한 함수 형태를 제시할 경우에도 이러한 단순한 형태의 회귀함수를 사용할 수 있다. 특히 알려진 형태가 매우 복잡하지만 선형 혹은 이차회귀함수로 적절하게 근사될 수 있는 경우에는 사용 가능하다. 그림 1.5a는 복잡한 회귀함수가 선형회귀함수에 의해 적절하게 근사하는 경우를 보여 준다. 그림 1.5b는 복잡한 회귀식에 근사하기 위해 두 개의 선형회귀식이 '조각별(piecewise)'로 사용된 시행을 보여 준다.

모형의 영역. 회귀모형을 구축할 때 모형의 영역(scope)을 예측변수의 특정 구간 혹은 범위로 제한할 필요가 있다. 모형의 영역은 연구의 설계 방법이나 수중에 있는 자료의 범위에 의해 결정된다. 예를 들어 가격이 판매 수량에 끼치는 영향을 연구하는 회사가 가

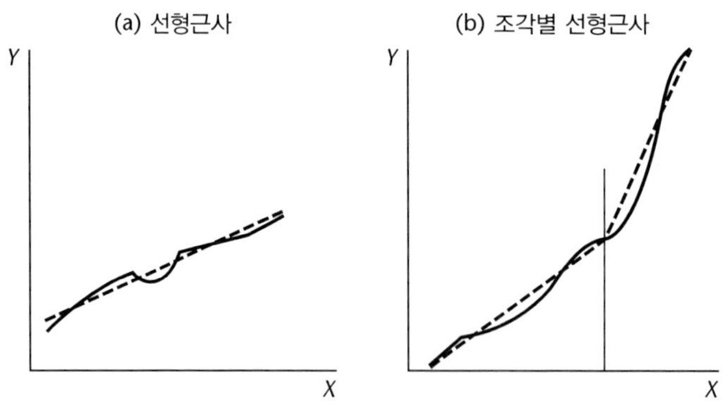

그림 1.5 선형회귀분석을 이용한 복잡한 회귀함수의 근사 – 굵은선은 참회귀함수이고 점선은 회귀분석을 통해 구한 대략적인 함수이다.

격의 여섯 수준($4.95 ~ $6.95)에서 연구를 진행했다고 가정하자. 이때 모형의 영역은 약 $5 ~ $7의 가격 수준에 제한된다. 연구 조사에서는 $4.95 미만과 $6.95를 초과한 범위의 통계적 관계의 성질에 대한 증거를 제시하지 않는다. 따라서 영역을 크게 벗어나는 범위에서도 회귀식의 형태가 그대로 유지될지에 대한 보장은 전혀 없다.

회귀분석의 용례

회귀분석은 세 가지 중요한 목적을 지닌다. (1) 서술(description), (2) 관리(control), (3) 예측(prediction)이다. 이러한 목적들은 앞에서 인용한 세 가지 사례에서 나타난다. 트랙터 구매 연구는 서술 목적을 갖는다. 금융 체인 지점의 운영비용에 대한 연구의 주요 목적은 관리통제이다. 가격과 예측변수들 간의 사용 가능한 함수적 관계를 개발함으로써 경영진은 회사 각 지점의 원가표준을 세울 수 있었다. 키가 작은 아동에 대한 연구에서는 예측이 목적이다. 임상의들은 통계적 관계를 사용함으로써 키 작은 아동들에 대한 간단한 측정값들을 이용하여 키 작은 아동의 성장 호르몬 결핍증을 예측할 수 있었다.

회귀분석을 실제로 실행할 때 회귀분석의 목적은 자주 겹친다. 지점 사례가 좋은 예이다. 운영 비용과 지점의 특성 사이의 관계에 대한 지식(서술)은 운영진이 각 지점의 원가표준을 세울 수 있게 했을 뿐만 아니라(관리), 운영진이 가격을 예측하고(예측) 연말에 실제 지점 가격을 예측값과 비교할 수 있게 하였다.

회귀와 인과 관계

반응변수 Y와 설명변수 혹은 예측변수 X의 통계적 관계는 X와 Y의 인과관계를 의미하지는 않는다. X와 Y의 통계적 관계가 아무리 강하다고 하더라도 회귀모형은 필연적으로 X가 Y의 원인임을 보여 주지 않는다. 예를 들면, 어휘량(X)과 기록속도(Y)에 대한 5 ~ 10세의 아동에 관한 자료는 양의 회귀관계를 나타낼 것이다. 하지만 어휘량의 증가가 기록 속도를 향상시키는 것으로 해석할 수는 없다. 이때 아동의 나이, 교육수준과 같은 다른 예측변수들이 어휘량(X)과 기록속도(Y) 둘 다에 영향을 줄 수 있다. 나이가 많은 아동은 더 많은 단어를 알고 더 빠른 기록속도를 갖는다.

강한 통계적 관계가 인과관계를 의미하더라도 Y가 X의 원인이 되는 역방향의 인과관계가 존재할 수도 있다. 온도계의 눈금 보정이 하나의 예이다. 온도계 눈금은 알려진 다른 온도에 기준하여 읽는다. 그러므로 온도계 눈금의 예측의 정확성을 평가하기 위해서는 회귀관계를 연구하게 된다. 이 목적을 위해서 온도계 눈금 읽기를 예측변수 X로 두고 실제 온도인 반응변수 Y를 예측한다. 하지만 이때 X가 Y의 원인이 아닌 역의 인과관계가 성립한다. 즉, 실제 온도(Y)가 온도계 눈금(X)에 영향을 주는 것이다.

이러한 예시들은 회귀분석을 하는 경우 인과관계에 대한 결론을 도출하기 위해서 주의가 필요하다는 것을 알려 준다. 회귀분석 자체는 인과관계에 대한 어떠한 정보도 제공하지 않으며 인과관계에 대한 통찰력을 얻기 위해서는 추가적인 분석이 보충되어야 한다.

컴퓨터의 사용

회귀분석은 오래 걸리고 까다로운 계산을 자주 수반하기 때문에 보통 컴퓨터가 필요한 계산을 대신한다. 대부분의 컴퓨터 통계 패키지는 회귀분석을 포함하고 있다. 패키지마다 구체적인 특성들이 다를 수는 있지만, 기본적인 회귀 결과는 거의 같다.

회귀식 계산에 대한 기본적인 설명 후에는 컴퓨터를 사용한 결과물들을 이용하게 될 것이다. 다음 컴퓨터 패키지들이 사용되었다. BMDP(인용문헌 1.1), MINITAB(인용문헌 1.2), SAS(인용문헌 1.3), SPSS(인용문헌 1.4), SYSTAT(인용문헌 1.5), JMP(인용문헌 1.6), S-Plus(인용문헌 1.7), MATLAB(인용문헌 1.8).

1.3 ■ 단순선형회귀모형과 명시되어 있지 않은 오차항의 분포

모형의 정형적 제시

I부에서는 예측변수가 하나이고 회귀식이 선형인 기본적인 회귀모형을 다룬다. 모형을 다음과 같이 표현할 수 있다.

$$Y_i = \beta_0 + \beta_1 X_i + \varepsilon_i \tag{1.1}$$

여기서

Y_i는 i번째 시행의 반응변수 관측값.

β_0와 β_1은 모수.

X_i는 알려진 상수값이고 i번째 시행의 예측변수 관측값.

ε_i는 평균이 $E\{\varepsilon_i\} = 0$이고 분산이 $\sigma^2\{\varepsilon_i\} = \sigma^2$인 오차항이다. ε_i와 ε_j는 무상관(uncorrelated)이며 ε_i와 ε_j의 공분산은 0으로 가정한다(즉, 모든 $i \neq j$인 i, j에 대해 $\sigma\{\varepsilon_i, \varepsilon_j\} = 0$이다).

$i = 1, \ldots, n$

회귀모형 (1.1)은 **단순**(simple), **모수에 대한 직선의 방정식**(linear in the parameters), 그리고 **예측변수에 대한 직선의 방정식**(linear in the predictor variable)이라고 일컫는다. '단순'인 이유는 하나의 예측변수만 있기 때문이고 '모수에 대한 직선의 방정식'인 이유는 어떠한 모수도 다른 모수의 지수 형태이거나 곱하고 나누어진 형태가 아니기 때문이다. 또한 '예측변수에 대한 직선의 방정식'인 것은 이 변수의 차수가 1이기 때문이다. 모수와 예측변수에 대해 직선의 방정식으로 표현되는 모형은 **일차모형**(first-order model)이라고도 한다.

모형의 중요 사항

1. i번째 시행의 반응변수 관측값 Y_i는 두 성분의 합으로 표현된다. (1) 상수값 $\beta_0 + \beta_1 X_i$와 (2) 확률적 오차항 ε_i이다. 이런 이유로 Y_i는 확률변수이다.
2. $E\{\varepsilon_i\} = 0$이므로 부록 A의 (A.13c)에 의하여

$$E\{Y_i\} = E\{\beta_0 + \beta_1 X_i + \varepsilon_i\} = \beta_0 + \beta_1 X_i + E\{\varepsilon_i\} = \beta_0 + \beta_1 X_i$$

$\beta_0 + \beta_1 X_i$가 (A.13c)의 상수값 a의 역할을 한다는 점에 주목하자.

따라서 i번째 시행에서 X의 수준이 X_i일 때 반응 Y_i 평균이 (1.2)인 확률분포에서 비롯된다.

$$E\{Y_i\} = \beta_0 + \beta_1 X_i \tag{1.2}$$

그러므로 모형 (1.1)의 회귀식은

$$E\{Y\} = \beta_0 + \beta_1 X \tag{1.3}$$

이는 회귀식이 주어진 X에 대한 Y의 확률분포의 평균과 X의 수준의 관계를 설명하기 때문이다.

3. i번째 시행의 반응변수 관측값 Y_i는 오차항 ε_i만큼 회귀식의 값을 초과하거나 미달한다.
4. 모든 오차항 ε_i은 상수분산(constant variance; 등분산, equivariance) σ^2을 가정한다. 그러므로 모든 반응변수 Y_i 또한 분산이 같다.

$$\sigma^2\{Y_i\} = \sigma^2 \tag{1.4}$$

(A.16a)를 이용하면

$$\sigma^2\{\beta_0 + \beta_1 X_i + \varepsilon_i\} = \sigma^2\{\varepsilon_i\} = \sigma^2$$

따라서 회귀모형 (1.1)은 예측변수 X의 수준과 관계없이 Y들의 확률분포의 모든 분산 σ^2은 같다고 가정한다.

5. 오차항들은 서로 연관성이 없다고 가정한다. ε_i와 ε_j는 서로 독립이므로 반응변수 Y_i와 Y_j도 서로 독립이다.
6. 요약하면, 회귀모형 (1.1)은 반응변수의 관측값 Y_i는 평균이 $E\{Y_i\} = \beta_0 + \beta_1 X_i$이고 X의 모든 수준에 대해 동일한 분산 σ^2인 확률분포에서 나온다. 또한 Y_i와 Y_j는 서로 독립이다.

예 전기회사 고문이 건설 도급업자가 일주일 동안 요구한 기본적인 조명 기구의 입찰 수량과 입찰 수량을 준비하는 데 걸리는 시간 사이의 관계를 연구한다. 회귀모형 (1.1)을 적용할 수 있다고 가정하면 다음과 같이 표현할 수 있다.

$$Y_i = 9.5 + 2.1X_i + \varepsilon_i$$

여기서 X는 일주일 동안의 입찰 수량이고 Y는 입찰 수량을 준비하는 데 걸리는 시간이다. 그림 1.6은 회귀식을 나타낸다.

$$E\{Y\} = 9.5 + 2.1X$$

i번째 주에 $X_i = 45$ 입찰 수량이 준비되었고 실제 요구된 시간이 $Y_i = 108$이라고 가정하자. 이 경우에

$$E\{Y_i\} = 9.5 + 2.1(45) = 104$$

그리고

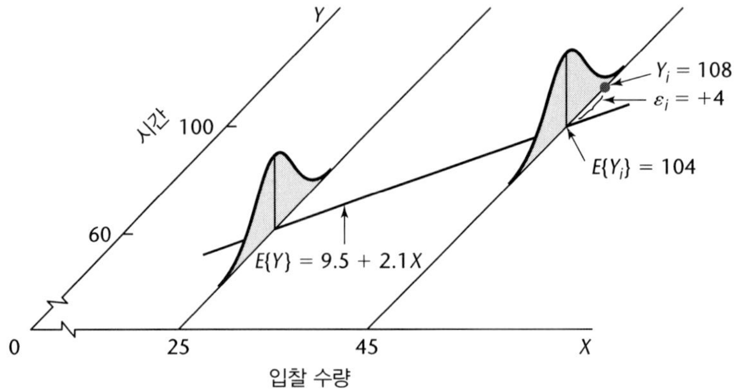

그림 1.6 단순회귀모형 (1.1)의 예시 그림

$$Y_i = 108 = 104 + 4$$

이기 때문에 오차항의 값은 $\varepsilon_i = 4$이다. 그림 1.6은 $X = 45$일 때 Y의 확률분포를 보여 주고 $Y_i = 108$값이 이 확률분포로부터 어떻게 도출되었는지 나타낸다. 오차항 ε_i은 단순히 평균값 $E\{Y_i\}$로부터의 Y_i의 편차를 의미한다는 사실을 기억하자.

또한 그림 1.6은 $X = 25$일 때 Y의 확률분포를 보여 준다. 이 분포는 $X = 45$일 때의 확률분포와 같은 변동성을 보인다는 점에 주목하자. 이는 회귀식 (1.1)의 필요 요건과 일치한다.

회귀모수의 의미

회귀모형 (1.1)의 모수 β_0와 β_1을 **회귀계수(regression coefficients)**라고 한다. β_1은 회귀식의 기울기이다. X가 1단위 증가할 때 Y의 확률분포의 평균 변동량을 의미한다. 모수 β_0는 회귀식의 Y축의 절편이다. 모형의 영역이 $X = 0$을 포함할 때, β_0는 $X = 0$일 때 Y의 확률분포의 평균값을 제공한다. 모형의 영역이 $X = 0$을 포함하지 않을 때, β_0는 분리된 항으로써 특별한 의미를 갖지 않는다.

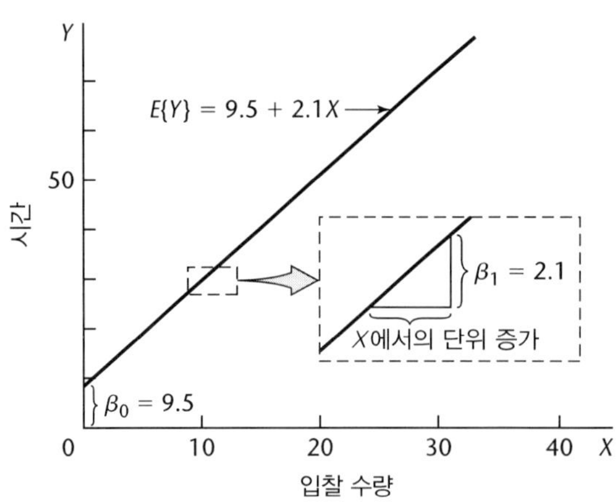

그림 1.7 단순회귀분석모형 (1.1)의 모수의 의미

예 그림 1.7은 전기회사 예의 회귀식을 보여 준다.

$$E\{Y\} = 9.5 + 2.1X$$

기울기 $\beta_1 = 2.1$은 일주일 동안 수량 한 단위의 증가가 Y의 확률분포의 평균을 2.1시간 높인다는 의미이다.

절편 $\beta_0 = 9.5$은 $X = 0$일 때 회귀식의 값을 나타낸다. 하지만 준비된 입찰 수량이 20 ~ 80일 때 주(week) 단위에 적용 가능하도록 회귀모형이 구현되었기 때문에 β_0는 그 자체로 고유한 의미를 갖지 않는다. 만약 모형의 영역이 X의 수준이 0 근처에 오도록 확장되었다면 곡선회귀식이고, β_0의 값이 선형회귀식과 다른 값을 갖는 모형이 요구될 수도 있다.

회귀모형의 대안 형태

단순선형회귀모형 (1.1)을 동일하지만 다소 다른 형태로 표현하는 것이 편리할 때가 있다. X_0를 1인 상수값이라고 가정하자. 그러면 (1.1)을 다음과 표현할 수 있다.

$$Y_i = \beta_0 X_0 + \beta_1 X_i + \varepsilon_i \qquad \text{여기서 } X_0 \equiv 1 \tag{1.5}$$

이 모형 형태는 X 변수를 각 회귀계수와 연관시킨다.

다른 수정 방법은 X_i 대신 편차 $X_i - \bar{X}$를 예측변수로 사용하는 것이다. 모형 (1.1)을 다음과 같이 바꾸어 쓸 수 있다.

$$\begin{aligned} Y_i &= \beta_0 + \beta_1(X_i - \bar{X}) + \beta_1\bar{X} + \varepsilon_i \\ &= (\beta_0 + \beta_1\bar{X}) + \beta_1(X_i - \bar{X}) + \varepsilon_i \\ &= \beta_0^* + \beta_1(X_i - \bar{X}) + \varepsilon_i \end{aligned}$$

따라서 이 대안 모형 형태는

$$Y_i = \beta_0^* + \beta_1(X_i - \bar{X}) + \varepsilon_i \tag{1.6}$$

여기서

$$\beta_0^* = \beta_0 + \beta_1\bar{X} \tag{1.6a}$$

우리는 편리한 대로 모형 (1.1), (1.5), (1.6)을 혼용해서 사용할 것이다.

1.4 ■ 회귀분석을 위한 자료

보통 회귀모형 (1.1)의 회귀모수 β_0와 β_1의 값을 알지 못하고 해당 자료를 이용해 미지의 모수값을 추정해야 한다. 실제로 앞에서 언급한 것처럼 적절한 예측변수와 회귀관계(예: 선형 혹은 곡선형)의 함수적 관계에 대한 충분한 사전(a priori) 정보가 없는 경우가 자주 있다. 따라서 자료분석에 의존하여 적합한 회귀모형을 구축해야 한다.

회귀분석을 위한 자료는 실험 또는 비실험적으로 얻을 수 있다. 이에 대해 차례로 알아보자.

관측자료

관측자료는 비실험 연구에서 수집한 자료이다. 이러한 연구는 관심 있는 설명 혹은 예측변수를 통제하지 않는다. 예를 들어 회사 간부들이 직원의 나이(X)와 작년에 병을 앓은 일 수(Y) 사이의 관계를 연구했다고 가정하자. 회귀분석에 필요한 자료는 인사자료에서 수집하였다. 설명변수 나이가 통제되지 않았으므로 이 자료는 관측자료이다.

제어실험의 설계가 불가능한 경우가 자주 있기 때문에 회귀분석에서는 관측자료를 자주 사용한다. 방금 언급한 회사 인사과 예시에서도 직원에게 나이를 부여함으로써 나이 변수를 제어하는 것은 불가능하다.

관측자료의 심각한 한계점은 인과관계에 대한 적절한 정보를 제공하지 않는다는 것이다. 예를 들면, 회사 인사과 예에서 직원의 나이와 병을 앓은 일 수 간의 관계는 병가 수가 나이에 대한 직접적인 결과임을 의미하지 않는다. 이것은 회사의 젊은 직원들이 주로 실내에서 일하고 나이든 직원들은 실외에서 일하며 작업환경이 나이보다는 병을 앓은 일 수에 더 직접적인 영향을 주기 때문일 수 있다.

관측자료에 기반하고 서술에 목적을 둔 회귀분석을 할 때는 회귀모형에 포함되지 않은 다른 설명변수들이 인과관계를 더 직접적으로 설명할 수 있는지 항상 살펴보아야 한다.

실험자료

회귀모수를 추정하기에 적합한 자료를 제공하기 위해 제어실험을 설계하는 경우가 자주 있다. 예를 들면, 보험회사의 분석가의 클레임 처리 과정과 생산성 훈련기간 사이의 관계를 연구한다고 가정하자. 이 연구를 위해 아홉 명의 분석가가 참여한다. 세 명은 확률적으로 선택되어 2주 동안 훈련을 받고, 세 명은 3주 그리고 나머지 세 명은 5주 동안 훈련을 받는다. 분석가들의 생산성은 10주 동안 관찰된다. 수집된 자료는 설명변수인 훈련기간이 통제되었기 때문에 실험자료이다.

생산성 연구에서처럼 임의배치를 통해 설명변수가 제어되었을 때, 수집되는 실험자료는 관측자료보다 인과관계에 대해 더 풍부한 정보를 제공한다. 확률화는 직원의 능력이 생산성에 미치는 영향처럼 반응변수에 영향을 줄 수 있는 다른 변수들의 효과를 상쇄해 주기 때문이다.

실험설계에서는 앞선 예의 분석가에게 할당된 훈련기간을 **처리**(treatment)라고 한다. 연구에 참여하는 분석가들은 **실험단위**(experimental unit)이다. 처리조건을 실험단위에 무작위로 배치함으로써 설명변수들을 제어한다.

완전확률화설계

처리조건을 실험단위에 우선 배치하는 가장 기본적인 종류의 통계설계는 **완전확률화설계**(**완전임의화설계**, completely randomized design)이다. 이때 모든 배정은 무작위이다. 완전설계에서는 실험단위가 처리조건을 배정받을 가능한 조합에 대하여 모두 동일한 확률을 갖는다. 따라서 각 실험단위는 어떤 처리조건이든 배정받을 확률이 같다.

완전확률화설계는 특히 동질의 실험단위들이 있을 때 유용하다. 이 설계는 어떤 숫자의 처리조건이든 수용하며 다른 크기의 표본도 허용한다. 즉, 이 설계는 매우 유연하다고 볼 수 있다. 가장 큰 단점은 실험단위들이 동질적이지 않을 때 완전확률화설계는 다른 통계 설계들에 비해 효율적이지 못하다는 것이다.

1.5 ■ 회귀분석 절차의 개요

이 장과 그 뒤로 이어지는 장들에서 고려되는 회귀모형은 관측자료 혹은 완전확률화설계를 이용하여 수집한 실험자료에 적용할 수 있다(회귀분석은 다른 종류의 설계방법을 통해 수집된 자료에도 적용 가능하지만 이 장에서 제안하는 회귀모형을 이용하기 위해서는 수정이 필요할 것이다). 자료가 관측자료 혹은 실험자료일 때 회귀모형을 이용하기 위해서는 회귀모형의 조건이 갖고 있는 자료에 적합해야 한다.

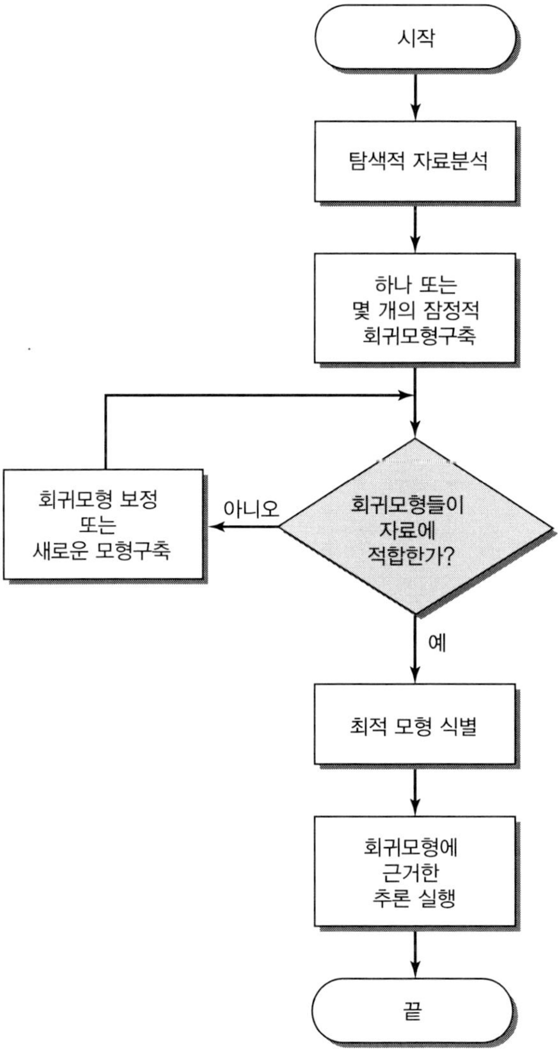

그림 1.8 회귀분석을 위한 일반적인 전략

먼저 단순선형회귀모형 (1.1)의 모수에 대한 추론을 다룰 것이다. 사전정보나 이론 자체가 적합한 회귀모형을 제안하는 경우가 드물게 있다. 이때 회귀분석의 첫 번째 단계는 회귀모형에 기반한 추론이다. 하지만 보통은 적합한 회귀모형을 사전에 구축하기에는 정보가 부족하다. 따라서 순서도 그림 1.8에서 보듯, 첫 번째 단계는 탐색적 자료분석이다. 초기의 탐색적 분석에 기반하여 하나 또는 그 이상의 잠정적 예비 회귀모형들을 구축한다. 그 다음, 회귀모형의 적정성이 만족될 때까지 이 회귀모형들을 분석의 대상이 되는 자료에 적합한지 검토하고 수정하거나 새로운 모형을 구축한다. 그 이후에야 회귀모형을 기반으로 추론이 가능하다. 예를 들면, 모형의 회귀모수에 대한 추론 혹은 새로운 관측값에 대한 예측을 진행한다.

적합하다고 판단되는 회귀모형을 기반으로 한 추론에 대해 먼저 다룰 것이다. 적합한 회귀모형을 구축할 때 생기는 문제들을 충분히 설명하려면 회귀모형에 대한 이해와 회귀모형의 사용에 대한 이해가 먼저 필요하다.

1.6 ■ 회귀함수의 추정

회귀함수의 모수추정을 위해 사용되는 관측자료 혹은 실험자료는 설명변수 혹은 예측변수 X에 대한 관측값들과 그에 해당하는 반응변수 Y의 관측값들로 이루어진다. 각 시행(관측)에는 X 관측값과 Y 관측값이 있다. (X, Y) 관측값의 첫 번째 시행을 (X_1, Y_1), 두 번째 시행을 (X_2, Y_2), 그리고 일반적으로 $i = 1, \ldots, n$일때 i번째 시행을 (X_i, Y_i)로 표기한다.

예 인내심에 관한 소규모 연구에서 실험자가 세 명의 피험자에게 매우 어려운 과제를 할당하였다. 피험자의 나이(X)와 과제를 완수하기 위한 시도 횟수(Y)에 대한 자료는 다음과 같다.

피험자 i:	1	2	3
나이 X_i:	20	55	30
시도 횟수 Y_i:	5	12	10

표기법을 적용해 보면 이 연구는 $n = 3$ 피험자가 있었고 첫 번째 피험자에 대한 관측값은 $(X_1, Y_1) = (20, 5)$였으며 다른 피험자들에 대한 관측값들도 비슷하게 표현된다.

최소제곱법

회귀모수 β_0와 β_1의 '좋은' 추정량을 찾기 위해서는 **최소제곱법**(method of least squares)을 이용한다. 최소제곱법은 각 시행의 관측값들 (X_i, Y_i)에 대해 기댓값으로부터 Y_i까지의 편차를 고려한다.

$$Y_i - (\beta_0 + \beta_1 X_i) \tag{1.7}$$

특히 최소제곱법은 n개의 오차제곱의 합을 필요로 한다. 이 기준은 Q라고 표기한다.

$$Q = \sum_{i=1}^{n}(Y_i - \beta_0 - \beta_1 X_i)^2 \qquad \textbf{(1.8)}$$

최소제곱법은 주어진 표본 관측값 $(X_1, Y_1), (X_2, Y_2), \ldots, (X_n, Y_n)$에 대해 기준 Q를 최소화하는 b_0와 b_1을 β_0와 β_1의 추정량으로 얻는 것이다.

예 그림 1.9a는 인내심 연구 예의 자료의 산점도와 반응들의 평균 9.0을 예측변수로 사용하고 X를 무시하였을 때 도출되는 회귀식을 나타낸 것이다.

$$\hat{Y} = 9.0 + 0(X)$$

이 회귀식이 추정값 $b_0 = 9.0$과 $b_1 = 0$을 이용하며 추정한 회귀선의 좌표를 $\hat{Y}$(Y-햇, Y-hat)으로 표기한 것에 주목하자. 회귀선은 적합이 좋지 않다. 두 개의 Y 관측값과 각각에 해당하는 회귀식의 $\hat{Y}$의 좌표들 사이의 큰 수직적 편차를 볼 수 있다. 첫 번째 피험자 $(X_1, Y_1) = (20, 5)$의 편차는

$$Y_1 - (b_0 + b_1 X_1) = 5 - [9.0 + 0(20)] = 5 - 9.0 = -4$$

세 가지 관측값에 대한 편차제곱의 합은

$$Q = (5 - 9.0)^2 + (12 - 9.0)^2 + (10 - 9.0)^2 = 26.0$$

그림 1.9b는 같은 자료를 다음과 같은 회귀식과 함께 보여 준다.

$$\hat{Y} = 2.81 + .177X$$

회귀선의 적합성이 개선되었다는 것을 명백히 알 수 있다. 첫 번째 관측값에 대한 수직적 편차는 이제 다음과 같다.

$$Y_1 - (b_0 + b_1 X_1) = 5 - [2.81 + .177(20)] = 5 - 6.35 = -1.35$$

또한 기준 Q는 훨씬 줄어들었다.

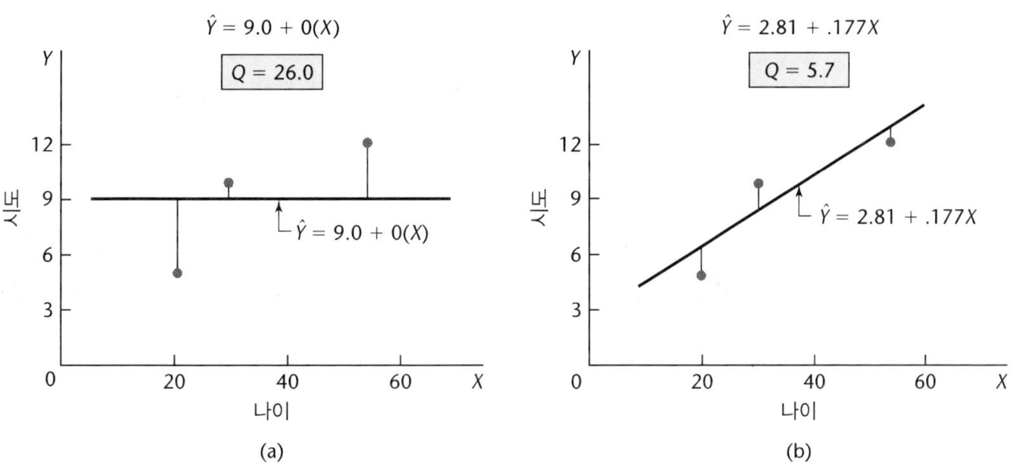

그림 1.9 회귀선의 적합을 위한 최소제곱 기준 Q의 예시 그림 – 인내심 연구 예

$$Q = (5 - 6.35)^2 + (12 - 12.55)^2 + (10 - 8.12)^2 = 5.7$$

그러므로 자료에 더 적합한 회귀선은 더 작은 오차제곱의 합을 가진 Q와 부합하는 것을 알 수 있다.

최소제곱법의 목적은 Q를 최소화되도록 하는 미지의 모수 β_0와 β_1의 추정값 b_0와 b_1을 찾는 것이다. 이 추정값들은 선형회귀함수를 적합하게 추정할 것이다. 그림 1.9b의 회귀선은 최소제곱회귀선이다.

최소제곱추정량. 다음과 같은 두 가지 기본적인 방법을 통해 최소제곱 기준을 만족하는 추정량 b_0와 b_1을 찾을 수 있다.

1. 수치적 탐색 절차를 사용할 수 있다. 이 방법은 Q를 최소화하는 추정값 b_0와 b_1을 찾을 때까지 다른 추정값 b_0와 b_1들을 최소제곱 기준 Q에 대하여 체계적으로 평가하는 방법이다. 이 접근법을 인내성 연구 예에 대한 그림 1.9에 나타내었다.
2. 분석적 절차는 Q를 최소화하는 추정값 b_0와 b_1을 찾기 위한 방법으로 자주 사용된다. 회귀모형이 수학적으로 복잡하지 않을 때 분석적 절차를 이용할 수 있다.

분석적 절차를 이용하였을 때 어떤 특정 표본 자료의 회귀모형 (1.1)의 Q를 최소화하는 b_0와 b_1의 값은 다음과 같은 연립방정식으로 주어진다.

$$\sum Y_i = nb_0 + b_1 \sum X_i \tag{1.9a}$$

$$\sum X_i Y_i = b_0 \sum X_i + b_1 \sum X_i^2 \tag{1.9b}$$

식 (1.9a)와 (1.9b)는 **정규방정식**(normal equation)이라고 한다. b_0와 b_1은 각각 β_0와 β_1의 **점추정량**(point estimators)이다.

정규방정식 (1.9)를 b_0와 b_1에 대하여 정리하면 다음과 같다.

$$b_1 = \frac{\sum(X_i - \bar{X})(Y_i - \bar{Y})}{\sum(X_i - \bar{X})^2} \tag{1.10a}$$

$$b_0 = \frac{1}{n}\left(\sum Y_i - b_1 \sum X_i\right) = \bar{Y} - b_1\bar{X} \tag{1.10b}$$

여기서 $\bar{X}$와 $\bar{Y}$는 각각 관측값 X_i와 Y_i의 평균이다. b_0와 b_1의 정확한 값을 얻기 위해 컴퓨터를 이용한 계산은 많은 자릿수를 사용한다.

부연설명

정규방정식 (1.9)는 미적분을 이용하여 도출할 수 있다. 주어진 표본 관측값(X_i, Y_i)에 대한 (1.8)의 Q는 β_0와 β_1의 함수이다. β_0와 β_1의 값을 최소화하는 Q는 (1.8)을 β_0와 β_1에 대해 미분하여 도출할 수 있다.

$$\frac{\partial Q}{\partial \beta_0} = -2\sum(Y_i - \beta_0 - \beta_1 X_i)$$

$$\frac{\partial Q}{\partial \beta_1} = -2\sum X_i(Y_i - \beta_0 - \beta_1 X_i)$$

그 다음 편도함수를 0으로 놓고 Q를 최소화하는 값 b_0와 b_1을 β_0와 β_1에 대입하면 다음과 같은 식을 도출할 수 있다.

$$-2\sum(Y_i - b_0 - b_1X_i) = 0$$
$$-2\sum X_i(Y_i - b_0 - b_1X_i) = 0$$

식을 간단히 하면

$$\sum_{i=1}^{n}(Y_i - b_0 - b_1X_i) = 0$$
$$\sum_{i=1}^{n}X_i(Y_i - b_0 - b_1X_i) = 0$$

식을 확장하면

$$\sum Y_i - nb_0 - b_1\sum X_i = 0$$
$$\sum X_iY_i - b_0\sum X_i - b_1\sum X_i^2 = 0$$

여기서 항을 정리하면 정규방정식 (1.9)가 된다.

이차편도함수의 검정을 통해 최소제곱추정량 b_0와 b_1이 Q를 최소화시키는 값이라는 것을 확인할 수 있다. ■

최소제곱추정량의 특성. 중요한 정리인 가우스-마코프 정리(Gauss-Markov theorem)는 다음과 같다.

> 회귀모형 (1.1)의 조건하에서,
> (1.10)의 최소제곱추정량 b_0와 b_1은 비편향이고 **(1.11)**
> 모든 비편향선형추정량 중에서 가장 분산이 작다.

다음 장에서 증명하는 이 정리는 먼저 b_0와 b_1이 비편향(unbiased)추정량이라고 명시한다. 그러므로

$$E\{b_0\} = \beta_0 \qquad E\{b_1\} = \beta_1$$

따라서 어느 추정량도 체계적으로 과대 추정하거나 과소 추정하지 않는다.

둘째, 이 정리는 추정량 b_0와 b_1이 모든 관측값 $Y_1, \ldots, Y_n$의 비편향선형추정량 중에서 가장 정확하다고 명시한다. 즉, 추정량 b_0와 b_1의 표집분포의 변동성이 다른 선형식의 비편향추정량의 표집분포보다 더 작다고 명시한다. 추정량 b_0와 b_1은 Y_i에 대한 선형 함수이다. b_1의 경우를 고려해 보자. (1.10a)에서

$$b_1 = \frac{\sum(X_i - \bar{X})(Y_i - \bar{Y})}{\sum(X_i - \bar{X})^2}$$

이다. 2장에서 이 표현이 다음의 표현과 같다는 것을 보인다.

$$b_1 = \frac{\sum(X_i - \bar{X})Y_i}{\sum(X_i - \bar{X})^2} = \sum k_iY_i$$

여기서

$$k_i = \frac{X_i - \bar{X}}{\sum(X_i - \bar{X})^2}$$

k_i가 알려진 상수이므로(X_i가 알려진 상수값이기 때문에), b_1은 Y_i의 선형결합이다. 따라서 b_1은 선형추정량이다.

b_0가 선형추정량임을 동일한 방법으로 보일 수 있다. X의 수준이 유지되는 반복 표본에서 모든 비편향인 선형추정량 중에 b_0와 b_1이 가장 작은 변동성을 갖는다.

예 Toluca Company는 냉동시설과 다양한 대체부품을 제조한다. 과거에는 하나의 대체부품이 정기적으로 다양한 로트(lot) 크기로 제조되었다. 비용개선방안에 착수한 이후로 회사 간부들은 이 부품을 제조할 때의 최적의 로트 크기를 알고자 한다. 이 부품을 생산하기 위해서는 생산 공정을 수립하고 가공과 조립과정이 필요하다. 이때 생산 공정의 수립은 로트 크기와 상관없이 행해져야 하는 과정이다. 최적의 로트 크기를 알아내기 위한 모형의 주요 정보는 로트 크기와 로트를 생산하기 위한 작업시간 사이의 관계이다. 이 관계를 결정하기 위해서 25번의 생산시행의 로트 크기와 작업시간에 대한 자료를 사용하였다. 생산 조건은 25번 시행된 6개월의 기간 동안 동일하였으며, 비용개선방안이 적용되는 앞으로의 3년 계획 기간 동안 동일할 것으로 예측된다.

표 1.1은 자료의 일부분을 포함하며 첫 번째 열은 로트 크기를, 두 번째 열은 작업시간을 나타낸다. 부품 생산 관리 과정을 효과적으로 하기 위한 회사 정책에 따라 모든 로트 크기가 10의 배수라는 점에 주목하자. 그림 1.10a는 SYSTAT 패키지로 그린 자료의 산점도를 나타낸다. 로트 크기는 20에서 120 단위 사이에 존재하며 크기가 유난히 크거나 작은 극단치는 없다. 또한 산점도는 로트 크기와 작업시간 사이의 관계가 상당히 선형임을 보여 준다. 로트 크기와 작업시간의 관계와 관련하여 작업시간의 값들 중 유난히 크거나 작은 값은 없는 것으로 보인다.

(1.10)으로 최소제곱추정량 b_0와 b_1을 계산하기 위해서는 편차 $X_i - \bar{X}$와 $Y_i - \bar{Y}$가 필요하다. 이 값들은 각각 표 1.1의 3열과 4열에 있다. 또한 교차곱항 $(X_i - \bar{X})(Y_i - \bar{Y})$과 편차 제곱

시행 i	(1) 로트 크기 X_i	(2) 작업 시간 Y_i	(3) $X_i - \bar{X}$	(4) $Y_i - \bar{Y}$	(5) $(X_i - \bar{X})(Y_i - \bar{Y})$	(6) $(X_i - \bar{X})^2$	(7) $(Y_i - \bar{Y})^2$
1	80	399	10	86.72	867.2	100	7,520.4
2	30	121	−40	−191.28	7,651.2	1,600	36,588.0
3	50	221	−20	−91.28	1,825.6	400	8,332.0
···	···	···	···	···	···	···	···
23	40	244	−30	−68.28	2,048.4	900	4,662.2
24	80	342	10	29.72	297.2	100	883.3
25	70	323	0	10.72	0.0	0	114.9
합계	1,750	7,807	0	0	70,690	19,800	307,203
평균	70.0	312.28					

표 1.1 로트 크기, 작업시간에 대한 자료와 최소제곱추정값을 구하기 위해 필요한 계산 – Toluca Company 예

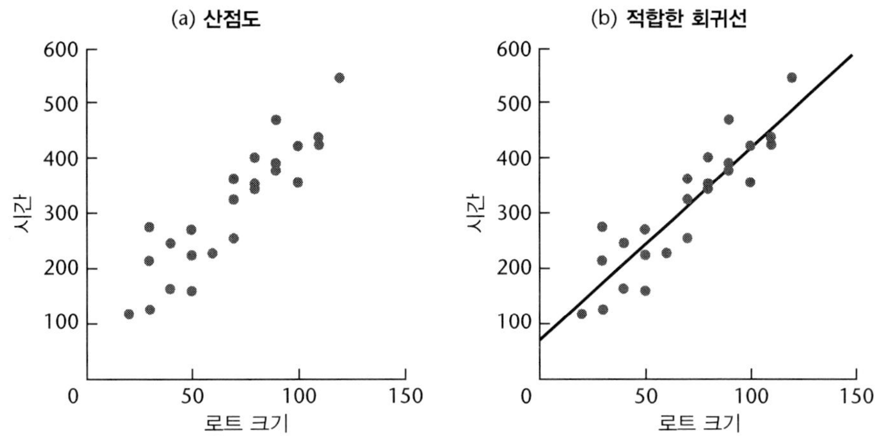

그림 1.10 SYSTAT 산점도와 적합한 회귀선 – Toluca Company 예

항 $(X_i - \bar{X})^2$은 각각 5열과 6열에 있다. 이후에 사용되는 편차 제곱항 $(Y_i - \bar{Y})^2$은 7열에 있다.

표 1.1을 참고하여 최소제곱추정값을 계산하기 위한 기본적인 값들을 다음과 같이 구할 수 있다.

$$\sum(X_i - \bar{X})(Y_i - \bar{Y}) = 70{,}690$$
$$\sum(X_i - \bar{X})^2 = 19{,}800$$
$$\bar{X} = 70.0$$
$$\bar{Y} = 312.28$$

(1.10)을 이용하면

$$b_1 = \frac{\sum(X_i - \bar{X})(Y_i - \bar{Y})}{\sum(X_i - \bar{X})^2} = \frac{70{,}690}{19{,}800} = 3.5702$$
$$b_0 = \bar{Y} - b_1\bar{X} = 312.28 - 3.5702(70.0) = 62.37$$

그러므로 생산된 로트 크기가 1단위 증가할 때 평균 작업시간이 3.57시간 증가한다고 예측할 수 있다. 이 추정값은 20 ~ 120의 범위에 있는 로트 크기 자료에 적용된다.

그림 1.11은 Toluca Company 예의 MINITAB 회귀 결과물의 일부분이다. 추정값 b_0와 b_1은 Coef 열에 Constant와 X 행에 있다. 그림 1.11에 나와 있는 다른 내용은 나중에 설명할 것이다.

```
The regression equation is
Y = 62.4 + 3.57 X

Predictor       Coef      Stdev    t-ratio        p
Constant       62.37      26.18       2.38    0.026
X             3.5702     0.3470      10.29    0.000

s = 48.82       R-sq = 82.2%      R-sq(adj) = 81.4%
```

그림 1.11 MINITAB 회귀분석 출력물의 일부분 – Toluca Company 예

평균반응의 점추정

추정된 회귀함수. (1.3)의 회귀함수

$$E\{Y\} = \beta_0 + \beta_1 X$$

에서의 모수들에 대한 표본추정량 b_0와 b_1이 주어지면 다음과 같이 회귀함수를 추정한다.

$$\hat{Y} = b_0 + b_1 X \tag{1.12}$$

여기서 $\hat{Y}$('Y햇(hat)'이라고 읽는다)은 예측변수의 X 수준에서 추정된 회귀함수 값이다.

반응변수의 값(value)을 **반응**(response), $E\{Y\}$를 **평균반응**(mean response)이라고 한다. 따라서 평균반응은 예측변수의 X 수준에 해당하는 Y의 확률분포의 평균을 의미한다. $\hat{Y}$은 예측변수의 수준이 X일 때 평균반응의 점추정량이다. 이는 $\hat{Y}$이 $E\{Y\}$의 많은 비편향선형 추정량들 중 최소분산을 갖는 비편향추정량인 점에서 가우스-마코프 정리 (1.11)의 확장으로 볼 수 있다.

회귀분석에서의 시행들에 대해 $\hat{Y}_i$을

$$\hat{Y}_i = b_0 + b_1 X_i \qquad i = 1, \ldots, n \tag{1.13}$$

앞으로는 i번째 시행에 대한 **적합값**(fitted value)이라고 할 것이다. 따라서 적합값 $\hat{Y}_i$는 관측값(observed value) Y_i와 구별된다.

예 앞선 Toluca Company 예에서 회귀계수들에 대한 최소제곱추정값들이 다음과 같음을 보았다.

$$b_0 = 62.37 \qquad b_1 = 3.5702$$

따라서 추정된 회귀함수는 다음 식과 같다.

$$\hat{Y} = 62.37 + 3.5702X$$

이 추정된 회귀함수는 그림 1.10b에 그려져 있다. 그림이 로트 크기와 작업시간 사이에 통계적 관계를 잘 묘사한 것으로 보인다.

예측변수의 어떠한 수준 X에 관한 평균반응을 추정하기 위해, 그 X의 값을 추정된 회귀함수에 넣는다. 로트 크기 $X = 65$일 때 필요한 평균 작업시간에 관심이 있다고 가정해 보자. 점추정량은 다음과 같다.

$$\hat{Y} = 62.37 + 3.5702(65) = 294.4$$

그러므로 $X = 65$ 단위 생산에 필요한 평균 작업시간을 294.4시간으로 추정한다. 이를 만약 많은 65 단위 로트들이 회귀함수 추정의 바탕이 되는 25번의 운전 조건하에서 생산된다면, 이 로트들에 대한 평균 작업시간이 약 294시간인 것으로 해석한다. 모형의 오차항으로 표현한 생산 시스템에 내재된 변동 때문에, 크기 65인 특정한 로트에 대한 작업시간은 평균반응보다 길거나 짧을 수 있다.

표본 시행에 대한 적합값은 적절한 X값을 추정된 회귀함수에 대체하여 얻는다. 첫 번째 표본 시행은 $X_1 = 80$이다. 따라서 이 첫 번째 시행에 대한 적합값은 다음과 같다.

$$\hat{Y}_1 = 62.37 + 3.5702(80) = 347.98$$

이는 관측된 작업시간인 $Y_1 = 399$와 비교되는 값이다. Toluca Company 자료 일부에 대한 관측값과 적합값은 표 1.2의 2, 3열에 각각 나와 있다.

대안 모형 (1.6). 대안 회귀모형 (1.6)은

$$Y_i = \beta_0^* + \beta_1(X_i - \bar{X}) + \varepsilon_i$$

을 사용한다면, β_1에 대한 최소제곱추정량 b_1은 이전과 동일하다. $\beta_0^* = \beta_0 + \beta_1\bar{X}$에 대한 최소제곱추정량은 (1.10b)에 의해 아래와 같이 표현된다.

$$b_0^* = b_0 + b_1\bar{X} = (\bar{Y} - b_1\bar{X}) + b_1\bar{X} = \bar{Y} \tag{1.14}$$

그러므로 대안 모형 (1.6)의 추정된 회귀함수는 다음과 같다.

$$\hat{Y} = \bar{Y} + b_1(X - \bar{X}) \tag{1.15}$$

Toluca Company 예에서, $\bar{Y} = 312.28$, $\bar{X} = 70.0$이다(표 1.1). 따라서 추정된 회귀함수의 대안 형태는

$$\hat{Y} = 312.28 + 3.5702(X - 70.0)$$

이다. 예에서 첫 번째 로트는 $X_1 = 80$이다. 그러므로 평균반응을 다음과 같이 추정하며, 이는 당연히 앞에서 보았던 결과와 동일하다.

$$\hat{Y}_1 = 312.28 + 3.5702(80 - 70.0) = 347.98$$

잔차

i번째 **잔차**(residual)는 관측된 값 Y_i와 그에 대응하는 적합값 $\hat{Y}_i$ 사이의 차이이다. 이러한 잔차는 e_i로 표기되며 일반적으로 다음과 같이 정의된다.

시행 i	(1) 로트 크기 X_i	(2) 작업 시간 Y_i	(3) 추정된 평균 반응 $\hat{Y}_i$	(4) 잔차 $Y_i - \hat{Y}_i = e_i$	(5) 잔차 제곱합 $(Y_i - \hat{Y}_i)^2 = e_i^2$
1	80	399	347.98	51.02	2,603.0
2	30	121	169.47	−48.47	2,349.3
3	50	221	240.88	−19.88	395.2
⋯	⋯	⋯	⋯	⋯	⋯
23	40	244	205.17	38.83	1,507.8
24	80	342	347.98	−5.98	35.8
25	70	323	312.28	10.72	114.9
합계	1,750	7,807	7,807	0	54,825

표 1.2 적합값, 잔차, 잔차제곱합 – Toluca Company 예

$$e_i = Y_i - \hat{Y}_i \tag{1.16}$$

회귀모형 (1.1)에서 잔차 e_i는

$$e_i = Y_i - (b_0 + b_1 X_i) = Y_i - b_0 - b_1 X_i \tag{1.16a}$$

이다.

Toluca Company 예에서의 잔차 계산은 표 1.2에 자료의 일부에 한해 제시되어 있다. 첫 번째 시행에 대한 잔차는 다음과 같다.

$$e_1 = Y_1 - \hat{Y}_1 = 399 - 347.98 = 51.02$$

첫 두 시행에 대한 잔차는 그림 1.12의 그래프에 나와 있다. 이 그림에서 잔차의 크기는 관측값 Y_i로부터 추정된 회귀함수 위의 대응되는 점까지의(즉, 대응되는 적합값 $\hat{Y}_i$까지) 수직 편차로 나타남을 주목하라.

모형 오차항 값 $\varepsilon_i = Y_i - E\{Y_i\}$와 잔차 $e_i = Y_i - \hat{Y}_i$를 구별할 필요가 있다. 전자는 알려져 있지 않은 참 회귀선으로부터 Y_i까지의 수직 편차를 말하며, 따라서 알 수 없는 값이다. 반면에 잔차는 추정된 회귀선 위의 적합값 $\hat{Y}_i$로부터 Y_i의 수직 편차이므로 계산할 수 있는 값이다.

잔차는 주어진 회귀모형이 자료에 적합한지 판단하는 데 매우 유용하며, 3장에서 살펴볼 것이다.

적합된 회귀선의 성질

최소제곱법에 의해 추정된 회귀선 (1.12)는 주목할 만한 여러 성질들을 지니고 있다. 최소제곱으로 추정된 회귀함수의 이러한 성질들은 모든 회귀모형에 적용되지 않는데, 이는 4장에서 살펴볼 것이다.

1. 잔차의 합은 0이다.

$$\sum_{i=1}^{n} e_i = 0 \tag{1.17}$$

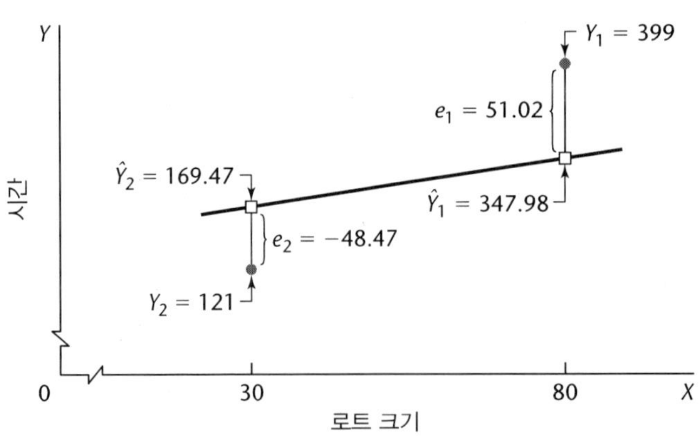

그림 1.12 잔차그림 – Toluca Company 예

표 1.2의 4열은 Toluca Company 예에서의 이러한 성질을 나타낸다. 버림오차가 존재할 수 있어서 잔차의 합이 정확히 0이 되지 않을 수도 있다.

2. 잔차제곱의 합 $\sum e_i^2$은 최솟값이다. 이는 (1.8)에서 최소화되어야 하는 척도 Q가 최소제곱추정량 b_0, b_1이 β_0, β_1을 추정하는 데 사용될 때 $\sum e_i^2$로 되기 때문이다.
3. 관측값 Y_i들의 합은 적합값 $\hat{Y}_i$들의 합과 같다.

$$\sum_{i=1}^{n} Y_i = \sum_{i=1}^{n} \hat{Y}_i \tag{1.18}$$

Toluca Company 예에서의 이 성질은 표 1.2의 2, 3열에 나타나 있다. 이러한 성질로 인해 적합값 $\hat{Y}_i$들의 평균과 관측값 Y_i들의 평균, 즉 $\bar{Y}$는 동일하다.

4. i번째 시행에서의 잔차가 i번째 예측변수의 수준으로 가중될 때, 가중 잔차들의 합은 0이다.

$$\sum_{i=1}^{n} X_i e_i = 0 \tag{1.19}$$

5. 성질 (1.17)과 (1.19)로 인해, i번째 시행에서의 잔차가 i번째 반응변수에 대한 적합값으로 가중될 때 가중된 잔차들의 합은 0이다.

$$\sum_{i=1}^{n} \hat{Y}_i e_i = 0 \tag{1.20}$$

6. 회귀선은 항상 점 $(\bar{X}, \bar{Y})$를 지난다.

부연설명

직합된 회귀신의 6가지 성질들은 (1.9)외 최소제곱 정규방정식에서도 직접적으로 유도해 낼 수 있다. 예를 들어 (1.17)의 성질 1은 다음과 같이 증명된다.

$$\begin{aligned}\sum e_i &= \sum (Y_i - b_0 - b_1 X_i) = \sum Y_i - nb_0 - b_1 \sum X_i \\ &= 0 \qquad \text{(1.9a)의 첫 번째 정규방정식에 의해}\end{aligned}$$

회귀선이 항상 점 $(\bar{X}, \bar{Y})$를 지난다는 성질 6은 추정된 회귀선의 다른 형태인 (1.15)에 의해 쉽게 설명될 수 있다. $X = \bar{X}$일 때 다음처럼 쓸 수 있다.

$$\hat{Y} = \bar{Y} + b_1(X - \bar{X}) = \bar{Y} + b_1(\bar{X} - \bar{X}) = \bar{Y}$$

■

1.7 ■ 오차항 분산 σ^2의 추정

회귀모형 (1.1)의 오차항 ε_i의 분산 σ^2은 Y의 확률분포의 변동성에 대한 지표를 얻기 위해 추정될 필요가 있다. 더불어, 다음 장에서 보겠지만 회귀함수와 Y의 예측에 대한 다양한 추론들은 σ^2의 추정값을 필요로 한다.

σ^2에 대한 점추정량

회귀모형 (1.1)의 σ^2 추정량을 도출하기에 앞서, 먼저 하나의 모집단에서 표본추출을 하는 간단한 문제를 생각해 보자.

하나의 모집단. 하나의 모집단 분산 σ^2은 표본분산 s^2으로 추정됨을 우리는 알고 있다. 표본분산 s^2을 얻기 위해서 추정된 평균 $\bar{Y}$과 관측값 Y_i의 편차를 고려한 후 제곱하고, 그와 같은 모든 편차제곱들을 더한다.

$$\sum_{i=1}^{n}(Y_i - \bar{Y})^2$$

이러한 합을 **제곱합**(sum of squares)이라고 한다. 제곱합은 그에 상응하는 자유도로 나누어지게 된다. 알려지지 않은 모평균 μ를 그에 대한 추정값 $\bar{Y}$으로 대체함으로써 자유도 하나를 잃어버리기 때문에 여기서 자유도는 $n-1$이다. 결과로 나타나는 추정량은 보통의 표본분산

$$s^2 = \frac{\sum_{i=1}^{n}(Y_i - \bar{Y})^2}{n-1}$$

이며, 이는 무한 모집단의 분산 σ^2에 대한 비편향추정량이다. 제곱합이 그에 상응하는 자유도로 나누어진 형태이기 때문에, 표본분산은 **평균제곱**(mean square)이라고도 한다.

회귀모형. 회귀모형에서의 σ^2에 대한 추정량을 구하는 논리는 하나의 모집단에서 표본추출을 하는 것과 동일하다. 회귀모형 (1.1)에서의 각 관측값 Y_i에 대한 분산은 σ^2이며, 이는 오차항 ε_i의 분산과 동일하므로 이 둘의 관계를 (1.4)로부터 상기해 보자. 편차제곱합을 다시금 계산할 필요가 있지만, Y_i가 수준 X_i에 의존하며 평균들이 다른 확률분포들에서 온 것임을 알아야 한다. 그러므로 관측값 Y_i의 편차는 그 자신의 추정된 평균 $\hat{Y}_i$ 근방에서 계산되어야 한다. 따라서 편차는 곧 잔차이다.

$$Y_i - \hat{Y}_i = e_i$$

또한 이에 해당하는 제곱합은 SSE로 표기하며 다음과 같다.

$$SSE = \sum_{i=1}^{n}(Y_i - \hat{Y}_i)^2 = \sum_{i=1}^{n} e_i^2 \tag{1.21}$$

여기서 SSE는 **오차제곱합**(error sum of squares) 혹은 **잔차제곱합**(residual sum of squares)을 의미한다.

제곱합 SSE는 그에 대응하는 $n-2$의 자유도를 가진다. 추정된 평균 $\hat{Y}_i$를 얻는데 β_0, β_1 모두 추정되어야 하므로 두 개의 자유도를 잃었다. 따라서 이에 부합하는 평균제곱은 MSE나 s^2으로 표기되며, 다음과 같다.

$$s^2 = MSE = \frac{SSE}{n-2} = \frac{\sum(Y_i - \hat{Y}_i)^2}{n-2} = \frac{\sum e_i^2}{n-2} \tag{1.22}$$

여기서 MSE는 **오차평균제곱**(error mean square) 또는 **잔차평균제곱**(residual mean square)을 의미한다.

MSE가 회귀모형 (1.1)의 σ^2에 대한 비편향추정량임을 보일 수 있다.

$$E\{MSE\} = \sigma^2 \tag{1.23}$$

표준편차 σ에 대한 추정량은 간단히 $s = \sqrt{MSE}$, 즉 MSE의 양의 제곱근이다.

예 Toluca Company 예에서의 SSE를 (1.21)을 이용해 계산해 보자. 잔차는 표 1.2의 4열에 계산되어 있다. 표의 5열에 잔차제곱이 있다. 이러한 결과들로부터 다음을 얻는다.

$$SSE = 54{,}825$$

SSE에 해당하는 자유도가 25 − 2 = 23이므로 다음을 얻는다.

$$s^2 = MSE = \frac{54{,}825}{23} = 2{,}384$$

마지막으로 σ의 점추정값, 즉 X가 어떤 값이든 그에 해당하는 Y의 확률분포의 표준편차는 $s = \sqrt{2{,}384} = 48.8$시간이다.

로트 크기가 $X = 65$단위였던 시행을 다시 한 번 고려해 보자. 앞서 이 로트 크기에 해당하는 Y의 확률분포의 평균이 294.4시간으로 추정됨을 보았다. 이제 이 분포의 표준편차가 48.8시간으로 추정된다는 부가적인 정보가 있다. 이 추정값은 그림 1.11의 MINITAB 결과에 s로 표시되어 나타나 있다. 로트 65단위에서 각 로트 사이 작업시간의 변동성(48.8시간)은 분포의 평균(294.4시간)과 비교해 봤을 때 꽤 큰 값이다.

1.8 ■ 정규오차회귀모형

오차항 ε_i의 분포 형태가(따라서 Y_i의 분포 형태 또한) 어떻든, 최소제곱법은 β_0, β_1에 대해 다른 모든 비편향선형추정량들 중 최소분산을 갖는 비편향점추정량을 제공한다. 그러나 구간추정과 검정을 수행하기 위해 ε_i의 분포 형태에 대한 가정이 필요하다. 일반적인 가정은 오차항 ε_i가 정규분포를 따른다는 것이며 우리도 그것을 사용하도록 하겠다. 정규오차항은 회귀분석 이론을 매우 간단하게 만들며, 곧 설명하겠지만 회귀분석이 적용되는 많은 실제 시행들에서 정당화될 수 있다.

모형

정규오차회귀모형은 다음과 같다.

$$Y_i = \beta_0 + \beta_1 X_i + \varepsilon_i \tag{1.24}$$

여기서

Y_i는 i번째 시행에서의 관측된 반응이다.
X_i는 알려진 상수이며 i번째 시행에서 예측변수의 수준이다.
β_0, β_1은 모수들이다.
ε_i는 서로 독립이며 $N(0, \sigma^2)$를 따른다.
$i = 1, \ldots, n$

부연설명

1. $N(0, \sigma^2)$는 평균이 0이고 분산이 σ^2인 정규분포를 의미한다.
2. 정규오차모형 (1.24)는 모형 (1.24)가 오차 ε_i는 정규분포를 따른다고 가정하는 것을 제외하고는, 오차분포가 정해지지 않은 회귀모형 (1.1)과 동일하다.
3. 회귀모형 (1.24)는 오차들이 정규분포를 따른다는 것을 가정하기 때문에, 회귀모형 (1.1)에서의 ε_i 간의 무상관 가정은 정규오차모형에서 독립성의 가정이 된다. 따라서 어떤 한 시행에서의 결과는 그것이 양이든 음이든, 크든 작든 간에 다른 어떤 시행의 오차항에 아무 영향을 미치지 않는다.
4. 회귀모형 (1.24)는 Y_i들이 평균이 $E\{Y_i\} = \beta_0 + \beta_1 X_i$이고, 분산이 σ^2인 서로 독립적인 정규확률변수들임을 의미한다. 그림 1.6은 이러한 정규오차모형의 그림이다. 그림 1.6에서 Y의 각 확률분포들은 일정한 변동성을 가지며 정규분포를 따르고, 회귀함수는 선형이다.
5. 오차항에 대한 정규 가정은 반응에 일정 영향을 미치고 변수 X와 관계없이 무작위로 변하는, 모형에서 빠진 요인들의 효과를 오차항이 주로 대변한다는 점에서 많은 경우에 정당화될 수 있다. 예를 들어 Toluca Company 예에서, 마지막 생산 운전 이후의 시간 경과나 사용된 특정 기계, 계절, 고용된 직원 같은 요인들의 효과는 로트 크기와 독립적으로 운전마다 다소 무작위로 변할 수 있다. 또한, 필요한 시간 Y를 기록하는 데 확률적 측정오차가 있을 수 있다. 이러한 확률적 효과들이 어느 정도 상호 독립성을 갖는 범위에서, 이런 모든 요인을 나타내는 복합 오차항 ε_i는 중심극한정리에 부합하는 경향이 있을 수 있고, 오차항 분포는 요인효과의 수가 커질수록 정규성을 만족할 수 있다.

   오차항의 정규성 가정을 자주 정당화할 수 있는 두 번째 이유는, 다음 장에서 배울 추정과 검정 절차가 t분포에 근거하고 있고, 정규성을 많이 벗어날 때에만 주로 민감하게 반응하기 때문이다. 그러므로, 특히 왜도 측면에서 정규성에서 심각하게 벗어나지 않는다면, 실제 신뢰계수와 오차의 위험은 정확한 정규성의 수준에 가까울 것이다. ■

최대가능도법에 의한 모수추정

오차항 확률분포의 함수적 형태가 정해지면, 모수 $\beta_0, \beta_1, \sigma^2$에 대한 추정량은 **최대가능도법**(method of maximum likelihood, 최대우도법)을 통해 얻을 수 있다. 본질적으로 최대가능도법은 모수들의 값 중 표본자료와 가장 부합하는 것을 추정값으로 선택한다. 먼저 간단한 경우인 모수가 하나인 한 모집단에서 추출할 때의 최대가능도법에 대해 설명하겠다. 그 후 이 방법을 회귀모형에 대해 설명하겠다.

하나의 모집단. 표준편차가 $\sigma = 10$으로 알려져 있고 평균은 알려지지 않은 정규모집단 하나를 생각해 보자. $n = 3$인 확률표본은 $Y_1 = 250$, $Y_2 = 265$, $Y_3 = 259$이다. μ가 어떤 값을 취할 때 표본자료와 가장 부합하는지 확인하고 싶다. $\mu = 230$일 때를 생각해 보자. 그림 1.13a는 $\mu = 230$이고 $\sigma = 10$인 정규분포를 나타내며, 또한 세 표본 관측값들의 위치를 보여 준다. 만일 μ가 230이라면 표본 관측값들이 분포의 오른쪽 꼬리에 있음을 주목하자. 이러한 경우는 가능성이 많지 않은 사건이므로 $\mu = 230$은 표본자료와 부합하지 않는다.

그림 1.13b는 μ가 259일 때의 모집단과 표본자료의 위치를 보여 준다. 지금은 관측값들이 분포의 중앙에 위치하며 훨씬 가능성이 있는듯 보인다. 따라서 $\mu = 259$가 $\mu = 230$보다 표본자료와 더 부합한다.

최대가능도법은 Y_i에서의 확률분포의 밀도(즉, Y_i에서의 곡선의 높이)를 관측값 Y_i에 대한 부합 정도의 척도로 사용한다. 예에서의 관측값 Y_1을 생각해 보자. 그림 1.13a에서와 같이 만일 Y_1이 꼬리 부분에 있다면, 곡선의 높이는 낮을 것이다. 그림 1.13b에서와 같이 만일 Y_1이 분포의 중앙에 가깝다면, 높이는 높을 것이다. 부록 A의 (A.34)에 있는 정규확률분포의 밀도함수를 이용하면, 그림 1.13에서의 두 가지 μ에 대한 Y_1의 밀도를(f_1으로 표기한다) 다음과 같이 찾을 수 있다.

$$\mu = 230: \qquad f_1 = \frac{1}{\sqrt{2\pi}(10)} \exp\left[-\frac{1}{2}\left(\frac{250-230}{10}\right)^2\right] = .005399$$

$$\mu = 259: \qquad f_1 = \frac{1}{\sqrt{2\pi}(10)} \exp\left[-\frac{1}{2}\left(\frac{250-259}{10}\right)^2\right] = .026609$$

두 가지 μ에 대한 세 표본 관측값들의 밀도는 다음과 같다.

	$\mu = 230$	$\mu = 259$
f_1	.005399	.026609
f_2	.000087	.033322
f_3	.000595	.039894

최대가능도법은 밀도들의 곱(즉, 여기서는 세 높이의 곱)을 모수값들의 표본자료에 대한 부합 정도의 척도로 사용한다. 이러한 곱은 모수값 μ에 대한 **가능도값**(likelihood value)이라고 하며 $L(\mu)$로 표기한다. 만일 μ값이 표본자료와 부합한다면, 밀도는 상대적

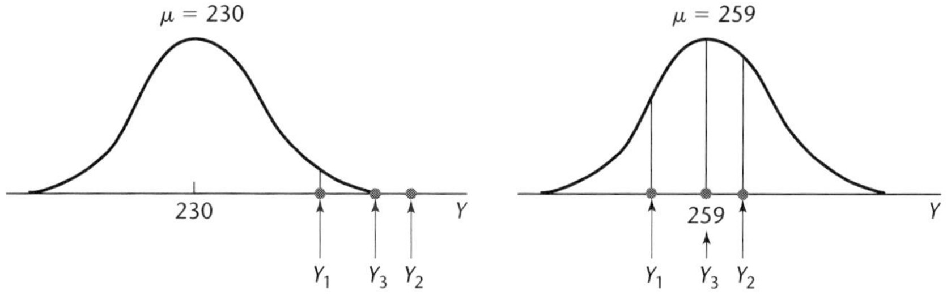

그림 1.13 두 가능한 값에 대한 표본 관측값에 대한 밀도. μ: $Y_1 = 250$, $Y_2 = 265$, $Y_3 = 259$.

으로 클 것이고, 그래서 곱(즉, 가능도값) 또한 클 것이다. 만일 μ값이 자료에 부합하지 않는다면, 밀도는 작을 것이고 곱 $L(\mu)$도 작을 것이다.

지금의 단순한 예에서 두 가지 μ에 대한 가능도값들은 다음과 같다.

$$L(\mu = 230) = (.005399)(.000087)(.000595) = .279 \times 10^{-9}$$
$$L(\mu = 259) = (.026609)(.033322)(.039894) = .0000354$$

가능도값 $L(\mu = 230)$이 아주 작은 수이기 때문에, 소수점 이후 279 이전에 아홉 개의 0이 있다는 과학적 표기법으로 나타내었다. $L(\mu = 230)$이 $L(\mu = 259)$보다 훨씬 작기에, $\mu = 259$가 $\mu = 230$보다 표본자료와 훨씬 더 부합함을 알 수 있다.

최대가능도법은 가능도값이 가장 큰 μ값을 최대가능도추정값으로 선택한다. 최소제곱법에서와 마찬가지로, 최대가능도추정값을 찾는 데에는 두 가지 방법이 있다. 계통적 수치 탐색과 분석적 해의 사용이 그것이다. 어떠한 문제에서는 최대가능도추정량에 대한 분석적 해를 구할 수 있다. 다른 문제에서는 컴퓨터를 이용한 수치적 탐색이 수행되어야만 한다.

지금의 예에서는 분석적 해를 구할 수 있다. 정규모집단에서 μ의 최대가능도추정량이 표본평균 $\bar{Y}$임을 보일 수 있다. 예에서 $\bar{Y} = 258$이므로 μ의 최대가능도추정값은 258이다. $\mu = 258$의 가능도값은 $L(\mu = 258) = .0000359$이며, 이는 앞에서 계산했던 $\mu = 259$의 가능도값 .0000354보다 조금 크다.

밀도들의 곱을 알려지지 않은 모수들의 함수로 생각하는 것을 **가능도함수**(likelihood function)라고 한다. 예에서 $\sigma = 10$이므로 가능도함수는

$$L(\mu) = \left[\frac{1}{\sqrt{2\pi}(10)}\right]^3 \exp\left[-\frac{1}{2}\left(\frac{250-\mu}{10}\right)^2\right] \exp\left[-\frac{1}{2}\left(\frac{265-\mu}{10}\right)^2\right]$$
$$\times \exp\left[-\frac{1}{2}\left(\frac{259-\mu}{10}\right)^2\right]$$

이다. 그림 1.14는 지금 예에 대한 가능도함수를 컴퓨터로 그린 그림이다. 많은 μ값들에 대

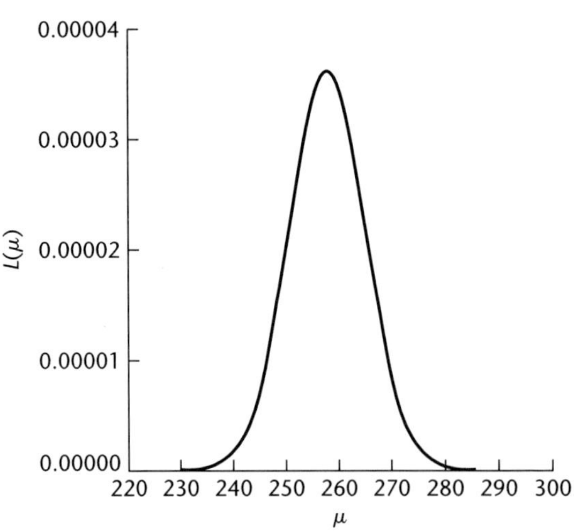

그림 1.14 정규모집단의 평균의 추정을 위한 가능도함수. $Y_1 = 250$, $Y_2 = 265$, $Y_3 = 259$

하여 가능도값 $L(\mu)$들을 계산한 것이다. $\mu = 230$, $\mu = 259$에서의 각 가능도값은 앞에서 계산한 것과 일치함에 주목하자. 또한 $\mu = 258$에서 가능도함수가 최댓값이 됨을 주목하자.

그림 1.14의 가능도함수가 최대가능도추정값 $\bar{Y} = 258$ 근처에서 상대적으로 높이 솟아 있다는 사실은 특히 관심을 끌 만하다. 예를 들어 $\mu = 250$ 또는 $\mu = 266$에 대한 가능도값은 $\mu = 258$에서의 가능도값의 반을 약간 넘은 정도밖에 되지 않음을 주목하자. 이는 최대가능도추정값 $\bar{Y} = 258$ 근처에 있지 않은 μ값이 표본자료와의 부합이 아주 적기 때문에, 여기서의 최대가능도추정값이 상대적으로 명확함을 보이고 있다. 가능도함수가 최대가능도추정값 근처의 넓은 영역에서 상대적으로 평평할 때에는, 많은 모수값들이 최대가능도추정값과 같이 표본자료와 거의 부합하고, 따라서 최대가능도추정값은 상대적으로 불명확하게 된다.

회귀모형. 방금 제시한 모평균에 관한 최대가능도추정의 개념을 정규오차 회귀모형 (1.24)의 모수추정으로 확장한다. 이 모형에서 각 관측값 Y_i는 평균 $\beta_0 + \beta_1 X_i$, 표준편차 σ의 정규분포를 따른다. 여기서 최대가능도추정법을 설명하기 위해, 17쪽의 인내심 연구 예를 고려하자. 문제를 간단하게 하기 위해 $\sigma = 2.5$로 알고 있다고 가정한다. 모수값 $\beta_0 = 0$, $\beta_1 = .5$에 대한 가능도값을 결정하고 싶다. 피험자 1에서 $X_1 = 20$이며, 따라서 확률분포의 평균은 $\beta_0 + \beta_1 X_1 = 0 + .5(20) = 10.0$이 된다. 그림 1.15a는 평균 10.0, 표준편차 2.5인 정규분포를 보여 준다. 관측값 $Y_1 = 5$는 분포의 왼쪽 꼬리에 있고 거기에서의 밀도는 상대적으로 낮다. 두 번째 피험자에서 $X_2 = 55$이며, 따라서 $\beta_0 + \beta_1 X_2 = 27.5$이다. 평균 27.5인

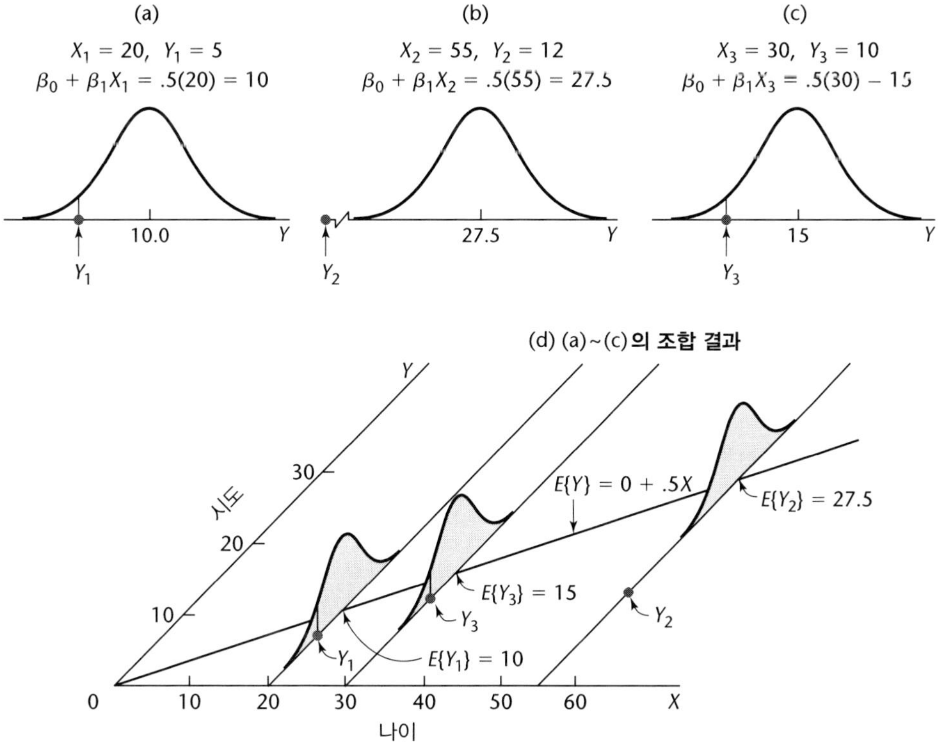

그림 1.15 $\beta_0 = 0$이고 $\beta_1 = 5$일 때의 표본 관측값에 대한 밀도 – 인내심 연구 예

정규분포는 그림 1.15b에 나타나 있다. 관측값 $Y_2 = 12$는 이 시행에서 가장 가능성이 없으며, 거기에서의 밀도는 매우 낮다. 마지막으로 그림 1.15c에서 보듯이 관측값 $Y_3 = 10$ 또한 $\beta_0 = 0, \beta_1 = .5$일 때 분포의 왼쪽 꼬리에 있고, 거기에서의 밀도 역시 상대적으로 낮다.

그림 1.15d는 이러한 모든 정보를 종합한 것이며 회귀함수 $E\{Y\} = 0 + .5X$와 세 가지의 표본 시행들, 세 정규분포들을 보여 준다. 낮은 세 밀도값들에서 나타나듯, 회귀선이 얼마나 형편없이 세 표본 시행들을 적합하는지에 주목하라. 따라서 $\beta_0 = 0, \beta_1 = .5$는 자료와 부합하지 않는 것으로 보인다.

보통의 방법으로 밀도들을(즉, 곡선의 높이들) 계산한다. $Y_1 = 5, X_1 = 20$에 대해서 정규밀도는 $\beta_0 = 0, \beta_1 = .5$일 때 다음과 같다.

$$f_1 = \frac{1}{\sqrt{2\pi}(2.5)} \exp\left[-\frac{1}{2}\left(\frac{5-10.0}{2.5}\right)^2\right] = .021596$$

다른 밀도들은 $f_2 = .7175 \times 10^{-9}$과 $f_3 = .021596$이며, 따라서 $\beta_0 = 0, \beta_1 = .5$에 대한 가능도값은

$$L(\beta_0 = 0, \beta_1 = .5) = (.021596)(.7175 \times 10^{-9})(.021596) = .3346 \times 10^{-12}$$

이다.

일반적으로, 정규오차회귀모형 (1.24)에서의 관측값 Y_i의 밀도는 $E\{Y_i\} = \beta_0 + \beta_1 X_i$, $\sigma^2\{Y_i\} = \sigma^2$인 사실을 이용하면 다음과 같다.

$$f_i = \frac{1}{\sqrt{2\pi}\sigma} \exp\left[-\frac{1}{2}\left(\frac{Y_i - \beta_0 - \beta_1 X_i}{\sigma}\right)^2\right] \tag{1.25}$$

n개의 관측값 $Y_1, Y_2, \ldots, Y_n$에 대한 가능도함수는 (1.25)의 개별 밀도들의 곱이다. 오차항 분산 σ^2이 일반적으로 알려지지 않기 때문에, 가능도함수는 $\beta_0, \beta_1, \sigma^2$ 세 모수들에 대한 함수이다.

$$\begin{aligned} L(\beta_0, \beta_1, \sigma^2) &= \prod_{i=1}^{n} \frac{1}{(2\pi\sigma^2)^{1/2}} \exp\left[-\frac{1}{2\sigma^2}(Y_i - \beta_0 - \beta_1 X_i)^2\right] \\ &= \frac{1}{(2\pi\sigma^2)^{n/2}} \exp\left[-\frac{1}{2\sigma^2}\sum_{i=1}^{n}(Y_i - \beta_0 - \beta_1 X_i)^2\right] \end{aligned} \tag{1.26}$$

이 가능도함수를 최대화하는 $\beta_0, \beta_1, \sigma^2$값들은 최대가능도추정량이며 각각 $\hat{\beta}_0, \hat{\beta}_1, \hat{\sigma}^2$으로 표기한다. 이러한 추정량들은 분석적으로 찾을 수 있으며, 다음과 같다.

모수	최대가능도추정량	
β_0	$\hat{\beta}_0 = b_0$	(1.10b)와 동일
β_1	$\hat{\beta}_1 = b_1$	(1.10a)와 동일
σ^2	$\hat{\sigma}^2 = \frac{\sum(Y_i - \hat{Y}_i)^2}{n}$	

(1.27)

그러므로 β_0, β_1에 대한 최대가능도추정량은 최소제곱법에서 도출한 것과 같은 추정량

이다. 최대가능도추정량 $\hat{\sigma}^2$은 편향되어 있으며, 일반적으로 (1.22)에 주어진 비편향추정량인 *MSE*가 사용된다. 비편향추정량 *MSE*, 즉 s^2은 특히 n이 작지 않을 때 최대가능도추정량 $\hat{\sigma}^2$와 약간만 다름에 주목하자.

$$s^2 = MSE = \frac{n}{n-2}\hat{\sigma}^2 \tag{1.28}$$

예 이제는 인내심 연구 예에서 β_0, β_1의 최대가능도추정값이 그림 1.9b에 제시된 최소제곱추정값과 동일한 $b_0 = 2.81$, $b_1 = .177$임을 알고 있다.

부연설명

1. 최대가능도추정량 $\hat{\beta}_0$, $\hat{\beta}_1$이 최소제곱추정량 b_0, b_1과 동일하므로, 최대가능도추정량은 모든 최소제곱추정량의 성질들을 갖는다.
   a. 최대가능도추정량은 비편향성을 갖는다.
   b. 최대가능도추정량은 모든 비편향선형추정량들 중 가장 작은 분산을 갖는다.
   덧붙여, 정규오차회귀모형 (1.24)의 최대가능도추정량 b_0, b_1은 다음과 같은 다른 바람직한 성질들을 갖는다.
   c. 최대가능도추정량은 (A.52)에 정의된 일치성을 갖는다.
   d. 최대가능도추정량은 (A.53)에 정의된 충분성을 갖는다.
   e. 최대가능도추정량은 비편향 최소분산추정량이다. 즉, (선형이거나 다른 형태의) 모든 비편향추정량들 중 가장 작은 분산을 갖는다.
   따라서 정규오차모형에서 추정량 b_0, b_1은 많은 바람직한 성질들을 갖는다.
2. 가능도함수 L에서 β_0, β_1, σ^2에 대한 편도함수를 취한 후, 각 식들을 0으로 두고 얻어진 연립방정식을 풀어 (1.26)의 가능도함수 L을 최대화시키는 β_0, β_1, σ^2값들을 찾는다. L과 $\log_e L$은 모두 같은 β_0, β_1, σ^2값에서 최대화되므로, L 대신 $\log_e L$로도 계산할 수 있다.

$$\log_e L = -\frac{n}{2}\log_e 2\pi - \frac{n}{2}\log_e \sigma^2 - \frac{1}{2\sigma^2}\sum(Y_i - \beta_0 - \beta_1 X_i)^2 \tag{1.29}$$

   로그가능도함수에 대한 편미분이 더 쉬우며, 다음과 같이 도출된다.

$$\frac{\partial(\log_e L)}{\partial\beta_0} = \frac{1}{\sigma^2}\sum(Y_i - \beta_0 - \beta_1 X_i)$$

$$\frac{\partial(\log_e L)}{\partial\beta_1} = \frac{1}{\sigma^2}\sum X_i(Y_i - \beta_0 - \beta_1 X_i)$$

$$\frac{\partial(\log_e L)}{\partial\sigma^2} = -\frac{n}{2\sigma^2} + \frac{1}{2\sigma^4}\sum(Y_i - \beta_0 - \beta_1 X_i)^2$$

   이제 이 편도함수들을 0으로 두고, β_0, β_1, σ^2을 추정량 $\hat{\beta}_0$, $\hat{\beta}_1$, $\hat{\sigma}^2$로 대체한다. 단순한 계산 후에 다음을 얻게 된다.

$$\sum(Y_i - \hat{\beta}_0 - \hat{\beta}_1 X_i) = 0 \tag{1.30a}$$

$$\sum X_i(Y_i - \hat{\beta}_0 - \hat{\beta}_1 X_i) = 0 \tag{1.30b}$$

$$\frac{\sum(Y_i - \hat{\beta}_0 - \hat{\beta}_1 X_i)^2}{n} = \hat{\sigma}^2 \tag{1.30c}$$

식 (1.30a)와 (1.30b)는 앞의 최소제곱 정규방정식 (1.9)와 동일하며, 식 (1.30c)는 앞서 (1.27)에서 주어졌던 σ^2의 편향추정량이다. ■

인용문헌

1.1. BMDP New System 2.0. Statistical Solutions, Inc.

1.2. MINITAB Release 13. Minitab Inc.

1.3. SAS/STAT Release 8.2. SAS Institute, Inc.

1.4. SPSS 11.5 for Windows. SPSS Inc.

1.5. SYSTAT 10.2. SYSTAT Software, Inc.

1.6. JMP Version 5. SAS Institute, Inc.

1.7. S-Plus 6 for Windows. Insightful Corporation.

1.8. MATLAB 6.5. The MathWorks, Inc.

문제

1.1. 4쪽의 판매량 예를 참고하라. 판매된 상품의 수는 정확히 측정하였으나, 달러 판매액을 잘못 베끼는 오류가 자주 생겼다고 가정하자. 판매된 상품의 수와 달러 판매액 간에 여전히 함수적인 관계가 있는가? 이에 대해 논의하여라.

1.2. 한 건강관리 시설의 회원은 $300의 연간 회비와 각 방문당 $2의 비용을 지불한다. Y를 한 회원당 연간 지불금이라 하고, X를 그 회원의 연간 방문 횟수라고 하자. X와 Y 사이의 관계를 수학적으로 표현하여라. 이는 함수적 관계인가 아니면 통계적 관계인가?

1.3. 어떤 종류의 플라스틱에 대한 경험상, 플라스틱으로 주조된 물품들의 경도[브리넬 단위(Brinell unit)로 측정된](Y)와 주조 과정 종료로부터의 경과시간(X) 간에 어떤 관계가 존재한다. 회귀분석을 이용하여 이러한 관계를 연구해 보자는 제안이 있었다. 토의의 한 참가자가 플라스틱의 경화는 운과는 관계없는 자연적인 화학 반응의 결과이며, 따라서 관계는 수학적이어야 하고 회귀분석은 적합하지 않음을 지적하며 반대하였다. 이 반대의견을 평가하여라.

1.4. 표 1.1에서 로트 크기 X는 생산 시행 1과 24에서 동일하지만, 작업시간 Y는 서로 다르다. 이것은 회귀모형 (1.1)의 어떤 특성으로 설명되는가?

1.5. 단순선형회귀모형에 대해 쓰라고 하였을 때, 어떤 학생이 다음과 같이 적었다. $E\{Y_i\} = \beta_0 + \beta_1 X_i + \varepsilon_i$. 이에 동의하는가?

1.6. 정규오차회귀모형 (1.24)를 상기해 보라. 모수값들이 $\beta_0 = 200$, $\beta_1 = 5.0$, $\sigma = 4$라고 가정하자.

a. 이 정규오차회귀모형을 그림 1.6과 같은 방식으로 그려보아라. $X = 10, 20, 40$에 대해 Y의 분포를 나타내어라.

b. 모수 β_0, β_1의 의미를 설명하여라. 모형의 범위에 $X = 0$이 포함된다고 가정하자.

1.7. 회귀모형 (1.1)에서 모의연습으로 $\beta_0 = 100$, $\beta_1 = 20$, $\sigma^2 = 25$라고 하자. $X = 5$인 경우의 Y에 대해 관측값이 생길 것이다.

a. Y가 195와 205 사이에 있을 정확한 확률을 말할 수 있는가? 설명하여라.

b. 만일 정규오차회귀모형 (1.24)가 적용 가능하다면, 이제 Y가 195와 205 사이에 있을 정확한 확률을 말할 수 있는가? 만일 그렇다면 그 확률을 말해 보아라.

1.8. 그림 1.6에서 $X = 45$일 때 또 다른 관측값 Y가 얻어졌다고 가정하자. 이 새로운 관측값에 대한 $E\{Y\}$는 여전히 104인가? 이 새로운 시행에 대한 Y값은 또 다시 108인가?

1.9. 회계를 전공하는 학생이 열정적으로 단언하였다. "회귀는 매우 강력한 노구다. 심지어 소량의 로트에 대한 아무 자료가 없을 때에도 선형회귀모형을 적합함으로써 고정, 변동 비용을 분리할 수 있다." 이에 대해 논의하여라.

1.10. 한 큰 기업의 분석가가 기업에 현재 고용된 46명의 컴퓨터 프로그래머들의 현재 연봉(Y)과 나이(X)의 관계를 연구하였다. 분석가는 47세에 최대가 되는 곡선적인 관계라는 결론을 내렸다. 이것이 프로그래머의 연봉이 47세까지는 증가하다가 그 후로 감소함을 의미하는가? 설명하여라.

1.11. 훈련 프로그램을 이수한 직원의 생산물(Y)과, 훈련 프로그램을 이수하기 전의 생산물(X)을 연관시키는 회귀함수는 $E\{Y\} = 20 + .95X$이다. 여기서 X의 범위는 40~100이다. 한 관찰자가 β_1이 1.0보다 크지 않기 때문에 훈련 프로그램이 생산물을 평균적으로 증가시키지 않는다고 결론을 내렸다. 이에 대해 논평하여라.

1.12. 노령자들의 신체적 활동과 감기 발병 횟수의 관계를 연구하는 데 있어, 실험 참가자들에게 5년 동안 그들의 주간 운동시간과 감기 발병 횟수를 보고하도록 하였다. 이 연구는 운동시간과 감기 발병 횟수에 음의 통계적 관계가 있음을 증명하였다. 연구가는 운동시간을 늘리는 것이 노령자들의 감기 발병 횟수를 줄이는 데 효과적인 전략이라고 결론을 내렸다.

a. 연구에서 얻어진 자료는 관측자료인가 아니면 실험자료인가?

b. 연구가가 도달한 결론이 타당한지 논평하여라.

c. 노령자들의 운동 시간과 감기 발병 횟수에 동시에 영향을 미칠 수 있는 다른 두세 개의 설명변수를 찾아내어라.

d. 운동량과 감기 발병 횟수의 인과관계에 대한 타당한 결론을 이끌어 내기 위해 연구가 어떻게 바뀌어야 하는가?

1.13. 소프트웨어 개발자에게 고용된 컴퓨터 프로그래머들을 한 달 동안의 연수 세미나에 참가하도록 하였다. 세미나가 진행되는 동안, 각 프로그래머들은 각 주당 수업준비 시간을 기록하도록 요구받았다. 세미나가 끝난 후, 각 참가자들의 생산성 수준이 측정되었다. 참가자들의 생산성 수준과 수업준비 시간 사이에 통계적인 양의 선형 관

계가 있는 것으로 밝혀졌다. 세미나 대표는 직원들의 생산성 증가가 수업준비 시간의 증가에 의한 것이라고 결론을 내렸다.

a. 세미나 대표가 사용한 자료는 관측자료인가 아니면 실험자료인가?
b. 세미나 대표가 도달한 결론이 타당한지 논평하여라.
c. 직원들의 생산성 점수와 직원들의 수업준비 시간 모두를 동시에 증가(감소)시키는 다른 두세 개의 설명변수를 찾아내어라.
d. 직원들의 생산성과 수업준비 시간의 인과관계에 대한 타당한 결론을 이끌어 내기 위해 연구가 어떻게 바뀌어야 하는가?

1.14. 문제 1.3을 참조하여라. 플라스틱의 경도에 경과시간이 어떻게 영향을 미치는지 알아보기 위해 주조 과정 종료로부터 네 개의 다른 경과시간(처리)을 연구하기로 하였다. 16개의 배치(실험단위)들이 이 연구에 적용 가능하다. 각 처리는 무작위로 선택된 네 개의 실험단위에 배정된다. 배정이 적당히 확률화되도록 난수표나 난수생성기를 이용하여라.

1.15. 다섯 용량 수준의 효과를 완전확률화설계로 연구하기로 하며, 20개의 실험단위가 적용 가능하다. 각 용량 수준은 확률적으로 선택된 네 개의 실험단위에 배정된다. 배정이 적당히 확률화되도록 난수표나 난수생성기를 이용하여라.

1.16. 다음의 문장을 평가하여라. "최소제곱법이 완전히 유효하려면, Y의 분포는 정규분포여야 한다."

1.17. 어떤 사람이 적합된 회귀함수 (1.13)에서의 b_0, b_1은 최소제곱법으로 추정할 수 있다고 말했다. 이에 대해 논평하여라.

1.18. (1.17)에 의하면, 회귀모형 (1.1)이 최소제곱법에 의해 n개의 시행들에 적합될 때 $\sum e_i = 0$이다. $\sum \varepsilon_i = 0$도 사실인가? 이에 대해 논평하여라.

1.19. **평량평균(Grade point average).** 1학년이 끝날 때 학생의 평량평균(grade point average, GPA)(Y)을 ACT 시험점수(X)로 예측할 수 있는지에 관한 연구를 위해, 한 작은 대학의 입학처장은 신입생들 중 120명의 학생들을 확률적으로 선택하였다. 연구의 결과는 다음과 같다. 일차회귀모형 (1.1)이 적합하다고 가정하자.

i:	1	2	3	...	118	119	120
X_i:	21	14	28	...	28	16	28
Y_i:	3.897	3.885	3.778	...	3.914	1.860	2.948

a. 최소제곱추정값 β_0, β_1을 구하고, 추정된 회귀함수를 보여라.
b. 추정된 회귀함수와 자료를 그려라. 추정된 회귀함수가 자료를 잘 적합하는 것 같은가?
c. ACT 시험점수가 $X = 30$인 학생들의 평균 1학년 GPA에 대한 점추정값을 구하여라.
d. 입학시험점수가 1점씩 올라갈 때 평균 반응의 변화에 대한 점추정값은 무엇인가?

*1.20. **복사기 유지보수(Copier maintenance).** Tri-City 사무기기회사는 프랜차이즈식으

로 수입된 복사기를 팔며, 이러한 복사기에 대해 예방정비와 수리 서비스를 제공한다. 아래의 자료는 규칙적인 예방정비 서비스를 수행하기 위해, 최근 45번의 고객 요청에서 수집되었다. 각 요청에서 X는 서비스를 받은 복사기의 수이고, Y는 서비스기사가 소요한 총 분 수이다. 일차회귀모형 (1.1)이 적합하다고 가정하자.

i:	1	2	3	...	43	44	45
X_i:	2	4	3	...	2	4	5
Y_i:	20	60	46	...	27	61	77

a. 추정된 회귀함수를 구하여라.

b. 추정된 회귀함수와 자료를 그려라. 추정된 회귀함수가 자료를 잘 적합하는 것 같은가?

c. 추정된 회귀함수에서 b_0를 해석하여라. 여기서 b_0가 어떠한 관련 정보를 제공하는가? 설명하여라.

d. 복사기 $X = 5$대가 서비스를 받았을 때, 평균 서비스 시간에 대한 점추정값을 구하여라.

*1.21. **항공 화물 파손(Airfreight breakage).** 생물학과 의학 연구에 사용되는 물질이 1000앰풀(ampule; 1회분들이 작은 주사액 병)들이 상자에 담겨 항공 화물로 이용자에게 수송된다. 10번의 수송에 대한 아래의 자료는, 상자가 수송 경로상에서 다른 항공기로 이동된 횟수(X)와 도착했을 때 파손된 것으로 드러난 앰풀의 수(Y)이다. 일차회귀모형 (1.1)이 적합하다고 가정하자.

i:	1	2	3	4	5	6	7	8	9	10
X_i:	1	0	2	0	3	1	0	1	2	0
Y_i:	16	9	17	12	22	13	8	15	19	11

a. 추정된 회귀함수를 구하여라. 추정된 회귀함수와 자료를 그려라. 선형회귀함수가 여기서 좋은 적합을 보여 주는 것 같은가?

b. 이동 $X = 1$이 이루어졌을 때, 기대되는 파손 앰풀의 수에 대한 점추정값을 구하여라.

c. 2번의 이동이 있었을 때, 1번의 이동이 있었을 때와 비교하여 기대되는 파손된 앰풀 수의 증가분을 추정하여라.

d. 적합된 회귀선이 점 $(\bar{X}, \bar{Y})$를 지나는 것을 확인하여라.

1.22. **플라스틱 경도(Plastic hardness).** 문제 1.3과 1.14를 참조하여라. 플라스틱 배치(batch, 묶음) 16개가 만들어졌고, 각 배치에서 하나의 시험 물품이 주조되었다. 각 시험 물품은 네 개의 미리 정해진 시간 수준 중 하나에 확률적으로 배정됐고, 배정된 경과시간이 지났을 때 경도가 측정되었다. 그 결과는 아래에 주어져 있다. X는 경과시간(1시간 단위), Y는 브리넬 단위 경도이다. 일차회귀모형 (1.1)이 적합하다고 가정하자.

i:	1	2	3	...	14	15	16
X_i:	16	16	16	...	40	40	40
Y_i:	199	205	196	...	248	253	246

a. 추정된 회귀함수를 구하여라. 추정된 회귀함수와 자료를 그려라. 선형회귀함수가 좋은 적합을 보여 주는 것 같은가?

b. $X = 40$시간일 때, 평균 경도에 대한 점추정값을 구하여라.

c. X가 1시간씩 증가할 때 평균 경도의 변화에 대한 점추정값을 구하여라.

1.23. 문제 1.19의 **평량평균**(Grade point average)을 참조하여라.

a. 잔차 e_i를 구하여라. (1.17)에서처럼 이 잔차들을 합하면 0이 되는가?

b. σ^2과 σ를 추정하여라. σ는 어떤 단위로 표현되는가?

*1.24. 문제 1.20의 **복사기 유지보수**(Copier maintenance)를 참조하여라.

a. 잔차 e_i와 잔차제곱합 $\sum e_i^2$을 구하여라. 여기에서의 잔차제곱합과 (1.8)의 척도 Q는 무슨 관계인가?

b. σ^2과 σ의 점추정값을 구하여라. σ는 어떤 단위로 표현되는가?

*1.25. 문제 1.21의 **항공 화물 파손**(Airfreight breakage)을 참조하여라.

a. 첫 번째 시행에 대한 잔차를 구하여라. 이와 ε_1의 관계는 무엇인가?

b. $\sum e_i^2$과 MSE를 계산하여라. MSE에 의해 추정되는 것은 무엇인가?

1.26. 문제 1.22의 **플라스틱 경도**(Plastic hardness)를 참조하여라.

a. 잔차 e_i를 구하여라. (1.17)에서처럼 이 잔차들을 합하면 0이 되는가?

b. σ^2과 σ를 추정하여라. σ는 어떤 단위로 표현되는가?

*1.27. **근육량**(Muscle mass). 한 사람의 근육량은 나이가 들면서 감소할 것으로 예상된다. 한 영양학자는 이러한 관계를 여성에 대해 알아보고자 40세부터 79세까지 10년씩, 각 연령대 별 무작위로 15명의 여성들을 뽑았다. 그 결과는 아래와 같다. X는 나이이고 Y는 측정된 근육량이다. 일차회귀모형 (1.1)이 적합하다고 가정하자.

i:	1	2	3	...	58	59	60
X_i:	43	41	47	...	76	72	76
Y_i:	106	106	97	...	56	70	74

a. 추정된 회귀함수를 구하여라. 추정된 회귀함수와 자료를 그려라. 선형회귀함수가 좋은 적합을 보여 주는 것 같은가? 그려진 그림이 나이가 듦에 따라 근육량이 감소한다는 기대를 뒷받침하는가?

b. 다음을 구하여라. (1) 여성들의 나이가 1세만큼 차이날 때 평균 근육량의 차이에 대한 점추정값, (2) 여성의 나이 $X = 60$세일 때 평균 근육량에 대한 점추정값, (3) 여덟 번째 시행에 대한 잔차의 값, (4) σ^2의 점추정값.

1.28. **범죄율**(Crime rate). 미국 중도시에서의 교육 수준과 범죄율의 관계를 연구하는 한 범죄학자가 확률표본인 84개 도시에 대한 다음의 자료를 수집하였다. X는 한 도시에서 최소 고등학교 졸업장을 가진 개인의 비율이며, Y는 작년에 100,000명의 주민당 보고된 범죄율이다. 일차회귀모형 (1.1)이 적합하다고 가정하자.

i:	1	2	3	...	82	83	84
X_i:	74	82	81	...	88	83	76
Y_i:	8,487	8,179	8,362	...	8,040	6,981	7,582

a. 추정된 회귀함수를 구하여라. 추정된 회귀함수와 자료를 그려라. 선형회귀함수가 좋은 적합을 보여 주는 것 같은가? 논의하여라.

b. 점추정값들을 다음에 대해 구하여라. (1) 고등학교 졸업률이 1% 포인트만큼 차이가 나는 두 도시의 평균 범죄율 차이, (2) 고등학교 졸업률이 $X = 80$인 도시들의 작년 평균 범죄율, (3) ε_{10}, (4) σ^2.

연습문제

1.29. 회귀모형 (1.1)을 참조하여라. 모형의 범위 내에서 $X = 0$이라고 가정하자. 만일 $\beta_0 = 0$, 즉 모형이 $Y_i = \beta_1 X_i + \varepsilon_i$가 된다면 이러한 회귀함수가 의미하는 바는 무엇인가? 회귀함수는 그래프상에서 어떻게 그려지겠는가?

1.30. 회귀모형 (1.1)을 참조하여라. 만일 $\beta_1 = 0$, 즉 모형이 $Y_i = \beta_0 + \varepsilon_i$가 된다면 이러한 회귀함수가 의미하는 바는 무엇인가? 회귀함수는 그래프상에서 어떻게 그려지겠는가?

1.31. 문제 1.22의 **플라스틱 경도**(Plastic hardness)를 참조하여라. 하나의 시험 물품이 하나의 플라스틱 배치에서 주조되고, 이 물품의 경도는 16개의 서로 다른 시간상에서 측정된다 가정하자. 이러한 경우에 회귀모형의 오차항은 처음에 설명한 실험에서와 동일한 효과를 여전히 반영하는가? 서로 다른 시간에서의 오차항들은 무상관임을 기대할 수 있는가? 논의하여라.

1.32. (1.10a)의 b_1에 대한 수식을 (1.9)의 정규방정식으로부터 도출하여라.

1.33. (미적분학을 알아야 함) 연습문제 1.30의 회귀모형 $Y_i = \beta_0 + \varepsilon_i$를 참조하여라. 이 모형에서 β_0에 대한 최소제곱추정량을 도출하여라.

1.34. 연습문제 1.33에서 얻은 β_0에 대한 최소제곱추정량이 비편향임을 증명하여라

1.35. 관측값 Y들의 합은 적합값들의 합과 같다는 (1.18)의 결과를 증명하여라.

1.36. 적합값들로 가중된 잔차들의 합은 0이라는 (1.20)의 결과를 증명하여라.

1.37. Toluca Company 예에 대한 표 1.1을 참조하여라. 로트 크기 30조각에 대해 기대되는 작업시간에 대한 점추정값을 제시하라고 했을 때 한 사람이 추정값 202를 제시하였는데, 그 이유는 연구에서 이 숫자가 크기 30의 시행 세 번을 하는 평균 작업시간이기 때문이다. 한 비평가가 이 사람의 접근방법은 로트 크기가 30 이외인 시행들을 무시하기 때문에 연구의 거의 모든 자료를 버리는 것이라 말한다. 이에 대해 논평하여라.

1.38. 문제 1.21의 **항공 화물 파손**(Airfreight breakage)에서 최소제곱추정값은 $b_0 = 10.20$, $b_1 = 4.00$이고, $\sum e_i^2 = 17.60$이다. 추정값 (1) $b_0 = 9$, $b_1 = 3$; (2) $b_0 = 11$, $b_1 = 5$에 대해 (1.8)의 최소제곱척도 Q를 평가하여라. 척도 Q는 최소제곱추정값들에서보다 이러한 추정값들에서 더 큰가?

1.39. X의 세 수준 $X = 5$, $X = 10$, $X = 15$ 각각에서 Y의 두 관측값이 얻어졌다.

a. 세 점 $(5, \bar{Y}_1)$, $(10, \bar{Y}_2)$, $(15, \bar{Y}_3)$에서 적합된 최소제곱회귀선이 원래의 여섯 시행에

적합된 최소제곱회귀선과 동일함을 보여라(여기서 $\bar{Y}_1$, $\bar{Y}_2$, $\bar{Y}_3$는 X의 세 수준에서의 관측값 Y의 평균을 의미한다).

b. 이 연구에서 오차항 분산 σ^2은 회귀선을 적합하지 않고도 추정될 수 있는가? 설명하여라.

1.40. (1.1)의 회귀모형을 적합하는 데 있어, 관측값 Y_i는 정확히 적합된 회귀선 위에 있는 것으로 드러났다(즉, $Y_i = \hat{Y}_i$). 만일 이 시행이 삭제된다면, 남은 $n - 1$ 시행에 적합된 최소제곱회귀선이 변하겠는가? [힌트: 시행 i가 (1.8)의 최소제곱척도 Q에 기여하는 바가 무엇인가?]

1.41. (미적분학을 알아야 함) 연습문제 1.29의 회귀모형 $Y_i = \beta_1 X_i + \varepsilon_i$, $i = 1, \ldots, n$을 참고하여라.

a. β_1에 대한 최소제곱추정량을 찾아라.

b. 오차항 ε_i가 독립적으로 $N(0, \sigma^2)$를 따르며 σ^2이 알려져 있다고 가정하자. Y의 n개 표본 관측값에 대한 가능도함수를 제시하고, β_1에 대한 최대가능도추정량을 구하여라. 이는 최소제곱추정량과 동일한가?

c. β_1에 대한 최대가능도추정량이 비편향임을 보여라.

1.42. **오타(Typographical errors).** 기술적인 원고에 특화된 회사의 최근 주문에서의 확률표본에서, 원고를 위한 식자판의 수(X)와 오타를 교정하는 데 드는 달러 비용(Y)이 아래에 있다. 오차항이 독립적이고 정규분포를 따르며, 그 분산이 $\sigma^2 = 16$인 회귀모형 $Y_i = \beta_1 X_i + \varepsilon_i$이 적합하다고 가정하자.

i:	1	2	3	4	5	6
X_i:	7	12	4	14	25	30
Y_i:	128	213	75	250	446	540

a. $\sigma^2 = 16$일 때, 여섯 개의 관측값 Y에 대한 가능도함수를 제시하여라.

b. $\beta_1 = 17, 18, 19$일 때 가능도함수를 구하여라. 이러한 β_1 값들 중 어떤 값일 때 가능도함수가 가장 큰가?

c. 최대가능도추정량은 $b_1 = \sum X_i Y_i / \sum X_i^2$이다. 최대가능도추정값을 찾아라. (b)에서의 결과가 이 추정값과 일치하는가?

d. 컴퓨터 그래픽이나 통계 패키지를 이용하여 $\beta_1 = 17$과 $\beta_1 = 19$ 사이의 β_1에 대한 가능도함수를 구하고, 가능도함수를 그려라. 가능도함수가 최대화되는 점이 (c)에서 찾은 최대가능도추정값과 일치하는가?

프로젝트

1.43. 부록 C.2의 **CDI** 데이터셋을 참조하여라. **CDI**에서 활동중인 의사들의 수(Y)는 총인구, 병원 침상의 수, 개인의 총수입과 관련이 있을 것이라 기대된다. 세 개의 예측변수 각각에 대해 일차회귀모형 (1.1)이 적합하다고 가정하자.

a. 세 예측변수 각각에 차례로 활동중인 의사들의 수를 회귀하여라. 추정된 회귀함

수를 써라.

b. 추정된 세 회귀함수와 자료를 별개의 그래프로 그려라. 선형회귀관계가 세 예측변수 각각에 좋은 적합을 보여 주는가?

c. 세 예측변수 각각에 대한 *MSE*를 계산하여라. 어떤 예측변수가 적합된 회귀선을 중심으로 가장 작은 변동성을 갖는가?

1.44. 부록 C.2의 **CDI** 데이터셋을 참조하여라.

a. 지리학적 지역 각각에 대해, **CDI**에서 1인당 소득(*Y*)을 한 자치주에서 적어도 학사 학위를 가진 개인의 비율(*X*)로 회귀하여라. 각 지역에 대해 일차회귀모형 (1.1)이 적합하다고 가정하자. 추정된 회귀함수를 제시하여라.

b. 네 지역에 대해 추정된 회귀함수가 서로 비슷한지 논의하여라.

c. 각 지역에 대한 *MSE*를 계산하여라. 네 지역의 적합된 회귀선을 중심으로 한 변동성은 근사적으로 동일한가? 논의하여라.

1.45. 부록 C.1의 **SENIC** 데이터셋을 참조하여라. 병원에 평균적으로 머무르는 기간(*Y*)은 감염 위험, 이용할 수 있는 시설과 서비스, 정기적 흉부 엑스레이 비율과 관련이 있을 거라고 기대된다. 세 개의 예측변수 각각에 대해 일차회귀모형 (1.1)이 적합하다고 가정하자.

a. 평균 입원 기간을 세 예측변수 각각으로 회귀하여라. 추정된 회귀함수를 제시하여라.

b. 추정된 세 회귀함수와 자료를 별개의 그래프로 그려라. 선형 관계가 세 예측변수 각각에 좋은 적합을 보여 주는가?

c. 세 예측변수 각각에 대한 *MSE*를 계산하여라. 어떤 예측변수가 적합된 회귀선을 중심으로 가장 작은 변동성을 갖는가?

1.46. 부록 C.1의 **SENIC** 데이터셋을 참조하여라.

a. 지리학적 지역 각각에 대해, 평균 입원 기간(*Y*)을 감염 위험(*X*)으로 회귀하여라. 각 지역에 대해 일차회귀모형 (1.1)이 적합하다고 가정하자. 추정된 회귀함수를 제시하여라.

b. 네 지역에 대해 추정된 회귀함수가 서로 비슷한지 논의하여라.

c. 각 지역에 대한 *MSE*를 계산하여라. 네 지역의 적합된 회귀선을 중심으로 한 변동성은 근사적으로 동일한가? 논의하여라.

1.47. 문제 1.42의 오타(**Typographical errors**)를 참조하여라. 분산이 $\sigma^2 = 16$이고, 독립적으로 정규분포를 따르는 오차항이 있는 일차회귀모형 (1.1)이 적합하다고 가정하자.

a. $\sigma^2 = 16$일 때 여섯 개의 관측값에 대한 가능도함수를 제시하여라.

b. (1.27)을 이용하여 β_0, β_1의 최대가능도추정값을 얻어라.

c. 컴퓨터 그래픽이나 통계 패키지를 이용하여 $\beta_0 = -10$과 $\beta_0 = 10$ 사이의 β_0, $\beta_1 = 17$과 $\beta_1 = 19$ 사이의 β_1에 대한 가능도함수의 삼차원 그림을 그려라. (b)에서 구한 최대가능도추정값에서 가능도가 최대화되는가?

2장 회귀분석과 상관분석에서의 추론

이 장에서는 먼저 회귀모수 β_0, β_1에 관한 추론으로 이 모수들에 대한 구간추정과 검정을 모두 고려하며 살펴보겠다. 다음으로 X가 주어졌을 때 Y의 확률분포의 평균인 $E\{Y\}$에 대한 구간추정과, 새로운 관측값 Y에 대한 예측구간, 회귀선의 신뢰띠, 회귀분석의 분산분석적 접근, 일반선형가설검정 접근, 그리고 연관성에 대한 기술 척도를 설명하겠다. 마지막으로 X와 Y가 모두 확률변수일 때, X와 Y의 연관성 척도인 상관계수를 살펴보겠다.

따로 언급하지 않는 한, 이 장(2.11절을 제외하고)과 I부의 나머지를 통해서 정규오차 회귀모형 (1.24)가 적용 가능하다고 가정한다. 그 모형은 다음과 같다.

$$Y_i = \beta_0 + \beta_1 X_i + \varepsilon_i \tag{2.1}$$

여기서 β_0, β_1은 모수이며, X_i는 알려진 상수이고, ε_i는 독립적으로 $N(0, \sigma^2)$을 따른다.

2.1 ■ β_1에 대한 추론

모형 (2.1)의 기울기인 β_1에 대한 추론에 관심이 있다고 하자. 예를 들어 매출(Y)과 광고지출액(X) 간의 관계를 연구하는 시장조사 분석가는 β_1에 대한 구간추정값을 얻고 싶을 수 있다. 왜냐하면 그것이 추가적인 광고 지출액(단위: $)에 의해 평균적으로 얼마나 추가적인 매출이 생기느냐에 대한 정보를 제공할 것이기 때문이다.

때로는 β_1에 대한, 특히 다음의 형태를 띤 가설검정에 관심이 있다.

$$H_0: \beta_1 = 0$$
$$H_a: \beta_1 \neq 0$$

$\beta_1 = 0$인지 아닌지 검정하는 데 관심이 있는 이유는 $\beta_1 = 0$일 때, Y와 X의 선형관계가 존재하지 않기 때문이다. 그림 2.1은 $\beta_1 = 0$일 때의 경우를 설명한다. 회귀선은 수평이고 Y의 확률분포의 평균은 모두 같다. 즉,

$$E\{Y\} = \beta_0 + (0)X = \beta_0$$

정규오차회귀모형 (2.1)에서 $\beta_1 = 0$이라는 것은 Y와 X의 선형관계가 존재하지 않는 것 이상을 의미한다. 이 모형에서 Y의 모든 확률분포는 동일 분산을 갖는 정규분포이고, $\beta_1 = 0$일 때 평균이 모두 같으므로 Y의 모든 확률분포는 동일하다. 이것은 그림 2.1을 통해

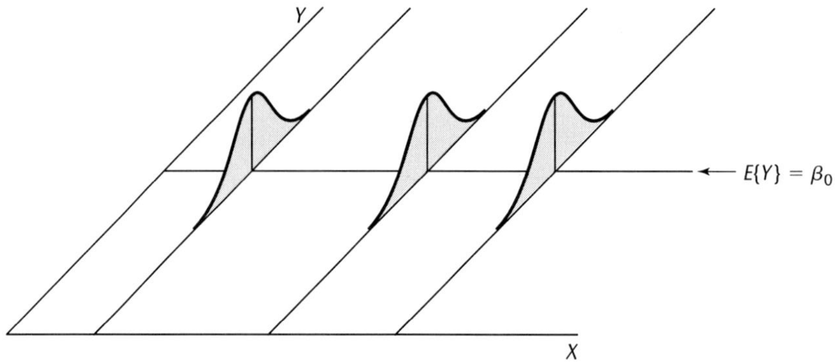

그림 2.1 $\beta_1 = 0$일 때, 회귀모형 (2.1)

알 수 있다. 따라서 $\beta_1 = 0$이면 정규오차회귀모형 (2.1)에서 Y의 확률분포는 X의 모든 수준에서 동일하기 때문에, Y와 X의 선형관계가 존재하지 않을 뿐만 아니라 Y와 X 사이에 어떤 종류의 관계도 존재하지 않는 것을 의미한다.

β_1에 관한 추론을 하려면, β_1의 점추정량인 b_1의 표집분포를 알아야 한다.

b_1의 표집분포

점추정량 b_1은 수식 (1.10a)에서 다음과 같이 주어졌다.

$$b_1 = \frac{\sum(X_i - \bar{X})(Y_i - \bar{Y})}{\sum(X_i - \bar{X})^2} \tag{2.2}$$

b_1의 표집분포는 예측변수 X의 수준이 고정되어 있으면서 표본마다 반복추출해서 얻어질 수 있는 b_1의 다양한 값을 보여 준다.

> 정규오차회귀모형 (2.1)에서 b_1의 표집분포는 정규분포이며, 평균과 분산은 다음과 같다. **(2.3)**

$$E\{b_1\} = \beta_1 \tag{2.3a}$$

$$\sigma^2\{b_1\} = \frac{\sigma^2}{\sum(X_i - \bar{X})^2} \tag{2.3b}$$

이를 보이기 위해서, b_1이 관측값들 Y_i의 선형결합인 것을 알아야 한다.

Y_i와 선형결합인 b_1. (2.2)에서 정의된 b_1은 다음과 같이 표현될 수 있다.

$$b_1 = \sum k_i Y_i \tag{2.4}$$

여기서

$$k_i = \frac{X_i - \bar{X}}{\sum(X_i - \bar{X})^2} \tag{2.4a}$$

k_i는 X_i의 함수이고 X_i가 고정됐기 때문에 k_i도 고정된 것을 알 수 있다. 그러므로 b_1은 Y_i의 선형결합이고, 계수들은 고정된 X_i의 함수이다.

계수 k_i에는 나중에 사용될 흥미로운 성질들이 많이 있다.

$$\sum k_i = 0 \tag{2.5}$$

$$\sum k_i X_i = 1 \tag{2.6}$$

$$\sum k_i^2 = \frac{1}{\sum(X_i - \bar{X})^2} \tag{2.7}$$

부연설명

1. b_1이 계수가 k_i인 Y_i의 선형결합인 것을 보이기 위해서 다음을 증명해야 한다.

$$\sum(X_i - \bar{X})(Y_i - \bar{Y}) = \sum(X_i - \bar{X})Y_i \tag{2.8}$$

이는 다음과 같기 때문이다.

$$\sum(X_i - \bar{X})(Y_i - \bar{Y}) = \sum(X_i - \bar{X})Y_i - \sum(X_i - \bar{X})\bar{Y}$$

하지만 $\sum(X_i - \bar{X}) = 0$이기 때문에, $\sum(X_i - \bar{X})\bar{Y} = \bar{Y}\sum(X_i - \bar{X}) = 0$이다. 그러므로 (2.8)이 성립한다.

(2.8)과 (2.4a)를 이용해서 b_1을 다음과 같이 표현할 수 있다.

$$b_1 = \frac{\sum(X_i - \bar{X})(Y_i - \bar{Y})}{\sum(X_i - \bar{X})^2} = \frac{\sum(X_i - \bar{X})Y_i}{\sum(X_i - \bar{X})^2} = \sum k_i Y_i$$

2. k_i의 특징에 대한 증명은 바로 보일 수 있다. 예를 들면, 성질 (2.5)는 다음과 같기 때문이다.

$$\sum k_i = \sum\left[\frac{X_i - \bar{X}}{\sum(X_i - \bar{X})^2}\right] = \frac{1}{\sum(X_i - \bar{X})^2}\sum(X_i - \bar{X}) = \frac{0}{\sum(X_i - \bar{X})^2} = 0$$

비슷하게, 성질 (2.7)은 다음과 같기 때문이다.

$$\sum k_i^2 = \sum\left[\frac{X_i - \bar{X}}{\sum(X_i - \bar{X})^2}\right]^2 = \frac{1}{\left[\sum(X_i - \bar{X})^2\right]^2}\sum(X_i - \bar{X})^2 = \frac{1}{\sum(X_i - \bar{X})^2}$$

■

정규성. 정규오차회귀모형 (2.1)에서 b_1의 표집분포를 다시 살펴보자. b_1의 표집분포의 정규성은 b_1이 Y_i들의 선형결합이기 때문이다. Y_i는 모형 (2.1)에 따라 독립이고, 정규분포를 따른다. 부록 A에 있는 (A.40)은 독립이고 정규분포를 따르는 확률변수의 선형결합은 정규분포를 따른다는 것을 알려준다.

평균. 앞에서 설명했던 가우스-마코프 정리 (1.11)에 따라 점추정량 b_1의 비편향성을 쉽게 보일 수 있다.

$$\begin{aligned} E\{b_1\} &= E\left\{\sum k_i Y_i\right\} = \sum k_i E\{Y_i\} = \sum k_i(\beta_0 + \beta_1 X_i) \\ &= \beta_0 \sum k_i + \beta_1 \sum k_i X_i \end{aligned}$$

(2.5)와 (2.6)에 따라, $E\{b_1\} = \beta_1$를 알 수 있다.

분산. b_1의 분산은 손쉽게 도출할 수 있다. Y_i는 독립인 확률변수들이고, 각각의 분산은 σ^2이며, k_i는 상수인 것을 기억할 필요가 있다. 그러면 (A.31)에 따라 다음을 얻을 수 있다.

$$\begin{aligned}\sigma^2\{b_1\} &= \sigma^2\left\{\sum k_i Y_i\right\} = \sum k_i^2 \sigma^2\{Y_i\} \\ &= \sum k_i^2 \sigma^2 = \sigma^2 \sum k_i^2 \\ &= \sigma^2 \frac{1}{\sum (X_i - \bar{X})^2}\end{aligned}$$

마지막 단계는 (2.7)을 따른 것이다.

추정된 분산. b_1의 표집분포의 분산을 추정할 수 있다.

$$\sigma^2\{b_1\} = \frac{\sigma^2}{\sum (X_i - \bar{X})^2}$$

모수 σ^2을 MSE로 교체하여 σ^2의 비편향추정량을 구한 것은 다음과 같다.

$$s^2\{b_1\} = \frac{MSE}{\sum (X_i - \bar{X})^2} \tag{2.9}$$

점추정량 $s^2\{b_1\}$는 $\sigma^2\{b_1\}$의 비편향추정량이다. 양의 근호를 취하면 $s\{b_1\}$을 구할 수 있고, 이것은 $\sigma\{b_1\}$의 점추정량이다.

부연설명

b_1은 다음과 같은 모든 형태의 비편향선형추정량 중에서 최소분산을 갖는다는 것을 정리 (1.11)에서 언급했다.

$$\hat{\beta}_1 = \sum c_i Y_i$$

여기서 c_i는 임의의 상수이다. 이제 이것을 증명할 것이다. $\hat{\beta}_1$가 비편향이 되려면 다음 식이 성립해야 한다.

$$E\{\hat{\beta}_1\} = E\left\{\sum c_i Y_i\right\} = \sum c_i E\{Y_i\} = \beta_1$$

(1.2)에 의해 $E\{Y_i\} = \beta_0 + \beta_1 X_i$이고, 위의 식은 다음과 같이 된다.

$$E\{\hat{\beta}_1\} = \sum c_i(\beta_0 + \beta_1 X_i) = \beta_0 \sum c_i + \beta_1 \sum c_i X_i = \beta_1$$

비편향성 조건이 성립하기 위해서는 c_i는 다음과 같은 제약을 따라야 한다.

$$\sum c_i = 0 \qquad \sum c_i X_i = 1$$

$\hat{\beta}_1$의 분산은 (A.31)에 의해 다음과 같다.

$$\sigma^2\{\hat{\beta}_1\} = \sum c_i^2 \sigma^2\{Y_i\} = \sigma^2 \sum c_i^2$$

$c_i = k_i + d_i$라고 정의하자. k_i는 (2.4a)에 있는 최소제곱상수이고 d_i는 임의의 상수이다. 그러면 다음과 같이 쓸 수 있다.

$$\sigma^2\{\hat{\beta}_1\} = \sigma^2 \sum c_i^2 = \sigma^2 \sum (k_i + d_i)^2 = \sigma^2 \left(\sum k_i^2 + \sum d_i^2 + 2 \sum k_i d_i \right)$$

위의 증명으로부터 $\sigma^2 \sum k_i^2 = \sigma^2\{b_1\}$를 알고 있고, k_i와 c_i에 대한 제약 때문에 $\sum k_i d_i = 0$이다.

$$\begin{aligned} \sum k_i d_i &= \sum k_i (c_i - k_i) \\ &= \sum c_i k_i - \sum k_i^2 \\ &= \sum c_i \left[\frac{X_i - \bar{X}}{\sum (X_i - \bar{X})^2} \right] - \frac{1}{\sum (X_i - \bar{X})^2} \\ &= \frac{\sum c_i X_i - \bar{X} \sum c_i}{\sum (X_i - \bar{X})^2} - \frac{1}{\sum (X_i - \bar{X})^2} = 0 \end{aligned}$$

따라서,

$$\sigma^2\{\hat{\beta}_1\} = \sigma^2\{b_1\} + \sigma^2 \sum d_i^2$$

$\sum d_i^2$의 가장 작은 값이 0이므로, $\hat{\beta}_1$의 분산은 $\sum d_i^2 = 0$일 때 최솟값을 갖는다. 하지만 이것은 모든 $d_i = 0$일 때 발생하고 $c_i \equiv k_i$이 된다. 그러므로 최소제곱추정량 b_1은 모든 비편향선형추정량 중에서 최소분산을 갖는다. ■

$(b_1 - \beta_1)/s\{b_1\}$의 표집분포

b_1이 정규분포를 따르기 때문에 표준화된 통계량 $(b_1 - \beta_1)/\sigma\{b_1\}$은 표준정규분포를 따른다. 보통은 $s\{b_1\}$로 $\sigma\{b_1\}$를 추정해야 되기 때문에, 통계량$(b_1 - \beta_1)/s\{b_1\}$의 분포에 관심이 있다. 통계량이 표준화되면 **스튜던트화 추정량**(studentized statistics)이라고 하고, 분모는 실제 표준편차값이 아닌 추정된 표준편차가 된다. 통계학에서 중요한 정리 중 스튜던트화 추정량 $(b_1 - \beta_1)/s\{b_1\}$에 대한 것은 다음과 같다.

$$\frac{b_1 - \beta_1}{s\{b_1\}} \text{는 회귀모형 (2.1)에서 } t(n-2)\text{분포를 따른다.} \tag{2.10}$$

직관적으로 이 결과를 예상하는 것은 어렵지 않다. 관측값 Y_i가 같은 정규분포에서 나온 것이면, $(\bar{Y} - \mu)/s\{\bar{Y}\}$는 자유도가 $n - 1$인 t분포를 따른다. $\bar{Y}$와 마찬가지로, 추정량 b_1은 관측값 Y_i의 선형결합이다. 자유도의 차이에 대한 이유는 두 모수(β_0와 β_1)를 회귀모형에 대해서 추정할 필요가 있기 때문이다. 그러므로 자유도를 2만큼 잃는다.

부연설명

다음과 같은 정리를 이용해서 스튜던트화 추정량 $(b_1 - \beta_1)/s\{b_1\}$은 자유도가 $n - 2$인 t 분포를 따른다는 것을 보일 수 있다.

회귀모형 (2.1)에서, SSE/σ^2는 자유도가 $n - 2$인 χ^2 분포를 따르고 b_0와 b_1은 독립이다. **(2.11)**

먼저 $(b_1 - \beta_1)/s\{b_1\}$는 다음과 같이 쓸 수 있다.

$$\frac{b_1 - \beta_1}{\sigma\{b_1\}} \div \frac{s\{b_1\}}{\sigma\{b_1\}}$$

분자는 표준정규분포 변수 z이고, 분모의 특성을 다음과 같이 보일 수 있다.

$$\frac{s^2\{b_1\}}{\sigma^2\{b_1\}} = \frac{\dfrac{MSE}{\sum(X_i - \bar{X})^2}}{\dfrac{\sigma^2}{\sum(X_i - \bar{X})^2}} = \frac{MSE}{\sigma^2} = \frac{\dfrac{SSE}{n-2}}{\sigma^2}$$

$$= \frac{SSE}{\sigma^2(n-2)} \sim \frac{\chi^2(n-2)}{n-2}$$

여기서 기호 '~'는 '분포를 따른다'를 나타낸다. (2.11)로부터 마지막 단계는 다음과 같다.

$$\frac{b_1 - \beta_1}{s\{b_1\}} \sim \frac{z}{\sqrt{\dfrac{\chi^2(n-2)}{n-2}}}$$

정리 (2.11)에 의해, z가 b_1의 함수이고 b_1은 $SSE/\sigma^2 \sim \chi^2$과 독립이므로 z와 χ^2은 독립이다. 그리고 (A.44)에 의해, 다음과 같다.

$$\frac{b_1 - \beta_1}{s\{b_1\}} \sim t(n-2)$$

이 결과는 β_1에 대한 추론을 할 수 있게 해준다. ■

β_1의 신뢰구간

$(b_1 - \beta_1)/s\{b_1\}$는 t분포를 따르기 때문에 다음 확률을 구할 수 있다.

$$P\{t(\alpha/2; n-2) \leq (b_1 - \beta_1)/s\{b_1\} \leq t(1-\alpha/2; n-2)\} = 1 - \alpha \tag{2.12}$$

여기서 $t(\alpha/2;\, n-2)$는 자유도 $n-2$인 t분포의 $(\alpha/2)100$백분율을 나타낸다. t분포는 평균 0을 중심으로 대칭이기 때문에 다음과 같다.

$$t(\alpha/2; n-2) = -t(1-\alpha/2; n-2) \tag{2.13}$$

(2.12)에 있는 부등식을 정리하고 (2.13)을 이용해서 다음을 얻을 수 있다.

$$P\{b_1 - t(1-\alpha/2; n-2)s\{b_1\} \leq \beta_1 \leq b_1 + t(1-\alpha/2; n-2)s\{b_1\}\} = 1 - \alpha \tag{2.14}$$

식 (2.14)는 모든 가능한 β_1의 값에서 성립하므로, β_1에 대한 $1 - \alpha$ 신뢰구간은 다음과 같다.

$$b_1 \pm t(1-\alpha/2; n-2)s\{b_1\} \tag{2.15}$$

예 1장의 Toluca Company의 예를 고려하자. 경영진은 β_1을 95% 신뢰계수로 추정하고 싶어 한다. 표 2.1에 앞에서 구한 필요한 결과 값을 요약해 두었다. 먼저 $s\{b_1\}$을 얻어야 한다.

$n = 25$	$\bar{X} = 70.00$
$b_0 = 62.37$	$b_1 = 3.5702$
$\hat{Y} = 62.37 + 3.5702X$	$SSE = 54,825$
$\sum(X_i - \bar{X})^2 = 19,800$	$MSE = 2,384$
$\sum(Y_i - \bar{Y})^2 = 307,203$	

표 2.1 1장에서 얻은 Toluca Company 예의 결과

```
The regression equation is
Y = 62.4 + 3.57 X

Predictor       Coef       Stdev     t-ratio        p
Constant       62.37       26.18        2.38    0.026
X             3.5702      0.3470       10.29    0.000

s = 48.82      R-sq = 82.2%      R-sq(adj) = 81.4%

Analysis of Variance

SOURCE        DF         SS          MS         F         p
Regression     1     252378      252378    105.88     0.000
Error         23      54825        2384
Total         24     307203
```

그림 2.2 MINITAB 회귀분석 결과물의 일부 – Toluca Company 예

$$s^2\{b_1\} = \frac{MSE}{\sum(X_i - \bar{X})^2} = \frac{2,384}{19,800} = .12040$$
$$s\{b_1\} = .3470$$

추정된 표준편차는 그림 2.2에 있는 MINITAB 결과물의 Stdev의 열과 X의 행이 교차하는 지점에서 볼 수 있다. 그림 2.2는 1장에서 제시된 MINITAB 결과물을 다시 보여 준 것이며 우리가 이용할 추가적인 정보를 간략하게 보여 주고 있다.

95% 신뢰계수에 대한 $t(.975;\ 23)$를 찾아야 한다. 부록 B에 있는 표 B.2를 통해서, $t(.975;\ 23) = 2.069$인 것을 찾을 수 있다. (2.15)에 의하여 95% 신뢰계수는 다음과 같다.

$$3.5702 - 2.069(.3470) \le \beta_1 \le 3.5702 + 2.069(.3470)$$
$$2.85 \le \beta_1 \le 4.29$$

그러므로 95% 신뢰계수와 함께, 평균 작업시간의 증가량은 각 추가적인 로트에 대해서 2.85와 4.29 사이 어딘가에 있을 것이라고 추정할 수 있다.

부연설명

1장에서 회귀모형의 범위는 보통 예측변수의 값의 범위로 제한된다. 이것은 기울기 β_1을 추정할 때 주목해야 할 사항이므로 특히 중요하다. Toluca Company의 예에서, 선형회귀 모형은 로트의 크기가 20~120일 때 적절하고 이것은 최근 예측변수의 범위이다. 이를 벗어나는 범위는 회귀모형이 선형이 아닐 수도 있기 때문에 작업시간에 대한 로트 크기 효과의 기울기를 추정하는 것이 합리적이지 않을 수도 있다. ■

β_1에 대한 검정

$(b_1 - \beta_1)/s\{b_1\}$은 자유도가 $n-2$인 t분포를 따르기 때문에 β_1에 대한 검정은 t분포를 사용하는 보통의 방법으로 실시될 수 있다.

예 1 **양측검정.** Toluca Company의 비용분석은 회귀모형 (2.1)을 사용하여 작업시간과 로트 크기 사이의 선형관계가 있는지, 즉 $\beta_1 = 0$인지에 대한 관심이 있다. 두 가설은 다음과 같다.

$$\begin{aligned} &H_0\colon \beta_1 = 0 \\ &H_a\colon \beta_1 \neq 0 \end{aligned} \tag{2.16}$$

제1종 오류 $\alpha = .05$하에서, 결론이 H_a로 정해지는 것은 앞에서 구한 β_1에 대한 95% 신뢰구간이 0을 포함하지 않아서 바로 알 수 있다.

식 (2.16)에서 대립가설에 대한 정확한 검정은 다음 통계량을 기반으로 한다.

$$t^* = \frac{b_1}{s\{b_1\}} \tag{2.17}$$

유의수준 α하에서 검정통계량에 대한 결정규칙은

$$\begin{aligned} &\text{만약 } |t^*| \le t(1-\alpha/2;\, n-2)\text{이면, } H_0\text{로 결론 내린다.} \\ &\text{만약 } |t^*| > t(1-\alpha/2;\, n-2)\text{이면, } H_a\text{로 결론 내린다.} \end{aligned} \tag{2.18}$$

Toluca Company의 예를 들면, $\alpha = .05$, $b_1 = 3.5702$, 그리고 $s\{b_1\} = .3470$이고, $t(.975;\, 23) = 2.069$이다. 따라서 대립가설 식 (2.16)에 대한 결정규칙은 다음과 같다.

$$\begin{aligned} &\text{만약 } |t^*| \le 2.069\text{이면, } H_0\text{로 결론 내린다.} \\ &\text{만약 } |t^*| > 2.069\text{이면, } H_a\text{로 결론 내린다.} \end{aligned}$$

$|t^*| = |3.5702/.3470| = 10.29 > 2.069$이기 때문에 H_a를 채택하여, $\beta_1 \neq 0$이거나 작업시간과 로트 크기 사이의 선형 관계가 존재한다고 할 수 있다. 검정통계량의 값은 $t^* = 10.29$이고 그림 2.2의 MINITAB 출력물에서 열 이름 t-ratio와 행 이름 X에 해당하는 칸에서 확인할 수 있다.

표본 결과에 대한 양측검정의 P값은 먼저 단측검정의 P값이 $P\{t(23) > t^* = 10.29\}$라는 것을 구한 후 얻어질 수 있다. 표 B.2를 통해 이 값이 .0005보다 작은 것을 알 수 있다. 많은 통계적 계산기나 컴퓨터 패키지는 실제 확률값을 제공할 것이다. 이 값은 거의 0에 가깝고, 0+로 정의된다. 그러므로 양측검정의 P값은 $2(0+) = 0+$이다. 양측검정의 P값이 지정된 유의수준 $\alpha = .05$보다 작으므로 H_a를 채택할 수 있다. 그림 2.2의 MINITAB 출력물에서 행 이름 p와 열 이름 X의 대응되는 칸에서 P값이 0.000인 것을 볼 수 있다.

부연설명

$\beta_1 = 0$인지 아닌지에 대한 검정이 $\beta_1 \neq 0$라고 결론 났을 때, Y와 X에 대한 관계는 때때로 선형 통계적 관계로 설명된다. ■

예2 단측검정. 분석자가 유의수준 $\alpha = .05$하에서 β_1이 양수인지 아닌지를 검정하고 싶어한다고 가정하자. 가설은 다음과 같다

$$H_0: \beta_1 \leq 0$$
$$H_a: \beta_1 > 0$$

결정규칙은 검정통계량 (2.17)에 따라 다음과 같다.

만약 $t^* \leq t(1 - \alpha; n - 2)$이면, H_0 로 결론 내린다.
만약 $t^* > t(1 - \alpha; n - 2)$이면, H_a 로 결론 내린다.

$\alpha = .05$일 때, $t(.95; 23) = 1.714$이다. $t^* = 10.29 > 1.714$이기 때문에, H_a를 채택하고 β_1이 양수라고 결론을 내릴 수 있다.

이와 같은 결정은 단측검정의 P값으로부터 직접적으로 도출될 수 있고, P값은 예 1에서 0+라고 정의되었다. 이 P값은 .05보다 작기 때문에 H_a를 채택할 수 있다.

부연설명

1. P값은 관측유의수준(observed level of significance)이라고도 한다.
2. 많은 과학 출판물이 P값을 검정통계량의 값과 같이 보고한다. 따라서 원하는 유의수준 α와 P값을 비교하여 검정을 수행할 수 있다.
3. 통계적 계산기와 컴퓨터 패키지의 사용자는 P값이 양측검정으로부터 나왔는지 단측검정으로부터 나왔는지 신중하게 살펴볼 필요가 있다.
4. 경우에 따라 β_1이 지정된 특정한 값 β_{10}과 같은지 아닌지를 검정하고 싶을 수 있다. 이 값은 역사적 기준, 비슷한 경우의 값, 공학직 사양일 수 있디.
   가설은 다음과 같다.

$$H_0: \beta_1 = \beta_{10}$$
$$H_a: \beta_1 \neq \beta_{10} \tag{2.19}$$

그리고 적절한 검정통계량은 다음과 같다.

$$t^* = \frac{b_1 - \beta_{10}}{s\{b_1\}} \tag{2.20}$$

여기에 적용되는 결정규칙은 (2.18)이지만 (2.20)에서 정의된 t^*를 사용한다.

검정통계량 (2.20)은 귀무가설 $H_0 : \beta_1 = \beta_{10} = 0$일 때, 검정통계량 (2.17)로 간단히 쓸 수 있다. ■

2.2 ■ β_0에 관한 추론

1장에서 언급된 것처럼 드물게 회귀선의 절편인 β_0에 관한 추론을 하고자 하는 경우가 있다. 모형의 범위가 $X = 0$을 포함할 때 이런 경우가 발생할 수 있다.

b_0의 표집분포

점추정량 b_0는 다음과 같이 (1.10b)에 주어졌다.

$$b_0 = \bar{Y} - b_1\bar{X} \quad \textbf{(2.21)}$$

b_0의 표집분포는 예측변수 X의 수준이 표본마다 일정하게 유지될 때 반복되는 표본에서 얻을 수 있는 b_0의 다양한 값들을 나타낸다.

회귀모형 (2.1)에서 b_0의 표집분포는 평균과 분산이 다음과 같은 정규분포이다. **(2.22)**

$$E\{b_0\} = \beta_0 \quad \textbf{(2.22a)}$$

$$\sigma^2\{b_0\} = \sigma^2\left[\frac{1}{n} + \frac{\bar{X}^2}{\sum(X_i - \bar{X})^2}\right] \quad \textbf{(2.22b)}$$

b_0는 b_1과 마찬가지로 관측값 Y_i의 선형결합이기 때문에 b_0의 표집분포는 정규분포를 따른다. b_0의 표집분포의 평균과 분산에 대한 결과는 b_1과 비슷한 방식으로 구할 수 있다.

$\sigma^2\{b_0\}$의 추정량은 σ^2을 이것의 점추정량 MSE로 교체하여 구할 수 있다.

$$s^2\{b_0\} = MSE\left[\frac{1}{n} + \frac{\bar{X}^2}{\sum(X_i - \bar{X})^2}\right] \quad \textbf{(2.23)}$$

양의 제곱근 $s\{b_0\}$은 $\sigma\{b_0\}$의 추정량이다.

$(b_0 - \beta_0)/s\{b_0\}$의 표집분포

b_1에 대한 정리 (2.10)과 유사하게 b_0에 대한 정리는 다음과 같다.

$\dfrac{b_0 - \beta_0}{s\{b_0\}}$는 회귀모형 (2.1)에서 $t(n-2)$분포를 따른다. **(2.24)**

따라서 β_0에 대한 신뢰구간과 검정은 t분포를 이용하는 보통의 방식으로 만들어질 수 있다.

β_0에 대한 신뢰구간

β_0에 대한 $1 - \alpha$ 신뢰한계는 앞에서 β_1에 대한 신뢰한계를 구할 때와 같은 방식으로 얻어질 수 있다.

$$b_0 \pm t(1 - \alpha/2; n - 2)s\{b_0\} \quad \textbf{(2.25)}$$

예 앞에서 말했듯이 Toluca Company의 예에 대한 모형의 범위는 로트 크기 $X = 0$으로 확장될 수 없다. 따라서 회귀모수 β_0는 $X = 0$에서 원래 절편의 의미를 지니지 않을 수도 있다. 그럼에도 불구하고, 만약 β_0에 대한 90% 신뢰구간을 구하고 싶으면 $t(.95; 23)$과 $s\{b_0\}$을 구해야 한다. 표 B.2에서 $t(.95; 23) = 1.714$인 것을 알 수 있다. 표 2.1의 요약된 결과를 통해 (2.23)을 이용하여 다음을 얻을 수 있다.

$$s^2\{b_0\} = MSE\left[\frac{1}{n} + \frac{\bar{X}^2}{\sum(X_i - \bar{X})^2}\right] = 2{,}384\left[\frac{1}{25} + \frac{(70.00)^2}{19{,}800}\right] = 685.34$$

또는

$$s\{b_0\} = 26.18$$

그림 2.2의 MINITAB 결과는 Stdev 행, Constant 열에서 추정된 표준편차를 보여 주고 있다.

β_0에 대한 90% 신뢰구간은 다음과 같다.

$$62.37 - 1.714(26.18) \leq \beta_0 \leq 62.37 + 1.714(26.18)$$
$$17.5 \leq \beta_0 \leq 107.2$$

이러한 신뢰구간이 의미 있는 정보를 제공하지 않을 수도 있다는 것을 조심하자. 예를 들면, 모형의 범위가 $X = 0$으로 확정될 때 선형회귀모형이 적절한지의 여부를 확신할 수 없기 때문에 'setup' 비용(부품에 대한 상품공정을 설치하는 데 필요한 비용)에 대한 정보를 전달하지 않을 수도 있다.

2.3 ■ β_0과 β_1에 관한 추론에 대한 고려사항

정규성 위배에 대한 영향

만약 Y의 확률분포가 정확하게 정규분포는 아니지만 심각하게 벗어나지 않는다면 b_0와 b_1의 표집분포는 근사적으로 정규분포일 것이고 t분포의 사용은 근사적으로 명시된 신뢰계수와 유의수준을 제공할 것이다. Y의 분포가 정규분포와 거리가 멀더라도 추정량 b_0와 b_1은 일반적으로 **점근정규성**(asymptotic normality)의 특성을 가진다. 점근분포는 일반적인 조건하에서 표본의 크기가 증가할 때 정규분포에 가까워진다. 그러므로 충분히 큰 표본이 있으면 Y의 확률분포가 정규분포와 거리가 멀어도 앞에서 주어진 신뢰구간과 결정규칙이 적용될 수 있다. 대표본에서 t값은 표준정규분포의 z값으로 교체된다.

신뢰계수와 오차의 위험에 대한 해석

회귀모형 (2.1)이 X_i가 알려진 상수라고 가정했기 때문에 신뢰계수와 오차의 위험은 X값이 관측된 표본과 같은 수준으로 유지되는 표본을 반복해서 취할 때에 관한 것으로 해석될 수 있다. Toluca Company의 예를 통해 β_1에 대한 신뢰구간을 신뢰계수 .95로 추정하였다. 이 계수는 만약 많은 독립 표본이 X의 수준(로트 크기)이 자료의 수준과 같고 95% 신뢰구간이 각 표본에 대해서 추정되면, 구간의 95%는 실제 β_1의 값을 포함할 것이라는 것을 의미한다.

X 수준의 간격

b_1과 b_0의 분산에 대한 공식 (2.3b)와 (2.22b)는 각각 주어진 n과 σ^2에 대해서 분산은 관측

된 자료의 X 수준의 간격에 의해 영향을 받는 것을 의미한다. 예를 들면, X의 수준이 넓게 퍼질수록 $\sum(X_i - \bar{X})^2$이 커지고 b_1의 분산은 작아진다. 4장에서 통제가 가능한 실험에서 어떻게 X 간격을 정하는지 논의할 것이다.

검정력

β_0와 β_1에 대한 검정력은 부록 표 B.5에서 구할 수 있다. 예를 들어 (2.19)에서 일반적인 β_1에 관한 검정은 다음과 같다.

$$H_0: \beta_1 = \beta_{10}$$
$$H_a: \beta_1 \neq \beta_{10}$$

검정통계량 (2.20)은 다음과 같다.

$$t^* = \frac{b_1 - \beta_{10}}{s\{b_1\}}$$

유의수준 α에 대한 결정규칙은 (2.18)에 주어져 있다.

만약 $|t^*| \leq t(1 - \alpha/2; n - 2)$이면, H_0로 결론 내린다.
만약 $|t^*| > t(1 - \alpha/2; n - 2)$이면, H_a로 결론 내린다.

이 검정력은 H_a가 사실일 때 결정규칙이 H_a로 결론낼 확률이다. 특히 검정력은 다음과 같다.

$$P\{|t^*| > t(1 - \alpha/2; n - 2) \mid \delta\} \tag{2.26}$$

여기서 δ는 **비중심 척도**(noncentrality measure)이다. 즉 실제 β_1이 β_{10}과 얼마나 떨어져 있는지 측정한다.

$$\delta = \frac{|\beta_1 - \beta_{10}|}{\sigma\{b_1\}} \tag{2.27}$$

표 B.5는 $\alpha = .05$와 $\alpha = .01$에 대한 양측 t검정의 검정력을 자유도 df에 따라서 나타낸다. 이 표를 어떻게 사용하는지 설명하기 위해서 앞에서 검정했던 Toluca Company의 예를 다시 살펴 보자.

$$H_0: \beta_1 = \beta_{10} = 0$$
$$H_a: \beta_1 \neq \beta_{10} = 0$$

$\beta_1 = 1.5$일 때 검정력을 알고 싶다고 가정한다. 이를 알아 내기 위해서 오차항의 분산인 σ^2를 구할 필요가 있다. 이전의 정보 또는 **예비 조사**(pilot) 자료를 바탕으로 미지의 분산에 대한 합리적인 계획값이 $\sigma^2 = 2{,}500$이라면 $\sigma^2\{b_1\}$은 다음과 같다.

$$\sigma^2\{b_1\} = \frac{\sigma^2}{\sum(X_i - \bar{X})^2} = \frac{2{,}500}{19{,}800} = .1263$$

또는 $\sigma\{b_1\} = .3553$이다. 그러면 $\delta = |1.5 - 0| \div .3553 = 4.22$이다. 표 B.5에서 유의수

준 $\alpha = .05$와 자유도가 23에 해당하는 값을 찾고 $\delta = 4.00$와 $\delta = 5.00$ 사이를 선형보간법을 이용하여 다음과 같이 구할 수 있다.

$$.97 + \frac{4.22 - 4.00}{5.00 - 4.00}(1.00 - .97) = .9766$$

그러므로 만약 $\beta_1 = 1.5$이면 확률은 약 .98이 될 것이고 우리는 $H_a(\beta_1 \neq 0)$로 결론낼 것이다. 즉 $\beta_1 = 1.5$이면, 작업시간과 로트 크기의 선형관계가 존재한다고 결론을 내릴 수 있다.

β_0에 대한 검정력은 유사한 방식으로 표 B.5에서 구할 수 있다. 단측검정의 경우에는 양측검정 유의수준의 절반이 단측검정의 유의수준이다.

2.4 ■ $E\{Y_h\}$의 구간추정

회귀분석의 흔한 목적은 Y의 한 개 또는 그 이상의 확률분포에 대한 평균을 추정하는 것이다. 품삯(X)과 노동자의 생산성(Y)의 관계에 대한 연구를 생각해 보자. 임금을 올리는 것에 대한 이득을 분석하려는 목적에서 품삯의 중간과 높은 수준에서의 평균생산성에 관심이 있다. 다른 예로, Toluca Company는 최적의 로트 크기를 찾기 위하여 로트 크기에 따른 평균반응(평균 작업시간)에 관심이 있었다.

평균반응을 예측하고 싶은 X의 수준을 X_h로 표시하자. X_h는 표본에 있는 값과 같을 수도 있고, 모형의 범위에 들어가는 다른 값일 수도 있다. $X = X_h$일 때 평균반응을 $E\{Y_h\}$로 표시한다. $E\{Y_h\}$의 점추정값 $\hat{Y}_h$은 식 (1.12)와 같다

$$\hat{Y}_h = b_0 + b_1 X_h \tag{2.28}$$

이제 $\hat{Y}_h$의 표집분포에 대해 알아보자.

$\hat{Y}_h$의 표집분포

$\hat{Y}_h$의 표집분포는 이전에 논의되었던 표집분포처럼 $\hat{Y}_h$의 반복적 표본이 뽑혔을 때 얻을 수 있는 다양한 값들을 나타낼 수 있다. 예측변수 X의 수준이 일정할 때, 각각의 표본에 대해서 $\hat{Y}_h$를 계산할 수 있다.

> 정규오차회귀모형 (2.1)에 대해서 $\hat{Y}_h$의 표집분포는 정규분포이고 평균과 분산은 다음과 같다. **(2.29)**

$$E\{\hat{Y}_h\} = E\{Y_h\} \tag{2.29a}$$

$$\sigma^2\{\hat{Y}_h\} = \sigma^2 \left[\frac{1}{n} + \frac{(X_h - \bar{X})^2}{\sum(X_i - \bar{X})^2}\right] \tag{2.29b}$$

정규성. $\hat{Y}_h$의 표집분포의 정규성은 $\hat{Y}_h$가 b_0와 b_1처럼 Y_i의 선형결합이라는 것으로부터 도출되었다.

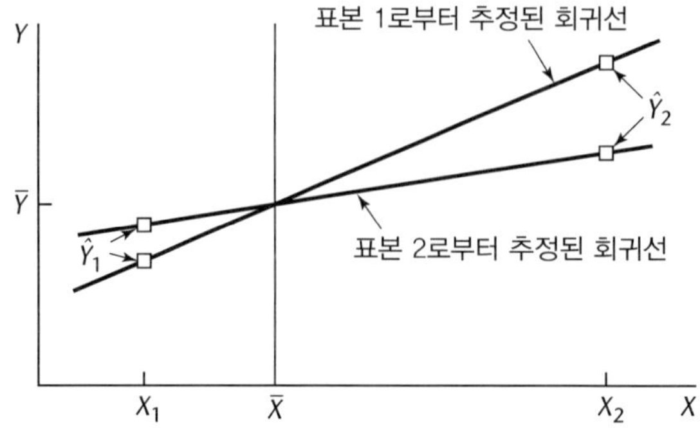

그림 2.3 동일한 $\bar{Y}$, $\bar{X}$를 갖는 두 개의 표본에서 각각 표본으로부터 b_1 변동성의 $\hat{Y}_h$에 대한 영향

평균. $\hat{Y}_h$이 $E\{Y_h\}$의 비편향추정량인 것을 (2.29a)에서 확인하여라. 이것은 (2.3a)와 (2.22a)에 의해 다음과 같이 증명할 수 있다.

$$E\{\hat{Y}_h\} = E\{b_0 + b_1 X_h\} = E\{b_0\} + X_h E\{b_1\} = \beta_0 + \beta_1 X_h$$

분산. $\hat{Y}_h$의 표집분포의 변동성은 (2.29b)의 $(X_h - \bar{X})^2$에서 볼 수 있듯이 X_h가 $\bar{X}$에서 얼마나 떨어져 있는지에 영향을 받는다. X_h가 $\bar{X}$로부터 멀리 떨어져 있을수록, 즉 $(X_h - \bar{X})^2$의 크기가 클수록 $\hat{Y}_h$의 분산도 커진다. 이 효과의 직관적인 설명은 그림 2.3에서 알 수 있다. X값이 같은 집단에 대한 두 표본을 기반으로 두 표본 회귀선을 보여 주고 있다. 추정된 기울기 b_1에서의 분산 효과를 격리시키기 위해서, 두 회귀선은 같은 $(\bar{X}, \bar{Y})$점을 지난다고 가정하자. $\bar{X}$ 근처의 X_1에서 두 표본회귀선에 대한 적합값 $\hat{Y}_1$는 서로 가깝다. $\bar{X}$에서 멀리 떨어진 X_2에서는 적합값 $\hat{Y}_2$는 상당히 다르다. 그러므로 각각의 표본에서의 기울기 b_1의 분산은 $\bar{X}$ 근처에서의 X의 수준보다 평균 $\bar{X}$에서 멀리 떨어진 X의 수준에 대한 $\hat{Y}_h$에 확연히 큰 영향을 미친다. 따라서 각각의 표본에서 나온 $\hat{Y}_h$값의 분산은 X_h가 평균에서 가까울 때보다 멀리 떨어져 있을 때 더 크다.

(2.29b)에서 σ^2이 MSE로 대체되었을 때, $s^2\{\hat{Y}_h\}$를 얻고, $\hat{Y}_h$의 추정된 분산은 다음과 같다.

$$s^2\{\hat{Y}_h\} = MSE\left[\frac{1}{n} + \frac{(X_h - \bar{X})^2}{\sum(X_i - \bar{X})^2}\right] \tag{2.30}$$

$\hat{Y}_h$의 추정된 표준편차는 $s\{\hat{Y}_h\}$이고, $s^2\{\hat{Y}_h\}$의 양의 근호이다.

부연설명

1. $X_h = 0$일 때, (2.29b)의 $\hat{Y}_h$의 분산은 (2.22b)에서 b_0의 분산으로 쓸 수 있다. 비슷하게 (2.30)의 $s^2\{\hat{Y}_h\}$는 (2.23)에서 $s^2\{b_0\}$으로 쓸 수 있다. $\hat{Y}_h = b_0 + b_1 X_h$이기 때문에 $X_h = 0$일 때 $\hat{Y}_h = b_0$이기 때문이다.
2. $\sigma^2\{\hat{Y}_h\}$를 구하기 위해서는 먼저 b_1과 $\bar{Y}$가 무상관이고, 회귀모형 (2.1)에 대해서도 독립인 것을 보여야 한다.

$$\sigma\{\bar{Y}, b_1\} = 0 \tag{2.31}$$

여기서 $\sigma\{\bar{Y}, b_1\}$는 $\bar{Y}$와 b_1의 공분산으로 정의한다. 정의로부터 시작하자.

$$\bar{Y} = \sum\left(\frac{1}{n}\right)Y_i \qquad b_1 = \sum k_i Y_i$$

여기서 k_i는 (2.4a)로 정의된다. (A.32)에서 $a_i = 1/n$와 $c_i = k_i$라고 하자. Y_i는 독립확률변수인 것을 주목하라.

$$\sigma\{\bar{Y}, b_1\} = \sum\left(\frac{1}{n}\right)k_i\sigma^2\{Y_i\} = \frac{\sigma^2}{n}\sum k_i$$

하지만 (2.5)로부터 $\sum k_i = 0$인 것을 알고 있으므로 공분산은 0이다.

이제 $\hat{Y}_h$의 분산을 구할 준비가 되었다. (1.15)에 있는 추정량을 사용하면

$$\sigma^2\{\hat{Y}_h\} = \sigma^2\{\bar{Y} + b_1(X_h - \bar{X})\}$$

$\bar{Y}$와 b_1이 독립이고 X_h와 $\bar{X}$가 상수이기 때문에 다음을 얻는다.

$$\sigma^2\{\hat{Y}_h\} = \sigma^2\{\bar{Y}\} + (X_h - \bar{X})^2\sigma^2\{b_1\}$$

이제 $\sigma^2\{b_1\}$은 (2.3b)에 주어져 있고,

$$\sigma^2\{\bar{Y}\} = \frac{\sigma^2\{Y_i\}}{n} = \frac{\sigma^2}{n}$$

따라서

$$\sigma^2\{\hat{Y}_h\} = \frac{\sigma^2}{n} + (X_h - \bar{X})^2\frac{\sigma^2}{\sum(X_i - \bar{X})^2}$$

위의 항을 약간 재배열하면, (2.29b)가 된다. ■

$(\hat{Y}_h - E\{Y_h\})/s\{\hat{Y}_h\}$의 표집분포

회귀모형 (2.1)에 대한 각 종류의 추론에서 t분포를 다루어 왔기 때문에 다음과 같은 사실은 놀랍지 않다.

$$\frac{\hat{Y}_h - E\{Y_h\}}{s\{\hat{Y}_h\}}\text{는 회귀모형 (2.1)에서 } t(n-2) \text{ 분포를 따른다.} \tag{2.32}$$

$E\{Y_h\}$에 대한 모든 추론은 t분포를 이용한 일반적인 방법으로 실행된다. 실제 응용에서 검정보다 빈번하게 사용되는 신뢰구간에 대한 설명을 하겠다.

$E\{Y_h\}$에 대한 신뢰구간

$E\{Y_h\}$에 대한 신뢰구간은 (2.32)에서 보인 것처럼 t를 사용하여 구한다. $1-\alpha$신뢰한계는 다음과 같다.

$$\hat{Y}_h \pm t(1-\alpha/2; n-2)s\{\hat{Y}_h\} \tag{2.33}$$

예 1 Toluca Company의 예로 돌아가서 로트 크기가 $X_h = 65$단위일 때 $E\{Y_h\}$에 대한 90% 신뢰구간을 구하자. 표 (2.1)의 결과를 사용하여 $\hat{Y}_h$의 점추정량을 구할 수 있다.

$$\hat{Y}_h = 62.37 + 3.5702(65) = 294.4$$

다음으로 추정 표준편차 $s\{\hat{Y}_h\}$를 찾아야 한다. (2.30)을 이용하여 다음의 결과를 얻는다.

$$s^2\{\hat{Y}_h\} = 2{,}384\left[\frac{1}{25} + \frac{(65 - 70.00)^2}{19{,}800}\right] = 98.37$$

$$s\{\hat{Y}_h\} = 9.918$$

90% 신뢰계수를 위해서는 $t(.95; 23) = 1.714$가 필요하다. 따라서 신뢰계수가 .90인 신뢰구간은 (2.33)에 의해

$$294.4 - 1.714(9.918) \leq E\{Y_h\} \leq 294.4 + 1.714(9.918)$$

$$277.4 \leq E\{Y_h\} \leq 311.4$$

신뢰계수가 .90으로 65개의 로트를 생산하려면 평균작업시간은 277.4와 311.4 사이에 있다고 결론을 내릴 수 있다. 평균작업시간의 추정량은 적당히 명확하다.

예 2 Toluca Company는 로트 $X_h = 100$단위일 때 90% 신뢰구간으로 $E\{Y_h\}$를 추정하고 싶다.

$$\hat{Y}_h = 62.37 + 3.5702(100) = 419.4$$

$$s^2\{\hat{Y}_h\} = 2{,}384\left[\frac{1}{25} + \frac{(100 - 70.00)^2}{19{,}800}\right] = 203.72$$

$$s\{\hat{Y}_h\} = 14.27$$

$$t(.95; 23) = 1.714$$

따라서 90% 신뢰구간은 다음과 같다.

$$419.4 - 1.714(14.27) \leq E\{Y_h\} \leq 419.4 + 1.714(14.27)$$

$$394.9 \leq E\{Y_h\} \leq 443.9$$

여기서 X_h의 수준($X_h = 100$)이 예 1에서의 X_h의 수준($X_h = 65$)보다 평균($\bar{X} = 70.0$)에서 상당히 떨어져 있으므로, 신뢰구간은 예 1의 신뢰구간보다 다소 넓은 것을 주의하라.

부연설명

1. X_i는 회귀모형 (2.1)에서 알고 있는 상수이므로, 신뢰구간의 해석과 평균반응의 추론에 대한 오차의 위험은 고정된 수준의 X 관측값에 대한 반복된 표본을 취하는 것에 대한 것이다. 이러한 점은 β_0와 β_1을 추론할 때도 마찬가지이다.
2. 주어진 표본 결과에 대해서, 공식 (2.29b)를 통해 $X_h = \bar{X}$일 때, $\hat{Y}_h$의 분산은 가장 작다. 그러므로 예측변수의 특정한 X_h의 수준에서 평균반응을 추정하기 위한 실험에서, 만약 X에 대한 관측이 $\bar{X} = X_h$가 되도록 놓아지면 추정값의 정확함은 가장 클 것이다.

3. 신뢰구간과 검정의 일반적인 관계는 평균반응에 관한 추론에 적용될 수 있다. 그러므로 양측신뢰한계 (2.33)은 X_h에서의 평균반응에 관한 양측검정에 이용될 수 있다. 또는 일반적인 방법으로 결정규칙이 만들어질 수 있다.
4. 평균반응 $E\{Y_h\}$에 대한 신뢰한계 (2.33)은 오차항이 정규분포를 따른다는 가정에 대한 적당한 위배에 예민하지 않다. 게다가 만약 표본의 크기가 크면 신뢰한계는 정규성에 대한 상당한 위배에도 예민하지 않다. 앞에서도 주목했듯이, 평균반응을 추정하는 데 강건성(robustness)은 β_0와 β_1에 대한 신뢰한계의 강건성과 관련 있다.
5. 신뢰한계 (2.33)은 하나의 평균반응을 추정할 때 적용된다. 4장에서는 여러 평균반응을 같은 자료로부터 추정할 때 어떻게 진행하는지 논의할 것이다. ■

2.5 ■ 새로운 관측값에 대한 예측

이제 예측변수의 X의 수준이 주어졌을 때 대응되는 새 관측값 Y를 고려하자. 다음 설명은 새로운 관측값에 대한 예측이 언제 필요한지 설명해 준다.

1. Toluca Company의 예에서 다음에 생산할 로트는 100단위로 되어 있고 경영진은 이 특정한 크기에 대한 작업시간을 예측하려고 한다.
2. 경제학자는 과거 10년 동안의 자료로부터 판매와 16세 이상의 사람의 수 사이의 회귀관계를 추정해 왔다. 다음 해의 16세 이상 사람의 수에 대한 믿을만한 인구학적 예상을 이용하여 경제학자는 다음 해의 판매를 예측하고 싶다.
3. 대학의 입학관리처는 입학생의 고등학교 학점(GPA)과 대학 1학년의 학점의 회귀관계를 추정해 왔다. 입학관리처는 입학 사정의 근거가 될 자료의 한 부분으로 고등학교 학점이 3.5 이상인 지원자에 대한 1학년의 대학교 학점을 추정하기를 원한다.

예측되는 Y에 대한 새로운 관측값은 회귀분석이 기반으로 하는 새로운 독립 시행의 결과로서 나타난다. 새로운 시행에 대한 X의 수준을 X_h로, Y의 새로운 관측값을 $Y_{h(\text{new})}$로 정의한다. 물론, 표본자료에 적용된 회귀모형은 새로운 관측값에 대한 모형에도 계속해서 적용된다.

앞 장에서 논의되었던 평균반응값 $E\{Y_h\}$의 추정과 이 장에서 논의될 새로운 관측값 $Y_{h(\text{new})}$에 추정은 같지 않다. 이전의 경우에서 Y의 분포의 **평균**(mean)을 추정하였다. 현재의 경우에는 Y의 분포로부터 나온 **개별 결과**(individual outcome)를 예측한다. 물론, 개별 결과의 대다수는 평균반응값으로부터 벗어나고 이것은 $Y_{h(\text{new})}$ 예측에 반영된다.

모수가 알려져 있을 때 $Y_{h(\text{new})}$에 대한 예측구간

새로운 관측값 $Y_{h(\text{new})}$에 대한 **예측구간**(prediction interval)의 특성을 가능한 간단하게 설명하기 위해서 먼저 모든 회귀모수가 알려져 있다고 가정한다. 추후에 우리는 이 가정을 하지 않고 적절한 수정을 할 것이다.

대학입학처 예에서 회귀모형의 관련된 모수가 다음과 같이 알려져 있다고 하자.

$$\beta_0 = .10 \qquad \beta_1 = .95$$
$$E\{Y\} = .10 + .95X$$
$$\sigma = .12$$

입학처에서는 고등학교 학점이 $X_h = 3.5$인 지원자를 고려하고 있다. 고등학교 학점이 3.5인 학생들이 대한 평균 대학 학점은 다음과 같다.

$$E\{Y_h\} = .10 + .95(3.5) = 3.425$$

그림 2.4는 $X_h = 3.5$일 때 Y의 확률분포를 보여 준다. 이것의 평균은 $E\{Y_h\} = 3.425$이고 표준편차는 $\sigma = .12$이다. 그리고 분포는 회귀모형 (2.1)과 일치하는 정규분포이다.

고등학교 학점이 $X_h = 3.5$인 지원자의 대학 학점은 다음 사이에 있다고 가정하자.

$$E\{Y_h\} \pm 3\sigma$$
$$3.425 \pm 3(.12)$$

그러면 예측구간은 다음과 같다.

$$3.065 \le Y_{h(\text{new})} \le 3.785$$

정규확률분포의 99.7% 영역이 평균으로부터 3σ 사이에 있기 때문에 이 예측구간이 고등학교 학점이 3.5인 지원자에 대해서 정확한 예측을 할 확률은 .997이다. 예측한계가 다소 넓어 예측이 그렇게 명확하지 않기는 하지만, 예측구간은 입학처에게 지원자의 1학년 학점이 최소 3.0이 될 것으로 예상된다는 것을 보여 준다.

예측구간의 기본적인 개념은 Y의 분포에서 대부분의 관측값이 있을 만한 범위를 선택한 후에 다음 관측값이 이 영역에 떨어질 것이라고 선언하는 것이다. 예측구간의 유용성은 항상 구간의 넓이와 이용자가 필요한 명확성에 의존한다.

일반적으로 정규오차회귀모형 (2.1)의 회귀모수가 알려져 있을 때, $Y_{h(\text{new})}$에 대한 $1 - \alpha$ 예측한계는 다음과 같다.

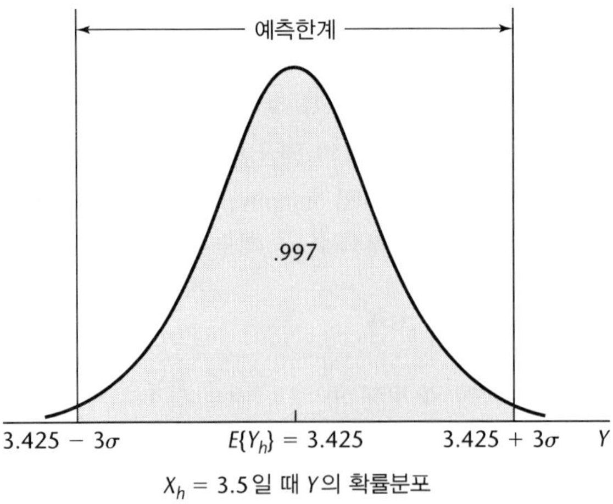

그림 2.4 모수를 알 때, $Y_{h(\text{new})}$의 예측

$$E\{Y_h\} \pm z(1 - \alpha/2)\sigma \tag{2.34}$$

$E\{Y_h\}$를 중심으로 한계를 두면서 정확한 예측의 지정된 확률과 일치하는 가장 좁은 구간을 구할 수 있다.

모수가 알려져 있지 않을 때 $Y_{h(new)}$에 대한 예측구간

회귀모수가 알려져 있지 않으면 추정하여야 한다. Y의 분포의 평균은 일반적으로 $\hat{Y}_h$로 추정되고 Y의 분포의 분산은 MSE에 의해 추정된다. 그러나 우리는 단순히 모수를 점추정량으로 교체하여 신뢰한계 (2.34)를 사용할 수 없다. 그 이유는 그림 2.5에서 직관적으로 설명할 수 있다. 그림 2.5에서는 $E\{Y_h\}$에 대한 신뢰구간의 상한과 하한에 대응하는 두 Y의 분포를 나타내고 있다. 바꾸어 말하면, Y의 분포는 왼쪽에 있는 분포와 오른쪽에 있는 분포 사이의 어딘가에 위치하게 될 것이다. 평균 $E\{Y_h\}$를 모르고 오직 신뢰구간으로 추정해야 하기 때문에 Y의 분포의 위치를 확신할 수 없다.

그림 2.5는 또한 제시된 Y의 두 확률분포의 각각에 대한 예측한계를 보여 준다. Y 분포의 위치를 확신할 수 없기 때문에 그림 2.5에서 볼 수 있듯이 $Y_{h(new)}$에 대한 예측한계는 다음 두 요소를 고려해야 한다.

1. Y의 분포의 가능한 위치에서의 변동
2. Y의 확률분포 안에서의 변동

주어진 X_h 수준에서 새 관측값 $Y_{h(new)}$에 대한 예측한계는 다음 정리로 얻어질 수 있다.

$$\frac{Y_{h(new)} - \hat{Y}_h}{s\{pred\}} \text{는 정규오차회귀모형 (2.1)에 대해서}$$

$$t(n-2)\text{인 분포를 따른다.} \tag{2.35}$$

실제 평균을 모르고 예측을 하는 데 사용할 수 없기 때문에 스튜던트화 통계량 (2.35)는

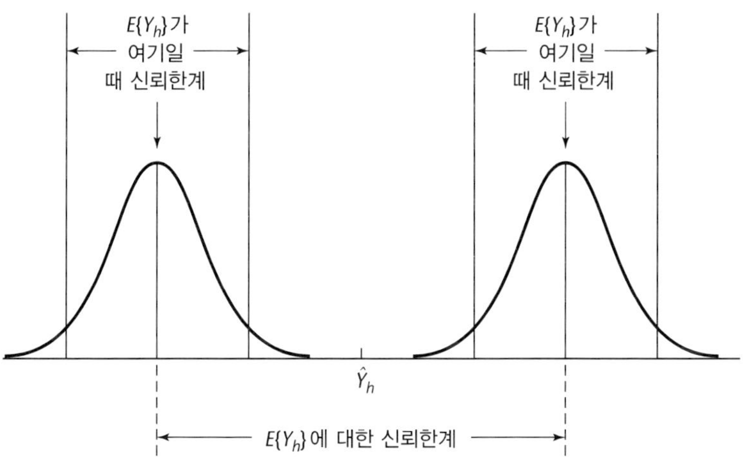

그림 2.5 모수가 알려져 있지 않을 때, $Y_{h(new)}$의 예측

실제 평균 $E\{Y_h\}$ 대신 점추정량 $\hat{Y}_h$을 사용하는 것을 주의하라. 스튜던트화 통계량의 분모인 추정된 예측 표준편차 $s\{\text{pred}\}$는 곧 정의될 것이다.

일반적인 방법으로 정리 (2.35)로부터 새 관측값 $Y_{h(\text{new})}$에 대한 $1 - \alpha$ 예측한계는 다음과 같다(예를 들면 (2.35)와 (2.10)을 비교하고 $\hat{Y}_h$를 b_1에, $Y_{h(\text{new})}$를 β_1에 관련시켜 보아라).

$$\hat{Y}_h \pm t(1 - \alpha/2; n - 2)s\{\text{pred}\} \tag{2.36}$$

n개 표본에서 스튜던트화 통계량 (2.35)의 분자는 새 관측값 $Y_{h(\text{new})}$가 추정된 평균 $\hat{Y}_h$로부터 얼마나 멀리 떨어져 있는지 나타내고 있다는 것을 주목하라. 이 차이는 $\hat{Y}_h$가 새 관측값 $Y_{h(\text{new})}$의 값에 대한 최적의 추정량으로 사용된 상황에서의 예측오차로 생각할 수 있다. 이 예측오차의 분산은 새 관측값 $Y_{h(\text{new})}$와 $\hat{Y}_h$를 기반으로 하는 원래의 n개로 된 표본이 독립이라는 것을 이용하여 쉽게 얻어질 수 있다. $\sigma^2\{\text{pred}\}$에 의해 예측오차의 분산을 정의하고 (A.31b)에 의해 다음을 얻을 수 있다.

$$\sigma^2\{\text{pred}\} = \sigma^2\{Y_{h(\text{new})} - \hat{Y}_h\} = \sigma^2\{Y_{h(\text{new})}\} + \sigma^2\{\hat{Y}_h\} = \sigma^2 + \sigma^2\{\hat{Y}_h\} \tag{2.37}$$

$\sigma^2\{\text{pred}\}$는 두 요소를 가지고 있다.

1. $X = X_h$에서의 Y의 분포의 분산, 즉 σ^2.
2. $\hat{Y}_h$의 표집분포의 분산, 즉 $\sigma^2\{\hat{Y}_h\}$.

$\sigma^2\{\text{pred}\}$의 비편향추정량은 다음과 같다.

$$s^2\{\text{pred}\} = MSE + s^2\{\hat{Y}_h\} \tag{2.38}$$

이것은 (2.30)을 이용하여 다음과 같이 나타낼 수 있다.

$$s^2\{\text{pred}\} = MSE\left[1 + \frac{1}{n} + \frac{(X_h - \bar{X})^2}{\sum(X_i - \bar{X})^2}\right] \tag{2.38a}$$

예 Toluca Company는 로트 크기와 작업시간 사이의 관계를 주로 최적의 로트 크기를 결정하기 위한 목적으로 다양한 로트 크기에 대해 요구되는 평균 작업시간에 대한 정보를 얻기 위하여 연구하였다. 그러나 회사는 또한 회귀관계가 개별 로트들의 작업시간을 예측하는 데에도 유용한지 여부에도 관심이 있다. 로트 $X_h = 100$단위를 생산할 때의 90% 예측구간을 원한다고 하자. $t(.95; 23) = 1.714$이다. 앞에서 다음을 얻었다.

$$\hat{Y}_h = 419.4 \qquad s^2\{\hat{Y}_h\} = 203.72 \qquad MSE = 2{,}384$$

(2.38)을 이용하여, 다음을 얻을 수 있다.

$$s^2\{\text{pred}\} = 2{,}384 + 203.72 = 2{,}587.72$$
$$s\{\text{pred}\} = 50.87$$

따라서 $Y_{h(\text{new})}$에 대한 90% 예측구간은 (2.36)에 의해 다음과 같다.

$$419.4 - 1.714(50.87) \le Y_{h(\text{new})} \le 419.4 + 1.714(50.87)$$
$$332.2 \le Y_{h(\text{new})} \le 506.6$$

신뢰계수 .90으로 100단위의 생산에 대한 작업시간은 332와 507 사이 어딘가에 있을 것이라고 예측할 수 있다.

이 예측구간은 꽤나 넓어서 다음 로트에 대해서 필요한 노동시간을 계획하는 데 유용하지 않을 수도 있다. 그럼에도 불구하고 그 구간은 여전히 관리 목적으로는 유용할 수 있다. 예를 들면, 100단위의 다음 로트에 대한 실제 작업시간이 550시간이었다고 가정하자. 실제 작업시간이 예측한계 밖에 있기 때문에 경영진은 생산 과정의 변화가 있는 것으로 받아들여 그에 대한 가능한 대비책을 생각할 수도 있다.

구간이 넓게 계산된 주요한 이유는 주어진 특정 로트 크기에 대한 작업시간이 로트별로 변동이 크기 때문이다. MSE = 2,384는 추정된 예측분산 $s^2\{\text{pred}\}$ = 2,587.72를 92% 설명한다. 로트에서 로트로의 큰 변동은 로트 크기뿐만 아니라 필요한 작업시간의 수에 영향을 미치는 다른 요소를 반영한다. 예를 들면, 로트 생산에 할당된 노동자의 경험 같은 것을 말한다. 만약 그렇다면, 이런 다른 요소를 포함하는 다중회귀모형이 훨씬 더 명확한 예측을 할 수 있다. 또는 실험설계를 실시하여 로트마다 큰 변동을 나타나게 하는 주요 요소를 찾아 볼 수 있다. 다중회귀모형이나 실험설계의 결과를 적용한 품질 개선 프로그램이 더 균일한 성과를 가져올 수 있다. 예를 들어 부적절한 훈련이 큰 변동을 설명한다면 추가적인 직원 교육을 실시할 수 있다.

부연설명

1. Toluca Company의 예에서 얻어진 $Y_{h(\text{new})}$에 대한 90% 예측구간은 58쪽에 있는 예 2에서 얻어진 $E\{Y_h\}$에 대한 90% 예측구간보다 넓다. 그 이유는 새로운 로드에 필요힌 작업시간을 예측할 때, Y의 확률분포 사이에 로트마다의 변동뿐만 아니라 표본마다 구해진 $\hat{Y}_h$의 변동이 추가되기 때문이다.
2. 식 (2.38a)의 예측구간은 X_h가 $\bar{X}$로부터 떨어져 있을 때 더 넓다는 것을 보여 준다. 이러한 이유는 평균 $\hat{Y}_h$의 추정값은 X_h가 $\bar{X}$로부터 떨어져 있을 때 덜 정확하기 때문이다.
3. 평균반응 $E\{Y_h\}$에 대한 신뢰한계 (2.33)과 달리 예측한계 (2.36)은 오차항 분포의 정규성 위배에 영향을 많이 받는다. 3장에서 오차항의 확률분포의 특성을 조사하는 진단절차에 대해 논의하고 만약 정규성 위배가 심각하다면 처치방법을 설명할 것이다.
4. 예측한계 (2.36)에 대한 신뢰계수는 X값의 같은 세트를 기반으로 반복되는 표본을 취하고 각 표본에 대한 $Y_{h(\text{new})}$에 대한 예측한계를 계산하는 것을 말한다.
5. 예측한계 (2.36)은 표본 자료를 기반으로 하는 하나의 예측에 적용된다. 다음으로, X_h가 주어졌을 때 여러 개의 새로운 관측값들의 평균을 어떻게 예측할 것인지 논의한다. 그리고 4장에서는 다양한 X_h의 수준에서 여러 개의 예측을 하는 방법에 대해 알아 볼 것이다.
6. 예측구간은 신뢰구간과 비슷하다. 그러나 그들은 개념상으로 다르다. 하나의 신뢰구간은 하나의 모수에 대한 추론을 나타내고 모수의 값을 포함하려는 구간을 말한다. 반면에 예측구간은 새로운 관측값 $Y_{h(\text{new})}$와 같은 확률변수에 대한 값을 나타낸다. ■

주어진 X_h에 대한 m개의 새로운 관측값의 평균에 대한 예측

경우에 따라 주어진 예측변수의 수준에 대하여 Y에 대한 m개의 새로운 관측값의 평균을 예측하고 싶어할 수 있다. Toluca Company는 다음 몇 달 동안 $X_h = 100$단위의 $m = 3$ 생산량을 요구하는 계약을 수주하였다고 가정하자. 경영진은 3개의 각 로트당 평균 작업시간을 예측하고 이를 계약을 채우는 데 필요한 전체 작업시간의 예측으로 바꾸고 싶어 한다.

예측된 새로운 관측값 Y의 평균을 $\bar{Y}_{h(\text{new})}$로 정의하자. 새로운 관측값 Y들이 독립이라고 가정할 때 적절한 $1-\alpha$ 예측한계는 다음과 같다.

$$\hat{Y}_h \pm t(1-\alpha/2; n-2)s\{\text{predmean}\} \tag{2.39}$$

여기서

$$s^2\{\text{predmean}\} = \frac{MSE}{m} + s^2\{\hat{Y}_h\} \tag{2.39a}$$

또는,

$$s^2\{\text{predmean}\} = MSE\left[\frac{1}{m} + \frac{1}{n} + \frac{(X_h - \bar{X})^2}{\sum(X_i - \bar{X})^2}\right] \tag{2.39b}$$

(2.39a)로부터 분산 $s^2\{\text{predmean}\}$은 두 요소로 이루어져 있다.

1. $X = X_h$일 때 Y의 확률분포로부터 추출된 m개의 관측값의 평균의 분산.
2. $\hat{Y}_h$의 표집분포의 분산.

예 Toluca Company 예에서 작업시간 $\bar{Y}_{h(\text{new})}$의 평균에 대한 90% 예측구간을 각각 $X_h = 100$ 단위인 3회의 새로운 생산 실행에 대해 구할 수 있다. 이전의 계산으로부터 다음을 알 수 있으며,

$$\hat{Y}_h = 419.4 \qquad s^2\{\hat{Y}_h\} = 203.72$$
$$MSE = 2{,}384 \qquad t(.95; 23) = 1.714$$

따라서 다음을 얻는다.

$$s^2\{\text{predmean}\} = \frac{2{,}384}{3} + 203.72 = 998.4$$
$$s\{\text{predmean}\} = 31.60$$

로트당 평균 작업시간에 대한 예측구간은 다음과 같다.

$$419.4 - 1.714(31.60) \le \bar{Y}_{h(\text{new})} \le 419.4 + 1.714(31.60)$$
$$365.2 \le \bar{Y}_{h(\text{new})} \le 473.6$$

이 예측한계들이 3개의 로트에 대한 평균 작업시간의 예측을 포함하기 때문에, 100단위의 단일 로트에 대한 작업시간의 예측한계보다 더 좁다는 사실에 유의하라.

3개당 로트에 대한 총 작업시간 평균의 예측구간은 $\bar{Y}_{h(\text{new})}$의 예측한계에 3을 곱하여 얻을 수 있다.

$$1{,}095.6 = 3(365.2) \leq \text{총 작업시간} \leq 3(473.6) = 1{,}420.8$$

그러므로 각 100단위의 3개 로트에 대해 계약을 충족시키기 위해 필요한 작업시간은 90% 신뢰수준하에서 1,096~1,421로 예측된다.

부연설명

위의 Toluca Company 예로부터 얻어진 $\bar{Y}_{h(\text{new})}$에 대한 90% 예측구간은 예상했던 바와 같이 63쪽의 $Y_{h(\text{new})}$에 대한 90% 예측구간보다 더 좁다. 게다가 두 예측구간 모두 역시 예상했던 바와 같이 58쪽의 예 2에서 구한 $E\{Y_h\}$에 대한 90% 신뢰구간보다 넓다. ■

2.6 ■ 회귀선에 대한 신뢰띠

이제, 전체 회귀선 $E\{Y\} = \beta_0 + \beta_1 X$에 대한 신뢰띠를 구하고자 한다. 이 띠는 전체 회귀선이 놓여 있는 영역을 볼 수 있게 해 준다. 3장에서 설명했던 바와 같이, 이것은 적합된 회귀함수의 타당성을 확인하는 데에 특히 유용하다.

회귀모형 (2.1)에 대한 회귀선의 Working-Hotelling $1 - \alpha$ 신뢰띠는 어떤 수준의 X_h에 대해서든 다음의 두 경계값을 갖는다.

$$\hat{Y}_h \perp W s\{\hat{Y}_h\} \tag{2.40}$$

여기서

$$W^2 = 2F(1-\alpha; 2, n-2) \tag{2.40a}$$

그리고 $\hat{Y}_h$과 $s\{\hat{Y}_h\}$는 각각 (2.28)과 (2.30)에서 정의되었다. t 배수가 W 배수로 대체되었다는 점을 제외하고는 경계값에 대한 식이 X_h에서의 평균반응에 대한 신뢰한계의 식 (2.33)과 같다는 점에 유의하라. 결과적으로 X_h가 X 관측값의 평균 $\bar{X}$로부터 멀수록 회귀선에 대한 신뢰띠의 경계점들은 더 넓게 떨어져 있게 된다. X_h에서의 $E\{Y_h\}$에 대한 신뢰한계가 오직 하나의 X_h 수준에 대해서만 적용되는 반면, 신뢰띠가 반드시 전체 회귀선을 포함해야 하기 때문에 W 배수는 (2.33)의 t 배수보다 더 커야 한다.

예 Toluca Company 예에서 회귀선에 대한 90% 신뢰띠를 구함으로써 얼마나 정확하게 회귀함수를 추정할 수 있었는지 알아보고자 한다. $X_h = 100$일 때 신뢰띠의 경계값을 구해 보자. 이전 계산은

$$\hat{Y}_h = 419.4 \qquad s\{\hat{Y}_h\} = 14.27$$

이제 필요한 것은

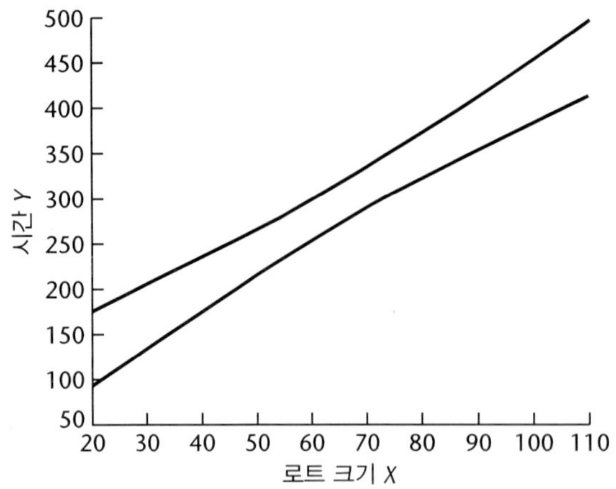

그림 2.6 회귀선의 신뢰띠 – Toluca Company 예

$$W^2 = 2F(1-\alpha; 2, n-2) = 2F(.90; 2, 23) = 2(2.549) = 5.098$$
$$W = 2.258$$

따라서 $X_h = 100$에서 회귀선에 대한 신뢰띠의 경계값은 $419.4 \pm 2.258(14.27)$이고, 신뢰띠는

$$387.2 \leq \beta_0 + \beta_1 X_h \leq 451.6 \qquad (X_h = 100\text{일 때})$$

유사한 방식으로, $\hat{Y}_h$과 $s\{\hat{Y}_h\}$를 각각의 X_h 수준에서 식 (2.28)과 (2.30)으로부터 구하고 (2.40)의 방식으로 경계점을 구함으로써 다른 값의 X_h에 대해 경계점을 계산할 수 있다. 그림 2.6은 회귀선에 대한 신뢰띠의 그림을 보여 준다. 이전에 계산했던 바와 같이 $X_h = 100$에서 경계값이 387.2와 451.6임에 주목하라.

그림 2.6으로부터 Toluca Company 예의 회귀선이 꽤 명확하게 추정되었음을 알 수 있다. 회귀선의 기울기는 분명하게 양의 기울기를 가지며, 서로 다른 각 X의 수준에 대해 크거나 작은 로트 크기를 제외하고는 회귀선의 수준이 꽤 명확하게 추정된다.

부연설명

1. $\hat{Y}_h$과 $s\{\hat{Y}_h\}$를 (2.28)과 (2.30)의 정의에 따라 대체하면 알 수 있듯이, (2.40)에서 회귀선에 대한 신뢰띠의 경계값은 쌍곡선을 정의한다.

$$b_0 + b_1 X \pm W\sqrt{MSE}\left[\frac{1}{n} + \frac{(X-\bar{X})^2}{\sum(X_i-\bar{X})^2}\right]^{1/2} \tag{2.41}$$

2. 어떤 임의의 X_h값에서의 회귀선에 대한 신뢰띠의 경계값은 종종 그 X_h값에서의 평균반응에 대한 신뢰한계보다 실질적으로 더 넓지 않다. Toluca Company 예에서, $X_h = 100$일 때 90% 신뢰구간에서의 평균반응을 추정하는 t 배수는 $t(.95; 23) = 1.714$였다. 이것을 $W = 2.258$의 전체 회귀선에 대한 90% 신뢰띠에 대한 W 배수와 비교할 수 있다. 전체 회귀선에 대한 더 넓은 한계를 이용하여, 주어진 X 수준에서의 평균반응에 대해서뿐만 아니라 전체 회귀선에 대한 어떤 또는 모든 평균반응에 대해서도 결론을

도출할 수 있게 된다. 추론에 있어서 이러한 더 넓은 구간의 사용은 이어지는 두 장에서 설명될 것이다.

3. 신뢰띠 (2.40)은 X의 $-\infty$에서 ∞ 사이의 전체 실수값에 대한 전체 회귀선에 적용된다. 실제 연구에서 X 관측값은 같은 수준으로 유지한 일련의 표본에 대해, 회귀계수는 전체 회귀선을 덮는 띠를 만들어내는 추정 절차의 시간의 비중을 나타낸다.

   실제 적용에서 신뢰띠는 관심이 없는 회귀선의 부분에 대하여는 무시된다. 예를 들어 Toluca Company 예에서 음의 로트 크기는 무시될 것이다. 관심 있는 신뢰띠의 제한된 부분에 대한 신뢰계수는 $1 - \alpha$보다 다소 높을 것이고, 그에 따라 $1 - \alpha$가 신뢰계수에 대한 하한 역할을 할 것이다.

4. 회귀선에 대한 신뢰띠를 만들어내는 몇 가지 대안적인 절차가 개발되어 왔다. Working-Hotelling 신뢰띠 (2.40)의 단순성이 (2.33)의 단일 평균반응에 대한 신뢰한계의 직접적인 확장이라는 사실로부터 얻어진다. ■

2.7 ■ 회귀분석에 대한 분산분석 접근법

이제 기본적인 회귀모형을 만들었고 그에 대한 주요한 용도를 설명하였다. 이 시점에서, 분산분석의 관점에서 회귀분석을 생각해 보고자 한다. 이 새로운 관점은 우리에게 무언가 새로운 것을 하게끔 하는 것은 아니다. 하지만 분산분석 접근법은 다중회귀모형이나 다른 유형의 선형통계모형을 다룰 때에 그 자체로 다가올 것이다.

총제곱합 분해

기본개념. 분산분석 접근법은 반응변수 Y와 관련이 있는 제곱합과 자유도의 분해에 기초한다. 이 접근방법의 동기를 설명하기 위해서, Toluca Company 예를 다시 생각해 보자. 그림 2.7a는 표 1.1에 제시된 처음 두 생산에 대한 관측값 Y_i를 보여 준다. 로트 크기를 무시하고, 모든 통계 자료에서와 같이 작업시간 Y_i의 변동이 있음을 알 수 있다. 이 변동은

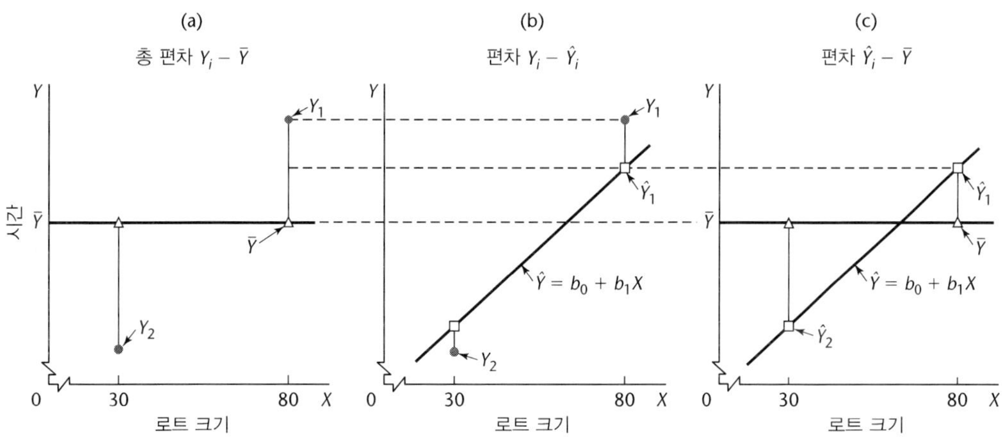

그림 2.7 총 편차 $Y_i - \bar{Y}$의 분할의 예시 그림 – Toluca Company 예(척도를 무시, Y_1과 Y_2만 보인다).

관습적으로 Y_i의 평균 $\bar{Y}$ 주변에서의 Y_i 편차의 관점에서 측정된다.

$$Y_i - \bar{Y} \tag{2.42}$$

이 편차들은 그림 2.7a의 수직선에 의해 나타내어진다. *SSTO*로 표시되는 총 변동의 측도는 편차 (2.42)의 제곱합이다.

$$SSTO = \sum(Y_i - \bar{Y})^2 \tag{2.43}$$

여기서 *SSTO*는 **총제곱합**(total sum of squares)을 나타낸다. 만약 모든 Y_i 관측값이 같다면, $SSTO = 0$이 된다. Y_i 관측값 사이의 변동이 클수록 *SSTO*는 커진다. 따라서 예의 *SSTO*는 로트 크기를 고려하지 않을 때, 어떤 로트에 대해 요구되는 작업시간에 관련된 불확실성의 측도이다.

예측변수 *X*를 사용할 때, 변수 *Y*에 관련된 불확실성을 반영한 변동은 적합된 회귀선 주변 Y_i 관측값에 대한 변동이 된다.

$$Y_i - \hat{Y}_i \tag{2.44}$$

이 편차들은 그림 2.7b의 수직선에 의해 나타나 있다. 예측변수 *X*를 고려할 때, 존재하는 Y_i 관측값에서 변동의 측도는 편차 제곱의 합 (2.44)이고, 이것은 (1.21)의 *SSE*와 유사하다.

$$SSE = \sum(Y_i - \hat{Y}_i)^2 \tag{2.45}$$

다시, *SSE*는 **오차제곱합**(error sum of squares)을 나타낸다. 만약 모든 Y_i 관측값이 적합된 회귀선 위에 떨어진다면, $SSE = 0$이 된다. 적합된 회귀선 주변의 Y_i 관측값의 변동이 클수록 *SSE*는 커진다.

Toluca Company 예에서 이전의 계산(표 2.1)으로부터 다음을 알고 있다.

$$SSTO = 307{,}203 \qquad SSE = 54{,}825$$

무엇이 두 제곱합 사이의 상당한 차이를 설명해 주는가? 그 차이는 또 다른 제곱합이 있기 때문이다.

$$SSR = \sum(\hat{Y}_i - \bar{Y})^2 \tag{2.46}$$

여기서 *SSR*은 **회귀제곱합**(regression sum of squares)을 나타낸다. *SSR*이 다음의 편차에 대한 편차제곱합임에 유의하라.

$$\hat{Y}_i - \bar{Y} \tag{2.47}$$

이 편차들은 그림 2.7c의 수직선을 통해 확인할 수 있다. 각 편차는 단순히 회귀선에서의 적합값과 적합값의 평균인 $\bar{Y}$의 차이이다[(1.18)로부터 적합값 $\hat{Y}_i$의 평균이 $\bar{Y}$임을 주목하라]. 만약 회귀선이 수평이어서 그 결과 $\hat{Y}_i - \bar{Y} \equiv 0$이라면, $SSR = 0$이 된다. 그렇지 않으면 *SSR*은 양의 값을 갖는다.

*SSR*은 회귀선과 연관이 있는 Y_i 변동 부분의 측도로 여겨질 수 있다. *SSTO*에 대하여 *SSR*의 값이 클수록 Y_i 관측값에서 총 변동에 대해 설명하는 회귀관계의 효과가 더 크다.

Toluca Company 예에서 다음을 얻을 수 있다.

$$SSR = SSTO - SSE = 307{,}203 - 54{,}825 = 252{,}378$$

이것은 작업시간에 있어서 대부분의 총 변동이 로트 크기와 작업시간 사이의 관계에 의해 설명됨을 의미한다.

분해의 형식적 전개. 예측변수를 고려하지 않고 관측값 Y_i에 대한 총 변동의 측도로 사용되는 총 편차 $Y_i - \bar{Y}$는 두 요소로 분해될 수 있다.

$$\underbrace{Y_i - \bar{Y}}_{\substack{\text{전체}\\\text{편차}}} = \underbrace{\hat{Y}_i - \bar{Y}}_{\substack{\text{평균과}\\\text{적합}\\\text{회귀값의}\\\text{편차}}} + \underbrace{Y_i - \hat{Y}_i}_{\substack{\text{적합}\\\text{회귀선에서의}\\\text{편차}}} \tag{2.48}$$

그 두 요소는 다음과 같다.

1. 평균 $\bar{Y}$ 주변의 적합값 $\hat{Y}_i$의 편차
2. 적합된 회귀선 주변의 관측값 Y_i의 편차

그림 2.7은 관측값 Y_1에 대한 점선을 통해 이 분해를 나타낸다.

이 편차들을 제곱한 것이 편차의 더하기 성질과 같은 성질을 갖는 것은 주목할 만하다.

$$\sum(Y_i - \bar{Y})^2 = \sum(\hat{Y}_i - \bar{Y})^2 + \sum(Y_i - \hat{Y}_i)^2 \tag{2.49}$$

즉, (2.43), (2,45), (2,46)의 표기에 따라

$$SSTO = SSR + SSE \tag{2.50}$$

분산분석에서 이 기본적인 결과를 증명하기 위해 다음의 절차를 따른다.

$$\begin{aligned}\sum(Y_i - \bar{Y})^2 &= \sum[(\hat{Y}_i - \bar{Y}) + (Y_i - \hat{Y}_i)]^2\\ &= \sum[(\hat{Y}_i - \bar{Y})^2 + (Y_i - \hat{Y}_i)^2 + 2(\hat{Y}_i - \bar{Y})(Y_i - \hat{Y}_i)]\\ &= \sum(\hat{Y}_i - \bar{Y})^2 + \sum(Y_i - \hat{Y}_i)^2 + 2\sum(\hat{Y}_i - \bar{Y})(Y_i - \hat{Y}_i)\end{aligned}$$

우변의 마지막 항을 전개함으로써 다음을 얻을 수 있고 0이 됨을 보일 수 있다.

$$2\sum(\hat{Y}_i - \bar{Y})(Y_i - \hat{Y}_i) = 2\sum\hat{Y}_i(Y_i - \hat{Y}_i) - 2\bar{Y}\sum(Y_i - \hat{Y}_i)$$

(1.20)에 의해 우변의 첫 번째 합계는 0이고, (1.17)에 의해 두 번째 합계도 0이 된다. 따라서 (2.49)와 같다.

부연설명

(2.43), (2.45), (2.46)에서 주어진 *SSTO*, *SSR*, *SSE*에 대한 공식은 계산의 정확성을 담보함에 있어서 가장 좋다. 대수적으로 동등한 다른 공식을 사용할 수 있다. 해석적 결과를 도출하는 데에 있어 유용한 한 가지 공식은 다음과 같다.

$$SSR = b_1^2 \sum (X_i - \bar{X})^2 \tag{2.51}$$

■

자유도 분해

총제곱합 $SSTO$의 분해에 대응되는, 연관된 자유도(df로 축약)의 분해가 있다. $SSTO$에 연관된 $n-1$개의 자유도가 있다. $Y_i - \bar{Y}$가 한 가지 제약이 있기 때문에, 자유도 1개를 잃는다. 그 합은 반드시 0이어야 한다. 다른 설명으로는 모평균을 추정하는 데에 표본평균 $\bar{Y}$가 사용되기 때문에 자유도 1개를 잃는다.

앞에서 언급한 바와 같이, SSE는 그와 관련된 $n-2$개의 자유도를 갖는다. 적합값 $\hat{Y}_i$을 얻는 데에 두 모수 β_0와 β_1이 추정되기 때문에 2개의 자유도를 잃는다.

SSR은 그와 관련된 1개의 자유도를 갖는다. 비록 n개의 편차 $\hat{Y}_i - \bar{Y}$가 존재하지만, 모든 적합값 $\hat{Y}_i$은 모두 같은 추정된 회귀선으로부터 추정된다. 2개의 자유도는 회귀선과 관련이 있고, 회귀선의 절편과 기울기에 대응된다. 편차 $\hat{Y}_i - \bar{Y}$이 합이 0이어야 한다는 제약이 있기 때문에 2개의 자유도 중 하나를 잃는다.

자유도가 가법적(additive)이라는 점에 유의하라.

$$n - 1 = 1 + (n - 2)$$

Toluca Company 예에 대해, 자유도는 다음과 같다.

$$24 = 1 + 23$$

평균제곱

제곱합을 대응되는 자유도로 나눈 것을 **평균제곱**(mean square, MS로 축약)이라고 한다. 예를 들어 제곱합 $\sum (Y_i - \bar{Y})^2$를 해당 자유도 $n-1$로 나누기 때문에, 보통 표본분산은 평균제곱이다. 여기서 MSR로 표기되는 **회귀평균제곱**(regression mean square)에 관심이 있다.

$$MSR = \frac{SSR}{1} = SSR \tag{2.52}$$

이전에 (1.22)에서 정의된 **오차평균제곱**(error mean square)인 MSE는 다음과 같다.

$$MSE = \frac{SSE}{n-2} \tag{2.53}$$

Toluca Company 예에서 $SSR = 252{,}378$이었고 $SSE = 54{,}825$이었다. 따라서

$$MSR = \frac{252{,}378}{1} = 252{,}378$$

또한 이전에 구한 바와 같이

$$MSE = \frac{54{,}825}{23} = 2{,}384$$

부연설명

두 평균제곱 *MSR*과 *MSE*는 더해도 다음이 되지는 않는다.

$$\frac{SSTO}{(n-1)} = \frac{307{,}203}{24} = 12{,}800$$

따라서 평균제곱은 가법적이지 않다. ■

분산분석

기본 표. 총제곱합과 연관된 자유도의 분해가 표 2.2 분산분석표(ANOVA 표)에 제시되어 있다. 관심 있는 평균제곱 역시 제시되어 있다. 더불어, 분산분석표는 곧 사용하게 될 기대평균제곱 열을 포함하고 있다. 그림 2.2에 Toluca Company 예의 분산분석표가 있다. MINITAB 결과물에서는 자유도와 제곱합의 열 순서가 바뀌어 출력된다.

수정된 표. 하나의 추가적인 분해 요인을 표시하는 분산분석표가 사용되는 경우도 있다. 이 수정된 표는 총제곱합이 다음과 같이 두 부분으로 분해될 수 있다는 사실에 근거한다.

$$SSTO = \sum (Y_i - \bar{Y})^2 = \sum Y_i^2 - n\bar{Y}^2$$

수정된 분산분석표에서, *SSTOU*로 표기되는 **총 비보정 제곱합**(total uncorrected sum of squares)은 다음과 같이 정의된다.

$$SSTOU = \sum Y_i^2 \tag{2.54}$$

변동 요인	*SS*	*df*	*MS*	*E*{*MS*}
회귀	$SSR = \sum(\hat{Y}_i - \bar{Y})^2$	1	$MSR = \frac{SSR}{1}$	$\sigma^2 + \beta_1^2 \sum(X_i - \bar{X})^2$
오차	$SSE = \sum(Y_i - \hat{Y}_i)^2$	$n-2$	$MSE = \frac{SSE}{n-2}$	σ^2
합계	$SSTO = \sum(Y_i - \bar{Y})^2$	$n-1$		

표 2.2 단순회귀분석의 ANOVA 표

변동 요인	*SS*	*df*	*MS*
회귀	$SSR = \sum(\hat{Y}_i - \bar{Y})^2$	1	$MSR = \frac{SSR}{1}$
오차	$SSE = \sum(Y_i - \hat{Y}_i)^2$	$n-2$	$MSE = \frac{SSE}{n-2}$
합계	$SSTO = \sum(Y_i - \bar{Y})^2$	$n-1$	
평균의 수정	$SS(\text{평균의 수정}) = n\bar{Y}^2$	1	
합계, 비보정	$SSTOU = \sum Y_i^2$	n	

표 2.3 단순회귀분석의 변형된 ANOVA 표

SS(평균의 수정)로 표기되는 **평균제곱합의 수정**(correction for the mean sum of squares)은 다음과 같이 정의된다.

$$SS(\text{평균의 수정}) = n\bar{Y}^2 \tag{2.55}$$

표 2.3은 변형된 분산분석표에 대한 일반적 형식을 보여 준다. 두 유형의 분산분석표 모두 널리 사용되지만, 우리는 대개 기본적인 유형의 표를 사용할 것이다.

기대평균제곱

분산분석 접근법에 기반하여 추론을 하기 위해서는 각각의 평균제곱에 대한 기댓값을 알아야 한다. 평균제곱의 기댓값은 표집분포의 평균이고 이것은 평균제곱에 의해 추정되고 있는 것이 무엇인지를 우리에게 알려준다. 통계 이론은 다음의 결과를 제공한다.

$$E\{MSE\} = \sigma^2 \tag{2.56}$$

$$E\{MSR\} = \sigma^2 + \beta_1^2 \sum (X_i - \bar{X})^2 \tag{2.57}$$

(2.56)과 (2.57)에서의 기대평균제곱은 표 2.2의 분산분석표에 나타나 있다. 결과 (2.56)이 *MSE*가 σ^2의 비편향추정량이라는 이전의 결과와 일치한다는 점에 유의하라.

(2.56)과 (2.57)의 기대평균제곱이 갖는 두 가지 중요한 결과는 다음과 같다.

1. *X*와 *Y*의 선형 관련 여부에 관계없이, 즉 $\beta_1 = 0$인지 여부에 관계없이 *MSE* 표집분포의 평균은 σ^2이다.
2. $\beta_1 = 0$일 때의 *MSR* 표집분포의 평균 역시 σ^2이다. 따라서 $\beta_1 = 0$일 때, *MSR*과 *MSE*의 표집분포는 동일하게 위치하며 *MSR*과 *MSE*는 같은 크기의 값을 갖는 경향이 있게 된다.

   반면에 $\beta_1 \neq 0$일 때, (2.57)에서 $\beta_1^2 \sum (X_i - \bar{X})^2$ 항이 반드시 양수여야 하므로 *MSR* 표집분포의 평균은 σ^2보다 커진다. 따라서 $\beta_1 \neq 0$일 때, *MSR* 표집분포의 평균은 *MSE*의 평균보다 오른쪽에 위치하게 되고, 따라서 *MSR*이 *MSE*보다 커지게 된다.

이것은 $\beta_1 = 0$을 검정하는 데에 있어서 *MSR*과 *MSE*의 비교가 유용하다는 것을 보여준다. 만약 *MSR*과 *MSE*가 비슷한 크기라면, 이는 $\beta_1 = 0$임을 나타낸다. 반면에 만약 *MSR*이 *MSE*보다 훨씬 더 크다면, 이것은 $\beta_1 \neq 0$임을 나타낸다. 이것은 실제로 다음에 논의될 분산분석 검정의 기본 아이디어이다.

부연설명

(2.56)의 유도는 회귀모형 (2.1)에 대해서 $SSE/\sigma^2 \sim \chi^2(n-2)$라는 정리 (2.11)로부터 나온다. 따라서 카이제곱분포의 성질 (A.42)로부터 다음이 얻어진다.

$$E\left\{\frac{SSE}{\sigma^2}\right\} = n - 2$$

또는

$$E\left\{\frac{SSE}{n-2}\right\} = E\{MSE\} = \sigma^2$$

MSR의 기댓값을 찾기 위해 (2.51)에서 시작하자.

$$SSR = b_1^2 \sum (X_i - \bar{X})^2$$

(A.15a)에 의해 다음이 얻어진다.

$$\sigma^2\{b_1\} = E\left\{b_1^2\right\} - (E\{b_1\})^2 \qquad \textbf{(2.58)}$$

(2.3a)로부터 $E\{b_1\} = \beta_1$임을 알 수 있고 (2.3b)로부터 다음을 알 수 있다.

$$\sigma^2\{b_1\} = \frac{\sigma^2}{\sum (X_i - \bar{X})^2}$$

따라서 (2.58)에 대입하면 다음을 얻는다.

$$E\left\{b_1^2\right\} = \frac{\sigma^2}{\sum (X_i - \bar{X})^2} + \beta_1^2$$

따라서 다음이 성립한다.

$$E\{SSR\} = E\left\{b_1^2\right\} \sum (X_i - \bar{X})^2 = \sigma^2 + \beta_1^2 \sum (X_i - \bar{X})^2$$

최종적으로 $E\{MSR\}$은

$$E\{MSR\} = E\left\{\frac{SSR}{1}\right\} = \sigma^2 + \beta_1^2 \sum (X_i - \bar{X})^2$$ ■

$\beta_1 = 0$과 $\beta_1 \neq 0$의 F검정

분산분석 접근법은 우리에게 회귀모형(그리고 다른 선형통계모형들)에 대한 매우 유용한 검정들을 제공한다. 여기서 고려할 단순선형회귀의 경우에 대해서 분산분석은 다음의 검정을 제공한다.

$$\begin{aligned} H_0&: \beta_1 = 0 \\ H_a&: \beta_1 \neq 0 \end{aligned} \qquad \textbf{(2.59)}$$

검정통계량. 분산분석 접근법의 검정통계량은 F^*로 표기한다. 언급한 바와 같이, 다음의 방식으로 MSR과 MSE를 비교한다.

$$F^* = \frac{MSR}{MSE} \qquad \textbf{(2.60)}$$

표 2.2의 기대평균제곱에 기초하여 큰 값인 F^*가 H_a를, 1에 가까운 F^*가 H_0를 뒷받침한다. 다시 말하면, 적절한 검정은 위쪽꼬리 검정이다.

F^*의 표집분포. 통계적 결정규칙을 구성하고 그 성질을 알아보기 위해서는 F^*의 표집분포를 알아야 한다. $H_0(\beta_1 = 0)$가 성립할 때 F^*의 표집분포에서 시작하자. **코크란 정리**

(Cochran's theorem)가 가장 유용할 것이다. 우리의 목적에 맞게 이 정리는 다음과 같이 쓸 수 있다.

> 만약 모든 n개의 관측값 Y_i가 평균 μ이고 분산 σ^2인 동일 정규 분포로부터 나왔다면, 그리고 $SSTO$가 각각의 자유도가 df_r인 k개의 제곱합 SS_r로 분해된다면, 다음이성립하는 경우 SS_r/σ^2 항들은 독립인 χ^2 변수이고 자유도가 df_r이다. **(2.61)**

$$\sum_{r=1}^{k} df_r = n - 1$$

표 2.2에서 $SSTO$를 자유도가 가법적인 두 제곱합 SSR과 SSE로 분해하였음에 유의하라. 따라서

> 만약 $\beta_1 = 0$이어서 모든 Y_i가 같은 평균 $\mu = \beta_0$와 같은 분산 σ^2을 갖는다면, SSE/σ^2과 SSR/σ^2은 독립인 χ^2 변수이다.

이제 검정통계량 F^*를 고려해 보면 다음과 같이 쓸 수 있다.

$$F^* = \frac{\frac{SSR}{\sigma^2}}{1} \div \frac{\frac{SSE}{\sigma^2}}{n-2} = \frac{MSR}{MSE}$$

그러나 코크란 정리에 의해 H_0가 성립하는 경우

$$F^* \sim \frac{\chi^2(1)}{1} \div \frac{\chi^2(n-2)}{n-2} \qquad (H_0\text{가 성립하는 경우})$$

여기서 χ^2 변수들은 독립이다. 따라서 H_0가 성립하는 경우, F^*는 두 독립인 χ^2 변수의 비가 각각의 자유도로 나누어진 것이다. 이것은 (A.47)에서 F 확률변수의 정의이다.

그러므로 만약 H_0가 성립하는 경우 F^*는 F분포를 따르며, 구체적으로 $F(1, n-2)$인 분포를 따르는 것을 알 수 있다.

H_a가 성립하는 경우 F^*는 비중심 F분포를 따르며, 현 시점에서는 더 깊이 고려하지 않겠다.

부연설명

비록 $\beta_1 \neq 0$일지라도, SSR과 SSE가 독립이고 $SSE/\sigma^2 \sim \chi^2$을 따른다. 그러나 SSR/σ^2과 SSE/σ^2 모두 χ^2 확률변수를 따른다는 조건은 $\beta_1 = 0$을 필요로 한다. ■

결정규칙의 구성. H_0가 성립하는 경우, 검정이 위쪽꼬리이고 F^*가 $F(1, n-2)$를 따르기 때문에, 제1종 오류의 위험이 α로 조절될 때의 결정규칙은 다음과 같다.

$$\begin{aligned} &\text{만약 } F^* \leq F(1-\alpha; 1, n-2)\text{이면, } H_0\text{로 결론 내린다.} \\ &\text{만약 } F^* > F(1-\alpha; 1, n-2)\text{이면, } H_a\text{로 결론 내린다.} \end{aligned} \qquad \textbf{(2.62)}$$

여기서 $F(1-\alpha; 1, n-2)$은 해당 F분포의 $(1-\alpha)100$ 백분위수이다.

예 Toluca Company 예에서, 이번에는 F검정을 이용하여 β_1에 대한 검정을 반복한다. 가설 설정은 다음과 같다.

$$H_0: \beta_1 = 0$$
$$H_a: \beta_1 \neq 0$$

이전과 같이 $\alpha = .05$라고 하자. $n = 25$이기 때문에 $F(.95; 1, 23) = 4.28$이 필요하다. 결정 규칙은

만약 $F^* \leq 4.28$이면, H_0로 결론 내린다.
만약 $F^* > 4.28$이면, H_a로 결론 내린다.

이전에 $MSR = 252{,}378$과 $MSE = 2{,}384$를 구하였다. 따라서 F^*는

$$F^* = \frac{252{,}378}{2{,}384} = 105.9$$

$F^* = 105.9 > 4.28$이기 때문에 H_a로 결정한다. 즉 $\beta_1 \neq 0$, 또는 작업시간과 로트 크기 사이의 선형 연관성이 있다. 이는 t검정의 결과와 같으며, 아래의 논의에 따르면 반드시 그래야만 한다.

49쪽의 그림 2.2의 MINITAB 결과물은 F로 표기된 열에서 F^* 값을 보여 준다. 그 옆에는 P값, $P\{F(1, 23) > 105.9)\}$, 즉 데이터가 $\beta_1 = 0$에 부합하지 않음을 나타내는 0+가 있다.

F검정과 t검정의 동등성. 주어진 α 수준에 대해, $\beta_1 = 0$ 대 $\beta_1 \neq 0$의 F검정은 양쪽꼬리 t검정과 대수적으로 동일하다. 이를 확인하기 위해 (2.51)을 되짚어 보면

$$SSR = b_1^2 \sum (X_i - \bar{X})^2$$

따라서 다음과 같이 쓸 수 있다.

$$F^* = \frac{SSR \div 1}{SSE \div (n-2)} = \frac{b_1^2 \sum (X_i - \bar{X})^2}{MSE}$$

그러나 $s^2\{b_1\} = MSE / \sum (X_i - \bar{X})^2$이기 때문에 다음을 얻는다.

$$F^* = \frac{b_1^2}{s^2\{b_1\}} = \left(\frac{b_1}{s\{b_1\}}\right)^2 = (t^*)^2 \tag{2.63}$$

마지막 단계는 (2.17)에 의해 $\beta_1 = 0$인지 아닌지 검정하는 t^*에 의해 성립된다.

$$t^* = \frac{b_1}{s\{b_1\}}$$

Toluca Company 예에서 $F^* = 105.9$로 계산하였다. 이전의 계산으로부터 $t^* = 10.29$(그림 2.2 참조)이다. 그러므로 $(10.29)^2 = 105.9$임을 알 수 있다.

t^*와 F^* 사이의 관계에 부합하여, 검정을 위해 필요한 t와 F분포의 백분위수에 대해서

다음의 관계를 얻을 수 있다: $[t(1-\alpha/2; n-2)]^2 = F(1-\alpha; 1, n-2)$. β_1에 대한 검정에서 이 백분위수들은 $[t(.975; 23)]^2 = (2.069)^2 = 4.28 = F(.95; 1, 23)$이었다. F검정은 단측검정인 반면에 t검정은 양측검정이라는 점에 유의하라.

따라서 임의의 주어진 α 수준에서 $\beta_1 = 0$ 대 $\beta_1 \neq 0$의 검정에 대해 t검정 또는 F검정 모두 사용 가능하다. 한 검정이 H_0로 결론이 난다면 다른 검정도 같은 결론을 가지며, 이는 H_a로 결론이 나는 경우에도 마찬가지이다. 그러나 t검정은 F검정과는 달리 $\beta_1(\leq \geq)0$ 대 $\beta_1(><)0$을 포함한 단측 대립가설에 사용될 수 있기 때문에 더 유연하다.

2.8 ■ 일반적 선형검정접근법

$\beta_1 = 0$ 대 $\beta_1 \neq 0$의 분산분석은 선형통계모형의 일반적인 검정의 예이다. 이제 이 일반적인 검정접근법을 단순선형회귀모형의 관점에서 설명하고자 한다. 그 이유는 이 접근법의 일반성과 광범위한 용도, 그리고 단순선형회귀의 관점에서 이 접근법을 이해하는 단순성 때문이다.

일반적인 선형검정접근법은 다음에 설명할 세 개의 기본적인 단계를 거친다.

완전모형

완전모형(full model) 또는 **제약 받지 않은 모형**(unrestricted model)이라고 하는, 데이터에 적합하다고 여겨지는 모형에서부터 시작해 보자. 단순선형회귀의 경우 완전모형은 정규오차회귀모형 (2.1)이다.

$$Y_i = \beta_0 + \beta_1 X_i + \varepsilon_i \qquad \text{완전모형} \tag{2.64}$$

최소제곱법 또는 최대가능도법을 통해 이 완전모형을 적합하고, 오차제곱합을 얻는다. 오차제곱합은 각 관측값 Y_i와 해당 관측값의 추정된 기댓값의 편차의 제곱합이다. 이러한 맥락에서 완전모형에 대한 오차제곱합임을 나타내기 위하여 이 제곱합을 $SSE(F)$로 표기하자. 여기서 우리는 다음을 구할 수 있다.

$$SSE(F) = \sum[Y_i - (b_0 + b_1 X_i)]^2 = \sum(Y_i - \hat{Y}_i)^2 = SSE \tag{2.65}$$

따라서 완전모형 (2.64)에 대해 오차제곱합은 단순히 SSE이고, 이것은 적합된 회귀선 주변의 Y_i 관측값의 변동성을 측정한다.

축소모형

다음으로 H_0를 고려하자. 이 예에서는

$$\begin{aligned} H_0&: \beta_1 = 0 \\ H_a&: \beta_1 \neq 0 \end{aligned} \tag{2.66}$$

H_0가 성립할 때 모형은 **축소모형**(reduced model) 또는 **제한된 모형**(restricted model)이라

고 한다. $\beta_1 = 0$일 때, 모형 (2.64)는 다음과 같이 축소된다.

$$Y_i = \beta_0 + \varepsilon_i \qquad \text{축소모형} \tag{2.67}$$

최소제곱법 또는 최대가능도법을 통해 이 축소모형을 적합하고, $SSE(R)$로 표기하는 오차제곱합을 구한다. 이 축소모형 (2.67)을 적합할 때, β_0의 최소제곱, 최대가능도추정량이 $\bar{Y}$임을 보일 수 있다. 따라서 각 관측값에 대한 추정된 기댓값은 $b_0 = \bar{Y}$이고, 이 축소모형에 대한 오차제곱합은 다음과 같다.

$$SSE(R) = \sum (Y_i - b_0)^2 = \sum (Y_i - \bar{Y})^2 = SSTO \tag{2.68}$$

검정통계량

현재의 논리는 두 오차제곱합 $SSE(F)$와 $SSE(R)$을 비교하는 것이다. $SSE(F)$가 $SSE(R)$보다 절대 커질 수 없음을 보일 수 있다.

$$SSE(F) \leq SSE(R) \tag{2.69}$$

그 이유는 모형에 모수가 더 많을수록, 데이터를 더 잘 적합시킬 수 있고 적합된 회귀선 주변의 편차가 더 작기 때문이다. $SSE(F)$가 $SSE(R)$보다 충분히 작지 않을 때, 완전모형을 사용하는 것이 축소모형을 사용하는 것보다 Y_i의 변동성을 훨씬 더 잘 설명하지 못하고, 이 경우 데이터는 축소모형을 사용하는 것이 적절함(즉, H_0가 성립함)을 의미한다. 다르게 말하면, $SSE(F)$가 $SSE(R)$에 가까우면, 완전모형에 대해 적합된 회귀함수 주변의 관측값들의 변동성이 거의 축소모형에 대해 적합된 회귀함수 주변의 관측값들의 변동성만큼 크다는 것을 의미한다. 이 경우에는 완전모형에 추가된 모수가 적합된 회귀함수에 대한 Y_i의 변동을 줄이는 데에 도움이 되지 않는다. 그러므로 $SSE(R) - SSE(F)$의 작은 차이는 H_0가 성립함을 의미한다. 반면에 큰 차이는 모형에 추가된 모수들이 적합된 회귀함수 주변의 관측값 Y_i의 변동을 상당히 줄이는 데에 도움이 되었음을 의미하기 때문에 H_a가 성립함을 보여 준다.

실제 검정통계량은 $SSE(R) - SSE(F)$의 함수이고, 다음과 같다.

$$F^* = \frac{SSE(R) - SSE(F)}{df_R - df_F} \div \frac{SSE(F)}{df_F} \tag{2.70}$$

H_0가 성립할 때, 이것은 F분포를 따른다. 자유도 df_R과 df_F는 각각 축소모형과 완전모형의 오차제곱합의 자유도에 해당된다. $SSE(R) - SSE(F)$ 차이가 큰 것이 H_a가 성립함을 나타내기 때문에 큰 F^*값은 H_a의 결론으로 이어진다. 그러므로 결정규칙은 다음과 같다.

$$\begin{aligned} &\text{만약 } F^* \leq F(1-\alpha; df_R - df_F, \ df_F) \text{이면, } H_0 \text{로 결론 내린다.} \\ &\text{만약 } F^* > F(1-\alpha; df_R - df_F, \ df_F) \text{이면, } H_a \text{로 결론 내린다.} \end{aligned} \tag{2.71}$$

$\beta_1 = 0$인지 아닌지 검정하기 위해서 다음의 식이 필요하다.

$$\begin{aligned} SSE(R) &= SSTO \qquad & SSE(F) &= SSE \\ df_R &= n-1 \qquad & df_F &= n-2 \end{aligned}$$

이것을 (2.70)에 대입하면

$$F^* = \frac{SSTO - SSE}{(n-1)-(n-2)} \div \frac{SSE}{n-2} = \frac{SSR}{1} \div \frac{SSE}{n-2} = \frac{MSR}{MSE}$$

이는 (2.60)의 분산분석 통계량과 동일하다.

요약

일반적인 선형검정접근법은 간단한 검정뿐만 아니라 매우 복잡한 선형통계모형에 대해서도 사용될 수 있다. 기본절차의 요약형태는 다음과 같다.

1. 완전모형을 적합하고 오차제곱합 $SSE(F)$를 구한다.
2. H_0하에서 축소모형을 구하고 오차제곱합 $SSE(R)$을 구한다.
3. 검정통계량 (2.70)과 결정규칙 (2.71)을 이용한다.

2.9 ■ *X*와 *Y* 사이의 선형 연관성의 기술측도

지금까지는 평균, 모수의 추정과 새로운 관측값의 예측과 같은 회귀분석의 주요 사용에 대해, X와 Y 사이의 "선형 연관성의 정도"는 고려하지 않고, 논의하였다. 그 이유는 추정값이나 예측값의 유용성이 구간의 폭과 매번 달라지는 정밀도에 대한 사용자의 요구에 의존하기 때문이다. 따라서 어떤 특정한 적용에 있어서 주어진 회귀관계가 유용한지에 대한 근본적인 정보를 잡아낼 수 있는 '선형 연관성의 정도(degree of linear association)'의 기술측도가 유일하게 존재하지 않는다.

그럼에도 불구하고 때로는 선형 연관성의 정도 그 자체가 관심대상인 경우가 있다. 이제 실제 응용에서 X와 Y 사이의 선형 연관성의 정도를 설명하기 위해 종종 사용되는 두 기술측도(descriptive measure)에 대해 간략하게 논의하자.

결정계수

이전에 $SSTO$가 예측변수 X를 고려하지 않는다고 했을 때, 관측값 Y_i의 변동성, 또는 Y 예측의 불확실성을 측정한다는 것을 보았다. 따라서 $SSTO$는 X가 고려되지 않을 때 Y 예측 불확실성의 측도이다. 유사하게 SSE는 회귀모형이 예측변수 X를 이용하였을 때 Y_i의 변동을 측정한다. Y의 변동을 줄이는 데에 있어서, 즉 Y 예측의 불확실성을 줄이는 데에 있어서 X의 효과의 자연스러운 측도는 변동의 감소량($SSTO - SSE = SSR$)을 총변동에 대한 비율로 표현하는 것이다.

$$R^2 = \frac{SSR}{SSTO} = 1 - \frac{SSE}{SSTO} \quad \textbf{(2.72)}$$

측도 R^2는 결정계수(coefficient of correlation)라고 한다. $0 \le SSE \le SSTO$이기 때문에 다음이 성립한다.

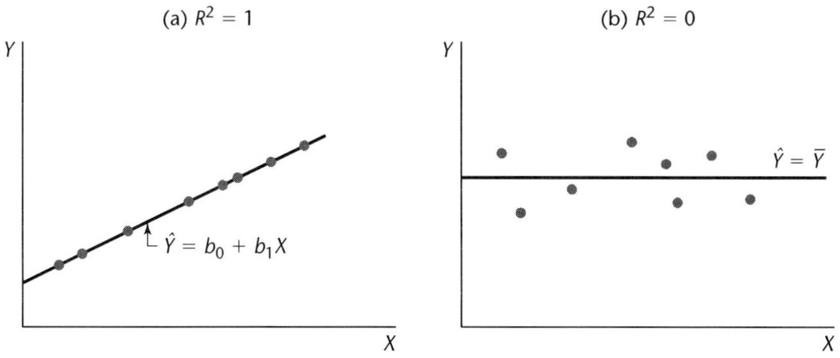

그림 2.8 $R^2 = 1$, $R^2 = 0$일 때 산점도

$$0 \le R^2 \le 1 \tag{2.72a}$$

R^2을 예측변수 X의 사용과 관련된 총변동의 감소량에 비례하는 것으로 해석할 수 있다. 그러므로 R^2가 클수록 X의 도입에 의한 Y의 총변동이 더욱 감소된다. R^2의 극한값은 다음과 같이 나타난다.

1. 모든 관측값이 적합된 회귀선 위에 떨어질 때, $SSE = 0$이고 $R^2 = 1$이 된다. 이 경우는 그림 2.8a에 나와 있다. 여기서 예측변수 X는 관측값 Y_i들의 모든 변동을 설명하는 것이다.
2. 적합된 회귀선이 수평이어서 $b_1 = 0$이고 $\hat{Y}_i \equiv \bar{Y}$인 경우, $SSE = SSTO$이고 $R^2 = 0$이 된다. 이 경우는 그림 2.8b에 나와 있다. 따라서 표본 데이터에서 X와 Y 사이의 선형 관계가 없으며, 예측변수 X가 선형회귀를 통해 관측값 Y_i들의 변동성을 줄이는 데에 도움이 되지 않는다.

실제 응용에서 R^2은 0 또는 1이 되지 않고 이 두 극한의 사이에 존재하게 된다. 그 값이 1에 가까울수록, X와 Y 사이의 선형 연관성의 정도가 크다고 말할 수 있다.

예 Toluca Company 예에서, $SSTO = 307{,}203$이고 $SSE = 252{,}378$이었다. 그러므로

$$R^2 = \frac{252{,}378}{307{,}203} = .822$$

따라서 작업시간의 변동성은 로트 크기가 고려되었을 때 82.2% 감소되었다.

그림 2.2의 MINITAB 결과물은 퍼센트 형식의 R-sq로 표기한 결정계수 R^2을 보여 준다. 결과물은 또한 계수 R-sq(adj)를 보여 주는데, 이것은 6장에서 설명될 것이다.

R^2의 한계

서로 다른 적용에 있어서 회귀모형의 유용성을 설명하는 데에 적합한 유일한 척도가 존재하지 않음에 주목하였다. 여전히 결정계수는 널리 사용된다. 불행하게도 이것은 심각한 오해를 불러일으킬 수 있다. 이제 세 가지 흔한 오해에 대해 생각해 보자.

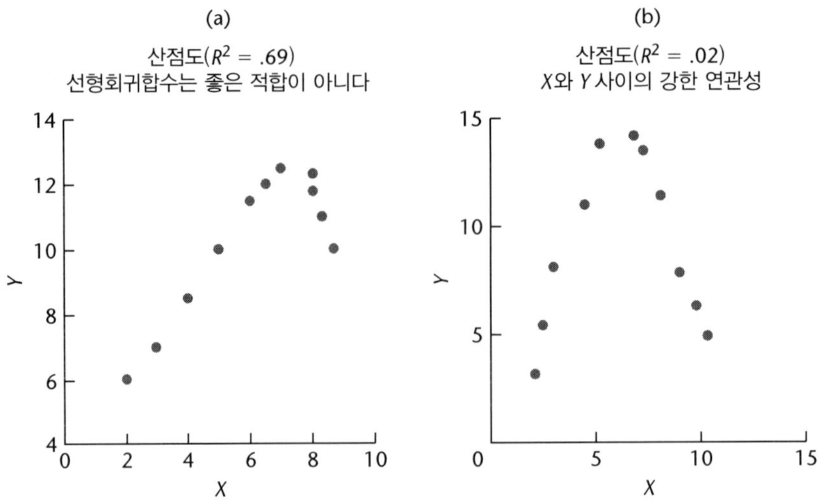

그림 2.9 결정 계수에 대한 두 가지 오해의 예시 그림

오해 1. **높은 결정계수는 유용한 예측이 이루어질 것을 의미한다.** 이것이 반드시 옳은 것은 아니다. Toluca Company 예에서 결정계수는 높았다(R^2 = .82). 그러나 100단위로 구성된 다음 로트에 대한 90% 예측구간은 넓었고(332~507시간) 효율적인 노동자의 스케줄 관리를 가능하게 할 만큼 충분히 명확하지 않았다.

오해 2. **높은 결정계수는 추정된 회귀선이 좋은 적합임을 의미한다.** 이 또한 반드시 옳은 것이 아니다. 그림 2.9a는 결정계수가 높은(R^2 = .69) 산점도를 보여 준다. 그러나 회귀관계가 곡선이기 때문에 선형회귀함수는 좋은 적합이 아니다.

오해 3. **0 근처의 값을 갖는 결정계수는 X와 Y가 관계 없음을 의미한다.** 이 또한 반드시 옳은 것이 아니다. 그림 2.9b는 X와 Y 사이의 결정계수가 R^2 = .02인 산점도를 보여 준다. 그러나 X와 Y는 강한 연관성을 가진다. 다만 두 변수 사이의 관계는 곡선이다.

오해 1은 R^2이 오직 $SSTO$로부터의 상대적인 감소량만을 측정하고 평균반응의 추정이나 새로운 관측값의 예측에 대한 절대적인 정확도에 대한 정보를 주지 않기 때문에 생겨난다. 오해 2와 3은 비록 실제 관계가 곡선일지라도, R^2이 X와 Y 사이의 **선형**(linear) 연관성의 정도만을 측정하기 때문에 생겨난다.

상관계수

Y와 X가 모두 확률변수일 때 Y와 X 사이의 선형 연관성의 측도는 **상관계수**(coefficient of correlation)이다. 이 측도는 R^2의 부호 제곱근이다.

$$r = \pm\sqrt{R^2} \tag{2.73}$$

더하기 혹은 빼기 부호는 적합된 회귀선의 기울기가 양인지 음인지에 따라 붙게 된다. 따라서 r의 범위는 $-1 \leq r \leq 1$.

예 Toluca Company 예에서 $R^2 = .822$로 구하였다. X를 확률변수로 취급하면 상관계수는 다음과 같다.

$$r = +\sqrt{.822} = .907$$

b_1이 양이기 때문에 더하기 부호가 붙었다. 2.11절에서 상관분석에 대해 더 자세하게 다루겠다.

부연설명

1. 주어진 표본에서 R^2이 취한 값은 X 관측값의 간격에 의해 영향을 받는 경향이 있다. 이는 (2.72)에서 볼 수 있다. 회귀모형 (2.1)에 대해 모든 X 수준에서 $\sigma^2\{Y_i\} = \sigma^2$이기 때문에 SSE는 X_i의 간격에 의해 체계적으로 영향을 받지 않는다. 그러나 $b_1 \neq 0$일 때 표본에서 X_i의 간격이 넓을수록, $\bar{Y}$ 주변의 관측된 Y_i의 퍼짐이 더 커지는 경향이 있고 그에 따라 $SSTO$가 더 커지게 된다. 결과적으로 X_i가 더 넓게 퍼질수록 R^2이 더 커지는 경향이 있게 된다.
2. 회귀제곱합 SSR은 흔히 Y에 있어서 '설명된 변동(explained variation)'이라고 하고, 잔차제곱합 SSE는 '설명되지 않은 변동(unexplained variation)'이라고 한다. 계수 R^2은 Y에 있어서 총변동($SSTO$)의 비율의 관점에서 해석 가능하고 그것은 X에 의하여 '설명된' 것이다. 불행하게도 이 용어는 문자 그대로 받아들여져서 오해를 불러일으키는 경우가 많다. 회귀모형에서 Y가 X에 반드시 인과관계 혹은 설명의 의미에서 종속되어야 한다는 의미는 없다는 것을 주목하라.
3. 회귀모형은 R^2 또는 r에 의해 추정될 모수를 포함하지 않는다. 이것들은 단지 어떤 경우에는 유용할 수도, 유용하지 않을 수도 있는 표본 관측값에서 X와 Y 사이의 선형 연관성의 정도에 대한 기술측도이다. ■

2.10 ■ 회귀분석 적용의 고려사항들

지금까지 우리는 회귀분석의 주요한 사용법들에 대해 논의하였다. 회귀모수에 대한 추론, 주어진 X에서 평균반응의 추정, 주어진 X에서 새로운 관측값 Y의 예측 등이다. 회귀분석을 수행함에 있어서 몇 가지 주의해야 할 사항이 남아 있다.

1. 회귀분석은 미래에 대한 추론을 하기 위해 흔히 사용된다. 예를 들어 학교위원회는 교원 충원 계획을 세우는 데 몇 가지 인구 통계학 변수를 예측변수로 포함하는 회귀모형을 사용하여 미래의 등록 수를 예측하고자 할 것이다. 이러한 유형의 적용에 있어서, 회귀분석 사용의 타당성이 그 기간 전의 기본적인 인과 조건이 회귀분석을 하려고 하는 기간 동안의 조건과 유사한지 여부에 달려 있다는 것을 주목하라. 이 주의사항은 평균반응을 추정하거나, 새로운 관측값을 예측하거나, 회귀모수를 추정하는 데에 적용된다.
2. Y에서 새로운 관측값을 예측하는 데에 있어서, 예측변수 X 그 자체가 예측되어야 할

때가 있다. 예를 들어서 내년 16살 이상의 사람들의 인구추계로부터 내년 회사의 판매 예측을 이전에 언급하였다. 이러한 상황하에서 회사 판매의 예측은 조건부 예측이고, 인구추계의 정확성에 의존한다. 이러한 유형의 예측에 있어서 조건부 성질을 잊어버리기 쉽다.

3. 또 다른 주의사항은 관측값의 범위를 벗어나는 예측변수의 수준에 대한 추론에 대한 것이다. 불행하게도 이러한 상황은 실제로 자주 발생한다. 가처분 개인소득에 대한 회사 판매량의 회귀관계로부터 판매를 예측하는 회사는 흔히 관심 있는 가처분 개인소득(예를 들어 이전 년도)의 수준이 과거 데이터의 범위를 벗어나는 경우를 당한다. 만약 X의 수준이 이 범위를 크게 벗어나지 않는다면, 회귀분석의 적용에 타당한 신뢰를 가질 수 있다. 반면에 X의 수준이 과거 데이터의 범위를 훨씬 벗어난다면, 과거 데이터를 적합한 회귀함수가 예측변수의 더 넓은 범위에 걸쳐 적절한지 확신을 가질 수 없으므로 극히 주의해야 한다.
4. $\beta_1 \neq 0$로 결론이 나는 통계검정이 예측변수와 반응변수 사이의 인과관계를 의미하는 것은 아니다. 1장에서 언급했던 바와 같이, 비실험 자료의 X와 Y 변수는 모두 회귀모형에 존재하지 않는 다른 변수에 의해 동시에 영향을 받을 수 있다. 통제된 실험에서 회귀관계의 존재는 인과관계의 좋은 증거인 경우가 많다.
5. 우리는 흔히 여러 평균반응을 추정하거나 여러 새로운 관측값을 서로 다른 수준의 예측변수에 대해 예측하고자 하고, 이때 특수한 문제가 발생한다는 것을 유의해야 한다. 평균반응 추정의 신뢰계수에 대한 한계 (2.33)과 새로운 관측값에 대한 예측한계 (2.36)은 오직 주어진 표본의 단일 X에 대해서 적용된다. 4장에서 주어진 표본으로부터 어떻게 다중 추론을 하는지에 대해 논의할 것이다.
6. 마지막으로 예측변수 X에 대한 관측값이 측정오차에 영향을 받는 경우, 얻어진 모수 추정값은 일반적으로 더 이상 비편향추정량이 아니게 된다. 4장에서 이러한 문제를 다루는 여러 방법에 대해 논의할 것이다.

2.11 ■ 정규상관모형

회귀모형과 상관모형의 구분

이 장 내내 사용되었고 계속해서 사용될 정규오차회귀모형 (2.1)은 X값들이 알려진 상수라고 가정한다. 이 결과로 오차의 신뢰계수와 위험은 표본마다 X값이 동일하게 유지된 반복표본을 가리킨다.

X값들을 알려진 상수라고 가정하는 것이 적절하지 않을 때가 많다. 예를 들어 백화점에서 일일 수영복 판매를 일일 평균기온에 회귀하는 경우를 생각해 보자. 백화점은 일일 기온을 제어할 수 없기 때문에 기온수준이 표본마다 똑같은 반복표본을 생각하는 것은 의미가 없을 것이다. 두 번째 예로 분석가는 사람 표본에 대한 연구에서 각 변수를 확률변수로 취급하면서 두 변수인 '사람의 키'와 '사람의 몸무게'에 대한 상관모형을 사용할 것이다. 분석가는 두 변수 간의 관계에 대해 연구하고자 하거나, 사람의 키에 근거하여 그

사람의 몸무게에 대해 추론하거나, 사람의 몸무게에 근거하여 그 사람의 키에 대해 추론하거나, 혹은 둘 모두에 관심이 있을 것이다.

회귀모형보다는 상관모형이 적합한 다른 예로는 다음과 같은 것들이 있다.

1. 주유소에서, 휘발유 판매와 보조제품 판매 사이의 관계를 연구하는 것
2. 회사에서, 일반적으로 인정된 회계원칙에 의한 당기 순이익과 세금 규제에 따른 당기 순이익 사이의 관계를 연구하는 것
3. 사람을 대상으로 혈압과 나이 사이의 관계를 연구하는 것

가장 널리 사용되는 상관모형은 정규상관모형이다. 여기서는 두 변수의 경우에 대해 논의할 것이다.

이변량정규분포

두 변수에 대한 정규상관모형은 **이변량정규분포**(bivariate normal distribution)에 기초한다. 두 변수를 Y_1과 Y_2라고 하자(두 변수가 상관모형에서 대칭적인 역할을 하기 때문에 X와 Y 표기를 사용하지 않겠다). 만약 결합분포의 밀도함수가 이변량정규분포의 밀도함수인 경우 Y_1과 Y_2는 **결합정규분포**(jointly normally distribution)를 따른다고 한다.

밀도함수. 이변량정규분포의 밀도함수는 다음과 같다.

$$f(Y_1, Y_2) = \frac{1}{2\pi\sigma_1\sigma_2\sqrt{1-\rho_{12}^2}} \exp\left\{-\frac{1}{2(1-\rho_{12}^2)}\left[\left(\frac{Y_1-\mu_1}{\sigma_1}\right)^2 - 2\rho_{12}\left(\frac{Y_1-\mu_1}{\sigma_1}\right)\left(\frac{Y_2-\mu_2}{\sigma_2}\right) + \left(\frac{Y_2-\mu_2}{\sigma_2}\right)^2\right]\right\} \quad \textbf{(2.74)}$$

이 밀도함수가 다섯 개의 모수를 포함한다는 점에 유의하라. μ_1, μ_2, σ_1, σ_2, ρ_{12}. 이 모수

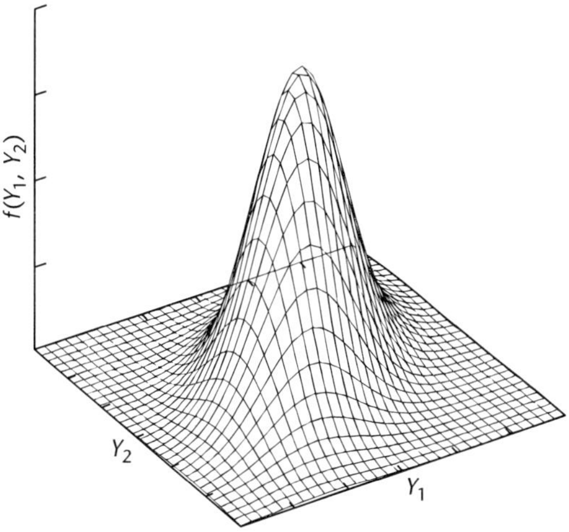

그림 2.10 이변량정규분포의 예

들의 의미를 간단하게 설명하겠다. 우선 이변량정규분포의 그래프를 생각해 보자.

그림 2.10은 이변량정규확률분포에 대한 SYSTAT의 3차원 그림을 보여 준다. 이 확률분포는 3차원 공간의 표면이다. 모든 (Y_1, Y_2) 짝에 대해, 밀도 $f(Y_1, Y_2)$는 해당 점에서 표면의 높이를 나타낸다. 표면은 연속이고, 확률은 표면 아래의 부피에 해당한다.

주변분포. 만약 Y_1과 Y_2가 결합정규분포를 따른다면, 그 주변분포가 다음의 성질을 갖는다는 것을 보일 수 있다.

Y_1의 주변분포는 평균이 μ_1이고 표준편차가 σ_1인 정규분포이다.

$$f_1(Y_1) = \frac{1}{\sqrt{2\pi}\sigma_1} \exp\left[-\frac{1}{2}\left(\frac{Y_1 - \mu_1}{\sigma_1}\right)^2\right] \quad \textbf{(2.75a)}$$

Y_2의 주변분포는 평균이 μ_2이고 표준편차가 σ_2인 정규분포이다.

$$f_2(Y_2) = \frac{1}{\sqrt{2\pi}\sigma_2} \exp\left[-\frac{1}{2}\left(\frac{Y_2 - \mu_2}{\sigma_2}\right)^2\right] \quad \textbf{(2.75b)}$$

따라서 Y_1과 Y_2가 결합정규분포를 따를 때, 두 변수 각각은 그 자체로 정규분포를 따른다. 그러나 역은 일반적으로 성립하지 않는다. 만약 Y_1과 Y_2가 각각 정규분포를 따른다고 할지라도, 그 둘이 (2.74)와 일치하여 결합정규분포를 따를 필요는 없다.

모수의 의미. 이변량정규밀도함수 (2.74)의 다섯 개의 모수는 다음의 의미를 갖는다.

1. μ_1과 σ_1은 Y_1 주변분포의 평균과 표준편차이다.
2. μ_2와 σ_2는 Y_2 주변분포의 평균과 표준편차이다.
3. ρ_{12}는 확률변수 Y_1과 Y_2의 **상관계수**(coefficient of correlation)이다. 상관 연산자 표기를 이용하여, 부록 A에서 이 계수는 $\rho\{Y_1, Y_2\}$로 표시하며 (A.25a)에서 정의되었다.

$$\rho_{12} = \rho\{Y_1, Y_2\} = \frac{\sigma_{12}}{\sigma_1\sigma_2} \quad \textbf{(2.76)}$$

언급했던 바와 같이 여기서 σ_1과 σ_2는 Y_1과 Y_2의 표준편차이고, σ_{12}는 (A.21)에서 정의된 Y_1과 Y_2 사이의 공분산 $\sigma\{Y_1, Y_2\}$를 나타낸다.

$$\sigma_{12} = \sigma\{Y_1, Y_2\} = E\{(Y_1 - \mu_1)(Y_2 - \mu_2)\} \quad \textbf{(2.77)}$$

$\sigma_{12} \equiv \sigma_{21}$이고 $\rho_{12} \equiv \rho_{21}$임을 유의하라.

Y_1과 Y_2가 독립이라면, (A.28)에 따라 $\sigma_{12} = 0$이고 그 결과 $\rho_{12} = 0$이다. Y_1과 Y_2가 양의 관계를 갖는다면, 즉 Y_2가 클 때 Y_1이 큰 경향이 있다거나 Y_2가 작을 때 Y_1이 작은 경향이 있다면, σ_{12}는 양이고 ρ_{12}도 마찬가지로 양이다. 반면에 만약 Y_1과 Y_2가 음의 관계를 갖는다면, 즉 Y_2가 작을 때 Y_1이 큰 경향이 있다거나 Y_2가 클 때 Y_1이 작은 경향이 있다면, σ_{12}는 음이고 ρ_{12}도 마찬가지로 음이다. 상관계수 ρ_{12}는 -1과 1을 포함하여 그 사이의 어떤 값이든 취할 수 있다. 만약 Y_1과 Y_2 사이의 선형 관계가 완벽히 양(직접, direct)이라면 1을 가정하고 완벽히 음(역, inverse)이라면 -1을 가정한다.

조건부추론

언급한 바와 같이 이변량상관모형의 한 가지 주요한 사용은 다른 변수가 주어졌을 때, 한 변수에 대한 조건부추론을 하는 것이다. Y_1이 주유소 휘발유 판매를, Y_2가 보조제품 판매를 나타낸다고 하자. 우리의 관심은 휘발유 판매가 $Y_1 = \$5,500$로 주어졌을 때, 주유소의 보조제품 판매 Y_2를 예측하는 것일 수 있다.

그러한 조건부추론은 다음에 논의할 조건부확률분포의 사용이 필요하다.

Y_1의 조건부확률분포. 어떤 주어진 값 Y_2에 대한 Y_1의 조건부확률분포의 밀도함수는 $f(Y_1 | Y_2)$로 표시하고 다음과 같이 정의한다.

$$f(Y_1|Y_2) = \frac{f(Y_1, Y_2)}{f_2(Y_2)} \tag{2.78}$$

여기서 $f(Y_1, Y_2)$는 Y_1과 Y_2의 결합밀도함수이고, $f_2(Y_2)$는 Y_2의 주변밀도함수이다. Y_1과 Y_2가 (2.74)에 따라 결합정규분포를 따르고 주변밀도함수 $f_2(Y_2)$가 (2.75b)에 의해 주어질 때, 다음을 보일 수 있다.

> 어떤 주어진 값 Y_2에 대한 Y_1의 조건부확률분포는
> 평균이 $\alpha_{1|2} + \beta_{12}Y_2$이고 표준편차가 $\sigma_{1|2}$인 정규분포이며
> 밀도함수는 다음과 같다. **(2.79)**
>
> $$f(Y_1|Y_2) = \frac{1}{\sqrt{2\pi}\sigma_{1|2}} \exp\left[-\frac{1}{2}\left(\frac{Y_1 - \alpha_{1|2} - \beta_{12}Y_2}{\sigma_{1|2}}\right)^2\right]$$

Y_1의 조건부확률분포의 모수 $\alpha_{1|2}$, β_{12}, $\sigma_{1|2}$는 다음과 같이 결합확률분포(2.74)의 모수의 함수이다.

$$\alpha_{1|2} = \mu_1 - \mu_2\rho_{12}\frac{\sigma_1}{\sigma_2} \tag{2.80a}$$

$$\beta_{12} = \rho_{12}\frac{\sigma_1}{\sigma_2} \tag{2.80b}$$

$$\sigma_{1|2}^2 = \sigma_1^2(1 - \rho_{12}^2) \tag{2.80c}$$

모수 $\alpha_{1|2}$는 Y_2에 대한 Y_1의 회귀선의 절편이고, 모수 β_{12}는 이 선의 기울기이다. 따라서 Y_2가 주어졌을 때, Y_1의 조건부분포가 정규오차회귀모형 (1.24)와 같다는 것을 알 수 있다.

Y_2의 조건부확률분포. 확률변수 Y_1과 Y_2는 이변량정규확률분포 (2.74)에서 대칭적인 역할을 한다. 따라서 다음과 같다.

> Y_1의 어떤 주어진 값에 대한 Y_2의 조건부확률분포는
> 평균이 $\alpha_{2|1} + \beta_{21}Y_1$이고 표준 편차가 $\sigma_{2|1}$인
> 정규분포이고 밀도함수는 **(2.81)**
>
> $$f(Y_2|Y_1) = \frac{1}{\sqrt{2\pi}\sigma_{2|1}} \exp\left[-\frac{1}{2}\left(\frac{Y_2 - \alpha_{2|1} - \beta_{21}Y_1}{\sigma_{2|1}}\right)^2\right]$$

Y_2의 조건부확률분포의 모수 $\alpha_{2|1}$, β_{21}, $\sigma_{2|1}$는 다음과 같이 결합확률분포(2.74)의 모수의 함수이다.

$$\alpha_{2|1} = \mu_2 - \mu_1 \rho_{12} \frac{\sigma_2}{\sigma_1} \tag{2.82a}$$

$$\beta_{21} = \rho_{12} \frac{\sigma_2}{\sigma_1} \tag{2.82b}$$

$$\sigma_{2|1}^2 = \sigma_2^2 \left(1 - \rho_{12}^2\right) \tag{2.82c}$$

조건부분포의 중요한 특징. Y_1의 조건부확률분포의 세 가지 중요한 특징은 정규성, 선형회귀, 상수분산이다. 이제 이 특징들을 차례대로 다룰 것이다.

1. Y_2의 어떤 주어진 값에 대한 Y_1의 조건부확률분포는 정규분포이다. 우리가 Y_2의 주어진 값, Y_{h2}에서 이변량정규분포를 수직으로 자른다고 상상해 보자. 이는 우리가 Y_1축에 대해 평행하게 그것을 자른 것이다. 이는 그림 2.11에서 볼 수 있다. 잘라진 면의 모양은 정규분포의 형태이고 면적이 1이 되도록 조정이 되면, $Y_2 = Y_{h2}$로 주어질 때, Y_1의 조건부확률분포를 나타낸다. 이 정규성의 특징은 Y_{h2}의 값에 상관없이 유지된다. 그러므로 Y_1축에 대해 이변량정규분포를 평행하게 자를 때마다 정규조건부확률분포를 얻는다(적절한 조정 후에).
2. Y_1의 조건부확률분포의 평균은 직선 위에 떨어진다. 따라서 Y_2의 선형함수는

$$E\{Y_1|Y_2\} = \alpha_{1|2} + \beta_{12} Y_2 \tag{2.83}$$

   여기서 $\alpha_{1|2}$는 절편 모수이고 β_{12}는 기울기 모수이다. 그러므로 조건부평균들과 Y_2의 관계는 선형회귀함수에 의해 주어진다.
3. 모든 Y_1의 조건부확률분포는 같은 표준편차 $\sigma_{1|2}$를 갖는다. 그러므로 어떻게 Y_1축에 대해 이변량정규분포를 평행하게 자르느냐에 상관없이, 결과로 나타난 조건부확률분

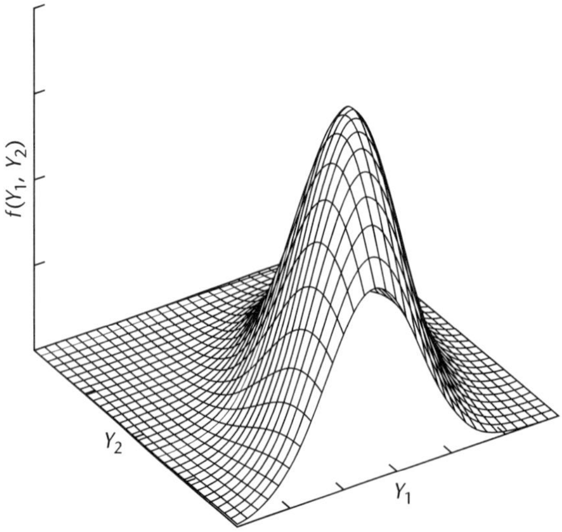

그림 2.11 Y_{h2}에서 이변량정규분포의 횡단면

포는 (면적이 1로 되도록 조정한 후에) 같은 표준편차를 갖는다. 따라서 상수분산은 Y_1의 조건부확률분포의 특징이 된다.

정규오차회귀모형의 등가성. 우리가 이변량정규모집단에서 확률표본 (Y_1, Y_2)를 뽑고 주어진 Y_2에서 Y_1에 대해 조건부추론을 한다고 가정하자. 이전의 논의로 정규오차회귀모형 (1.24)가 전적으로 적용된다. 왜냐하면

1. Y_1 관측개체들은 독립적이다.
2. Y_2가 주어지거나 고정되었을 때, Y_1의 관측개체들은 평균이 $E\{Y_1|Y_2\} = \alpha_{1|2} + \beta_{12}Y_2$이고 상수분산이 $\sigma^2_{1|2}$인 정규분포를 따른다.

회귀분석의 사용. 정규오차회귀모형 (1.24)와 조건부 이변량정규상관모형 (2.81), (2.79)의 등가성을 고려하여, 이 상관모형들의 모든 조건부추론은 보통의 회귀 방법을 통해 할 수 있다. 예를 들어 한 연구원이 이변량정규분포로부터 생성된 것으로 적절하게 설명된 자료를 가지고 있고, Y_1의 특정한 값이 주어졌을 때 Y_2에 대한 추론을 하려고 한다면 보통의 회귀 기법이 적용 가능할 것이다. 그러므로 Y_1에 대한 Y_2의 회귀함수는 (1.12)를 이용하여 추정할 수 있고 회귀선의 기울기는 구간추정 (2.15)를 이용하여 추정할 수 있으며 Y_1의 값이 주어졌을 때의 새로운 관측 Y_2는 (2.36)을 이용하여 예측할 수 있다. 컴퓨터 회귀 패키지들은 보통의 방식으로 사용될 수 있다. 표기상의 문제를 피하기 위해 회귀 사용법에 따라 $Y = Y_2$, $X = Y_1$로 변수들을 재표기하는 것이 유용하다. 물론 Y_2의 값이 주어졌을 때, Y_1에 대한 조건부 추론이 바람직하다면 표기는 $Y = Y_1$, $X = Y_2$일 것이다.

만일 Y_1과 Y_2가 이변량 정규가 아니라면 우리는 여전히 회귀모형 (2.1)을 사용할 수 있을 것인가? $Y_1 = Y$와 $Y_2 = X$가 확률변수이고 다음의 조건들을 만족하면 회귀모형 (2.1)로부터 얻어지는 추정, 검정, 예측에 대한 모든 결과가 적용된다는 것을 보일 수 있다.

1. 주어진 X_i에서 Y_i의 조건부분포가 조건부평균이 $\beta_0 + \beta_1 X_i$이고 조건부분산이 σ^2인 정규분포이고 독립이다.
2. X_i는 독립확률변수이고 확률분포 $g(X_i)$는 모수 β_0, β_1, σ^2을 포함하지 않는다.

이러한 조건들은 각각의 Y_i의 조건부분포에 대하여 오직 회귀모형 (2.1)이 적합하며, X_i의 조건부분포가 회귀모수들을 포함하지 않는 것만을 요구한다. 만일 이러한 조건들이 만족되면, 추정, 검정, 예측의 이전의 모든 결과들이 X_i가 확률변수가 아니더라도 여전히 유효하다. 주요한 차이는 신뢰계수의 해석과 특정한 오차의 위험에서 발생한다. X가 랜덤일 때, 이것들은 Y_i값뿐만 아니라 X_i값이 표본마다 달라지는 경우, (X_i, Y_i)값의 짝이 반복되는 표집을 나타낸다. 그러므로 수영복 판매 예에서 신뢰계수는 n일의 판매와 온도의 반복된 표집을 얻고 신뢰구간이 각각의 표본에 대해 계산된다면 신뢰계수는 옳은 구간 추정의 비율을 나타낸다. 또 다른 차이는 X가 확률변수일 때, 검정력이 다르다는 것이다.

부연설명

1. 조건부상관모형의 모수에 대한 표기는 이전의 회귀모형의 표기와 다소 다르다. 기호 알파는 회귀절편을 표시하는 데 사용된다. α의 아래에 기입한 $1|2$는 Y_2에 대한 Y_1의

회귀를 의미한다. 이와 유사하게 α의 아래에 기입한 2|1는 Y_1에 대한 Y_2의 회귀를 의미한다. 기호 β_{12}는 Y_2에 대한 Y_1의 회귀의 기울기이고 β_{21}은 Y_1에 대한 Y_2의 회귀의 기울기를 의미한다. 마지막으로 $\sigma_{2|1}$은 주어진 Y_1에서 Y_2의 조건부확률분포의 표준편차이고 $\sigma_{1|2}$는 주어진 Y_2에서 Y_1의 조건부확률분포의 표준편차이다.

2. 두 별개의 회귀는 Y_2가 고정되었을 때 Y_2에 대한 Y_1의, 그리고 Y_1이 고정되었을 때 Y_1에 대한 Y_2의 이변량정규모형과 연계된다. 보통 두 회귀선은 같지 않다. 예를 들어 (2.80b)와 (2.82b)에서 볼 수 있는 것처럼 두 기울기 β_{12}와 β_{21}은 오직 $\sigma_1 = \sigma_2$일 때 같다.
3. 조건부상관모형에 대한 구간추정을 할 때, 신뢰계수는 짝관측값 (Y_1, Y_2)이 이변량정규분포에서 얻어질 때의 반복된 표본들을 의미한다. ■

상관계수에 대한 추론

이변량정규상관모형은 주로 두 변수 간의 관계를 알아내려고 할 때 사용된다. 이변량정규모형에서 모수 ρ_{12}는 두 변수 Y_1와 Y_2 사이의 선형적 관계의 정도에 대한 정보를 제공한다.

ρ_{12}의 점추정량. r_{12}로 표기되는 ρ_{12}의 최대가능도추정량은 이와 같이 주어진다.

$$r_{12} = \frac{\sum(Y_{i1} - \bar{Y}_1)(Y_{i2} - \bar{Y}_2)}{\left[\sum(Y_{i1} - \bar{Y}_1)^2 \sum(Y_{i2} - \bar{Y}_2)^2\right]^{1/2}} \tag{2.84}$$

이 추정량은 보통 **피어슨 곱적률상관계수**(Pearson product-moment correlation coefficient)라고 한다. 이것은 ρ_{12}의 편향추정량이지만(ρ_{12}가 0 또는 1이 아니라면) n이 크면 편향은 작다.

r_{12}의 범위는

$$-1 \leq r_{12} \leq 1 \tag{2.85}$$

보통 1 근처의 r_{12}의 값은 Y_1과 Y_2 간의 강한 양의 선형관계, -1에 가까운 r_{12}의 값은 강한 음의 선형관계를 나타낸다. 0에 가까운 r_{12}의 값은 Y_1과 Y_2 간에 선형관계가 거의 없거나 없음을 의미한다.

$\rho_{12} = 0$에 대한 검정. 모집단이 이변량정규분포를 따를 때, 상관계수가 0인지에 대한 검정은 자주 이루어진다.

$$\begin{aligned} &H_0\colon \rho_{12} = 0 \\ &H_a\colon \rho_{12} \neq 0 \end{aligned} \tag{2.86}$$

이 검정을 하고자 하는 이유는 Y_1과 Y_2가 결합정규분포를 따를 경우에 $\rho_{12} = 0$은 Y_1과 Y_2가 독립임을 의미하기 때문이다.

여기서 (2.80b)가 다음의 대립가설이 (2.86)의 대립가설과 같다는 것을 의미하기 때문에 이 검정을 위해 회귀 절차를 이용할 수 있다.

$$\begin{aligned} &H_0\colon \beta_{12} = 0 \\ &H_a\colon \beta_{12} \neq 0 \end{aligned} \tag{2.86a}$$

그리고 (2.82b)는 다음의 대립가설이 또한 (2.86)의 대립가설과 같다는 것을 의미한다.

$$H_0\colon \beta_{21} = 0 \qquad H_a\colon \beta_{21} \neq 0 \tag{2.86b}$$

(2.86a)와 (2.86b)를 검정하는 검정통계량이 같음을 보여 주고 곧바로 r_{12}에 관하여 표현할 수 있다.

$$t^* = \frac{r_{12}\sqrt{n-2}}{\sqrt{1-r_{12}^2}} \tag{2.87}$$

H_0가 맞다면, t^*는 $t(n-2)$ 분포를 따른다. 제1종 오류를 α로 통제하기 위한 적절한 결정규칙은

$$\text{만약 } |t^*| \le t(1-\alpha/2; n-2)\text{이면, } H_0\text{로 결론 내린다.} \qquad \text{만약 } |t^*| > t(1-\alpha/2; n-2)\text{이면, } H_a\text{로 결론 내린다.} \tag{2.88}$$

검정통계량 (2.87)은 회귀 t^* 검정통계량 (2.17)과 동일하다.

예 정유회사는 주유소의 휘발유 판매량과 보조제품의 판매량 사이의 관계에 대해 관심을 갖고 있다. 회사 분석가는 23개의 휴게소를 확률추출하여, 휘발유 판매량(Y_1)과 보조제품과 서비스의 판매량(Y_2)에 대한 월평균 자료를 얻었다. 이 자료의 추정상관계수 $r_{12} = .52$이다. 분석가가 유의수준 $\alpha = .05$를 유지하면서 이 관계가 양의 상관관계를 갖는지 검정하려 한다고 가정해 보자. 가설은 다음과 같을 것이다.

$$H_0\colon \rho_{12} \le 0 \qquad H_a\colon \rho_{12} > 0$$

검정통계량 (2.87)을 근거한 결정규칙은 다음과 같을 것이다.

$$t^* \le t(1-\alpha; n-2)\text{이면, } H_0\text{로 결론 내린다.} \qquad t^* > t(1-\alpha; n-2)\text{이면, } H_a\text{로 결론 내린다.}$$

$\alpha = .05$에서 $t(.95; 21) = 1.721$이다.

$$t^* = \frac{.52\sqrt{21}}{\sqrt{1-(.52)^2}} = 2.79$$

이 1.721보다 크기 때문에 H_a를 채택하고 $\rho_{12} > 0$으로 결론지을 수 있다. 이 검정의 P값은 .006이다.

z' 변환을 이용한 ρ_{12}의 구간추정. $\rho_{12} \neq 0$일 때, r_{12}의 표본분포가 복잡하기 때문에 ρ_{12}의 구간추정은 대개 변환을 바탕으로 근사 절차를 이용하여 수행된다. 피셔 z 변환(Fisher z transformation)으로 알려진 이 변환은 다음과 같다.

$$z' = \frac{1}{2}\log_e\left(\frac{1 + r_{12}}{1 - r_{12}}\right) \tag{2.89}$$

n이 클 때(25 혹은 그 이상이 유용한 경험 법칙이다), z'의 분포는 대략적으로 정규분포를 따르고 근사 평균과 분산은 다음과 같다.

$$E\{z'\} = \zeta = \frac{1}{2}\log_e\left(\frac{1 + \rho_{12}}{1 - \rho_{12}}\right) \tag{2.90}$$

$$\sigma^2\{z'\} = \frac{1}{n - 3} \tag{2.91}$$

(2.89)에서 r_{12}로부터 z'로의 변환은 (2.90)에서 ρ_{12}와 $E[z'] = \zeta$ 사이의 관계와 같다는 것을 주목한다. 또한 z'의 근사 분산이 오직 표본크기 n에 따라 알려진 상수라는 점을 주목한다.

표 B.8은 (2.89)와 (2.90)의 왼쪽과 오른쪽 짝의 값을 제시한다. 예를 들어 r_{12}나 ρ_{12}가 .25라면 표 B.8은 z' 또는 ζ가 .2554를 의미하고 역도 이와 같다. 변환의 양쪽에 대한 값은 항상 같은 부호를 갖는다. 그러므로 예를 들어 $r_{12} = -.24$, $z' = -.2554$일 때와 같이 r_{12}나 ρ_{12}가 음수라면 음의 부호가 표 B.8의 값에 붙을 것이다.

구간추정. 표본크기가 클 때($n \geq 25$), 표준화된 통계량은

$$\frac{z' - \zeta}{\sigma\{z'\}} \tag{2.92}$$

근사적으로 표준정규변수이다. 따라서 $z(1 - \alpha/2)$가 표준정규분포의 $(1 - \alpha/2)$ 백분위수일 때, ζ에 대한 근사적인 $1 - \alpha$ 신뢰한계는 다음과 같다.

$$z' \pm z(1 - \alpha/2)\sigma\{z'\} \tag{2.93}$$

ρ_{12}에 대한 $1 - \alpha$ 신뢰한계는 (2.90)을 이용한 ζ에 대한 한계를 변환시켜 얻을 수 있다.

예 어떤 경제학자가 중서부 도시 가구들의 음식 구매 패턴에 대해 조사한다. 소고기와 가금류 고기 각각에 지출된 식비 예산의 비율을 확인하기 위해 가족 소득이 \$40,000～\$60,000인 200가구가 선정되었다. 경제학자는 이를 음의 관계로 예상하였고 95% 신뢰구간으로 상관계수를 추정하려고 한다. 몇몇 입증 자료는 두 변수의 결합분포가 이변량정규분포와 현저하게 다르지 않음을 보여 주고 있다.

ρ_{12}의 점추정값은 $r_{12} = -.61$(자료와 계산은 생략)이다. 근사적인 95% 신뢰구간 추정값을 얻기 위해 필요한 것은 다음과 같다.

$$z' = -.7089 \quad r_{12} = -.61\text{일 때} \qquad (\text{표 B.8로부터})$$

$$\sigma\{z'\} = \frac{1}{\sqrt{200 - 3}} = .07125$$

$$z(.975) = 1.960$$

따라서 (2.93)에 의한 ζ에 대한 신뢰한계는 $-.7089 \pm 1.960(.07125)$이고 근사적인 95% 신뢰구간은

$$-.849 \le \zeta \le -.569$$

다시 ρ_{12}로 변환을 위해 표 B.8을 이용하여 얻은 값은

$$-.69 \le \rho_{12} \le -.51$$

이 신뢰구간은 경제학자에게 음의 상관관계를 확인하고 선형 관계의 정도가 적당히 높다는 것을 나타내는 데 충분히 명확하다.

부연설명

1. 보통 ρ_{12}의 신뢰구간은 ρ_{12}가 특정한 값, 예를 들어 .5를 갖는지에 대한 검정을 하기 위해 특정한 값이 신뢰한계 안에 포함되는지 확인함으로써 사용될 수 있다.
2. 이는 상관관계의 제곱, 즉 ρ_{12}^2은 변수 Y_1의 사용으로 인하여 Y_2의 변동성에서의 상대적인 축소를 측정한다는 것을 보여 준다. 이를 보이기 위해 이전의 (2.80c)와 (2.82c)를 확인해야 한다.

$$\sigma_{1|2}^2 = \sigma_1^2\left(1 - \rho_{12}^2\right) \tag{2.94a}$$

$$\sigma_{2|1}^2 = \sigma_2^2\left(1 - \rho_{12}^2\right) \tag{2.94b}$$

   이 표현들은 다음과 같이 다시 쓸 수 있다.

$$\rho_{12}^2 = \frac{\sigma_1^2 - \sigma_{1|2}^2}{\sigma_1^2} \tag{2.95a}$$

$$\rho_{12}^2 = \frac{\sigma_2^2 - \sigma_{2|1}^2}{\sigma_2^2} \tag{2.95b}$$

   ρ_{12}^2의 의미는 이제 분명해졌다. (2.95a)를 생각해 보자. ρ_{12}^2는 주어진 Y_2의 수준에서 Y_1의 조건부분포의 변동성이 Y_1의 주변분포의 변동성보다 얼마나 상대적으로 작은지를 측정한다. 그러므로 ρ_{12}^2는 Y_2의 사용과 관계되는 Y_1의 변동성의 상대적인 축소를 측정한다. 이와 상응하여, (2.95b)는 ρ_{12}^2가 Y_1의 사용과 관계되는 Y_2의 변동성의 상대적인 축소 또한 측정한다는 것을 보여 준다.

   이는

$$0 \le \rho_{12}^2 \le 1 \tag{2.96}$$

   한계값 $\rho_{12}^2 = 0$은 Y_1과 Y_2가 독립일 때 발생하므로 조건부확률분포에서 각 변수의 분산은 주변분포의 분산보다 작지 않다. 한계값 $\rho_{12}^2 = 1$은 각 변수에서 조건부확률분포가 변동성이 없을 때 발생하므로 각 변수는 다른 변수로부터 완벽히 예측할 수 있다.
3. 주변분산과 비교하여 조건부분산에서 상대적인 축소를 측정을 위한 ρ_{12}^2의 해석은 이변량정규모집단일 경우에 유효하고, 다른 많은 이변량모집단에서는 그렇지 않다. 물론 해석은 인과관계를 의미하지 않는다.
4. ρ_{12}^2의 신뢰한계는 ρ_{12}의 한계가 부호가 다르지 않을 경우에, ρ_{12}의 신뢰한계를 제곱함으로써 얻을 수 있다.

스피어만 순위상관계수

가끔 두 확률변수 Y_1과 Y_2의 결합분포가 이변량정규분포 (2.74)와 상당히 다르다. 이러한 경우에는 변수 Y_1과 Y_2를 변환하여 결합분포가 근사적으로 이변량정규분포로 되게 하여, 전에 설명된 ρ_{12}에 대한 추론 절차를 사용할 수 있다.

근사적인 변환을 찾을 수 없을 때, 비모수적 **순위상관**(rank correlation) 절차가 Y_1과 Y_2 사이의 관계에 대한 추론을 할 때에 유용하다. **스피어만 순위상관계수**(Spearman rank correlation coefficient)는 이러한 목적에서 널리 쓰인다. 먼저 Y_1(즉, $Y_{11}, \ldots, Y_{n1}$)에 대한 관측값들은 1부터 n까지의 순위로 표현된다. 우리는 Y_{i1}의 순위를 R_{i1}로 표기한다. 유사하게 Y_2(즉, $Y_{12}, \ldots, Y_{n2}$)에 대한 관측값들을 순위를 매기고 Y_{i2}의 순위를 R_{i2}로 표기한다. r_S로 표기한 스피어만 순위상관계수는 순위 자료에 근거한 (2.84)의 보통의 피어슨 곱적률 상관계수로 정의된다.

$$r_S = \frac{\sum(R_{i1} - \bar{R}_1)(R_{i2} - \bar{R}_2)}{\left[\sum(R_{i1} - \bar{R}_1)^2 \sum(R_{i2} - \bar{R}_2)^2\right]^{1/2}} \tag{2.97}$$

여기서 $\bar{R}_1$는 순위 R_{i1}들의 평균이고 $\bar{R}_2$는 순위 R_{i2}들의 평균이다. 물론 순위 R_{i1}과 R_{i2}가 정수 1, …, n이므로 $\bar{R}_1 = \bar{R}_2 = (n + 1)/2$를 따른다.

보통의 상관계수와 같이 스피어만 순위상관계수는 −1과 1 사이의 값을 갖는다.

$$-1 \leq r_S \leq 1 \tag{2.98}$$

Y_1의 순위가 Y_2의 순위와 같을 때, 계수 r_S는 1이다. 이는 Y_1의 순위가 1인 경우에 Y_2 또한 순위 1을 갖는다. 이러한 경우에는 두 변수의 순위 간에 완벽한 상관관계를 갖는다. Y_1의 순위가 1인 경우에는 Y_2의 순위가 n이고 Y_1의 순위가 2인 경우 Y_2의 순위가 $n - 1$일 때, 계수 r_S는 −1이다. 이러한 경우에는 두 변수의 순위 사이에 완벽한 역의 관계가 있다. 만약에 두 변수의 순위 간에 상관관계가 거의 없다면 스피어만 순위상관계수는 0 근처의 값을 가질 것이다.

스피어만 순위상관계수는 대립가설을 검정하는 데 사용될 수 있다.

$$\begin{aligned} &H_0\text{: } Y_1\text{과 } Y_2 \text{ 사이에 상관관계가 없다.} \\ &H_a\text{: } Y_1\text{과 } Y_2 \text{ 사이에 상관관계가 있다.} \end{aligned} \tag{2.99}$$

H_a가 양의 상관관계 또는 음의 상관관계를 포함하기 때문에 양측검정이 사용된다. 대립가설 H_a이 다음과 같을 때

$$H_a\text{: } Y_1\text{과 } Y_2 \text{ 사이에 양(음)의 상관관계가 있다.} \tag{2.100}$$

상한 꼬리(하한 꼬리) 단측검정이 수행된다.

H_0하에서 r_S의 확률분포를 얻기 어렵지 않다. Y_1과 Y_2 사이에 상관관계가 없을 때, Y_1의 어떤 순위에서도 Y_2의 모든 순위는 모두 같을 것이라는 조건을 근거로 한다. 표는 이 장의 뒷부분에 나오는 인용문헌 2.1과 같은 전문서적을 참고하여라. 컴퓨터 패키지들은 보통 H_0하에서 r_S의 확률분포를 보여 주지 않지만 양측 P값만을 제시한다. 표본크기 n이 10을

초과할 때, 검정은 대략적으로 (2.87)의 검정통계량을 사용하여 $n-2$ 자유도를 갖는 t 분포에 근거하여 수행할 수 있다.

$$t^* = \frac{r_S\sqrt{n-2}}{\sqrt{1-r_S^2}} \tag{2.101}$$

예 시장 조사자는 인구 규모(Y_1)와 1인당 새로운 식료품에 대한 지출(Y_2) 간의 상관관계가 존재하는지에 대해 조사하려고 한다. 12개의 시험 시장의 확률표본의 자료가 표 2.4의 열 1과 2에 있다. 변수들의 분포가 대략적으로 정규분포를 따르지 않기 때문에, 상관관계에 대한 비모수적 검정이 요구된다. 변수들의 순위는 표 2.4의 열 3과 4에 있다. 컴퓨터 패키지는 열 3과 4의 순위자료 사이의 단순상관의 계수가 $r_S = .895$임을 밝힌다. 대립가설은 (2.99)에서 양측검정이다. 여기서 n이 10을 초과하기 때문에 검정통계량 (2.101)을 사용한다.

$$t^* = \frac{.895\sqrt{12-2}}{\sqrt{1-(.895)^2}} = 6.34$$

$\alpha = .01$에서 $t(.995;\ 10) = 3.169$를 얻을 수 있다. $|t^*| = 6.34 > 3.169$이기 때문에 H_a를 채택하여 인구규모와 1인당 식료품 지출 사이의 관계가 있다고 결론지었다. 이 검정의 양측 P값은 .00008이다.

부연설명

1. 몇몇 자료값에 대해 동일값(tie)이 있는 경우에 각각의 동일값은 포함된 순위의 평균으로 주어진다.
2. 표 2.4의 자료는 이변량정규분포가정 (2.74)와 검정통계량 (2.87)을 가정하여 분석되었으므로 상관관계의 강도는 더 약할 것이다. 특히 피어슨 곱적률상관계수는 $r_{12} = .674$, $t^* = .674\sqrt{10}/\sqrt{1-(.674)^2} = 2.885$이다. 따라서 H_a를 채택하여 인구 규모와 1

시험 시장 i	(1) 인구(단위: 천 명) Y_{i1}	(2) 1인당 지촌 (단위: 달러) Y_{i2}	(3) R_{i1}	(4) R_{i2}
1	29	127	1	2
2	435	214	8	11
3	86	133	3	4
4	1,090	208	11	10
5	219	153	7	6
6	503	184	9	8
7	47	130	2	3
8	3,524	217	12	12
9	185	141	6	5
10	98	154	5	7
11	952	194	10	9
12	89	103	4	1

표 2.4 인구와 지출 비용 순위에 대한 자료 – Sales Marketing 예

인당 식료품 지출 사이에 상관관계가 있다고 결론지을 것이다. 양측 P값은 .016이다.

3. 스피어만의 r_S와 유사한 다른 비모수적 순위 절차는 **켄달의** τ(Kendall's τ)이다. 이 통계량은 또한 Y_1과 Y_2의 순위가 서로 얼마나 많이 다른지 측정하지만 스피어만 순위상관계수와는 다른 방법이다. 켄달의 τ에 관한 논의는 인용문헌 2.2에서 볼 수 있다.

인용문헌

2.1. Gibbons, J. D. *Nonparametric Methods for Quantitative Analysis*. 2nd ed. Columbus, Ohio: American Sciences Press, 1985.

2.2. Kendall, M.G., and J. D. Gibbons. *Rank Correlation Methods*. 5th ed. London: Oxford University Press, 1990.

문제

2.1. 큰 회사의 경제 조사 부서에서 여름 인턴을 하는 어떤 학생이 있다. 이 학생은 회사의 50개 시장 구역에서 상품 판매량(Y, 백만 달러)과 인구(X, 백만 명)와의 관계를 조사한다. 정규오차회귀모형 (2.1)이 수행되었다. 학생은 처음에 Y와 X 사이에 선형적 관계가 있는지를 검정하려고 한다.

모수	추정된 값	95% 신뢰한계	
절편	7.43119	−1.18518	16.0476
기울기	.755048	.452886	1.05721

a. 학생이 이러한 결과로부터 Y와 X 사이에 선형적 관계가 있다고 결론지었다. 이 결론은 정당한 것인가? 유의수준은 무엇인가?

b. 어떤 사람은 판매량이 구역의 인구가 0명이면 음이 될 수 없음을 지적하면서 절편의 음의 하한 신뢰한계에 대해 의문을 제기했다. 논의하여라.

2.2. $H_0 : \beta_1 \leq 0$ 대 $H_a : \beta_1 > 0$의 검정에서 분석가는 H_0를 채택하였다. 이 결론이 X와 Y 사이의 선형적 관계가 없음을 뜻하는가? 설명하여라.

2.3. 대화형 시장 게임을 하는 학생 팀의 구성원이 광고 지출(X)과 팀의 상품 중 하나에 대한 판매량(Y) 사이의 관계를 조사한 후, 다음과 같은 컴퓨터 결과를 얻었다.

추정된 회귀식: $\hat{Y} = 350.7 - .18X$
추정된 기울기에 대한 양측 P값: .91

학생이 말하였다. "내가 여기서 받은 메시지는 우리가 이 상품의 광고에 더 많이 지출할수록 우리가 파는 단위는 더 줄어들 것이라는 거야." 이에 대해 설명하여라.

2.4. **평량평균(Grade point average)** 문제 1.19을 참고하여라.

a. β_1에 대한 99% 신뢰구간을 구하고 해석하여라. 이것은 0을 포함하는가? 입학 관

리자가 신뢰구간이 0을 포함하는가에 대해 관심이 있는 이유는 무엇인가?

b. 검정통계량 t^*을 이용하여 학생의 ACT 점수(X)와 1학년 말의 GPA(Y) 사이에 선형적 관계가 존재하는지에 대해 검정하여라. .01의 신뢰수준을 이용하고 가설들, 결정규칙, 결론을 서술하여라.

c. (b)에서 검정의 P값은 무엇인가? (b)의 결론과 일치하는가?

*2.5. **복사기 유지보수(Copier maintenance)** 문제 1.20을 참고하여라.

a. 복사기의 숫자가 1개씩 증가할 때 서비스 시간의 평균 변화를 추정하여라. 90% 신뢰구간을 이용하여라. 신뢰구간을 해석하여라.

b. X와 Y 사이의 선형적 관계가 있는지에 대해 .10의 α 위험에서 t 검정을 수행하여라. 가설들, 결정규칙, 결론을 서술하여라. 이 검정의 P값은 무엇인가?

c. (a)와 (b)의 결과가 일치하는가? 설명하여라.

d. 제조자가 추가적인 복사기 수리에 소요되는 시간의 평균이 14분이 넘게 증가해서는 안 된다고 주장하였다. 이러한 기준이 Tri-City에 의해 만족될 수 있는지에 대해 검정하여라. 제1종 오류를 .05로 하여라. 가설들, 결정규칙, 결론을 서술하여라. 이 검정의 P값은 무엇인가?

e. b_0는 준비시간에 대해, 즉 출장 지점에서 복사기 수리 시작되기 전에 요구되는 시간에 대한 관련된 정보를 제공하는가?

*2.6. **항공 화물 파손(Airfreight breakage)** 문제 1.21을 참고하여라.

a. 95% 신뢰구간에서 β_1을 추정하여라. 구간추정을 해석하여라.

b. 한 상자가 이동되는 횟수(X)와 깨진 앰풀의 개수(Y) 사이의 선형적 관계가 있는지에 대해 t검정을 수행하여라. 유의수준 .05를 사용하여라. 가설들, 결정규칙, 결론을 서술하여라. 이 검정의 P값은 무엇인가?

c. β_0는 수송되는 상자가 없을 때, 즉 $X = 0$일 때 깨진 앰풀의 개수의 평균을 의미한다. β_0의 95% 신뢰구간을 구하고 해석하여라.

d. 자문위원은 이전의 경험에 기초하여 수송된 상자가 없을 때, 깨진 앰풀의 개수의 평균은 9.0을 초과해서는 안 된다고 주장하였다. $\alpha = .025$를 이용하여 적절한 검정을 수행하여라. 가설들, 결정규칙, 결론을 서술하여라. 이 검정의 P값은 무엇인가?

e. $\beta_1 = 2.0$일 때 (b)의 검정력을 구하여라. $\sigma\{b_1\} = .50$을 가정하여라. 또한 $\beta_0 = 11$일 때 (d)의 검정력을 구하여라. $\sigma\{b_0\} = .75$를 가정하여라.

2.7. **플라스틱 경도(Plastic hardness)** 문제 1.22를 참고하여라.

a. 경과 시간이 한 시간 증가할 때, 평균 경도의 변화를 추정하여라. 99%의 신뢰구간을 이용하여라. 구간추정을 해석하여라.

b. 플라스틱 제조사는 평균 경도가 시간당 2브리넬 단위씩 증가해야 한다고 말하였다. 이 기준이 만족되는지 $\alpha = .01$을 사용하여 양측검정을 수행하여라. 가설들, 결정규칙, 결론을 서술하여라. 이 검정의 P값은 무엇인가?

c. 기준이 실제로 시간당 .3 브리넬 단위를 초과하였을 때 (b)의 검정력을 구하여라. $\sigma\{b_1\} = .1$를 가정하여라.

2.8. Toluca Company의 예의 그림 2.2를 참고하여라. 자문위원은 로트 크기에서 한 단위의 증가가 주어진 생산 물품에서 노동 시간의 기댓값의 3.0만큼의 증가를 필요로 한다고 조언하였다.

a. Toluca Company의 기대 노동 시간의 증가가 이 기준을 만족하는지 검정을 수행하여라. $\alpha = .05$를 가정한다. 가설들, 결정규칙, 결론을 서술하여라.

b. 자문위원의 기준이 실제로 .5 시간을 초과한다면 (a)의 검정력을 구하여라. $\sigma\{b_1\} = .35$를 가정한다.

c. 인쇄물에서 주어진 $F^* = 105.88$이 (a)에서의 검정과 왜 관련되지 않는가?

2.9. 그림 2.2를 참고하여라. 인쇄물에서 $s\{b_1\}$가 주어져 있을 때, 학생은 왜 $s\{\hat{Y}_h\}$가 주어져 있지 않았는지 물었다. 논의하여라.

2.10. 다음의 질문에 각각 새로운 관측값에 대한 평균반응의 신뢰구간 또는 예측구간이 적절한지 설명하여라.

a. 온도 수준을 31°C으로 설정하였을 때 내일 온실의 습도는 얼마가 될 것인가?

b. 가처분 소득이 $23,500인 가구는 평균적으로 외식에 얼마를 쓰는가?

c. 지역의 사업 활동 지수가 현재 수준에 머물러 있을 때, 다음 달 Twin시의 전기(시간당 킬로와트)는 상업 또는 산업사용자에 의해 얼마나 소비될 것인가?

2.11. 어떤 사람이 '$X = X_h$에서의 평균반응'과 '$X = X_h$에서 새로운 m개의 관측값의 평균' 간의 차이에 대하여 질문하였다. 응답하여라.

2.12. (2.37)에서 n이 커질 때 $\sigma^2\{\text{pred}\}$이 점점 0에 가까워질 수 있는가? 이것은 또한 (2.29b)의 $\sigma^2\{\hat{Y}_h\}$에도 해당되는가? 이 차이의 함축된 의미는 무엇인가?

2.13. **평량평균(Grade point average)** 문제 1.19를 참고하여라.

a. ACT 점수가 28인 학생의 1학년 평균 GPA의 95% 구간추정을 구하여라. 신뢰구간을 해석하여라.

b. Mary Jones는 입학시험에서 28점을 받았다. 95% 예측구간을 이용하여 그녀의 1학년 GPA를 예측하여라. 예측구간을 해석하여라.

c. (b)의 예측구간이 (a)의 신뢰구간보다 넓은가? 그렇게 되어야 하는가?

d. $X_h = 28$일 때 회귀선의 95% 신뢰띠의 경계값을 결정하여라. 이 지점에서 신뢰띠가 (a)의 신뢰구간보다 넓은가? 그렇게 되어야 하는가?

*2.14. **복사기 유지보수(Copier maintenance)** 문제 1.20을 참고하여라.

a. 6개의 복사기가 이용될 때 통화당 평균 서비스 시간의 90% 신뢰구간을 구하고, 해석하여라.

b. 6개의 복사기가 이용될 때 다음 통화의 서비스 시간의 90% 예측구간을 구하여라. 예측구간이 (a)의 신뢰구간보다 넓은가? 그렇게 되어야 하는가?

c. 경영진은 6개의 복사기가 이용될 때 **복사기당** 기대 서비스 시간을 예측하려고 한다. (a)에서 얻은 구간을 변환하여 대략적인 90% 신뢰구간을 구하여라. 변환된 신뢰구간을 해석하여라.

d. $X_h = 6$일 때 회귀선의 90% 회귀선의 경계값을 결정하여라. 이 점에서의 신뢰띠가 (a)의 신뢰구간보다 넓은가? 그렇게 되어야 하는가?

*2.15. **항공 화물 파손(Airfreight breakage)** 문제 1.21을 참고하여라.

a. 항공사 일정의 변화로 인해 수송이 전보다 더 자주 이루어져야 할 것이다. 다음의 수송 회수에 따라 평균 파손을 추정하여라. $X = 2, 4$. 각각의 99% 신뢰구간을 이용하고 결과를 해석하여라.

b. 다음 수송은 두 개를 운송할 것이다. 이 수송의 깨진 앰풀의 개수의 99% 예측구간을 구하여라. 예측구간을 해석하여라.

c. 며칠 후에 독립적인 세 수송이 각각 2개씩 이루어질 것이다. 이 세 수송에서 깨진 앰풀의 평균 개수의 99% 예측구간을 구하여라. 이 구간을 세 수송에서 깨진 앰풀의 전체 개수의 99% 예측구간으로 변환하여라.

d. $X_h = 2$일 때와 $X_h = 4$일 때, 회귀선의 99% 신뢰띠의 경계값을 구하여라. 이 두 지점에서의 신뢰띠가 (a)의 신뢰구간보다 넓은가? 그렇게 되어야 하는가?

2.16. **플라스틱 경도(Plastic hardness)** 문제 1.22를 참고하여라.

a. 경과시간 30시간에서 성형된 물품의 평균 경도의 98% 신뢰구간을 구하여라. 신뢰구간을 해석하여라.

b. 경과시간 30시간에서 새롭게 성형된 시험 물품의 경도의 98% 예측구간을 구하여라.

c. 각각 경과시간 30시간에서 새롭게 성형된 10개의 시험 물품의 평균 경도의 98% 예측구간을 구하여라.

d. (c)의 예측구간이 (b)의 예측구간보다 좁은가? 그렇게 되어야 하는가?

e. $X_h = 30$일 때 회귀선의 98% 신뢰띠의 경계값을 구하여라. 이 지점의 신뢰띠가 (a)의 신뢰구간보다 넓은가? 그렇게 되어야 하는가?

2.17. 분석가는 정규오차회귀모형 (2.1)을 사용하였고 $\beta_1 = 0$ 대 $\beta_1 \neq 0$의 F 검정을 수행하였다. 이 검정의 P값은 .033이었고 분석가는 $H_a : \beta_1 \neq 0$를 채택하였다. 사용된 α 수준은 .033보다 큰가 작은가? α 수준이 .01이었다면 적절한 결론은 무엇인가?

2.18. 모수 β_1과 관련하여 통계적 검정을 수행하기 위해서 왜 t검정이 F검정보다 다양하게 쓰이는가?

2.19. $\beta_1 = 0$를 검정할 때, 왜 H_a가 $\beta_1 < 0$와 $\beta_1 > 0$를 모두 포함함에도 불구하고 F검정은 단측검정인가? [힌트: (2.57) 참조]

2.20. 한 학생이 R^2이 정규오차회귀모형 (2.1)에서 어떤 모수에 대한 점추정량이 될 수 있는지에 대해 질문하였다. 답변하여라.

2.21. 1 근처의 R^2값이 때때로 Y와 X 사이의 관계가 충분히 가까워서 Y의 적절하게 정확한 예측이 X의 정보로부터 이루어질 수 있음을 의미하는 것으로 해석된다. 이러한 의미가 R^2의 정의에 필요한 결과인가?

2.22. 공학기술안전실험에서 정규오차회귀모형 (2.1)을 사용할 때, 조사자는 첫 10개의 경우에서 R^2이 0임을 발견하였다. 30개의 완전한 경우에서 R^2은 0이 아닌 것이 가능한

것인가? 첫 10개의 경우에서 R^2이 0이 아니라면 여전히 모든 30개의 경우에서 0일 것인가? 설명하여라.

2.23. **평량평균(Grade point average)** 문제 1.19를 참고하여라.

a. 분산분석표를 작성하여라.

b. 분산분석표에서 MSR과 MSE에 의해 추정된 것이 무엇인가? 어떠한 조건에서 MSR과 MSE가 같은 값을 추정하는가?

c. $\beta_1 = 0$에 대해 F 검정을 수행하여라. α 수준을 .01로 유지하여라. 가설들, 결정규칙, 결론을 서술하여라.

d. X가 회귀모형으로 주어질 때, Y의 변동에서 감소의 절대적 강도는 무엇인가? 절대적 감소는 무엇인가? 후자의 측정의 이름은 무엇인가?

e. r을 구하고 적절한 부호를 붙여라.

f. R^2과 r 중 어떤 측정이 더 명백한 운용상의 해석이 가능한가? 설명하여라.

*2.24. **복사기 유지보수(Copier maintenance)** 문제 1.20을 참고하여라.

a. 표 2.2 구성방식에서 기본 분산분석표를 작성하여라. 표의 어떠한 요소가 추가되는가? 표 2.3의 구성방식에서 분산분석표를 작성하여라. 두 표가 어떻게 다른가?

b. 시간과 이용된 복사기의 개수 사이의 선형적 관계가 있는지에 대한 F검정을 수행하여라. α 수준을 .10으로 한다. 가설들, 결정규칙, 결론을 서술하여라.

c. 복사기 개수가 추가로 분석에 사용되었을 때에 통화당 사용된 시간의 전체 변동이 상대적으로 얼마나 줄었는가? 이는 상대적으로 작은 감소인가 큰 감소인가? 이 측도의 이름은 무엇인가?

d. r을 계산하고 적절한 부호를 붙여라.

e. R^2과 r 중 어떤 측정이 더 명백한 운용상의 해석이 가능한가?

*2.25. **항공 화물 파손(Airfreight breakage)** 문제 1.21을 참고하여라.

a. 분산분석표를 작성하여라. 어떤 요소가 추가되는가?

b. 상자 수송시간과 깨진 앰풀의 개수 사이에 선형적 관계가 있는지에 대해 F검정을 수행하여라. α 수준을 .05로 한다. 가설들, 결정규칙, 결론을 서술하여라.

c. (b)에서 검정의 t^* 통계량을 구하고 수치상으로 (b)의 F^* 통계량과 같은지를 설명하여라.

d. R^2과 r을 계산하여라. Y의 변동의 비율이 X를 회귀모형에 대입한 것으로 설명되는가?

2.26. **플라스틱 경도(Plastic hardness)** 문제 1.22를 참고하여라.

a. 분산분석표를 작성하여라.

b. 플라스틱의 경도와 경과 시간 사이에 선형적 관계가 있는지에 대해 F검정을 수행하여라. $\alpha = .01$을 사용하여라. 가설들, 결정규칙, 결론을 서술하여라.

c. X_i 대 편차 $Y_i - \hat{Y}_i$의 산점도를 그려라. 첫 번째 산점도와 같은 범위로 X_i 대 편차 $\hat{Y}_i - \bar{Y}$의 산점도를 그려라. 두 그래프로부터 SSE 또는 SSR 중 어느 것이 $SSTO$의 더 큰 부분을 차지하는가? 이것의 R^2의 크기에 대한 의미는 무엇인가?

d. R^2과 r을 계산하여라.

*2.27. **근육량(Muscle mass)** 문제 1.27을 참고하여라.

a. 근육량과 나이 사이에 음의 선형 관계가 있는지에 대해 검정을 수행하여라. 제1종 오류를 .05로 하여라. 가설들, 결정규칙, 결론을 서술하여라. 이 검정의 P값은 무엇인가?

b. $\beta_0 = 0$에 대한 검정의 양측 P값이 0+이다. 이는 b_0가 여자 아이의 출생에서의 근육량에 관련된 정보를 제공하는가?

c. 나이가 1살씩 달라지는 여성의 기대 근육량의 차이의 95% 신뢰구간을 추정하여라. 이 추정을 위해 특정한 나이를 알 필요가 없는 이유는 무엇인가?

*2.28. **근육량(Muscle mass)** 문제 1.27을 참고하여라.

a. 나이가 60인 여성의 평균 근육량의 95% 신뢰구간을 구하여라. 신뢰구간을 해석하여라.

b. 나이가 60인 여성의 근육량의 95% 예측구간을 구하여라. 이 예측구간은 비교적 명확한가?

c. $X_h = 60$일 때 회귀선의 95% 신뢰띠의 경계값을 구하여라. 이 점에서 신뢰띠는 (a)의 신뢰구간보다 넓은가? 그렇게 되어야 하는가?

*2.29. **근육량(Muscle mass)** 문제 1.27을 참고하여라.

a. X_i에 대한 편차 $Y_i - \hat{Y}_i$의 산점도를 그려라. 첫 번째 산점도와 같은 범위로 X_i에 대한 편차 $\hat{Y}_i - \bar{Y}$의 산점도를 그려라. 두 그래프로부터 SSE 또는 SSR 중 어느 것이 $SSTO$의 더 큰 부분을 차지하는가? 이것의 R^2의 크기에 대한 의미는 무엇인가?

b. 분산분석표를 작성하여라.

c. $\alpha = .05$에서 F검정을 이용하여 $\beta_1 = 0$에 대한 검정을 수행하여라. 가설들, 결정규칙, 결론을 서술하여라.

d. 나이를 분석에 대입하였을 때 근육량의 전체 변동 중에 설명되지 않는 부분은 무엇인가? 이 부분은 비교적 작은가 큰가?

e. R^2와 r을 구하여라.

2.30. **범죄율(Crime rate)** 문제 1.28을 참고하여라.

a. 범죄율과 고등학교 졸업률 사이에 선형적 관계가 있는지에 대해 $\alpha = .01$로 t검정을 수행하여라. 가설들, 결정규칙, 결론을 서술하여라. 이 검정의 P값은 무엇인가?

b. 99%의 신뢰구간으로 β_1을 추정하여라. 구간추정을 해석하여라.

2.31. **범죄율(Crime rate)** 문제 1.28을 참고하여라.

a. 분산분석표를 작성하여라.

b. F검정을 이용하여 문제 2.30a의 검정을 수행하여라. 두 검정통계량과 결정규칙의 수치적 동등성을 보여라. F검정과 t검정의 P값이 같은가?

c. 고등학교 졸업률을 분석에 추가했을 때 줄어든 범죄율의 총 변동성은 얼마인가? 이것은 비교적 큰 감소인가, 작은 감소인가?

d. r을 구하여라.

2.32. **범죄율(Crime rate)** 문제 1.28과 2.30을 참고하여라. 문제 2.30a에서 검정이 일반선형검정을 이용하여 수행되었다고 가정한다.

a. 완전모형과 축소모형을 서술하여라.

b. 일반선형검정의 (1) $SSE(F)$, (2) $SSE(R)$, (3) df_F, (4) df_R (5) 검정통계량 F^*, (6) 결정규칙을 구하여라.

c. 일반선형검정의 검정통계량 F^*과 결정규칙이 수치적으로 문제 2.30a와 같은가?

2.33. 복잡한 화학 실험에서 관찰된 자료로부터 경험적으로 비용함수를 만들기 위하여 분석가는 정규오차회귀모형 (2.1)을 이용하였다. β_0는 여기서 실험에 착수하는 비용으로 해석된다. 분석가는 이 비용이 $7500이어야 한다고 보고 일반선형검정을 이용하여 가설검정을 수행하려고 한다.

a. 이 검정의 귀무가설과 대립가설을 제시하여라.

b. 완전모형과 축소모형을 구체화하여라.

c. 추가적 정보 없이 검정통계량 (2.70)에서 $df_R - df_F$가 분석가의 검정과정에서 어떤 값과 같다고 말할 수 있는가? 설명하여라.

2.34. **평량평균(Grade point average)** 문제 1.19를 참고하여라.

a. X_i가 알려진 상수 또는 확률변수 중 어느 것이 더 합당한가? 설명하여라.

b. 만약 X_i가 확률변수라면 이것은 새로운 지원자의 예측구간에 영향을 미치는가? 설명하여라.

2.35. **복사기 유지보수(Copier maintenance)** 문제 1.20과 2.5를 참고하여라. 문제 2.5a에서 만약 예측변수가 확률변수이고 87쪽의 조건들이 적용될 수 있다면 신뢰계수의 의미가 어떻게 바뀌는가?

2.36. 생산 부서의 관리 실습생은 주조물의 무게와 완공된 블록을 생산하는 데 걸린 다듬기 시간 사이의 관계를 연구하려고 한다. 실습생은 주조물을 선정하였으며, 무게는 표본마다 동일한 간격으로 떨어져 있고 그에 따른 다듬기 시간을 관찰하였다. 회귀와 상관모형 중 어느 것을 사용할 것을 추천하는가? 설명하여라.

2.37. 사회 과학자가 말하였다. "이변량정규분포의 조건은 나의 실험에서 거의 만족되지 않을 것이기 때문에 회귀모형을 사용하는 것이 더 안전하다." 논평하여라.

2.38. 어떤 학생이 변수 Y_1과 Y_2가 이변량정규분포를 따르는지를 대표본으로부터 조사를 수행하였다. 학생은 Y_2에 대한 Y_1을 회귀분석할 때의 잔차와 Y_1에 대한 Y_2를 회귀분석할 때의 잔차를 얻었고 각 잔차들에 대해 정규확률그림을 준비하였다. 이 두 정규확률그림은 두 변수가 이변량정규분포를 따르는지를 결정하는 데 충분한 정보를 주는가? 설명하여라.

2.39. 모수 $\mu_1 = 50$, $\mu_2 = 100$, $\sigma_1 = 3$, $\sigma_2 = 4$, $\rho_{12} = .80$인 이변량정규분포에 대해서

a. Y_1의 주변분포의 특징을 서술하여라.

b. $Y_1 = 55$일 때 Y_2의 조건부분포의 특징을 서술하여라.

c. $Y_2 = 95$일 때 Y_1의 조건부분포의 특징을 서술하여라.

2.40. 이변량정규모형 (2.74)가 예측변수의 고정된 수준의 정규오차회귀모형 (2.1) 대신에 수행되었다면 다음 중 어떤 것이 영향을 받는지 설명하여라. (1) 회귀계수의 점추정값, (2) 회귀계수의 신뢰한계, (3) 신뢰계수의 해석.

2.41. **플라스틱 경도(Plastic hardness)** 문제 1.22를 참고하여라. 학생은 이 자료를 분석하면서 대화형 회귀와 상관 컴퓨터 패키지로부터 다음과 같은 기본 질문을 받았다. "모집단 상관계수의 신뢰구간 계산. 예 또는 아니오". "예"라는 응답이 여기서 의미있는 정보를 이끌어낼 것인가? 설명하여라.

*2.42. **재산평가(Property assessments).** 다음은 15개 부지의 땅에 대한 재산세 목적으로 평가된 값(Y_1, 단위: 1000달러)과 조세 구역에서 상호거래에 의해 최근에 산업적 개발을 위해 판매된 판매가격(Y_2, 단위: 1000달러)를 보여 준다. 이변량정규모형 (2.74)가 적절하다고 가정한다.

i:	1	2	3	...	13	14	15
Y_{i1}:	13.9	16.0	10.3	...	14.9	12.9	15.8
Y_{i2}:	28.6	34.7	21.0	...	35.1	30.0	36.2

a. 이 자료의 산점도를 그려라. 이변량정규모형은 여기서 적절한 것으로 보이는가? 논의하여라.

b. r_{12}를 계산하여라. r_{12}에 의해 추정된 모수는 무엇인가? 이 모수의 해석은 무엇인가?

c. Y_1과 Y_2가 모집단에서 통계학적으로 독립인지, 아닌지를 검정통계량 (2.87)과 유의수준 .01을 이용하여 검정하여라. 가설들, 결정규칙, 결론을 서술하여라.

d. $\rho_{12} = .6$ 대 $\rho_{12} \neq .6$를 검정하기 위하여 (2.87)의 검정통계량을 사용하는 것이 적정한가?

2.43. **계약 수익성(Contract profitability).** 굴착과 발파 도급업자를 위하여 비용 분석가는 지난 2년 동안 84건의 계약을 조사하였고 계약 가치(Y_1)와 계약에 의한 수익 기여(Y_2) 간의 상관계수가 $r_{12} = .61$임을 알아냈다. 이변량정규모형 (2.74)를 가정하여라.

a. Y_1과 Y_2가 모집단에서 통계적으로 독립적인지 검정하여라. $\alpha = .05$를 사용하여라. 가설들, 결정규칙, 결론을 서술하여라.

b. 95%의 신뢰구간으로 ρ_{12}을 추정하여라.

c. (b)에서의 신뢰구간을 ρ_{12}^2의 95%의 신뢰구간으로 변환하여라. 이 구간추정을 해석하여라.

*2.44. **입찰 준비(Bid preparation).** 건물 공사 자문가는 입찰 준비의 비용(Y_1)과 자문 회사의 고객의 입찰 양(Y_2) 사이의 관계에 대하여 조사한다. 고객에 의해 준비된 103개 입찰 표본에서 $r_{12} = .87$이다. 이변량정규모형 (2.74)를 적용한다고 가정한다.

a. $\rho_{12} = 0$을 검정하여라. 제1종 오류를 .10으로 한다. 가설들, 결정규칙, 결론을 서술하여라. $\rho_{12} = 0$이라면 함축된 의미는 무엇인가?

b. ρ_{12}의 90% 신뢰구간을 구하여라. 이 구간추정을 해석하여라.

c. (b)의 신뢰구간을 ρ_{12}^2의 90% 신뢰구간으로 변환하여라.

2.45. **유수량(Water flow).** 기술자는 시내의 A지점에서 유량(Y_1)과 동시에 발생하는 B지점에서 유량(Y_2) 사이의 상관계수 ρ_{12}를 추정하려고 한다. 147개의 경우의 표본에서 r_{12} = .83을 얻었다. 이변량정규모형 (2.74)를 가정한다.

a. ρ_{12}의 99% 신뢰구간을 구하여라.

b. (a)의 신뢰구간을 ρ_{12}^2의 99% 신뢰구간으로 변환하여라.

2.46. **재산평가(Property assessment)** 문제 2.42를 참고하여라. 이변량모형 (2.74)이 적절한지에 대해 몇몇 의문이 있다.

a. 스피어만 순위상관계수 r_S를 구하여라.

b. 스피어만 순위상관계수를 이용하여 재산평가와 판매 가격 사이에 관계가 존재하는지 α = .01에서의 검정통계량 (2.101)을 이용하여 검정하여라. 가설들, 결정규칙, 결론을 서술하여라.

c. (a)와 (b) 추정값과 결론을 문제 2.42에서 구한 것과 어떻게 비교할 수 있는가?

*2.47. **근육량(Muscle mass)** 문제 1.27을 참고하여라. 이변량정규모형 (2.74)를 가정한다.

a. 피어슨 곱적률상관계수 r_{12}를 계산하여라.

b. 근육량과 나이가 모집단에서 통계적으로 독립인지 α = .05을 사용하여 검정하여라. 가설들, 결정규칙, 결론을 서술하여라.

c. 이변량정규모형 (2.74) 가정은 여기서 부적절할 수 있다. 스피어만 순위상관계수 r_S를 계산하여라.

d. (c)에서 구한 스피어만 순위상관에서 독립성 검정과 검정통계량(2.101)을 기초로 하여 (b)를 반복하여라. α = .05를 이용하여라. 가설들, 결정규칙, 결론을 서술하여라.

e. (a)와 (b) 추정값과 결론을 (c)와 (d)에서 구한 것과 어떻게 비교할 수 있는가?

2.48. **범죄율(Crime rate)** 문제 1.28, 2.30, 2.31을 참고하여라. 이변량정규모형 (2.74)를 가정한다.

a. 피어슨 곱적률상관계수 r_{12}를 계산하여라.

b. 모집단에서 범죄율과 고등학교 졸업률이 통계적으로 독립인지 α = .01을 사용하여 검정하여라. 가설들, 결정규칙, 결론을 서술하여라.

c. (a)와 (b) 추정값과 결론을 문제 2.31b와 2.30a에서 구한 것과 어떻게 비교할 수 있는가?

2.49. **범죄율(Crime rate)** 문제 1.28, 2.48을 참고하여라. 이변량정규모형 (2.74)는 여기서 부적절할 수 있다.

a. 스피어만 순위상관계수 r_S를 구하여라.

b. 스피어만 순위상관계수를 이용하여 범죄율과 고등학교 졸업률 사이에 관계가 존재하는지 α = .01에서 검정통계량 (2.101)을 이용하여 검정하여라. 가설들, 결정규칙, 결론을 서술하여라.

c. (a)와 (b) 추정값과 결론을 문제 2.48a, 2.48b에서 구한 것과 어떻게 비교할 수 있는가?

연습문제

2.50. (2.6)에서 k_i의 특성을 유도하여라.

2.51. (2.21)에서 정의된 b_0가 β_0의 비편향추정량임을 보여라.

2.52. (2.31)을 이용하여 b_0의 분산에 대한 (2.22b)의 표현을 유도하여라. 어떻게 분산 (2.22b)가 분산 (2.29b)의 특별한 경우인지 설명하여라.

2.53. (미적분이 필요함.)

a. 87쪽의 조건을 적용한다면 $X_1, \ldots, X_n$이 주어질 때 표본 관측값 $Y_1, \ldots, Y_n$에 대한 가능도함수를 구하여라.

b. $\beta_0, \beta_1, \sigma^2$의 최대가능도추정량을 구하여라. X_i가 고정되었을 때 β_0와 β_1의 추정량이 (1.27)의 추정량과 같은가?

2.54. 정규오차회귀모형 (2.1)이 적용되지만 오차의 분산이 동일하지 않고 X가 클수록 분산이 커진다고 하자. $\beta_1 = 0$은 여전히 X와 Y 사이에 선형적인 관계가 없음을 의미하는가? X와 Y 사이에 관계가 없는가? 설명하여라.

2.55. (2.51)의 SSR의 표현을 유도하여라.

2.56. 소규모의 회귀 연구에서 Y에 대한 5개의 관측값은 X=1, 4, 10, 11, 14에 따라 얻어진다. $\sigma = .6$, $\beta_0 = 5$, $\beta_1 = 3$을 가정한다.

a. MSR과 MSE의 기댓값은 무엇인가?

b. 회귀관계가 존재하는지 결정하기 위해 5개의 관측값 $X = 6, 7, 8, 9, 10$을 만드는 것이 더 나은가, 더 나쁜가? 이유는 무엇인가? 주목적이 $X = 8$에 대한 평균 응답을 측정하기 위한 것일 때 같은 결과가 적용되는가? 논의하여라.

2.57. 정규오차회귀모형 (2.1)이 적용된다고 가정한다.

a. 일반선형검정을 이용하여 $H_0 : \beta_1 = 5$ 대 $H_a : \beta_1 \neq 5$를 검정할 때 축소모형은 무엇인가? 자유도 df_R은 무엇인가?

b. 일반선형검정을 이용하여 $H_0 : \beta_0 = 2, \beta_1 = 5$ 대 $H_a : \beta_0 = 2, \beta_1 = 5$ 모두 아님을 검정할 때 축소모형은 무엇인가? 자유도 df_R은 무엇인가?

2.58. 확률변수 Y_1과 Y_2가 (2.74)의 이변량정규분포를 따른다. $\rho_{12} = 0$이라면 Y_1과 Y_2가 독립확률변수임을 보여라.

2.59. (미적분이 필요함.)

a. (2.74)의 이변량정규분포의 모수의 최대가능도추정량을 구하여라.

b. (a)의 결과를 이용하여 (2.80)의 어떠한 Y_2값에 대한 Y_1의 조건부확률분포의 모수의 최대가능도추정량을 구하여라.

c. (b)에서 구한 $\alpha_{1|2}$와 β_{12}의 최대가능도추정량이 단순선형회귀모형의 회귀계수의 최소제곱추정량 (1.10)과 동일함을 보여라.

2.60. 검정통계량 (2.17)과 (2.87)이 같음을 보여라.

2.61. Y_2에 대한 Y_1의 회귀분석이든, Y_1에 대한 Y_2의 회귀분석이든 비율 $SSR/SSTO$은 같음

을 보여라. [힌트: (1.10a)와 (2.50)을 이용하여라.]

프로젝트

2.62. 부록 C.2와 프로젝트 1.43의 **CDI** 데이터셋을 참고하여라. 기준으로서의 R^2을 이용할 때 어떤 예측변수가 현역 의사의 수의 변동성에서 가장 크게 감소시키는가?

2.63. 부록 C.2와 프로젝트 1.44의 **CDI** 데이터셋을 참고하여라. 각 영역에 대한 β_1 각각의 구간추정을 구하여라. 각 경우에 대해 90%의 신뢰계수를 사용하여라. 다른 영역의 회귀선은 비슷한 기울기를 갖는 것으로 보이는가?

2.64. 부록 C.1과 프로젝트 1.45의 **SENIC** 데이터셋을 참고하여라. 기준으로서의 R^2을 이용할 때 어떤 예측변수가 평균 체류기간의 변동성을 가장 크게 감소시키는가?

2.65. 부록 C.1과 프로젝트 1.46의 **SENIC** 데이터셋을 참고하여라. 각 영역에 대한 β_1 각각의 구간추정을 구하여라. 각 경우에 대해 95%의 신뢰계수를 사용하여라. 다른 영역의 회귀선은 비슷한 기울기를 갖는 것으로 보이는가?

2.66. Y에 대한 다섯 개의 관측값이 $X = 4, 8, 12, 16, 20$일 때 각각 주어져 있다. 참 회귀함수는 $E\{Y\} = 20 + 4X$이고 ε_i는 독립적으로 $N(0, 25)$를 따른다.

a. 평균 0과 분산 25에서 다섯 개의 정규난수를 생성하여라. 이 난수들을 $X = 4, 8, 12, 16, 20$일 때 Y에 대한 다섯 개의 관측값에 대한 오차항으로 하고 Y_1, Y_2, Y_3, Y_4, Y_5를 계산하여라. 다섯 가지 경우에 직선을 적합하였을 때 최소제곱추정량 b_0와 b_1을 구하여라. $X_h = 10$일 때 $\hat{Y}_h$를 계산하고, $X_h = 10$일 때 $E\{Y_h\}$의 95% 신뢰구간을 구하여라.

b. 각각 새로운 난수를 생성하면서 (a)를 200번 반복하여라.

c. 200개의 추정값 b_1의 빈도분포를 만들어라. 200개의 추정값 b_1의 평균과 표준편차를 계산하여라. 이 결과들이 이론적인 결과와 일치하는가?

d. $X_h = 10$일 때 200개의 $E\{Y_h\}$의 95% 신뢰구간이 얼마만큼의 비율로 $E\{Y_h\}$을 포함하는가? 이 결과가 이론적인 결과와 일치하는가?

2.67. **평량평균(Grade point average)** 문제 1.19를 참고하여라.

a. 20과 30 사이의 ACT 점수에 대한 최소제곱회귀선을 겹쳐놓고 자료의 그림을 그려라.

b. (a)의 그림에서 20과 30 사이의 ACT 점수의 참회귀선에 대한 95% 신뢰띠를 겹쳐 그려라. 이 신뢰띠는 참 회귀관계가 정확하게 추정됨을 보이는가? 논의하여라.

2.68. **복사기 유지보수(Copier maintenance)** 문제 1.20을 참고하여라.

a. 1과 8 사이의 사용되는 복사기 개수에 대한 최소제곱회귀선을 겹쳐놓고 자료의 그림을 그려라.

b. (a)의 플롯에서 1과 8 사이의 사용되는 복사기 개수의 참회귀선에 대한 95% 신뢰띠의 플롯을 겹쳐 그려라. 이 신뢰띠는 참 회귀관계가 정확하게 추정됨을 보이는가? 논의하여라.

3장 | 진단과 해결방안

단순선형회귀모형 (2.1)과 같이 회귀모형을 적용하여 사용할 때 보통은 모형이 적절한지 미리 확신할 수 없다. 회귀함수의 선형성이나 오차항의 정규성과 같은 모형의 특징 중 하나 혹은 여러 개는 분석하려는 특정한 자료에 적절하지 않을지도 모른다. 따라서 모형을 바탕으로 한 추론이 이루어지기 전에 자료에 대한 모형의 적합성을 검토하는 것이 중요하다. 이 장에서는 모형의 적합성에 대한 몇 가지 간단한 그래프 방법과 그렇게 하기 위한 몇몇의 정형적인 통계적 검정을 다룬다. 또한 자료가 회귀모형 (2.1)의 조건을 만족하지 않을 때 도움이 되는 몇 가지 해결방안을 다룬다. 이 장과 앞의 장들에서 나온 개념과 방법을 모두 수반하는 예와 함께 이 장을 마무리할 것이다.

이 장에서 논의하는 것은 단순선형회귀모형 (2.1)의 적합성에 대한 것이지만 기본적인 원칙은 이 책에서 논의되는 모든 통계학적 모형에 적용된다. 이후의 장에서는 통계적 모형의 적합성을 검토하는 데 유용한 추가적인 방법, 다른 해결방안, 통계 모형의 정당성을 입증하는 방법들을 다룰 것이다.

3.1 ■ 예측변수의 진단

이제 예측변수에 대한 몇몇 그래프의 진단을 다루면서 시작할 것이다. 적합된 회귀함수의 적합성에 영향을 줄 수 있는 극단의 X값이 있는지 알아보기 위해 예측변수에 대한 진단이 필요하다. 10장에서는 영향력이 있는 자료의 역할에 대해 상세히 논의할 것이다. X 수준의 범위와 집결에 대한 진단 정보는 회귀분석에 대한 타당성의 범위를 확인하는 데도 유용하다.

그림 3.1a에는 그림 1.10의 Toluca Company 예에서의 로트 크기에 대한 단순 **점그림**(dot plot)이 그려져 있다. 점그림은 관측값의 개수가 크지 않을 때 유용하다. 그림 3.1a의 점그림은 로트 크기가 20~120에 퍼져 있고 특별히 멀리 떨어진 값이 없다는 것을 보여 준다. 또한 많은 경우에서 동일한 크기의 로트들이 만들어졌다는 것을 보여 준다.

두 번째 유용한 예측변수에 대한 진단은 **순차도**(sequence plot)이다. 그림 3.1b는 Toluca Company 예에 대한 로트 크기들의 시간순차도를 보여 준다. 여기서 로트 크기는 생산 시행(run)에 대하여(즉, 시간순서에 대하여) 나타나 있다. 그림에서 점들은 더욱 효과적으로 시간순서를 보여 주기 위해 연결되어 있다. 순차도들은 데이터들이 어떤 순서에서 얻어질

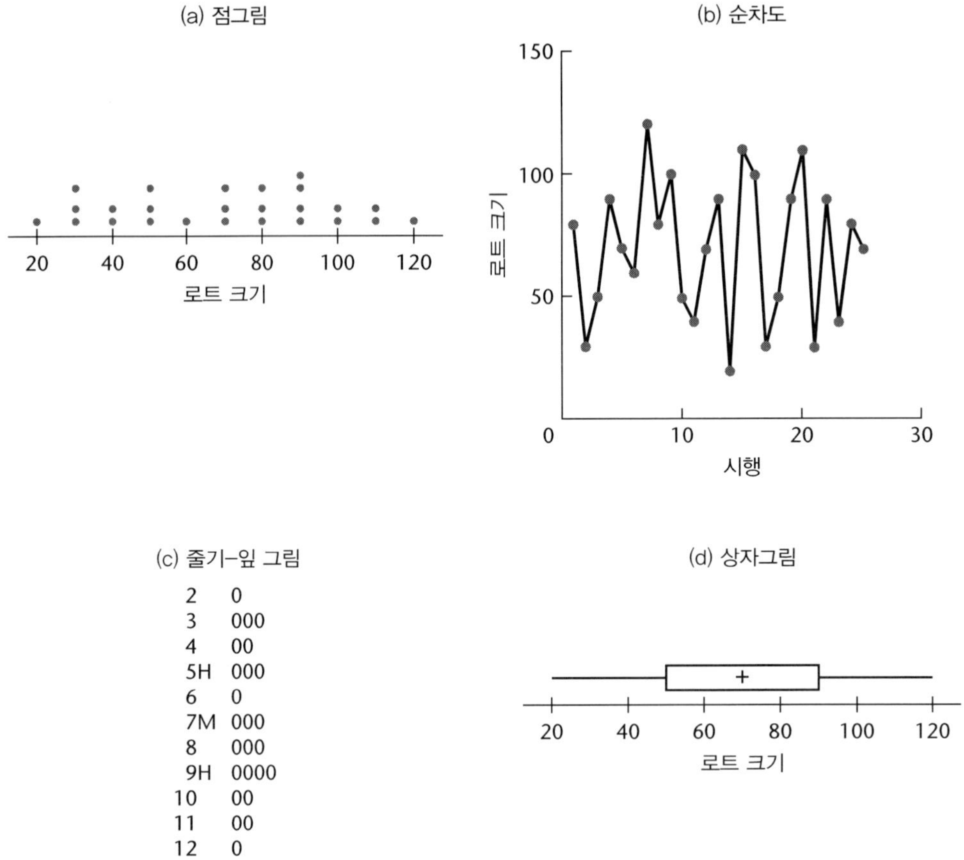

그림 3.1 예측변수를 위한 MINITAB과 SYGRAPH 진단 산점도 – Toluca Company 예

때, 예를 들면 시간이 지남에 따라 혹은 연결된 지역에 대하여 사용된다. 그림 3.1b에서 순차도는 특별한 패턴을 가지고 있지 않다. 만약 그림에서 더 작은 로트 크기들이 초기에 사용되었고 더 큰 로트 크기들이 나중에 사용되었다는 것을 보여 주었다면, 이 정보는 적합된 회귀모형의 적절성에 대한 차후 진단 연구에 많은 도움이 되었을 것이다.

그림 3.1c와 3.1d는 그림 3.1a에 있는 점그림과 유사한 정보를 제공하는 두 개의 다른 진단 그림들이다. 그림 3.1c에 있는 **줄기–잎 그림**(stem-and-leaf plot)은 빈도 히스토그램과 유사한 정보를 제공한다. 이 그림은 마지막 자릿수들을 보여 줌으로써 Toluca Company 예에 있는 모든 로트 크기들이 10의 배수라는 점을 나타낸다. SYGRAPH 결과물에 있는 문자 M은 중위수가 위치해 있는 줄기를 의미하고, 문자 H는 1분위수와 3분위수(경첩, hinge)가 위치해 있는 줄기들을 나타낸다.

그림 3.1d에 있는 **상자그림**(box plot)은 로트 크기들의 최솟값과 최댓값, 1분위수와 3분위수, 중위수의 로트 크기들을 보여 준다. 여기에서 로트 크기들 가운데 절반이 50~90의 범위를 이루고, 로트 크기들이 상당히 대칭적으로 분포되어 있음을 볼 수 있는데 중위수가 상자의 가운데 위치해 있기 때문이다. 상자그림은 자료에 많은 관측값이 있을 때 특히 도움이 된다.

3.2 ■ 잔차

일반적으로 반응변수 관측값들이 예측변수 수준의 함수이기 때문에, 반응변수 Y에 대한 직접적인 진단그림들은 회귀분석에서 그다지 유용하지 않다. 대신 반응변수에 대한 진단은 보통 잔차에 대한 검토를 통해 간접적으로 수행된다.

잔차 e_i는 (1.16)에 정의되어 있듯이 관측값 Y_i와 적합값 $\hat{Y}_i$의 차이이다.

$$e_i = Y_i - \hat{Y}_i \tag{3.1}$$

이 잔차는 회귀모형에 있는 알려지지 않은 참 오차 ε_i에 대한 분포에서 관측된 오차로 여겨질 수 있을 것이다.

$$\varepsilon_i = Y_i - E\{Y_i\} \tag{3.2}$$

회귀모형 (2.1)에서 오차항 ε_i는 서로 독립적이며 평균이 0이고 상수분산이 σ^2인 정규확률변수로 가정한다. 만약 모형이 자료에 적절하다면, 관측된 잔차 e_i는 반드시 ε_i에 대하여 가정된 성질을 반영할 것이다. 이것이 통계적 모형의 적절성을 검토하는 매우 유용한 방법인 **잔차분석**(residual analysis)에 밑바탕에 깔려 있는 기본적인 생각이다.

잔차의 성질

평균. 단순선형회귀모형 (2.1)에 대한 n개 잔차들 e_i의 평균은 (1.17)에 의하여 다음과 같다.

$$\bar{e} = \frac{\sum e_i}{n} = 0 \tag{3.3}$$

여기서 $\bar{e}$는 잔차들의 평균을 나타낸다. 따라서 $\bar{e}$는 항상 0이기 때문에, 잔차들의 평균은 참 오차 ε_i가 기댓값으로 $E\{\varepsilon_i\} = 0$을 갖는지에 대한 아무런 정보도 제공하지 않는다.

분산. n개 잔차들 e_i의 분산은 회귀모형 (2.1)에 대하여 다음과 같이 정의된다.

$$s^2 = \frac{\sum (e_i - \bar{e})^2}{n-2} = \frac{\sum e_i^2}{n-2} = \frac{SSE}{n-2} = MSE \tag{3.4}$$

만약 모형이 적절하다면, 이전에 언급했듯이 MSE는 오차항의 분산 σ^2의 비편향추정량이다.

비독립. 잔차 e_i는 같은 적합회귀모형에 기반을 둔 적합값 $\hat{Y}_i$를 포함하고 있기 때문에, 독립인 확률변수들이 아니다. 그 결과 회귀모형 (2.1)에 대한 잔차들은 두 개의 제약조건에 노출되어 있다. 이들은 제약조건 (1.17)(e_i들의 합은 반드시 0이 되어야 한다)과 제약조건 (1.19)(곱 X_ie_i은 반드시 합이 0이 되어야 한다)이다.

회귀모형에 있는 모수들의 개수에 비해서 표본크기가 클 때, 잔차 e_i 사이의 종속 효과는 상대적으로 덜 중요하고 대부분의 목적에 대해서 무시될 수 있다.

준스튜던트화 잔차

때로는 잔차분석을 위해 잔차를 표준화하는 것이 도움이 된다. 오차항 ε_i의 표준편차가

$\sqrt{MSE}$로 추정하는 σ이기 때문에, 다음의 표준화 형식을 고려하는 것은 자연스럽다.

$$e_i^* = \frac{e_i - \bar{e}}{\sqrt{MSE}} = \frac{e_i}{\sqrt{MSE}} \tag{3.5}$$

만약 $\sqrt{MSE}$가 잔차 e_i의 표준편차의 추정값이라면, e_i^*를 스튜던화 잔차라고 불렀을 것이다. 그러나 e_i의 표준편차가 복잡하고 다른 잔차들 e_i에 대해 달라지며, $\sqrt{MSE}$는 e_i의 표준편차에 대한 근사일 뿐이다. 그렇기 때문에 (3.5)의 통계량 e_i^*를 **준스튜던트화 잔차**(semistudentized residual)라고 한다. 스튜던화 잔차는 10장에서 다시 다룰 것이다. 준스튜던화 잔차와 스튜던화 잔차 둘 다 특이 관측값들을 찾아내는 데 매우 유용하다.

잔차를 이용하여 연구하는 모형으로부터의 이탈

정규오차를 가정한 단순선형회귀모형 (2.1)로부터의 이탈에 관한 6개의 중요한 유형들을 검토하기 위해 잔차들을 활용하는 것을 고려해야 한다.

1. 회귀함수가 선형이 아니다.
2. 오차항이 상수분산을 갖지 않는다.
3. 오차항이 독립이 아니다.
4. 모형이 하나 혹은 몇몇의 특이 관측값에 대해서는 적합하지 않다.
5. 오차항은 정규분포를 따르지 않는다.
6. 하나 혹은 몇몇의 중요한 예측변수들은 모형에서 누락되어 있다.

3.3 ■ 잔차에 대한 진단

지금부터 앞에서 언급한 단순선형회귀모형 (2.1)에서 벗어난 6가지 유형에 대한 정보를 제공하는 몇 가지 잔차의 비형식적 진단 그림을 다룰 것이다. 다음의 잔차(혹은 준스튜던화 잔차)그림들은 이러한 목적을 위해 사용될 것이다.

1. 예측변수에 대한 잔차그림
2. 예측변수에 대한 절댓값 혹은 제곱된 잔차그림
3. 적합값에 대한 잔차그림
4. 시간 혹은 다른 순서에 대한 잔차그림
5. 누락된 예측변수들에 대한 잔차그림
6. 잔차의 상자그림
7. 잔차의 정규확률그림

그림 3.2는 Toluca Company 예에 대한 MINITAB, SYGRAPH를 이용한 그림이다. 예측변수와 시간에 대한 표 1.2에서의 잔차그림과 함께 상자그림, 정규확률그림이 있다. 여기에서 확인할 수 있듯이 이 모든 그림들은 자료에 대한 회귀모형 (2.1)의 적절성을 뒷받침하고 있다.

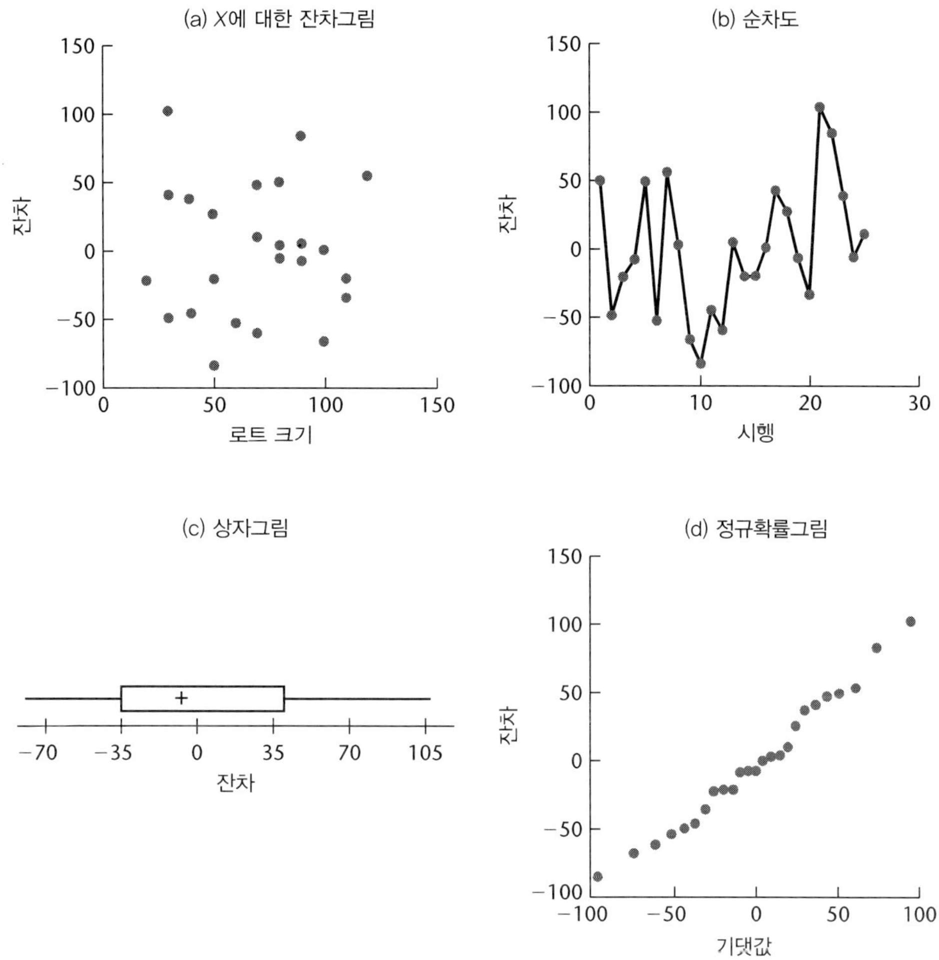

그림 3.2 MINITAB과 SYGRAPH 진단 잔차그림 – Toluca Company 예

이제 잔차분석이 회귀모형 (2.1)로부터의 6개 이탈유형 각각에 대해 검토를 함에 있어 어떻게 도움이 되는지 고려해 볼 것이다.

회귀함수의 비선형성

선형회귀함수가 분석된 자료에 대해 적절한지는 **예측변수 대 잔차그림**(residual plot against the predictor variable) 혹은 **적합값 대 잔차그림**(residual plot against the fitted values)으로부터 검토할 수 있다. 회귀함수의 비선형성은 **산점도**(scatter plot)로 검토할 수도 있지만, 잔차그림보다 효과적이지 못하다. 그림 3.3a는 8개 도시에서 버스 승객수와 배포된 지도들 사이의 관계 연구를 위해 적합 회귀선을 포함한 산점도가 그려져 있다. 여기서 X는 실험이 시작될 때 도시의 거주민들에게 무료로 배포된 버스 교통 지도의 개수이고 Y는 실험기간 동안 피크 타임을 제외하고 일평균 버스 승객수의 증가분을 의미한다. 원 자료와 적합값들은 표 3.1의 열 1, 2, 3에 있다. 이 그림은 선형회귀함수가 적절하지 않다는 것을 뚜렷이 보여 주고 있다.

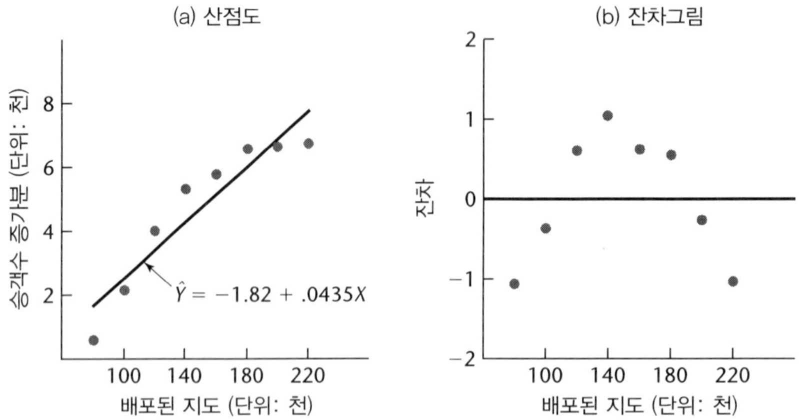

그림 3.3 비선형회귀함수를 보여 주는 산점도와 잔차그림 – 버스 승객 예

도시 i	(1) 승객수의 증가 정도 (천) Y_i	(2) 배포된 지도 (천) X_i	(3) 적합값 $\hat{Y}_i$	(4) 잔차 $Y_i - \hat{Y}_i = e_i$
1	.60	80	1.66	−1.06
2	6.70	220	7.75	−1.05
3	5.30	140	4.27	1.03
4	4.00	120	3.40	.60
5	6.55	180	6.01	.54
6	2.15	100	2.53	−.38
7	6.60	200	6.88	−.28
8	5.75	160	5.14	.61
		$\hat{Y} = -1.82 + .0435X$		

표 3.1 배포된 지도의 수와 승객수의 증가 – 버스 승객 예

그림 3.3b는 표 3.1의 4열에 있는 예측변수 X에 대한 잔차들의 그림이다. 선형회귀함수의 적합성결여는 산점도보다 그림 3.3b에 있는 X에 대한 잔차그림에 의해 더 뚜렷이 나타난다. 이 잔차들이 0을 중심으로 대칭의 형태로 있다는 점을 알아두어야 하는데, 잔차들이 작은 X 값들에 대해서는 음수이고, 중간 크기의 X 값에 대해서는 양수이며, 큰 X 값에 대해서는 음수이다.

이 경우 그림 3.3a와 3.3b는 모두 회귀함수의 선형성의 결여를 보여 주고 있다. 하지만 일반적으로 잔차그림을 선호하는 편인데, 이는 잔차그림이 산점도에 비해 몇 가지 중요한 이점들을 가지고 있기 때문이다. 첫째, 잔차그림은 모형의 적절성에 관한 다른 측면들을 검토하는 데 쉽게 사용될 수 있다. 둘째, 산점도의 기준 눈금이 바뀌어 Y_i 관측값이 적합값 $\hat{Y}_i$에 가까이 되는 경우가 있다. 예를 들면, 기울기가 급격한 경우이다. 그러면 산점도를 이용하여 선형회귀함수의 적절성을 검토하는 것은 매우 어려워진다. 반면에 잔차그림은 이러한 조건들하에서도 적합 회귀선 근처의 편차들의 어떠한 대칭 패턴도 명확하게 보여 줄 수 있다.

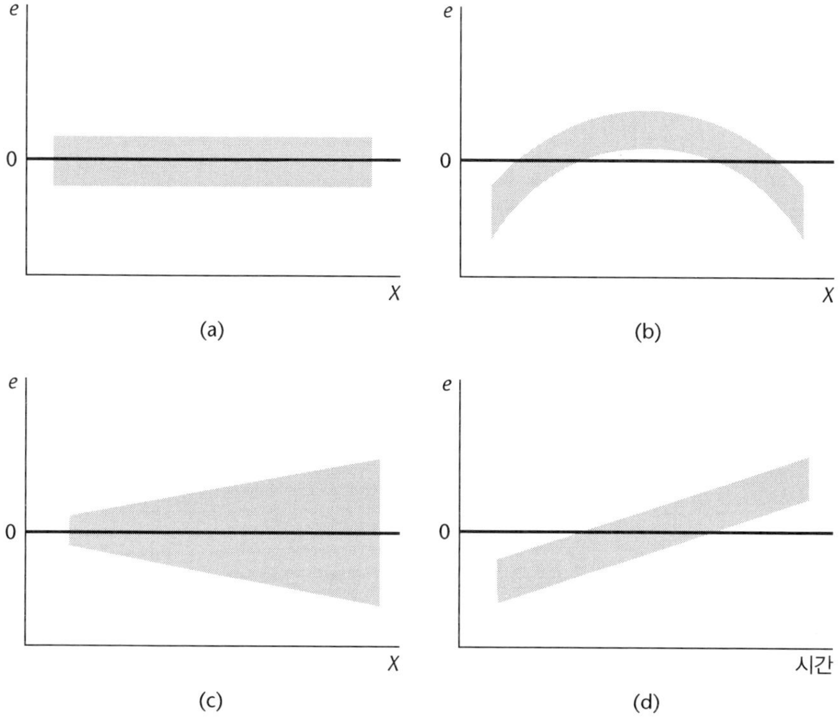

그림 3.4 잔차그림의 원형

그림 3.4a는 선형회귀모형이 적절할 때 X에 대한 잔차그림의 전형을 보여 준다. 이 잔차들은 양수이거나 음수로 치우침 없이 0 근방을 중심으로 하는 수평의 띠 안에 흩어져 있을 것이다. 이는 Toluca Company 예에 대한 그림 3.2a에서 보이는 경우이다.

그림 3.4b는 곡선적 회귀함수에 대한 필요성을 가리키는 선형회귀모형으로부터의 이탈에 대한 전형적인 상황을 보여 준다. 여기서 잔차들은 양수와 음수로의 쏠림이 조직적으로 변하는 경향을 가지고 있다. 이는 버스 승객 예에 대한 그림 3.3b의 경우이다. 물론 다른 종류의 선형성의 이탈이 그림 3.4b의 패턴과 다른 그림을 만들 수도 있다.

부연설명

적합값 $\hat{Y}$에 대한 잔차그림은 단순선형회귀모형에서 X에 대한 잔차그림과 동등한 정보를 제공하므로 X에 대한 잔차그림이 추가적으로 더 필요하지 않다. 이 두 그림이 같은 정보를 제공하는 것은 적합값 $\hat{Y}_i$들이 예측변수의 X_i 값들의 선형함수이기 때문이다. 그러므로 그림상의 점들의 기본 패턴이 유지되면서 오직 X축의 값만이 X_i에 대한 것인지 혹은 $\hat{Y}_i$에 대한 것인지에 영향을 받는다. 반면에 곡선적 회귀와 다중회귀에 대해서는 적합값과 예측변수에 대한 각각의 잔차그림들이 도움이 되는 것이 일반적이다. ■

오차분산의 비상수성(nonconstancy; 이분산성, heteroscedasticity)

예측변수나 적합값에 대한 잔차그림은 선형회귀함수가 적절한지 검토할 때뿐만 아니라 오차의 분산이 상수인지(분산이 모두 같은지) 확인할 때도 유용하다. 그림 3.5a는 건강한

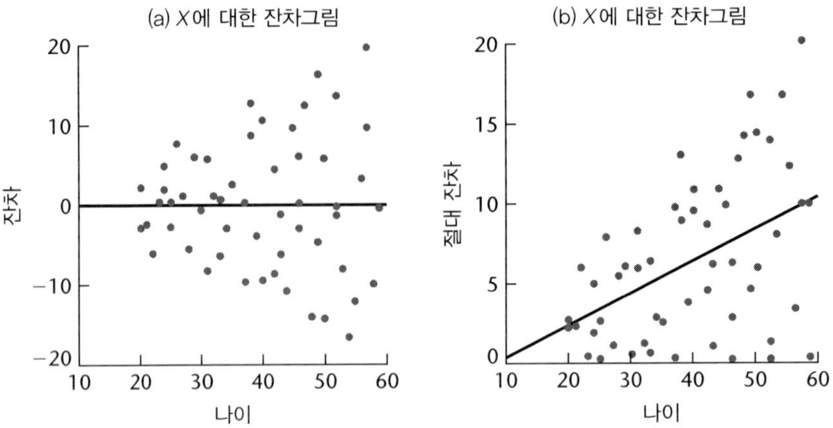

그림 3.5 일정하지 않은 오차분산 잔차그림

성인 여성의 확장기 혈압(diastolic blood pressure, *Y*)과 그들의 나이(*X*) 사이의 관계에 대한 연구에서 나이에 대한 잔차그림을 보여 주고 있다. 이 그림은 여성이 나이가 들수록 잔차들이 더 퍼져 있다는 것을 보여 준다. 혈압과 나이가 양의 관계를 가지기 때문에, 이는 오차분산이 어린 여성에 비해 나이가 많은 여성들에 대해 더 크다는 것을 의미한다.

그림 3.4a는 오차항의 분산이 상수인(모두 같은) 경우의 잔차그림을 전형적으로 보여 준다. Toluca Company 예에 대한 그림 3.2a의 잔차그림이 이러한 유형의 그림이며, 여기서 오차항의 분산이 일정하다는 것을 의미한다.

그림 3.4c는 *X* 값이 커짐에 따라 오차분산이 증가하는 잔차그림의 전형을 보여 준다. 많은 경영, 사회과학, 생물학의 응용분야에서, 오차분산의 상수성으로부터의 이탈은 그림 3.5a의 혈압 예처럼 그림 3.4c의 '확성기' 모양이 되는 경향을 보인다. 또한 예측변수의 수준이 증가함에 따라 오차분산이 감소하는 경우가 있을 수도 있고 때때로 더욱 복잡한 형태로 되는 경우도 있다.

예측변수 *X*나 적합값 $\hat{Y}$에 대한, 잔차들의 절댓값이나 제곱된 잔차들의 그림도 오차분산의 비상수성을 진단하는 데 유용한데, 이는 잔차들의 부호가 오차분산의 상수성을 확인하는 것에 있어 아무런 의미가 없기 때문이다. 이 그림들은 특히 자료의 수가 많지 않은 경우에 유용한데 왜냐하면 잔차들의 절댓값이나 제곱한 값들로 그림을 그리는 것은 잔차들이 변하는 규모에 대한 모든 정보를 0의 수평선 위에 올려놓아서 우리가 더 쉽게 (부호에 상관없이) 잔차들의 규모가 *X*와 $\hat{Y}$의 수준에 따라 변하는지를 확인할 수 있게 하기 때문이다.

그림 3.5b는 혈압 예에서 나이에 대한 잔차의 절댓값 그림이다. 이 그림은 잔차들이 나이든 여성에 대해 절댓값이 커지는 경향을 더욱 선명하게 보여 준다.

특이점의 존재

특이점은 극단적인 관측값이다. 잔차 특이점은 잔차의 **상자그림**(box plots), **줄기-잎 그림**(stem-and-leaf plots), **점그림**(dot plots)뿐만 아니라 *X* 또는 $\hat{Y}$에 대한 **잔차그림**(residual plots

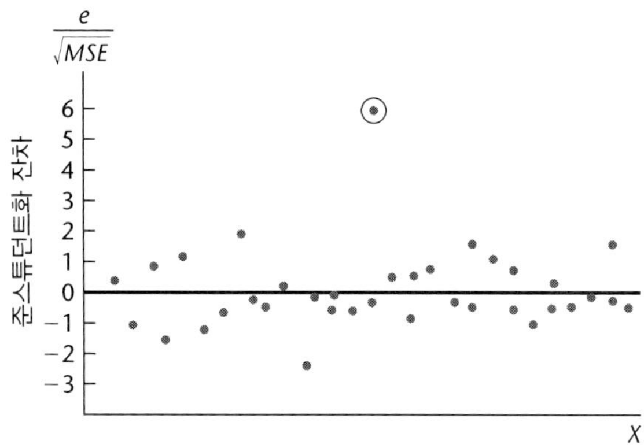

그림 3.6 특이점이 있는 잔차그림

against X or $\hat{Y}$)으로부터 찾아낼 수가 있다. 준스튜던화 잔차들을 그리는 것이 특이 관측값을 구분하는 데 특히나 도움이 되는데, 0으로부터 몇 배의 표준편차만큼 떨어진 잔차들을 확인하는 것이 쉬워지기 때문이다. 사례의 수가 많을 때 정교하지는 않지만 실용적인 경험 법칙은 준스튜던화 잔차의 절댓값이 4 또는 그 이상을 특이점으로 고려해 보는 것이다. 특이점들을 찾아내기 위한 더욱 정교한 절차들은 10장에서 다룰 것이다.

그림 3.6의 잔차그림은 준스튜던화 잔차들을 보여 주며, 동그라미로 표시된 하나의 특이점을 가지고 있다. 이 잔차는 적합값으로부터 표준편차가 거의 6이 되는 관측값을 나타낸다.

특이점은 심한 어려움을 유발할 수도 있다. 특이점이 나왔을 때 우선 확인해야 될 것은 그 관측값이 실수나 혹은 다른 특단적인 효과로부터 기인한 것인지, 그래서 제거되어야 하는 것인지에 대한 것이다. 이 특이점을 제거하는 주요한 이유는 최소제곱법에 의한 적합선은 특이점을 향해 불균형적으로 끌어당겨지기 때문인데, 이는 **제곱된**(squared) 편차들의 합이 최소화되기 때문이다. 만약 특이 관측값이 정말로 실수나 다른 극단적인 원인으로부터 생긴 것이라면, 이러한 현상은 잘못된 적합을 만든다. 반면에 모형에 반영되지 않은 다른 예측변수들과의 상호작용 때문에 발생한 특이점의 경우에는 유의미한 정보를 전달할 수도 있다. 가장 많이 제안되는 안전한 방법으로는 특이점이 기록에서의 오류, 잘못된 계산, 장비의 오작동 혹은 유사한 상황들을 나타낸다는 직접적인 증거가 있을 경우에만 특이점들을 제거하는 것이다.

부연설명

선형회귀모형이 적은 수의 사례를 가진 자료에 적합되고 특이점이 나타날 때는, 적합된 회귀가 특이점에 의해 너무 심하게 왜곡되어서 잔차그림이 선형회귀모형의 적합성결여가 있는 것으로 잘못 나타날 수 있다. 그림 3.7이 이러한 상황을 보여 준다. 그림 3.7a의 산점도는 특이점을 제외하고 모든 관측값들이 직선의 관계 근처에 떨어질 때의 상황을 보여 준다. 선형회귀함수가 이 자료에 적합될 때, 특이점은 다른 관측값에 대한 적합선으로부터의 편차의 체계적인 패턴을 만들어 내며, 선형회귀함수의 적합성결여로 보이게 된다. 이러한 현상은 그림 3.7b의 잔차그림에서 확인할 수 있다. ■

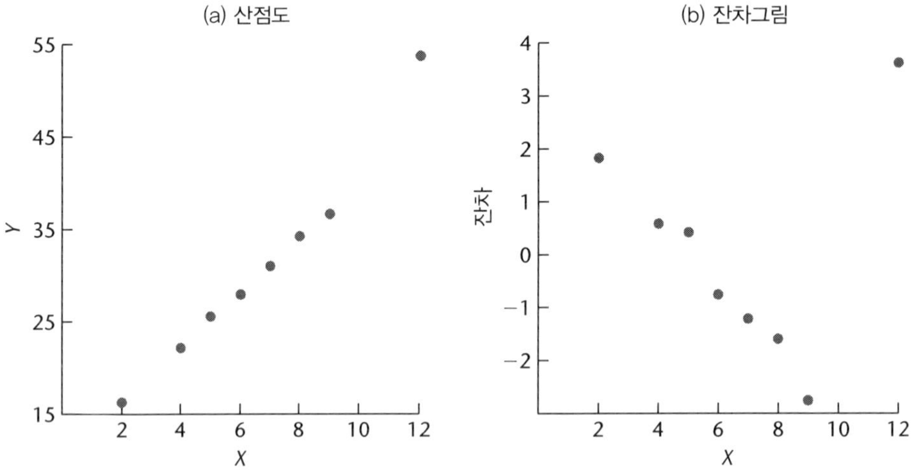

그림 3.7 선형회귀 자료에서 특이점이 잔차에 미치는 왜곡 영향

오차항들의 비독립성

시간 순서나 혹은 다른 순서, 예를 들면 지리적으로 가까운 지역들의 순서로 자료를 얻을 때마다, **순차 잔차그림**(sequence plot of residuals)을 준비하는 것은 좋은 생각이다. 시간이나 혹은 다른 종류의 순서에 대해 잔차들을 그리는 목적은 해당 순서상에서 가까운 오차항들 간에 어떠한 상관관계가 있는지 확인하기 위해서이다. 그림 3.8a는 용접 부위의 지름(X)과 용접 부위의 전단강도(Y)(파손 강도) 사이의 관계를 연구하기 위한 실험에서 잔차들의 시간순 그림이다. 오차항 간 분명한 상관관계가 드러난다. 음의 잔차들은 초기의 시행들과 주로 관련이 있고, 양의 잔차들은 나중의 시행들과 관련이 있다. 확실히 용접공들의 숙련, 혹은 용접장비의 점차적인 변화와 같은, 시간과 관련된 몇 가지 효과들이 나타나 있고, 그래서 전단강도는 이러한 효과에 의해 나중에 한 용접들이 더욱 강한 경향을 가지고 있다.

그림 3.4d에 시간과 관련된 추세 효과를 보여 주는 전형적 잔차그림이 있는데, 이는 용접 예에서처럼 선형적인 시간 관련 추세 효과를 보여 준다. 오차항의 비독립성의 문제를

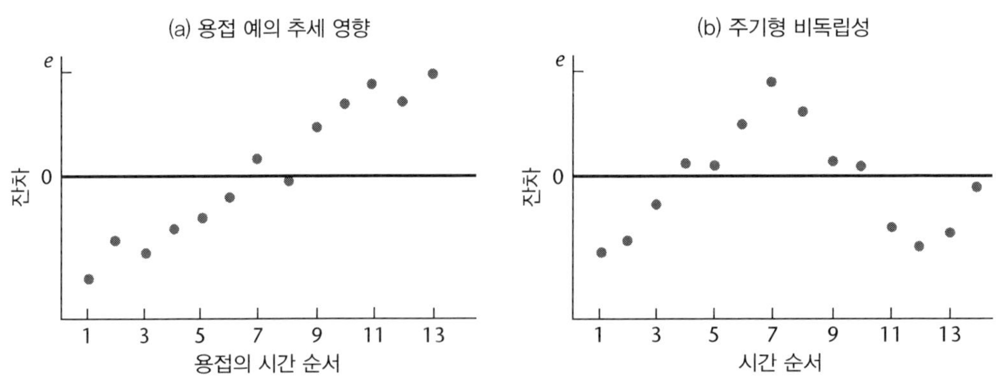

그림 3.8 오차항의 비독립성을 보여 주는 시간에 따른 잔차 경향

중요한 변수(이 경우에는 시간)가 모형에서 생략되는 것으로 보는 것이 유용할 때가 있다. 잠시 후 이러한 유형의 문제를 다루어 볼 것이다.

오차항의 비독립성의 또 다른 유형이 그림 3.8b에 묘사되어 있다. 여기서 인근의 오차항들은 서로 관련되어 있는데, 그러나 그에 따른 패턴은 추세 효과 없이 주기적인 모습을 보인다.

오차항들이 독립일 때, 우리는 순차도의 잔차들이 Toluca Company 예에 대한 그림 3.2b에서 퍼져 있는 것처럼 기준선 0 근처에서 확률적 패턴으로 변동하리라 기대한다. 임의성의 결여는 0 선을 중심으로 한 너무 많거나 너무 적은 점들의 변동의 형태로 나타날 수 있다. 현실적으로 전자에 대해서는 걱정할 필요가 없는데 그 이유는 빈번하게 일어나지 않기 때문이다. 반면에 너무 적은 변동은 그림 3.8a의 용접 예에서처럼 빈번하게 일어난다.

부연설명

버스 승객 예에 대한 그림 3.3b에서처럼 X축에 대해서 잔차들이 그려져 있을 때, 산점도는 랜덤인 것처럼 보이지 않을 수 있다. 그러나 이 그림의 기본적인 문제는 오차항의 독립성의 결여가 아니라 좋지 않은 적합 회귀함수 때문일 것이다. 이는 그림 3.3a의 산점도에 나타나 있다. ■

오차항의 비정규성

초기에 언급했듯이 정규성으로부터 작은 이탈은 심각한 문제를 만들지 않는다. 반면에 커다란 이탈은 문제의 대상이 된다. 오차항의 정규성은 정확하지는 않지만 다양한 시각화 방법에서 잔차들을 검사함으로써 점검할 수 있다.

분포그림. 잔차의 **상자그림**(box plot)은 잔차의 대칭성과 잠재적인 특이점에 대한 요약 정보를 얻는 데 도움이 된다. 그림 3.2c는 Toluca Company 예에서의 잔차의 상자그림을 표시한다. 이 그림에 의하면 대칭성으로부터의 심각한 이탈은 나타나지 않는다. 잔차의 **히스토그램**(histogram), **점그림**(dot plot) 혹은 **줄기–잎 그림**(stem-and-leaf plot)들도 정규성으로부터의 커다란 이탈을 감지하는 데에 도움이 될 수 있다. 그러나 이러한 그림들이 오차항의 분산의 모양에 대한 신뢰할 수 있는 정보를 전달하기 위해서는 회귀분석에 있는 사례들의 수가 충분히 커야만 한다.

빈도의 비교. 사례들의 수가 충분히 클 경우, 또 다른 가능성은 정규성 가정하의 기대빈도와 잔차들의 실제 빈도를 비교하는 것이다. 예를 들어 잔차 e_i의 68%가 $\pm\sqrt{MSE}$ 사이에 떨어지거나 혹은 90%가 $\pm 1.645\sqrt{MSE}$에 떨어지는지 판단할 수 있다. 표본크기가 어느 정도 클 때, 대응하는 t 값을 비교할 수도 있다.

이 과정을 보여 주기 위하여 다시 1장의 Toluca Company 예를 보자. 표 3.2의 1열은 표 1.2로부터의 잔차와 같다. 그림 2.2에서 $\sqrt{MSE} = 48.82$임을 볼 수 있다. t분포를 이용하여, 정규성하에서 90%의 잔차가 $\pm t(.95; 23)\sqrt{MSE} = \pm 1.714(48.82)$ 사이, 즉 -83.68과 83.68 사이에 있을 것으로 기대한다. 실제로 22개의 잔차 혹은 88%가 이 범위 안에 있다.

시행 i	(1) 잔차 e_i	(2) 순위 k	(3) 정규성하에서 기댓값
1	51.02	22	51.95
2	−48.47	5	−44.10
3	−19.88	10	−14.76
⋯	⋯	⋯	⋯
23	38.83	19	31.05
24	−5.98	13	0
25	10.72	17	19.93

표 3.2 정규성 가정하에서 잔차와 기댓값 – Toluca Company 예

마찬가지로 정규성하에서 60%의 잔차가 −41.89와 41.89 사이에 있을 것으로 기대한다. 이 예에서 실제 백분율은 52%이다. 따라서 여기서 실제 빈도들은 정규성하에서의 기대되는 것과 어느 정도 일치한다.

정규확률그림. 또 다른 가능성은 **잔차의 정규확률그림**(normal probability plot of the residual)을 비교하는 것이다. 여기서 각각의 잔차들은 정규성하의 기댓값과 대응하여 그래프에 좌표가 찍힌다. 직선과 가까운 형태가 정규성을 보이는 것이며 직선으로부터 상당히 벗어난 그림은 오차분포가 정규분포를 따르지 않는다는 것을 의미한다.

표 3.2의 1열은 Toluca Company 예에 대한 잔차들이다. 정규성하에 순서대로 놓인 잔차의 기댓값을 찾기 위해서, (1) 회귀모형 (2.1)에 대한 오차항들의 기댓값은 0이고, (2) 오차항들의 표준편차는 $\sqrt{MSE}$로 추정된다는 사실을 이용한다. 통계적 이론은 평균이 0이고 추정된 표준편차가 $\sqrt{MSE}$인 정규확률변수에 관해서, 크기가 n인 확률표본에서 k번째로 가장 작은 관측값의 기댓값의 좋은 근사는 다음과 같다.

$$\sqrt{MSE}\left[z\left(\frac{k-.375}{n+.25}\right)\right] \tag{3.6}$$

여기서 $z(A)$는 보통 표준정규분포의 $(A)100$ 백분위수를 의미한다.

이러한 근사를 이용하여 Toluca Company 예에 대해 정규성 가정에서 잔차의 기댓값을 계산해 보자. 표 3.2의 2열은 잔차의 순위를 보여 주는데, 가장 작은 잔차에 순위 1이 부여되었다. 시행 1에서 $e_1 = 51.02$로 잔차의 순위가 22인데, 이는 이 잔차가 25개의 잔차들 중에서 22번째로 큰 잔차라는 것을 의미한다. 따라서 이 잔차에 대해서는 $k = 22$이다. 앞(표 2.1)에서 $MSE = 2{,}384$라는 것을 찾았다. 따라서

$$\frac{k-.375}{n+.25} = \frac{22-.375}{25+.25} = \frac{21.625}{25.25} = .8564$$

이고, 정규성하에서 이 잔차의 기댓값은 다음과 같다.

$$\sqrt{2{,}384}[z(.8564)] = \sqrt{2{,}384}(1.064) = 51.95$$

이와 유사하게, 시행 2에 대한 잔차 $e_2 = -48.47$의 기댓값은 이 잔차의 순위 $k = 5$를 이용하여 얻을 수 있다. 다시 말하자면 이 잔차는 25 잔차들 중에서 5번째로 작은 잔차이

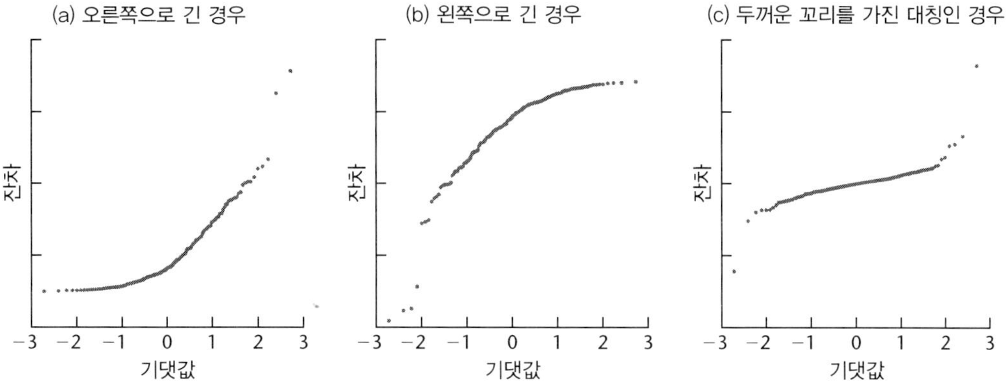

그림 3.9 오차항의 분포가 정규분포가 아닐 때 정규확률그림

다. 그러므로 $(k - .375)/(n + .25) = (5 - .375)/(25 + .25) = 1.832$를 얻을 것이고, 따라서 정규성하에서 잔차의 기댓값은 다음과 같다.

$$\sqrt{2{,}384}[z(.1832)] = \sqrt{2{,}384}(-.9032) = -44.10$$

표 3.2의 3열은 25개 잔차들에 대한 정규성 가정하에서의 기댓값이다. 그림 3.2d는 잔차의 정규성하에서의 기댓값에 대한 잔차의 그림을 나타낸다. 그림 3.2d의 그림에서 점들이 상당히 직선에 근접해 있는 것을 확인하라. 이는 오차항의 분포가 정규분포로부터 심각하게 이탈하지 않는다는 점을 의미한다.

그림 3.9는 오차항의 분포가 정규성으로부터 심각하게 이탈하는 3가지 경우의 확률그림들을 보여 준다. 그림 3.9a는 오차항 분포가 오른쪽으로 매우 길게 뻗어 있는 정규확률그림을 보여 준다. 위로 오목한 형태임을 확인하라. 그림 3.9b는 오차항 분포가 왼쪽으로 매우 길게 뻗어 있는 정규확률그림을 보여 준다. 따라서 패턴은 아래로 오목한 형태이다. 마지막으로 그림 3.9c는 오차항의 분포가 대칭이지만 두꺼운 꼬리를 갖는 경우, 즉 오차항의 분포가 정규분포보다 꼬리부분에서 높은 확률을 갖는 경우의 정규확률그림을 보여 준다. 그림에서 왼쪽 끝에서 아래로 오목한 곡선성이 왼쪽으로 길게 뻗은 분포 부분에 대응되고, 오른쪽 끝에서 위로 오목한 그림이 오른쪽으로 길게 뻗은 분포 부분에 대응된다.

부연설명

1. 많은 컴퓨터 패키지들이 자동이든 혹은 사용자의 옵션에서든, 정규확률그림을 그릴 수 있다. 이 그림들 중 몇몇은 준스튜던트화 잔차들을 사용하고, 나머지들은 (3.6)의 $\sqrt{MSE}$ 요인을 생략한 것이지만, 이 둘의 어떠한 차이도 그림의 본질에는 영향을 미치지 않는다.
2. 연속형 자료에 대해서, 잔차들 간의 동순위(tie)는 거의 발생하지 않는다. 만약 두 잔차가 동일한 값을 가진다면, 간편한 방법은 대응하는 기댓값을 계산하기 위해 동순위를 이룬 잔차들에 대한 평균 순위를 사용하는 것이다. ■

정규성을 평가하는 것의 어려움. 정규성에 관하여 모형의 이탈에 대한 분석은 여러 가지 측면에서 다른 유형의 이탈에 비해 더욱 어렵다. 우선 표본크기가 상당히 크지 않다면 확률분포의 특성을 분석할 때, 확률 변동이 특히 다루기 힘들다. 더욱 안 좋은 것은 다른 유형의 이탈이 잔차의 분포에 영향을 미칠 수도 있다는 것이다. 예를 들면 부적절한 회귀함수가 사용되거나 혹은 오차분산들이 상수가 아니기(모두 같지 않기) 때문에, 잔차가 정규분포를 따르지 않는 것처럼 보일 수 있다. 따라서 오차항의 정규성을 의심하기 전에 이러한 다른 유형의 이탈을 먼저 조사해 보는 것이 좋은 전략이다.

중요한 예측변수의 누락

잔차들은 반응변수에 중요한 영향을 미칠지도 모르는, 모형에서 누락된 변수들에 대해서도 그림을 그려 보아야 한다. 앞의 용접 예에서 언급한 시간 변수가 단적으로 이러한 상황을 잘 보여 준다. 이 추가적인 분석의 목적은 모형에 대해 추가적으로 설명하고 예측할 능력을 제공해 줄 수 있는 또 다른 변수들이 있는지 확인하기 위한 것이다.

다른 예로서, 조립공장에서 생산물 단위당 임금을 받는 노동자가 만들어내는 생산물을 예측하는 연구에서 생산물 Y와 노동자의 나이 X 간의 관계가 직원들의 표본으로 조사되었다. 그림 3.10a에 나타나 있듯이, X에 대한 잔차그림은 회귀함수의 선형성의 적절성

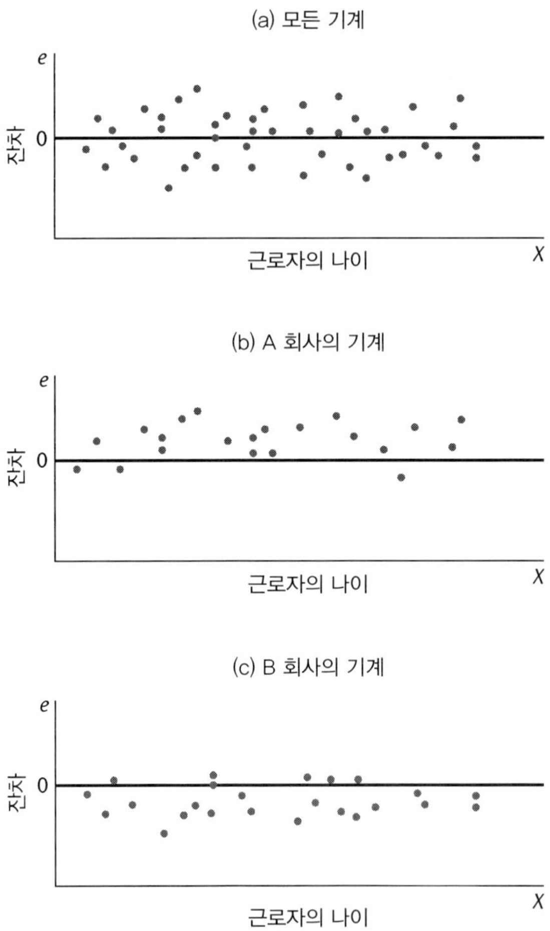

그림 3.10 중요한 예측변수의 제외 가능성에 대한 잔차그림 – Productivity 예

이나 오차분산의 상수성을 의심할 어떠한 근거도 주지 못한다. 두 회사 *A*와 *B*에 의해 생산된 기계들이 조립과정에서 사용되었고 결과물에 영향을 미쳤을 수 있기 때문에, 기계의 종류에 따른 *X*에 대한 잔차그림들을 그림 3.10b와 3.10c에 나타내었다. *A* 회사의 기계들에 대한 잔차들은 양의 값을 갖는 경향이 있고, 반면에 *B* 회사의 기계들의 잔차들은 음의 값을 갖는 경향이 있다는 것을 확인할 수 있다. 따라서 기계의 종류는 생산성에 확실히 효과를 미치는 것으로 보이고, 결과물 예측은 이 변수가 모형에 추가될 때 더욱 좋아질 것이다.

두 번째 예로 질적 변수(qualitative variable, 기계의 종류)를 다루었는데, 추가적인 양적 변수(quantitative variable)에 대한 잔차분석도 이와 유사하다. 잔차들이 추가적인 예측변수의 수준에 따라 체계적으로 달라지는 경향이 있는지 확인하기 위해 추가적인 예측변수에 대한 잔차가 그려진다.

부연설명

하나 혹은 그 이상의 예측변수를 추가함으로써 모형이 상당히 좋아질 때, 우리는 원래의 모형이 "틀렸다"라고 말하지 않는다. 현실 상황에서는 반응변수 *Y*에 영향을 미치는 소수의 요인들만이 회귀모형에 포함될 수 있다. 따라서 다른 중요한 예측변수를 찾는 잔차분석의 주요 목적은 모형의 타당성을 검증하고, 하나 혹은 그 이상의 예측변수들을 추가함으로써 모형이 상당히 향상될 수 있는지 확인하는 것이다. ■

몇 가지 마지막 부연설명

1. 지금까지 모형 이탈들을 한번에 하나씩 살펴보았다. 실제로 몇몇 이탈들이 함께 일어날 수 있다. 예를 들면 선형회귀함수가 적합이 잘 안 될 수 있고 오차항의 분산이 상수가 아닐(모두 같지 않을) 수 있다. 이런 경우에 그림 3.4의 전형 패턴들이 유용하지만, 이 패턴들을 묶어 더 복잡한 패턴을 만들 필요가 있을 것이다.
2. 비록 잔차들에 대한 시각적 분석이 비정형의 분석 방법이지만, 여러 경우에 모형의 적절성을 검증하는 데 충분하다.
3. 여기서 설명된 잔차분석에 대한 기본적인 접근방법은 단순선형회귀뿐만 아니라 더욱 복잡한 회귀와 다른 유형의 통계적 모형들에도 적용된다.
4. 단순선형회귀모형에 대한 여러 유형의 이탈들은 잔차에 대한 진단 검사로 확인할 수 있다. 비선형성 혹은 중요한 예측변수들을 빠뜨림으로 인해 발생하는 모형 오지정(misspecification)은 매우 심각한 문제여서 회귀모수들과 오차분산에 대한 편향된 추정값을 원인이 된다. 이러한 문제들은 나중에 3.9절과 10장에서 논의될 것이다. 오차분산의 비상수성은 상대적으로 덜 심각한 경향이 있는데, 이는 덜 효율적인 추정값과 옳지 않은 오차분산 추정값으로 이어진다. 이 문제는 11.1절에서 더 깊이 다루어질 것이다. 특이점의 존재는 그들의 영향력이 클 때, 자료수가 작은 자료에서 심각한 문제이다. 영향력이 큰 특이점들은 10.4절에서 더 논의될 것이다. 마지막으로 오차항의 비독립성은 추정량 자체는 비편향이지만 그들의 분산이 심각하게 편향된 추정량을 불러올 것이다. 상관관계가 있는 오차에 대한 대안적인 추정 방법은 12장에서 논의될 것이다.

3.4 ■ 잔차를 포함하는 검정에 대한 개관

잔차에 대한 시각적인 분석은 근본적으로 주관적이다. 그럼에도 불구하고 서로 연관된 다양한 잔차그림들에 대한 주관적인 분석은 특정한 정형적인 검정들에 비해 빈번하게 모형에 대한 문제점들을 더욱 분명하게 드러낼 것이다. 그러나 누군가가 검정에 대한 특정한 질문하는 것을 원하는 경우가 있다. 지금부터 간단하게 관련 있는 검정들을 검토해 볼 것이다.

대부분의 통계적 검정들은 독립적인 관측값들을 요구한다. 그러나 지금까지 살펴봤듯이 잔차는 종속적이다. 다행히도 종속성은 큰 표본의 경우에 매우 작아서 대부분 종속성을 무시할 수 있다.

확률성(randomness)에 대한 검정들

런 검정(runs test, 연검정)은 시간 순서로 배열된 잔차들에 대한 확률성의 결여를 검정할 때 자주 사용된다. 특별히 최소제곱잔차들의 확률성 결여를 위해 설계된 또 다른 검정은 Durbin-Watson 검정이다. 이 검정은 12장에서 논의될 것이다.

분산의 상수성에 대한 검정들

잔차그림에서 분산이 X나 $E\{Y\}$에 연관되어 체계적인 방식으로 증가 혹은 감소하는 듯한 인상을 줄 때, 한 가지 간단한 검정은 잔차들의 절댓값과 대응하는 예측변수값 간의 순위상관을 기반으로 한다. 오차분산의 상수성에 대한 두 개의 다른 간단한 검정, Brown-Forsythe 검정과 Breusch-Pagan 검정이 3.6절에서 논의될 것이다.

특이점에 대한 검정들

특이 관측값 하나를 찾는 간단한 검정은 다른 $n-1$개의 관측값들에 대하여 새로운 회귀선을 적합해 보는 것이다. 새로운 선을 적합하는 데 사용되지 않은, 의심되는 관측값은 이제 새로운 관측값으로 여겨질 수 있다. 우리는 n개의 관측값에 대하여, 적합선으로부터의 특이점의 편차만큼 큰 편차가 우연히 얻어질 확률을 계산할 수 있다. 만약 이 확률이 충분히 작다면, 특이점은 다른 $n-1$개의 관측값들처럼 같은 모집단에서 오지 않은 것으로 판단될 수 있다. 그렇지 않다면 그 특이점은 유지된다. 이 접근법에 대한 보다 자세한 내용을 10장에서 논의할 것이다.

특이점들을 평가하는 데 도움이 되는 많은 다른 검정들이 개발되었다. 이들은 인용문헌 3.1과 같은 특별 문헌에서 다루어질 것이다.

정규성에 대한 검정

적합도검정을 오차항의 정규성에 대한 검정에 사용할 수 있다. 예를 들면 카이제곱검정이나 Kolmogorov-Smirnov 검정, 그리고 이들의 변형인 Lilliefors 검정은 잔차를 분석함으로써 오차항의 정규성에 대한 검정에 쓰일 수 있다. 잔차의 정규확률그림에 기반한 간단한 검정은 3.5절에서 다루어질 것이다.

부연설명
런 검정, 순위상관, 적합도검정들은 일반적으로 통계적 절차들을 사용하며, 많은 기본적인 통계학 관련 서적에 논의되어 있다. ■

3.5 ■ 정규성에 대한 상관검정

정규확률그림에서 그려진 점들의 대략적인 선형성을 시각적으로 검사하는 것에 추가하여, 오차항의 정규성에 대한 형식적 검정은 잔차 e_i와 정규성 가정하의 기댓값들 간의 상관계수 (2.74)를 계산하여 실행할 수 있다. Looney and Gulledge(인용문헌 3.2)에 의해 만들어진 표 B.6은 오차항들이 정규분포를 따를 때 크기순 잔차들과 정규성 가정하에서의 기댓값 사이의 상관계수에 대한 분포의 다양한 크기에 대응하는 임계값(분위수)을 표시한다. 만약 관측된 상관계수가 최소한 표의 값만큼 크다면, 주어진 α 수준하에서 오차항이 적당히 정규분포를 따른다고 결론을 내릴 수 있다.

예 표 3.2의 Toluca Company 예에 관하여, 크기순 잔차들과 정규성 가정하에서의 그들의 기댓값 간 상관계수는 .991이다. α 위험을 .05로 둘 때, 표 B.6에서 $n = 25$에 대한 임계값이 .959라는 것을 찾을 수 있다. 관측된 상관계수가 이 수준을 넘었기 때문에 오차항의 분포가 정규분포로부터 심각하게 이탈하지 않았다는 이전의 결론에 부합된다.

부연설명
앞에서 보여 준 정규성에 대한 상관검정은 Shapiro-Wilk 검정(인용문헌 3.3)보다 간단한데, 이 검정 역시 근사적으로 크기순 잔차들과 정규성 가정하에서의 그들의 기댓값 간 상관계수에 기반을 두고 있다고 볼 수 있다. ■

3.6 ■ 오차분산의 상수성에 대한 검정

이제, 오차항이 상수분산(등분산)을 갖는지에 대해서 확인하기 위해 Brown-Forsythe 검정과 Breusch-Pagan 검정에 대해 알아보자.

Brown-Forsythe 검정

Levene 검정(인용문헌 3.4)의 변형인 Brown-Forsythe 검정은 오차항의 정규성에 의존하지 않는다. 실제로 오차항의 분포가 정규분포와 거리가 멀지라도 오차항들이 상수분산을 가질 때, 명목유의수준이 대략적으로 옳다는 점이 유지된다는 점에서 이 검정은 정규성으로부터의 심한 이탈에 대하여 강건(로버스트)하다. 그러나 이 검정은 여전히 오차항들이 정규분포를 따를 때 상대적으로 효율적이다. 그림 3.4c의 확성기 형태의 그림에서 볼 수 있듯이, 오차항의 분산이 커지거나 작아질 때, 위에서 서술된 Brown-Forsythe 검정을 단순선형회귀에 적용시킬 수 있다. 표본의 크기는 잔차들 간의 종속성이 무시될 수 있도록 충분히 커야 한다.

이 검정은 잔차들의 변동성을 기반으로 한다. 오차분산이 크면 클수록, 잔차들의 변동이 커지는 경향이 있다. Brown-Forsythe 검정을 실행하기 위하여 X 수준에 따라 자료를 두 그룹으로 나누는데, 한 그룹은 X 수준이 작은 사례들로 이루어지고, 다른 그룹은 X 수준이 큰 사례들로 구성된다. 만약 오차분산이 X에 따라서 커지거나 작아진다면, 한 그룹의 잔차들은 다른 그룹의 잔차들보다 더 변동성이 큰 경향이 있을 것이다. 이와 마찬가지로 그들의 그룹 평균 근처의 잔차들의 절대편차는 다른 그룹에 비해서 한 그룹이 더 큰 경향을 보일 것이다. 이 검정을 더욱 로버스트하게 만들기 위해서 그룹의 중앙값(인용문헌 3.5) 근처 잔차들의 절대편차를 사용한다. 이때 Brown-Forsythe 검정은 단순히 한 그룹에 대한 절대편차의 평균이 두 번째 그룹의 절대편차 평균과 유의미하게 다른지를 판단하는, 검정통계량 (A.67)을 기반으로 하는 이표본(two sample) t 검정으로 이루어지게 된다.

비록 잔차들의 절대편차의 분포가 일반적으로 정규분포를 따르지 않음에도 불구하고, 오차항의 분산이 상수이고 두 그룹의 표본크기가 지나치게 작지 않을 때, t^* 검정통계량이 근사적으로 t 분포를 여전히 따른다는 것이 알려져 있다.

이제 e_{i1}은 그룹 1의 i번째 잔차를 나타내고 e_{i2}는 그룹 2의 i번째 잔차를 표시한다. 또한 n_1과 n_2를 두 그룹의 표본크기이다.

$$n = n_1 + n_2 \tag{3.7}$$

더 나아가 $\tilde{e}_1$와 $\tilde{e}_2$는 두 그룹의 잔차들의 중앙값을 표기한다. Brown-Forsythe 검정은 d_{i1}과 d_{i2}로 표시되는 그룹의 중앙값으로부터 절대편차들을 이용한다.

$$d_{i1} = |e_{i1} - \tilde{e}_1| \qquad d_{i2} = |e_{i2} - \tilde{e}_2| \tag{3.8}$$

이 표기로 이표본 t 검정통계량 (A.67)은 다음과 같다.

$$t^*_{BF} = \frac{\bar{d}_1 - \bar{d}_2}{s\sqrt{\dfrac{1}{n_1} + \dfrac{1}{n_2}}} \tag{3.9}$$

여기서 $\bar{d}_1$과 $\bar{d}_2$는 d_{i1}와 d_{i2} 각각의 표본평균이고, (A.63)에 있는 합동분산 s^2는 다음과 같다.

$$s^2 = \frac{\sum(d_{i1} - \bar{d}_1)^2 + \sum(d_{i2} - \bar{d}_2)^2}{n - 2} \tag{3.9a}$$

Brown-Forsythe 검정을 위한 검정통계량은 t^*_{BF}로 표기한다.

만약 오차항이 상수분산을 가지고 n_1과 n_2가 지나치게 작지 않다면, t^*_{BF}는 근사적으로 자유도가 $n - 2$인 t 분포를 따른다. t^*_{BF}의 큰 절댓값은 오차항의 분산이 상수가 아님을 가리킨다.

예 Toluca Company 예에 대하여 Brown-Forsythe 검정을 사용해 오차분산이 X의 수준에 따라 달라지는지를 판단하고 싶다. X 수준이 매우 균일하게 퍼져 있기 때문에(그림 3.1a 참조), 25 사례들을 대략 동일한 X 범위의 두 개 그룹으로 나눈다. 첫 번째 그룹은 로트 크기가 20~70의 13개 시행들로 이루어져 있다. 두 번째 그룹은 로트 크기가 80~120의 12개 시행들로 이루어져 있다. 표 3.3은 각 그룹의 자료의 일부를 보여 준다. 표 1.2로부터의 로트 크기들과 잔차들이 1, 2열에 반복되어 있다. 그룹 1에 대한 중위수 잔차는 $\tilde{e}_1 = -19.88$이고 그룹 2는 $\tilde{e}_2 = -2.68$이라는 것을 표 3.3을 통해 알 수 있다. 3열은 각 그룹 중위수로부터의 잔차의 절대편차이다. 예를 들면 다음을 얻을 수 있다.

$$d_{11} = |e_{11} - \tilde{e}_1| = |-20.77 - (-19.88)| = .89$$
$$d_{12} = |e_{12} - \tilde{e}_2| = |51.02 - (-2.68)| = 53.70$$

이 절대편차의 평균들은 보통의 방식으로 구할 수 있다.

$$\bar{d}_1 = \frac{582.60}{13} = 44.815 \qquad \bar{d}_2 = \frac{341.40}{12} = 28.450$$

마지막으로 4열은 각 그룹 평균 근처의 d_{i1}과 d_{i2}의 편차의 제곱들이다. 예를 들면 다음을 얻을 수 있다.

$$(d_{11} - \bar{d}_1)^2 = (.89 - 44.815)^2 = 1{,}929.41$$
$$(d_{12} - \bar{d}_2)^2 = (53.70 - 28.450)^2 = 637.56$$

그룹 1

i	시행	(1) 로트 크기	(2) 잔차 e_{i1}	(3) d_{i1}	(4) $(d_{i1} - \bar{d}_1)^2$
1	14	20	−20.77	.89	1,929.41
2	2	30	−48.47	28.59	263.25
···	···	···	···	···	···
12	12	70	−60.28	40.40	19.49
13	25	70	10.72	30.60	202.07
	합계			582.60	12,566.6

$\tilde{e}_1 = -19.88 \quad \bar{d}_1 = 44.815$

그룹 2

i	시행	(1) 로트 크기	(2) 잔차 e_{i2}	(3) d_{i2}	(4) $(d_{i2} - \bar{d}_2)^2$
1	1	80	51.02	53.70	637.56
2	8	80	4.02	6.70	473.06
···	···	···	···	···	···
11	20	110	−34.09	31.41	8.76
12	7	120	55.21	57.89	866.71
	합계			341.40	9,610.2

$\tilde{e}_2 = -2.68 \quad \bar{d}_2 = 28.450$

표 3.3 오차분산의 일정함을 확인하기 위한 Brown-Forsythe 검정의 계산 측정 – Toluca Company 예

이제 검정통계량 (3.9)를 계산할 준비가 되었다.

$$s^2 = \frac{12{,}566.6 + 9{,}610.2}{25 - 2} = 964.21$$
$$s = 31.05$$
$$t^*_{BF} = \frac{44.815 - 28.450}{31.05\sqrt{\dfrac{1}{13} + \dfrac{1}{12}}} = 1.32$$

α 위험을 .05로 만들기 위해서 $t(.975;\ 23) = 2.069$가 필요하다. 따라서 결정규칙은 다음과 같다.

$|t^*_{BF}| \leq 2.069$이면, 오차분산은 상수라고 결론 내린다.
$|t^*_{BF}| > 2.069$이면, 오차분산은 상수가 아니라고 결론 내린다.

$|t^*_{BF}| = 1.32 \leq 2.069$이므로 오차분산이 상수라고 결론을 내리고, X의 수준에 따라 달라지지 않는다고 결론 내린다. 이 검정의 양측 P값은 .20이다.

부연설명

1. 만약 자료가 많이 있다면, 오차분산의 상수성에 대한 이표본 t 검정은 X 수준에 따라서 3개나 혹은 4개 그룹으로 나누고 실행될 수도 있는데, 이때 두 개의 극단적인 그룹을 검정에 사용한다.
2. 오차분산의 상수성에 대한 로버스트 검정은 바람직하다. 왜냐하면 비정규성과 상수분산의 결여는 함께 생길 때가 많기 때문이다. 예를 들면 오차항의 분포는 점진적으로 비대칭이 될 것이며, 이에 따라 X의 증가하는 수준에 맞춰 더욱 변할 것이다. ■

Breusch-Pagan 검정

오차분산의 상수성에 대한 두 번째 검정은 Breusch-Pagan 검정(인용문헌 3.6)이다. 이 대표본 검정은 오차항들이 독립적이고 정규분포를 따르며, σ_i^2으로 표기되는 오차항 ε_i의 분산은 다음과 같은 방식으로 X의 수준과 관계되어 있다고 가정한다.

$$\log_e \sigma_i^2 = \gamma_0 + \gamma_1 X_i \tag{3.10}$$

(3.10)은 γ_1의 부호에 의존하여 σ_i^2가 X의 수준과 같이 증가하거나 혹은 감소한다는 것을 의미한다. 오차분산의 상수성은 $\gamma_1 = 0$에 대응한다. $H_0: \gamma_1 = 0$와 $H_a: \gamma_1 \neq 0$에 대한 이 검정은 X_i에 대응하는 제곱잔차 e_i^2을 일반적인 방식으로 회귀함으로써, 그리고 SSR^*로 표기되는 회귀제곱합을 얻음으로써 실행될 수 있다. 검정통계량 X^2_{BP}는 다음과 같다.

$$X^2_{BP} = \frac{SSR^*}{2} \div \left(\frac{SSE}{n}\right)^2 \tag{3.11}$$

여기서 SSR^*는 X에 대한 e^2을 회귀할 때의 회귀제곱합이고 SSE는 X에 대한 Y를 회귀할 때의 오차제곱합이다. 만약 $H_0: \gamma_1 = 0$이 유지되고 n이 충분히 크다면, X^2_{BP}는 근사적으로 자유도 1의 카이제곱분포를 따른다. X^2_{BP}의 큰 값은 오차분산이 상수가 아니라는 H_a의 결론으로 이끈다.

예 Toluca Company 예에 대한 Breusch-Pagan 검정을 하기 위해서, 표 1.2의 5열에서 X에 대응하는 제곱잔차들을 회귀하고 $SSR^* = 7{,}896{,}128$을 얻는다. 여기서 그림 2.2로부터 $SSE = 54{,}825$라는 것을 알 수 있다. 따라서 검정통계량 (3.11)은 다음과 같다.

$$X^2_{BP} = \frac{7{,}896{,}128}{2} \div \left(\frac{54{,}825}{25}\right)^2 = .821$$

α 위험을 .05로 하기 위해서 $\chi^2(.95; 1) = 3.84$가 필요하다. $X^2_{BP} = .821 \leq 3.84$이기 때문에 오차분산이 상수라는 H_0로 결론 내린다. 이 검정의 P값은 .64이므로 자료는 오차분산의 상수성과 상당히 일치한다.

3.7 ■ 적합성결여에 대한 F 검정

이제, 특정 회귀함수가 적절하게 자료에 적합한지를 판단하는 검정을 다룬다. 선형회귀함수가 자료에 좋은 적합인지 확인하는 검정을 수행한다.

가정들

적합성결여 검정(lack of fit test)은 주어진 X에 대한 관측값 Y들이 (1) 독립적이고 (2) 정규분포를 따르며, (3) Y의 분포가 똑같은 분산 σ^2을 가진다고 가정한다.

적합성결여 검정은 하나 혹은 그 이상의 X 수준들에 대한 반복 관측값들이 필요하다. 이는 비실험적 자료들의 경우에 우연히 일어날 수 있는데, 노동자의 생산량과 나이에 관련된 효율성 연구에서 동일한 나이의 여러 노동자들이 이 연구에 포함되어 있을 수 있는 것과 같다. 실험에서는 반복된 관측값이 있도록 설계를 할 수 있다. 예를 들면, 판매에 대한 판매원의 보너스 크기의 효과에 대한 실험에서 3명의 판매원이 6개 보너스 크기에 대해서 특정한 크기의 보너스를 받을 수 있고 이때 그들의 판매량을 관측한다.

이러한 예측변수의 동일한 수준에서의 반복 시행들은 **반복**(replication)이라고 한다. 이에 따른 관측값들은 **반복관측값**(replicates)이라고 한다.

예 한 상업은행의 12곳의 비슷한 교외 지점들에서 수표발행 예금 계좌의 소유자들에게 정기예금 계좌(money market account) 개설에 대하여 선물을 제공하는 실험이 진행되었다. 선물을 받기 위한 새 정기예금 계좌의 초기 최소 예금액(minimum deposit)이 정해졌다. 선물의 가치는 특정된 최소 예금액에 직접적으로 비례한다. 다양한 수준의 최소 입금액과 그에 비례하는 선물 가치가 지점에서 새로 개설된 계좌의 수와 관계가 있는지 보려고 한다. 전체적으로 6개 수준의 최소 예금액들과 그에 비례하는 선물 가치들이, 각 수준에서 임의로 선택한 두 개의 지점에 지정되었다. 하나의 지점은 실험 기간 동안에 불이 나서

(a) 자료					
지점 i	최소 예금액 크기 (달러) X_i	새 계좌의 수 Y_i	지점 i	최소 예금액 크기 (달러) X_i	새 계좌의 수 Y_i
1	125	160	7	75	42
2	100	112	8	175	124
3	200	124	9	125	150
4	75	28	10	200	104
5	150	152	11	100	136
6	175	156			

(b) 분산분석표

변동요인	SS	df	MS
회귀	5,141.3	1	5,141.3
오차	14,741.6	9	1,638.0
합계	19,882.9	10	

표 3.4 자료와 분산분석표 – 은행 예

연구에서 빠졌다. 표 3.4a는 실험 결과인데, X는 최소 예금액이고 Y는 실험 기간 동안에 개설되고 선물이 제공된 새로운 정기예금 계좌의 개수이다.

선형회귀함수는 다음과 같이 일반적인 방법으로 적합되었다.

$$\hat{Y} = 50.72251 + .48670X$$

분산분석표는 표 3.4b에 나타나 있으며, 적합된 회귀선이 있는 산점도는 그림 3.11에 나와 있다. 이들은 선형회귀함수가 부적절하다는 것을 강하게 보여 준다. 정형적으로 검정하려면 2.8절에서 언급된 일반적인 선형검정 방법을 사용해야 한다.

표기법

우선 X의 일부 수준에서 반복값들을 나타내기 위해 표기법을 수정해야 한다. 표 3.5는 표 3.4a와 동일한 자료를 나타내지만, 반복값들을 알 수 있게 나열되어 있다. 반복 관측값이 존재하는가에 따라 상관없이 연구에서 X의 다른 수준을 $X_1, \ldots, X_c$로 나타냈다. 은행 예에

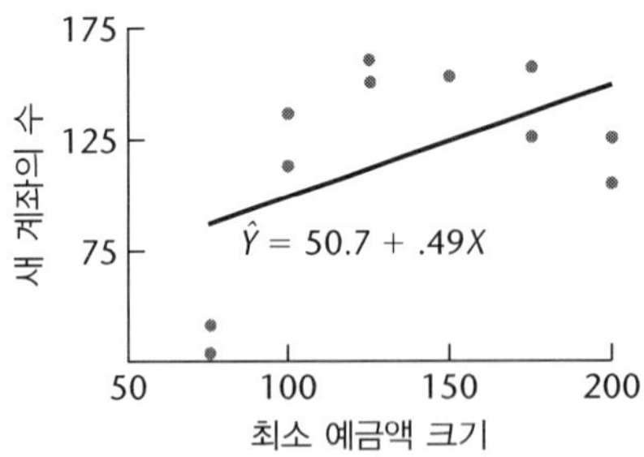

그림 3.11 산점도와 적합 회귀선 – 은행 예

반복값	최소 예금액 크기 (달러)					
	$j=1$ $X_1=75$	$j=2$ $X_2=100$	$j=3$ $X_3=125$	$j=4$ $X_4=150$	$j=5$ $X_5=175$	$j=6$ $X_6=200$
$i=1$	28	112	160	152	156	124
$i=2$	42	136	150		124	104
평균 $\bar{Y}_j$	35	124	155	152	140	114

표 3.5 반복 숫자에 따른 자료 나열과 최소 예금 – 은행 예

서 다섯 개의 수준에서는 2개의 관측값이 있고, 한 개의 수준에서는 1개의 관측값이 있는데, 총 여섯 개의 최소 예금 수준이 있기 때문에 $c = 6$이 된다. $X_1 = 75$(가장 작은 최소 예금 수준), $X_2 = 100$, …, $X_6 = 200$이라고 하자. X의 j번째 수준의 반복값의 개수를 n_j로 나타낸다. 은행 예에서는 $n_1 = n_2 = n_3 = n_5 = n_6 = 2$이고, $n_4 = 1$이 된다. 그러므로 총 관측값의 개수 n은 다음과 같이 주어진다.

$$n = \sum_{j=1}^{c} n_j \tag{3.12}$$

X의 j번째 수준의 i번째 반복값에 해당되는 반응변수의 관측된 값을 Y_{ij}라고 표기한다. 여기서 $i = 1, …, n_j$이고, $j = 1, …, c$이다. 은행 예에서(표 3.5), $Y_{11} = 28$, $Y_{21} = 42$, $Y_{12} = 112$ 등등이 된다. 마지막으로 $X = X_j$인 수준에서 Y 관측값들의 평균은 $\bar{Y}_j$로 표기한다. 따라서 $\bar{Y}_1 = (28 + 42)/2 = 35$이고, $\bar{Y}_4 = 152/1 = 152$가 된다.

완전모형

일반적인 선형검정 방법은 완전모형(full model)의 특정화로 시작된다. 적합성결여 검정에서 사용되는 완전모형은 선형회귀관계를 제외하고, 단순회귀모형 (2.1)과 같은 가정을 설정한다.

$$Y_{ij} = \mu_j + \varepsilon_{ij} \qquad \text{완전모형} \tag{3.13}$$

여기서

μ_j, $j = 1, …, c$는 모수이다.
ε_{ij}는 $N(0, \sigma^2)$을 따르고 독립적이다.

오차항의 기댓값이 0이기 때문에, 다음이 식이 만족된다.

$$E\{Y_{ij}\} = \mu_j \tag{3.14}$$

따라서 모수 μ_j($j = 1, …, c$)는 $X = X_j$일 때, 평균 반응이 된다.

완전모형 (3.13)은 각각의 반응변수 Y가 2개의 구성요소($X = X_j$일 때의 평균 반응과 오차항)를 가진 회귀모형 (2.1)과 같다. 두 모형의 차이점은 완전모형 (3.13)에서는 평균 μ_j에 대한 제한이 없지만, 회귀모형 (2.1)에서 평균 반응들은 X와 선형적으로 관련되어 있다(즉, $E\{Y\} = \beta_0 + \beta_1 X$).

완전모형을 자료에 적합하기 위해서는, 모수 μ_j에 대한 최소제곱 또는 최대가능도추정량이 필요하다. 이러한 μ_j의 추정량들이 간단히 표본평균 $\bar{Y}_j$인 것을 보일 수 있다.

$$\hat{\mu}_j = \bar{Y}_j \tag{3.15}$$

따라서 관측값 Y_{ij}의 추정된 기댓값은 $\bar{Y}_j$이고, 완전모형의 오차제곱합은 다음과 같다.

$$SSE(F) = \sum_j \sum_i (Y_{ij} - \bar{Y}_j)^2 = SSPE \tag{3.16}$$

적합성결여 검정에서, 완전모형의 오차제곱합 (3.16)은 **순수오차제곱합**(pure error sum of squares)이라고 하고 $SSPE$라고 쓴다.

$SSPE$는 각 X 수준에서 편차제곱의 합으로 구성된다. $X = X_j$의 수준에서, 편차제곱합은 다음과 같다.

$$\sum_i (Y_{ij} - \bar{Y}_j)^2 \tag{3.17}$$

이 제곱합들은 모든 X의 수준($j = 1, \ldots, c$)에서 더한 것이다. 은행 예에서 다음을 얻을 수 있다.

$$\begin{aligned} SSPE = &(28 - 35)^2 + (42 - 35)^2 + (112 - 124)^2 + (136 - 124)^2 \\ &+ (160 - 155)^2 + (150 - 155)^2 + (152 - 152)^2 + (156 - 140)^2 \\ &+ (124 - 140)^2 + (124 - 114)^2 + (104 - 114)^2 \\ = &\ 1{,}148 \end{aligned}$$

반복값이 없는 X의 수준은 $\bar{Y}_j = Y_{1j}$이기 때문에 $SSPE$에 영향을 주지 않는다. 은행 예에서 $j = 4$일 때, $(152 - 152)^2 = 0$인 것을 알 수 있다.

$SSPE$의 자유도는 주어진 X의 한 수준에서의 편차제곱합 (3.17)이 n개의 관측값을 가지고, 자유도가 $n - 1$인 일반적인 총제곱합과 같다는 것을 이용해서 얻을 수 있다. 여기서 $X = X_j$일 때, n_j의 관측값이 있으므로 자유도는 $n_j - 1$이 된다. $SSPE$는 (3.17)의 제곱합의 합이므로, $SSPE$의 자유도는 구성요소 자유도의 합이 된다.

$$df_F = \sum_j (n_j - 1) = \sum_j n_j - c = n - c \tag{3.18}$$

은행 예에서 $df_F = 11 - 6 = 5$가 된다. 반복값이 없는 X의 수준은 $n_j - 1 = 1 - 1 = 0$이므로, 그 수준의 X는 $SSPE$에 변화를 주지 않기 때문에 df_F에 영향을 미치지 않는다.

축소모형

일반적인 선형검정 방법은 다음으로 H_0하에서 축소모형(reduced model)을 고려한다. 선형회귀관계의 적합성을 검정하기 위한 가설은 다음과 같다.

$$\begin{aligned} H_0&: E\{Y\} = \beta_0 + \beta_1 X \\ H_a&: E\{Y\} \neq \beta_0 + \beta_1 X \end{aligned} \tag{3.19}$$

따라서 H_0는 (3.13)의 완전모형에서 μ_j가 X_j와 선형적으로 관련이 있다고 상정한다.

$$\mu_j = \beta_0 + \beta_1 X_j$$

H_0에서 축소모형은 다음과 같다.

$$Y_{ij} = \beta_0 + \beta_1 X_j + \varepsilon_{ij} \qquad \text{축소모형} \tag{3.20}$$

축소모형은 반복값들을 표기하기 위한 첨자가 포함된 (2.1)의 일반 단순회귀모형과 같다. (2.1)의 회귀모형을 이용한 관측값 Y_{ij}의 기댓값의 추정값은 적합값 $\hat{Y}_{ij}$와 같다.

$$\hat{Y}_{ij} = b_0 + b_1 X_j \tag{3.21}$$

이런 이유로 축소모형의 오차제곱합은 보통의 오차제곱합 SSE와 같다.

$$\begin{aligned} SSE(R) &= \sum\sum[Y_{ij} - (b_0 + b_1 X_j)]^2 \\ &= \sum\sum(Y_{ij} - \hat{Y}_{ij})^2 = SSE \end{aligned} \tag{3.22}$$

$SSE(R)$의 자유도는 다음과 같다.

$$df_R = n - 2$$

은행 예에서 표 3.4b로부터 다음을 얻을 수 있다.

$$\begin{aligned} SSE(R) &= SSE = 14{,}741.6 \\ df_R &= 9 \end{aligned}$$

검정통계량

일반적인 선형검정통계량 (2.70)은 다음과 같고,

$$F^* = \frac{SSE(R) - SSE(F)}{df_R - df_F} \div \frac{SSE(F)}{df_F}$$

이는 다음을 얻을 수 있다.

$$F^* = \frac{SSE - SSPE}{(n-2) - (n-c)} \div \frac{SSPE}{n-c} \tag{3.23}$$

두 오차제곱합의 차이를 **적합성결여 제곱합**(lack of fit sum of squares)이라고 하고 $SSLF$로 표기한다.

$$SSLF = SSE - SSPE \tag{3.24}$$

검정통계량은 다음과 같다.

$$\begin{aligned} F^* &= \frac{SSLF}{c-2} \div \frac{SSPE}{n-c} \\ &= \frac{MSLF}{MSPE} \end{aligned} \tag{3.25}$$

여기서 $MSLF$는 **적합성결여 평균제곱**(lack of fit mean squares)을 나타내고 $MSPE$는 **순수 오차 평균제곱**(pure error mean squares)을 나타낸다.

일반적인 선형검정에서 F^*의 큰 값이 H_a의 결론을 낸다. (2.71)의 결정 규칙은 다음과 같다.

$$\begin{aligned} &F^* \leq F(1-\alpha; c-2, n-c)\text{이면, } H_0\text{로 결론 내린다.} \\ &F^* > F(1-\alpha; c-2, n-c)\text{이면, } H_a\text{로 결론 내린다.} \end{aligned} \tag{3.26}$$

은행 예에서 검정통계량은 이전 결과를 이용해 쉽게 얻을 수 있다.

$$\begin{aligned} SSPE &= 1{,}148.0 & n-c &= 11-6=5 \\ SSE &= 14{,}741.6 \\ SSLF &= 14{,}741.6 - 1{,}148.0 = 13{,}593.6 & c-2 &= 6-2=4 \end{aligned}$$

$$\begin{aligned} F^* &= \frac{13{,}593.6}{4} \div \frac{1{,}148.0}{5} \\ &= \frac{3{,}398.4}{229.6} = 14.80 \end{aligned}$$

유의수준이 $\alpha = .01$일 때, $F(.99; 4, 5) = 11.4$이다. $F^* = 14.80 > 11.4$이므로 회귀함수가 선형이 아니라는 H_a로 결론 내린다. 이는 그림 3.11의 시각적인 것과 일치한다. 이 검정의 P값은 .006이다.

분산분석표

(3.24)의 적합성결여 제곱합 $SSLF$의 정의는 오차제곱합 SSE를 두 부분으로 나눈 것에서 얻을 수 있다.

$$SSE = SSPE + SSLF \tag{3.27}$$

이 분해는 다음의 항등식에서 얻는다.

$$\underbrace{Y_{ij} - \hat{Y}_{ij}}_{\text{오차편차}} = \underbrace{Y_{ij} - \bar{Y}_j}_{\text{순수오차편차}} + \underbrace{\bar{Y}_j - \hat{Y}_{ij}}_{\text{적합성결여 편차}} \tag{3.28}$$

이 항등식은 SSE에서 오차편차는 순수오차항과 적합성결여항으로 구성되어 있다. 그림 3.12는 은행 예에서 $Y_{13} = 160$, $X_3 = 125$인 경우를 분해해서 그린 것이다.

(3.28)을 제곱하고 모든 관측값에 대해서 더하면, 교차곱의 합이 0이기 때문에 (3.27)을 얻을 수 있다.

$$\begin{array}{ccccc} \sum\sum(Y_{ij} - \hat{Y}_{ij})^2 & = & \sum\sum(Y_{ij} - \bar{Y}_j)^2 & + & \sum\sum(\bar{Y}_j - \hat{Y}_{ij})^2 \\ SSE & = & SSPE & + & SSLF \end{array} \tag{3.29}$$

(3.29)로부터 다음과 같은 적합성결여 제곱합을 바로 정의할 수 있다.

$$SSLF = \sum\sum(\bar{Y}_j - \hat{Y}_{ij})^2 \tag{3.30}$$

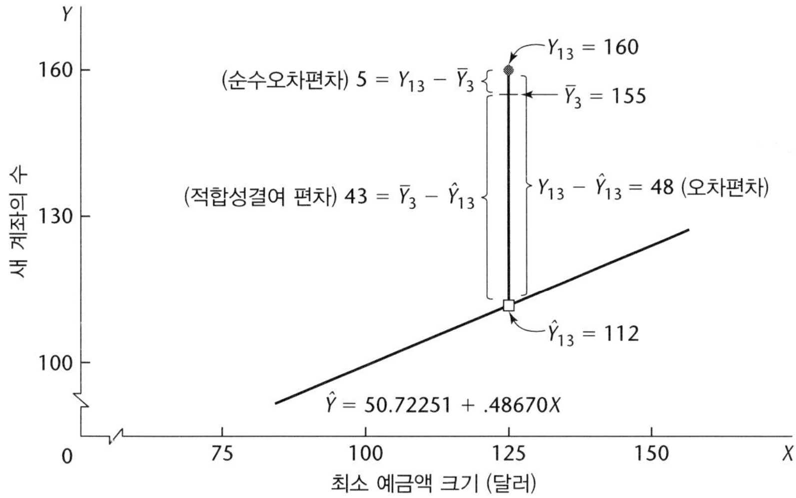

그림 3.12 오차편차 $Y_{ij} - \hat{Y}_{ij}$의 분해 그림 – 은행 예

X_j의 수준에서 모든 Y_{ij}의 관측값이 같은 적합값 $\hat{Y}_j$을 가지기 때문에, (3.30)은 다음과 같이 표현된다.

$$SSLF = \sum_j n_j(\bar{Y}_j - \hat{Y}_j)^2 \tag{3.30a}$$

(a) 일반

변동 요인	SS	df	MS
회귀	$SSR = \sum\sum(\hat{Y}_{ij} - \bar{Y})^2$	1	$MSR = \frac{SSR}{1}$
오차	$SSE = \sum\sum(Y_{ij} - \hat{Y}_{ij})^2$	$n-2$	$MSE = \frac{SSE}{n-2}$
적합성결여	$SSLF = \sum\sum(\bar{Y}_j - \hat{Y}_{ij})^2$	$c-2$	$MSLF = \frac{SSLF}{c-2}$
순수오차	$SSPE = \sum\sum(Y_{ij} - \bar{Y}_j)^2$	$n-c$	$MSPE = \frac{SSPE}{n-c}$
합계	$SSTO = \sum\sum(Y_{ij} - \bar{Y})^2$	$n-1$	

(b) 은행 예

변동 요인	SS	df	MS
회귀	5,141.3	1	5,141.3
오차	14,741.6	9	1,638.0
적합성결여	13,593.6	4	3,398.4
순수오차	1,148.0	5	229.6
합계	19,882.9	10	

표 3.6 단순회귀분석의 적합성결여 검정의 분산분석표와 분산분석표 – 은행 예

식 (3.30a)는 *SSLF*가 적합성결여를 측정한다는 것을 명확히 보여 준다. 선형회귀함수가 적절하다면, 평균 $\bar{Y}_j$가 선형회귀함수로 추정된 적합값 $\hat{Y}_j$ 근처에 위치하고, *SSLF*는 작을 것이다. 반대로 선형회귀함수가 적절하지 않다면, 평균 $\bar{Y}_j$가 그림 3.11의 은행 예와 같이 선형회귀함수로 추정된 적합값 근처에 있지 않을 것이고, *SSLF*는 크게 될 것이다.

식 (3.30a)는 *SSLF*의 자유도가 $c - 2$인 것을 나타낸다. 제곱합에 평균 $\bar{Y}_j$가 c개 있고, 적합값 $\hat{Y}_j$을 구하기 위해서 선형회귀함수의 모수 β_0와 β_1을 추정했기 때문에 2개의 자유도가 줄어들었다.

분산분석표는 *SSE*의 분해로 구성되어 있다. 표 3.6a는 방금 설명한 *SSE*의 분해와 관심 있는 평균제곱이 일반적인 분산분석표에 포함되어 있고, 표 3.6b는 은행 예의 분산분석 분해를 나타내었다.

부연설명

1. 은행 예와 같이 X의 모든 수준에서 적합성결여 F 검정을 적용하기 위해서 반복 관측값이 필요한 것은 아니다. X의 한 수준 또는 어떤 수준에서의 반복값으로 충분하다.
2. 평균제곱 *MSPE*와 *MSLF*가 회귀함수가 선형인지 아닌지 검정할 때, 다음의 기댓값을 갖는 것을 보일 수 있다.

$$E\{MSPE\} = \sigma^2 \tag{3.31}$$

$$E\{MSLF\} = \sigma^2 + \frac{\sum n_j[\mu_j - (\beta_0 + \beta_1 X_j)]^2}{c-2} \tag{3.32}$$

   '순수오차'의 의미는 *MSPE*가 진짜 회귀함수가 무엇인지에 상관 없이 항상 오차항의 분산 σ^2의 비편향추정량이 된다는 것이다. 회귀함수가 선형이면 *MSLF*의 기댓값 또한 σ^2이다. 왜냐하면 $\mu_j = \beta_0 + \beta_1 X_j$이면 (3.32)의 두 번째 항이 0이 되기 때문이다. 반면에 회귀함수가 선형이 아니라면, $\mu_j \neq \beta_0 + \beta_1 X_j$이고 $E\{MSLF\}$는 σ^2보다 커지게 된다. 그러므로 F^*의 값이 1 근처라면 선형회귀함수를 따른다. F^*의 값이 크면 회귀함수가 선형이 아니라는 것을 의미한다.
3. H_0하에서의 검정에서 회귀함수가 참 함수가 아니라면, '오차제곱합'과 '오차평균제곱'의 단어는 정확하지 않다. 왜냐하면 오차제곱합과 오차평균제곱은 적합성결여와 오차항의 변동의 효과를 모두 포함하고 있기 때문이다. 일관성을 위해 위의 두 단어를 계속 사용하고, 이제부터 '순수오차'라는 단어는 오차항의 변동만을 나타낼 때 사용한다.
4. 어떠한 모형의 적합성 분석에 앞서, 은행 예(표 3.4b)에서 적합된 회귀모형을 구했고, $\beta_1 = 0$인지 아닌지 검정하고 싶다. 이때 검정통계량 (2.60)은 다음과 같다.

$$F^* = \frac{MSR}{MSE} = \frac{5{,}141.3}{1{,}638.0} = 3.14$$

   $\alpha = .10$에서 $F(.90; 1, 9) = 3.36$이기 때문에, $\beta_1 = 0$이며 최소 예금 규모(그리고 선물 값)와 새 계좌의 수와는 선형 관계가 없다라는, 즉 H_0라고 결론지을 수 있다. 그러나 이 변수들 간에 관계가 없다는 결론은 적합하지 않다. 이 추론은 회귀모형 (2.1)이 타

당하다는 사실이 필요하다. 여기서는 명확한 관계가 있지만 회귀함수는 선형이 아니다. 이것은 어떠한 추론을 하기 전에 모형의 타당성을 항상 검정하는 것이 중요함을 알려준다.

5. 설명된 일반적인 선형검정 방법은 다른 회귀함수들의 적합성을 검정하는 데 사용할 수 있다. 단지 *SSLF*의 자유도가 수정되어야 한다. 일반적으로, *SSLF*의 자유도는 $c - p$이다. 여기서 p는 회귀함수에서의 모수의 개수이다. 단순선형회귀함수의 검정에 대해, 회귀함수에서 2개의 모수 β_0, β_1이 있기 때문에 $p = 2$가 된다.
6. (3.19)에서 대립가설 H_a는 선형회귀함수를 제외한 다른 모든 회귀함수를 포함한다. 예를 들어 이차회귀함수 또는 로그변환회귀함수도 포함한다. 만약 H_a로 결론내어지면, 잔차 연구에서 적합한 함수를 찾는 것이 유용하다.
7. H_0의 모형이 타당하다고 결론나면, 일반적으로 오차평균제곱 *MSE*가 순수오차평균제곱 *MSPE*보다 σ^2의 추정량으로 사용된다. 왜냐하면 전자가 더 많은 자유도를 가지고 있기 때문이다.
8. 같은 X 수준에서의 관측값들은 만약 오차항에 대해 독립적인 시행을 했다면, 진정한 반복이다. 합금 표본에서 경도(Y)와 탄소의 양(X) 사이 관계에 대한 회귀분석을 가정하자. 이 모형에서 오차항은 다른 것들도 포함하지만, 예를 들어 분석가에 의한 경도 측정의 확률오차는 통제할 수 없는 생산요소(표본과 표본들 사이에 무작위로 다르면서 경도에 영향을 주는 요소)의 효과를 포함한다. 만약 분석가가 한 표본의 경도 값을 두 번 측정해서 2개의 값을 만들었다면, 주어진 표본에서 생산요소의 임의 변화 효과는 고정되어 있기 때문에 이는 진정한 반복이 아니다. 진정한 반복이란 같은 탄소 함량(X)에서 다른 표본들이 측정되어 오차항이 측정값들과 달라지면서 나타나는 모든 효과를 포함할 경우이다.
9. 자료에서 반복값이 없을 때, 평균 반응변수의 값들의 차이가 매우 적은 인접한 X의 수준에서 자료가 존재한다면 근사적 적합성결여 검정을 실시할 수 있다. 인접한 경우들을 묶어서 유사 반복값으로 취급하고, 적합성결여 검정은 이 인접한 경우의 그룹을 이용해서 실시한다. 반복값이 없을 때, 이 방법에 대한 유용한 요약과 적합성결여 검정을 실시하는 하는 방법에 관련된 절차는 인용문헌 3.8에서 찾을 수 있다. ■

3.8 ■ 해결방안의 개요

만약 단순선형회귀모형 (2.1)이 자료에 적절하지 않다면, 다음 두 가지의 기초적인 선택 방법이 있다.

1. 회귀모형 (2.1)을 포기하고 더 적절한 모형을 만들어서 사용한다.
2. 회귀모형 (2.1)이 변환된 자료에 적절하도록 자료에 몇 가지 변환을 사용한다.

각 접근법은 장점과 단점이 있다. 첫 번째 접근법은 직관적 이해가 쉽도록 더 복잡한 모형을 사용하지만, 모수들을 추정하는 데 더 복잡한 과정을 거쳐야 한다. 반면에 두 번째 잘 맞는 변환의 사용은 상대적으로 단순한 추정 과정을 거치고, 복잡한 모형보다 모수의 숫자도 더 적을 것이다. 그리고 표본 수가 적을 때 장점이 있다. 변환은 경우에 따라 변수들 간의 관계를 명확하게도 하지만, 변수들 간의 핵심적인 연결 관계를 모호하게 만들 수도 있다.

이 장에서는 두 번째 방법인 변환의 사용에 대해 알아보고 더 복잡한 모형의 사용은 뒤의 장에서 공부한다. 먼저 해결방안들의 개요를 간단히 살펴보자.

회귀함수의 비선형성

회귀함수가 선형이 아닐 때, 직접적인 방법은 회귀모형 (2.1)을 회귀함수의 형태를 바꾸는 것이다. 예를 들어 이차회귀함수는 다음과 같다.

$$E\{Y\} = \beta_0 + \beta_1 X + \beta_2 X^2$$

또는 지수회귀함수는 다음과 같다.

$$E\{Y\} = \beta_0 \beta_1^X$$

7장에서는 다항회귀함수에 대해 논의할 것이고, III부에서는 지수회귀함수 같은 비선형회귀함수를 다룰 것이다.

변환 방법은 비선형회귀함수를 근사적일지라도 선형화시키는 변환을 사용한다. 3.9절에서 회귀함수들을 선형화시키는 변환의 사용을 논의한다.

회귀함수의 형태가 알려져 있지 않을 때, 특정한 유형의 함수를 정하는 것이 필요하지 않은 탐색적 분석이 유용할 때가 많다. 3.10절에서 탐색석 회귀분석을 논의한다.

오차분산의 비상수성

오차분산이 일정하지 않고 체계적으로 변화한다면, 직접적인 접근 방법은 모수들의 추정량을 얻기 위해서 **가중최소제곱법**(weighted least squares method)을 사용하여 모형을 수정하는 것이다. 11장에서 이 목적을 위한 가중최소제곱법의 사용을 논의한다.

변환은 분산의 안정화(variance stabilization)에도 효과적이다. 이것은 3.9절에서 논의한다.

오차항들의 비독립성

오차항들이 상관되어 있을 때, 직접적인 해결방안은 상관오차항을 갖는 모형을 사용하는 것이다. 12장에서 이 모형을 논의한다. 도움이 되는 단순한 해결방안 변환은 일차 차분을 사용하는 것이고, 이 주제 또한 12장에서 논의한다.

오차항의 비정규성

정규성 결여와 오차분산의 비상수성은 자주 같이 발생한다. 운 좋게도 대부분의 경우에 분산의 안정화를 돕는 변환이 오차항들을 근사적으로 정규화하는 데도 도움이 된다. 따라서 오차분산 안정화를 위해 변환을 먼저 사용하고, 심각한 정규성 위반이 여전히 존재하는지를 잔차를 통해 살펴본다. 3.9절에서는 근사적 정규성을 얻기 위한 변환을 논의한다.

중요한 예측변수의 누락

잔차분석을 통해 중요한 예측변수가 모형에서 빠졌다는 것을 알게 되었을 때, 해결책은 모형을 수정하는 것이다. 6장과 그 이후 장들에서는 2개 또는 그 이상의 예측변수들이 활용되는 다중 회귀분석에 대해 논의한다.

특이 관측값

그림 3.7a와 같이 특이 관측값들이 존재한다면, 회귀모형 (2.1)에 대한 최소제곱법과 최대가능도추정량 (1.10)의 사용은 추정된 회귀함수를 심각하게 왜곡한다. 특이 관측값이 기록 오류가 아니어서 버릴 수 없을 때, 특이 관측값에 가중값을 낮게 주는 추정 방법을 사용하는 것이 바람직하다. 11장에서 이러한 로버스트 추정 방법을 논의한다.

3.9 ■ 변환

회귀분석을 실시하기 전에 한 개 또는 두 개 기본 변수들의 변환 사용에 대하여 자세히 다룰 것이다. 반응변수 Y나 예측변수 X, 또는 두 변수의 단순 변환은 단순선형회귀모형을 변환된 자료에 적합하도록 만들기에 충분하다.

비선형 관계만을 위한 변환

오차항의 분포가 정규분포에 가깝고 대략 상수분산을 가지고 있을 때, 비선형회귀관계를 선형화시기는 변환에 대해 알아보자. 이 상황에서는 X에 대한 변환이 사용된다. Y에 대한 변환이 적절하지 않은 이유는 $Y' = \sqrt{Y}$와 같이 Y에 대한 변환이 정규분포인 오차항의 분포의 모양을 아주 다르게 변화시키고 크게 다른 오차항의 분산들을 만들 수 있기 때문이다.

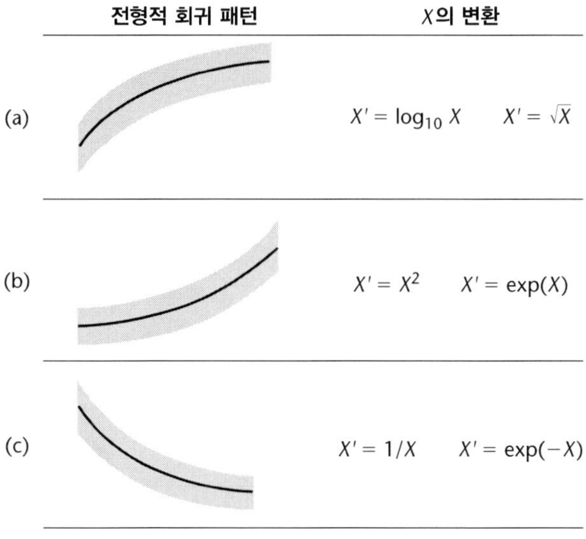

그림 3.13 일정한 오차분산을 가진 전형적 비선형 회귀 패턴과 X에 대한 단순 변환

그림 3.13에는 오차분산이 일정한 비선형회귀관계의 전형을 나타내었으며, Y의 분포에 영향을 미치지 않고 회귀관계를 선형화시키는 X에 대한 단순한 몇몇 변환들도 나타내었다. 여러 다른 변환들도 시도할 수 있다. 산점도와 잔차그림으로 어떤 변환이 더 효율적인지 정할 수 있다.

예 교육 받은 날의 수(X)가 모의의 판매 상황에서의 실적(Y)에 미치는 효과에 관한 실험으로부터 얻은 자료가 있다. 연구에 참여한 10명에 대해 표 3.7의 열 1과 2에 이 자료를 나타내었다. 이 자료의 산점도는 그림 3.14a이다. 명확하게 이 회귀관계는 곡선인 것처럼 보이므로 단순선형회귀모형 (2.1)은 적절하지 않다. 각 X 수준에서의 변동은 일정해 보이기 때문에 X에 대해 변환을 한다. 그림 3.13a의 전형 그림에 근거해 제곱근 변환 $X' = \sqrt{X}$을 고려한다. 이 변환값은 표 3.7의 3열에 있다.

그림 3.14b에서 예측변수를 $X' = \sqrt{X}$로 변환한 것을 그렸다. 산점도는 선형 관계인 것으로 보인다. Y에 대한 변환을 하지 않았기 때문에 X의 수준에 따른 산점의 변동은 이전과 같다.

단순선형회귀모형 (2.1)이 적절한지 검증하기 위해, 모형을 변환된 X 자료에 적합시킨다. 변환된 X 자료의 회귀 계산은 예측변수가 X'인 것을 제외하고 일반적인 방법으로 실시되었다. 이를 통해 다음과 같은 적합된 회귀함수를 얻을 수 있다.

$$\hat{Y} = -10.33 + 83.45X'$$

그림 3.14c는 X'에 대한 잔차그림이다. 오차항의 이분산에 대한 강한 증거나 적합성결여의 증거는 보이지 않는다. 그림 3.14d는 잔차의 정규확률그림이다. 정규성으로부터 상당히 벗어났다는 강한 증거가 그림을 통해서는 드러나지 않는다. 이 결론은 순서 정렬된 잔차와 정규성 가정하의 기댓값들 사이의 높은 상관관계 .979로 뒷받침된다. $\alpha = .01$일 때 표 B.6에서 임계값은 .879이고, 관측된 계수는 상당히 크며 오차항의 정규성의 타당성을 뒷받침한다. 따라서 단순선형회귀모형 (2.1)은 이 변환된 자료에 적절하다.

교육 받은 직원	(1) 교육 일수	(2) 실적 검수	(3)
i	X_i	Y_i	$X'_i = \sqrt{X_i}$
1	.5	42.5	.70711
2	.5	50.6	.70711
3	1.0	68.5	1.00000
4	1.0	80.7	1.00000
5	1.5	89.0	1.22474
6	1.5	99.6	1.22474
7	2.0	105.3	1.41421
8	2.0	111.8	1.41421
9	2.5	112.3	1.58114
10	2.5	125.7	1.58114

표 3.7 회귀관계를 선형화시키기 위해 X에 제곱근 변환의 사용 – 판매 교육 예

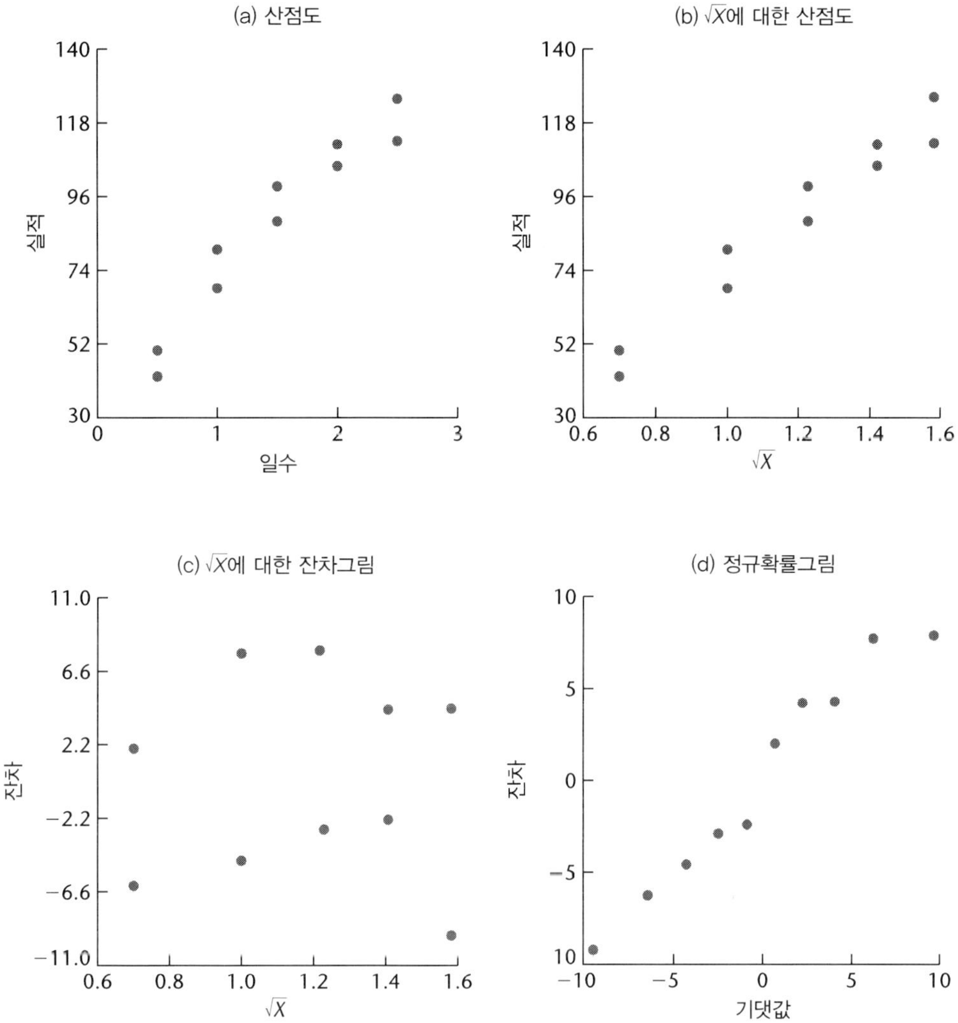

그림 3.14 산점도와 잔차그림 – 판매 교육 예

원한다면 X의 원래 단위에 대한 적합회귀함수는 쉽게 얻을 수 있다.

$$\hat{Y} = -10.33 + 83.45\sqrt{X}$$

부연설명

때때로 변환에 상수를 넣는 것이 도움이 될 수도 있다. 예를 들어 몇몇 X의 자료가 0 근처이고 역수 변환이 적합할 때, $X' = 1/(X + k)$ 변환을 이용해서 원점을 이동시킨다. 여기서 k는 적절히 선택된 상수이다. ■

오차항의 비정규성과 이분산에 대한 변환

오차항의 이분산과 비정규성은 빈번하게 동시에 발생한다. 단순선형회귀모형 (2.1)에서 벗어난 것을 교정하려면, Y의 분포의 형태와 범위가 바뀌어야 하기 때문에 Y에 대해 변환

전형적 회귀 패턴

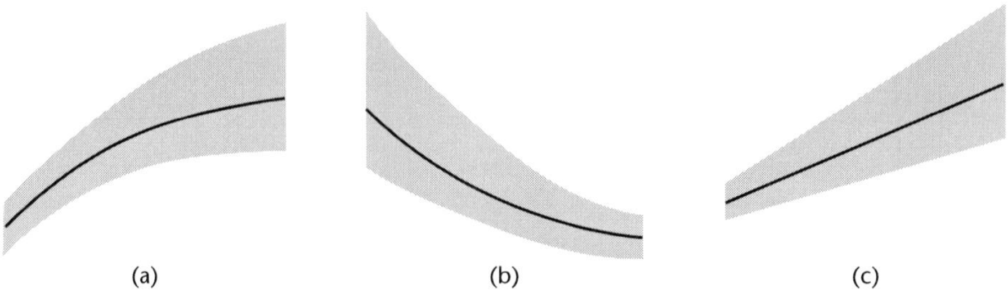

Y에서의 변환

$Y' = \sqrt{Y}$

$Y' = \log_{10} Y$

$Y' = 1/Y$

주: 동시에 X에 대한 변환이 필요할 수도 있다.

그림 3.15 이분산 오차항을 가진 전형적 회귀 패턴과 Y의 단순 변환

을 해야 한다. 이러한 Y에 대한 변환은 곡선 형태의 회귀관계를 선형화하는 데도 도움이 된다. 선형회귀관계를 만들기 위해서 동시에 X에 대한 변환이 필요할 수도 있다.

흔히 회귀모형 (2.1)에서 비정규성과 이분산으로 벗어나는 경우는 평균 반응 $E\{Y\}$가 증가함에 따라 왜도와 오차항 분포의 분산이 증가하는 형태로 나타난다. 예를 들어 가정 소득(X)에 따른 매년 가정의 휴가 지출(Y)의 회귀를 보면, 휴가에 일관적으로 더 적게 쓰는 저소득 가정보다 고소득 가정에서 더 큰 변동과 더 큰 양의 왜도(몇몇의 매우 높은 휴가 지출비로 인한)가 나타나는 경향이 있다. 그림 3.15는 평균 반응 $E\{Y\}$에 따라 왜도와 오차 분산이 증가하는 전형적 회귀관계를 나타내었다. 이 그림은 이러한 경우에 도움이 되는 Y에 대한 단순 변환도 제시되고 있다. X에 대한 변환과 동시에 Y에 대한 여러 변환이 시도될 수 있다. 산점도와 잔차그림은 더 효율적인 변환을 결정하는 데 사용된다.

예 건강 아동 25명 중 일부의 나이(X)와 폴리아민(polyamine; 지방족탄화수소, 세포증식인자의 일종)의 플라즈마 수준(Y)에 대한 자료가 표 3.8의 열 1과 2에 있다. 이 자료의 산점도는 그림 3.16a이다. 나이 많은 아동들보다 어린 아동들이 변동성이 더 클 뿐만 아니라 곡선 회귀관계가 뚜렷함을 확인하라.

그림 3.15b의 전형적 회귀 패턴을 참고하여 $Y' = \log_{10} Y$ 로그변환을 시도한다. 변환된 Y 값은 표 3.8의 3열에 있다. 그림 3.16b는 이 변환의 산점도이다. 이 변환은 거의 선형 회귀관계로 만들 뿐만 아니라, X의 수준 각각에 대한 변동도 일정하게 만드는 것에 주목하라.

변환($Y' = \log_{10} Y$)의 적정성을 더 검토하기 위해서 단순선형회귀모형 (2.1)을 변환된 Y에 적합시키고 구하면 다음과 같다.

$$\hat{Y}' = 1.135 - .1023X$$

아동 i	(1) 나이 X_i	(2) 플라즈마 수준 Y_i	(3) $Y_i' = \log_{10} Y_i$
1	0 (갓 태어남)	13.44	1.1284
2	0 (갓 태어남)	12.84	1.1086
3	0 (갓 태어남)	11.91	1.0759
4	0 (갓 태어남)	20.09	1.3030
5	0 (갓 태어남)	15.60	1.1931
6	1.0	10.11	1.0048
7	1.0	11.38	1.0561
···	···	···	···
19	3.0	6.90	.8388
20	3.0	6.77	.8306
21	4.0	4.86	.6866
22	4.0	5.10	.7076
23	4.0	5.67	.7536
24	4.0	5.75	.7597
25	4.0	6.23	.7945

표 3.8 회귀관계의 선형화와 오차항의 분산 안정화를 위한 Y의 로그변환 사용 – 플라즈마 수준 예

X에 대한 잔차그림은 그림 3.16c에 있고, 잔차의 정규확률그림은 그림 3.16d에 있다. 정렬된 잔차와 정규성하의 잔차 기댓값들 간의 상관계수는 .981이다. $\alpha = .05$일 때, 표 B.6에서 임계값은 .959이므로 관측된 계수는 오차항의 정규성 가정을 뒷받침한다. 모든 증거가 변환된 Y 자료에 회귀모형 (2.1)의 적합성을 뒷받침한다.

부연설명

1. 때때로 Y가 음수일 때, Y의 변환에 상수를 더하는 것은 합리적이다. 예를 들어 Y의 원점을 이동시키고 모든 Y 관측값을 양수로 만들어서 로그변환을 하면 $Y' = \log_{10}(Y + k)$이다. 여기서 k는 적절히 선택된 상수이다.
2. 오차분산이 같지 않으나 회귀관계가 선형일 때, Y에 대한 변환만으로는 충분하지 않을 수 있다. 이런 변환이 오차분산을 안정화시켜도 선형 관계를 곡선 형태의 관계로 변화시킬 수 있다. 따라서 X에 대한 변환도 필요하다. 이런 경우는 가중최소제곱합을 이용해 처리할 수 있으며, 이 과정은 11장에 설명되어 있다. ■

Box-Cox 변환

오차항의 분포의 왜도, 오차항의 이분산, 회귀함수의 비선형을 수정하기 위해 어떤 Y의 변환이 가장 적절한가를 플라즈마 수준 예에서 그림 3.16a와 같은 진단 그림을 보고 결정하는 것은 어렵다. Box-Cox 절차(인용문헌 3.9)는 Y의 멱변환족(family of power transformation)으로부터 하나의 변환을 자동으로 찾는다. 멱변환족은 다음과 같은 형태이다.

$$Y' = Y^{\lambda} \tag{3.33}$$

여기서 λ는 자료로부터 결정되는 모수이다. 이 족은 다음의 단순 변환들을 포함한다.

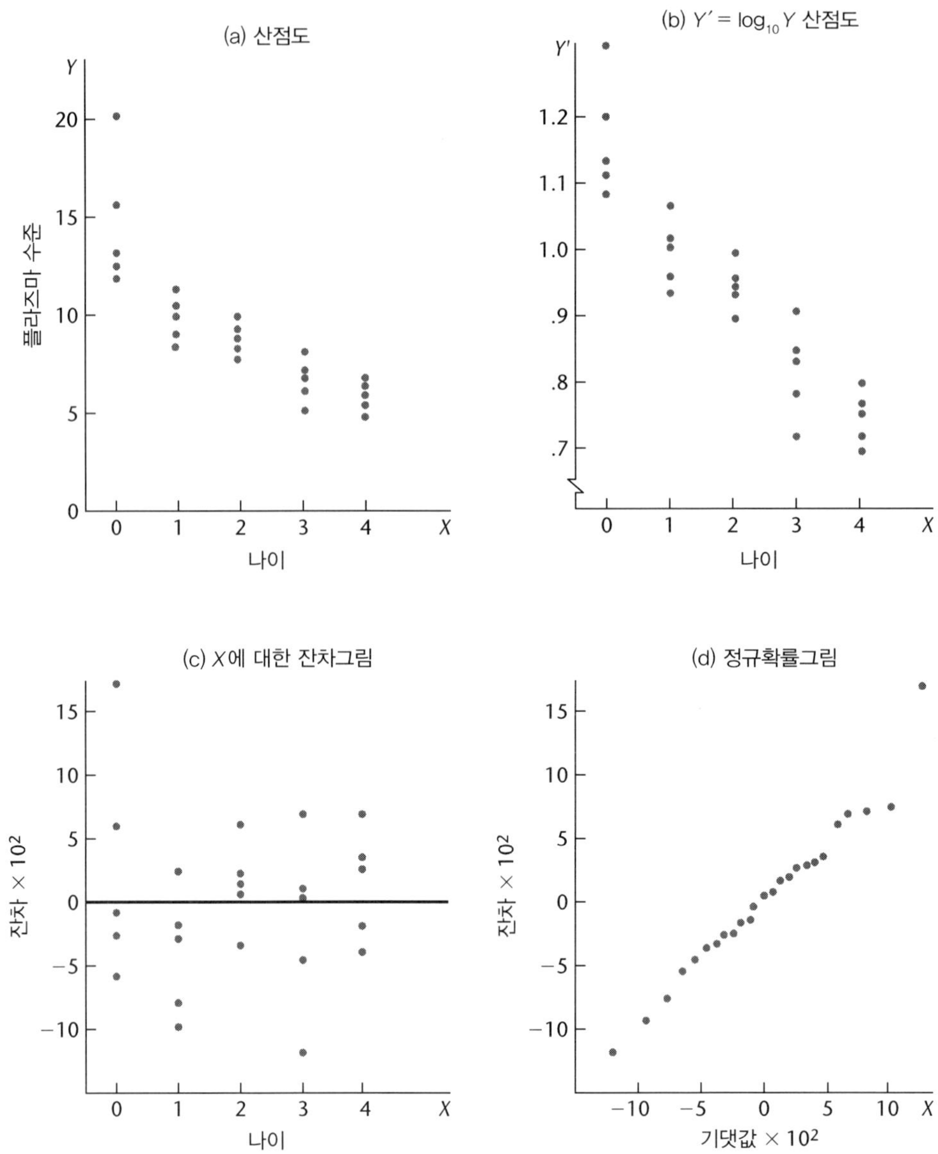

그림 3.16 산점도와 잔차그림 – 플라즈마 수준 예

$$\begin{array}{ll} \lambda = 2 & Y' = Y^2 \\ \lambda = .5 & Y' = \sqrt{Y} \\ \lambda = 0 & Y' = \log_e Y \qquad \text{(정의에 의해)} \\ \lambda = -.5 & Y' = \dfrac{1}{\sqrt{Y}} \\ \lambda = -1.0 & Y' = \dfrac{1}{Y} \end{array} \tag{3.34}$$

(3.33)에서 멱변환족의 하나로 변환한 반응변수를 사용한 정규오차회귀모형은 다음과 같다.

$$Y_i^{\lambda} = \beta_0 + \beta_1 X_i + \varepsilon_i \tag{3.35}$$

회귀모형 (3.35)는 추정이 필요한 추가 모수 λ를 포함하고 있다. Box-Cox 절차는 다른 모수 β_0, β_1, σ^2뿐만 아니라 λ를 추정하기 위해 최대가능도법을 사용한다. 이 방법으로, Box-Cox 절차는 멱변환에서 사용한 λ의 최대가능도추정량 $\hat{\lambda}$을 찾는다.

어떤 통계 소프트웨어 패키지들은 멱변환을 위한 Box-Cox 최대가능도추정량 $\hat{\lambda}$을 자동으로 제공하지 않기 때문에, 표준적인 회귀 소프트웨어를 사용하여 $\hat{\lambda}$을 찾는 과정이 필요하다. 이 절차는 잠재적인 λ값의 범위에 대한 수치적인 탐색을 한다(예를 들어 $\lambda = -2$, $\lambda = -1.75$, …, $\lambda = 1.75$, $\lambda = 2$). 각각의 λ값에 대하여 오차제곱합의 크기가 λ에 의존하지 않게 하기 위해 Y_i^λ 관측값을 일차 표준화한다.

$$W_i = \begin{cases} K_1(Y_i^\lambda - 1) & \lambda \neq 0 \\ K_2(\log_e Y_i) & \lambda = 0 \end{cases} \tag{3.36}$$

여기서

$$K_2 = \left(\prod_{i=1}^{n} Y_i \right)^{1/n} \tag{3.36a}$$

$$K_1 = \frac{1}{\lambda K_2^{\lambda-1}} \tag{3.36b}$$

K_2는 Y_i 관측값들의 기하평균이다.

주어진 λ값에 대해 표준화된 관측값 W_i가 얻어지면, 예측변수 X에 대해 회귀분석하고 오차제곱합 SSE를 얻을 수 있다. 최대가능도추정량 $\hat{\lambda}$은 SSE를 최소화시키는 λ값인 것을 알 수 있다.

더 정교한 탐색은 SSE를 최소화시키는 λ값 근처에서 실시할 수 있다. 그러나 Box-Cox 절차는 변환을 선택하는 대략적인 안내만 받기 위해 사용하는 것으로, 아주 세밀한 결과는 필요하지 않다. 어떤 경우라도 산점도와 잔차그림을 활용하여, Box-Cox 절차에 의해 확인된 변환의 적절성을 검토해야 한다.

예 표 3.9는 플라즈마 수준 예에 대한 Box-Cox 결과이다. −1.0∼1.0의 범위에서 λ의 값이 선택되고, 선택된 λ값마다 변환 (3.36)을 실시하고 X에 대한 W의 선형회귀를 적합시켰다. 예를 들어 $\lambda = .5$일 때, 변환 $W_i = K_1(\sqrt{Y_i} - 1)$을 실시했고, X에 대한 W의 선형회귀를

λ	SSE	λ	SSE
1.0	78.0	−.1	33.1
.9	70.4	−.3	31.2
.7	57.8	−.4	30.7
.5	48.4	−.5	30.6
.3	41.4	−.6	30.7
.1	36.4	−.7	31.1
0	34.5	−.9	32.7
		−1.0	33.9

표 3.9 Box-Cox 결과 – 플라즈마 수준 예

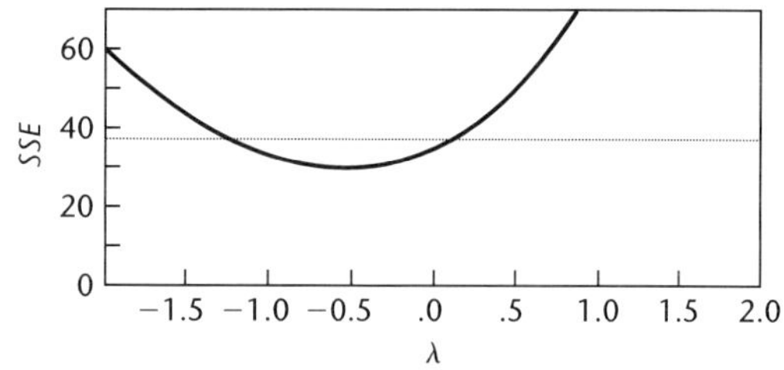

그림 3.17 SAS-JMP Box-Cox 결과 – 플라즈마 수준 예

적합시켰다. 이 적합된 선형회귀모형에서 오차제곱합은 $SSE = 48.4$이다. SSE의 값을 가장 작게 만드는 변환은 $\lambda = -.5$이고, 이때 $SSE = 30.6$이다.

그림 3.17은 이 예에 대한 SAS-JMP Box-Cox 결과를 보여 준다. 이것은 λ의 함수에 따른 SSE의 그림이다. 그림으로부터 멱값이 $\lambda = -.50$ 근처에서 최소가 되는 것을 알 수 있다. 그러나 λ의 함수에 따른 SSE는 0 근처에서부터 -1.0까지의 범위에서 매우 안정적이므로, 이전 선택 방법이었던 $\lambda = 0$에 해당하는 로그변환 $Y' = \log_{10} Y$이 Box-Cox 절차에 따르면 플라즈마 수준 예에 대해 불합리한 것은 아니다. 로그변환을 선택한 이유 중 하나는 해석하기 쉽기 때문이다. 자연로그 대신 10을 밑으로 하는 로그변환의 사용은 당연히 로그변환의 적절성에는 영향을 미치지 않는다.

부연설명

1. 이론적이거나 연역적인 방식은 적절한 변환을 고르는 데 도움이 될 수 있다. 예를 들어 상품의 가격(X)과 수요량(Y)의 사이 관계 연구의 산점도 모양이 그림 3.15b일 때, 경제학자들은 Y와 X 모두에 로그변환하는 것을 선호한다. 왜냐하면 변환된 변수의 회귀선의 기울기는 수요의 가격 탄력성을 측정하기 때문이다. 일반적으로 그 기울기는 가격이 1% 변화할 때 수요량의 변화 %를 보여 주는 것으로 해석된다.

   비슷한 경우로, 물질의 방사선 붕괴(Y)와 시간(X) 사이의 관계의 연구가 그림 3.15b처럼 곡선 관계일 때, 과학자들도 Y와 X 모두에 로그변환하는 것을 선호한다. 왜냐하면 변환된 변수들의 회귀선의 기울기가 붕괴율을 측정하기 때문이다.
2. 한 변환이 잠정적으로 결정된 후에는 앞에서 설명된 잔차그림과 다른 분석들을 이용하여 단순선형회귀모형 (2.1)이 변형된 자료에 적합하다는 것을 확인해야 한다.
3. 변환된 모형이 사용되었을 때, 최소제곱법으로 추정된 추정량 b_0와 b_1은 원래 관측값이 아닌 변환된 관측값에 대해 최소제곱 특성들을 가진다.
4. Box-Cox 절차로 구한 λ의 최대가능도추정량은 표본추출 변동에 의존한다. 게다가 대부분의 오차제곱합 SSE는 추정량 근처에서 매우 안정적이다. 멱변환을 쉽게 이해하기 위해 λ 근처의 값을 사용하는 것이 합리적이다. 예를 들어 최대가능도추정량을 $\hat{\lambda} = .13$ 대신에 $\lambda = 0$을 사용하거나 $\hat{\lambda} = -.79$ 대신에 $\lambda = -.5$를 사용하면 변환의 효율성은 떨어지지만 대신에 이해를 쉽게 할 수 있다. λ의 이해하기 쉬운 값을 사용하는 것의 적절성을 판단하기 위해서, 플라즈마 수준 예처럼 $\hat{\lambda}$의 근처에서 가능도함수가 평평한지 검토해야 한다. 또는 λ에 대한 근사적 신뢰구간을 구할 수 있다. 이 구간을 만드는 방법은 인용문헌 3.10에 논의되어 있다.
5. Box-Cox 절차의 결과 λ값이 1 근처라면, Y의 변환은 필요하지 않다. ■

3.10 ■ 회귀함수 형태의 탐색

대부분의 산점도는 회귀함수의 특성을 쉽게 나타낸다. 예를 들어 그림 1.3은 명백하게 스테로이드 수준과 나이의 회귀관계의 특성이 곡선 형태인 것을 보여 준다. 그러나 다른 때에는 산점도가 복잡해서 그림으로부터 회귀관계의 특성을 알기 어려울 때가 있다. 이런 경우, 회귀함수에 어떠한 제약도 주지 않고 평활곡선을 적합시켜서 회귀관계의 특성을 탐구하는 것이 도움이 된다. 이 평활곡선을 **비모수적 회귀곡선**(nonparametric regression curves)이라고 한다. 이 곡선들은 회귀관계를 탐구하는 데 유용할 뿐만 아니라 산점도가 회귀관계의 시각적 특성을 확인하는 데도 도움이 된다.

많은 평활법은 X_i가 동일한 간격인 시간을 나타내는 시계열 자료에서 평활곡선을 얻기 위해 만들어졌다. **이동평균법**(method of moving averages)은 평활값을 얻기 위해 인접한 기간의 Y 관측값의 평균을 사용한다. 예를 들어 시계열 자료에서 처음 세 기간의 Y의 평균은 첫 번째 평활값이 되는데, 이는 세 기간 중 중간인 기간 2의 값에 해당한다. 그리고 두 번째, 세 번째, 네 번째 기간에서의 Y값의 평균은 두 번째 평활값이 되는데, 이는 세 기간의 중간인 기간 3의 값에 해당하고, 이렇게 계속 평활값을 구한다. 시계열의 마지막 양쪽 부분의 평활값을 구할 때는 특별한 과정이 필요하다. 평활값을 얻기 위해 더 많은 연속적인 이웃된 값을 사용할수록, 더 부드러운 곡선이 될 것이다.

이동중위수 방법(method of running medians)은 이동평균법과 유사하지만, 중위수는 특이 관측값의 영향을 감소시킨다. 평활값들을 다시 연속적으로 평활하거나 다른 방법을 실시하여 더 적합한 평활곡선을 얻을 수 있다. 인용문헌 3.11은 이동중위수 평활법에 대한 좋은 입문서이다.

많은 평활법들은 X값이 등간격이 아닌 회귀 자료에 대해서 만들어졌다. 단순한 평활법, **띠 회귀**(band regression)는 자료를 몇 개의 그룹으로 나누거나 X의 수준에 따라 인접 자료를 묶는다. 각 띠에서 X값의 중위수와 Y값의 중위수를 계산하고, 이 중위수들의 쌍들로 정의된 점을 선으로 잇는다. 예를 들어 다음의 단순 자료를 세 개의 그룹으로 나누었다.

X	Y	중위수 X	중위수 Y
2.0	13.1	2.7	14.4
3.4	15.7		
3.7	14.9		
4.5	16.8	4.5	16.8
5.0	17.1		
5.2	16.9	5.55	17.35
5.9	17.8		

중위수들의 세 개의 쌍을 자료의 산점도 위에 그리고, 단순 비모수적 평활회귀곡선인 직선으로 잇는다.

Lowess 방법

Cleveland에 의해 개발된 Lowess 방법(인용문헌 3.12)은 띠 회귀보다 더 개선된 비모수적 방법이다. 국소 근방(local neighbor)에서 연속적으로 선형회귀함수를 적합시켜 평활곡선을 구할 수 있다. Lowess는 **국소가중회귀산점도평활**(Locally weighted regression scatter plot smoothing)을 뜻한다. 이 방법은 X값에 해당하는 평활된 Y의 값을 구하기 위해 각 X의 근방을 이용하는 점에서 이동평균과 이동중위수와 유사하다. X값 근방(neighbor)의 자료로 선형회귀에 적합시키고 적합된 Y의 값을 평활값으로 사용함으로써 주어진 X에서의 평활된 Y값을 얻는다. 구체적으로 설명하면, (X_1, Y_1)은 X값이 가장 작은 표본이고, (X_2, Y_2)는 X의 값이 두 번째로 작은 표본이며, 나머지도 같은 형태이다. 세 개의 X값들의 근방에 Lowess 방법을 사용하면, X_2를 기준으로 X축에서 가장 가까운 거리의 세 점이 $\{X_1, X_2, X_3\}$ 또는 $\{X_2, X_3, X_4\}$ 일 수도 있다. $\{X_1, X_2, X_3\}$이 X_2의 근방이라면 선형회귀는 다음 자료에 적합된다.

$$(X_1, Y_1) \quad (X_2, Y_2) \quad (X_3, Y_3)$$

X_2에서의 적합값은 X_2에 대응되는 평활값이 된다. X_3의 근방이 $\{X_2, X_3, X_4\}$라면 다른 선형회귀가 다음 자료에 적합된다.

$$(X_2, Y_2) \quad (X_3, Y_3) \quad (X_4, Y_4)$$

그리고 X_3에서의 적합값은 X_3에 대응되는 평활값이 된다. X 범위의 끝에 해당하는 X값의 근방도 같은 기준으로 결정된다.

Lowess 방법은 평활을 향상시키고 특이 관측값에 로버스트한 절차를 만들기 위해 최종 평활값을 얻는 데 몇 가지 정밀화 작업을 거친다.

1. 선형회귀는 주어진 근방에서 중간 X로부터 멀리 떨어질수록 작은 가중값을 준다.
2. 특이 관측값에 로버스트한 절차를 만들기 위해서, 선형회귀 적합은 첫 번째 적합 때의 잔차가 두 번째 적합 때의 잔차보다 큰 경우 더 작은 가중값을 받는 방식으로 가중값이 조정되면서 반복된다.
3. 절차의 로버스트성을 향상시키기 위해서, 2단계를 마지막 적합의 잔차의 크기에 따라 가중값을 조정하면서 한 번 또는 더 많이 반복한다.

Lowess 절차를 시행하기 위해서 각 선형회귀에 적합할 때 사용될 연속적인 근방의 크기를 선택해야 한다. 또한 각 중심 X로부터 멀리 떨어진 X값의 경우 적은 가중값을 주는 가중값함수와 큰 잔차를 가진 경우일 때 적은 가중값을 주는 또 다른 가중값함수를 정해야 한다. 마지막으로 절차를 로버스트하게 만들기 위한 반복 횟수를 정해야 한다.

실제로 두 번의 반복은 로버스트하게 만드는 데 충분하다. 또한 Cleveland에 의해 제안된 가중값함수는 많은 상황에서 적정한 것으로 보인다. 따라서 특정한 상황에 적용하기 위해서는 연속적인 근방의 크기를 주로 선택한다. 크기가 더 클수록, 함수는 더 매끄러워지지만 평활로 인한 회귀관계의 중요한 특성이 손실될 위험이 더 커진다. 최적의 회귀관계를 나타내는 크기를 찾기 위해서 여러 근방의 크기들에 대한 시도가 필요하다. 11장 다중회귀 맥락에서 Lowess 방법을 더 자세히 설명할 것이다. 구체적인 가중값함수의 선택과 근방의 크기는 거기서 논의될 것이다.

예 그림 3.18a는 24개 연구 실험실에서 조사한 연구의 질에 대한 산점도이다. 반응변수는 실험실에서 시행된 연구의 질의 측정이고, 설명변수는 실험실에서 수행된 연구의 양이다. 연구의 질과 양 사이의 관계가 존재하는지 산점도를 통해 말하는 것은 매우 어렵다. 그림

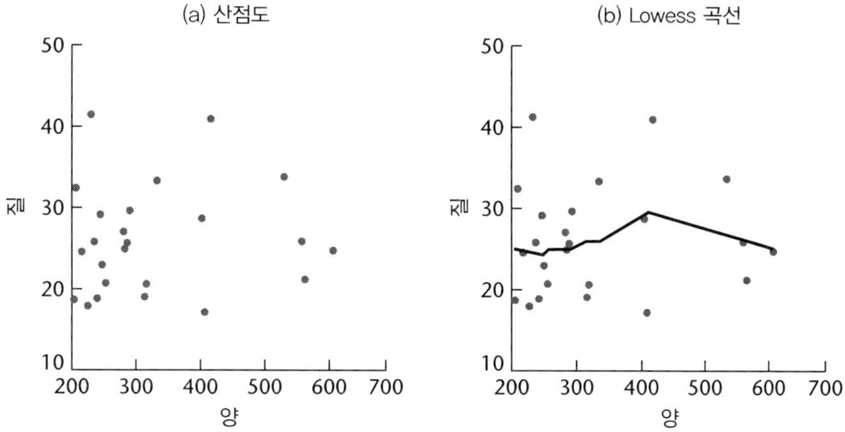

그림 3.18 MINITAB 산점도와 Lowess 평활곡선 – 연구 실험실 예

3.18b는 산점도를 그리고 Lowess 평활곡선을 그렸다. 이 곡선은 중간 크기의 실험실에 연구의 질이 높을 수 있다는 것을 제시한다. 그러나 퍼짐이 너무 크기 때문에 이 산점도에서 제시된 관계는 단지 가능성의 제시 정도로 여겨져야 한다. 또한 연구의 양과 질에 대한 특정한 측정 방법도 제한적이기 때문에, 그림 3.18b에서 제시된 관계를 증명하기 위해 다른 방법들이 고려되어야 한다.

적합된 회귀함수를 확증하기 위한 평활곡선의 사용

평활곡선은 회귀모형이 선택되었을 때, 탐색적 단계에서 유용할 뿐만 아니라 선택된 회귀함수를 확증하는 데 도움이 된다. 확증 절차는 단순하다. 평활곡선을 적합된 회귀함수의 신뢰띠와 함께 그린다. 평활곡선이 신뢰띠 안에 위치한다면, 적합된 회귀함수의 적절성의 증거가 된다.

예 그림 3.19a는 그림 1.10a의 Toluca Company 예의 산점도를 그린 것이고 Lowess 평활곡선

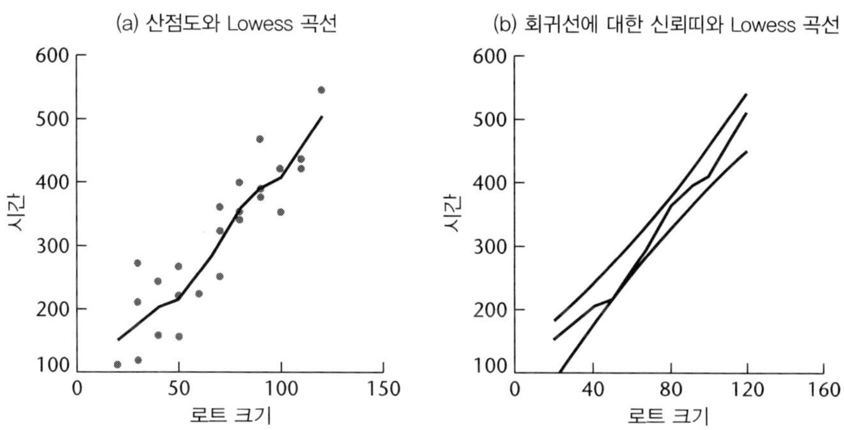

그림 3.19 MINITAB Lowess 곡선과 회귀선의 신뢰띠 – Toluca Company 예

을 나타내었다. 회귀관계가 선형 또는 약간 곡선인 것처럼 보인다. 그림 3.19b는 그림 2.6의 회귀선에 대한 신뢰띠를 그린 것이고 Lowess 평활곡선을 나타내었다. 평활곡선이 회귀선에 대한 신뢰띠 안에 위치하는 것을 볼 수 있고, 따라서 이는 선형회귀함수의 적절성을 뒷받침한다.

부연설명

1. Lowess 곡선 같은 평활곡선은 회귀관계의 함수적 형태에 대한 분석적인 표현은 제공하지 않는다. 단지 회귀곡선의 모양만 제시한다.
2. Lowess 절차는 각 근방에서 선형회귀함수들만을 적합하는 것으로 제한되지 않는다. 고차 다항식을 이 방법에 사용할 수 있다.
3. 평활곡선은 잔차(혹은 잔차의 절댓값이나 제곱값)가 X 혹은 $\hat{Y}$과 관계가 있는지를 확인하기 위해 잔차그림을 검토할 때에도 유용하다.
4. 인용문헌 3.13과 3.14는 회귀분석의 다른 비모수적 방법들에 대해 소개한다. ■

3.11 ■ 사례 – 플루토늄 측정

어떤 복구 지역에서 플루토늄 238과 같은 핵물질들을 완전히 제거하는 환경 정화 활동이 이루어졌다. 소량의 플루토늄이 다른 물질들과 섞였을 때, 플루토늄이 있는지를 알아내는 것은 까다로운 일이다. 하지만 매우 소량의 플루토늄이라도 감지 가능한 아원자(subatomic) 입자인 알파 입자를 방출한다. 플루토늄을 감지하는 데 사용되는 장치는 알파 입자 충돌의 강도를 초당 횟수(#/초)로 기록한다. 그리고 알파 입자의 초당 횟수(반응변수)와 플루토늄 활성도(설명변수) 간의 회귀관계를 이용하여 분석 대상이 되는 물질의 플루토늄 활성도를 추정한다. 이러한 회귀관계의 사용은 4장에서 논의할 역예측[즉, 관측된 알파 횟수(Y)를 이용하여 플루토늄 활성도(X)를 예측]과 관련되어 있다.

여기서의 과제는 초당 알파 횟수와 플루토늄 활성도 간의 회귀관계를 추정하는 것이다. 이 관계는 측정 기구에 따라 달라지므로 다른 측정 기구를 사용할 때마다 새로 정립되어야 한다. 알파 횟수의 수준이 플루토늄 활성도가 높아짐에 따라 상승한다고 가정하는

사례	플루토늄 활성도 (pCi/g)	알파 횟수 (#/sec)
1	20	.150
2	0	.004
3	10	.069
...	...	...
22	0	.002
23	5	.049
24	0	.106

표 3.10 기본 자료 – 플루토늄 측정 예

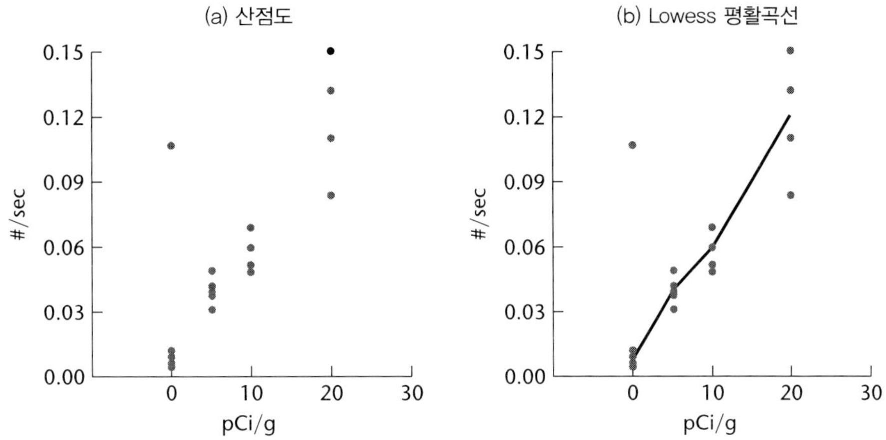

그림 3.20 SAS-JMP 산점도와 Lowess 평활곡선 – 플루토늄 측정 예

것이 합리적이겠으나, 관계의 정확한 특성은 일반적으로 알려져 있지 않다.

특정한 측정 기구를 사용한 회귀관계를 설정하고자 네 개의 플루토늄 **표준**(standard)들을 사용하였다. 이는 플루토늄 활성도가 확인된 알루미늄/플루토늄 봉을 표준으로 삼았으며, 네 표준에 해당하는 플루토늄 활성 수준은 그램당 0.0, 5.0, 10.0, 20.0 피코퀴리(picoqury)(pCi/g)이다. 각 표준에 대해 감지 장치는 4～10회 측정되었으며 초당 횟수로 기록된 알파 입자의 충격을 관찰하였다. 표 3.10은 데이터의 일부분이며, 그림 3.20a는 데이터의 산점도이다. 예상했던 것과 마찬가지로, 충돌률이 플루토늄 활성도가 높아짐에 따라 상승하는 것을 확인할 수 있다. 또한 플루토늄이 없는 표준에서도 충돌률이 기록됨을 확인할 수 있다. 이러한 결과는 배경에 있는 방사 때문에 발생하며 절편이 있는 회귀모형이 필요함을 나타낸다.

회귀관계의 특성을 검토하기 위한 첫 단계로 그림 3.20b에 Lowess 평활곡선을 그렸다. 이를 통해 분석 대상이 되는 플루토늄 활성 수준의 범위 내에서 회귀관계가 선형이거나 약간 곡선 형태를 가질 수 있음을 확인할 수 있다. 또한 0.0 pCi/g에 해당하는 관측값 중 하나(24번째 관측값)가 다른 관측값들과 맞지 않음을 볼 수 있다. 실험을 통한 기록을 검토한 결과 마지막 관측 시의 실험조건이 적절히 유지되지 않았음이 확인되었고, 24번째 관측값은 제외하기로 결정하였다. 부수적으로 특이 관측값에 매우 작은 가중값을 주는 이 Lowess 평활 절차가 얼마나 로버스트한지 주목하자.

선형회귀함수는 나머지 23개의 관측값을 이용하여 적합되었다. 그림 3.21a는 SAS-JMP 회귀 결과이며 그림 3.21b는 적합값에 대한 잔차그림, 그림 3.21c는 정규확률그림이다. JMP 결과물의 Model은 분산분석의 회귀성분을 나타내며 C Total은 수정총합을 나타낸다.

회귀 결과를 통해 회귀선의 기울기가 0이 아니며($F^* = 228.9984$, P값 = .0000), 따라서 회귀관계가 존재함을 확인할 수 있다. 또한 잔차그림에서 나팔 모양을 보이는 것에서 오차분산이 플루토늄 활성도가 높아짐에 따라 증가함을 확인할 수 있다. 정규확률그림은 비정규임을 보여 주지만(두꺼운 꼬리) 비선형성은 일정하지 않은 오차분산과 관련(최소한

(a) 회귀 결과물

Term	Estimate	Std Error	t Ratio	Prob>|t|
Intercept	0.0070331	0.0036	1.95	0.0641
Plutonium	0.005537	0.00037	15.13	0.0000

Source	DF	Sum of Squares	Mean Square	F Ratio
Model	1	0.03619042	0.036190	228.9984
Error	21	0.00331880	0.000158	**Prob>F**
C Total	22	0.03950922		0.0000

Source	DF	Sum of Squares	Mean Square	F Ratio
Lack of Fit	2	0.00016811	0.000084	0.5069
Pure Error	19	0.00315069	0.000166	**Prob>F**
Total Error	21	0.00331880		0.6103

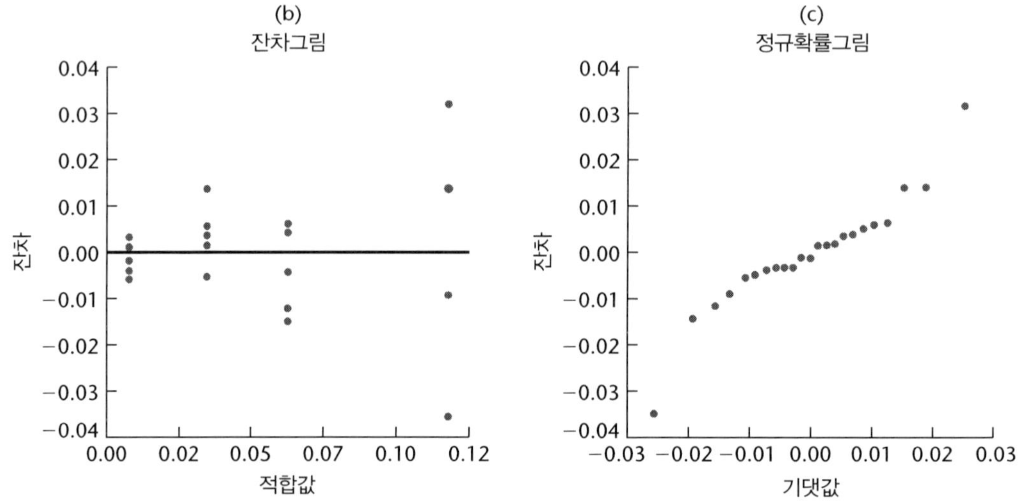

그림 3.21 변환하지 않은 자료에 대한 SAS-JMP 회귀 결과물과 진단 그림 – 플루토늄 측정 예

부분적으로)되어 있는 것으로 보인다. 일정하지 않은 분산이 존재함은 Breusch-Pagan 검정통계량 (3.11)로 확인되었다.

$$X_{BP}^2 = 23.29 > \chi^2(.95; 1) = 3.84$$

일정하지 않은 분산이 있다는 점은 분명히 해결방안이 필요하다. 11장의 가중최소제곱법의 사용을 포함한 몇몇 접근 방법이 적용될 수 있다. 보통 횟수를 센 자료의 경우 반응변수에 제곱근 변환을 통해 오차분산을 안정화시킬 수 있다. 이것은 유용한 멱변환 중 한 가지일 뿐이며, Box-Cox 절차를 이용하여 적절한 멱변환을 제안할 수 있다. 표준화변수 (3.36)을 사용함으로써 λ의 최대가능도추정값이 $\hat{\lambda} = .65$임을 알아낼 수 있다. 가능도함수가 $\hat{\lambda} = .65$ 근방에서 상당히 평평하므로, Box-Cox 절차를 통해 제곱근 변환의 적용(즉 $\lambda = .5$의 적용)이 적절함을 알 수 있다. 반응변수가 $Y' = \sqrt{Y}$일 때의 선형회귀함수 적합의 결과는 그림 3.22a에 제시되어 있다.

이 시점에서 새로운 문제가 발생함을 알 수 있다. 그림 3.22b의 잔차그림의 오차분산이 더 안정되어 있고 그림 3.22c의 정규확률그림의 점들이 대략적으로 직선상에 위치한 것으

(a) 회귀 결과물

Term	Estimate	Std Error	t Ratio	Prob>|t|
Intercept	0.0947596	0.00957	9.91	0.0000
Plutonium	0.0133648	0.00097	13.74	0.0000

Source	DF	Sum of Squares	Mean Square	F Ratio
Model	1	0.21084655	0.210847	188.7960
Error	21	0.02345271	0.001117	**Prob>F**
C Total	22	0.23429926		0.0000

Source	DF	Sum of Squares	Mean Square	F Ratio
Lack of Fit	2	0.01210640	0.006053	10.1364
Pure Error	19	0.01134631	0.000597	**Prob>F**
Total Error	21	0.02345271		0.0010

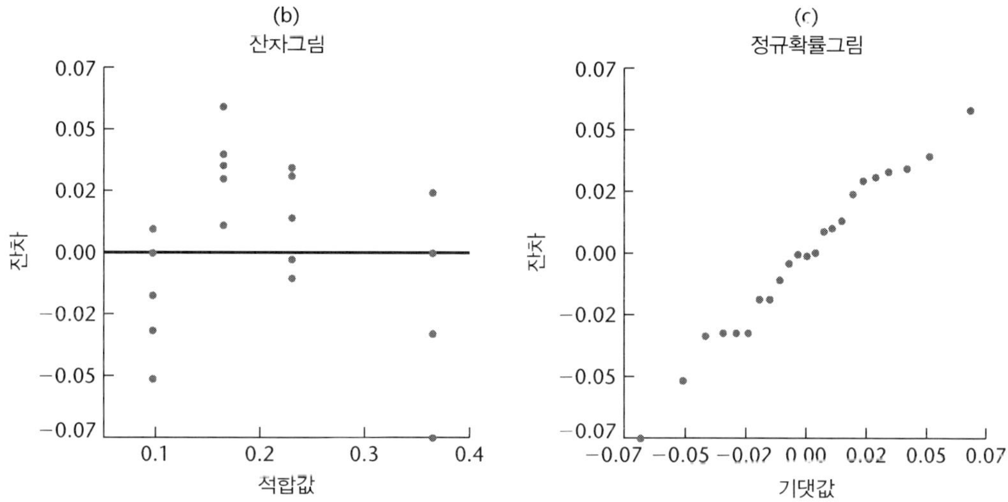

그림 3.22 변환한 자료에 대한 SAS-JMP 회귀 결과물과 진단 그림 – 플루토늄 측정 예

로 보이지만, 잔차그림은 이제 Y'이 X와 비선형적 관계를 갖는다는 것을 시사한다. 이러한 부분은 적합성결여 검정통계량을 통해서도 확인할 수 있다($F^* = 10.1364$, P값 $= .0010$). 물론 Y가 X와 선형적 관계를 가지고 있었으므로 완전히 예상하지 못한 결과는 아니다.

변환된 Y 변수와 선형적 관계를 회복하기 위해 X의 제곱근 변환이 충분한 선형적합을 시키는지를 확인해 보자. $Y' = \sqrt{Y}$와 $X' = \sqrt{X}$에 대한 회귀 결과는 그림 3.23에 제시되어 있다. 그림 3.23b의 잔차그림을 통해 예측변수의 제곱근 변환이 적합성결여를 해소했음을 확인하자. 또한 그림 3.23c에서 잔차의 정규확률그림 또한 충분하며, 상관검정($r = .986$)으로도 오차항의 정규분포 가정을 확인할 수 있다(표 B.6에서 $\alpha = .05$, $n = 23$에 해당하는 보간법에 의한 임계값은 .9555이다). 그러나 잔차그림은 오차분산이 아직 어느 정도 일정하지 않음을 시사한다. 하지만 그리 크지는 않아 보인다. Breusch-Pagan 검정통계량 (3.11)은 $X^2_{BP} = 3.85$이며 이에 해당하는 P값은 .05로 잔차그림에서 확인한 오차분산이 일정하지 않은 정도가 크지 않다는 결론을 확인할 수 있다.

그림 3.23d는 적합된 회귀선의 신뢰띠 (2.40)에 대한 SYSTAT 그림이며, 회귀선은 다음과 같다.

(a) 회귀 결과물

Term	Estimate	Std Error	t Ratio	Prob>|t|
Intercept	0.0730056	0.00783	9.32	0.0000
Sqrt Plutonium	0.0573055	0.00302	19.00	0.0000

Source	DF	Sum of Squares	Mean Square	F Ratio
Model	1	0.22141612	0.221416	360.9166
Error	21	0.01288314	0.000613	**Prob>F**
C Total	22	0.23429926		0.0000

Source	DF	Sum of Squares	Mean Square	F Ratio
Lack of Fit	2	0.00153683	0.000768	1.2868
Pure Error	19	0.01134631	0.000597	**Prob>F**
Total Error	21	0.01288314		0.2992

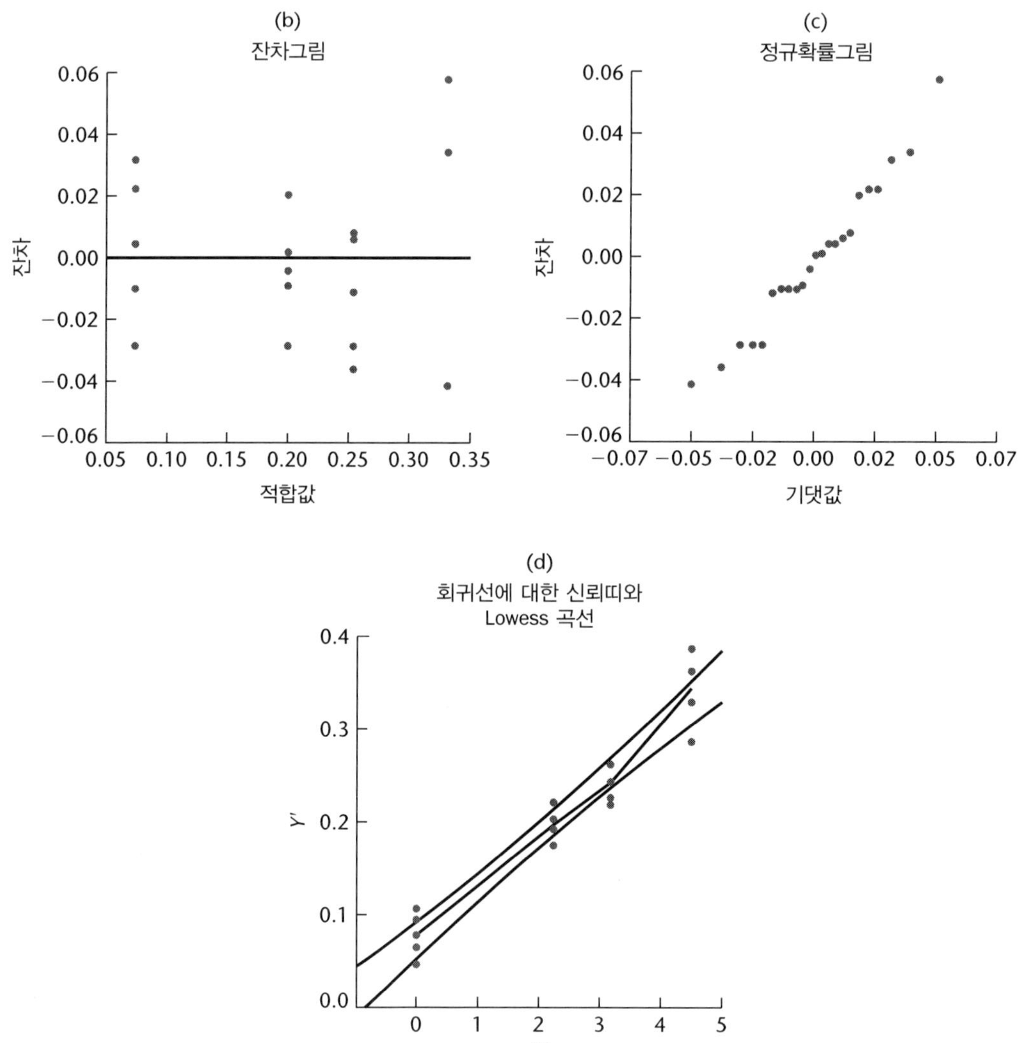

그림 3.23 변환한 반응과 예측변수에 대한 SAS-JMP 회귀 결과물과 진단 그림 – 플루토늄 측정 예

$$\hat{Y}' = .0730 + .0573X'$$

회귀선이 상당히 정확하게 추정되었음을 확인할 수 있다. Lowess 평활곡선 그림에서 확인할 수 있다. 평활곡선이 신뢰띠에 완전히 포함되어 있음을 확인할 수 있는데, 이는 Y'와 X'의 선형 관계의 합리성을 뒷받침한다. 적합성결여 검정통계량 (3.25)는 $F^* = 1.2868$(P값 $= .2992$)로, 역시 $Y' = \sqrt{Y}$의 $X' = \sqrt{X}$로의 회귀가 선형임을 뒷받침한다.

인용문헌

3.1. Barnett, V., and T. Lewis. *Outliers in Statistical Data*. 3rd ed. New York: John Wiley & Sons, 1994.

3.2. Looney, S. W., and T. R. Gulledge, Jr. "Use of the Correlation Coefficient with Normal Probability Plots," *The American Statistician* 39 (1985), pp. 75–79.

3.3. Shapiro, S. S., and M. B. Wilk. "An Analysis of Variance Test for Normality (Complete Samples)," *Biometrika* 52 (1965), pp. 591–611.

3.4. Levene, H. "Robust Tests for Equality of Variances," in *Contributions to Probability and Statistics*, ed. I. Olkin. Palo Alto, Calif.: Stanford University Press, 1960, pp. 278–92.

3.5. Brown, M. B., and A. B. Forsythe. "Robust Tests for Equality of Variances," *Journal of the American Statistical Association* 69 (1974), pp. 364–67.

3.6. Breusch, T. S., and A. R. Pagan. "A Simple Test for Heteroscedasticity and Random Coefficient Variation," *Econometrica* 47 (1979), pp. 1287–94.

3.7. Cook, R. D., and S. Weisberg. "Diagnostics for Heteroscedasticity in Regression," *Biometrika* 70 (1983), pp. 1–10.

3.8. Joglekar, G., J. H. Schuenemeyer, and V. LaRiccia. "Lack-of-Fit Testing When Replicates Are Not Available," *The American Statistician* 43 (1989), pp. 135–43.

3.9. Box, G. E. P., and D. R. Cox. "An Analysis of Transformations," *Journal of the Royal Statistical Society B* 26 (1964), pp. 211–43.

3.10. Draper, N. R., and H. Smith. *Applied Regression Analysis*. 3rd ed. New York: John Wiley & Sons, 1998.

3.11. Velleman, P. F., and D. C. Hoaglin. *Applications, Basics, and Computing of Exploratory Data Analysis*. Boston: Duxbury Press, 1981.

3.12. Cleveland, W. S. "Robust Locally Weighted Regression and Smoothing Scatterplots," *Journal of the American Statistical Association* 74 (1979), pp. 829–36.

3.13. Altman, N. S. "An Introduction to Kernel and Nearest-Neighbor Nonparametric Regression," *The American Statistician* 46 (1992), pp. 175–85.

3.14. Haerdle, W. *Applied Nonparametric Regression*. Cambridge: Cambridge University Press, 1990.

문제

3.1. 다음을 구분하여라. (1) 잔차와 준스튜던트화 잔차, (2) $E\{\varepsilon_i\} = 0$과 $\bar{e} = 0$, (3) 오차항과 잔차.

3.2. 각 경우에 대해 전형적 잔차그림을 그려라. (1) X가 감소할수록 오차분산이 감소하는 경우, (2) 실제 회귀함수는 ∪ 모양이지만 선형회귀함수로 적합한 경우.

3.3. 문제 1.19의 **평량평균(Grade point average)** 문제를 참고하여라.

a. ACT 점수 X_i에 대한 상자그림을 그려라. 그림에 주목할만한 특징이 있는지 논하여라.

b. 잔차의 점그림을 그려라. 이 그림에서 얻을 수 있는 정보는 무엇이 있는가?

c. 적합값 $\hat{Y}_i$에 대한 잔차 e_i를 그려라. 그림을 통해 회귀모형 (2.1)에서의 어떠한 이탈을 확인할 수 있는가? 발견한 것은 무엇인가?

d. 잔차의 정규확률그림을 그려라. 또한 순서잔차와 정규가정하의 기댓값 간 상관관계를 구하고 정규가정의 타당성을 표 B.6과 $\alpha = .05$를 이용하여 검정하여라. 결론은 무엇인가?

e. 오차분산이 X의 수준에 따라 변하는지를 확인하기 위해 Brown-Forsythe 검정을 이용하여라. 데이터를 $X < 26$, $X \geq 26$ 두 그룹으로 나누고, $\alpha = .01$을 이용하여 결정규칙과 결론을 설명하여라. 이 결론이 (c)에서 얻은 예비결론을 뒷받침하는가?

f. 아래 표는 각 학생에 대한 모형에 포함되지 않은 두 변수인 지능검사점수(X_2)와 고등학교 반 등수 백분위수(X_3) 정보이다(높은 반 등수 백분위수가 반에서 높은 성적임을 주목하라. 즉, 99%면 반에서 최상위권임을 의미한다). X_2와 X_3에 대한 잔차를 각각의 그래프로 그리고, 모형이 이 변수들을 추가함으로써 향상되는지를 확인하여라. 어떠한 결론을 내릴 수 있는가?

i:	1	2	3	...	118	119	120
X_2:	122	132	119	...	140	111	110
X_3:	99	71	75	...	97	65	85

*3.4. 문제 1.20의 **복사기 유지보수(Copier maintenance)** 문제를 참고하여라.

a. 서비스 받은 복사기 대수 X_i에 대한 점그림을 그려라. 이 그림에서 얻을 수 있는 정보는 무엇인가? 이 변수에 관련하여 특이점이 존재하는가?

b. 본 사례들은 시간순으로 주어져 있다. 서비스 받은 복사기의 대수에 대한 시간그림(time plot)을 그려라. 그림을 통해 무엇을 알 수 있는가?

c. 잔차에 대한 줄기-잎 그림을 그려라. 이 그림에 주목할만한 특징이 있는가?

d. $\hat{Y}_i$에 대한 e_i와 X_i에 대한 e_i의 잔차그림을 각각의 그래프에 그려라. 이 그림들이 같은 정보를 제공하는가? 그림을 통해 회귀모형 (2.1)에서 어떤 이탈이 일어났는지 확인 가능한가? 발견한 것을 서술하여라.

e. 잔차에 대한 정규확률그림을 그려라. 또한 순서잔차와 정규가정하의 기댓값 간

상관관계를 구하여라. 정규가정이 타당해 보이는가? 표 B.6과 $\alpha = .10$을 사용하여라.

f. 잔차에 대한 시간그림을 그리고 오차항이 시간에 따라 상관관계가 있는지를 확인하여라. 결론은 무엇인가?

g. (3.10)이 적용 가능하다고 가정하고 Breusch-Pagan 검정을 통해 오차분포가 X의 수준에 따라 달라지는지 $\alpha = .05$를 이용해 판단하여라. 가설들, 결정규칙, 결론을 논하여라.

h. 다음 표는 모형에 포함되지 않은 두 변수인 서비스 받은 복사기의 평균 가동 기간(X_2, 월 단위)과 서비스 제공 직원의 경력(X_3, 년 단위)이다. X_2와 X_3에 대한 잔차를 각각의 그래프로 그리고, 모형이 이 변수들을 추가함으로써 향상되는지를 확인하여라. 어떠한 결론을 내릴 수 있는가?

i:	1	2	3	...	43	44	45
X_2:	20	19	27	...	28	26	33
X_3:	4	5	4	...	3	3	6

*3.5. 문제 1.21의 **항공 화물 파손(Airfreight breakage)** 문제를 참고하여라.

a. 수송 횟수 X_i에 대한 점그림을 그려라. 수송 횟수의 분포가 비대칭으로 보이는가?

b. 본 사례들은 시간순으로 주어져 있다. 수송 횟수에 대한 시간그림을 그려라. 그림에서 일정한 패턴을 발견할 수 있는지 논하여라.

c. 잔차 e_i를 계산하고 잔차에 대한 줄기-잎 그림을 그려라. 이 그림에서 어떠한 정보를 얻을 수 있는가?

d. X_i에 대한 e_i의 그림을 그리고 회귀모형 (2.1)에서 어떤 이탈이 일어났는지 확인하여라. 결론은 무엇인가?

e. 잔차에 대한 정규확률그림을 그려라. 또한 순서잔차와 정규가정하의 기댓값 간 상관관계를 구하여 정규가정이 타당한지 확인하여라. 표 B.6과 $\alpha = .01$을 사용하여라. 결론은 무엇인가?

f. 잔차에 대한 시간그림을 그려라. 그림에서 어떤 정보를 얻을 수 있는가?

g. (3.10)이 적용 가능하다고 가정하고 Breusch-Pagan 검정을 통해 오차분산이 X의 수준에 따라 달라지는지 $\alpha = .10$을 이용해 판단하여라. 가설들, 결정규칙, 결과를 논하여라. 결론이 (d)에서 얻은 예비결론을 뒷받침하는가?

3.6. 문제 1.22의 **플라스틱 경도(Plastic hardness)** 문제를 참고하여라.

a. 잔차 e_i를 계산하고 잔차에 대한 상자그림을 그려라. 이 그림에서 어떠한 정보를 얻을 수 있는가?

b. 적합값 $\hat{Y}_i$에 대한 잔차 e_i의 그림을 통해 회귀모형 (2.1)에서 어떤 이탈이 일어났는지 확인하여라. 발견한 것을 서술하여라.

c. 잔차에 대한 정규확률그림을 그려라. 또한 순서잔차와 정규가정하의 기댓값 간 상관관계를 구하여라. 정규가정이 타당해 보이는가? 표 B.6과 $\alpha = .05$를 사용하여라.

d. 관련 있는 t 분포의 25번째, 50번째, 75번째 백분율을 이용하여 잔차의 빈도수와 정규가정하의 기대빈도를 비교하여라. 이 비교를 통해 얻은 정보가 (c)에서 정규확률그림을 통해 얻은 결과와 일치하는가?

e. Breusch-Pagan 검정을 통해 오차분산이 X의 수준에 따라 달라지는지 판단하여라. 자료를 두 그룹, $X \leq 24$, $X > 24$으로 나누고 $\alpha = .05$를 사용하여라. 결정규칙과 결론을 논하여라. 결론이 (b)에서 얻은 예비결론을 뒷받침하는가?

*3.7. 문제 1.27의 **근육량(Muscle mass)** 문제를 참고하여라.

a. 연령 X_i에 대한 줄기-잎 그림을 그려라. 이 그림이 여성을 각 10년 나이 기준으로 확률 선택했을 경우와 일치하는가? 설명하여라.

b. 잔차 e_i를 계산하고 잔차에 대한 점그림을 그려라. 그림에서 무엇을 발견할 수 있는가?

c. $\hat{Y}_i$에 대한 e_i와 X_i에 대한 e_i의 잔차그림을 각각의 그래프에 그려서 회귀모형 (2.1)에서 어떤 이탈이 일어났는지 확인하여라. 두 그림이 같은 정보를 주는가? 결론을 서술하여라.

d. 잔차에 대한 정규확률그림을 그려라. 또한 순서잔차와 정규가정하의 기댓값 간 상관관계를 구하여 정규가정이 타당한지 확인하여라. 표 B.6과 $\alpha = .10$을 사용하여라. 결론은 무엇인가?

e. (3.10)이 적용 가능하다고 가정하고 Breusch-Pagan 검정을 통해 오차분산이 X의 수준에 따라 달라지는지 판단하여라. $\alpha = .01$을 이용하여라. 가설들, 결정규칙, 결론을 논하여라. 결론이 (c)에서 얻은 예비결론을 뒷받침하는가?

3.8. 문제 1.28의 **범죄율(Crime rate)** 문제를 참고하여라.

a. 고졸 이상 인구의 백분율 X_i에 대한 줄기-잎 그림을 그려라. 이 그림에서 어떠한 정보를 얻을 수 있는가?

b. 잔차 e_i를 계산하고 잔차에 대한 상자그림을 그려라. 잔차의 분포가 대칭으로 보이는가?

c. $\hat{Y}_i$에 대한 잔차 e_i의 그림을 그려라. 이 그림에서 무엇을 발견할 수 있는가?

d. 잔차에 대한 정규확률그림을 그려라. 또한 순서잔차와 정규가정하의 기댓값 간 상관관계를 구하여라. 표 B.6과 $\alpha = .05$를 사용하여 정규가정이 타당한지 검정하여라. 결론은 무엇인가?

e. Brown-Forsythe 검정을 사용하여 오차분산이 X의 수준에 따라 달라지는지 판단하여라. 자료를 두 그룹, $X \leq 69$, $X > 69$로 나누고 $\alpha = .05$를 사용하여라. 결정규칙과 결론을 서술하여라. 결론이 (c)에서 발견한 사실을 뒷받침하는가?

3.9. **전력 소비량(Electricity consumption).** 가정의 전력 소비량(Y)과 방의 수(X) 간의 관계를 연구하는 경제학자가 회귀모형 (2.1)을 적용하여 다음과 같이 잔차를 계산하였다.

i:	1	2	3	4	5	6	7	8	9	10
X_i:	2	3	4	5	6	7	8	9	10	11
e_i:	3.2	2.9	−1.7	−2.0	−2.3	−1.2	−.9	.8	.7	.5

X_i에 대해 잔차 e_i를 그려라. 어떠한 문제점들이 보이는가? 변환을 통해 문제점들을 완화시킬 수 있겠는가?

3.10. **1인당 소득(Per capita earnings).** 사회학자가 12도시의 1인당 소득(Y)을 평균 학교 교육기간/연(X)과 관련시키기 위해 회귀모형 (2.1)을 적용하였다. 적합값 $\hat{Y}_i$과 준스튜던트화 잔차 e_i^*는 다음과 같다.

i:	1	2	3	...	10	11	12
$\hat{Y}_i$:	9.9	9.3	10.2	...	15.6	11.2	13.1
e_i^*:	−1.12	.81	−.76	...	−3.78	.74	.32

a. 준스튜던트화 잔차를 적합값에 대해 그려라. 그림이 시사하는 바는 무엇인가?
b. 몇 개의 준스튜던트화 잔차들이 ±1 표준편차 범위 밖에 있는가? 정규오차모형이 적절하다면 대략 몇 개가 있을 것으로 예상되는가?

3.11. **약물 농도(Drug concentration).** 약리학자가 혈장의 약물 농도(Y)와 약물 복용량의 로그값(X) 간의 관계를 연구하기 위해 회귀모형 (2.1)을 적용하였다. 잔차와 로그-복용 수준의 값은 다음과 같다.

i:	1	2	3	4	5	6	7	8	9
X_i:	−1	0	1	−1	0	1	−1	0	1
e_i:	.5	2.1	−3.4	.3	−1.7	4.2	−.6	2.6	−4.0

a. X_i에 대해 잔차 e_i를 그려라. 그림을 통해 어떠한 결과를 얻을 수 있는가?
b. (3.10)이 적용 가능하다고 가정하고 Breusch-Pagan 검정을 통해 오차분산이 로그-복용량의 수준(X)에 따라 달라지는지 판단하여라. $\alpha = .05$를 이용하여라. 가설들, 결정규칙, 결론을 논하여라. 결론이 (a)에서 얻은 결과를 뒷받침하는가?

3.12. 한 학생이 (3.16)에서 정의한 제곱합이 "수식이 보통의 제곱합처럼 보이는데" 왜 순수오차제곱합이라고 하는지 이해하지 못하고 있다. 이를 설명하여라.

*3.13. 문제 1.20의 **복사기 유지보수(Copier maintenance)** 문제를 참고하여라.
a. 선형회귀함수의 적합성결여를 검정할 때 대립 결론은 무엇이 있는가?
b. (a)에 표시된 검정을 수행하여라. 제1종 오류의 값을 .05로 하여라. 결정규칙과 결론을 논하여라.
c. (b)의 검정을 통해, 일정하지 않은 분산 혹은 오차항의 비정규성 등과 같은, 회귀모형 (2.1)에서의 이탈을 확인할 수 있는가? 적합성결여 검정의 결과가 이러한 이탈로부터 영향을 받았을 수 있는지 논하여라.

3.14. 문제 1.22의 **플라스틱 경도(Plastic hardness)** 문제를 참고하여라.
a. F 검정을 사용하여 선형회귀함수의 적합성결여를 확인하여라. $\alpha = .01$을 이용하여라. 가설들, 결정규칙, 결론을 논하여라.
b. 각 X 수준에 같은 수의 반복수를 가지면 어떤 장점이 있는가? 또는 어떤 단점이 있는가?

c. 회귀함수가 선형이 아니라는 결론일 때 (a)의 검정으로 어떤 회귀함수가 적절하다고 보여지는가? 어떻게 진행할 것인가?

3.15. **용액의 농도(Solution concentration).** 한 화학자가 용액의 농도(Y)를 시간(X)에 따라 연구하였다. 15개의 용액을 3개씩 다섯 세트로 나누어, 각 세트를 1, 3, 5, 7, 9 시간이 지난 후 측정하였다. 결과는 다음과 같다.

i:	1	2	3	...	13	14	15
X_i:	9	9	9	...	1	1	1
Y_i:	.07	.09	.08	...	2.84	2.57	3.10

a. 회귀함수를 적합하여라.

b. F 검정을 사용하여 선형회귀함수의 적합성결여를 확인하여라. $\alpha = .025$를 이용하여라. 가설들, 결정규칙, 결론을 논하여라.

c. 회귀함수가 선형이 아니라는 결론일 때 (b)의 검정으로 어떤 회귀함수가 적절하다고 보여지는가? 설명하여라.

3.16. 문제 3.15의 **용액의 농도(Solution concentration)** 문제를 참고하여라.

a. 자료의 산점도를 그려라. 그림 3.15의 전형적 패턴을 봤을 때, Y에 대해 어떤 변환을 시도하면 상수분산과 선형성을 얻을 수 있겠는가?

b. Box-Cox 절차와 표준화 (3.36)을 이용하여 적절한 멱변환을 구하여라. $\lambda = -.2, -.1, 0, .1, .2$를 이용하여 SSE를 평가하여라. Y에 어떤 변환을 취하는 것을 제안하는가?

c. $Y' = \log_{10} Y$ 변환을 사용하여 변환 자료에 대해 선형회귀함수를 추정하여라.

d. 추정된 회귀선과 변환 자료를 그려라. 회귀선이 변환 자료에 잘 적합된 것으로 보이는가?

e. 잔차를 구하고 이를 적합값에 대해 그려라. 또한 정규확률그림을 그려라. 그림에서 확인할 수 있는 것은 무엇인가?

f. 추정된 회귀함수를 원래의 단위로 표현하여라.

*3.17. **매출 증가(Sales growth).** 마케팅 연구원이 10년 전에 도입한 상품의 매년 매출을 연구하였다. 자료는 다음과 같으며, X는 연도(코드)이고 Y는 매출의 1000의 단위값이다.

i:	1	2	3	4	5	6	7	8	9	10
X_i:	0	1	2	3	4	5	6	7	8	9
Y_i:	98	135	162	178	221	232	283	300	374	395

a. 자료의 산점도를 그려라. 선형 관계가 적절해 보이는가?

b. Box-Cox 절차와 표준화 (3.36)을 이용하여 적절한 Y의 멱변환을 구하여라. $\lambda = .3, .4, .5, .6, .7$을 이용하여 SSE를 평가하여라. 어떤 변환을 취하는 것을 제안하는가?

c. $Y' = \sqrt{Y}$ 변환을 사용하여 변환 자료에 대해 선형회귀함수를 추정하여라.

d. 추정된 회귀선과 변환 자료를 그려라. 회귀선이 변환 자료에 잘 적합된 것으로 보이는가?

e. 잔차를 구하고 이를 적합값에 대해 그려라. 또한 정규확률그림을 그려라. 그림에서 확인할 수 있는 것은 무엇인가?

f. 추정된 회귀함수를 원래의 단위로 표현하여라.

3.18. **생산 시간(production time).** 제조 연구에서 최근 111번의 생산 시간을 조사하였다. 아래의 표는 각 생산에 걸린 시간(Y)과 생산의 로트 크기(X)에 대한 표이다.

i:	1	2	3	...	109	110	111
X_i:	15	9	7	...	12	9	15
Y_i:	14.28	8.80	12.49	...	16.37	11.45	15.78

a. 자료의 산점도를 그려라. 선형 관계가 타당해 보이는가? X 혹은 Y에 변환을 취하는 것이 더 적절할 것 같은가? 그렇다면 이유는 무엇인가?

b. $X' = \sqrt{X}$ 변환을 사용하여 변환 자료에 대해 선형회귀함수를 추정하여라.

c. 추정된 회귀선과 변환 자료를 그려라. 회귀선이 변환 자료에 잘 적합된 것으로 보이는가?

d. 잔차를 구하고 이를 적합값에 대해 그려라. 또한 정규확률그림을 그려라. 그림에서 확인할 수 있는 것은 무엇인가?

e. 추정된 회귀함수를 원래의 단위로 표현하여라.

연습문제

3.19. 한 학생이 학교 숙제를 하면서 선형회귀함수를 적합하였다. 학생은 잔차 e_i를 Y_i에 대해 그려서 양의 상관관계를 발견하였다. 잔차를 적합값 $\hat{Y}_i$에 대해 그렸을 때, 학생은 상관관계를 찾을 수 없었다. 이러한 차이가 왜 발생하는가? 어떤 것이 더 의미가 있는 그림인가?

3.20. 만약 회귀모형의 오차항이 독립인 $N(0, \sigma^2)$일 때, $X' = 1/X$ 변환 후의 오차항이 어떨 것이라고 할 수 있는가? $Y' = 1/Y$ 변환을 한 경우에도 같을 것인가?

3.21. (3.29)의 결과를 유도하여라.

3.22. (A.70), (A.41), (A.42)를 이용하여 정규오차회귀모형 (2.1)의 $E\{MSPE\} = \sigma^2$임을 보여라.

3.23. 절편 $\beta_0 = 0$의 선형회귀모형을 고려해 보자. 자료는 반복을 포함하여 수집되었다. 고려대상인 회귀함수의 적절성을 검정하기 위한 완전모형과 축소모형을 논하여라. $n = 20$이고 $c = 10$인 경우 완전모형과 축소모형에 관련된 자유도는 무엇인가?

프로젝트

3.24. **혈압(Blood pressure).** 아래의 자료는 5～13세 남자의 확장기 혈압(Y)과 나이(X) 간의 관계 연구를 통해 얻어진 자료이다.

i:	1	2	3	4	5	6	7	8
X_i:	5	8	11	7	13	12	12	6
Y_i:	63	67	74	64	75	69	90	60

a. 정규오차회귀모형 (2.1)이 적절하다고 가정하고, 회귀함수를 추정하고 X_i에 대한 잔차 e_i를 그려라. 잔차그림이 시사하는 바는 무엇인가?

b. 자료에서 7번째 사례를 생략하고 남은 7개의 자료로 회귀함수를 추정하여라. 이를 (a)에서 추정한 회귀함수와 비교하여라. 7번째 사례의 효과가 어떠했는가?

c. (b)의 적합된 회귀함수를 이용하여, $X = 12$일 때 새로운 Y 관측값의 99% 예측구간을 구하여라. Y_7 관측값이 예측구간 안에 위치하는가? 이 결과의 의의는 무엇인가?

3.25. 부록 C.2와 프로젝트 1.43의 **CDI** 데이터셋을 참고하여라. 세 적합회귀모형에 대하여 각각의 잔차를 구하고 X에 대한 잔차그림과 정규확률그림을 그려라. 결론을 요약하여라. 선형회귀모형 (2.1)이 다른 모형들에 비해 어느 한 모형에서 더 적절한가?

3.26. 부록 C.2와 프로젝트 1.44의 **CDI** 데이터셋을 참고하여라. 각 지리적 구역에서 잔차를 구하고 X에 대한 잔차그림과 정규확률그림을 그려라. 네 구역이 비슷한 오차분산을 갖는가? 이 그림을 통해 어떠한 다른 결과를 도출할 수 있는가?

3.27. 부록 C.1과 프로젝트 1.45의 **SENIC** 데이터셋을 참고하여라.

a. 세 적합회귀모형에 대하여 각각의 잔차를 구하고 X에 대한 잔차그림과 정규확률그림을 그려라. 결론을 요약하여라. 선형회귀모형 (2.1)이 다른 모형들에 비해 어떤 하나의 모형에서 더 적절한가?

b. 사례 47($X_{47} = 6.5$, $Y_{47} = 19.56$)과 사례 112($X_{112} = 5.9$, $Y_{112} = 17.94$)를 제거한 후 머무는 기간과 감염위험의 관계에 대한 회귀함수를 적합하여라. 이 적합된 회귀함수를 이용하여 $X = 6.5$와 $X = 5.9$일 때, 새로운 Y 관측값의 95% 예측구간을 구하여라. Y_{47}과 Y_{112} 관측값이 예측구간 밖에 위치하는가? 이 결과의 의의가 무엇인지 논하여라.

3.28. 부록 C.1과 프로젝트 1.46의 **SENIC** 데이터셋을 참조하여라. 각 지리적 구역에서 잔차를 구하고 X에 대한 잔차그림과 정규확률그림을 그려라. 네 구역이 비슷한 오차분산을 갖는가? 이 그림을 통해 어떠한 다른 결과를 도출할 수 있는가?

3.29. 문제 1.20의 **복사기 유지보수(Copier maintenance)** 문제를 참조하여라.

a. 자료를 서비스 받은 복사기 수(X)에 따라 네 개의 띠로 나눠라. '띠 1은 $X = .5$에서 $X = 2.5$까지, 띠 2는 $X = 2.5$에서 $X = 4.5$까지' 와 같은 방식이다. 각 띠별로 X의 중위수와 Y의 중위수를 구하고 자료의 산점도에 네 쌍의 중위수를 직선으로 연결하여 띠 평활을 구하여라. 이 그림은 회귀관계가 선형임을 시사하는가? 논하여라.

b. 참회귀선의 90% 신뢰구간을 구하고 (a)에서 그린 산점도에 이를 표시하여라. 띠 평활이 완전히 신뢰구간 안에 위치하는가? 이것이 선형회귀함수의 적절성에 대해 시사하는 바는 무엇인가?

c. $X = .5$에서 시작하고 넓이가 3.0인 중복된 근방을 연속으로 여섯 개 구하여라. '첫 번째 근방은 $X = .5$부터 $X = 3.5$까지, 두 번째 근방은 $X = 1.5$부터 $X = 4.5$까지'와 같은 방식이다. 각 중복된 근방에 대하여 선형회귀함수를 적합하고 근방의 중심 X_c에 대한 적합값 $\hat{Y}_c$를 구하여라. 여섯 쌍의 $(X_c, \hat{Y}_c)$를 자료의 산점도에 직선으로 연결하여 Lowess 평활의 간소화된 형태를 구하여라. 간소화된 Lowess 평활이 (a)에서 얻은 띠 평활과 어떤 면에서 다른가?

3.30. 문제 3.17의 **매출 증가(Sales growth)** 문제를 참고하여라.

a. 예측변수(코드화된 연도)의 범위를 넓이 2.0인 다섯 개의 띠로 다음과 같이 나누어라. '띠 1은 $X = -.5$에서 $X = 1.5$까지, 띠 2는 $X = 1.5$에서 $X = 3.5$까지'와 같은 방식이다. 각 띠별로 X의 중위수와 Y의 중위수를 구하고 자료의 산점도에 다섯 쌍의 중위수를 직선으로 연결하여 띠 평활을 구하여라. 이 그림이 회귀관계가 선형임을 시사하는가? 논하여라.

b. $X = -.5$에서 시작하고 넓이가 3.0인 중복된 근방을 연속으로 일곱 개 구하여라. '첫 번째 근방은 $X = -.5$부터 $X = 2.5$까지, 두 번째 근방은 $X = .5$부터 $X = 3.5$까지'와 같은 방식이다. 각 중복된 근방에 대하여 선형회귀함수를 적합하고 근방의 중심 X_c에 대한 적합값 $\hat{Y}_c$를 구하여라. 일곱 쌍의 $(X_c, \hat{Y}_c)$를 자료의 산점도에 직선으로 연결하여 Lowess 평활의 간소화된 형태를 구하여라.

c. 참회귀선의 95% 신뢰구간을 구하고 (b)에서 그린 그림에 이를 표시하여라. 간소화된 Lowess 평활이 완전히 신뢰구간 안에 위치하는가? 이것이 선형회귀함수의 적절성에 대해 시사하는 바는 무엇인가?

사례연구

3.31. 부록 C.7의 **부동산 판매(Real estate sales)** 데이터셋을 참조하여라. 522건의 자료에서 200건의 확률표본을 추출하여라. 이 확률표본을 이용하여 판매가격(Y)를 제품의 평방피트(X)의 함수로 예측하는 회귀모형을 세워라. 분석에는 주요 회귀가정을 만족하는지에 대한 평가가 반드시 포함되어야 한다. 만약 회귀가정을 만족하지 못한다면 이를 위한 적절한 해결방안을 말하고 검증하여라. 최종모형을 이용하여 곧 시장에 나올 두 집의 판매 가격을 예측하여라. 첫 번째 집은 $X = 1100$ 평방피트이고 두 번째 집은 $X = 4900$ 평방피트이다. 최종모형의 장점과 단점을 평가하여라.

3.32. 부록 C.5의 **전립선 암(Prostate cancer)** 데이터셋을 참조하여라. PSA 수준(Y)를 암의 용적(X)의 함수로 예측하는 회귀모형을 세워라. 분석에는 주요 회귀가정을 만족하는지에 대한 평가가 반드시 포함되어야 한다. 만약 회귀가정을 만족하지 못한다면 이를 위한 적절한 해결방안을 말하고 검증하여라. 최종 모형을 이용하여 암의 용적이 20 cc인 환자의 평균 PSA 수준을 추정하여라. 최종 모형의 장점과 단점을 평가하여라.

4장 | 동시추론과 회귀분석의 다른 주제들

이 장에서는 단순회귀분석의 여러 가지 주제들을 계속 논할 것이다. 몇몇 주제들은 같은 표본에서 동시에 추론을 하는 방법과 관련이 있다.

4.1 ■ β_0와 β_1의 결합추정

결합추정의 필요성

한 시장 조사 분석가가 광고 비용(X)과 매출(Y)의 관계를 연구하였다. 이 연구는 서로 다른 여섯 수준의 광고 비용이 포함되었으며, 그 중 광고를 하지 않는 경우($X = 0$)도 포함되었다. 산점도에 의해 연구에 포함된 광고 비용 수준 범위에서 선형관계가 존재하는 것으로 확인되었다. 이 분석가는 절편 β_0와 기울기 β_1을 신뢰계수 .95로 추론하고자 한다. 또한 그는 2장에서 사용된 방법을 통해 β_0와 β_1에 대해 각각의 95% 신뢰구간을 구할 수도 있을 것이다. 하지만 문제는 이러한 방법이 β_0와 β_1 둘 다에 대해 맞는 95% 신뢰구간을 찾아주지 않는다는 것이다. 만약 추론이 독립이라면, 둘 다 맞을 확률은 $(.95)^2$, 혹은 .9025일 것이다. 하지만 같은 표본자료를 이용하기 때문에 추론은 독립이 아닐 것이며, 추론이 둘 다 맞을 확률을 알아내는 것은 더욱 까다로울 것이다.

자료분석에서는 연속된 추정(혹은 검정)을 자주 필요로 하며, 분석가는 모든 추정(혹은 검정)의 집합이 맞는지 확신이 필요하다. 관심 있는 추정(혹은 검정)의 집합을 **추정모임**(family of estimates, 혹은 검정모임)이라고 하자. 위의 예에서는 추정모임에 두 개의 추정값 β_0, β_1이 존재한다. 이제 개별신뢰계수와 모임신뢰계수를 구분해야 한다. **개별신뢰계수**(statement confidence coefficient)는 이전에 논의된 익숙한 형태의 신뢰계수, 즉 반복된 표본이 선택되어 각 표본마다 특정한 신뢰구간이 계산되었을 때 맞는 추정값의 비율이다. 반면에 **모임신뢰계수**(family confidence coefficient)는 반복된 표본이 선택되어 각 표본마다 모든 신뢰구간이 계산되었을 때 전부 맞는 추정모임의 비율이다. 따라서 모임신뢰계수는 표본추출 이전에 모든 신뢰한계의 모임이 맞는 확률이다.

모임신뢰계수의 의미를 분명히 보이기 위하여 β_0와 β_1의 결합추정을 다시 고려해 보자. 예를 들어 .95의 모임신뢰계수의 경우, 만약 반복된 표본이 선택되고 β_0, β_1의 구간추정을 각 표본에 대해 계산한다면, 95%의 표본은 두 신뢰구간이 모두 맞는 추정모임을 구할 것이다. 다른 5%의 표본의 경우 어느 하나의 혹은 두 구간추정 모두가 맞지 않을 것이다.

β_0와 β_1 둘 다를 추정할 때 모임신뢰계수를 구하는 절차는 분석가가 두 개의 분리된 결과를 연결하여 통합된 모임의 결론을 낼 수 있다는 점에서 매우 바람직하다고 볼 수 있다. 이제 β_0와 β_1에 대한 동시신뢰구간을 구하는 절차 중 하나인 Bonferroni 절차를 알아볼 것이다.

Bonferroni 결합신뢰구간

특정한 모임신뢰계수를 이용하여 β_0와 β_1의 결합신뢰구간을 구하는 Bonferroni 절차는 매우 간단하다. 모임신뢰계수가 최소한 $1 - \alpha$가 되도록 각 개별신뢰계수를 $1 - \alpha$보다 높도록 조정하는 것이다. 보다시피 이 절차는 β_0와 β_1의 결합추정뿐만 아니라 여러 사례에 적용될 수 있는 일반적인 방법이다.

β_0와 β_1에 대해 개별신뢰계수가 각각 $1 - \alpha$인 일반적인 신뢰한계부터 계산하자. 이 한계들은

$$b_0 \pm t(1 - \alpha/2; n - 2)s\{b_0\}$$
$$b_1 \pm t(1 - \alpha/2; n - 2)s\{b_1\}$$

우선 하나 혹은 두 한계가 맞지 않을 확률부터 확인하자. 첫 번째 신뢰한계가 β_0를 포함하지 않는 사건을 A_1이라고 하고, 두 번째 신뢰한계가 β_1을 포함하지 않을 사건을 A_2라고 하자. 우리는 이미 다음과 같은 확률을 알고 있다.

$$P(A_1) = \alpha \qquad P(A_2) = \alpha$$

확률정리 (A.6)을 통해 다음과 같은 확률을 얻을 수 있다.

$$P(A_1 \cup A_2) = P(A_1) + P(A_2) - P(A_1 \cap A_2)$$

다음은 나머지 성질 (A.9)를 이용하여 두 구간이 맞을 확률을 구하고 이를 $P(\bar{A}_1 \cap \bar{A}_2)$라고 하자.

$$P(\bar{A}_1 \cap \bar{A}_2) = 1 - P(A_1 \cup A_2) = 1 - P(A_1) - P(A_2) + P(A_1 \cap A_2) \tag{4.1}$$

확률성질 (A.9)와 (A.10)을 통해 $\bar{A}_1 \cap \bar{A}_2$와 $A_1 \cup A_2$가 여사건임을 확인할 수 있다.

$$1 - P(A_1 \cup A_2) = P(\overline{A_1 \cup A_2}) = P(\bar{A}_1 \cap \bar{A}_2)$$

마지막으로, $P(A_1 \cap A_2) \geq 0$임을 이용하여 (4.1)에서 Bonferroni 부등식(Bonferroni inequality)을 얻을 수 있다.

$$P(\bar{A}_1 \cap \bar{A}_2) \geq 1 - P(A_1) - P(A_2) \tag{4.2}$$

이러한 경우에는 다음과 같다.

$$P(\bar{A}_1 \cap \bar{A}_2) \geq 1 - \alpha - \alpha = 1 - 2\alpha \tag{4.2a}$$

따라서 만약 β_0와 β_1이 95% 신뢰구간을 이용하여 각각 추정된 경우, Bonferroni 부등식을 통해 같은 표본을 이용한 두 구간이 모두 맞을 확률이 최소한 90%인 모임신뢰계수를 보장받을 수 있다.

Bonferroni 부등식 (4.2a)를 이용하여 β_0와 β_1을 추정하는 최소한 $1-\alpha$인 모임신뢰계수를 쉽게 얻을 수 있다. 이는 β_0와 β_1을 각각 $1-\alpha/2$인 개별신뢰계수를 사용하여 추정함으로써 가능하다. 이를 통해 Bonferroni 경계(bound)는 $1-\alpha/2-\alpha/2=1-\alpha$로 계산된다. 따라서 Bonferroni 절차를 이용하여 계산한 회귀모형 (2.1)을 위한 β_0와 β_1의 $1-\alpha$ 모임신뢰한계는 다음과 같다.

$$b_0 \pm Bs\{b_0\} \qquad b_1 \pm Bs\{b_1\} \tag{4.3}$$

또한 여기에서

$$B = t(1-\alpha/4; n-2) \tag{4.3a}$$

또한 b_0, b_1, $s\{b_0\}$, $s\{b_1\}$은 (1.10), (2.9), (2.23)에 정의되어 있다. $1-\alpha/2$의 개별신뢰계수가 양측신뢰구간을 위해 t 분포의 $(1-\alpha/4)100$ 백분위수를 필요로 함을 주목하라.

예 Toluca Company의 예에서, β_0와 β_1의 90% 모임신뢰구간은 $B = t(1-.10/4; 23) = t(.975; 23) = 2.069$를 필요로 한다. 2장에서 계산한 바로는 다음과 같았다.

$$b_0 = 62.37 \qquad s\{b_0\} = 26.18$$
$$b_1 = 3.5702 \qquad s\{b_1\} = .3470$$

따라서 β_0와 β_1 각각의 신뢰한계는 $62.37 \pm 2.069(26.18)$과 $3.5702 \pm 2.069\ (.3470)$이며 결합신뢰구간은 다음과 같다.

$$8.20 \le \beta_0 \le 116.5$$
$$2.85 \le \beta_1 \le 4.29$$

따라서 β_0가 8.20과 116.5 사이에 있으며 β_1이 2.85와 4.29 사이에 있다고 결론을 내릴 수 있다. 이 절차를 통해 맞는 구간추정의 쌍을 구할 모임신뢰계수는 최소한 .90이다.

부연설명

1. Bonferroni $1-\alpha$ 모임신뢰계수가 실제로 모임신뢰계수 참값(종종 알려지지 않은)의 하한이 되도록 반복한다. 짝으로 이루어진 β_0와 β_1의 구간추정이 맞지 않을 정도까지 신뢰한계의 모임들은 $(1-\alpha)100\%$ 이상 맞는 경향을 가질 것이다. Bonferroni 절차의 보수적인 성향 때문에 모임신뢰계수는 하나의 추정을 할 때보다 낮은 수준(즉, 90%)으로 자주 제시된다.
2. Bonferroni 부등식 (4.2a)는 모임신뢰계수가 $1-\alpha$인 g개의 동시신뢰구간으로 쉽게 확장될 수 있다.

$$P\left(\bigcap_{i=1}^{g} \bar{A}_i\right) \ge 1 - g\alpha \tag{4.4}$$

따라서 모임신뢰계수가 $1-\alpha$인 g개의 구간추정이 필요하다면, 개별신뢰계수 $1-\alpha/g$로 각 구간추정을 계산하면 충분하다.

3. 주어진 모임신뢰계수에서 모임의 신뢰구간의 개수가 많을수록 B 또한 커지며, 몇몇 혹은 모든 신뢰구간이 너무 커져서 유용하지 않을 수 있다. Bonferroni 기법은 보통 동시추정값의 개수가 너무 많지 않을 때 가장 유용하다.
4. Bonferroni 절차에서 신뢰구간이 같은 개별신뢰계수를 가져야 할 필요는 없다. 각 추정값의 중요도에 따라서 다른 개별신뢰계수를 사용하는 것도 가능하다. 예를 들어 이전에 언급된 예에서 β_0는 92% 신뢰구간으로 추정되고 β_1은 98% 신뢰구간으로 추정될 수 있다. 모임신뢰계수 (4.2)는 여전히 최소 90%일 것이다.
5. 결합신뢰구간은 검정에도 바로 이용될 수 있다. 예를 들어 Toluca Company에서 일하는 생산공학자가 절편 30.0과 기울기 2.50을 갖는 회귀함수의 이론을 세웠다. 30.0은 β_0의 신뢰구간에 속하지만 2.50은 β_1의 신뢰구간에 속하지 않는다. 따라서 공학자의 이론적 예상은 $\alpha = .10$ 모임유의수준에서 맞지 않는다.
6. 추정량 b_0과 b_1은 일반적으로 상관관계를 갖지만, Bonferroni 동시신뢰한계 (4.3)은 상관관계를 모임신뢰계수의 경계에 의하여 이것이 나타날 뿐이다. b_0와 b_1 간의 공분산은 다음과 같다.

$$\sigma\{b_0, b_1\} = -\bar{X}\sigma^2\{b_1\} \tag{4.5}$$

$\bar{X}$가 양수이면 b_0와 b_1은 음의 상관관계를 가짐을 주목하자. 이는 b_1의 추정값이 과도하게 크면 b_0의 추정값은 과도하게 작아지며 반대의 경우 또한 같음을 시사한다.

Toluca Company 예에서 $\bar{X} = 70.00$이면 b_0와 b_1의 공분산은 음수이다. 이는 b_0와 b_1의 추정값의 오류가 반대 방향임을 시사하며, 직관적으로 확인할 수 있다. 관측값 (X_i, Y_i)가 1사분면에 위치하고(그림 1.10a 참조), 만약 적합된 회귀직선의 기울기가 과도하게 가파르다면(b_1이 β_1을 과대추정) 절편이 과도하게 낮을(b_0가 β_0을 과소추정) 것으로 예측할 수 있고 반대의 경우 또한 마찬가지이다.

만약 대안모형인 (1.6)처럼 독립변수가 $X_i - \bar{X}$인 경우, b_0^*와 b_1은 $X_i - \bar{X}$ 관측값의 평균이 0이기 때문에 (4.5)에 의해 상관관계가 존재하지 않을 것이다. ■

4.2 ■ 평균반응의 동시추정

여러 수준의 X에서의 평균반응은 같은 표본자료에서 추정되어야 하는 경우가 많다. Toluca Company 예의 경우, 최적 로트 크기를 구하기 위해 로트가 30, 65, 100 단위인 경우 작업시간의 평균을 추정하는 것이 필요하다. 우리는 주어진 신뢰계수를 이용하여 하나의 X 수준에 대한 평균반응을 추정하는 방법을 알고 있다. 이제 모든 평균반응의 추정값이 맞다고 장담할 수 있도록 모임신뢰계수를 이용하여 서로 다른 여러 평균반응을 동시에 추정하는 두 절차에 대해서 알아볼 것이다. 이는 Working-Hotelling과 Bonferroni 절차이다.

모든 추정값이 같은 적합된 회귀모형에 근거하고 있음에도 다수의 평균반응을 추정할 때 모임신뢰계수가 필요한 이유는 다른 X_h 수준에서 각각의 $E\{Y_h\}$의 구간추정이 모두 맞거나 모두 틀리지 않기 때문이다. b_0와 b_1에 대한 표집오차의 조합에서 $E\{Y_h\}$의 구간추정이 몇몇 X 수준의 범위에서는 맞거나 다른 범위에서는 틀릴 수 있다.

Working-Hotelling 절차

Working-Hotelling 절차는 2.6절에서 논의된 회귀선의 신뢰띠에 근거한다. (2.40)의 신뢰띠는 전체 회귀선을 포함하며 그로 인해 모든 X 수준에서의 평균반응을 포함한다. 따라서 선택된 X 수준에서 신뢰띠의 경계값을 평균반응의 동시추정값으로 사용할 수 있다. 이러한 동시추정값의 모임신뢰계수는 회귀선의 모든 신뢰띠가 맞는 신뢰계수가 $1-\alpha$이기 때문에 최소 $1-\alpha$일 것이다.

따라서 선택된 X에서 평균반응의 동시신뢰구간을 얻기 위한 Working-Hotelling 절차는 단순히 관심 있는 X 수준에 대한 (2.40)의 경계값을 사용하는 것이다. Working-Hotelling 절차를 이용한 회귀모형 (2.1)의 g개 평균반응 $E\{Y_h\}$들에 대한 동시신뢰한계는

$$\hat{Y}_h \pm W s\{\hat{Y}_h\} \tag{4.6}$$

이며 여기서

$$W^2 = 2F(1-\alpha; 2, n-2) \tag{4.6a}$$

이고 $\hat{Y}_h$와 $s\{\hat{Y}_h\}$는 각각 (2.28)과 (2.30)에 정의되어 있다.

예 Toluca Company 예에서 다음 로트 크기에 해당하는 평균 작업시간의 모임추정값이 필요하다: $X_h = 30, 65, 100$. 모임신뢰계수는 .90으로 하자. 2장에서 $X_h = 65, 100$에 해당하는 $\hat{Y}_h$와 $s\{\hat{Y}_h\}$를 구하였다. 비슷한 방법으로 로트 크기 $X_h = 30$에 해당하는 필요한 결과를 얻을 수 있다. 결과는 다음과 같다.

X_h	$\hat{Y}_h$	$s\{\hat{Y}_h\}$
30	169.5	16.97
65	294.4	9.918
100	419.4	14.27

모임신뢰계수 .90에 대해 $F(.90; 2.23) = 2.549$이다. 따라서

$$W^2 = 2(2.549) = 5.098 \qquad W = 2.258$$

이제 $X_h = 30, 65, 100$에 해당하는 평균 작업시간의 신뢰구간을 구할 수 있다.

$$131.2 = 169.5 - 2.258(16.97) \le E\{Y_h\} \le 169.5 + 2.258(16.97) = 207.8$$
$$272.0 = 294.4 - 2.258(9.918) \le E\{Y_h\} \le 294.4 + 2.258(9.918) = 316.8$$
$$387.2 = 419.4 - 2.258(14.27) \le E\{Y_h\} \le 419.4 + 2.258(14.27) = 451.6$$

모임신뢰계수 .90에서 로트 크기가 30인 경우 평균 작업시간은 131.2∼207.8에 위치하며

로트 크기가 65인 경우 272.0~316.8에, 로트 크기가 100인 경우 387.2~451.6에 위치한다고 결론을 내릴 수 있다. 모임신뢰구간 .90은 이 절차를 통해 모임추정값에 속하는 모든 추정값을 맞게 구할 수 있도록 해 준다.

Bonferroni 절차

앞서 β_0와 β_1의 동시추정에서 논의된 Bonferroni 절차는 완전히 일반적인 절차이다. 이 절차를 이용하여 다른 X 수준에서 평균반응의 신뢰구간을 구하기 위해, (2.33)에서 하나의 평균반응 $E\{Y_h\}$에 대한 일반적인 신뢰한계를 각각 계산한다.

$E\{Y_h\}$가 $1 - \alpha$ 모임신뢰계수를 이용한 g개의 X_h에 대해 추정된 경우, 회귀모형 (2.1)을 위한 Bonferroni 신뢰한계는 다음과 같다.

$$\hat{Y}_h \pm Bs\{\hat{Y}_h\} \tag{4.7}$$

또한 여기에서

$$B = t(1 - \alpha/2g; n - 2) \tag{4.7a}$$

또한 g는 모임에 해당하는 신뢰구간의 개수이다.

예 Toluca Company 예에서 로트 크기가 $X_h = 30, 65, 100$에 해당하는 평균 작업시간의 모임신뢰계수 .90을 이용한 Bonferroni 동시추정은 Working-Hotelling 절차와 같은 자료를 필요로 한다. 추가적으로 $B = t[1 - .10/2(3); 23] = t(.9833; 23) = 2.263$이 필요하다.

따라서 90% 모임신뢰계수를 이용하여 로트 크기 $X_h = 30, 65, 100$에 해당하는 평균 작업시간의 신뢰구간을 다음과 같이 구할 수 있다.

$$131.1 = 169.5 - 2.263(16.97) \leq E\{Y_h\} \leq 169.5 + 2.263(16.97) = 207.9$$
$$272.0 = 294.4 - 2.263(9.918) \leq E\{Y_h\} \leq 294.4 + 2.263(9.918) = 316.8$$
$$387.1 = 419.4 - 2.263(14.27) \leq E\{Y_h\} \leq 419.4 + 2.263(14.27) = 451.7$$

부연설명

1. 이 경우에 Working-Hotelling 신뢰한계는 Bonferroni 한계보다 약간 좁거나 동일하다. 신뢰한계의 숫자가 작은 경우 Bonferroni 한계가 더 좁을 수 있다. 큰 모임에서 (4.7a)의 B값은 신뢰한계 개수가 늘어나면 커지는 반면, (4.6a)의 W값은 모임의 신뢰한계 개수와 관계없이 동일하기 때문에 Working-Hotelling 신뢰한계가 항상 더 작을 것이다. 실제로 모임신뢰계수가 정해지면 W와 B의 배수를 계산하여 어떤 절차가 더 좁은 신뢰한계를 가지는지 확인할 수 있다.
2. Working-Hotelling과 Bonferroni 절차 모두 실제 모임신뢰계수보다 낮은 하한을 갖는다.
3. 평균반응을 추정할 예측변수의 수준이 미리 알려지지 않는 경우가 있다. 대신 분석이 진행되면서 관심 대상의 수준이 결정된다. Toluca Company 예의 경우에도 관심 대상인 로트 크기는 최적의 로트 크기를 결정하는 다른 연관된 요인들에 대한 분석이 완료되고 나서 결정되었다. 이러한 경우, 모임이 X의 모든 가능한 수준을 포함하는 Working-Hotelling 절차를 사용하는 것이 낫다. ■

4.3 ■ 새로운 관측값에 대한 동시예측구간

이제 g개의 다른 X 수준에서 g번의 독립시행에서 Y의 새로운 관측값 g개에 대한 동시예측을 고려하자. 동시예측구간은 자주 관심의 대상이 된다. 예를 들어 한 회사가 지역 판매와 지역의 인구수 간의 회귀관계를 통해 각 지역의 매출을 예측하고자 할 수 있다.

동시예측을 위한 두 절차, Scheffé 절차와 Bonferroni 절차를 고려할 것이다. 두 절차 모두 (2.36)에서 사용된 하나의 관측값을 예측할 경우와 같은 종류의 한계를 이용하며, 추정표준편차의 배수만 달라진다. Scheffé 절차는 F 분포를 사용하는 반면, Bonferroni 절차는 t 분포를 사용한다. 모임신뢰계수가 $1-\alpha$인 Scheffé 절차를 이용한 g개의 예측의 동시예측한계는 다음과 같다.

$$\hat{Y}_h \pm Ss\{\text{pred}\} \tag{4.8}$$

여기서

$$S^2 = gF(1-\alpha;\, g, n-2) \tag{4.8a}$$

또한 $s\{\text{pred}\}$는 (2.38)에 정의되어 있다. Bonferroni 절차를 이용한 $1-\alpha$ 동시신뢰한계는

$$\hat{Y}_h \pm Bs\{\text{pred}\} \tag{4.9}$$

이며 여기서

$$B = t(1-\alpha/2g;\, n-2) \tag{4.9a}$$

S와 B 배수는 어떤 절차가 좁은 신뢰한계를 갖는지 확인하기 위해 미리 평가할 수 있다.

예 Toluca Company는 다음 두 개의 로트, 80 단위와 100 단위에 대해 필요한 작업시간을 예측하고자 한다. 모임신뢰계수는 95%로 정하자. 어떤 절차가 더 좁은 신뢰한계를 갖는지 확인하기 위해 S와 B의 배수를 얻었다.

$$S^2 = 2F(.95;\, 2, 23) = 2(3.422) = 6.844 \qquad S = 2.616$$
$$B = t[1-.05/2(2);\, 23] = t(.9875;\, 23) = 2.398$$

여기서 Bonferroni 절차가 다소 좁은 신뢰한계를 갖는 것을 확인할 수 있다. 이전 결과에 근거하여 얻은 필요한 추정값은 다음과 같다(계산 생략).

X_h	$\hat{Y}_h$	$s\{\text{pred}\}$	$Bs\{\text{pred}\}$
80	348.0	49.91	119.7
100	419.4	50.87	122.0

두 개의 로트 $X_h = 80, 100$에 대해 모임신뢰한계 .95를 이용한 동시예측한계는 다음과 같다.

$$228.3 = 348.0 - 119.7 \le Y_{h(\text{new})} \le 348.0 + 119.7 = 467.7$$
$$297.4 = 419.4 - 122.0 \le Y_{h(\text{new})} \le 419.4 + 122.0 = 541.4$$

적어도 .95 모임신뢰계수로 다음 두 생산과정에 걸리는 시간이 위의 두 한계 사이에 있다고 예측할 수 있다. 2장에서 언급한 바와 같이 예측한계는 너무 넓어서 작업시간을 계획하는 데 유용하지 않다.

부연설명

1. $1-\alpha$ 모임신뢰계수에서, g개의 X 수준에서의 Y에 대한 g개의 새로운 관측값에 대한 동시 예측구간은 각각의 단일예측구간 (2.36)보다 넓다. 동시예측의 수가 적을 때 너비의 차이는 보통이다. 예를 들면 Toluca Company 예에서 단일 95% 예측구간은 $t(.975; 23) = 2.069$인데 두 개의 동시 예측에 대한 $B = 2.398$보다 조금 작은 정도이다.
2. 동시예측에 대한 B와 S는 g가 증가함에 따라 커지게 됨을 유의하라. 평균반응을 동시 추정할 때 B가 커지고 W는 그렇지 않은 경우와 대비된다. g가 크면 동시예측에 대한 B와 S가 너무 커져서 예측구간이 너무 넓게 되어 사용할 수 없다. 그러면 다른 동시 추정방법이 사용되어야 한다(인용문헌 4.1). ■

4.4 ■ 원점 통과 회귀

회귀함수가 직선이고 원점 (0, 0)을 통과하는 것으로 알려진 경우도 있다. 예를 들면 X가 산출물이고 Y가 비용이므로 X가 0이면 Y가 0인 경우에 발생한다. 다른 예로는 X가 슈퍼마켓에 진열한 맥주브랜드의 수이고 Y가 맥주 판매량일 때이다.

모형

이런 경우에 정규오차모형은 $\beta_0 = 0$인 회귀모형 (2.1)과 같다.

$$Y_i = \beta_1 X_i + \varepsilon_i \tag{4.10}$$

단,

β_1는 모수
X_i는 알려진 상수
ε_i는 독립 $N(0, \sigma^2)$를 따른다.

모형 (4.10)에 대한 회귀함수는

$$E\{Y\} = \beta_1 X \tag{4.11}$$

이며 원점을 지나는 기울기가 β_1인 직선이다.

추론

회귀모형 (4.10)에서 β_1의 최소제곱추정량은 β_1에 대하여 다음을 최소로 얻는다.

$$Q = \sum (Y_i - \beta_1 X_i)^2 \tag{4.12}$$

추정값	추정된 분산	신뢰한계	
β_1	$s^2\{b_1\} = \dfrac{MSE}{\sum X_i^2}$	$b_1 \pm ts\{b_1\}$	(4.18)
$E\{Y_h\}$	$s^2\{\hat{Y}_h\} = \dfrac{X_h^2 MSE}{\sum X_i^2}$	$\hat{Y}_h \pm ts\{\hat{Y}_h\}$	(4.19)
$Y_{h(\text{new})}$	$s^2\{\text{pred}\} = MSE\left(1 + \dfrac{X_h^2}{\sum X_i^2}\right)$	$\hat{Y}_h \pm ts\{\text{pred}\}$	(4.20)
		여기서, $t = t(1-\alpha/2; n-1)$	

표 4.1 원점을 지나는 회귀분석의 신뢰한계

정규방정식은

$$\sum X_i(Y_i - b_1 X_i) = 0 \tag{4.13}$$

이고 점추정량은 다음과 같다.

$$b_1 = \frac{\sum X_i Y_i}{\sum X_i^2} \tag{4.14}$$

(4.14)의 추정량 b_1은 정규오차회귀모형 (4.10)에서의 최대가능도추정량이기도 하다. 적합값 $\hat{Y}_i$은

$$\hat{Y}_i = b_1 X_i \tag{4.15}$$

이고 i번째 잔차는 관측값과 적합값의 차이로 얻을 수 있다.

$$e_i = Y_i - \hat{Y}_i = Y_i - b_1 X_i \tag{4.16}$$

회귀모형 (4.10)의 오차분산 σ^2의 비편향추정량은 다음과 같다.

$$s^2 = MSE = \frac{\sum(Y_i - \hat{Y}_i)^2}{n-1} = \frac{\sum e_i^2}{n-1} \tag{4.17}$$

분모에 $n - 1$이 되어 있는 것은 회귀함수 (4.11)에서 하나의 모수만 추정함으로써 자유도를 하나만 잃어버리기 때문이다.

회귀모형 (4.10)의 β_1, $E\{Y_h\}$, 새로운 관측값 $Y_{h(\text{new})}$에 대한 신뢰한계가 표 4.1에 나와 있다. t 배수가 MSE에 대한 자유도와 같은 $n - 1$ 자유도로 되어 있는 것에 유의하라. 표 4.1의 결과는 앞선 회귀모형 (2.1)의 결과와 같은 방식으로 얻어진다. 절편이 있는 모형 (2.1)에서는 $(X_i - \bar{X})^2$ 또는 $(X_h - \bar{X})^2$이었던 것이 원점을 지나는 회귀에서는 X_i^2와 X_h^2로 바뀌었다.

예 Charles Plumbing Supplies Company는 창고 12개를 운영한다. 계획과 관리를 정교하게 하기 위하여 상담자는 시험기간 동안 작업단위의 수(X)와 총 노동 비용(Y)의 관계를 조사하였다. 자료의 일부가 표 4.2의 1열과 2열에 있고 관측값들은 그림 4.1의 산점도에 그려져 있다.

창고 i	(1) 작업 단위의 수 X_i	(2) 총 노동 비용 (달러) Y_i	(3) X_iY_i	(4) X_i^2	(5) $\hat{Y}_i$	(6) e_i
1	20	114	2,280	400	93.71	20.29
2	196	921	180,516	38,416	918.31	2.69
3	115	560	64,400	13,225	538.81	21.19
···	···	···	···	···	···	···
10	147	670	98,490	21,609	688.74	−18.74
11	182	828	150,696	33,124	852.72	−24.72
12	160	762	121,920	25,600	749.64	12.36
합계	1,359	6,390	894,714	190,963	6,367.28	22.72

표 4.2 원점을 지나는 회귀모형 – 창고 예

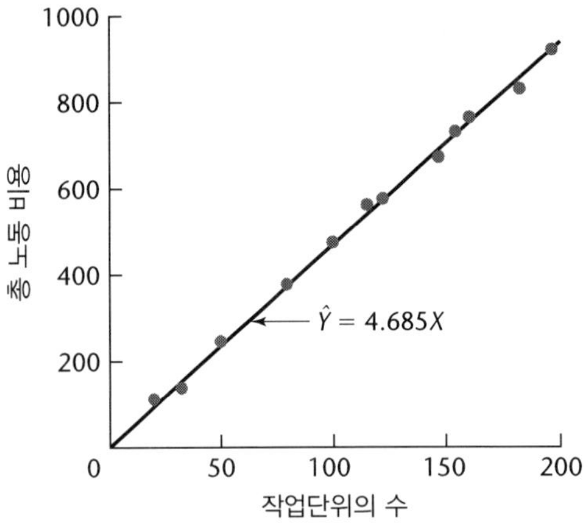

그림 4.1 산점도와 적합한 원점을 지나는 회귀모형 – 창고 예

모형에 대한 여러 조건들이 어느 정도 부합하는 것으로 판단되어 원점을 지나는 회귀모형 (4.10)이 적합되었다. 표 4.2의 3열과 4열에서 $\sum X_iY_i = 894{,}714$와 $\sum X_i^2 = 190{,}963$을 얻을 수 있다. 따라서

$$b_1 = \frac{\sum X_i Y_i}{\sum X_i^2} = \frac{894{,}714}{190{,}963} = 4.68527$$

이고 추정된 회귀함수는 다음과 같다.

$$\hat{Y} = 4.68527X$$

표 4.2에서 적합값은 5열, 잔차는 6열에 표시되어 있다. 적합 회귀선은 표 4.1에 그려져 있고 잘 적합된 것으로 보인다.

β_1에 대한 95% 신뢰구간을 계산하자. 표 4.2의 6열에 있는 잔차를 제곱하고 더하여 다음을 얻는다(계산 생략).

$$s^2 = MSE = \frac{\sum e_i^2}{n-1} = \frac{2,457.6}{11} = 223.42$$

표 4.2의 4열에서 $\sum X_i^2 = 190,963$을 얻을 수 있다. 따라서

$$s^2\{b_1\} = \frac{MSE}{\sum X_i^2} = \frac{223.42}{190,963} = .0011700 \qquad s\{b_1\} = .034205$$

95% 신뢰계수는 $t(.975; 11) = 2.201$을 이용한다. 표 4.1의 (4.18)에서 신뢰한계는 4.68527 ± 2.201(.034205)이다. β_1의 95% 신뢰구간은 다음과 같다.

$$4.61 \le \beta_1 \le 4.76$$

따라서 95% 신뢰수준에서 한 작업단위당 평균 변동 노동 비용이 \$4.61와 \$4.76 사이에서 증가할 것으로 예측할 수 있다.

원점을 지나는 회귀분석을 할 때의 주의사항

원점을 지나는 회귀모형 (4.10)을 이용하여 잔차를 해석할 때는 신중히 해야 한다. 왜냐하면 창고 예 자료의 표 4.2 6열과 같이 대부분의 잔차의 합이 0이 아니기 때문이다. 잔차에 대한 유일한 제약 조건인 (4.13)의 정규방정식은 $\sum X_i e_i = 0$의 형태를 하고 있다. 그러므로 보통의 경우, 잔차그림에서 잔차가 0 주변에 골고루 있지 않다.

원점을 지나는 회귀분석모형에 있어서 또 다른 주의점은 잔차제곱합 $SSE = \sum e_i^2$이 총제곱합 $SSTO = \sum (Y_i - \bar{Y})^2$을 초과할 수 있다. 이러한 경우는 원점으로부터 떨어진 절편을 갖는 곡선 또는 직선의 패턴을 보이는 데이터일 때 발생할 수 있다. 그러므로 (2.72)의 결정계수, $R^2 = 1 - SSE/SSTO$의 값이 음수가 된다. 결과적으로 결정계수 R^2은 원점을 지나는 회귀모형에는 해석이 제한된다.

다른 통계모형처럼 원점을 지나는 회귀모형 (4.10) 또한 적합성에 대한 평가가 필요하다. 회귀함수가 원점을 지나가야 한다는 것을 아는 경우더라도, 함수가 선형이 아니거나 오차항의 분산이 일정하지 않을 수 있다. 또한 자료분석 전에 회귀모형이 원점을 지나가는지 알 수 없는 경우도 많이 있다. 그러므로 원점을 지나는 회귀모형 (4.10)보다는 절편을 갖는 회귀모형 (2.1)을 시도하는 것이 안전하다. 만약 회귀선이 원점을 지나간다면 절편이 있는 모형에서의 b_0는 0으로부터 거리가 표집오차 대비 아주 작을 것이다. 그리고 표본의 크기가 매우 작지 않다면 절편 회귀모형 (2.1)을 선택하는 것이 좋다. 만약 회귀선이 원점을 지나지 않는다면 절편 회귀모형 (2.1)을 사용하는 것이 원점을 지나는 회귀선에 억지로 적합함으로써 생기는 심각한 문제를 예방할 수 있다.

부연설명

1. 원점을 지나는 회귀모형의 $E\{Y_h\}$의 추정이나 $Y_{h(\text{new})}$의 예측에 있어서, 표 4.1의 (4.19)와 (4.20)의 구간은 X_h가 원점으로부터 멀어질수록 넓어진다. 원점 주변에서는 참회귀함수가 정밀하게 알려져 있기 때문이다. 그러므로 X_h가 원점으로 멀리 떨어져 있을수록 기울기 b_1에 대한 표집오차의 영향은 더 중요해진다.
2. 원점을 지나는 회귀모형은 모수가 β_1 하나뿐인 상태에서 회귀함수 (4.11)을 추정해야

하기 때문에 여러 평균 응답을 한 번에 추정하는 데 동시 추정 방법이 필요하지 않다. 주어진 신뢰계수 $1 - \alpha$에 대해 표 4.1에 있는 공식 (4.19)는 모임신뢰계수가 $1 - \alpha$로 일정할 때, 여러 다른 수준의 X에 대해서 신뢰한계의 모임(family of statement)을 구할 때 반복적으로 사용될 수 있다.

3. 일부 통계 패키지는 (2.72)에 따라서 원점을 지나는 회귀모형에 대한 R^2을 계산한다. 따라서 R^2은 음수값을 가질 수 있다. 다른 일부 통계 패키지는 (2.54)의 전체 무수정 제곱합(total uncorrected sum of squares, $SSTOU$)을 이용해 R^2을 계산한다. 이러한 과정은 음수 계수가 나오는 것을 예방할 수 있지만 의미 있는 해석의 여지는 없다.
4. 원점을 지나는 회귀모형을 다룰 때, 많은 통계 패키지의 결과물의 분산분석표는 $SSTOU = \sum Y_i^2$, $SSRU = \sum \hat{Y}_i^2 = b_1^2 \sum X_i^2$, $SSE = \sum (Y_i - b_1 X_i)^2$에 근거한다. 여기서 $SSRU$는 무수정 회귀제곱합(uncorrected regression sum of squares)의 약자이다. 제곱합이 덧셈의 형태라는 것도 나타낼 수 있다: $SSTOU = SSRU + SSE$. ■

4.5 ■ 측정오차의 영향

지금까지 언급한 회귀모형에서 반응변수 Y 또는 예측변수 X의 관측값에서 측정오차의 존재에 대해서는 직접적으로 고려하지 않았다. 이제 반응과 예측변수의 측정오차의 효과에 대해서 간략하게 알아볼 것이다.

*Y*의 측정오차

확률측정오차가 반응변수 Y의 관측값에 존재할 때, 오차들이 상관관계가 없고 편향되어 있지 않다면 새로 생기는 문제는 없다(양과 음의 측정오차는 보통은 상쇄된다). 예를 들어 일(과업)을 완수하는 데 걸리는 시간(Y)과 일의 복잡성(X)의 관계에 대한 연구를 생각해 보자. 일을 완수하는 데 걸리는 시간은 정확하게 측정되지 않을 수 있다. 왜냐하면 시간을 측정하는 사람이 정확한 순간에 측정을 시작하지 않을 수 있기 때문이다. 이와 같이 측정오차가 확률적이고 상관관계가 없으며 편향되지 않는다면 이러한 측정오차는 오차항 ε에 포함된다. 모형의 오차항은 항상 모형에서 고려하지 않는 많은 수의 요인의 복합적인 영향을 반영한다. Y를 측정하는 과정의 부정확성에 기인한 확률 변동성이 이들 요인 중 하나일 수 있다.

*X*의 측정오차

불행하게도 예측변수 X에 대해서 측정오차가 있는 경우는 다른 상황이 발생한다. 대부분의 경우 X의 측정은 정확하다. 예를 들면 예측변수가 여러 가게의 같은 물건에 대한 가격, 다양한 최적화 문제의 변수의 수, 또는 다양한 고용인 계층의 임금 수준일 경우 측정오차가 존재하지 않는다. 다른 경우에는 예측변수에 측정오차가 발생할 수 있다. 탱크의 압력, 오븐의 온도, 생산 라인의 속도, 또는 보고된 나이 등의 예가 있다.

이제 이 문제를 이해하는 데 있어서 앞에서 사용한 예를 이용하겠다. 고용인의 성과급과 그들의 나이의 관계에 관심이 있다. X_i가 i번째 고용인의 실제 나이이고 X_i^*은 고용 기록을 위해 보고된 나이이다. 말할 필요도 없이 두 나이는 언제나 같지 않다. 따라서 측정 오차 δ_i를 다음과 같이 정의한다.

$$\delta_i = X_i^* - X_i \tag{4.21}$$

알고자 하는 회귀모형은 다음과 같다.

$$Y_i = \beta_0 + \beta_1 X_i + \varepsilon_i \tag{4.22}$$

그러나 X_i^*만 관찰할 수 있기 때문에 (4.22)에 있는 X_i를 (4.21)을 이용해서 X_i^*로 대체해야 한다.

$$Y_i = \beta_0 + \beta_1 (X_i^* - \delta_i) + \varepsilon_i \tag{4.23}$$

(4.23)을 다음과 같이 정리할 수 있다.

$$Y_i = \beta_0 + \beta_1 X_i^* + (\varepsilon_i - \beta_1 \delta_i) \tag{4.24}$$

모형 (4.24)는 X^*가 예측변수이고 오차항이 $\varepsilon - \beta_1\delta$인 일반적인 회귀모형처럼 보인다. 그러나 이는 일반적인 회귀모형이 아니다. 좀 더 살펴보면 알게 되겠지만 예측변수 관찰값 X_i^*은 확률변수이고 오차항 $\varepsilon_i - \beta_1\delta_i$와 상관관계가 있다.

직관적으로 우리는 X_i^*가 $\varepsilon_i - \beta_1\delta_i$와 독립이 아니라는 것을 알 수 있다. 왜냐하면 (4.21)이 $X_i^* - \delta_i$가 X_i와 같아야 한다는 제약을 주고 있기 때문이다. 정식으로 종속성을 확인하기 위해서 우리는 다음의 간단한 조건을 가정한다.

$$E\{\delta_i\} = 0 \tag{4.25a}$$

$$E\{\varepsilon_i\} = 0 \tag{4.25b}$$

$$E\{\delta_i \varepsilon_i\} = 0 \tag{4.25c}$$

(4.25a)의 조건은 $E\{X_i^*\} = E\{X_i + \delta_i\} = X_i$를 의미한다. 그러므로 앞의 예에서 보고된 나이는 실제 나이의 비편향추정이 될 수 있다. (4.25b)의 조건은 모형의 오차항 ε_i의 평균이 0이라는 일반적인 요구 조건이다(이는 0 주변에 오차가 고르게 분포한다는 것을 의미한다). 마지막으로 (4.25c)는 모형오차 ε_i와 측정오차 δ_i가 상관관계가 없다는 것을 필요로 한다. (A.21a)에 따르면 $\sigma\{\delta_i, \varepsilon_i\} = E\{\delta_i, \varepsilon_i\}$이다. 이는 (4.25a)와 (4.25b)에 따르면 $E\{\delta_i\} = E\{\varepsilon_i\} = 0$이기 때문이다.

이제 (4.25)의 조건을 만족하는 (4.24) 모형에서의 관측값 X_i^*과 임의항 $\varepsilon_i - \beta_1\delta_i$ 간의 공분산을 알고자 한다. (4.25)의 조건은 $E\{X_i^*\} = X_i$와 $E\{\varepsilon_i - \beta_1\delta_i\} = 0$ 을 의미한다.

$$\begin{aligned}
\sigma\{X_i^*, \varepsilon_i - \beta_1\delta_i\} &= E\{[X_i^* - E\{X_i^*\}][(\varepsilon_i - \beta_1\delta_i) - E\{\varepsilon_i - \beta_1\delta_i\}]\} \\
&= E\{(X_i^* - X_i)(\varepsilon_i - \beta_1\delta_i)\} \\
&= E\{\delta_i(\varepsilon_i - \beta_1\delta_i)\} \\
&= E\left\{\delta_i\varepsilon_i - \beta_1\delta_i^2\right\}
\end{aligned}$$

이제 (4.25c)를 통해 $E\{\delta_i\varepsilon_i\} = 0$이고 (4.25a)의 $E\{\delta_i\} = 0$이기 때문에 (A.15a)를 통해 $E\{\delta_i^2\} = \sigma^2\{\delta_i\}$이다.

$$\sigma\{X_i^*, \varepsilon_i - \beta_1\delta_i\} = -\beta_1\sigma^2\{\delta_i\} \tag{4.26}$$

X와 Y가 선형관계가 있다면 이 공분산은 0이 아니다.

만약 반응변수 Y와 확률예측변수 X^*가 이변량정규분포를 따른다고 가정한다면 $X_i^*(i = 1, \ldots, n)$가 주어졌을 때 $Y_i(i = 1, \ldots, n)$의 조건부분포는 정규분포이고 독립이다. 이때 조건부평균은 $E\{Y_i|X_i^*\} = \beta_0^* + \beta_1^* X_i^*$이고 조건부분산은 $\sigma_{Y|X^*}^2$이다. 뿐만 아니라 σ_X^2가 X의 분산이고 σ_Y^2가 Y의 분산일 때, $\beta_1^* = \beta_1[\sigma_X^2/(\sigma_X^2 + \sigma_Y^2)]$이다. 그러므로 X^*에 대해서 Y를 적합할 때의 최소제곱법 기울기 추정값은 β_1의 추정값이 아니다. 그러나 β_1^*의 추정값은 $\beta_1^* \le \beta_1$이다. 최종 추정된 β_1^*은 평균적으로 너무 작을 것이다. σ_X^2와 σ_Y^2의 상대적인 크기에 따라 편향의 정도는 달라질 수 있다. 만약 σ_Y^2가 σ_X^2에 상대적으로 작다면 편향은 작을 것이다. 반면에 σ_Y^2가 σ_X^2에 상대적으로 작지 않다면 편향은 상당히 커질 것이다. σ_X^2와 σ_Y^2가 알려지지 않았을 때, 이들을 추정하여 β_1^*을 구하는 가능한 방법에 대한 논의는 인용문헌 4.2와 같은 특수 서적을 참고하면 된다.

다른 접근 방법은 X의 참값과 관련되면서 측정오차 δ과는 관련이 없다고 알려진 추가 변수를 사용하는 것이다. 이러한 변수를 **도구변수**(instrumental variables)라고 한다. 왜냐하면 도구변수는 X와 Y의 관계를 연구하는 데 도구로 사용되기 때문이다. 도구변수는 회귀모수의 일치 추정량을 얻는 것을 가능하게 만들어 준다. 다시 한 번 더 인용문헌 4.2를 참고하기 바란다.

부연설명

2장에서처럼 X가 확률변수인 경우와 확률측정오차의 영향을 받는 X의 차이가 무엇이기에 후자의 경우는 특수 문제가 생기는 것인가에 대한 질문을 할 수 있다. X가 확률변수일 때는 X는 분석가의 통제하에 있지 않다. 그리고 실험마다 확률적으로 차이가 나게 된다. 예를 들어 하루에 가게에 오는 손님의 수가 이 경우에 해당한다. 그러나 만약 이 확률변수 X가 측정오차의 영향을 받지 않는다고 하면 주어진 실험에 대해서 X는 명확히 확인되었다고 할 수 있다. 따라서 비록 가게로 오는 손님의 수에 대해서는 통제를 할 수 없지만 만약 하루에 가게에 들어오는 사람의 수를 측정하는 데 측정오차가 없다고 한다면, 분석가는 가게에 들어오는 사람의 수와 매출의 관계를 연구하기 위한 정확한 정보를 가지게 된다. 반면에 만약 가게에 오는 사람의 숫자를 측정하는 데 측정오차가 있다면 사람의 수와 매출의 관계에 대해서 왜곡된 결과가 나올 수 있다. 왜냐하면 매출 관측값이 잘못된 사람의 수에 연계되기 때문이다. ■

Berkson 모형

X의 측정오차가 문제되지 않는 경우가 있다. 이 경우는 Berkson이 처음으로 발견하였다(인용문헌 4.3). 실험에서 예측변수가 목표값인 경우가 자주 있다. 예를 들어 문서 작업 생산성에 방의 온도가 미치는 영향에 대한 실험에서 온도의 목표 수준을 68°F, 70°F, 72°F라고 설정할 수 있다(온도조절장치의 온도를 기준으로 한다). 여기서 X_i^*는 고정되어 있다. 반면에 실제 온도 X_i는 확률변수이다. 왜냐하면 온도조절장치가 완전히 정확하지 않을 수 있기 때문이다. 수압을 계측기로 설정할 경우나 고용 명부의 나이에 따라 특정 나이의 고

용인을 선발하는 경우도 동일한 상황이 존재할 수 있다.

이러한 경우에서 관측값 X_i^*는 고정된 값을 가진 반면에 관측되지 않는 참값 X_i는 확률변수이다. 전처럼 측정오차는

$$\delta_i = X_i^* - X_i \tag{4.27}$$

이다. 하지만 여기에서는 X_i^*와 δ_i 간의 관계에 제약이 없다. 왜냐하면 X_i^*가 고정된 값이기 때문이다. 다시 $E\{\delta_i\} = 0$를 가정한다.

X_i를 $X_i^* - \delta_i$로 대체해서 얻은 모형 (4.24)도 여전히 Berkson 사례에 해당한다.

$$Y_i = \beta_0 + \beta_1 X_i^* + (\varepsilon_i - \beta_1\delta_i) \tag{4.28}$$

오차항의 기댓값 $E\{\varepsilon_i - \beta_1\delta_i\}$은 $E\{\varepsilon_i\} = 0$이고 $E\{\delta_i\} = 0$이기 때문에 그전과 같이 (4.25a)와 (4.25b) 조건하에서 0이다. 그러나 이제 $\varepsilon_i - \beta_1\delta_i$는 X_i^*와 상관관계가 없다. 왜냐하면 Berkson 사례에서는 X_i^*가 상수이기 때문이다. 그러므로 다음의 일반회귀모형의 조건들을 만족한다.

1. 오차항이 0의 기댓값을 갖는다.
2. 예측변수는 상수이므로 오차항이 예측변수와 상관관계가 없다.

그러므로 Berkson 경우에 변형 없이 최소제곱법을 적용할 수 있으며 b_0와 b_1의 추정량은 비편향이다. 만약 오차 $\varepsilon_i - \beta_1\delta_i$에 대해서 표준 정규성과 일정한 분산을 가정한다면 일반적인 검정과 구간측정을 이용할 수 있다.

4.6 ■ 역예측

X에 의해서 Y가 결정되는 회귀모형은 새로운 관측값 Y를 발생시킨 X를 예측하는 경우가 종종 있다. 이것을 **역예측**(inverse prediction)이라고 한다. 역예측에 대한 다음의 두 가지 예가 있다.

1. 무역 협회 분석가가 제품의 비용(X)에 따른 제품의 가격(Y)을 15개의 협회 회원 회사를 대상으로 회귀분석하였다. 협회의 회원이 아닌 한 회사의 판매 가격 $Y_{h(\text{new})}$을 알 때, 이 회사의 비용 $X_{h(\text{new})}$를 추정하고 싶다.
2. 50명의 환자를 대상으로 새 약품의 정해진 투약량(X)에 따라 콜레스테롤 수치가 떨어지는 정도(Y)에 대한 회귀분석을 시행하였다. 의사가 콜레스테롤 수치가 $Y_{h(\text{new})}$만큼 떨어져야 하는 환자를 치료하고 있다. 이때 $Y_{h(\text{new})}$만큼의 콜레스테롤 수치를 감소시키기 위해서 적합한 투약량 $X_{h(\text{new})}$을 추정할 필요가 있다.

역예측에서 회귀모형 (2.1)은 전과 같이 가정한다.

$$Y_i = \beta_0 + \beta_1 X_i + \varepsilon_i \tag{4.29}$$

n개 관측값을 바탕으로 추정한 회귀함수는 일반적인 경우와 같이 얻을 수 있다.

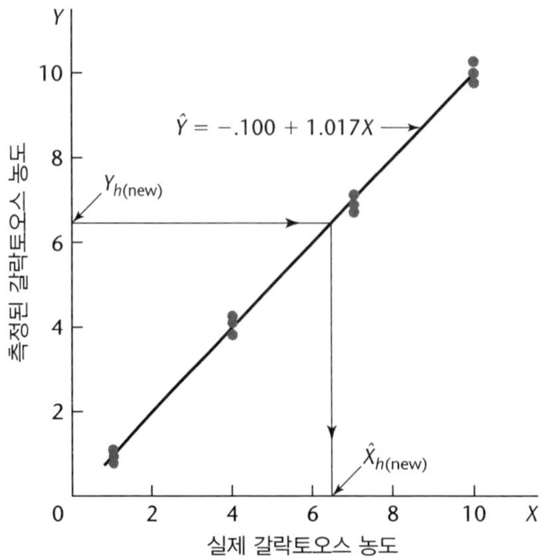

그림 4.2 산점도와 적합된 회귀선 – 보정 예

$$\hat{Y} = b_0 + b_1 X \tag{4.30}$$

새로운 관측값 $Y_{h(\text{new})}$가 생긴다면 새로운 관측값의 결과를 유발시킨 $X_{h(\text{new})}$를 추정할 필요가 생긴다. 직관적인 점추정량은 (4.30)을 $Y_{h(\text{new})}$가 주어졌을 때 X에 대해서 정리해 주면 된다.

$$\hat{X}_{h(\text{new})} = \frac{Y_{h(\text{new})} - b_0}{b_1} \qquad b_1 \neq 0 \tag{4.31}$$

여기서 $\hat{X}_{h(\text{new})}$는 $X_{h(\text{new})}$의 새로운 수준에 대한 점추정량을 의미한다. 그림 4.2는 간략히 논의할 예시에 대한 점추정량을 묘사하고 있다. 추정량 $\hat{X}_{h(\text{new})}$은 $X_{h(\text{new})}$가 정규오차회귀모형 (2.1)일 때, 최대가능도추정량이라는 것을 보일 수 있다.

$X_{h(\text{new})}$에 대한 근사적인 $1 - \alpha$ 신뢰구간은

$$\hat{X}_{h(\text{new})} \pm t(1 - \alpha/2;\, n - 2)s\{\text{pred}X\} \tag{4.32}$$

이고 이때

$$s^2\{\text{pred}X\} = \frac{MSE}{b_1^2}\left[1 + \frac{1}{n} + \frac{(\hat{X}_{h(\text{new})} - \bar{X})^2}{\sum(X_i - \bar{X})^2}\right] \tag{4.32a}$$

예 의학 연구자가 혈액의 저농도의 갈락토오스(galactose, 설탕)를 측정하는 새롭고 빠른 방법을 연구하였다. 알려진 농도(X)에 대해서 12개의 표본을 사용하였다(서로 다른 4개의 수준이 있고 각 수준에는 세 개의 표본이 있다). 또한 농도(Y)를 각 표본에 대해서 측정하였다. 적합한 선형회귀모형 (2.1)은 다음과 같다.

$$n = 12 \qquad b_0 = -.100 \qquad b_1 = 1.017 \qquad MSE = .0272$$
$$s\{b_1\} = .0142 \qquad \bar{X} = 5.500 \qquad \bar{Y} = 5.492 \qquad \sum(X_i - \bar{X})^2 = 135$$
$$\hat{Y} = -.100 + 1.017X$$

그림 4.2에 자료와 추정한 회귀선이 표기되어 있다.

우선 연구자는 두 변수 간에 선형관계가 있는 것을 명확하게 하고자 한다. $H_0 : \beta_1 = 0$와 $H_0 : \beta_1 \neq 0$에 대한 검정에서 $\alpha = .05$ 수준의 검정통계량 $t^* = b_1/s\{b_1\} = 1.017/.0142 = 71.6$을 이용한다. $t(.975; 10) = 2.228$이고 $|t^*| = 71.6 > 2.228$이기 때문에 $\beta_1 \neq 0$로 결론지으며 측정한 농도와 실제 농도 간에 선형 관계가 있다고 할 수 있다.

연구자들은 이제 회귀관계를 이용하여 빠른 방법으로 측정한 농도가 $Y_{h(\text{new})} = 6.52$일 때 실제 농도 $X_{h(\text{new})}$를 확인하고 싶다. $X_{h(\text{new})}$를 95% 신뢰구간을 이용하여 추정하고 싶다. (4.31)과 (4.32a)를 이용하여 다음의 결과를 얻었다.

$$\hat{X}_{h(\text{new})} = \frac{6.52 - (-.100)}{1.017} = 6.509$$
$$s^2\{\text{pred}X\} = \frac{.0272}{(1.017)^2}\left[1 + \frac{1}{12} + \frac{(6.509 - 5.500)^2}{135}\right] = .0287$$

따라서 $s\{\text{pred}X\} = .1694$이다. 여기서 $t(.975;\ 10) = 2.228$이고, (4.32)를 이용하여 $6.509 \pm 2.228(.1694)$을 얻을 수 있다. 따라서 95% 신뢰구간은 다음과 같다.

$$6.13 \leq X_{h(\text{new})} \leq 6.89$$

따라서 환자의 실제 갈락토오스 농도의 95% 신뢰구간은 6.13과 6.89 사이라고 결론을 내릴 수 있다. 약 ±6% 오차가 존재하며, 이는 연구자가 받아들일 수 있는 수준이다.

부연설명

1. 역예측 문제는 **보정 문제**(calibration problem)라고도 알려져 있다. 왜냐하면 n개의 관측값에 대해서 비용이 많이 들지 않고 빠르고 대략적인 측정값(Y)이 정밀하고 시간이 오래 걸리며 때때로 비용이 많이 드는 측정값(X)과 관련이 있기 때문이다. 결과적으로 새로운 대략적인 측정치 $Y_{h(\text{new})}$에 대한 정밀한 측정값 $X_{h(\text{new})}$를 추정하기 위해서 회귀분석모형을 사용한다.
2. 만약

$$\frac{[t(1 - \alpha/2;\ n - 2)]^2 MSE}{b_1^2 \sum(X_i - \bar{X})^2} \tag{4.33}$$

이 .1보다 작다면 근사 신뢰구간 (4.32)는 적정하다. 보정 예에서 이 수치는

$$\frac{(2.228)^2(.0272)}{(1.017)^2(135)} = .00097$$

이다. 그러므로 근사 신뢰구간은 적정하다.

3. 모임신뢰계수가 $1 - \alpha$일 때, g개의 다른 새로운 관측된 측정값 $Y_{h(\text{new})}$를 바탕으로 얻은 동시예측구간은 4.3절에서 논의한 Bonferroni 또는 Scheffé 절차를 이용해서 편리

하게 얻을 수 있다. (4.32)에서 $t(1-\alpha/2; n-2)$의 값은 $B = t(1-\alpha/2g; n-2)$ 또는 $S = [gF(1-\alpha; g, n-2)]^{1/2}$로 교체한다.

4. 역예측 문제는 통계학자들 사이에서 논쟁이 되고 있다. 일부 통계학자들은 Y에 대한 X를 회귀하는 직접적인 방법으로 역예측해야 한다고 제안한다. 이 회귀분석을 **역회귀**(inverse regression)라고 한다. ■

4.7 ■ X 수준의 선택

회귀 자료가 실험을 통해 얻어질 때, 실험을 하는 사람은 관측값 Y를 얻을 X의 수준을 정할 수 있다. 여러 가지 중에서 실험자는 다음을 꼭 고려해야 한다.

1. 얼마나 다양한 수준의 X를 조사해야 하는가?
2. 양 끝의 극단적인 수준은 얼마인가?
3. 만약 다른 수준의 X가 있다면, 이들 간의 간격은 얼마나 되야 하는가?
4. X의 각 수준에서 몇 개의 관측값을 얻어야 하는가?

이 질문들에 대한 단 하나의 답은 존재하지 않는다. 왜냐하면 회귀분석의 다양한 목적에 따라 답변이 달라질 수 있기 때문이다. 이전에 언급했던 것처럼 회귀분석의 목적은 다양하다. 주요 목적은 회귀선의 기울기, 절편을 추정하는 것이다. 많은 경우에서 주요 목적은 하나 또는 그 이상의 새로운 관측값을 예상하거나 평균반응을 추정하는 것이다. 회귀함수가 곡선일 때, 주요 목적은 최대 또는 최소 평균반응을 찾는 것이다. 이와 다른 경우의 주요 목적은 회귀함수의 성질을 결정하는 것이다.

목적이 설계에 어떻게 영향을 미치는지 예를 들기 위해 b_0, b_1, $\hat{Y}_h$의 분산과 $Y_{h(\text{new})}$를 예측하기 위해서 회귀모형 (2.1)에 대해 이전에 개발된 것을 고려해 보자.

$$\sigma^2\{b_0\} = \sigma^2\left[\frac{1}{n} + \frac{\bar{X}^2}{\sum(X_i - \bar{X})^2}\right] \tag{4.34}$$

$$\sigma^2\{b_1\} = \frac{\sigma^2}{\sum(X_i - \bar{X})^2} \tag{4.35}$$

$$\sigma^2\{\hat{Y}_h\} = \sigma^2\left[\frac{1}{n} + \frac{(X_h - \bar{X})^2}{\sum(X_i - \bar{X})^2}\right] \tag{4.36}$$

$$\sigma^2\{\text{pred}\} = \sigma^2\left[1 + \frac{1}{n} + \frac{(X_h - \bar{X})^2}{\sum(X_i - \bar{X})^2}\right] \tag{4.37}$$

만약 회귀분석의 주요 목적이 기울기 β_1을 추정하는 것이라면, $\sum(X_i - \bar{X})^2$이 최대화되면 b_1의 분산이 최소화된다. 이것은 모형의 범위에 해당하는 두 극단의 값에서 X의 수준을 사용하면 달성할 수 있다. 당연하겠지만 분석가가 회귀함수의 선형성을 확신할 수 없으면 두 수준만을 사용하는 것이 망설여질 것이다. 왜냐하면 선형성이 적절하지 않을 수 있다는 가능성에 대한 정보를 제공할 수 없기 때문이다. 만약 주요 목적이 절편 β_0를 추정하는 것이라면, $\bar{X} = 0$이 되기만 하면 수준의 개수와 배치는 b_0의 분산에 영향을 주지 않는다. 반면에 X_h 수준에서 새로운 관측값을 예측하거나 평균반응을 추정할 때, 상대적 분산은 $\bar{X} = X_h$일 때 최소가 된다.

비록 X의 개수와 간격이 회귀분석의 가장 중요한 목적이 무엇인지에 따라 결정되지만 D. R. Cox 박사의 조언은 많은 참고가 된다.

> 예측변수가 영향이 있는지 없는지 그리고 영향이 어느 방향으로 있는지를 확인하는 것이 목적이라면 두 수준을 사용해라. 반응곡선의 기울기와 곡선성이 적절할 것 같다면 세 개의 수준을 사용해라. 거의 대부분의 경우가 이에 해당한다. 반응곡선의 모양에 대한 검토가 중요하다면 네 개의 수준을 사용해라. 반응곡선의 자세한 모양을 추정하는 것이 필요하거나 곡선이 점근적인 값으로 갈 때, 또는 기울기와 곡선성에 의해서 적절하게 묘사가 힘든 특징을 일반적으로 보여 주기 위해서는 네 개 이상의 수준을 사용해라. 마지막 경우를 제외하고 각 수준당 관측값의 수가 같도록 등간격의 수준을 사용하는 것이 일반적이다(인용문헌 4.4).

인용문헌

4.1. Miller, R. G., Jr. *Simultaneous Statistical Inference*. 2nd ed. New York: Springer-Verlag, 1991.

4.2. Fuller, W. A. *Measurement Error Models*. New York: John Wiley & Sons, 1987.

4.3. Berkson, J. "Are There Two Regressions?" *Journal of the American Statistical Association* 45 (1950), pp. 164-80

4.4. Cox, D. R. *Planning of Experiments*. New York: John Wiley & Sons, 1958, pp. 141-42.

문제

4.1. 모임신뢰계수가 90%일 때, Bonferroni 방법을 이용해서 β_0와 β_1에 대한 결합신뢰구간을 구할 때, 10%의 확률로 β_0의 신뢰구간이 틀릴 것이라는 것을 의미하는가? β_0의 신뢰구간과 β_1의 신뢰구간이 틀릴 확률이 각각 5%라는 것인가? 논의하여라.

4.2. 문제 2.1을 참조하여라. 학생이 두 개의 신뢰구간을 하나의 신뢰집합으로 통합했다고 가정하자. 이 집합에 대한 모임신뢰계수에 대해서 무엇이라고 할 수 있는가?

*4.3. 문제 1.20의 **복사기 유지보수(Copier maintenance)**를 참조하여라.

a. b_0와 b_1이 같은 방향으로 문제가 생기는 경향이 있는가? 아니면 반대 방향으로 문제가 생기는 경향이 있는가? 설명하여라.

b. 모임신뢰계수가 95%일 때, β_0와 β_1에 대한 Bonferroni 결합신뢰구간을 구하여라.

c. 컨설턴트가 β_0는 0이 되어야 하고 β_1이 14.0이어야 한다고 제안하였다. (b)에서 구한 결합신뢰구간이 이 의견을 뒷받침하는가?

*4.4. 문제 1.21의 **항공 화물 파손(Freight breakage)**을 참조하여라.

a. b_0와 b_1이 같은 방향으로 문제가 생기는 경향이 있는가? 아니면 반대 방향으로 문제가 생기는 경향이 있는가? 설명하여라.

b. 모임신뢰계수가 99%일 때, β_0와 β_1에 대한 Bonferroni 결합신뢰구간을 구하여라.

4.5. 문제 1.22의 **플라스틱 경도(Plastic hardness)**를 참조하여라.

a. 모임신뢰계수가 90%일 때, β_0와 β_1에 대한 Bonferroni 결합신뢰구간을 구하여라.

b. 여기서 b_0와 b_1이 양의 상관관계를 갖는가, 아니면 음의 상관관계를 갖는가? 이것이 (a)에서 구한 결합신뢰구간에 반영되어 있는가?

c. (a)의 모임신뢰계수의 의미는 무엇인가?

*4.6. 문제 1.27의 **근육량(Muscle mass)**을 참조하여라.

a. 모임신뢰계수가 99%일 때, β_0와 β_1에 대한 Bonferroni 결합신뢰구간을 구하여라. 구한 신뢰구간을 해석하여라.

b. 여기서 b_0와 b_1이 양의 상관관계를 갖는가 아니면 음의 상관관계를 갖는가? 설명하여라.

c. 연구자가 β_0는 대략적으로 160이 되어야 하고 β_1이 $-1.9 \sim -1.5$이어야 한다고 제안하였다. (a)에서 구한 결합신뢰구간이 이 예상을 뒷받침하는가?

*4.7. 문제 1.20의 **복사기 유지보수(Copier maintenance)**를 참조하여라.

a. 3개, 5개, 7개의 복사기가 보수를 받고 있을 때, 평균 몇 분이 걸릴지 추정하여라. Working-Hotelling 절차를 사용하고 모임신뢰계수가 90%일 때, 구간을 추정하여라.

b. 예방적 유지보수를 위한 두 개의 서비스 방문이 예정되어 있다. 유지보수가 필요한 복사기의 개수는 각각 4개와 7개이다. 모임신뢰계수가 90%일 때 이 두 서비스 방문에 필요한 시간에 대한 모임예측구간이 필요하다. Scheffé와 Bonferroni 중에서 어떤 방법이 더 작은 예측구간을 제공하겠는가?

c. (b)에서 요구한 방법 중에서 더 효율적인 방법을 이용하여 예측구간의 모임을 구하여라.

*4.8. 문제 1.21의 **항공 화물 파손(Freight breakage)**을 참조하여라.

a. 0번, 1번, 2번의 운송수단의 변경이 있을 때, 파손된 앰플의 평균 개수의 구간추정을 얻는 것이 필요하다. Working-Hotelling 결과를 이용하여 필요한 신뢰구간을 구하여라.

b. (a)에서 구한 신뢰구간이 Bonferroni 구간보다 더 효과적인가? 설명하여라.

c. 새로 보내는 세 수하물에 대해서 각각 0번, 1번, 2번 운송 수단 변경이 있을 것이다. 모임신뢰계수가 95%일 때, Scheffé 방법을 이용하여 이 세 수하물 각각에 대한 파손된 앰풀의 수에 대한 예측구간을 구하여라.

d. (c)에서 Bonferroni 절차가 예측 효과를 구하는 데 더 효과적인가? 설명하여라.

4.9. 문제 1.22의 **플라스틱 경도(Plastic hardness)**를 참조하여라.

a. 관리자는 경과된 시간이 20시간, 30시간, 40시간임에 따라 평균 경도의 구간추정값을 얻고자 한다. 모임신뢰계수가 90%일 때, Bonferroni 절차를 이용하여 필요한 신뢰구간을 구하여라. 모임신뢰계수의 의미는 무엇인가?

b. (a)에서 사용된 Bonferroni 절차가 여기서 사용할 수 있는 방법 중에서 가장 효과적인 방법인가? 설명하여라.

c. 다른 두 개의 실험용 물품을 각각 30시간과 40시간이 경과된 후에 측정할 것이다. 모임신뢰계수가 90%이고 가장 효율적인 방법을 이용하여 각각의 두 물품에 대한 경도를 예측하여라.

*4.10. 문제 1.27의 **근육량(Muscle mass)**을 참조하여라.

a. 영양학자는 45세, 55세, 65세 여성의 평균 근육량에 특히 관심이 있다. 모임신뢰계수가 95%일 때, Working-Hotelling 절차를 이용하여 관심 있는 대상의 평균에 대한 결합신뢰구간을 구하여라.

b. (a)에서 사용한 Working-Hotelling 절차가 가장 효율적인 방법인가? 설명하여라.

c. 48세, 59세, 74세의 여성이 추가적으로 영양학자에게 연락하였다. 모임신뢰계수가 95%일 때, Bonferroni 방법을 이용하여 각 세 여성의 근육량을 예측하여라.

d. 이어서 영양학자는 총 네 개의 예측에 모임신뢰계수가 95%일 때, 64세의 4번째 여성의 근육량을 예측하고 싶다. (c)에서 구한 세 예측구간을 다시 계산해야 하는가? Scheffé 방법을 이용했더라도 예측구간을 만들 때 다시 계산을 해야 하는가?

4.11. 행동 과학자가 "나는 회귀선이 원점을 지나가는지 여부에 대해서 절대로 확신할 수 없다. 따라서 그런 모형을 사용하지 않을 것이다"라고 말했다. 이에 대한 의견을 말하여라.

4.12. **오타(Typographical errors).** 아래는 기술 관련 원고를 전문적으로 하는 한 회사에서 다루는 최근 주문 중 확률표본에서 원고 하나당 필요한 교정쇄의 수(X)와 오타 교정의 총 달러 비용(Y)을 보여 준다. Y는 변동 비용만을 포함하기 때문에 분석가는 두 변수 간의 관계를 연구하는 것에 있어서 원점을 지나는 모형 (4.10)이 더 적합한지 판단하고 싶다.

i:	1	2	3	4	5	6	7	8	9	10	11	12
X_i:	7	12	10	10	14	25	30	25	18	10	4	6
Y_i:	128	213	191	178	250	446	540	457	324	177	75	107

a. 회귀모형 (4.10)을 적합하고, 추정한 회귀함수를 제시하여라.

b. 추정한 회귀함수와 자료를 그래프에 표시하여라. 원점을 지나가는 선형회귀함수가 적합한가? 의견을 제시하여라.

c. 앞으로의 주문을 감당하기 위한 비용 추정에서 회사는 오타 교정 비용을 위해서 교정쇄당 표준적으로 $17.50를 사용한다고 한다. 이 표준 비용이 조정되어야 하는지 검정하여라($\alpha = .02$). 가설들, 결정규칙, 결론을 서술하여라.

d. 10개의 교정쇄가 필요한 새 교정 작업의 교정 비용에 대한 예측구간을 구하여라. 신뢰계수는 98%를 사용하여라.

4.13. 문제 4.12의 **오타(Typographical errors)**를 참조하여라.

a. 잔차 e_i를 구하여라. 합이 0인가? 적합값 $\hat{Y}_i$에 대한 잔차그림을 그려라. 그린 잔차그림을 통해서 어떤 결론을 내릴 수 있는가?

b. 원점을 지나는 선형회귀의 적합성결여를 위한 정형적인 검정을 하여라($\alpha = .01$). 가설들, 결정규칙, 결론을 서술하여라. 검정의 P값은 무엇인가?

4.14. 문제 1.19의 **평량평균(Grade point average)**을 참조하여라. 원점을 지나는 모형 (4.10)을 적합하다고 가정하여라.

a. 회귀모형 (4.10)을 적합하고, 추정한 회귀함수를 제시하여라.

b. β_1의 95% 신뢰구간을 추정하여라. 구한 신뢰구간을 해석하여라.

c. ACT 시험 점수가 30점인 학생들의 1학년 평량평균의 평균을 추정하여라. 95% 신뢰구간을 사용하여라.

4.15. 문제 4.14의 **평량평균(Grade point average)**을 참조하여라.

a. 적합된 회귀선과 자료의 그림을 그려라. 원점을 지나는 선형회귀함수가 잘 적합하는가?

b. 잔차 e_i를 구하여라. 합이 0인가? 적합값 $\hat{Y}_i$에 대한 잔차그림을 그려라. 그린 잔차그림을 통해서 어떤 결론을 내릴 수 있는가?

c. 원점을 지나는 선형회귀의 적합성결여를 위한 정형적인 검정을 하여라(α = .005). 가설들, 결정규칙, 결론을 서술하여라. 검정의 P값은 무엇인가?

*4.16. 문제 1.20의 **복사기 유지보수(Copier maintenance)**를 참조하여라. 원점을 지나는 모형 (4.10)이 적합하다고 가정하여라.

a. 추정된 회귀함수를 구하여라.

b. β_1의 90% 신뢰구간을 추정하여라. 구한 신뢰구간을 해석하여라.

c. 6개 복사기를 수리하는 시간에 대한 90% 예측구간을 구하라.

*4.17. 문제 4.16의 **복사기 유지보수(Copier maintenance)**를 참조하여라.

a. 회귀선과 자료의 그림을 그려라. 원점을 지나는 선형회귀함수가 잘 적합하는가?

b. 잔차 e_i를 구하여라. 합이 0인가? 적합값 $\hat{Y}_i$에 대한 잔차그림을 그려라. 그린 잔차그림을 통해서 어떤 결론을 내릴 수 있는가?

c. 원점을 지나는 선형회귀의 적합성결여를 위한 정형적인 검정을 하여라(α = .01). 가설들, 결정규칙, 결론을 서술하여라. 검정의 P값은 무엇인가?

4.18. 문제 1.22의 **플라스틱 경도(Plastic hardness)**를 참조하여라. X에서 오차가 발생한다고 가정하자. 왜냐하면 사전에 기록된 경과시간(X_i)에 i번째 표본(Y_i)의 경도를 측정하도록 실험실 기술자를 교육하였다. 그러나 타이밍이 완벽하지 않아 실제 경과된 시간은 사전에 기록된 시간으로부터 확률적으로 달라졌기 때문이다. 이 경우 일반적인 최소제곱추정값이 편향될 것인가? 논의하여라.

4.19. 문제 1.19의 **평량평균(Grade point average)**을 참조하여라. 새로운 학생은 1학년 때, 3.4의 평량평균을 얻었다.

a. ACT 시험 점수에 대한 90% 신뢰구간을 구하여라. 얻은 신뢰구간을 해석하여라.

b. 근사 신뢰구간의 적절성이 기준 (4.33)을 따르고 있는가?

4.20. 문제 1.22의 **플라스틱 경도(Plastic hardness)**를 참조하여라.

a. 경도가 측정되기 전에 경과된 시간에 대한 99% 신뢰구간을 구하여라. 얻은 신뢰구간을 해석하여라.

b. 근사 신뢰구간의 적절성이 기준 (4.33)을 따르고 있는가?

연습문제

4.21. 예측변수가 코드화되어서 $\bar{X} = 0$이고 정규오차회귀모형 (2.1)이 적용되었을 때, b_0와 b_1이 독립인가? β_0와 β_1에 대한 결합신뢰구간이 독립인가?

4.22. 세 가지 신뢰한계에 대해서 Bonferroni 부등식의 확장인 (4.2a)를 도출하여라(각각 모두 개별신뢰계수가 $1 - \alpha$이다).

4.23. 적합된 원점을 지나는 최소제곱회귀선 (4.15)에 대해서 $\sum X_i e_i = 0$임을 보여라.

4.24. 원점을 지나는 선형회귀모형 (4.15)에서 정의된 $\hat{Y}$이 $E\{Y\}$의 비편향추정량임을 보여라.

4.25. 원점을 지나는 회귀에 대한 표 4.1에 주어진 $s^2\{\hat{Y}_h\}$의 공식을 도출하여라.

프로젝트

4.26. 부록 C.2와 프로젝트 1.43의 **CDI** 데이터셋을 참조하여라. 총 인구에 대한 활동 의사의 수의 관계를 회귀분석하는 것을 생각하자.

a. 모임신뢰계수가 95%일 때, β_0와 β_1의 Bonferroni 결합신뢰구간을 구하여라.

b. 조사자는 β_0가 -100이고 β_1이 .0028이어야 한다고 제안하였다. (a)에서 구한 결합신뢰구간이 이 의견을 뒷받침하는가? 논의하여라.

c. 모임신뢰수준이 .90일 때, 총 인구 $X = 500, 1000, 5000$(단위: 1,000)인 각 나라의 의료 활동을 하는 의사의 평균 수를 추정하고 싶다. 이 경우에 Working-Hotelling 또는 Bonferroni 절차 중 어떤 방법을 이용하는 것이 더 효과적인가?

d. 더 효과적인 방법을 이용하여 (c)에서 요구한 신뢰추정치의 모임을 구하여라. 구한 신뢰구간을 해석하여라.

4.27. 부록 C.1과 프로젝트 1.45의 **SENIC** 데이터셋을 참조하여라. 체류 기간과 감염 위험 간의 관계를 회귀분석하는 것을 생각하자.

a. 모임신뢰계수가 90%일 때, β_0와 β_1에 대한 Bonferroni 신뢰구간을 구하여라.

b. 연구자가 β_0가 대략적으로 7이고 β_1이 대략적으로 1이라고 제안하였다. (a)에서 구한 결합신뢰구간이 이 의견을 뒷받침하는가? 의논하여라.

c. 모임신뢰계수가 .95일 때, 감염 위험 $X = 2, 3, 4, 5$인 경우 각 사람의 평균 체류 기간을 추정하고자 한다. Working-Hotelling 또는 Bonferroni 절차 중 어떤 방법을 이용하는 것이 이 경우에 더 효과적인가?

d. 더 효과적인 방법을 이용하여 (c)에서 요구한 신뢰추정치의 모임을 구하여라. 구한 신뢰구간을 해석하여라.

5장 | 단순회귀분석에 대한 행렬적 접근

행렬대수는 수학적, 통계적 분석에 광범위하게 사용된다. 다중회귀분석에 있어서 행렬접근은 실질적으로 필수라고 할 수 있다. 왜냐하면 방정식의 확장과 큰 배열의 자료를 간단하게 표기할 수 있으며 계산이 간단해지기 때문이다.

이 장에서는 우선 행렬대수에 대해서 살펴볼 것이다(행렬대수에 대한 더 자세한 서술은 인용문헌 5.1과 같은 전문 서적에서 찾을 수 있다). 그리고 앞 장에서 다룬 단순회귀모형에 행렬 방법을 적용할 것이다. 비록 행렬대수가 단순회귀에 필요하지 않더라도 이 경우에 대한 행렬 방법의 적용은 II, III부에서 다룰 다중회귀로의 이행을 더 용이하게 해줄 것이다.

행렬대수에 익숙한 독자는 이 장의 도입부를 간단히 훑어보고, 회귀분석에 있어 행렬대수의 사용을 다루는 뒷부분에 좀 더 집중하길 바란다.

5.1 ■ 행렬

행렬의 정의

행렬(matrix)은 원소가 행과 열로 나열되어 있는 직사각형 배열이다. 행렬의 예는

$$\begin{array}{c} \\ \\ \text{행 } 1 \\ \text{행 } 2 \\ \text{행 } 3 \end{array} \begin{array}{c} \begin{array}{cc} \text{열} & \text{열} \\ 1 & 2 \end{array} \\ \begin{bmatrix} 16{,}000 & 23 \\ 33{,}000 & 47 \\ 21{,}000 & 35 \end{bmatrix} \end{array}$$

이다. 이 행렬의 **원소**(element)들은 세 명의 수입(1열)과 나이(2열)를 의미한다. 원소들은 행(사람)과 열(사람의 특성)에 따라 나열되어 있다. 따라서 첫 번째 열의 첫 번째 행에 있는 원소(16,000)는 첫 번째 사람의 수입을 나타내고, 두 번째 열의 첫 번째 행에 있는 원소(23)는 첫 번째 사람의 나이를 의미한다. 행렬의 **차원**(dimension)은 3×2, 즉 3개의 행과 2개의 열이다. 만약 1,000명의 사람에 대한 수입과 나이를 앞에서 본 행렬과 같이 정리하고 싶다면, $1{,}000 \times 2$ 행렬이 필요하다.

행렬의 다른 예를 살펴보자.

$$\begin{bmatrix} 1 & 0 \\ 5 & 10 \end{bmatrix} \qquad \begin{bmatrix} 4 & 7 & 12 & 16 \\ 3 & 15 & 9 & 8 \end{bmatrix}$$

이 두 행렬의 차원은 각각 2×2와 2×4이다. 행렬의 차원은 행의 수를 먼저 명시하고 그 다음에 열의 수를 명시한다. 일반적인 대수에서 행렬의 원소를 식별하기 위해서 사용하는 기호는

$$\begin{array}{c} \\ i=1 \\ i=2 \end{array} \begin{array}{c} \begin{array}{ccc} j=1 & j=2 & j=3 \end{array} \\ \begin{bmatrix} a_{11} & a_{12} & a_{13} \\ a_{21} & a_{22} & a_{23} \end{bmatrix} \end{array}$$

이다. 첫 번째 아래 첨자는 몇 번째 행, 두 번째 첨자는 몇 번째 열인지를 나타낸다. 일반적으로 i번째 행과 j번째 열에 있는 원소를 a_{ij}로 표기한다. 위의 예시에 따르면 $i = 1, 2$이고 $j = 1, 2, 3$이다.

A, **X** 또는 **Z**와 같은 기호를 사용하여 행렬을 표기할 것이다. 기호는 행렬을 의미한다는 것을 알아볼 수 있게 볼드체로 표시한다. 따라서 위의 행렬을 다음과 같이 정의할 수 있다.

$$\mathbf{A} = \begin{bmatrix} a_{11} & a_{12} & a_{13} \\ a_{21} & a_{22} & a_{23} \end{bmatrix}$$

행렬 **A**는 주어진 2×3 배열을 의미한다.

행렬 **A**를 표기하기 위한 다른 표시법은 다음과 같다.

$$\mathbf{A} = [a_{ij}] \qquad i = 1, 2; j = 1, 2, 3$$

이 표시법은 일반적인 원소만을 언급함으로써 행렬의 모든 원소를 다 적어야 하는 것을 피할 수 있다. 당연히 행렬의 원소가 기호일 때만 사용할 수 있다.

요약하면 r개의 행과 c개의 열을 갖는 행렬은 모두 표시하면

$$\mathbf{A} = \begin{bmatrix} a_{11} & a_{12} & \cdots & a_{1j} & \cdots & a_{1c} \\ a_{21} & a_{22} & \cdots & a_{2j} & \cdots & a_{2c} \\ \vdots & \vdots & & \vdots & & \vdots \\ a_{i1} & a_{i2} & \cdots & a_{ij} & \cdots & a_{ic} \\ \vdots & \vdots & & \vdots & & \vdots \\ a_{r1} & a_{r2} & \cdots & a_{rj} & \cdots & a_{rc} \end{bmatrix} \tag{5.1}$$

이고, 간략한 형태는

$$\mathbf{A} = [a_{ij}] \qquad i = 1, \ldots, r; j = 1, \ldots, c$$

이다. 또는 **A**와 같이 단순히 볼드체 기호만으로도 나타낸다.

부연설명

1. 행렬을 숫자로 생각하지 말아라. 그것은 배열로서 나열되어 있는 원소의 집합이다. 행렬은 1×1차원의 행렬일 때만 하나의 숫자만을 갖는데 이 경우에만 행렬을 숫자로 숫자를 행렬로 호환하여 생각할 수 있다.

2. 다음은 행렬이 아니다.

$$\begin{bmatrix} & 14 & \\ & 8 & \\ 10 & & 15 \\ 9 & & 16 \end{bmatrix}$$

그 이유는 숫자가 열과 행으로 나열되지 않았기 때문이다. ■

정방행렬

열과 행의 숫자가 같을 때 행렬을 **정방행렬**(square matrix)이라고 한다. 두 가지 예시는

$$\begin{bmatrix} 4 & 7 \\ 3 & 9 \end{bmatrix} \qquad \begin{bmatrix} a_{11} & a_{12} & a_{13} \\ a_{21} & a_{22} & a_{23} \\ a_{31} & a_{32} & a_{33} \end{bmatrix}$$

이다.

벡터

오직 한 개의 열을 갖는 행렬을 **열벡터**(column vector) 또는 단순히 **벡터**(vector)라고 한다. 두 가지 예시는

$$\mathbf{A} = \begin{bmatrix} 4 \\ 7 \\ 10 \end{bmatrix} \qquad \mathbf{C} = \begin{bmatrix} c_1 \\ c_2 \\ c_3 \\ c_4 \\ c_5 \end{bmatrix}$$

이다. 벡터 **A**는 3×1 행렬이고 벡터 **C**는 5×1 행렬이다.

한 개의 행을 갖는 행렬은 **행벡터**(row vector)라고 한다. 두 가지 예시는

$$\mathbf{B}' = [15 \quad 25 \quad 50] \qquad \mathbf{F}' = [f_1 \quad f_2]$$

이다. 행벡터를 표기하기 위해서 프라임 기호를 사용하는 이유는 잠시 후에 알아볼 것이다. 행벡터 **B′**는 1×3 행렬이고 **F′**는 1×2 행렬이다.

벡터의 원소를 표시할 때는 하나의 첨자만 필요하다.

전치

A의 전치(transpose)는 **A′**으로 표기한다. 이는 **A**의 해당 열과 행을 바꿈으로써 얻을 수 있다.

예를 들어

$$\underset{3\times 2}{\mathbf{A}} = \begin{bmatrix} 2 & 5 \\ 7 & 10 \\ 3 & 4 \end{bmatrix}$$

이면 전치행렬 **A′**는

$$\underset{2\times3}{\mathbf{A}'} = \begin{bmatrix} 2 & 7 & 3 \\ 5 & 10 & 4 \end{bmatrix}$$

이다. **A**의 첫 열은 **A′**의 첫 행이며 이와 비슷하게 **A**의 두 번째 열은 **A′**의 두 번째 행이다. 이와 동일하게 **A**의 첫 행은 **A′**의 첫 열이며 나머지도 같은 방식이다. **A**의 차원은 **A**의 기호의 아래에 표기되어 있으며, **A′**의 차원은 이를 뒤집은 것이 된다.

다른 예시로 다음을 생각해 보자.

$$\underset{3\times1}{\mathbf{C}} = \begin{bmatrix} 4 \\ 7 \\ 10 \end{bmatrix} \qquad \underset{1\times3}{\mathbf{C}'} = [4 \quad 7 \quad 10]$$

따라서 열벡터의 전치는 행벡터이고 그 반대도 동일하다. 기호 **B′**를 행벡터로 표기하는 이유는 행벡터를 열벡터 **B**의 전치로 생각할 수 있기 때문이다.

일반적으로 다음의 행렬을 얻는다.

$$\underset{r\times c}{\mathbf{A}} = \begin{bmatrix} a_{11} & \cdots & a_{1c} \\ \vdots & & \vdots \\ a_{r1} & \cdots & a_{rc} \end{bmatrix} = [a_{ij}] \qquad i = 1, \ldots, r; j = 1, \ldots, c \tag{5.2}$$

(i: 행 지수, j: 열 지수)

$$\underset{c\times r}{\mathbf{A}'} = \begin{bmatrix} a_{11} & \cdots & a_{r1} \\ \vdots & & \vdots \\ a_{1c} & \cdots & a_{rc} \end{bmatrix} = [a_{ji}] \qquad j = 1, \ldots, c; i = 1, \ldots, r \tag{5.3}$$

(j: 행 지수, i: 열 지수)

따라서 **A**의 i번째 행과 j번째 열의 원소는 **A′**의 j번째 행과 i번째 열의 원소와 동일하다.

행렬의 동치

만약 행렬 **A**와 **B**가 같은 차원이며 대응하는 모든 원소가 동일하면 두 행렬은 동치(equal)라고 한다. 역으로, 두 행렬이 동치이면 대응하는 원소 또한 동일하다. 예를 들어

$$\underset{3\times1}{\mathbf{A}} = \begin{bmatrix} a_1 \\ a_2 \\ a_3 \end{bmatrix} \qquad \underset{3\times1}{\mathbf{B}} = \begin{bmatrix} 4 \\ 7 \\ 3 \end{bmatrix}$$

이면, $\mathbf{A} = \mathbf{B}$는 다음을 의미한다.

$$a_1 = 4 \qquad a_2 = 7 \qquad a_3 = 3$$

비슷하게

$$\underset{3\times2}{\mathbf{A}} = \begin{bmatrix} a_{11} & a_{12} \\ a_{21} & a_{22} \\ a_{31} & a_{32} \end{bmatrix} \qquad \underset{3\times2}{\mathbf{B}} = \begin{bmatrix} 17 & 2 \\ 14 & 5 \\ 13 & 9 \end{bmatrix}$$

이면, $\mathbf{A} = \mathbf{B}$는 다음을 의미한다.

$$
\begin{array}{ll}
a_{11} = 17 & a_{12} = 2 \\
a_{21} = 14 & a_{22} = 5 \\
a_{31} = 13 & a_{32} = 9
\end{array}
$$

회귀 예 회귀분석에서 기본적인 행렬 중 하나는 반응변수가 n개의 관측값으로 이루어진 벡터 $\mathbf{Y}$이다.

$$
\underset{n\times 1}{\mathbf{Y}} = \begin{bmatrix} Y_1 \\ Y_2 \\ \vdots \\ Y_n \end{bmatrix} \tag{5.4}
$$

전치행렬 $\mathbf{Y}'$은 행벡터이다.

$$
\underset{1\times n}{\mathbf{Y}'} = [Y_1 \quad Y_2 \quad \cdots \quad Y_n] \tag{5.5}
$$

회귀분석에서 다른 기본 행렬은 행렬 $\mathbf{X}$이다. 단순회귀분석에서 다음과 같이 정의된다.

$$
\underset{n\times 2}{\mathbf{X}} = \begin{bmatrix} 1 & X_1 \\ 1 & X_2 \\ \vdots & \vdots \\ 1 & X_n \end{bmatrix} \tag{5.6}
$$

행렬 $\mathbf{X}$는 1로 이루어진 열과 예측변수 X에 대한 n개의 관측값이 열로 이루어져 있다. $\mathbf{X}$의 전치는

$$
\underset{2\times n}{\mathbf{X}'} = \begin{bmatrix} 1 & 1 & \cdots & 1 \\ X_1 & X_2 & \cdots & X_n \end{bmatrix} \tag{5.7}
$$

이다. 행렬 $\mathbf{X}$는 설계행렬(design matrix)이라고 한다.

5.2 ■ 행렬의 합과 차

두 행렬의 합과 차는 두 행렬이 동일한 차원이어야 한다. 두 행렬의 합 또는 차는 두 행렬의 대응하는 원소의 합 또는 차를 원소로 갖는 행렬이다. 다음을 가정하자.

$$
\underset{3\times 2}{\mathbf{A}} = \begin{bmatrix} 1 & 4 \\ 2 & 5 \\ 3 & 6 \end{bmatrix} \qquad \underset{3\times 2}{\mathbf{B}} = \begin{bmatrix} 1 & 2 \\ 2 & 3 \\ 3 & 4 \end{bmatrix}
$$

그렇다면

$$
\underset{3\times 2}{\mathbf{A} + \mathbf{B}} = \begin{bmatrix} 1+1 & 4+2 \\ 2+2 & 5+3 \\ 3+3 & 6+4 \end{bmatrix} = \begin{bmatrix} 2 & 6 \\ 4 & 8 \\ 6 & 10 \end{bmatrix}
$$

이다. 비슷한 방식으로

$$\underset{3\times 2}{\mathbf{A}-\mathbf{B}} = \begin{bmatrix} 1-1 & 4-2 \\ 2-2 & 5-3 \\ 3-3 & 6-4 \end{bmatrix} = \begin{bmatrix} 0 & 2 \\ 0 & 2 \\ 0 & 2 \end{bmatrix}$$

일반적으로

$$\underset{r\times c}{\mathbf{A}} = [a_{ij}] \qquad \underset{r\times c}{\mathbf{B}} = [b_{ij}] \qquad i = 1, \ldots, r; j = 1, \ldots, c$$

이라면

$$\underset{r\times c}{\mathbf{A}+\mathbf{B}} = [a_{ij} + b_{ij}] \qquad \text{및} \qquad \underset{r\times c}{\mathbf{A}-\mathbf{B}} = [a_{ij} - b_{ij}] \tag{5.8}$$

식 (5.8)은 두 개 이상의 행렬들의 덧셈과 뺄셈을 명백하게 일반화해 준다. 또한 보통대수에서와 같이 $\mathbf{A} + \mathbf{B} = \mathbf{B} + \mathbf{A}$임을 알아두자.

회귀 예 회귀모형

$$Y_i = E\{Y_i\} + \varepsilon_i \qquad i = 1, \ldots, n$$

은 간편하게 행렬 표기로 쓸 수 있다. 먼저, 평균 반응의 벡터를 정의하면

$$\underset{n\times 1}{\mathbf{E}\{\mathbf{Y}\}} = \begin{bmatrix} E\{Y_1\} \\ E\{Y_2\} \\ \vdots \\ E\{Y_n\} \end{bmatrix} \tag{5.9}$$

그리고 오차항의 벡터는

$$\underset{n\times 1}{\boldsymbol{\varepsilon}} = \begin{bmatrix} \varepsilon_1 \\ \varepsilon_2 \\ \vdots \\ \varepsilon_n \end{bmatrix} \tag{5.10}$$

(5.4)에서 본 관측값 벡터 $\mathbf{Y}$의 정의를 상기하면, 회귀모형을 다음과 같이 쓸 수 있다.

$$\underset{n\times 1}{\mathbf{Y}} = \underset{n\times 1}{\mathbf{E}\{\mathbf{Y}\}} + \underset{n\times 1}{\boldsymbol{\varepsilon}}$$

왜냐하면

$$\begin{bmatrix} Y_1 \\ Y_2 \\ \vdots \\ Y_n \end{bmatrix} = \begin{bmatrix} E\{Y_1\} \\ E\{Y_2\} \\ \vdots \\ E\{Y_n\} \end{bmatrix} + \begin{bmatrix} \varepsilon_1 \\ \varepsilon_2 \\ \vdots \\ \varepsilon_n \end{bmatrix} = \begin{bmatrix} E\{Y_1\} + \varepsilon_1 \\ E\{Y_2\} + \varepsilon_2 \\ \vdots \\ E\{Y_n\} + \varepsilon_n \end{bmatrix}$$

따라서 관측값 벡터 $\mathbf{Y}$는 기댓값 벡터와 오차항 벡터를 합한 것과 같다.

5.3 ■ 행렬 곱셈

행렬과 스칼라의 곱셈

스칼라(scalar)는 일반적인 숫자 또는 숫자를 나타내는 기호이다. 행렬과 스칼라를 곱하는 경우 행렬의 모든 원소들에 스칼라가 곱해진다. 예를 들면 행렬 **A**가 다음과 같이 주어지고

$$\mathbf{A} = \begin{bmatrix} 2 & 7 \\ 9 & 3 \end{bmatrix}$$

4가 스칼라일 때 4**A**는 아래와 같다.

$$4\mathbf{A} = 4\begin{bmatrix} 2 & 7 \\ 9 & 3 \end{bmatrix} = \begin{bmatrix} 8 & 28 \\ 36 & 12 \end{bmatrix}$$

마찬가지로 k**A**는 아래와 같다.

$$k\mathbf{A} = k\begin{bmatrix} 2 & 7 \\ 9 & 3 \end{bmatrix} = \begin{bmatrix} 2k & 7k \\ 9k & 3k \end{bmatrix}$$

이때 k는 스칼라를 나타낸다.

만약 행렬의 모든 원소가 공통인자를 가지고 있다면, 이 인자를 행렬의 밖으로 꺼내서 스칼라로 취급할 수 있다. 예를 들면

$$\begin{bmatrix} 9 & 27 \\ 15 & 18 \end{bmatrix} = 3\begin{bmatrix} 3 & 9 \\ 5 & 6 \end{bmatrix}$$

비슷하게

$$\begin{bmatrix} \frac{5}{k} & \frac{2}{k} \\ \frac{3}{k} & \frac{8}{k} \end{bmatrix} = \frac{1}{k}\begin{bmatrix} 5 & 2 \\ 3 & 8 \end{bmatrix}$$

일반적으로 만약 $\mathbf{A} = [a_{ij}]$이고 k가 스칼라이면 다음과 같다.

$$k\mathbf{A} = \mathbf{A}k = [ka_{ij}] \tag{5.11}$$

행렬과 행렬의 곱셈

행렬과 행렬의 곱셈은 처음에는 다소 복잡해 보일 수 있지만 약간 연습하면 일상적인 연산이 되도록 할 수 있다.

다음의 두 행렬을 보자.

$$\underset{2\times2}{\mathbf{A}} = \begin{bmatrix} 2 & 5 \\ 4 & 1 \end{bmatrix} \qquad \underset{2\times2}{\mathbf{B}} = \begin{bmatrix} 4 & 6 \\ 5 & 8 \end{bmatrix}$$

곱 **AB**는 2×2 행렬이며 **A**의 행들과 **B**의 열들의 교차곱들을 계산하고 교차곱들을 더해서 얻어진 값들을 원소로 가진다. 예를 들면 곱 **AB**의 첫 번째 행, 첫 번째 열의 원소를 찾기 위해서 **A**의 첫 번째 행과 **B**의 첫 번째 열로 다음과 같이 계산한다.

$$\begin{array}{r} \\ \text{행 }1 \\ \text{행 }2 \\ \\ \end{array}\overset{\mathbf{A}}{\begin{bmatrix} \boxed{2 \quad 5} \\ 4 \quad 1 \end{bmatrix}} \quad \overset{\mathbf{B}}{\underset{\text{열 }1\ \text{열 }2}{\begin{bmatrix} \boxed{\begin{matrix}4\\5\end{matrix}} & \begin{matrix}6\\8\end{matrix} \end{bmatrix}}} \qquad \text{행 }1\ \overset{\mathbf{AB}}{\underset{\text{열 }1}{\begin{bmatrix} 33 & \\ & \end{bmatrix}}}$$

교차곱들을 구한 후 더하면

$$2(4) + 5(5) = 33$$

행렬 **AB**의 첫 번째 행, 첫 번째 열의 원소는 숫자 33이 된다.

AB의 첫 번째 행, 두 번째 열의 원소를 구하기 위해서는 **A**의 첫 번째 행과 **B**의 두 번째 열을 이용한다.

$$\begin{array}{r} \\ \text{행 }1 \\ \text{행 }2 \\ \\ \end{array}\overset{\mathbf{A}}{\begin{bmatrix} \boxed{2 \quad 5} \\ 4 \quad 1 \end{bmatrix}} \quad \overset{\mathbf{B}}{\underset{\text{열 }1\ \text{열 }2}{\begin{bmatrix} \begin{matrix}4\\5\end{matrix} & \boxed{\begin{matrix}6\\8\end{matrix}} \end{bmatrix}}} \qquad \text{행 }1\ \overset{\mathbf{AB}}{\underset{\text{열 }1\ \text{열 }2}{\begin{bmatrix} 33 & 52 \\ & \end{bmatrix}}}$$

교차곱들의 합은 다음과 같다.

$$2(6) + 5(8) = 52$$

이 과정을 반복하면 곱 **AB**를 아래와 같이 구할 수 있다.

$$\underset{2\times2}{\mathbf{AB}} = \begin{bmatrix} 2 & 5 \\ 4 & 1 \end{bmatrix} \begin{bmatrix} 4 & 6 \\ 5 & 8 \end{bmatrix} = \begin{bmatrix} 33 & 52 \\ 21 & 32 \end{bmatrix}$$

또 다른 예를 보자.

$$\underset{2\times3}{\mathbf{A}} = \begin{bmatrix} 1 & 3 & 4 \\ 0 & 5 & 8 \end{bmatrix} \qquad \underset{3\times1}{\mathbf{B}} = \begin{bmatrix} 3 \\ 5 \\ 2 \end{bmatrix}$$

$$\underset{2\times1}{\mathbf{AB}} = \begin{bmatrix} 1 & 3 & 4 \\ 0 & 5 & 8 \end{bmatrix} \begin{bmatrix} 3 \\ 5 \\ 2 \end{bmatrix} = \begin{bmatrix} 26 \\ 41 \end{bmatrix}$$

곱 **AB**를 구할 때 **A**에 **B**를 **사후곱셈**(postmultiplied)한다고 하거나 **B**에 **A**를 **사전곱셈**(premultiplied)한다고 한다. 이런 특정 용어를 사용하는 이유는 보통대수의 곱셈법칙이 행렬대수에 적용되지 않기 때문이다. 보통대수에서 $xy = yx$이다. 그러나 행렬대수에서는 보통 $\mathbf{AB} \neq \mathbf{BA}$이다. 사실은 곱 **AB**가 정의되어도 곱 **BA**는 아예 정의되지 않을 수도 있다.

일반적으로 곱 **AB**는 **A**의 열의 개수가 **B**의 행의 개수와 같아서 교차곱에서의 상응하는 항들이 존재하는 경우에만 정의된다. 따라서 앞에서 본 두 개의 예에서는 다음과 같다.

$$\begin{array}{ccccc} & \text{같음} & & & \\ \mathbf{A} \swarrow & & \searrow \mathbf{B} & = & \mathbf{AB} \\ 2\times2 & & 2\times2 & & 2\times2 \\ \nwarrow & & \nearrow & & \\ & \text{곱의 차원} & & & \end{array} \qquad \begin{array}{ccccc} & \text{같음} & & & \\ \mathbf{A} \swarrow & & \searrow \mathbf{B} & = & \mathbf{AB} \\ 2\times3 & & 3\times1 & & 2\times1 \\ \nwarrow & & \nearrow & & \\ & \text{곱의 차원} & & & \end{array}$$

곱 **AB**의 차원은 **A**의 행의 개수와 **B**의 열의 개수에 의해 주어진다는 점에 주목하자. 두 번째 예의 경우 **B**의 열의 개수가 **A**의 행의 개수와 같지 않으므로 곱 **BA**가 정의되지 않는다는 점에도 유의하라.

갈지 않음

$$\underset{3\times 1}{\mathbf{B}} \swarrow \searrow \underset{2\times 3}{\mathbf{A}}$$

아래는 행렬 곱셈의 또 다른 예이다.

$$\mathbf{AB} = \begin{bmatrix} a_{11} & a_{12} & a_{13} \\ a_{21} & a_{22} & a_{23} \end{bmatrix} \begin{bmatrix} b_{11} & b_{12} \\ b_{21} & b_{22} \\ b_{31} & b_{32} \end{bmatrix}$$

$$= \begin{bmatrix} a_{11}b_{11} + a_{12}b_{21} + a_{13}b_{31} & a_{11}b_{12} + a_{12}b_{22} + a_{13}b_{32} \\ a_{21}b_{11} + a_{22}b_{21} + a_{23}b_{31} & a_{21}b_{12} + a_{22}b_{22} + a_{23}b_{32} \end{bmatrix}$$

일반적으로 **A**가 $r \times c$차원을 가지고 있고 **B**가 $c \times s$차원을 가지고 있다면 곱 **AB**는 $r \times s$차원의 행렬이고 그 행렬의 i번째 행, j번째 열의 원소는 다음과 같다.

$$\sum_{k=1}^{c} a_{ik}b_{kj}$$

따라서

$$\underset{r\times s}{\mathbf{AB}} = \left[\sum_{k=1}^{c} a_{ik}b_{kj}\right] \qquad i = 1, \ldots, r;\ j = 1, \ldots, s \tag{5.12}$$

따라서 앞에서 말한 예에서 곱 **AB**의 첫 번째 행, 두 번째 열의 원소는

$$\sum_{k=1}^{3} a_{1k}b_{k2} = a_{11}b_{12} + a_{12}b_{22} + a_{13}b_{32}$$

이며, 이는 **A**의 첫 번째 행과 **B**의 두 번째 열의 원소들로 구한 교차곱들을 더해서 계산한 것과 같다.

추가 예 1.

$$\begin{bmatrix} 4 & 2 \\ 5 & 8 \end{bmatrix} \begin{bmatrix} a_1 \\ a_2 \end{bmatrix} = \begin{bmatrix} 4a_1 + 2a_2 \\ 5a_1 + 8a_2 \end{bmatrix}$$

2.

$$[2 \quad 3 \quad 5] \begin{bmatrix} 2 \\ 3 \\ 5 \end{bmatrix} = [2^2 + 3^2 + 5^2] = [38]$$

여기서 곱은 1×1 행렬이고 이는 스칼라와 동일하다. 그러므로 행렬 곱은 숫자 38과 같다.

3.

$$\begin{bmatrix} 1 & X_1 \\ 1 & X_2 \\ 1 & X_3 \end{bmatrix} \begin{bmatrix} \beta_0 \\ \beta_1 \end{bmatrix} = \begin{bmatrix} \beta_0 + \beta_1 X_1 \\ \beta_0 + \beta_1 X_2 \\ \beta_0 + \beta_1 X_3 \end{bmatrix}$$

회귀 예 자주 사용되는 곱 중 하나는 $\mathbf{Y}'\mathbf{Y}$이다. 이때 $\mathbf{Y}$는 (5.4)에서 정의된 것과 같이 반응변수의 관측값 벡터이다.

$$\underset{1\times1}{\mathbf{Y}'\mathbf{Y}} = [Y_1 \quad Y_2 \quad \cdots \quad Y_n]\begin{bmatrix} Y_1 \\ Y_2 \\ \vdots \\ Y_n \end{bmatrix} = \left[Y_1^2 + Y_2^2 + \cdots + Y_n^2\right] = \left[\sum Y_i^2\right] \tag{5.13}$$

$\mathbf{Y}'\mathbf{Y}$는 1×1 행렬 또는 스칼라임을 주목하자. 그러므로 제곱합항을 간편하게 쓰는 방법을 알 수 있다. $\mathbf{Y}'\mathbf{Y} = \sum Y_i^2$.

또한 $\mathbf{X}'\mathbf{X}$도 필요한데 이는 2×2 행렬이고 이때의 $\mathbf{X}$는 (5.6)에서 정의되어 있다.

$$\underset{2\times2}{\mathbf{X}'\mathbf{X}} = \begin{bmatrix} 1 & 1 & \cdots & 1 \\ X_1 & X_2 & \cdots & X_n \end{bmatrix}\begin{bmatrix} 1 & X_1 \\ 1 & X_2 \\ \vdots & \vdots \\ 1 & X_n \end{bmatrix} = \begin{bmatrix} n & \sum X_i \\ \sum X_i & \sum X_i^2 \end{bmatrix} \tag{5.14}$$

그리고 $\mathbf{X}'\mathbf{X}$ 2×1 행렬은 다음과 같다.

$$\underset{2\times1}{\mathbf{X}'\mathbf{Y}} = \begin{bmatrix} 1 & 1 & \cdots & 1 \\ X_1 & X_2 & \cdots & X_n \end{bmatrix}\begin{bmatrix} Y_1 \\ Y_2 \\ \vdots \\ Y_n \end{bmatrix} = \begin{bmatrix} \sum Y_i \\ \sum X_i Y_i \end{bmatrix} \tag{5.15}$$

5.4 ■ 특수한 형태의 행렬

어떤 특수한 형태의 행렬들은 회귀분석에서 자주 나타난다. 이제 이 중에서 가장 중요한 경우들만을 살펴보기로 한다.

대칭행렬

$\mathbf{A} = \mathbf{A}'$이면 $\mathbf{A}$는 대칭(symmetric)이라고 한다. 따라서 아래의 $\mathbf{A}$는 대칭이다.

$$\underset{3\times3}{\mathbf{A}} = \begin{bmatrix} 1 & 4 & 6 \\ 4 & 2 & 5 \\ 6 & 5 & 3 \end{bmatrix} \qquad \underset{3\times3}{\mathbf{A}'} = \begin{bmatrix} 1 & 4 & 6 \\ 4 & 2 & 5 \\ 6 & 5 & 3 \end{bmatrix}$$

대칭행렬은 필연적으로 정방행렬이다. 대칭행렬은 보통 회귀분석에서 행렬 $\mathbf{X}$를 전치행렬 $\mathbf{X}'$로 사전곱셈하는 경우 나타난다. 그렇게 만들어진 행렬 $\mathbf{X}'\mathbf{X}$는 (5.14)에서 쉽게 볼 수 있는 것처럼 대칭이다.

대각행렬

대각행렬(diagonal matrix)은 비대각원소들이 모두 0인 정방행렬이다. 예를 들면 다음과 같다.

$$\underset{3\times3}{\mathbf{A}} = \begin{bmatrix} a_1 & 0 & 0 \\ 0 & a_2 & 0 \\ 0 & 0 & a_3 \end{bmatrix} \qquad \underset{4\times4}{\mathbf{B}} = \begin{bmatrix} 4 & 0 & 0 & 0 \\ 0 & 1 & 0 & 0 \\ 0 & 0 & 10 & 0 \\ 0 & 0 & 0 & 5 \end{bmatrix}$$

대각행렬의 0들을 모두 쓰지 않고 아래와 같은 형태로도 나타낸다.

$$\underset{3\times3}{\mathbf{A}} = \begin{bmatrix} a_1 & & \\ & a_2 & \\ & & a_3 \end{bmatrix} \qquad \underset{4\times4}{\mathbf{B}} = \begin{bmatrix} 4 & & & \\ & 1 & & \\ & & 10 & \\ & & & 5 \end{bmatrix}$$

(위 행렬들의 대각선 위쪽과 아래쪽에는 각각 0이 표기됨)

두 가지 중요한 대각행렬 형태는 항등행렬과 스칼라행렬이다.

항등행렬. 항등행렬(identity matrix) 혹은 단위행렬(unit matrix)은 **I**로 나타낸다. 이는 주대각선의 원소들이 모두 1인 대각행렬이다. 어떤 $r \times r$ 행렬 **A**를 $r \times r$ 항등행렬 **I**로 사전곱셈 또는 사후곱셈하면 그 결과는 동일한 **A**가 된다. 예를 들면

$$\mathbf{IA} = \begin{bmatrix} 1 & 0 & 0 \\ 0 & 1 & 0 \\ 0 & 0 & 1 \end{bmatrix} \begin{bmatrix} a_{11} & a_{12} & a_{13} \\ a_{21} & a_{22} & a_{23} \\ a_{31} & a_{32} & a_{33} \end{bmatrix} = \begin{bmatrix} a_{11} & a_{12} & a_{13} \\ a_{21} & a_{22} & a_{23} \\ a_{31} & a_{32} & a_{33} \end{bmatrix}$$

마찬가지로

$$\mathbf{AI} = \begin{bmatrix} a_{11} & a_{12} & a_{13} \\ a_{21} & a_{22} & a_{23} \\ a_{31} & a_{32} & a_{33} \end{bmatrix} \begin{bmatrix} 1 & 0 & 0 \\ 0 & 1 & 0 \\ 0 & 0 & 1 \end{bmatrix} = \begin{bmatrix} a_{11} & a_{12} & a_{13} \\ a_{21} & a_{22} & a_{23} \\ a_{31} & a_{32} & a_{33} \end{bmatrix}$$

항등행렬 **I**가 보통대수의 숫자 1에 해당한다는 점에 주목하자. 숫자 1은 보통대수에서 $1 \cdot x = x \cdot 1 = x$를 만족한다.

일반적으로 $r \times r$ 행렬 **A**에 대해서 다음이 성립한다.

$$\mathbf{AI} = \mathbf{IA} = \mathbf{A} \tag{5.16}$$

그러므로 항등행렬은 편의에 따라 행렬로 이루어진 식에 넣거나 뺄 수 있다.

스칼라행렬. 스칼라행렬(scalar matrix)은 주대각원소들이 동일한 대각행렬이다. 스칼라행렬의 두 가지 예는 다음과 같다.

$$\begin{bmatrix} 2 & 0 \\ 0 & 2 \end{bmatrix} \qquad \begin{bmatrix} k & 0 & 0 \\ 0 & k & 0 \\ 0 & 0 & k \end{bmatrix}$$

스칼라행렬은 $k\mathbf{I}$로 표현될 수 있으며 이때 k는 스칼라이다. 예를 들면

$$\begin{bmatrix} 2 & 0 \\ 0 & 2 \end{bmatrix} = 2\begin{bmatrix} 1 & 0 \\ 0 & 1 \end{bmatrix} = 2\mathbf{I}$$

$$\begin{bmatrix} k & 0 & 0 \\ 0 & k & 0 \\ 0 & 0 & k \end{bmatrix} = k\begin{bmatrix} 1 & 0 & 0 \\ 0 & 1 & 0 \\ 0 & 0 & 1 \end{bmatrix} = k\mathbf{I}$$

$r \times r$ 행렬 $\mathbf{A}$에 $r \times r$ 스칼라행렬 $k\mathbf{I}$를 곱하는 것은 $\mathbf{A}$에 스칼라 k를 곱하는 것과 동등하다.

모든 원소가 동일한 벡터와 행렬

모든 원소가 1인 열벡터는 $\mathbf{1}$이라고 표기된다.

$$\underset{r\times 1}{\mathbf{1}} = \begin{bmatrix} 1 \\ 1 \\ \vdots \\ 1 \end{bmatrix} \tag{5.17}$$

또 모든 원소가 1인 정방행렬은 $\mathbf{J}$라고 표기된다.

$$\underset{r\times r}{\mathbf{J}} = \begin{bmatrix} 1 & \cdots & 1 \\ \vdots & & \vdots \\ 1 & \cdots & 1 \end{bmatrix} \tag{5.18}$$

예를 들면

$$\underset{3\times 1}{\mathbf{1}} = \begin{bmatrix} 1 \\ 1 \\ 1 \end{bmatrix} \qquad \underset{3\times 3}{\mathbf{J}} = \begin{bmatrix} 1 & 1 & 1 \\ 1 & 1 & 1 \\ 1 & 1 & 1 \end{bmatrix}$$

$n \times 1$ 벡터 $\mathbf{1}$에 대해서 아래와 같은 결과를 얻을 수 있다.

$$\underset{1\times 1}{\mathbf{1}'\mathbf{1}} = [1 \quad \cdots \quad 1] \begin{bmatrix} 1 \\ \vdots \\ 1 \end{bmatrix} = [n] = n$$

또한

$$\underset{n\times n}{\mathbf{1}\mathbf{1}'} = \begin{bmatrix} 1 \\ \vdots \\ 1 \end{bmatrix} [1 \quad \cdots \quad 1] = \begin{bmatrix} 1 & \cdots & 1 \\ \vdots & & \vdots \\ 1 & \cdots & 1 \end{bmatrix} = \underset{n\times n}{\mathbf{J}}$$

영벡터

영벡터는 0만으로 구성된 벡터이다. 영벡터인 열벡터는 $\mathbf{0}$으로 표기된다.

$$\underset{r\times 1}{\mathbf{0}} = \begin{bmatrix} 0 \\ 0 \\ \vdots \\ 0 \end{bmatrix} \tag{5.19}$$

예를 들면

$$\underset{3\times 1}{\mathbf{0}} = \begin{bmatrix} 0 \\ 0 \\ 0 \end{bmatrix}$$

5.5 ■ 행렬의 선형종속과 계수

선형종속

다음의 행렬을 보자.

$$\mathbf{A} = \begin{bmatrix} 1 & 2 & 5 & 1 \\ 2 & 2 & 10 & 6 \\ 3 & 4 & 15 & 1 \end{bmatrix}$$

이제 이 행렬의 열들을 벡터들로 생각하도록 한다. 따라서 **A**가 네 개의 열벡터들로 만들어져 있다고 본다. 여기서 열들은 특별한 방식으로 서로 연관되어 있다. 세 번째 열벡터가 첫 번째 열벡터의 배수임을 주목한다.

$$\begin{bmatrix} 5 \\ 10 \\ 15 \end{bmatrix} = 5 \begin{bmatrix} 1 \\ 2 \\ 3 \end{bmatrix}$$

이런 경우 **A**의 열들을 선형종속(linearly dependent)이라고 말한다. 하나의 열이 다른 열들의 선형결합(linear combination)으로 얻어질 수 있으므로 이는 말하자면 불필요한 정보를 담고 있는 것이다.

$r \times c$ 행렬의 c개의 열벡터 $\mathbf{C}_1, \ldots, \mathbf{C}_c$의 집합에 대해서 만약 하나의 벡터가 나머지 벡터들의 선형결합으로 표현될 수 있다면 그 집합을 선형종속이라고 정의한다. 만약 집합 안의 어떠한 벡터도 그런 방식으로 표현될 수 없다면 그 벡터들의 집합은 선형독립(linearly independent)이라고 정의한다. 이와 동일하지만 더 일반적인 정의는 아래와 같다.

> 모두 0은 아닌 c개의 스칼라 $k_1, \ldots, k_c$가 다음을 만족하면
>
> $$k_1\mathbf{C}_1 + k_2\mathbf{C}_2 + \ldots + k_c\mathbf{C}_c = \mathbf{0}$$
>
> c개의 열벡터들은 **선형종속**(linearly dependent)이다. 이때 **0**은 영벡터인 열벡터를 나타낸다. 만약 위의 등식이 성립하게 하는 스칼라들이 $k_1 = 0, \ldots, k_c = 0$가 유일하다면 c개의 열벡터들의 집합은 **선형독립**(linearly independent)이다. **(5.20)**

위에서 나왔던 예를 설명하면 $k_1 = 5, k_2 = 0, k_3 = -1, k_4 = 0$인 경우

$$5\begin{bmatrix} 1 \\ 2 \\ 3 \end{bmatrix} + 0\begin{bmatrix} 2 \\ 2 \\ 4 \end{bmatrix} - 1\begin{bmatrix} 5 \\ 10 \\ 15 \end{bmatrix} + 0\begin{bmatrix} 1 \\ 6 \\ 1 \end{bmatrix} = \begin{bmatrix} 0 \\ 0 \\ 0 \end{bmatrix}$$

그러므로 열벡터들은 선형종속이다. 여기서 일부 k_j들이 0이라는 사실에 유의하자. 선형종속을 위해서는 모든 k_j가 0이 아니라는 것만이 요구된다.

행렬의 계수

행렬의 계수(rank)는 행렬의 열들 중 선형독립인 열들의 최대 개수로 정의된다. 앞서 본

예에서 네 개의 열들은 선형종속이었으므로 **A**의 계수는 4가 될 수 없다. 그러나 세 개의 열(1, 2, 4)은 선형독립임을 알 수 있다. $k_1 = k_2 = k_4 = 0$ 이외에는 $k_1\mathbf{C}_1 + k_2\mathbf{C}_2 + k_4\mathbf{C}_4 = \mathbf{0}$을 만족하는 k_1, k_2, k_4가 존재하지 않는다. 따라서 이 예에서 **A**의 계수는 3이다.

행렬의 계수는 유일하며 선형독립인 행들의 최대 개수라고도 정의될 수 있다. $r \times c$ 행렬의 계수는 r과 c의 최솟값 min(r, c)를 초과할 수 없다.

어떤 행렬이 두 개의 행렬의 곱일 때 그 행렬의 계수는 곱해진 두 행렬의 계수들 중 더 작은 계수를 초과할 수 없다. 따라서 만약 $\mathbf{C} = \mathbf{AB}$라면 **C**의 계수는 min(rank **A**, rank **B**)를 초과할 수 없다.

5.6 ■ 행렬의 역

보통대수에서 숫자의 역은 그 숫자의 역수이다. 그러므로 6의 역은 $\frac{1}{6}$이다. 어떤 숫자에 그 역을 곱하면 언제나 1이 된다.

$$6 \cdot \frac{1}{6} = \frac{1}{6} \cdot 6 = 1$$

$$x \cdot \frac{1}{x} = x \cdot x^{-1} = x^{-1} \cdot x = 1$$

행렬대수에서 행렬 **A**의 역(inverse)은 $\mathbf{A}^{-1}$이라고 표기되고 아래의 성질을 갖는 또 다른 행렬이다.

$$\mathbf{A}^{-1}\mathbf{A} = \mathbf{A}\mathbf{A}^{-1} = \mathbf{I} \tag{5.21}$$

이때 **I**는 항등행렬이다. 따라서 여기서도 마찬가지로 **I**는 보통대수에서의 1과 동일한 역할을 수행한다. 행렬의 역은 정방행렬에 대해서만 정의된다. 그렇다고 해도 많은 정방행렬들은 역행렬을 가지지 않는다. 만약 정방행렬이 역행렬을 가진다면 그 역행렬은 유일하다.

예 1. 다음 행렬이 있을 때

$$\underset{2\times 2}{\mathbf{A}} = \begin{bmatrix} 2 & 4 \\ 3 & 1 \end{bmatrix}$$

그 역행렬은

$$\underset{2\times 2}{\mathbf{A}^{-1}} = \begin{bmatrix} -.1 & .4 \\ .3 & -.2 \end{bmatrix}$$

왜냐하면

$$\mathbf{A}^{-1}\mathbf{A} = \begin{bmatrix} -.1 & .4 \\ .3 & -.2 \end{bmatrix} \begin{bmatrix} 2 & 4 \\ 3 & 1 \end{bmatrix} = \begin{bmatrix} 1 & 0 \\ 0 & 1 \end{bmatrix} = \mathbf{I}$$

또는

$$\mathbf{AA}^{-1} = \begin{bmatrix} 2 & 4 \\ 3 & 1 \end{bmatrix} \begin{bmatrix} -.1 & .4 \\ .3 & -.2 \end{bmatrix} = \begin{bmatrix} 1 & 0 \\ 0 & 1 \end{bmatrix} = \mathbf{I}$$

2. 다음 행렬이 있을 때

$$\underset{3\times 3}{\mathbf{A}} = \begin{bmatrix} 3 & 0 & 0 \\ 0 & 4 & 0 \\ 0 & 0 & 2 \end{bmatrix}$$

그 역행렬은

$$\underset{3\times 3}{\mathbf{A}^{-1}} = \begin{bmatrix} \frac{1}{3} & 0 & 0 \\ 0 & \frac{1}{4} & 0 \\ 0 & 0 & \frac{1}{2} \end{bmatrix}$$

왜냐하면

$$\mathbf{A}^{-1}\mathbf{A} = \begin{bmatrix} \frac{1}{3} & 0 & 0 \\ 0 & \frac{1}{4} & 0 \\ 0 & 0 & \frac{1}{2} \end{bmatrix} \begin{bmatrix} 3 & 0 & 0 \\ 0 & 4 & 0 \\ 0 & 0 & 2 \end{bmatrix} = \begin{bmatrix} 1 & 0 & 0 \\ 0 & 1 & 0 \\ 0 & 0 & 1 \end{bmatrix} = \mathbf{I}$$

대각행렬의 역행렬은 대각원소들의 역수로 구성된 대각행렬이라는 점을 주목하자.

역행렬 찾기

여기까지는 행렬 **A**의 역행렬이 주어지고 그 역행렬이 $\mathbf{A}^{-1}\mathbf{A} = \mathbf{I}$를 만족하는지를 확인하기만 했다. 역행렬을 계산하거나 언제 역행렬이 존재하는지를 알기 위해서는 어떻게 하면 될까?

$r \times r$ 정방행렬의 역행렬은 행렬의 계수가 r이면 존재한다. 이러한 행렬을 **정칙행렬**(nonsingular matrix) 혹은 **완전계수의 행렬**(full rank matrix)이라고 한다. $r \times r$ 행렬의 계수가 r보다 작으면 **비정칙행렬**(singular matrix) 혹은 **불완전계수의 행렬**(not of full rank matrix)이라고 하고 역행렬이 존재하지 않는다. 완전계수인 $r \times r$ 행렬의 역행렬은 계수 r을 갖는다.

역행렬을 구하는 것은 많은 계산을 필요로 하는 경우가 있다. 이 책에서는 2×2 행렬과 3×3 행렬의 역행렬을 손으로 계산할 수 있는 방법을 다루겠다. 더 큰 행렬의 경우 대각행렬과 같은 특수한 형태의 행렬을 제외하면 보통은 컴퓨터를 사용한다. 2×2 행렬과 3×3 행렬의 역행렬이 아래와 같다는 것을 보일 수 있다.

1. 만약

$$\underset{2\times 2}{\mathbf{A}} = \begin{bmatrix} a & b \\ c & d \end{bmatrix}$$

이면

$$\underset{2\times 2}{\mathbf{A}^{-1}} = \begin{bmatrix} a & b \\ c & d \end{bmatrix}^{-1} = \begin{bmatrix} \dfrac{d}{D} & \dfrac{-b}{D} \\ \dfrac{-c}{D} & \dfrac{a}{D} \end{bmatrix} \tag{5.22}$$

이다. 이때

$$D = ad - bc \tag{5.22a}$$

D는 행렬 **A**의 행렬식(determinant)이라고 한다. 만약 **A**가 비정칙행렬이면 그 행렬의 행렬식은 0이 되고 **A**의 역행렬은 존재하지 않는다.

2. 만약

$$\underset{3\times 3}{\mathbf{B}} = \begin{bmatrix} a & b & c \\ d & e & f \\ g & h & k \end{bmatrix}$$

이면

$$\underset{3\times 3}{\mathbf{B}^{-1}} = \begin{bmatrix} a & b & c \\ d & e & f \\ g & h & k \end{bmatrix}^{-1} = \begin{bmatrix} A & B & C \\ D & E & F \\ G & H & K \end{bmatrix} \tag{5.23}$$

이다. 이때

$$\begin{array}{lll} A = (ek - fh)/Z & B = -(bk - ch)/Z & C = (bf - ce)/Z \\ D = -(dk - fg)/Z & E = (ak - cg)/Z & F = -(af - cd)/Z \\ G = (dh - eg)/Z & H = -(ah - bg)/Z & K = (ae - bd)/Z \end{array} \tag{5.23a}$$

그리고

$$Z = a(ek - fh) - b(dk - fg) + c(dh - eg) \tag{5.23b}$$

Z는 행렬 **B**의 행렬식이라고 한다.

(5.22)를 이용해서 아래 행렬의 역행렬을 구해 보자.

$$\mathbf{A} = \begin{bmatrix} 2 & 4 \\ 3 & 1 \end{bmatrix}$$

여기서

$$\begin{array}{ll} a = 2 & b = 4 \\ c = 3 & d = 1 \end{array}$$

$$D = ad - bc = 2(1) - 4(3) = -10$$

그러므로

$$\mathbf{A}^{-1} = \begin{bmatrix} \frac{1}{-10} & \frac{-4}{-10} \\ \frac{-3}{-10} & \frac{2}{-10} \end{bmatrix} = \begin{bmatrix} -.1 & .4 \\ .3 & -.2 \end{bmatrix}$$

이는 앞의 예에서 주어진 것과 동일한 결과이다.

역행렬 $\mathbf{A}^{-1}$이 손으로 계산되거나 컴퓨터를 이용해서 구해졌고 그 결과가 정확한지 알 수 없을 때 $\mathbf{A}^{-1}\mathbf{A}$를 계산해 보면 도움이 된다. 반올림 때문에 0과 1로부터 약간의 차이가 생길 수 있다는 점을 고려해서 그 곱의 결과가 항등행렬인지를 확인한다.

회귀 예 회귀분석에서 접하는 중요한 역행렬은 (5.14)에서 볼 수 있는 $\mathbf{X'X}$ 행렬의 역행렬이다.

$$\underset{2\times 2}{\mathbf{X'X}} = \begin{bmatrix} n & \sum X_i \\ \sum X_i & \sum X_i^2 \end{bmatrix}$$

(5.22)의 규칙을 적용하면

$$a = n \qquad b = \sum X_i$$
$$c = \sum X_i \qquad d = \sum X_i^2$$

그러므로

$$D = n\sum X_i^2 - \left(\sum X_i\right)\left(\sum X_i\right) = n\left[\sum X_i^2 - \frac{(\sum X_i)^2}{n}\right]$$
$$= n\sum (X_i - \bar{X})^2$$

따라서

$$\underset{2\times 2}{(\mathbf{X'X})^{-1}} = \begin{bmatrix} \frac{\sum X_i^2}{n\sum(X_i-\bar{X})^2} & \frac{-\sum X_i}{n\sum(X_i-\bar{X})^2} \\ \frac{-\sum X_i}{n\sum(X_i-\bar{X})^2} & \frac{n}{n\sum(X_i-\bar{X})^2} \end{bmatrix} \tag{5.24}$$

$\sum X_i = n\bar{X}$이고 $\sum (X_i - \bar{X})^2 = \sum X_i^2 - n\bar{X}^2$이므로, (5.24)를 단순화할 수 있다.

$$\underset{2\times 2}{(\mathbf{X'X})^{-1}} = \begin{bmatrix} \frac{1}{n} + \frac{\bar{X}^2}{\sum(X_i-\bar{X})^2} & \frac{-\bar{X}}{\sum(X_i-\bar{X})^2} \\ \frac{-\bar{X}}{\sum(X_i-\bar{X})^2} & \frac{1}{\sum(X_i-\bar{X})^2} \end{bmatrix} \tag{5.24a}$$

역행렬의 사용

보통대수에서 아래와 같은 등식을 풀기 위해

$$5y = 20$$

등식의 양변에 5의 역을 곱해 주면

$$\frac{1}{5}(5y) = \frac{1}{5}(20)$$

그러면 다음과 같은 해를 얻는다.

$$y = \frac{1}{5}(20) = 4$$

행렬대수에서 아래와 같은 등식이 있을 때도

$$\mathbf{AY} = \mathbf{C}$$

상응하는 방식으로 양변에 $\mathbf{A}^{-1}$를 사전곱셈한다. 이때 $\mathbf{A}$의 역행렬이 존재한다고 가정한다.

$$\mathbf{A}^{-1}\mathbf{AY} = \mathbf{A}^{-1}\mathbf{C}$$

$\mathbf{A}^{-1}\mathbf{AY} = \mathbf{IY} = \mathbf{Y}$이므로 해는 다음과 같다.

$$\mathbf{Y} = \mathbf{A}^{-1}\mathbf{C}$$

이런 사용법을 설명하기 위해 두 개의 연립방정식이 있다고 가정하자.

$$2y_1 + 4y_2 = 20$$
$$3y_1 + y_2 = 10$$

이 연립방정식들은 다음과 같이 행렬 표현으로 나타낼 수 있다.

$$\begin{bmatrix} 2 & 4 \\ 3 & 1 \end{bmatrix} \begin{bmatrix} y_1 \\ y_2 \end{bmatrix} = \begin{bmatrix} 20 \\ 10 \end{bmatrix}$$

그러면 이 연립방정식들의 해는

$$\begin{bmatrix} y_1 \\ y_2 \end{bmatrix} = \begin{bmatrix} 2 & 4 \\ 3 & 1 \end{bmatrix}^{-1} \begin{bmatrix} 20 \\ 10 \end{bmatrix}$$

앞에서 이에 필요한 역행렬을 구했으므로 적용하면 다음이 얻어진다.

$$\begin{bmatrix} y_1 \\ y_2 \end{bmatrix} = \begin{bmatrix} -.1 & .4 \\ .3 & -.2 \end{bmatrix} \begin{bmatrix} 20 \\ 10 \end{bmatrix} = \begin{bmatrix} 2 \\ 4 \end{bmatrix}$$

따라서 $y_1 = 2$와 $y_2 = 4$가 두 방정식을 만족한다.

5.7 ■ 행렬에 대한 몇 가지 기본 결과들

여기에서 나중에 사용하게 될 행렬에 대한 몇 가지 기본 결과들을 증명 없이 열거한다.

$$\mathbf{A} + \mathbf{B} = \mathbf{B} + \mathbf{A} \tag{5.25}$$

$$(\mathbf{A} + \mathbf{B}) + \mathbf{C} = \mathbf{A} + (\mathbf{B} + \mathbf{C}) \tag{5.26}$$

$$(\mathbf{AB})\mathbf{C} = \mathbf{A}(\mathbf{BC}) \tag{5.27}$$

$$\mathbf{C}(\mathbf{A}+\mathbf{B}) = \mathbf{CA}+\mathbf{CB} \tag{5.28}$$

$$k(\mathbf{A}+\mathbf{B}) = k\mathbf{A}+k\mathbf{B} \tag{5.29}$$

$$(\mathbf{A}')' = \mathbf{A} \tag{5.30}$$

$$(\mathbf{A}+\mathbf{B})' = \mathbf{A}'+\mathbf{B}' \tag{5.31}$$

$$(\mathbf{AB})' = \mathbf{B}'\mathbf{A}' \tag{5.32}$$

$$(\mathbf{ABC})' = \mathbf{C}'\mathbf{B}'\mathbf{A}' \tag{5.33}$$

$$(\mathbf{AB})^{-1} = \mathbf{B}^{-1}\mathbf{A}^{-1} \tag{5.34}$$

$$(\mathbf{ABC})^{-1} = \mathbf{C}^{-1}\mathbf{B}^{-1}\mathbf{A}^{-1} \tag{5.35}$$

$$(\mathbf{A}^{-1})^{-1} = \mathbf{A} \tag{5.36}$$

$$(\mathbf{A}')^{-1} = (\mathbf{A}^{-1})' \tag{5.37}$$

5.8 ■ 확률벡터와 확률행렬

확률벡터(random vector) 또는 확률행렬(random matrix)은 확률변수인 원소들로 구성된다. 따라서 (5.4)의 관측값 벡터 $\mathbf{Y}$는 확률벡터인데, 이는 Y_i 원소들이 확률변수들이기 때문이다.

확률벡터와 확률행렬의 기댓값

관측값 벡터 $\mathbf{Y}$에 $n = 3$개의 관측값이 있다고 가정하자.

$$\underset{3\times 1}{\mathbf{Y}} = \begin{bmatrix} Y_1 \\ Y_2 \\ Y_3 \end{bmatrix}$$

$\mathbf{Y}$의 기댓값은 $\mathbf{E}\{\mathbf{Y}\}$라고 표기되는 벡터이며 아래와 같이 정의된다.

$$\underset{3\times 1}{\mathbf{E}\{\mathbf{Y}\}} = \begin{bmatrix} E\{Y_1\} \\ E\{Y_2\} \\ E\{Y_3\} \end{bmatrix}$$

그러므로 확률벡터의 기댓값은 확률벡터의 원소인 확률변수들의 기댓값을 원소로 갖는 벡터이다. 마찬가지로 확률행렬의 기댓값도 원래의 확률행렬에서의 상응하는 확률변수의 기댓값을 원소로 갖는 행렬이다. (5.9)에서 기댓값 벡터를 접한 적이 있다.

일반적으로 확률벡터 $\mathbf{Y}$의 기댓값은

$$\underset{n\times 1}{\mathbf{E}\{\mathbf{Y}\}} = [E\{Y_i\}] \qquad i = 1, \ldots, n \tag{5.38}$$

이고 $n \times p$ 차원의 확률행렬 $\mathbf{Y}$의 기댓값은 다음과 같다.

$$\underset{n\times p}{\mathbf{E}\{\mathbf{Y}\}} = [E\{Y_{ij}\}] \qquad i = 1, \ldots, n; j = 1, \ldots, p \tag{5.39}$$

회귀 예 회귀에 적용할 때 사례의 개수가 $n = 3$이라고 가정하자. 세 개의 오차항 $\varepsilon_1, \varepsilon_2, \varepsilon_3$ 각각의 기댓값은 0이다. 오차항 벡터

$$\underset{3\times 1}{\boldsymbol{\varepsilon}} = \begin{bmatrix} \varepsilon_1 \\ \varepsilon_2 \\ \varepsilon_3 \end{bmatrix}$$

에 대해 아래가 성립한다.

$$\underset{3\times 1}{\mathbf{E}\{\boldsymbol{\varepsilon}\}} = \underset{3\times 1}{\mathbf{0}}$$

왜냐하면

$$\begin{bmatrix} E\{\varepsilon_1\} \\ E\{\varepsilon_2\} \\ E\{\varepsilon_3\} \end{bmatrix} = \begin{bmatrix} 0 \\ 0 \\ 0 \end{bmatrix}$$

확률벡터의 분산공분산행렬

세 개의 관측 Y_1, Y_2, Y_3로 이루어진 확률벡터 $\mathbf{Y}$를 다시 보자. 세 확률변수들의 분산 $\sigma^2\{Y_i\}$와 그 중 어떤 두 확률변수들 간의 공분산 $\sigma\{Y_i, Y_j\}$가 모여서 아래의 형태와 같은 $\mathbf{Y}$의 분산공분산행렬(variance-covariance matrix)이 되고 이는 $\boldsymbol{\sigma}^2\{\mathbf{Y}\}$라고 표기된다.

$$\boldsymbol{\sigma}^2\{\mathbf{Y}\} = \begin{bmatrix} \sigma^2\{Y_1\} & \sigma\{Y_1, Y_2\} & \sigma\{Y_1, Y_3\} \\ \sigma\{Y_2, Y_1\} & \sigma^2\{Y_2\} & \sigma\{Y_2, Y_3\} \\ \sigma\{Y_3, Y_1\} & \sigma\{Y_3, Y_2\} & \sigma^2\{Y_3\} \end{bmatrix} \tag{5.40}$$

분산은 주대각선에 위치하고 공분산 $\sigma\{Y_i, Y_j\}$는 행렬의 i번째 행, j번째 열에 위치한다는 점에 주목한다. 그러므로 $\sigma\{Y_2, Y_1\}$는 두 번째 행, 첫 번째 열에 위치하고 $\sigma\{Y_1, Y_2\}$는 첫 번째 행, 두 번째 열에 위치한다. 물론 $\sigma\{Y_2, Y_1\} = \sigma\{Y_1, Y_2\}$임을 기억하자. 모든 $i \neq j$에 대해서 $\sigma\{Y_i, Y_j\} = \sigma\{Y_j, Y_i\}$이므로 $\boldsymbol{\sigma}^2\{\mathbf{Y}\}$는 대칭행렬이다.

손쉽게 아래와 같은 결과를 구할 수 있다.

$$\boldsymbol{\sigma}^2\{\mathbf{Y}\} = \mathbf{E}\{[\mathbf{Y} - \mathbf{E}\{\mathbf{Y}\}][\mathbf{Y} - \mathbf{E}\{\mathbf{Y}\}]'\} \tag{5.41}$$

이를 설명하기 위해 다음과 같이 표현한다.

$$\boldsymbol{\sigma}^2\{\mathbf{Y}\} = \mathbf{E}\left\{\begin{bmatrix} Y_1 - E\{Y_1\} \\ Y_2 - E\{Y_2\} \\ Y_3 - E\{Y_3\} \end{bmatrix} [Y_1 - E\{Y_1\} \quad Y_2 - E\{Y_2\} \quad Y_3 - E\{Y_3\}]\right\}$$

두 행렬을 곱하고 기댓값을 취하면 아래의 결과를 얻는다.

곱에서의 위치	형태	기댓값
행 1, 열 1	$(Y_1 - E\{Y_1\})^2$	$\sigma^2\{Y_1\}$
행 1, 열 2	$(Y_1 - E\{Y_1\})(Y_2 - E\{Y_2\})$	$\sigma\{Y_1, Y_2\}$
행 1, 열 3	$(Y_1 - E\{Y_1\})(Y_3 - E\{Y_3\})$	$\sigma\{Y_1, Y_3\}$
행 2, 열 1	$(Y_2 - E\{Y_2\})(Y_1 - E\{Y_1\})$	$\sigma\{Y_2, Y_1\}$
등등	등등	등등

이것을 계산한 결과는 (5.40)의 분산공분산행렬이 된다. 기댓값을 취할 때 (**A**.15)와 (**A**.21)에서의 분산과 공분산의 정의를 사용한다.

이를 확장시키면 $n \times 1$ 확률벡터 $\mathbf{Y}$의 분산공분산행렬은 다음과 같다.

$$\underset{n\times n}{\boldsymbol{\sigma}^2\{\mathbf{Y}\}} = \begin{bmatrix} \sigma^2\{Y_1\} & \sigma\{Y_1, Y_2\} & \cdots & \sigma\{Y_1, Y_n\} \\ \sigma\{Y_2, Y_1\} & \sigma^2\{Y_2\} & \cdots & \sigma\{Y_2, Y_n\} \\ \vdots & \vdots & & \vdots \\ \sigma\{Y_n, Y_1\} & \sigma\{Y_n, Y_2\} & \cdots & \sigma^2\{Y_n\} \end{bmatrix} \tag{5.42}$$

$\boldsymbol{\sigma}^2\{\mathbf{Y}\}$가 대칭행렬임을 다시 한 번 주목한다.

회귀 예 $n = 3$인 사례들에 대한 예로 다시 돌아가자. 세 개의 오차항이 동일한 분산 $\sigma^2\{\varepsilon_i\} = \sigma^2$를 가지며 $i \neq j$에 대해서 $\sigma\{\varepsilon_i, \varepsilon_j\} = 0$으로 무상관이라고 가정하자. 따라서 이전의 예에서 확률벡터 ε의 분산공분산행렬은 다음과 같아진다.

$$\underset{3\times 3}{\boldsymbol{\sigma}^2\{\boldsymbol{\varepsilon}\}} = \begin{bmatrix} \sigma^2 & 0 & 0 \\ 0 & \sigma^2 & 0 \\ 0 & 0 & \sigma^2 \end{bmatrix}$$

모든 분산이 σ^2이고 모든 공분산이 0임을 확인한다. 또 여기서 분산공분산행렬이 스칼라로 공통 분산 σ^2를 갖는 스칼라행렬임에도 유의한다. 그러므로 분산공분산행렬을 다음과 같이 단순한 형태로 표현할 수 있다.

$$\underset{3\times 3}{\boldsymbol{\sigma}^2\{\boldsymbol{\varepsilon}\}} = \sigma^2 \underset{3\times 3}{\mathbf{I}}$$

왜냐하면

$$\sigma^2\mathbf{I} = \sigma^2 \begin{bmatrix} 1 & 0 & 0 \\ 0 & 1 & 0 \\ 0 & 0 & 1 \end{bmatrix} = \begin{bmatrix} \sigma^2 & 0 & 0 \\ 0 & \sigma^2 & 0 \\ 0 & 0 & \sigma^2 \end{bmatrix}$$

몇 가지 기본 결과들

이제 확률벡터 $\mathbf{Y}$에 상수행렬 $\mathbf{A}$(원소들이 고정된 값을 갖는 행렬)를 사전곱셈해서 얻어진 확률벡터 $\mathbf{W}$를 자주 다루게 될 것이다.

$$\mathbf{W} = \mathbf{AY} \tag{5.43}$$

이 경우에 대한 몇 가지 기본 결과들은

$$\mathbf{E}\{\mathbf{A}\} = \mathbf{A} \tag{5.44}$$

$$\mathbf{E}\{\mathbf{W}\} = \mathbf{E}\{\mathbf{AY}\} = \mathbf{AE}\{\mathbf{Y}\} \tag{5.45}$$

$$\boldsymbol{\sigma}^2\{\mathbf{W}\} = \boldsymbol{\sigma}^2\{\mathbf{AY}\} = \mathbf{A}\boldsymbol{\sigma}^2\{\mathbf{Y}\}\mathbf{A}' \tag{5.46}$$

이때 $\boldsymbol{\sigma}^2\{\mathbf{Y}\}$는 $\mathbf{Y}$의 분산공분산행렬이다.

예 이 결과를 적용하는 것에 대한 간단한 예로 다음을 보자.

$$\underset{2\times1}{\mathbf{W}}\begin{bmatrix} W_1 \\ W_2 \end{bmatrix} = \underset{2\times2}{\mathbf{A}}\begin{bmatrix} 1 & -1 \\ 1 & 1 \end{bmatrix} \underset{2\times1}{\mathbf{Y}}\begin{bmatrix} Y_1 \\ Y_2 \end{bmatrix} = \begin{bmatrix} Y_1 - Y_2 \\ Y_1 + Y_2 \end{bmatrix}$$

그러면 (5.45)에 의해서

$$\underset{2\times1}{\mathbf{E}\{\mathbf{W}\}} = \begin{bmatrix} 1 & -1 \\ 1 & 1 \end{bmatrix} \begin{bmatrix} E\{Y_1\} \\ E\{Y_2\} \end{bmatrix} = \begin{bmatrix} E\{Y_1\} - E\{Y_2\} \\ E\{Y_1\} + E\{Y_2\} \end{bmatrix}$$

이고 (5.46)에 의해서

$$\underset{2\times2}{\boldsymbol{\sigma}^2\{\mathbf{W}\}} = \begin{bmatrix} 1 & -1 \\ 1 & 1 \end{bmatrix} \begin{bmatrix} \sigma^2\{Y_1\} & \sigma\{Y_1, Y_2\} \\ \sigma\{Y_2, Y_1\} & \sigma^2\{Y_2\} \end{bmatrix} \begin{bmatrix} 1 & 1 \\ -1 & 1 \end{bmatrix}$$

$$= \begin{bmatrix} \sigma^2\{Y_1\} + \sigma^2\{Y_2\} - 2\sigma\{Y_1, Y_2\} & \sigma^2\{Y_1\} - \sigma^2\{Y_2\} \\ \sigma^2\{Y_1\} - \sigma^2\{Y_2\} & \sigma^2\{Y_1\} + \sigma^2\{Y_2\} + 2\sigma\{Y_1, Y_2\} \end{bmatrix}$$

이며, 따라서 다음과 같다.

$$\sigma^2\{W_1\} = \sigma^2\{Y_1 - Y_2\} = \sigma^2\{Y_1\} + \sigma^2\{Y_2\} - 2\sigma\{Y_1, Y_2\}$$

$$\sigma^2\{W_2\} = \sigma^2\{Y_1 + Y_2\} = \sigma^2\{Y_1\} + \sigma^2\{Y_2\} + 2\sigma\{Y_1, Y_2\}$$

$$\sigma\{W_1, W_2\} = \sigma\{Y_1 - Y_2, Y_1 + Y_2\} = \sigma^2\{Y_1\} - \sigma^2\{Y_2\}$$

다변량정규분포

밀도함수. 다변량정규분포의 밀도함수는 행렬 형태일 때 최적으로 표현된다. 먼저 몇 개의 벡터와 행렬들을 정의할 필요가 있다. p개의 Y 변수들 각각에 대한 관측값으로 이루어진 관측값 벡터 $\mathbf{Y}$는 이전과 같이 아래의 정의를 따른다.

$$\underset{p\times1}{\mathbf{Y}} = \begin{bmatrix} Y_1 \\ Y_2 \\ \vdots \\ Y_p \end{bmatrix} \tag{5.47}$$

평균 벡터 $\mathbf{E}\{\mathbf{Y}\}$는 $\boldsymbol{\mu}$로 표기되고 p개의 Y 변수들 각각에 대한 기댓값들로 이루어진다.

$$\underset{p\times 1}{\boldsymbol{\mu}} = \begin{bmatrix} \mu_1 \\ \mu_2 \\ \vdots \\ \mu_p \end{bmatrix} \tag{5.48}$$

마지막으로 분산공분산행렬 $\boldsymbol{\sigma}^2\{\mathbf{Y}\}$는 $\boldsymbol{\Sigma}$로 표기되고 p개의 Y 변수들의 분산과 공분산으로 구성된다.

$$\underset{p\times p}{\boldsymbol{\Sigma}} = \begin{bmatrix} \sigma_1^2 & \sigma_{12} & \cdots & \sigma_{1p} \\ \sigma_{21} & \sigma_2^2 & \cdots & \sigma_{2p} \\ \vdots & \vdots & & \vdots \\ \sigma_{p1} & \sigma_{p2} & \cdots & \sigma_p^2 \end{bmatrix} \tag{5.49}$$

여기서 σ_1^2는 Y_1의 분산, σ_{12}는 Y_1과 Y_2의 공분산을 뜻하며 나머지도 이와 같은 방식이다.

이제 다변량정규분포의 밀도함수를 다음과 같이 쓸 수 있다.

$$f(\mathbf{Y}) = \frac{1}{(2\pi)^{p/2}|\boldsymbol{\Sigma}|^{1/2}} \exp\left[-\frac{1}{2}(\mathbf{Y}-\boldsymbol{\mu})'\boldsymbol{\Sigma}^{-1}(\mathbf{Y}-\boldsymbol{\mu})\right] \tag{5.50}$$

여기서 $|\boldsymbol{\Sigma}|$는 분산공분산행렬 $\boldsymbol{\Sigma}$의 행렬식이다. $p = 2$개의 변수가 있을 때, 다변량 정규분포 밀도함수 (5.50)은 이변량정규분포 밀도함수 (2.74)로 단순화된다.

다변량정규분포 밀도함수는 이변량정규분포에서 서술된 것과 같은 특징들을 가진다. 예를 들어 만약 $Y_1, \ldots, Y_p$가 결합정규분포를 따르는 경우(즉, 다변량정규분포를 따르는 경우) 각 변수 Y_k의 주변확률분포는 평균 μ_k와 표준편차 σ_k를 갖는 정규분포를 따른다.

5.9 ■ 행렬 형태의 단순선형회귀모형

이제 행렬 형태로 단순선형회귀모형을 전개할 준비가 되었다. 여기서는 새로운 결과를 제시하는 것이 아니라 앞에서 얻어진 결과들을 행렬 측면에서 언급하는 것이다. 정규오차회귀모형 (2.1)로부터 시작해 보자.

$$Y_i = \beta_0 + \beta_1 X_i + \varepsilon_i \qquad i = 1, \ldots, n \tag{5.51}$$

이는 다시 말하면

$$\begin{aligned} Y_1 &= \beta_0 + \beta_1 X_1 + \varepsilon_1 \\ Y_2 &= \beta_0 + \beta_1 X_2 + \varepsilon_2 \\ &\vdots \\ Y_n &= \beta_0 + \beta_1 X_n + \varepsilon_n \end{aligned} \tag{5.51a}$$

앞의 (5.4)에서 관측값 벡터 $\mathbf{Y}$, (5.6)에서 행렬 $\mathbf{X}$, (5.10)에서 벡터 $\boldsymbol{\varepsilon}$를 정의하였다. 이 정의들을 다시 한 번 언급하고 회귀계수 벡터 $\boldsymbol{\beta}$ 또한 정의하도록 한다.

$$\underset{n\times 1}{\mathbf{Y}} = \begin{bmatrix} Y_1 \\ Y_2 \\ \vdots \\ Y_n \end{bmatrix} \quad \underset{n\times 2}{\mathbf{X}} = \begin{bmatrix} 1 & X_1 \\ 1 & X_2 \\ \vdots & \vdots \\ 1 & X_n \end{bmatrix} \quad \underset{2\times 1}{\boldsymbol{\beta}} = \begin{bmatrix} \beta_0 \\ \beta_1 \end{bmatrix} \quad \underset{n\times 1}{\boldsymbol{\varepsilon}} = \begin{bmatrix} \varepsilon_1 \\ \varepsilon_2 \\ \vdots \\ \varepsilon_n \end{bmatrix} \tag{5.52}$$

이제 (5.51a)를 행렬 형태로 다음과 같이 간편하게 나타낼 수 있다.

$$\underset{n\times 1}{\mathbf{Y}} = \underset{n\times 2}{\mathbf{X}}\,\underset{2\times 1}{\boldsymbol{\beta}} + \underset{n\times 1}{\boldsymbol{\varepsilon}} \tag{5.53}$$

왜냐하면

$$\begin{bmatrix} Y_1 \\ Y_2 \\ \vdots \\ Y_n \end{bmatrix} = \begin{bmatrix} 1 & X_1 \\ 1 & X_2 \\ \vdots & \vdots \\ 1 & X_n \end{bmatrix} \begin{bmatrix} \beta_0 \\ \beta_1 \end{bmatrix} + \begin{bmatrix} \varepsilon_1 \\ \varepsilon_2 \\ \vdots \\ \varepsilon_n \end{bmatrix}$$

$$= \begin{bmatrix} \beta_0 + \beta_1 X_1 \\ \beta_0 + \beta_1 X_2 \\ \vdots \\ \beta_0 + \beta_1 X_n \end{bmatrix} + \begin{bmatrix} \varepsilon_1 \\ \varepsilon_2 \\ \vdots \\ \varepsilon_n \end{bmatrix} = \begin{bmatrix} \beta_0 + \beta_1 X_1 + \varepsilon_1 \\ \beta_0 + \beta_1 X_2 + \varepsilon_2 \\ \vdots \\ \beta_0 + \beta_1 X_n + \varepsilon_n \end{bmatrix}$$

$E\{Y_i\} = \beta_0 + \beta_1 X_i$이므로 $\mathbf{X}\boldsymbol{\beta}$는 관측값 Y_i에 대한 기댓값들의 벡터이다. 따라서

$$\underset{n\times 1}{\mathbf{E}\{\mathbf{Y}\}} = \underset{n\times 1}{\mathbf{X}\boldsymbol{\beta}} \tag{5.54}$$

이고 이때 $\mathbf{E}\{\mathbf{Y}\}$는 (5.9)에서 정의된 것과 같다.

행렬 $\mathbf{X}$에 있는 1들로 이루어진 열은 (1.5)에서 나온 아래의 대안 회귀모형에서의 상수 $X_0 \equiv 1$로 구성되어 있다고도 볼 수 있다.

$$Y_i = \beta_0 X_0 + \beta_1 X_i + \varepsilon_i \qquad \text{여기서} \quad X_0 \equiv 1$$

그러므로 행렬 $\mathbf{X}$는 1들로 이루어진 열벡터와 예측변수 관측값 X_i들로 이루어진 또 다른 열벡터로 구성되어 있다고 볼 수 있다.

오차항에 관해서 (2.1)의 회귀모형은 $E\{\varepsilon_i\} = 0$, $\sigma^2\{\varepsilon_i\} = \sigma^2$, ε_i들이 독립적인 정규확률변수임을 가정한다. $E\{\varepsilon_i\} = 0$ 조건을 행렬 형태로 나타내면

$$\underset{n\times 1}{\mathbf{E}\{\boldsymbol{\varepsilon}\}} = \underset{n\times 1}{\mathbf{0}} \tag{5.55}$$

인데 (5.55)를 풀어서 쓰면 아래와 같기 때문이다.

$$\begin{bmatrix} E\{\varepsilon_1\} \\ E\{\varepsilon_2\} \\ \vdots \\ E\{\varepsilon_n\} \end{bmatrix} = \begin{bmatrix} 0 \\ 0 \\ \vdots \\ 0 \end{bmatrix}$$

오차항들이 동일한 분산 σ^2를 가지고 $i \neq j$에 대해 모든 공분산 $\sigma\{\varepsilon_i, \varepsilon_j\}$이 0이라는 ($\varepsilon_i$들이 독립이므로) 조건은 오차항의 분산공분산행렬을 이용해서 행렬 형태로 나타낼 수 있다.

$$\underset{n\times n}{\boldsymbol{\sigma}^2\{\boldsymbol{\varepsilon}\}} = \begin{bmatrix} \sigma^2 & 0 & 0 & \cdots & 0 \\ 0 & \sigma^2 & 0 & \cdots & 0 \\ \vdots & \vdots & \vdots & & \vdots \\ 0 & 0 & 0 & \cdots & \sigma^2 \end{bmatrix} \tag{5.56}$$

이는 스칼라행렬이므로, 앞의 예처럼 다음과 같이 간단한 형태로 나타낼 수 있다.

$$\underset{n\times n}{\boldsymbol{\sigma}^2\{\boldsymbol{\varepsilon}\}} = \sigma^2 \underset{n\times n}{\mathbf{I}} \tag{5.56a}$$

그러므로 (2.1)의 정규오차회귀모형을 행렬 형태로 나타내면

$$\mathbf{Y} = \mathbf{X}\boldsymbol{\beta} + \boldsymbol{\varepsilon} \tag{5.57}$$

이고, 이때 $\boldsymbol{\varepsilon}$는 $\mathbf{E}\{\boldsymbol{\varepsilon}\} = \mathbf{0}$이고 $\boldsymbol{\sigma}^2\{\boldsymbol{\varepsilon}\} = \sigma^2\mathbf{I}$인 독립정규확률변수들의 벡터이다.

5.10 ■ 회귀모수의 최소제곱추정

정규방정식

(1.9)의 정규방정식(normal equations)

$$\begin{aligned} nb_0 + b_1 \sum X_i &= \sum Y_i \\ b_0 \sum X_i + b_1 \sum X_i^2 &= \sum X_i Y_i \end{aligned} \tag{5.58}$$

은 행렬 형태로 나타내면 다음과 같다.

$$\underset{2\times 2}{\mathbf{X}'\mathbf{X}} \ \underset{2\times 1}{\mathbf{b}} = \underset{2\times 1}{\mathbf{X}'\mathbf{Y}} \tag{5.59}$$

이때 $\mathbf{b}$는 최소제곱 회귀계수의 벡터이다.

$$\underset{2\times 1}{\mathbf{b}} = \begin{bmatrix} b_0 \\ b_1 \end{bmatrix} \tag{5.59a}$$

이를 확인하기 위해 (5.14)에서 얻은 $\mathbf{X}'\mathbf{X}$와 (5.15)에서 얻은 $\mathbf{X}'\mathbf{Y}$를 다시 떠올려 본다. 그러면 (5.59)의 등식은 다음과 같다.

$$\begin{bmatrix} n & \sum X_i \\ \sum X_i & \sum X_i^2 \end{bmatrix} \begin{bmatrix} b_0 \\ b_1 \end{bmatrix} = \begin{bmatrix} \sum Y_i \\ \sum X_i Y_i \end{bmatrix}$$

혹은

$$\begin{bmatrix} nb_0 + b_1 \sum X_i \\ b_0 \sum X_i + b_1 \sum X_i^2 \end{bmatrix} = \begin{bmatrix} \sum Y_i \\ \sum X_i Y_i \end{bmatrix}$$

이것은 정확하게 (5.58)의 정규방정식이 된다.

추정된 회귀계수

행렬을 사용한 방법으로 정규방정식 (5.59)에서 회귀계수추정값을 얻기 위해서 양변을 $\mathbf{X}'\mathbf{X}$의 역행렬(이것이 존재한다고 가정한다)로 사전곱셈한다.

$$(\mathbf{X}'\mathbf{X})^{-1}\mathbf{X}'\mathbf{X}\mathbf{b} = (\mathbf{X}'\mathbf{X})^{-1}\mathbf{X}'\mathbf{Y}$$

그러면 $(\mathbf{X}'\mathbf{X})^{-1}\mathbf{X}'\mathbf{X} = \mathbf{I}$이고 $\mathbf{I}\mathbf{b} = \mathbf{b}$이므로 아래의 결과를 구할 수 있다.

$$\underset{2\times 1}{\mathbf{b}} = \underset{2\times 2}{(\mathbf{X}'\mathbf{X})^{-1}}\,\underset{2\times 1}{\mathbf{X}'\mathbf{Y}} \tag{5.60}$$

$\mathbf{b}$의 추정량 b_0와 b_1은 앞의 (1.10a)와 (1.10b)에서 주어진 것과 동일하다. 이 결과를 예로 보이도록 한다.

예 Toluca Company 예의 회귀계수를 계산하기 위해 행렬 방법을 사용해 보자. 표 1.1에 Y와 X 변수의 자료가 주어져 있다. 이 자료를 이용해서 아래와 같이 관측값 벡터 $\mathbf{Y}$와 행렬 $\mathbf{X}$를 정의한다.

$$\textbf{(5.61a)}\quad \mathbf{Y} = \begin{bmatrix} 399 \\ 121 \\ \vdots \\ 323 \end{bmatrix} \qquad \textbf{(5.61b)}\quad \mathbf{X} = \begin{bmatrix} 1 & 80 \\ 1 & 30 \\ \vdots & \vdots \\ 1 & 70 \end{bmatrix} \tag{5.61}$$

이제 다음과 같은 행렬 곱들이 필요하다.

$$\mathbf{X}'\mathbf{X} = \begin{bmatrix} 1 & 1 & \cdots & 1 \\ 80 & 30 & \cdots & 70 \end{bmatrix} \begin{bmatrix} 1 & 80 \\ 1 & 30 \\ \vdots & \vdots \\ 1 & 70 \end{bmatrix} = \begin{bmatrix} 25 & 1{,}750 \\ 1{,}750 & 142{,}300 \end{bmatrix} \tag{5.62}$$

$$\mathbf{X}'\mathbf{Y} = \begin{bmatrix} 1 & 1 & \cdots & 1 \\ 80 & 30 & \cdots & 70 \end{bmatrix} \begin{bmatrix} 399 \\ 121 \\ \vdots \\ 323 \end{bmatrix} = \begin{bmatrix} 7{,}807 \\ 617{,}180 \end{bmatrix} \tag{5.63}$$

(5.22)를 이용하여, $\mathbf{X}'\mathbf{X}$의 역행렬을 찾을 수 있다.

$$(\mathbf{X}'\mathbf{X})^{-1} = \begin{bmatrix} .287475 & -.003535 \\ -.003535 & .00005051 \end{bmatrix} \tag{5.64}$$

이 역행렬과 다른 행렬 결과들을 활용한 다음의 행렬 연산에서, 실제로는 여기에 보이는 소수점 자리보다 더 이후의 소수점 자리까지 이용하였다.

마지막으로 (5.60)을 이용하여 다음의 결과를 얻을 수 있다.

$$\begin{aligned} \mathbf{b} = \begin{bmatrix} b_0 \\ b_1 \end{bmatrix} &= (\mathbf{X}'\mathbf{X})^{-1}\mathbf{X}'\mathbf{Y} = \begin{bmatrix} .287475 & -.003535 \\ -.003535 & .00005051 \end{bmatrix} \begin{bmatrix} 7{,}807 \\ 617{,}180 \end{bmatrix} \\ &= \begin{bmatrix} 62.37 \\ 3.5702 \end{bmatrix} \end{aligned} \tag{5.65}$$

또는 $b_0 = 62.37$, $b_1 = 3.5702$로 나타낼 수 있다. 이 결과는 1장에서 얻은 결과와 일치한다. 단, 반올림에 의해 작은 차이가 발생할 수 있다.

부연설명

1. 최소제곱법으로 정규방정식을 얻기 위해 Q를 최소화시켜야 한다.

$$Q = \sum [Y_i - (\beta_0 + \beta_1 X_i)]^2$$

행렬식으로는 다음과 같이 나타낼 수 있다.

$$Q = (\mathbf{Y} - \mathbf{X\beta})'(\mathbf{Y} - \mathbf{X\beta}) \tag{5.66}$$

(5.32)에 의해 $(\mathbf{X\beta})' = \boldsymbol{\beta}'\mathbf{X}'$이므로 다음과 같은 결과를 얻을 수 있다.

$$Q = \mathbf{Y}'\mathbf{Y} - \boldsymbol{\beta}'\mathbf{X}'\mathbf{Y} - \mathbf{Y}'\mathbf{X\beta} + \boldsymbol{\beta}'\mathbf{X}'\mathbf{X\beta}$$

$\mathbf{Y}'\mathbf{X\beta}$는 1×1 행렬이므로 전치행렬과 일치하며, (5.33)에 의해 $\boldsymbol{\beta}'\mathbf{X}'\mathbf{Y}$와 같다. 따라서 Q에 대한 다음의 방정식을 찾을 수 있다.

$$Q = \mathbf{Y}'\mathbf{Y} - 2\boldsymbol{\beta}'\mathbf{X}'\mathbf{Y} + \boldsymbol{\beta}'\mathbf{X}'\mathbf{X\beta} \tag{5.67}$$

Q를 β_0와 β_1에 대해 미분하여 최소화시키는 $\boldsymbol{\beta}$를 찾을 수 있다. $\frac{\partial}{\partial \boldsymbol{\beta}}(\mathbf{Q})$를 정의하면 다음과 같다.

$$\frac{\partial}{\partial \boldsymbol{\beta}}(Q) = \begin{bmatrix} \dfrac{\partial Q}{\partial \beta_0} \\ \dfrac{\partial Q}{\partial \beta_1} \end{bmatrix} \tag{5.68}$$

$$\frac{\partial}{\partial \boldsymbol{\beta}}(Q) = -2\mathbf{X}'\mathbf{Y} + 2\mathbf{X}'\mathbf{X\beta} \tag{5.69}$$

양변을 2로 나누고 $\boldsymbol{\beta}$를 $\mathbf{b}$로 대체한 후, 이를 영벡터로 만드는 $\mathbf{b}$를 찾음으로써 (5.59)의 정규방정식의 해를 찾을 수 있다.

2. 정규방정식과 $\mathbf{X}'\mathbf{X}$의 비교를 통해, $\mathbf{X}'\mathbf{X}$이 열끼리 서로 선형종속인 경우 정규방정식 역시 선형종속임을 알 수 있다. 이 경우 b_0와 b_1은 유일해가 존재하지 않는다. 다행히 대부분의 회귀분석 사례에서 $\mathbf{X}'\mathbf{X}$의 열들은 서로 선형독립이며, 따라서 b_0와 b_1은 유일해를 갖는다. ■

5.11 ■ 적합값과 잔차

적합값

적합값 $\hat{Y}_i$들의 벡터를 $\hat{\mathbf{Y}}$으로 정의하면,

$$\underset{n\times 1}{\hat{\mathbf{Y}}} = \begin{bmatrix} \hat{Y}_1 \\ \hat{Y}_2 \\ \vdots \\ \hat{Y}_n \end{bmatrix} \tag{5.70}$$

이를 행렬로 나타내면 다음과 같다.

$$\underset{n\times 1}{\hat{\mathbf{Y}}} = \underset{n\times 2}{\mathbf{X}}\ \underset{2\times 1}{\mathbf{b}} \tag{5.71}$$

왜냐하면

$$\begin{bmatrix} \hat{Y}_1 \\ \hat{Y}_2 \\ \vdots \\ \hat{Y}_n \end{bmatrix} = \begin{bmatrix} 1 & X_1 \\ 1 & X_2 \\ \vdots & \vdots \\ 1 & X_n \end{bmatrix} \begin{bmatrix} b_0 \\ b_1 \end{bmatrix} = \begin{bmatrix} b_0 + b_1 X_1 \\ b_0 + b_1 X_2 \\ \vdots \\ b_0 + b_1 X_n \end{bmatrix}$$

예 Toluca Company 예에서 (5.61b)와 (5.65)의 행렬을 이용하여 적합값 벡터를 찾을 수 있다.

$$\hat{\mathbf{Y}} = \mathbf{Xb} = \begin{bmatrix} 1 & 80 \\ 1 & 30 \\ \vdots & \vdots \\ 1 & 70 \end{bmatrix} \begin{bmatrix} 62.37 \\ 3.5702 \end{bmatrix} = \begin{bmatrix} 347.98 \\ 169.47 \\ \vdots \\ 312.28 \end{bmatrix} \tag{5.72}$$

여기서 구한 적합값들은 물론 표 1.2에 나타난 값과 일치한다.

모자행렬 (5.60)의 $\mathbf{b}$를 이용하여, (5.71)의 $\hat{\mathbf{Y}}$을 행렬 형식으로 나타낼 수 있다.

$$\hat{\mathbf{Y}} = \mathbf{X}(\mathbf{X}'\mathbf{X})^{-1}\mathbf{X}'\mathbf{Y}$$

또는

$$\underset{n\times 1}{\hat{\mathbf{Y}}} = \underset{n\times n}{\mathbf{H}}\ \underset{n\times 1}{\mathbf{Y}} \tag{5.73}$$

이때,

$$\underset{n\times n}{\mathbf{H}} = \mathbf{X}(\mathbf{X}'\mathbf{X})^{-1}\mathbf{X}' \tag{5.73a}$$

(5.73)에서 적합값 $\hat{Y}_i$을 종속변수의 관측값인 Y_i들의 선형결합으로 나타낼 수 있음을 알 수 있다. 이때 $\mathbf{H}$의 원소가 선형결합의 계수로 이용되며, (5.73a)에서 알 수 있듯이 $\mathbf{H}$의 원소는 모두 예측변수의 관측값인 X에만 관련되어 있다.

$n \times n$의 정사각행렬인 $\mathbf{H}$는 **모자행렬**(hat matrix, 해트 행렬)이라고 한다. 이 행렬은 회귀분석의 진단에 중요한 역할을 하는데, 예를 들어 10장에서 수행된 회귀분석이 한 개 또는 몇 개의 관측값에 의해 지나치게 영향을 받았는지 확인하는 데 사용될 것이다. 모자행렬 $\mathbf{H}$는 대칭행렬이며, 멱등이라는 특별한 성질을 갖는다.

$$\mathbf{HH} = \mathbf{H} \tag{5.74}$$

일반적으로 행렬 $\mathbf{M}$이 $\mathbf{MM} = \mathbf{M}$을 만족하는 경우, **멱등행렬**(idempotent matrix)이라고 한다.

잔차

잔차 $e_i = Y_i - \hat{Y}_i$들의 행렬을 $\mathbf{e}$로 나타내기로 한다.

$$\underset{n\times 1}{\mathbf{e}} = \begin{bmatrix} e_1 \\ e_2 \\ \vdots \\ e_n \end{bmatrix} \tag{5.75}$$

행렬의 형식으로 나타내면 다음과 같다.

$$\underset{n\times 1}{\mathbf{e}} = \underset{n\times 1}{\mathbf{Y}} - \underset{n\times 1}{\hat{\mathbf{Y}}} = \underset{n\times 1}{\mathbf{Y}} - \underset{n\times 1}{\mathbf{Xb}} \tag{5.76}$$

예 Toluca Company 예에서, (5.61a)와 (5.72)를 이용하여 다음과 같이 잔차행렬을 구할 수 있다.

$$\mathbf{e} = \begin{bmatrix} 399 \\ 121 \\ \vdots \\ 323 \end{bmatrix} - \begin{bmatrix} 347.98 \\ 169.47 \\ \vdots \\ 312.28 \end{bmatrix} = \begin{bmatrix} 51.02 \\ -48.47 \\ \vdots \\ 10.72 \end{bmatrix} \tag{5.77}$$

이는 표 1.2와 일치한다.

잔차의 분산공분산행렬. 적합값 $\hat{Y}_i$과 같이, 잔차 e_i도 반응변수의 관측값들인 Y_i의 선형결합으로 나타낼 수 있다. $\hat{\mathbf{Y}}$에 대한 (5.73)의 결과를 이용하면 잔차행렬은 다음과 같이 나타낼 수 있다.

$$\mathbf{e} = \mathbf{Y} - \hat{\mathbf{Y}} = \mathbf{Y} - \mathbf{HY} = (\mathbf{I} - \mathbf{H})\mathbf{Y}$$

따라서 다음의 중요한 결과를 얻을 수 있다.

$$\underset{n\times 1}{\mathbf{e}} = \underset{n\times n}{(\mathbf{I}} - \underset{n\times n}{\mathbf{H})} \underset{n\times 1}{\mathbf{Y}} \tag{5.78}$$

여기서 $\mathbf{H}$는 (5.35a)에서 정의된 모자행렬을 의미한다. 행렬 $\mathbf{H}$와 같이 행렬 $\mathbf{I} - \mathbf{H}$도 대칭행렬이며 멱등행렬이다.

잔차 벡터 $\mathbf{e}$의 분산공분산행렬은 행렬 $\mathbf{I} - \mathbf{H}$과 연관되어 있다.

$$\underset{n\times n}{\boldsymbol{\sigma}^2\{\mathbf{e}\}} = \sigma^2(\mathbf{I} - \mathbf{H}) \tag{5.79}$$

따라서 $\mathbf{e}$의 분산공분산행렬은 다음과 같이 추정할 수 있다.

$$\underset{n\times n}{\mathbf{s}^2\{\mathbf{e}\}} = MSE(\mathbf{I} - \mathbf{H}) \tag{5.80}$$

부연설명

(5.79)에서 만든 $\mathbf{e}$의 분산공분산행렬은 (5.46)을 이용하여 도출할 수도 있다. $\mathbf{e} = (\mathbf{I} - \mathbf{H})\mathbf{Y}$이므로, 다음과 같은 결과를 얻을 수 있다,

$$\boldsymbol{\sigma}^2\{\mathbf{e}\} = (\mathbf{I} - \mathbf{H})\boldsymbol{\sigma}^2\{\mathbf{Y}\}(\mathbf{I} - \mathbf{H})'$$

(5.56a)에 따르면 정규오차모형에서 $\boldsymbol{\sigma}^2\{\mathbf{Y}\} = \boldsymbol{\sigma}^2\{\boldsymbol{\varepsilon}\} = \sigma^2\mathbf{I}$이다. 또한 대칭행렬이므로 $(\mathbf{I} - \mathbf{H})' = \mathbf{I} - \mathbf{H}$이다. 따라서

$$\begin{aligned}\boldsymbol{\sigma}^2\{\mathbf{e}\} &= \sigma^2(\mathbf{I} - \mathbf{H})\mathbf{I}(\mathbf{I} - \mathbf{H}) \\ &= \sigma^2(\mathbf{I} - \mathbf{H})(\mathbf{I} - \mathbf{H})\end{aligned}$$

$\mathbf{I} - \mathbf{H}$가 멱등행렬이므로 $(\mathbf{I} - \mathbf{H})(\mathbf{I} - \mathbf{H}) = \mathbf{I} - \mathbf{H}$이고, 이를 이용해 (5.79)와 같은 결과를 얻을 수 있다. ■

5.12 ■ 분산분석

제곱합

제곱합을 행렬의 형태로 나타내기 위해, 먼저 (2.43)에서 정의한 전체 제곱합 $SSTO$을 행렬의 형태로 나타낸다. 편의를 위해 다음과 같은 $SSTO$의 변형된 수식을 이용한다.

$$SSTO = \sum(Y_i - \bar{Y})^2 = \sum Y_i^2 - \frac{(\sum Y_i)^2}{n} \tag{5.81}$$

(5.13)으로부터 다음의 결과를 얻을 수 있다.

$$\mathbf{Y}'\mathbf{Y} = \sum Y_i^2$$

(5.81)의 두 번째 항 $(\sum Y_i)^2/n$을 행렬의 형태로 나타내기 위해 (5.18)에서 정의한 행렬 $\mathbf{J}$를 이용한다.

$$\frac{(\sum Y_i)^2}{n} = \left(\frac{1}{n}\right)\mathbf{Y}'\mathbf{J}\mathbf{Y} \tag{5.82}$$

예를 들어 $n = 2$인 경우는 다음과 같다,

$$\left(\frac{1}{2}\right)[Y_1 \quad Y_2]\begin{bmatrix}1 & 1\\1 & 1\end{bmatrix}\begin{bmatrix}Y_1\\Y_2\end{bmatrix} = \frac{(Y_1 + Y_2)(Y_1 + Y_2)}{2}$$

따라서 $SSTO$는 다음과 같이 나타낼 수 있다.

$$SSTO = \mathbf{Y}'\mathbf{Y} - \left(\frac{1}{n}\right)\mathbf{Y}'\mathbf{J}\mathbf{Y} \tag{5.83}$$

$\sum Y_i^2$이 행렬의 형태 $\mathbf{Y}'\mathbf{Y}$로 나타내진 것처럼, $SSE = \sum e_i^2 = \sum(Y_i - \hat{Y}_i)^2$는 다음과 같이 나타낼 수 있다.

$$SSE = \mathbf{e}'\mathbf{e} = (\mathbf{Y} - \mathbf{Xb})'(\mathbf{Y} - \mathbf{Xb}) \tag{5.84}$$

위의 수식은 다음과 같이 나타낼 수 있다.

$$SSE = \mathbf{Y}'\mathbf{Y} - \mathbf{b}'\mathbf{X}'\mathbf{Y} \tag{5.84a}$$

마지막으로 *SSR*에 대해 다음과 같은 결과를 얻을 수 있다.

$$SSR = \mathbf{b}'\mathbf{X}'\mathbf{Y} - \left(\frac{1}{n}\right)\mathbf{Y}'\mathbf{J}\mathbf{Y} \tag{5.85}$$

예 (5.84a)를 이용하여 행렬의 방법으로 Toluca Company 예에서의 *SSE*를 찾아보자. (5.61a)를 이용하여 다음과 같이 얻을 수 있다.

$$\mathbf{Y}'\mathbf{Y} = [399 \quad 121 \quad \cdots \quad 323]\begin{bmatrix} 399 \\ 121 \\ \vdots \\ 323 \end{bmatrix} = 2{,}745{,}173$$

(5.65)와 (5.63)을 이용하여 다음을 찾을 수 있다.

$$\mathbf{b}'\mathbf{X}'\mathbf{Y} = [62.37 \quad 3.5702]\begin{bmatrix} 7{,}807 \\ 617{,}180 \end{bmatrix} = 2{,}690{,}348$$

따라서

$$SSE = \mathbf{Y}'\mathbf{Y} - \mathbf{b}'\mathbf{X}'\mathbf{Y} = 2{,}745{,}173 - 2{,}690{,}348 = 54{,}825$$

이는 1장에서 얻은 결과와 일치한다. 이때 생기는 작은 차이는 계산 과정의 반올림에 의한 결과이다.

부연설명

행렬의 형태로 제곱합을 나타내기 위해 *SSE*를 생각해 보라.

$$SSE = \mathbf{e}'\mathbf{e} = (\mathbf{Y} - \mathbf{Xb})'(\mathbf{Y} - \mathbf{Xb}) = \mathbf{Y}'\mathbf{Y} - 2\mathbf{b}'\mathbf{X}'\mathbf{Y} + \mathbf{b}'\mathbf{X}'\mathbf{X}\mathbf{b}$$

가장 오른쪽 항의 **b**를 (5.60)에서 얻은 결과에 따라 대체하면 다음과 같다.

$$\begin{aligned} SSE &= \mathbf{Y}'\mathbf{Y} - 2\mathbf{b}'\mathbf{X}'\mathbf{Y} + \mathbf{b}'\mathbf{X}'\mathbf{X}(\mathbf{X}'\mathbf{X})^{-1}\mathbf{X}'\mathbf{Y} \\ &= \mathbf{Y}'\mathbf{Y} - 2\mathbf{b}'\mathbf{X}'\mathbf{Y} + \mathbf{b}'\mathbf{I}\mathbf{X}'\mathbf{Y} \end{aligned}$$

I를 지우고 오른쪽 두 항을 계산하면 (5.84a)와 같은 결과를 얻을 수 있다. ■

이차형태로서의 제곱합

분산분석의 제곱합 형태는 이차형태(quadratic form)로 나타낼 수 있다. 예를 들어 $n = 2$일 때 관측값 Y_i들의 이차형태는 다음과 같을 수 있다.

$$5Y_1^2 + 6Y_1Y_2 + 4Y_2^2 \tag{5.86}$$

이 표현은 관측값의 제곱값과 두 관측값의 곱까지 포함하고 있는 이차다항식임을 주의하여라. (5.86)은 행렬의 형태로 다음과 같이 나타낼 수 있다.

$$[Y_1 \quad Y_2]\begin{bmatrix} 5 & 3 \\ 3 & 4 \end{bmatrix}\begin{bmatrix} Y_1 \\ Y_2 \end{bmatrix} = \mathbf{Y}'\mathbf{A}\mathbf{Y} \tag{5.86a}$$

여기서 **A**는 대칭행렬을 나타낸다.

일반적으로 이차형태는 다음과 같이 정의된다.

$$\underset{1\times 1}{\mathbf{Y}'\mathbf{A}\mathbf{Y}} = \sum_{i=1}^{n}\sum_{j=1}^{n} a_{ij}Y_iY_j \qquad \text{여기서} \quad a_{ij} = a_{ji} \tag{5.87}$$

A는 $n \times n$의 대칭행렬이며, **이차형태의 행렬**(matrix of the quadratic form)이라고 한다.

분산분석에서의 제곱합 *SSTO*, *SSE*, *SSR*은 모두 **b′X′**의 형태로 표현함으로써 이차형태임을 보일 수 있다. (5.71)로부터 다음의 사실을 알 수 있다.

$$\mathbf{b}'\mathbf{X}' = (\mathbf{X}\mathbf{b})' = \hat{\mathbf{Y}}'$$

(5.73)의 결과를 이용하여 다음과 같은 결과를 얻을 수 있다,

$$\mathbf{b}'\mathbf{X}' = (\mathbf{H}\mathbf{Y})'$$

H가 대칭행렬이므로 **H′** = **H**이고, 따라서 (5.32)를 이용하여 다음을 얻을 수 있다.

$$\mathbf{b}'\mathbf{X}' = \mathbf{Y}'\mathbf{H} \tag{5.88}$$

이 결과를 이용하여 분산분석의 제곱합들을 다음과 같이 나타낼 수 있다,

$$SSTO = \mathbf{Y}'\left[\mathbf{I} - \left(\frac{1}{n}\right)\mathbf{J}\right]\mathbf{Y} \tag{5.89a}$$

$$SSE = \mathbf{Y}'(\mathbf{I} - \mathbf{H})\mathbf{Y} \tag{5.89b}$$

$$SSR = \mathbf{Y}'\left[\mathbf{H} - \left(\frac{1}{n}\right)\mathbf{J}\right]\mathbf{Y} \tag{5.89c}$$

제곱합은 이제 **Y′AY**의 형태로 나타낼 수 있다. 이때 행렬 **A**는 다음과 같다.

$$\mathbf{I} - \left(\frac{1}{n}\right)\mathbf{J} \tag{5.90a}$$

$$\mathbf{I} - \mathbf{H} \tag{5.90b}$$

$$\mathbf{H} - \left(\frac{1}{n}\right)\mathbf{J} \tag{5, 90c}$$

각각의 **A**들이 대칭행렬이므로 *SSTO*, *SSE*, *SSR*은 모두 이차형태이며, 이차형태의 행렬은 (5.90)으로 주어진다. 선형통계모형에서 분산분석의 모든 제곱합들은 이차형태로 나타낼 수 있기 때문에, 이차형태는 통계학에서 중요한 역할을 한다.

5.13 ■ 회귀분석에서의 추론

앞의 장들에서 보았듯이, 모든 구간추정값들은 '점추정량±점추정량의 표준편차 추정값의 특정 배수'로 나타낼 수 있다. 이와 비슷하게, 모든 검정은 점추정량과 점추정량의 표준편차 추정값 또는 분산분석의 경우 제곱합을 필요로 한다. 행렬 연산은 이 중에서 표준편차 추정값과 제곱합을 얻는 과정에서 중요한 역할을 한다. 우리는 이미 분산분석에서의 제곱합을 행렬로 나타내는 방법을 배웠다. 이 절에서는 분산추정값과 점추정량을 행렬로 표현하는 방법을 공부할 것이다.

회귀계수

b의 분산공분산행렬은 다음과 같다.

$$\underset{2\times 2}{\boldsymbol{\sigma}^2\{\mathbf{b}\}} = \begin{bmatrix} \sigma^2\{b_0\} & \sigma\{b_0, b_1\} \\ \sigma\{b_1, b_0\} & \sigma^2\{b_1\} \end{bmatrix} \tag{5.91}$$

$$\underset{2\times 2}{\boldsymbol{\sigma}^2\{\mathbf{b}\}} = \sigma^2(\mathbf{X}'\mathbf{X})^{-1} \tag{5.92}$$

또는 (5.24a)에 의해 다음과 같이 나타낼 수도 있다.

$$\underset{2\times 2}{\boldsymbol{\sigma}^2\{\mathbf{b}\}} = \begin{bmatrix} \dfrac{\sigma^2}{n} + \dfrac{\sigma^2\bar{X}^2}{\sum(X_i - \bar{X})^2} & \dfrac{-\bar{X}\sigma^2}{\sum(X_i - \bar{X})^2} \\ \dfrac{-\bar{X}\sigma^2}{\sum(X_i - \bar{X})^2} & \dfrac{\sigma^2}{\sum(X_i - \bar{X})^2} \end{bmatrix} \tag{5.92a}$$

(5.92a)의 σ^2을 MSE로 대체하면, **b**의 분산공분산행렬의 추정값 $\mathbf{s}^2\{\mathbf{b}\}$을 나음과 같이 얻을 수 있다.

$$\underset{2\times 2}{\mathbf{s}^2\{\mathbf{b}\}} = MSE(\mathbf{X}'\mathbf{X})^{-1} = \begin{bmatrix} \dfrac{MSE}{n} + \dfrac{\bar{X}^2 MSE}{\sum(X_i - \bar{X})^2} & \dfrac{-\bar{X}MSE}{\sum(X_i - \bar{X})^2} \\ \dfrac{-\bar{X}MSE}{\sum(X_i - \bar{X})^2} & \dfrac{MSE}{\sum(X_i - \bar{X})^2} \end{bmatrix} \tag{5.93}$$

(2.22b)에서 구한 b_0의 분산과 (2.3b)에서 구한 b_1의 분산, (4.5)에서 구한 b_0와 b_1의 공분산을 (5.92a)에서 찾을 수 있다. 또한 (5.93)에서의 분산 추정값들은 앞 장에서 구한 것들과 같다.

예 행렬의 방법으로 Toluca Company 예의 $s^2\{b_0\}$과 $s^2\{b_1\}$을 구할 수 있다. 그림 2.2와 (5.64)의 결과를 이용하여 다음의 결과가 얻어진다.

$$\mathbf{s}^2\{\mathbf{b}\} = MSE(\mathbf{X}'\mathbf{X})^{-1} = 2{,}384\begin{bmatrix} .287475 & -.003535 \\ -.003535 & .00005051 \end{bmatrix}$$

$$= \begin{bmatrix} 685.34 & -8.428 \\ -8.428 & .12040 \end{bmatrix} \tag{5.94}$$

따라서 $s^2\{b_0\} = 685.34$이고 $s^2\{b_1\} = .12040$이다. 이 결과는 2장에서 구한 결과와 일치한다.

부연설명

b의 분산공분산행렬을 도출하기 위하여 다음의 사실을 떠올려 보라.

$$\mathbf{b} = (\mathbf{X}'\mathbf{X})^{-1}\mathbf{X}'\mathbf{Y} = \mathbf{A}\mathbf{Y}$$

여기서 **A**는 상수행렬이다.

$$\mathbf{A} = (\mathbf{X}'\mathbf{X})^{-1}\mathbf{X}'$$

따라서 (5.46)에 의해 다음의 결과를 얻을 수 있다.

$$\boldsymbol{\sigma}^2\{\mathbf{b}\} = \mathbf{A}\boldsymbol{\sigma}^2\{\mathbf{Y}\}\mathbf{A}'$$

이제 $\boldsymbol{\sigma}^2\{\mathbf{Y}\} = \sigma^2\mathbf{I}$이다. 또한 (5.32)와 $(\mathbf{X}'\mathbf{X})^{-1}$이 대칭행렬이라는 사실을 이용하면 다음과 같다.

$$\mathbf{A}' = \mathbf{X}(\mathbf{X}'\mathbf{X})^{-1}$$

따라서 다음의 결과를 얻을 수 있다.

$$\begin{aligned}\boldsymbol{\sigma}^2\{\mathbf{b}\} &= (\mathbf{X}'\mathbf{X})^{-1}\mathbf{X}'\sigma^2\mathbf{I}\mathbf{X}(\mathbf{X}'\mathbf{X})^{-1} \\ &= \sigma^2(\mathbf{X}'\mathbf{X})^{-1}\mathbf{X}'\mathbf{X}(\mathbf{X}'\mathbf{X})^{-1} \\ &= \sigma^2(\mathbf{X}'\mathbf{X})^{-1}\mathbf{I} \\ &= \sigma^2(\mathbf{X}'\mathbf{X})^{-1}\end{aligned}$$

■

평균반응

X_h에서의 평균반응값을 추정하기 위하여 다음과 같이 정의한다.

$$\underset{2\times1}{\mathbf{X}_h} = \begin{bmatrix} 1 \\ X_h \end{bmatrix} \qquad \text{또는} \qquad \underset{1\times2}{\mathbf{X}'_h} = [1 \quad X_h] \tag{5.95}$$

이때의 적합값을 행렬의 형태로 표현하면 다음과 같다.

$$\hat{Y}_h = \mathbf{X}'_h\mathbf{b} \tag{5.96}$$

왜냐하면

$$\mathbf{X}'_h\mathbf{b} = [1 \quad X_h]\begin{bmatrix} b_0 \\ b_1 \end{bmatrix} = [b_0 + b_1X_h] = [\hat{Y}_h] = \hat{Y}_h$$

$\mathbf{X}'_h\mathbf{b}$는 1×1 행렬이므로 위의 결과값은 스칼라 형태로 표현될 수 있다.

$\hat{Y}_h$의 분산은 (2.29b)에서 주어졌듯이 행렬의 형태로 다음과 같이 나타낼 수 있다.

$$\sigma^2\{\hat{Y}_h\} = \sigma^2\mathbf{X}'_h(\mathbf{X}'\mathbf{X})^{-1}\mathbf{X}_h \tag{5.97}$$

(5.93)으로 구한 $\hat{Y}_h$의 분산은 회귀계수추정값의 분산공분산행렬인 $\boldsymbol{\sigma}^2\{\mathbf{b}\}$의 함수 형태로 나타낼 수 있다. (5.92)의 결과를 이용하면 다음과 같다.

$$\sigma^2\{\hat{Y}_h\} = \mathbf{X}_h'\boldsymbol{\sigma}^2\{\mathbf{b}\}\mathbf{X}_h \tag{5.97a}$$

$\hat{Y}_h$의 분산추정값은 (2.30)에서 주어졌듯이 행렬의 형태로 다음과 같이 나타낼 수 있다.

$$s^2\{\hat{Y}_h\} = MSE(\mathbf{X}_h'(\mathbf{X}'\mathbf{X})^{-1}\mathbf{X}_h) \tag{5.98}$$

예 Toluca Company 예에서 $X_h = 65$일 때의 $s^2\{Y_h\}$를 구해 보자. $\mathbf{X}_h'$를 다음과 같이 정의한다.

$$\mathbf{X}_h' = [1 \quad 65]$$

(5.94)의 결과를 이용하면

$$\begin{aligned} s^2\{\hat{Y}_h\} &= \mathbf{X}_h'\mathbf{s}^2\{\mathbf{b}\}\mathbf{X}_h \\ &= [1 \quad 65]\begin{bmatrix} 685.34 & -8.428 \\ -8.428 & .12040 \end{bmatrix}\begin{bmatrix} 1 \\ 65 \end{bmatrix} = 98.37 \end{aligned}$$

이 결과는 2장에서 얻은 결과와 일치한다.

부연설명

(5.79a)의 결과는 (5.46)을 이용하여 직접 도출할 수 있다. $\hat{Y}_h = \mathbf{X}_h'\mathbf{b}$이므로

$$\sigma^2\{\hat{Y}_h\} = \mathbf{X}_h'\boldsymbol{\sigma}^2\{\mathbf{b}\}\mathbf{X}_h$$

따라서

$$\sigma^2\{\hat{Y}_h\} = [1 \quad X_h]\begin{bmatrix} \sigma^2\{b_0\} & \sigma\{b_0, b_1\} \\ \sigma\{b_1, b_0\} & \sigma^2\{b_1\} \end{bmatrix}\begin{bmatrix} 1 \\ X_h \end{bmatrix}$$

또는 다음과 같이 나타낼 수 있다.

$$\sigma^2\{\hat{Y}_h\} = \sigma^2\{b_0\} + 2X_h\sigma\{b_0, b_1\} + X_h^2\sigma^2\{b_1\} \tag{5.99}$$

(5.92a)의 결과를 이용하여 다음의 결과를 얻을 수 있다.

$$\sigma^2\{\hat{Y}_h\} = \frac{\sigma^2}{n} + \frac{\sigma^2\bar{X}^2}{\sum(X_i - \bar{X})^2} + \frac{2X_h(-\bar{X})\sigma^2}{\sum(X_i - \bar{X})^2} + \frac{X_h^2\sigma^2}{\sum(X_i - \bar{X})^2}$$

위의 수식은 앞에서 구한 결과와 같다.

$$\sigma^2\{\hat{Y}_h\} = \sigma^2\left[\frac{1}{n} + \frac{(X_h - \bar{X})^2}{\sum(X_i - \bar{X})^2}\right] \tag{5.99a}$$

따라서 (5.99a)의 분산식이 $\sigma^2\{b_0\}$과 $\sigma^2\{b_1\}$, $\sigma\{b_0, b_1\}$을 포함하고 있다는 사실을 알 수 있다. 이는 (A.30b)에 따르면 자명한 사실인데, $\hat{Y}_h = b_0 + b_1X_h$가 b_0와 b_1의 선형결합이기 때문이다. ■

새로운 관측값에 대한 예측

(2.38)에서 주어졌던 분산추정값 $s^2\{\text{pred}\}$는 행렬의 형태로 다음과 같이 나타낼 수 있다.

$$s^2\{\text{pred}\} = MSE(1 + \mathbf{X}_h'(\mathbf{X}'\mathbf{X})^{-1}\mathbf{X}_h) \tag{5.100}$$

인용문헌

5.1. Graybill, F.A. *Matrices with Applications in Statistics*. 2nd ed. Belmont, Calif.: Wadsworth, 2002.

문제

5.1. 아래의 행렬에 대해 (1) $\mathbf{A} + \mathbf{B}$, (2) $\mathbf{A} - \mathbf{B}$, (3) $\mathbf{AC}$, (4) $\mathbf{AB}'$, (5) $\mathbf{B}'\mathbf{A}$를 구하여라.

$$\mathbf{A} = \begin{bmatrix} 1 & 4 \\ 2 & 6 \\ 3 & 8 \end{bmatrix} \quad \mathbf{B} = \begin{bmatrix} 1 & 3 \\ 1 & 4 \\ 2 & 5 \end{bmatrix} \quad \mathbf{C} = \begin{bmatrix} 3 & 8 & 1 \\ 5 & 4 & 0 \end{bmatrix}$$

연산 결과로 얻어진 행렬들의 차원을 구하여라.

5.2. 아래의 행렬에 대해 (1) $\mathbf{A} + \mathbf{C}$, (2) $\mathbf{A} - \mathbf{C}$, (3) $\mathbf{B}'\mathbf{A}$, (4) $\mathbf{AC}'$, (5) $\mathbf{C}'\mathbf{A}$를 구하여라.

$$\mathbf{A} = \begin{bmatrix} 2 & 1 \\ 3 & 5 \\ 5 & 7 \\ 4 & 8 \end{bmatrix} \quad \mathbf{B} = \begin{bmatrix} 6 \\ 9 \\ 3 \\ 1 \end{bmatrix} \quad \mathbf{C} = \begin{bmatrix} 3 & 8 \\ 8 & 6 \\ 5 & 1 \\ 2 & 4 \end{bmatrix}$$

연산 결과로 얻어진 행렬들의 차원을 구하여라.

5.3. $i = 1, \ldots, 4$일 때, 다음의 수식을 행렬의 방식으로 나타내어라.
(1) $Y_i - \hat{Y}_i = e_i$ (2) $\sum X_i e_i = 0$

*5.4. **풍미 저하(Flavor deterioration).** 다음은 저장공간의 온도(X, 단위: °F)와 음식 풍미가 저하되기까지 걸리는 시간(Y, 단위: 주)에 대한 작은 규모의 실험 결과이다.

i:	1	2	3	4	5
X_i:	8	4	0	−4	−8
Y_i:	7.8	9.0	10.2	11.0	11.7

(2.1)에 제시된 일차항까지 사용한 회귀모형을 사용한다고 가정할 때, 행렬 연산을 통해 (1) $\mathbf{Y}'\mathbf{Y}$, (2) $\mathbf{X}'\mathbf{X}$, (3) $\mathbf{X}'\mathbf{Y}$를 구하여라.

5.5. **소비자 금융(Consumer finance).** 아래의 자료는 한 소비자 금융회사가 운영되고 있는 6개 도시에서 각각 운영되고 있는 경쟁 금융회사의 수(X)와 그 도시에서 발생한 1000건의 대출당 연체된 대출의 수(Y)이다.

i:	1	2	3	4	5	6
X_i:	4	1	2	3	3	4
Y_i:	16	5	10	15	13	22

(2.1)에 제시된 일차항까지 사용한 회귀모형을 사용한다고 가정할 때, 행렬 연산을 통해 (1) $\mathbf{Y'Y}$, (2) $\mathbf{X'X}$, (3) $\mathbf{X'Y}$를 구하여라.

*5.6. 문제 1.21의 **항공 화물 파손(Freight breakage)** 사례를 다시 살펴보자. 행렬 연산을 통해 (1) $\mathbf{Y'Y}$, (2) $\mathbf{X'X}$, (3) $\mathbf{X'Y}$를 구하여라.

5.7. 문제 1.22의 **플라스틱 경도(Plastic hardness)** 사례를 다시 살펴보자. 행렬 연산을 통해 (1) $\mathbf{Y'Y}$, (2) $\mathbf{X'X}$, (3) $\mathbf{X'Y}$를 구하여라.

5.8. 행렬 **B**를 다음과 같이 정의한다.

$$\mathbf{B} = \begin{bmatrix} 1 & 5 & 0 \\ 1 & 0 & 5 \\ 1 & 0 & 5 \end{bmatrix}$$

a. **B**의 열벡터는 서로 선형독립인가?
b. **B**의 계수(rank)를 구하여라.
c. **B**의 행렬식을 구하여라.

5.9. 행렬 **A**를 다음과 같이 정의한다.

$$\mathbf{A} = \begin{bmatrix} 0 & 1 & 8 \\ 0 & 3 & 1 \\ 0 & 5 & 5 \end{bmatrix}$$

a. **A**의 열벡터는 서로 선형독립인가?
b. 행벡터에 관한 (5.20)의 정의를 이용했을 때, **A**의 행벡터는 서로 선형독립인가?
c. **A**의 계수(rank)를 구하여라.
d. **A**의 행렬식을 구하여라.

5.10. 다음 두 행렬의 역행렬을 각각 구하여라.

$$\mathbf{A} = \begin{bmatrix} 2 & 4 \\ 3 & 1 \end{bmatrix} \qquad \mathbf{B} = \begin{bmatrix} 4 & 3 & 2 \\ 6 & 5 & 10 \\ 10 & 1 & 6 \end{bmatrix}$$

각각의 경우에 구해진 행렬이 실제로 해당 행렬의 역행렬이 맞는지 검증하여라.

5.11. 다음 행렬의 역행렬을 구하여라.

$$\mathbf{A} = \begin{bmatrix} 5 & 1 & 3 \\ 4 & 0 & 5 \\ 1 & 9 & 6 \end{bmatrix}$$

구해진 행렬이 실제로 해당 행렬의 역행렬이 맞는지 검증하여라.

*5.12. 문제 5.4의 **풍미 저하(Flavor deterioration)** 사례를 다시 살펴보자. $(\mathbf{X'X})^{-1}$을 구하여라.

5.13. 문제 5.5에서 사용된 **소비자 금융(Consumer finance)** 사례를 다시 살펴보자. $(\mathbf{X}'\mathbf{X})^{-1}$을 구하여라.

*5.14. 다음의 연립방정식에서

$$4y_1 + 7y_2 = 25$$
$$2y_1 + 3y_2 = 12$$

a. 연립방정식을 행렬 표기법으로 나타내어라.
b. 행렬의 연산을 이용하여 y_1과 y_2의 해를 구하여라.

5.15. 다음의 연립방정식에서

$$5y_1 + 2y_2 = 8$$
$$23y_1 + 7y_2 = 28$$

a. 연립방정식을 행렬 표기법으로 나타내어라.
b. 행렬의 연산을 이용하여 y_1과 y_2의 해를 구하여라.

5.16. 적합값 $\hat{Y}_i$을 (1.15) 형태의 선형회귀함수로 나타내라. 행렬 표기법으로 나타내도록 하며, $i = 1, \ldots, 5$를 가정한다.

5.17. 확률변수 Y_1, Y_2, Y_3에 대해 다음의 함수가 주어졌을 때,

$$W_1 = Y_1 + Y_2 + Y_3$$
$$W_2 = Y_1 - Y_2$$
$$W_3 = Y_1 - Y_2 - Y_3$$

a. 위의 함수를 행렬 표기법으로 나타내어라.
b. 확률벡터 **W**의 기댓값을 구하여라.
c. **W**의 분산공분산행렬을 구하여라.

*5.18. 확률변수 Y_1, Y_2, Y_3, Y_4에 대해 다음의 함수가 주어졌을 때,

$$W_1 = \frac{1}{4}(Y_1 + Y_2 + Y_3 + Y_4)$$
$$W_2 = \frac{1}{2}(Y_1 + Y_2) - \frac{1}{2}(Y_3 + Y_4)$$

a. 위의 함수를 행렬 표기법으로 나타내라.
b. 확률벡터 **W**의 기댓값을 구하여라.
c. **W**의 분산공분산행렬을 구하여라.

*5.19. 다음의 이차형태를 행렬 표기법으로 나타낼 때, 행렬 **A**를 구하여라.

$$3Y_1^2 + 10Y_1Y_2 + 17Y_2^2$$

5.20. 다음의 이차형태를 행렬 표기법으로 나타낼 때, 행렬 **A**를 구하여라.

$$7Y_1^2 - 8Y_1Y_2 + 8Y_2^2$$

*5.21. 다음의 행렬에 대해,

$$\mathbf{A} = \begin{bmatrix} 5 & 2 \\ 2 & 1 \end{bmatrix}$$

관측값 Y_1, Y_2에 대한 이차형태를 찾아라.

5.22. 다음의 행렬에 대해,

$$\mathbf{A} = \begin{bmatrix} 1 & 0 & 4 \\ 0 & 3 & 0 \\ 4 & 0 & 9 \end{bmatrix}$$

관측값 Y_1, Y_2, Y_3에 대한 이차형태를 찾아라.

*5.23. 문제 5.4와 문제 5.12에서 사용된 **풍미 저하(Flavor deterioration)** 사례를 다시 살펴보자.

a. 행렬의 연산을 이용하여 다음을 구하여라. (1) 회귀계수추정값 벡터, (2) 잔차 벡터, (3) *SSR*, (4) *SSE*, (5) $\mathbf{b}$의 분산공분산행렬, (6) $X_h = -6$일 때 $E\{Y_h\}$의 점추정값, (7) $X_h = -6$일 때 $\hat{Y}_h$의 분산추정값
b. 이 실험의 X 공간으로부터 어떤 간소화가 발생하는가?
c. 모자행렬 $\mathbf{H}$를 구하여라.
d. $\mathbf{s}^2\{\mathbf{e}\}$를 구하여라.

5.24. 문제 5.5와 문제 5.13에서 사용된 **소비자 금융(Consumer finance)** 사례를 다시 살펴보자.

a. 행렬의 연산을 이용하여 다음을 구하여라. (1) 회귀계수추정값 벡터, (2) 잔차 벡터, (3) *SSR*, (4) *SSE*, (5) $\mathbf{b}$의 분산공분산행렬, (6) $X_h = 4$일 때 $E\{Y_h\}$의 점추정값, (7) $X_h = 4$일 때 $s^2\{\text{pred}\}$.
b. (a5)에서 구한 분산공분산행렬 추정값에서 다음을 구하여라.
(1) $s\{b_0, b_1\}$ (2) $s^2\{b_0\}$ (3) $s\{b_1\}$.
c. 모자행렬 $\mathbf{H}$를 구하여라.
d. $\mathbf{s}^2\{\mathbf{e}\}$를 구하여라.

*5.25. 문제 1.21과 문제 5.6에서 사용된 **항공 화물 파손(Freight breakage)** 사례를 다시 살펴보자.

a. 행렬의 연산을 이용하여 다음을 구하여라. (1) $(\mathbf{X}'\mathbf{X})^{-1}$, (2) $\mathbf{b}$, (3) $\mathbf{e}$, (4) $\mathbf{H}$, (5) *SSE*, (6) $\mathbf{s}^2\{\mathbf{b}\}$, (7) $X_h = 2$일 때 $\hat{Y}_h$, (8) $X_h = 2$일 때 $s^2\{\hat{Y}_h\}$.
b. (a6)로부터 다음을 구하여라. (1) $s^2\{b_1\}$, (2) $s\{b_0, b_1\}$, (3) $s\{b_0\}$
c. *SSR*의 이차형태의 행렬을 구하여라.

5.26. 문제 1.22와 문제 5.7에서 사용된 **플라스틱 경도(Plastic hardness)** 사례를 다시 살펴보자.

a. 행렬의 연산을 이용하여 다음을 구하여라. (1) $(\mathbf{X}'\mathbf{X})^{-1}$, (2) $\mathbf{b}$, (3) $\hat{\mathbf{Y}}$, (4) $\mathbf{H}$, (5) *SSE*, (6) $\mathbf{s}^2\{\mathbf{b}\}$, (7) $X_h = 30$일 때 $s^2\{\text{pred}\}$.

b. (a6)로부터 다음을 구하여라. (1) $s^2\{b_0\}$, (2) $s\{b_0, b_1\}$, (3) $s\{b_1\}$
c. *SSE*의 이차형태의 행렬을 구하여라.

연습문제

5.27. (4.10)의 원점을 지나는 회귀모형에서, $i = 1, \ldots, 4$일 때 $\boldsymbol{\varepsilon}$의 기댓값 벡터를 구하여라.

5.28. (4.10)의 원점을 지나는 회귀모형과 (4.14)에서의 b_1을 고려하여라. (5.60)과 적절히 정의된 $\mathbf{X}$를 이용하여 (4.14)를 도출하여라.

5.29. 행렬 연산을 이용하여 (5.60)의 최소제곱추정값 $\mathbf{b}$가 비편향추정량임을 보여라.

5.30. (5.96)의 $\hat{Y}_h$가 행렬 표기법으로는 $\mathbf{b}'\mathbf{X}_h$로 나타낼 수 있음을 보여라.

5.31. $i = 1, \ldots, n$일 때, 모자행렬과 관련하여 적합값 $\hat{Y}_i$의 분산공분산행렬을 구하여라.

II부 다중선형회귀

6장 | 다중회귀 I

다중회귀분석(multiple regression analysis)은 모든 통계 방법론 중에서도 가장 많이 사용되는 분석 방법 중 하나이다. 이 장에서는 먼저 다중회귀모형의 다양한 종류에 대해 설명한 후 행렬로 표현된 다중회귀분석의 가장 기본적인 통계 결과를 보여 줄 것이다. 다중회귀의 행렬 표현은 단순선형회귀에서와 같기 때문에, 많은 설명 없이 결과에 대해서만 설명할 것이다. 마지막으로 다중회귀에서의 다양한 추론과 잔차분석을 설명한 후, 예로 장을 마무리할 것이다.

6.1 ▪ 다중회귀모형

다양한 예측변수에 대한 필요성

처음 1장에서 회귀모형을 소개할 때, 여러 개의 예측변수를 포함한 회귀모형에 대해 이야기하였다. 반응변수가 소비자 금융 제인의 한 시점에서의 직접운영비용이고, 지점의 평균 대출 건수와 신규 대출 신청 건수를 포함한 4개의 예측변수를 가진 회귀모형을 언급하였다. 또한 반응변수가 영업 지역 내에서의 트랙터 판매량이고, 영업 지역 내의 농상 수, 곡물 생산량 등 9개의 예측변수를 가진 트랙터 판매에 관한 연구에 대해서도 이야기하였다. 키가 작은 아이들에 대한 연구에 대해서도 언급하였는데, 반응변수는 혈장 내 성장 호르몬의 최고치이고 예측변수는 성별, 나이와 다양한 신체 측정값들을 포함한 총 14개 변수였다. 이 모든 예들에서 여러 개의 주요 변수들이 반응변수에 각자 중요하고 개별적인 방법으로 영향을 미치고 있기 때문에, 한 개의 예측변수만 모형에 포함할 경우 적절한 예측을 할 수 없다. 이런 경우, 한 개의 예측변수만 포함한 모형에 근거하여 반응변수의 예측값을 찾는 것이 굉장히 부정밀하여 실용적이지 못하다는 사실을 알고 있다. 2장에서 다룬 Toluca Company 예에서도 한 개의 예측변수만을 사용한 예측이 부정밀하다는 사실을 인지하였다. 여러 개의 예측변수를 포함한 조금 더 복잡한 모형이 반응변수에 대한 충분히 정밀한 예측값을 찾는 데 도움이 될 것이다.

앞에서 언급한 각각의 예들에서는 예측변수들이 통제 불가능했기 때문에 모든 분석이 관측된 자료에 근거를 두고 있었다. 다중회귀분석은 실험자가 예측변수를 통제할 수 있는 실험 상황에서도 굉장히 유용하게 사용될 수 있다. 대부분의 경우 한 개 이상의 주요 변수가 반응값에 영향을 미치기 때문에 실험자는 보통 여러 개의 예측변수를 동시에 조사하고 싶어 한다. 예를 들어 노동자들의 생산성에 관한 연구를 하는 경우, 실험자는 아마도 노동 인원과 보너스 임금을 통제 요인으로 삼고 싶어할 것이다. 비슷하게 약물에 대한 반응 연구의 경우, 실험자는 약물 투여량과 투여 방법을 모두 통제 요인으로 삼고 싶어할 것이다.

지금부터 설명할 다중회귀모형은 관측 자료나 완전확률화설계(completely randomiged design) 실험 자료 모두에서 사용될 수 있다.

두 개의 예측변수가 있는 일차모형

X_1과 X_2 두 개의 예측변수가 있을 때 회귀모형은 다음과 같다.

$$Y_i = \beta_0 + \beta_1 X_{i1} + \beta_2 X_{i2} + \varepsilon_i \tag{6.1}$$

이 모형은 두 개의 예측변수를 가진 일차모형(first-order model)이라고 한다. 1장에서 보았듯이 일차모형은 예측변수들의 선형결합으로 이루어진다. Y_i는 i번째 시행에서의 반응값을 의미하며, X_{i1}과 X_{i2}는 i번째 시행에서의 두 예측변수의 값을 의미한다. 모형의 모수는 β_0, β_1, β_2이며 오차항은 ε_i이다.

$E\{\varepsilon_i\} = 0$이라고 가정했을 때, 모형 (6.1)에 대한 회귀함수는 다음과 같다.

$$E\{Y\} = \beta_0 + \beta_1 X_1 + \beta_2 X_2 \tag{6.2}$$

회귀함수 $E\{Y\} = \beta_0 + \beta_1 X$가 선으로 표현되었던 단순선형회귀에서와 비슷하게, (6.2)에서의 회귀함수는 평면으로 표현된다. 그림 6.1은 반응평면(response plane)의 일부를 보여 주고 있다.

$$E\{Y\} = 10 + 2X_1 + 5X_2 \tag{6.3}$$

반응평면 (6.3) 위의 모든 점은 주어진 X_1과 X_2 조합에서의 평균반응값 $E\{Y\}$이다.

그림 6.1은 또한 두 예측변수가 (X_{i1}, X_{i2})로 주어졌을 때의 관측값 Y_i도 보여 주고 있다. 그림 6.1에서 Y_i와 반응평면 사이의 수직 거리는 Y_i와 주어진 조합 (X_{i1}, X_{i2})에서 Y의 분포

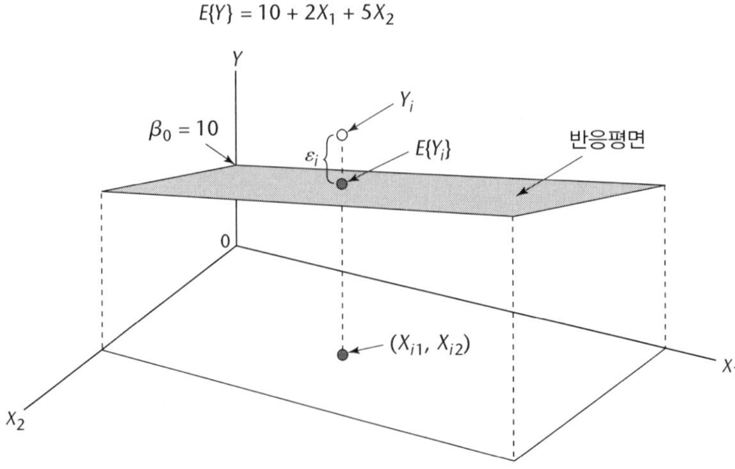

그림 6.1 반응함수의 평면 – 판매 촉진 예

의 기댓값인 $E\{Y_i\}$와의 차이를 나타낸다. 따라서 Y_i와 반응평면 사이의 수직 거리는 오차항인 $\varepsilon_i = Y_i - E\{Y_i\}$를 나타낸다.

흔히 다중회귀에서의 회귀함수는 **회귀표면**(regression surface)이나 **반응표면**(response surface)이라고 한다. 그림 6.1에서 반응표면은 평면이지만, 다른 경우 반응표면은 좀 더 복잡한 형태일 수 있다.

회귀계수의 의미. (6.3)의 다중회귀함수에서의 회귀계수의 의미에 대해 생각해 보자. 모수 $\beta_0 = 10$은 회귀 평면의 Y절편값이다. 만약 모형의 범위가 $X_1 = 0$, $X_2 = 0$을 포함한다면, $\beta_0 = 10$은 $X_1 = 0$, $X_2 = 0$에서의 평균반응값인 $E\{Y\}$를 의미한다. 그렇지 않은 경우, β_0는 회귀모형에서 분리된 항으로서의 특별한 의미를 갖지는 않는다.

모수 β_1은 X_2가 상수로 고정되어 있고 X_1이 한 단위 변할 때 평균반응값인 $E\{Y\}$의 변화를 의미한다. 마찬가지로 β_2는 X_1이 상수로 고정되어 있고 X_2가 한 단위 변할 때 평균반응값인 $E\{Y\}$의 변화를 의미한다. 이를 예로 확인하기 위하여 $X_2 = 2$로 고정되어 있다고 가정하자. (6.3)의 회귀함수는 이제 다음과 같다.

$$E\{Y\} = 10 + 2X_1 + 5(2) = 20 + 2X_1 \qquad X_2 = 2 \tag{6.4}$$

이제 이 반응함수는 기울기 $\beta_1 = 2$인 직선이다. 이는 X_2가 다른 값으로 고정되더라도 반응함수의 절편값만 변화할 뿐, 같은 결과를 갖는다. 따라서 $\beta_1 = 2$는 X_2가 어떤 값을 갖는지와 상관 없이 X_2가 고정되어 있는 경우, X_1이 한 단위 증가할 때 평균반응값인 $E\{Y\}$는 2씩 증가한다는 것을 의미한다. 그러므로 β_1은 X_2가 상수로 고정되어 있는 경우에 X_1 한 단위 증가에 따른 $E\{Y\}$의 변화량임을 확인할 수 있다.

마찬가지로 회귀함수 (6.3)에서 $\beta_2 = 5$는 X_1이 상수로 고정되어 있는 경우, X_2가 한 단위 증가할 때 $E\{Y\}$가 5씩 변화한다는 의미이다.

X_1이 평균반응값에 미치는 영향이 X_2값의 영향을 받지 않는다면, 그리고 마찬가지로 X_2가 평균반응값에 미치는 영향이 X_1값의 영향을 받지 않는다면, 두 개의 예측변수는 **가법효과**(additive effect)를 갖거나 '**상호작용하지 않는다**(not to interact)'라고 한다.

모수 β_1과 β_2는 다른 예측변수가 상수로서 모형에 포함되어 있을 때의 해당 예측변수의 부분적인 영향력을 반영하기 때문에 **편회귀계수**(partial regression coefficients)라고도 한다.

예 그림 6.1에 나타난 반응평면 (6.3)은 시험 판매 실적(Y, 10,000달러 단위)과 판매시점의 소비지출(X_1, 1,000달러 단위), TV 소비지출(X_2, 1,000달러 단위)과의 관계를 나타내고 있다. $\beta_1 = 2$이므로 TV 소비지출이 고정되어 있을 때, 인근지역에서 판매시점의 소비지출이 한 단위(1,000달러) 증가한다면 기대 실적은 두 단위(20,000달러) 증가한다. 비슷하게, $\beta_2 = 5$이므로 판매시점의 소비지출이 고정되어 있을 때, 인근지역에서 TV 소비지출이 1,000달러 증가하면 기대 실적은 50,000달러 증가한다.

부연설명

1. 반응표면이 평면인 회귀모형은 이 모형이 적절히 설계되었을 경우, 이것 그대로 사용할 수도 있고, 경우에 따라서는 좀 더 복잡한 모형의 근사 형태로 사용될 수도 있다.

많은 복잡한 반응표면들은 한정된 범위의 X_1과 X_2에 대해 평면으로 잘 근사시킬 수 있다.

2. 반응표면 (6.2)를 X_1과 X_2에 대해 편미분(partial derivative)함으로써 β_1과 β_2를 얻을 수 있다.

$$\frac{\partial E\{Y\}}{\partial X_1} = \beta_1 \qquad \frac{\partial E\{Y\}}{\partial X_2} = \beta_2$$

편미분값은 다른 한 예측변수가 상수로 고정되었을 때 한 예측변수의 변화에 따른 $E\{Y\}$의 변화율을 의미한다. ■

두 개 이상의 예측변수가 있는 일차모형

이제 $p - 1$개의 예측변수 $X_1, \ldots, X_{p-1}$가 있는 경우를 고려해 보자. 회귀모형은 다음과 같다.

$$Y_i = \beta_0 + \beta_1 X_{i1} + \beta_2 X_{i2} + \cdots + \beta_{p-1} X_{i,p-1} + \varepsilon_i \tag{6.5}$$

이 모형은 $p - 1$개의 예측변수가 있는 일차모형이라고 한다. 이는 다음과 같이 나타낼 수도 있다.

$$Y_i = \beta_0 + \sum_{k=1}^{p-1} \beta_k X_{ik} + \varepsilon_i \tag{6.5a}$$

또는 $X_{i0} \equiv 1$으로 정의하면 다음과 같이 나타낼 수 있다.

$$Y_i = \sum_{k=0}^{p-1} \beta_k X_{ik} + \varepsilon_i \qquad \text{이때 } X_{i0} \equiv 1 \tag{6.5b}$$

$E\{\varepsilon_i\} = 0$을 가정하면 회귀모형 (6.5)의 반응함수는 다음과 같다.

$$E\{Y\} = \beta_0 + \beta_1 X_1 + \beta_2 X_2 + \cdots + \beta_{p-1} X_{p-1} \tag{6.6}$$

이 반응함수는 2차원 이상에서의 평면을 나타내는 **초평면**(hyperplane)이다. 더 이상 이 반응표면을 예측변수가 두 개였던 그림 6.1에서와 같이 그림으로 나타낼 수 없다. 그럼에도 불구하고, 모수들의 의미는 예측변수가 두 개였을 때와 같이 부여할 수 있다. 모수 β_k는 회귀모형 내의 다른 모든 예측변수들이 상수로 고정되었을 때, 예측변수 X_k의 한 단위 변화에 따른 평균반응값 $E\{Y\}$의 변화를 나타낸다. 이때 회귀모형 (6.5)에서 다른 예측변수들이 어떤 값에 고정되어 있는지와 상관없이, 한 예측변수가 평균반응값에 미치는 영향은 언제나 같다는 점을 주의해야 한다. 따라서 일차회귀모형 (6.5)는 예측변수들이 평균반응값에 미치는 영향이 가법(additive)이며 따라서 상호작용이 없는 경우에 쓰이는 모형이다.

부연설명

1. $p - 1 = 1$일 때, 회귀모형 (6.5)는 다음과 같이 축약될 수 있다.

$$Y_i = \beta_0 + \beta_1 X_{i1} + \varepsilon_i$$

이는 앞 장에서 다룬 단순회귀모형과 일치한다. ■

일반선형회귀모형

잠시 후에 보겠지만 일반적으로 회귀모형 내의 변수들 $X_1, \ldots, X_{p-1}$이 각자 다른 예측변수를 대표할 필요는 없다. 따라서 우리는 정규분포를 따르는 오차항을 가진 일반적인 선형회귀모형을 X 변수들에 대해 다음과 같이 정의한다.

$$Y_i = \beta_0 + \beta_1 X_{i1} + \beta_2 X_{i2} + \cdots + \beta_{p-1} X_{i,p-1} + \varepsilon_i \tag{6.7}$$

여기서

$\beta_0, \beta_1, \ldots, \beta_{p-1}$은 모수이고,
$X_{i1}, \ldots, X_{i,p-1}$은 알려진 상수이며,
ε_i는 독립적인 $N(0, \sigma^2)$ 이다.
$i = 1, \ldots, n$

만약 $X_{i0} \equiv 1$이라면 회귀모형 (6.7)은 다음과 같이 쓸 수 있다.

$$Y_i = \beta_0 X_{i0} + \beta_1 X_{i1} + \beta_2 X_{i2} + \cdots + \beta_{p-1} X_{i,p-1} + \varepsilon_i \tag{6.7a}$$

이때 $X_{i0} \equiv 1$이다. 또는

$$Y_i = \sum_{k=0}^{p-1} \beta_k X_{ik} + \varepsilon_i \qquad \text{이때 } X_{i0} \equiv 1 \tag{6.7b}$$

$E\{\varepsilon_i\} = 0$이므로 회귀모형 (6.7)의 반응함수는 다음과 같다.

$$E\{Y\} = \beta_0 + \beta_1 X_1 + \beta_2 X_2 + \cdots + \beta_{p-1} X_{p-1} \tag{6.8}$$

따라서 정규오차항을 가진 일반선형회귀모형은 관측값 Y_i들이 독립이며 $E\{Y_i\}$는 (6.8)과 같고, 상수(constant, 일정)분산 σ^2을 가진 정규분포를 따르는 변수임을 의미한다.

이러한 일반선형모형은 아주 다양한 경우를 포함할 수 있다. 이제부터 그 중 몇 개에 대해 알아보기로 한다.

$p-1$개의 예측변수 앞서 보았듯이 $X_1, \ldots, X_{p-1}$이 $p-1$개의 서로 다른 예측변수를 대표할 때, 일반선형회귀모형 (6.7)은 예측변수들 간의 상호작용이 존재하지 않는 일차모형이다. 그림 6.1에 주어진 예는 두 개의 예측변수가 있는 일차모형이다.

질적 예측변수 일반선형회귀모형 (6.7)은 예측변수가 양적 변수일 때뿐만 아니라, 성별(남성, 여성)이나 장애 여부(정상, 부분적 장애, 완전 장애)와 같은 질적 변수일 때도 포함한다. 우리는 질적 변수의 범주를 나타내기 위해 0 또는 1의 값을 갖는 지표변수(indicator variable)를 사용한다.

환자의 나이(X_1)와 성별(X_2)에 근거해 입원기간(Y)을 예측하기 위해 수행된 회귀분석을 고려해 보자. X_2는 다음과 같이 정의된다.

$$X_2 = \begin{cases} 1 & \text{여성 환자} \\ 0 & \text{남성 환자} \end{cases}$$

일차회귀모형은 다음과 같다.

$$Y_i = \beta_0 + \beta_1 X_{i1} + \beta_2 X_{i2} + \varepsilon_i \tag{6.9}$$

여기서

X_{i1} = 환자 나이

$$X_{i2} = \begin{cases} 1 & \text{여성 환자} \\ 0 & \text{남성 환자} \end{cases}$$

회귀모형 (6.9)에 대한 반응함수는 다음과 같다.

$$E\{Y\} = \beta_0 + \beta_1 X_1 + \beta_2 X_2 \tag{6.10}$$

남성 환자에 대해 $X_2 = 0$이고 반응함수 (6.10)은 다음과 같다.

$$E\{Y\} = \beta_0 + \beta_1 X_1 \qquad \text{남성 환자} \tag{6.10a}$$

여성 환자에 대해 $X_2 = 1$이고 반응함수 (6.10)은 다음과 같다.

$$E\{Y\} = (\beta_0 + \beta_2) + \beta_1 X_1 \qquad \text{여성 환자} \tag{6.10b}$$

이 두 반응함수는 서로 다른 절편을 가진 평행한 직선이다.

일반적으로 우리는 c개의 범주를 가진 질적 변수를 나타내기 위해 $c - 1$개의 지표변수를 이용한다. 예를 들어 입원기간의 예에서 질적 변수인 장애 상태가 또 다른 예측변수로 추가된다면, 이는 두 개의 지표변수 X_3, X_4에 의해 다음과 같이 나타내어질 수 있다.

$$X_3 = \begin{cases} 1 & \text{장애가 없는 환자} \\ 0 & \text{반대의 경우} \end{cases}$$

$$X_4 = \begin{cases} 1 & \text{부분적 장애의 환자} \\ 0 & \text{반대의 경우} \end{cases}$$

나이, 성별, 장애 상태를 예측변수로 사용한 일차모형은 다음과 같다.

$$Y_i = \beta_0 + \beta_1 X_{i1} + \beta_2 X_{i2} + \beta_3 X_{i3} + \beta_4 X_{i4} + \varepsilon_i \tag{6.11}$$

여기서

X_{i1} = 환자의 나이

$$X_{i2} = \begin{cases} 1 & \text{여성 환자} \\ 0 & \text{남성 환자} \end{cases}$$

$$X_{i3} = \begin{cases} 1 & \text{장애가 없는 환자} \\ 0 & \text{반대의 경우} \end{cases}$$

$$X_{i4} = \begin{cases} 1 & \text{부분적 장애의 환자} \\ 0 & \text{반대의 경우} \end{cases}$$

8장에서는 질적 변수를 어떻게 모형화하고, 질적 예측변수를 포함한 회귀모형을 어떻게 해석할 것인지에 대해 논의할 것이다.

다항회귀. 다항회귀모형은 일반선형회귀모형의 특별한 경우이다. 다항회귀는 예측변수의 제곱항과 고차항을 포함하고 있어 반응함수를 곡선으로 만든다. 다음은 한 개의 예측변수를 가진 다항회귀모형이다.

$$Y_i = \beta_0 + \beta_1 X_i + \beta_2 X_i^2 + \varepsilon_i \tag{6.12}$$

1장의 그림 1.3은 한 개의 예측변수를 가진 다항회귀모형의 사례를 보여 준다.

회귀모형 (6.12)의 반응함수가 갖는 곡선의 성질에도 불구하고, 이는 일반선형회귀모형 (6.7)의 특별한 경우이다. 만약 $X_{i1} = X_i$, $X_{i2} = X_i^2$으로 정의하면, (6.12)를 다음과 같이 쓸 수 있다.

$$Y_i = \beta_0 + \beta_1 X_{i1} + \beta_2 X_{i2} + \varepsilon_i$$

이는 일반선형회귀모형 (6.7)의 형태이다. (6.12)는 반응함수가 이차인 곡선의 회귀모형을 나타내고 있는데, 고차항을 포함한 다항식의 반응함수를 갖는 모형들 또한 일반선형회귀모형의 특별한 경우들이다. 다항회귀모형에 대해서는 8장에서 자세하게 다룰 것이다.

변환된 변수들. 변환된 변수들을 포함한 모형들은 복잡하고 곡선인 반응함수로 나타나지만, 이 역시 일반선형회귀모형의 특별한 경우일 뿐이다. 변환된 Y를 가진 다음의 모형을 생각해 보자.

$$\log Y_i = \beta_0 + \beta_1 X_{i1} + \beta_2 X_{i2} + \beta_3 X_{i3} + \varepsilon_i \tag{6.13}$$

반응표면은 복잡하지만 모형 (6.13)은 여전히 일반선형회귀모형으로 이해할 수 있다. 만약 $Y_i' = \log Y_i$로 정의한다면, 회귀모형 (6.13)을 다음과 같이 쓸 수 있다.

$$Y_i' = \beta_0 + \beta_1 X_{i1} + \beta_2 X_{i2} + \beta_3 X_{i3} + \varepsilon_i$$

이는 일반선형회귀모형 (6.7)의 형태이다. 반응변수는 단지 Y의 로그형태일 뿐이다.

많은 모형들이 일반선형회귀모형으로 변환될 수 있다. 예를 들어 다음의 모형은

$$Y_i = \frac{1}{\beta_0 + \beta_1 X_{i1} + \beta_2 X_{i2} + \varepsilon_i} \tag{6.14}$$

$Y_i' = 1/Y_i$로 정의함으로써 일반선형회귀모형으로 변환할 수 있다. 이 경우 모형은 다음과 같다.

$$Y_i' = \beta_0 + \beta_1 X_{i1} + \beta_2 X_{i2} + \varepsilon_i$$

상호작용 효과. 예측변수들이 반응변수에 미치는 영향이 가법(additive)이 아닐 때, 한 예측변수의 영향은 다른 예측변수의 값에 의존하게 된다. 일반선형회귀모형 (6.7)은 비가법(nonadditive)이거나 상호작용효과(interaction effect)가 있는 경우의 회귀모형을 포함한다. 두 개의 예측변수 X_1과 X_2를 가진 비가법 회귀모형의 예시는 다음과 같다.

$$Y_i = \beta_0 + \beta_1 X_{i1} + \beta_2 X_{i2} + \beta_3 X_{i1} X_{i2} + \varepsilon_i \tag{6.15}$$

이때 상호작용항 $\beta_3 X_{i1} X_{i2}$ 때문에 반응함수는 복잡해진다. 하지만 회귀모형 (6.15)는 일반선형회귀모형의 특별한 경우이다. $X_{i3} = X_{i1} X_{i2}$라고 하면 (6.15)를 다음과 같이 쓸 수 있다.

$$Y_i = \beta_0 + \beta_1 X_{i1} + \beta_2 X_{i2} + \beta_3 X_{i3} + \varepsilon_i$$

여기서 이 모형이 일반선형회귀모형 (6.7)의 형태임을 알 수 있다. 상호작용이 있는 회귀모형에 대해서는 8장에서 상세히 다룰 것이다.

여러 경우의 혼합. 한 회귀모형 내에서 위에서 다룬 여러 가지 요소들을 혼합하여 사용하는 경우도 있지만, 이 역시 여전히 일반선형회귀모형으로 처리할 수 있다. 두 개의 예측변수에 대해 일차와 이차 항을 모두 포함하며 두 변수의 곱으로 나타낸 상호작용을 포함한 다음의 회귀모형을 생각해 보자.

$$Y_i = \beta_0 + \beta_1 X_{i1} + \beta_2 X_{i1}^2 + \beta_3 X_{i2} + \beta_4 X_{i2}^2 + \beta_5 X_{i1} X_{i2} + \varepsilon_i \tag{6.16}$$

새로운 변수를 정의하자.

$$Z_{i1} = X_{i1} \qquad Z_{i2} = X_{i1}^2 \qquad Z_{i3} = X_{i2} \qquad Z_{i4} = X_{i2}^2 \qquad Z_{i5} = X_{i1} X_{i2}$$

그러면 새로운 변수로 회귀모형 (6.16)을 다시 쓸 수 있다.

$$Y_i = \beta_0 + \beta_1 Z_{i1} + \beta_2 Z_{i2} + \beta_3 Z_{i3} + \beta_4 Z_{i4} + \beta_5 Z_{i5} + \varepsilon_i$$

위 모형은 일반선형회귀모형 (6.7)의 형태이다.

일반선형회귀모형 (6.7)은 많은 복잡한 모형들을 포함하는데, 그 중 일부는 매우 복잡한 형태이다. 그림 6.2는 두 개의 예측변수들을 갖는 두 개 복잡한 반응표면들인데, 이것 역시 일반선형회귀모형 (6.7)로 나타낼 수 있다.

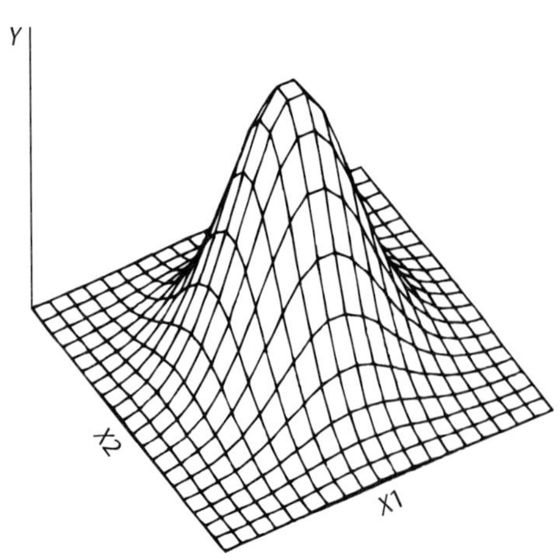

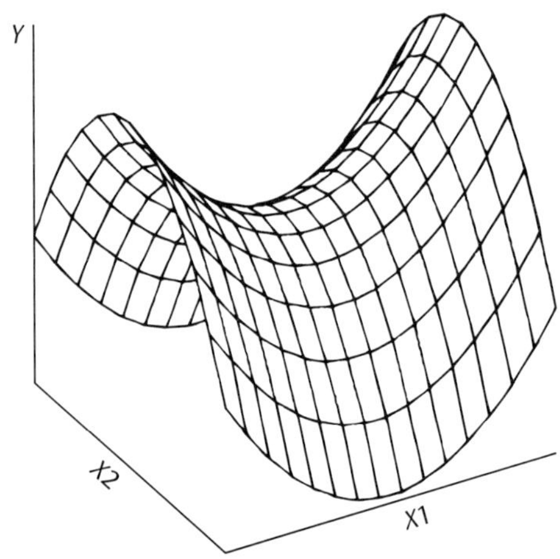

그림 6.2 반응함수의 추가 예

일반선형회귀모형에서 선형이 갖는 의미. 지금까지 일반선형회귀모형 (6.7)이 선형의 반응표면에만 국한되지 않음을 다양한 예시들을 통해 명백하게 알 수 있었다. **선형모형** (linear model)이라는 용어가 모형 (6.7)에 갖는 의미는 모수에서의 선형성이며, 반응표면의 모양을 의미하지는 않는다.

다음과 같은 모양으로 회귀모형이 쓰여질 수 있을 때, 이 모형이 모수에서 선형적이라고 표현한다.

$$Y_i = c_{i0}\beta_0 + c_{i1}\beta_1 + c_{i2}\beta_2 + \cdots + c_{i,p-1}\beta_{p-1} + \varepsilon_i \tag{6.17}$$

위 식에서 c_{i0}, c_{i1}등은 예측변수들의 계수이다. 예를 들어 두 예측변수를 사용한 일차모형 (6.1)에서

$$Y_i = \beta_0 + \beta_1 X_{i1} + \beta_2 X_{i2} + \varepsilon_i$$

$c_{i0} = 1$, $c_{i1} = X_{i1}$, $c_{i2} = X_{i2}$는 모수에 선형이다.

비선형회귀모형의 예는 다음과 같다.

$$Y_i = \beta_0 \exp(\beta_1 X_i) + \varepsilon_i$$

위 식은 (6.17)의 형태로 나타낼 수 없으므로 비선형회귀모형(nonlinear regression model)이다. 비선형회귀모형에 대해서는 III부에서 자세히 다룰 것이다.

6.2 ■ 행렬 형태의 일반선형회귀모형

이제 행렬 형태로 일반선형회귀모형 (6.7)에 대한 주요 결과를 살펴보자. 이 모형은 언급된 바와 같이 다양한 세부적인 경우를 포함한다. 제시되는 결과는 모두 행렬 형태로 나타낼 수 있다.

일반선형회귀모형 (6.7)의 행렬 표기 결과가 단순선형회귀모형 (5.57)과 정확하게 같은 것이 행렬대수의 놀라운 속성이다. 단지 자유도와 X 변수의 개수에 관련된 상수들, 그리고 행렬의 차원들이 다를 뿐이다. 그러므로 결과를 매우 간결하게 나타낼 수 있다.

행렬 표기로 많은 계산상의 복잡성을 감출 수 있다. 예를 들어 10×10인 행렬 $\mathbf{A}$의 역행렬을 찾는 것은 매우 방대한 양의 계산을 필요로 하지만 단순히 $\mathbf{A}^{-1}$이라고 표기할 수 있다. 행렬대수를 강조하는 이유는 그것이 해의 본질적인 개념 단계를 나타내기 때문이다. 아주 단순한 경우를 제외한 모든 실제 계산은 컴퓨터를 이용해 이루어진다. 그러므로 $(\mathbf{X}'\mathbf{X})^{-1}$이 의미하는 역행렬이 2×2 행렬인지 10×10 행렬인지는 중요하지 않다. 중요한 것은 역행렬이 의미하는 바가 무엇인지를 아는 것이다.

일반선형회귀모형 (6.7)은 다음과 같다.

$$Y_i = \beta_0 + \beta_1 X_{i1} + \beta_2 X_{i2} + \cdots + \beta_{p-1} X_{i,p-1} + \varepsilon_i$$

위 식을 행렬 형태로 나타내기 위해 다음과 같은 행렬들을 정의해야 한다.

(6.18a) **(6.18b)**

$$\underset{n\times 1}{\mathbf{Y}} = \begin{bmatrix} Y_1 \\ Y_2 \\ \vdots \\ Y_n \end{bmatrix} \qquad \underset{n\times p}{\mathbf{X}} = \begin{bmatrix} 1 & X_{11} & X_{12} & \cdots & X_{1,p-1} \\ 1 & X_{21} & X_{22} & \cdots & X_{2,p-1} \\ \vdots & \vdots & \vdots & & \vdots \\ 1 & X_{n1} & X_{n2} & \cdots & X_{n,p-1} \end{bmatrix}$$

(6.18c) **(6.18d)**

$$\underset{p\times 1}{\boldsymbol{\beta}} = \begin{bmatrix} \beta_0 \\ \beta_1 \\ \vdots \\ \beta_{p-1} \end{bmatrix} \qquad \underset{n\times 1}{\boldsymbol{\varepsilon}} = \begin{bmatrix} \varepsilon_1 \\ \varepsilon_2 \\ \vdots \\ \varepsilon_n \end{bmatrix} \tag{6.18}$$

여기서 **Y**와 **ε** 벡터는 단순선형회귀분석과 같다. **β** 벡터는 추가적인 회귀모수를 포함하고, **X** 행렬은 n개의 관측값으로 구성된 $p-1$개의 회귀모형에서의 X 변수들과 1로 구성된 열을 포함한다. **X** 행렬에서 각 성분인 X_{ik}의 행 첨자는 시행 또는 사례를 뜻하고, 열 첨자는 **X** 변수들을 뜻한다.

행렬 표현으로 일반선형회귀모형 (6.7)은 다음과 같다.

$$\underset{n\times 1}{\mathbf{Y}} = \underset{n\times p}{\mathbf{X}}\ \underset{n\times p}{\boldsymbol{\beta}} + \underset{n\times 1}{\boldsymbol{\varepsilon}} \tag{6.19}$$

여기에서

Y는 반응변수 벡터이다.

β는 모수 벡터이다.

X는 상수행렬이다.

ε는 독립적인 정규확률변수이며, 기댓값인 $\mathbf{E}\{\boldsymbol{\varepsilon}\} = \mathbf{0}$이고 분산공분산행렬은 다음과 같다.

$$\underset{n\times n}{\boldsymbol{\sigma}^2\{\boldsymbol{\varepsilon}\}} = \begin{bmatrix} \sigma^2 & 0 & \cdots & 0 \\ 0 & \sigma^2 & \cdots & 0 \\ \vdots & \vdots & & \vdots \\ 0 & 0 & \cdots & \sigma^2 \end{bmatrix} = \sigma^2\mathbf{I}$$

결과적으로 확률벡터 **Y**는 다음과 같은 기댓값을 갖는다.

$$\underset{n\times 1}{\mathbf{E}\{\mathbf{Y}\}} = \mathbf{X}\boldsymbol{\beta} \tag{6.20}$$

그리고 **Y**의 분산공분산행렬은 **ε**의 분산공분산행렬과 같다.

$$\underset{n\times n}{\boldsymbol{\sigma}^2\{\mathbf{Y}\}} = \sigma^2\mathbf{I} \tag{6.21}$$

6.3 ■ 회귀계수의 추정

다음과 같은 식으로 일반선형회귀모형 (6.7)의 최소제곱 기준 (1.8)은 일반화된다.

$$Q = \sum_{i=1}^{n}(Y_i - \beta_0 - \beta_1 X_{i1} - \cdots - \beta_{p-1}X_{i,p-1})^2 \tag{6.22}$$

여기에서 Q를 최소화시키는 $\beta_0, \beta_1, \ldots, \beta_{p-1}$의 값이 최소제곱추정량이다. 회귀계수의 최소제곱추정값인 $b_0, b_1, \ldots, b_{p-1}$로 구성된 벡터 $\mathbf{b}$는 다음과 같다.

$$\underset{p\times 1}{\mathbf{b}} = \begin{bmatrix} b_0 \\ b_1 \\ \vdots \\ b_{p-1} \end{bmatrix} \tag{6.23}$$

일반선형회귀모형(6.19)의 최소제곱정규방정식은 다음과 같다.

$$\mathbf{X}'\mathbf{X}\mathbf{b} = \mathbf{X}'\mathbf{Y} \tag{6.24}$$

그리고 최소제곱추정량은 다음과 같다.

$$\underset{p\times 1}{\mathbf{b}} = \underset{p\times p}{(\mathbf{X}'\mathbf{X})^{-1}}\underset{p\times 1}{(\mathbf{X}'\mathbf{Y})} \tag{6.25}$$

최대가능도법은 정규오차회귀모형 (6.19)와 같은 추정량을 도출하는데, 정규오차회귀모형의 추정량은 최소제곱법 (6.25)에 의해 구할 수 있다. (1.26)의 가능도함수는 다중회귀에 대해 다음과 같이 일반화된다.

$$L(\boldsymbol{\beta}, \sigma^2) = \frac{1}{(2\pi\sigma^2)^{n/2}}\exp\left[-\frac{1}{2\sigma^2}\sum_{i=1}^{n}(Y_i - \beta_0 - \beta_1 X_{i1} - \cdots - \beta_{p-1}X_{i,p-1})^2\right] \tag{6.26}$$

위와 같은 가능도함수를 $\beta_0, \beta_1, \ldots, \beta_{p-1}$에 대하여 최대화하는 것은 (6.25)와 같은 추정량을 도출한다. 이러한 추정량들은 최소제곱이고 최대가능도추정량이며, 1장에서 언급한 최소분산비편향성, 일치성, 충분성을 만족한다.

6.4 ■ 적합값과 잔차

적합값 $\hat{Y}_i$들의 벡터를 $\hat{\mathbf{Y}}$이라고 하고, 잔차항 $e_i = Y_i - \hat{Y}_i$들의 벡터를 $\mathbf{e}$라고 하자.

$$\text{(6.27a)} \quad \underset{n\times 1}{\hat{\mathbf{Y}}} = \begin{bmatrix} \hat{Y}_1 \\ \hat{Y}_2 \\ \vdots \\ \hat{Y}_n \end{bmatrix} \qquad \text{(6.27b)} \quad \underset{n\times 1}{\mathbf{e}} = \begin{bmatrix} e_1 \\ e_2 \\ \vdots \\ e_n \end{bmatrix} \tag{6.27}$$

적합값은 다음과 같이 쓸 수 있고,

$$\underset{n\times 1}{\hat{\mathbf{Y}}} = \mathbf{Xb} \tag{6.28}$$

잔차항들은 다음과 같이 쓸 수 있다.

$$\underset{n\times 1}{\mathbf{e}} = \mathbf{Y} - \hat{\mathbf{Y}} = \mathbf{Y} - \mathbf{Xb} \tag{6.29}$$

적합값들의 벡터 $\hat{\mathbf{Y}}$는 다음과 같이 모자행렬 $\mathbf{H}$의 꼴로 나타낼 수 있다.

$$\underset{n\times 1}{\hat{\mathbf{Y}}} = \mathbf{HY} \tag{6.30}$$

여기에서 다음을 알 수 있다.

$$\underset{n\times n}{\mathbf{H}} = \mathbf{X}(\mathbf{X}'\mathbf{X})^{-1}\mathbf{X}' \tag{6.30a}$$

비슷하게 잔차들의 벡터 역시 다음과 같이 나타낼 수 있다.

$$\underset{n\times 1}{\mathbf{e}} = (\mathbf{I} - \mathbf{H})\mathbf{Y} \tag{6.31}$$

잔차들의 분산공분산행렬은 다음과 같다.

$$\underset{n\times n}{\boldsymbol{\sigma}^2\{\mathbf{e}\}} = \sigma^2(\mathbf{I} - \mathbf{H}) \tag{6.32}$$

위 분산공분산행렬은 다음과 같이 추정될 수 있다.

$$\underset{n\times n}{\mathbf{s}^2\{\mathbf{e}\}} = MSE(\mathbf{I} - \mathbf{H}) \tag{6.33}$$

6.5 ■ 분산분석의 결과

제곱합과 평균제곱

식 (5.89)에서 분산분석에 쓰이는 제곱합의 행렬 표기는 다음과 같다.

$$SSTO = \mathbf{Y}'\mathbf{Y} - \left(\frac{1}{n}\right)\mathbf{Y}'\mathbf{JY} = \mathbf{Y}'\left[\mathbf{I} - \left(\frac{1}{n}\right)\mathbf{J}\right]\mathbf{Y} \tag{6.34}$$

$$SSE = \mathbf{e}'\mathbf{e} = (\mathbf{Y} - \mathbf{Xb})'(\mathbf{Y} - \mathbf{Xb}) = \mathbf{Y}'\mathbf{Y} - \mathbf{b}'\mathbf{X}'\mathbf{Y} = \mathbf{Y}'(\mathbf{I} - \mathbf{H})\mathbf{Y} \tag{6.35}$$

$$SSR = \mathbf{b}'\mathbf{X}'\mathbf{Y} - \left(\frac{1}{n}\right)\mathbf{Y}'\mathbf{JY} = \mathbf{Y}'\left[\mathbf{H} - \left(\frac{1}{n}\right)\mathbf{J}\right]\mathbf{Y} \tag{6.36}$$

여기서 $\mathbf{J}$는 (5.18)에서 정의한 것과 같이 1로 구성된 $n \times n$ 행렬이고, $\mathbf{H}$는 식 (6.30a)에서 정의된 모자행렬이다.

$SSTO$는 일반적으로 $n - 1$의 자유도를 갖는다. SSE는 $n - p$의 자유도를 갖는데, 회귀함수의 모형 (6.19)에서 p개의 모수만큼 추정값이 필요하기 때문이다. 마지막으로 SSR은 $p - 1$의 자유도를 갖는데, 이것은 X 변수 $X_1, \ldots, X_{p-1}$개의 숫자를 의미한다.

변동요인	*SS*	*df*	*MS*
회귀	$SSR = \mathbf{b}'\mathbf{X}'\mathbf{Y} - \left(\frac{1}{n}\right)\mathbf{Y}'\mathbf{J}\mathbf{Y}$	$p-1$	$MSR = \frac{SSR}{p-1}$
오차	$SSE = \mathbf{Y}'\mathbf{Y} - \mathbf{b}'\mathbf{X}'\mathbf{Y}$	$n-p$	$MSE = \frac{SSE}{n-p}$
합계	$SSTO = \mathbf{Y}'\mathbf{Y} - \left(\frac{1}{n}\right)\mathbf{Y}'\mathbf{J}\mathbf{Y}$	$n-1$	

표 6.1 일반선형회귀모형 (6.19)의 분산분석표

표 6.1은 이러한 분산분석의 결과를 보여 준다. 여기서 평균제곱 *MSR*과 *MSE*는 다음과 같다.

$$MSR = \frac{SSR}{p-1} \tag{6.37}$$

$$MSE = \frac{SSE}{n-p} \tag{6.38}$$

단순선형회귀와 같이 *MSE*의 기댓값은 σ^2이다. *MSR*의 기댓값은 σ^2에 음수가 아닌 값이 더해진다. 예를 들어 $p - 1 = 2$일 때 다음과 같은 식을 얻을 수 있다.

$$E\{MSR\} = \sigma^2 + \frac{1}{2}\left[\beta_1^2 \sum(X_{i1} - \bar{X}_1)^2 + \beta_2^2 \sum(X_{i2} - \bar{X}_2)^2 + 2\beta_1\beta_2 \sum(X_{i1} - \bar{X}_1)(X_{i2} - \bar{X}_2)\right]$$

위 식에서 만약 β_1과 β_2가 0이라면 $E\{MSR\} = \sigma^2$일 것이고, 그렇지 않다면 $E\{MSR\} > \sigma^2$일 것이다.

회귀관계의 *F* 검정

반응변수 *Y*와 *X* 변수들인 $X_1, \ldots, X_{p-1}$ 사이에 회귀관계가 있는지를 검정하기 위해 다음과 같은 가설을 세운다.

$$\begin{aligned} &H_0: \beta_1 = \beta_2 = \cdots = \beta_{p-1} = 0 \\ &H_a: \text{모든 } \beta_k \ (k = 1, \ldots, p-1) \text{가 0이 아니다.} \end{aligned} \tag{6.39a}$$

검정통계량은 다음과 같다.

$$F^* = \frac{MSR}{MSE} \tag{6.39b}$$

제1종 오류를 α로 제어하는 결정규칙은 다음과 같다.

$$\begin{aligned} &F^* \leq F(1-\alpha; p-1, n-p) \text{이면, } H_0 \text{로 결론 내린다.} \\ &F^* > F(1-\alpha; p-1, n-p) \text{이면, } H_a \text{로 결론 내린다.} \end{aligned} \tag{6.39c}$$

단, 회귀관계가 존재한다는 것이 그것을 사용함으로써 효율적인 예측을 할 수 있음을 보장하지는 않는다.

$p - 1 = 1$일 때, 이 검정은 $\beta_1 = 0$임을 검정하는 (2.60)의 F 검정과 같다.

다중결정계수

다중결정계수(coefficient of multiple determination)는 R^2으로 표시하고, 다음과 같이 정의된다.

$$R^2 = \frac{SSR}{SSTO} = 1 - \frac{SSE}{SSTO} \tag{6.40}$$

R^2은 총 분산에 대한 X 변수들 $X_1, \ldots, X_{p-1}$로 Y를 설명함에 따라 줄어드는 분산의 비율을 측정한다. 다중결정계수 R^2은 $p - 1 = 1$일 때, 즉 하나의 X 변수를 사용한 회귀모형 (6.19)일 때, (2.72)의 단순선형회귀분석의 단순결정계수(coefficient of simple determination)와 같아진다. 이전과 마찬가지로

$$0 \leq R^2 \leq 1 \tag{6.41}$$

여기서 R^2은 모든 $b_k = 0 (k = 1, \ldots, p - 1)$일 때 0이 되고, 모든 Y 관측값이 정확하게 적합된 회귀표면과 일치할 때, 즉 모든 i에 대하여 $Y_i = \hat{Y}_i$일 때 1이 된다.

다른 X 변수를 회귀모형에 추가하는 것은 R^2을 증가시키며 절대로 감소하지 않는다. SSE는 X 변수가 증가함에 따라 절대로 커지지 않고, $SSTO$는 주어진 관측값들에 대해서 항상 같기 때문이다. R^2은 많은 수의 예측변수들을 포함시킴으로써 커지게 할 수 있기 때문에, 때때로 사용된 X 변수들의 개수에 대해 수정된 측정 방법이 사용된다. **수정 다중결정계수**(adjusted coefficient of multiple determination)는 R_a^2, 또는 R_{adj}^2로 표기하고, R^2의 분자와 분모의 제곱합을 각각의 자유도로 나누어 준 값이다.

$$R_a^2 = 1 - \frac{\dfrac{SSE}{n-p}}{\dfrac{SSTO}{n-1}} = 1 - \left(\frac{n-1}{n-p}\right)\frac{SSE}{SSTO} \tag{6.42}$$

위의 수정 다중결정계수는 기존의 모형에 다른 X 변수가 추가되었을 때에도 작아질 수 있는데, SSE의 감소가 적으면 분모인 $n - p$의 자유도의 손실을 상쇄할 수 없기 때문이다.

부연설명

1. 단순회귀분석과 다중회귀분석의 결정계수를 구분하기 위하여 지금부터 단순회귀분석의 결정계수를 단순결정계수라고 표현한다.
2. 다중결정계수인 R^2은 반응변수 Y_i와 적합값 $\hat{Y}_i$ 간의 단순결정계수임을 보일 수 있다.
3. R^2값이 크다는 것이 반드시 적합 모형이 유용하다는 것을 의미하지는 않는다. 예를 들어 관측값이 단지 몇 개의 예측변수들만으로 설명이 된다고 하자. 이러한 경우엔 높은 R^2값에도 불구하고, 대부분의 예측변수가 관측값 범위 밖에서 외삽법(extraploation)이 필요한 경우에 적합 모형이 유용하지 않을 수 있다. 다시 말하면 R^2값이 높다고 하더라도 높은 정밀도를 필요로 하는 추론에는 MSE가 너무 클 수 있다.

■

다중상관계수

다중상관계수(coefficient of multiple correlation) R은 R^2의 양의 제곱근이다.

$$R = \sqrt{R^2} \tag{6.43}$$

하나의 X 변수만이 회귀모형 (6.19)에 있을 때, 즉 $p - 1 = 1$일 때, 다중상관계수 R은 (2.73)의 단순상관에 대한 상관계수 r의 절댓값과 같다.

6.6 ■ 회귀모수의 추정

b의 최소제곱추정량과 최대가능도추정량은 비편향추정량이다.

$$\mathbf{E}\{\mathbf{b}\} = \boldsymbol{\beta} \tag{6.44}$$

분산공분산행렬 $\boldsymbol{\sigma}^2\{\mathbf{b}\}$은 다음과 같다.

$$\underset{p\times p}{\boldsymbol{\sigma}^2\{\mathbf{b}\}} = \begin{bmatrix} \sigma^2\{b_0\} & \sigma\{b_0, b_1\} & \cdots & \sigma\{b_0, b_{p-1}\} \\ \sigma\{b_1, b_0\} & \sigma^2\{b_1\} & \cdots & \sigma\{b_1, b_{p-1}\} \\ \vdots & \vdots & & \vdots \\ \sigma\{b_{p-1}, b_0\} & \sigma\{b_{p-1}, b_1\} & \cdots & \sigma^2\{b_{p-1}\} \end{bmatrix} \tag{6.45}$$

여기서 $\boldsymbol{\sigma}^2\{\mathbf{b}\}$은 다음과 같이 주어진다.

$$\underset{p\times p}{\boldsymbol{\sigma}^2\{\mathbf{b}\}} = \sigma^2(\mathbf{X}'\mathbf{X})^{-1} \tag{6.46}$$

추정된 분산공분산행렬 $\mathbf{s}^2\{\mathbf{b}\}$은 다음과 같다.

$$\underset{p\times p}{\mathbf{s}^2\{\mathbf{b}\}} = \begin{bmatrix} s^2\{b_0\} & s\{b_0, b_1\} & \cdots & s\{b_0, b_{p-1}\} \\ s\{b_1, b_0\} & s^2\{b_1\} & \cdots & s\{b_1, b_{p-1}\} \\ \vdots & \vdots & & \vdots \\ s\{b_{p-1}, b_0\} & s\{b_{p-1}, b_1\} & \cdots & s^2\{b_{p-1}\} \end{bmatrix} \tag{6.47}$$

여기서 $\mathbf{s}^2\{\mathbf{b}\}$은 다음과 같이 주어진다.

$$\underset{p\times p}{\mathbf{s}^2\{\mathbf{b}\}} = MSE(\mathbf{X}'\mathbf{X})^{-1} \tag{6.48}$$

$\mathbf{s}^2\{\mathbf{b}\}$으로부터 $s^2\{b_0\}$, $s^2\{b_1\}$과 같이 필요한 변수의 분산과 공분산을 구할 수 있다.

β_k의 구간추정

정규오차회귀모형 (6.19)로부터 다음과 같은 식을 갖는다.

$$\frac{b_k - \beta_k}{s\{b_k\}} \sim t(n-p) \qquad k = 0, 1, \ldots, p-1 \tag{6.49}$$

따라서 $1-\alpha$의 신뢰계수에서 β_k의 신뢰한계는 다음과 같다.

$$b_k \pm t(1-\alpha/2; n-p)s\{b_k\} \tag{6.50}$$

β_k의 검정

β_k를 검정하는 것은 다음과 같이 보통의 방법으로 만들 수 있다.

$$\begin{aligned} H_0&: \beta_k = 0 \\ H_a&: \beta_k \neq 0 \end{aligned} \tag{6.51a}$$

검정통계량은 다음과 같다.

$$t^* = \frac{b_k}{s\{b_k\}} \tag{6.51b}$$

결정규칙은 다음과 같다.

$$\begin{aligned} &|t^*| \leq t(1-\alpha/2; n-p)\text{이면, } H_0\text{로 결론 내린다.} \\ &\text{그렇지 않으면 } H_a\text{로 결론 내린다.} \end{aligned} \tag{6.51c}$$

t 검정의 검정력은 2장에서 설명한 대로 구할 수 있다. 이때 자유도는 $n-p$로 수정된다.

단순선형회귀분석과 마찬가지로 다중회귀모형에서 $\beta_k = 0$인지를 검정하는 F 검정을 사용할 수 있다. 이 검정에 관한 부분은 7장에서 논의할 것이다.

결합추정

Bonferroni의 결합신뢰구간은 몇 개의 회귀계수들을 동시에 추정할 때 사용된다. 만약 g개의 모수들이 함께 추정된다면($g \leq p$일 때), $1-\alpha$의 모임신뢰계수(family confidence coefficient)에서 신뢰한계는 다음과 같다.

$$b_k \pm Bs\{b_k\} \tag{6.52}$$

여기서

$$B = t(1-\alpha/2g; n-p) \tag{6.52a}$$

7장에서 회귀모수들의 부분집합에 관하여 검정하는 것을 논의할 것이다.

6.7 ■ 평균반응의 추정과 새로운 관측값의 예측

$E\{Y_h\}$의 구간추정

주어진 값 $X_1, \ldots, X_{p-1}$, 구체적으로 $X_{h1}, \ldots, X_{h,p-1}$의 평균반응을 $E\{Y_h\}$라고 표기한다. 여기서 벡터 $\mathbf{X}_h$는 다음과 같이 정의된다.

$$\underset{p\times 1}{\mathbf{X}_h} = \begin{bmatrix} 1 \\ X_{h1} \\ \vdots \\ X_{h,p-1} \end{bmatrix} \tag{6.53}$$

평균반응은 다음과 같이 추정된다.

$$E\{Y_h\} = \mathbf{X}_h'\boldsymbol{\beta} \tag{6.54}$$

$\mathbf{X}_h$에 대하여 추정된 평균반응, 즉 $\hat{Y}_h$은 다음과 같다.

$$\hat{Y}_h = \mathbf{X}_h'\mathbf{b} \tag{6.55}$$

이 추정량은 비편향이다.

$$E\{\hat{Y}_h\} = \mathbf{X}_h'\boldsymbol{\beta} = E\{Y_h\} \tag{6.56}$$

그리고 분산은 다음과 같다.

$$\sigma^2\{\hat{Y}_h\} = \sigma^2\mathbf{X}_h'(\mathbf{X}'\mathbf{X})^{-1}\mathbf{X}_h \tag{6.57}$$

이 분산은 추정된 회귀계수의 분산공분산행렬의 함수로 표현할 수 있다.

$$\sigma^2\{\hat{Y}_h\} = \mathbf{X}_h'\boldsymbol{\sigma}^2\{\mathbf{b}\}\mathbf{X}_h \tag{6.57a}$$

(6.75a)로부터 단순선형회귀분석과 마찬가지로 분산 $\sigma^2\{\hat{Y}_h\}$은 회귀계수들의 분산인 $\sigma^2\{b_k\}$과 각 회귀계수 쌍들의 공분산 $\sigma\{b_k, b_{k'}\}$의 함수로 나타낼 수 있다. 추정된 분산 $s^2\{\hat{Y}_h\}$은 다음과 같이 나타난다.

$$s^2\{\hat{Y}_h\} = MSE(\mathbf{X}_h'(\mathbf{X}'\mathbf{X})^{-1}\mathbf{X}_h) = \mathbf{X}_h'\mathbf{s}^2\{\mathbf{b}\}\mathbf{X}_h \tag{6.58}$$

$E\{Y_h\}$의 $1-\alpha$ 신뢰한계는 다음과 같다.

$$\hat{Y}_h \pm t(1-\alpha/2; n-p)s\{\hat{Y}_h\} \tag{6.59}$$

회귀표면의 신뢰영역

전체 회귀표면에서 $1-\alpha$ 신뢰영역은 하나의 예측변수가 있는 회귀직선의 Working-Hotelling 신뢰띠 (2.40)의 확장이다. $\mathbf{X}_h$에서의 신뢰영역의 경계점은 다음과 같다.

$$\hat{Y}_h \pm Ws\{\hat{Y}_h\} \tag{6.60}$$

여기서

$$W^2 = pF(1-\alpha; p, n-p) \tag{6.60a}$$

신뢰계수 $1-\alpha$의 의미는 해당 영역이 X 변수들의 모든 가능한 조합들에 대한 전체 회귀표면을 포함하게 한다.

몇 개의 평균반응에 대한 동시신뢰구간

서로 다른 $\mathbf{X}_h$ 벡터들에 대한 몇 개의 평균반응 $E\{Y_h\}$들을 모임신뢰계수 $1-\alpha$로 추정하기 위해 두 개 접근방법을 사용할 수 있다.

1. 구하고 싶은 몇 개의 $\mathbf{X}_h$ 벡터들에 대하여 Working-Hotelling의 신뢰영역 한계 (6.60)을 사용한다.

$$\hat{Y}_h \pm Ws\{\hat{Y}_h\} \tag{6.61}$$

   여기서 $\hat{Y}_h$, W, $s\{\hat{Y}_h\}$은 각각 (6.55), (6.60a), (6.58)에 정의되어 있다. Working-Hotelling 신뢰영역이 모든 가능한 $\mathbf{X}_h$ 벡터들에 대한 신뢰계수 $1-\alpha$의 평균반응을 포함하므로, 선택된 경계값들은 관심 있는 $\mathbf{X}_h$ 벡터들에 대한 $1-\alpha$보다 큰 모임신뢰계수의 평균반응을 포함한다.
2. Bonferroni 동시신뢰구간을 사용한다. g개의 구간추정량을 만들기 위한 Bonferroni 신뢰한계는 다음과 같다.

$$\hat{Y}_h \pm Bs\{\hat{Y}_h\} \tag{6.62}$$

   여기서

$$B = t(1-\alpha/2g; n-p) \tag{6.62a}$$

   어떠한 특정한 응용상황에서도 W와 B의 배수를 비교함으로써 어떤 과정이 더 좁은 신뢰구간을 만드는지 확인할 수 있다. 만약 $\mathbf{X}_h$의 수준이 특정하게 구체화된 것이 아니라 분석 절차에 따라 결정될 경우, Working-Hotelling 한계 (6.61)이 가능한 모든 $\mathbf{X}_h$의 수준을 포함하기 때문에 Working-Hotelling을 쓰는 것이 더 낫다.

새로운 관측값 $Y_{h(\text{new})}$에 대한 예측

특정한 X 변수들의 값인 $\mathbf{X}_h$에 대한 새로운 관측값 $Y_{h(\text{new})}$의 $1-\alpha$ 예측한계는 다음과 같다.

$$\hat{Y}_h \pm t(1-\alpha/2; n-p)s\{\text{pred}\} \tag{6.63}$$

여기서

$$s^2\{\text{pred}\} = MSE + s^2\{\hat{Y}_h\} = MSE(1 + \mathbf{X}_h'(\mathbf{X}'\mathbf{X})^{-1}\mathbf{X}_h) \tag{6.63a}$$

$s^2\{\hat{Y}_h\}$은 (6.58)에 주어져 있다.

X_h에 대한 m개의 새로운 관측값들의 평균 예측

동일한 $\mathbf{X}_h$의 수준에 대한 m개의 새로운 관측값들이 선택되고, 그것들의 평균이 $\bar{Y}_{h(\text{new})}$로 예측되었을 때, $1-\alpha$ 예측한계는 다음과 같다.

$$\hat{Y}_h \pm t(1-\alpha/2; n-p)s\{\text{predmean}\} \tag{6.64}$$

여기서

$$s^2\{\text{predmean}\} = \frac{MSE}{m} + s^2\{\hat{Y}_h\} = MSE\left(\frac{1}{m} + \mathbf{X}'_h(\mathbf{X}'\mathbf{X})^{-1}\mathbf{X}_h\right) \tag{6.64a}$$

g개의 새로운 관측값들에 대한 예측

g개의 서로 다른 $\mathbf{X}_h$들의 g개의 새로운 관측값의 $1 - \alpha$ 모임신뢰계수의 Scheffé 동시예측한계는 다음과 같다.

$$\hat{Y}_h \pm Ss\{\text{pred}\} \tag{6.65}$$

여기서

$$S^2 = gF(1 - \alpha; g, n - p) \tag{6.65a}$$

$s^2\{\text{pred}\}$는 (6.63a)에 주어져 있다.

대안으로는 Bonferroni 동시예측한계 방법이 쓰일 수 있다. g개의 예측값의 $1 - \alpha$ 모임신뢰계수는 다음과 같다.

$$\hat{Y}_h \pm Bs\{\text{pred}\} \tag{6.66}$$

여기서

$$B = t(1 - \alpha/2g; n - p) \tag{6.66a}$$

특정 사용에 앞서 S와 B의 비교를 통해 어떤 방법이 더 좁은 예측구간을 만드는지 볼 수 있다.

숨겨진 외삽법에 대한 주의사항

다중회귀분석에서 반응 평균의 추정이나 새로운 관측값에 대한 예측을 할 때, 추정값이나 예측값이 모형의 범위 밖으로 떨어지지 않는지 특히 주의해야 할 필요가 있다. 당연

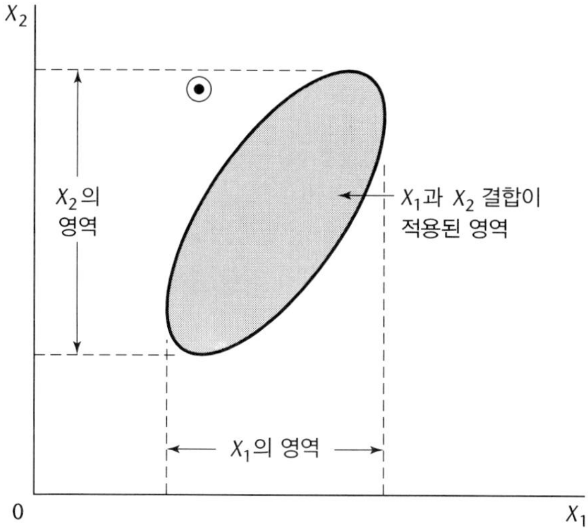

그림 6.3 X_1와 X_2에 대한 결합 관측 영역과 X_1와 X_2 각각에 대한 영역과의 비교

한 이야기지만, 예측값이 관측값의 범위 밖으로 확장되면 모형 자체가 적절하지 않을 위험성이 있다. 다중회귀분석에서 여러 X_1, …, X_{p-1}의 수준이 결합하여 영역을 정의하기 때문에 이 영역 밖으로 떨어지기 쉽다. 그러므로 각각의 예측변수의 범위를 하나씩 살펴서는 곤란하다. 그림 6.3을 생각해 보자. 어둡게 표시된 영역은 두 개의 예측변수를 사용한 다중회귀분석이 적용된 관측값의 영역이고, 동그라미 표시된 점은 만들어진 예측값인 (X_{h1}, X_{h2})의 값을 의미한다. 동그라미 표시된 점은 각각의 예측변수인 X_1, X_2의 범위 안에 들어가지만, 관측값의 결합 영역의 밖에 위치한다. 여기서는 외삽의 자리를 찾는 것이 예측변수가 두 개밖에 안 되기 때문에 쉽지만, 예측변수의 개수가 많아지면 더욱 힘들어진다. 10장에서는 두 개 이상의 예측변수에 대하여 숨겨진 외삽법을 찾는 절차에 대해 논의할 것이다.

6.8 ■ 진단과 해결방안

진단은 다중회귀모형의 개발 및 평가에 있어서 중요한 역할을 담당한다. 3장에서 논의했던 단순회귀분석의 거의 모든 진단 절차들은 다중회귀분석에도 직접적으로 적용된다. 진단 절차와 마찬가지로 단순회귀분석에서의 해결방안도 다중회귀분석으로 적용된다.

다중회귀분석에 특화된 진단들과 해결방안들도 많이 개발되었다. 몇 개 중요한 것들을 10장과 11장에서 다룰 것이다.

산점도행렬

각각의 예측변수들과 반응변수들에 대한 상자그림과 순차도, 줄기-잎 그림, 점그림은 각 변수들에 대한 유용한 사전적인 단변량 정보를 제공한다. 각 예측변수와 반응변수의 산점도는 예측변수 및 반응변수들 간의 이변량 관계의 특성 및 강도를 결정하고 자료 사이의 틈새(간격)뿐만 아니라 특이점을 찾는 데 도움을 줄 수 있다. 예측변수들끼리의 산점도는 예측변수들 간의 이변량 관계를 연구하는 것과, 틈새나 특이점들을 찾는 데 유용하다.

만약 그림 6.4처럼 산점도들이 **산점도행렬**(scatter plot matrix)로 구성되어 있다면 분석은 용이해질 것이다. 이 그림에서 한 산점도의 Y 변수 이름은 행에서 찾아볼 수 있고, X 변수 이름은 열에서 찾을 수 있다. 그러므로 그림 6.4에 있는 산점도행렬에서, 첫 번째 행은 Y(SALES)에 대한 X_1 (TARGETPOP), X_2 (DISPOINC)의 그림을 보여 주고, 두 번째 행에서 X_1에 대한 Y와 X_2의 그림을 보여 주며, 세 번째 행에서는 X_2에 대한 Y와 X_1의 그림을 보여 준다. 이 변수들은 250쪽에 구체적으로 제시되어 있다. 첫 번째 열을 보면, Y에 대한 X_1의 그림과 X_2의 그림을 비교해 볼 수 있고, 비슷한 방법으로 다른 두 열에 대해서도 볼 수 있다. 이것과 다음 장에 있는 예는 산점도행렬의 유용함을 설명할 것이다.

상관행렬은 산점도를 보완할 수 있다. 상관행렬은 r_{Y1}, r_{Y2}, …, $r_{Y,\,p-1}$과 같이 Y와 각각의 모든 예측변수들 간의 단순상관의 상관계수를 포함하며, X_1과 X_2의 상관관계인 r_{12}, X_1과 X_3 간의 상관관계인 r_{13} 등과 같이 예측변수들 간의 단순상관계수도 포함한다. 상관행렬의 모양은 다음과 같이 산점도행렬의 모양을 따른다.

(a) 산점도행렬

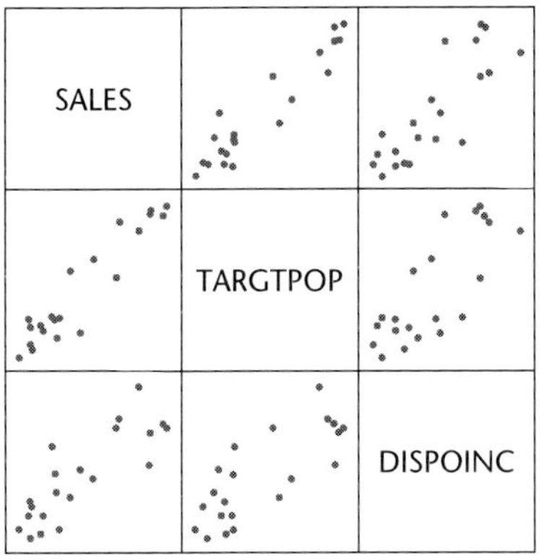

(b) 상관행렬

	SALES	TARGTPOP	DISPOINC
SALES	1.000	.945	.836
TARGTPOP		1.000	.781
DISPOINC			1.000

그림 6.4 SYGRAPH 산점도행렬과 상관행렬 – Dwaine Studios 예

$$\begin{bmatrix} 1 & r_{Y1} & r_{Y2} & \cdots & r_{Y,p-1} \\ r_{Y1} & 1 & r_{12} & \cdots & r_{1,p-1} \\ \vdots & \vdots & \vdots & & \vdots \\ r_{Y,p-1} & r_{1,p-1} & r_{2,p-1} & \cdots & 1 \end{bmatrix} \tag{6.67}$$

여기서 상관행렬은 대칭이고 하나의 변수와 그 자신의 상관계수는 1이기 때문에 주대각선은 1로 구성되어 있다. 많은 통계 패키지들은 상관행렬을 옵션으로 제공한다. 상관행렬이 대칭적이기 때문에 원소의 하부(또는 상부) 삼각부분은 결과물에서 생략되는 경우가 많다.

몇몇 대화형 통계 패키지의 경우 사용자가 산점도행렬을 솔질(brushing)할 수 있다. 산점도상의 한 점이 솔질되면, 행렬에 있는 각각의 산점도가 특별난 모습으로 바뀌게 된다. 솔질된 점에 상응하는 사례들이 식별된다. 솔질은 한 산점도에서 특이점인 것이 다른 산점도에서도 특이점인지 아닌지 살펴볼 때 유용하다. 솔질은 또한 여러 점들에 대해서도 적용될 수 있는데, 예를 들어 한 산점도에서 어떤 사례들의 집합이 전체 패턴과 맞지 않을 때, 다른 산점도에서도 그렇게 되는지 알아볼 수 있다.

3차원의 산점도

몇몇 대화형 통계 패키지들은 **3차원 산점도**(three-dimensional scatter plot)나 **점구름**(ponit cloud)들을 제공하며, 해당 도표들을 회전(spinning)시킴으로써 사용자가 점구름을 다른 시각에서 볼 수 있도록 한다. 이 기능은 특정 시각에서만 명백하게 보이는 패턴들을 찾는 데 유용하다. 뒤에 나오는 그림 6.6은 3차원 산점도와 회전하는 것을 묘사한다.

잔차그림

적합된 값들에 대한 잔차그림은 단순회귀분석에서처럼 특이점에 대한 정보를 제공하며, 다중회귀함수의 적절성을 측정하는 데 유용하고, 오차항이 상수분산성을 갖는지 측정하는 데 유용하다. 시간에 대한 잔차그림이나 그 외의 다른 순차에 대한 잔차그림은 다중회귀분석에서 오차항들의 있을지도 모르는 상관관계에 대한 진단적 정보(diagnostic information)도 제공한다. 잔차에 대한 상자그림과 정규확률그림은 오차항이 정규분포하는지를 검증하는 데 유용하다.

추가적으로, 각각의 예측변수들에 대한 잔차그림을 그려보아야 한다. 각 그림들은 해당 예측변수에 대해 회귀함수가 적절한지(예를 들면 해당 변수에 대해 잔차가 곡선의 형태로 나타나고 있지는 않은지)에 대한 정보와 예측변수에 관련한 오차분산의 크기에 대한 정보를 준다.

또한 모형에서 생략된 중요한 예측변수에 대해 잔차를 그릴 수 있는데, 그렇게 함으로써 모형에서 확인되지 않는 생략된 변수가 반응변수에 추가적으로 미치는 중요한 영향이 있는지 볼 수 있다. 또한 상호작용항에 대해서도 잔차를 그려, 회귀모형에 포함되지 않은 X_1X_2, X_1X_3, X_2X_3과 같은 잠재적인 상호작용들이 모형에 포함되어야 하는지를 살펴 보아야 한다.

적합된 값에 대한 잔차의 절댓값 혹은 제곱에 대한 그림은 오차항이 상수분산성을 갖는지 확인하는 데 유용하다. 그렇지 않은 부분이 발견된다면, 각각의 예측변수들에 대한 잔차의 절댓값 혹은 제곱에 대한 그림은 오차분산의 크기의 변동과 관련된 한 개 혹은 여러 개의 예측변수들을 찾을 수 있게 한다.

정규성에 대한 상관관계 검정

3장에서 다룬 정규성에 대한 상관관계 검정은 다중회귀에서도 그대로 적용된다. 정규분포 가정하에 순서대로 나열한 잔차들의 기댓값은 (3.6)처럼 계산되고, 잔차들과 기댓값의 상관계수가 얻어진다. 표 B.6은 상관계수의 크기가 합당하게 정규성 가정을 지지하는지 확인하는 데 사용된다.

오차의 상수분산성을 검정하는 Brown-Forsythe 검정

오차의 상수분산성을 확인하는 Brown-Forsythe 검정통계량 (3.9)는 하나의 예측변수에 따라 오차분산이 커지거나 작아질 경우에 다중회귀분석에서도 쓰일 수 있다. Brown-Forsythe 검정을 수행하기 위하여 단순선형회귀분석에서처럼 자료를 두 그룹으로 나누는데, 한 그룹은 예측변수가 상대적으로 낮은 수준에 있고, 다른 그룹은 상대적으로 높은 수준에 있도록 나눈다. 그 후 Brown-Forsythe 검정은 단순선형회귀분석과 같은 절차를 진행한다.

오차의 상수분산성을 검정하는 Breusch-Pagan 검정

오차의 상수분산성을 확인하는 Breusch-Pagan 검정통계량 (3.11)은 하나의 예측변수에 따라 오차의 분산이 커지거나 작아질 경우에 다중회귀분석에서도 그대로 적용된다. 제곱한 잔차들을 예측변수에 대해 단순회귀시키면 회귀제곱합(SSR^*)을 얻을 수 있는데, 완전 다중회귀모형에서의 오차제곱합(SSE)을 사용하여 이전과 같이 검정을 진행하면 된다.

오차분산이 하나 이상의 예측변수에 대한 함수로 나타날 경우에 제곱된 잔차항의 해당 예측변수들에 대한 다중회귀분석을 실시하고 회귀제곱합 SSR^*을 구한다. 검정통계량은 다시 완전다중회귀모형에 대해 SSE를 사용하지만, 여기에서는 자유도가 q인 카이제곱분포를 따르는데, q는 제곱된 잔차로 회귀된 예측변수의 개수를 말한다.

적합성결여에 대한 F 검정

3장에서 다룬 단순선형회귀에 대한 적합성결여 F 검정은 다중회귀 반응함수

$$E\{Y\} = \beta_0 + \beta_1 X_1 + \cdots + \beta_{p-1} X_{p-1}$$

가 적절한 반응표면인지에 대한 검정으로 확정된다. 다중회귀분석에서 반복관측은 각 X 변수들에서 반복시행으로 관측된 Y의 값들이다. 따라서 두 개의 예측변수들이 있는 경우 반복관측은 각각의 주어진 X_1, X_2의 수준에 대해 반복시행한 결과가 필요하다.

표 6.1의 분산분석표가 주어지면, SSE는 순수오차와 적합결여 성분들로 분해될 수 있다. 순수오차제곱합 $SSPE$는 먼저 반복(replicate) 그룹이 X 변수들 각각에 대해 동일한 값을 갖는 경우, 각 반복그룹에서 그룹 평균 근처의 Y 관측값들의 제곱편차의 합을 계산함으로써 얻어진다. 여기서 서로 구별되는 수준의 X 변수들로 이루어진 집단의 개수를 c라고 하고, j번째 집단의 Y 관측값들의 평균을 $\bar{Y}_j$라고 하자. 그러면 j번째 집단의 제곱합은 (3.17)에 주어져 있고, 순수오차제곱합은 이러한 제곱합의 합이며 (3.16)에 주어져 있다. 적합결여 제곱합 $SSLF$는 $SSE-SSPE$의 차이와 같으며 (3.24)에 나와 있다.

$SSPE$의 자유도의 개수는 $n - c$이고, $SSLF$의 자유도의 개수는 $(n - p) - (n - c) = c - p$가 된다. 그러므로 다음 가설을 검정하기 위해서,

$$\begin{aligned} H_0&: E\{Y\} = \beta_0 + \beta_1 X_1 + \cdots + \beta_{p-1} X_{p-1} \\ H_a&: E\{Y\} \neq \beta_0 + \beta_1 X_1 + \cdots + \beta_{p-1} X_{p-1} \end{aligned} \tag{6.68a}$$

적절한 검정통계량은 다음과 같다.

$$F^* = \frac{SSLF}{c-p} \div \frac{SSPE}{n-c} = \frac{MSLF}{MSPE} \tag{6.68b}$$

여기서 $SSLF$와 $SSPE$는 (3.24)와 (3.16)에 각각 주어져 있다. 또한 적절한 결정규칙은 다음과 같다.

$$\begin{aligned} &F^* \leq F(1-\alpha; c-p, n-c)\text{이면, } H_0\text{로 결론 내린다.} \\ &F^* > F(1-\alpha; c-p, n-c)\text{이면, } H_a\text{로 결론 내린다.} \end{aligned} \tag{6.68c}$$

부연설명

반복관측이 불가능할 경우, 비슷한 $\mathbf{X}_h$ 벡터값을 갖는 것들을 사용해 근사적 적합성결여 검정을 할 수 있다. 이 경우 유사 반복값들을 그룹화하고 적합성결여 검정을 이들 그룹에 대해 수행한다. ■

해결방안

3장에 나와 있는 해결방안은 역시 다중회귀에도 적용 가능하다. 곡선성(curvature) 효과나 상호작용 효과를 인지하기 위해 더욱 복잡한 모형이 필요할 때에도, 다중회귀모형은 이러

한 효과들을 포함하도록 확장 가능하다. 예를 들어 X_2^2라는 변수가 X_2의 곡선성 효과를 반영하기 위한 변수로 모형에 들어갈 수 있다. 또한 X_1X_3라는 변수 역시 X_1과 X_3의 상호작용효과를 반영하기 위해 모형에 추가될 수 있다. 대안으로, 반응변수와 예측변수들에 대한 변수변환을 실시할 수 있는데, 3장에서 다루었던 내용처럼 모형의 결합을 개선하기 위해 사용된다. 반응변수 Y에 대한 변수변환은 오차항의 분포가 기울어져 있거나, 오차항 분산이 상수분산이 아닐 때 유용하다. 몇몇 예측변수에 대한 변수변환은 해당 변수들의 효과가 곡선의 모양일 때 유용하다. 추가적으로 Y와 예측변수들에 대한 변수변환은 상호작용효과를 없애거나 줄이는 데 유용하다.

단순선형회귀분석처럼, 잠재적인 변수변환의 유용성은 변환된 자료에 대한 다중회귀모형이 적절한지 여부를 결정하기 위해 잔차그림과 다른 진단 도구에 의해 검토될 필요가 있다.

Box–Cox 변환 3장에서 다룬 단순선형회귀모형에서 Y 변수의 적절한 멱변환(power transformation)을 결정하는 Box-Cox 절차는 다중회귀모형에도 역시 적용될 수 있다. (3.36)에 나와 있는 표준화된 변수 W는 모수 λ의 서로 다른 값들에 대해 계속해서 얻어지는데, W를 X 변수들에 대해 다중회귀시켜 오차제곱합 SSE를 최소화시키는 λ값을 찾는 데 사용된다.

Box와 Tidwell(인용문헌 6.1)은 또한 다중회귀모형에서 각각의 예측변수에 대해 변수변환이 필요할 때 해당 변수에 대해 적절한 멱변환이 이루어졌는지 확인하는 반복 절차법을 개발하였다.

6.9 ■ 예 – 두 개의 예측변수가 있는 다중회귀

이 절에서는 두 개의 예측변수가 있는 다중회귀분석의 응용을 다룬다. 몇 가지 진단 절차들과 몇 가지 추론을 실시할 것이다. 행렬 형태의 계산을 할 것이고, 가독성을 높이기 위해 실제 계산보다 적은 자리의 소수점을 사용할 것이다.

설정

Dwaine Studios 주식회사는 중간 크기의 21개 도시에서 초상화 스튜디오를 운영한다. 이 스튜디오들은 어린이의 초상화에 특화되어 있다. 회사는 중간 크기의 다른 도시로의 확장을 고려하고 있고, 해당 도시에서의 매출(Y)을 16세 이하 인구의 수(X_1)와 가처분 개인 소득(X_2)으로 예측할 수 있는지 조사하기를 원한다. Dwaine Studios가 운영되고 있는 21개 도시들에 대한 이 변수들의 최신 연도의 자료는 그림 6.5b에 나타나 있다. 매출은 1000달러 단위로 표시되었고 Y 또는 SALES라고 표기된다. 16세 이하 인구의 수는 인구 1000명당 숫자이고, X_1 또는 TARGTPOP라고 표기된다. 인당 가처분 소득은 1000달러 단위로 나타나고 X_2 또는 DISPOINC라고 표기된다.

일차회귀모형은 다음과 같다.

(a) 다중회귀 결과물

```
DEP VAR: SALES N: 21 MULTIPLE R: 0.957 SQUARED MULTIPLE R:
                                                    0.917
ADJUSTED SQUARED MULTIPLE R: .907 STANDARD ERROR OF ESTIMATE:
                                                 11.0074
```

VARIABLE	COEFFICIENT	STD ERROR	STD COEF	TOLERANCE	T	P(2 TAIL)
CONSTANT	-68.8571	60.0170	0.0000	.	-1.1473	0.2663
TARGTPOP	1.4546	0.2118	0.7484	0.3896	6.8682	0.0000
DISPOINC	9.3655	4.0640	0.2511	0.3896	2.3045	0.0333

ANALYSIS OF VARIANCE

SOURCE	SUM-OF-SQUARES	DF	MEAN-SQUARE	F-RATIO	P
REGRESSION	24015.2821	2	12007.6411	99.1035	0.0000
RESIDUAL	2180.9274	18	121.1626		

INVERSE (X'X)

	1	2	3
1	29.7289		
2	0.0722	0.00037	
3	-1.9926	-0.0056	0.1363

(b) 기본 자료

CASE	X1	X2	Y	FITTED	RESIDUAL
1	68.5	16.7	174.4	187.184	-12.7841
2	45.2	16.8	164.4	154.229	10.1706
3	91.3	18.2	244.2	234.396	9.8037
4	47.8	16.3	154.6	153.329	1.2715
5	46.9	17.3	181.6	161.385	20.2151
6	66.1	18.2	207.5	197.741	9.7586
7	49.5	15.9	152.8	152.055	0.7449
8	52.0	17.2	163.2	167.867	-4.6666
9	48.9	16.6	145.4	157.738	-12.3382
10	38.4	16.0	137.2	136.846	0.3540
11	87.9	18.3	241.9	230.387	11.5126
12	72.8	17.1	191.1	197.185	-6.0849
13	88.4	17.4	232.0	222.686	9.3143
14	42.9	15.8	145.3	141.518	3.7816
15	52.5	17.8	161.1	174.213	-13.1132
16	85.7	18.4	209.7	228.124	-18.4239
17	41.3	16.5	146.4	145.747	0.6530
18	51.7	16.3	144.0	159.001	-15.0013
19	89.6	18.1	232.6	230.987	1.6130
20	82.7	19.1	224.1	230.316	-6.2160
21	52.3	16.0	166.5	157.064	9.4356

그림 6.5 SYSTAT 다중회귀 결과물과 기본 자료 – Dwaine Studios 예

$$Y_i = \beta_0 + \beta_1 X_{i1} + \beta_2 X_{i2} + \varepsilon_i \tag{6.69}$$

그림 6.4a의 SYGRAPH 산점도행렬로 보아 정규오차항 가정이 적절할 것으로 보인다. 또한 대상 인구(X_1)와 매출(Y), 가처분 소득(X_2)과 매출(Y) 사이에 선형 관계가 있음을 알 수 있다. 또한 후자의 관계, 즉 가처분 소득(X_2)과 매출(Y)이 더 흩어져 있음을 알 수 있다. 마지막으로 두 개의 예측변수들 간에도 선형상관관계가 있음을 알 수 있다. 결과물 6.4b의 상관관계행렬은 산점도행렬로 시각적으로 살펴본 관계가 존재함을 확실하게 한다.

(a) 회전 전 (b) 회전 후

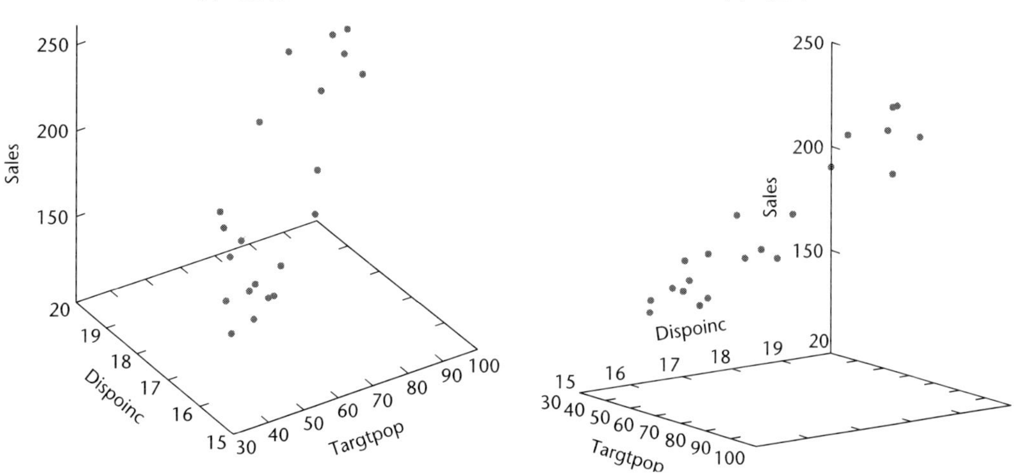

그림 6.6 회전 전과 후의 점구름에 대한 SYSGRAPH 그림 – Dwaine Studios 예

점구름에 대한 SYGRAPH 그림은 그림 6.6a에 나타나 있다. 축을 회전시킴으로써 그림 6.6b를 볼 수 있는데, 이는 반응평면이 적당히 회귀함수에 부합한다고 잠재적인 결론을 내릴 수 있게 한다.

기초적인 계산들

Dwaine Studios 예에 대한 **X**와 **Y** 행렬은 다음과 같다.

$$\mathbf{X} = \begin{bmatrix} 1 & 68.5 & 16.7 \\ 1 & 45.2 & 16.8 \\ \vdots & \vdots & \vdots \\ 1 & 52.3 & 16.0 \end{bmatrix} \qquad \mathbf{Y} = \begin{bmatrix} 174.4 \\ 164.4 \\ \vdots \\ 166.5 \end{bmatrix} \tag{6.70}$$

필요한 계산은 다음과 같은데,

1.

$$\mathbf{X}'\mathbf{X} = \begin{bmatrix} 1 & 1 & \cdots & 1 \\ 68.5 & 45.2 & \cdots & 52.3 \\ 16.7 & 16.8 & \cdots & 16.0 \end{bmatrix} \begin{bmatrix} 1 & 68.5 & 16.7 \\ 1 & 45.2 & 16.8 \\ \vdots & \vdots & \vdots \\ 1 & 52.3 & 16.0 \end{bmatrix}$$

을 계산하면

$$\mathbf{X}'\mathbf{X} = \begin{bmatrix} 21.0 & 1,302.4 & 360.0 \\ 1,302.4 & 87,707.9 & 22,609.2 \\ 360.0 & 22,609.2 & 6,190.3 \end{bmatrix} \tag{6.71}$$

2.

$$\mathbf{X}'\mathbf{Y} = \begin{bmatrix} 1 & 1 & \cdots & 1 \\ 68.5 & 45.2 & \cdots & 52.3 \\ 16.7 & 16.8 & \cdots & 16.0 \end{bmatrix} \begin{bmatrix} 174.4 \\ 164.4 \\ \vdots \\ 166.5 \end{bmatrix}$$

을 계산하면

$$\mathbf{X}'\mathbf{Y} = \begin{bmatrix} 3,820 \\ 249,643 \\ 66,073 \end{bmatrix} \tag{6.72}$$

3.

$$(\mathbf{X}'\mathbf{X})^{-1} = \begin{bmatrix} 21.0 & 1,302.4 & 360.0 \\ 1,302.4 & 87,707.9 & 22,609.2 \\ 360.0 & 22,609.2 & 6,190.3 \end{bmatrix}^{-1}$$

(5.23)을 활용하여

$$(\mathbf{X}'\mathbf{X})^{-1} = \begin{bmatrix} 29.7289 & .0722 & -1.9926 \\ .0722 & .00037 & -.0056 \\ -1.9926 & -.0056 & .1363 \end{bmatrix} \tag{6.73}$$

대수적 동치. 두 개의 예측변수를 활용한 일차회귀모형 (6.69)의 $\mathbf{X}'\mathbf{X}$는 다음과 같다.

$$\mathbf{X}'\mathbf{X} = \begin{bmatrix} 1 & 1 & \cdots & 1 \\ X_{11} & X_{21} & \cdots & X_{n1} \\ X_{12} & X_{22} & \cdots & X_{n2} \end{bmatrix} \begin{bmatrix} 1 & X_{11} & X_{12} \\ 1 & X_{21} & X_{22} \\ \vdots & \vdots & \vdots \\ 1 & X_{n1} & X_{n2} \end{bmatrix}$$

또는

$$\mathbf{X}'\mathbf{X} = \begin{bmatrix} n & \sum X_{i1} & \sum X_{i2} \\ \sum X_{i1} & \sum X_{i1}^2 & \sum X_{i1}X_{i2} \\ \sum X_{i2} & \sum X_{i2}X_{i1} & \sum X_{i2}^2 \end{bmatrix} \tag{6.74}$$

Dwaine Studios 예에서

$$n = 21$$

$$\sum X_{i1} = 68.5 + 45.2 + \cdots = 1{,}302.4$$

$$\sum X_{i1}X_{i2} = 68.5(16.7) + 45.2(16.8) + \cdots = 22{,}609.2$$

등등

위 성분들은 (6.71)에서 찾을 수 있다.

또한 2개의 예측변수를 활용한 일차회귀모형 (6.69)의 $\mathbf{X}'\mathbf{Y}$는 다음과 같다.

$$\mathbf{X}'\mathbf{Y} = \begin{bmatrix} 1 & 1 & \cdots & 1 \\ X_{11} & X_{21} & \cdots & X_{n1} \\ X_{12} & X_{22} & \cdots & X_{n2} \end{bmatrix} \begin{bmatrix} Y_1 \\ Y_2 \\ \vdots \\ Y_n \end{bmatrix} = \begin{bmatrix} \sum Y_i \\ \sum X_{i1}Y_i \\ \sum X_{i2}Y_i \end{bmatrix} \tag{6.75}$$

Dwaine Studios 예에서 다음을 알 수 있다.

$$\sum Y_i = 174.4 + 164.4 + \cdots = 3{,}820$$

$$\sum X_{i1}Y_i = 68.5(174.4) + 45.2(164.4) + \cdots = 249{,}643$$

$$\sum X_{i2}Y_i = 16.7(174.4) + 16.8(164.4) + \cdots = 66{,}073$$

위 성분들은 (6.72)에서 찾을 수 있다.

추정된 회귀함수

최소제곱추정량 $\mathbf{b}$는 (6.25)로 얻어지고, (6.72)와 (6.73)에 나와 있는 기본 계산을 하면 다음과 같고,

$$\mathbf{b} = (\mathbf{X}'\mathbf{X})^{-1}\mathbf{X}'\mathbf{Y} = \begin{bmatrix} 29.7289 & .0722 & -1.9926 \\ .0722 & .00037 & -.0056 \\ -1.9926 & -.0056 & .1363 \end{bmatrix} \begin{bmatrix} 3{,}820 \\ 249{,}643 \\ 66{,}073 \end{bmatrix}$$

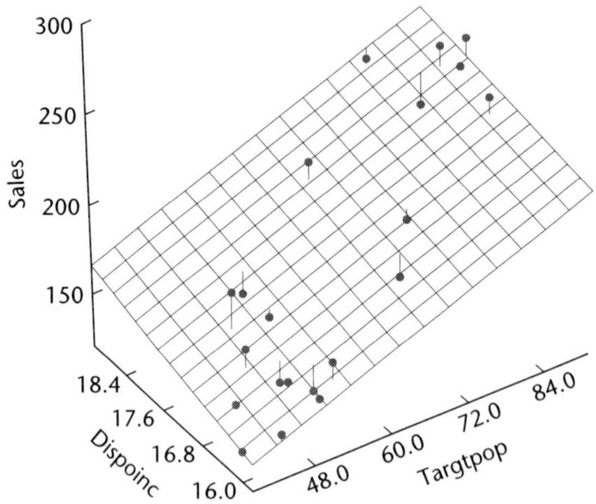

그림 6.7 추정한 회귀분석 평면의 S-Plus 그림 – Dwaine Studios 예

이를 계산하면,

$$\mathbf{b} = \begin{bmatrix} b_0 \\ b_1 \\ b_2 \end{bmatrix} = \begin{bmatrix} -68.857 \\ 1.455 \\ 9.366 \end{bmatrix} \tag{6.76}$$

이고, 추정된 회귀함수는 다음과 같다.

$$\hat{Y} = -68.857 + 1.455X_1 + 9.366X_2$$

추정된 회귀함수에 대한 겹쳐진 반응들의 3차원 그림은 그림 6.7에 나타나 있다. 작은 수직선들로 표현된 잔차는 실제값과 추정된 회귀표면을 이어주고 있다.

추정된 회귀함수는 가처분 소득이 상수로 고정되어 있을 때, 16세 이하 인구의 수가 1단위 늘어나면 평균 매출이 1.455(천 달러)만큼 증가할 것을 보여 준다. 또한 16세 이하 인구의 수가 상수로 고정되어 있을 때 가처분 소득이 1단위 증가하면 평균 매출이 9.366(천 달러)만큼 증가할 것을 보여 준다.

그림 6.5a는 Dwaine Studios 예에 대한 SYSTAT의 다중회귀분석 결과물이다. COEFFICIENT라고 이름 붙은 열에서 추정된 회귀계수를 찾아볼 수 있다. 결과물은 본문에서 주어진 것보다 하나의 소수점을 더 썼음을 알 수 있다.

SYSTAT 결과물은 이전에 계산한 바 있는 **X′X**의 역행렬도 표시하는데, 대칭행렬이기 때문에 하부 삼각부분만 보여 준다. 그 결과는 (6.73)과 같다.

정규방정식의 대수적 표현. 예측변수가 두 개인 경우 정규방정식의 대수적 표현은 (6.74)와 (6.75)에 의해 쉽게 구할 수 있다.

$$(\mathbf{X}'\mathbf{X})\mathbf{b} = \mathbf{X}'\mathbf{Y}$$

$$\begin{bmatrix} n & \sum X_{i1} & \sum X_{i2} \\ \sum X_{i1} & \sum X_{i1}^2 & \sum X_{i1}X_{i2} \\ \sum X_{i2} & \sum X_{i2}X_{i1} & \sum X_{i2}^2 \end{bmatrix} \begin{bmatrix} b_0 \\ b_1 \\ b_2 \end{bmatrix} = \begin{bmatrix} \sum Y_i \\ \sum X_{i1}Y_i \\ \sum X_{i2}Y_i \end{bmatrix}$$

에서 정규방정식을 얻어낼 수 있다.

$$
\begin{aligned}
\sum Y_i &= nb_0 + b_1 \sum X_{i1} + b_2 \sum X_{i2} \\
\sum X_{i1} Y_i &= b_0 \sum X_{i1} + b_1 \sum X_{i1}^2 + b_2 \sum X_{i1} X_{i2} \\
\sum X_{i2} Y_i &= b_0 \sum X_{i2} + b_1 \sum X_{i1} X_{i2} + b_2 \sum X_{i2}^2
\end{aligned} \tag{6.77}
$$

적합값과 잔차

현재 자료의 회귀모형 (6.69)의 적절성을 알아보기 위하여 적합값 $\hat{Y}_i$와 잔차 $e_i = Y_i - \hat{Y}_i$가 필요하다. (6.28)로 다음을 얻는다.

$$\hat{\mathbf{Y}} = \mathbf{X}\mathbf{b}$$

$$
\begin{bmatrix} \hat{Y}_1 \\ \hat{Y}_2 \\ \vdots \\ \hat{Y}_{21} \end{bmatrix}
=
\begin{bmatrix} 1 & 68.5 & 16.7 \\ 1 & 45.2 & 16.8 \\ \vdots & \vdots & \vdots \\ 1 & 52.3 & 16.0 \end{bmatrix}
\begin{bmatrix} -68.857 \\ 1.455 \\ 9.366 \end{bmatrix}
=
\begin{bmatrix} 187.2 \\ 154.2 \\ \vdots \\ 157.1 \end{bmatrix}
$$

나아가 (6.29)에서 다음을 찾을 수 있다.

$$\mathbf{e} = \mathbf{Y} - \hat{\mathbf{Y}}$$

$$
\begin{bmatrix} e_1 \\ e_2 \\ \vdots \\ e_{21} \end{bmatrix}
=
\begin{bmatrix} 174.4 \\ 164.4 \\ \vdots \\ 166.5 \end{bmatrix}
-
\begin{bmatrix} 187.2 \\ 154.2 \\ \vdots \\ 157.1 \end{bmatrix}
=
\begin{bmatrix} -12.8 \\ 10.2 \\ \vdots \\ 9.4 \end{bmatrix}
$$

그림 6.5b는 적합값과 잔차를 더 많은 소수점 아래 자리까지 표현한 컴퓨터 출력 결과이다.

모형의 적절성 분석

Dwaine Studios 회귀모형 (6.69)의 적절성 분석은 그림 6.8a의 적합값 $\hat{Y}$에 대응되는 잔차 e의 그림에서 시작한다. 이 그림에서는 반응평면으로부터의 체계적 편차가 보이지 않고, $\hat{Y}$의 수준에 따라 오차항의 분산이 달라지지도 않는다. 그림 6.8b와 6.8c의 잔차 e와 X_1, X_2의 그림은 반응함수의 적합도와 오차항의 상수분산성 결론과 완벽히 일치한다.

다중회귀에서는 상호작용(interaction)이 존재할 가능성이 높다. Dwaine Studios 예에서 상호작용을 검사하기 위해, 그림 6.8d에서 잔차 e에 대응하여 상호작용항 X_1X_2의 그림을 그렸다. 이 그림에서 체계적인 패턴이 나타나면 상호작용이 존재할 수 있다는 것을 말해주고, 다음과 같은 모양의 반응함수

$$E\{Y\} = \beta_0 + \beta_1 X_1 + \beta_2 X_2 + \beta_3 X_1 X_2$$

가 더 적절할 수 있다. 그림 6.8d는 아무런 체계적인 패턴을 보이지 않는다. 따라서 모형의 $\beta_3 X_1 X_2$ 항에 의한 상호작용은 없는 것으로 보인다.

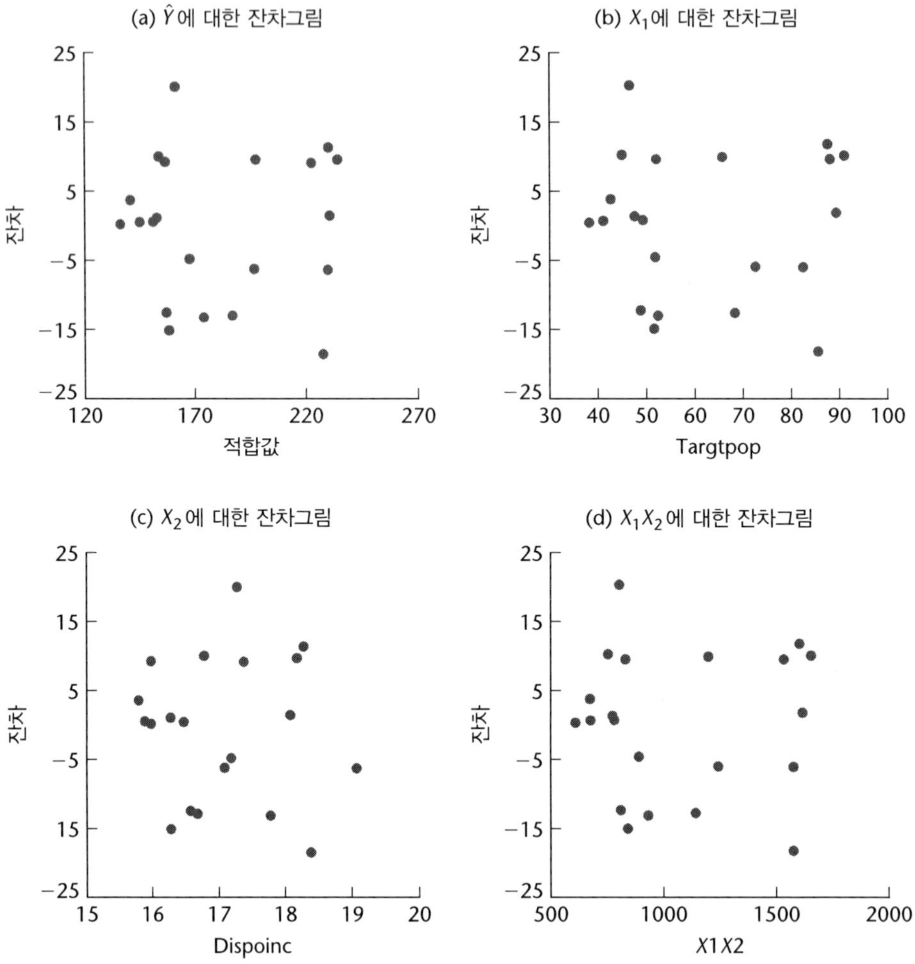

그림 6.8 SYGRAPH 진단 그림 – Dwaine Studios 예

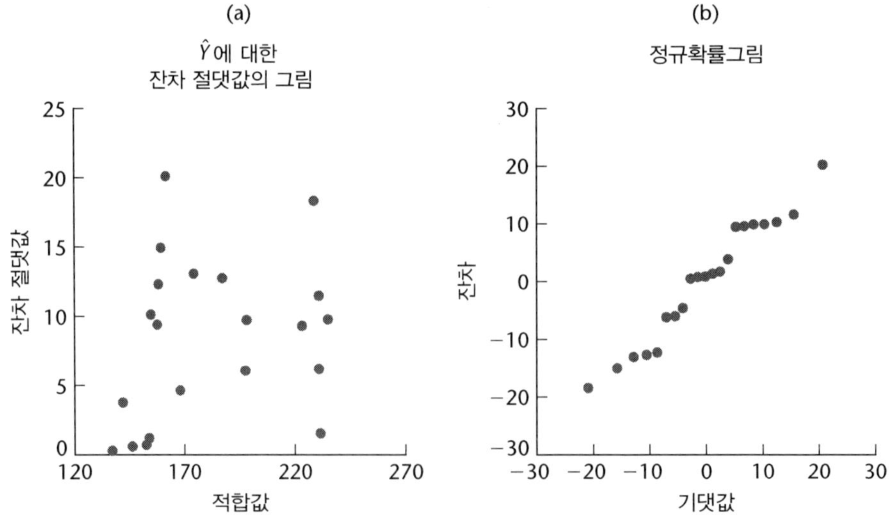

그림 6.9 추가 진단 그림 – Dwaine Studios 예

그림 6.9는 두 개의 추가적인 진단 그림이다. 그림 6.9a는 적합값에 대응하는 잔차 절댓값의 그림이다. 오차항의 상수분산성에 어긋나지 않는다. 그림 6.9b는 잔차의 정규확률그림이다. 패턴은 적당히 선형이다. 순서잔차와 정규분포 가정하에서 잔차의 기댓값 사이의 상관계수는 .980이다. 이 높은 값(표 B.6에서 $n = 21$, $\alpha = .05$에 해당하는 보간된 임곗값은 .9525)은 오차항이 정규분포를 따른다는 결론의 합리성을 뒷받침해 준다.

여기서 Dwaine Studios 자료는 횡단면 자료이고 시계열을 포함하지 않기 때문에, 시계열그림은 적절하지 않다. 따라서 모든 진단이 Dwaine Studios 예에서 회귀모형 (6.69)의 사용을 뒷받침한다.

분산분석

판매량이 대상 인구와 1인당 가처분소득에 연관이 있는지를 검정하려면 분산분석표가 필요하다. 기본적으로 필요한 숫자들은 다음과 같다.

$$\mathbf{Y}'\mathbf{Y} = [174.4 \quad 164.4 \quad \cdots \quad 166.5] \begin{bmatrix} 174.4 \\ 164.4 \\ \vdots \\ 166.5 \end{bmatrix}$$

$$= 721{,}072.40$$

$$\left(\frac{1}{n}\right)\mathbf{Y}'\mathbf{J}\mathbf{Y} = \frac{1}{21}[174.4 \quad 164.4 \quad \cdots \quad 166.5] \begin{bmatrix} 1 & 1 & \cdots & 1 \\ 1 & 1 & \cdots & 1 \\ \vdots & \vdots & & \vdots \\ 1 & 1 & \cdots & 1 \end{bmatrix} \begin{bmatrix} 174.4 \\ 164.4 \\ \vdots \\ 166.5 \end{bmatrix}$$

$$= \frac{(3{,}820.0)^2}{21} = 694{,}876.19$$

따라서

$$SSTO = \mathbf{Y}'\mathbf{Y} - \left(\frac{1}{n}\right)\mathbf{Y}'\mathbf{J}\mathbf{Y} = 721{,}072.40 - 694{,}876.19 = 26{,}196.21$$

그리고 (6.72)와 (6.76)의 결과로부터

$$SSE = \mathbf{Y}'\mathbf{Y} - \mathbf{b}'\mathbf{X}'\mathbf{Y}$$

$$= 721{,}072.40 - [-68.857 \quad 1.455 \quad 9.366] \begin{bmatrix} 3{,}820 \\ 249{,}643 \\ 66{,}073 \end{bmatrix}$$

$$= 721{,}072.40 - 718{,}891.47 = 2{,}180.93$$

마지막으로 뺄셈을 통해 다음을 얻는다.

$$SSR = SSTO - SSE = 26{,}196.21 - 2{,}180.93 = 24{,}015.28$$

이 제곱합들은 결과물 6.5a의 SYSTAT 분산분석표에 나와 있다. 분산분석표에는 자유도와 평균제곱도 나와 있다. 세 개의 회귀계수들을 추정해야 한다는 것에 유의한다. 그러므로 자유도 21 − 3 = 18이 *SSE*에 해당한다. 또한 *SSR*에 해당하는 자유도는 2(모형에 있는 X 변수의 개수)이다.

회귀관계 검정. 판매량이 대상 인구와 1인당 가처분소득에 연관이 있는지를 검정하기 위해

$$H_0: \beta_1 = 0 \text{ 및 } \beta_2 = 0$$
$$H_a: \beta_1\text{과 } \beta_2 \text{ 모두 0이 아님}$$

(6.39b)의 검정통계량을 이용한다.

$$F^* = \frac{MSR}{MSE} = \frac{12{,}007.64}{121.1626} = 99.1$$

이 검정통계량은 SYSTAT 결과물에서 F-RATIO로 이름 붙여져 있다. $\alpha = .05$에 대해서 $F(.95; 2, 18) = 3.55$이다. $F^* = 99.1 > 3.55$이므로 판매량이 대상 인구와 1인당 가처분소득에 연관이 있는 H_a로 결론 내린다. SYSTAT 결과물의 P라고 이름 붙여져 있는 값과 같이, 이 검정의 P값은 .0000이다.

회귀식이 판매량 예측이나 평균 판매량을 추정하는 데에 유용한지를 보이는 일이 아직 남아 있다.

다중결정계수. 예에서 (6.40)에 의해 다음을 얻는다.

$$R^2 = \frac{SSR}{SSTO} = \frac{24{,}015.28}{26{,}196.21} = .917$$

그러므로 대상 인구와 1인당 가처분소득의 두 예측변수가 있을 때 판매량의 변동은 91.7%만큼 줄어든다. 다중결정계수는 SYSTAT 결과물에 SQUARED MULTIPLE R이라는 이름으로 나와 있다. 결과물에는 다중상관계수 $R = .957$와 ADJUSTED SQUARED MULTIPLE R이라는 이름으로 (6.42)의 수정 다중결정계수 $R_a^2 = .907$도 나와 있다. 여기서는 모형에 있는 예측변수의 개수로 수정하는 것은 R^2에 작은 영향만을 미치고 있는 것을 확인할 수 있다.

회귀계수의 추정

Dwaine Studios는 계수 β_0에는 관심이 없는데, 그 이유는 모형의 범위에서 크게 벗어나 있기 때문이다. 대신 모임신뢰계수 .90에서 β_1과 β_2를 동시 추정하기를 원한다. (6.52)의 Bonferroni 동시신뢰한계를 이용할 것이다.

먼저, 추정된 분산공분산행렬 $\mathbf{s}^2\{\mathbf{b}\}$가 필요하다.

$$\mathbf{s}^2\{\mathbf{b}\} = MSE(\mathbf{X}'\mathbf{X})^{-1}$$

*MSE*는 그림 6.5a에 주어져 있고, $(\mathbf{X}'\mathbf{X})^{-1}$은 (6.73)에서 구했다. 따라서

$$\mathbf{s}^2\{\mathbf{b}\} = 121.1626 \begin{bmatrix} 29.7289 & .0722 & -1.9926 \\ .0722 & .00037 & -.0056 \\ -1.9926 & -.0056 & .1363 \end{bmatrix}$$

$$= \begin{bmatrix} 3{,}602.0 & 8.748 & -241.43 \\ 8.748 & .0448 & -.679 \\ -241.43 & -.679 & 16.514 \end{bmatrix} \tag{6.78}$$

여기서 필요한 두 개의 추정된 분산은 다음과 같다.

$$s^2\{b_1\} = .0448 \quad \text{혹은} \quad s\{b_1\} = .212$$
$$s^2\{b_2\} = 16.514 \quad \text{혹은} \quad s\{b_2\} = 4.06$$

이 추정된 표준편차는 그림 6.5a의 SYSTAT 결과물에서 STD ERROR라는 이름이 붙여져 있고, 소수점 아래 4자리까지 나와 있다.

다음으로 $g = 2$ 동시추정이 필요하다.

$$B = t[1 - .10/2(2); 18] = t(.975; 18) = 2.101$$

그러므로 두 개의 동시신뢰구간은 1.455 ± 2.101(.212)와 9.366 ± 2.101(4.06)이고, 다음과 같은 신뢰구간을 얻는다.

$$1.01 \leq \beta_1 \leq 1.90$$
$$.84 \leq \beta_2 \leq 17.9$$

모임신뢰계수 .90에서, β_1은 1.01과 1.90 사이에 있고, β_2는 .84와 17.9 사이에 있다고 결론 내린다.

동시신뢰구간은 β_1과 β_2가 둘 다 양수라는 것을 뒷받침하고, 이는 다른 변수들이 고정되어 있을 때 판매량이 대상인구와 1인당 가처분소득이 높아질수록 증가한다는 이론적인 기대와 일치하는 결과라는 것을 알 수 있다.

평균반응추정

Dwaine Studios는 16세 이하 대상인구 $X_{h1} = 65.4$천 명과 1인당 가처분소득 $X_{h2} = 17.6$천 달러인 도시에서 기대(평균) 판매량을 95% 신뢰구간으로 추정하려고 한다. 다음을 정의한다.

$$\mathbf{X}_h = \begin{bmatrix} 1 \\ 65.4 \\ 17.6 \end{bmatrix}$$

평균 판매량의 점추정량은 (6.55)에 의해 다음과 같다.

$$\hat{Y}_h = \mathbf{X}_h'\mathbf{b} = [1 \quad 65.4 \quad 17.6] \begin{bmatrix} -68.857 \\ 1.455 \\ 9.366 \end{bmatrix} = 191.10$$

(6.58)에 의한 추정된 분산은 (6.78)의 결과를 이용하면 다음과 같다.

$$\begin{aligned} s^2\{\hat{Y}_h\} &= \mathbf{X}'_h \mathbf{s}^2\{\mathbf{b}\}\mathbf{X}_h \\ &= [1 \quad 65.4 \quad 17.6] \begin{bmatrix} 3{,}602.0 & 8.748 & -241.43 \\ 8.748 & .0448 & -.679 \\ -241.43 & -.679 & 16.514 \end{bmatrix} \begin{bmatrix} 1 \\ 65.4 \\ 17.6 \end{bmatrix} \\ &= 7.656 \end{aligned}$$

또는

$$s\{\hat{Y}_h\} = 2.77$$

신뢰계수 .95에서 $t(.975; 18) = 2.101$이 필요하고, (6.59)에 의해서 신뢰구간은 $191.10 \pm 2.101(2.77)$이다. 그러므로 $E\{Y_h\}$에 대한 신뢰구간은 다음과 같다.

$$185.3 \le E\{Y_h\} \le 196.9$$

따라서 신뢰계수 .95에서 16세 이하 대상인구가 65.4천 명이고 1인당 가처분소득이 17.6천 달러인 도시의 평균 판매량은 185.3과 196.9천 달러 사이에 있다는 것을 추정할 수 있다. Dwaine Studios는 이 신뢰구간이 이 정도 규모와 소득 수준의 지역 사회에서의 기대(평균) 판매량에 대해 계획 목적상으로 충분한 정보를 주고 있다고 판단한다.

추정된 분산 $s^2\{\hat{Y}_h\}$의 대수적 표현. (6.58)에 의해

$$s^2\{\hat{Y}_h\} = \mathbf{X}'_h \mathbf{s}^2\{\mathbf{b}\}\mathbf{X}_h$$

일차모형에서 두 개의 예측변수가 있는 경우에 다음과 같다.

$$\begin{aligned} s^2\{\hat{Y}_h\} = s^2\{b_0\} + X_{h1}^2 s^2\{b_1\} + X_{h2}^2 s^2\{b_2\} + 2X_{h1}s\{b_0, b_1\} \\ + 2X_{h2}s\{b_0, b_2\} + 2X_{h1}X_{h2}s\{b_1, b_2\} \end{aligned} \tag{6.79}$$

새 관측값에 대한 예측 한계

확장 프로그램을 위해 Dwaine Studios는 다음과 같은 특징을 갖는 두 개의 새로운 도시에서의 판매량을 예측하려고 한다.

	도시 A	도시 B
X_{h1}	65.4	53.1
X_{h2}	17.6	17.7

모임신뢰계수 90%의 예측구간을 만드는 것이 목표이다. 두 개의 새로운 도시의 특성이 회귀분석을 실시할 때 사용한 21개 도시의 패턴 안에 있다는 것을 알 수 있다.

여기서 어떤 동시예측구간이 가장 좋은지 결정하기 위해, $g = 2$와 $1 - \alpha = .90$에서 (6.65a)에 나온 대로 S를 구하고, (6.66a)에 나온 대로 B를 구한다.

$$S^2 = 2F(.90; 2, 18) = 2(2.62) = 5.24 \qquad S = 2.29$$

그리고

$$B = t[1 - .10/2(2); 18] = t(.975; 18) = 2.101$$

따라서 Bonferroni 한계가 더욱 효과적이다.

도시 A에 대해서, 평균 판매량을 추정할 때 얻은 결과를 사용할 수 있는데 예측변수들의 값이 동일하기 때문이다. 이전에 얻은 값은 다음과 같다.

$$\hat{Y}_h = 191.10 \qquad s^2\{\hat{Y}_h\} = 7.656 \qquad MSE = 121.1626$$

따라서 (6.63a)에 의해

$$s^2\{\text{pred}\} = MSE + s^2\{\hat{Y}_h\} = 121.1626 + 7.656 = 128.82$$

또는

$$s\{\text{pred}\} = 11.35$$

이와 같이 도시 B에 대해서도 다음을 얻는다(계산 생략).

$$\hat{Y}_h = 174.15 \qquad s\{\text{pred}\} = 11.93$$

앞서 Bonferroni 계수가 $B = 2.101$이라는 것을 알아냈다. 따라서 (6.66)에 의해 모임신뢰계수 .90에서 Bonferroni 동시예측구간은 $191.10 \pm 2.101(11.35)$와 $174.15 \pm 2.101(11.93)$이며, 다음과 같은 동시예측구간을 얻을 수 있다.

$$\text{도시 A: } 167.3 \leq Y_{h(\text{new})} \leq 214.9$$
$$\text{도시 B: } 149.1 \leq Y_{h(\text{new})} \leq 199.2$$

모임신뢰계수 .90에서, 두 도시에서의 판매량은 나와 있는 한계 사이에 위치할 것이라고 예측할 수 있다. Dwaine Studios는 이 예측한계가 계획 목적상으로 유용하다고 생각하지만, 특정 도시에 대한 판매량의 예측에 있어서 더욱 좁은 구간을 선호한다. 더 좁은 예측구간을 만들기 위한 추가적인, 또는 대체 예측변수를 찾아내기 위해 컨설팅회사가 개입하였다.

우연히 $R^2 = .917$이라는 높은 다중결정계수가 나오기는 했지만, 예측한계가 충분히 만족스럽지는 못하다는 것에 주목하라. 이는 높은 R^2값이 정확한 예측이 이루어졌다는 것을 의미하지 않는다는 한 예가 된다.

인용문헌

6.1. Box, G. E. P., and P. W. Tidwell. "Transformations of the Independent Variables," *Technometrics* 4 (1962), pp. 531-50.

문제

6.1. 각 회귀모형에서 **X** 행렬과 **β** 벡터를 만들어라($i = 1, \ldots, 4$라고 가정).

a. $Y_i = \beta_0 + \beta_1 X_{i1} + \beta_2 X_{i1} X_{i2} + \varepsilon_i$

b. $\log Y_i = \beta_0 + \beta_1 X_{i1} + \beta_2 X_{i2} + \varepsilon_i$

6.2. 각 회귀모형에서 **X** 행렬과 **β** 벡터를 만들어라($i = 1, \ldots, 5$라고 가정).

a. $Y_i = \beta_1 X_{i1} + \beta_2 X_{i2} + \beta_3 X_{i1}^2 + \varepsilon_i$

b. $\sqrt{Y_i} = \beta_0 + \beta_1 X_{i1} + \beta_2 \log_{10} X_{i2} + \varepsilon_i$

6.3. 어떤 학생은 다음과 같이 말했다. "회귀모형에 예측변수를 추가하면 R^2값이 절대로 줄어 들지 않기 때문에, 가능한 모든 예측변수를 모형에 포함시켜야 한다." 이에 대한 의견을 써라.

6.4. 단순상관계수 r_{12}에는 부호를 붙이지만 다중상관계수 R에 부호를 붙이는 일이 무의미한 이유는 무엇인가?

6.5. **브랜드 선호도(Brand preference).** 제품의 브랜드 선호도(Y)와 수분 함량(X_1), 당도(X_2)의 관계를 연구한 작은 실험연구에서 완전확률설계에 의해 다음과 같은 결과를 얻었다(코딩된 자료).

i:	1	2	3	...	14	15	16
X_{i1}:	4	4	4	...	10	10	10
X_{i2}:	2	4	2	...	4	2	4
Y_i:	64	73	61	...	95	94	100

a. 산점도행렬과 상관행렬을 구하여라. 이 진단 방법들이 어떤 정보를 주고 있는가?

b. 자료에 회귀모형 (6.1)을 적합하여라. 추정된 회귀식을 적어라. 여기서 b_1은 어떻게 해석되는가?

c. 잔차를 구하고 잔차의 상자그림을 그려라. 이 그림은 어떤 정보를 주고 있는가?

d. 잔차를 $\hat{Y}$, X_1, X_2, X_1X_2에 각각 대응하여 그려라. 또한 정규확률그림을 그려라. 그림을 해석하고 요약하여라.

e. $\log \sigma_i^2 = \gamma_0 + \gamma_1 X_{i1} + \gamma_2 X_{i2}$ 가정하에 오차항의 상수분산성을 검정하기 위한 Breusch-Pagan 검정을 실시하여라. $\alpha = .01$을 사용하여라. 가설들, 결정규칙, 결론을 서술하여라.

f. 일차회귀식의 적합성결여 검정을 실시하여라. $\alpha = .01$을 사용하여라. 가설들, 결정규칙, 결론을 서술하여라.

6.6. 문제 6.5의 **브랜드 선호도(Brand preference)** 문제를 참조하여라. 독립인 정규오차항 가정의 회귀모형 (6.1)이 적절하다고 가정한다.

a. $\alpha = .01$하에서 회귀관계가 있는지 검정하여라. 가설들, 결정규칙, 결론을 서술하여라. 검정이 β_1과 β_2에 대해 어떤 것을 말해주는가?

b. (a)의 검정에서 P값은 얼마인가?

c. 99% 모임신뢰계수를 이용하여 Bonferroni 절차를 통해 β_1과 β_2를 동시에 추정하

고 결과를 해석하여라.

6.7. 문제 6.5의 **브랜드 선호도(Brand preference)** 문제를 참조하여라.

a. 다중결정계수 R^2을 계산하고 해석하여라.

b. Y_i와 $\hat{Y}_i$ 사이의 다중결정계수 R^2을 계산하여라. (a)의 다중결정계수와 같은 값인가?

6.8. 문제 6.5의 **브랜드 선호도(Brand preference)** 문제를 참조하여라. 독립인 정규오차항 가정의 회귀모형 (6.1)이 적절하다고 가정한다.

a. $X_{h1} = 5$, $X_{h2} = 4$일 때 $E\{Y_h\}$의 구간을 추정하여라. 신뢰계수 99%를 이용하여라. 추정한 구간을 해석하여라.

b. $X_{h1} = 5$, $X_{h2} = 4$일 때 $Y_{h(\text{new})}$의 예측구간을 구하여라. 신뢰계수 99%를 이용하여라.

*6.9. **식료품 소매상(Grocery retailer)**. 전국규모의 대형 식료품 소매상은 시설의 생산성과 비용을 면밀히 추적한다. 아래의 자료는 일 년 동안 한 물류센터에서 얻은 자료이다. 각 변수들로 이루어진 자료점은 한 주의 활동을 의미한다. 변수들은 반입량(X_1), 총 노동시간의 간접비용 비율 %(X_2), 주에 공휴일이 포함되어 있으면 1, 아니면 0으로 코딩된 정성변수 공휴일(X_3), 총 노동시간(Y)이다.

i:	1	2	3	...	50	51	52
X_{i1}:	305,657	328,476	317,164	...	290,455	411,750	292,087
X_{i2}:	7.17	6.20	4.61	...	7.99	7.83	7.77
X_{i3}:	0	0	0	...	0	0	0
Y_i:	4264	4496	4317	...	4499	4186	4342

a. 반입량 X_{i1}과 총 노동시간의 간접비용 비율 X_{i2}에 대한 줄기-잎 그림을 각각 그려라. 특이점이 있는가? 자료에 떨어진 간격이 있는가?

b. 사례는 주 순서대로 주어져 있다. 각 예측변수의 시간그림을 그려라. 그림들이 어떤 점을 말해주는가?

c. 산점도행렬과 상관행렬을 구하여라. 이 진단 방법들이 어떤 정보를 주고 있는가?

*6.10. 문제 6.9의 **식료품 소매상(Grocery retailer)** 문제를 참조하여라.

a. 세 예측변수에 대해 회귀모형 (6.5)를 적합하여라. 추정된 회귀식을 구하여라. b_1, b_2, b_3가 어떻게 해석되는가?

b. 잔차를 구하고 잔차의 상자그림을 그려라. 이 그림이 어떤 정보를 주고 있는가?

c. 잔차를 $\hat{Y}$, X_1, X_2, X_3, X_1X_2에 대응하여 각각 그려라. 정규확률그림을 그려라. 그림들을 해석하고 결과를 요약하여라.

d. 잔차의 시간그림을 그려라. 오차항이 상관되어 보이는가? 논의하여라.

e. 작은 $\hat{Y}_i$값 순서대로 26개의 사례를 그룹 1에, 나머지 26개를 그룹 2에 놓음으로써 52개의 사례를 둘로 나누어라. $\alpha = .01$하에서 오차항의 상수분산성을 검정하기 위한 Brown-Forsythe 검정을 실시하여라. 결정규칙과 결론을 제시하여라.

*6.11. 문제 6.9의 **식료품 소매상(Grocery retailer)** 문제를 참조하여라. 독립인 정규오차항

가정의 세 예측변수 회귀모형 (6.5)가 적절하다고 가정한다.

a. $\alpha = .05$하에서 회귀관계가 있는지 검정하여라. 가설들, 결정규칙, 결론을 서술하여라. 검정 결과가 β_1, β_2, β_3에 대해서 어떤 것을 말하는가? 검정의 P값은 얼마인가?

b. 95% 동시신뢰계수를 이용하여 β_1과 β_3를 동시에 추정하여라. 결과를 해석하여라.

c. 다중결정계수 R^2을 계산하여라. 이 값을 해석하여라.

*6.12. 문제 6.9의 **식료품 소매상(Grocery retailer)** 문제를 참조하여라. 독립인 정규오차항 가정의 세 예측변수 회귀모형 (6.5)가 적절하다고 가정한다.

a. 경영진은 다음의 다섯 주의 반입에 대해서 총 노동시간의 구간을 추정하려고 한다.

	1	2	3	4	5
X_1:	302,000	245,000	280,000	350,000	295,000
X_2:	7.20	7.40	6.90	7.00	6.70
X_3:	0	0	0	0	1

95% 모임신뢰계수를 이용하여 추정하여라. Working-Hotelling과 Bonferroni 절차 중 더 효율적인 방법을 사용하여라.

b. 회귀모형 적합에 사용된 문제 6.9의 자료에 대해, 반입량 400,000과 간접비용 비율 % 7.20, 공휴일이 없는 주가 모형의 범위 안에 들어온다고 할 수 있는가? 반입량 400,000과 간접 % 9.9, 공휴일이 없는 주는 어떤가? 적절한 그림을 그려서 결론을 뒷받침하여라.

*6.13. 문제 6.9의 **식료품 소매상(Grocery retailer)** 문제를 참조하여라. 독립인 정규오차항 가정의 세 예측변수 회귀모형 (6.5)가 적절하다고 가정한다. 다음 달에는 다음과 같은 반입에 대한 처리를 하여야 한다.

	1	2	3	4
X_1:	230,000	250,000	280,000	340,000
X_2:	7.50	7.30	7.10	6.90
X_3:	0	0	0	0

경영진은 처리시간을 예측하여 실제 처리시간이 예측시간과 많이 빗나가는 것이 있는지 알고 싶어한다. 95% 모임신뢰계수와 가장 효율적인 접근방법을 사용하여 필요한 예측을 실시하여라.

*6.14. 문제 6.9의 **식료품 소매상(Grocery retailer)** 문제를 참조하여라. 독립인 정규오차항 가정의 세 예측변수 회귀모형 (6.5)가 적절하다고 가정한다. $X_{h1} = 282{,}000$, $X_{h2} = 7.10$, $X_{h3} = 0$인 새 반입이 이루어질 예정이다.

a. 이 반입의 평균 처리시간의 95% 예측구간을 구하여라.

b. (a)의 예측구간을 총 노동시간의 95% 예측구간으로 변경하여라.

*6.15. **환자 만족도(Patient satisfaction)**. 어떤 병원의 행정 담당자는 환자 만족도(Y)와 환자의 나이(X_1, 년), 질병의 심각성(X_2, 지수), 불안도(X_3, 지수) 와의 관계를 알아보려고

한다. 그는 무작위로 46명의 환자를 선택하여 아래와 같은 자료를 얻었는데, Y, X_2, X_3의 값이 클수록 만족도, 질병의 심각성, 불안도가 높은 것이다.

i:	1	2	3	...	44	45	46
X_{i1}:	50	36	40	...	45	37	28
X_{i2}:	51	46	48	...	51	53	46
X_{i3}:	2.3	2.3	2.2	...	2.2	2.1	1.8
Y_i:	48	57	66	...	68	59	92

a. 각각의 예측변수에 대한 줄기-잎 그림을 그려라. 이 그림에서 보이는 특징이 있는가?

b. 산점도행렬과 상관행렬을 구하여라. 해석을 하고, 주된 발견을 제시하여라.

c. 세 예측변수에 대해 회귀모형 (6.5)를 적합하고 추정된 회귀식을 구하여라. b_2가 어떻게 해석되는가?

d. 잔차를 구하고 잔차의 상자그림을 그려라. 특이점이 있는가?

e. 잔차를 $\hat{Y}$와 각각의 예측변수, 각각의 이요인 상호작용에 대응하여 그려라. 정규확률그림을 그려라. 그림을 해석하고 요약하여라.

f. 적합성결여에 대한 검정을 시행할 수 있는가?

g. $\log \sigma_i^2 = \gamma_0 + \gamma_1 X_{i1} + \gamma_2 X_{i2} + \gamma_3 X_{i3}$ 가정하에 오차항의 상수분산성을 검정하기 위한 Breusch-Pagan 검정을 $\alpha = .01$을 이용하여 실시하여라. 가설들, 결정규칙, 결론을 서술하여라.

*6.16. 문제 6.15의 **환자 만족도(Patient satisfaction)** 문제를 참조하여라. 독립인 정규오차항 가정의 세 예측변수 회귀모형 (6.5)가 적절하다고 가정한다.

a. 회귀관계가 있는지 $\alpha = .01$을 이용하여 검정하여라. 가설들, 결정규칙, 결론을 서술하여라. 검정이 $\beta_1, \beta_2, \beta_3$에 대하여 무엇을 말하는가? 검정의 P값은 얼마인가?

b. 90% 모인신뢰계수를 이용하여 $\beta_1, \beta_2, \beta_3$의 결합구간추정을 실시하여라. 결과를 해석하여라.

c. 다중결정계수를 계산하여라. 무엇을 의미하는가?

*6.17. 문제 6.15의 **환자 만족도(Patient satisfaction)** 문제를 참조하여라. 독립인 정규오차항 가정의 세 예측변수 회귀모형 (6.5)가 적절하다고 가정한다.

a. $X_{h1} = 35$, $X_{h2} = 45$, $X_{h3} = 2.2$일 때 만족도 평균의 구간을 추정하여라. 예측구간을 해석하여라.

b. 새로운 환자가 $X_{h1} = 35$, $X_{h2} = 45$, $X_{h3} = 2.2$일 때 환자 만족도의 예측구간을 추정하여라. 90% 신뢰계수를 이용하여라. 예측구간을 해석하여라.

6.18. **상업용 부동산(Commercial properties).** 한 상업용 중개업 회사는 고객들의 임대 결정을 위한 양적 정보를 주기 위해서 대도시권 상업용 부지의 공실률, 평방 부지, 임대료, 운영비를 수집한다. 아래의 자료는 다섯 개의 지역에서 가장 최신, 좋은 위치의 가장 매력적인 81개의 교외 상업용 부지에서 얻은 자료이다. 여기에는 연수(X_1), 운영비용과 세금(X_2), 공실률(X_3), 총 평방 부지(X_4)와 임대료(Y)가 나와 있다.

i:	1	2	3	...	79	80	81
X_{i1}:	1	14	16	...	15	11	14
X_{i2}:	5.02	8.19	3.00	...	11.97	11.27	12.68
X_{i3}:	0.14	0.27	0	...	0.14	0.03	0.03
X_{i4}:	123,000	104,079	39,998	...	254,700	434,746	201,930
Y_i:	13.50	12.00	10.50	...	15.00	15.25	14.50

a. 각각의 예측변수에 대해 줄기-잎 그림을 그려라. 이 그림에서 어떤 정보를 말해주고 있는가?

b. 산점도행렬과 상관행렬을 구하여라. 이를 해석하고 주된 발견을 제시하여라.

c. 네 개의 예측변수에 대한 회귀모형 (6.5)를 적합하여라. 추정된 회귀식을 제시하여라.

d. 잔차를 구하고 잔차의 상자그림을 그려라. 분포가 대략적으로 대칭으로 보이는가?

e. 잔차를 $\hat{Y}$와 각각의 예측변수와 이요인 상호작용에 대응하여 그려라. 정규확률그림을 그려라. 그림을 분석하고 특징을 요약하여라.

f. 적합성결여 검정을 실시할 수 있는가?

g. 작은 $\hat{Y}_i$값 순서대로 40개의 사례를 그룹 1에, 나머지 사례를 그룹 2에 놓음으로써 81개의 사례를 둘로 나누어라. $\alpha = .05$하에서 오차항의 상수분산성을 검정하기 위한 Brown-Forsythe 검정을 실시하여라. 결정규칙, 결론을 서술하여라.

6.19. 문제 6.18의 **상업용 부동산(Commercial properties)** 문제를 참조하여라. 독립인 정규오차항 가정의 네 예측변수 회귀모형 (6.5)가 적절하다고 가정한다.

a. 회귀관계가 있는지 $\alpha = .05$를 이용하여 검정하여라. 가설들, 결정규칙, 결론을 서술하여라. 검정이 β_1, β_2, β_3, β_4에 대하여 무엇을 말하는가? 검정의 P값은 얼마인가?

b. 95% 모임신뢰계수와 Bonferroni 절차를 이용하여 β_1, β_2, β_3, β_4의 결합구간추정을 실시하여라. 결과를 해석하여라.

c. 다중결정계수 R^2을 계산하여라. 무엇을 의미하는가?

6.20. 문제 6.18의 **상업용 부동산(Commercial properties)** 문제를 참조하여라. 독립인 정규오차항 가정의 네 예측변수 회귀모형 (6.5)가 적절하다고 가정한다. 연구자는 다음과 같은 네 용지에 대한 평균 임대료의 동시신뢰구간을 구하려고 한다.

	1	2	3	4
X_1:	5.0	6.0	14.0	12.0
X_2:	8.25	8.50	11.50	10.25
X_3:	0	0.23	0.11	0
X_4:	250,000	270,000	300,000	310,000

95% 모임신뢰계수를 이용하여 추정하여라. 가장 효율적인 방법을 사용하여라.

6.21. 문제 6.18의 **상업용 부동산(Commercial properties)** 문제를 참조하여라. 독립인 정규오차항 가정의 네 예측변수 회귀모형 (6.5)가 적절하다고 가정한다. 다음과 같은 특징을 갖는 세 용지에 대해 임대료에 대한 아무런 정보가 없다.

	1	2	3
X_1:	4.0	6.0	12.0
X_2:	10.0	11.5	12.5
X_3:	0.10	0	0.32
X_4:	80,000	120,000	340,000

95% 개별신뢰계수를 이용하여 용지들에 대한 임대료를 각각 추정하여라. 이 용지들의 임대료가 적당히 정확히 추정되는가? 세 예측에 대한 모임신뢰수준은 무엇인가?

연습문제

6.22. 다음의 회귀모형들에 대해, 일반선형회귀모형인지를 말하여라. 그렇지 않다면 적당한 변형으로 (6.7)의 형태로 표현될 수 있는지 제시하여라.

a. $Y_i = \beta_0 + \beta_1 X_{i1} + \beta_2 \log_{10} X_{i2} + \beta_3 X_{i1}^2 + \varepsilon_i$

b. $Y_i = \varepsilon_i \exp(\beta_0 + \beta_1 X_{i1} + \beta_2 X_{i2}^2)$

c. $Y_i = \log_{10}(\beta_1 X_{i1}) + \beta_2 X_{i2} + \varepsilon_i$

d. $Y_i = \beta_0 \exp(\beta_1 X_{i1}) + \varepsilon_i$

e. $Y_i = [1 + \exp(\beta_0 + \beta_1 X_{i1} + \varepsilon_i)]^{-1}$

6.23. (미적분 필요) 다음과 같은 다중회귀모형이 있다.

$$Y_i = \beta_1 X_{i1} + \beta_2 X_{i2} + \varepsilon_i \qquad i = 1, \ldots, n$$

ε_i들은 무상관하고, $E\{\varepsilon_i\} = 0$이고 $\sigma^2\{\varepsilon_i\} = \sigma^2$이다.

a. 최소제곱 기준을 말하고 β_1과 β_2의 최소제곱추정량을 유도하여라.

b. ε_i가 정규독립확률변수라고 가정하고, 가능도함수를 말하고 β_1과 β_2의 최대가능도추정량을 구하여라. 이들이 최소제곱추정량과 동일한가?

6.24. (미적분 필요) 다음과 같은 다중회귀모형이 있다.

$$Y_i = \beta_0 + \beta_1 X_{i1} + \beta_2 X_{i1}^2 + \beta_3 X_{i2} + \varepsilon_i \qquad i = 1, \ldots, n$$

ε_i는 독립이고 $N(0, \sigma^2)$을 따른다.

a. 최소제곱 기준을 말하고 최소제곱정규방정식을 유도하여라.

b. 가능도함수를 말하고 최대가능도추정량이 최소제곱추정량과 같게 되는 이유를 설명하여라.

6.25. 한 분석가는 $\beta_2 = 4$임이 알려져 있을 때, 최소제곱법을 사용하여 $Y_i = \beta_0 + \beta_1 X_{i1} + \beta_2 X_{i2} + \beta_3 X_{i3} + \varepsilon_i$, $i = 1, \ldots, n$인 회귀모형을 적합하려고 한다. 이 분석가가 다중회귀 컴퓨터 프로그램을 사용하여 어떻게 원하는 모형을 얻을 수 있는가?

6.26. (6.1)의 회귀모형에 대해, Y_i과 $\hat{Y}_i$ 사이의 단순결정계수가 다중결정계수 R^2와 동일한지를 보여라.

6.27. 작은 회귀분석 연구에서 다음과 같은 자료가 얻어졌다.

i:	1	2	3	4	5	6
X_{i1}:	7	4	16	3	21	8
X_{i2}:	33	41	7	49	5	31
Y_i:	42	33	75	28	91	55

독립인 정규오차항 가정이 적절할 때 회귀모형 (6.1)이 적절하다고 가정한다. 행렬을 이용하여, (a) **b**; (b) **e**; (c) **H**; (d) *SSR*; (e) $\mathbf{s}^2\{\mathbf{b}\}$; (f) $\hat{Y}_h(X_{h1} = 10, X_{h2} = 30$일 때) (g) $s^2\{\hat{Y}_h\}(X_{h1} = 10, X_{h2} = 30$일 때)를 구하여라.

프로젝트

6.28. 부록 C.2의 **CDI** 데이터셋을 참조하여라. **CDI**에서 활동하는 의사수(Y)를 예측하기 위한 두 대안 모형을 평가해야 한다. 모형 I에는 예측변수로 총 인구(X_1), 땅 면적(X_2), 총 개인 소득(X_3)이 포함되어 있다. 모형 II에는 예측변수로 인구밀도(X_1, 총 인구 나누기 땅 면적), 65세 이상 인구의 % 비율(X_2), 총 개인 소득(X_3)이 포함되어 있다.

a. 각 예측변수에 대한 줄기-잎 그림을 그려라. 이 그림들에서 얻을 수 있는 중요한 정보는 무엇인가?
b. 각 모형에 대해 산점도행렬과 상관행렬을 구하여라. 정보를 요약하여라.
c. 각 모형에 대해 (6.5)의 세 예측변수에 대한 일차회귀모형을 적합하여라.
d. 각 모형에 대해 R^2을 계산하여라. 이 기준으로 확실히 나은 모형이 있는가?
e. 각 모형에 대해 잔차를 구하고 $\hat{Y}$와 세 예측변수, 이차 상호작용항에 대응하여 그려라. 두 모형에 대한 정규확률그림을 그려라. 그림을 해석하고 결과를 제시하여라. 적합도의 측면에서 확실히 나은 모형이 있는가?

6.29. 부록 C.2의 **CDI** 데이터셋을 참조하여라.

a. 각 지역에 대해, CDI의 강력범죄 수(Y)를 인구밀도(X_1, 총 인구 나누기 땅 면적), 1인당 소득(X_2), 고졸 비율(%)(X_3)에 대해 회귀분석하여라. 세 예측변수에 대한 (6.5)의 일차회귀모형을 사용하여라. 추정된 회귀식을 제시하여라.
b. 네 지역에 대한 추정된 회귀식이 비슷한가? 논의하여라.
c. 각 지역에 대한 *MSE*와 R^2을 계산하여라. 네 지역에 대한 값이 비슷한가? 논의하여라.
d. 적합된 각 모형에 대한 잔차를 구하고 상자그림을 그려라. 그림을 해석하고 결과를 제시하여라.

6.30. 부록 C.1의 **SENIC** 데이터셋을 참조하여라. 환자가 병원에 머무르는 입원 기간(Y)을 예측하기 위해 두 개의 모형이 제시되어 있다. 모형 I은 예측변수로 나이(X_1), 감염 위험(X_2)과 이용 가능한 시설 및 서비스(X_3)를 이용한다. 모형 II는 예측변수로 침대수(X_1), 감염 위험(X_2)과 이용 가능한 시설 및 서비스(X_3)를 이용한다.

a. 각 예측변수에 대해 줄기-잎 그림을 그려라. 이 그림들에서 어떤 정보를 얻을 수 있는가?

b. 각 모형에 대해 산점도행렬과 상관행렬을 구하여라. 해석을 하고 결과를 제시하여라.

c. 각 모형에 대해 세 예측변수에 대한 일차회귀모형 (6.5)를 적합시켜라.

d. 각 모형에서 R^2을 계산하여라. 이 기준으로 확실히 나은 모형이 있는가?

e. 각 모형에 대해 잔차를 구하고 $\hat{Y}$와 세 예측변수, 이차 상호작용항에 대응하여 그려라. 두 모형에 대한 정규확률그림을 그려라. 그림을 해석하고 결과를 제시하여라. 적합도의 측면에서 확실히 나은 모형이 있는가?

6.31. 부록 C.1의 **SENIC** 데이터셋을 참조하여라.

a. 각 지역에 대해, 감염 위험(Y)을 예측변수인 나이(X_1), 정기 배양 비율(X_2), 평균 일일 환자수(X_3), 이용 가능한 시설 및 서비스(X_4)에 대해 회귀분석하여라. 세 예측변수에 대한 (6.5)의 일차회귀모형을 사용하여라. 추정된 회귀식을 제시하여라.

b. 네 지역에 대해 추정된 회귀식이 비슷한지 논하여라.

c. 각 지역에 대해 MSE와 R^2을 계산하여라. 네 지역에 대한 값이 비슷한지 논하여라.

d. 적합된 모형들에 대한 잔차를 구하고 잔차의 상자그림을 그려서 해석하고 결과를 제시하여라.

7장 | 다중회귀 II

이 장에서는 다중회귀 고유의 특별한 주제를 다룬다. 회귀계수에 대한 다양한 검정을 실시하는 데 유용한 추가제곱합, 다중회귀모형의 표준화된 형태, 예측변수가 서로 강하게 상관되어 있는 상태를 말하는 **다중공선성**(multicollinearity) 등에 대한 것이다.

7.1 ■ 추가제곱합

기본 발상

추가제곱합(extra sum of squares)은 다른 예측변수들이 모형에 이미 들어 있다는 상황에서 한 개 혹은 몇 개의 예측변수가 회귀모형에 추가될 때 오차제곱합의 한계(marginal; 주변, 추가적) 감소를 측정한다. 이와 같이 추가제곱합은 한 개 혹은 몇 개의 예측변수가 회귀모형에 추가될 때 회귀제곱합의 한계 증가를 측정한다고 생각해도 된다.

먼저 예를 통해 이 발상을 설명하고, 추가제곱합의 정의를 제시한 뒤 회귀계수에 대한 검정에서의 추가제곱합의 다양한 활용에 대해 논의할 것이다.

예 표 7.1은 25~34세의 건강한 여성 20명을 표본으로 하는 체지방량(Y)과 몇 개의 가능한 예측변수들 사이의 관계에 대한 연구에서 얻은 자료의 일부이다. 가능한 예측변수는 삼두근 피하지방 두께(X_1), 허벅지 둘레(X_2), 팔 둘레(X_3)이다. 20명에 대한 표 7.1의 체지방량은 수중잠수를 요하는 까다롭고 값비싼 과정을 통해 얻어졌다. 예측변수를 계측하는 것은

개체 i	삼두근 피하지방 두께 X_{i1}	허벅지 둘레 X_{i2}	팔 둘레 X_{i3}	체지방 Y_i
1	19.5	43.1	29.1	11.9
2	24.7	49.8	28.2	22.8
3	30.7	51.9	37.0	18.7
···	···	···	···	···
18	30.2	58.6	24.6	25.4
19	22.7	48.2	27.1	14.8
20	25.2	51.0	27.5	21.1

표 7.1 기본 자료 – 체지방 예

(a) X_1에서 Y의 회귀

$$\hat{Y} = -1.496 + .8572X_1$$

변동요인	SS	df	MS
회귀	352.27	1	352.27
오차	143.12	18	7.95
합계	495.39	19	

변수	추정된 회귀계수	추정된 표준편차	t^*
X_1	$b_1 = .8572$	$s\{b_1\} = .1288$	6.66

(b) X_2에서 Y의 회귀

$$\hat{Y} = -23.634 + .8565X_2$$

변동요인	SS	df	MS
회귀	381.97	1	381.97
오차	113.42	18	6.30
합계	495.39	19	

변수	추정된 회귀계수	추정된 표준편차	t^*
X_2	$b_2 = .8565$	$s\{b_2\} = .1100$	7.79

(c) X_1과 X_2에서 Y의 회귀

$$\hat{Y} = -19.174 + .2224X_1 + .6594X_2$$

변동요인	SS	df	MS
회귀	385.44	2	192.72
오차	109.95	17	6.47
합계	495.39	19	

변수	추정된 회귀계수	추정된 표준편차	t^*
X_1	$b_1 = .2224$	$s\{b_1\} = .3034$	.73
X_2	$b_2 = .6594$	$s\{b_2\} = .2912$	2.26

(d) X_1, X_2, X_3에서 Y의 회귀

$$\hat{Y} = 117.08 + 4.334X_1 - 2.857X_2 - 2.186X_3$$

변동요인	SS	df	MS
회귀	396.98	3	132.33
오차	98.41	16	6.15
합계	495.39	19	

변수	추정된 회귀계수	추정된 표준편차	t^*
X_1	$b_1 = 4.334$	$s\{b_1\} = 3.016$	1.44
X_2	$b_2 = -2.857$	$s\{b_2\} = 2.582$	-1.11
X_3	$b_3 = -2.186$	$s\{b_3\} = 1.596$	-1.37

표 7.2 다양한 적합한 모형에 대한 회귀 결과 – 체지방 예

어렵지 않으므로, 이 예측변수들의 일부 혹은 전부를 이용해 만든 회귀모형으로 체지방량의 추정값을 잘 얻어낼 수 있다면 굉장히 유용할 것이다.

표 7.2는 체지방량(Y)을 (1) 삼두근 피하지방 두께(X_1)만, (2) 허벅지 둘레(X_2)만, (3) X_1과 X_2만, (4) 세 예측변수 모두를 사용하여 회귀식을 만들었을 때의 회귀 결과이다. 적합된 회귀모형을 잘 기록하기 위해서 표기를 살짝 수정할 것이다. 표 7.2a에 따르면, X_1만 모형에 있을 때의 회귀제곱합은 352.27이다. 이 제곱합은 $SSR(X_1)$으로 표시할 것이다. 이 모형의 오차제곱합은 $SSE(X_1)$로 표시할 것이다. 표 7.2a에 따르면 $SSE(X_1) = 143.12$이다.

이와 같이 표 7.2c에 따르면 X_1과 X_2가 회귀모형에 있을 때, 회귀제곱합은 $SSR(X_1, X_2) = 385.44$이고 오차제곱합은 $SSE(X_1, X_2) = 109.95$이다.

X_1과 X_2가 모형에 있을 때의 오차제곱합 $SSE(X_1, X_2) = 109.95$가 X_1만 모형에 있을 때의 오차제곱합 $SSE(X_1) = 143.12$보다 작다는 것에 주목해야 한다. 이 차이를 **추가제곱합**(extra sum of squares)이라고 하고 $SSR(X_2|X_1)$로 표시한다.

$$\begin{aligned} SSR(X_2|X_1) &= SSE(X_1) - SSE(X_1, X_2) \\ &= 143.12 - 109.95 = 33.17 \end{aligned}$$

이 오차제곱합의 감소는 X_1이 있던 회귀모형에 X_2를 추가한 결과이다. 따라서 추가제곱합 $SSR(X_2|X_1)$은 X_1이 이미 모형에 있을 때 X_2를 추가하는 것의 한계효과(marginal effect, 주변효과)를 측정한다. $SSR(X_2|X_1)$이라는 표기가 X_1이 이미 모형에 있다고 할 때, X_2와 관련된 추가적인 오차제곱합의 감소를 반영한다.

추가제곱합 $SSR(X_2|X_1)$은 회귀제곱합의 한계 증가로 볼 수도 있다.

$$\begin{aligned} SSR(X_2|X_1) &= SSR(X_1, X_2) - SSR(X_1) \\ &= 385.44 - 352.27 = 33.17 \end{aligned}$$

오차제곱합의 한계 감소와 회귀제곱합의 한계 증가가 같은 이유는 분산분석의 기본 성질 (2.50) 때문이다.

$$SSTO = SSR + SSE$$

$SSTO$는 Y_i 관측값의 변동성을 측정하므로 적합된 회귀모형에 의존하지 않기 때문에, SSE의 감소는 동일한 만큼의 SSR 증가를 의미한다.

X_1, X_2가 이미 모형에 있을 때 X_3을 추가하는 것의 한계 효과와 같은, 다른 추가제곱합을 생각해 볼 수 있다. 표 7.2c와 7.2d에서 다음을 구할 수 있다.

$$\begin{aligned} SSR(X_3|X_1, X_2) &= SSE(X_1, X_2) - SSE(X_1, X_2, X_3) \\ &= 109.95 - 98.41 = 11.54 \end{aligned}$$

또는

$$\begin{aligned} SSR(X_3|X_1, X_2) &= SSR(X_1, X_2, X_3) - SSR(X_1, X_2) \\ &= 396.98 - 385.44 = 11.54 \end{aligned}$$

모형에 X_1이 있을 때 X_2와 X_3를 둘 다 추가하는 것과 같이 몇 개의 변수를 추가하는 것의 한계 효과를 고려할 수도 있다(표 7.2a와 7.2d).

$$\begin{aligned} SSR(X_2, X_3|X_1) &= SSE(X_1) - SSE(X_1, X_2, X_3) \\ &= 143.12 - 98.41 = 44.71 \end{aligned}$$

또는

$$\begin{aligned} SSR(X_2, X_3|X_1) &= SSR(X_1, X_2, X_3) - SSR(X_1) \\ &= 396.98 - 352.27 = 44.71 \end{aligned}$$

정의

이제 추가제곱합에 대한 앞의 정의들을 정리하고 새로운 정의 몇 개를 제시한다. 앞에서 말했듯이, 추가제곱합은 원래 X 변수(들)가 회귀모형에 있을 때의 오차제곱합과 원래 X 변수(들)와 새로운 X 변수(들)가 있는 모형의 오차제곱합의 차이이다. 이와 같이 추가제곱합은 두 회귀제곱합의 차이이다.

따라서 다음을 정의한다.

$$SSR(X_1|X_2) = SSE(X_2) - SSE(X_1, X_2) \quad \textbf{(7.1a)}$$

또는

$$SSR(X_1|X_2) = SSR(X_1, X_2) - SSR(X_2) \quad \textbf{(7.1b)}$$

만일 X_2가 추가변수라면 다음을 정의한다.

$$SSR(X_2|X_1) = SSE(X_1) - SSE(X_1, X_2) \quad \textbf{(7.2a)}$$

또는

$$SSR(X_2|X_1) = SSR(X_1, X_2) - SSR(X_1) \quad \textbf{(7.2b)}$$

세 개 이상의 변수로의 확장은 간단하다. 예를 들어 다음을 정의한다.

$$SSR(X_3|X_1, X_2) = SSE(X_1, X_2) - SSE(X_1, X_2, X_3) \quad \textbf{(7.3a)}$$

또는

$$SSR(X_3|X_1, X_2) = SSR(X_1, X_2, X_3) - SSR(X_1, X_2) \quad \textbf{(7.3b)}$$

그리고

$$SSR(X_2, X_3|X_1) = SSE(X_1) - SSE(X_1, X_2, X_3) \quad \textbf{(7.4a)}$$

또는

$$SSR(X_2, X_3|X_1) = SSR(X_1, X_2, X_3) - SSR(X_1) \quad \textbf{(7.4b)}$$

추가제곱합으로 *SSR*을 분해하기

단순회귀와 다르게 다중회귀에서는 회귀제곱합 *SSR*을 다양한 추가제곱합으로 분해(decomposition)할 수 있다. 두 개의 X 변수의 경우를 생각해 보자. X_1 변수에 대한 기본 성질 (2.50)으로 시작한다.

$$SSTO = SSR(X_1) + SSE(X_1) \tag{7.5}$$

이 표기는 명확하게 X_1이 모형의 X 변수에 들어 있다는 것을 보여 준다. $SSE(X_1)$을 (7.2a)의 동등한 것으로 대체하면 다음을 얻는다.

$$SSTO = SSR(X_1) + SSR(X_2|X_1) + SSE(X_1, X_2) \tag{7.6}$$

이제 두 개의 X 변수의 회귀분석에도 (7.5)의 한 개의 X 변수에서와 같은 성질을 사용한다. 즉,

$$SSTO = SSR(X_1, X_2) + SSE(X_1, X_2) \tag{7.7}$$

(7.7)을 $SSE(X_1, X_2)$에 관하여 풀고 (7.6)에 사용하면 다음을 얻는다.

$$SSR(X_1, X_2) = SSR(X_1) + SSR(X_2|X_1) \tag{7.8}$$

따라서 $SSR(X_1, X_2)$은 두 개의 한계 요소로 분해되었다. (1) $SSR(X_1)$은 모형에 X_1만을 포함시키는 것의 기여를 측정하고 (2) $SSR(X_2|X_1)$은 X_1이 모형에 이미 있을 때 X_2를 추가하는 것의 기여를 측정한다.

물론 X 변수의 순서는 임의이다. 여기서 다음과 같은 분해도 얻을 수 있다.

$$SSR(X_1, X_2) = SSR(X_2) + SSR(X_1|X_2) \tag{7.9}$$

체지방 예에서 $SSR(X_1, X_2)$의 두 분해를 그림 7.1에 나타내었다. 왼쪽의 막대 전체는 $SSTO$를 표현하고, (7.9)의 분해를 보여 준다. 이 막대의 빗금치지 않은 부분은 $SSR(X_2)$이고, 빗금친 부분은 $SSE(X_2)$이다. 순서대로 마지막 부분은 X_1과 X_2가 모형에 있을 때 추가제곱합 $SSR(X_1|X_2)$와 오차제곱합 $SSE(X_1, X_2)$이 합쳐져 있는 부분이다. 비슷하게, 그림 7.1의 오른쪽에 있는 막대는 (7.8)의 분해를 보여 준다. 두 경우 모두에서 추가제곱합은 두

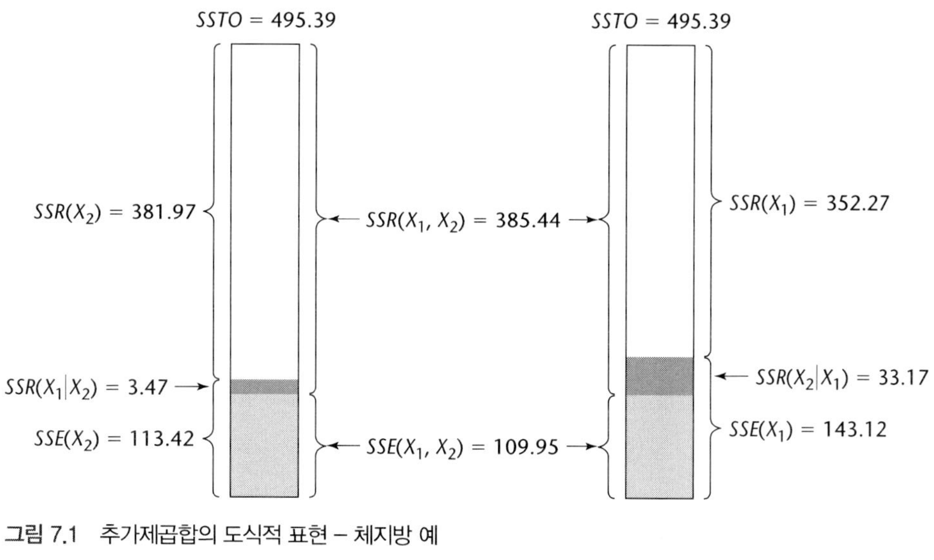

그림 7.1 추가제곱합의 도식적 표현 – 체지방 예

번째 예측변수가 회귀모형에 추가되었을 때 오차제곱합의 감소나 회귀제곱합의 증가로 볼 수 있다는 것에 주목하라.

회귀모형이 세 개의 X 변수를 포함할 때, $SSR(X_1, X_2, X_3)$는 다양하게 분해될 수 있다. 그 중 세 개를 나타내면 다음과 같다.

$$SSR(X_1, X_2, X_3) = SSR(X_1) + SSR(X_2|X_1) + SSR(X_3|X_1, X_2) \quad \textbf{(7.10a)}$$

$$SSR(X_1, X_2, X_3) = SSR(X_2) + SSR(X_3|X_2) + SSR(X_1|X_2, X_3) \quad \textbf{(7.10b)}$$

$$SSR(X_1, X_2, X_3) = SSR(X_1) + SSR(X_2, X_3|X_1) \quad \textbf{(7.10c)}$$

회귀모형에 있는 X 변수들의 수가 증가함에 따라 가능한 분해의 가짓수가 증가한다는 것은 명확하다.

*SSR*의 분해를 포함하는 분산분석표

분산분석표는 *SSR*을 추가제곱합으로 분해하는 것을 포함하여 만들어질 수 있다. 표 7.3은 회귀 패키지에서 자주 사용되는 세 개 X 변수들의 경우에 대한 분산분석표 분해를 나타내며, 표 7.4는 체지방 예에 대한 같은 분해 과정을 보여 준다. 이 분해과정은 하나의 X 변수가 추가되고 있다.

하나의 X 변수를 추가하는 각각의 추가제곱합은 자유도가 1이다. 평균제곱은 다음과 같이 만들어진다. 예를 들어 표 7.3에 있는 $MSR(X_2|X_1)$은 다음과 같이 얻어진다.

$$MSR(X_2|X_1) = \frac{SSR(X_2|X_1)}{1}$$

변동요인	*SS*	*df*	*MS*
회귀	$SSR(X_1, X_2, X_3)$	3	$MSR(X_1, X_2, X_3)$
X_1	$SSR(X_1)$	1	$MSR(X_1)$
$X_2\|X_1$	$SSR(X_2\|X_1)$	1	$MSR(X_2\|X_1)$
$X_3\|X_1, X_2$	$SSR(X_3\|X_1, X_2)$	1	$MSR(X_3\|X_1, X_2)$
오차	$SSE(X_1, X_2, X_3)$	$n-4$	$MSE(X_1, X_2, X_3)$
합계	$SSTO$	$n-1$	

표 7.3 세 개의 X 변수에 대한 *SSR* 분해 결과를 포함한 분산분석표

변동요인	*SS*	*df*	*MS*
회귀	396.98	3	132.33
X_1	352.27	1	352.27
$X_2\|X_1$	33.17	1	33.17
$X_3\|X_1, X_2$	11.54	1	11.54
오차	98.41	16	6.15
합계	495.39	19	

표 7.4 *SSR* 분해 결과를 포함한 분산분석표 – 세 개의 예측변수를 갖는 체지방 예

$SSR(X_2, X_3|X_1)$과 같은 두 개의 X 변수들을 추가하는 제곱합은 그 값들과 관련된 자유도 2를 가진다. 이는 추가제곱합을 각각 자유도가 1인 두 개의 추가제곱합으로 표현할 수 있기 때문이다. 예를 들어 추가제곱합의 정의에 의해 다음과 같음을 알 수 있다.

$$SSR(X_2, X_3|X_1) = SSR(X_2|X_1) + SSR(X_3|X_1, X_2) \tag{7.11}$$

따라서 평균제곱 $MSR(X_2, X_3|X_1)$은 다음과 같이 얻어진다.

$$MSR(X_2, X_3|X_1) = \frac{SSR(X_2, X_3|X_1)}{2}$$

많은 컴퓨터 회귀 패키지는 일반적으로 X 변수들이 모형에 들어오는 순서대로 SSR을 추가적인 자유도를 가진 제곱합으로 분해한다. 따라서 만약 X 변수들이 X_1, X_2, X_3의 순서로 들어온다면, 결과에 주어지는 추가제곱합은 다음과 같다.

$$\begin{gathered} SSR(X_1) \\ SSR(X_2|X_1) \\ SSR(X_3|X_1, X_2) \end{gathered}$$

만약 몇 개의 추가적인 X 변수들을 포함하는 추가제곱합이 요구된다면 이것은 하나의 자유도를 갖는 적당한 추가제곱합을 합함으로써 얻어질 수 있다. 예를 들어 이전 설명에서 $SSR(X_2, X_3|X_1)$을 얻기 위해 (7.11)을 이용하여 $SSR(X_2|X_1)$과 $SSR(X_3|X_1, X_2)$를 더할 수 있다.

만약 추가제곱합 $SSR(X_1, X_3|X_2)$를 X 변수들이 들어오는 순서대로 하나의 자유도를 갖는 추가제곱합을 제공하는 컴퓨터 패키지로 얻으려면, X 변수들은 X_2, X_1, X_3 순서나 X_2, X_3, X_1 순서로 들어가야 한다. 첫 번째 순서로 들어가면 다음을 얻는다.

$$\begin{gathered} SSR(X_2) \\ SSR(X_1|X_2) \\ SSR(X_3|X_1, X_2) \end{gathered}$$

마지막 두 개의 추가제곱합으로 $SSR(X_1, X_3|X_2)$을 얻는다.

추가제곱합에 관심 있는 이유는 "특정한 X 변수들이 회귀모형으로부터 제거될 수 있는가"를 알아보기 위해 행하는 회귀계수에 대한 다양한 검정에서 발생하기 때문이다. 다음으로 이 추가제곱합의 사용으로 넘어간다.

7.2 ■ 회귀계수 검정에서 추가제곱합의 사용

개별 $\beta_k = 0$ 검정

$\beta_k X_k$가 다중회귀모형에서 제거될 수 있는지 검정하고자 할 때, 다음 가설을 세운다.

$$\begin{gathered} H_0\colon \beta_k = 0 \\ H_a\colon \beta_k \neq 0 \end{gathered}$$

검정통계량 (6.51b)를 이 검정에 대해 사용한다.

$$t^* = \frac{b_k}{s\{b_k\}}$$

또는 2.8절에서 언급된 일반선형검정접근법을 사용할 수 있다. 이 접근법이 추가제곱합을 포함한다. 이제 세 개 예측변수들을 갖는 일차회귀모형을 고려해 보자.

$$Y_i = \beta_0 + \beta_1 X_{i1} + \beta_2 X_{i2} + \beta_3 X_{i3} + \varepsilon_i \quad \text{완전모형} \tag{7.12}$$

다음 가설을 검정하기 위해

$$\begin{aligned} H_0&: \beta_3 = 0 \\ H_a&: \beta_3 \neq 0 \end{aligned} \tag{7.13}$$

완전모형을 적합하고 오차제곱합 $SSE(F)$임을 계산한다. 이제 완전모형에 있는 변수들은 다음과 같다.

$$SSE(F) = SSE(X_1, X_2, X_3)$$

완전모형 (7.12)에 대한 회귀함수에서 네 개의 모수가 있으므로 $SSE(F)$와 관련된 자유도는 $df_F = n - 4$이다.

(7.13)에 있는 H_0가 성립할 때 축소모형은 다음과 같다.

$$Y_i = \beta_0 + \beta_1 X_{i1} + \beta_2 X_{i2} + \varepsilon_i \quad \text{축소모형} \tag{7.14}$$

이 축소모형을 적합하고 다음을 얻는다.

$$SSE(R) = SSE(X_1, X_2)$$

축소모형의 자유도는 $df_R = n - 3$이다.

일반선형검정통계량 (2.70)은 다음과 같다.

$$F^* = \frac{SSE(R) - SSE(F)}{df_R - df_F} \div \frac{SSE(F)}{df_F}$$

$$F^* = \frac{SSE(X_1, X_2) - SSE(X_1, X_2, X_3)}{(n-3) - (n-4)} \div \frac{SSE(X_1, X_2, X_3)}{n-4}$$

분자에 있는 두 오차제곱합 간 차이는 추가제곱합인 (7.3a)와 같다.

$$SSE(X_1, X_2) - SSE(X_1, X_2, X_3) = SSR(X_3|X_1, X_2)$$

여기서 일반선형검정통계량은 다음과 같다.

$$F^* = \frac{SSR(X_3|X_1, X_2)}{1} \div \frac{SSE(X_1, X_2, X_3)}{n-4} = \frac{MSR(X_3|X_1, X_2)}{MSE(X_1, X_2, X_3)} \tag{7.15}$$

따라서 X_1과 X_2가 이미 모형에 주어져 있을 때, $\beta_3 = 0$인지 아닌지에 대한 검정은 한계 검정이다. 또한 추가제곱합인 $SSR(X_3|X_1, X_2)$는 앞에서 언급한 것처럼 자유도 1을 가진다.

검정통계량 (7.15)는 여기서 일반선형검정접근법을 사용하기 위해 완전모형과 축소모형 모두를 적합할 필요는 없다. 컴퓨터를 실행하면 완전모형에 대한 적합과 적당한 추가제곱합을 제공한다.

예 체지방 예에서 세 개의 예측변수들을 가진 모형에 대해서 팔 둘레(X_3)가 모형으로부터 제거될 수 있는지 검정하고자 한다. 검정의 가설은 (7.13)에 있다. 표 7.4는 예측변수들이 X_1, X_2, X_3 순서대로 들어왔을 때 추가제곱합을 포함하는 완전회귀모형 (7.12)의 컴퓨터 적합으로부터의 분산분석 결과이다. 그러므로 여기서 검정통계량 (7.15)는 다음과 같다.

$$F^* = \frac{SSR(X_3|X_1, X_2)}{1} \div \frac{SSE(X_1, X_2, X_3)}{n-4}$$
$$= \frac{11.54}{1} \div \frac{98.41}{16} = 1.88$$

$\alpha = .01$인 경우, $F(.99; 1, 16) = 8.53$이다. $F^* = 1.88 \le 8.53$이기 때문에 X_3이 이미 X_1과 X_2를 포함하는 회귀모형으로부터 제외될 수 있다는, 즉 H_0라고 결론 내린다.

여기서 t^* 검정통계량은 표 7.2d에서

$$t^* = \frac{b_3}{s\{b_3\}} = \frac{-2.186}{1.596} = -1.37$$

$(t^*)^2 = (-1.37)^2 = 1.88 = F^*$이기 때문에 단순선형회귀에서와 같이 우리는 두 검정통계량이 동일함을 알고 있다.

부연설명

$\beta_3 = 0$인지를 검정하기 위한 F^* 검정통계량 (7.15)는 모든 $\beta_k = 0$인지를 검정하기 위한 (6.39b)의 F^* 통계량과 구별하여, **부분 F 검정**(partial F test)통계량이라고 한다. 즉 Y와 X 변수들의 집합 간 회귀관계가 존재하는지를 검정한다. 나중에 나오는 검정을 **총체적 F 검정**(overall F test)이라고 한다. ■

몇 개의 $\beta_k = 0$인지에 대한 검정

다중회귀에서 우리는 회귀모형에 있는 몇 개 항이 제외될 수 있는지 없는지에 자주 관심이 있다. 예를 들어 $\beta_2 X_2$와 $\beta_3 X_3$가 완전모형 (7.12)에서 제외될 수 있는지 알고자 한다. 여기서 가설은 다음과 같다.

$$\begin{aligned} &H_0: \beta_2 = \beta_3 = 0 \\ &H_a: \beta_2, \beta_3 \text{ 모두 0이 아님} \end{aligned} \tag{7.16}$$

일반선형검정접근법에서 H_0하 축소모형은 다음과 같다.

$$Y_i = \beta_0 + \beta_1 X_{i1} + \varepsilon_i \quad \text{축소모형} \tag{7.17}$$

그리고 축소모형에 대한 오차제곱합은 다음과 같다.

$$SSE(R) = SSE(X_1)$$

이 오차제곱합은 $df_R = n - 2$ 자유도를 가진다.

따라서 일반선형검정통계량 (2.70)은 다음과 같다.

$$F^* = \frac{SSE(X_1) - SSE(X_1, X_2, X_3)}{(n-2)-(n-4)} \div \frac{SSE(X_1, X_2, X_3)}{n-4}$$

또한 분자항에 있는 두 오차제곱합의 차이는 추가제곱합과 같다.

$$SSE(X_1) - SSE(X_1, X_2, X_3) = SSR(X_2, X_3|X_1)$$

그러므로 검정통계량은 다음과 같다.

$$F^* = \frac{SSR(X_2, X_3|X_1)}{2} \div \frac{SSE(X_1, X_2, X_3)}{n-4} = \frac{MSR(X_2, X_3|X_1)}{MSE(X_1, X_2, X_3)} \quad \textbf{(7.18)}$$

$SSR(X_2, X_3|X_1)$은 앞에서 지적했듯이 두 개의 자유도를 가진다.

예 세 예측변수를 가진 모형의 체지방 예에서 허벅지 둘레(X_2)와 팔 둘레(X_3)가 완전회귀모형 (7.12)에서 제외될 수 있는지 검정하고자 한다. 가설은 (7.16)과 같다. 적당한 추가제곱합은 (7.11)을 이용하여 표 7.4에서 얻어질 수 있다.

$$\begin{aligned} SSR(X_2, X_3|X_1) &= SSR(X_2|X_1) + SSR(X_3|X_1, X_2) \\ &= 33.17 + 11.54 = 44.71 \end{aligned}$$

따라서 검정통계량 (7.18)은 다음과 같다.

$$\begin{aligned} F^* &= \frac{SSR(X_2, X_3|X_1)}{2} \div MSE(X_1, X_2, X_3) \\ &= \frac{44.71}{2} \div 6.15 = 3.63 \end{aligned}$$

$\alpha = .05$에 대해, $F(.95; 2, 16) = 3.63$이다. $F^* = 3.63$이 결정규칙(검정통계량의 P 값은 .05이다)의 경계선에 있기 때문에, X_2와 X_3이 이미 X_1을 포함하는 회귀모형으로부터 제거되어야 하는지 결정하기 전에 추가적인 분석이 필요하다.

부연설명

1. 한 개의 $\beta_k = 0$인지를 검정하기 위해, 두 개 동치 검정통계량이 있다(t^* 검정통계량과 F^* 일반선형검정통계량). 몇 개의 $\beta_k = 0$인지를 검정할 때는 일반선형검정통계량 F^*만이 이용 가능하다.
2. 몇 개의 X 변수들이 일반선형회귀모형 (6.7)에서 제거될 수 있는지를 검정하기 위한 일반선형검정통계량 (2.70)은 완전모형과 축소모형에 대한 다중결정계수로 표현될 수 있다. 이것을 각각 각각 R_F^2과 R_R^2이라고 표시하면 다음과 같다.

$$F^* = \frac{R_F^2 - R_R^2}{df_R - df_F} \div \frac{1 - R_F^2}{df_F} \quad \textbf{(7.19)}$$

구체적으로 체지방 예에 대한 (7.16)에 있는 가설을 검정하기 위한 검정통계량 (7.19)는 다음과 같다.

$$F^* = \frac{R^2_{Y|123} - R^2_{Y|1}}{(n-2)-(n-4)} \div \frac{1 - R^2_{Y|123}}{n-4} \tag{7.20}$$

단 $R^2_{Y|123}$은 Y가 X_1, X_2, X_3에 대해 회귀되었을 때의 다중결정계수를 나타내고 $R^2_{Y|1}$은 Y가 X_1에 대해서만 회귀되었을 때의 계수를 나타낸다.

표 7.4로부터 $R^2_{Y|123} = 396.98/495.39 = .80135$과 $R^2_{Y|1} = 352.27/495.39 = .71110$임을 안다. 따라서 (7.20)을 대체함으로써 다음을 얻는다.

$$F^* = \frac{.80135 - .71110}{(20-2)-(20-4)} \div \frac{1 - .80135}{16} = 3.63$$

이것은 전과 같은 결과이다. $R^2_{Y|1}$이 Y와 X_1 간 단순결정계수 R^2과 같음을 주목하라.

검정통계량 (7.19)는 완전회귀모형과 축소회귀모형이 절편항 β_0를 포함하지 않을 때 직절하지 않다. 이런 경우에 (2.70)에서의 일반선형검정통계량이 사용되어야만 한다. ■

7.3 ■ 회귀계수 검정 요약

우리는 이미 다중회귀분석에서 회귀계수에 대한 몇 개 검정의 종류를 수행하는 방법에 대해 알아보았다. 여기서는 이러한 여러 종류의 검정을 요약한다.

모든 $\beta_k = 0$ 검정

이것은 반응변수 Y와 X 변수들의 집합 간 회귀관계가 있는지에 대한 **총체적 F 검정**(overall F test) (6.39)이다. 가설은 다음과 같다.

$$\begin{aligned} &H_0: \beta_1 = \beta_2 = \cdots - \beta_{p-1} = 0 \\ &H_a: \beta_k \ (k = 1, \ldots, p-1) \text{ 모두 0이 아님} \end{aligned} \tag{7.21}$$

검정통계량은 다음과 같다.

$$\begin{aligned} F^* &= \frac{SSR(X_1, \ldots, X_{p-1})}{p-1} \div \frac{SSE(X_1, \ldots, X_{p-1})}{n-p} \\ &= \frac{MSR}{MSE} \end{aligned} \tag{7.22}$$

H_0가 성립할 때, $F^* \sim F(p-1, n-p)$이다. 큰 F^* 값은 H_a로 가게 된다.

개별 $\beta_k = 0$ 검정

특정한 회귀계수 β_k가 0인지 아닌지에 대한 **부분 F 검정**(partial F test)이다. 가설은 다음과 같다.

$$\begin{aligned} &H_0: \beta_k = 0 \\ &H_a: \beta_k \neq 0 \end{aligned} \tag{7.23}$$

검정통계량은 다음과 같다.

$$F^* = \frac{SSR(X_k|X_1, \ldots, X_{k-1}, X_{k+1}, \ldots, X_{p-1})}{1} \div \frac{SSE(X_1, \ldots, X_{p-1})}{n-p} \quad \textbf{(7.24)}$$
$$= \frac{MSR(X_k|X_1, \ldots, X_{k-1}, X_{k+1}, \ldots, X_{p-1})}{MSE}$$

H_0가 성립할 때, $F^* \sim F(1, n-p)$. 큰 F^* 값은 H_a로의 결론으로 가게 한다. 추가제곱합을 제공하는 통계 패키지는 축소모형을 적합시킬 필요 없이 이 검정의 사용을 허용한다.

동치 검정통계량은 (6.51b)와 같다.

$$t^* = \frac{b_k}{s\{b_k\}} \quad \textbf{(7.25)}$$

H_0가 성립하면 $t^* \sim t(n-p)$이다. 큰 $|t^*|$값은 H_a로 가게 한다.

두 검정이 동일하기 때문에 회귀 패키지 결과물에 있는 가능한 정보에 의해 어떤 것을 사용할지 결정된다.

몇 개 $\beta_k = 0$ 검정

이것은 또 다른 부분 F 검정이다. 여기서 가설은 다음과 같다.

$$H_0: \beta_q = \beta_{q+1} = \cdots = \beta_{p-1} = 0 \quad \textbf{(7.26)}$$
$$H_a: H_0\text{에서 모든 } \beta_k\text{는 0이 아님}$$

검정하려는 계수들이 마지막 $p-q$ 계수가 되도록 모형을 배치하여 편의를 도모한다. 검정통계량은 다음과 같다.

$$F^* = \frac{SSR(X_q, \ldots, X_{p-1}|X_1, \ldots, X_{q-1})}{p-q} \div \frac{SSE(X_1, \ldots, X_{p-1})}{n-p}$$
$$= \frac{MSR(X_q, \ldots, X_{p-1}|X_1, \ldots, X_{q-1})}{MSE} \quad \textbf{(7.27)}$$

H_0가 성립하면 $F^* \sim F(p-q, n-p)$이다. 큰 F^* 값은 H_a로 가게 한다.

검정통계량 (7.27)이 사실상 앞에서 언급된 두 개 경우를 포함함을 주목하라. $q = 1$이면, 검정통계량은 모든 회귀계수가 0인지 아닌지를 검정하는 것이다. $q = p-1$이면, 검정은 개별회귀계수가 0인지 아닌지를 검정하는 것이다. 또한 검정통계량 (7.27)은 회귀 패키지가 필요한 추가제곱합을 제공하는 경우에 축소모형을 적합할 필요 없이 계산될 수 있다.

$$SSR(X_q, \ldots, X_{p-1}|X_1, \ldots, X_{q-1}) \quad \textbf{(7.28)}$$
$$= SSR(X_q|X_1, \ldots, X_{q-1}) + \cdots + SSR(X_{p-1}|X_1, \ldots, X_{p-2})$$

검정통계량 (7.27)은 이러한 모형이 절편항 β_0를 포함할 때 완전모형과 축소모형에 대한 다중결정계수에 대해 동일하게 얻을 수 있다.

$$F^* = \frac{R^2_{Y|1\cdots p-1} - R^2_{Y|1\cdots q-1}}{p-q} \div \frac{1 - R^2_{Y|1\cdots p-1}}{n-p} \quad \textbf{(7.29)}$$

단, $R^2_{Y|1\cdots p-1}$은 Y가 모든 X 변수들에 대해 회귀되었을 때 다중결정계수이고, $R^2_{Y|1\cdots q-1}$은 Y가 $X_1, \ldots, X_{q-1}$에 대해 회귀되었을 때 계수를 나타낸다.

다른 검정들

하나 혹은 몇 개의 β_k가 0인지를 검정하는 것이 아니고 다른 형태로 회귀계수에 대한 검정을 할 때, 추가제곱합은 사용될 수 없고 일반선형검정접근법을 위해 완전모형과 축소모형에 대한 개별적인 적합이 필요하다. 예를 들어 세 개의 X 변수들을 포함하는 완전모형은 다음과 같다.

$$Y_i = \beta_0 + \beta_1 X_{i1} + \beta_2 X_{i2} + \beta_3 X_{i3} + \varepsilon_i \qquad \text{완전모형} \quad \textbf{(7.30)}$$

다음을 검정하고자 할 수도 있다.

$$\begin{aligned} &H_0: \beta_1 = \beta_2 \\ &H_a: \beta_1 \neq \beta_2 \end{aligned} \quad \textbf{(7.31)}$$

과정은 완전모형 (7.30)을 적합하고 다음의 축소모형을 적합하는 것이다.

$$Y_i = \beta_0 + \beta_c(X_{i1} + X_{i2}) + \beta_3 X_{i3} + \varepsilon_i \qquad \text{축소모형} \quad \textbf{(7.32)}$$

단, β_c는 H_0하에서 β_1과 β_2의 공통 계수를 나타내고, $X_{i1} + X_{i2}$는 새로운 X 변수가 된다. 자유도가 1과 $n - 4$인 일반 F^* 검정통계량 (2.70)을 사용한다.

추가제곱합이 사용될 수 없는 또 나른 예는 회귀모형 (7.30)에 대한 다음 검정이다.

$$\begin{aligned} &H_0: \beta_1 = 3, \beta_3 = 5 \\ &H_a: H_0\text{의 등호가 전부 맞지 않음} \end{aligned} \quad \textbf{(7.33)}$$

여기서 축소모형은 다음과 같다.

$$Y_i - 3X_{i1} - 5X_{i3} = \beta_0 + \beta_2 X_{i2} + \varepsilon_i \qquad \text{축소모형} \quad \textbf{(7.34)}$$

H_0하에서 $\beta_1 X_1$과 $\beta_3 X_3$은 알려진 상수이므로 축소모형에서 새로운 반응변수는 $Y - 3X_1 - 5X_3$임을 주목하라. 그러면 자유도가 2와 $n - 4$인 (2.70)에 있는 일반선형검정통계량 F^*를 사용한다.

7.4 ■ 부분결정계수

추가제곱합은 다중회귀모형의 회귀계수에 대한 검정에서 유용할 뿐만 아니라 부분결정계수라고 하는 기술 관계 측도(descriptive measure of relationship)에서도 나타난다. 다중결정계수 R^2이 모형에서 고려되는 X 변수들의 전체 집합에 의한 Y 변수 변동의 감소 비율를 측정함을 상기하라. 반면에 **부분결정계수**(coefficient of partial determination)는 모든 다른 변수들이 이미 모형에 포함되어 있을 때 하나의 X 변수의 한계(주변) 기여를 측정한다.

두 개의 예측변수들

먼저 (6.1)에서 주어진 것처럼 두 개의 예측변수들을 갖는 일차다중회귀모형을 고려한다.

$$Y_i = \beta_0 + \beta_1 X_{i1} + \beta_2 X_{i2} + \varepsilon_i$$

$SSE(X_2)$는 X_2가 모형에 포함되어 있을 때 Y의 변동을 측정한다. $SSE(X_1, X_2)$는 X_1과 X_2가 모형에 포함되어 있을 때 Y의 변동을 측정한다. 그러므로 X_2가 이미 모형에 있을 때 X_1과 관련된 Y의 변동에서의 상대적인 한계 감소는 다음과 같다.

$$\frac{SSE(X_2) - SSE(X_1, X_2)}{SSE(X_2)} = \frac{SSR(X_1|X_2)}{SSE(X_2)}$$

이 측정은 X_2가 모형에 있다고 가정했을 때, Y와 X_1 간 부분결정계수이다. 이 측정을 다음과 같이 $R^2_{Y1|2}$으로 표현한다.

$$R^2_{Y1|2} = \frac{SSE(X_2) - SSE(X_1, X_2)}{SSE(X_2)} = \frac{SSR(X_1|X_2)}{SSE(X_2)} \tag{7.35}$$

따라서 $R^2_{Y1|2}$은 X_1도 모형에 포함함으로써 X_2가 모형에 포함된 후에 남아 있는 Y 변동의 비율적인 감소를 측정한다.

X_1이 모형에 있다고 가정할 때, Y와 X_2 간 부분결정계수는 다음과 같이 정의된다.

$$R^2_{Y2|1} = \frac{SSR(X_2|X_1)}{SSE(X_1)} \tag{7.36}$$

일반적인 경우

모형에 있는 세 개 이상 X 변수들로의 부분결정계수의 일반화는 바로 이루어진다. 예를 들면 다음과 같다.

$$R^2_{Y1|23} = \frac{SSR(X_1|X_2, X_3)}{SSE(X_2, X_3)} \tag{7.37}$$

$$R^2_{Y2|13} = \frac{SSR(X_2|X_1, X_3)}{SSE(X_1, X_3)} \tag{7.38}$$

$$R^2_{Y3|12} = \frac{SSR(X_3|X_1, X_2)}{SSE(X_1, X_2)} \tag{7.39}$$

$$R^2_{Y4|123} = \frac{SSR(X_4|X_1, X_2, X_3)}{SSE(X_1, X_2, X_3)} \tag{7.40}$$

R^2의 첨자에서 수직선 왼쪽은 반응변수와 더해진 X 변수들을 보여 준다. 수직선의 오른쪽은 모형에 이미 포함된 X 변수들을 보여 준다.

예 체지방 예에서 다양한 부분결정계수를 얻을 수 있다(표 7.2와 표 7.4).

$$R^2_{Y2|1} = \frac{SSR(X_2|X_1)}{SSE(X_1)} = \frac{33.17}{143.12} = .232$$

$$R^2_{Y3|12} = \frac{SSR(X_3|X_1, X_2)}{SSE(X_1, X_2)} = \frac{11.54}{109.95} = .105$$

$$R^2_{Y1|2} = \frac{SSR(X_1|X_2)}{SSE(X_2)} = \frac{3.47}{113.42} = .031$$

여기서 X_1을 포함한 회귀모형에 X_2가 추가될 때, 오차제곱합 $SSE(X_1)$은 23.2%만큼 감소됨을 안다. X_1과 X_2를 포함한 모형에 대한 오차제곱합은 X_3가 모형에 추가될 때 10.5%만큼 감소된다. 마지막으로 회귀모형이 이미 X_2를 포함한 경우 X_1을 추가하는 것은 3.1%만큼 $SSE(X_2)$를 감소시킨다.

부연설명

1. 부분결정계수는 정의에서 쉽게 나타나듯, 0과 1 사이의 값을 취할 수 있다.
2. 부분결정계수는 단순결정계수로 해석될 수 있다. 두 개의 X 변수들을 가진 다중회귀모형을 고려하라. X_2에 대해 Y를 회귀하고 다음과 같은 잔차를 얻는다.

$$e_i(Y|X_2) = Y_i - \hat{Y}_i(X_2)$$

여기서 $\hat{Y}_i(X_2)$는 X_2가 모형에 있을 때 Y의 적합값을 나타낸다. X_2에 대해 X_1을 회귀하고 다음과 같은 잔차를 얻는다.

$$e_i(X_1|X_2) = X_{i1} - \hat{X}_{i1}(X_2)$$

단, $\hat{X}_{i1}(X_2)$은 X_2에 대한 X_1의 회귀에서 X_1의 적합값들을 나타낸다. 이 두 개의 잔차집합들 간 단순결정계수 R^2은 부분결정계수 $R^2_{Y1|2}$과 같다. 따라서 이 계수는 이러한 변수들 모두 X_2로의 선형 관계에 대해 조정될 때 Y와 X_1 간 관계를 측정한다.

3. 잔차 $e_i(X_1|X_2)$에 대한 잔차 $e_i(Y|X_2)$ 그림은 X_2에 대해 조정된, Y와 X_1 간 관계의 강도를 그림으로 나타낸다. **추가변수그림**(added variable plot)이나 **부분회귀그림**(partial regression plot)이라고 하는 이러한 잔차그림은 10.1절에서 다룰 것이다. ■

부분상관계수

부분결정계수의 제곱근을 **부분상관계수**(partial correlation coefficient)라고 한다. 이것은 적합된 회귀함수에서의 회귀계수와 같은 부호를 나타낸다. 부분상관계수는 비록 부분결정계수와 같은 의미처럼 명확하지 않을지라도 실제에서 빈번히 사용된다. 부분상관계수들은 회귀모형에 포함하기 위해 다음으로 선택될 가장 좋은 예측변수를 찾기 위한 컴퓨터 루틴에 사용된다. 이는 9장에서 다루어질 것이다.

예 체지방 예에서 다음과 같이 구할 수 있다.

$$r_{Y2|1} = \sqrt{.232} = .482$$

$$r_{Y3|12} = -\sqrt{.105} = -.324$$

$$r_{Y1|2} = \sqrt{.031} = .176$$

표 7.2c에서 $b_2 = .6594$, $b_1 = .2224$가 양이므로 계수 $r_{Y2|1}$과 $r_{Y1|2}$은 양이다. 표 7.2d에서 $b_3 = -2.186$이 음이므로 $r_{Y3|12}$도 음이다.

부연설명

부분결정계수는 단순상관계수나 다른 부분상관계수에 대해 표현될 수 있다. 예를 들면 다음과 같다.

$$R^2_{Y2|1} = [r_{Y2|1}]^2 = \frac{(r_{Y2} - r_{12}r_{Y1})^2}{\left(1 - r^2_{12}\right)\left(1 - r^2_{Y1}\right)} \quad \textbf{(7.41)}$$

$$R^2_{Y2|13} = [r_{Y2|13}]^2 = \frac{(r_{Y2|3} - r_{12|3}r_{Y1|3})^2}{\left(1 - r^2_{12|3}\right)\left(1 - r^2_{Y1|3}\right)} \quad \textbf{(7.42)}$$

단, r_{Y1}은 Y와 X_1 간 단순상관계수를 나타내고, r_{12}은 X_1과 X_2의 단순상관계수를 나타낸다. 확장은 어렵지 않다. ■

7.5 ■ 표준화다중회귀모형

일반다중선형모형 (6.7)의 표준화 형태는 정규방정식 계산에서의 버림오차를 제어하고 공통 단위로 추정회귀계수의 비교를 가능케 하기 위해 이용된다.

정규방정식 계산에서의 버림오차

정규방정식의 계산 결과는 계산의 중간 단계에서 생기는 자릿수버림(rounding)에 대해 민감할 수 있다. X 변수들의 수가 작을 때, 예를 들면 3개 이하일 때, 자릿수버림 효과가 중간 계산에서 유효숫자 크기를 크게 하여 시행함으로써 제어될 수 있다. 실제로 대부분의 컴퓨터 회귀 프로그램은 자릿수버림 효과를 제어하기 위해 모든 계산에서 2배 정밀도(double-precision)의 유효숫자를 사용한다. 하지만 X 변수들의 수가 많으면, 많은 유효숫자의 사용에도 불구하고 중간 계산 과정에서 심각한 자릿수버림 효과가 발생할 수 있다.

정규방정식 계산에 필요한 $\mathbf{X'X}$의 역함수 계산에서 버림오차(roundoff error)가 주로 발생한다. $(\mathbf{X'X})^{-1}$ 계산의 오차는 $\mathbf{b}$와 그 외의 통계량을 계산하는 데 나타난다. $(\mathbf{X'X})^{-1}$에서의 심각한 버림오차 위험은 (1) $\mathbf{X'X}$의 행렬식(determinant)이 0에 가깝거나 (2) $\mathbf{X'X}$의 원소 크기가 아주 크게 차이가 날 때 특히 크다. 첫 번째 조건은 X의 변수 몇몇 혹은 모두가 급간상관관계가 높은 경우이다. 이러한 상황을 7.6절에서 다룰 것이다.

두 번째 조건은 X 변수들의 값이 너무 달라서 $\mathbf{X'X}$ 행렬의 원소가 넓은 범위, 예를 들면 15～49,000,000인 경우이다. 이 상태에 대한 하나의 해결방안은 변수들을 변환하여 회귀모형을 표준화회귀모형으로 재모수화(reparameterize)하는 것이다.

$\mathbf{X'X}$ 행렬의 원소를 -1과 1 사이의 값으로 만들어 버림오차에 덜 민감하게 만드는 표준화회귀모형으로의 변환을 **상관변환**(correlation transformation)이라고 한다.

부연설명

$\mathbf{X}'\mathbf{X}$의 역행렬을 계산하는 데 생기는 문제를 해결하기 위하여 많은 컴퓨터 패키지는 전혀 다른 방법을 사용하는데, $\mathbf{X}$ 행렬을 몇 개의 특별한 성질을 갖는 행렬의 곱으로 분해한다. 계산의 정확성을 높이기 위하여 우선 $\mathbf{X}$ 행렬을 평균값을 뺀 차분형태로 만들어 행렬원소 값들이 0을 중심으로 하게 만든다. 분해에 대한 자세한 내용은 통계계산(statistical computing) 서적을 참조하여라(인용문헌 7.1). ■

회귀계수의 비교가능성 결여

비표준화된 다중회귀모형 (6.7)이 가진 두 번째 어려움은 단위에서의 차이 때문에 회귀계수를 서로 비교할 수 없다는 것이다. 여기서 두 개의 예를 열거한다.

1. 적합된 반응함수가 다음과 같다면

$$\hat{Y} = 200 + 20{,}000X_1 + .2X_2$$

   X_1이 유일한 중요한 예측변수이고 X_2가 반응변수 Y에 미치는 영향은 거의 없다라고 결론 내릴 수 있을지도 모른다. 이러한 결론을 조심해야 한다. 이유는 어떤 단위로 되어 있는지 모른다는 것이다. 다음 단위를 가정하자.

   Y의 단위는 달러이고,
   X_1의 단위는 천 달러이고,
   X_2의 단위는 센트이다.

   여기서 X_1이 1단위 증가하면 \$1,000 증가한 것이고 평균 반응 효과는 X_2가 고정되어 있을 때 \$20,000 증가이다. X_1이 고정되어 있을 때 X_2에서의 100,000단위 증가는 \$1,000 증가가 되어 평균 반응 효과는 \$20,000 증가이다. 회귀계수가 차이가 나지만 정확히 평균 반응 효과는 같다.
2. 그림 6.5의 Dwaine Studios 예를 보면 X_2가 1000달러 가처분 소득에 대한 단위인 반면, X_1이 나이가 16세 이하인 1000명의 사람들에 대한 단위이기 때문에 b_1과 b_2 간 비교를 할 수 없다.

상관변환

상관변환(correlation transformation)의 사용은 버림오차를 제어하는 데 도움이 되고, 같은 단위로 회귀계수들을 표현함으로써 계수들이 비교할 수 있게 한다. 먼저 상관변환을 설명한 후 표준화회귀모형에 대해 다룬다.

상관변환은 어떤 변수를 표준화시키는 단순한 변환이다. (A.37)에서와 같이 변수를 표준화하는 것은 변수를 **중심화**(centering)하고 **척도화**(scaling)하는 것이다. 중심화는 각 관측값과 그 변수에 대해 모든 관측값들의 평균 간 차이를 취하는 것이고 척도화는 각 변수에 대한 관측값의 표준편차의 단위에서의 중심화된 관측값을 표현하는 것이다. 따라서 반응변수 Y와 예측변수 $X_1, \ldots, X_{p-1}$의 일반적인 표준화는 다음과 같다.

$$\frac{Y_i - \bar{Y}}{s_Y} \tag{7.43a}$$

$$\frac{X_{ik} - \bar{X}_k}{s_k} \qquad (k = 1, \ldots, p-1) \tag{7.43b}$$

여기서 $\bar{Y}$와 $\bar{X}_k$는 Y와 X_k 관측값의 각 평균이고, s_Y와 s_k는 각 표준편차이며 다음과 같다.

$$s_Y = \sqrt{\frac{\sum_i (Y_i - \bar{Y})^2}{n-1}} \tag{7.43c}$$

$$s_k = \sqrt{\frac{\sum_i (X_{ik} - \bar{X}_k)^2}{n-1}} \qquad (k = 1, \ldots, p-1) \tag{7.43d}$$

상관변환은 (7.43a, b)에 있는 표준화변수의 단순함수이다.

$$Y_i^* = \frac{1}{\sqrt{n-1}}\left(\frac{Y_i - \bar{Y}}{s_Y}\right) \tag{7.44a}$$

$$X_{ik}^* = \frac{1}{\sqrt{n-1}}\left(\frac{X_{ik} - \bar{X}_k}{s_k}\right) \qquad (k = 1, \ldots, p-1) \tag{7.44b}$$

표준화회귀모형

(7.44)에 있는 상관변환에 의해 정의된 것처럼 변환된 변수 Y^*와 X_k^*를 갖는 회귀모형을 표준화회귀모형(standardized regression model)이라고 하며 다음과 같이 정의된다.

$$Y_i^* = \beta_1^* X_{i1}^* + \cdots + \beta_{p-1}^* X_{i,p-1}^* + \varepsilon_i^* \tag{7.45}$$

표준화회귀모형 (7.45)에 절편 모수가 없는 이유는 절편 모수가 모형에 있는 경우 최소제곱이나 최대가능도 계산이 항상 0으로 추정되기 때문이다.

표준화회귀모형에 있는 모수들 $\beta_1^*, \ldots, \beta_{p-1}^*$과 일반다중회귀모형 (6.7)에 있는 원래 모수들 $\beta_0, \beta_1, \ldots, \beta_{p-1}$이 다음과 같은 관계가 있다는 것을 보이는 것은 쉽다.

$$\beta_k = \left(\frac{s_Y}{s_k}\right)\beta_k^* \qquad (k = 1, \ldots, p-1) \tag{7.46a}$$

$$\beta_0 = \bar{Y} - \beta_1 \bar{X}_1 - \cdots - \beta_{p-1}\bar{X}_{p-1} \tag{7.46b}$$

표준화회귀계수 β_k^*는 원래 회귀계수 β_k $(k = 1, \ldots, p-1)$을 표준편차의 비율로 척도화(scaling)한 것이다.

변환된 변수들에 대한 X′X 행렬

변수들이 상관변환에 의해 변환되었을 때의 $\mathbf{X'X}$ 행렬의 특별한 특징과 최소제곱 정규방정식을 알아보기 위해, 반응변수와 예측변수들 간 모든 쌍의 상관계수를 포함하는 (6.67)의 상관행렬을 두 개의 행렬로 분해할 필요가 있다.

1. 첫 번째 행렬은 $\mathbf{r}_{XX}$로 표현되는데 이것을 X **변수들의 상관행렬**이라고 한다. 이것은 X 변수들의 모든 쌍 사이의 단순상관계수를 원소로 갖고 있다. 이 행렬은 다음과 같다.

$$\underset{(p-1)\times(p-1)}{\mathbf{r}_{XX}} = \begin{bmatrix} 1 & r_{12} & \cdots & r_{1,p-1} \\ r_{21} & 1 & \cdots & r_{2,p-1} \\ \vdots & \vdots & & \vdots \\ r_{p-1,1} & r_{p-1,2} & \cdots & 1 \end{bmatrix} \tag{7.47}$$

여기서 r_{12}는 X_1과 X_2 간 단순상관계수 등을 나타낸다. 변수들과 그 자체 사이의 단순상관계수는 1이기 때문에 주대각원소는 1로 구성되어 있음을 주목하라. 상관행렬 $\mathbf{r}_{XX}$는 대칭적이다. $r_{kk'} = r_{k'k}$를 기억하라. 이 행렬의 대칭성 때문에 컴퓨터 결과는 자주 원소의 위 삼각부분이나 아래 삼각부분을 생략한다.

2. 두 번째 행렬은 $\mathbf{r}_{YX}$로 표현되는데 이것은 반응변수 Y와 X 변수들 사이의 단순상관계수를 포함하는 벡터이다. 그리고 이것은 다음과 같다.

$$\underset{(p-1)\times 1}{\mathbf{r}_{YX}} = \begin{bmatrix} r_{Y1} \\ r_{Y2} \\ \vdots \\ r_{Y,p-1} \end{bmatrix} \tag{7.48}$$

이제 우리는 표준화회귀모형 (7.45)에 있는 변환된 변수들에 대해 $\mathbf{X}'\mathbf{X}$ 행렬을 고려할 준비가 되었다. 여기서 $\mathbf{X}$ 행렬은 다음과 같다.

$$\underset{n\times(p-1)}{\mathbf{X}} = \begin{bmatrix} X_{11}^* & \cdots & X_{1,p-1}^* \\ X_{21}^* & \cdots & X_{2,p-1}^* \\ \vdots & & \vdots \\ X_{n1}^* & \cdots & X_{n,p-1}^* \end{bmatrix} \tag{7.49}$$

표준화회귀모형 (7.45)는 절편항을 포함하지 않는다는 것을 주목하라. 따라서 $\mathbf{X}$ 행렬들에는 1의 열이 없다. 변환된 변수들에 대한 $\mathbf{X}'\mathbf{X}$ 행렬은 (7.47)에서 정의된 X 변수들의 상관행렬임을 보일 수 있다.

$$\underset{(p-1)\times(p-1)}{\mathbf{X}'\mathbf{X}} = \mathbf{r}_{XX} \tag{7.50}$$

변환된 변수들에 대한 $\mathbf{X}'\mathbf{X}$ 행렬이 X 변수들 간 상관계수로 구성되어 있으므로 모든 원소들은 -1과 1 사이에 있고 비교 가능하다. 앞에서 지적한 것처럼, 이것은 $\mathbf{X}'\mathbf{X}$ 행렬의 역함수를 취할 때 버림오차를 제어하는 데 큰 도움이 될 수 있다.

부연설명

변환된 변수들에 대한 $\mathbf{X}'\mathbf{X}$ 행렬이 행렬에서 두 개를 고려함으로써 X 변수들에 대한 상관행렬임을 설명한다.

1. $\mathbf{X}'\mathbf{X}$의 왼쪽 위 구석에 있는 것에 대해서 다음과 같다.

$$\sum (X_{i1}^*)^2 = \sum \left(\frac{X_{i1} - \bar{X}_1}{\sqrt{n-1}\, s_1} \right)^2 = \frac{\sum (X_{i1} - \bar{X}_1)^2}{n-1} \div s_1^2 = 1$$

2. $\mathbf{X}'\mathbf{X}$의 첫 번째 행, 두 번째 열은 다음과 같다.

$$\begin{aligned} \sum X_{i1}^* X_{i2}^* &= \sum \left(\frac{X_{i1} - \bar{X}_1}{\sqrt{n-1}\, s_1} \right)\left(\frac{X_{i2} - \bar{X}_2}{\sqrt{n-1}\, s_2} \right) \\ &= \frac{1}{n-1} \frac{\sum (X_{i1} - \bar{X}_1)(X_{i2} - \bar{X}_2)}{s_1 s_2} \\ &= \frac{\sum (X_{i1} - \bar{X}_1)(X_{i2} - \bar{X}_2)}{\left[\sum (X_{i1} - \bar{X}_1)^2 \sum (X_{i2} - \bar{X}_2)^2 \right]^{1/2}} \end{aligned}$$

하지만 이것은 (2.84)에 의해 X_1과 X_2 간 상관계수인 r_{12}와 같다. ■

추정된 표준화회귀계수

보통의 다중회귀모형에 대한 최소제곱 정규방정식 (6.24)는 다음과 같다.

$$\mathbf{X}'\mathbf{X}\mathbf{b} = \mathbf{X}'\mathbf{Y}$$

최소제곱추정량 (6.25)는 다음과 같다.

$$\mathbf{b} = (\mathbf{X}'\mathbf{X})^{-1}\mathbf{X}'\mathbf{Y}$$

이것은 변환된 변수에 대해 쉽게 표현될 수 있다. 이것은 변환된 변수 $\mathbf{X}'\mathbf{Y}$에 대해 다음과 같이 나타낼 수 있다.

$$\underset{(p-1)\times 1}{\mathbf{X}'\mathbf{Y}} = \mathbf{r}_{YX} \tag{7.51}$$

단, $\mathbf{r}_{YX}$는 Y와 각 X 변수들 간 단순상관계수의 벡터로 (7.48)에서 정의된다. (7.50)과 (7.51)로부터 표준화회귀모형 (7.45)의 회귀계수 추정량과 최소제곱 정규방정식은 다음과 같다.

$$\mathbf{r}_{XX}\mathbf{b} = \mathbf{r}_{YX} \tag{7.52a}$$

$$\mathbf{b} = \mathbf{r}_{XX}^{-1}\mathbf{r}_{YX} \tag{7.52b}$$

$$\underset{(p-1)\times 1}{\mathbf{b}} = \begin{bmatrix} b_1^* \\ b_2^* \\ \vdots \\ b_{p-1}^* \end{bmatrix} \tag{7.52c}$$

회귀계수들 $b_1^*, \ldots, b_{p-1}^*$은 **표준화회귀계수**(standardized regression coefficients)라고도 한다.

원래 변수에서 회귀모형 (6.7)에 대한 추정된 회귀계수로의 회귀는 다음 관계를 이용함으로써 알 수 있다.

$$b_k = \left(\frac{s_Y}{s_k}\right) b_k^* \qquad (k = 1, \ldots, p-1) \tag{7.53a}$$

$$b_0 = \bar{Y} - b_1 \bar{X}_1 - \cdots - b_{p-1} \bar{X}_{p-1} \tag{7.53b}$$

부연설명

회귀모형에서 두 개의 X 변수들이 있을 때, 즉 $p - 1 = 2$일 때 다음과 같이 표준화된 회귀계수들의 형태를 쉽게 알 수 있다.

$$\mathbf{r}_{XX} = \begin{bmatrix} 1 & r_{12} \\ r_{12} & 1 \end{bmatrix} \tag{7.54a}$$

$$\mathbf{r}_{YX} = \begin{bmatrix} r_{Y1} \\ r_{Y2} \end{bmatrix} \tag{7.54b}$$

$$\mathbf{r}_{XX}^{-1} = \frac{1}{1 - r_{12}^2} \begin{bmatrix} 1 & -r_{12} \\ -r_{12} & 1 \end{bmatrix} \tag{7.54c}$$

그러므로 (7.52b)에 의해 다음을 얻을 수 있다.

$$\mathbf{b} = \frac{1}{1 - r_{12}^2} \begin{bmatrix} 1 & -r_{12} \\ -r_{12} & 1 \end{bmatrix} \begin{bmatrix} r_{Y1} \\ r_{Y2} \end{bmatrix} = \frac{1}{1 - r_{12}^2} \begin{bmatrix} r_{Y1} - r_{12} r_{Y2} \\ r_{Y2} - r_{12} r_{Y1} \end{bmatrix} \tag{7.55}$$

따라서

$$b_1^* = \frac{r_{Y1} - r_{12} r_{Y2}}{1 - r_{12}^2} \tag{7.55a}$$

$$b_2^* = \frac{r_{Y2} - r_{12} r_{Y1}}{1 - r_{12}^2} \tag{7.55b}$$

■

예 표 7.5a는 그림 6.5b에서의 Dwaine Studios 예에 대한 원 자료의 일부분이 다시 나와 있고 표 7.5b는 상관변환 (7.44)에 의해 변환된 자료이다. 표 7.5a에 있는 평균과 표준편차를 사용하여 첫 번째 변환된 자료의 계산을 실행한다(자릿수버림 효과 때문에 변환된 자료의 마지막 자리에서 차이남).

$$Y_1^* = \frac{1}{\sqrt{n-1}} \left(\frac{Y_1 - \bar{Y}}{s_Y}\right) = \frac{1}{\sqrt{21-1}} \left(\frac{174.4 - 181.90}{36.191}\right) = -.04634$$

$$X_{11}^* = \frac{1}{\sqrt{n-1}} \left(\frac{X_{11} - \bar{X}_1}{s_1}\right) = \frac{1}{\sqrt{21-1}} \left(\frac{68.5 - 62.019}{18.620}\right) = .07783$$

$$X_{12}^* = \frac{1}{\sqrt{n-1}} \left(\frac{X_{12} - \bar{X}_2}{s_2}\right) = \frac{1}{\sqrt{21-1}} \left(\frac{16.7 - 17.143}{.97035}\right) = -.10208$$

표준화회귀모형 (7.45)를 변환 자료로 적합할 때, 표 7.5c에 있는 적합 모형을 얻는다.

$$\hat{Y}^* = .7484 X_1^* + .2511 X_2^*$$

(a) 원 자료			
사례 i	매출 Y_i	대상 인구 X_{i1}	가처분 개인소득 X_{i2}
1	174.4	68.5	16.7
2	164.4	45.2	16.8
...	...	...	...
20	224.1	82.7	19.1
21	166.5	52.3	16.0
	$\bar{Y} = 181.90$	$\bar{X}_1 = 62.019$	$\bar{X}_2 = 17.143$
	$s_Y = 36.191$	$s_1 = 18.620$	$s_2 = .97035$
(b) 변환된 자료			
i	Y_i^*	X_{i1}^*	X_{i2}^*
1	−.04637	.07783	−.10205
2	−.10815	−.20198	−.07901
...	...	...	...
20	.26070	.24835	.45100
21	−.09518	−.11671	−.26336
(c) 적합한 표준화모형			
$\hat{Y}^* = .7484X_1^* + .2511X_2^*$			

표 7.5 상관변환과 적합한 표준화회귀모형 – Dwaine Studios 예

표준화회귀계수 $b_1^* = .7484$, $b_2^* = .2511$은 그림 6.5a에서 STD COEF 칸에 있는 SYSTAT 회귀 결과를 통해 확인할 수 있다. 표준화회귀계수로부터 X_2(가처분 개인소득)가 고정되어 있을 때, X_1(대상 인구)의 표준편차의 한 단위 증가가, X_1이 고정되어 있을 때 X_2 표준편차의 한 단위 증가보다 평균 판매량(Y의 표준편차 단위)에 훨씬 더 큰 증가를 나타냄을 알 수 있다.

원래 변수가 있는 모형에 대한 회귀계수로 돌아가 표준화회귀계수 b_1^*와 b_2^*로 이용하기 위해 (7.53)을 이용한다. 표 7.5에 있는 자료를 이용하여 다음을 얻을 수 있다.

$$b_1 = \left(\frac{s_Y}{s_1}\right)b_1^* = \frac{36.191}{18.620}(.7484) = 1.4546$$

$$b_2 = \left(\frac{s_Y}{s_2}\right)b_2^* = \frac{36.191}{.97035}(.2511) = 9.3652$$

$$\begin{aligned} b_0 &= \bar{Y} - b_1\bar{X}_1 - b_2\bar{X}_2 = 181.90 - 1.4546(62.019) - 9.3652(17.143) \\ &= -68.860 \end{aligned}$$

따라서 원래 변수로 다중회귀모형에 대해 추정된 회귀함수는 다음과 같다.

$$\hat{Y} = -68.860 + 1.455X_1 + 9.365X_2$$

이것은 작은 자릿수버림 효과 차이를 제외하고 6장에서 얻은 적합된 회귀함수와 같다. 여기서 b_1과 b_2는, X_1이 1000명의 사람들에 대한 단위이고 X_2가 1000달러에 대한 단위이기

때문에 직접 비교될 수 없다.

때때로 표준화회귀계수 $b_1^* = .7484$와 $b_2^* = .2511$은 b_1^*이 b_2^*보다 훨씬 크므로 가처분 개인소득(X_2)보다 대상 인구(X_1)가 판매량에 대해 훨씬 더 큰 영향을 미치는 것으로 해석된다. 하지만 다음 절에서 알아보겠지만, 표준화가 되었든 되지 않았든 간에 어떤 회귀계수를 해석하는 것에 대해서는 주의해야만 한다. 그 이유는 예측변수들이 서로 상관이 있을 때 회귀계수들은 모형에 있는 다른 예측변수들에 의해 영향을 받기 때문이다. Dwaine Studios 자료에 대해, X_1과 X_2 간 상관은 그림 6.4b에 있는 상관행렬에서 보이는 것처럼 $r_{12} = .781$이다.

표준화회귀계수의 크기는 예측변수들 간 상관의 존재에 의해서뿐만 아니라 각 변수들의 관측값에 대한 간격에 의해서도 영향을 받는다. 이러한 간격은 꽤 임의적일 때가 있다. 따라서 보통 표준화회귀계수의 크기를 예측변수의 상대적인 중요성을 반영하는 것으로 해석하는 것은 현명하지 않다.

부연설명

1. 몇몇 컴퓨터 패키지는 원래의 변수들에 있는 모형에 대한 회귀계수 b_k뿐만 아니라 그림 6.5a의 SYSTAT 결과물처럼 표준화계수 b_k^*를 나타낸다. 표준화계수는 때때로 결과물에서 베타 계수(beta coefficient)로 표시된다.
2. 몇몇 컴퓨터 결과물은 X 변수들의 상관행렬에 대한 행렬식의 크기를 보여 준다. 이 행렬식의 0 근처 값은 X 변수들 간 높은 선형 관계를 나타내고 자릿수버림오차에 대한 높은 가능성을 나타낸다. 두 개의 X 변수들에 대해 이 행렬식은 (7.54)에서 $1 - r_{12}^2$이라고 나타나는데, 이것은 r_{12}^2이 1에 가까워질수록 0에 가까워진다.
3. 회귀계수 b_0^*는 자료에 대해 항상 0이기 때문에 절편이 없는 회귀를 허락하지 않는 컴퓨터 패키지라도 상관변환을 사용하는 것이 가능하다. 다른 회귀계수는 맞게 계산된다.
4. (7.44)에 있는 상관변환 수정 없이 표준화변수 (7.43)을 사용하는 것은 상관변환 변수들에 대하여 (7.52b)에 있는 것과 같은 표준화회귀계수를 얻을 것이다. 하지만 $\mathbf{X}'\mathbf{X}$ 행렬의 원소는 -1과 1 사이에 한정되지 않을 것이다. ■

7.6 ■ 다중공선성과 그 효과

다중회귀분석에서 예측변수, 또는 설명변수들과 반응변수들 간 관계의 특징이나 유의성에 관심이 집중되는 경우가 많다. 몇 개 질문이 자주 제기된다.

1. 다른 예측변수들의 효과에 대한 상대적인 중요성은 무엇인가?
2. 주어진 예측변수가 반응변수에 미치는 효과의 크기는 무엇인가?
3. 반응변수에 영향을 거의 미치지 않기 때문에 모형에서 제외될 수 있는 예측변수는 무엇인가?
4. 모형에 아직 포함되지 않은 예측변수 중 어떤 것이 포함이 가능한 것으로 고려되어야 하는가?

만약 모형에 포함된 예측변수가 (1) 그들 사이에 서로 상관이 없거나 (2) 반응변수와 관련이 있지만 모형에서 제외된 어떤 다른 예측변수와 상관이 없다면, 이러한 질문에 대한 답은 상대적으로 간단하다. 불운하게도 경영, 경제, 사회과학, 생물과학에서의 많은 비실험적인 상황에서 예측변수, 즉 설명변수는 서로 상관이 있는 경향이 있으며, 반응변수들과는 관련이 있지만 모형에는 포함되지 않는 변수들과도 상관이 있는 경향이 있다. 예를 들어 설명변수들인 가정 수입, 가정 저축, 가정 구성원의 나이에 대해 가정의 식비에 대한 회귀에서 설명변수들은 서로 상관이 있을 것이다. 더 나아가 또한 가족 구성원의 크기와 같은, 가정 식비에 영향을 미치지만 모형에 포함되지 않는 다른 사회경제 변수들과도 상관이 있을 것이다.

예측변수들이 서로 상관이 있을 때, **급간상관**(intercorrelation)이나 **다중공선성**(multicollinearity)은 존재한다고 한다(때때로 예측변수들 간 상관이 매우 높을 때 후자 용어가 사용된다). 이제 예측변수들 간 다중공선성에 의해 생긴 다양한 급간상관 문제를 알아볼 것이다. 하지만 그 전에 예측변수들이 상관이 없는 경우부터 살펴볼 것이다.

상관이 없는 예측변수들

표 7.6은 작업원 생산성(work crew productivity)(Y)에 영향을 미치는 일하는 작업원의 수(X_1)와 보너스 지급 수준(X_2)에 대한 적은 스케일의 실험에 대한 자료이다. 예측변수 X_1과 X_2는 상관이 없다. 즉, $r_{12}^2 = 0$이다. 여기서 r_{12}^2는 X_1과 X_2 간 단순한 결정계수를 나타낸다. 표 7.7a는 적합회귀함수와 X_1과 X_2가 모두 모형에 포함될 때의 분산분석표이며, 표 7.7b는 X_1만이 모형에 포함될 때, 표 7.7c는 X_2만이 모형에 포함될 때의 분산분석표이다.

표 7.7에서 알아야 할 중요한 특징은 X_1, $b_1 = 5.375$에 대한 회귀계수가 모형에 X_1만이 포함되거나, 혹은 두 예측변수가 포함되거나 같다는 것이다. $b_2 = 9.250$에 대해서도 같은 상황이다. 이것은 상관이 없는 두 개의 예측변수들에 대한 결과이다.

따라서 예측변수들 간 상관이 없을 때, 일차회귀모형에 의한 효과들은 다른 예측변수들이 모형에서 포함되는지 아닌지에 관계 없이 같다. 이러한 이유로 통제된 실험에서는 가능한 한 예측변수들의 수준을 서로 상관이 없도록 정해야 한다.

표 7.7의 또 다른 중요한 특징은 오차제곱합과 관련이 있다. 표 7.7로부터 추가제곱합

사례 i	작업원의 수 X_{i1}	보너스 지급액 (달러) X_{i2}	작업원의 생산성 Y_i
1	4	2	42
2	4	2	39
3	4	3	48
4	4	3	51
5	6	2	49
6	6	2	53
7	6	3	61
8	6	3	60

표 7.6 상관관계가 없는 예측변수 – 작업원 생산성 예

(a) X_1과 X_2에서 Y의 회귀
$\hat{Y} = .375 + 5.375X_1 + 9.250X_2$

변동요인	SS	df	MS
회귀	402.250	2	201.125
오차	17.625	5	3.525
합계	419.875	7	

(b) X_1에서 Y의 회귀
$\hat{Y} = 23.500 + 5.375X_1$

변동요인	SS	df	MS
회귀	231.125	1	231.125
오차	188.750	6	31.458
합계	419.875	7	

(c) X_2에서 Y의 회귀
$\hat{Y} = 27.250 + 9.250X_2$

변동요인	SS	df	MS
회귀	171.125	1	171.125
오차	248.750	6	41.458
합계	419.875	7	

표 7.7 예측변수가 상관이 없을 때 회귀분석의 결과 – 작업원 생산성 예

$SSR(X_1|X_2)$가 회귀모형에 X_1만이 있을 때 회귀제곱합 $SSR(X_1)$과 같다는 것을 주목하라.

$$\begin{aligned} SSR(X_1|X_2) &= SSE(X_2) - SSE(X_1, X_2) \\ &= 248.750 - 17.625 = 231.125 \\ SSR(X_1) &= 231.125 \end{aligned}$$

이와 같이 추가제곱합 $SSR(X_2|X_1)$은 회귀모형에 X_2만이 있을 때 회귀제곱합인 $SSR(X_2)$와 같다.

$$\begin{aligned} SSR(X_2|X_1) &= SSE(X_1) - SSE(X_1, X_2) \\ &= 188.750 - 17.625 = 171.125 \\ SSR(X_2) &= 171.125 \end{aligned}$$

일반적으로 두 개 혹은 더 많은 예측변수가 상관관계가 없다면, 또 다른 예측변수가 모형 안에 포함되어 있을 때에 한 개의 예측변수가 오차제곱합을 줄이는 한계 기여는, 이 예측변수만 모형에 홀로 있는 경우와 거의 동일하다고 할 수 있다.

부연설명

X_1이 X_2와 상관관계가 없는 경우에 X_1의 회귀계수는 X_2가 회귀모형 안에 첨가되더라도 변함이 없다는 것을 보여 주기 위해, 다음에 나와 있는 두 개의 예측변수가 포함된

일차다중회귀모형의 b_1에 대한 대수적 표현을 고려해 보자.

$$b_1 = \frac{\dfrac{\sum(X_{i1} - \bar{X}_1)(Y_i - \bar{Y})}{\sum(X_{i1} - \bar{X}_1)^2} - \left[\dfrac{\sum(Y_i - \bar{Y})^2}{\sum(X_{i1} - \bar{X}_1)^2}\right]^{1/2} r_{Y2}r_{12}}{1 - r_{12}^2} \tag{7.56}$$

여기서 이전에 언급했듯이 r_{Y2}는 Y와 X_2의 표본상관계수를 나타내는 것이고, r_{12}는 X_1과 X_2의 표본상관계수를 나타내는 것이다.

만약 X_1과 X_2가 상관관계가 없다면 $r_{12} = 0$이고, (7.56)은 다음과 같이 정리된다.

$$b_1 = \frac{\sum(X_{i1} - \bar{X}_1)(Y_i - \bar{Y})}{\sum(X_{i1} - \bar{X}_1)^2} \qquad r_{12} = 0 \tag{7.56a}$$

그러나 (7.56a)는 (1.10a)에 따르면 Y와 X_1의 단순선형회귀에서 기울기의 추정치이다.

이와 같이 X_1과 X_2가 상관관계가 없다면, X_2를 회귀모형에 포함하는 것은 X_1의 회귀계수를 바꾸지 않는다. 반대로 X_1을 회귀모형에 추가하는 것은 X_2의 회귀계수를 바꾸지 않는다. ■

예측변수들이 완전 상관됐을 때 문제점의 특성

다중공선성 문제의 본질적 특성을 살펴보기 위해 두 개의 예측변수들이 완전히 상관되어 있는 간단한 예를 보도록 하자. 표 7.8에 있는 자료는 4개의 표본 관측값에 대해 반응변수와 두 개의 예측변수들을 나타내고 있다. Mr. A에게 이를 일차다중회귀함수에 적합시키기를 요청하였다.

$$E\{Y\} = \beta_0 + \beta_1 X_1 + \beta_2 X_2 \tag{7.57}$$

그는 빠른 시간에 적합된 반응함수를 얻어내었다.

$$\hat{Y} = -87 + X_1 + 18X_2 \tag{7.58}$$

그는 자료들을 완전히 적합시킨 반응함수 때문에 굉장히 자랑스러워하였다. 적합값은 표 7.8에서 볼 수 있다.

Ms. B에게도 (7.57)과 같은 반응함수에 같은 자료를 적합시키기를 요청하였고 그녀 역시 반응함수를 얻었다.

사례 i	X_{i1}	X_{i2}	Y_i	회귀함수의 적합값 (7.58)	회귀함수의 적합값 (7.59)
1	2	6	23	23	23
2	8	9	83	83	83
3	6	8	63	63	63
4	10	10	103	103	103

반응함수:

$\hat{Y} = -87 + X_1 + 18X_2$ (7.58)

$\hat{Y} = -7 + 9X_1 + 2X_2$ (7.59)

표 7.8 완전 상관관계가 있는 예측변수의 예

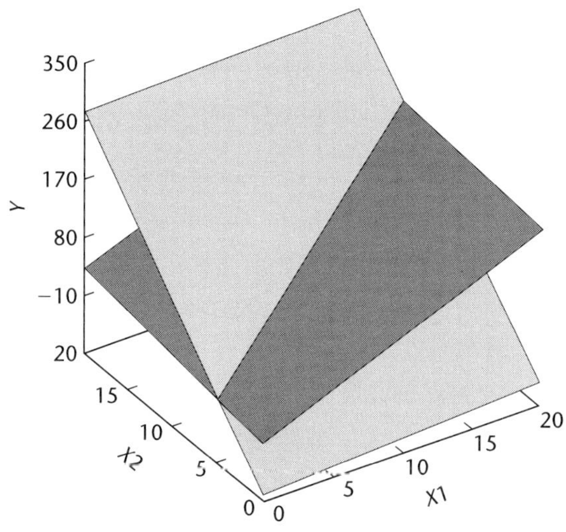

그림 7.2 $X_2 = 5 + .5X_1$일 때, 두 개의 반응평면

$$\hat{Y} = -7 + 9X_1 + 2X_2 \tag{7.59}$$

그녀의 반응함수도 자료를 완벽히 적합시켰고, 이는 표 7.8에서 볼 수 있다.

이것에서 볼 수 있듯 무한히 많은 반응변수들이 표 7.8에 있는 자료들을 완벽히 적합시킬 수 있다. 그 이유는 예측변수 X_1과 X_2가 완벽하게 관련성이 있기 때문이고, 다음의 연관성을 따른다.

$$X_2 = 5 + .5X_1 \tag{7.60}$$

그림 7.2에서 볼 수 있듯 적합된 반응변수 (7.58)과 (7.59)는 완전히 다른 반응표면이라는 것에 주목해야 한다. 두 개의 반응표면은 그들이 교차될 때 같은 적합값을 갖고 있다. 이는 X_1과 X_2가 (7.60)과 같이 $X_2 = 5 + .5X_1$의 관계를 따를 때 발생한다.

따라서 우리의 예에서처럼 X_1과 X_2가 완전 관계가 있다고 한다면, 이 자료는 어떠한 확률오차도 포함하고 있지 않을 것이며, 많은 서로 다른 반응함수가 관측값에 대한 완벽한 적합값을 만들어 낼 수 있고, X_1과 X_2의 관계를 따르는 (X_1, X_2)의 서로 다른 조합에 대해 같은 적합값을 만들어 낸다. 하지만 이들 반응함수는 같지 않으며 X_1과 X_2의 관계를 따르지 않는 다른 (X_1, X_2)의 조합에 대하여 다른 적합값을 만들어 낸다.

이 예에서 두 개의 중요한 결과가 있다.

1. X_1과 X_2 사이에 완벽한 상관관계가 있는 것은 자료에서 좋은 적합을 얻는 것을 막지 않는다.
2. 많은 다른 반응함수들이 같은 좋은 적합을 제공하기 때문에 어떤 하나의 회귀계수가 예측변수의 효과를 반영하고 있다고 해석하지 못한다. 따라서 (7.58)의 반응함수에서 $b_1 = 1$이고 $b_2 = 18$이라는 것은 X_2가 주요한 예측변수이고 X_1이 작은 역할을 한다고 말할 수 없는데, 이는 (7.59) 역시 똑같이 좋은 적합을 보이는 반응함수이고 이 식에서의 회귀계수는 반대의 가중값을 갖고 있기 때문이다.

다중공선성의 영향

실제 응용에서 예측변수들이 완벽히 연관되어 있거나 자료에 확률오차 부분이 전혀 포함되지 않은 경우는 찾기 힘들다. 그럼에도 불구하고 이상적 예에서 오는 시사점은 여전히 주목할 만하다.

1. 몇몇 혹은 모든 예측변수들이 그들끼리 연관성이 있다는 사실은 보통 우리가 좋은 적합된 함수를 찾는 것을 방해하거나 관측값의 영역에서만 추론이 이루어진다면 평균반응에 대해서 추정 혹은 새로운 관측값을 예측하는 데 많은 영향을 끼치지는 않는다(그림 6.3은 두 예측변수 경우에 대해 관측값들의 영역에 대한 개념을 보여 주고 있다).
2. 많은 여러 회귀함수들이 우리의 이상적인 예에서 자료들에 대해 똑같이 좋은 적합을 제공하는 것은, 예측변수들이 높은 상관성이 있을 때 추정된 회귀계수들이 큰 변동성을 보이는 경향이 있기 때문이다. 따라서 추정된 회귀계수들이 예측변수들과 높은 상관관계가 있다면 표본마다 아주 심하게 변동하는 경향이 있다. 결과적으로 하나하나의 참회귀계수에 대해서 부정확한 정보만이 가능해질 수 있다. 물론 많은 추정된 회귀계수들이 반응변수와 예측변수들 간의 뚜렷한 통계적 관계가 존재하더라도 통계적으로 유의하지 않을 수 있다.
3. 회귀계수에 대한 보통의 해석은 주어진 예측변수가 한 단위 증가할 때 다른 예측변수들은 상수로 놓고 반응변수의 기댓값의 변화된 값이지만, 다중공선성이 있다면 그대로 적용되지 않는다. 개념적으로는 한 예측변수를 변화시키고 다른 것들을 상수로 놔두는 것이 가능할지 모르지만, 현실에서 예측변수들의 상관관계가 높을 때 이는 불가능하다. 예를 들어 비의 양과 일조 시간으로부터 작물 수확을 예측하는 회귀모형을 만들었다고 할 때, 두 예측변수들과의 관계는 한 예측변수를 변화시키고 다른 예측변수를 상수로 두는 것을 불가능하게 만든다. 따라서 한계 효과를 측정하는 회귀계수의 간단한 해석은 예측변수들 간의 상관관계가 높을 때에는 부적절하다.

다중공선성의 영향을 체지방 예를 통해 알아보자. 표 7.1에 기본 자료의 일부가 주어져

(a) X 변수의 산점도행렬

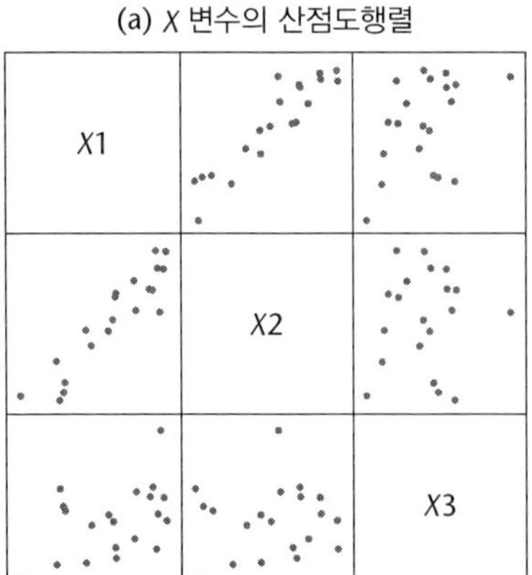

(b) X 변수의 상관행렬

$$\mathbf{r}_{XX} = \begin{bmatrix} 1.0 & .924 & .458 \\ .924 & 1.0 & .085 \\ .458 & .085 & 1.0 \end{bmatrix}$$

그림 7.3 예측변수에 대한 산점도행렬과 상관행렬 – 체지방 예

있고, 다른 적합된 모형에서의 회귀 결과가 표 7.2에 주어져 있다. 그림 7.3은 산점도행렬과 예측변수들의 상관행렬을 포함하고 있다. 산점도행렬로부터 예측변수 X_1과 X_2가 높은 상관관계를 보이고 있다는 것을 확인할 수 있다. X 변수의 상관행렬은 단순상관의 계수가 $r_{12} = .924$라는 것을 보여 주고 있다. 반면에 X_3은 X_1, X_2 각각과 높은 관련성을 가지고 있지는 않다. 상관행렬은 상관계수가 $r_{13} = .458$이고 $r_{23} = .085$라는 것을 보여 주고 있다. 하지만 X_3는 X_1, X_2와 동시에 높은 상관관계를 보이고 있다. X_3를 X_1과 X_2로 회귀시킬 때의 다중결정계수는 .998이다.

회귀계수의 영향. 표 7.2로부터 X_1 삼두근 피하지방 두께를 나타내는 회귀계수가 다른 변수들이 포함되는가에 의해 현저한 변동을 일으킨다는 것을 알 수 있다.

모형에서의 변수	b_1	b_2
X_1	.8572	—
X_2	—	.8565
X_1, X_2	.2224	.6594
X_1, X_2, X_3	4.334	−2.857

이 이야기는 X_2의 회귀계수에도 똑같이 적용된다. 더욱이 회귀계수 b_2는 X_1과 X_2가 포함되어 있는 모형에서 X_3가 모형에 추가됨에 따라 부호까지 바뀐다.

여기서 도출해 내야 할 중요한 결론은, 예측변수들이 상관관계가 있을 때 어떤 한 변수의 회귀계수가 다른 예측변수가 모형에 포함되거나 빠질 때 영향을 받는다는 것이다. 따라서 회귀계수는 반응변수에 대한 어떤 특정 예측변수의 본래의 효과를 반영하지 못하고 다른 상관관계가 있는 예측변수가 모형에 포함되어 있는지의 여부에 따라 부분 효과만 반영된다.

부연설명

회귀모형에서 빠진 상호관련이 있는 예측변수들이 회귀모형에서 회귀계수에 어떻게 영향을 주는지에 대한 다른 예는 적합된 회귀모형에서 회귀계수의 부호 때문에 당혹감을 느낀 분석가에서 찾을 수 있다. 분석가는 어떤 지역의 회사 매출에 대한 회귀를 지역의 인구수, 1인당 수입, 그리고 몇몇 다른 예측변수에서 찾고자 하는데, 상담 인구수의 회귀계수가 음수로 나타났고 신뢰구간 또한 음수였다. 상담가는 분석가가 주 경쟁자의 시장침투를 예측변수로 포함하지 않았던 것을 발견하였다. 경쟁자는 인구수가 많은 지역에서 가장 활동적이고 영향력 있는 회사로, 이 지역에서의 회사 매출을 작게 만들었다. 이 예측변수를 모형에서 제외하였기 때문에 인구수 변수에 대해 음의 계수가 나왔다. ■

추가제곱합의 영향. 예측변수가 상관되어 있을 때, 어떤 한 예측변수가 오차제곱합을 줄이는 한계 기여는 회귀계수가 그러하듯 어떤 변수들이 이미 회귀모형에 들어 있느냐에 따라 다르게 된다. 예를 들어 표 7.2는 X_1에 대한 추가제곱합을 제공한다.

$$SSR(X_1) = 352.27$$
$$SSR(X_1|X_2) = 3.47$$

$SSR(X_1)$과 비교하여 $SSR(X_1|X_2)$이 매우 작은 이유는 X_1과 X_2가 서로 반응변수와 연관성이 높기 때문이다. 따라서 X_2가 이미 회귀모형에 있다면 X_1이 오차제곱합을 줄이는 한계 기여가 상대적으로 작은데, 이는 X_2가 포함되는 것이 X_1과 거의 같은 정보를 주기 때문이다.

같은 이야기를 표 7.2의 X_2에 대해서도 할 수 있다. 여기서 $SSR(X_2|X_1) = 33.17$인데 이는 $SSR(X_2) = 381.97$과 비교했을 때 매우 작은 수치이다. 여기서 내릴 수 있는 중요한 결론은 예측변수들 사이에 상관관계가 있다면, Y의 총 변동을 줄이는 효과를 반영하는 오차제곱합을 어떤 한 예측변수의 몫으로 돌릴 수 없다. 어느 한 예측변수에 의한 총 변동의 감소는 다른 연관성이 있는 예측변수가 이미 모형 안에 포함되어 있는 상황에서 계산되어야 한다.

부연설명

1. 다중공선성은 추가제곱합을 통하여 부분결정계수에도 영향을 줄 수 있다. 표 7.2의 체지방 예에서 보면, 예를 들어 X_1이 Y와 높은 상관관계가 있다.

$$R^2_{Y1} = \frac{SSR(X_1)}{SSTO} = \frac{352.27}{495.39} = .71$$

   하지만 Y와 X_1의 부분결정계수는 X_2가 이미 회귀모형에 포함되어 있을 때는 아주 작아진다.

$$R^2_{Y1|2} = \frac{SSR(X_1|X_2)}{SSE(X_2)} = \frac{3.47}{113.42} = .03$$

   작은 부분결정계수의 이유는 앞에서 보았듯이 X_1과 X_2가 반응변수에 대해 서로 높은 상관관계가 있기 때문이다. 이런 이유로 X_1은 X_2가 제공하고 있는 정보를 넘어서서 추가 정보를 제공하는 양은 아주 작다.

2. 체지방 예에서 알 수 있듯이 상관관계가 있는 다른 예측변수들이 모형에 포함된 후의 예측변수에 대한 추가제곱합은 다른 변수들이 포함되기 전보다 꼭 작아야만 되는 것은 아니다. 특별한 경우에 이는 더 커질 수 있다. 다음의 특별한 자료 집합과 상관행렬을 고려해 보자.

Y	X_1	X_2
20	5	25
20	10	30
0	5	5
1	10	10

$$\begin{array}{c} \\ Y \\ X_1 \\ X_2 \end{array} \begin{array}{c} \begin{array}{ccc} Y & X_1 & X_2 \end{array} \\ \begin{bmatrix} 1.0 & .026 & .976 \\ & 1.0 & .243 \\ & & 1.0 \end{bmatrix} \end{array}$$

   여기서 Y와 X_2는 높은 양의 상관관계가 있는데 Y와 X_1은 거의 상관관계가 없다. 게다가 X_1과 X_2는 적당한 양의 상관관계가 있다. X_1이 모형 안에 있는 유일한 변수일 때 추가제곱합은 $SSR(X_1) = .25$이지만 X_2가 이미 모형 안에 있을 때의 추가제곱합은 $SSR(X_1|X_2) = 18.01$이다. 비슷하게 이 자료로부터 우리가 얻을 수 있는 것은 다음과 같다.

$$SSR(X_2) = 362.49 \qquad SSR(X_2|X_1) = 380.25$$

모형에 다른 예측변수가 포함되어 있을 때 추가제곱합이 늘어나는 것은 이 경우가 특별한 것으로, X_1이 Y와 거의 상관관계가 없지만 X_2와는 적절히 상관관계가 있고 그러한 X_2가 Y와 높은 상관관계가 있기 때문이다. 여기서도 공통으로 적용되는 요점은 추가제곱합은 이미 모형 안에 있는 상관있는 다른 예측변수의 영향을 받는 것이다.

예에서 보았듯이 $SSR(X_1|X_2) > SSR(X_1)$면, X_2를 **억제변수**(suppressor variable)라고도 한다. 예에서 $SSR(X_2|X_1) > SSR(X_2)$이므로 X_1 또한 억제변수이다. ■

$s\{b_k\}$에의 영향. 표 7.2의 체지방 예에서 알 수 있듯이 추정된 회귀계수 b_1과 b_2는 더 많은 예측변수들이 회귀모형에 추가될 때 점점 더 부정밀해진다.

모형에서의 변수	$s\{b_1\}$	$s\{b_2\}$
X_1	.1288	—
X_2	—	.1100
X_1, X_2	.3034	.2912
X_1, X_2, X_3	3.016	2.582

또한 예측변수들 사이에 높은 정도의 다중공선성이 있다면 이는 예측된 회귀계수에 대해 분산을 증가시킨다.

적합된 값과 예측에의 영향. 표 7.2의 체지방 예에서 볼 수 있듯 예측변수들 사이의 심한 다중공선성은 오차항들의 변동성을 측정하는 평균제곱오차가 다른 변수가 회귀모형에 추가될 때마다 계속 감소되는 것을 막지 않는다.

모형에서의 변수	MSE
X_1	7.95
X_1, X_2	6.47
X_1, X_2, X_3	6.15

게다가 관측값의 범위에서의 예측변수에 대한 적합값의 정밀성은 상관있는 예측변수들이 회귀모형에 추가되어도 약화되지 않는다. 평균 체지방의 예측을 삼두근 피하지방 두께(X_1)라는 예측변수만 포함된 모형에서 $X_{h1} = 25.0$일 때 추정하는 경우를 고려해 보자. 적합값과 추정된 표준편차는 다음과 같다(계산생략).

$$\hat{Y}_h = 19.93 \qquad s\{\hat{Y}_h\} = .632$$

높은 상관관계를 가지고 있는 예측변수인 허벅지 둘레(X_2)가 모형에 포함된다면, $X_{h1} = 25.0$이고 $X_{h2} = 50.0$일 때 추정된 평균 체지방과 이것의 표준편차는 다음과 같다.

$$\hat{Y}_h = 19.36 \qquad s\{\hat{Y}_h\} = .624$$

따라서 첫 번째 예측변수와 높은 상관관계가 있는 두 번째 예측변수의 추가에도 불구하고 추정된 평균 반응값의 정밀도는 전과 거의 같다. 이 추정된 평균반응값의 정밀도의 안정성은 X_2가 모형에 추가되었을 때(표 7.2) b_1의 추정된 표준편차가 상당히 커졌음에도 불구하고 이루어졌다. 안정성의 본질적인 이유는 b_1과 b_2 사이의 공분산이 음수여서 (6.79)

에서 주어진 $s^2\{\hat{Y}_h\}$값이 결정될 때 $s^2\{b_1\}$의 증가에 강한 상쇄적 영향을 미치기 때문이다.

세 개의 예측변수 모두가 모형에 포함되어 있을 때 추정된 평균 체지방과 이에 따른 표준편차는 $X_{h1} = 25.0$, $X_{h2} = 50.0$, $X_{h3} = 29.0$일 때 다음과 같다.

$$\hat{Y}_h = 19.19 \qquad s\{\hat{Y}_h\} = .621$$

따라서 처음 두 예측변수와 굉장히 높은 상관관계가 있는 세 번째 예측변수의 추가는 추정된 평균 반응값의 정밀도에 실질적인 영향을 미치지 않는다.

β_k 동시 검정에의 영향. 다중회귀모형을 분석할 때 드물지 않게 남용하는 것이 각각의 회귀계수를 차례차례 $\beta_k = 0$ $(k = 1, \ldots, p - 1)$인지를 결정하기 위하여 (6.51b)의 t^* 통계량을 살펴보는 것이다.

$$t^* = \frac{b_k}{s\{b_k\}}$$

만약 동시추론 과정이 사용되더라도 예측변수들이 높은 상관성이 있을 때 문제점들은 여전히 존재한다.

체지방 예에서 두 개의 예측변수를 포함한 표 7.2c에 나와 있는 $\beta_1 = 0$, $\beta_2 = 0$인지를 검정하려고 한다. 모임 유의수준을 .05로 제한하고, 각각 두 개의 t 검정을 유의수준 .025에서 행하는 Bonferroni 방법을 사용한다. $t(.9875; 17) = 2.46$이 임계값이다. 표 7.2c에 있는 두 개의 t^* 통계량이 절댓값 2.46을 초과하지 않았기 때문에 $\beta_1 = 0$, $\beta_2 = 0$이라고 결론을 내릴 수 있다. 적절한 F 검정 $H_0: \beta_1 = \beta_2 = 0$은 H_a의 결과가 나오는데, 이는 두 개의 계수가 모두 0과 같지 않다는 것이다. 이는 표 7.2c에서 볼 수 있다. 여기서 $F^* = MSR/MSE = 192.72/6.47 = 29.8$인데, 이는 $F(.95; 2, 17) = 3.59$보다 훨씬 큰 값이다.

이런 역설적인 결과가 나오게 된 이유는 (7.15)에서 봤듯이 각각의 t^* 검정이 일반선형검정 접근의 시각으로부터 나온 한계적인 검정이기 때문이다. 따라서 작은 $SSR(X_1|X_2)$는 X_2가 모형에 이미 포함되어 있을 때 X_1이 X_2를 넘어선 더 많은 추가적인 정보를 제공하지 못한다는 것을 가리킨다. 이러한 이유로 $\beta_1 = 0$이라는 결론을 내릴 수 있다. 마찬가지로 여기서 $\beta_2 = 0$이라는 결론도 내릴 수 있다. $SSR(X_2|X_1)$가 작을 때, 이는 X_1이 원래 모형에 포함되어 있을 때 X_2가 추가될 경우 X_1을 넘어서는 더 많은 추가적인 정보를 제공하지 못한다는 것을 가리키기 때문이다. 하지만 X_1과 X_2가 함께 있을 때 두 검정의 한계적 효과는 Y와 두 예측변수 사이의 회귀적 관계가 있을 때 검정하는 것과 같지 않다. 그 이유는 각각의 검정에서 축소모형은 다른 예측변수를 포함하고 있는데 $\beta_1 = 0$, $\beta_2 = 0$임을 검정한다는 것은 예측변수들을 포함하지 않는다는 것이다. 적절한 F 검정은 Y와 X_1, X_2 사이에 확고한 회귀관계가 존재한다고 보는 것이다.

이러한 역설은 세 개의 예측변수가 포함된 회귀모형의 집단 유의수준을 .05로 놓고 세 개의 회귀계수를 동시에 검정하는 표 7.2d에서도 볼 수 있다.

부연설명

1. 7.5절에서도 언급되었듯 0에 가까운 $\mathbf{X}'\mathbf{X}$의 행렬식은 정규방정식의 심각한 자릿수버림오차의 잠재적 원인이다. 심각한 다중공선성은 이 행렬식을 0에 가깝게 만드는 효

과가 있다. 따라서 심각한 다중공선성하에서는 회귀계수는 큰 자릿수버림오차에 영향을 받으며 표본분산 또한 그러하다. 이러한 이유로 정규방정식 계산에 있어 다중공선성이 존재하면 (7.44)에 있는 상관변환을 하는 것이 좋다.

2. 예측변수들 사이에 높은 상호상관(inter correlation)은 추정된 회귀계수를 부정밀하게 만드는 경향(표본에 따라 아주 다른 값이 나타나는)이 있다. 따라서 다중공선성이 존재하면 반응변수와 각 예측변수 사이에 부분상관계수는 표본마다 불규칙적이 된다.
3. 예측변수들 사이의 상호상관이 추정된 회귀계수의 표준편차에 끼치는 영향은 모형 안에 있는 변수들을 (7.44)에서처럼 상관변환이라는 방법에 의해 변환시켰을 때 볼 수 있다. 두 개의 예측변수를 일차모형에 적합시킨 것을 생각해 보자.

$$Y_i = \beta_0 + \beta_1 X_{i1} + \beta_2 X_{i2} + \varepsilon_i \tag{7.61}$$

이 모형에서 변수는 (7.44)에 의해 다음과 같이 변환되었다.

$$Y_i^* = \beta_1^* X_{i1}^* + \beta_2^* X_{i2}^* + \varepsilon_i^* \tag{7.62}$$

표준화모형의 $(\mathbf{X}'\mathbf{X})^{-1}$ 행렬은 (7.50)과 (7.54c)에서 주어졌다.

$$(\mathbf{X}'\mathbf{X})^{-1} = \mathbf{r}_{XX}^{-1} = \frac{1}{1-r_{12}^2}\begin{bmatrix} 1 & -r_{12} \\ -r_{12} & 1 \end{bmatrix} \tag{7.63}$$

추정된 회귀계수의 분산공분산행렬은 (6.46)과 (7.63)에 의해 다음과 같다.

$$\boldsymbol{\sigma}^2\{\mathbf{b}\} = (\sigma^*)^2 \mathbf{r}_{XX}^{-1} = (\sigma^*)^2 \frac{1}{1-r_{12}^2}\begin{bmatrix} 1 & -r_{12} \\ -r_{12} & 1 \end{bmatrix} \tag{7.64}$$

여기서 $(\sigma^*)^2$은 표준화모형 (7.62)의 오차항 분산이다. 추정된 회귀계수 b_1^*와 b_2^*는 같은 분산을 갖는 것을 볼 수 있다.

$$\sigma^2\{b_1^*\} = \sigma^2\{b_2^*\} = \frac{(\sigma^*)^2}{1-r_{12}^2} \tag{7.65}$$

그리고 X_1과 X_2의 상관관계가 증가할수록 각각의 분산이 커진다. 실제로 X_1과 X_2가 거의 완벽한 상관관계를 갖게 되면(r_{12}^2이 1에 가까워지면) b_1^*와 b_2^*의 분산은 무한히 커진다.

4. 회귀계수를 동시 검정할 때에 예측변수의 집합들이 반응변수와 관련이 있을 수 있다. 그러나 회귀계수에 대해 모든 각각의 검정을 하게 되면 이것은 0으로 결론 내린다. 이것은 명백히 역설적인 결과이지만 특별한 상황에서는 가능한데, 예측변수들 사이에 다중공선성이 없을 때에도 가능하다. 하지만 이러한 특별한 상황은 실제에서 찾기가 힘들다. ■

다중공선성에 대한 좀 더 강력한 진단의 필요

앞에서 보았듯이 예측변수들 사이의 다중공선성은 해석과 적합된 회귀모형을 사용하는 데 아주 중요한 영향을 미친다. 다중공선성을 확인하는 데 고려되는 진단 도구는 예측변수들 사이의 쌍쌍의 표본상관계수인데, 이는 도움이 될 때가 많다. 하지만 다중공선성이 심하게 존재함에도 쌍별로 구하는 상관계수로는 밝혀내는 것이 불가능한 경우가 많다. 10장에서는 심각한 다중공선성의 존재에 대해 좀 더 강력하게 진단할만한 도구를 다룰 것이다. 다중공선성의 영향을 줄이기 위한 방법들은 11장에서 다뤄질 것이다.

인용문헌

7.1. Kennedy, W. J., Jr., and J. E. Gentle. *Statistical Computing*. New York: Marcel Dekker, 1980.

문제

7.1. 다음의 추가제곱합과 관련된 자유도를 서술하여라. (1) $SSR(X_1|X_2)$, (2) $SSR(X_2|X_1, X_3)$, (3) $SSR(X_1, X_2|X_3, X_4)$, (4) $SSR(X_1, X_2, X_3|X_4, X_5)$

7.2. 어떤 관점에서 회귀제곱합 $SSR(X_1)$이 추가제곱합이 되는지 설명하여라.

7.3. 문제 6.5의 **브랜드 선호도(Brand preference)**를 참조하여라.

a. 분산분석표를 구하고 회귀제곱합을 X_1과, X_1이 주어졌을 때 X_2 추가제곱합으로 나누어라.

b. X_1이 모형에 있을 때 X_2를 회귀모형에서 빼도 되는지를 검정하여라. 유의수준 .01에서의 F^* 검정통계량을 이용하여라. 가설들, 결정규칙, 결론을 서술하여라. 이 검정의 P값은 얼마인가?

*7.4. 문제 6.9의 **식료품 소매업(Grocery retailer)**을 참조하여라.

a. 분산분석표를 구하고 회귀제곱합을 X_1; X_1이 주어졌을 때 X_3; X_1, X_3이 주어졌을 때 X_2 추가제곱합으로 나누어라.

b. X_1, X_3이 모형에 있을 때 X_2를 회귀모형에서 빼도 되는지를 검정하여라. $\alpha = .05$에서의 F^* 검정통계량을 이용하여라. 가설들, 결정규칙, 결론을 서술하여라. 이 검정의 P값은 얼마인가?

c. $SSR(X_1) + SSR(X_2|X_1)$은 $SSR(X_2) + SSR(X_1|X_2)$인가? 이는 모든 경우에 대해 항상 성립하는가?

*7.5. 문제 6.15의 **환자 만족도(Patient satisfaction)**를 참조하여라.

a. 분산분석표를 구하고 회귀제곱합을 X_2; X_2가 주어졌을 때 X_1; X_1, X_2가 주어졌을 때 X_3 추가제곱합으로 나누어라.

b. X_1, X_2가 모형에 있을 때 X_3을 회귀모형에서 빼도 되는지를 검정하여라. 유의수준 .025에서의 F^* 검정통계량을 이용하여라. 가설들, 결정규칙, 결론을 서술하여라. 이 검정의 P값은 얼마인가?

*7.6. 문제 6.15의 **환자 만족도(Patient satisfaction)**를 참조하여라. X_1이 모형에 있을 때 X_2, X_3을 회귀모형에서 빼도 되는지를 검정하여라. $\alpha = .025$를 이용하여라. 가설들, 결정

규칙, 결론을 서술하여라. 이 검정의 P값은 얼마인가?

7.7. 문제 6.18의 **상업용 부동산(Commercial properties)**을 참조하여라.

a. 분산분석표를 구하고 회귀제곱합을 X_4; X_1이 주어졌을 때 X_4; X_1, X_4가 주어졌을 때 X_2; X_1, X_2, X_4가 주어졌을 때 X_3 추가제곱합으로 나누어라.

b. X_1, X_2, X_4가 모형에 있을 때 X_3을 회귀모형에서 빼도 되는지를 검정하여라. 유의수준 .01에서의 F^* 검정통계량을 이용하여라. 가설들, 결정규칙, 결론을 서술하여라. 이 검정의 P값은 얼마인가?

7.8. 문제 6.18과 7.7의 **상업용 부동산(Commercial properties)**을 참조하여라. X_1, X_4가 모형에 있을 때 X_2, X_3을 회귀모형에서 빼도 되는지를 검정하여라. $\alpha = .01$을 이용하여라. 가설들, 결정규칙, 결론을 서술하여라. 이 검정의 P값은 얼마인가?

*7.9. 문제 6.15의 **환자 만족도(Patient satisfaction)**를 참조하여라. $\beta_1 = -1.0$, $\beta_2 = 0$인지 검정하여라. $\alpha = .025$를 이용하여라. 가설들, 완전모형과 축소모형, 결정규칙, 결론을 서술하여라.

7.10. 문제 6.18의 **상업용 부동산(Commercial properties)**을 참조하여라. $\beta_1 = -.1$, $\beta_2 = .4$인지 검정하여라. $\alpha = .01$를 이용하여라. 가설들, 완전모형과 축소모형, 결정규칙, 결론을 서술하여라.

7.11. 표 7.6의 작업원 생산성(work crew productivity) 예를 참조하여라.

a. R^2_{Y1}, R^2_{Y2}, R^2_{12}, $R^2_{Y1|2}$, $R^2_{Y2|1}$, R^2을 계산하여라. 각각의 계수 측정값을 설명하고 결과에 대하여 해석하여라.

b. 두 예측변수가 상관관계가 없기 때문에 (a) 부분에서 얻어진 특별한 결과가 있는가?

7.12. 문제 6.5의 **브랜드 선호도(Brand preference)**를 참조하여라. R^2_{Y1}, R^2_{Y2}, R^2_{12}, $R^2_{Y1|2}$, $R^2_{Y2|1}$, R^2을 계산하여라. 각각의 계수 측정값을 설명하고 결과에 대하여 해석하여라.

*7.13. 문제 6.9의 **식료품 소매업(Grocery retailer)**을 참조하여라. R^2_{Y1}, R^2_{Y2}, R^2_{12}, $R^2_{Y1|2}$, $R^2_{Y2|1}$, $R^2_{Y2|13}$, R^2을 계산하여라. 각각의 계수 측정값을 설명하고 결과에 대하여 해석하여라.

*7.14. 문제 6.15의 **환자 만족도(Patient satisfaction)**를 참조하여라.

a. R^2_{Y1}, $R^2_{Y1|2}$, $R^2_{Y1|23}$을 계산하여라. X_2에 대해 조정했을 때 Y와 X_1 사이의 한계 선형 관계 정도는 얼마나 영향을 받는가? X_2와 X_3 모두 대해 조정했을 때는 어떻게 되는가?

b. Y와 X_2 사이의 한계 선형 관계 정도에 대해 (a)에서 했던 것과 비슷한 분석을 시행하여라. (a)에서 했던 Y와 X_1 사이와 비슷한 결과를 찾을 수 있는가?

7.15. 문제 6.18과 7.7의 **상업용 부동산(Commercial properties)**을 참조하여라. R^2_{Y4}, R^2_{Y1}, $R^2_{Y1|4}$, R^2_{14}, $R^2_{Y2|14}$, $R^2_{Y3|124}$, R^2을 계산하여라. 각각의 계수 측정값을 설명하고 결과에 대해 해석하여라. X_4에 대해 조정했을 때 Y와 X_1 사이의 한계 선형 관계 정도는 얼마나 영향을 받는가?

7.16. 문제 6.5의 **브랜드 선호도(Brand preference)**를 참조하여라.

a. 상관변환 (7.44)를 통해 변수들을 변환하고 표준화회귀모형 (7.45)에 적합시켜라.

b. 표준화회귀계수 b_1^*를 해석하여라.

c. (7.53)을 이용하여 추정된 표준화회귀계수를 원래 변수의 적합된 회귀모형으로 변환하여라. 그리고 문제 6.5b에서 얻은 것과 같은지 확인하여라.

*7.17. 문제 6.9의 **식료품 소매업(Grocery retailer)**을 참조하여라.

a. 상관변환 (7.44)를 통해 변수들을 변환하고 표준화회귀모형 (7.45)에 적합시켜라.

b. 예측변수의 모든 쌍별로 행렬식의 계수를 계산하여라. 표준화회귀계수를 다른 변수들을 상수로 두었을 때 한 개의 예측변수의 효과를 반영하는 것으로 생각하는 것이 타당한가?

c. (7.53)을 이용하여 추정된 표준화회귀계수를 원래 변수의 적합된 회귀모형으로 변환하여라. 그리고 문제 6.10a에서 얻은 것과 같은지 확인하여라.

*7.18. 문제 6.15에 나온 **환자 만족도(Patient satisfaction)**를 참조하여라.

a. 상관변환 (7.44)를 통해 변수들을 변환하고 표준화회귀모형 (7.45)에 적합시켜라.

b. 예측변수의 모든 쌍별로 행렬식의 계수를 계산하여라. 표준화회귀계수를 다른 변수들을 상수로 두었을 때 한 개의 예측변수의 효과를 반영하는 것으로 생각하는 것이 타당한가?

c. (7.53)을 이용하여 추정된 표준화회귀계수를 원래 변수의 적합된 회귀모형으로 변환하여라. 그리고 문제 6.15c에서 얻은 것과 같은지 확인하여라.

7.19. 문제 6.18의 **상업용 부동산(Commercial properties)**을 참조하여라.

a. 상관변환 (7.44)를 통해 변수들을 변환하고 표준화회귀모형 (7.45)에 적합시켜라.

b. 표준화회귀계수 b_2^*를 해석하라.

c. (7.53)을 이용하여 추정된 표준화회귀계수를 원래 변수의 적합된 회귀모형으로 변환하여라. 그리고 문제 6.18c에서 얻은 것과 같은지 확인하여라.

7.20. 발표자가 응용 회귀분석 워크샵에서 다음과 같이 말했다. "경영이나 사회과학 분야에서, 설문조사 자료에서 어느 정도의 다중공선성은 실질적으로 불가피하다." 이는 실험 자료에서도 그대로 적용되는 말인가?

7.21. 표 7.8의 완벽한 상관관계가 있는 예를 참조하여라.

a. (7.58), (7.59)의 반응함수와 비슷한 자료를 완벽히 적합할 수 있는 다른 반응함수를 찾아내어라.

b. 자료를 완전히 적합할 수 있는 수없이 많은 반응표면 중 교차지점은 어디인가?

7.22. 조사 분석가의 결과보고서에 대해 감독자가 말했다. "우리 모형에서 매출을 예측하는 세 개의 예측변수에 대한 모든 추정된 회귀계수는 통계적으로 유의하다. 우리의 새로운 예비모형은 7개의 예측변수가 있다. 이는 세 개의 예측변수가 있는 작은 모형을 포함하고 있는데, 덜 만족스러운 이유는 7개의 회귀계수 중 두 개만이 통계적으로 유의하기 때문이다. 하지만 처음 몇 번의 시도에서는 확장된 모형이 작은 모형보다

더 정밀한 매출 예측을 하고 있다. 이러한 이례적 상황에 대한 이유는 지금 조사 중이다." 이에 대해 설명하여라.

7.23. 두 작가가 다음과 같이 썼다. "우리의 연구는 다중회귀모형을 사용하고 있다. 우리의 이론에서 중요하다고 생각되는 두 개의 예측변수가 자료에서 높은 상관계수를 보이고 있다. 이는 예측변수 각각의 효과를 따로 평가하기 어렵게 만든다. 하지만 우리는 두 변수를 모두 모형 안에 그대로 두고 있는데 다중 결정계수 값이 높아 이 어려움을 중요치 않게 만들기 때문이다." 이에 대해 설명하여라.

7.24. 문제 6.5에 나오는 **브랜드 선호도(Brand preference)**를 참조하여라.

a. 브랜드 선호도(Y)와 수분 함량(X_1)에 대해 일차단순선형회귀모형 (2.1)을 적합시켜라. 적합된 회귀함수에 대해 논하여라.

b. (a)에서 얻은 수분 함량에 대한 추정된 회귀계수와 문제 6.5b에서 얻은 이에 대응하는 회귀계수에 대해 비교하여라. 무엇을 알아낼 수 있는가?

c. $SSR(X_1)$과 $SSR(X_1|X_2)$는 같은가? 그렇지 않다면 상당한 차이가 있는가?

d. 문제 6.5a에서 얻은 상관계수행렬을 참조하여라. (b)와 (c)에서의 결과에 어떤 영향을 주었는지 생각해 보아라.

*7.25. 문제 6.9의 **식료품 소매업(Grocery retailer)**을 참조하여라.

a. 반입 작업 총 시간(Y)과 반입량(X_1)에 대해 일차단순선형회귀모형 (2.1)을 적합시켜라. 적합된 회귀함수에 대해 논하여라.

b. (a)에서 얻은 반입량에 대한 추정된 회귀계수와 문제 6.10a에서 얻은 이에 대응하는 회귀계수에 대해 비교하여라. 무엇을 알아낼 수 있는가?

c. $SSR(X_1)$과 $SSR(X_1|X_2)$는 같은가? 그렇지 않다면 상당한 차이가 있는가?

d. 문제 6.9c에서 얻은 상관행렬을 참조하여라. (b)와 (c)에서의 결과에 어떤 영향을 주었는지 생각해 보아라.

*7.26. 문제 6.15의 **환자 만족도(Patient satisfaction)**를 참조하여라.

a. 환자들의 만족도(Y)와 환자들의 나이(X_1), 병의 심각성(X_2)에 대해 일차선형회귀모형 (6.1)을 적합시켜라. 적합된 회귀함수에 대해 논하여라.

b. (a)에서 환자들의 나이와 병의 심각성에 대한 추정된 회귀계수와 문제 6.15c에서 얻은 이에 대응하는 회귀계수에 대해 비교하여라. 무엇을 알아낼 수 있는가?

c. $SSR(X_1)$과 $SSR(X_1|X_3)$는 같은가? $SSR(X_2)$와 $SSR(X_2|X_3)$는 같은가?

d. 문제 6.15b에서 얻은 상관행렬을 참조하여라. (b)와 (c)에서의 결과에 어떤 영향을 주었는지 생각해 보아라.

7.27. 문제 6.18의 **상업용 부동산(Commercial properties)**을 참조하여라.

a. 임대료(Y)와 부동산의 연수(X_1), 크기(X_4)에 대해 일차선형회귀모형 (6.1)을 적합시켜라. 적합된 회귀함수에 대해 논하여라.

b. (a)에서 부동산의 연수와 크기에 대한 추정된 회귀계수와 문제 6.18c에서 얻은 이에 대응하는 회귀계수에 대해 비교하여라. 무엇을 알아낼 수 있는가?

c. $SSR(X_4)$ 과 $SSR(X_4|X_3)$는 같은가? $SSR(X_1)$와 $SSR(X_1|X_3)$은 같은가?

d. 문제 6.18b에서 얻은 상관행렬을 참조하여라. (b)와 (c)에서의 결과에 어떤 영향을 주었는지 생각해 보아라.

연습문제

7.28. a. 다음 추가제곱합을 정의하여라.

(1) $SSR(X_5|X_1)$, (2) $SSR(X_3, X_4|X_1)$, (3) $SSR(X_4|X_1, X_2, X_3)$

b. X 변수가 5개인 다중회귀에서 $\beta_5 = 0$을 추정하기 위한 추가 제곱합은 무엇인가? $\beta_2 = \beta_4 = 0$을 추정하기 위한 것은?

7.29. 다음을 보여라.

a. $SSR(X_1, X_2, X_3, X_4) = SSR(X_1) + SSR(X_2, X_3|X_1) + SSR(X_4|X_1, X_2, X_3)$

b. $SSR(X_1, X_2, X_3, X_4) = SSR(X_2, X_3) + SSR(X_1|X_2, X_3) + SSR(X_4|X_1, X_2, X_3)$

7.30. 문제 6.5의 **브랜드 선호도(Brand preference)**를 참조하여라.

a. 단순선형회귀모형 (2.1)을 이용하여 X_2를 Y에 회귀시키고 잔차를 구하여라.

b. 단순선형회귀모형 (2.1)을 이용하여 X_2를 X_1에 회귀시키고 잔차를 구하여라.

c. 두 개의 잔차집합에 대한 단순상관계수를 계산하고 그것이 $r_{Y1|2}$와 같은지 보여라.

7.31. 수자원연구(water resources study)에서 고려된 다음의 회귀모형을 참조하여라.

$$Y_i = \beta_0 + \beta_1 X_{i1} + \beta_2 X_{i2} + \beta_3 X_{i1} X_{i2} + \beta_4 \sqrt{X_{i3}} + \varepsilon_i$$

축소모형의 검정에 대해 논하여라.

(1) $\beta_3 = \beta_4 = 0$, (2) $\beta_3 = 0$, (3) $\beta_1 = \beta_2 = 5$, (4) $\beta_4 = 7$

7.32. 시장조사연구(market research study)에서 고려된 다음의 회귀모형을 참조하여라.

$$Y_i = \beta_0 + \beta_1 X_{i1} + \beta_2 X_{i2} + \beta_3 X_{i1}^2 + \varepsilon_i$$

축소모형의 검정에 대해 논하여라.

(1) $\beta_1 = \beta_3 = 0$, (2) $\beta_0 = 0$, (3) $\beta_3 = 5$, (4) $\beta_0 = 10$, (5) $\beta_1 = \beta_2$

7.33. (7.36)과 (7.41)에서 $R^2_{Y2|1}$과 같은 것이 무엇인지 나타내어라.

7.34. 표 7.6 작업원 생산성(work crew productivity) 예를 참조하여라.

a. (7.44)에 의한 변수변환에서 다음을 구하여라.

(1) $\mathbf{X'X}$, (2) $\mathbf{X'Y}$, (3) $\mathbf{b}$, (4) $\mathbf{s}^2\{\mathbf{b}\}$

b. (a3)에서 얻은 표준화회귀계수와 (7.53)에 따라 원래 변수로 만든 회귀모형의 회귀계수의 관련성을 나타내어라.

7.35. (7.46a)에서 $p-1=2$일 때 β_k^*와 β_k의 관계를 구하여라.

7.36. 표준화회귀모형 (7.51)에서 $p-1=2$일 때 $\mathbf{X'Y}$의 표현을 도출하여라.

프로젝트

7.37. 부록 C.2에 있는 **CDI** 데이터셋을 참조하여라. 주에서 활동하고 있는 의사수(Y)의 예측은, 총 인구수(X_1)와 총 개인 소득(X_2)을 예측변수로 하고 있다. 여기서의 질문은 "다른 추가적인 예측변수가 모형에 도움을 줄 수 있는지 그리고 어떤 변수가 가장 도움을 줄 것인지"이다. 일차 다중회귀모형이 가장 적당하다고 가정하여라.

a. 다음의 변수들에 대해 만약 X_1과 X_2가 모형에 있다면 부분행렬식의 계수가 얼마인지 계산하여라. 땅의 면적(X_3), 65세 이상 인구 비율(X_4), 병원 침대수(X_5), 총 강력범죄(X_6).

b. (a)에서 얻은 결과를 바탕으로 하여, 어떤 추가적 예측변수가 가장 좋은가? 그 변수와 관련한 추가제곱합이 다른 세 개의 변수보다 더 큰가?

c. F^* 검정통계량을 이용하여, (b)에서 결정된 변수가 X_1과 X_2가 포함된 회귀모형에서 도움이 될만한 역할을 하는지 $\alpha = .01$을 이용하여 검정하여라. 가설들, 결정규칙, 결론을 서술하여라. 다른 세 개의 잠재변수보다 F^* 검정통계량이 더 큰가? 논의하여라.

7.38. 부록 C.1에 있는 **SENIC** 데이터셋을 참조하여라. 평균 입원 기간(Y)의 예측은 나이(X_1)와 감염 위험(X_2)을 예측변수로 하고 있다. 여기서의 질문은 "다른 추가적인 예측변수가 모형에 도움을 줄 수 있는지, 그리고 어떤 변수가 가장 도움을 줄 것인지"이다. 일차다중회귀모형이 가장 적당하다고 가정하여라.

a. 다음의 변수들에 대해 만약 X_1과 X_2가 모형에 있다면 부분행렬식의 계수가 얼마인지 계산하여라. 정기 배양 비율(X_3), 평균 일일 환자수(X_4), 간호사수(X_5), 이용가능한 시설 및 서비스(X_6)

b. (a)에서 얻은 결과를 바탕으로 하여, 어떤 추가적 예측변수가 가장 좋은가? 그 변수와 관련한 추가제곱합이 다른 세 개의 변수보다 더 큰가?

c. F^* 검정통계량을 이용하여, (b)에서 결정된 변수가 X_1과 X_2가 포함된 회귀모형에서 도움이 될만한 역할을 하는지 $\alpha = .05$을 이용하여 검정하여라. 가설들, 결정규칙, 결론을 서술하여라. 다른 세 개의 잠재변수보다 F^* 검정통계량이 더 큰가? 논의하여라.

8장 | 양적 및 질적 예측변수에 대한 회귀모형

이 장에서는 양적 예측변수(quantitative predictor)와 질적 예측변수(qualitative predictor) 그리고 양적 예측변수와 질적 예측변수가 모두 포함된 회귀모형에 대한 표준적 모형화 기법을 좀 더 상세히 다뤄볼 것이다. 이 기법은 양적 예측변수의 상호작용(interaction)과 다항(polynomial terms), 그리고 질적 예측변수의 지표변수(indicator variables)를 포함한다.

8.1 ■ 다항회귀모형

첫째로 양적 예측변수의 다항회귀모형(polynomial regression model)에 대해 알아보자. 그들은 곡선(curvilinear)반응모형 중 실제로 가장 자주 사용되는데, 그 이유는 이것이 일반선형회귀모형 (6.7)의 특별한 경우로 쉽게 다룰 수 있기 때문이다. 흔히 다뤄지는 몇몇 다항회귀모형에 대해 살펴본 후, 다항회귀모형에서 생기는 중요한 문제들에 대해 알아볼 것이다.

다항모형의 사용

다항회귀모형은 다음 두 경우에 사용된다.

1. 실제 곡선반응함수가 확실히 다항함수인 경우.
2. 실제 곡선반응함수가 알려지지 않았지만(혹은 복잡할 경우) 다항함수가 참함수에 대해 좋은 근사인 경우.

두 번째 경우로 사용하는 것, 즉 곡선반응함수의 모양이 알려지지 않았지만 다항함수를 근사적으로 사용하는 것은 매우 흔하다. 반응함수의 모양에 대한 정보를 얻기 위하여 비모수적 방법을 사용하는 것으로 생각할 수 있다.

앞으로 언급하겠지만, 다항회귀모형을 사용하는 데 있어 가장 주의할 점은 외삽(extrapolation)인데 특히 차수가 높아질 때 위험하다. 다항회귀모형은 자료에 대해 좋은 적합을 제공하기도 하지만 자료의 범위를 넘어 외삽을 하는 경우 기대하지 않은 방향으로 향할 수도 있다.

한 개의 예측변수 – 이차

다항회귀모형은 한 개, 두 개, 혹은 두 개보다 많은 예측변수를 포함하고 있다. 나아가 각각의 예측변수는 다양한 거듭제곱을 갖고 있다. 하나의 예측변수에 1승과 2승을 한 다항회귀모형은 다음과 같다.

$$Y_i = \beta_0 + \beta_1 x_i + \beta_2 x_i^2 + \varepsilon_i \tag{8.1}$$

여기서

$$x_i = X_i - \bar{X}$$

이 다항모형은 **한 개의 예측변수를 갖고 있는 이차모형**(second-order model with one predictor variable)이라고 하는데, 그 이유는 한 개의 예측변수가 모형에서 1승과 2승으로 표현되기 때문이다. 예측변수가 **중심화**(centered)되어 있다면(평균 $\bar{X}$에서의 편차로 되어 있다면) i번째 중심화된 관측값은 x_i로 표기한다. 다항회귀모형에서 중심화된 예측변수를 사용하는 이유는 X와 X^2이 높은 상관관계를 갖는 경우가 많기 때문이다. 이는 7.5절에서도 언급했듯이 $\mathbf{X'X}$ 행렬이 정규방정식에서 회귀계수를 추정할 경우, 역행렬을 구할 때 심각한 계산상의 문제가 발생할 수 있다. 중심화된 예측변수는 다중공선성을 상당히 줄여주는 경우가 많은데, 이는 앞으로의 예에서 볼 수 있다. 이는 계산상의 어려움을 피할 수 있게 해 주는 경향이 있다.

다항회귀의 회귀계수는 약간 다른 형태로 표기하는 경우가 많은데, 이는 지수의 형태를 반영하기 위해서이다.

$$Y_i = \beta_0 + \beta_1 x_i + \beta_{11} x_i^2 + \varepsilon_i \tag{8.2}$$

이 절에서는 위의 표기법을 이용할 것이다.

회귀모형 (8.2)의 반응함수는 다음과 같다.

$$E\{Y\} = \beta_0 + \beta_1 x + \beta_{11} x^2 \tag{8.3}$$

이 반응함수는 포물선인데 흔히 **이차반응함수**(quadratic response function)라고 한다. 그림 8.1은 이차다항반응함수의 두 가지 예를 나타내고 있다.

회귀계수 β_0는 $x = 0$, 즉 $X = \bar{X}$일 때 Y의 평균반응을 의미한다. 회귀계수β_1은 선형효

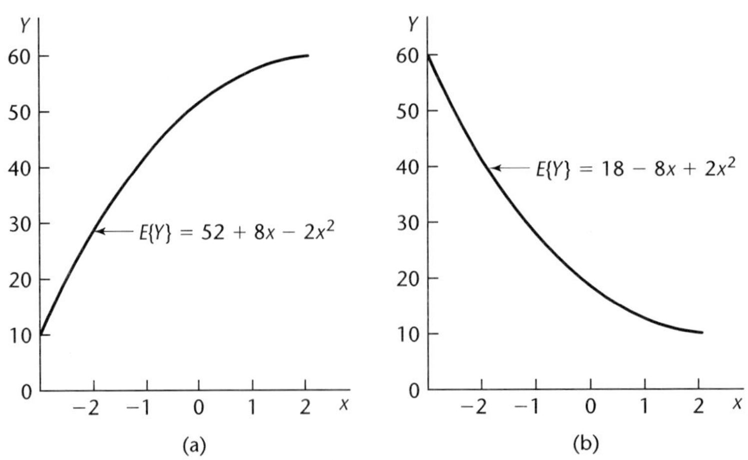

그림 8.1 이차다항반응함수의 예

과계수(linear effect coefficient)라고도 하고 β_{11}은 **이차효과계수**(quadratic effect coefficient) 라고 한다.

부연설명

1. 다항반응함수 추론의 위험은 반응함수 8.1a로부터 알 수 있다. 이 함수가 $x = 2$를 넘어서서 추론되면, 아래쪽으로 방향을 바꾸는데 주어진 예에 적절하지 않을 수 있다.
2. 이차다항회귀모형 (8.2)에 대한 최소제곱정규방정식의 대수학적 표현

$$\mathbf{X'Xb = X'Y}$$

는 (6.77)로부터 X_{i1}을 x_i로, X_{i2}를 x_i^2으로 대체하면 쉽게 얻어질 수 있다. $\sum x_i = 0$임을 이용하여 다음과 같은 정규방정식을 만들어 낸다.

$$\begin{aligned} \sum Y_i &= nb_0 + b_{11}\sum x_i^2 \\ \sum x_i Y_i &= b_1 \sum x_i^2 + b_{11}\sum x_i^3 \\ \sum x_i^2 Y_i &= b_0 \sum x_i^2 + b_1 \sum x_i^3 + b_{11}\sum x_i^4 \end{aligned} \tag{8.4}$$

■

한 개의 예측변수 – 삼차

회귀모형

$$Y_i = \beta_0 + \beta_1 x_i + \beta_{11} x_i^2 + \beta_{111} x_i^3 + \varepsilon_i \tag{8.5}$$

여기서

$$x_i = X_i - \bar{X}$$

은 **한 개의 예측변수에 의한 삼차모형**(third-order model with one predictor variable)이다. 회

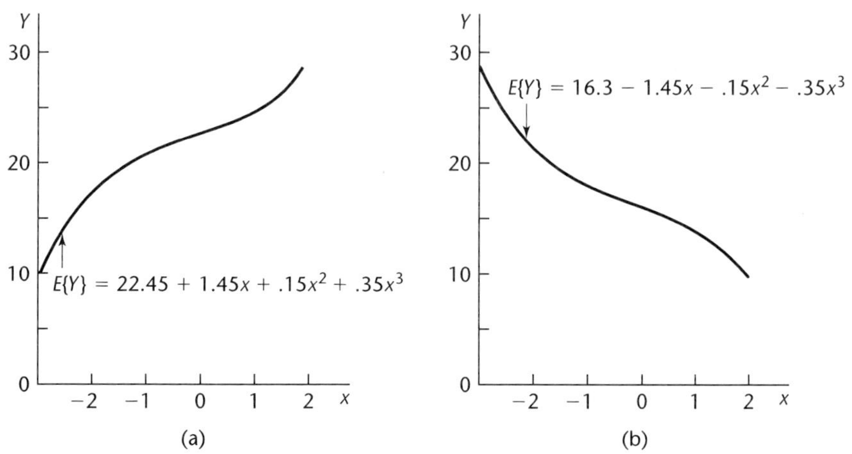

그림 8.2 삼차다항반응함수의 예

귀모형 (8.5)에 대한 반응함수는 다음과 같다.

$$E\{Y\} = \beta_0 + \beta_1 x + \beta_{11} x^2 + \beta_{111} x^3 \tag{8.6}$$

그림 8.2는 삼차다항반응함수의 두 가지 예를 보이고 있다.

한 개의 예측변수 – 고차

삼차 이상의 고차인 예측변수를 포함한 다항모형이 있다면 특별히 주의해서 사용해야 한다. 이러한 모형에서는 계수를 해석하는 것이 쉽지 않게 되고, 이 모형은 내삽과 심지어 작은 외삽에 대하여도 심하게 변한다. 충분히 고차원의 다항모형은 반복이 없는 관측값 자료를 완벽히 적합시킬 수 있다. 예를 들어 한 개의 예측변수가 있는 $n - 1$차의 적합된 다항회귀함수는 모든 n개의 Y값들을 지난다. 따라서 좋은 적합을 위해서는 고차의 다항함수를 사용하는 것을 경계하여야 한다. 그러한 회귀함수는 X와 Y의 근본적인 회귀관계를 분명하게 보이지 않을 수 있고 내삽과 외삽에 대하여 심하게 변할 수 있다.

두 개의 예측변수 – 이차

회귀모형

$$Y_i = \beta_0 + \beta_1 x_{i1} + \beta_2 x_{i2} + \beta_{11} x_{i1}^2 + \beta_{22} x_{i2}^2 + \beta_{12} x_{i1} x_{i2} + \varepsilon_i \tag{8.7}$$

여기서

$$x_{i1} = X_{i1} - \bar{X}_1$$
$$x_{i2} = X_{i2} - \bar{X}_2$$

이는 두 개의 예측변수를 가진 이차모형(second-order model with two predictor variable)이다. 반응함수는 다음과 같다.

$$E\{Y\} = \beta_0 + \beta_1 x_1 + \beta_2 x_2 + \beta_{11} x_1^2 + \beta_{22} x_2^2 + \beta_{12} x_1 x_2 \tag{8.8}$$

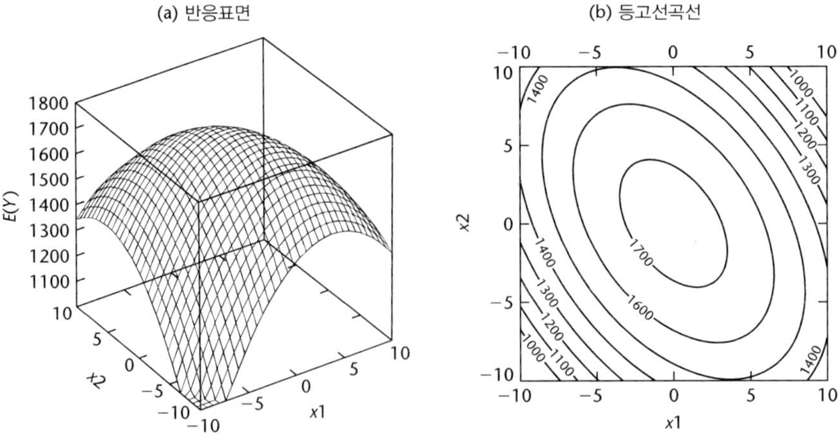

그림 8.3 이차반응표면의 예 – $E\{Y\} = 1{,}740 - 4x_1^2 - 3x_2^2 - 3x_1x_2$

이는 원뿔곡선(conic section) 방정식이다. 회귀모형 (8.7)은 각각의 두 예측변수의 선형 부분과 이차 부분 그리고 교차곱항(cross-product term)으로 이루어져 있음을 주의하라. 6장에서 언급했듯이 후자는 x_1과 x_2 사이의 상호작용을 의미한다. 계수 β_{12}는 **상호작용효과계수**(interaction effect coefficient)라고 한다.

그림 8.3은 두 개의 예측변수들로 구성된 이차반응함수에 대한 반응표면과 등고선곡선이다.

$$E\{Y\} = 1{,}740 - 4x_1^2 - 3x_2^2 - 3x_1x_2$$

등고선곡선은 각각의 반응 수준과 일치하며, 같은 수준의 반응을 만들어 내는 두 개의 예측변수에 대한 다양한 조합의 수준을 보여 준다. 그림 8.3a에 있는 반응표면은 $x_1 = 0$이고 $x_2 = 0$일 때 최댓값이 된다. 그림 6.2b는 다른 종류의 두 개의 예측변수를 가진 이차다항반응함수를 나타내는데, 안장점(saddle point)이 있는 함수이다.

부연설명

(8.8)에 있는 교차곱항 $\beta_{12}x_1x_2$는 $\beta_{11}x_1^2$이나 $\beta_{22}x_2^2$와 같은 이차항이라고 여겨지는데, 이는 각각 후자의 항들을 $\beta_{11}x_1x_1$, $\beta_{22}x_2x_2$로 쓸 수 있기 때문이다. ■

세 예측변수 – 이차

다음은 세 개의 예측변수로 된 **이차회귀모형**(second-order model with three predictor variable)이다.

$$\begin{aligned} Y_i = \beta_0 + \beta_1 x_{i1} + \beta_2 x_{i2} + \beta_3 x_{i3} + \beta_{11}x_{i1}^2 + \beta_{22}x_{i2}^2 + \beta_{33}x_{i3}^2 \\ + \beta_{12}x_{i1}x_{i2} + \beta_{13}x_{i1}x_{i3} + \beta_{23}x_{i2}x_{i3} + \varepsilon_i \end{aligned} \tag{8.9}$$

여기서

$$\begin{aligned} x_{i1} &= X_{i1} - \bar{X}_1 \\ x_{i2} &= X_{i2} - \bar{X}_2 \\ x_{i3} &= X_{i3} - \bar{X}_3 \end{aligned}$$

이 회귀모형에 대한 반응함수는 다음과 같다.

$$\begin{aligned} E\{Y\} = \beta_0 + \beta_1 x_1 + \beta_2 x_2 + \beta_3 x_3 + \beta_{11}x_1^2 + \beta_{22}x_2^2 + \beta_{33}x_3^2 \\ + \beta_{12}x_1x_2 + \beta_{13}x_1x_3 + \beta_{23}x_2x_3 \end{aligned} \tag{8.10}$$

계수 β_{12}, β_{13}, β_{23}은 상호작용효과계수로, 예측변수들의 쌍 사이의 상호작용이다.

다항회귀모형의 이행

다항모형의 적합. 다항회귀모형적합은 6장에서 보았듯이 새로운 문제가 아니라 일반선형회귀모형 (6.7)의 특별한 경우이다. 따라서 예전의 모든 적합과 추론에 대한 결과를 그대로 적용할 수 있다.

적합에 대한 계층적 접근. 참회귀함수에 대한 근사로 다항회귀모형을 사용할 때, 통계학자들은 이차 혹은 삼차모형에 적합시켜 낮은 차수의 모형이 합당한지 알아보고 싶어한다. 예를 들어 한 개의 예측변수를 갖고 있는 다음과 같은 모형이 있다.

$$Y_i = \beta_0 + \beta_1 x_i + \beta_{11} x_i^2 + \beta_{111} x_i^3 + \varepsilon_i$$

이 모형을 적합시켜 삼차항 또는 이차항마저도 제거할 수 있는지 알아보려고 한다. 따라서 $\beta_{111} = 0$인지를 검정하게 되거나 $\beta_{11} = 0$과 $\beta_{111} = 0$인지를 검정하게 될 것이다. SSR을 추가제곱합으로 분해하면 다음과 같다.

$$SSR(x)$$
$$SSR(x^2|x)$$
$$SSR(x^3|x, x^2)$$

$\beta_{111} = 0$인지를 검정하는 것에 알맞은 추가제곱합은 $SSR(x^3|x, x^2)$이다. 대신에 만약 어떤 사람이 선형항이 적당한지($\beta_{11} = \beta_{111} = 0$인지)를 검정하고 싶다면 이에 알맞은 추가제곱합은 $SSR(x^2, x^3|x) = SSR(x^2|x) + SSR(x^3|x, x^2)$이다.

계층적 접근에서 주어진 차수의 다항이 남아 있다면, 그와 관련된 낮은 차수의 항들도 모형에 남아 있어야 한다. 따라서 삼차항을 남기고 이차항을 모형에서 빼지 않는다. 이차항이 낮은 차수이기 때문에 반응함수에 대한 좀 더 기본적인 정보를 제공하며, 삼차항은 더 높은 항이므로 반응함수의 모양에 대한 좀 더 세밀함을 제공한다. 두 개 혹은 그 이상의 예측변수로 이루어진 다항회귀모형의 검정에 대한 계층적 접근은 이와 비슷하게 이루어진다. 예를 들면 여기서 상호작용항(이차 멱)을 모형에 남기려면 일차항도 남겨 놓아야 한다.

X에 관한 회귀함수. 다항회귀모형이 정립되고 난 후, 최종모형을 중심화된 변수보다는 원래 변수로 표기하기를 바랄 수 있다. 이는 쉽게 이루어질 수 있다. 예를 들어 한 개의 예측변수를 갖고 있는 적합된 이차모형은 $x = X - \bar{X}$와 같이 중심화된 값으로 나타낼 수 있다.

$$\hat{Y} = b_0 + b_1 x + b_{11} x^2 \tag{8.11}$$

원래 X 변수로 나타내면 다음과 같다.

$$\hat{Y} = b_0' + b_1' X + b_{11}' X^2 \tag{8.12}$$

여기서

$$b_0' = b_0 - b_1 \bar{X} + b_{11} \bar{X}^2 \tag{8.12a}$$

$$b_1' = b_1 - 2b_{11} \bar{X} \tag{8.12b}$$

$$b_{11}' = b_{11} \tag{8.12c}$$

X의 회귀함수에 대한 적합값과 잔차는 중심화된 관측값 x의 회귀함수와 정확히 같다.

그 이유는 앞에서 언급했듯이 X, X^2, X^3 등 내재하는 다항회귀에 대한 다중공선성 때문에 잠재적 계산의 어려움을 줄이기 위해 중심화된 관측값으로 표현하는 것이기 때문이다.

부연설명

(8.11)에서 중심화된 변수 x에 관한 회귀계수의 추정된 표준편차를 (8.12)의 원래 변수인 X에 관해 적용하면 안 된다. 원래 변수 X에 관한 회귀계수의 추정된 표준편차를 구하고 싶다면 (5.46)을 이용하여 구해야 하는데, 이는 **A** 행렬을 (8.12a–c)를 이용해 변환시킨 것이다. ■

사례

설정. 어떤 연구원이 소규모의 예비 실험에서 새로운 종류의 전지(power cell) 수명에 대한 충전율(charge rate)과 온도(temperature)의 효과에 대해 조사하고자 한다. 충전율(X_1)은 세 수준(.6, 1.0, 1.4 암페어)에서 제어되고 주위 온도(X_2)는 세 수준(10, 20, 30°C)에서 제어된다. 전지의 방전에 관한 다른 요인들은 고정된 수준으로 제어한다. 전지의 수명(Y)은 전지가 다 닳을 때까지 방전-충전 주기의 횟수로 측정한다. 이 연구에서 얻어진 자료는 표 8.1의 1~3열에 있다.

연구원은 조사된 요인의 수준 범위 내에서 반응함수의 형태에 대해 확신할 수 없다. 그래서 이차다항회귀모형 (8.7)에 적합시키기로 결정한다.

$$Y_i = \beta_0 + \beta_1 x_{i1} + \beta_2 x_{i2} + \beta_{11} x_{i1}^2 + \beta_{22} x_{i2}^2 + \beta_{12} x_{i1} x_{i2} + \varepsilon_i \tag{8.13}$$

이에 대한 반응함수는 다음과 같다.

$$E\{Y\} = \beta_0 + \beta_1 x_1 + \beta_2 x_2 + \beta_{11} x_1^2 + \beta_{22} x_2^2 + \beta_{12} x_1 x_2 \tag{8.14}$$

	(1)	(2)	(3)	(4)	(5)	(6)	(7)	(8)
전지	주기의 횟수	충전율	온도	코딩화된 값				
i	Y_i	X_{i1}	X_{i2}	x_{i1}	x_{i2}	x_{i1}^2	x_{i2}^2	$x_{i1}x_{i2}$
1	150	.6	10	−1	−1	1	1	1
2	86	1.0	10	0	−1	0	1	0
3	49	1.4	10	1	−1	1	1	−1
4	288	.6	20	−1	0	1	0	0
5	157	1.0	20	0	0	0	0	0
6	131	1.0	20	0	0	0	0	0
7	184	1.0	20	0	0	0	0	0
8	109	1.4	20	1	0	1	0	0
9	279	.6	30	−1	1	1	1	−1
10	235	1.0	30	0	1	0	1	0
11	224	1.4	30	1	1	1	1	1
		$\bar{X}_1 = 1.0$	$\bar{X}_2 = 20$					

Setting adapted from: S. M. Sidik, H. F. Leibecki, and J. M. Bozek, *Cycles Till Failure of Silver-Zinc Cells with Competing Failure Modes—Preliminary Data Analysis,* NASA Technical Memorandum 815-56, 1980.

표 8.1 자료 – 전지 예

X_1과 X_2 수준의 균형성 때문에 연구자는 X_1과 X_2 변수들을 각각의 평균들로 중심화했을 뿐 아니라 편리한 단위들로 다음과 같이 척도화하였다.

$$x_{i1} = \frac{X_{i1} - \bar{X}_1}{.4} = \frac{X_{i1} - 1.0}{.4}$$
$$x_{i2} = \frac{X_{i2} - \bar{X}_2}{10} = \frac{X_{i2} - 20}{10} \quad \textbf{(8.15)}$$

여기서 각각의 예측변수에 사용된 분모는 변수의 근접한 수준들 사이의 절대 차이이다. 이런 중심화되고 척도화된 변수들은 표 8.1의 4, 5열에 있다. (8.15)에서 정의된 코딩들은 -1, 0, 1과 같은 간단한 코딩화된 값들을 만들어 준다. 표 8.1의 6~8열들은 제곱 또는 교차곱항들이다.

여기서 코딩화된 변수 x_1과 x_2를 사용하는 것은 원래의 변수 X_1과 X_2를 사용하는 것보다 일차항과 이차항 사이의 상관관계를 눈에 띄게 줄여준다.

상관관계	
X_1 및 X_1^2:	.991
x_1 및 x_1^2:	0.0

상관관계	
X_2 및 X_2^2:	.986
x_2 및 x_2^2:	0.0

두 설명변수의 실험 수준에 대한 설계의 균형성 때문에, 여기서 코딩화된 변수들 사이의 상관관계는 0이다. 또한 교차곱항 x_1x_2와 각각의 항들 x_1, x_1^2, x_2, x_2^2의 상관계수는 .60과 .76 사이였던 원래 변수의 항들의 상관계수값에서 0으로 감소한다. 다중공선성이 낮은 수준이므로 계산의 부정확함을 피할 수 있다.

연구원은 실험된 X 변수의 범위 내에서 상호작용 효과와 곡선성효과를 고려하여 모형화해야 하는지에 특히 관심이 있다.

모형의 적합. 그림 8.4는 SAS 회귀 패키지로 모형 (8.13)을 적합시킨 기본적인 회귀 결과들을 보여 준다. 추정된 회귀계수들(Parameter Estimate로 표시됨)을 사용하면, 추정된 회귀함수는 다음과 같다.

$$\hat{Y} = 162.84 - 55.83x_1 + 75.50x_2 + 27.39x_1^2 - 10.61x_2^2 + 11.50x_1x_2 \quad \textbf{(8.16)}$$

잔차그림. 연구원은 우선 앞의 자료에 대한 회귀모형 (8.13)의 적합성을 조사하였다. $\hat{Y}$, x_1, x_2에 대한 잔차그림과 정규확률그림이 그림 8.5에 나와 있다. 이 그림들 중 회귀모형 (8.13)의 부적당함을 크게 나타내는 그림은 없다. 순서잔차들과 정규성하에서 기댓값들의 상관계수는 .974이고, 이는 오차항들의 정규성 가정을 지지한다(표 B.6 참조).

적합 검정. $x_1 = 0$, $x_2 = 0$에서 세 번의 반복이 있었으므로, 회귀모형 (8.13)의 적절성은 회귀함수 (8.14)에 대한 적합도의 형식적 검정 (6.68)에 의해 다시 확인할 수 있다. 각 수준들에서 한 개의 반복만이 있으므로, 여기서 순수오차제곱합 (3.16)은 간단히 얻을 수 있다.

```
Model: MODEL1
Dependent Variable: Y

                        Analysis of Variance

                               Sum of          Mean
Source              DF        Squares        Square      F Value          Prob>F

Model                5    55365.56140   11073.11228       10.565          0.0109
Error                5     5240.43860    1048.08772
C Total             10    60606.00000

      Root MSE             32.37418     R-square      0.9135
      Dep Mean            172.00000     Adj R-sq      0.8271
      C.V.                 18.82220

                          Parameter Estimates

                       Parameter        Standard     T for H0:
Variable       DF       Estimate           Error   Parameter=0     Prob > |T|

INTERCEP        1     162.842105     16.60760542         9.805         0.0002
X1              1     -55.833333     13.21670483        -4.224         0.0083
X2              1      75.500000     13.21670483         5.712         0.0023
X1SQ            1      27.394737     20.34007956         1.347         0.2359
X2SQ            1     -10.605263     20.34007956        -0.521         0.6244
X1X2            1      11.500000     16.18709146         0.710         0.5092

Variable       DF      Type I SS

INTERCEP        1         325424
X1              1          18704
X2              1          34202
X1SQ            1    1645.966667
X2SQ            1     284.928070
X1X2            1     529.000000
```

그림 8.4 이차다항모형 (8.13)에 대한 SAS 회귀분석 결과 – 전지 예

$$SSPE = (157 - 157.33)^2 + (131 - 157.33)^2 + (184 - 157.33)^2$$
$$= 1{,}404.67$$

X 변수의 수준은 $c = 9$개 조합이 있기 때문에, $SSPE$와 관련된 자유도는 $n - c = 11 - 9 = 2$이다. 게다가 그림 8.4에 따르면 $SSE = 5{,}240.44$이고, 따라서 적합성결여 제곱합 (3.24)는 다음과 같다.

$$SSLF = SSE - SSPE = 5{,}240.44 - 1{,}404.67 = 3{,}835.77$$

관련된 자유도 $c - p = 9 - 6 = 3$이다(모형 (8.13)에서 $p = 6$개 회귀계수가 추정되어야 했다는 것을 기억하자). 따라서 회귀함수 (8.14)의 적절성 검정을 위한 검정통계량 (6.68b)는 다음과 같다.

$$F^* = \frac{SSLF}{c - p} \div \frac{SSPE}{n - c} = \frac{3{,}835.77}{3} \div \frac{1{,}404.67}{2} = 1.82$$

$\alpha = .05$일 때, $F(.95; 3, 2) = 19.2$가 된다. $F^* = 1.82 \leq 19.2$이므로 결정규칙 (6.68c)에 따라 이차다항회귀함수 (8.14)가 좋은 적합이라고 결론 내릴 수 있다.

다중결정계수. 그림 8.4의 결과물은 R-square로 표시된 다중결정계수가 $R^2 = .9135$

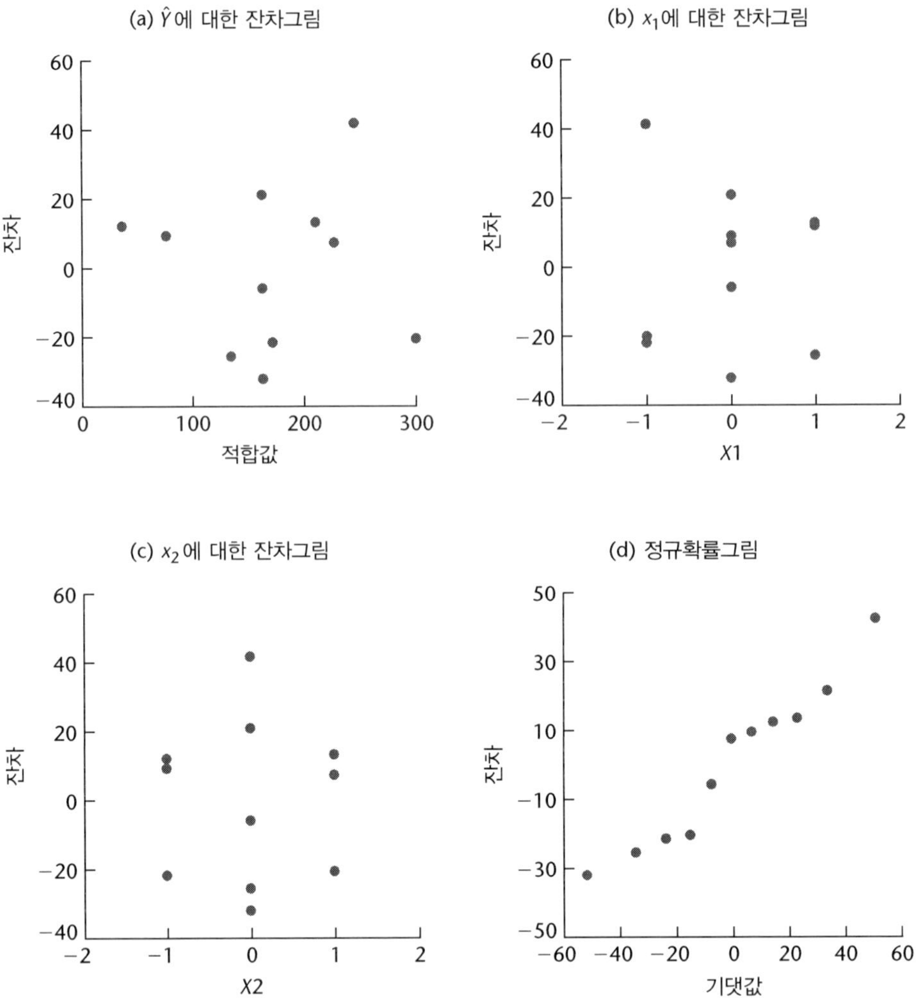

그림 8.5 진단 잔차그림 – 전지 예

인 것을 보여 준다. 따라서 전지 수명의 변동은 충전율과 주위 온도에서 일차와 이차 관계들이 사용될 때 약 91% 줄어든다. Adj R-sq라고 표시된 조정된 다중결정계수는 R_a^2 = .8271이다. 두 예측변수들이 있는 다항회귀함수에 상대적으로 많은 수의 모수들 때문에, 여기서 이 계수는 조정되지 않은 계수보다 상당히 작다.

부분 *F* 검정. 이제 연구원은 일차모형이 충분한지를 알아본다. 검정가설은

$$H_0: \beta_{11} = \beta_{22} = \beta_{12} = 0$$
$$H_a: H_0\text{에서 모든 } \beta s\text{는 0이 아님}$$

여기서 부분 *F* 검정통계량 (7.27)은 다음과 같다.

$$F^* = \frac{SSR\left(x_1^2, x_2^2, x_1x_2 \middle| x_1, x_2\right)}{3} \div MSE$$

연구원은 이 검정을 예상하여 그림 8.4의 결과물의 아래 부분처럼 X 변수들을 x_1, x_2, x_1^2, x_2^2, x_1x_2의 순서대로 SAS 회귀 프로그램에 넣었다. 추가제곱합은 Type I SS라고 표시되었다. 첫 번째 제곱합은 여기서 관련이 없다. 두 번째 제곱합은 $SSR(x_1) = 18{,}704$이고, 세 번째 제곱합은 $SSR(x_2 | x_1) = 34{,}202$이고, 이렇게 계속 된다. 따라서 요구되는 추가제곱합은 다음과 같이 구할 수 있다.

$$\begin{aligned} SSR\left(x_1^2, x_2^2, x_1x_2 \middle| x_1, x_2\right) &= SSR\left(x_1^2 \middle| x_1, x_2\right) + SSR\left(x_2^2 \middle| x_1, x_2, x_1^2\right) \\ &\quad + SSR\left(x_1x_2 \middle| x_1, x_2, x_1^2, x_2^2\right) \\ &= 1{,}646.0 + 284.9 + 529.0 = 2{,}459.9 \end{aligned}$$

또한 오차평균제곱은 그림 8.4의 결과물에서 $MSE = 1{,}048.1$이다. 따라서 검정통계량은 다음과 같다.

$$F^* = \frac{2{,}459.9}{3} \div 1{,}048.1 = .78$$

유의수준 $\alpha = .05$에서 $F(.95; 3, 5) = 5.41$이다. $F^* = .78 \leq 5.41$이므로 곡선성과 상호작용항이 필요없는 H_0로 결론 내리며, 일차모형이 충전율과 온도 범위 내에서 적절하다고 할 수 있다.

일차모형. 연구원은 이러한 분석을 바탕으로 일차모형을 분석하기로 결정하였다.

$$Y_i = \beta_0 + \beta_1 x_{i1} + \beta_2 x_{i2} + \varepsilon_i \tag{8.17}$$

이 모형을 적합하여 추정된 반응함수를 얻었다.

$$\begin{aligned} \hat{Y} = 172.00 - &55.83x_1 + 75.50x_2 \\ &(12.67) \qquad (12.67) \end{aligned} \tag{8.18}$$

회귀계수 b_1, b_2는 적합된 이차모형 (8.16)에서와 같다. 이것이 X_1과 X_2 수준 선택의 결과이다. 추정된 회귀계수에서 괄호 안에 있는 숫자는 그들의 추정된 표준편차이다. 여기서 보여 주지는 않지만, 이 일차모형에 대한 다양한 잔차그림들이 연구원에 의해 만들어졌고 분석되었다. 이는 일차모형 (8.17)의 적절성을 확인시켜 주었다.

X에 대해 적합된 일차모형. 적합된 일차회귀함수 (8.18)은 (8.15)를 이용해 원래 변수들로 다시 변환될 수 있다.

$$\hat{Y} = 160.58 - 139.58X_1 + 7.55X_2 \tag{8.19}$$

그림 8.6은 적합 반응평면의 S-Plus 회귀-산점도이다. 연구원은 이 새로운 유형의 전지수명에 미치는 충전율과 온도의 영향을 조사하기 위하여 적합 반응표면을 사용하였다.

회귀계수의 추정. 연구원은 90% 모임신뢰계수를 가지고, Bonferroni 방법을 통해 일차모형에서 두 예측변수들의 선형효과를 추정하고 싶어했다. 여기서 $g = 2$이다. 따라서 (6.52a)에 의해 다음과 같이 나타낼 수 있다.

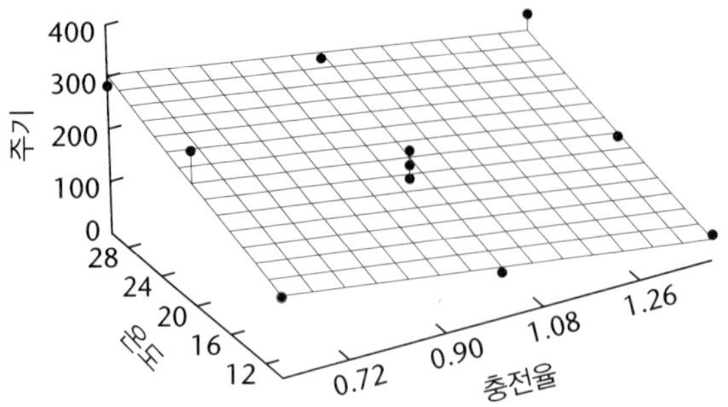

그림 8.6 적합 반응평면 (8.19)의 S-Plus 그림 – 전지 예

$$B = t[1 - .10/2(2)] = t(.975; 8) = 2.306$$

(8.18)에서 b_1, b_2의 추정된 표준편차를 코딩화된 변수들의 모형에 적용한다. 일차항들만이 적합된 모형에 있기 때문에, 원래 변수들로 적합된 모형 (8.19)에서 b_1', b_2'의 추정된 표준편차들을 다음과 같이 얻을 수 있다.

$$s\{b_1'\} = \left(\frac{1}{.4}\right)s\{b_1\} = \frac{12.67}{.4} = 31.68$$

$$s\{b_2'\} = \left(\frac{1}{10}\right)s\{b_2\} = \frac{12.67}{10} = 1.267$$

그러므로 (6.52)에 의해 Bonferroni 신뢰한계는 $-139.58 \pm 2.306(31.68)$과 $7.55 \pm 2.306(1.267)$이고, 다음과 같다.

$$-212.6 \leq \beta_1 \leq -66.5 \qquad 4.6 \leq \beta_2 \leq 10.5$$

신뢰 .90으로 주어진 주위의 온도에서 충전율이 한 단위 증가할 경우, 닳을 때까지 충전–방전의 평균 횟수가 213에서 66만큼 감소하고, 주어진 충전율에서 주위의 온도가 한 단위 증가할 때 5에서 10으로 횟수가 증가한다고 결론 내릴 수 있다. 연구원은 이 소규모 초기 연구에서 이러한 추정값들의 정밀함에 만족하였다.

다항회귀에 대한 추가 부연설명

1. 다항회귀의 사용은 문제점이 없는 것은 아니다. 이런 모형들은 다른 비선형모형이나 변환된 변수가 있는 선형모형보다 자유도가 많이 감소한다. 또 다른 잠재적인 문제점은 심지어 예측변수들이 중심화되어도 심각한 다중공선성이 존재할 수도 있다는 것이다.
2. 다중회귀에서 중심화된 변수들을 사용하는 것의 대안은 **직교다항식**(orthogonal polynomials)을 사용하는 것이다. 직교다항식은 무상관이다. 몇몇 컴퓨터 패키지들은 직교다항식 회귀 루틴에서 직교다항식을 쓰고, 최종 적합 결과를 직교다항식과 원래 다항식 둘 모두에 대하여 보여 준다. 직교다항식은 인용문헌 8.1과 같은 전문 서적을 참조하라.

3. 반복 관측값들이 반응함수의 선형성을 검정하는 데에 바로 이용 가능하지 않을 경우, 이차반응함수는 반응함수의 선형성을 확립하기 위한 목적으로 적합되는 경우가 있다. 그러나 이차모형

$$Y_i = \beta_0 + \beta_1 x_i + \beta_{11} x_i^2 + \varepsilon_i \quad \textbf{(8.20)}$$

을 적합시켜 $\beta_{11} = 0$인지 검정하는 것은 선형반응함수가 적절하다는 것을 꼭 의미하는 것은 아니다. 그림 8.2a가 그 예를 보여 준다. 만약 표본자료의 반응함수가 그림 8.2a, 적합 모형 (8.20)처럼 얻어지고 β_{11}에 대한 검정이 이뤄진다면, $\beta_{11} = 0$이라고 결론이 날 것이다. 하지만 선형반응함수는 명백하게 적절하지 않다. 잔차에 대한 검사는 이 적합성결여를 보여 줄 것이고 다중회귀계수들의 형식적 검정들이 항상 수행되어야 한다.

8.2 ■ 상호작용 회귀모형

회귀모형 (6.15)와 같은 교차곱 상호작용효과가 있는 회귀모형들은 일반선형모형 (6.7)의 특수한 경우라는 것을 앞에서 살펴보았다. 모형 (8.7)과 같은 다항회귀모형을 고려했을 때 상호작용효과가 있는 회귀모형 또한 간단하게 알아보았다. 이제 상호작용효과의 해석과 이행에 관련된 회귀모형에 대해 자세히 알아볼 것이다.

상호작용효과

만약 반응함수를 나음 방식으로 니디낼 수 있다면, $p - 1$ 예측변수들을 가지고 있는 회귀모형은 가법적 효과를 나타낸다.

$$E\{Y\} = f_1(X_1) + f_2(X_2) + \cdots + f_{p-1}(X_{p-1}) \quad \textbf{(8.21)}$$

$f_1, f_2, \ldots, f_{p-1}$는 간단한 함수뿐만 아니라 어떤 함수도 될 수 있다. 예를 들어 다음의 두 예측변수를 가진 반응함수는 (8.21)의 방식으로 표현될 수 있다.

$$E\{Y\} = \underbrace{\beta_0 + \beta_1 X_1 + \beta_2 X_1^2}_{f_1(X_1)} + \underbrace{\beta_3 X_2}_{f_2(X_2)}$$

여기서 Y에 대한 X_1, X_2 효과를 가법적(additive)이라고 한다.

반면에 다음의 회귀함수는 (8.21) 방식으로 표현될 수 없다.

$$E\{Y\} = \beta_0 + \beta_1 X_1 + \beta_2 X_2 + \beta_3 X_1 X_2$$

따라서 후자의 회귀모형은 가법적이지 않고 상호작용효과를 나타낸다.

간단하고 흔히 쓰이는 반응변수에 대해 두 예측변수들의 상호작용효과를 모형화하는 방법은 위 반응함수에 있는 $\beta_3 X_1 X_2$와 같은 교차곱에 의한 것이다. 교차곱항은 **상호작용항**(interaction term)이라고 한다. 더 전문적으로, **선형 대 선형**(linear-by-linear) 또는 **겹선형**(bilinear) 상호작용항이라고도 한다. 반응변수에 미치는 영향이 선형이지만, Y에 대한 X_1

과 X_2의 영향과 X_1과 X_3의 영향이 상호적인 세 개의 예측변수가 있을 때, 반응함수는 교차곱항을 이용하여 다음과 같이 모형화될 것이다.

$$E\{Y\} = \beta_0 + \beta_1 X_1 + \beta_2 X_2 + \beta_3 X_3 + \beta_4 X_1 X_2 + \beta_5 X_1 X_3$$

선형효과가 있는 상호작용 회귀모형의 해석

첫 번째 간단한 경우로 반응변수에 대해 각각 선형효과를 갖는 두 양적 예측변수들이 있는 경우에 반응함수의 모양과 회귀계수의 해석에 대한 상호작용효과를 설명한다.

회귀계수의 해석. Y에 대해 선형효과가 있고 Y에 대한 X_1과 X_2의 상호적 효과를 교차곱을 통해 나타낸 두 양적 예측변수들에 대한 회귀모형은 다음과 같이 나타낼 수 있다.

$$Y_i = \beta_0 + \beta_1 X_{i1} + \beta_2 X_{i2} + \beta_3 X_{i1} X_{i2} + \varepsilon_i \tag{8.22}$$

여기서 회귀계수 β_1과 β_2의 의미는 상호작용항 $\beta_3 X_{i1} X_{i2}$ 때문에 앞에서 논의한 것과 같지 않다. 회귀계수 β_1과 β_2는 다른 예측변수들이 어느 주어진 수준에서 일정하고 예측변수의 한 단위 증가가 있을 때 평균반응의 변화를 의미하지 않는다. X_2가 일정한 경우, X_1의 한 단위 증가가 있을 때 평균반응의 변화는 다음과 같다.

$$\beta_1 + \beta_3 X_2 \tag{8.23}$$

같은 방식으로 X_1이 일정한 경우, X_2의 한 단위 증가가 있을 때 평균반응의 변화는 다음과 같다.

$$\beta_2 + \beta_3 X_1 \tag{8.24}$$

따라서 회귀모형 (8.22)에서 X_2의 주어진 수준에서의 X_1의 영향과 X_1의 주어진 수준에서의 X_2의 영향 모두 다른 예측변수의 수준에 의존한다.

회귀모형 (8.22)에서 한 예측변수의 효과가 어떻게 다른 예측변수의 수준에 의존하는지 그림 6.1에 보이는 판매 촉진(sales promotion) 반응함수로 돌아가서 설명한다. 지역 판매(Y)를 매장 지출(X_1)과 TV 지출(X_2)에 관련시킨 이 예에서 반응함수 (6.3)은 가법적이다.

$$E\{Y\} = 10 + 2X_1 + 5X_2 \tag{8.25}$$

그림 8.7a에서 $X_2 = 1$과 $X_2 = 3$일 때 반응함수 $E\{Y\}$를 X_1의 함수로 보여 준다. 두 반응함수들은 평행하다. 즉, 평균 판매 반응은 TV 지출이 $X_2 = 1$이든 $X_2 = 3$이든, 매장 지출의 한 단위 증가에 $\beta_1 = 2$로 같은 양만큼 증가한다. 그림 8.7a는 평균반응 조건부적으로 다른 변수들의 다른 수준들에 대해 X_1의 영향을 보여 주기 때문에 **조건부효과그림**(conditional effects plot)이라고 한다.

그림 8.7b에서는 반응함수에 판매 촉진 지출의 두 가지 유형의 상호작용효과를 위한 교차곱항 $.5X_1X_2$가 더해졌다.

$$E\{Y\} = 10 + 2X_1 + 5X_2 + .5X_1X_2 \tag{8.26}$$

$X_2 = 1$과 $X_2 = 3$인 조건에서의 X_1의 함수로서 반응함수 $E\{Y\}$를 보여 주기 위해 조건부효

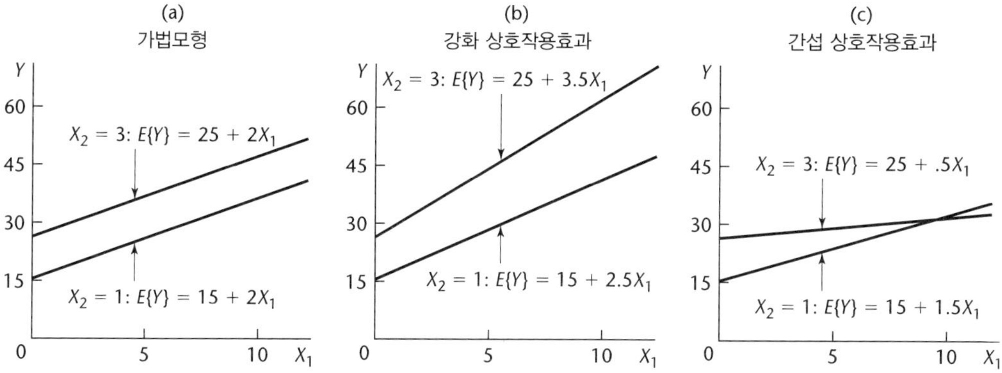

그림 8.7 강화와 간섭 상호작용효과의 예시 – 판매 촉진 예

과그림을 다시 사용한다. X_1에 대해 그려진 반응함수의 기울기는 $X_2 = 1$과 $X_2 = 3$에 대해 다르다. $X_2 = 1$일 때 반응함수의 기울기는 (8.23)에 의해

$$\beta_1 + \beta_3 X_2 = 2 + .5(1) = 2.5$$

이고 $X_2 = 3$일 때 기울기는 다음과 같다.

$$\beta_1 + \beta_3 X_2 = 2 + .5(3) = 3.5$$

그러므로 매장 지출의 한 단위 증가는 TV 지출이 낮은 수준일 때보다 더 높은 수준일 때 판매에 더 큰 영향을 준다.

따라서 상호작용효과에 대한 교차곱항을 포함하는 회귀모형 (8.22)에서 β_1은 더 이상 어느 주어진 X_2 수준에서 X_1의 한 단위 증가에 의한 평균반응의 변화를 의미하지 않는다. X_2가 일정할 때 회귀모형 (8.22)에서 평균반응은 여전히 X_1의 선형함수이지만, 이제 절편과 반응함수의 기울기 모두 X_2의 수준에 따라 변한다. X_1이 일정할 때의 X_2의 함수로서의 평균반응도 같은 상황이 된다.

회귀모형 (8.26)에서 상호작용효과의 결과 때문에 $X_2 = 1$일 때보다 $X_2 = 3$일 때가 반응함수의 기울기가 큰 것처럼, TV 지출의 수준이 높을수록 매장 지출의 한 단위 증가에 따른 판매의 증가는 크다. X_2에 대한 반응함수가 X_1의 더 높은 수준에서 고려될 때 기울기의 증가는 비슷하게 일어난다. 회귀계수 β_1과 β_2가 양수일 때, 예측변수들 중 한 개에 대한 반응함수의 기울기가 다른 예측변수의 더 높은 수준들에 대해 증가하면(즉, β_3가 양수일 때), 두 양적 변수들 사이의 상호작용효과가 **강화**(reinforcement) 또는 **협력**(synergistic) 유형이라고 말한다.

만약 회귀모형 (8.26)에서 β_3의 부호가 음수라면 다음과 같다.

$$E\{Y\} = 10 + 2X_1 + 5X_2 - .5X_1X_2 \qquad \textbf{(8.27)}$$

판매에 미치는 두 유형의 촉진용 지출에 대한 상호작용효과의 결과는 매장 지출의 한 단위 증가에 따른 판매 증가가 줄어들수록 TV 지출 수준이 커진다는 것이다. 이 효과는 그림 8.7c의 조건부효과그림에서 확인할 수 있다. $X_2 = 1$과 $X_2 = 3$에 대한 두 반응함수는

다시 평행이 아니지만, 이제 반응함수의 기울기는 높은 수준의 TV 지출에서 더 작다. X_2에 대한 반응함수가 더 높은 수준의 X_1에서 고려될 때, 비슷한 기울기 감소가 일어난다. 회귀계수 β_1과 β_2가 양수일 때 예측변수들 중 한 개에 대한 반응함수의 기울기가 다른 예측변수의 더 높은 수준들에 대해 감소하면(즉, β_3가 음수일 때), 두 양적 변수 사이의 상호작용효과는 **간섭**(interference) 또는 **적대**(antagonistic) 유형이라고 한다.

부연설명

1. 회귀모형 (8.22)에서 β_1과 β_2의 부호가 음수일 때, 음의 β_3는 상호작용효과의 강화 유형으로 보이고, 양의 β_3는 효과의 간섭 유형으로 간주한다.
2. (8.23)과 (8.24)를 유도하기 위해서 미분한다.

$$E\{Y\} = \beta_0 + \beta_1 X_1 + \beta_2 X_2 + \beta_3 X_1 X_2$$

X_1과 X_2 각각에 대해서,

$$\frac{\partial E\{Y\}}{\partial X_1} = \beta_1 + \beta_3 X_2 \qquad \frac{\partial E\{Y\}}{\partial X_2} = \beta_2 + \beta_3 X_1$$ ■

반응함수의 모양. 그림 8.8은 판매 촉진 예에서 반응함수의 모양에 미치는 상호작용효과를 보여 준다. 그림 8.8a는 (8.25)의 가법 반응함수, 그림 8.8b와 8.8c는 (8.26)의 강화 상호작용효과가 있는 반응함수와 (8.27)의 간섭 상호작용효과가 있는 반응함수를 각각 보여 준다. 가법 반응함수는 평면이지만, 상호작용효과가 있는 두 반응함수는 아니다. 또한 그림 8.8b와 8.8c에서 어느 주어진 수준의 X_2에서 X_1의 함수로서 평균반응은, 어떤 상호작용효과 유형에서도 같지만 다른 수준의 X_2에서의 같은 함수와 더 이상 평행하지 않는다.

등고선 도표의 평균들을 통해 반응표면을 나타냄으로써 두 예측변수가 상호작용할 때와 안 할 때의 반응함수 모양의 차이점을 설명할 수 있다. 앞에서 언급하였듯이 이러한 도표는 다른 반응 수준들에서 같은 수준의 반응을 만들어 내는 두 예측변수들의 수준의 다양한 조합을 보여 준다. 그림 8.8d는 두 예측변수가 상호작용하지 않을 때 그림 8.8a의 가법 반응표면에 대한 등고선 도표를 보여 준다. 등고선 곡선은 직선이며, 등고선이 평행하므로 간격이 같다는 것에 주의해야 한다. 그림 8.8e와 8.8f는 두 예측변수가 상호작용할 때, 그림 8.8b와 8.8c의 반응표면에 대한 등고선 도표를 각각 보여 준다. 등고선 곡선이 더 이상 직선이 아니고 평행하지 않다는 것을 주목한다. 예를 들어 그림 8.8e에서 $E\{Y\} = 200$과 $E\{Y\} = 400$인 등고선들 사이의 수직적 거리는 $X_1 = 50$일 때보다 $X_1 = 10$일 때가 훨씬 크다.

일반적으로 가법적이거나 비상호작용적인 예측변수들은 평행 등고선 곡선을 만들고, 반면에 상호작용적인 예측변수들은 비평행 등고선 곡선을 만든다.

곡선효과가 있는 상호작용 회귀모형의 해석

회귀모형에서 한 개 또는 더 많은 예측변수가 반응변수에 대해 곡선효과를 가질 때, 상호작용효과의 존재는 등고선 곡선이 평행하지 않은 반응함수로 만든다. 그림 8.9a는 즉석빵의 부피에 관한 연구에 대한 반응표면을 보여 준다.

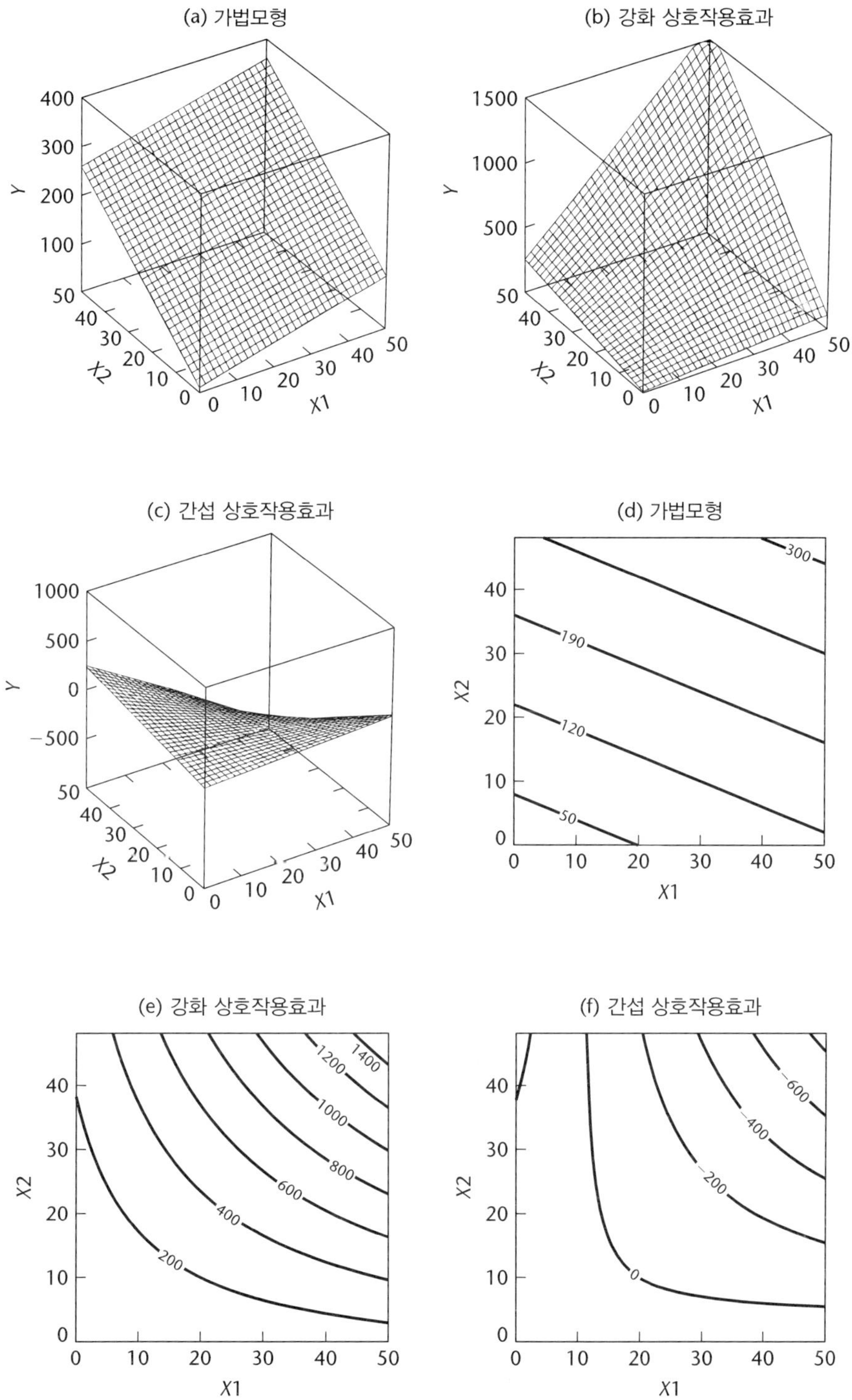

그림 8.8 가법모형과 상호작용 회귀모형에 대한 반응표면과 등고선그림 – 판매 촉진 예

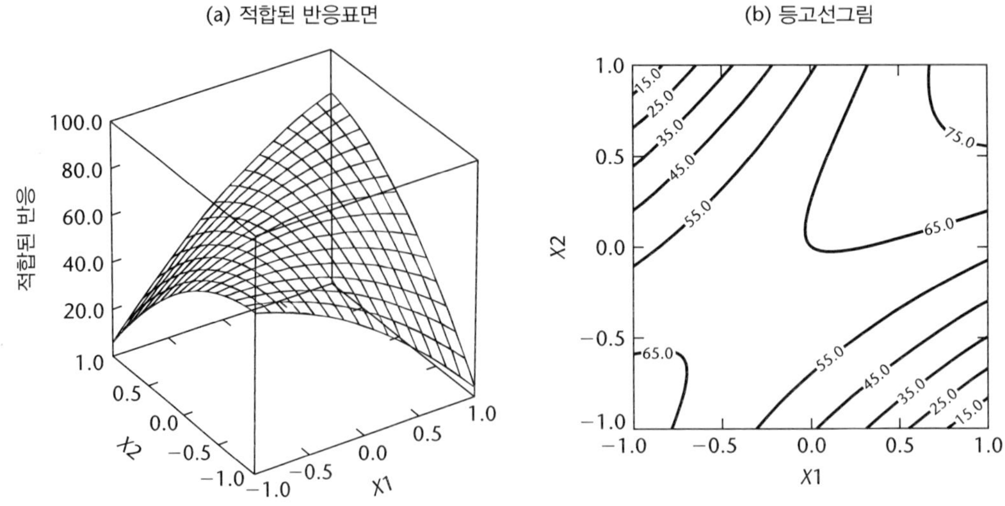

그림 8.9 상호작용효과가 있는 곡선의 회귀분석모형에 대한 반응표면과 등고선그림 – 즉석 빵의 부피 예

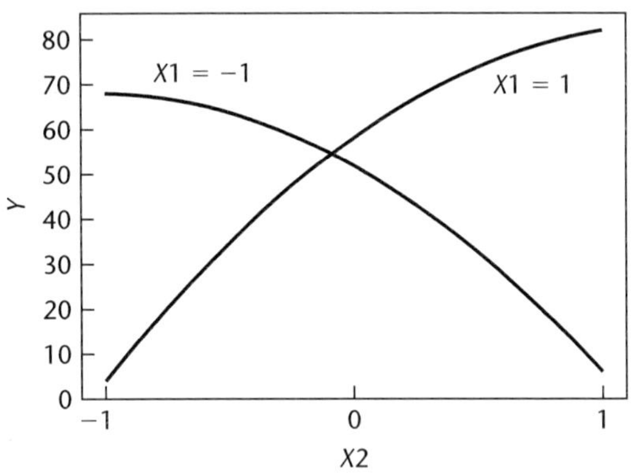

그림 8.10 상호작용효과가 있는 곡선의 회귀분석모형에 대한 조건부효과그림 – 즉석 빵의 부피 예

$$E\{Y\} = 65 + 3X_1 + 4X_2 - 10X_1^2 - 15X_2^2 + 35X_1X_2$$

여기서 Y는 즉석 빵의 부피의 증가 백분율이고, X_1은 (코딩화된) 발효제의 양이고, X_2는 (코딩화된) 오븐 온도이다. 그림 8.9b는 이 반응함수의 등고선 곡선을 보여 준다. 상호작용효과를 의미하는 등고선 곡선의 평행성의 부족을 주목한다. 발효제(X_1)가 다른 수준들에서 일정하게 유지될 때 오븐 온도(X_2)와 평균 부피에 대한 상호작용의 성질을 간단히 보여 주기 위해 그림 8.10은 조건부효과그림을 나타내었다. 발효제의 양이 많을 때 오븐 온도를 증가시키는 것은 부피를 증가시키고, 발효제의 양이 적을 때 그 반대도 성립한다는 것을 주목하라.

상호작용 회귀모형의 이행

상호작용 회귀모형의 적합은 적절한 교차곱항이 자료에 추가되는 것으로 시작할 수 있다. 상호작용효과가 있는 회귀모형을 만들 때는 다음 두 가지 사항을 확인해야 한다.

1. 상호작용항들이 회귀모형에 추가될 때, 몇몇 예측변수와 상호작용항들 간에 또는 몇몇 상호작용항들 사이에 높은 다중공선성이 있을 수도 있다. 계산적 정확함을 개선시키는 부분 해결책은 예측변수들을 중심화하는 것이다. 즉, $x_{ik} = X_{ik} - \bar{X}_k$를 사용한다.
2. 회귀모형에 있는 예측변수의 수가 크면, 상호작용항의 잠재적 수가 매우 크게 된다. 예를 들어 만약 여덟 개의 예측변수가 회귀모형 안에 선형항들로 있을 때, 회귀모형에 추가될 수 있는 상호작용항은 28쌍이 가능하다. 36(= 8 + 26)개의 X 변수들이 회귀모형에 쓰이기 전에 자료는 꽤 많을 필요가 있다.

따라서 반응변수에 중요하게 영향을 미칠 수 있는 상호작용항들을 미리 알아보는 것이 바람직하다. 사전(priori) 지식을 이용하는 것과 더불어, 어떤 것들이 반응변수에 영향을 주는지를 알아내기 위해 다른 상호작용항들에 대해 가법적 회귀모형에 대한 잔차를 그려 볼 수 있다. 예측변수의 수가 클 때, 이런 그림들은 가법적 회귀모형의 초기 적합에 있어 가장 중요하게 나타나는 예측변수를 포함하는 상호작용항들을 제한해야 할 필요가 있다.

예 표 7.1의 체지방 예에서 세 예측변수 사이의 상호작용항들이 회귀모형에 포함되어야 하는지 정식으로 검정하고 싶다. 따라서 다음의 회귀모형을 고려한다.

$$Y_i = \beta_0 + \beta_1 X_{i1} + \beta_2 X_{i2} + \beta_3 X_{i3} + \beta_4 X_{i1} X_{i2} + \beta_5 X_{i1} X_{i3} + \beta_6 X_{i2} X_{i3} + \varepsilon_i \tag{8.28}$$

이 회귀모형을 위해 새로운 변수들 X_1X_2, X_1X_3, X_2X_3을 얻고 이런 X 변수들을 표 7.1에 추가해야 한다. 이 X 변수들을 검사하면서 몇몇 예측변수들이 몇몇 상호작용항들과 매우 상관관계가 높고, 또한 상호작용항들끼리도 상관관계가 매우 높다는 것을 알아냈다. 예를 들어 X_1과 X_1X_2 사이의 상관계수는 .989이고, X_1X_3과 X_2X_3의 상관계수는 .998이다.

그러므로 중심화된 변수들을 회귀모형에서 사용해야 한다.

$$Y_i = \beta_0 + \beta_1 x_{i1} + \beta_2 x_{i2} + \beta_3 x_{i3} + \beta_4 x_{i1} x_{i2} + \beta_5 x_{i1} x_{i3} + \beta_6 x_{i2} x_{i3} + \varepsilon_i \tag{8.29}$$

단,

$$x_{i1} = X_{i1} - \bar{X}_1 = X_{i1} - 25.305$$
$$x_{i2} = X_{i2} - \bar{X}_2 = X_{i2} - 51.170$$
$$x_{i3} = X_{i3} - \bar{X}_3 = X_{i3} - 27.620$$

중심화된 변수들을 이용하여 교차곱항들을 얻을 동안, 교차곱항들을 포함하는 급간상관이 이제 더 작아진 것을 알아낼 수 있다. 예를 들어 가장 큰 X_1X_3과 X_2X_3의 상관은 .998에서 .891로 감소하였다. 다른 상관들은 절댓값이 더 감소하였다.

회귀모형 (8.29)의 적합은 다음의 추정된 회귀함수, 평균제곱오차, 추가제곱합을 만들어 낸다.

$$\hat{Y} = 20.53 + 3.438x_1 - 2.095x_2 - 1.616x_3 + .00888x_1x_2 - .08479x_1x_3 + .09042x_2x_3$$
$$MSE = 6.745$$

변수	추가제곱합
x_1	$SSR(x_1) = 352.270$
x_2	$SSR(x_2 \mid x_1) = 33.169$
x_3	$SSR(x_3 \mid x_1, x_2) = 11.546$
x_1x_2	$SSR(x_1x_2 \mid x_1, x_2, x_3) = 1.496$
x_1x_3	$SSR(x_1x_3 \mid x_1, x_2, x_3, x_1x_2) = 2.704$
x_2x_3	$SSR(x_2x_3 \mid x_1, x_2, x_3, x_1x_2, x_1x_3) = 6.515$

상호작용항들이 필요한지 검정하고 싶다.

$$H_0: \beta_4 = \beta_5 = \beta_6 = 0$$
$$H_a: H_0\text{에서 모든 } \beta s\text{는 0이 아님}$$

부분 F 검정통계량 (7.27)은 여기서 다음의 추가제곱합을 이용한다.

$$SSR(x_1x_2, x_1x_3, x_2x_3 \mid x_1, x_2, x_3) = 1.496 + 2.704 + 6.515 = 10.715$$

그리고 검정통계량은 다음과 같다.

$$\begin{aligned} F^* &= \frac{SSR(x_1x_2, x_1x_3, x_2x_3 \mid x_1, x_2, x_3)}{3} \div MSE \\ &= \frac{10.715}{3} \div 6.745 = .53 \end{aligned}$$

$\alpha = .05$의 유의수준에서 $F(.95; 3, 13) = 3.41$이다. $F^* = .53 \leq 3.41$이므로, 상호작용항들은 회귀모형에서 필요하지 않다는, 즉 H_0로 결론 내린다. 이 검정의 P 값은 .67이다.

8.3 ■ 질적 예측변수

6장에서 언급되었듯이 양적 변수, 예측변수뿐만 아니라 질적 변수도 회귀모형에서 쓰일 수 있다. 경영, 경제, 사회과학, 생물과학 등의 분야에서 많은 예측변수들이 질적 변수이다. 질적 예측변수의 예로는 성별(남성, 여성), 구매상태(구매, 비구매), 장애 상태(장애 없음, 부분 장애, 완전 장애)가 있다.

보험산업 혁신에 대한 연구에서 한 경제학자는 특정한 보험 혁신이 적용되는 속도(Y)를 보험회사 규모(X_1)와 회사의 종류에 연관시키고 싶어했다. 반응변수는 혁신을 채택한 첫 번째 회사의 시간과, 주어진 회사가 혁신을 채택한 시간 사이에서 경과한 달의 수로 측정되었다. 첫 번째 예측변수인 회사 규모는 양적이며, 회사의 총자산의 양으로 측정된다. 두 번째 예측변수인 회사의 종류는 질적이고 두 개의 계급(주식회사와 상호회사)으로 이루어져 있다. 이런 질적 변수가 회귀모형에 쓰이기 위해서는 질적 변수의 계급들에 대한 양적 지표가 반드시 이용되어야 한다.

두 계급 질적 예측변수

질적 변수의 계급들을 양적으로 나타내는 데에는 많은 방법이 있다. 여기서는 0과 1을 취하는 지표변수들을 사용할 것이다. 이런 지표변수들은 사용하기 쉽고 많이 이용되지만, 질적 변수를 양적으로 나타내는 유일한 방법은 아니다.

두 계급을 갖는 질적 예측변수가 있는 보험 혁신 예에서 지표변수 X_2와 X_3을 다음과 같이 정의한다.

$$X_2 = \begin{cases} 1 & \text{주식회사의 경우} \\ 0 & \text{그렇지 않은 경우} \end{cases}$$
$$X_3 = \begin{cases} 1 & \text{상호회사의 경우} \\ 0 & \text{그렇지 않은 경우} \end{cases} \tag{8.30}$$

일차모형은 다음과 같다.

$$Y_i = \beta_0 + \beta_1 X_{i1} + \beta_2 X_{i2} + \beta_3 X_{i3} + \varepsilon_i \tag{8.31}$$

질적 예측변수의 각 계급에 대한 지표변수들을 직관적으로 설정하면 계산상의 어려움을 유발한다. 이유를 살펴보면 $n = 4$ 관측값 중, 첫 번째 두 주식회사($X_2 = 1$이고 $X_3 = 0$인), 두 번째 두 상호회사($X_2 = 0$이고 $X_3 = 1$인)라고 가정하자. **X** 행렬은 다음과 같게 된다.

$$\mathbf{X} = \begin{array}{c} \\ \end{array} \begin{bmatrix} 1 & X_{11} & 1 & 0 \\ 1 & X_{21} & 1 & 0 \\ 1 & X_{31} & 0 & 1 \\ 1 & X_{41} & 0 & 1 \end{bmatrix} \quad (\text{열: } \ , X_1, X_2, X_3)$$

첫 번째 열이 X_2와 X_3 열의 합과 같으므로, 정의 (5. 20)에 따라 열들은 선형종속이다. 이는 **X′X** 행렬에 심각한 영향을 미친다.

$$\mathbf{X}'\mathbf{X} = \begin{bmatrix} 1 & 1 & 1 & 1 \\ X_{11} & X_{21} & X_{31} & X_{41} \\ 1 & 1 & 0 & 0 \\ 0 & 0 & 1 & 1 \end{bmatrix} \begin{bmatrix} 1 & X_{11} & 1 & 0 \\ 1 & X_{21} & 1 & 0 \\ 1 & X_{31} & 0 & 1 \\ 1 & X_{41} & 0 & 1 \end{bmatrix}$$
$$= \begin{bmatrix} 4 & \sum_{i=1}^{4} X_{i1} & 2 & 2 \\ \sum_{i=1}^{4} X_{i1} & \sum_{i=1}^{4} X_{i1}^2 & \sum_{i=1}^{2} X_{i1} & \sum_{i=3}^{4} X_{i1} \\ 2 & \sum_{i=1}^{2} X_{i1} & 2 & 0 \\ 2 & \sum_{i=3}^{4} X_{i1} & 0 & 2 \end{bmatrix}$$

X′X 행렬의 첫 번째 열은 마지막 두 열의 합과 같기 때문에 열들은 선형종속이다. 따라서 **X′X** 행렬은 역행렬이 없고, 회귀계수의 유일 추정값을 찾을 수 없다.

이 문제를 해결하기 위한 간단한 방법은 지표변수들 중 하나를 버리는 것이다. 앞의 예에서 우리는 X_3을 버릴 수 있다. 하나의 지표변수를 버리는 것은 문제를 해결하는 방법일 뿐만 아니라, 모수들을 간단히 해석할 수 있게 해준다. 따라서 일반적으로 다음의 원리를 따른다.

c개의 계급이 있는 양적변수 0과 1값을 갖는 $c-1$개의 지표변수로 표시한다. **(8.32)**

부연설명

지표변수는 가변수(dummy variable) 또는 이항변수(binary variable)라고도 한다. 후자는 오직 0과 1을 포함하는 이진수 체계이기 때문이다. ■

회귀계수의 해석

보험 혁신 예로 돌아와 회귀모형 (8.31)에서 지표변수 X_3을 버렸다고 가정하면 모형은 다음과 같아진다.

$$Y_i = \beta_0 + \beta_1 X_{i1} + \beta_2 X_{i2} + \varepsilon_i \tag{8.33}$$

단,

$$X_{i1} = \text{회사 규모}$$

$$X_{i2} = \begin{cases} 1 & \text{주식회사의 경우} \\ 0 & \text{상호회사의 경우} \end{cases}$$

이 회귀모형에 대한 반응함수는 다음과 같다.

$$E\{Y\} = \beta_0 + \beta_1 X_1 + \beta_2 X_2 \tag{8.34}$$

이 모형에서 회귀계수의 의미를 이해하기 위해 첫 번째로 상호회사의 경우를 살펴보자. 상호회사의 경우, $X_2 = 0$이고 반응함수 (8.34)는 다음과 같이 된다.

$$E\{Y\} = \beta_0 + \beta_1 X_1 + \beta_2(0) = \beta_0 + \beta_1 X_1 \qquad \text{상호회사} \tag{8.34a}$$

따라서 상호회사의 반응함수는 Y의 절편이 β_0이고 기울기가 β_1인 직선이다. 이 반응함수는 그림 8.11에 나와 있다.

주식회사의 경우, $X_2 = 1$이고 반응함수 (8.34)는 다음과 같이 된다.

$$E\{Y\} = \beta_0 + \beta_1 X_1 + \beta_2(1) = (\beta_0 + \beta_2) + \beta_1 X_1 \qquad \text{주식회사} \tag{8.34b}$$

이 또한 기울기가 β_1로 같고 Y의 절편이 $\beta_0 + \beta_2$인 직선이다. 이 반응함수 또한 그림 8.11에 나와 있다.

이제 보험 혁신 예와 관련이 있는 반응함수 (8.34)에서 회귀계수의 의미를 생각해 보자. 혁신이 채택되기 전 평균 경과 시간인 $E\{Y\}$가 회사 규모(X_1)의 선형함수이고, 두 종류의 회사 모두에서 기울기가 β_1인 것을 알고 있다. β_2는 어느 주어진 회사 규모에서 주식회사의 반응함수가 상호회사의 반응함수보다 얼마나 높은지(낮은지)를 나타낸다. 그러므로 β_2는 회사 종류의 차이 효과를 측정한다. 일반적으로 β_2는 어느 주어진 X_1 수준에서 계급이 1로 코딩되었을 때의 평균반응선이 계급이 0이라고 코딩되었을 때의 평균반응선보다 얼마나 높은지(낮은지)를 보여 준다.

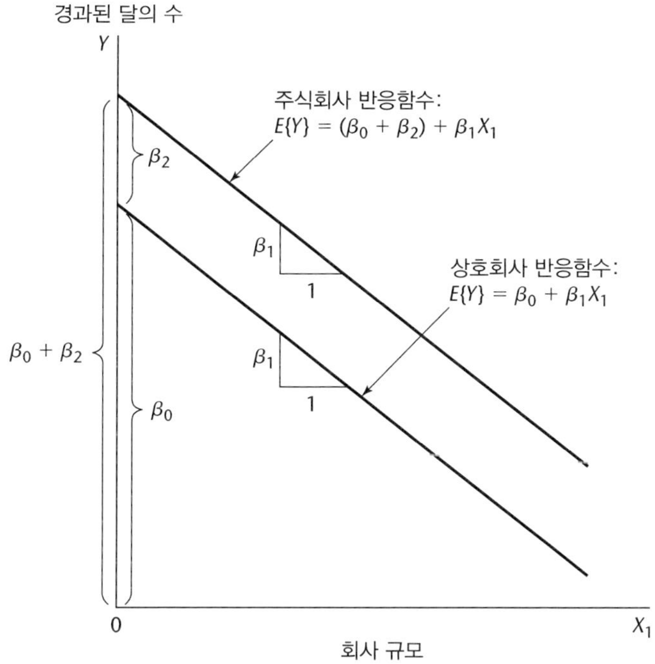

그림 8.11 지표변수 X_2와 회귀분석모형 (8.33)의 회귀계수 의미를 보여 주는 예시 그림

예 이 보험 혁신 예에서 경제학자는 10개의 상호회사와 10개의 주식회사를 조사하였다. 기본 자료는 표 8.2의 1～3열에 있다. 회사 종류를 위한 지표 코딩은 4열에 있다. 각 주식회사에서 $X_2 = 1$이고 각 상호회사에서 $X_2 = 0$이다.

회귀모형 (8.33)의 적합은 이제 간단하다. 표 8.3은 X_1과 X_2에 대한 Y의 회귀를 컴퓨터로 시행하여 기본 결과를 보여 준다. 적합된 반응함수는 다음과 같다.

$$\hat{Y} = 33.87407 - .10174X_1 + 8.05547X_2$$

그림 8.12는 각 회사 종류를 위한 적합된 반응함수와 실제 관측값이다.

경제학자는 회사 종류(X_2)가 혁신이 채택되기까지 경과시간에 미치는 영향에 가장 관심이 있고 β_2를 위한 95% 신뢰구간을 얻고 싶어했다. $t(.975; 17) = 2.110$을 이용하여 표 8.3으로부터 신뢰한계 $8.0557 \pm 2.110(1.45911)$을 얻는다. 그러므로 β_2의 신뢰구간은 다음과 같다.

$$4.98 \leq \beta_2 \leq 11.13$$

따라서 95% 신뢰구간에서 어느 정도 주어진 회사 규모의 경우에는 주식회사가 평균적으로 상호회사보다 5～11개월 사이 정도 더 늦게 혁신을 채택하는 경향이 있다는 결론을 내릴 수 있다.

형식적 검정은 다음과 같다.

$$H_0: \beta_2 = 0$$
$$H_a: \beta_2 \neq 0$$

회사 i	(1) 경과시간 (월) Y_i	(2) 회사 규모 (백만 달러) X_{i1}	(3) 회사 종류	(4) 지표 코드 X_{i2}	(5) $X_{i1}X_{i2}$
1	17	151	상호회사	0	0
2	26	92	상호회사	0	0
3	21	175	상호회사	0	0
4	30	31	상호회사	0	0
5	22	104	상호회사	0	0
6	0	277	상호회사	0	0
7	12	210	상호회사	0	0
8	19	120	상호회사	0	0
9	4	290	상호회사	0	0
10	16	238	상호회사	0	0
11	28	164	주식회사	1	164
12	15	272	주식회사	1	272
13	11	295	주식회사	1	295
14	38	68	주식회사	1	68
15	31	85	주식회사	1	85
16	21	224	주식회사	1	224
17	20	166	주식회사	1	166
18	13	305	주식회사	1	305
19	30	124	주식회사	1	124
20	14	246	주식회사	1	246

표 8.2 자료와 지표 코딩 – 보험 혁신 예

(a) 회귀계수

회귀계수	추정된 회귀계수	추정된 표준편차	t^*
β_0	33.87407	1.81386	18.68
β_1	−.10174	.00889	−11.44
β_2	8.05547	1.45911	5.52

(b) 분산분석

변동요인	SS	df	MS
회귀	1,504.41	2	752.20
오차	176.39	17	10.38
합계	1,680.80	19	

표 8.3 회귀분석모형 (8.33)의 회귀적합 결과 – 보험 혁신 예

유의수준 .05에서 회사 종류가 영향이 있다는 H_a로 이끄는데, 이는 β_2의 95% 신뢰구간이 0을 포함하지 않기 때문이다.

경제학자는 다른 분석들도 수행하였고, 그 중 몇 개는 잠시 후 보일 것이다.

부연설명

앞의 예에서 주식회사와 상호회사를 따로 회귀적합하는 대신에 한 지표변수가 있는 하나

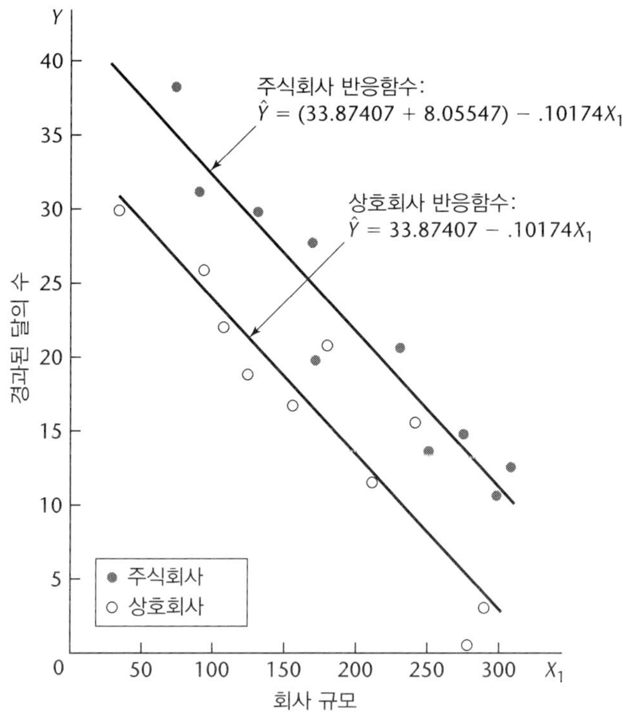

그림 8.12　회귀분석모형 (8.33)을 적합한 회귀함수 – 보험 혁신 예

의 회귀로 적합한 이유를 궁금해할 수도 있을 것이다. 여기에는 두 가지 이유가 있다. 각 회사 종류에 대해 같은 기울기와 같은 일정한 오차항 분산을 가정하기 때문에, 공통적인 기울기 β_1은 두 종류의 회사를 통합함으로써 잘 추정될 수 있다. 또한 β_0와 β_2 같은 다른 추론들은 지표변수를 포함하는 하나의 회귀모형으로 더 정밀하게 만들어질 수도 있는데, 이는 *MSE*의 자유도가 더 크기 때문이다. ■

두 개 이상의 계급이 있는 질적 예측변수

만약 질적 예측변수가 두 개 이상의 계급을 갖고 있다면, 회귀모형에 추가적인 지표변수가 필요하다. 공구 마모(Y)를 공구 속도(X_1)와 공구 모델에 대해 회귀해 보자. 단 공구 모델은 네 가지 계급(M1, M2, M3, M4)을 갖는 질적 변수이다. 따라서 세 지표변수를 필요로 한다. 그것을 다음과 같이 정의한다.

$$X_2 = \begin{cases} 1 & \text{공구 모델이 M1인 경우} \\ 0 & \text{그렇지 않은 경우} \end{cases}$$
$$X_3 = \begin{cases} 1 & \text{공구 모델이 M2인 경우} \\ 0 & \text{그렇지 않은 경우} \end{cases} \qquad (8.35)$$
$$X_4 = \begin{cases} 1 & \text{공구 모델이 M3인 경우} \\ 0 & \text{그렇지 않은 경우} \end{cases}$$

일차모형. 일차회귀모형은 다음과 같다.

$$Y_i = \beta_0 + \beta_1 X_{i1} + \beta_2 X_{i2} + \beta_3 X_{i3} + \beta_4 X_{i4} + \varepsilon_i \quad \textbf{(8.36)}$$

이 모형에서 X 변수의 자료입력은 다음과 같다.

공구 모델	X_1	X_2	X_3	X_4
M1	X_{i1}	1	0	0
M2	X_{i1}	0	1	0
M3	X_{i1}	0	0	1
M4	X_{i1}	0	0	0

회귀모형 (8.36)의 반응함수는 다음과 같다.

$$E\{Y\} = \beta_0 + \beta_1 X_1 + \beta_2 X_2 + \beta_3 X_3 + \beta_4 X_4 \quad \textbf{(8.37)}$$

회귀계수의 의미를 이해하기 위해, 첫 번째로 반응함수 (8.37)은 $X_2 = 0, X_3 = 0, X_4 = 0$인 공구 모델 M4에 대한 것으로 바뀐다.

$$E\{Y\} = \beta_0 + \beta_1 X_1 \qquad \text{공구 모델 M4} \quad \textbf{(8.37a)}$$

공구 모델 M1은 $X_2 = 1, X_3 = 0, X_4 = 0$이고, 반응함수 (8.37)은 아래와 같이 된다.

$$E\{Y\} = (\beta_0 + \beta_2) + \beta_1 X_1 \qquad \text{공구 모델 M1} \quad \textbf{(8.37b)}$$

마찬가지로 반응함수 (8.37)은 M2, M3에 대해 다음과 같게 된다.

$$E\{Y\} = (\beta_0 + \beta_3) + \beta_1 X_1 \qquad \text{공구 모델 M2} \quad \textbf{(8.37c)}$$

$$E\{Y\} = (\beta_0 + \beta_4) + \beta_1 X_1 \qquad \text{공구 모델 M3} \quad \textbf{(8.37d)}$$

따라서 반응함수 (8.37)은 공구 속도에 대한 공구 마모의 회귀가 모든 네 공구 모델에서 같은 기울기를 갖는 선형이라는 것을 의미한다. 계수 $\beta_2, \beta_3, \beta_4$는 어느 주어진 공구 속도의 수준에서 공구 모델 M1, M2, M3의 반응함수가 공구 모델 M4의 반응함수보다 얼마나 더 높은지(낮은지)를 각각 나타낸다. 따라서 β_2, β_3, β_4는 어느 주어진 X_1의 수준에서 반응함수의 높이에 대해 질적 변수 계급의 차이 효과를 측정하고, $X_2 = X_3 = X_4 = 0$인 계급과 항상 비교된다. 그림 8.13은 반응함수의 가능한 배열을 보여 준다.

회귀모형 (8.36)을 사용할 때, 공구 모델 M4에 대한 것 이외에 차이 효과를 추정하기를 원할지도 모른다. 이는 회귀계수들 사이의 차이를 추정하면 될 수 있다. 예를 들어 $\beta_4 - \beta_3$는 (8.37c)와 (8.37d)를 비교하여, 어느 주어진 공구 속도에서 공구 모델 M2의 반응함수보다 M3의 반응함수가 얼마나 더 높은지(낮은지) 측정한다. 이 양의 점추정량은 당연히 $b_4 - b_3$이고, 이 추정량의 추정된 분산은

$$s^2\{b_4 - b_3\} = s^2\{b_4\} + s^2\{b_3\} - 2s\{b_4, b_3\} \quad \textbf{(8.38)}$$

필요한 분산과 공분산은 회귀계수의 분산공분산행렬에서 쉽게 얻어질 수 있다.

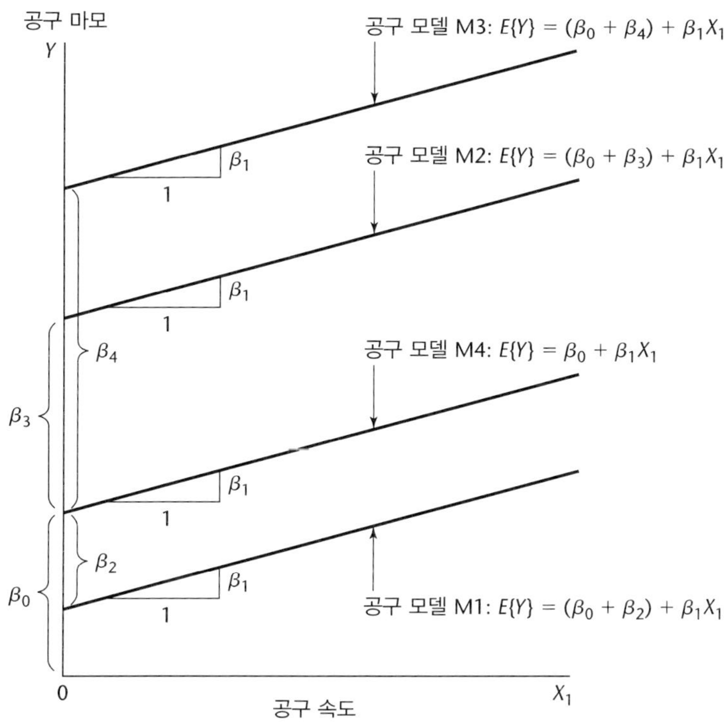

그림 8.13 회귀분석모형의 예시 그림 – 공구 마모 예

시계열 적용

경제학자들과 경영분석가들은 회귀분석에 시계열 자료를 자주 사용한다. 지표변수들은 시계열 회귀모형에 유용할 때가 많다. 예를 들어 저축과 수입 자료 모두 수년간의 연간 자료일 때, 수입(X)은 저축(Y)에 회귀될 것이다. 적용된 모형은 다음과 같다.

$$Y_t = \beta_0 + \beta_1 X_t + \varepsilon_t \qquad t = 1, \ldots, n \tag{8.39}$$

여기서 Y_t와 X_t는 각각 기간 t에 대한 저축과 수입이다. 기간은 전시와 평시 모두를 포함한다고 가정하고, 전시 중 저축이 더 높은 경향이 있으므로 이 기간 요인은 알려져야 한다고 가정한다. 다음의 모형이 적절할 것 같다.

$$Y_t = \beta_0 + \beta_1 X_{t1} + \beta_2 X_{t2} + \varepsilon_t \tag{8.40}$$

여기서,

$$X_{t1} = \text{수입}$$

$$X_{t2} = \begin{cases} 1 & \text{기간 } t\text{가 평시인 경우} \\ 0 & \text{그렇지 않은 경우} \end{cases}$$

회귀모형 (8.40)은 저축하는 주변 경향(β_1)은 평시나 전시 모두 일정하다고 가정하였고, 반응함수의 높이는 오직 이 질적 변수에 영향을 받는다고 가정했다는 것을 주목하라.

시계열 적용에서 지표변수는 월별이나 분기별 자료에서도 사용된다. 분기별 판매(Y)를 분기별 광고 지출(X_1)과 분기별 처분 가능한 개인 수입(X_2)에 회귀한다고 가정한다. 계절 효과가 분기별 판매에 영향이 있다면 계절 효과를 고려한 회귀모형은 다음과 같다.

$$Y_t = \beta_0 + \beta_1 X_{t1} + \beta_2 X_{t2} + \beta_3 X_{t3} + \beta_4 X_{t4} + \beta_5 X_{t5} + \varepsilon_t \tag{8.41}$$

여기서,

X_{t1} = 분기별 광고 지출
X_{t2} = 분기별 처분 가능한 개인 수입

$$X_{t3} = \begin{cases} 1 & \text{1분기인 경우} \\ 0 & \text{그렇지 않은 경우} \end{cases}$$

$$X_{t4} = \begin{cases} 1 & \text{2분기인 경우} \\ 0 & \text{그렇지 않은 경우} \end{cases}$$

$$X_{t5} = \begin{cases} 1 & \text{3분기인 경우} \\ 0 & \text{그렇지 않은 경우} \end{cases}$$

시계열 자료의 회귀모형은 오차항의 상관여부의 민감하다. 이런 경우에 자료의 시계열 성분의 모형화가 오차항이 무상관이 되도록 만드는 데에 적합한지 살펴보는 것은 특히 중요하다. 12장에서 상관이 있는 오차항에 대한 검정과 오차항이 상관을 가질 때 종종 사용되는 회귀모형에 대해 논의한다.

8.4 ■ 지표변수의 사용에 대한 고려사항

지표변수 vs 코드 할당

질적 예측변수에 대한 지표변수의 사용의 대안은 **할당된 코드**(allocated codes)를 사용하는 것이다. 예를 들어 3개의 계급(잦은 사용자, 보통 사용자, 비사용자)을 갖는 예측변수 '상품 사용의 빈도'에 대해 생각해 보자. 할당된 코드 방법을 따르면, 하나의 변수 X가 사용되고 계급들에 값이 할당된다. 예를 들어

계급	X_1
잦은 사용자	3
보통 사용자	2
비사용자	1

할당된 코드들은 당연히 임의로 정하며 다른 숫자 집합이 될 수 있다. 이 예에 대해 다른 예측변수를 가정하지 않은 할당된 코드를 가진 일차모형은 다음과 같다.

$$Y_i = \beta_0 + \beta_1 X_{i1} + \varepsilon_i \tag{8.42}$$

할당된 코드의 기본적 어려움은 질적 변수의 계급에 대해 숫자를 정의하는 것이 불합리할 수 있다는 것이다. 이를 구체적으로 살펴보기 위하여 3개 계급을 가진 질적 변수의 회귀모형 (8.42)의 평균 응답을 고려해 보자.

계급	$E\{Y\}$
잦은 사용자	$E\{Y\} = \beta_0 + \beta_1(3) = \beta_0 + 3\beta_1$
보통 사용자	$E\{Y\} = \beta_0 + \beta_1(2) = \beta_0 + 2\beta_1$
비사용자	$E\{Y\} = \beta_0 + \beta_1(1) = \beta_0 + \beta_1$

중요한 함축사항을 주목하라.

$$E\{Y|\text{잦은 사용자}\} - E\{Y|\text{보통 사용자}\}$$
$$= E\{Y|\text{보통 사용자}\} - E\{Y|\text{비사용자}\} = \beta_1$$

따라서 코딩 1, 2, 3은 비사용자에서 보통 사용자로 가거나 보통 사용자에서 잦은 사용자로 갈 때 평균 응답들은 같은 양이 변한다는 것을 의미한다. 이것은 3개 계급의 거리를 동일하게 할당하는 코딩으로 인해 현실과 동떨어진 것일 수도 있다. 다른 할당된 코드들은 질적 변수의 계급 간 간격을 다르게 의미할 수 있지만 이것은 여전히 임의적이다.

반면 지표변수는 계급 간 간격에 대한 가정이 없으며, 발생하는 차이 효과는 자료에 의존한다. 예를 들어 2개의 질적 지표변수 X_1, X_2가 있다고 하자.

계급	X_1	X_2
잦은 사용자	1	0
보통 사용자	0	1
비사용자	0	0

일차회귀모형은 다음과 같다.

$$Y_i = \beta_0 + \beta_1 X_{i1} + \beta_2 X_{i2} + \varepsilon_i \tag{8.43}$$

여기서 β_1은 차이 효과를 측정한다.

$$E\{Y|\text{잦은 사용자}\} - E\{Y|\text{비사용자}\}$$

β_2도 차이 효과를 측정한다.

$$E\{Y|\text{보통 사용자}\} - E\{Y|\text{비사용자}\}$$

따라서 β_2는 보통 사용자와 비사용자 간 차이 효과를 측정한다. 그리고 $\beta_1 - \beta_2$는 잦은 사용자와 보통 사용자 간 차이 효과를 측정한다. 이 2개의 차이 효과에 대해 임의의 제한조건이 없다는 것에 주목하라. 또한 만약 $\beta_1 = 2\beta_2$이면 3개 계급에 대해 같은 간격이 존재한다.

지표변수 vs 양적 변수

지표변수는 예측변수가 양적이어도 사용할 수 있다. 예를 들어 양적 변수 나이가 21세 미만, 21~34세, 35~49세 등등의 몇몇 계급으로 그룹화되어 변형될 수 있다. 지표변수는 이 새로운 예측변수에 대해 사용될 수 있다. 언뜻 보기에 실제 나이에 대한 정보가 버려지기 때문에 미심쩍은 접근법으로 보일 수 있다. 나아가 추가적인 모수가 모형에 놓여지면서 MSE에 관련된 자유도가 감소한다.

그럼에도 불구하고, 지표변수에 의한 양적 변수의 대체가 적절한 경우들이 있다. 유동자산(Y)과 가장의 나이(X)의 관계에 대한 큰 규모의 조사를 생각해보자. 2000개의 가구가 연구에 참여했으므로 10 혹은 20의 자유도의 상실은 중요하지 않다. 분석가는 회귀함수의 모양이 매우 복잡해 주저하고 있다. 그래서 함수 형태에 대한 어떤 가정도 하지 않고 반응함수의 모양에 대한 정보를 얻는 지표변수 접근법을 사용할 수도 있다.

따라서 많은 자료에 대해서는 지표변수의 사용이 lowess와 다른 반응함수의 비모수적 적합에 대안으로 역할을 할 수 있다.

지표변수의 다른 코딩

앞서 말했듯이 지표변수의 많은 다른 코딩이 가능하다. 이제 c개의 계급에 대한 $c-1$개의 질적 지표변수에 대해 0, 1 코딩에 대한 2개의 대안을 제시한다. 보험 혁신 예를 이용해 이 대안들을 설명하겠다. Y는 혁신을 받아들이는 시간으로 설정한다. X_1은 보험회사의 규모, 두 번째 예측변수는 회사의 종류(주식, 상호)이다.

첫 번째 대안적 코딩은

$$X_2 = \begin{cases} 1 & \text{주식회사의 경우} \\ -1 & \text{상호회사의 경우} \end{cases} \tag{8.44}$$

이 코딩에 대해 일차선형회귀모형은 다음과 같다.

$$Y_i = \beta_0 + \beta_1 X_{i1} + \beta_2 X_{i2} + \varepsilon_i \tag{8.45}$$

이에 대한 반응함수는 다음과 같다.

$$E\{Y\} = \beta_0 + \beta_1 X_1 + \beta_2 X_2 \tag{8.46}$$

이 반응함수는 2개의 회사를 나타낸다.

$$E\{Y\} = (\beta_0 + \beta_2) + \beta_1 X_1 \quad \text{주식회사} \tag{8.46a}$$

$$E\{Y\} = (\beta_0 - \beta_2) + \beta_1 X_1 \quad \text{상호회사} \tag{8.46b}$$

그러므로 여기서 β_0는 회귀직선의 '평균적' 절편으로 볼 수 있다. 주식회사와 상호회사의 절편이 β_2에 대해 반대 방향이다. 회귀직선들이 두 종류의 회사에 대해 같은지 검정하는 것은 $H_0 : \beta_2 = 0$, $H_a : \beta_2 \neq 0$이다.

두 번째 대안적 코딩 전략은 c개 계급을 갖는 질적 변수에 대한 지표변수를 0, 1의 값만 사용하고 회귀모형에서 절편항을 제거하는 것이다. 보험 혁신 예를 보면 모형은 다음과 같다.

$$Y_i = \beta_1 X_{i1} + \beta_2 X_{i2} + \beta_3 X_{i3} + \varepsilon_i \tag{8.47}$$

여기서

X_{i1} = 회사 규모

$$X_{i2} = \begin{cases} 1 & \text{주식회사의 경우} \\ 0 & \text{그렇지 않은 경우} \end{cases}$$

$$X_{i3} = \begin{cases} 1 & \text{상호회사의 경우} \\ 0 & \text{그렇지 않은 경우} \end{cases}$$

2개의 반응함수는 다음과 같다.

$$E\{Y\} = \beta_2 + \beta_1 X_1 \quad \text{주식회사} \tag{8.48a}$$

$$E\{Y\} = \beta_3 + \beta_1 X_1 \quad \text{상호회사} \tag{8.48b}$$

두 회귀직선이 같은지에 대한 검정은 $H_0 : \beta_2 = \beta_3$, $H_a : \beta_2 \neq \beta_3$이다. 7.3절에서 논의한 이러한 종류의 검정은 추가제곱합을 사용해서 할 수 없고 완전모형과 축소모형 모두의 적합이 필요하다.

8.5 ■ 양적 변수와 질적 변수의 상호작용 모형화

보험 혁신 예에서, 경제학자는 회사 규모와 회사 종류가 반응변수와 갖는 상호작용 때문에 회귀모형 (8.33)을 사용하여 분석을 시작하지 않았다. 여기서 회귀모형의 예측변수 중 하나가 질적임에도 불구하고, 교차곱을 포함시켜서 여전히 상호작용을 모형에 도입할 수 있다. 보험 혁신 예에 상호작용을 더한 일차모형은 다음과 같다.

$$Y_i = \beta_0 + \beta_1 X_{i1} + \beta_2 X_{i2} + \beta_3 X_{i1} X_{i2} + \varepsilon_i \tag{8.49}$$

여기서

$$X_{i1} = \text{회사 규모}$$

$$X_{i2} = \begin{cases} 1 & \text{주식회사의 경우} \\ 0 & \text{그렇지 않은 경우} \end{cases}$$

이 회귀모형에 대한 반응함수는 다음과 같다.

$$E\{Y\} = \beta_0 + \beta_1 X_1 + \beta_2 X_2 + \beta_3 X_1 X_2 \tag{8.50}$$

회귀계수의 의미

반응함수 (8.50) 내 회귀계수의 의미는 각 회사 유형에 대한 이 함수의 성질을 살펴봄으로써 이해할 수 있다. 상호회사는 $X_2 = 0$이므로 $X_1X_2 = 0$이다. 따라서 상호회사의 반응함수 (8.50)은 다음과 같다.

$$E\{Y\} = \beta_0 + \beta_1 X_1 + \beta_2(0) + \beta_3(0) = \beta_0 + \beta_1 X_1 \quad \text{상호회사} \tag{8.50a}$$

이 반응함수를 그림 8.14에 나타내었다. 상호회사의 반응함수에 대한 Y의 절편은 β_0이고 기울기는 β_1임을 주목하라.

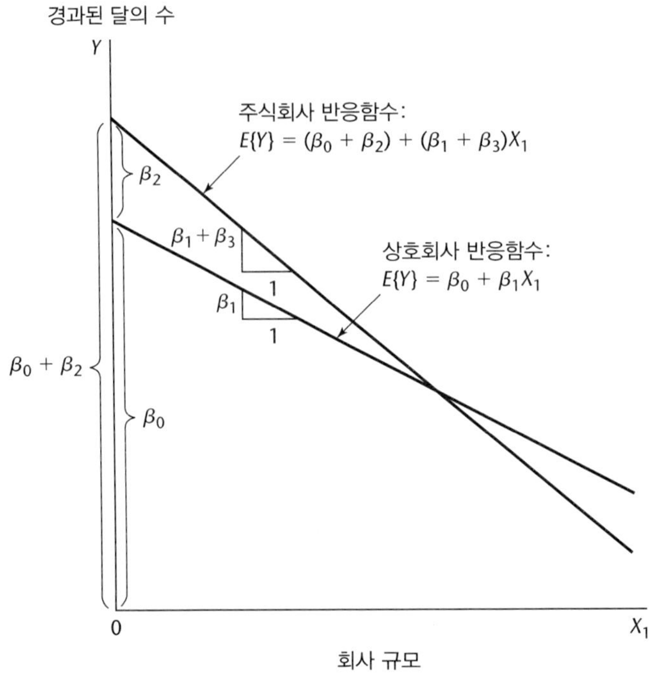

그림 8.14 지표변수 X_2와 상호작용을 갖는 회귀분석모형 (8.49)의 회귀계수에 대한 의미를 나타낸 예시 그림 – 보험 혁신 예

주식회사는 $X_2 = 1$이므로 $X_1X_2 = X_1$이다. 따라서 주식회사의 반응함수(8.50)은 다음과 같다.

$$E\{Y\} = \beta_0 + \beta_1 X_1 + \beta_2(1) + \beta_3 X_1$$

또는

$$E\{Y\} = (\beta_0 + \beta_2) + (\beta_1 + \beta_3)X_1 \qquad \text{주식회사} \tag{8.50b}$$

이 반응함수 또한 그림 8.14에 나타내었다. 주식회사의 반응함수에 대한 Y의 절편은 $\beta_0 + \beta_2$이고 기울기는 $\beta_1 + \beta_3$임을 주목하라.

여기서 β_2는 0으로 코딩된 계급에 비해 1로 코딩된 계급의 반응함수 Y의 절편이 얼마나 큰지(작은지)를 가리킨다. β_3는 0으로 코딩된 계급에 비해 1로 코딩된 계급의 반응함수 기울기가 얼마나 큰지(작은지)를 가리킨다. 절편과 기울기가 회귀모형 (8.49)의 두 계급에 대해 다르기 때문에, 더 이상 β_2가 주어진 X_1의 어느 수준에 대해 반응함수가 얼마나 높은지(낮은지)를 나타낸다고 볼 수 없다. 그림 8.14는 회귀모형 (8.49)의 회사 종류의 효과가 회사 규모 X_1에 의존한다는 것을 보여 준다. 그림 8.14에 따르면, 회사 규모가 작을 때는 상호회사가 보다 빠르게 혁신하고 규모가 클 때는 주식회사가 빠르게 혁신한다. 따라서 상호효과가 존재할 경우, 질적 변수의 각 계급에 대한 회귀함수를 비교함으로써 질적 예측변수의 효과를 살펴볼 수 있다.

그림 8.15는 보험 혁신 예의 다른 가능한 상호작용 패턴을 보여 준다. 여기서 상호회사

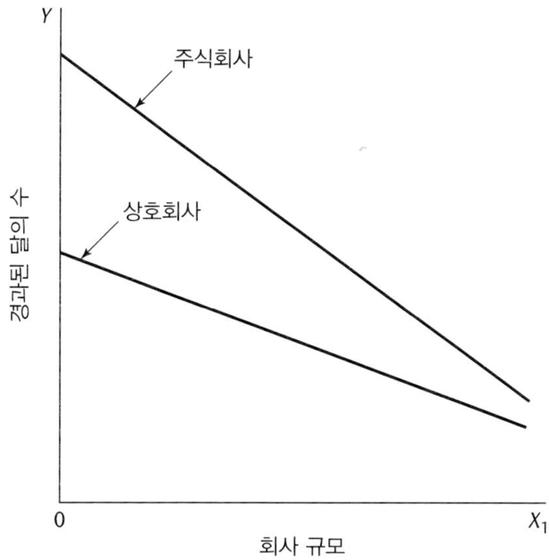

그림 8.15 지표변수 X_2와 상호작용을 갖는 회귀분석모형 (8.49)의 회귀계수에 대한 의미를 나타낸 또 다른 예시 그림 – 보험 혁신 예

는 모형에서 범위 내 모든 규모의 회사들에 대해 주식회사보다 빠르게 혁신을 도입하는 경향을 보인다. 그러나 차이 효과는 작은 회사들보다 큰 회사에서 더 작다.

그림 8.14와 8.15에 나타난 상호작용은 강화 혹은 간섭 형태라고 볼 수 없다. 왜냐하면 예측변수 중 하나가 질적 변수이기 때문이다. 예측변수 중 하나가 질적 변수이고 다른 변수는 양적인 경우, 범위 내의 모형(그림 8.15)에 대해 교차하지 않는 비평행 반응함수들을 **순서형 상호작용**(ordinal interaction)이 있다고도 한다. 범위 내 모형에 대한 반응함수들이 교차하면(그림 8.14), 그 상호작용들을 **비순서형 상호작용**(disordinal interaction)이라고 한다.

예 경제학자는 회사 규모와 종류 간 상호작용이 존재한다고 생각했기 때문에 초기에 적합된 회귀모형은 모형 (8.49)였다.

$$Y_i = \beta_0 + \beta_1 X_{i1} + \beta_2 X_{i2} + \beta_3 X_{i1} X_{i2} + \varepsilon_i$$

보험 혁신 예에서 상호작용항 X_1X_2의 값들은 표 8.2의 5번째 열에 있다. 이 열은 상호회사에 대해서는 0이고 주식회사에 대해서는 X_{i1}의 값을 갖는다.

회귀선 적합은 통상적이다. 컴퓨터로 Y를 X_1, X_2, X_1X_2에 대해 회귀분석한 결과는 표 8.4에 제시되어 있다. 상호작용 효과의 존재 여부를 검정하기 위하여

$$H_0: \beta_3 = 0$$
$$H_a: \beta_3 \neq 0$$

경제학자는 표 8.4a의 t^* 통계량을 사용하였다.

$$t^* = \frac{b_3}{s\{b_3\}} = \frac{-.0004171}{.01833} = -.02$$

(a) 회귀계수

회귀계수	추정된 회귀계수	추정된 표준편차	t^*
β_0	33.83837	2.44065	13.86
β_1	−.10153	.01305	−7.78
β_2	8.13125	3.65405	2.23
β_3	−.0004171	.01833	−.02

(b) 분산분석

변동요인	SS	df	MS
회귀	1,504.42	3	501.47
오차	176.38	16	11.02
합계	1,680.80	19	

표 8.4 상호작용을 갖는 회귀분석모형 (8.49)의 회귀분석 적합 결과 – 보험 혁신 예

유의수준 .05에서, $t(.975; 16) = 2.120$이다. $|t^*| = .02 \leq 2.120$이므로 H_0, $\beta_3 = 0$로 결론 내린다. 상호작용이 존재하지 않는다는 주장을 양측검정의 매우 높은 P값 = .98을 이용해 지지할 수 있다. 이 때문에 경제학자는 상호작용이 없는 회귀모형 (8.33)을 받아들였다.

부연설명

회귀모형 (8.49)의 적합은 주식회사와 상호회사 각각의 회귀선을 적합시키는 것과 같은 반응함수를 만든다. 지표변수와 함께 모형 (8.49)를 사용하면 한 번의 회귀적합으로 두 개의 적합 회귀모형을 만든다는 장점이 있다.

또 다른 장점은 질적 변수의 다른 계급에 대한 반응함수를 비교하는 검정이 일반선형 모형의 회귀계수를 검정하는 것과 명백히 관련이 있다는 것이다. 예를 들어 보험 혁신 예의 그림 8.14는 두 개의 회귀함수가 같은 기울기를 가졌는지를 보여 준다.

$$H_0: \beta_3 = 0$$
$$H_a: \beta_3 \neq 0$$

마찬가지로 그림 8.14는 두 회귀함수가 같은지에 대한 검정을 보여 준다.

$$H_0: \beta_2 = \beta_3 = 0$$
$$H_a: \beta_2, \beta_3 \text{ 모두 0이 아님}$$

■

8.6 ■ 더 복잡한 모형들

이제 양적, 질적 예측변수를 포함한 보다 복잡한 모형을 살펴본다.

둘 이상의 질적 예측변수

2개 혹은 그 이상의 질적 예측변수가 있는 경우의 회귀모형을 생각해 보자. 광고 비용(Y),

매출(X_1), 회사의 종류(유한회사, 비유한회사) 그리고 영업 관리의 질(높음, 낮음)의 회귀모형을 고려해 보자. 다음과 같이 정의할 수 있다.

$$X_2 = \begin{cases} 1 & \text{유한회사의 경우} \\ 0 & \text{그렇지 않은 경우} \end{cases}$$
$$X_3 = \begin{cases} 1 & \text{매출 관리의 질이 높은 경우} \\ 0 & \text{그렇지 않은 경우} \end{cases} \tag{8.51}$$

일차모형. 위의 예에 대한 일차모형은 다음과 같다.

$$Y_i = \beta_0 + \beta_1 X_{i1} + \beta_2 X_{i2} + \beta_3 X_{i3} + \varepsilon_i \tag{8.52}$$

이 모형은 매출에 대한 광고 비용의 회귀함수가 선형임을 의미한다(회사 종류—매출관리의 질의 모든 변수 조합들이 같은 기울기를 가질 때). 그리고 β_2, β_3는 X_1과 다른 예측변수 값이 임의로 주어졌을 때, 회귀직선의 높이에 대한 회사 종류와 영업 관리의 질의 가법적 차이 효과를 나타낸다.

특정 상호작용이 추가된 일차모형. 위의 예에서 예측변수들 쌍에 대한 상호작용효과가 추가된 일차회귀모형은 다음과 같다.

$$Y_i = \beta_0 + \beta_1 X_{i1} + \beta_2 X_{i2} + \beta_3 X_{i3} + \beta_4 X_{i1} X_{i2} + \beta_5 X_{i1} X_{i3} + \beta_6 X_{i2} X_{i3} + \varepsilon_i \tag{8.53}$$

이 모형의 의미를 주목하라.

회사 종류	영업 관리의 질	반응함수
유한회사	높음	$E\{Y\} = (\beta_0 + \beta_2 + \beta_3 + \beta_6) + (\beta_1 + \beta_4 + \beta_5) X_1$
비유한회사	높음	$E\{Y\} = (\beta_0 + \beta_3) + (\beta_1 + \beta_5) X_1$
유한회사	낮음	$E\{Y\} = (\beta_0 + \beta_2) + (\beta_1 + \beta_4) X_1$
비유한회사	낮음	$E\{Y\} = \beta_0 + \beta_1 X_1$

'회사 종류—영업 관리의 질' 변수 조합들에 따라 반응함수는 모두 다르다. 또한 하나의 질적 변수의 계급에 따른 절편에 의한 다른 질적 변수의 차이 효과도 모두 다르다. 예를 들어 '비유한회사—낮은 질' 조합에서 '유한회사—낮은 질'로 이동할 때, 절편은 β_2만큼 이동한다. 하지만 만약 '비유한회사—높은 질'에서 '유한회사—높은 질'로 이동할 때는 절편이 $\beta_2 + \beta_6$만큼 이동한다.

질적 예측변수만 갖는 경우

질적 예측변수만 갖고 있는 회귀모형을 고려해 보자. 광고 예에서 회사 종류와 영업 관리의 질만 고려하여 광고 비용에 대한 회귀모형을 적합시킬 수 있다. 그러면 일차모형은 다음과 같다.

$$Y_i = \beta_0 + \beta_2 X_{i2} + \beta_3 X_{i3} + \varepsilon_i \tag{8.54}$$

여기서 X_{i2}와 X_{i3}은 (8.51)에 정의되어 있다.

부연설명

1. 모든 설명변수가 질적인 모형을 **분산분석모형**(analysis of variance model)이라고 한다.
2. 몇몇 양적 변수와 몇몇 질적 변수를 포함한 모형에서 주요 관심은 질적 변수이며, 양적 변수는 오차항의 분산을 줄이기 위해 추가된 경우로, **공분산분석모형**(analysis of covariance model)이라고 한다. ■

8.7 ■ 두 개 혹은 그 이상의 회귀함수 비교

두 개 이상의 모집단에 대한 회귀를 도입해 그들의 유사점과 차이점을 연구할 때가 있다. 세 개의 예를 제시한다.

1. 비누를 만드는 생산라인 두 개를 운영하는 회사가 있다. 각 라인에 대해 라인 속도와 1일 비누파편 양에 대한 관계를 연구한다. 두 라인에 대한 자료의 산점도를 통해 두 변수의 관계가 선형이지만 같지는 않다. 기울기는 거의 같아 보이지만, 회귀직선의 높이가 달라 보인다. 두 회귀직선이 같은지에 대한 정형적 검정이 필요하다. 만약 같지 않다고 결과가 나오면, 비누파편 양에 대한 차이가 왜 생기는지에 대한 조사가 뒤따를 것이다.
2. 한 경제학자는 도시와 시골 지역의 중산층(독립적인 두 모집단)에 대해 저축의 양과 소득 수준의 관계를 연구한다. 두 관계 각각에 대해 선형회귀가 모형화될 수 있다. 경제학자는 고정된 소득 수준에서 도시와 시골의 가정이 같은 액수의 저축을 하는지(두 회귀직선이 같은지)를 비교하고자 한다. 만약 같지 않다면, 적어도 두 회귀직선의 기울기가 같은지를 검정할 것이다.
3. 산업 공정에서 압력을 측정하기 위한 계기가 같은 사양으로 두 개 제작되었다. 각 계기에 대해 측정기 수치와 실제 압력 간의 관계에 대한 연구가 진행되었다. 만약 두 회귀직선이 같다면, 두 계기에 대해 한 번의 눈금보정(calibration) 일정이 진행될 것이다. 그렇지 않으면 두 개의 다른 눈금보정 일정이 진행될 것이다.

두 집단에 대한 회귀모형의 오차항 분산이 같다고 가정할 수 있다면, 두 개의 회귀함수의 동질성을 검정하기 위해 지표변수를 사용할 수 있다. 오차항 분산이 다르다면, 회귀변수의 변환을 통해 근사적으로 동등하게 만들 수 있다.

이미 지표변수를 사용한 회귀모형(상호작용을 포함)이 질적 변수의 다른 계급에 대한 회귀함수들의 동질성검정을 가능하게 하는 것을 살펴보았다. 이 방법은 서로 다른 모집단의 회귀함수의 동질성을 검정하는 데에 직접적으로 이용될 수 있다. 서로 다른 모집단을 예측변수의 다른 계급들이라고 간단하게 생각할 수 있다. 각 모집단에 대한 지표변수를 정의하고 적절한 상호작용항을 포함한 회귀모형을 만든다. 서로 다른 모집단에 대한 동질성을 검정하는 데에 새로운 원칙이 없기 때문에, 앞의 두 개의 예를 적용하여 보자.

비누 생산라인 예

두 생산라인에 대한 비누파편 양(Y)과 라인 속도(X_1) 자료는 표 8.5에 제시되어 있다. X_2는 생산라인의 코드를 나타내는 변수이다. 두 생산라인에 대한 기호를 지정해 나타낸 자료의 산점도는 그림 8.16에 나타내었다.

잠정적 모형 그림 8.16의 기호를 이용한 산점도를 토대로 하여 분석가는 잠정적으로 회귀모형 (8.49)를 적합시키기로 결정하였다. 이 모형은 두 생산라인의 비누파편 양과 라인 속도가 선형이지만 서로 다른 기울기와 절편을 가질 수 있다고 가정한다.

생산라인 1				생산라인 2			
사례 i	비누파편 양 Y_i	라인 속도 X_{i1}	X_{i2}	사례 i	비누파편 양 Y_i	라인 속도 X_{i1}	X_{i2}
1	218	100	1	16	140	105	0
2	248	125	1	17	277	215	0
3	360	220	1	18	384	270	0
4	351	205	1	19	341	255	0
5	470	300	1	20	215	175	0
6	394	255	1	21	180	135	0
7	332	225	1	22	260	200	0
8	321	175	1	23	361	275	0
9	410	270	1	24	252	155	0
10	260	170	1	25	422	320	0
11	241	155	1	26	273	190	0
12	331	190	1	27	410	295	0
13	275	140	1				
14	425	290	1				
15	367	265	1				

표 8.5 자료 – 비누 생산라인 예(모든 자료는 코드화되었음)

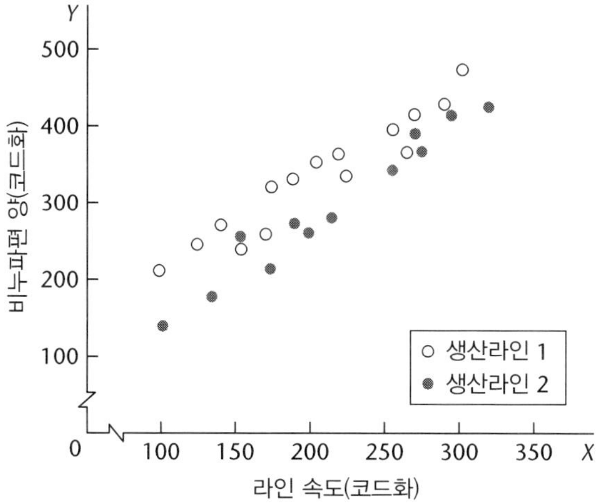

그림 8.16 심벌 산점도 – 비누 생산라인 예

$$Y_i = \beta_0 + \beta_1 X_{i1} + \beta_2 X_{i2} + \beta_3 X_{i1} X_{i2} + \varepsilon_i \tag{8.55}$$

여기서

X_{i1} = 라인 속도

$$X_{i2} = \begin{cases} 1 & \text{생산라인 1인 경우} \\ 0 & \text{생산라인 2인 경우} \end{cases}$$

$i = 1, 2, \ldots, 27$

이 모형에서 생산라인 1의 15개의 사례와 생산라인 2의 12개의 사례는 하나의 그룹(27개)으로 통합된 것을 주목하라.

진단. 표 8.5 자료에 대한 회귀모형 (8.55)의 적합은 표 8.6과 다음의 회귀함수 적합을 만든다.

$$\hat{Y} = 7.57 + 1.322X_1 + 90.39X_2 - .1767X_1X_2$$

$\hat{Y}$에 대한 잔차의 산점도는 각 생산라인별로 그림 8.17에 나타내었다. 두 생산라인의 차이가 있을 수 있기 때문에 두 개의 그림을 각각 사용한다. 그림 8.17의 두 그림은 회귀모형 (8.55)와 상당히 일치하는 결과를 보인다. 생산라인 1에 대한 10개 양과 5개 음의 잔차, 생산라인 2의 4개 양과 8개 음의 잔차는 결과의 우연성 때문이라고 볼 수 있다. X_2에 대한 잔차그림과 잔차의 정규확률그림(제시하지 않음) 또한 적합된 모형이 적절하다고 지지한다. 정규확률그림에 대해, 정렬된 잔차와 정규성 가정하 그들의 기댓값에 대한 상관계수는 .990이다. 표 B.6에 따르면 오차항의 정규성을 지지하기에 충분히 높은 수치이다.

최종적으로 분석가는 두 모집단의 오차항의 상수분산성에 대한 검정으로 Brown-

(a) 회귀계수

회귀계수	추정된 회귀계수	추정된 표준편차	t^*
β_0	7.57	20.87	.36
β_1	1.322	.09262	14.27
β_2	90.39	28.35	3.19
β_3	−.1767	.1288	−1.37

(b) 분산분석

변동요인	*SS*	*df*	*MS*
회귀	169,165	3	56,388
X_1	149,661	1	149,661
$X_2 \mid X_1$	18,694	1	18,694
$X_1X_2 \mid X_1, X_2$	810	1	810
오차	9,904	23	430.6
합계	179,069	26	

표 8.6 회귀모형 (8.55)에 대한 회귀분석 적합 결과 – 비누 생산라인 예

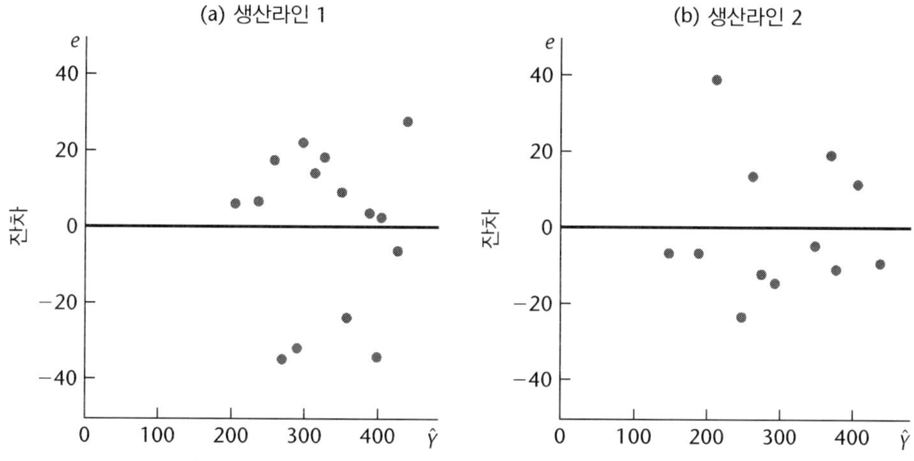

그림 8.17 $\hat{Y}$에 대한 잔차그림 – 비누 생산라인 예

Fosythe 검정(3.6절에 제시됨)을 하고자 한다. 개별적인 선형회귀모형은 두 생산라인의 자료에 대해 적합된다. 그리고 잔차와 각 그룹별로 (3.8)의 중위수 잔차로부터의 절대편차 d_{i1}, d_{i2}를 구한다. 결과는 다음과 같다.

생산라인 1	생산라인 2
$\hat{Y} = 97.965 + 1.145X_1$	$\hat{Y} = 7.574 + 1.322X_1$
$\bar{d}_1 = 16.132$	$\bar{d}_2 = 12.648$
$\sum(d_{i1} - \bar{d}_1)^2 = 2{,}952.20$	$\sum(d_{i2} - \bar{d}_2)^2 = 2{,}045.82$

(3.9a)의 합동분산 s^2은 다음과 같다.

$$s^2 = \frac{2{,}952.20 + 2{,}045.82}{27 - 2} = 199.921$$

따라서 합동표준편차는 $s = 14.139$이다. (3.9)의 검정통계량은 다음과 같다.

$$t^*_{\text{BF}} = \frac{16.132 - 12.648}{14.139\sqrt{\dfrac{1}{15} + \dfrac{1}{12}}} = .636$$

$\alpha = .05$에서 $t(.975; 25) = 2.060$이다. $|t^*_{\text{BF}}| = .636 \leq 2.060$이므로 두 생산라인의 오차항 분산은 다르지 않다고 결론 내린다. 양측검정의 P값은 .53이다.

분석가는 정규오차항을 가진 회귀모형 (8.55)의 적절함에 만족스러웠다. 그리고 두 생산라인의 비누파편 양과 라인 속도의 관계에 대한 회귀의 비교를 진행하였다.

두 회귀선의 추론 두 생산라인에 대한 회귀함수의 동질성은 다음의 가설을 통해 검정할 수 있다.

$$H_0: \beta_2 = \beta_3 = 0$$
$$H_a: \beta_2\text{와 } \beta_3 \text{ 모두 } 0\text{이 아님} \quad \textbf{(8.56)}$$

적절한 검정통계량은 (7.27)에 주어져 있다.

$$F^* = \frac{SSR(X_2, X_1X_2|X_1)}{2} \div \frac{SSE(X_1, X_2, X_1X_2)}{n-4} \tag{8.56a}$$

n은 두 모집단의 합동표본크기이다. 표 8.6의 회귀 결과를 이용하면 다음을 구할 수 있다.

$$\begin{aligned} SSR(X_2, X_1X_2|X_1) &= SSR(X_2|X_1) + SSR(X_1X_2|X_1, X_2) \\ &= 18{,}694 + 810 = 19{,}504 \\ F^* &= \frac{19{,}504}{2} \div \frac{9{,}904}{23} = 22.65 \end{aligned}$$

α를 .01 수준으로 통제하기 위해 $F(.99; 2, 23) = 5.67$을 사용하였다. $F^* = 22.65 > 5.67$이므로 H_a, 즉 두 생산라인의 회귀함수가 같지 않다고 결론 내렸다.

다음으로 분석가는 두 회귀직선의 기울기가 같은지를 살펴보았다. 다음의 가설을 검정한다.

$$\begin{aligned} H_0&: \beta_3 = 0 \\ H_a&: \beta_3 \neq 0 \end{aligned} \tag{8.57}$$

적절한 검정통계량은 t^* 통계량 (7.25) 혹은 부분 F 검정통계량 (7.24)이다.

$$F^* = \frac{SSR(X_1X_2|X_1, X_2)}{1} \div \frac{SSE(X_1, X_2, X_1X_2)}{n-4} \tag{8.57a}$$

표 8.6의 회귀 결과와 부분 F 검정통계량을 이용하면, 다음을 얻을 수 있다.

$$F^* = \frac{810}{1} \div \frac{9{,}904}{23} = 1.88$$

$\alpha = .01$에서 $F(.99; 1, 23) = 7.88$을 사용한다. $F^* = 1.88 \leq 7.88$이므로 두 생산라인의 회귀함수 기울기가 같다는 H_0로 결론 내린다.

Bonferroni 부등식 (4.2)를 이용해, 분석가는 모임(family) 유의수준을 .02로 정한다. 라인 속도가 일정량 증가하면 두 생산라인의 각 비누파편 양의 증가량도 같다. 하지만 임의의 라인 속도가 주어졌을 때 두 생산라인의 비누파편 양 기댓값은 일정한 양만큼 다르다.

회귀직선에서의 이 일정한 차이는 β_2의 신뢰구간을 통해 추정할 수 있다. 95% 신뢰구간을 구하기 위해 $t(.975; 23) = 2.069$를 이용한다. 표 8.6의 결과를 이용하면 신뢰한계는 $90.39 \pm 2.069(28.35)$이다. 즉 β_2의 신뢰구간은 다음과 같다.

$$31.7 \leq \beta_2 \leq 149.0$$

따라서 95% 신뢰수준에서 임의의 라인 속도가 주어졌을 때 생산라인 1의 비누파편 양 기댓값은 생산라인 2보다 32~149 사이의 값만큼 높다고 결론 내린다.

계기 눈금보정 연구 예

계기의 눈금보정을 하는 한 기술자는 두 계기의 게이지 측정(Y)과 실제 압력(X_1) 사이의 회귀함수가 이차다항모형이라고 생각한다.

$$E\{Y\} = \beta_0 + \beta_1 X_1 + \beta_2 X_1^2$$

하지만 두 계기가 서로 다를 수도 있다. 그래서 사용한 모형은(다중공선성 문제를 줄이기 위해 중심화된 변수 X_1을 사용, 8.1절 참조) 다음과 같다.

$$Y_i = \beta_0 + \beta_1 x_{i1} + \beta_2 x_{i1}^2 + \beta_3 X_{i2} + \beta_4 x_{i1} X_{i2} + \beta_5 x_{i1}^2 X_{i2} + \varepsilon_i \tag{8.58}$$

여기서

$$x_{i1} = X_{i1} - \bar{X}_1 = \text{중심화된 실제 압력}$$

$$X_{i2} = \begin{cases} 1 & \text{계기 B인 경우} \\ 0 & \text{그렇지 않은 경우} \end{cases}$$

계기 A($X_2 = 0$)의 반응함수는 다음과 같다.

$$E\{Y\} = \beta_0 + \beta_1 x_1 + \beta_2 x_1^2 \qquad \text{계기 A} \tag{8.59a}$$

그리고 계기 B($X_2 = 1$)의 반응함수는 다음과 같다.

$$E\{Y\} = (\beta_0 + \beta_3) + (\beta_1 + \beta_4) x_1 + (\beta_2 + \beta_5) x_1^2 \qquad \text{계기 B} \tag{8.59b}$$

따라서 두 반응함수의 동등성검정을 위한 가설은 다음과 같다.

$$\begin{aligned} &H_0\colon \beta_3 = \beta_4 = \beta_5 = 0 \\ &H_a\colon H_0\text{에서 모든 } \beta_k\text{는 0이 아님} \end{aligned} \tag{8.60}$$

그리고 적합한 검정통계량은 (7.27)이다.

$$F^* = \frac{SSR(X_2, x_1 X_2, x_1^2 X_2 | x_1, x_1^2)}{3} \div \frac{SSE(x_1, x_1^2, X_2, x_1 X_2, x_1^2 X_2)}{n - 6} \tag{8.60a}$$

여기서 n은 두 모집단의 합동표본크기이다.

부연설명

1. 방금 제시한 방법은 매우 보편적이다. 세 개 혹은 그 이상의 모집단의 경우에는 추가적인 지표변수를 모형에 추가하면 된다.
2. 두 개 이상의 회귀함수를 검정하기 위해 지표변수를 사용하는 것은 일반선형검정접근법과 같다. 완전모형의 적합은 각 모집단으로부터의 자료에 각 회귀들을 적합시키는 것이고, 축소모형을 적합시키는 것은 결합된 자료에 하나의 회귀를 적합시키는 것이다. ■

인용문헌

8.1. Draper, N. R., and H. Smith. *Applied Regression Analysis*. 3rd ed. New York: John Wiley & Sons, 1998.

문제

8.1. 이차 반응표면 $E\{Y\} = 140 + 4x_1^2 - 2x_2^2 + 5x_1x_2$의 등고선그림을 그리고 반응표면의 모양에 대해 설명하여라.

8.2. 이차 반응표면 $E\{Y\} = 124 - 3x_1^2 - 2x_2^2 - 6x_1x_2$의 등고선그림을 그리고 반응표면의 모양에 대해 설명하여라.

8.3. 한 투자 분석가는 지방채 연구 세미나에서 고차 다항회귀모형을 사용하였다. 7개의 채권을 통해 채권의 순이자수익(Y)과 지방자치제의 산업 다양성 지표(X)의 회귀모형을 적합시켰고 $R^2 = .991$를 얻었다. 한 친구가 대단하지 않다는 말투로 "너는 과대적합을 했어. 그 곡선은 자료의 확률효과를 따르는 거야"라고 말했다.

a. 친구의 말을 논평하여라.

b. 여기서 (6.42)의 R_a^2가 R^2보다 적절한 측도인가?

*8.4. 문제 1.27의 **근육량(Muscle mass)** 문제를 참조하여라. 독립적 정규오차항을 갖는 이차회귀모형 (8.2)가 적절해 보인다.

a. 회귀모형 (8.2)를 적합시켜라. 적합된 회귀함수와 자료의 산점도를 그려라. 이차회귀모형이 적절해 보이는가? R^2를 구하여라.

b. $\alpha = .05$를 이용하여 회귀관계가 존재하는지 검정하여라. 가설들, 결정규칙, 결론을 서술하여라.

c. 95% 신뢰구간을 이용하여 48세 여자의 평균 근육량을 추정하여라. 구간에 대해 해석하여라.

d. 95% 예측구간을 이용하여 48세 여자의 근육량을 예측하여라. 구간에 대해 해석하여라.

e. $\alpha = .05$를 이용하여 회귀모형에서 제곱항이 빠져도 되는지 검정하여라. 가설들, 결정규칙, 결론을 서술하여라.

f. (a)에서 얻어진 적합된 회귀함수를 원래의 변수 X를 이용하여 표현하여라.

g. X와 X^2, x와 x^2의 단순상관계수를 계산하여라. 여기서 중심화된 변수의 사용이 도움이 되는가?

*8.5. 문제 1.27과 8.4의 **근육량(Muscle mass)** 문제를 참조하여라.

a. 8.4a의 적합 후 잔차를 구하고 $\hat{Y}$, x 각각에 대한 산점도를 그려라. 또한 정규확률그림을 그려라. 그림에 대한 해석을 하여라.

b. 이차회귀함수에 대해 적합성결여 검정을 하여라($\alpha = .05$). 가설들, 결정규칙, 결론을 서술하여라. 이 검정에 어떤 가정이 사용되었는가?

c. 삼차모형 (8.6)을 적합시키고 $\beta_{111} = 0$을 검정하여라($\alpha = .05$). 가설들, 결정규칙, 결론을 서술하여라. (b)와 일관된 결과인가?

8.6. **스테로이드 수준(Steroid level)**. 한 내분비학자는 8~25세 건강한 여성들의 스테로이드 수준(Y)과 나이(X) 사이의 관계에 관심이 있다. 그녀는 이 나이대의 여성 27명을 표본으로 뽑았다. 자료는 다음과 같다.

i:	1	2	3	...	25	26	27
X_i:	23	19	25	...	13	14	18
Y_i:	27.1	22.1	21.9	...	12.8	20.8	20.6

a. 회귀모형 (8.2)를 적합시켜라. 적합된 회귀함수와 자료의 산점도를 그려라. 이차 회귀함수가 적절해 보이는가? R^2를 구하여라.

b. 회귀관계가 있는지 검정하여라($\alpha = .01$). 가설들, 결정규칙, 결론을 서술하여라. 검정 시 *P*값은 얼마인가?

c. 10, 15, 20세 여성의 평균 스테로이드 수치의 결합 구간추정값을 각각 구하여라. 가장 효율적인 동시 추정값을 구하고 99% 모임신뢰계수를 구하여라. 구간에 대해 해석하여라.

d. 99% 예측구간을 이용하여 15세 여성의 스테로이드 수치를 예측하여라. 구간에 대해 해석하여라.

e. 제곱항이 모형에서 빠져도 되는지 검정하여라($\alpha = .01$). 가설들, 결정규칙, 결론을 서술하여라.

f. (a)에서 얻어진 적합된 회귀함수를 원래의 변수 *X*를 이용하여 표현하여라.

8.7. 문제 8.6의 **스테로이드 수준(Steroid level)** 자료를 참조하여라.

a. 잔차를 구하고 적합값과 *x*에 관해 각각 잔차와의 산점도를 구하여라. 정규확률그림을 그려라. 그림에 대해 해석하여라.

b. 적합성결여 검정을 하여라. 제1종 오류를 .01로 통제하여라. 가설들, 결정규칙, 결론을 서술하여라. 검정 시 어떤 가정을 했는가?

8.8. 문제 6.18과 7.7의 **상업용 부동산(Commercial properties)** 자료를 참조하여라. 건물의 연수(X_1), 운영비용 및 세금(X_2), 총 평방 부지(X_4)를 임대료(Y)의 예측변수로 사용하면 공실률 예측변수(X_3)는 필요하지 않아 보인다.

a. 건물의 연수(X_1)와 *Y*의 산점도를 그리면 곡선 형태가 나타난다. 중심화된 건물의 연수(x_1), 그것의 제곱(x_1^2), 운영비용 및 세금(X_2), 총 평방 부지(X_4)를 사용해 다항 회귀모형을 적합시켜라. 적합된 값에 대한 *Y* 관측값의 산점도를 그려라. 반응함수의 적합이 잘 되었는가?

b. R_a^2를 계산하여라. 그것이 주는 정보는 무엇인가?

c. 중심화된 건물 연수 제곱항(x_1^2)이 모형에서 빠져도 되는지 $\alpha = .05$에서 검정하여라. 가설들, 결정규칙, 결론을 서술하여라. 검정 시 *P*값은 얼마인가?

d. $X_1 = 8$, $X_2 = 16$, $X_4 = 250{,}000$일 때 95% 신뢰구간을 이용하여 평균 임대료를 추정하여라. 구간에 대해 해석하여라.

e. (a)에서 적합된 반응함수를 원래의 변수 *X*를 이용하여 표현하여라.

8.9. $E\{Y\} = 25 + 3X_1 + 4X_2 + 1.5X_1X_2$의 반응함수를 고려하여 다음 물음에 답하여라.

a. $X_2 = 3$일 때와 $X_2 = 6$일 때 X_1에 대한 조건부효과그림을 그려라. 그림을 통해 *Y*에 대한 X_1과 X_2의 상호작용이 어떤지 보고 그 성질에 대해 논하여라.

b. 반응표면에 대한 등고선그림을 그려라. 그림를 통해 *Y*에 대한 X_1과 X_2의 상호작용이 어떤지 서술하여라.

8.10. $E\{Y\} = 14 + 7X_1 + 5X_2 - 4X_1X_2$의 반응함수를 고려해 다음 물음에 답하여라.

a. $X_1 = 1$일 때와 $X_1 = 4$일 때 X_2에 대한 조건부효과그림을 그려라. 그림을 통해 Y에 대한 X_1과 X_2의 상호작용효과가 추가되어도 괜찮은지 판단하고 그 성질에 대해 논하여라.

b. 반응표면에 대해 등고선그림을 그려라. 그림을 통해 Y에 대한 X_1과 X_2의 상호작용효과가 추가되어도 괜찮은지 판단하여라.

8.11. 문제 6.5의 **브랜드 선호도(Brand preference)** 자료를 참조하여라.

a. 회귀모형 (8.22)를 적합시켜라.

b. 상호작용항이 모형에서 빠져도 되는지 $\alpha = .05$에서 검정하여라. 가설들, 결정규칙, 결론에 대해 서술하여라.

8.12. 지표변수를 추가한 회귀모형을 사용한 한 학생이 다음의 다항회귀결과에 대해 화가 났다: XTRANSPOSE X SINGULAR. 이러한 어려움의 원인은 무엇인가?

8.13. 회귀모형 (8.33)을 참조하여라. $\beta_0 = 25.3$, $\beta_1 = .20$, $\beta_2 = -12.1$일 때 반응곡선을 도표로 그려라.

8.14. 특정 업무를 배우는 데 걸리는 시간에 영향을 주는 요인에 대한 회귀 연구에서 배우는 사람의 성별이 예측변수 X_2로 추가되었다. 남성이면 $X_2 = 1$, 여성이면 $X_2 = 0$으로 코딩한다. $b_2 = 22.3$, $s\{b_2\} = 3.8$이다. 결과는 계수가 양수였는데 이는 남성의 학습 시간이 더 길다는 것을 의미한다. 이 결과에 대해 관측자는 코딩 방법이 적절한지 의문을 가졌다. 이에 대해 논하여라.

8.15. 문제 1.20의 **복사기 유지보수(Copier maintenance)** 문제를 참조하여라. 복사기를 사용하는 사용자는 작은 모델을 사용하는 교육 기관들이나 큰 상업 모델을 사용하는 회사이다. Tri-City의 한 분석가는 사용 기간(X_1)과 복사기 종류(X_2)를 예측변수로 넣어 복사기 모델(S–작은 모델, L–큰 모델)이 서비스의뢰의 시간에 미치는 영향을 보고자 한다. 45개 의뢰에 대한 모델의 자료는 아래와 같다.

i:	1	2	3	...	43	44	45
X_{i2}:	S	L	L	...	L	L	L

회귀모형 (8.33)이 적절하다고 가정하고 X_2는 작은 모델이면 1, 큰 상업용 모델이면 0이라고 하자.

a. 모형 내 모든 회귀계수의 의미에 대해 설명하여라.

b. 회귀모형을 적합시키고 추정된 회귀함수를 제시하여라.

c. 복사기 모델이 평균 서비스 시간에 미치는 영향을 95% 신뢰구간을 이용하여 추정하여라. 구간에 대해 해석하여라.

d. 분석가가 복사기 모델이 서비스 시간에 미치는 영향을 추정할 때 복사기의 수 X_1을 모형에 넣으려고 하는 이유는 무엇인가?

e. 잔차를 구하고 X_1X_2에 대한 산점도를 그려라. 회귀모형의 상호작용항이 도움이 되는지 판단할 수 있는가?

8.16. 문제 1.19의 **평량평균(Grade point average)** 자료를 참조하여라. 입학처장의 한 조수는 지원서를 제출했을 때 여학생이 지원 당시 전공 분야를 결정했는지의 여부에 대한 정보를 추가함으로써 모형의 예측력이 향상될 수 있다고 추측하였다. 모형 (8.33)이 적절하다고 가정하고 X_1은 입학시험점수, $X_2 = 1$은 학생이 지원 당시 전공 분야를 결정했다는 것을, $X_2 = 0$은 결정하지 못했다는 것을 나타낸다고 하자. X_2에 대한 자료는 다음과 같다.

i:	1	2	3	...	118	119	120
X_{i2}:	0	1	0	...	1	1	0

a. 여기서 모형 (8.33)의 회귀계수가 어떻게 해석되어야 하는지 설명하여라.

b. 회귀모형을 적합시키고 추정된 회귀함수에 대해 서술하여라.

c. 회귀모형에서 X_2가 빠져도 되는지에 대해 $\alpha = .01$에서 검정하여라. 가설들, 결정규칙, 결론에 대해 서술하여라.

d. 회귀모형 (8.33)에 대한 잔차를 구하고 X_1X_2에 대한 산점도를 그려라. 상호작용항을 모형에 포함시켜야 하는지에 대한 근거를 그림에서 얻을 수 있는가?

8.17. 모형 (8.33)과 (8.49)를 참조하여라. $\beta_2 = 0$인 것이 각 모형에 대해 같은 의미를 갖는지 설명하여라.

8.18. 모형 (8.49)를 참조하여라. $\beta_0 = 25$, $\beta_1 = .30$, $\beta_2 = -12.5$, $\beta_3 = .05$일 때 모형의 회귀함수를 그려라. 상호작용의 성질에 대해 논하여라.

*8.19. 문제 1.20과 8.15의 **복사기 유지보수(Copier maintenance)** 자료를 참조하여라.

a. 회귀모형 (8.49)를 적합시키고 추정된 회귀함수를 서술하여라.

b. 모형에서 상호작용항이 빠져도 되는지 $\alpha = .10$에서 검정하여라. 가설들, 결정규칙, 결론에 대해 서술하여라. 검정의 P값은 얼마인가? 상호작용이 빠질 수 없다는 결론이 나오면, 그 상호작용의 효과가 어떤 특성을 갖는지에 대해 논하여라.

8.20. 1.19와 8.16의 **평량평균(Grade point average)** 자료를 참조하여라.

a. 회귀모형 (8.49)를 적합시키고 추정된 회귀함수를 서술하여라.

b. 모형에서 상호작용항이 빠져도 되는지 $\alpha = .05$에서 검정하여라. 가설들, 결정규칙, 결론에 대해 서술하여라. 검정의 P값은 얼마인가? 상호작용이 빠질 수 없다는 결론이 나오면, 그 상호작용의 효과가 어떤 특성을 갖는지에 대해 논하여라.

8.21. 창고 노동자들의 근무 중 낙하에 의한 머리 부상에 대한 회귀분석에서 Y는 부상의 심각도, X_1은 낙하 물체의 무게와 떨어진 거리를 모두 나타내는 지표, X_2와 X_3은 사고 당시 머리 보호장비의 성질을 나타내는 지표변수로서 다음과 같이 코딩되어 있다.

보호장비 종류	X_2	X_3
안전모	1	0
범프캡	0	1
없음	0	0

연구에서 사용된 회귀함수는 $E\{Y\} = \beta_0 + \beta_1X_1 + \beta_2X_2 + \beta_3X_3$이다.

a. 보호장비의 각 종류에 따른 회귀함수를 서술하여라.

b. 다음의 물음에 대해 적절한 검정의 가설 H_0와 H_a를 서술하여라. (1) X_1이 고정되었을 때, 범프캡을 착용하는 것이 보호장비를 하지 않았을 때보다 부상 심각도의 기댓값을 줄이는가? (2) X_1이 고정되었을 때, 안전모를 썼을 때나 범프캡을 썼을 때 부상 심각도의 기댓값이 같은가?

8.22. 모형 (8.36)의 공구 마모 자료를 참조하여라. $X_2 = 1$이면 공구 모델이 M2이고 0이면 다른 모델이라고 지표변수를 설정한다. 또한 $X_3 = 1$이면 공구 모델이 M3이고 다른 것들이면 0이라고 한다. 마지막으로 $X_4 = 1$이면 공구 모델이 M4이고 다른 모델이면 0이라고 한다. 다음 항목들의 의미에 대해 서술하여라. (1) β_3, (2) $\beta_4 - \beta_3$, (3) β_1.

8.23. 신발 가게 체인 본사의 마케팅 연구소 수습직원은 특정 라인 신발의 계절효과를 연구하기 위해 다음의 회귀함수를 사용하였다. $E\{Y\} = \beta_0 + \beta_1X_1 + \beta_2X_2 + \beta_3X_3$. X들은 다음과 같이 정의된 지표변수이다. $X_1 = 1$은 겨울, 아니면 0을 나타내고 $X_2 = 1$은 봄, 아니면 0을 나타내며 $X_3 = 1$은 가을, 아니면 0을 의미한다. 모형을 적합한 후에 수습직원은 회귀계수들 $\beta_k(k = 0, 1, 2, 3)$에 대해 검정하였다. 그리고 모임 유의수준 .05에서 $\beta_0 \neq 0, \beta_1 = 0, \beta_2 \neq 0, \beta_3 \neq 0$이라고 결론 내렸다. 그리고 보고서에 "회귀분석의 결과는 겨울에 이 라인의 신발 매출이 계절적, 기후 효과에 영향을 받지 않는 것으로 나타난다. 계절적 영향은 다른 계절에 존재한다."라고 썼다. 검정의 결과에 대한 이러한 해석에 동의하는가?

8.24. **감정가(Assessed valuations)**. 한 세금 상담가는 세금이 많이 붙는 지역의 한 가족 주택의 판매가와 감정 가격의 관계에 대해 연구하고자 한다. 최근 공정거래된 한 가족 주택을 대상으로 모퉁이에 있는 집 16개와 그렇지 않은 집 48개의 확률표본을 얻었다. 판매가(Y)와 감정가(X_1)는 1000달러 단위이고 집터 위치(X_2)는 모퉁이면 1, 아니면 0으로 코딩되었다.

i:	1	2	3	...	62	63	64
X_{i1}:	76.4	74.3	69.6	...	79.4	74.7	71.5
X_{i2}:	0	0	0	...	0	0	1
Y_i:	78.8	73.8	64.6	...	97.6	84.4	70.5

두 모집단의 오차항 분산은 같고 회귀모형 (8.49)가 적절하다고 가정한다.

a. 두 모집단에 대해 표본자료로 기호를 이용한 산점도를 그려라. 두 모집단의 회귀관계가 동일해 보이는가?

b. 모퉁이 주택과 아닌 주택의 회귀함수 동일성을 검정하여라. 제1종 오류의 위험을 .05로 통제하여라. 가설들, 결정규칙, 결론을 서술하여라.

c. 두 모집단의 추정된 회귀함수를 그래프로 표현하고 차이점에 대해 설명하여라.

8.25. 문제 6.9와 7.4의 **식료품 소매업(Grocery retailer)** 자료를 참조하여라.

a. 반입량(X_1)과 이항 변수(X_3)를 예측변수로 사용해 회귀모형 (8.58)을 적합시켜라.

b. 상호작용항과 제곱항이 모형에서 빠져도 되는지 $\alpha = .05$에서 검정하여라. 가설들, 결정규칙, 결론을 서술하여라. 검정의 P값은 얼마인가?

8.26. 시계열 분석에서, 보통 시간을 나타내는 X 변수는 연속적인 기간에 대해 1, 2, 등등으로 정의된다. 만약 표현하려는 시간이 1989, 1990, 등등인 경우 이런 형태로 코드를 할당해도 되는가?

8.27. 한 분석가는 8학년 학생의 성숙에 영향을 주는 요인들의 회귀분석에 가족 내 나이 많은 형제 수를 예측변수로 넣으려고 한다. 표본의 나이 많은 형제 수는 0부터 4까지 분포해 있다. 이 변수가 순서형 양적 변수로 놓여야 하는지 네 개의 0, 1 지표변수를 이용하여야 하는지 논의하여라.

8.28. 보험 혁신 연구의 회귀모형 (8.31)을 참조하여라. β_0를 삭제하고 $\mathbf{X}$ 행렬의 선형 종속성을 제거하여 모형이 $Y_i = \beta_1 X_{i1} + \beta_2 X_{i2} + \beta_3 X_{i3} + \varepsilon_i$가 되었다고 하자. 여기서 각 회귀계수 $\beta_1, \beta_2, \beta_3$의 의미는 무엇인가?

연습문제

8.29. 하나의 예측변수를 가진 이차회귀모형 (8.2)를 생각해 보자. 2개 세트의 X값은 아래와 같다.

세트 1:	1.0	1.5	1.1	1.3	1.9	.8	1.2	1.4
세트 2:	12	1	123	17	415	71	283	38

각 세트에 대해, X와 X^2의 상관계수를 구하여라. 그리고 X와 X^3의 상관계수도 구하여라. 결과를 일반화하면 어떤 의미가 도출되는가?

8.30. (미적분학 필요) 이차반응함수 (8.3)을 참조하여라. 선형효과계수 β_1과 이차효과계수 β_{11}의 의미를 정확하게 설명하여라.

8.31. a. (8.12)의 b_0', b_1', b_{11}'를 유도하여라.

b. (5.46)을 이용하여 원래의 X 변수 회귀계수의 분산공분산행렬을 변환된 x 변수 회귀계수의 분산공분산행렬과 연관되도록 하여 구하여라.

8.32. 시계열 데이터 $X_1 = 1, X_2 = 2, \ldots, X_n = n$과 같이 X값들이 등간격이면, 정규방정식 (8.4)가 어떻게 간단해질 수 있는가?

8.33. 8.7절의 계기 눈금보정 연구를 참조하여라. 3개의 계기(A, B, C)는 동일한 사양으로 개발되었다. 각 장치에 대해 게이지 측정(Y)과 실제 압력(X_1)의 회귀함수는 이차다항식이다. 오차항 분산은 동일하고 다항계수들은 장치마다 다르다고 가정한다. X_3은 두 번째 지표변수로 정의한다. $X_3 = 1$이면 기기 C이고 아니면 0이다.

a. 회귀모형 (8.58)을 이 상황에 맞게 확장시켜라.

b. 유의수준 .01에서 각 검정에 대해 가설들, 검정통계량, 결정규칙을 서술하여라.

(1) 각 장치의 이차회귀함수가 동일한지 검정하여라.

(2) 3개의 회귀함수가 같은 절편을 갖는지 검정하여라.

(3) 선형, 이차효과가 세 회귀함수에 모두 같은지 검정하여라.

8.34. 세 종류의 은행(상업, 상호저축, 저축대부)에 대한 회귀분석 연구가 있다. 세 종류의 은행에 대한 세 종류의 다음의 지표변수를 고려한다.

은행 종류	X_2	X_3
상업	1	0
상호저축	0	1
저축대부	−1	−1

a. 작년의 이익(Y)과 은행 규모(X_1), 은행 종류(X_2, X_3)의 일차선형회귀모형을 만들어라.

b. 세 종류 은행에 대해 회귀함수를 서술하여라.

c. 다음의 값들을 해석하여라. (1) β_2, (2) β_3, (3) $-\beta_2 - \beta_3$.

8.35. 회귀모형 (8.54)에서 X_3을 제외하고 참조하여라.

a. n_1 회사들이 유한일 때 $i = 1, \ldots, n$에 대해 하나의 질적 예측변수만을 고려한 이 경우에 $\mathbf{X'X}$ 행렬을 구하여라.

b. (6.25)를 이용해 **b**를 구하여라.

c. (6.35)와 (6.36)을 이용하여 *SSE*와 *SSR*를 찾아라.

프로젝트

8.36. 부록 C.2의 **CDI** 데이터셋을 참조하여라. 활동 의사수(Y)를 총 인구(X)에 관련시키는 데는 이차회귀모형 (8.2)를 쓰는 것이 추천된다.

a. 이차회귀모형을 적합하여라. 적합값에 대한 잔차그림을 그려라. 이차모형이 얼마나 데이터에 잘 적합되는가?

b. 이차회귀모형의 R^2을 구하여라. 또한 일차회귀모형의 단순결정계수를 구하여라. 회귀모형에 제곱항을 추가함으로써 결정계수가 상당히 증가하였는가?

c. 회귀모형에서 이차항이 제외될 수 있는지 $\alpha = .05$에서 검정하여라. 가설들, 결정규칙, 결론을 서술하여라.

8.37. 부록 C.2의 **CDI** 데이터셋을 참조하여라. 강력범죄율(Y, 총 강력범죄/총 인구)을 인구밀도(X_1, 총 인구/땅 면적), 실업률(X_3)과 관련짓는 회귀모형이 설계되었다.

a. 이차회귀모형 (8.8)을 적합하여라. 적합값에 대한 잔차그림을 그려라. 이차모형이 얼마나 데이터에 잘 적합되는가? R^2은 무엇인가?

b. 제곱항과 상호작용항이 회귀모형으로부터 제외될 수 있는지 $\alpha = .01$에서 검정하여라. 가설들, 결정규칙, 결론을 서술하여라.

c. 예측변수 인구밀도 대신, 실업률(X_3)에 총 인구(X_1), 땅 면적(X_2)이 예측변수로 사용되었다. 회귀모형은 총 인구에 대해서는 선형, 제곱항을 포함해야 하고 땅 면적과 실업률에 대해서는 선형항을 포함해야 한다(이 모형에 상호작용항은 포함되지 않는다). 회귀모형을 적합하고 R^2을 구하여라. 다중결정계수가 (a)의 회귀모형의 것과 많이 다른가?

8.38. 부록 C.1의 **SENIC** 데이터셋을 참조하여라. 간호사수(Y)를 이용 가능한 시설 및 서비스(X)와 관련짓는 데 이차회귀모형 (8.2)가 적합되었다.

a. 이차회귀모형을 적합하여라. 적합값과 잔차의 그림을 그려라. 이차모형이 얼마나 데이터에 잘 적합되는가?

b. 이차회귀모형의 R^2을 구하여라. 또한 일차회귀모형의 단순결정계수를 구하여라. 회귀모형에 제곱항을 추가함으로써 결정계수가 크게 증가하였는가?

c. 제곱항이 회귀모형으로부터 제외될 수 있는지 $\alpha = .01$에서 검정하여라. 가설들, 결정규칙, 결론을 서술하여라.

8.39. 부록 C.2의 **CDI** 데이터셋을 참조하여라. 활동 의사수(Y)를 총 인구(X_1), 총 개인소득(X_2), 지리적 지역(X_3, X_4, X_5)에 회귀시킨다.

a. 일차회귀모형을 적합하여라. NE이면 $X_3 = 1$이고 아니면 0, NC이면 $X_4 = 1$이고 아니면 0, S이면 $X_5 = 1$이고 아니면 0이라고 한다.

b. 활동 의사수에 북서부(NE) 지역의 효과가 북중부(NC) 지역의 효과와 다른지 적절한 90% 신뢰구간을 설정함으로써 살펴보아라. 구간추정값을 해석하여라.

c. 어떤 지리적 효과가 존재하는지 $\alpha = .10$에서 검정하여라. 가설들, 결정규칙, 결론을 서술하여라. 검정의 P값은 얼마인가?

8.40. 부록 C.1의 **SENIC** 데이터셋을 참조하여라. 감염 위험(Y)을 입원 기간(X_1), 나이(X_2), 정기 흉부 엑스레이 비율(X_3), 의대 제휴(X_4)에 적합시켰다.

a. 일차회귀모형을 적합하여라. 병원이 의대와 제휴이면 $X_4 = 1$이고 그렇지 않으면 0이다.

b. 98% 신뢰구간을 이용하여 의대 제휴가 감염 위험에 미치는 영향을 추정하여라. 구간추정값을 해석하여라.

c. 감염 위험에 의대 제휴의 영향이 나이와 정기 흉부 엑스레이 비율과 상호작용이 있을 수도 있다고 한다. 회귀모형에 적절한 상호작용항을 추가하고, 수정된 회귀모형을 적합하여라. 그리고 상호작용항이 효과가 있는지 $\alpha = .10$에서 검정하여라. 가설들, 결정규칙, 결론을 서술하여라.

8.41. 부록 C.1의 **SENIC** 데이터셋을 참조하여라. 입원 기간(Y)을 나이(X_1), 정기 배양 비율(X_2), 평균 일일 환자수(X_3), 이용 가능한 시설 및 서비스(X_4), 그리고 지역(X_5, X_6, X_7)에 적합시켰다.

a. 일차회귀모형을 적합하여라. NE이면 $X_5 = 1$이고 아니면 0, NC이면 $X_6 = 1$이고 아니면 0, S이면 $X_7 = 1$, 아니면 0이라고 한다.

b. 정기 배양 비율이 모형에서 제외될 수 있는지 유의수준 .05를 사용하여 검정하여라. 가설들, 결정규칙, 결론을 서술하여라.

c. 서쪽(W) 지역에 위치한 병원에서의 입원 기간의 영향이 다른 세 지역에 위치한 병원의 영향과 다른지 각각 쌍별 비교를 위한 적절한 신뢰구간을 설정함으로써 검사하여라. 95% 모임신뢰계수의 Bonferroni 절차를 이용하여라. 결과를 요약하여라.

8.42. 부록 C.3의 **시장 점유율(Market share)** 자료를 참조하여라. 회사 경영진은 생산물의 시장 점유율(Y)을 가격(X_1), 종합 Nielsen 시청률(X_2, 상품의 광고노출 양의 지표), 할인 가격의 존재 여부(할인이 존재하면 $X_3 = 1$, 아니면 $X_3 = 0$), 기간 동안 묶음 행사의 존재 여부(행사가 존재하면 $X_4 = 1$, 아니면 $X_4 = 0$), 연도(X_5)에 근거하여 알 수 있기를 원한다. 연도를 명목수준변수로써 코딩하고 2000년을 기준년도로 사용하여라.

a. 일차회귀모형을 적합하여라. 적합값에 대한 잔차그림을 그려라. 일차모형이 데이터에 잘 적합되는 것처럼 보이는가?
b. 질적 예측변수만을 포함한 이차항을 추가한 뒤 (a)에 있는 모형을 다시 적합하여라. 회귀모형에서 모든 이차, 상호작용항이 제외될 수 있는지 없는지 $\alpha = .05$ 검정하여라. 가설들, 결정규칙, 결론을 서술하여라.
c. (a)에서 광고지수(X_2)와 연도(X_5)가 모형에서 제외될 수 있는지 $\alpha = .05$를 사용하여 검정하여라. 가설들, 결정규칙, 결론을 서술하여라.

사례연구

8.43. 부록 C.4의 **대학 입학(Uuniversity admission)** 자료를 참조하여라. 주립대학의 입학감독관이 학생의 1학년 말의 평량평균(Y)이 입학시험(ACT) 점수(X_2), 고등학교 성적 순위(X_1, 백분위수 99는 반에서 최상위권을 가리키고 1은 최하위권을 가리킨다.), 입학년도(X_3)로 얼마나 정확하게 예측될 수 있는지 결정하고 싶어한다. 입학년도 변수는 1996년부터 2000년까지이다. 입학감독관을 위한 예측모형을 만들어라. 모형 선택을 정당화하여라. 모형의 예측력을 평가하고, 입학결정을 위한 도구로서 사용할 수 있는지 논의하여라.

9장 | 회귀모형구축 I: 모형선택과 타당성입증

앞 장들에서는 단순, 다중회귀모형을 적합하는 방법과 그 모형으로부터 추론을 어떻게 하는 것인지 알아보았다. 이 장에서는 모형구축과 모형타당성입증(validation) 과정의 개요를 다룰 것이다. 그러고 나서 탐색적 관측연구를 위한 예측변수의 선택에서 몇 가지 특정한 세부 주제를 다룰 것이다. 이후, 회귀모형의 타당성을 입증하는 방법에 대한 자세한 설명으로 장을 마무리지을 것이다.

9.1 ■ 모형구축과정의 개요

지나치게 단순화하는 위험이 있지만 그림 9.1에 회귀모형의 구축을 위한 전략을 요약하였다. 이 전략은 세 단계, 때로는 네 단계로 구성된다.

1. 자료수집과 준비
2. 설명 혹은 예측변수의 축소(탐색적 관측연구를 위한)
3. 모형정밀화와 선택
4. 모형타당성입증

차례대로 이 단계들을 살펴볼 것이다.

자료수집

회귀모형을 구축하기 위한 자료수집의 필요조건은 연구의 특성마다 다르다. 네 종류의 연구를 구별하는 것이 유용하다.

통제된 실험. 통제된 실험(controlled experiment)에서 실험자는 설명변수의 수준을 통제하고 설명변수 수준의 결합으로 이루어진 처리(treatment)를 각각의 실험단위에 할당하고 반응을 관찰한다. 예를 들어 분석 시 정확성 분석을 위해, 실험자는 그래픽 프레젠테이션의 크기와 프레젠테이션에 허용되는 시간이 분석의 정확성에 어떤 영향을 주는지 연구했다. 여기서 반응변수는 분석의 정확성의 측도이고 설명변수는 그래픽 프레젠테이션의 크기와 허용되는 시간이다. 초급간부들이 실험대상으로 사용되었다. 처리는 프레젠테이션의 크기와 허용되는 시간의 길이의 특정한 결합으로 구성되었다. 통제된 실험에서 설명변

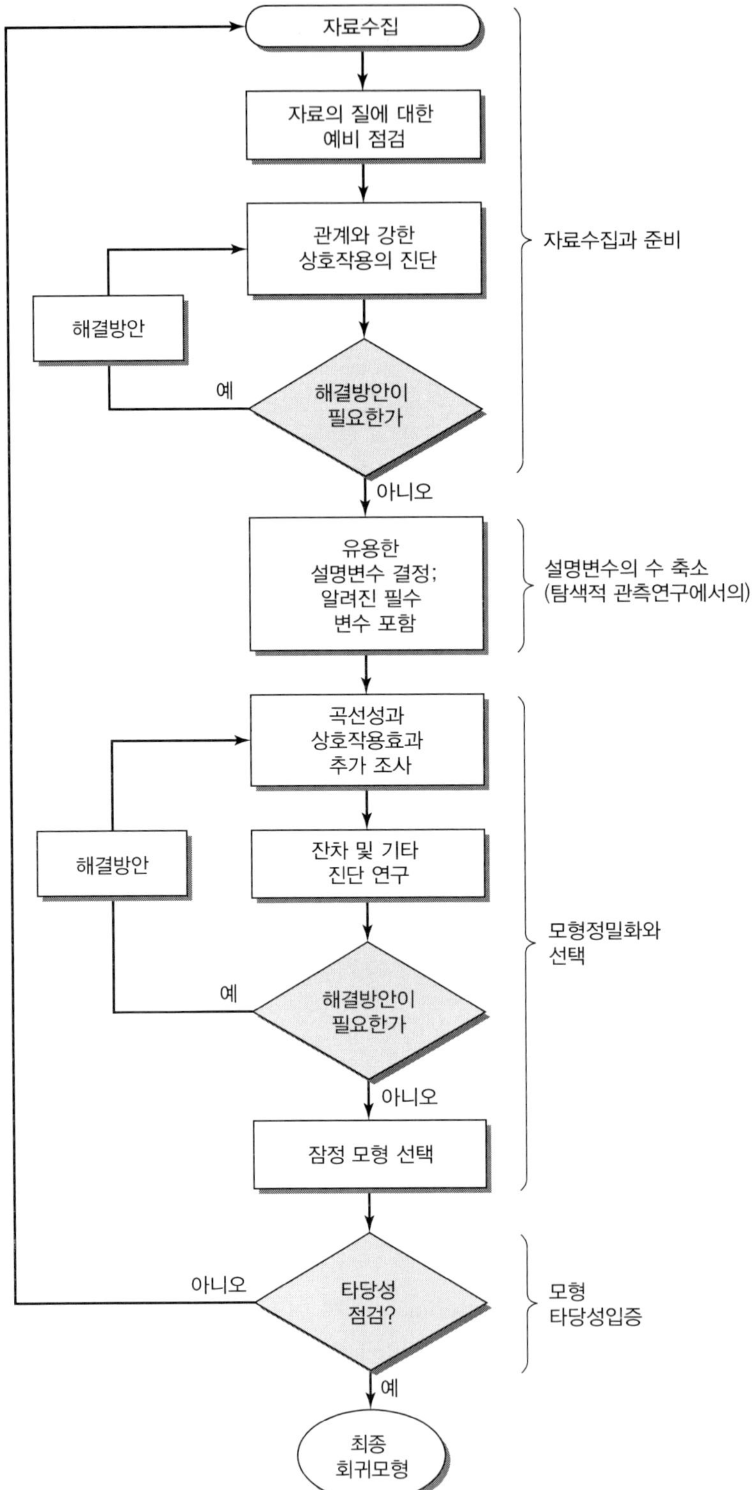

그림 9.1 회귀모형구축을 위한 전략

수는 **요인**(factors) 또는 **통제변수**(controlled variables)라고 한다.

통제된 실험을 위한 자료수집의 필요조건은 꼭 단순할 필요는 없지만 간단하다. 반응변수와 그 실험단위에 사용되는 각각의 통제변수의 수준에서의 관측값이 필요하다. 적용범위가 특이한 반응변수의 경우, 측정이나 크기 조절의 어려운 문제가 있을 수 있다.

공변량이 있는 통제된 실험. 통계적 실험의 설계는 실험을 설계할 때 회귀모형에서 실험오차항의 변동성을 줄이기 위해 실험단위의 특성과 같은 보충자료를 사용한다. 그러나 실험설계단계에 이런 부수적인 정보를 포함하는 것이 불가능할 때도 있다. 대신에 실험자가 이런 정보를 회귀모형에 포함시키고 모형에 **통제되지 않은 변수**(uncontrolled variables) 또는 **공변량**(covariates)을 포함함으로써 오차의 변동성을 줄이는 것이 가능하다.

그래픽 프레젠테이션의 분석의 정확성에 관한 앞의 예에서 실험자는 성별과 교육연수가 정확성 반응에 중요한 방식으로 영향을 미친다고 생각한다. 실험자는 시간제약 때문에 설계에 아무 보충 정보를 포함하지 않는 완전확률화설계(completely randomized design)만을 사용할 수 있다. 실험자는 또한 회귀모형에서 이런 공변량의 사용이 설명변수가 정확성 반응에 미치는 영향 분석을 더 정확하게 할 경우에 대비해 통제되지 않은 두 변수(성별과 초급간부들의 교육연수)에 대한 자료를 수집하였다.

확증적 관측연구. 실험 자료가 아닌 관측에 기반한 연구는 이전의 연구나 예감에서 비롯된 가설의 검정을 목표로 한다. 이 연구를 통해 새로운 변수 혹은 가설에 포함된 변수뿐만 아니라 이전의 연구에서 반응변수에 영향을 주었던 설명변수들이 수집되었다. 여기서 가설에 포함된 설명변수는 **주변수**(primary variables, 일차변수)라고도 하며, 현존하는 지식을 반영하기 위해 포함되는 설명변수는 **통제변수**(control variables; 역학(전염병학)에서는 **알려신 위험요인**(known risk factors))라고 한다. 여기서 통제변수는 실험연구에서처럼 통제되지 않지만, 이미 알려진 반응변수에 미치는 영향이 모형에서 고려되도록 하는 데 사용된다. 예를 들어 특성 암 종류의 발생에 비타민 E 보충제가 미치는 영향의 관측연구에서 나이, 성별, 인종과 같이 알려진 위험요인들은 통제변수가 되고 매일 섭취되는 비타민 E 보충제의 양은 주설명변수가 될 것이다. 반응변수는 고려되는 기간에 특정 암의 발생이 될 것이다(회귀모형에서 질적 반응변수의 사용은 14장에서 다룰 것이다).

확증적 관측연구(confirmatory observational study)를 위한 자료수집은 반응변수, 통제변수, 주설명변수에 대한 관측값을 얻는 것이다. 여기에서도 통제된 실험에서처럼 매일 섭취되는 비타민 보충제의 양에 대한 신뢰할 수 있는 자료를 어떻게 얻을 것인지와 같은 중요하고 복잡한 측정문제가 있을 수 있다.

탐색적 관측연구. 사회학, 행동학, 보건학, 경영학, 그리고 다른 분야에서 통제된 실험을 수행하는 것이 불가능한 경우가 자주 있다. 더 나아가 확증적 관측연구를 수행하기 위한 적절한 지식이 부족할 수도 있다. 결과적으로 이런 분야의 연구들은 조사자가 반응변수와 연관되어 보이는 설명변수를 찾는 탐색적 관측연구(exploratory observational study)가 된다. 문제를 더욱 복잡하게 하는 것은 이용 가능한 이론적 모형이 가족의 10년 후 미래소득과 같이 직접적으로 측정할 수 없는 설명변수를 포함하고 있을 수 있다는 것이다. 이런 조건에서 조사자들은 반응변수와 연관되었을 것 같은 설명변수를 예상하여야 한다. 잠재적으로 유용한 설명변수의 집합은 분명히 클 것이다. 예를 들어 어느 한 지역에서 휴대용 식기세척기 판매는 인구수, 평균소득, 도시지역(밀집지역) 인구 비율, 50세 이하 인구의 비율, 자녀가 있는 가족의 비율 등에 영향을 받을 것이다.

잠재적으로 유용한 설명변수들의 목록이 만들어진 후, 이 변수들 중 몇몇은 매우 빨리 솎아질 수 있다. 설명변수는 (1) 주어진 문제에 대해 중요하지 않을 수 있다. (2) 측정오류가 클 수 있다. (3) 목록에 있는 다른 설명변수와 겹치는 내용일 수 있다. 측정될 수 없는 설명변수들은 제거하거나 그것들과 매우 연관된 대리(위임, proxy)변수들로 대체한다.

탐색적 관측의 회귀연구를 위해 수집되는 사례의 수는 잠재적으로 유용하게 이용 가능한 설명변수 집합의 크기에 의존한다. 변수의 집합이 클 때는 더 많은 사례가 필요하다. 일반적으로 경험상 집합에 있는 변수 하나당 최소 6개에서 10개의 사례가 있어야 한다. 다시 말하지만 잠재적으로 유용한 설명변수와 반응변수의 실제 자료수집은 다른 연구와 마찬가지로 측정에 관한 중요한 문제를 포함하고 있다.

자료준비

일단 자료가 수집되면, 검증이 이루어져야 하고 극도의 특이점(outliers)뿐만 아니라 중대한 오류를 발견하기 위해 도표를 그려야 한다. 자료의 오류와 관련한 어려움은 특히 큰 자료에서 주로 나타나며 모형구축을 시작하기 전에 수정되거나 해결되어야 한다. 조사자는 가능한 한 자료 오류의 가능성을 줄이기 위해 조심스럽게 자료수집 과정을 감독하고 관리해야 한다.

예비 모형조사

일단 자료가 적절히 검증되었다면 정식으로 모형화 과정을 시작할 수 있다. 다음과 같은 것들을 식별하기 위하여 다양한 진단 방법이 필요하다. (1) 회귀모형에 들어가야 하는 설명변수의 함수적 형태, (2) 모형에 꼭 포함되어야 하는 중요한 상호작용. 산점도와 잔차그림은 관계와 그것의 강도를 알아보는 데 유용하다. 선택된 설명변수는 관계, 가능한 강한 상호작용, 변수변환의 필요 여부를 탐색하기 위해 회귀함수에서 적합될 수 있다. 물론 가능한 한 조사자의 사전지식이나 전문지식에 기반하여 적절한 변수변환과 조사할 상호작용의 선택이 이루어져야 한다. 이것은 특히 잠재적으로 유용한 설명변수의 수가 많을 때 중요하다. 이런 경우 모든 쌍별 상호작용(pairwise interactions)을 조사하는 것이 매우 어려울 수 있고, 사전지식으로 이러한 것을 식별해야 한다. 앞 장들과 10장에서 설명된 진단 절차는 모형구축의 준비단계이다.

설명변수의 축소

통제된 실험. 모형구축단계에서 설명변수의 축소는 보통 통제된 실험에서는 중요한 문제가 아니다. 실험자는 조사를 위해 설명변수를 선택했고, 조사자는 반응변수에 이런 변수들이 미치는 영향을 연구하기 위해 회귀모형을 개발한다. 변수들의 적절한 함수적 형태가 사용되고 중요한 상호작용항을 포함하여 모형이 개발된 후에, 앞 장들에서 고려된 추론의 절차로 설명변수가 반응변수에 영향을 미치는지 여부와 영향의 특성 및 크기를 결정할 것이다.

공변량이 있는 통제된 실험. 공변량이 있는 통제된 실험에서, 조사자들은 종종 선택된 공변량들이 오차의 변동성을 줄이는 데 도움이 되는지 미리 알 수 없기 때문에 공변량의 축소가 발생할 수 있다. 예를 들어 그래픽 프레젠테이션의 예에서 조사자는 모형구축단계에서 성별과 교육연수가 예상한 대로 정확성 반응과 연관이 있는지 조사하고 싶을 것이다. 그렇지 않다면 조사자는 설명변수가 반응변수에 미치는 영향을 알아보는 분석에서 모형의 오차변동성을 줄이는 데 도움이 되지 않는 변수를 제외하고 싶을 것이다. 통제된 시험에서 고려되는 공변량의 수는 보통 적다. 따라서 회귀모형에서 조금 혹은 전체 공변량이 제외되어야 하는지 결정하는 데 특별한 문제는 없다.

확증적 관측연구. 일반적으로 확증적 관측연구에서 설명변수의 축소가 발생해서는 안 된다. 통제변수는 사전 지식에 근거하여 선택되었고 통제변수 중 몇몇이 오차변동성을 줄이지 못한다고 하더라도 이전의 연구와 비교하기 위하여 유지되어야 한다. 주변수들은 반응변수에 미치는 영향이 있는지 검사할 것이기에 모형에 있어야 하는 것들이다.

탐색적 관측연구. 탐색적 관측연구에서 최초의 선별검사 이후로도 남은 설명변수의 수는 대체로 여전히 크다. 더욱이 이런 많은 변수들은 서로 밀접하게 연관이 있는 경우가 많다. 그러므로 조사자는 보통 마지막 모형에서 사용될 설명변수의 수를 줄이길 원한다. 여기에는 여러 이유가 있다. 설명변수가 많은 회귀모형은 유지하기 어려울 수 있는 반면에, 한정된 수의 설명변수를 가진 회귀모형은 운용하기 쉽고 이해하기 쉽다. 마지막으로 서로 밀접한 연관을 지닌 설명변수가 많다는 것은 회귀계수의 표집변동성을 매우 증가시키고, 모형의 설명력을 감소시키며, 자릿수버림오차(round-off error)의 문제를 증가시키고 (7장에서 나온 것과 같이), 모형의 예측력을 나쁘게 한다. 실제로 반응변수와 관계없는 설명변수가 회귀모형에 포함되었을 때 모형의 예측력이 나빠진다. 이런 경우에 적합값의 분산 $\sigma^2\{\hat{Y}_i\}$은 쓸모 없는 추가 설명변수로 인해 커지는 경향이 있다.

그러므로 일단 조사자가 잠정적으로 회귀관계의 함수적 형태(주어진 변수가 선형, 이차 형태 등인지)와 어떤 상호작용항이 포함될 수 있는지 아닌지를 결정하면, 많은 탐색적 관측연구에서 다음 단계는 추가 집중적인 연구를 위한 X 변수 중 몇 개의 '좋은(good)' 부분집합을 식별하는 것이다. 이 부분집합들은 일차 형태의 잠정적인 설명변수뿐만 아니라 필요한 이차 그리고 다른 곡선 형태 설명변수와 필요한 상호작용항 역시 포함해야 한다.

보통 회귀분석에서 가장 어려운 것은 최종 회귀모형에 포함될 잠재적으로 유용한 설명변수의 '좋은' 부분집합을 식별하는 것과 이런 변수들의 적절한 함수적 및 상호작용 관계를 결정하는 것이다. 회귀모형의 사용은 다양하기 때문에 설명변수의 부분집합 중 어느 것도 '최량(best)'이 아닐 수도 있다. 예를 들어 회귀모형의 기술적(descriptive) 사용은 전형적으로 회귀계수의 정확한 추정을 강조하는 반면에, 예측적(predictive) 사용은 예측오차에 집중한다. 종종 목적에 따라 서로 다른 잠재적인 설명변수의 부분집합이 자주 사용된다. 심지어 주어진 목적을 위해서라도, 여러 부분집합이 주어진 기준에서 동등하게 '좋은' 경우가 자주 발견된다. 그리고 이런 '좋은' 부분집합 중 추가적인 고려에 근거해서 선택이 이루어질 필요가 있다.

탐색적 관측연구에서 최종 모형을 위한 설명변수의 작고 적절한 부분집합의 선택은 매우 주의하여 수행되어야 한다. 핵심적인 설명변수의 제거는 모형의 설명력에 큰 손상을 입힐 수 있고, 오차분산의 편향된 추정치뿐만 아니라 편향된 회귀계수, 평균반응, 새로운 관측값의 예측을 야기할 수 있다. 이런 추정값들에서 편향은 관측자료에서 과소적합된(underfitted) 회귀모형에서 오차항이 회귀모형에서 포함되지 않은 설명변수의 비확률효과(nonrandom effect)를 반영할 수도 있다는 사실과 관련이 있다. 중요하지만 생략된 변수들은 **잠재설명변수**(latent explanatory variables)라고도 한다.

반면에 부분집합에 너무 많은 설명변수가 있다면, 이 과대적합된(overfitted) 모형은 단순모형보다 추정된 모수의 분산이 커지는 결과를 자주 낳는다.

관측자료의 또 다른 위험은 중요한 설명변수가 좁은 범위에서만 관측될 수도 있다는 것이다. 결과적으로 이런 중요한 설명변수는 작은 범위값 안에서만 발생하여 통계적으로 유의하지 않게 판정되므로 표본에서 생략될 수 있다.

설명변수의 부분집합을 식별할 때 추가로 고려해야 할 점은 이 부분집합들이 유지비용이 관리할만하고 분석이 편할 만큼 작아야 하며 동시에 적절한 설명, 통제, 예측이 가능할 만큼 커야 한다는 것이다.

탐색적 관측연구에서 설명변수들끼리 상관되었을 때, 조사자가 잠재적인 설명변수의 수를 줄이는 것을 도와주도록 컴퓨터화된 다양한 접근법들이 개발되었다. 이 장에서는 이런 두 가지 접근법을 다룰 것이다. 첫 번째는 규모가 작거나 적당한 설명변수의 집합에 알맞은 방법으로, 잠재적인 설명변수의 집합으로부터 개발될 수 있는 모든 가능한 부분집합을 고려하고, 조사자에 의해 특정된 기준에 따라 '좋은' 것을 고르는 것이다. 두 번째 방법은 설명변수의 부분집합을 만들기 위한 자동적인 검색 절차를 사용한다. 설명변수의 집합이 큰 경우의 축소에 이 방법이 주로 추천된다.

컴퓨터화된 접근법이 적절한 부분집합을 식별하는 데 도움을 줄 수 있음에도 불구하고, 유용한 회귀모형을 개발하는 절차는 실용적이어야 하며 주관적 판단을 많이 이용할 필요가 있다. 필수적인 설명변수는 컴퓨터화된 접근을 시도하기 전에 회귀모형에 포함되어야 한다. 더 나아가 컴퓨터화된 방법이 고른 '최량' 설명변수 부분집합 이외에도 다른 부분집합을 추가적으로 고려할 필요가 있다.

부연설명

1. 부주의한 조사자들은 잠재적인 X 변수들의 전체 집합을 회귀모형에 적합시키고, t^* 검정통계량 (7.25)의 절댓값이 작은 변수를 제거해버리는 경우가 많다.

$$t^* = \frac{b_k}{s\{b_k\}}$$

7장에서 보았듯이 이 절차는 중요한 상호연관된 설명변수들을 제거시킬 수 있다. 명백히, 좋은 탐색절차는 중요한 상호연관된 설명변수가 모두 제거되지 않는 방법이어야 한다.

2. 통제된 실험은 탐색적 관측연구에서의 많은 문제점을 피할 수 있다. 예를 들어 확률화를 통해 잠재된 예측변수의 영향을 최소화할 수 있다. 또한 설명변수의 충분한 범위가 선택될 수 있고, 적절한 수준을 선택함으로써 설명변수 사이의 상관관계가 제거될 수 있다. ■

모형정밀화와 선택

모형구축과정의 이번 단계에서, 탐색적 관측연구의 경우에서의 잠정적인 회귀모형이나 여러 '좋은' 회귀모형은 곡선성(curvature)과 상호작용효과가 세부적으로 점검될 필요가 있다. 잔차그림은 한 모형이 다른 모형에 비해 더 선호되는지 아닌지 선택하는 데 도움이 된다. 게다가 10장에서 기술된 진단점검은 영향을 미치는 특이관측값, 다중공선성 등을 식별하는 데 유용하다.

회귀모형의 최종 선택은 이런 진단 결과에 크게 의존하는 경우가 많다. 예를 들어 하나의 적합된 모형은 하나의 자료에 의해 크게 영향을 받을 수 있는 반면, 그렇지 않을 수도 있다. 또한, 하나의 적합된 모형은 오차항끼리 상관을 보일 수도 있고 그렇지 않을 수도 있다.

반복된 관측값을 이용할 수 있을 때에는 적합성결여에 대한 정식 검정이 이루어질 수 있다. 다양한 잔차그림과 분석들을 통해 어떤 경우에도 적합성결여, 특이점, 영향 관측값(influential observations)을 식별할 수 있다. 예를 들어 회귀모형에 포함되지 않은 교차곱이나 거듭곱항에 대한 잔차그림은 모형의 적합이 더 증진될 수 있는 방법을 알아내는 데 유용하다.

자동선택절차가 탐색적 관측연구에서 사용되어 하나의 모형만이 '최량(best)'이라고 식별될 때 다른 모형들도 탐구되어야 한다. 하나의 절차는 '최량'이라고 선택된 모형에 있는 설명변수의 개수를 회귀모형에서 필요한 설명변수의 수의 추정값으로 사용하는 것이다. 그러고 나서 조사자는 자동절차에 의해 선택된 설명변수의 개수와 대략적으로 같은 변수를 가진 후보모형을 탐색하고 식별하는 것이다.

마지막으로 변수변환과 같은 다양한 보충방법을 점검하고 나서 조사자는 고려대상 모형의 수를 하나 혹은 몇 개로 줄인다. 여기서 모형이 적절한지 통계적 입증(타당성검사)을 수행한다. 이 방법은 최종 회귀모형을 선택한 후 그 모형이 얼마나 잘 기능하는지 알 수 있게 한다.

모형타당성입증

모형 적절성은 회귀계수의 안정성과 합리성, 회귀함수의 타당성과 사용성, 회귀분석으로부터 도출되는 추론의 일반화 능력과 관련이 있다. 타당성입증은 모형구축절차에서 매우 유용하고 필수적인 부분이다. 모형의 적절성에 대한 여러 타당성입증 방법들을 9.6절에서 다루게 될 것이다.

9.2 ■ 수술 단위 예

회귀연구를 위해 모형을 설립하는 절차의 개요를 마치면서, 이번 그리고 다음의 두 장에서 사용될 예를 살펴보자. 병원의 수술 단위(surgical unit, 수술 부서)는 특정 유형의 간 수술을 한 환자의 생존을 예측하는 데 관심이 있다. 임의로 108명의 환자를 선택하였다. 각 환자의 기록에서 수술 전 측정된 다음 정보들을 얻었다.

Y	생존기간(survival time)
X_1	혈액응고점수(blood clotting score)
X_2	예후지수(prognostic index)
X_3	효소기능검사점수(enzyme function test score)
X_4	간기능검사점수(liver function test score)
X_5	나이(연수)(age)
X_6	성별 표시변수(0 = 남성, 1 = 여성)(indicator variable for gender)
X_7, X_8	음주 경력 표시변수(indicator variable for history of alcohol use)

음주량	X_7	X_8
없음	0	0
보통	1	0
많음	0	1

이들은 예측회귀모형의 잠재적인 설명이나 예측변수의 집합을 구성한다. 반응변수는 추적연구(follow-up study)를 통해 확인된 생존기간이다. 잠재적인 예측변수와 반응변수 자료의 일부가 표 9.1에 있다. 이 자료는 이미 오류가 있는지 점검되고 수정된 것이다.

이 절과 다음 절에서 다룰 모형구축과정을 설명하기 위하여 처음 4개의 설명변수만을 사용할 것이다. 잠재적인 설명변수의 수를 제한함으로써 독자들이 너무 많은 컴퓨터 결과물에 압도되지 않게 과정을 설명할 수 있다. 또한 108명의 환자 중 처음 54명의 것만을 사용할 것이다.

예측변수의 집합이 작기 때문에, 자료 준비단계에서 관계 형태와 있을지도 모를 강한 상호작용효과에 대한 거의 모든 탐색이 가능하다. 줄기-잎 그림을 각각의 예측변수별로

사례수 i	혈액응고 점수 X_{i1}	예후지수 X_{i2}	효소검사 X_{i3}	간검사 X_{i4}	나이 X_{i5}	성별 X_{i6}	음주: 보통 X_{i7}	음주: 많음 X_{i8}	생존기간 Y_i	$Y_i' = \ln Y_i$
1	6.7	62	81	2.59	50	0	1	0	695	6.544
2	5.1	59	66	1.70	39	0	0	0	403	5.999
3	7.4	57	83	2.16	55	0	0	0	710	6.565
...	...	...	...	...	...	...	...	...	...	...
52	6.4	85	40	1.21	58	0	0	1	579	6.361
53	6.4	59	85	2.33	63	0	1	0	550	6.310
54	8.8	78	72	3.20	56	0	0	0	651	6.478

표 9.1 잠재적 예측변수와 반응변수 – 수술 단위 예

만들었다(생략함). 이것들에서 설명변수에 대해 여러 개의 사례가 특이점으로 나타났다. 조사자는 이후에 이 사례들의 영향을 살펴보도록 할 것이다. 산점도행렬과 상관행렬 또한 만들었다(생략함).

모든 예측변수에 기반한 일차회귀모형을 적합하는 것으로 시작한다. 적합된 모형의 예측값에 대한 잔차그림이 그림 9.2a에 있다. 그림을 보면 곡선형태와 변동 오차분산을 분명히 나타내고 있다. 정규성으로부터의 이탈은 잔차의 정규확률그림(그림 9.2b)을 통해 볼 수 있다.

오차항의 분포가 정규분포와 더 가깝도록 만들고 뚜렷한 곡선형태를 감소시키기 위하여, 조사자는 로그변환 $Y' = \ln Y$를 시도했다. 변환된 반응변수 자료 역시 표 9.1에 있다. 그림 9.2c는 Y'가 일차모형에 있는 모든 4개의 예측변수에 회귀되었을 때 적합값에 대한 잔차그림을 보여 준다. 또한 변환된 자료에 대한 잔차의 정규확률그림은 오차항의 분포가 거의 정규분포에 가깝다는 것을 보여 준다.

또한 조사자는 변환된 Y 변수를 사용한 산점도행렬과 상관행렬을 얻었다. 이것들은 그림 9.3에 나타나 있다. 다양한 산점도와 잔차그림 또한 얻었다(생략함). 이 모든 그림들은 각각의 예측변수들이 Y'와 선형적으로 연관되어 있다는 것을 가리킨다. X_3과 X_4가 가장 높은 관계를 보이고 X_1이 가장 낮은 정도의 관계를 보인다. 산점도행렬과 상관행렬은 더

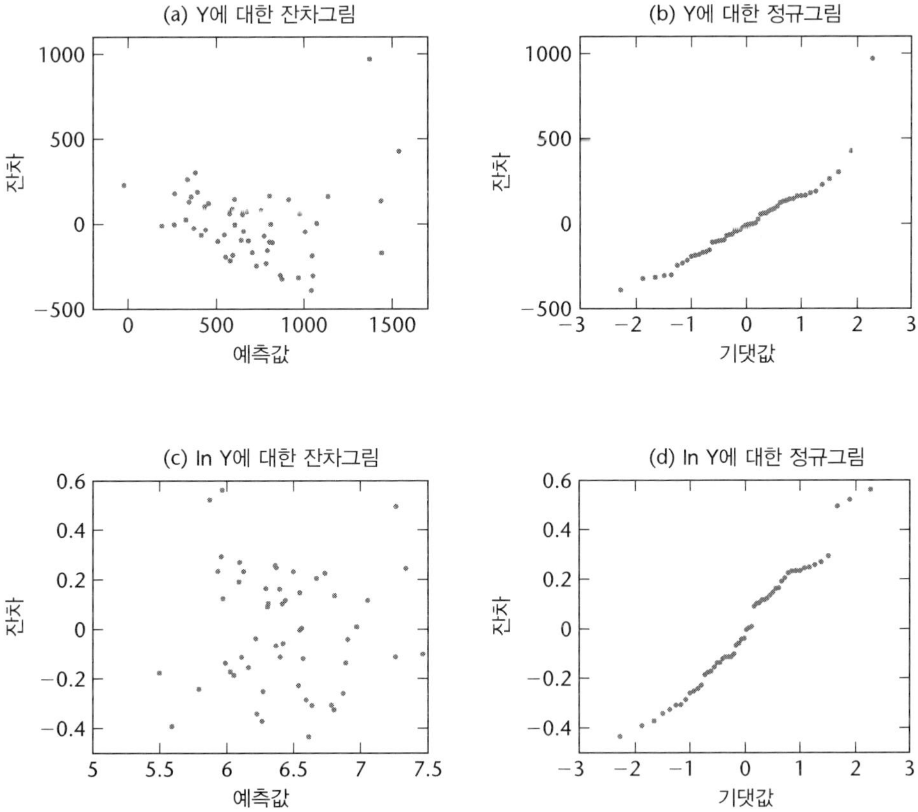

그림 9.2 예비 잔차그림 – 수술 단위 예

다변량 상관

	Ln생존기간	혈액응고	예후지수	효소검사	간검사
Ln생존기간	1.0000	0.2462	0.4699	0.6539	0.6493
혈액응고	0.2462	1.0000	0.0901	−0.1496	0.5024
예후지수	0.4699	0.0901	1.0000	−0.0236	0.3690
효소검사	0.6539	−0.1496	−0.0236	1.0000	0.4164
간검사	0.6493	0.5024	0.3690	0.4164	1.0000

산점도행렬

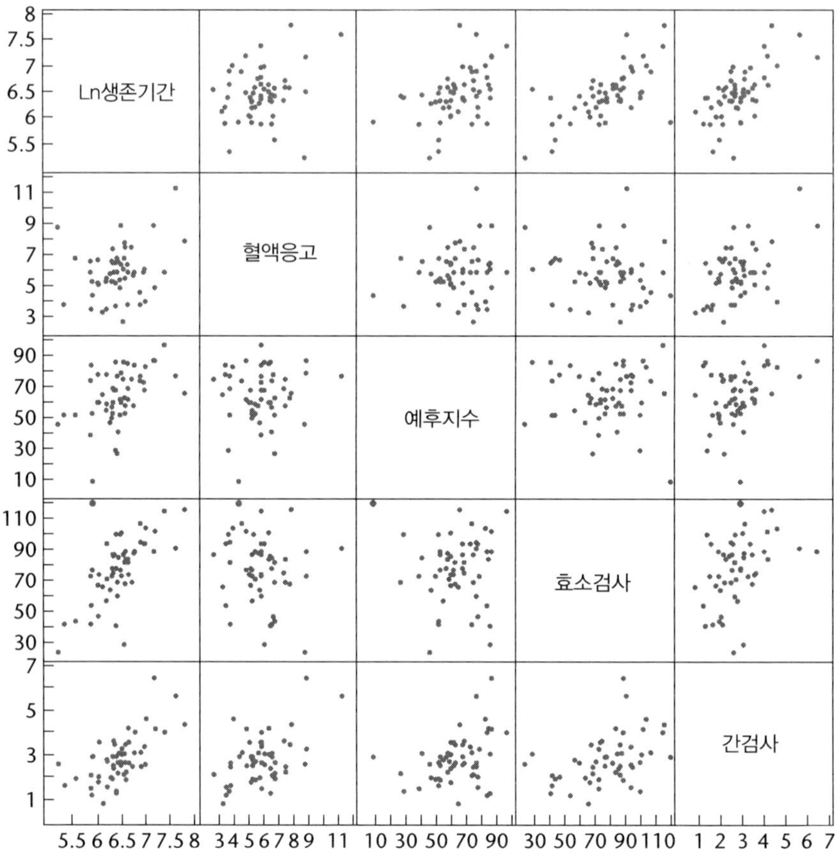

그림 9.3 반응변수가 Y'일 때 JMP 산점도행렬과 상관행렬 – 수술 단위 예

나아가 잠재적인 예측변수들 간 상호상관을 보인다. 특히 X_4는 X_1, X_2, X_3과 약간은 높은 쌍별 상관을 보인다.

조사자는 이런 분석에 기반하여 지금의 모형구축과정 단계에서 $Y' = \ln Y$을 반응변수로 사용하고, 예측변수를 선형항으로 표현하며, 상호작용항은 포함하지 않는 것으로 결정한다. 모형구축과정의 다음 단계는 모든 잠재예측변수들이 필요한지 아니면 그들 중 일부만 있는 것이 적절한지 검사하는 것이다. 많은 유용한 측도들이 다양한 부분집합의 적절성을 통계적으로 타당성입증하기 위해 개발되었다.

9.3 ■ 모형선택의 기준

$p-1$개의 예측변수들로부터 2^{p-1}개의 대체 모형이 만들어질 수 있다. 이 계산은 각각의 예측변수가 모형에 포함되거나 포함되지 않는다는 사실에 따른 것이다. 예를 들어 수술 단위 예에서 4개의 X 변수로부터 만들어질 수 있는 $2^4 = 16$개의 가능한 다른 부분집합 모형이 표 9.2에 나열되어 있다. 먼저 X 변수가 없는 회귀모형, 즉 $Y_i = \beta_0 + \varepsilon_i$이 있다. 그러고 나서 X 변수가 하나인 회귀모형(X_1, X_2, X_3, X_4), X 변수가 두 개인 모형(X_1과 X_2, X_1과 X_3, X_1과 X_4, X_2와 X_3, X_2와 X_4, X_3과 X_4) 등이 있다.

대부분의 상황에서 분석하는 사람이 가능한 모든 회귀모형의 세부적인 검사를 다 한다는 것은 불가능할 것이다. 예를 들어 10개의 잠재적인 X 변수가 있을 때, 가능한 회귀모형의 개수는 $2^{10} = 1024$개이다. 고성능의 컴퓨터와 효율적인 알고리즘이 있다면, 10개의 잠재적인 X 변수를 이용한 가능한 모든 회귀모형을 돌리는 것은 시간이 많이 걸리지 않을 것이다. 하지만 1024개의 모형을 자료분석가가 자세히 검토하는 것은 거의 불가능한 일이다.

부분집합선택, 변수선택절차로도 알려진 모형선택과정은 특정한 기준에 따라 '좋은' 회귀모형의 작은 집합을 알려주기 위해 개발되었다. 한정된 수의 유망한 혹은 '후보' 모형을 자세히 검토하여 최종모형을 선택하게 된다. 이 한정된 수는 특정한 기준에 따른 3~6개의 '좋은' 부분집합으로 구성되고, 따라서 조사자는 최종모형을 선택하기 위해 이 회귀모형들을 주의를 기울여 검토한다.

회귀모형을 비교하기 위한 많은 기준이 개발되었으나 여기서는 6개에 한정할 것이다: R_p^2, $R_{a,p}^2$, C_p, AIC_p, SBC_p, $PRESS_p$. 설명하기에 전에 몇 개의 표기를 정의할 필요가 있다. 변수집합의 잠재적인 X 변수의 수를 $P-1$이라고 할 것이다. 이 장 내내 모든 회귀모형은 절편항 β_0를 포함한다고 가정할 것이다. 그러므로 모든 잠재 X 변수를 포함한 회귀함수는 P개의 모수를 가지고 있고 X 변수가 없는 함수는 하나의 모수(β_0)를 가지고 있다.

모형에서의 X 변수	(1) p	(2) SSE_p	(3) R_p^2	(4) $R_{a,p}^2$	(5) C_p	(6) AIC_p	(7) SBC_p	(8) $PRESS_p$
없음	1	12.808	0.000	0.000	151.498	−75.703	−73.714	13.296
X_1	2	12.031	0.061	0.043	141.164	−77.079	−73.101	13.512
X_2	2	9.979	0.221	0.206	108.556	−87.178	−83.200	10.744
X_3	2	7.332	0.428	0.417	66.489	−103.827	−99.849	8.327
X_4	2	7.409	0.422	0.410	67.715	−103.262	−99.284	8.025
X_1, X_2	3	9.443	0.263	0.234	102.031	−88.162	−82.195	11.062
X_1, X_3	3	5.781	0.549	0.531	43.852	−114.658	−108.691	6.988
X_1, X_4	3	7.299	0.430	0.408	67.972	−102.067	−96.100	8.472
X_2, X_3	3	4.312	0.663	0.650	20.520	−130.483	−124.516	5.065
X_2, X_4	3	6.622	0.483	0.463	57.215	−107.324	−101.357	7.476
X_3, X_4	3	5.130	0.599	0.584	33.504	−121.113	−115.146	6.121
X_1, X_2, X_3	4	3.109	0.757	0.743	3.391	−146.161	−138.205	3.914
X_1, X_2, X_4	4	6.570	0.487	0.456	58.392	−105.748	−97.792	7.903
X_1, X_3, X_4	4	4.968	0.612	0.589	32.932	−120.844	−112.888	6.207
X_2, X_3, X_4	4	3.614	0.718	0.701	11.424	−138.023	−130.067	4.597
X_1, X_2, X_3, X_4	5	3.084	0.759	0.740	5.000	−144.590	−134.645	4.069

표 9.2 가능한 모든 회귀모형에 대한 SSE_p, R_p^2, $R_{a,p}^2$, C_p, AIC_p, SBC_p, $PRESS_p$ 회귀값 – 수술 단위 예

부분집합에 있는 X 변수의 수는 회귀모형에서 p개의 모수가 있도록 $p - 1$로 정의될 것이다. 그러므로 아래의 식을 갖는다.

$$1 \le p \le P \tag{9.1}$$

관측값의 수가 잠재적인 모수 개수의 최댓값을 초과한다고 가정할 것이다.

$$n > P \tag{9.2}$$

그리고 전에 언급된 바와 같이 적절한 결과가 얻어지기 위해 n이 P보다 상당히 크다는 것은 매우 바람직하다.

R_p^2 또는 SSE_p 기준

R_p^2 기준은 여러 좋은 X 변수의 부분집합을 식별하기 위해, (6.40)에서 정의된 다중결정계수 R^2을 사용한다. R^2이 높은 부분집합을 선택하는 것이다. 회귀모형에서의 모수의 수가 R^2의 아래첨자로 표시된다. 그러므로 R_p^2은 회귀함수에 p개의 모수가 있거나 $p - 1$개의 X 변수가 있다는 것을 가리킨다.

R_p^2 기준은 오차제곱합 SSE_p를 기준으로 사용하는 것과 동등하다(회귀모형에서 모수의 수를 아래첨자에 표시했다). SSE_p 기준에서는 SSE_p가 작은 부분집합이 '좋다'고 여겨진다. R_p^2과 SSE_p 기준이 동등하다는 것은 (6.40)에서 알 수 있다.

$$R_p^2 = 1 - \frac{SSE_p}{SSTO} \tag{9.3}$$

분모 $SSTO$가 가능한 모든 회귀모형에 대해 상수이므로, R_p^2은 SSE_p에 따라 반대방향으로 변한다.

R_p^2 기준은 이 기준을 최대화하는 부분집합을 식별하도록 의도된 것이 아니다. 추가적인 X 변수가 모형에 포함되면 R_p^2은 감소하지 않는다. 따라서 회귀모형에 $P - 1$개의 모든 X 변수가 있을 때 R_p^2이 최대가 된다. R_p^2을 사용하는 의도는 X 변수를 더 추가하는 것이 가치가 없는지 알아보는 것이다. 그때는 R_p^2이 아주 작게 증가한다. 증가가 감소하는 지점의 결정은 판단의 문제이다.

예 표 9.2(수술 단위 예)는 1열과 2열에 회귀함수에서의 모수의 수와 각 회귀모형에서의 오차제곱합을 보여 주고 있다. 3열에는 R_p^2값이 주어져 있다. 이 결과는 컴퓨터 실행의 결과로 얻어진 것이다. 예를 들어 X_4가 회귀모형에 있는 유일한 X 변수일 때, 다음의 식을 얻을 수 있다.

$$R_2^2 = 1 - \frac{SSE(X_4)}{SSTO} = 1 - \frac{7.409}{12.808} = .422$$

$SSTO = SSE_1 = 12.808$이다.

그림 9.4a는 p(회귀모형에 있는 모수의 수)에 따른 R_p^2값들이 그려져 있다. $\max(R_p^2)$로 표시되는 $p - 1$개의 예측변수로 이루어진 가능한 부분집합에서 R_p^2의 최댓값이 각 p에서 그래프의 꼭대기에 나타난다. 이 점들은 X 변수 추가의 효력을 보기 위해 실선으로 연결

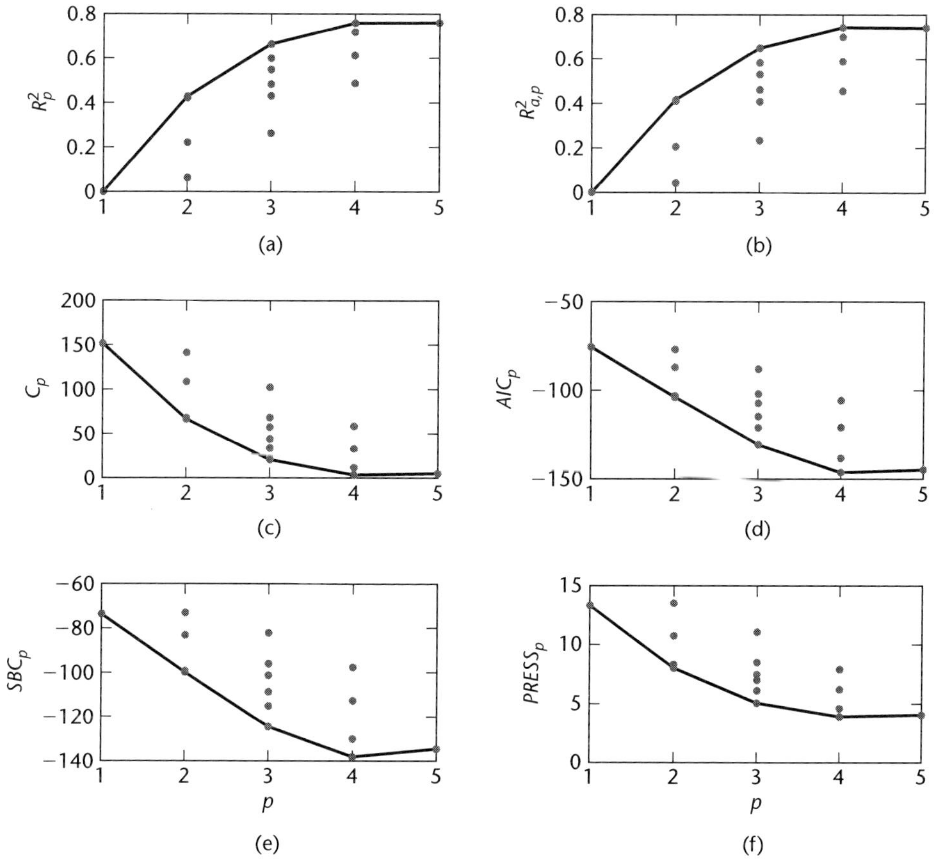

그림 9.4 변수선택기준에 대한 그림 – 수술 단위 예

되었다. 그림 9.4a는 3개의 X 변수가 모형에 포함된 후에 $\max(R_p^2)$의 증가가 거의 나타나지 않는다는 것을 명확하게 보여 주고 있다. 그러므로 $R_4^2 = .757$(표 9.2의 3열에 보임)인 부분집합 (X_1, X_2, X_3)과 $R_4^2 = .718$인 (X_2, X_3, X_4)이 R_p^2 기준에 따르면 합리적인 선택대상이다.

X_3과 X_4는 반응변수와 제일 높은 상관이 있고 이 둘은 $p = 4$인 모형의 $\max(R_p^2)$에서 나타나지 않는다. 이는 X_1, X_2, X_3이 X_4로 표현되는 정보의 많은 부분을 대신하고 있다는 것을 뜻한다. X_2, X_3, X_4과 연결된 다중결정계수, $R_4^2 = .718$은 X_1, X_2, X_3의 결정계수 $R_4^2 = .757$보다 작다.

$R^2_{a,p}$ 또는 MSE_p 기준

R_p^2가 회귀모형에서의 모수의 수를 고려하지 않고 $\max(R_p^2)$에서 p가 증가하면 감소하지 않기 때문에, (6.42)에 있는 수정된 다중결정계수(adjusted coefficient of multiple determination) $R_{a,p}^2$가 대체 기준으로써 제안된다.

$$R_{a,p}^2 = 1 - \left(\frac{n-1}{n-p}\right)\frac{SSE_p}{SSTO} = 1 - \frac{MSE_p}{\dfrac{SSTO}{n-1}} \tag{9.4}$$

계수는 회귀모형에 있는 모수의 수를 자유도를 통해 고려한다. (9.4)로부터 $R^2_{a,p}$이 증가하는 것은 Y 관측값이 주어진 경우 $SSTO/(n-1)$이 고정되었기 때문에 MSE_p가 줄어드는 것과 같다. 그러므로 $R^2_{a,p}$와 MSE_p는 동등한 정보를 제공한다. 여기서 아래첨자는 회귀모형에서의 모수의 개수를 나타낸다. 모형에서 모수의 수가 주어졌을 때 가장 큰 $R^2_{a,p}$, 즉 $\max(R^2_{a,p})$는 p가 증가할 때 감소할 수도 있다. 이는 $\max(R^2_p)$의 증가가 매우 작아 추가적인 자유도의 상실을 상쇄할 만큼 충분하지 않을 때 발생한다. $R^2_{a,p}$ 기준을 사용하는 사람은 $R^2_{a,p}$가 최댓값이거나 최댓값에 가까워 변수를 더 추가하는 것이 의미가 없는 부분집합을 찾고자 한다.

예 수술 단위 예에서 가능한 모든 회귀모형의 $R^2_{a,p}$ 값이 표 9.2의 4열에 있다. 예를 들어 X_4만을 포함하는 회귀모형을 가지고 있다면 다음과 같다.

$$R^2_{a,2} = 1 - \left(\frac{n-1}{n-2}\right)\frac{SSE(X_4)}{SSTO} = 1 - \left(\frac{53}{52}\right)\frac{7.409}{12.808} = .410$$

그림 9.4b는 수술 단위 예의 $R^2_{a,p}$ 그림이다. 다시 $\max(R^2_{a,p})$ 값을 실선으로 연결하였다. 그림 9.4b의 $R^2_{a,p}$ 그림으로 얻을 수 있는 정보는 그림 9.4a에서 R^2_p으로 얻을 수 있는 정보와 매우 유사하다. $R^2_{a,p}$ 기준으로 부분집합 (X_1, X_2, X_3)과 (X_2, X_3, X_4)를 고려 대상으로 정하는 것이 합리적으로 보인다. (X_1, X_2, X_3)에 대해서 $R^2_{a,4} = .743$이 최댓값이고 이 부분집합에 X_4를 추가하는 것(즉, 네 개의 예측변수를 모두 사용하는 것)은 기준을 약간 감소시킨다: $R^2_{a,5} = .740$.

Mallow의 C_p 기준

이 기준은 각각의 부분집합의 회귀모형에 대해 n개의 적합값의 **총평균제곱오차**(total mean squared error)와 관련되어 있다. 총평균제곱오차 개념은 각 적합값에서 총오차

$$\hat{Y}_i - \mu_i \tag{9.5}$$

로부터 출발한다. 단, 예측변수 X_k의 수준이 i번째 사례의 것일 때, μ_i는 평균반응이다. 이 총오차는 편향성분(bias component)과 확률오차성분(random error component)으로 이루어져 있다.

1. i번째 적합값 $\hat{Y}_i$에 대한 편향성분[모형오차성분(model error component)으로도 불리는]은 다음과 같다.

$$E\{\hat{Y}_i\} - \mu_i \tag{9.5a}$$

   여기서 $E\{\hat{Y}_i\}$는 주어진 회귀모형에서 i번째 적합값의 기댓값이다. 적합된 모형이 옳지 않다면, $E\{\hat{Y}_i\}$는 참 평균반응인 μ_i와 다를 것이고, 차이는 적합값의 편향을 나타낼 것이다.

2. $\hat{Y}_i$의 확률오차성분은 다음과 같다.

$$\hat{Y}_i - E\{\hat{Y}_i\} \tag{9.5b}$$

이 성분은 i번째 적합값이 모든 가능한 표본에 대해 같은 회귀모형을 적합함으로써 얻어질 때, 기댓값으로부터 주어진 표본에 대해 적합값 $\hat{Y}_i$의 편차를 나타낸다.

$\hat{Y}_i$의 평균제곱오차는 (9.5)에 있는 총오차의 제곱의 기댓값으로 정의된다. 다시 말해 아래의 식의 기댓값이다.

$$(\hat{Y}_i - \mu_i)^2 = [(E\{\hat{Y}_i\} - \mu_i) + (\hat{Y}_i - E\{\hat{Y}_i\})]^2$$

이 기댓값은 다음과 같다고 보일 수 있다.

$$E\{\hat{Y}_i - \mu_i\}^2 = (E\{\hat{Y}_i\} - \mu_i)^2 + \sigma^2\{\hat{Y}_i\} \tag{9.6}$$

이때 $\sigma^2\{\hat{Y}_i\}$는 적합값 $\hat{Y}_i$의 분산이다. (9.6)으로부터 적합값 $\hat{Y}_i$의 평균제곱오차가 편향제곱합과 $\hat{Y}_i$의 분산의 합임을 알 수 있다.

모든 n개의 적합값 $\hat{Y}_i$의 총평균제곱오차는 (9.6)에 있는 n개의 개별 평균제곱오차의 합이다.

$$\sum_{i=1}^{n}[(E\{\hat{Y}_i\} - \mu_i)^2 + \sigma^2\{\hat{Y}_i\}] = \sum_{i=1}^{n}(E\{\hat{Y}_i\} - \mu_i)^2 + \sum_{i=1}^{n}\sigma^2\{\hat{Y}_i\} \tag{9.7}$$

Γ_p로 정의되는 기준의 측정값은 단순하게 (9.7)에 있는 총평균제곱오차가 σ^2, 즉 실제 오차의 분산으로 나뉜 값이다.

$$\Gamma_p = \frac{1}{\sigma^2}\left[\sum_{i=1}^{n}(E\{\hat{Y}_i\} - \mu_i)^2 + \sum_{i=1}^{n}\sigma^2\{\hat{Y}_i\}\right] \tag{9.8}$$

$p - 1$개의 잠재 X 변수를 모두 포함하고 있는 모형이 잘 선택되어 $MSE(X_1, \ldots, X_{p-1})$가 σ^2의 비편향추정량이 된다고 가정한다. 그때 Γ_p의 추정량이 C_p라는 것을 보일 수 있다.

$$C_p = \frac{SSE_p}{MSE(X_1, \ldots, X_{P-1})} - (n - 2p) \tag{9.9}$$

이때 SSE_p는 p개의 모수(즉 $p - 1$개의 X 변수가 있는)를 가진 적합된 부분집합의 회귀모형의 오차제곱합이다.

$p - 1$개의 X 변수가 있는 회귀모형에서 편향이 없을 때, 즉 $E\{\hat{Y}_i\} \equiv \mu_i$인 경우에 C_p의 기댓값은 근사적으로 p이다.

$$E\{C_p\} \approx p \qquad (E\{\hat{Y}_i\} \equiv \mu_i \text{일 때}) \tag{9.10}$$

따라서 가능한 모든 회귀모형에 대한 C_p값을 p에 대해 그림을 그렸을 때, 편향이 거의 없는 모형들은 $C_p = p$선에 가까운 경향을 보일 것이다. 상당한 편향이 있는 모형은 이 선보다 상당히 위에 있을 것이다. $C_p = p$선 밑에 있는 C_p값은 편향을 보이지 않지만 표집오차 때문에 선 밑에 있다고 해석된다. $P - 1$개의 X 변수를 포함하고 있는 회귀모형의 C_p값은 정의에 따라 P이다. C_p 측정은 $MSE(X_1, \ldots, X_{P-1})$가 σ^2의 비편향추정량이라는 것을 가정하는데, 이는 모형이 편향을 포함하고 있지 않다고 가정하는 것과 같다.

C_p 기준을 사용할 때, 다음의 성질을 가지고 있는 X 변수의 부분집합을 식별하기를 원한다. (1) C_p값이 매우 작고 (2) C_p값이 p에 가깝다. 작은 C_p값을 가진 부분집합은 작은 총평균제곱오차를 가지고 있고 C_p값이 또한 p 근처에 있을 때, 회귀모형의 편향은 작다. 작은 C_p값을 가진 X 변수의 부분집합에 근거한 회귀모형이 상당한 편향을 가지고 있는 경우도 발생할 수 있다. 이 경우, C_p값이 약간 크지만 상당한 편향성분을 포함하지는 않은 다소 큰 X 변수의 부분집합에 근거한 회귀모형을 선호할 수도 있다. 인용문헌 9.1에 C_p 기준의 적용에 대한 더 많은 논의가 있다.

예 표 9.2의 5열은 수술 단위 예에서 가능한 모든 회귀모형의 C_p값을 포함하고 있다. 예를 들어 X_4가 회귀모형에서 유일한 X 변수일 때, C_p값은 다음과 같다.

$$C_2 = \frac{SSE(X_4)}{\dfrac{SSE(X_1, X_2, X_3, X_4)}{n-5}} - [n - 2(2)]$$

$$= \frac{7.409}{\dfrac{3.084}{49}} - [54 - 2(2)] = 67.715$$

모든 가능한 모형에 대한 C_p값이 그림 9.4c에 그려져 있다. C_p가 부분집합 (X_1, X_2, X_3)일 때 최소인 것을 알 수 있다. 이 모형에 대해 $C_p = 3.391 < p = 4$인데 이는 회귀모형에서 편향이 적거나 없다는 것을 가리킨다.

모든 잠재 X 변수 (X_1, X_2, X_3, X_4)를 사용하는 것은 기대한 바와 같이 C_p값이 정확히 P가 된다. 여기서는 $C_5 = 5.00$이다. C_p값이 $C_4 = 11.424$인 부분집합 (X_2, X_3, X_4)을 사용하는 것은 좋지 않다. 왜냐하면 이 모형에는 상당한 편향이 있기 때문이다. 그러므로 C_p 기준은 수술 단위 예에서 단 하나의 부분집합 (X_1, X_2, X_3)만을 추천한다.

부연설명

1. C_p 기준을 효율적으로 사용하려면 $P - 1$개의 잠재적인 X 변수 집합을 잘 만들어야 한다. $MSE(X_1, \ldots, X_{P-1})$가 σ^2의 비편향추정량이 되도록 예측변수가 적절한 형태(선형, 이차, 변수변환된)로 표현되고 중요한 상호작용이 포함되어야 한다.
2. C_p 기준은 n개 표본관측값의 부분집합 모형의 적합에 크게 중점을 둔다. 새로운 관측값의 예측이 중요한 경우에는 C_p 기준을 수정하여야 한다.
3. (9.9)에서 정의된 C_p가 왜 Γ_p의 추정값인지 보기 위해, 두 가지 결과를 보일 것이다. 첫 째는 아래와 같이 보일 수 있다.

$$\sum_{i=1}^{n} \sigma^2\{\hat{Y}_i\} = p\sigma^2 \tag{9.11}$$

따라서 n개의 적합값 $\hat{Y}_i$의 총확률오차는 회귀모형에서 변수의 수가 증가함에 따라 증가한다.

더 나아가 다음의 것을 보일 수 있다.

$$E\{SSE_p\} = \sum(E\{\hat{Y}_i\} - \mu_i)^2 + (n-p)\sigma^2 \tag{9.12}$$

그러므로 (9.8)에 있는 Γ_p는 다음과 같이 표현될 수 있다.

$$\begin{aligned}\Gamma_p &= \frac{1}{\sigma^2}[E\{SSE_p\} - (n-p)\sigma^2 + p\sigma^2] \\ &= \frac{E\{SSE_p\}}{\sigma^2} - (n-2p)\end{aligned} \tag{9.13}$$

$E\{SSE_p\}$를 추정량 SSE_p로 대체하고 $MSE(X_1, \ldots, X_{P-1})$를 σ^2의 추정량으로 사용하면 (9.9)의 C_p를 얻을 수 있다.

4. 모든 $P-1$개의 X 변수를 포함하고 있는 회귀모형의 C_p값이 P와 같다는 것을 보이기 위하여 (9.9)를 다음과 같이 대체할 것이다.

$$\begin{aligned}C_p &= \frac{SSE(X_1, \ldots, X_{P-1})}{\dfrac{SSE(X_1, \ldots, X_{P-1})}{n-P}} - (n-2P) \\ &= (n-P) - (n-2P) \\ &= P\end{aligned}$$

■

AIC_p와 SBC_p 기준

$R^2_{a,p}$와 C_p가 모두 많은 수의 예측변수를 가진 모형에 불이익을 주는 모형선택기준인 것을 알 수 있었다. 예측변수를 추가하는 데 불이익을 주는 또 다른 두 개의 방법은 Akaike의 정보기준(Akaike's information criterion; AIC_p)과 Schwarz의 Bayesian 기준(Schwarz Bayesian information criterion; SBC_p)이다. 작은 AIC_p와 SBC_p값을 갖는 모형을 선택한다. 각각의 기준은 다음과 같이 주어진다.

$$AIC_p = n \ln SSE_p - n \ln n + 2p \tag{9.14}$$

$$SBC_p = n \ln SSE_p - n \ln n + [\ln n]p \tag{9.15}$$

두 개의 측도 모두 첫 번째 항이 p가 증가할수록 감소하는 $n \ln SSE_p$이라는 것을 주목해라. 두 번째 항은 고정되었고(표본크기 n이 주어졌을 때), 세 번째 항은 모수의 개수 p에 따라 증가한다. SSE_p가 작은 모형은 이 기준에 따르면 불이익(AIC_p의 $2p$, SBC_p의 $[\ln n]p$)이 매우 크지 않은 이상 좋을 것이다. $n \geq 8$이면 SBC_p의 불이익이 AIC_p의 것보다 더 크다. 그러므로 SBC_p 기준은 더 단순한 모형을 선호하는 경향이 있다.

예 표 9.2의 6열과 7열은 수술 단위 예에서 가능한 모든 회귀모형에 대한 AIC_p와 SBC_p값이 나타나 있다. 회귀모형에서 X_4가 유일한 X 변수일 때, AIC_p값은 다음과 같다.

$$\begin{aligned}AIC_2 &= n \ln SSE_2 - n \ln n + 2p \\ &= 54 \ln 7.409 - 54 \ln 54 + 2(2) = -103.262\end{aligned}$$

SBC_p값은 다음과 같다.

$$\begin{aligned} SBC_2 &= n \ln SSE_2 - n \ln n + [\ln n]p \\ &= 54 \ln 7.409 - 54 \ln 54 + [\ln 54](2) = -99.284 \end{aligned}$$

가능한 모든 회귀모형에 대한 AIC_p와 SBC_p값은 그림 9.4d와 9.4e에 그려져 있다. 두 기준 모두 부분집합이 (X_1, X_2, X_3)일 때 최소가 된다는 것을 알 수 있다.

$PRESS_p$ 기준

$PRESS_p$(prediction sum of squares, 예측제곱합) 기준은 부분집합 모형의 적합값의 사용이 관측된 반응값 Y_i를 얼마나 잘 예측하는지에 대한 측도이다. 오차제곱합 $SSE = \sum(Y_i - \hat{Y}_i)^2$ 역시 비슷한 측도이다. *PRESS* 측도는 *SSE*와 다음과 같은 점에서 다르다. *PRESS* 기준에서 각각의 적합값 $\hat{Y}_i$은 자료로부터 i번째 사례를 제거한 후에 얻어진다. 남은 $n-1$개의 사례로부터 부분집합 모형의 회귀함수를 추정하고 그 적합된 회귀함수를 i번째 사례의 예측값 $\hat{Y}_{i(i)}$를 얻기 위해 사용함으로써 얻어진다. 표기 $\hat{Y}_{i(i)}$를 적합값을 표기하기 위해 사용하는데 첫 번째 아래첨자 i는 i번째 사례의 예측값이라는 것을 나타내고, 두 번째 아래첨자 (i)는 회귀함수가 적합될 때 i번째 사례가 생략되었다는 것을 나타낸다.

이때 i번째 사례의 *PRESS* 예측오차는 다음과 같다.

$$Y_i - \hat{Y}_{i(i)} \tag{9.16}$$

그리고 $PRESS_p$ 기준은 n개의 사례에 대한 제곱예측오차합이다.

$$PRESS_p = \sum_{i=1}^{n}(Y_i - \hat{Y}_{i(i)})^2 \tag{9.17}$$

작은 $PRESS_p$값을 가진 모형은 좋은 후보 모형으로 생각된다. 그 이유는 예측오차 $Y_i - \hat{Y}_{i(i)}$가 작을 때, 제곱예측오차와 제곱예측오차합 또한 작아지기 때문이다. 따라서 $PRESS_p$값이 작은 모형은 작은 예측오차의 관점에서 잘 적합된 것이다.

$PRESS_p$값은 n개의 자료 중 하나를 지워나가는 n번의 회귀분석을 시행하지 않고도 구해질 수 있다. 다음 장에서 설명될 (10.21)과 (10.21a)의 관계는 $\hat{Y}_{i(i)}$ 값을 하나의 회귀분석 시행으로 계산할 수 있게 해준다.

예 표 9.2의 8번째 열에는 가능한 모든 회귀분석모형의 $PRESS_p$값이 나타나 있다. 그림 9.4f에는 $PRESS_p$값이 그려져 있다. 표 9.2와 그림 9.4f가 나타내는 $PRESS_p$값은 앞에 나왔던 다른 기준들과 매우 유사한 것을 볼 수 있다. 그리고 (X_1, X_2, X_3)과 (X_2, X_3, X_4)로 이루어진 모형의 *PRESS*값이 작은 것을 볼 수 있다(모든 X 변수를 포함하는 (X_1, X_2, X_3, X_4)의 *PRESS*값은 (X_1, X_2, X_3)의 *PRESS*값보다 약간 더 높다). (X_2, X_3, X_4)을 포함하는 모형의 *PRESS*값은 4.597로서 (X_1, X_2, X_3)의 모형이 나타내는 *PRESS*값인 3.914보다 높다.

부연설명

9.6절에서 *PRESS*값은 모형 비교에도 유용하게 쓰인다. ■

9.4 ■ 모형선택 자동탐색절차

지난 절에서 언급되었듯이, 가능한 모형의 수는 2^{p-1}개이기 때문에 설명변수 하나가 늘어날수록 수가 급격히 증가한다. 그렇기에 가능한 모든 모형을 비교하는 것은 엄청난 노력이 필요하게 된다. 그 일을 간단히 하기 위해서 다양한 컴퓨터 자동탐색절차가 개발되었다. 이 절에서는 '최량(best)'부분집합회귀와 단계적 회귀를 다룬다.

이 장의 남은 부분에서는 8개의 설명변수를 가진 수술 단위 자료를 설명할 것이다. 표 9.1을 보면 여기 소개된 설명변수를 알 수 있을 것이다.

'최량'부분집합 알고리즘

시간을 절약하는 알고리즘은 모든 가능한 설명변수들의 모형을 적합시키지 않고 최량의 모형을 적합시키는 기준과 함께 발전되었다. 사실 이런 알고리즘은 가능한 모든 회귀모형의 작은 부분의 계산만 필요하다. 예를 들어 C_p 기준을 사용하여 5개의 최량모형을 찾으려고 한다면, 이 알고리즘은 모든 가능한 모형을 계산하는 것보다 훨씬 적은 양의 계산으로 가장 작은 C_p를 갖는 5개 X 변수들의 부분집합을 찾아낸다. 이러한 알고리즘을 **'최량' 부분집합 알고리즘**(best subsets algorithm)이라고 한다. 이 알고리즘은 '최량'부분집합모형을 찾는 것뿐만 아니라 X 변수 수 각각에 따른 몇 개씩의 '좋은' 부분집합도 같이 찾아내어 연구자에게 좋은 모형을 찾는 데 유용한 추가 정보를 주어 X 변수들을 최종적으로 선택하는 데 도움을 준다.

만약 잠재적 X 변수들의 개수가 많을 때(약 30~40 이상을 말함), '최량'부분집합 알고리즘은 계산하는 시간이 아주 많이 걸린다. 이러한 상황에서 단계적 절차 중 하나를 사용하면, X 변수들의 선택에 도움을 줄 수 있다.

예 수술 단위 자료는 8개의 설명변수가 있고 $2^8 = 256$개의 가능한 모형이 있다. 앞에서 배운 6개의 모형선택 기준들의 그래프가 그림 9.5에 나타나 있다. 각 기준에 대하여 각 p에 대한 최적값이 선으로 연결되어 있다. 가장 최적의 값은 표 9.3에 나타나 있다. 각 열에서의 최적값들은 밑줄로 표시되어 있다. 예를 들어 $R^2_{a,p}$값에 의해 모수 7, 8개의 모형이 '최량'이라고 나타난다(두 개의 모두 $R^2_{a,p}$값이 .823이다). C_p 기준에 의해서 모수 6개의 모형[$\min(C_7) = 5.541$], AIC_p에 의해 모수 7개의 모형[$\min(AIC_7) = -163.834$]이 가장 적절하다고 나타나 있다. 이 자료의 경우 SBC_p 기준은 더 간단한 모형을 최량으로 선택한다. 이 경우 SBC_p와 $PRESS_p$ 기준은 모수 5개의 모형을 선택한다[$\min(SBC_5) = -153.406$, $\min(PRESS_5) = 2.738$]. 앞에서 강조했듯이 이번 단계에서의 목적은 하나의 최량모형을 찾는 것이 아니라 더 분석할 수 있도록 좋은 모형들의 집합을 찾는 것이다.

그림 9.6에서는 수술 단위 자료를 MINITAB '최량'부분집합 알고리즘으로 돌린 결과를 나타내고 있다. 여기서 회귀모형 중 두 개의 X 변수 집합이 최량이라고 볼 수 있다. MINITAB 알고리즘은 R^2_p 기준을 사용하는데, $R^2_{a,p}$, C_p, $\sqrt{MSE_p}$(S로 표시됨)의 값도 보여준다. 가장 오른쪽 열은 해당되는 X 변수들의 집합을 보여 준다. 그림에서 $R^2_{a,p}$ 기준에 따르면 모수 7개의 모형(X_4와 X_7을 제외한 모든 예측변수)이나 8개의 모형(X_4를 제외한 모

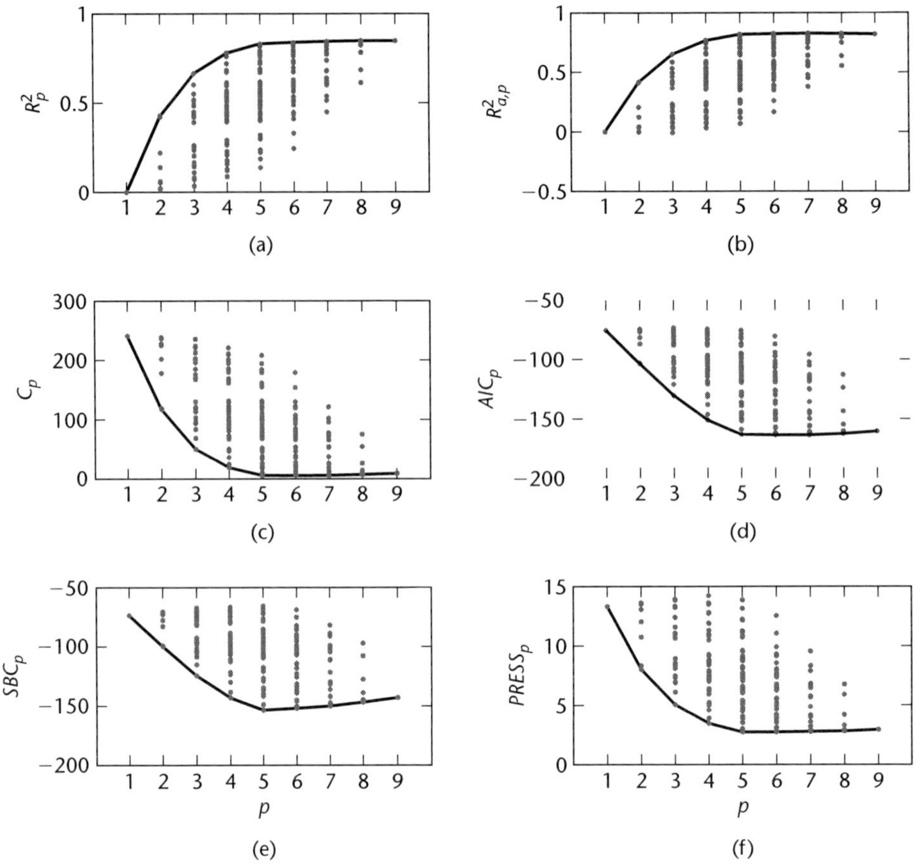

그림 9.5 모든 8가지 예측변수에 대한 변수선택기준 그림 – 수술 단위 예

p	(1) SSE_p	(2) R_p^2	(3) $R_{a,p}^2$	(4) C_p	(5) AIC_p	(6) SBC_p	(7) $PRESS_p$
1	12.808	0.000	0.000	240.452	−75.703	−73.714	13.296
2	7.332	0.428	0.417	117.409	−103.827	−99.849	8.025
3	4.312	0.663	0.650	50.472	−130.483	−124.516	5.065
4	2.843	0.778	0.765	18.914	−150.985	−143.029	3.469
5	2.179	0.830	0.816	5.751	−163.351	−153.406	2.738
6	2.082	0.837	0.821	5.541	−163.805	−151.871	2.739
7	2.005	0.843	0.823	5.787	−163.834	−149.911	2.772
8	1.972	0.846	0.823	7.029	−162.736	−146.824	2.809
9	1.971	0.846	0.819	9.000	−160.771	−142.870	2.931

표 9.3 최량변수선택기준값 – 수술 단위 예

든 예측변수)이 가장 적합하다고 보인다. 두 개의 모형의 $R_{a,p}^2$값은 .823이다.

모두 가능 회귀 절차(all-possible-regressions procedure)는 지정된 기준에 맞는 X 변수들의 부분집합을 몇 개 선택하였다. 수술 단위 자료에서 4개의 기준 중 2개의 기준(SBC_p, $PRESS_p$)이 4개의 X 변수 부분집합을 선택하였다. 반면에 다른 기준은 더 많은 X 변수들

Response is ln 생존기간

Vars	R-Sq	R-Sq(adj)	C-p	S	혈액응고	예후지수	효소검사	간검사	나이	성별	음주보통	음주많음
1	42.8	41.7	117.4	0.37549			X					
1	42.2	41.0	119.2	0.37746				X				
2	66.3	65.0	50.5	0.29079		X	X					
2	59.9	58.4	69.1	0.31715			X	X				
3	77.8	76.5	18.9	0.23845		X	X					X
3	75.7	74.3	25.0	0.24934	X	X	X					
4	83.0	81.6	5.8	0.21087	X	X	X					X
4	81.4	79.9	10.3	0.22023		X	X	X				X
5	83.7	82.1	5.5	0.20827	X	X	X			X		X
5	83.6	81.9	6.0	0.20931	X	X	X		X			X
6	84.3	82.3	5.8	0.20655	X	X	X		X	X		X
6	83.9	81.9	7.0	0.20934	X	X	X			X	X	X
7	84.6	82.3	7.0	0.20705	X	X	X		X	X	X	X
7	84.4	82.0	7.7	0.20867	X	X	X	X	X	X		X
8	84.6	81.9	9.0	0.20927	X	X	X	X	X	X	X	X

그림 9.6 각 실험 크기의 최량부분집합에 대한 MINITAB 결과 – 수술 단위 예

의 부분집합을 선호하였다. 결과적으로 X 변수들의 부분집합을 타당성입증할 때에는 한 가지 이상의 기준을 고려하는 것이 바람직하다.

일단 분석가가 '좋은' X 변수의 부분집합을 알아내었다면 마지막으로 최종 선택을 해야 한다. 그림 9.1에 나오는 전략에서처럼 이 선택은 잔차분석(10장에서 나오는 진단방법도 사용하여)과 분석가의 해당 문제에 대한 지식에 의해 이루어져야 하고 최종적으로 모형타당성입증에 의해 확인되어야 한다.

단계적 회귀 방법

X 변수들이 잠재적으로 30~40개 이상일 때 '최량'부분집합 알고리즘을 사용하는 것은 적절하지 않을 수 있다. 이때는 순차적인 방법으로 X 변수의 '최량'부분집합을 찾는 자동탐색절차가 도움이 될 것이다. 전진 단계적 회귀(forward stepwise regression)절차는 가장 널리 쓰이는 자동탐색절차 중 하나일 것이다. 이 절차는 가능한 모든 회귀 절차보다 계산과정을 절약할 수 있다. 기본적으로 이 탐색절차는 회귀모형을 순차적으로 찾아간다. 즉 단계마다 X 변수들을 더하거나 빼면서 전진한다. X 변수들을 더하거나 빼는 기준은 오차제곱합 감소, 부분상관계수, t^* 통계량, F^* 통계량이다. 이들은 서로 연관되어 있어 어느 한 기준에 의한 결과는 다른 기준에서도 같다.

단계적 절차와 '최량'부분집합 알고리즘의 중요한 차이점은 단계적 절차는 하나의 회귀모형을 가장 적합하다고 결론 내린다는 것이다. 반면에 '최량'부분집합 알고리즘은 여러 개의 회귀모형을 골라서 마지막 선택을 할 수 있게 한다. 단계적 절차의 약점은 하나의 모형만 선택하는 것이다. 경험적으로 단계적 선택에 의한 최종모형이 '최량'의 모형이 아닌 경우가 있었다. 게다가 하나의 회귀모형이 '최량'이라고 하는 것은 다른 모형이 '좋을' 수도 있다는 사실을 숨길 수도 있다. 그렇기에 회귀모형 '적합(goodness)'은 다양한

진단을 통해서 검증되어야 한다.

그렇다면 잠재적 X 변수들 수가 많아서 자동탐색절차를 사용해야 하는 경우에 어떻게 해야 하는가? 자동탐색절차에 의해 좋은 부분집합을 찾고 그것을 출발점으로 하여 적절한 '좋은' 부분집합을 찾는다. 자동탐색절차에 의해 찾은 모형에서의 X 변수들의 수가 적절한 부분집합의 X 변수들의 수라고 간주하여 같은 또는 비슷한 크기의 X 변수들의 수에 대하여 '최량'부분집합절차를 이용한다.

전진 단계적 회귀

(2.17)에 나타난 t^* 통계량과 P값으로 **전진 단계적 회귀**(forward stepwise regression)를 설명한다.

1. 단계적 회귀 방법은 첫 번째로 각각 X 변수 하나로 단순회귀모형 $P-1$개를 적합한다. 각각의 단순회귀모형에서는 t^* 통계량 (2.17)이 있고 이는 각 회귀모형의 기울기가 0인지를 검정한다.

$$t_k^* = \frac{b_k}{s\{b_k\}} \tag{9.18}$$

   X 변수들 중 가장 큰 t^*절댓값이 첫 번째 후보로 선정된다. 만약 t^*절댓값이 유의수준 α를 갖는 값보다 더 크면 그 X 변수는 선택된다. 그렇지 않으면 어떤 X 변수도 회귀모형에 도움이 되지 않는다고 판단하여 프로그램을 끝마치게 된다. MSE와 관련된 자유도는 모형에서 X 변수의 개수에 달려 있고, 같은 자료로 반복적으로 검정을 실시하기 때문에 고정된 t^*한계값를 사용하는 것은 정확한 확률적인 의미가 없다. 이러한 이유로 소프트웨어 프로그램은 사전에 결정된 α-한계값(α-to-enter, α-to-remove)를 사용한다.
2. X_7이 1단계에서 들어왔다고 하자. 단계적 회귀 방법은 이제 두 개 X 변수를 넣어 적합한다. 이때 X_7은 모형에 들어간 상태에서 두 번째 X 변수를 각각 하나씩 넣는다. 각각의 회귀모형에서 검정통계량 t^*은 X_k가 들어간 후에 계산된다. 이 t^*값은 X_7과 X_k가 모형에 있을 때 β_k가 0인지 아닌지를 검정하는 검정통계량 값이 된다. X 변수 중 가장 큰 t^*절댓값(P값이 가장 작은)을 가진 X 변수가 이번 단계에서 선택될 후보가 된다. 만약 t^*절댓값이 미리 설정된 수준 값보다 큰 것이 있다면(P값이 사전 수준보다 작으면), 두 번째 X 변수로 선택된다. 그렇지 않은 경우 이 프로그램은 여기서 끝이 난다.
3. X_3이 두 번째 단계에서 선택되었다고 해 보자. 이제 단계적 회귀 단계에서는 이미 있는 다른 X 변수들이 모형에서 제거되는지 확인한다. 이미 있는 다른 X 변수는 X_7 하나뿐이므로, X_7에 대한 검정통계량 t^*값은 다음과 같이 얻어진다.

$$t_7^* = \frac{b_7}{s\{b_7\}} \tag{9.19}$$

   나중 단계에서는 많은 수의 t^* 통계량이 만들어진다. 각각의 t^*은 이미 모형에 있던 변수들에 대한 것이다. 이 t^*절댓값 중 최소가 되는 변수(또는 P값이 가장 큰 변수)가 제거 후보가 된다. 이 t^*절댓값이 정해진 한계값 이하로 떨어지면 모형으로부터 변수는 제거되고 그렇지 않으면 유지된다.

4. X_3과 X_7이 모형에서 유지되었다고 가정해 보자. 모형에 추가될 다음 후보 변수를 찾는 절차가 수행된다. 만일 X 변수가 추가되면 이미 모형에 있는 변수 중 제거될 후보를 찾아 제거할지 결정한다. 이와 같은 단계를 계속 거쳐서 더 이상의 X 변수가 더해지거나 제거되지 않아 더 이상 단계 진행이 없으면 단계적 회귀를 마친다.

이전 단계에서 추가된 X 변수는 나중 단계에서 추가된 X 변수들로 인하여 더 이상 필요성이 없어져 나중에 제거될 수 있다는 사실에 주목하라.

예 그림 9.7은 수술 단위 예에서 순차적 단계적 회귀의 MINITAB 컴퓨터 결과물이다. 그림 9.7의 상단과 같이 변수를 추가하기 위한 최대허용한계(α-to-enter)는 .10이며, 변수를 제거하기 위한 최소허용한계는(α-to-remove) .15이다.

다음과 같은 단계를 수행하려고 한다.

1. 적합하려는 모형이 $Y_i = \beta_0 + \varepsilon_i$가 되도록 단계적으로 검색을 시작할 때 X 변수는 모형에 없도록 한다. 1단계에서 t^*통계량 (9.18)과 대응하는 P값은 각 잠재 X 변수에 대해 계산되었고 그 중 최소 P값(최대 t^*절댓값)의 X 변수가 선택된다. 효소검사(X_3)가 최대 검정통계량이다.

```
 Alpha-to-Enter: 0.1  Alpha-to-Remove: 0.15

 Response is ln생존기간 on  8 예측변수, with N = 54

    Step           1       2       3       4
Constant       5.264   4.351   4.291   3.852

효소검사       0.0151  0.0154  0.0145  0.0155
T-Value         6.23    8.19    9.33   11.07
P-Value        0.000   0.000   0.000   0.000

예후지수               0.0141  0.0149  0.0142
T-Value                 5.98    7.68    8.20
P-Value                0.000   0.000   0.000

음주 많음                       0.429   0.353
T-Value                         5.08    4.57
P-Value                        0.000   0.000

혈액응고                                0.073
T-Value                                 3.86
P-Value                                0.000

S              0.375   0.291   0.238   0.211
R-Sq           42.76   66.33   77.80   82.99
R-Sq(adj)      41.66   65.01   76.47   81.60
C-p            117.4    50.5    18.9     5.8
```

그림 9.7 MINITAB 전진 단계적 회귀 결과 – 수술 단위 예

$$t_3^* = \frac{b_3}{s\{b_3\}} = \frac{.015124}{.002427} = 6.23$$

이 검정통계량의 P값은 최대 허용인 $\alpha = .10$보다 훨씬 작은 .000이다. 따라서 효소검사(X_3)가 모형에 추가된다.

2. 이제 1단계는 완료되었다. 현재 회귀모형은 효소검사(X_3)가 들어 있고 'Step 1'에 표시되어 있는 대로 효소검사의 회귀계수는 .0151이고 t^*값은 6.23, P값은 .000이다. 열 1의 밑부분에는 변수선택기준의 숫자가 있다. $R_1^2(42.76)$, $R_{a,1}^2(41.66)$, $C_1(117.4)$. 그런 X_3이 들어 있는 회귀모형에 다른 변수 X가 추가되어 t^* 통계량을 계산하였다. 다음은 그것을 보여 준다.

$$t_k^* = \sqrt{\frac{MSR(X_k|X_3)}{MSE(X_3, X_k)}}$$

예후지수(X_2)는 가장 높은 t^*값을 가지며 그 P값(.000)은 .10 이하이므로 현재의 모형에 X_2가 들어간다.

3. 그림 9.7에서 Step 2로 표시된 열은 현재 시점에서의 상황을 정리하였다. 효소검사(X_3)와 예후지수(X_2)가 들어 있는 모형에 대한 정보를 제공하고 있다. 이 시점에서는 효소검사(X_3)가 제거되는지에 대한 검정이 이루어지는데, X_3에 대응하는 P값(.000)이 .15를 초과하지 않기 때문에 이 변수는 유지된다.

4. X_2, X_3에 나머지 잠재적인 X 변수 중 하나를 포함한 모든 회귀모형이 적합되고 t^* 통계량은 다음과 같다.

$$t_k^* = \sqrt{\frac{MSR(X_k|X_2, X_3)}{MSE(X_2, X_3, X_k)}}$$

음주 많음(X_8) 예측변수의 t_k^* 절댓값(P값 = .000)은 최대이고 모형에 추가된다.

5. 그림 9.7의 Step 3으로 표시된 열은 이 시점에서의 상황을 정리한 것이다. X_2, X_3, X_8은 모형에 들게 되었다. 다음 검정은 X_2 또는 X_3이 제거되어야 하는지 여부를 결정하기 위해 수행된다. 해당 P값이 모두 .15 미만이기 때문에 두 예측변수는 제거되지 않는다.

6. 4단계에서 혈액응고(X_1)를 첨가하고, 이전에 포함된 변수는 그대로 있는 상태이다. 그림 9.7의 오른쪽 열에는 변수 X_2, X_3, X_8을 포함한 모형에 변수 X_1이 추가된 상태를 설명하고 있다. 다음 검정은 X_2, X_3, X_8 중 하나가 제거되어야 하는지 여부를 결정하기 위해 수행된다. 모든 P값은 .15 미만이기 때문에 모든 변수가 유지된다(모든 P값은 .000이다).

7. 마지막으로 단계적 회귀는 X_1, X_2, X_3, X_8을 포함한 모형에 X_4, X_5, X_6, X_7들을 하나씩 추가해 본다. 각 경우의 P값은 .10보다 크다. 따라서 추가로 더해지는 것이 없어 모든 단계를 끝마친다.

그러므로 단계적인 검색 알고리즘은 X 변수 '최량'부분집합으로 X_1, X_2, X_3, X_8으로 찾아냈다. 이 모형은 '최량'부분집합 선택에서 SBC_p와 $PRESS_p$ 기준에 의해 선정된 모형과 같은 모형이다.

부연설명

1. 추가하는 유의수준 α(추가 α; α-to-enter)와 제거할 때의 유의수준 α(제거 α; α-to-remove)는 기본적으로 비슷한 값을 사용한다. 시뮬레이션 연구는 반응변수와 무상관하고 예측변수들끼리도 무상관일 때, 예측변수가 많으면 크거나 또는 어느 정도 큰 추가 α(α-to-enter)를 사용하면 너무 진보적인 결과로, 즉 너무 많은 예측변수가 모형에 들어 가는 것으로 나타났다. 한편 추가 α를 작게 설정하면 너무 보수적인 결과가 나타나 과소지정(underspecified)되어 σ^2가 심하게 과대추정된다(인용문헌 9.2와 9.3).
2. 추가 α의 최댓값은 제거 α의 최솟값을 초과할 수 없다. 그렇지 않으면 추가되고 제거되는 순환이 반복된다.
3. 회귀모형에 변수가 들어가는 순서가 그 변수들의 중요성을 반영하지는 않는다. 한 변수가 모형에 먼저 들어가도 나중에 들어온 다른 설명변수들에 의해 제거될 수 있다.

■

다른 단계적 절차

다른 단계적인 절차로 예측변수의 '최량'부분집합을 찾을 수 있다. 다음은 다른 두 개의 단계적 절차를 말한다.

전진선택. 전진선택(forward selection) 검색 절차는 이전 모형에 추가된 변수를 제거해야 하는지의 검정을 생략하는 전진 단계적 회귀의 단순화된 버전이다.

후진제거. 후진제거(backward elimination) 검색은 전진선택과 반대로 진행된다. 이것은 모든 잠재적인 X 변수를 포함하는 모형으로 시작하여, 최대의 P값을 갖는 것을 찾아낸다. 최대 P값이 정해진 임계값보다 큰 경우 해당 X 변수가 제거된다. 나머지 $P-2$개의 X 변수를 가진 모형에서 다음 후보를 식별한다. 더 이상의 X 변수가 제거되지 않을 때까지 이 과정을 계속한다. 후진제거에서도 마찬가지로 제거된 변수 중에 추가적으로 넣어 보고 그 변수를 다시 넣을지의 과정을 거칠 수 있다. 이러한 방법을 후진 단계적 회귀(backward stepwise regression) 절차라고 한다.

부연설명

적절한 잠재 X 변수의 수가 작거나 보통의 경우, 일부 통계학자들은 전진 단계적 탐색보다 후진 단계적 탐색을 주장한다(인용문헌 9.4 참조). 전진 단계적 회귀의 단점은 초기 단계에서 MSE가 크게(따라서 $s\{b_k\}$도) 측정된다. 이는 초기 단계에서 중요한 변수들이 빠져 있기 때문이다. 그 결과 t_k^* 검정통계량 (9.18)은 너무 작게 계산된다. 후진 단계적 방법에 있어서, 각 단계마다 중요한 변수들이 포함되어 있기 때문에 MSE값에 편향은 거의 없다. 또 후진 단계적 절차는 처음 단계로 다른 X 변수들에 의해 조정된 회귀함수에서 각각 하나의 X 변수를 보는 것이 유용할 때 좋은 방법이다. ■

9.5 ■ 자동선택절차에 대한 마무리 논평

X 변수의 '최량'부분집합을 찾기 위한 주요한 자동탐색절차에 대한 논의는 주로 중요한 개념에 집중되었고 컴퓨터 패키지를 이용하는 데에 있어서 옵션을 선택하는 것과 자료를 정밀화하는 작업에 대한 설명이 없었다. 패키지를 사용하기 위해서는 패키지가 어떻게 작동하는지 이해하는 것이 필수적이다. 몇몇 패키지에서는 회귀모형에서 원점 통과 옵션을 설정해 줄 수 있다. 일부 패키지는 계산 시간 절약 및 기타 이유로 변수들의 쌍 또는 그룹으로 추가하고 검정하는 것이 가능하다. 일부 패키지는 '최량' 회귀모형이 식별되면, 같은 변수의 수로 가능한 모든 회귀모형을 분석하여 사용자가 최종 선택할 수 있도록 각 정보를 제공한다. 단계적 프로그램 중에는 회귀모형에 변수를 강제 추가하는 옵션을 가지고 있는 것도 있다. 이러한 변수는 그 *P*값이 너무 커질 경우에도 제거되지 않는다.

이러한 옵션과 특별한 기능의 다양성은 이제까지 강조한 점을 부각시킨다. *X* 변수의 '좋은' 부분집합을 검색하는 유일한 방법은 없으며, 주관적인 요소가 검색 과정에서 중요한 역할을 하게 된다.

탐색적 모형구축에 관련된 많은 문제점들을 다루었지만, 다루지 않은 것들이 많다(인용문헌 9.5에 이 주제와 관련된 좋은 의견들이 있음). 가장 중요하게 생각하여야 할 점은, 그 어떤 자동탐색절차도 항상 '최량'의 모형을 찾는 것은 아니다. 자동탐색절차들은 '좋은' 모형선택의 후보를 보여 줄 뿐이다. '최량'의 모형을 선택하는 것은 분석가에 의하여 최종적으로 결정된다.

판단력은 탐색적 모형구축을 하는 데 있어 중요한 역할을 한다. 모형구축의 주된 목적이 좋은 설명을 하는 모형을 구축하는 것이라면, 중요한 설명변수들이 있다면 그것들을 회귀모형 안에 유지하고 있어야 한다. 질적변수가 몇 개의 지표변수로 바뀌었을 때(예: 지리적 구역이 몇 개의 지표변수로 바뀜) 그 지표변수들은 항상 같이 있어야 한다. 어떤 기준에 의하여 일부 지표변수만 더 '좋은' 것으로 나타나더라도 나머지들도 같이 포함되어야 한다.

탐색적 관측연구에 대한 부분집합 회귀모형의 선택은 최근에 많은 연구의 대상이 되어 왔다. 인용문헌 9.5는 이러한 연구에 대한 더 많은 정보를 제공한다. '최량'부분집합을 식별하는 새로운 방법으로 한 번에 하나의 케이스를 제거하는 방법과 붓스트랩이 제안되어 있다. 첫 번째 방법에서의 기준은 '최량'부분집합을 선택하기 위해 골라진 부분집합을 *n*번 기준값을 계산한다. 붓스트랩은 자료의 반복을 허용하는 복원추출(sampling with replacement)한 표본으로 회귀적합한 후 기준값을 계산하여 '최량'부분집합을 선택한다. Breiman과 Spector의 연구(인용문헌 9.7)는 두 가지 방법 모두 선택 모형이 참 모형에 가까운 것을 알아냈는데 붓스트랩은 자료가 많아야 했다.

모형선택과 회귀계수와 오차제곱평균을 추정할 때 같은 자료를 사용함으로써 발생할 수 있는 추정된 회귀계수, 평균반응, 표준편차의 편향이 탐색적 모형구축에서 중요한 문제이나 아직까지 다루지 않았다. 어떤 경우는 이 편향이 매우 클 수 있다(인용문헌 9.5, 9.6 참조). 다음 절에서는 추정 회귀계수와 오차제곱평균이 실질적으로 얼마나 편향되어 있는지 확인할 수 있는 방법을 소개한다.

9.6 ■ 모형타당성입증

모형구축 과정의 마지막 단계는 선택된 회귀모형의 타당성입증(validation)이다. 모형의 타당성입증은 일반적으로 독립적인 자료에 대한 후보 모형을 점검한다. 회귀모형을 타당성입증하는 다음의 기본적인 3가지 방법이 있다.

1. 새로운 자료의 수집을 통해 모형의 예측력을 점검
2. 최종 모형을 이론적인 예상, 이전의 결과, 시뮬레이션 결과 등과 비교
3. 따로 남겨둔 표본(holdout sample)으로 모형과 예측 능력을 점검

통제된 실험에서 회귀모형이 사용되는 경우에 실험을 반복하는 경우, 반복 자료로 얻은 회귀계수, 예측 능력 등이 유사하면 원래의 분석결과의 타당성을 입증한다. 확증적 관측연구의 결과도 반복에 의한 자료로 타당성입증을 할 수 있다. 9.1절에서 언급한 바와 같이, 일반적으로 통제된 실험과 관측연구에서 설명변수의 선택은 커다란 문제는 없다. 이와 대조적으로 탐색적 관측연구는 흔히 설명변수의 수가 많고 최종 회귀모형에 대한 선택 과정을 거친다. 이러한 연구에 대한 회귀모형의 타당성입증은 선택된 변수의 유효성, 회귀계수의 크기, 모형의 예측 능력 등이 포함된다. 타당성입증의 논의는 탐색적 관측연구의 회귀모형에서 발생하는 문제에 주로 초점을 맞출 것이다. 조사 결과의 일반화를 확립하기 위하여 연구를 반복할 필요성에 대한 논의는 인용문헌 9.8에서 볼 수 있다. 인용문헌 9.9 및 9.10은 회귀모형의 타당성입증에서 발생하는 문제를 다룬다.

모형 점검을 위한 새로운 자료수집

모형타당성입증의 최선의 방법은 새로운 자료수집을 통해 이루어진다. 새로운 자료를 수집하는 목적은 이전의 자료에서 개발된 회귀모형이 새로운 자료에 적용 가능한지 점검하려는 것이다. 만약 그렇게 된다면 모형의 기반이 되었던 자료의 한계를 넘어, 모형의 적용 가능성에 대한 보증이 되는 것이다.

타당성 점검 방법. 새로운 자료에 대한 회귀모형의 타당성을 입증하는 다양한 방법들이 있다. 첫 번째 타당성입증 방법은 먼저 새로운 자료를 사용하여 선택된 모형을 다시 추정하는 것이다. 추정회귀계수 및 적합된 모형의 모든 특성들이 그 이전의 자료를 사용한 회귀모형의 것과 같은지 비교한다. 결과가 일치하면 원본 자료에 국한하지 않고 일반적 상황에서도 적용 가능하다는 것을 뒷받침한다.

두 번째 타당성입증 방법은 선택된 회귀모형의 예측 능력을 보정하도록 설계되어 있다. 회귀모형을 구축하는 경우, 주어진 자료에 최대한 맞게 모형 선택을 하게 된다. 임의의 다른 자료를 사용하면, 선택된 설명변수들, 이들의 함수 형태, 상호작용항 등이 다른 모형이 될 수 있다. 이러한 모형구축 과정의 결과로, 선택된 모형에서 MSE가 미래 예측에 대한 변동이 작아지게 되는 경향이 있다.

선택된 회귀모형의 실제 예측 능력을 측정하는 수단은 새로운 자료들로 각각의 예측값을 추정하여 예측오차제곱의 평균을 계산하는 것이다. 이것은 **예측오차평균제곱**(mean squared prediction error)으로 *MSPR*로 표시된다.

$$MSPR = \frac{\sum_{i=1}^{n^*}(Y_i - \hat{Y}_i)^2}{n^*} \tag{9.20}$$

여기서,

Y_i: i번째의 타당성입증 자료의 반응변수값
$\hat{Y}_i$: 모형구축 자료에 근거한 i번째 타당성입증 자료의 예측값
n^*: 타당성입증 자료에서의 자료수

예측오차평균제곱 *MSPR*이 모형구축 자료에 근거한 회귀모형의 *MSE*에 꽤 가깝게 되는 경우, *MSE*는 심각하게 편향되지 않았다는 것이며 예측 능력의 적절한 지표를 제공한다. *MSPR*이 *MSE*보다 훨씬 큰 경우에는 회귀모형의 예측 능력 지표로 *MSPR*을 사용해야 한다.

반복 연구의 어려움. 관측연구에 있어서 새로운 자료들이 모형타당성입증을 위해 수집되는 경우 어려움이 생길 수 있다. 통제된 실험연구에서도 같은 어려움이 있을 수 있다. 예를 들면 실험장비를 옮겨 다른 실험실에서 측정된다면, 반응변수를 측정하는 데 보정(calibration)의 문제가 생길 수 있다.

연구를 반복하는 어려움은 통제된 실험이 불가능한 사회과학에서 특히 심각하다. 관측연구의 반복은 환경과 시간이 다른 상태에서 행해진다. 예를 들면, 간부의 나이와 위임 받은 권한의 양과의 관계를 조사하는 연구가 다른 경영 이념을 가지고 있는 회사에서 진행되었다. 다른 예로는 판매촉진 행사와 제품의 소비자 구매 관련 연구가 기업 환경이 초기 조사 시와 아주 많이 달라진 이듬 해에 반복되었을 때이다.

타당성입증을 위한 완벽한 반복 자료를 얻지 못하면 전혀 소용이 없다고 생각할 수도 있는데 그렇지는 않다. 연구 결과의 일반화 가능성이 얼마나 되는지 알지 못하는 한 회귀분석 결과는 소용이 없다. 아주 조금 달라진 상태의 반복이 전혀 다른 결과를 가져 오면 초기의 결과는 일반화되지 못하고 쓸모가 없게 된다. 하지만 상당히 다른 환경의 자료가 거의 비슷한 결과를 가져온다면 초기 결과는 매우 다른 환경에서도 사용할 수 있게 일반화된다. 또 다른 가능성은 초기 자료와 반복 자료의 다른 점을 연결시킬 수 있는 예측변수를 사용할 수 있다면 그것을 모형에 포함하여 모형의 유용성을 높게 할 수 있다.

부연설명

새로운 자료가 실험에서 통제된 조건 아래 수집되는 경우에는 모형의 예측을 점검하기 위해 주요 관심 있는 자료점을 포함하는 것이 바람직하다. 모형은 *X*의 관측값의 전체 범위에 걸쳐 예측을 하는 경우 *X* 범위에 균일하게 퍼져 있는 자료점을 사용한다. ■

이론, 실증적 근거, 시뮬레이션 결과의 비교

이론, 시뮬레이션의 결과, 이전의 실증 결과를 통해 선택된 모형이 타당한지 여부를 결정하는 경우도 있다. 회귀계수와 예측값을 이론, 이전의 실증 결과, 시뮬레이션 결과와 비교

하여야 한다. 불행히도 회귀모형을 타당성입증하는 데 사용할 수 이론은 거의 존재하지 않는다.

자료분할

회귀모형은 새로운 자료수집을 통해 타당성을 점검하는 것이 바람직하다. 그러나 대부분의 경우 이것은 실현 가능하지 않으므로 자료가 충분히 큰 경우에는 자료를 두 개로 분할(split)한다. 첫 번째 자료는 **모형구축 집합**(model-building set) 또는 **훈련표본**(training sample)으로 모형구축에 사용된다. 두 번째 자료는 **타당성입증 집합**(validation set) 또는 **예측 집합**(prediction set)으로 선택된 모형의 적절성, 예측력을 점검하는 데 사용한다. 이러한 방법을 **교차타당성입증**(cross-validation)이라고 한다. 자료분할은 연구의 복제를 시뮬레이션하기 위한 시도이다.

새 자료가 수집되면, 타당성입증 자료는 처음 자료와 마찬가지로 사용된다. 타당성입증 자료로 선택된 모형의 회귀계수를 추정하여 처음 자료의 회귀계수와 비교한다. 또 타당성입증 자료로 예측값을 계산하여 처음 자료의 예측값과 비교하여 예측력을 보정한다. 보정 자료의 크기가 충분하다면 처음 자료에 의한 모형구축이 얼마나 잘 되었는지 점검할 수 있다.

자료 집합은 모형구축 및 타당성입증 자료 집합에 균등하게 분할되는 경우가 많다. 그러나 신뢰할 수 있는 모형을 개발할 수 있도록 모형구축을 위한 자료 집합이 충분히 큰 것이 중요하다. 모형구축 자료 집합은 설명변수 개수의 적어도 6~10배가 필요하다. 예를 들어 설명변수가 10개 있는 경우, 모형구축 자료 집합은 적어도 60~100개가 있어야 한다. 자료 집합 전체가 충분한 크기가 아닌 경우, 타당성입증 자료 집합은 모형구축의 자료 집합보다 작게 해야 한다.

자료의 분할을 확률적으로 할 수 있다. 다른 방법으로는 쌍으로 되어 있는 경우 각 쌍의 한쪽을 양쪽으로 배치하는 것이다. 자료가 시간적으로 연속하여 수집되는 경우에는 시점을 선택하여 자료를 분할하는 것이 유용할 때가 많다. 일반적으로 처음 자료는 모형구축에, 나중의 자료는 타당성입증에 사용한다. 계절과 순환의 영향이 자료(판매액 자료 예)에 존재하는 경우, 분할은 순환의 균형이 이루어지는 시점이어야 한다.

시간 또는 다른 특성으로 분할하는 경우, 자료 집합의 조건이 다를 수 있으므로 모형의 일반화를 검정할 수 있는 기회가 제공된다. 타당성입증 자료가 모형구축 자료와 다른 조건으로 만들어 질 수 있다(예를 들면 시간을 두고 조사된 판매액 자료는 강한 추세 요소가 있을 수 있다). 그러한 경우 모형구축의 타당성이 결여된다면 더 다양한 조건에서 적용될 수 있는 모형에 대한 필요성이 제기된다.

자료를 분할하는 것의 결점은 회귀계수의 분산이 전체 자료를 사용했을 때 보다 커진다는 것이다. 모형구축 자료가 많다면 그렇게 커지지는 않는다. 어떻든 일단 모형의 타당성이 입증되면 관습적으로 전체 자료를 사용하여 최종모형을 추정한다.

예 앞에 수술 단위 예에서 3개의 모형이 모형선택기준에 의해서 채택되었다. SBC_p와 $PRESS_p$ 기준에 의해서는 4개의 설명변수 모형이 선호된다.

$$Y_i' = \beta_0 + \beta_1 X_{i1} + \beta_2 X_{i2} + \beta_3 X_{i3} + \beta_8 X_{i8} + \varepsilon_i \qquad \text{모형 1} \quad \textbf{(9.21)}$$

C_p는 5개의 설명변수 모형에 의해서 최소화된다.

$$Y_i' = \beta_0 + \beta_1 X_{i1} + \beta_2 X_{i2} + \beta_3 X_{i3} + \beta_5 X_{i5} + \beta_8 X_{i8} + \varepsilon_i \qquad \text{모형 2} \quad \textbf{(9.22)}$$

반면 $R^2_{a,p}$과 AIC_p 기준은 6개의 설명변수 모형에서 최량화된다.

$$Y_i' = \beta_0 + \beta_1 X_{i1} + \beta_2 X_{i2} + \beta_3 X_{i3} + \beta_5 X_{i5} + \beta_6 X_{i6} + \beta_8 X_{i8} \quad \text{모형 3} \quad \textbf{(9.23)}$$

이러한 세 가지 모형의 타당성을 내 · 외부적으로 입증하기를 원한다.

이러한 적합 모형의 내적 타당성은 몇 가지 모형의 선택 기준을 검토함으로써 입증할 수 있다. 표 9.4의 (1), (3), (5) 열은 원본 자료로 적합한 3개의 후보 모형의 내용이다. 우선 SSE_p, $PRESS_p$, C_p의 기준값을 검토한다. i번째 사례가 빠진 적합이, 포함되어 있는 적합보다 좋아지는 것은 아니므로 $PRESS_p$값이 SSE_p보다 항상 큰 것을 기억하길 바란다. SSE_p에 꽤 가까운 $PRESS_p$값은 모형의 예측 능력의 지표로 회귀모형과 MSE_p의 타당성을 뒷받침한다. 이 경우에는 세 개의 후보 모형에서 $PRESS_p$값이 SSE_p값과 가깝다. 예를 들어 모형 1에서는 $PRESS_p = 2.7378$이고 $SSE_p = 2.1788$이다. 만약 모형에서 $C_p \approx p$라면 그 모형에는 편차가 거의 없다는 것을 의미한다는 것을 기억해라. 이 경우 세 모형의 값은 다음과 같다. C_5, C_6, C_7 값들이 각각 5.7508, 5.5406, 5.7874이다.

선택된 모형을 외부적으로 타당성입증하기 위해서 54개의 추가적인 사례가 타당성입증 자료로 있다. 이 사례의 설명은 표 9.5에 나타나 있다. 새로운 자료의 상관계수행렬

통계자료	(1) 모형 1 모형구축 자료	(2) 모형 1 타당성입증 자료	(3) 모형 2 모형구축 자료	(4) 모형 2 타당성입증 자료	(5) 모형 3 모형구축 자료	(6) 모형 3 타당성입증 자료
p	5	5	6	6	7	7
b_0	3.8524	3.6350	3.8671	3.6143	4.0540	3.4699
$s\{b_0\}$	0.1927	0.2894	0.1906	0.2907	0.2348	0.3468
b_1	0.0733	0.0958	0.0712	0.0999	0.0715	0.0987
$s\{b_1\}$	0.0190	0.0319	0.0188	0.0323	0.0186	0.0325
b_2	0.0142	0.0164	0.0139	0.0159	0.0138	0.0162
$s\{b_2\}$	0.0017	0.0023	0.0017	0.0024	0.0017	0.0024
b_3	0.0155	0.0156	0.0151	0.0154	0.0151	0.0156
$s\{b_3\}$	0.0014	0.0020	0.0014	0.0020	0.0014	0.0021
b_5	—	—	—	—	−0.0035	0.0025
$s\{b_5\}$	—	—	—	—	0.0026	0.0033
b_6	—	—	0.0869	0.0731	0.0873	0.0727
$s\{b_6\}$	—	—	0.0582	0.0792	0.0577	0.0795
b_8	0.3530	0.1860	0.3627	0.1886	0.3509	0.1931
$s\{b_8\}$	0.0772	0.0964	0.0765	0.0966	0.0764	0.0972
SSE_p	2.1788	3.7951	2.0820	3.7288	2.0052	3.6822
$PRESS_p$	2.7378	4.5219	2.7827	4.6536	2.7723	4.8981
C_p	5.7508	6.2094	5.5406	7.3331	5.7874	8.7166
MSE_p	0.0445	0.0775	0.0434	0.0777	0.0427	0.0783
$MSPR$	0.0773	—	0.0764	—	0.0794	—
$R^2_{a,p}$	0.8160	0.6824	0.8205	0.6815	0.8234	0.6787

표 9.4 모형구축 자료와 타당성입증 자료에 기반한 후보 모형 (9.21), (9.22), (9.23)에 대한 회귀 결과 – 수술 단위 예

사례수 i	혈액응고 점수 X_{i1}	예후지수 X_{i2}	효소검사 X_{i3}	간검사 X_{i4}	나이 X_{i5}	성별 X_{i6}	음주: 보통 X_{i7}	음주: 많음 X_{i8}	생존기간 Y_i	$Y_i' = \ln Y_i$
55	7.1	23	78	1.93	45	0	1	0	302	5.710
56	4.9	66	91	3.05	34	1	0	0	767	6.642
57	6.4	90	35	1.06	39	1	0	1	487	6.188
...	...	...	...	...	...	...	...	...	...	...
106	6.9	90	33	2.78	48	1	0	0	655	6.485
107	7.9	45	55	2.46	43	0	1	0	377	5.932
108	4.5	68	60	2.07	59	0	0	0	642	6.465

표 9.5 잠재적 예측변수와 반응변수 – 수술 단위 예

은 그림 9.3에 있는 것과 거의 비슷하다. 여기서 회귀계수, 표준오차와 모형선택기준들은 (9.21), (9.22), (9.23) 모형을 추정하여 얻었고 표 9.4의 2, 4, 6열에 결과들이 있다. 모형 1이 모형구축 자료에서는 $b_1 = .0733$이고 타당성입증 자료에서는 $b_1 - .0958$이다. 이 회귀계수의 크기들을 표준오차와 같이 판단하면 두 값은 비슷하다고 말할 수 있다. 각각의 표준오차는 .0190과 .0319이다.

표 9.4를 보면 추정된 대부분의 회귀계수가 상당히 비슷하다는 것을 볼 수 있다. 그러나 모형 3에서 나이를 나타내는 회귀계수 b_5가 모형구축 자료에서는 $-.0035$였지만 타당성입증 자료에서는 b_5는 .0025로 차이가 있다. 이는 모형 3이 무언가의 문제가 있다는 의심을 해 볼 수 있는 부분이다.

예측 능력을 측정하기 위하여 입증 자료 54개로 예측오차평균제곱 *MSRP* (9.20)을 계산한 것이 표 9.5에 있다. .0773, .0764, .0794이다. 예측오차평균제곱은 모두 새로운 자료에 의한 것이므로 훈련자료에 의한 MSE_p보다 크다. 이 경우의 해당 MSE_p는 .0445, .0434, .0427이다. *MSPR*이 MSE_p와 크게 다르지 않으므로 훈련자료에 의한 MSE_p가 적합된 회귀모형의 예측 능력에 대한 적절히 타당한 지표이다. 세 개의 모형의 *MSPR*이 거의 비슷하므로 이 세 모형의 예측 정확성은 거의 비슷한 것으로 보인다

결과적으로 모형 3은 앞에서 언급된 문제 때문에 앞으로의 모형선택에서 제외된다. 마지막 선택은 간단함의 원칙(principle of parsimony)으로 이루어진다. 모형 1과 2는 비교적으로 타당성입증 단계에서 비슷하게 검사되지만 모형 1이 설명변수가 하나가 더 적다. 이러한 이유로 모형 1이 최종적으로 분석가에 의해 선택된다.

부연설명

1. 두 자료 집합이 유사한 통계적 특성을 갖도록 자료를 분할하는 데 알고리즘을 사용할 수 있다. 타당성입증과 관련된 분할이나 기타 문제는 인용문헌 9.11을 참조할 수 있다.
2. 자료분할에 대한 개선이 제안되었다. 예를 들어 **이중 교차타당성입증 절차**(double cross-validation procedure)에서 분할된 자료의 반으로 모형을 구축하고 나머지 반으로 입증한다. 두 개의 적합 모형에서 일관성과 예측 능력의 두 가지 측정값은 두 모형에서 얻을 수 있다. 작은 자료 집합의 경우 **K 접힌 교차타당성입증**(K-fold cross-validation)이라는 절차가 사용되는 경우가 많다. 이 절차는 우선 자료를 K개의 거의

동일한 크기로 분할한다. 각각 $k = 1, 2, ..., K$에 대해, $K - 1$개의 부분 분할 자료로 모형을 적합하고 k번째 부분으로 타당성검사하여 오차제곱합을 계산한다. K개의 예측오차 추정값을 합하여 K **접힌 교차타당성입증 추정값**(K-fold cross-validation estimate)을 얻는다. $K = n$이면 K 접힌 교차타당성입증 추정값은 $PRESS_p$ 통계와 동일하다.

3. 자료가 너무 작아 자료분할이 가능하지 않는 경우, 변수 선택을 위해 사용했던 *PRESS* 기준 (9.17)로 모형 예측의 정확도를 평가하여 자료분할의 형태로 이용할 수 있다. 이 절차는 각 자료 포인트에서 나머지 $n - 1$개의 자료로 최소제곱 적합한 회귀함수로 예측된다는 것을 상기하라. *PRESS*와 *SSE*가 비슷하면 *MSE*가 선택된 모형의 예측 능력에 대한 적당히 유효한 지표임을 시사한다. $n - m$개 자료로 적합하고 m개의 자료로 타당성입증에 사용하는 *PRESS*의 변형이 제안되었다. 인용문헌 9.11은 이러한 절차와 자료 집합에 대한 최적의 분할에 대해 설명한다.
4. 관측 자료를 기반으로 구축된 회귀모형이 X의 관측 범위 밖에서 예측이 좋지 않은 통상의 이유는 X 변수 간의 다중공선성 때문이다. 11장에서는 능형회귀 또는 다른 편향추정 기술 등으로 이 문제의 해결책을 소개한다.
5. 탐색적 관측연구의 자료 집합이 매우 큰 경우, 그것을 세 부분으로 나눌 수 있다. 첫 번째 부분은 모형훈련, 두 번째 부분은 모형선택과 교차타당성입증, 세 번째 부분은 최종 모형에 대한 검정과 측정으로 사용된다(인용문헌 9.10). 이 방법은 모형의 구축과 회귀모수의 추정에 같은 자료를 사용함으로써 발생하는 편향을 피할 수 있다. 이 방법의 단점은 모수추정값이 작은 자료 집합에서 만들어지며, 따라서 원래 자료를 모형구축 및 타당성입증을 위하여 두 개의 부분으로 분할한 경우보다 부정확하다는 것이다. 따라서 세 부분으로 자료 집합을 분할하는 방법은 가능한 자료가 아주 큰 경우에만 사용되고 있다. ■

인용문헌

9.1. Daniel, C., and F. S.Wood. *Fitting Equations to Data: Computer Analysis of Multifactor Data.* 2nd ed. New York: John Wiley & Sons, 1999.

9.2. Freedman, D. A. "A Note on Screening Regression Equations," *The American Statistician* 37 (1983), pp. 152–55.

9.3. Pope, P. T., and J. T. Webster. "The Use of an *F*-Statistic in Stepwise Regression," *Technometrics* 14 (1972), pp. 327–40.

9.4. Mantel, N. "Why Stepdown Procedures in Variable Selection," *Technometrics* 12 (1970), pp. 621–25.

9.5. Miller, A. J. *Subset Selection in Regression.* 2nd ed. London: Chapman and Hall, 2002.

9.6. Faraway, J. J. "On the Cost of Data Analysis," *Journal of Computational and Graphical Statistics* 1 (1992), pp. 213–29.

9.7. Breiman, L., and P. Spector. "Submodel Selection and Evaluation in Regression. The *X*-Random Case," *International Statistical Review* 60 (1992), pp. 291–319.

9.8. Lindsay, R. M., and A. S. C. Ehrenberg. "The Design of Replicated Studies," *The American Statistician* 47 (1993), pp. 217–28.

9.9. Snee, R. D. "Validation of Regression Models: Methods and Examples," *Technometrics* 19 (1977), pp. 415–28.

9.10. Hastie, T., Tibshirani, R., and J. Friedman. *The Elements of Statistical Learning: Data Mining, Inference, and Prediction*. New York: Springer-Verlag, 2001.

9.11. Stone, M. "Cross-validatory Choice and Assessment of Statistical Prediction," *Journal of the Royal Statistical Society B* 36 (1974), pp. 111–47.

문제

9.1. 누군가가 "양적 설명변수가 있는 잘 고안된 실험에서는, 자료를 얻고 난 뒤에 설명변수를 줄이는 절차는 필요하지 않다"고 말하였다. 논의하여라.

9.2. 대학원 학장은 최근 지원자의 대학원 평량평균을 예측하려고 한다. 여기에 유용하게 쓸 수 있는 설명변수를 12개 정도 나열하여라.

9.3. 두 명의 연구원은 Ontario 호수의 민간운영 해변에서 여름 방문자수에 영향을 미치는 요인을 조사하려고, 42 해변에서 방문자수와 11개의 설명변수를 수집하였다. 연구된 두 여름 중 하나는 비교적 고온이고 다른 하나는 비교적 시원하였다. '최량'부분집합 알고리즘은 최종 회귀모형의 설명변수의 수를 줄이기 위해 사용된다.

a. 두 여름을 합하여 변수의 축소를 수행해야 하는가? 아니면 각 여름을 따로 할 필요가 있는가? 각각의 문제점을 설명하고 그 문제를 해결하는 방법을 제시하여라.

b. '최량'부분집합 선택절차가 해변 방문자의 수에 원인이 되는 변수를 선택할까?

9.4. 전진 단계적 회귀에서 변수첨가에 대한 추가 α(α-to-enter)를 상대적으로 작게 하는 것의 장점은 무엇인가? 반대로 추가 α를 상대적으로 크게 하면 어떤 이점이 있는가?

9.5. 전진 단계적 회귀에서 변수첨가에 대한 추가 α를 변수제거에 대한 제거 α(α-to-remove)보다 크게 해야 하는 이유는 무엇인가?

9.6. 다음의 선택방법에 대한 순서도를 그려라. (1) 전진 단계적 회귀, (2) 전진선택법, (3) 후진제거법.

9.7. 엔지니어가 다음과 같이 말하였다. "설명변수의 수를 줄일 때에는 항상 객관적인 전진 단계적 회귀 절차를 사용하여야 한다." 논의하여라.

9.8. 단기 회귀분석 강좌 참석자가 다음과 같이 말하였다. "나는 출판된 논문에서 모형타당성입증을 거의 본 적이 없기 때문에 모형구축에 있어서 그 부분은 별로 중요하지 않는 것이 분명하다." 논평하여라.

*9.9. 문제 6.15의 **환자 만족도(Patient satisfaction)** 자료를 참조하여라. 병원 관계자는 환자의 만족도 예측을 위한 예측변수의 최량부분집합을 만들려고 한다.

a. 다음의 기준에 따라 최량의 예측변수 부분집합을 나타내어라: (1) $R^2_{a,p}$, (2) AIC_p,

(3) C_p, (4) $PRESS_p$. 그래프를 보충하여 설명하여라.

b. (a)의 4가지 기준이 모두 같은 부분집합을 선택하는가? 항상 이렇게 되는가?

c. 여기서 전진 단계적 회귀가 가능한 모든 여타 회귀 절차보다 이점이 있는가?

*9.10. **업무 숙달도(Job proficiency)**. 정부 기관의 인사담당자는 신입 사무 직급에 대한 25명의 지원자에게 새로 개발된 적성검사를 실시하였다. 이 분석의 목적을 위해 성적에 관계없이 25명의 모든 지원자를 합격시켰다. 수습기간이 지나고 지원자들의 업무 숙달도가 조사되었다. 25명의 근로자들의 4개의 적성검사(X_1, X_2, X_3, X_4)와 업무 숙달도 점수(Y)가 다음과 같다.

지원자 번호	검사 점수				업무 숙달도 점수
i	X_{i1}	X_{i2}	X_{i3}	X_{i4}	Y_i
1	86	110	100	87	88
2	62	97	99	100	80
3	110	107	103	103	96
···	···	···	···	···	···
23	104	73	93	80	78
24	94	121	115	104	115
25	91	129	97	83	83

a. 4개의 적성검사에 대한 각각의 줄기-잎 그림을 그려라. 그 그림에는 주목할 만한 특징이 있는가?

b. 산점도행렬을 그려라. 또한 X 변수에 대한 상관계수행렬을 구하여라. 산점도에서 각 예측변수와 반응변수(Y)의 함수관계의 특성을 보이는가? 다중공선성의 문제는 심각한가? 설명하여라.

c. 4개의 예측변수의 일차항으로 다중회귀를 적합시켜라. 모든 예측변수들을 유지하여야 하는가?

*9.11. 문제 9.10의 **업무 숙달도(Job proficiency)** 자료를 참조하여라.

a. X 변수의 예측변수에 대한 일차항만을 이용하여, $R^2_{a,p}$ 기준에 의해 4개의 최량부분집합 회귀모형을 찾아라.

b. 4개의 모형에서 $R^2_{a,p}$가 약간 차이가 있는데, 최량모형을 찾기 위해서 어느 기준을 사용하면 도움이 될 것 같은가?

9.12. 부록 C.3과 문제 8.42의 **시장 점유율(Market share)** 자료를 참조하여라.

a. 예측변수의 일차항만을 이용하여 SBC_p 기준에 맞는 세 개의 최량부분집합 회귀모형을 찾아보아라.

b. 위에서 나온 모형이 문제 8.42에 나와 있는 (b)와 (c)의 모형과 같은 것인가?

9.13. **폐 압력(Lung pressure)**. 폐에서 동맥 혈압(arterial blood pressure)이 높아지면 만성 폐쇄성 폐질환(chronic obstructive pulmonary disease, COPD)을 앓고 있는 환자는 심부전(heart failure)의 발병으로 이어진다. 폐 동맥 압력을 측정하기 위한 표준적인 방법은 외과적(invasive)이며 기술적으로 어렵고 환자가 위험할 수도 있다. 방사성 핵종 영상(radionuclide imaging)은 폐의 동맥 혈압을 추정하기 위한 비외과적이고 위험이 적은 방법이다. 이 방법의 예측 능력을 조사하기 위해 심장 전문의는 19명의 경에서

중등도(mild-to-moderate) COPD 환자의 자료를 수집하였다. 표에 있는 자료는 외과적으로 측정한 수축기 폐동맥 압력(systolic pulmonary arterial pressure) Y와 3개의 잠재적인 비외과적 예측변수이다. 두 개는 방사성 핵종 영상으로 얻었다. 심방으로 혈액을 보내는 속도 X_1, 심장에서 폐로 보내는 속도 X_2. 세 번째 예측변수는 혈액가스(blood gas) X_3이다.

a. 3개의 예측변수에 대한 점그림을 그려라. 그 그림에는 주목할 만한 특징이 있는가?
b. 산점도행렬을 그려라. 또한 X 변수의 상관계수행렬을 구하여라. 산점도를 통해 Y와 예측변수들 간의 어떠한 관계를 볼 수 있는가? 이 문제에서 다중공선성의 문제는 심각한가?
c. 세 개 설명변수를 가지고 일차항으로 이루어진 다중회귀모형을 적합시켜라. 모든 예측변수들이 들어가는 것이 맞는가?

개체 i	X_{i1}	X_{i2}	X_{i3}	Y_i
1	45	36	45	49
2	30	28	40	55
3	11	16	42	85
···	···	···	···	···
17	27	51	44	29
18	37	32	54	40
19	34	40	36	31

Adapted from A. T. Marmor et al., "Improved Radionuclide Method for Assessment of Pulmonary Artery Pressure in COPD," *Chest* 89 (1986), pp. 64–69.

9.14. 문제 9.13의 **폐 압력(Lung pressure)** 자료를 참조하여라.

a. 세 개 변수들을 평균에 대하여 중심화시켜 일차항, 이차항, 교차항으로 $R^2_{a,p}$ 기준에 맞는 세 개의 계층적 최량부분집합 회귀모형을 찾아라.
b. 세 개의 모형에서 $R^2_{a,p}$은 큰 차이가 존재하는가?

9.15. **신장 기능(Kidney function)**. 크레아티닌 제거율(creatinine clearance, Y)은 신장 기능의 중요한 척도이지만, 그것은 24시간 소변을 필요로 하기 때문에 임상 사무실 환경에서 구하는 것은 어렵다. 몇 가지 쉽게 얻을 수 있는 자료로 예측할 수 있는지 알아보려고 신장 전문가가 33명의 남성 피험자에게서 다음의 자료를 얻었다. 예측변수는 혈청 크레아티닌 농도(X_1), 연령(X_2), 몸무게(X_3)이다.

개체 i	X_{i1}	X_{i2}	X_{i3}	Y_i
1	.71	38	71	132
2	1.48	78	69	53
3	2.21	69	85	50
···	···	···	···	···
31	1.53	70	75	52
32	1.58	63	62	73
33	1.37	68	52	57

Adapted from W. J. Shih and S. Weisberg, "Assessing Influence in Multiple Linear Regression with Incomplete Data," *Technometrics* 28 (1986), pp. 231–40.

a. 세 개 예측변수에 대해 각각 점그림을 그려라. 그 그림에는 주목할 만한 특징이 있는가? 논평하여라.

b. 산점도행렬을 구하여라. 또 X 변수의 상관계수행렬을 구하여라. 산점도는 반응변수 Y와 예측변수들의 함수관계가 있는 것을 보여 주는가? 논의하여라. 그리고 다중공선성의 문제가 심각한가? 설명하여라.

c. 세 개 변수를 가지고 일차항으로 이루어진 다중회귀함수를 적합시켜라. 모든 예측변수들이 모형에 있어야 하는가?

9.16. 문제 9.15의 **신장 기능(Kidney function)** 자료를 참조하여라.

a. 세 개 변수들을 평균으로 중심화하고 일차항, 이차항, 교차항으로 C_p기준에 맞는 세 개의 계층적 최량부분집합 회귀모형을 찾아라.

b. 세 개 모형에서 C_p는 큰 차이가 존재하는가?

*9.17. 문제 6.15와 문제 9.9의 **환자 만족도(Patient satisfaction)** 자료를 참조하여라. 병원 관계자는 전진 단계적 선택법에 대해 관심이 있다.

a. 전진 단계적 선택법에 의한 최량의 예측변수 부분집합을 구하여라. 변수첨가의 F 한계값은 3.0이고 변수제거의 F 한계값은 2.9이다. 각각의 단계를 보여라.

b. 여기서 변수첨가의 F 한계값으로 3.0은 적당한 값인가?

c. 전진선택 절차에 따라 변수들의 부분집합을 구하여라. 변수첨가의 F 한계값은 3.0이다. 각 단계를 보여라.

d. 후진제거 절차에 의해 선택된 변수들의 부분집합을 구하여라. 변수제거의 F 한계값은 2.9이다. 각 단계를 보여라.

e. 세 변수 선택 절차를 비교하여라. 이들의 결과는 일치하는가? 이 결과들은 9.9에 있는 가능한 모든 회귀들과 비교하여 어떤가?

*9.18. 문제 9.10과 문제 9.11의 **업무 숙달도(Job proficiency)** 자료를 참조하여라.

a. 전진 단계적 회귀를 사용하여 예측변수 최량부분집합을 구하여라. α 한계는 변수첨가 시에 .05이고 변수제거 시에는 .10이다.

b. 전진 단계적 회귀에서의 최량 회귀모형과 문제 9.11a에서 $R^2_{a,p}$ 기준에 따른 회귀모형을 비교하여라.

9.19. 문제 9.15와 문제 9.16의 **신장 기능(Kidney function)** 자료를 참조하여라.

a. 전진 단계적 회귀를 사용하여 예측변수 최량부분집합을 구하여라. α 한계는 변수첨가 시에 .10이고 변수제거 시에는 .15이다.

b. 전진 단계적 회귀에서의 최량 회귀모형과 문제 9.16a에서 $R^2_{a,p}$ 기준에 따른 회귀모형을 비교하여라.

9.20. 부록 C.3, 문제 8.42와 문제 9.12의 **시장 점유율(Market share)** 자료를 참조하여라.

a. 전진 단계적 회귀를 사용하여 예측변수 최량부분집합을 구하여라. α 한계는 변수첨가 시에 .10이고 변수제거 시에는 .15이다.

b. 전진 단계적 회귀에서의 최량 회귀모형과 문제 9.12a에서 SBC_p 기준에 따른 회귀모형을 비교하여라.

*9.21. 문제 9.10과 문제 9.18의 **업무 숙달도(Job proficiency)** 자료를 참조하여라. 예측력을 내부적으로 타당성입증하기 위해 문제 9.18에서 선택된 모형의 *PRESS* 통계량과 *SSE*를 각각 계산하고 비교하여라. 이 비교가 적합된 모형의 예측력을 타당성입증하는 *MSE*에 어떤 것을 의미하는가?

*9.22. 문제 9.10과 문제 9.18의 **업무 숙달도(Job proficiency)** 자료를 참조하여라. 문제 9.18에서의 회귀모형에 대한 예측력을 외부적으로 타당성입증하기 위하여 25명의 추가적인 지원자들에 같은 시험을 실시하였고 시험성적과 관계없이 고용하였다. 자료는 다음과 같다.

지원자 번호	검사 점수				업무 숙달도 점수
i	X_{i1}	X_{i2}	X_{i3}	X_{i4}	Y_i
26	65	109	88	84	58
27	85	90	104	98	92
28	93	73	91	82	71
...	...	...	...	...	...
48	115	119	102	94	95
49	129	70	94	95	81
50	136	104	106	104	109

a. 타당성입증 자료의 *X* 변수들의 상관계수행렬을 구하여라. 그리고 문제 9.10b에서 구한 것과 비교하여라. 두 개의 상관계수행렬은 비슷하다고 할 수 있는가?

b. 문제 9.18a에 선택된 모형에 타당성입증 자료를 적합시켜라. 그리고 문제 9.18a에서 구한 회귀계수와 비교하여라. 또한 오차평균제곱과 다항회귀계수와도 비교하여라. 타당성입증 자료와 모형구축 자료는 유사한 결과를 나타내는가?

c. (9.20)에서의 *MSPR*을 계산하고 모형구축 자료에서의 *MSE*를 비교하여라. *MSE*의 상당한 편향의 증거가 있는 것인가? 문제 9.21에서 나온 결론과 일치하는지 확인하여라.

d. 문제 9.10의 자료와 모형타당성입증 자료를 합치고 이에 맞게 모형을 선택하여라. 여기서 선택된 모형에서 회귀계수의 표준오차는 모형구축 자료에서 나온 것보다 많이 작아졌는가?

9.23. 문제 9.13과 문제 9.14의 **폐 압력(Lung pressure)** 자료를 참조하여라. 문제 9.14a에서 선택된 모형의 타당성을 내부적으로 입증해 보려 한다.

a. *PRESS* 통계량을 계산하고 *SSE*값과 비교하여라. 이 비교가 적합된 모형의 예측력에 대한 지표로서의 *MSE*의 타당성에 대하여 어떤 것을 의미하는가?

b. 사례 8의 경우 한 자료가 전체 *PRESS* 통계량의 반을 차지한다. 이 사례가 강력한 영향을 주기 때문에 모형 변경을 해야 한다고 말할 수 있는가? 사례 8의 효과를 줄이기 위해 적절한 조치는 무엇인가?

연습문제

9.24. 참 이차회귀함수는 $E\{Y\} = 15 + 20X + 3X^2$이다. 적합된 회귀모형은 $\hat{Y} = 13 + 40X$이고 $E\{b_0\} = 10$, $E\{b_1\} = 45$이다. $X_i = 10$과 $X_i = 20$에서 평균제곱오차의 편향과 표집오차 성분은 무엇인가?

프로젝트

9.25. 부록 C.1의 **SENIC** 데이터셋을 참조하여라. 입원 기간(Y)이 예측되어야 한다. 그리고 예측변수는 의대 제휴와 지역을 제외하고 모두 포함해야 한다. $\log_{10} Y$는 반응변수이고, 예측변수는 일차항이며 상호작용항은 없는 모형이 적절할 것으로 생각된다. 자료의 57~113번 사례들로 모형구축을 하려고 한다.

a. 각각의 예측변수에 대한 개별적인 점그림을 그려라. 이 그림들에 주목할 만한 특징들이 있는가? 논평하여라.

b. 산점도행렬을 구하여라. 또한 X 변수에 대한 상관계수행렬을 구하여라. 예측변수들 사이에 강한 선형 연관성을 가진다고 생각될 만한 증거가 있는가?

c. C_p 기준에 따라 세 개의 최량부분집합을 구하여라. 이 부분집합 모형들 중 어떤 것이 가장 작은 편향을 갖는가?

9.26. 부록 C.2의 **CDI** 데이터셋을 참조하여라. 경찰청에서는 CDI 자료로부터 강력범죄의 발생비율을 예측하려고 한다(Y는 총 인구 100,000명당 강력범죄가 발생한 총 횟수이다). 예측변수는 총 인구, 총 강력범죄, 카운티, 주(state), 지역이다. 모형의 예측변수들은 일차항이며 상호작용항은 없는 것이 적절할 것으로 생각된다. 자료의 짝수 번째의 사례들만 고려하여 모형을 구축하여 다음 분석을 하여라.

a. 각각의 예측변수에 대한 개별적인 줄기-잎 그림을 그려라. 주목할 만한 특징들이 있는가? 논평하여라.

b. 산점도행렬을 구하여라. 또한 X 변수에 대한 상관계수행렬을 구하여라. 예측변수들 사이에 강한 선형 연관성을 가진다고 생각될 만한 증거가 있는가?

c. SBC_p 기준에 따라 세 개의 최량부분집합을 구하여라.

9.27. 부록 C.1과 프로젝트 9.25의 **SENIC** 데이터셋을 참조하여라. 프로젝트 9.25로부터 구해진 최량의 회귀모형에 대해 자료의 1~56번 사례들을 이용하여 타당성입증을 하려고 한다.

a. 프로젝트 9.25의 타당성입증을 위한 회귀모형을 적합시킨다. 추정된 회귀계수들과 추정된 표준편차를 프로젝트 9.25의 문제에서 구축된 모형으로부터 구한 값들과 비교하여라. 또한 오차평균제곱과 결정계수들을 비교하여라. 타당성입증으로부터 구축된 모형의 추정값이 원자료로부터 구축된 모형의 추정값과 유사한가?

b. (9.20)의 평균제곱예측오차를 계산하고, 구축된 모형으로부터 구해진 MSE의 값과 비교하여라. 여기서 MSE에 대하여 큰 편향이 존재한다고 말할 수 있는가?

c. 모형구축 자료와 타당성입증 자료를 합하여 선택된 회귀모형을 적합시켜라. 추정된 회귀계수들의 추정값과 그것들의 표준편차가 모형구축 자료로 얻은 것들과 주목할 정도의 차이가 있는가? 추정값들의 차이를 예상하였는가? 설명하여라.

9.28. 부록 C.2와 프로젝트 9.26의 **CDI** 데이터셋을 참조하여라. 프로젝트 9.26c로부터 구해진 최량의 회귀모형이 타당한지 자료의 홀수 번째 사례들을 이용하여 타당성입증을 하려고 한다.

a. 프로젝트 9.26의 타당성입증을 위한 회귀모형을 적합시킨다. 추정된 회귀계수들과 추정된 표준편차를 프로젝트 9.26c의 문제에서 구축된 모형으로부터 구한 값들과 비교하여라. 또한 오차평균제곱과 결정계수들을 비교하여라. 타당성입증으로부터 구축된 모형의 추정값이 원자료로부터 구축된 모형의 추정값과 유사한가?

b. (9.20)의 평균제곱예측오차를 계산하고, 구축된 모형으로부터 구해진 *MSE*의 값과 비교하여라. 여기서 *MSE*에 대하여 큰 편향이 존재한다고 말할 수 있는가?

c. 모형구축 자료와 타당성입증 자료를 합하여 선택된 모형을 적합시켜라. 추정된 회귀계수들과 추정된 표준편차가 주목할 정도의 차이가 있는가? 추정값 차이를 기대하고 있는가? 설명하여라.

사례연구

9.29. 부록 C.6의 **웹사이트 개발자(Website developer)** 데이터셋을 참조하여라. 경영진은 새로운 고객 웹사이트의 출시에 있어, 어떤 변수가 생산력에 가장 큰 영향을 주는지 결정하고 싶어 한다. 프로젝트 매니저, 디자이너, 개발자의 세 명으로 구성되어 있는 13개 웹사이트 개발부 자료가 데이터셋에 나와 있다. 2001년 1월부터 2002년 8월까지 생산 자료의 잠재적 설명변수 네 가지는 (1) 웹사이트 개발 절차의 변화, (2) 주문 잔고, (3) 팀의 효과, (4) 각 팀의 월 단위 경험기간이다. 생산 예측을 위한 최량부분집합 모형을 찾아 내고 정당화하여라. 모형의 예측 능력을 평가하고 이것을 경영진의 의사결정의 도구로 사용할 수 있는지 논의하여라.

9.30. 부록 C.5의 **전립선 암(Prostate cancer)** 데이터셋을 참조하여라. 97명의 진전된 전립선 암환자들에서 혈청 PSA(prostate-specific antigen, 전립선 특이항원)를 조사하였다. PSA는 전립선암을 진단하는 안정적인 검사이며, 종양학자들은 PSA의 수준과 전립선 절제수술을 받으려고 하는 환자들의 병리학적 측정값들과의 상관성을 알고자 한다. 측정값들은 암 크기, 전립선 무게, 환자의 나이, 전립선 비대의 양, 정낭 침입, 캡슐 침투, Gleason 점수이다. 자료로부터 65개의 확률표본을 선택하자. PSA 예측을 위한 최량의 모형을 구축하자. 모형을 선택하고 그 이유를 설명하여라. 모형의 예측 능력을 평가하고 이것이 종양학자들에게 도움이 될 수 있을지 논의하여라.

9.31. 부록 C.7의 **부동산 매매(Real estate sales)** 데이터셋을 참조하여라. 중서부의 도시에서 2002년에 발생한 주거지 판매이다. 522개 독립거래(arms-length transactions)는 판

매 가격, 스타일, 완료 면적, 방수, 수영장, 차고 크기, 완공 연도, 에어컨, 고속도로 인접성 등의 변수를 포함한다. 도시의 세금 평가원은 위에서 주어진 인구학적 변수에 기반하여 판매가격을 예측하는 것에 대하여 관심이 있다. 자료로부터 300개의 확률표본을 선택하여라. 예측 판매 가격에 대해 최량부분집합 모형을 구축하자. 모형을 선택하고 그 이유를 설명하여라. 모형의 예측 능력을 평가하고 이것이 판매 가격을 예측하는 좋은 수단이 될 수 있을지 논의하여라.

9.32. 사례연구 9.30의 **전립선 암(Prostate cancer)** 데이터셋을 참조하여라. 사례연구 9.30에서 구축한 회귀모형이 타당한지를 모형구축에 사용하지 않은 자료로 입증하려고 한다.

a. 사례연구 9.30에서 구축한 회귀모형을 타당성입증 자료에 적합시켜라. 추정된 회귀계수들과 그들의 추정된 표준오차를 사례연구 9.30에서 구한 값들과 비교하여라. 또한 오차평균제곱과 다중결정계수를 비교하여라. 타당성입증 자료로부터 적합시킨 모형의 추정값이 원자료로부터 적합시킨 모형의 추정값과 유사한가?

b. 평균제곱예측오차 (9.20)을 계산하고, 원자료로부터 구해진 모형의 *MSE*와 비교하여라. 여기에서 *MSE*에 큰 편향이 존재한다고 말할 수 있는가?

9.33. 사례연구 9.31의 **부동산 매매(Real estate sales)** 자료를 참조하여라. 사례연구 9.31에서 구축한 회귀모형이 타당한지 모형구축에 포함되지 않은 자료로 입증하려고 한다.

a. 사례연구 9.31에서 구축한 회귀모형을 타당성입증 자료에 적합시켜라. 추정된 회귀계수들과 그들의 추정된 표준오차를 사례연구 9.31에서 구한 값들과 비교하여라. 또한 오차평균제곱과 다중결정계수를 비교하여라. 타당성입증 자료로부터 적합시킨 모형의 추정값이 원자료로부터 적합시킨 모형의 추정값과 유사한가?

b. 평균제곱예측오차 (9.20)을 계산하고, 원자료로부터 구해진 모형의 *MSE*와 비교하여라. 여기에서 *MSE*에 큰 편향이 존재한다고 말할 수 있는가?

10장 | 회귀모형구축 II: 진단

여기서는 몇 가지 정밀한 회귀모형의 적정성을 검증하는 진단 방법을 다룰 것이다. 예측변수의 부적절한 함수 형태, 특이점, 영향 관측값, 다중공선성을 감지하는 방법을 다룬다. 모형 진단 과정을 수술 단위 예에 적용할 것이다. 진단 결과, 모형이 부적합할 때 유용한 몇 가지 해결방안들은 다음 장에서 다룰 것이다.

10.1 ■ 예측변수의 모형 적정성 – 추가변수그림

3장과 6장에서 어떻게 회귀모형의 예측변수에 대한 잔차그림이 변수에 대한 곡선성 효과를 확인하는 데 사용될 수 있는지 알아보았다. 또한 아직 회귀모형에 포함되지 않은 예측변수에 대한 잔차그림에서 변수를 추가하는 것이 도움이 되는지 확인하였다.

이런 잔차그림의 한계점은 다른 변수들이 회귀모형에 함께 주어질 때, 적절하게 예측변수의 한계효과(marginal effect, 주변효과)를 보여 주지 못한다는 것이다. **부분회귀그림**(partial regression plots, 편회귀그림), **수정변수그림**(adjusted variable plots)으로도 불리는 **추가변수그림**(added-variable plots)은 다른 변수들이 이미 모형에 주어졌을 때, 예측변수 X_k에 대하여 주변적 중요성에 대한 시각적인 정보를 제공해 주는 정밀한 잔차그림이다. 또한 예측변수의 주변적인 관계(marginal relation)를 확인하는 데에도 도움이 된다.

추가변수그림은 모형 내에 다른 변수들이 들어 있을 때, 예측변수 X_k의 주변적 역할에 대하여 고려한다. 추가변수그림에서 반응변수 Y와 예측변수 X_k로 다른 예측변수에 대하여 회귀하고, 각각의 잔차를 구한다. 이 잔차들은 각 변수가 회귀모형 내의 다른 예측변수들과 얼마나 선형적으로 관련이 있는지 반영한다. 이 잔차들의 그림은 (1) 잔차의 변동성을 줄이는 데 있어서 이 변수의 주변적 중요성을 보여 주며 (2) 회귀모형 내의 예측변수 X_k에 대하여 주변적 회귀 관련성의 정보를 제공한다.

이러한 생각들을 더 구체적으로 보여 주기 위해 두 개의 예측변수 X_1과 X_2를 갖는 일차다중회귀모형을 고려하자. 예측변수 두 개 이상으로의 확장은 직접적이다. 모형에 이미 X_2가 들어 있을 때, X_1의 회귀 효과에 대하여 알아보려한다. Y를 X_2에 대하여 회귀시킨 후 적합값과 잔차를 구할 것이다.

$$\hat{Y}_i(X_2) = b_0 + b_2 X_{i2} \tag{10.1a}$$

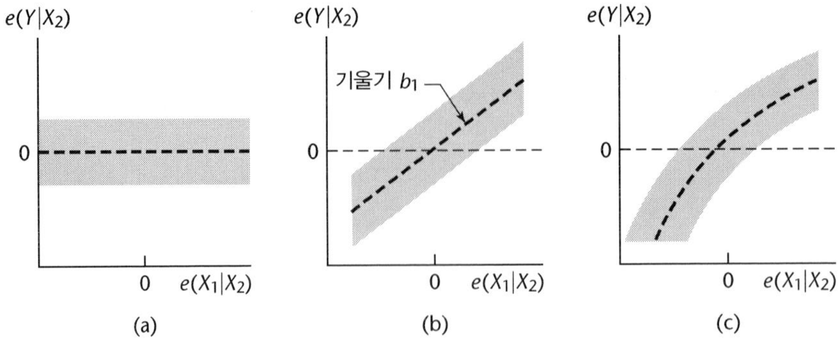

그림 10.1 추가변수그림의 전형

$$e_i(Y|X_2) = Y_i - \hat{Y}_i(X_2) \quad \textbf{(10.1b)}$$

적합된 모형의 반응변수와 예측변수를 명확하게 표시하고 있다. 이제 X_1을 X_2에 대하여 회귀시킨다.

$$\hat{X}_{i1}(X_2) = b_0^* + b_2^* X_{i2} \quad \textbf{(10.2a)}$$

$$e_i(X_1|X_2) = X_{i1} - \hat{X}_{i1}(X_2) \quad \textbf{(10.2b)}$$

예측변수 X_1에 대한 추가변수그림은 X_1 잔차 $e(X_1|X_2)$에 대한 Y 잔차 $e(Y|X_2)$의 그림이다.

그림 10.1은 몇 가지 추가변수그림의 전형에 대한 예시로, X_2가 들어 있는 회귀모형에 X_1이 추가적으로 고려되었을 때이다. 그림 10.1a는 수평적 띠를 보여 주며, X_1이 X_2가 담고 있는 Y의 예측에 대한 추가적인 정보를 담고 있지 않다는 것을 보여 준다. 따라서 여기서 회귀모형에 X_1을 추가하는 것은 도움이 되지 않는다.

그림 10.1b는 0이 아닌 기울기의 선형 띠를 보여 준다. 이 그림은 X_2가 들어 있는 회귀모형에 X_1을 추가하는 것이 도움이 된다는 것을 보여 준다. 잔차그림의 b_1은 원점을 통과하는 최소제곱으로 적합된 기울기이고, X_2가 있는 회귀모형에 추가된 변수 X_1에 대한 회귀계수이다.

그림 10.1c는 곡선 형태의 띠를 보여 주는데, 회귀모형에 X_1을 추가하는 것이 유용하며, 곡선 효과가 있는 것을 제시한다.

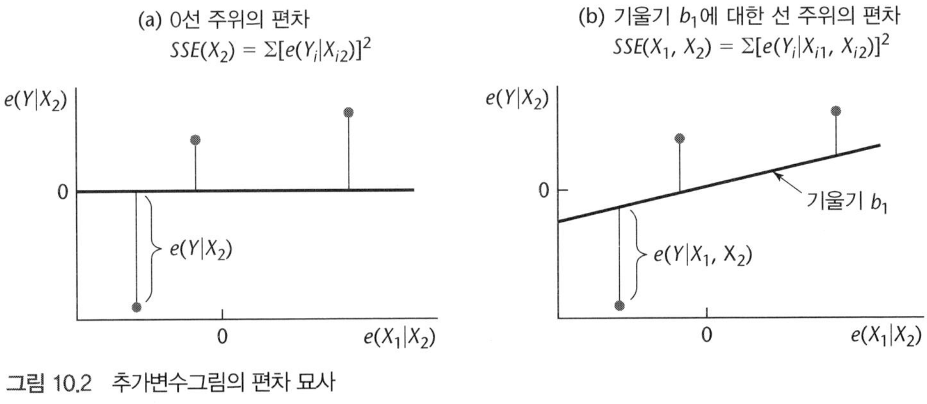

그림 10.2 추가변수그림의 편차 묘사

추가변수그림은 다른 예측변수들이 이미 회귀모형에 포함되었을 때, 예측변수에 대한 주변관계의 정보를 제공하는 것에 덧붙여서, 이 관계들의 상관성 강도에 대한 정보도 제공한다. 이 추가적 정보들이 어떻게 제공되었는지 보기 위하여 그림 10.2를 살펴보자. 그림 10.2a는 $n = 3$인 경우 X_2가 이미 모형에 있을 때의 X_1에 대한 추가변수그림이다. 그림 10.2a에서 점의 수직편차에 대하여 $e(Y|X_2) = 0$의 수평선은 X_2만의 회귀모형에서 Y의 잔차이다. 편차를 제곱하고 더하면, 오차제곱합 $SSE(X_2)$를 구할 수 있다. 그림 10.2b는 같은 점들을 보여 주지만, 이 점들의 최소제곱선에 대한 수직편차는 기울기 b_1으로부터 왔다. 이 편차들은 X_1과 X_2이 모형에서 고려되었을 때의 잔차 $e(Y|X_1, X_2)$이다. 따라서 이 잔차들의 제곱합은 오차제곱합 $SSE(X_1, X_2)$이다.

그림 10.2a와 그림 10.2b의 두 오차제곱합의 차이는 (7.1a)에 따라, 추가제곱합 $SSR(X_1|X_2)$이 된다. 따라서 두 편차에 대한 차이의 크기는 모형에서 X_2가 주어졌을 때의 X_1이 반응변수에 대한 선형적 관계의 주변적 관련 정도의 강도에 대한 정보를 제공한다. 만약 기울기 b_1의 선에 대한 점들이 수평선의 점들보다 훨씬 가까이 흩어져 있다면, 회귀모형에서 X_1을 포함시키는 것이 오차제곱합을 아주 크게 감소시킬 것이다.

추가변수그림은 또한 추가 예측변수 X_k와 반응변수 간의 관계 추정에 중대한 영향을 미치는 바깥값을 밝혀내는 것에도 유용하다.

예1 표 10.1은 30~39세 연령의 18명 관리자에 대한 지난 2년간의 평균연봉(X_1), 위험회피 점수(X_2), 그리고 생명보험의 수주액(Y)을 보여 주는 자료이다. 위험회피는 각 관리자들에게 배부된 표준 설문지에 의해 높은 점수일수록 위험회피의 정도가 더 뛰어나게 측정되었다. 연봉과 위험회피는 상관관계가 적으며, 상관계수는 $r_{12} = .254$이다.

일차항으로 적합된 회귀모형은 다음과 같다.

$$\hat{Y} = -205.72 + 6.2880X_1 + 4.738X_2 \tag{10.3}$$

이 적합된 모형의 X_1에 대한 잔차는 그림 10.3a에 있다. 이 잔차그림은 X_2가 이미 포함된 모형에 X_1을 적합시키는 것이 적절한 선형 관계를 나타내지 못한다는 것을 분명하게 보여 주고 있다. 이 관계에 대한 더 많은 정보를 얻기 위하여 추가변수그림을 사용하려고 한다. Y와 X_1 각각을 X_2에 대하여 회귀시켜 다음의 식을 얻을 수 있다.

관리자 i	평균연봉 (천 달러) X_{i1}	위험회피 점수 X_{i2}	생명보험의 수주액 (천 달러) Y_i
1	45.010	6	91
2	57.204	4	162
3	26.852	5	11
···	···	···	···
16	46.130	4	91
17	30.366	3	14
18	39.060	5	63

표 10.1 기본 자료 – 생명보험 예

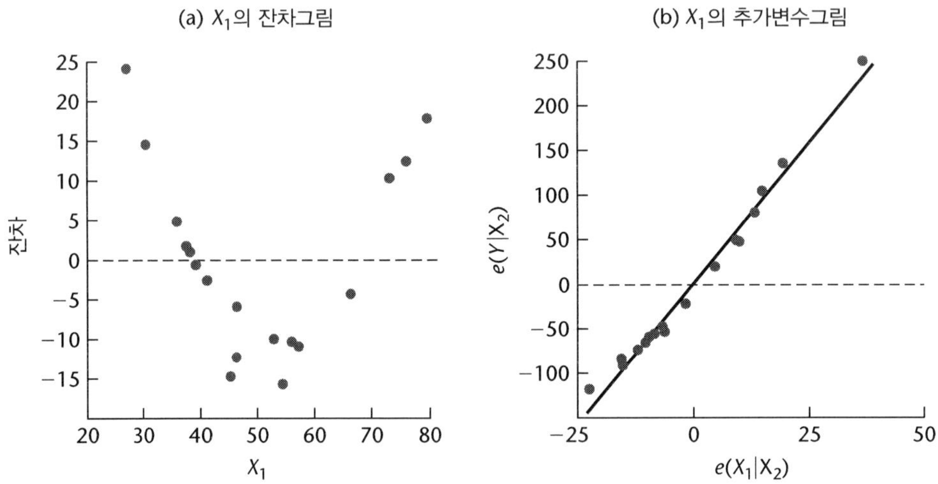

그림 10.3 잔차그림과 추가변수그림 – 생명보험 예

$$\hat{Y}(X_2) = 50.70 + 15.54X_2 \tag{10.4a}$$

$$\hat{X}_1(X_2) = 40.779 + 1.718X_2 \tag{10.4b}$$

두 적합된 모형으로부터의 잔차는 그림 10.3b의 추가변수그림에 나타나 있다. 이 그림은 기울기 $b_1 = 6.2880$인 원점으로부터의 최소제곱선 또한 보여 준다. 추가변수그림은 X_2가 이미 회귀모형에 포함되어 있을 때, Y와 X_1의 관계가 강한 양의 관계를 보이며, 약간 위로 오목한 형태를 보이고 있다. 이들 관계의 오목성은 원점을 통과하고 기울기 b_1인 직선까지의 수직편차들을 보면 알 수 있다. 이 편차들은 왼쪽에서 양수이며, 가운데에서는 음수, 오른쪽에서는 양수이다. 전체적으로 선형성으로부터의 이탈은 예측변수의 범위에서 그렇게 크지는 않다.

또한 기울기 $b_1 = 6.2880$인 원점으로부터의 최소제곱선을 기준으로 흩어진 점들은 수평선 $e(Y|X_2) = 0$을 기준으로 흩어진 점들보다 더 가깝다는 것을 보여 주는데, 이는 회귀모형에 X_1이 포함되었을 때 오차제곱합이 감소하는 것을 뜻한다. 사실 X_1에 대한 부분결정계수는 $R^2_{Y1|2} = .984$이다. X_1의 곡선 효과를 포함하더라도 기울기 b_1인 원점통과선에 꽤 가까이 점들이 퍼져 있으므로, 오차제곱합을 아주 약간만 감소시킬 것이다.

마지막으로, 그림 10.3b의 추가변수그림은 오른쪽 위에 동떨어진 값을 보여 준다. 이 값의 영향력에 대하여 조사가 필요하며, 그에 대한 절차는 추후 설명할 것이다.

예 2 표 7.1의 체지방 예에서, 삼두근 피하지방 두께(X_1)와 허벅지 둘레(X_2)에 대한 체지방(Y) 회귀모형을 고려할 것이다. 세 번째 예측변수(X_3, 팔 둘레)는 생략하고 추가변수그림을 다룰 것이다. X_1과 X_2의 상관성이 매우 높다($r_{12} = .92$). 적합된 회귀모형은 표 7.2c에 있다.

$$\hat{Y} = -19.174 + .2224X_1 + .6594X_2$$

그림 10.4a와 10.4c는 각각 X_1과 X_2에 대한 잔차그림이다. 이 그림들은 회귀모형의 적합성의 결핍이나 오차항의 이분산성의 존재를 나타내지 않는다.

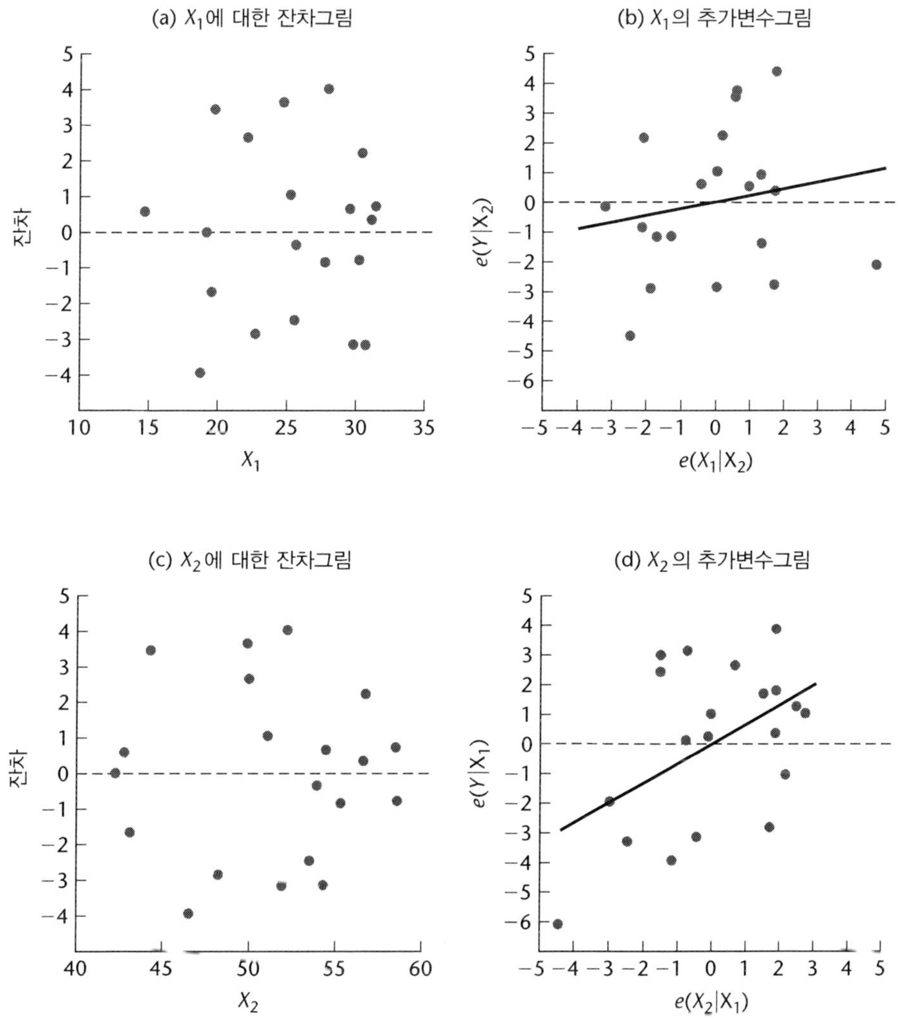

그림 10.4 잔차그림과 추가변수그림 – 두 개의 예측변수로 이루어진 체지방 예

그림 10.4b와 10.4d는 각각 다른 예측변수가 이미 회귀모형에 포함되었을 때의 X_1과 X_2에 대한 추가변수그림이다. 두 그림에서 원점통과 직선의 기울기는 두 적합된 회귀모형에서의 회귀계수와 같다. 이 두 그림은 몇 가지 유용한 정보를 제공한다. 그림 10.4b의 산포는 그림 10.1a의 전형을 따르며, X_2가 이미 존재하는 모형에서 X_1이 추가되었을 때, 매우 적은 추가적 도움을 준다는 것을 보여 준다. 즉, X_2가 이미 회귀모형에 존재할 때 X_1의 존재는 별로 도움이 되지 않는다는 것으로, 7장에서 이미 알 수 있던 것과 일치한다. 부분결정계수의 값은 $R^2_{Y1|2} = .031$이며, b_1에 대한 t^* 통계량은 .73밖에 되지 않는다.

그림 10.4d의 X_2에 대한 추가변수그림은 그림 10.1b의 전형을 따르며, 양의 기울기의 선형 산포성을 보여 준다. 또한 그림 10.4d는 수평선 $e(Y|X_1) = 0$에서보다 기울기 b_2의 직선에서 변동성이 다소 덜한 것을 알 수 있다. 이것은 다음을 의미한다. (1) 변수 X_2는 변수 X_1이 이미 모형에 있을지라도 회귀모형에 유용할 것이다. (2) X_2의 선형항은 산포된 점들에서 곡선의 관계를 보이지 않으므로 선형항이 적당하다. 따라서 그림 10.4d의 X_2

에 대한 추가변수그림은 삼두근 피하지방 두께(X_1)가 이미 포함된 모형에서 허벅지 둘레(X_2)가 추가되었을 때의 유용성을 보여 주기 때문에, 그림 10.4c의 잔차그림이 정상적인 형태를 보이는 것을 보완한다. 이 정보는 표 7.2c의 b_2에 대한 t^* 통계량은 2.26이고, 부분결정계수 $R^2_{Y2|1} = .232$이라는 값에서 확인할 수 있는 것과 일치한다. 그리고 10.4d의 추가변수그림은 왼쪽 아래에 하나의 잠재적 영향력이 존재하는 사례(사례 3)를 보여 준다. 이 점의 영향성은 10.4절에서 좀 더 자세히 다룰 것이다.

부연설명

1. 추가변수그림은 회귀모형에 추가된 예측변수의 함수적 관계의 특징만 보여 주며, 관계의 분석적 수식을 보여 주지는 않는다. 게다가 X_k에 대한 관계는 회귀모형에서 포함된 다른 예측변수와의 수정된 관계를 보일 뿐, X_k를 직접적으로 나타내지 않는다. 따라서 여러 가지 변수의 변환이나 곡선성 효과가 추가적으로 고려되어야 하며, 최적의 변수변환이나 곡선성 효과항을 식별할 수 있는 추가적인 잔차그림들이 활용되어야 한다.
2. 추가변수그림으로 예측변수의 한계효과에 대하여 확인할 때에는 조심스럽게 사용되어야 한다. 이 그림들은 만약 이미 회귀함수에 들어 있는 몇 개 혹은 전체 예측변수들의 함수적 관계가 잘못 지정된 경우는 적절한 형태의 한계효과를 보이지 못할 수 있다. 예를 들어 만약 X_2와 X_3이 반응변수에 대하여 곡선 형태로 관련되어 있는데, 회귀모형이 선형으로만 표현되어 있다면, 이 X_2와 X_3에 대한 추가변수그림은 적절한 관계를 보여 주지 못한다. 추가변수그림이 몇 가지 예측변수에 대하여 한계효과만 보여 주므로, 예측변수와 반응변수 간의 관계가 복합적일 때는 추가변수그림이 효과적이지 못하다. 또한 추가변수그림은 존재하는 상호작용 효과를 감지하지 못한다. 마지막으로 예측변수들 간의 높은 다중공선성은 예측변수의 한계효과의 적절한 함수적 형태를 제대로 보여 주지 못할 것이다.
3. 몇 개의 추가변수그림이 필요할 때, 회귀모형을 매번 적합하지 않아도 되도록 계산을 줄일 수 있는 방법이 인용문헌 10.1에 설명되어 있다.
4. 어떠한 적합된 다중회귀모형도 부분 회귀적합을 연속으로 하여 얻을 수 있다. 생명보험 예에서 X_2에 대한 Y의 적합된 회귀모형 (10.4a)와 X_2에 대한 X_1의 적합된 회귀모형 (10.4b)를 살펴보자. 만약 우리가 새롭게 잔차 $e(X_1|X_2) = X_1 - \hat{X}_1(X_2)$에 대한 잔차 $e(Y|X_2) = Y - \hat{Y}(X_2)$의 회귀모형을 고려할 때, 원점으로부터의 회귀를 사용하여 다음을 얻을 수 있다(계산 생략).

$$\widehat{e(Y|X_2)} = 6.2880[e(X_1|X_2)] \tag{10.5}$$

단순한 변환을 통하여, (10.4a)와 (10.4b)를 이용해 다음을 얻을 수 있다.

$$[\hat{Y} - (50.70 + 15.54X_2)] = 6.2880[X_1 - (40.779 + 1.718X_2)]$$

정리하면

$$\hat{Y} = -205.72 + 6.2880X_1 + 4.737X_2 \tag{10.6}$$

이는 회귀모형에 X_1과 X_2가 포함되었을 때의 적합값 $\hat{Y}$의 식이다. 적합된 회귀함수의 식 (10.6)은 X_1과 X_2를 통해 직접적으로 구한 회귀모형의 식 (10.3)과 자릿수버림에 의한 미미한 차이를 제외하면 같다.

5. 잔차그림이 추가변수그림과 밀접한 관련을 보이는 부분은 **편잔차그림**(**부분잔차그림**, partial residual plot)이다. 이 그림은 또한 예측변수 X_k를 회귀모형에 포함하려고 할 때의 특성을 확인할 때 도움을 준다. 편잔차그림은 모형에 X_k가 포함되었을 때의 회귀 효과를 고려한 잔차 $e_i = Y_i - \hat{Y}_i$를 보여 준다. 예측변수 X_k의 효과를 검사하기 위한 편잔차 $p_i(X_k)$는 다음과 같이 정의된다.

$$p_i(X_k) = e_i + b_k X_{ik} \tag{10.7}$$

따라서 편잔차에 있어서 X_k의 효과는 적합한 모형의 항 $b_k X_{ik}$를 통하여 고려한다. X_k에 대한 편잔차그림은 인용문헌 10.2와 10.3에 더 상세히 나와 있다. ■

10.2 ■ *Y* 관측값의 바깥값의 식별 – 스튜던트화 제거 잔차

바깥값 사례

회귀분석을 적용하면 빈번하게 자료에 바깥(outlying)값이나 극단(extreme)값이 존재하는 사례가 있다. 이러한 관측값 사례들은 대부분의 자료와 완연히 떨어져 있다. 이 바깥값 사례들은 큰 잔차를 만들며, 적합된 최소제곱회귀함수에 극단적인 영향을 주는 경우가 자주 있다. 따라서 바깥값 사례들을 조사하는 것은 중요하며 그대로 두어도 되는지, 제거해야 하는지를 결정해야 한다. 만약 그대로 둔다면 그들의 영향력을 줄이거나 회귀모형을 교정해야 하는지도 결정해야 한다.

*Y*값, *X*값, 혹은 둘 다에 대하여 바깥값이나 극단값이 존재하는 사례가 있다. 그림 10.5는 이러한 경우에 하나의 예측변수가 있는 회귀모형의 산점도 사례이다. 그림 10.5의 산점도에서 사례 1은 *X*가 주어졌을 때, *Y*의 바깥값이다. 이 점은 *X*값은 관측 범위의 거의 가운데이지만, *Y*값은 다른 관측값으로부터 멀리 떨어져 있다. 사례 2, 3, 4는 다른 점들보다 *X*의 값이 매우 큰 경우이다. 사례 3, 4는 *X*가 주어졌을 때 *Y*에 대하여도 바깥값인 경우이다.

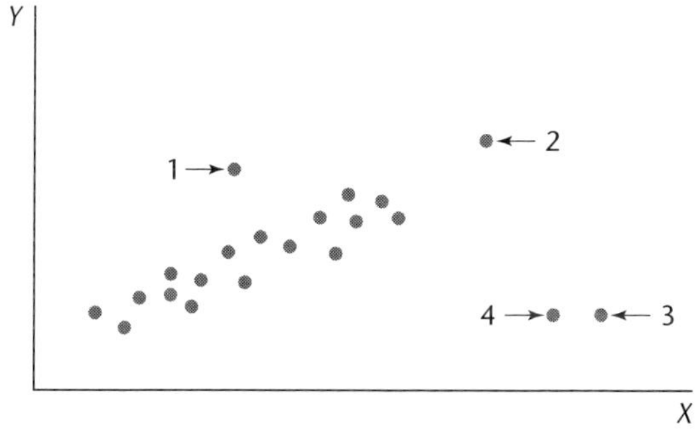

그림 10.5 바깥값 사례가 존재하는 하나의 예측변수에 대한 회귀모형의 산점도

모든 바깥값들이 적합된 회귀함수에 큰 영향을 주는 것은 아니다. 그림 10.5의 사례 1은 아마 영향력이 크지는 않을 것이다. 마찬가지로 사례 2도 극단값의 경우는 아니어서 영향력이 크지는 않을 것이다. 반면에 사례 3과 4는 적합된 회귀함수에 매우 영향력이 클 것이다. 이들은 X에 대하여 바깥값이며, Y에 대하여 다른 값들의 회귀관계와 일치하지 않는다.

회귀모형 내에 존재하는 하나 혹은 몇 개의 큰 영향을 미치는 관측값을 결정하는 기본적인 회귀분석의 단계는 다음과 같다. 한 개 혹은 두 개의 예측변수에 대한 회귀분석의 경우, X 혹은 Y에 대하여 바깥값 사례를 조사하는 것은 상자그림, 줄기-잎 그림, 산점도, 잔차그림 등을 이용하여 비교적 간단히 확인할 수 있다. 하지만 두 개보다 많은 예측변수가 회귀모형에 포함되었을 때, 단순한 시각적 도구로 바깥값 사례를 확인하는 것은 어렵다. 다변량 회귀모형에서의 바깥값이 하나 혹은 두 개의 변수를 검사하는 것으로는 드러나지 않을 수 있기 때문이다. 단변량 바깥값은 다중회귀모형에서 극단적이지 않을 수 있고, 반대로 다변량 바깥값은 하나 또는 두 개 변수의 분석에서 찾아내지 못할 수도 있다.

여기서는 Y에 대한 바깥값을 식별하는 몇 가지 세밀화된 방법을 알아볼 것이다. 다음 절에서는 X에 대한 몇 가지 다변량 바깥값을 식별하는 과정을 살필 것이다.

잔차와 준스튜던트화 잔차

앞 장에서 잔차 검사를 통하여 Y에 대한 바깥값이나 극단값을 감지하는 것을 이미 다루었다. 잔차 e_i를 활용하거나

$$e_i = Y_i - \hat{Y}_i \tag{10.8}$$

준스튜던트화 잔차 e_i^*를 활용한다.

$$e_i^* = \frac{e_i}{\sqrt{MSE}} \tag{10.9}$$

Y에 대한 바깥값을 확인하는 두 가지 새로운 분석법을 소개하려고 한다. 이 방법들은 5, 6장에서 다룬 모자행렬을 필요로 한다.

모자행렬

모자행렬(hat matrix, 해트 행렬)의 정의 (6.30a)는 다음과 같다.

$$\underset{n\times n}{\mathbf{H}} = \mathbf{X}(\mathbf{X}'\mathbf{X})^{-1}\mathbf{X}' \tag{10.10}$$

(6.30)에서 적합값 $\hat{Y}_i$를 모자행렬을 통하여 관측값 Y_i로 표현하였다.

$$\hat{\mathbf{Y}} = \mathbf{HY} \tag{10.11}$$

또한, 유사하게 (6.31)에서 잔차 e_i를 모자행렬을 이용하여 관측값 Y_i로 표현하였다.

$$\mathbf{e} = (\mathbf{I} - \mathbf{H})\mathbf{Y} \tag{10.12}$$

나아가 (6.32)에서 모자행렬을 포함한 잔차의 분산공분산행렬은 다음과 같았다.

$$\boldsymbol{\sigma}^2\{\mathbf{e}\} = \sigma^2(\mathbf{I} - \mathbf{H}) \tag{10.13}$$

따라서 $\sigma^2\{e_i\}$로 정의된 잔차 e_i의 분산은 다음과 같다.

$$\sigma^2\{e_i\} = \sigma^2(1 - h_{ii}) \tag{10.14}$$

h_{ii}는 모자행렬의 i번째 대각행렬의 원소이며, e_i와 e_j의 공분산($i \neq j$)은 다음과 같다.

$$\sigma\{e_i, e_j\} = \sigma^2(0 - h_{ij}) = -h_{ij}\sigma^2 \qquad i \neq j \tag{10.15}$$

h_{ij}는 모자행렬의 i번째 행과 j번째 열의 원소이다.

이들 분산과 공분산은 오차분산 σ^2의 추정량인 MSE를 이용하여 추정되었다.

$$s^2\{e_i\} = MSE(1 - h_{ii}) \tag{10.16a}$$

$$s\{e_i, e_j\} = -h_{ij}(MSE) \qquad i \neq j \tag{10.16b}$$

이제 모자행렬의 다양한 역할을 사례를 통하여 살펴볼 것이다.

예 표 10.2a의 1~3열에 $n = 4$인 작은 자료의 반응변수 Y와 두 예측변수 X_1과 X_2의 값들이 있다. 적합된 일차모형과 오차평균제곱은 다음과 같다.

$$\begin{aligned} \hat{Y} &= 80.93 - 5.84X_1 + 11.32X_2 \\ MSE &= 574.9 \end{aligned} \tag{10.17}$$

적합값과 잔차는 표 10.2a의 4, 5열이다.

이 자료의 모자행렬은 표 10.2b이다. 이것은 (10.10)과 $\mathbf{X}$ 행렬을 이용하여 얻어졌다.

$$\mathbf{X} = \begin{bmatrix} 1 & 14 & 25 \\ 1 & 19 & 32 \\ 1 & 12 & 22 \\ 1 & 11 & 15 \end{bmatrix}$$

(a) 자료와 기본 결과

i	(1) X_{i1}	(2) X_{i2}	(3) Y_i	(4) $\hat{Y}_i$	(5) e_i	(6) h_{ii}	(7) $s^2\{e_i\}$
1	14	25	301	282.2	18.8	.3877	352.0
2	19	32	327	332.3	−5.3	.9513	28.0
3	12	22	246	260.0	−14.0	.6614	194.6
4	11	15	187	186.5	.5	.9996	.2

(b) H

$$\begin{bmatrix} .3877 & .1727 & .4553 & -.0157 \\ .1727 & .9513 & -.1284 & .0044 \\ .4553 & -.1284 & .6614 & .0117 \\ -.0157 & .0044 & .0117 & .9996 \end{bmatrix}$$

(c) $\mathbf{s}^2\{\mathbf{e}\}$

$$\begin{bmatrix} 352.0 & -99.3 & -261.8 & 9.0 \\ -99.3 & 28.0 & 73.8 & -2.5 \\ -261.8 & 73.8 & 194.6 & -6.7 \\ 9.0 & -2.5 & -6.7 & .2 \end{bmatrix}$$

표 10.2 모자행렬에 대한 예

(10.10)에서 모자행렬은 예측변수(들)로만 이루어진 함수인 것을 확인하라. 또한 표 10.2b의 모자행렬은 대칭이다. 대각원소 h_{ii}는 표 10.2a의 6열이다.

다음은 적합값 $\hat{Y}_1$을 Y값에 대한 선형결합 (10.11)을 이용하여 표현한 것이다.

$$\begin{aligned}\hat{Y}_1 &= h_{11}Y_1 + h_{12}Y_2 + h_{13}Y_3 + h_{14}Y_4 \\ &= .3877(301) + .1727(327) + .4553(246) - .0157(187) \\ &= 282.2\end{aligned}$$

이것은 자릿수버림 효과로 인한 것을 제외하고는 (10.17)에서 적합된 회귀함수의 값과 똑같은 결과이다.

$$\hat{Y}_1 = 80.93 - 5.84(14) + 11.32(25) = 282.2$$

추정된 잔차의 분산공분산행렬, $\mathbf{s}^2\{\mathbf{e}\} = MSE(\mathbf{I} - \mathbf{H})$은 표 10.2c에 나타나 있다. 이것은 $MSE = 574.9$를 이용하여 구해졌다. 추정된 잔차의 분산은 표 10.2c의 분산공분산행렬의 대각원소이며, 표 10.2a의 7열에도 나와 있다. 다음은 (10.16a)를 이용하여 1번 사례에 대한 직접적인 계산을 한 것이다.

$$s^2\{e_1\} = 574.9(1 - .3877) = 352.0$$

표 10.2a의 7열에서 잔차는 상수분산을 갖지 않는 것을 알 수 있다. 사실 자료가 매우 작기 때문에 분산의 크기가 서로 다르다. 10.3절에서 언급했듯이, X 변수의 바깥값에 대한 잔차의 경우에는 더 작은 분산을 가진다.

표 10.2c의 행렬에서 공분산들은 0이 아니다. 따라서 각 쌍의 잔차들이 양수 혹은 음수로 상관성을 띠고 있다. 이 상관성들은 3장에서 다루어졌으며, 자료가 많아지면 이 값은 아주 작아진다.

부연설명

모자행렬의 대각원소 h_{ii}를 직접 계산할 수 있다.

$$h_{ii} = \mathbf{X}_i'(\mathbf{X}'\mathbf{X})^{-1}\mathbf{X}_i \tag{10.18}$$

여기서

$$\underset{p\times 1}{\mathbf{X}_i} = \begin{bmatrix} 1 \\ X_{i,1} \\ \vdots \\ X_{i,p-1} \end{bmatrix} \tag{10.18a}$$

$\mathbf{X}_i$는 (6.53)의 $\mathbf{X}_h$ 벡터에서 i번째 사례에 해당하는 것이며, $\mathbf{X}_i'$는 $\mathbf{X}$ 행렬의 i번째 행이다. ■

스튜던트화 잔차

관측값 Y에 대하여 바깥값을 확인하는 첫 번째 방법은 잔차 e_i가 분산 $\sigma^2\{e_i\}$와 매우 다르다는 것을 인식하는 것이다. 그러므로 각 e_i의 크기를 분석하는 것은 추정된 표준편차와의 상대적 크기로 고려하여 잔차에 대한 표집오차들의 차이를 나타내려고 한다. (10.16a)에서 e_i에 대한 표준편차의 추정량은 다음과 같았다.

$$s\{e_i\} = \sqrt{MSE(1 - h_{ii})} \tag{10.19}$$

e_i와 $s\{e_i\}$의 비율을 **스튜던트화 잔차**(studentized residuals)라고 하며 r_i로 표기하자.

$$r_i = \frac{e_i}{s\{e_i\}} \tag{10.20}$$

잔차 e_i가 표준편차의 표집변동성에 따라 다양한 값을 갖는 반면에, 스튜던트화 잔차 r_i는 모형이 적절한 경우에 상수분산을 갖는다. 스튜던트화 잔차는 **내적(내부적) 스튜던트화 잔차**(internally studentized residuals)라고도 한다.

제거 잔차

두 번째 방법은 적합된 회귀모형을 i번째 사례를 제외하고 적합하였을 때, 관측값 Y에 대하여 i번째 잔차 $e_i = Y_i - \hat{Y}_i$를 이용하여 식별하는 것으로, 좀 더 효율적인 방법이다. 이 방법을 쓰는 이유는 Y_i의 바깥값의 정도가 크다면 i번째 경우를 포함하여 적합한 최소제곱회귀함수는 Y_i의 영향을 매우 크게 받게 되기 때문이다. 적합값 $\hat{Y}_i$는 Y_i값과 가깝게 된다. 따라서 Y_i가 바깥값이면 잔차 e_i는 매우 작게 된다. 반면에 i번째 사례를 제외하고 회귀모형을 적합하면 최소제곱으로 적합된 $\hat{Y}_i$는 바깥값 Y_i의 영향을 받지 않으며, 따라서 i번째 사례에 대한 잔차가 커지게 되고 관측값 Y가 바깥값임을 쉽게 찾아낸다.

이 절차는 i번째 사례를 제거하고, $n - 1$의 자료에 대하여 회귀함수를 적합시키며, $\hat{Y}_{i(i)}$로 정의되는 i번째 사례에 대한 X 수준에서의 기댓값의 점추정값을 구하게 된다. 실제로 관측된 Y_i와 추정된 값 $\hat{Y}_{i(i)}$의 차이는 d_i로 정의한다.

$$d_i = Y_i - \hat{Y}_{i(i)} \tag{10.21}$$

d_i는 i번째 사례에 대한 **제거 잔차**(deleted residual)라고 한다. 이는 (9.16)에서 다뤘던 내용과 같으며, i번째 사례에 대한 *PRESS* 예측오차이다.

i번째 사례를 제거한 회귀함수를 다시 계산하지 않고 대수적으로 d_i를 얻을 수 있다.

$$d_i = \frac{e_i}{1 - h_{ii}} \tag{10.21a}$$

e_i는 보통의 잔차이며, h_{ii}는 (10.18)에서 나왔던 모자행렬의 i번째 대각행렬의 원소이다. h_{ii}의 값이 커지면, 보통의 잔차와 비교하여 제거 잔차 역시 커진다.

따라서 제거 잔차는 관측값 Y의 바깥값 여부를 보통의 잔차가 식별 못하는 것을 식별할 수 있는 경우가 있으며, 그렇지 않은 다른 경우에는 제거 잔차와 보통의 잔차의 결과가 같다고 할 수 있다.

제거 잔차는 또한 (2.35)의 분자의 새로운 관측값에 대한 예측오차와 일치한다. n개 자료로 적합된 회귀함수로부터 새로운 $n + 1$번째 관측값을 예측했던 것을 여기서의 표기대로, $n - 1$개 자료로부터 새로운 n번째 사례를 예측하는 것으로 바꾸어 (6.63a)에서 d_i의 추정된 분산을 얻을 수 있다.

$$s^2\{d_i\} = MSE_{(i)}\left(1 + \mathbf{X}_i'\left(\mathbf{X}_{(i)}'\mathbf{X}_{(i)}\right)^{-1}\mathbf{X}_i\right) \tag{10.22}$$

여기서 $\mathbf{X}_i$는 X의 관측값 벡터 (10.18a)에서 i번째 사례에 대한 것이고 $MSE_{(i)}$는 i번째 사례가 제거되고 적합된 회귀함수의 평균제곱오차이며, $\mathbf{X}_{(i)}$는 $\mathbf{X}$ 행렬의 i번째 사례를 제거한 것이다. $s^2\{d_i\}$에 대하여 대수적으로 같은 표현은 다음과 같다.

$$s^2\{d_i\} = \frac{MSE_{(i)}}{1 - h_{ii}} \tag{10.22a}$$

(6.63)으로부터

$$\frac{d_i}{s\{d_i\}} \sim t(n - p - 1) \tag{10.23}$$

여기서 i번째 관측값을 예측하는 데 $n - 1$개의 사례를 사용한 것을 기억하자. 따라서 자유도는 $(n - 1) - p = n - p - 1$이다.

스튜던트화 제거 잔차

앞에서 살펴본 두 방법을 결합하여, 관측값 Y의 바깥값이나 극단값을 진단하자. (10.21)의 제거 잔차 d_i를 (10.22)에서 주어진 표준편차로 나누어 스튜던트화한다. **스튜던트화 제거 잔차**(studentized deleted residual) t_i는 다음과 같이 정의된다.

$$t_i = \frac{d_i}{s\{d_i\}} \tag{10.24}$$

(10.21a)와 (10.22a)에 따라 t_i에 대한 대수적으로 동일한 표현은 다음과 같다.

$$t_i = \frac{e_i}{\sqrt{MSE_{(i)}(1 - h_{ii})}} \tag{10.24a}$$

(10.24)의 스튜던트화 제거 잔차 t_i는 **외적(외부적) 스튜던트화 잔차**(externally studentized residual)라고 하며, 내적(내부적) 스튜던트화 잔차인 (10.20)의 r_i와 반대되는 의미이다. (10.23)에서 각 스튜던트화 제거 잔차 t_i는 자유도가 $n - p - 1$인 t분포를 따르는 것을 알 수 있다. 하지만 각 t_i는 독립이 아니다.

다행히 (10.24)의 스튜던트화 제거 잔차 t_i는 각각의 값을 제거하고 회귀함수를 적합하여야 하는 추가 계산 과정 없이 얻을 수 있다. 다음과 같이 MSE와 $MSE_{(i)}$ 간의 단순한 관계가 존재한다.

$$(n - p)MSE = (n - p - 1)MSE_{(i)} + \frac{e_i^2}{1 - h_{ii}} \tag{10.25}$$

(10.24a)의 관계식을 이용하여 다음의 t_i에 대한 식을 얻을 수 있다.

$$t_i = e_i\left[\frac{n - p - 1}{SSE(1 - h_{ii}) - e_i^2}\right]^{1/2} \tag{10.26}$$

따라서 스튜던트화 제거 잔차 t_i는 잔차 e_i와 오차제곱합 SSE, 모자행렬의 대각원소 h_{ii}를 이용하여 얻을 수 있는데, 이들 모두는 n개의 사례로 적합한 회귀에서 구한 것이다.

바깥값 검정. 관측값 Y의 바깥값은 스튜던트화 제거 잔차의 절댓값이 큰 값인 것으로 식별할 수 있다. 또한 Bonferroni 검정 절차를 통하여, 스튜던트 제거 잔차의 가장 큰 절댓값이 바깥값인지 아닌지를 검정하는 정형적 검정 절차를 수행할 수 있다. 사전에 어느 값이 가장 큰 절댓값 $|t_i|$가 될지 알 수 없으므로, n개 각각의 경우에 대한 모임검정을 고려할 수 있다. 만약 회귀모형이 적절하다면 모형의 변화로 인한 바깥값은 존재하지 않으며, 각 스튜던트화 제거 잔차는 자유도가 $n - p - 1$인 t분포를 따른다. 따라서 적절한 Bonferroni 기각역은 $t(1 - \alpha/2n; n - p - 1)$이다. 이 검정은 잔차의 방향은 고려하지 않고 절댓값만 고려하므로 양측검정이다.

예 두 개의 예측변수 (X_1, X_2)가 있는 체지방 예에서, 관측값 Y의 바깥값을 조사하려고 한다. 표 10.3에서 1열은 잔차 e_i, 대각원소 h_{ii}는 2열, 스튜던트화 제거 잔차 t_i는 3열에 표시되어 있다. 첫 번째 사례에 대한 스튜던트화 제거 잔차의 계산과정은 다음과 같다. 표 7.1은 이 첫 번째 사례에 대한 X의 값이며, $X_{11} = 19.5$, $X_{12} = 43.1$이다. 표 7.2c의 적합된 회귀함수를 이용하여 다음을 얻는다.

$$\hat{Y}_1 = -19.174 + .2224(19.5) + .6594(43.1) = 13.583$$

$Y_1 = 11.9$일 때의 잔차 $e_1 = 11.9 - 13.583 = -1.683$이다. 또한 표 7.2c로부터 $SSE = 109.95$이며, 표 10.3으로부터 $h_{11} = .201$을 알 수 있다. 그러므로 (10.26)에 의해 다음을 얻을 수 있다.

i	(1) e_i	(2) h_{ii}	(3) t_i
1	−1.683	.201	−.730
2	3.643	.059	1.534
3	−3.176	.372	−1.656
4	−3.158	.111	−1.348
5	.000	.248	.000
6	−.361	.129	−.148
7	.716	.156	.298
8	4.015	.096	1.760
9	2.655	.115	1.117
10	−2.475	.110	−1.034
11	.336	.120	.137
12	2.226	.109	.923
13	−3.947	.178	−1.825
14	3.447	.148	1.524
15	.571	.333	.267
16	.642	.095	.258
17	−.851	.106	.344
18	−.783	.197	.335
19	−2.857	.067	−1.176
20	1.040	.050	.409

표 10.3 잔차, 모자행렬의 대각원소, 스튜던트화 제거 잔차 – 두 개의 예측변수를 가진 체지방 예

$$t_1 = -1.683\left[\frac{20-3-1}{109.95(1-.201)-(-1.683)^2}\right]^{1/2} = -.730$$

표 10.3의 3열에서 사례 3, 8, 13이 가장 큰 스튜던트화 제거 잔차의 절댓값임을 확인할 수 있다. 그런데 표 10.3의 1열의 잔차 e_i를 살펴보면, 사례 2, 8, 13이 가장 큰 바깥값이지만, 사례 3은 아니다.

우선 가장 큰 스튜던트화 제거 잔차의 절댓값인 사례 13을 검정하여, 모형을 바꿔야 할 정도의 바깥값인지를 살펴보고자 한다. 모임 유의수준 $\alpha = .10$을 이용한 Bonferroni 동시검정을 사용할 것이다. 그러면 다음과 같다.

$$t(1-\alpha/2n; n-p-1) = t(.9975; 16) = 3.252$$

$|t_{13}| = 1.825 \leq 3.252$에서, 사례 13은 바깥값이 아니라는 결론을 내릴 수 있다. Bonferroni 검정은 매우 보수적인 바깥값의 존재에 대한 검정방법이므로 사례 13과 몇 개의 다른 바깥값 사례들이 여전히 적합된 회귀모형에 영향을 주는지를 검사해야 할 것이다.

10.3 ■ X 관측값의 바깥값 식별 – 모자행렬의 지렛값

X 관측값의 바깥값 식별을 위한 모자행렬의 사용

앞에서 봤듯이 모자행렬은 스튜던트화 제거 잔차의 값을 결정하는 데 중요한 역할을 하며, 관측값 Y의 바깥값을 식별하는 데 이용된다. 또한 모자행렬은 X 관측값의 바깥값을 확인할 때 유용하다. 특히 모자행렬의 대각원소는 다변량 일 때 X 값에 대한 바깥값 식별에 매우 유용한 지표이다.

모자행렬의 대각원소 h_{ii}는 몇 가지 유용한 특징을 가진다. 특히 그들의 값은 항상 0과 1 사이이며, 그들의 합은 p이다.

$$0 \leq h_{ii} \leq 1 \qquad \sum_{i=1}^{n} h_{ii} = p \tag{10.27}$$

여기서 p는 절편항을 포함한 회귀함수의 모수의 개수이다. 덧붙여 h_{ii}는 i번째 사례에 대한 X값과 모든 n개 X값의 평균 사이의 거리 측도이다. 따라서 h_{ii}값이 크면 i번째 사례가 X값의 중심으로부터 멀다는 것을 의미한다. 대각원소 h_{ii}는 i번째 사례의 **지렛대**(leverage, 영향력) (X값에 관하여)라고 한다.

그림 10.6은 지렛값 h_{ii}가 앞의 표 10.2 예에서의 거리 측도의 수단으로 사용되는 것을 보여 준다. 그림 10.6은 네 개 사례의 X_1 대 X_2의 산점도이며, 중심은 $(\bar{X}_1, \bar{X}_2)$이다. 이는 **무게중심**(centroid)이라고 하며, $(\bar{X}_1 = 14.0, \bar{X}_2 = 23.5)$이다. 그림 10.6은 또한 네 개 사례의 지렛값을 보여 준다. 사례 1과 사례 3의 값은 무게중심에 가까우며 가장 작은 지렛값을 가지며, 사례 2와 사례 4는 중심으로부터 멀고 큰 지렛값을 갖는다. 이 네 개 지렛값들의 합은 $p = 3$이다.

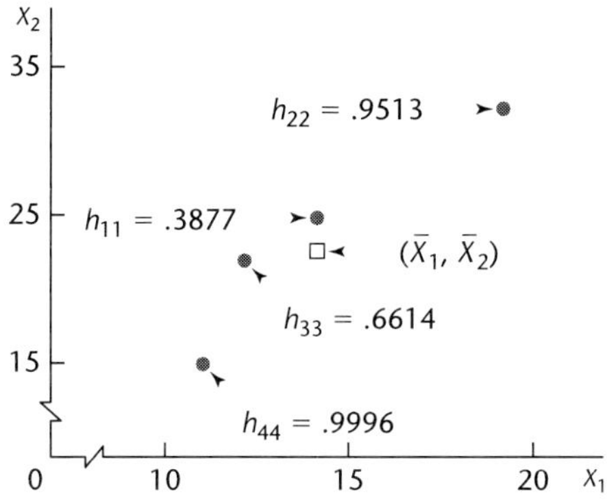

그림 10.6 거리 측도로서의 지렛값에 대한 그림 – 표 10.2 예

만약 i번째 사례의 X 관측값이 바깥값이며, 큰 지렛값 h_{ii}을 가질 때, 이는 적합값 $\hat{Y}_i$를 결정하는 데 상당한 영향력(leverage)을 미칠 수 있다. 이유는 다음과 같다.

1. 적합값 $\hat{Y}_i$는 (10.11)에서 봤듯이 관측값 Y의 선형결합이며, h_{ii}는 이 적합값을 결정하는 Y_i에 대한 가중값이다. 즉, h_{ii}가 크면 Y_i가 $\hat{Y}_i$를 결정하는 데 더욱 중요한 역할을 한다. h_{ii}가 오직 X로만 이루어진 함수인 것을 생각해 보면, h_{ii}는 Y_i가 적합값 $\hat{Y}_i$에 얼마나 중요한 역할을 했는지 결정함에 있어 X의 역할을 측정한다.
2. h_{ii}가 클수록 잔차 e_i의 분산은 (10.14)에서 확인하였듯이 작아진다. 따라서 h_{ii}가 클수록 적합값 $\hat{Y}_i$는 Y_i에 가까워진다. 극단적으로 $h_{ii} = 1$인 경우를 생각하면, 분산 $\sigma^2\{e_i\}$는 0이며, 적합값 $\hat{Y}_i$는 관측값 Y_i와 같아질 수밖에 없게 된다.

지렛값 h_{ii}는 보통 평균 지렛값의 두 배 이상이면 큰 것으로 간주되는데, 지렛값의 평균 $\bar{h}$는 (10.27)에 따라 다음과 같다.

$$\bar{h} = \frac{\sum_{i=1}^{n} h_{ii}}{n} = \frac{p}{n} \tag{10.28}$$

따라서 지렛값이 $2p/n$보다 크다면, X값에 대한 바깥값으로 간주된다. 다른 h_{ii}를 통한 측정방법으로 .5를 초과하는 경우 매우 높은 지렛값으로 생각하며, .2에서 .5 사이일 경우에는 보통의 지렛값으로 간주한다. 바깥값에 대한 추가적인 근거는 대부분의 지렛값들과 비정상적으로 큰 지렛값(들) 사이의 큰 공백(차이)이다.

방금 언급한 X값에 대한 바깥값을 식별하는 방법은 회귀함수의 모수의 수에 대하여 자료의 수가 충분할 때 적용 가능하다. 예를 들어 표 10.2의 $n = 4$, $p = 3$의 단순한 예에서는 적용 불가능하다. 여기서 평균 지렛값은 $3/4 = .75$이고, 지렛값이 1.0을 넘을 수 없기 때문에 평균 지렛값의 두 배 기준은 사용할 수 없다.

예 표 7.1의 체지방 예를 계속하여 사용한다. 두 개의 예측변수 삼두근 피하지방 두께(X_1)와 허벅지 둘레(X_2)만을 사용하여 모자행렬을 이용한 결과와 단순한 시각적 그림의 결과를 비교할 것이다. 그림 10.7에 X_1에 대한 X_2의 산점도가 있다. 사례 15와 3이 X값에 대하여 바깥값인 것을 그림 10.7을 통하여 확인할 수 있다. 사례 15는 X_1에 대한 바깥값이면서 X_2

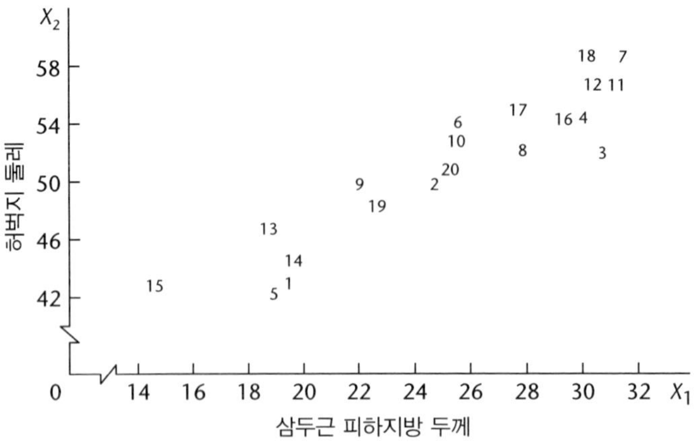

그림 10.7 두 개 변수로 이루어진 산점도 – 체지방 예

의 범위의 아래쪽 끝에 위치한 반면, 사례 3은 각각 예측변수에 대하여 바깥값이 아니지만 다중공선성의 특징을 보여 주는 바깥값이다. 사례 1과 5 또한, 다소간의 극단값의 특징을 보인다.

표 10.3의 2열은 체지방 예의 지렛값 h_{ii}이다. 가장 큰 두 개의 지렛값 $h_{33} = .372$, $h_{15,15} = .333$이다. 두 값 모두 평균 지렛값의 두 배의 영역 $2p/n = 2(3)/20 = .30$을 벗어나며, 두 값 모두 그 다음 큰 지렛값 $h_{55} = .248$, $h_{11} = .201$과 상당한 공백(차이)을 보인다. 사례 3과 15가 X값에 대하여 바깥값임을 확인하였고, 이 값들이 회귀함수를 적합시키는 데 있어서 얼마나 영향을 미치는지를 조사할 필요가 있다.

모자행렬을 이용한 숨은 외삽의 식별

모자행렬이 모형을 만드는 단계에서 X값에 대하여 바깥값의 존재에 대한 식별과 추정된 모형에 영향을 어느 정도나 미치는지에 대하여 확인하는 데 유용하다는 사실을 배웠다. 또한 모자행렬은 모형이 선택되고 적합된 후 평균 반응 혹은 새로운 관측값의 추론에 자료의 범위를 벗어나 상당한 외삽(extrapolation)을 이용해야 하는지 결정할 때 활용된다. 오직 두 개의 예측변수만 존재할 때, X_1 대 X_2의 산점도를 이용하여 쉽게 특정한 (X_1, X_2) 값에 대해 이 값들이 범위 바깥의 바깥값인지 아닌지를 그림 10.7과 같은 경우를 통하여 파악할 수 있었다. 외삽이 숨겨져 있을 때 예측변수가 많아지면 이러한 단순한 시각적 분석은 더 이상 불가능하다.

숨은(은닉) 외삽(hidden extrapolation)을 찾아내기 위하여, (10.18)의 직접적인 지렛대 계산식을 새로운 X값에 대하여 이용한다.

$$h_{\text{new,new}} = \mathbf{X}'_{\text{new}}(\mathbf{X}'\mathbf{X})^{-1}\mathbf{X}_{\text{new}} \tag{10.29}$$

$\mathbf{X}_{\text{new}}$는 평균 반응이나 새 관측값을 추정하려는 X값들이고, $\mathbf{X}$는 회귀모형을 적합할 때 이용하였던 것이다. 만약 $h_{\text{new,new}}$가 지렛값 h_{ii}의 범위 내에 있다면, 외삽이 없는 것이다. 반면에 $h_{\text{new,new}}$가 자료값들의 지렛값보다 더 크다면, 외삽이 있다는 징후이다.

10.4 ■ 영향값들의 식별 – *DFFITS*, Cook의 거리, *DFBETAS* 측도

*Y*값 혹은 *X*값에 대하여 바깥값들을 식별한 이후에, 다음 단계는 이 바깥값들의 영향력이 큰지 작은지를 확인하는 것이다. 해당 값을 빼고 적합된 회귀함수에 큰 변화가 있을 경우 영향력이 있는(influential) 것으로 간주한다. 그림 10.5에서 설명하였듯이 바깥값이 모두 영향력이 있는 것은 아니다. 예를 들어 그림 10.5의 사례 1은 적합된 회귀함수에 큰 정도의 영향을 주지는 못한다.

값을 하나 생략할 경우의 영향력을 측정하는 세 가지 측도에 대하여 살펴보고자 한다.

단일 적합값에의 영향력 – *DFFITS*

사례 i의 적합값 $\hat{Y}_i$에 대한 영향력 측도는 다음과 같이 주어진다.

$$(DFFITS)_i = \frac{\hat{Y}_i - \hat{Y}_{i(i)}}{\sqrt{MSE_{(i)}h_{ii}}} \tag{10.30}$$

글자 *DF*는 모든 n개 사례가 회귀함수 적합에 사용되었을 때의 i번째 적합값인 $\hat{Y}_i$와, 사례 i를 제외하고 회귀함수를 적합했을 때 사례 i의 예측값인 $\hat{Y}_{i(i)}$의 차이(*difference*; *DF*)를 의미한다. (10.30)의 분모는 $\hat{Y}_i$의 추정된 표준편차인데, 오차분산 σ^2의 추정값으로 사례 i를 제외하고 적합한 회귀함수의 평균제곱오차를 사용한다. 이 분모는 사례 i의 $(DFFITS)_i$가, i번째 사례를 회귀모형 적합에 추가함에 따라 증가 또는 감소하는 적합값 $\hat{Y}_i$의 수치를 추정된 표준편차의 개수로 표현할 수 있게 해 주는 표준화를 제공한다.

DFFITS 값은 다음과 같이 전체 자료를 적합하여 얻은 결과만 이용하여 계산할 수 있다.

$$(DFFITS)_i = e_i\left[\frac{n-p-1}{SSE(1-h_{ii})-e_i^2}\right]^{1/2}\left(\frac{h_{ii}}{1-h_{ii}}\right)^{1/2} = t_i\left(\frac{h_{ii}}{1-h_{ii}}\right)^{1/2} \tag{10.30a}$$

마지막 수식으로부터 i번째 사례의 *DFFITS* 값은 이 사례의 지렛값의 함수인 요인에 의해 증가 또는 감소되는 스튜던트화 제거 잔차(식 10.26)임에 주목하라. 만약 i번째 사례가 *X* 바깥값이고 높은 지렛값을 가진다면, 이 요인이 1보다 크게 되고 $(DFFITS)_i$의 절댓값은 커질 것이다.

영향점을 식별하는 방법으로서 중간 또는 작은 크기의 자료에서는 *DFFITS*의 절댓값이 1을 초과하고, 큰 자료에서는 $2\sqrt{p/n}$을 초과하는 사례가 영향점이라고 생각하는 방법을 제안한다.

예 표 10.4의 1열은 두 예측변수들에 의한 체지방 예에서 *DFFITS* 값들이다. 이 계산을 설명하기 위해 바깥값으로 확인되었던 사례 3의 *DFFITS*를 계산해 보자. 표 10.3으로부터 이 사례의 스튜던트화 제거 잔차가 $t_3 = -1.656$이고 지렛값이 $h_{33} = .372$임을 알고 있다. 따라서 (10.30a)를 이용하면 다음을 얻을 수 있다.

	(1)	(2)	(3)	(4)	(5)
				DFBETAS	
i	$(DFFITS)_i$	D_i	b_0	b_1	b_2
1	−.366	.046	−.305	−.132	.232
2	.384	.046	.173	.115	−.143
3	−1.273	.490	−.847	−1.183	1.067
4	−.476	.072	−.102	−.294	.196
5	.000	.000	.000	.000	.000
6	−.057	.001	.040	.040	−.044
7	.128	.006	−.078	−.016	.054
8	.575	.098	.261	.391	−.333
9	.402	.053	−.151	−.295	.247
10	−.364	.044	.238	.245	−.269
11	.051	.001	−.009	.017	−.003
12	.323	.035	−.131	.023	.070
13	−.851	.212	.119	.592	−.390
14	.636	.125	.452	.113	−.298
15	.189	.013	−.003	−.125	.069
16	.084	.002	.009	.043	−.025
17	−.118	.005	.080	.055	−.076
18	−.166	.010	.132	.075	−.116
19	−.315	.032	−.130	−.004	.064
20	.094	.003	.010	.002	−.003

표 10.4 *DFFITS*, Cook의 거리와 *DFBETAS* – 두 예측변수를 설정한 체지방 예

$$(DFFITS)_3 = -1.656\left(\frac{.372}{1-.372}\right)^{1/2} = -1.27$$

표 10.4에서 오직 이 사례 3의 *DFFITS* 값만이 우리가 제시한 방법에서 중간 크기 자료의 기준을 초과한다. 여기서 $|(DFFITS)_3| = 1.273$이다. 이 값은 여기서 제시한 기준인 1을 조금 넘는다. 하지만 이 값은 1에 충분히 가깝기 때문에, 이 사례는 해결방안이 필요할 만큼 영향력은 없어 보인다.

부연설명

(10.30)의 분모인 $\hat{Y}_i$의 추정분산은 (10.11)의 $\hat{\mathbf{Y}} = \mathbf{HY}$ 관계에서 도출되었다. (5.46)을 이용하면 다음을 얻을 수 있다.

$$\boldsymbol{\sigma}^2\{\hat{\mathbf{Y}}\} = \mathbf{H}\boldsymbol{\sigma}^2\{\mathbf{Y}\}\mathbf{H}' = \mathbf{H}(\sigma^2\mathbf{I})\mathbf{H}'$$

$\mathbf{H}$가 대칭행렬이기 때문에 $\mathbf{H}' = \mathbf{H}$이고, 또한 이는 멱등(idempotent)행렬이다. 따라서 $\mathbf{HH} = \mathbf{H}$이며 다음을 얻을 수 있다.

$$\boldsymbol{\sigma}^2\{\hat{\mathbf{Y}}\} = \sigma^2\mathbf{H} \tag{10.31}$$

이런 이유로 h_{ii}가 모자행렬의 i번째 대각원소일 때 $\hat{Y}_i$의 분산은 다음과 같다.

$$\sigma^2\{\hat{Y}_i\} = \sigma^2 h_{ii} \tag{10.32}$$

오차항분산 σ^2은 (10.30)에서 i번째 사례가 제외된 회귀모형 적합에서 얻어진 평균제곱오차 $MSE_{(i)}$로 추정된다.

전체 적합값에 대한 영향력 – Cook의 거리

i번째 사례가 해당 사례의 적합값인 $\hat{Y}_i$에 미치는 영향력을 고려하는 (10.30)에서의 측도인 *DFFITS*와는 대비되어, Cook의 거리(*Cook's distance*) 측도는 i번째 사례가 n개의 전체 적합값들에게 미치는 영향력을 고려한다. Cook의 거리 측도는 D_i로 표기하며, 이는 i번째 사례가 n개의 전체 적합값들에게 미치는 효과를 보여 주는 종합적인 영향력 측도이다.

$$D_i = \frac{\sum_{j=1}^{n}\left(\hat{Y}_j - \hat{Y}_{j(i)}\right)^2}{pMSE} \tag{10.33}$$

분자는 *DFFITS* 측도에서의 차이와 비슷한 것을 포함하지만, 여기서는 각각의 적합값 $\hat{Y}_j$를 i번째 사례를 회귀모형 적합에서 제외했을 때의 적합값 $\hat{Y}_{j(i)}$와 비교한 n개가 있음을 주목하라. 이 차이들은 i번째 사례의 종합적인 영향력을 효과의 부호에 관계없이 측정되도록 제곱되어 합해진다. 마지막으로 분모는 이 측도의 표준화를 위한 부분이다. Cook의 거리는 행렬식으로 다음과 같이 나타낼 수 있다.

$$D_i = \frac{(\hat{\mathbf{Y}} - \hat{\mathbf{Y}}_{(i)})'(\hat{\mathbf{Y}} - \hat{\mathbf{Y}}_{(i)})}{pMSE} \tag{10.33a}$$

여기서 $\hat{\mathbf{Y}}$은 평상시처럼 n개의 모든 사례가 회귀모형 적합에 사용됐을 때의 적합값들의 벡터이고, $\hat{\mathbf{Y}}_{(i)}$는 i번째 사례가 제거됐을 때의 적합값들의 벡터이다.

Cook의 거리 측도를 해석하기 위해서는 D_i를 $F(p, n-p)$ 분포와 관련시키고 연관된 백분위수를 확인하는 것이 유용한 것으로 밝혀졌다. 만약 백분위수가 대략 10 또는 20%보다 작다면 i번째 사례는 적합값들에 대해 드러난 영향력이 거의 없다. 한편, 백분위수가 거의 50%에 근접하거나 더 크다면 이는 i번째 사례를 포함 또는 제외하여 얻어진 각 적합값들이 상당히 차이가 있는 것으로 생각되어, i번째 사례가 회귀함수의 적합에 주요한 영향력을 미치고 있다고 판단한다.

다행히도 Cook의 거리 측도 D_i는 매번 다른 사례를 하나씩 제외하며 새로운 회귀함수를 적합하지 않아도 계산이 가능하다. 대수적으로 등식을 표현하면 다음과 같다.

$$D_i = \frac{e_i^2}{pMSE}\left[\frac{h_{ii}}{(1-h_{ii})^2}\right] \tag{10.33b}$$

(10.33b)로부터 D_i는 두 요소에 의존한다는 것에 주목하라. (1) 잔차 e_i의 크기, 그리고 (2) 지렛값 h_{ii}이다. e_i와 h_{ii}가 커지면 D_i도 커진다. 즉, 다음의 경우에 i번째 사례는 영향점(influential point)일 수 있다. (1) 큰 잔차 e_i와 보통 크기의 지렛값 h_{ii}, 또는 (2) 큰 지렛값 h_{ii}와 보통 크기의 잔차 e_i, 또는 (3) 잔차 e_i와 지렛값 h_{ii}가 모두 큰 경우.

예 두 예측변수들의 체지방 예에서 표 10.4의 2열은 D_i값들을 나타낸다. 이 계산을 설명하기 위해서 바깥값인 사례 3을 다시 한 번 생각해 보자. 표 10.3으로부터 $e_3 = -3.176$과 h_{33}

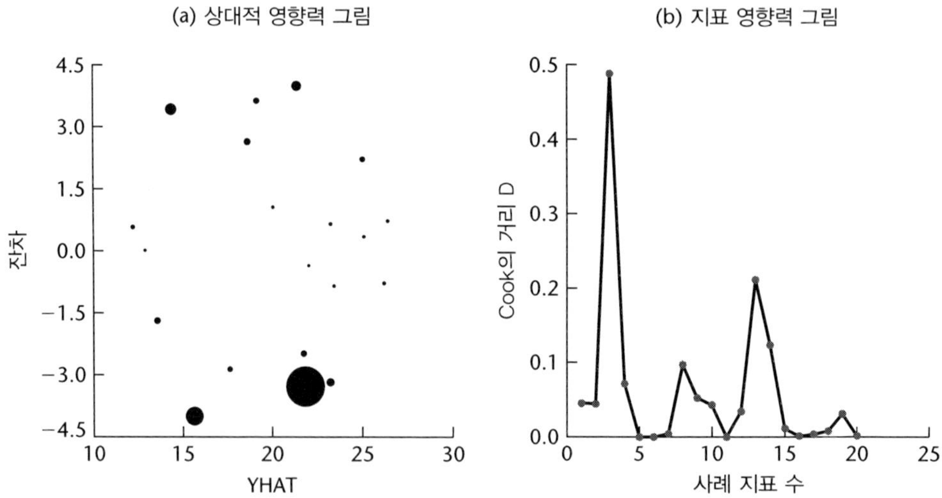

그림 10.8 상대적 영향력 그림(Cook의 거리 단위에 비례한 원의 크기)과 지표 영향력 그림 – 두 예측변수를 설정한 체지방 예

= .372를 알고 있다. 게다가 표 7.2c에 따르면 두 예측변수들의 모형에서 $MSE = 6.47$이고 $p = 3$이다. 따라서 다음을 얻을 수 있다.

$$D_3 = \frac{(-3.176)^2}{3(6.47)}\left[\frac{.372}{(1-.372)^2}\right] = .490$$

표 10.4의 2열에서 사례 3이 가장 큰 D_i값을 가지며, 다음으로 큰 값은 $D_{13} = .212$로 급격히 작아진 것을 볼 수 있다. 그림 10.8은 각 사례의 영향력에 대해 Cook의 거리가 제공하는 정보를 두 개의 다른 그래프로 나타낸 것이다. 그림 10.8a는 잔차 e_i 대 해당 적합값 $\hat{Y}_i$의 상대적 영향력 그래프이다. 각 점의 크기는 Cook의 거리 D_i의 상대적인 값을 나타낸다. 그림 10.8b는 사례의 순서대로 Cook의 거리값을 나타낸다. 그림 10.8에 있는 두 그래프 모두 사례 3이 제일 큰 영향력이 있다는 것과, 이외의 사례들은 이에 비해 현저히 낮은 영향력을 가졌다는 것을 보여 준다. 그림 10.8a에서 어느 사례인지 확인은 안 되지만, 가장 강한 영향점이 큰 음수의 잔차를 갖는 것을 볼 수 있다. 한편 사례의 순서대로 영향력을 나타낸 그림 10.8b에서는 최고 영향점이 사례 3이라는 것을 확인할 수 있지만, 이 사례에 해당하는 잔차의 크기에 대한 정보는 알 수 없다.

사례 3의 영향력의 크기($D_3 = .490$)를 평가하기 위해서 F 분포에서 $F(p, n-p) = F(3, 17)$을 이용한다. .490이 이 분포에서의 30.6 백분위수라는 것을 알 수 있다. 즉, 이것은 사례 3이 회귀적합에 영향을 미친다는 것을 나타낸다. 그러나 이 정도 크기의 영향력은 해결방안을 고려할 만큼 큰 수치는 아니다.

회귀계수에의 영향력 – *DFBETAS*

i번째 사례가 각 회귀계수 $b_k(k = 0, 1, \ldots, p-1)$에 미치는 영향력에 대한 측도는 모든 n개의 사례에 기초한 추정 회귀계수 b_k와 i번째 사례가 제거됐을 때의 회귀계수인 $b_{k(i)}$의

차이이다. 이 차이를 b_k의 표준편차 추정량으로 나눠주면 측도 *DFBETAS*를 구할 수 있다.

$$(DFBETAS)_{k(i)} = \frac{b_k - b_{k(i)}}{\sqrt{MSE_{(i)}c_{kk}}} \qquad k = 0, 1, \ldots, p-1 \tag{10.34}$$

여기서 c_{kk}는 $(\mathbf{X}'\mathbf{X})^{-1}$의 k번째 대각원소이다. (6.46)으로부터 회귀계수의 분산공분산행렬은 $\boldsymbol{\sigma}^2\{\mathbf{b}\} = \boldsymbol{\sigma}^2(\mathbf{X}'\mathbf{X})^{-1}$로 주어진다는 것을 상기하자. 따라서 b_k의 분산은 다음과 같다.

$$\sigma^2\{b_k\} = \sigma^2 c_{kk} \tag{10.35}$$

여기서 오차항분산 σ^2은 i번째 사례를 제외하고 회귀모형을 적합하여 얻어지는 평균제곱오차 $MSE_{(i)}$로 추정된다.

DFBETS 값의 부호는 사례의 포함이 추정회귀계수를 증가시키는지 감소시키는지를 나타내고, 절댓값은 회귀계수의 추정표준오차에 대한 상대적인 차이의 크기를 나타낸다. $(DFBETS)_{k(i)}$의 절댓값이 크다는 것은 i번째 사례가 k번째 회귀계수에 미치는 영향이 크다는 것을 의미한다. 영향점을 찾는 방법을 추천하자면, *DFBETS*의 절댓값이 작거나 중간 크기의 자료에서는 1을 초과하고, 큰 자료에서는 $2/\sqrt{n}$을 초과하는 사례를 영향점이라고 생각하면 된다.

예 표 10.4는 3, 4, 5열에서 두 예측변수의 체지방 예에서의 *DFBETS* 값을 나타낸다. 바깥값이었던 사례 3이, 중간 크기의 자료에 대한 우리의 기준인 1을 b_1과 b_2 모두에 대해 초과하고 있는 유일한 사례임에 주목하라. 즉, 사례 3이 영향점이라는 것을 또다시 확인할 수 있다. 그러나 다시 한 번 언급하자면, *DFBETS* 값이 1을 많이 초과하지 않으므로, 사례 3이 추가적인 조치가 필요할 만큼의 영향력이 있다고는 할 수 없다.

부연설명

(10.33)에서 정의된 바 있는, 한 사례가 n개의 적합값에 영향을 주는 총합으로서의 Cook의 거리 측도는 대수적으로 p개의 회귀계수에 주는 영향력의 총합과 같다. 사실 Cook의 거리 측도는 본래 p개의 모든 회귀계수 $\beta_k(k = 0, 1, \ldots, p-1)$ 동시신뢰영역에 대한 개념으로부터 도출되었다. 정규오차 다중회귀모형 (6.19)에 대한 결합신뢰영역의 경계는 다음과 같이 주어진다.

$$\frac{(\mathbf{b}-\boldsymbol{\beta})'\mathbf{X}'\mathbf{X}(\mathbf{b}-\boldsymbol{\beta})}{pMSE} = F(1-\alpha; p, n-p) \tag{10.36}$$

Cook의 거리 측도 D_i는 추정회귀계수의 차이에 대해 i번째 사례가 미치는 영향의 결합을 측정하는 구조와 같게 사용된다.

$$D_i = \frac{\left(\mathbf{b}-\mathbf{b}_{(i)}\right)'\mathbf{X}'\mathbf{X}\left(\mathbf{b}-\mathbf{b}_{(i)}\right)}{pMSE} \tag{10.37}$$

이때 $\mathbf{b}_{(i)}$는 i번째 사례가 제거됐을 때의 추정회귀계수벡터이고, $\mathbf{b}$는 n개의 모든 사례가 사용됐을 때의 추정회귀계수벡터이다. Cook의 거리 측도를 나타낸 (10.33a)와 (10.37)의 두 표현은 대수적으로 같다. ■

추론에의 영향

영향점의 판단을 종합하면, 해당 사례를 포함한 것과 포함하지 않고 적합된 회귀모형으로부터 추론을 직접적인 방식으로 진단하는 것이 좋은 방식이라고 할 수 있다. 만약 이러한 추론들이 근본적으로 바뀌지 않는다면, 영향점으로 진단된 사례를 위해 추가적인 조치를 취할 필요는 없다. 반면에 해당 사례가 제거되었을 때 적합된 모형으로부터 이끌어낸 추론이 심각하게 변한다면 해결방안을 생각해 봐야 한다.

예 두 예측변수의 체지방 예에서, 사례 3과 사례 15는 X 관측값들의 바깥값으로 확인되었고, 사례 8과 사례 13은 Y 관측값들의 바깥값으로 확인되었다. 세 개의 영향력 측도 모두(*DFFITS*, Cook의 거리, *DFBETAS*)는 오직 사례 3만을 영향점으로 식별하는데, 사실 이 사례의 영향력은 해결방안이 필요하지 않을 만큼 중요도가 미미하다.

체지방 예의 분석가는 회귀모형의 적합에 주로 관심을 가졌는데, 이 모형이 자료의 예측변수들의 관측값 범위 내에서만 예측을 하려 했기 때문이다. 즉 이 분석가는 사례 3이 포함된 경우와 아닌 경우에 적합된 회귀함수들을 고려하였다.

$$\text{사례 3이 포함됨: } \hat{Y} = -19.174 + .2224X_1 + .6594X_2$$
$$\text{사례 3이 포함되지 않음: } \hat{Y} = -12.428 + .5641X_1 + .3635X_2$$

X_1과 X_2 사이의 높은 다중공선성 때문에, 분석가는 사례 3이 제거됐을 때 b_1과 b_2의 크기가 변하는 것에 대해 놀라지 않았다. 표 7.2c에서 제시된 계수들의 추정표준편차들이 매우 크며, 예측변수들이 많이 연관되었을 때 단 하나의 사례에 의해서도 추정된 계수들이 크게 변할 수 있다는 사실을 주목하라.

사례 3이 직접적인 방식으로 X 관측값들의 범위에서 추정된 회귀모형으로부터의 추론에 미치는 영향을 진단하기 위해서, 이 분석가는 20개의 모든 사례를 이용한 적합값 $\hat{Y}_i$와 사례 3이 제거된 상태로 얻은 적합값 $\hat{Y}_{i(3)}$의 상대적 차이를 20개의 사례 각각 계산하여, 차이 백분율 절댓값의 평균을 구하였다.

$$\frac{\sum_{i=1}^{n} \left| \frac{\hat{Y}_{i(3)} - \hat{Y}_i}{\hat{Y}_i} \right| 100}{n}$$

이 차이의 평균은 3.1%이다. 게다가 20개 중에 17개는 5% 미만이었다(계산 생략). 이러한 사례 3의 영향에 대한 직접적인 증거에 근거하여, 분석가는 사례 3이 추가적 조치를 필요로 할 만큼 과도한 영향력을 행사하지 않는 것에 만족하였다.

마무리 부연설명

바깥값과 영향점의 분석은 좋은 회귀분석을 위해서 꼭 필요한 요소이다. 그러나 이것은 자동으로 되는 것도 아니며 누구나 할 수 있는 일도 아닐 뿐 아니라, 분석가의 훌륭한 판단을 요구한다. 지금까지 설명한 방법들은 좋은 효과를 볼 때가 많겠지만, 때로는 오히려 비효율적일 수도 있다. 예를 들어 마치 그림 10.5의 사례 3과 사례 4처럼, 영향력이 있는 바깥값인 사례 두 개가 서로 겹칠 정도로 가까이 있다면, 이 중 하나를 제외하고 적합하거나 모두를 사용한 분석의 결과가 거의 차이가 없을 것이다. 그 이유는 매우 가까이 있던 두 바깥값 중에서 남아 있는 하나가 다른 바깥값을 제외하는 효과를 가려주기 때문이다. 여기서 설명한 하나의 사례를 진단하는 방법들의 확장으로 두 개 혹은 그 이상의 사례를 동시에 진단하는 방법이 개발되어 있다. 그러나 이러한 확장은 하나의 사례를 진단하는 것에 비해 굉장히 어려운 계산이 요구된다. 인용문헌 10.4에 이러한 확장에 대한 내용이 설명되어 있다.

이 진단 과정에 의해 높은 영향력을 가진 것으로 판단된 바깥값의 사례에 대한 해결방안(remedial measure)은 다음 장에서 논의될 것이다.

10.5 ■ 다중공선성의 진단 – 분산팽창인수

7장에서 다중공선성에 대해 논의하였을 때, 예측변수들 간 높은 상관이 있을 때 일반적으로 발생할 수 있는 핵심 문제들에 주목하였다.

1. 예측변수의 포함여부가 회귀계수들을 변화시킨다.
2. 이미 모형에 포함된 예측변수가 어떤 것들인지에 따라 한 예측변수의 추가제곱합이 달라진다.
3. 회귀모형의 예측변수들이 서로 높은 상관성일 때 회귀계수의 추정표준편차는 커진다.
4. 반응변수와 예측변수들 집단이 통계적으로 관계가 확실히 있음에도 불구하고, 추정된 회귀계수들 각각은 통계적으로 유의하지 않을 수 있다.

이 문제들은 상당한 다중공선성이 있지 않은 상태에서도 일어날 수 있지만, 현실에서는 그러한 경우가 극히 드문 일이다.

먼저 다중공선성의 비정형적인 진단방법들을 생각해보고 나서, 아주 유용하고 정형적인 진단인 분산팽창인수(variance influential factor)에 대해 알아볼 것이다.

비정형적 진단

심각한 다중공선성의 존재 여부는 다음의 비정형적 진단을 통해 알 수 있다.

1. 예측변수나 관측값의 포함 여부에 의한 추정회귀계수의 큰 변화
2. 중요한 예측변수들에 대해 각 회귀계수 검정이 유의하지 않은 결과
3. 추정회귀계수가 사전 경험이나 이론적 고찰과 반대 방향의 부호를 가짐
4. 두 예측변수의 상관행렬 $\mathbf{r}_{XX}$에서 상관계수의 큰 값
5. 중요한 예측변수에 해당하는 회귀계수의 넓은 신뢰구간

예 표 7.1 체지방 예에서 삼두근 피하지방 두께(X_1), 허벅지 둘레(X_2), 팔 둘레(X_3)의 예측변수 세 개 모두를 고려해 볼 것이다. 이때 7장에서 삼두근의 피하지방 두께와 허벅지 둘레

가 서로 매우 높은 상관이었던 것에 주목하였다. 또한 한 변수를 추가했을 때 추정회귀계수와 추정표준편차의 큰 변화, 중요할 것으로 기대했던 변수가 개별 검정에서 유의하지 않다는 결과, 그리고 양의 계수를 기대했던 변수의 추정회귀계수가 음수였던 사실에 주목하였다. 이것들은 모두 예측변수들 사이에 심각한 다중공선성이 있음을 알리는 비정형적 정보들이다.

부연설명

위에서 설명된 비정형적인 방법들은 중요한 한계점을 지니고 있다. 그것들은 다중공선성의 영향에 대한 양적인 측도를 제시하지 못하며, 그 다중공선성의 특성을 찾아내지 못한다. 예를 들어 만약에 예측변수 X_1, X_2, X_3가 각 한 쌍끼리 낮은 상관성을 가질 때, 단순상관계수의 평가로는 X_1과 두 개 예측변수 X_2, X_3의 조합 간의 높은 상관성과 같은 예측변수들의 그룹 간 관계의 존재를 알아내지 못한다.

일반적인 진단 방법들의 또 다른 한계점은 다중공선성이 없는 때에도 위와 같은 모습들이 발견될 수도 있다는 점이다. ■

분산팽창인수

다중공선성의 존재를 확인하는 정형적 방법으로는 분산팽창인수가 널리 사용된다. 예측변수들이 선형관계가 없는 경우와 비교했을 때 추정회귀계수들의 분산이 얼마나 크게(팽창) 되었는지를 측정하는 지수이다.

분산팽창인수의 의미를 이해하기 위해서 추정회귀계수의 분산으로 측정되는 최소제곱법 추정회귀계수의 정밀도(precision)로부터 시작한다. (6.46)으로부터 추정회귀계수의 분산공분산행렬이 다음과 같다.

$$\boldsymbol{\sigma}^2\{\mathbf{b}\} = \sigma^2(\mathbf{X}'\mathbf{X})^{-1} \tag{10.38}$$

다중공선성의 영향을 측정하려면, 상관 변환 (7.44)에 의해 변환된 변수로부터 얻어진 표준화회귀모형 (7.45)를 사용하는 것이 매우 유용하다. 표준화회귀모형이 적합되었을 때, 추정회귀계수 b_k^*들은 변환되기 전의 추정회귀계수들과 (7.53)의 관계가 있는 표준화계수이다. 추정표준화회귀계수들의 분산공분산행렬은, 변환된 변수들의 $\mathbf{X}'\mathbf{X}$ 행렬이 X 변수들의 상관행렬 $\mathbf{r}_{XX}$와 같다는 (7.50)의 결과를 이용하여 (10.38)로부터 얻어진다.

$$\boldsymbol{\sigma}^2\{\mathbf{b}^*\} = (\sigma^*)^2\mathbf{r}_{XX}^{-1} \tag{10.39}$$

여기서 $\mathbf{r}_{XX}$는 (7.47)에서 정의된 대로, X 변수들 간의 쌍별(pairwise) 단순상관계수 행렬이고 $(\sigma^*)^2$은 변환된 모형의 오차항분산이다.

$\mathbf{r}_{XX}^{-1}$ 행렬의 k번째 대각원소를 $(VIF)_k$로 표기하면 (10.39)로부터 $b_k^*(k = 1, \ldots, p-1)$는 다음과 같다.

$$\sigma^2\{b_k^*\} = (\sigma^*)^2(VIF)_k \tag{10.40}$$

대각원소 $(VIF)_k$는 b_k^*의 **분산팽창인수**(variance inflation factor, *VIF*)라고 한다. 이 분산팽창인수는 다음과 같다.

$$(VIF)_k = \left(1 - R_k^2\right)^{-1} \qquad k = 1, 2, \ldots, p-1 \tag{10.41}$$

여기서 R_k^2은 X_k를 다른 $p - 2$개의 X 변수들로 회귀했을 때의 다중결정계수이다. 따라서 다음을 얻을 수 있다.

$$\sigma^2\{b_k^*\} = \frac{(\sigma^*)^2}{1 - R_k^2} \tag{10.42}$$

$p - 1 = 2$이고, X_1과 X_2 사이의 단순결정계수가 $R_k^2 = r_{12}^2$일 때 $\sigma^2\{b_k^*\}$의 특별한 결과를 (7.65)에서 나타내었다.

분산팽창인수 $(VIF)_k$는 X_k가 다른 X 변수들과 선형의 관계가 아닐 때인 $R_k^2 = 0$일 때 1이 된다. $R_k^2 \neq 0$일 때는 $(VIF)_k$가 1보다 크고, 이는 X 변수들 사이의 상관(intercorrelation, 급간상관)의 결과로서 b_k^*의 분산이 팽창된 것을 의미한다. X_k가 모형의 다른 X 변수들과 완벽한 선형관계를 갖는다면 $R_k^2 = 1$이고, $(VIF)_k$와 $\sigma^2\{b_k^*\}$는 비유계(unbounded, 무한한)이다.

진단 사용. 모든 X 변수들 중에서 가장 큰 VIF 값은 주로 다중공선성의 강도의 지표로 사용된다. VIF의 최댓값이 10을 초과하는 경우 다중공선성에 의해 최소제곱추정값을 지나치게 팽창시킨 지표로 자주 활용한다.

VIF의 평균값 역시 추정표준화회귀계수 b_k^*들이 참값인 β_k^*들로부터 얼마나 멀리 떨어져 있는지에 대한 다중공선성의 강도의 정보를 제공한다. 이 제곱오차 $(b_k^* - \beta_k^*)^2$들의 합의 기댓값은 다음과 같음을 보일 수 있다.

$$E\left\{\sum_{k=1}^{p-1}(b_k^* - \beta_k^*)^2\right\} = (\sigma^*)^2 \sum_{k=1}^{p-1}(VIF)_k \tag{10.43}$$

즉, 큰 VIF의 값들은 평균적으로 표준화회귀계수의 추정된 값과 참값 사이의 큰 차이를 만든다.

X 변수가 모형의 다른 변수들과 전혀 선형관계가 없을 때 $R_k^2 \equiv 0$이다. 따라서 $(VIF)_k \equiv 1$이고 합이 $p - 1$이며, 제곱오차합의 평균은 다음과 같다.

$$E\left\{\sum_{k=1}^{p-1}(b_k^* - \beta_k^*)^2\right\} = (\sigma^*)^2(p-1) \qquad (VIF)_k \equiv 1\text{일 때} \tag{10.43a}$$

(10.43)과 (10.43a)의 비율은 제곱오차의 합에 미치는 다중공선성의 영향에 대한 유용한 정보를 제공한다.

$$\frac{(\sigma^*)^2 \sum(VIF)_k}{(\sigma^*)^2(p-1)} = \frac{\sum(VIF)_k}{p-1}$$

이 비율은 단순히 VIF의 평균, 즉 $(\overline{VIF})$임에 주목하라.

$$(\overline{VIF}) = \frac{\sum_{k=1}^{p-1}(VIF)_k}{p-1} \tag{10.44}$$

VIF의 평균이 1보다 많이 크다는 것은 심각한 다중공선성 문제의 지표로 생각할 수 있다.

변수	b_k^*	$(VIF)_k$
X_1	4.2637	708.84
X_2	−2.9287	564.34
X_3	−1.5614	104.61
최댓값 $(VIF)_k = 708.84$	$(\overline{VIF}) = 459.26$	

표 10.5 분산팽창인수 – 세 예측변수를 설정한 체지방 예

예 표 10.5는 세 개의 예측변수의 체지방 예에서 추정표준화회귀계수들과 *VIF* 값들을 나타낸다(계산 생략). *VIF*의 최댓값은 708.84이고, 평균은 $(\overline{VIF}) = 459.26$이다. 즉, 최소제곱 표준화회귀계수들의 제곱오차합의 기댓값은 *X* 변수들이 무상관일 경우의 비해 거의 460배에 달한다. 또한 세 개의 *VIF* 값들은 모두 10을 상당히 초과하며, 이는 심각한 다중공선성의 문제가 존재함을 나타내는 지표라고 할 수 있다.

r_{13}^2와 r_{23}^2(그림 7.3b 참조)은 모두 크지 않음에도 불구하고 $(VIF)_3 = 105$라는 점은 매우 흥미롭다. 비록 각각 단독일 때의 결정계수들이 크지는 않더라도 X_3이 X_1와 X_2의 조합과 강하게 연관되어($R_3^2 = .990$) 있다. 쌍별(pairwise) 상관계수를 검토하는 것으로 이러한 다중공선성을 밝혀낼 수 없다.

부연설명

1. 어느 한 *X* 변수와 모형의 다른 *X* 변수들 간 지나치게 높은 상호의존 때문에 회귀모형에 포함되어서는 안 되는 이 *X* 변수를 찾기 위해 몇몇 회귀분석 프로그램은 분산팽창인수의 역수를 이용한다. 해당 변수가 모형에 포함되면 안 된다는 기준으로서, $1/(VIF)_k = 1 - R_k^2$ 값의 용인되는 한계는 주로 .01, .001, 혹은 .0001 이하의 기준이 사용된다.
2. 다중공선성을 찾아내는 데 있어 분산팽창인수가 갖는 한계점은 동시에 존재하는 몇 개의 다중공선성을 구분해낼 수 없다는 점이다.
3. 다중공선성을 찾아내기 위한 다른 형식적 방법들이 많이 제시되고 있다. 이들은 분산팽창인수에 비해 더 복잡하며, 인용문헌 10.5와 10.6과 같은 전문 서적에서 논의된다. ■

10.6 ■ 수술 단위 예 – 계속

9장에서 수술 단위 예에 대한 회귀모형을 알아보았다(표 9.1의 자료). 변수 X_1, X_2, X_3, X_8을 포함한 모형인 (9.21)을 선택했던 9.6절에서의 논의들을 상기해 보라. 이 회귀모형으로 모형의 잔차와 다른 진단들을 이용하여 곡선성, 상호작용, 다중공선성, 그리고 영향점들을 식별하는 것에 대해 면밀하게 살펴볼 것이다.

상호작용을 판단하기 위하여 변수 X_1, X_2, X_3, X_8의 일차항으로 회귀모형을 적합하고,

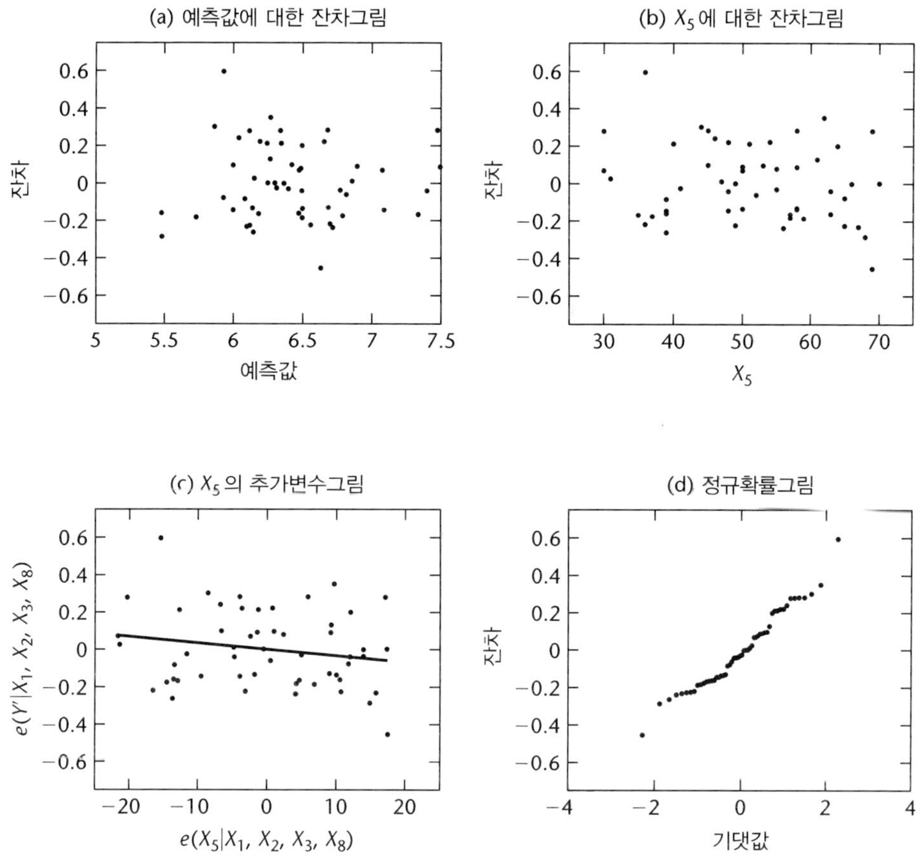

그림 10.9 수술 단위 예에 대한 잔차와 추가변수그림 – 회귀모형 (10.45)

총 여섯 개의 두 요소 간 상호작용항인 X_1X_2, X_1X_3, X_1X_8, X_2X_3, X_2X_8, X_3X_8들의 추가변수그림을 확인하였다. 이 그림들(생략)은 모형에 포함되어야 할 정도로 강한 두 변수 상호작용을 보여 주지 않았다. 강한 상호작용들의 부재는 X_1, X_2, X_3, X_8의 일차항과 모든 두 변수 간 상호작용항들을 포함한 회귀모형에서도 확인되었다. 모든 일차항과 교차항이 포함된 모형으로부터 모든 교차항들을 제거한 F 검정통계량 (7.19)의 P 값은 .35를 나타내고, 이는 상호작용이 존재하지 않는다는 것을 의미한다.

그림 10.9는 다음 일차모형의 적합성을 확인하기 위해 만든 몇몇 추가적 진단 그림들이다.

$$Y_i' = \beta_0 + \beta_1 X_{i1} + \beta_2 X_{i2} + \beta_3 X_{i3} + \beta_8 X_{i8} + \varepsilon_i \tag{10.45}$$

여기서 $Y_i' = \ln Y_i$이다. 다음 내용을 주목하자.

1. 그림 10.9a의 잔차 대 적합값의 그림은 모형으로부터 심각히 벗어난 것들의 증거를 보여 주지 않는다.
2. 세 후보 모형 중 하나이며 타당성입증을 주제로 논의했었던 9.6절의 모형 (9.23)은 X_5(환자의 나이)를 예측변수로서 포함하고 있다. 나이(b_5)의 회귀계수는 모형 (9.23)에

서 음의 값을 갖지만, 같은 모형을 타당성입증 자료에 적합했을 때에는 b_5의 부호가 양이 되었다. 이제 잔차그림과 추가변수그림을 이용하여, X_1, X_2, X_3, X_8이 이미 모형에 포함되어 있을 때의 X_5와 반응변수의 주변관계의 강도에 대해 논의할 것이다. 그림 10.9b는 X_1, X_2, X_3, X_8 모형의 잔차 대 모형에 포함되지 않은 X_5의 그림을 보여 준다. 이 그림은 생존시간의 로그값을 예측하기 위해서 모형에 환자 나이(X_5)가 포함될 필요가 없음을 보여 준다. 이 주변관계는 그림 10.9c의 추가변수그림에서 더욱 잘 나타난다. 기울기 계수인 b_5는 추가변수그림의 직선이 보여 주는 대로 작은 음의 값을 가진다는 것을 다시 한 번 확인할 수 있다. 전체적으로 X_5와 Y'의 주변관계는 약하다. X_1, X_2, X_3, X_5, X_8 모형으로부터 X_5를 제거하는 t검정(9.18)의 P값은 .194이다. 추가로 이 그림은 음의 기울기가 하나 혹은 둘의 바깥값에 의해 생긴 현상이라는 것을 보여 준다. 바깥값 중 하나는 그림의 왼쪽 위에 있고, 또 하나는 오른쪽 아래의 영역에 있다. 이와 같이 추가변수그림은 X_5 제거에 대한 추가적 지지를 제공한다.

3. 그림 10.9d에서의 잔차의 정규확률그림은 선형에서 크게 벗어나지 않음을 보여 준다. 순위화된 잔차와 그것들의 정규성하에서의 기댓값 사이의 상관계수는 .982이고, 이는 표 B.6에서의 유의수준 .05에 해당하는 임계값보다 크다.

다중공선성은 분산팽창인수를 계산하여 조사한다.

변수	$(VIF)_k$
X_1	1.10
X_2	1.02
X_3	1.05
X_8	1.09

이러한 결과들에서 볼 수 있는 것과 같이, 네 개의 예측변수들 사이의 다중공선성은 문제가 되지 않는다.

그림 10.10은 회귀진단의 핵심이 되는 네 개의 지수그림(index plot)들이다. 다시 말해, 그림 10.10a는 제거된 표준화잔차 t_i, 그림 10.10b는 지렛값 h_{ii}, 그림 10.10c는 Cook의 거리 D_i, 그림 10.10d는 $DFFITS_i$값을 보여 준다. 이 그림들은 사례 17, 28, 38에 대한 추가연구를 제안한다. 표 10.6은 이 사례들에 대한 진단값들을 숫자로 나열하였다. 1~5열에 나타낸 측도들은 각각 (10.8)에서의 잔차 e_i, (10.24)에서의 제거된 표준화잔차 t_i, (10.18)에서의 지렛값 h_{ii}, (10.33)에서의 Cook의 거리 D_i, (10.30)에서의 $(DFFITS)_i$값들이다. 다음은 표 10.6에서의 진단들에 대해 주목할 만한 점이다.

1. 사례 17은 제거된 표준화잔차가 표준편차의 세 배가 넘는, 해당 Y 값에 관한 바깥값이다. Bonferroni 검정의 방법을 통해 사례 17이 바깥값인지를 정형적 검정할 것이다. 전체적 유의수준 $\alpha = .05$와 표본 크기 $n = 54$일 때, $t(1 - \alpha/2n; n - p - 1) = t(.99954; 49) = 3.528$이다. $|t_{17}| = 3.3696 \leq 3.528$이므로, 정형 바깥값 검정은 사례 17이 바깥값이 아니라는 결론을 내린다. 그러나 t_{17}은 임계값에 매우 가까울 뿐 아니라, 이 사례가 상당한 바깥값으로 나타나지 않았지만 조그마한 의구심조차 제거하기 위해 사례 17의 영향력을 조사해야 한다.

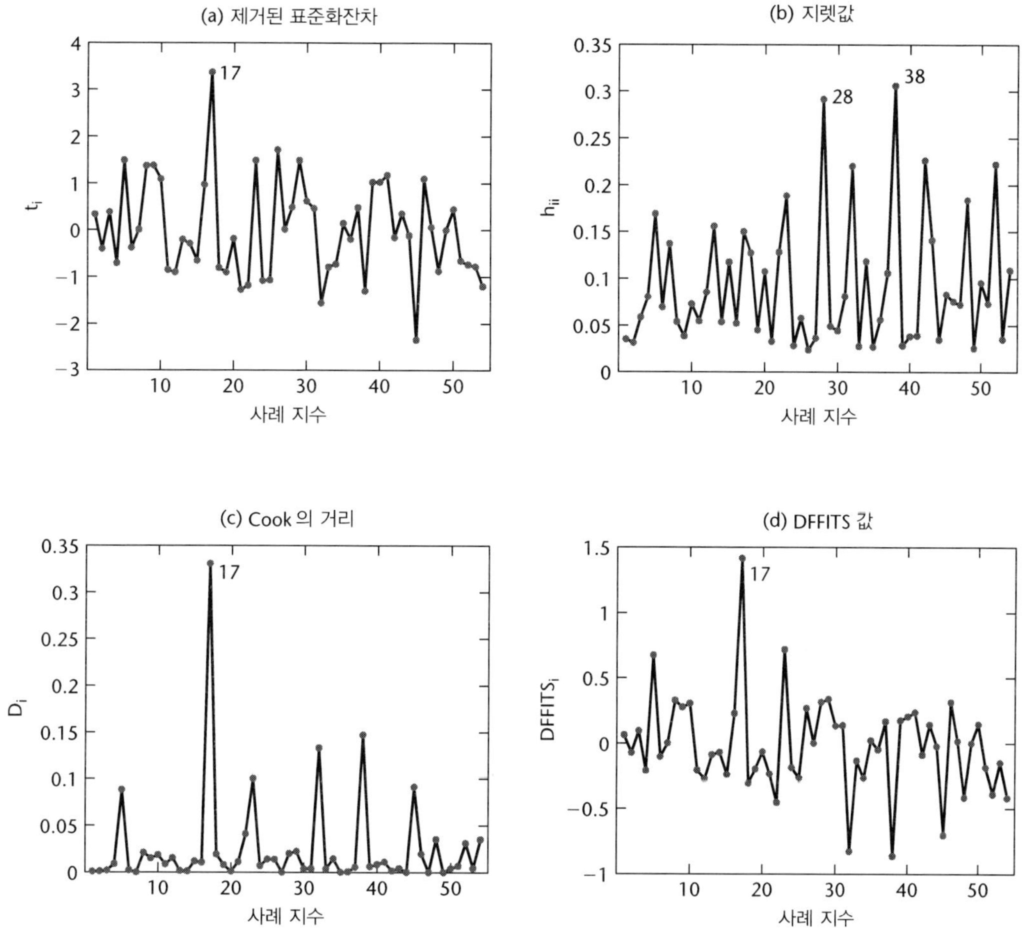

그림 10.10 수술 단위 예에 대한 진단그림 – 회귀모형 (10.45)

사례 번호 i	(1) e_i	(2) t_i	(3) h_{ii}	(4) D_i	(5) $(DFFITS)_i$
17	0.5952	3.3696	0.1499	0.3306	1.4151
23	0.2788	1.4854	0.1885	0.1001	0.7160
28	0.0876	0.4896	0.2914	0.0200	0.3140
32	−0.2861	−1.5585	0.2202	0.1333	−0.8283
38	−0.2271	−1.3016	0.3059	0.1472	−0.8641
42	−0.0303	−0.1620	0.2262	0.0016	−0.0876
52	−0.1375	−0.7358	0.2221	0.0312	−0.3931

표 10.6 바깥값 사례에 대한 다양한 진단 – 수술 단위 예, 회귀모형 (10.45)

2. X 관측값들의 바깥값으로 식별되는 기준인 $2p/n = 2(5)/54 = .185$에 의해 사례 23, 28, 32, 38, 42, 52는 지렛값(h_{ii})들에 관한 바깥값으로 판단된다. 단변량의 점 그래프는 사례 28과 38만을 바깥값으로 식별하지만 여기서는 다변량의 바깥값을 식별하는 값에 대해 볼 수 있다.

3. 사례 17, 23, 28, 32, 38, 42, 52의 영향력을 진단하기 위해서 그것들의 Cook의 거리와 *DFFITS* 값들을 고려한다. Cook의 거리 $D_{17} = .3306$, $(DFFITS)_{17} = 1.4151$로 사례 17이 가장 강한 영향점이다. Cook의 값은 5와 49의 자유도를 갖는 F 분포의 11번째 백분위수에 해당한다. 사례 38의 영향이 해결방안을 고려할 만큼 충분히 크지는 않다는 것과, 결과적으로 나머지 바깥값의 사례들이 몹시 큰 영향력을 갖지 않는다는 것을 나타낸다.

   사례 17이 추론에 미치는 영향을 직접적으로도 확인하였다. 여기서 추론의 가장 흥미 있는 부분은 회귀모형의 적합성이다. 왜냐하면 이 모형으로 X 관측값들의 범위 안에서 예측을 하려는 의도였기 때문이다. 즉, 54개 관측값들 모두에 근거한 적합값 $\hat{Y}_i$은 사례 17이 제거된 회귀모형적합에서의 적합값 $\hat{Y}_{i(17)}$과 비교하였다. 차이 백분율의 절댓값의 평균은 다음과 같다.

$$\frac{\sum_{i=1}^{n}\left|\frac{\hat{Y}_{i(17)}-\hat{Y}_i}{\hat{Y}_i}\right|100}{n}$$

   이것은 .42%에 불과하고, 가장 큰 백분율 차이의 절댓값(사례 17에 의한 값)은 겨우 1.77%이다. 즉, 사례 17은 해결방안이 필요할 만큼 적합값에 대한 불균형적인 영향을 주지는 않는다.

4. 요약하면, 이 진단의 분석들이 많은 잠재적 문제점들의 식별을 시도하였지만, 이 중 어느 것도 해결방안이 필요할 만큼 충분히 심각한 문제를 지니고 있다고는 생각되지 않는다.

인용문헌

10.1. Atkinson, A. C. *Plots, Transformations, and Regression*. Oxford: Clarendon Press, 1987.

10.2. Mansfield, E. R., and M. D. Conerly. "Diagnostic Value of Residual and Partial Residual Plots," *The American Statistician* 41 (1987), pp. 107–16.

10.3. Cook, R. D. "Exploring Partial Residual Plots," *Technometrics* 35 (1993), pp. 351–62.

10.4. Rousseeuw, P. J., and A. M. Leroy. *Robust Regression and Outlier Detection*. New York: John Wiley & Sons, 1987.

10.5. Belsley, D. A.; E. Kuh; and R. E. Welsch. *Regression Diagnostics: Identifying Influential Data and Sources of Collinearity*. New York: John Wiley & Sons, 1980.

10.6. Belsley, D. A. *Conditioning Diagnostics: Collinearity and Weak Data in Regression*. New York: John Wiley & Sons, 1991.

문제

10.1. 어떤 학생이 "R^2이 클 때, 적합에 대한 진단 점검이 필요한 이유는 무엇인가요?"라고 물었다. 이에 대하여 논평하여라.

10.2. 어떤 연구원이 “추가변수그림의 좋은 점 중 하나는 예측변수들이 회귀모형에서 적절히 명시되지 않았을 때조차 그 모형의 타당성을 확인할 때 굉장히 유용하다.”라고 말했다. 이에 대하여 논평하여라.

10.3. 어떤 학생이 “만약 자료에서 극단적으로 영향이 있으며 바깥값인 사례가 발견되었다면, 해당 사례들을 자료에서 폐기하라.”라고 말했다. 이에 대하여 논평하여라.

10.4. 다중회귀모형에서 X 변수들 사이의 다중공선성을 식별하는 데 도움이 될 비정형적 방법을 몇 가지 설명하여라.

10.5. 문제 6.5b의 **브랜드 선호도(Brand preference)** 자료를 참조하여라.
a. 각 예측변수들의 추가변수그림을 그려라.
b. 문제 6.5b에서 적합한 회귀함수의 회귀관계들이 (a)에서 구한 그림에서 일부 예측변수들에 대해 부적절하게 보이는가? 설명하여라.
c. X_1으로 Y와 X_2에 각각 적합한 회귀함수를 문제 6.5b를 참조하여 구하여라. 그리고 잔차들을 적절한 방법으로 회귀분석하여라.

10.6. 문제 6.9의 **식료품 소매업(Grocery retailer)** 자료를 참조하여라.
a. X_1과 X_2만을 이용하여 회귀모형 (6.1)을 자료에 적합하여라.
b. 예측변수 X_1과 X_2 각각의 추가변수그림을 그려라.
c. (a)에서 적합한 회귀함수의 회귀관계들이 (b)에서 구한 그림에서 일부 예측변수들에 대해 부적절하게 보이는가? 설명하여라.
d. (a)로부터 X_1을 Y와 X_2에 각각 따로 적합한 회귀함수를 구하여라. 그리고 잔차를 적절한 방법으로 회귀분석하여라.

10.7. 문제 6.15c의 **환자 만족도(Patient satisfaction)** 자료를 참조하여라.
a. 각 예측변수들의 추가변수그림을 그려라.
b. 문제 6.15c에서 적합한 회귀함수의 회귀관계들이 (a)에서 구한 그림에서 일부 예측변수들에 대해 부적절하게 보이는가? 설명하여라.

10.8. 문제 6.18c의 **상업용 부동산(Commercial properties)** 자료를 참조하여라.
a. 각 예측변수들의 추가변수그림을 그려라.
b. 문제 6.18c에서 적합한 회귀함수의 회귀관계들이 (a)에서 구한 그림에서 일부 예측변수들에 대해 부적절하게 보이는가? 설명하여라.

10.9. 문제 6.5의 **브랜드 선호도(Brand preference)** 자료를 참조하여라.
a. 제거된 표준화잔차를 구하고 Y 관측값의 바깥값을 식별하여라. $\alpha = .10$인 Bonferroni 바깥값 검정절차를 이용하여라. 결정규칙, 결론을 서술하여라.
b. 모자행렬의 대각원소를 구하고, 이 원소들의 패턴을 설명하여라.
c. 해당 장에서 주로 언급된 규칙을 따를 때, X값들에 관한 관측된 바깥값이 존재하는가?
d. 관리자는 수분 함량 $X_1 = 10$과 당도 $X_2 = 3$에 대한 브랜드 선호도 평균의 추정을 원한다. X_1 대 X_2의 산점도를 그리고, 이 예측이 외삽인지 시각적으로 판단하

여라. 또한 (10.29)를 이용하여 외삽인지 판단하여라. 이 두 방법으로부터의 결론들이 같은가?

e. 사례 14에서의 제거된 표준화잔차의 절댓값이 가장 크다. 이 사례의 영향력을 평가하기 위해서 *DFFITS*, *DFBETAS*, Cook의 거리 값들을 구하여라. 결론은 무엇인가?

f. 사례 14를 포함했을 때와 아닐 때의 차이 백분율 절댓값 평균을 계산하여라. 이 방법을 통해 사례 14의 영향력을 판단한 결과는 무엇인가?

g. 각 사례에 대한 Cook의 거리 D_i를 계산하고, 지수그림을 그려라. 이 방법에 의해서 어떤 사례들이 영향점으로 보이는가?

*10.10. 문제 6.9와 6.10의 **식료품 소매업(Grocery retailer)** 자료를 참조하여라.

a. 제거된 표준화잔차를 구하고 Y 관측값의 바깥값을 식별하여라. $\alpha = .05$인 Bonferroni 바깥값 검정절차를 이용하여라. 결정규칙, 결론을 서술하여라.

b. 모자행렬의 대각원소를 구하여라. 해당 장에서 주로 언급된 규칙을 따를 때, X값들에 관한 관측된 바깥값이 존재하는가?

c. 관리자는 $X_1 = 300{,}000$개의 다음 입하를 처리하기 위해 요구되는 총 노동량을 예측하기를 원한다. 이때 총 시간의 간접비용은 $X_2 = 7.2$와 $X_3 = 0$(휴일이 없는 주)이다. X_2 대 X_1의 산점도를 그리고, 이 예측이 외삽인지 시각적으로 판단하여라. 또한 (10.29)를 이용한 추정이 외삽인지 판단하여라. 이 두 방법으로부터의 결론이 서로 같은가?

d. 사례 16, 22, 43, 48은 X 관측값의 바깥값으로 나타나며, 사례 10, 32, 38, 40은 Y 관측값의 바깥값으로 나타난다. 이 사례들의 영향력을 평가하기 위해서 *DFFITS*, *DFBETAS*, Cook의 거리 값들을 구하여라. 결론은 무엇인가?

e. 이 사례들을 하나 하나 포함했을 때와 아닐 때의 차이 백분율 절댓값 평균을 계산하여라. 이 방법으로 이 사례들의 영향력을 판단한 결과는 무엇인가?

f. 각 사례에 대한 Cook의 거리 D_i를 계산하고, 지수그림을 그려라. 이 방법에 의해서 어떤 사례들이 영향점으로 보이는가?

*10.11. 문제 6.15의 **환자 만족도(Patient satisfaction)** 자료를 참조하여라.

a. 제거된 표준화잔차를 구하고 Y 관측값의 바깥값을 식별하여라. $\alpha = .10$인 Bonferroni 바깥값 검정절차를 이용하여라. 결정규칙, 결론을 서술하여라.

b. 모자행렬의 대각원소를 구하여라. X값들에 관한 바깥값을 식별하여라.

c. 병원 관리자는 $X_1 = 30$인 환자들의 환자 만족도의 평균을 추정하고 싶다. 이때 환자의 질병 심각성 지수는 $X_2 = 58$이고, 불안도 지수는 $X_3 = 2.0$이다. (10.29)를 이용한 추정이 숨은(은닉) 외삽인지 판단하여라.

d. 사례 11, 17, 27에서의 제거된 표준화잔차의 절댓값이 가장 크다. 이 사례의 영향력을 평가하기 위해서 *DFFITS*, *DFBETAS*, Cook의 거리 값들을 구하여라. 결론은 무엇인가?

e. 이 사례들을 하나 하나 포함했을 때와 아닐 때의 차이 백분율 절댓값 평균을 계산하여라. 이 방법으로 이 사례들의 영향력을 판단한 결과는 무엇인가?

f. 각 사례에 대한 Cook의 거리 D_i를 계산하고, 지수그림을 그려라. 이 방법에 의해서 어떤 사례들이 영향점으로 보이는가?

10.12. 문제 6.18의 **상업용 부동산(Commercial properties)** 자료를 참조하여라.

a. 제거된 표준화잔차를 구하고 Y 관측값의 바깥값을 식별하여라. $\alpha = .01$인 Bonferroni 바깥값 검정절차를 이용하여라. 결정규칙, 결론을 서술하여라.

b. 모자행렬의 대각원소를 구하여라. X값들에 관한 바깥값을 식별하여라.

c. 연구원은 연수가 10년, 운용비용과 세금이 12.00, 공실률이 .05, 총 평방 부지가 350,000인 곳의 임대료를 추정하기를 원한다. (10.29)를 이용한 추정이 숨은(은닉) 외삽인지 판단하여라.

d. 사례 61, 8, 3, 53은 X 관측값들의 바깥값으로 나타나고, 사례 6, 62는 Y 관측값들의 바깥값으로 나타난다. 이 사례의 영향력을 평가하기 위해서 *DFFITS*, *DFBETAS*, Cook의 거리 값들을 구하여라. 결론은 무엇인가?

e. 이 사례들을 하나 하나 포함했을 때와 아닐 때의 차이 백분율 절댓값 평균을 계산하여라. 이 방법으로 이 사례들의 영향력을 판단한 결과는 무엇인가?

f. 각 사례에 대한 Cook의 거리 D_i를 계산하고, 지수그림을 그려라. 이 방법에 의해서 어떤 사례들이 영향점으로 보이는가?

10.13. **화장품 판매(Cosmetics sales)**. 전국단위 화장품 회사의 지역 판매 사무실의 보조원은 아래와 같이 지난해 44 지역들의 광고비용과 판매량에 대한 자료를 얻었다. X_1은 미용실과 백화점에 전시하는 비용(단위: 천 달러)을 나타내고, X_2와 X_3은 각각 지역매체 광고비용과 전국매체 광고비용에 대한 비율을 나타낸다. Y는 판매량이다(1천건 단위). 이 보조원은 X_2와 X_3이 상수로 고정되어 있고 X_1이 1천 달러 상승할 때 기대되는 판매의 증가량을 추정하는 것을 지시받았다. 그리고 예측변수의 선형항들과, 독립인 정규오차항을 가진 기본적인 다중회귀모형을 이용할 것을 지시받았다.

i:	1	2	3	...	42	43	44
X_{i1}:	5.6	4.1	3.7	...	3.6	3.9	5.5
X_{i2}:	5.6	4.8	3.5	...	3.7	3.6	5.0
X_{i3}:	3.8	4.8	3.6	...	4.4	2.9	5.5
Y_i:	12.85	11.55	12.78	...	10.47	11.03	12.31

a. 선택된 회귀모형에 대해 언급하고, 자료에 적합하여라.

b. 판매량과 세 예측변수 사이에 회귀관계가 있는지 검정하여라. $\alpha = .05$를 이용하여라. 가설들, 결정규칙, 결론을 서술하여라.

c. 회귀계수 $b_k (k = 1, 2, 3)$가 각각 $\beta_k = 0$인지를 검정하여라. 매번 $\alpha = .05$를 이용하여라. 이 검정의 결과는 (b)에서 얻은 결과와 일치하는가?

d. X 변수들의 상관계수행렬을 구하여라.

e. (b), (c), (d)의 결과들이 이 자료가 연구목적에 적절하다는 것을 알려주는가?

10.14. 문제 10.13의 **화장품 판매(Cosmetics sales)** 자료를 참조하여라.

a. 세 분산팽창인수를 구하여라. 이것들은 여기의 다중공선성의 영향에 대해 무엇을 제시하는가?

b. 보조원은 '그림을 정리하기 위해' 결국 변수 X_2와 X_3을 모형으로부터 제거하기로 결정하였다. 보조원에 의해 수정된 모형을 적합하여라. 이제 이 보조원은 조사의 목적을 달성하는 것에 있어 더 좋은 상황에 있는가?

c. 이 경우에는 실험을 하는 것이 연구의 목적을 달성하기에 적합한 자료를 제공하는 데 더욱 효과적인 이유는 무엇인가? 어떻게 실험을 설계할 것인가? 어떤 회귀모형을 설정할 것인가?

10.15. 문제 6.5a의 **브랜드 선호도(Brand preference)** 자료를 참조하여라.

a. 산점도행렬과 상관계수행렬은 두 개씩 짝지은 예측변수들의 관계에 대해 무엇을 보여 주는가?

b. 두 분산팽창인수를 구하여라. 이 둘은 왜 1과 같은가?

*10.16. 문제 6.9c의 **식료품 소매업(Grocery retailer)** 자료를 참조하여라.

a. 산점도행렬과 상관계수행렬은 두 개씩 짝지은 예측변수들의 관계에 대해 무엇을 보여 주는가?

b. 세 분산팽창인수를 구하여라. 이 값들은 여기 문제에 심각한 다중공선성이 존재한다고 가리키는가?

*10.17. 문제 6.15b의 **환자 만족도(Patient satisfaction)** 자료를 참조하여라.

a. 산점도행렬과 상관계수행렬은 두 개씩 짝지은 예측변수들의 관계에 대해 무엇을 보여 주는가?

b. 세 분산팽창인수를 구하여라. 이 결과들은 여기 문제에 다중공선성 영향에 대해 무엇을 제시하는가? (a)에서의 결과들보다 더 뚜렷한 결과를 보이는가?

10.18. 문제 6.18b의 **상업용 부동산(Commercial properties)** 자료를 참조하여라.

a. 산점도행렬과 상관계수행렬은 두 개씩 짝지은 예측변수들의 관계에 대해 무엇을 보여 주는가?

b. 네 분산팽창인수를 구하여라. 이 값들은 여기 문제에 심각한 다중공선성이 존재한다고 가리키는가?

10.19. 문제 9.10과 9.11의 **업무 숙달도(Job proficiency)** 자료를 참조하여라. X_1과 X_3의 일차항만을 포함한 부분집합 모형을 자세히 평가하려고 한다.

a. 잔차를 구하고 나서 $\hat{Y}$에 대한 잔차그림, 네 예측변수 각각에 대한 잔차그림, 그리고 교차곱항 X_1X_3에 대한 잔차그림을 그려라. 이 그림들에 근거하면, 이 회귀모형의 수정이 필요해 보이는가?

b. $e(X_1|X_3)$와 $e(X_3|X_1)$에 대하여 추가변수그림을 각각 그려라. 이 그림들은 모형수정을 제안하는가?

c. 잔차의 정규확률그림을 그려라. 또한 순서화된 잔차와 그것들의 정규성하에서의 기댓값 사이의 상관계수를 구하여라. 표 B.6과 $\alpha = .01$을 이용하여 정규가정이 합당한지 검정하여라. 결론은 무엇인가?

d. 제거된 표준화잔차를 구하고, Y 관측값 중 바깥값을 식별하여라. $\alpha = .05$로 Bonferroni 바깥값 검정절차를 수행하여라. 결정규칙, 결론을 서술하여라.

e. 모자행렬의 대각원소를 구하여라. 본문의 어림 법칙을 이용하여 X 관측값 중 바깥값을 식별하여라. 찾아낸 것들은 문제 9.10a에서와 같은가? 이론적으로 그래야만 하는가? 이에 관하여 논하여라.

f. 사례 7과 18은 각각의 X값들에 대해 어느 정도 크기의 바깥값으로 나타나고, 사례 16은 해당 Y값에 대해 큰 바깥값으로 나타난다. 이 사례들의 영향력을 평가하기 위해서 *DFFITS*, *DFBETAS*, Cook의 거리 값들을 구하여라. 결론은 무엇인가?

g. 분산팽창인수를 구하여라. 무엇을 나타내는가?

10.20. 문제 9.13과 9.14의 **폐 압력(Lung pressure)** 자료를 참조하여라. X_1과 X_2의 일차항과 X_1X_2의 교차항을 포함한 부분집합 회귀모형을 자세히 평가하려고 한다.

a. 잔차를 구하고 잔차그림을 $\hat{Y}$에 대하여, 그리고 세 개의 예측변수 각각에 대하여 그려라. 이 그림들에 의하면, 이 회귀모형에 추가적 수정이 시도되어야 하는가?

b. 산차의 정규확률그림을 그려라. 또한 순서화된 잔차와 그것들의 정규성하에서의 기댓값 사이의 상관계수를 구하여라. 여기에 정규가정이 합당한가?

c. 분산팽창인수를 구하여라. 심각한 다중공선성 문제를 나타내는 지표가 있는가? 설명하여라.

d. 제거된 표준화잔차를 구하고, Y 관측값들에 대한 바깥값을 식별하여라. $\alpha = .05$로 Bonferroni 바깥값 검정절차를 수행하여라. 결정규칙, 결론을 서술하여라.

e. 모자행렬의 대각원소를 구하여라. 본문의 어림 법칙을 이용하여 X 관측값 중 바깥값을 식별하여라. 찾아낸 것들은 문제 9.13a에서와 같은가? 이론적으로 그래야만 하는가? 이에 관하여 논하여라.

f. 사례 3, 8, 15는 이들의 X값들에 대해 적당히 큰 바깥값으로 나타나고, 사례 7은 Y값들에 대해 상대적으로 큰 바깥값으로 나타난다. 이 사례들의 영향력을 평가하기 위해서 *DFFITS*, *DFBETAS*, Cook의 거리 값들을 구하여라. 결론은 무엇인가?

*10.21. 문제 9.15의 **신장 기능(Kidney function)** 자료와 (c)에서 적합한 회귀모형 자료를 참조하여라.

a. 분산팽창인수를 구하여라. 심각한 다중공선성 문제를 나타내는 지표가 있는가? 설명하여라.

b. 잔차를 구하고 잔차그림을 $\hat{Y}$에 대하여, 그리고 예측변수 각각에 대하여 그려라. 또한 잔차의 정규확률그림을 그려라.

c. $e(X_1|X_2, X_3)$, $e(X_2|X_1, X_3)$, $e(X_3|X_1, X_2)$ 각각에 대한 추가변수그림을 그려라.

d. (b)와 (c)에서의 그림들은 이 회귀모형이 수정되어야 한다고 제안하는가?

*10.22. 문제 9.15와 10.21의 **신장 기능(Kidney function)** 자료를 참조하여라. 이론적인 논거는 다음 회귀함수 사용을 제안한다.

$$E\{\ln Y\} = \beta_0 + \beta_1 \ln X_1 + \beta_2 \ln(140 - X_2) + \beta_3 \ln X_3$$

a. 이론적 고찰에 근거하여 회귀함수를 적합하여라.

b. 잔차를 구하고 잔차그림을 $\hat{Y}$에 대하여, 그리고 모형의 예측변수 각각에 대하여 그려라. 또한 잔차의 정규확률그림을 그려라. 문제 10.21에서 주목되었던 어려움

들이 이제는 크게 제거되는가?

c. 분산팽창인수를 구하여라. 심각한 다중공선성 문제를 나타내는 지표가 있는가? 설명하여라.

d. 제거된 표준화잔차를 구하고, Y 관측값들에 대한 바깥값을 식별하여라. $\alpha = .10$로 Bonferroni 바깥값 검정절차를 수행하여라. 결정규칙, 결론을 서술하여라.

e. 모자행렬의 대각원소를 구하여라. 본문의 어림 법칙을 이용하여 X 관측값 중 바깥값을 식별하여라.

f. 사례 28, 29는 Y값들에 대해 상대적으로 큰 바깥값으로 나타난다. 이 사례들의 영향력을 평가하기 위해서 *DFFITS*, *DFBETAS*, Cook의 거리 값들을 구하여라. 결론은 무엇인가?

연습문제

10.23. (10.37)이 대수적으로 (10.33a)와 같음을 보여라.

10.24. 만약 $n = p$이고 $\mathbf{X}$ 행렬이 가역(invertible)행렬일 때, (5.34)와 (5.37)을 이용하여 모자행렬 $\mathbf{H}$가 $p \times p$ 단위행렬로 주어지는 것을 보여라. 이런 경우에, h_{ii}와 $\hat{Y}_i$는 무엇인가?

10.25. (10.24a)와 (10.25)에서 (10.26)이 도출되는 것을 보여라.

10.26. (10.27)과 연습문제 5.31을 이용하여 (9.11)을 증명하여라.

프로젝트

10.27. 부록 C.1과 프로젝트 9.25의 **SENIC** 데이터셋을 참조하여라. 나이, 일상적 흉부 엑스레이 비율, 평균 일일 환자 수를 일차항들로 포함하고 있는 회귀모형을 모형구축 자료에 근거하여 자세히 평가하려고 한다.

a. 잔차를 구하고 잔차그림을 $\hat{Y}$에 대하여 그리고, 세 개의 예측변수 각각에 대하여 그려라. 이 그림들에 의하면, 이 회귀모형에 추가적 수정이 필요한가?

b. 잔차의 정규확률그림을 그려라. 또한 순서화된 잔차와 그것들의 정규성하에서의 기댓값 사이의 상관계수를 구하여라. 표 B.6과 $\alpha = .05$를 이용하여 정규가정이 합당한지 검정하여라. 결론은 무엇인가?

c. 산점도행렬, X 변수들의 상관계수행렬, 분산팽창인수를 구하여라. 심각한 다중공선성 문제를 나타내는 지표가 있는가? 설명하여라.

d. 제거된 표준화잔차를 구하고, 잔차의 산점도를 그려라. 바깥값이 존재하는가? $\alpha = .01$로 Bonferroni 바깥값 검정절차를 수행하여라. 결정규칙, 결론을 서술하여라.

e. 모자행렬의 대각원소를 구하여라. 본문의 어림 법칙을 이용하여 X 관측값 중 바깥값을 식별하여라.

f. 사례 62, 75, 106, 112는 이들의 X값들에 대한 적당히 큰 바깥값으로 나타나고,

사례 87은 *Y* 값들에 대한 상대적으로 큰 바깥값으로 나타난다. 이 사례들의 영향력을 평가하기 위해서 *DFFITS*, *DFBETAS*, Cook의 거리 값들을 구하여라. 결론은 무엇인가?

10.28. 부록 C.2와 프로젝트 9.26의 **CDI** 데이터셋을 참조하여라. 변수 번호 6, 8, 9, 13, 14, 15를 일차항들로 포함하는 회귀모형을 모형구축 자료에 근거하여 자세히 평가하려고 한다.

a. 잔차를 구하고 잔차그림을 $\hat{Y}$와 세 개의 예측변수 각각, 그리고 교차함들에 대하여 그려라. 이 그림들에 의하면, 이 회귀모형에 추가적 수정이 필요한가?

b. 잔차의 정규확률그림을 그려라. 또한 순서화된 잔차와 그것들의 정규성하에서의 기댓값 사이의 상관계수를 구하여라. 표 B.6과 $\alpha = .01$을 이용하여 정규가정이 합당한지 검정하여라. 결론은 무엇인가?

c. 산점도행렬, *X* 변수들의 상관계수행렬, 분산팽창인수를 구하여라. 심각한 다중공선성 문제를 나타내는 지표가 있는가? 설명하여라.

d. 제거된 표준화잔차를 구하고, 잔차의 산점도를 그려라. 바깥값이 존재하는가? $\alpha = .05$로 Bonferroni 바깥값 검정절차를 수행하여라. 결정규칙, 결론을 서술하여라.

e. 모자행렬의 대각원소를 구하여라. 본문의 어림 법칙을 이용하여 *X* 관측값 중 바깥값을 식별하여라.

f. 사례 2, 8, 48, 128, 206, 404는 *X*값들에 대한 바깥값으로 나타나고, 사례 2, 6은 *Y*값들에 대한 꽤 큰 바깥값으로 나타난다. 이 사례들의 영향력을 평가하기 위해서 *DFFITS*, *DFBETAS*, Cook의 거리 값들을 구하여라. 결론은 무엇인가?

사례연구

10.29. 부록 C.6과 사례연구 9.29의 **웹사이트 개발지(Website developer)** 데이터셋을 참조하여라. 사례연구 9.29에서의 최량부분집합 모형에 대하여 바깥값을 판단하고 그들의 영향력을 평가하기 위한 적절한 진단 점검을 수행하여라. 여기에 심각한 다중공선성 문제가 존재하는가?

10.30. 부록 C.5와 사례연구 9.30의 **전립선 암(Prostate cancer)** 데이터셋을 참조하여라. 사례연구 9.30에서의 최량부분집합 모형에 대하여 바깥값을 판단하고 그들의 영향력을 평가하기 위한 적절한 진단 점검을 수행하여라. 여기에 심각한 다중공선성 문제가 존재하는가?

10.31. 부록 C.7과 사례연구 9.31의 **부동산 판매(Real estate)** 데이터셋을 참조하여라. 사례연구 9.31에서의 최량부분집합 모형에 대하여 바깥값을 판단하고 그들의 영향력을 평가하기 위한 적절한 진단 점검을 수행하여라. 여기에 심각한 다중공선성 문제가 존재하는가?

11장 | 회귀모형구축 III: 해결방안

진단 결과가 회귀모형이 적절하지 않다거나, 하나 또는 몇 개의 자료가 너무 영향력이 크다면, 해결방안이 필요하다. 앞 장들에서는 회귀관계를 선형으로 만들고, 오차의 분포를 정규분포에 가깝게 만들거나, 오차항들의 분산을 같게 만들기 위한 변환과 같은, 몇 가지 해결방안을 논의하였다. 이 장에서는 동일하지 않는 오차항들의 분산, 높은 다중공신성, 영향력이 큰 관측값들에 대한 몇 가지 추가적인 해결방안을 다룰 것이다. 다음으로 두 가지 비모수적 회귀 방법, lowess(국소가중산점도평활) 방법과 회귀나무(regression trees)를 다룬다. 이들 해결방안과 새로운 방법들은 복잡한 추정 과정을 거치게 되는데, 이러한 복잡한 추정량의 정밀도를 평가하기 위하여 붓스트랩(bootstrap) 방법이라는 일반적인 접근을 고려한다. 모형구축에서 발생하는 몇 가지 문제들에 대한 사례를 제시하며, 이 장을 마무리할 것이다.

11.1 ■ 불균등 오차분산의 해결방안 – 가중최소제곱

3장과 6장에서 Y의 변환이 오차항들의 불균등 분산을 줄여주거나 제거하는 부분에 어떻게 도움이 될 수 있는지를 배웠다. Y의 변환에서의 어려움은 그것들이 적절하지 못한 회귀관계를 발생시킬 수 있다는 것이다. 적절한 회귀관계가 발견되었지만 오차항들의 분산이 동일하지 않는 경우, 변환에 대한 대안으로 다중회귀모형 (6.7)의 일반화에 근거한 **가중최소제곱**(weighted least squares)을 들 수 있다. 서로 다른 오차항이 각각 다른 분산을 갖고 있다는 것을 표시하기 위해 오차항 ε_i의 분산을 σ_i^2으로 나타낼 것이다. 일반화된 다중회귀모형은 다음과 같이 표현될 수 있다.

$$Y_i = \beta_0 + \beta_1 X_{i1} + \cdots + \beta_{p-1} X_{i,p-1} + \varepsilon_i \tag{11.1}$$

여기서,

$\beta_0, \beta_1, \ldots, \beta_{p-1}$는 모수
$X_{i1}, \ldots, X_{i,p-1}$는 알고 있는 상수
ε_i는 독립 $N(0, \sigma_i^2)$
$i = 1, \ldots, n$

일반화다중회귀모형 (11.1)에 대한 오차항의 분산공분산행렬은 이전보다 더욱 복잡하다.

$$\underset{n\times n}{\boldsymbol{\sigma}^2\{\boldsymbol{\varepsilon}\}} = \begin{bmatrix} \sigma_1^2 & 0 & \cdots & 0 \\ 0 & \sigma_2^2 & \cdots & 0 \\ \vdots & \vdots & & \vdots \\ 0 & 0 & \cdots & \sigma_n^2 \end{bmatrix} \tag{11.2}$$

일반화모형 (11.1)에 대한 회귀계수의 추정은 (6.25)에서의 동일한 오차분산을 갖는 회귀모형 (6.7)에 대한 추정량을 사용해서 이루어진다. 이 추정량들은 일반화회귀모형 (11.1)에 대해 여전히 비편향(unbiased)이고 일치적(consistent)이지만, 더 이상 최소분산이 아니다. 최소분산을 갖는 비편향추정량(불편추정량)을 얻기 위해서, 서로 다른 n개의 Y 관측값들이 더 이상 동일한 신뢰도(reliability)를 갖지 않는다는 것을 고려해야만 한다. 작은 분산을 갖는 관측값들은 큰 분산을 갖는 것들에 비하여 회귀함수에 대해 좀 더 신뢰성 있는 정보를 제공한다. 먼저 오차분산 σ_i^2을 알고 있는 경우에 회귀계수의 추정을 생각해 보자. 이 경우는 일반적으로 비현실적이지만, 오차분산을 알지 못하는 경우에 어떻게 해야 할지에 대한 지침을 제공해 줄 것이다.

오차분산을 알고 있는 경우

오차분산 σ_i^2을 알고 있는 경우, 일반화회귀모형 (11.1)의 회귀계수의 추정량을 얻기 위해 최대가능도법을 사용할 수 있다. 동일한 오차분산 σ^2에 대한 (6.26)의 가능도함수는 σ^2 항을 개별적인 분산인 σ_i^2으로 대체하고 가능도함수를 (1.26)의 첫 번째 형태로 표현함으로써 수정된다.

$$L(\boldsymbol{\beta}) = \prod_{i=1}^{n} \frac{1}{(2\pi\sigma_i^2)^{1/2}} \exp\left[-\frac{1}{2\sigma_i^2}(Y_i - \beta_0 - \beta_1 X_{i1} - \cdots - \beta_{p-1}X_{i,p-1})^2\right] \tag{11.3}$$

여기서 $\boldsymbol{\beta}$는 회귀계수의 벡터를 나타낸다. 분산 σ_i^2의 역수를 **가중값**(weight) w_i라고 정의한다.

$$w_i = \frac{1}{\sigma_i^2} \tag{11.4}$$

약간의 단순화를 통해 가능도함수 (11.3)을 다음과 같이 표현할 수 있다.

$$L(\boldsymbol{\beta}) = \left[\prod_{i=1}^{n}\left(\frac{w_i}{2\pi}\right)^{1/2}\right] \exp\left[-\frac{1}{2}\sum_{i=1}^{n} w_i(Y_i - \beta_0 - \beta_1 X_{i1} - \cdots - \beta_{p-1}X_{i,p-1})^2\right] \tag{11.5}$$

(11.5)의 $L(\boldsymbol{\beta})$를 $\beta_0, \beta_1, \ldots, \beta_{p-1}$에 대해 **최대화**(maximizing)함으로써 회귀계수의 최대가능도추정량을 찾을 수 있다. 오차분산 σ_i^2과 가중값 w_i들을 알고 있다고 가정하였기 때문

에, 회귀계수들에 대한 $L(\boldsymbol{\beta})$를 최대화시키는 것은 지수항을 **최소화**(minimizing)하는 것과 동일하다.

$$Q_w = \sum_{i=1}^{n} w_i (Y_i - \beta_0 - \beta_1 X_{i1} - \cdots - \beta_{p-1} X_{i,p-1})^2 \tag{11.6}$$

최대가능도추정량을 구하기 위해 최소화하려는 이 항은 Q_w으로 표시되는 **가중최소제곱 기준**(weighted least squares criterion)이다. 따라서 최대가능도법과 가중최소제곱은 일반화 다중회귀모형 (11.1)과 보통다중회귀모형 (6.7)에 대해 같은 추정량을 이끌어 낸다.

가중최소제곱기준 (11.6)이 동일한 가중값 1을 w_i로 대체함으로써 어떻게 보통최소제곱기준 (6.22)를 일반화하는지에 주목하라. 가중값 w_i는 분산 σ_i^2과 역의 관계이기 때문에, 관측값 Y_i에 담긴 정보의 양을 반영한다. 따라서 큰 분산을 갖는 관측값 Y_i는 그보다 작은 분산을 갖는 다른 관측값에 비해 더 작은 가중값을 받는다. 직관적으로 이것은 타당하다. Y_i가 더 정확할수록 (즉, σ_i^2이 작을수록) $E\{Y_i\}$에 대해 더 많은 정보를 제공하므로, 회귀함수를 적합시키는 데에 있어 더 많은 가중값을 받아야 한다.

모형 (11.1)의 회귀계수의 최대가능도와 가중최소제곱의 추정량은 행렬로 표현하는 것이 가장 쉽다. 행렬 $\mathbf{W}$를 가중값 w_i를 포함한 대각행렬이라고 하자.

$$\underset{n\times n}{\mathbf{W}} = \begin{bmatrix} w_1 & 0 & \cdots & 0 \\ 0 & w_2 & \cdots & 0 \\ \vdots & \vdots & & \vdots \\ 0 & 0 & \cdots & w_n \end{bmatrix} \tag{11.7}$$

정규방정식은 다음과 같이 표현될 수 있다.

$$(\mathbf{X}'\mathbf{W}\mathbf{X})\mathbf{b}_w = \mathbf{X}'\mathbf{W}\mathbf{Y} \tag{11.8}$$

회귀계수의 가중최소제곱과 최대가능도추정량은 다음과 같다.

$$\underset{p\times 1}{\mathbf{b}_w} = (\mathbf{X}'\mathbf{W}\mathbf{X})^{-1}\mathbf{X}'\mathbf{W}\mathbf{Y} \tag{11.9}$$

여기서 $\mathbf{b}_w$는 가중최소제곱으로 추정된 회귀계수들의 벡터이다. 가중최소제곱의 추정된 회귀계수들의 분산공분산행렬은 다음과 같다.

$$\underset{p\times p}{\boldsymbol{\sigma}^2\{\mathbf{b}_w\}} = (\mathbf{X}'\mathbf{W}\mathbf{X})^{-1} \tag{11.10}$$

분산 σ_i^2들을 알고 있다고 가정했기 때문에 분산공분산행렬도 알고 있다는 것에 유의하라.

(11.9)의 회귀계수들의 가중최소제곱과 최대가능도추정량들은 비편향이고 일치적이며, 비편향선형추정량들 중 최소분산을 갖고 있다. 따라서 가중값들을 알고 있을 때 $\mathbf{b}_w$는 일반적으로 보통최소제곱추정량 $\mathbf{b}$보다 더 작은 변동을 보인다.

많은 컴퓨터 회귀 패키지들은 가중최소제곱으로 추정된 회귀계수들을 제공한다. 사용자는 단지 가중값 w_i을 제공하면 된다.

비례상수가 알려진 오차분산

이제 분산 σ_i^2들을 알아야 한다는 조건을 완화하여 분산들의 상대적인 크기만이 알려진 경우를 고려해 보자. 예를 들어 σ_2^2이 σ_1^2의 2배라는 것을 안다면, 가중값으로 $w_1 = 1$, $w_2 = 1/2$을 사용할 것이다. 이 경우에 상대적인 가중값 w_i는 알 수 없는 실제 가중값 $1/\sigma_i^2$과 상수의 곱이다.

$$w_i = k\left(\frac{1}{\sigma_i^2}\right) \tag{11.11}$$

여기서 k는 비례상수이다. 가중최소제곱과 최대가능도추정량들은 알려지지 않은 비례상수 k의 영향을 받지 않고 여전히 (11.9)으로 나타내어진다는 것을 확인할 수 있다. 그 이유는 비례상수 k가 정규방정식 (11.8)의 양변에 다 나타나서 서로 지워지기 때문이다. 가중최소제곱 회귀계수들의 분산공분산행렬은 다음과 같다.

$$\underset{p\times p}{\boldsymbol{\sigma}^2\{\mathbf{b}_w\}} = k(\mathbf{X}'\mathbf{W}\mathbf{X})^{-1} \tag{11.12}$$

비례상수 k를 알지 못하기 때문에 이 행렬을 알 수 없다. 그러나 이 행렬은 추정될 수 있다. 추정된 회귀계수 $\mathbf{b}_w$들의 분산공분산행렬은 다음과 같다.

$$\underset{p\times p}{\mathbf{s}^2\{\mathbf{b}_w\}} = MSE_w(\mathbf{X}'\mathbf{W}\mathbf{X})^{-1} \tag{11.13}$$

여기서 MSE_w는 가중잔차제곱에 근거한다.

$$MSE_w = \frac{\sum w_i(Y_i - \hat{Y}_i)^2}{n-p} = \frac{\sum w_i e_i^2}{n-p} \tag{11.13a}$$

따라서 MSE_w는 비례상수 k의 추정량이 된다.

오차분산을 알지 못하는 경우

만약 분산 σ_i^2을 알거나 비례상수가 알려져 있다면, 가중값 w_i를 사용한 가중최소제곱의 사용은 간단하다. 불행하게도 대부분은 분산 σ_i^2을 알지 못한다. 그러므로 분산의 추정값을 사용할 수밖에 없다. 이것은 다양한 방법을 통해 얻어질 수 있다. 분산 σ_i^2의 추정값을 구하는 두 가지 방법을 살펴볼 것이다.

분산함수 또는 표준편차함수의 추정. 오차항의 분산 σ_i^2의 추정값을 구하는 첫 번째 방법은 σ_i^2과 σ_i의 크기가 보통 하나, 또는 여러 개의 예측변수들 X_k, 또는 평균반응 $E\{Y_i\}$에 대해 규칙적인 양상으로 변화한다는 경험적인 결과에 근거한다. 예를 들면 그림 3.4c는 예측변수 X가 커짐에 따라 σ_i^2의 변동이 증가하는 형태인 '메가폰' 전형의 잔차그림을 보여 준다. 회귀함수가 적절하다면, 보통최소제곱회귀적합으로 얻어진 잔차제곱 e_i^2이 σ_i^2의 추정값이기 때문에 이러한 σ_i^2과 하나 또는 여러 개의 예측변수들과의 관계는 추정될 수 있다. (A.15a)로부터 오차항 ε_i의 분산 σ_i^2이 다음과 같이 표현될 수 있다는 것을 알고 있다.

$$\sigma_i^2 = E\{\varepsilon_i^2\} - (E\{\varepsilon_i\})^2 \tag{11.14}$$

회귀모형에 따르면 $E\{\varepsilon_i\} = 0$ 이기 때문에 다음을 얻을 수 있다.

$$\sigma_i^2 = E\{\varepsilon_i^2\} \tag{11.15}$$

따라서 잔차제곱 e_i^2은 σ_i^2의 추정량이다. 게다가 $\sigma_i = |\sqrt{\sigma_i^2}|$이기 때문에 잔차의 절댓값 $|e_i|$은 표준편차 σ_i의 추정량이다.

그러므로 가중되지 않은 최소제곱을 사용하여 처음 회귀모형을 적합하고, 잔차제곱 e_i^2을 적절한 예측변수에 대해 회귀적합함으로써 σ_i^2과 적절한 예측변수와의 관계를 나타내는 분산함수를 추정할 수 있다. 이와 같이 적절한 예측변수들에 대해 가중되지 않은 최소제곱을 사용하여 적합한 회귀모형으로부터 얻어진 잔차의 절댓값 $|e_i|$을 회귀적합함으로써 σ_i와 적절한 예측변수와의 관계를 나타내는 표준편차함수를 추정할 수 있다. 만약 자료에 바깥값들이 존재한다면, 잔차의 절댓값을 회귀적합하는 것이 잔차제곱을 회귀적합하는 것에 비해 바깥값들에 대해 덜 영향을 받기 때문에 일반적으로 분산함수보다는 표준편차함수를 추정하는 것이 바람직하다. 인용문헌 11.1은 분산과 표준편차함수의 추정에 대해 발생되는 문제들을 자세히 다룬다.

몇 가지 가능한 분산과 표준편차함수들의 사용을 예시한다.

1. X_1에 대한 잔차그림이 메가폰 모양이다. X_1에 대해 잔차의 절댓값을 회귀적합하라.
2. $\hat{Y}$에 대한 잔차그림이 메가폰 모양이다. $\hat{Y}$에 대해 잔차의 절댓값을 회귀적합하라.
3. X_3에 대한 잔차제곱그림이 위로 올라가는 경향이다. X_3에 대해 잔차제곱을 회귀적합하라.
4. X_2에 대한 잔차그림이 X_2가 한 점에 도달할 때까지 분산이 빠르게 증가하고 그 이후에는 천천히 증가하는 것을 보여 준다. X_2와 X_2^2에 대해 잔차의 절댓값을 회귀적합하라.

분산함수나 표준편차함수가 추정된 이후에는 이 함수로부터 나온 적합값들이 가중값을 추정하는 데 사용된다.

$$w_i = \frac{1}{(\hat{s}_i)^2} \quad \text{여기서 } \hat{s}_i\text{는 표준편차함수로부터의 적합값} \tag{11.16a}$$

$$w_i = \frac{1}{\hat{v}_i} \quad \text{여기서 } \hat{v}_i\text{는 분산함수로부터의 적합값} \tag{11.16b}$$

추정된 가중값들은 (11.7)의 가중값행렬 $\mathbf{W}$에 들어가고, (11.9)에 의해 구해진 추정된 회귀계수들은 다음과 같다.

$$\mathbf{b}_w = (\mathbf{X}'\mathbf{W}\mathbf{X})^{-1}\mathbf{X}'\mathbf{W}\mathbf{Y} \tag{11.17}$$

여기서 가중평균제곱오차 MSE_w는 (11.11)에서의 비례상수 k의 추정값으로서 볼 수 있을 것이다. 만약 분산함수 또는 표준편차함수의 모형화가 잘 되었다면 비례상수는 1에 가깝게 나올 것이고, 따라서 MSE_w도 1에 가깝게 나와야 한다.

추정과정을 다음과 같이 요약할 수 있다.

1. 가중되지 않은 최소제곱을 사용하여 회귀모형을 적합하고 잔차를 분석한다.

2. 잔차제곱 혹은 잔차의 절댓값을 적절한 예측변수에 회귀적합하여 분산함수 혹은 표준편차함수를 추정한다.
3. 추정된 분산 혹은 표준편차함수로부터 나온 적합값을 이용해 가중값 w_i를 구한다.
4. 이 가중값들을 이용하여 회귀계수들을 추정한다.

만약 추정된 계수들이 보통최소제곱으로 구해진 추정회귀계수들과 상당히 다르다면, 가중최소제곱으로 얻어진 잔차들을 이용해 가중최소제곱 과정을 반복해서 분산 혹은 표준편차함수를 다시 추정하고 새로운 가중값들을 구하는 것을 권장한다. 추정된 회귀계수들을 안정화하기 위해서는 보통 한 번 또는 두 번의 반복이면 충분하다. 이러한 반복 과정을 **반복재가중최소제곱**(iteratively reweighted least squares)이라고 한다.

복제 또는 근접 복제의 사용. 오차항의 분산 σ_i^2의 추정값을 구하는 두 번째 방법은 예측변수들의 수준의 각 조합에서 복제(replicate)된 관측값들이 만들어지도록 설계된 실험을 활용한다. 만약 복제의 횟수가 커진다면, X 변수의 수준들에 대한 각 조합에서의 관측값 Y의 표본분산으로부터 가중값 w_i를 직접 구할 수 있다. 그렇지 않다면, 가중값을 구하기 위한 분산 혹은 표준편차함수를 추정하기 위해 표본분산 또는 표본표준편차를 적절한 예측변수에 대해 먼저 회귀적합해야 한다. 이때 이 방법에서 반복되는 집단에서 각각의 경우는 같은 가중값을 가져야 함을 유의해라.

관측연구에서, 복제되는 관측값은 보통 존재하지 않는다. 그래서 근접 복제가 사용된다. 예를 들어 만약 X_1에 대한 잔차그림이 메가폰 형태이면 유사한 X_1값 자료들을 함께 집단으로 만들 수 있고, 각 집단의 잔차의 분산을 계산할 수 있다. 그리고 만약 복제되는 횟수가 크다면 이 분산들의 역수를 가중값 w_i로 사용한다. 그 외에 분산 혹은 표준편차함수는 가중값을 구하기 위해 추정될 것이다. 다시 한 번 말하지만, 근접 복제 집단에서 모든 경우는 같은 가중값을 갖는다. 만약 추정된 회귀계수가 보통최소제곱으로 구해진 것과 상당히 차이가 난다면, 추정된 분산 혹은 표준편차함수가 이용되었을 때처럼 절차가 반복될 수 있다.

가중값들이 추정되었을 때 추론 절차. 가장 일반적인 상황으로, 오차분산 σ_i^2들을 알지 못하고 그로 인해 가중값 w_i를 추정되어야 하는 경우에 표본크기가 매우 작지 않다면, 추정된 회귀계수들의 분산공분산행렬은 일반적으로 추정된 가중값들을 이용해 (11.13)의 방법을 통해 추정된다. 그리고 회귀계수들의 신뢰구간은 행렬 (11.13)으로부터 얻어진 추정된 표준편차 $s\{b_{wk}\}$와 함께 (6.50)의 방법을 통해 구해진다. 그리고 평균반응에 대한 신뢰구간은 (6.58)에서 (11.13)의 $\mathbf{s}^2\{\mathbf{b}_w\}$를 이용해 (6.59)의 방법으로 구해진다. 그러나 분산 σ_i^2의 추정이 또 다른 변동을 만들어 내기에 이러한 추론 절차는 근사적일 뿐이다. 이러한 근사는 표본크기가 매우 작지 않은 경우에는 상당히 적절하다고 할 수 있다. 근사가 적절한지를 결정하는 한 가지 방법은 11.5절에서 설명될 통계 절차인 붓스트랩핑을 사용하는 방법이다.

불균등 오차분산에서의 보통최소제곱의 사용 만약 누군가 불균등 분산에서 $\mathbf{b}$($\mathbf{b}_w$가 아닌)를 사용한다면, 회귀계수들의 보통최소제곱추정량들은 여전히 비편향성(불편성)과 일치성을 갖고 있지만, 그들은 더 이상 최소분산추정량이 아니다. 또한 $\boldsymbol{\sigma}^2\{\mathbf{b}\}$는 더 이상 $\sigma^2(\mathbf{X}'\mathbf{X})^{-1}$이 아니다. 올바른 분산공분산행렬은 다음과 같다.

$$\boldsymbol{\sigma}^2\{\mathbf{b}\} = (\mathbf{X}'\mathbf{X})^{-1}(\mathbf{X}'\boldsymbol{\sigma}^2\{\boldsymbol{\varepsilon}\}\mathbf{X})(\mathbf{X}'\mathbf{X})^{-1}$$

만약 오차분산들이 동일하지 않으며 알지 못하고 있다면, $\boldsymbol{\sigma}^2\{\mathbf{b}\}$의 적절한 추정량은 여전히 보통최소제곱을 통해 구해질 것이다. White 추정량(White estimator, 인용문헌 11.2)은 다음과 같다.

$$\mathbf{S}^2\{\mathbf{b}\} = (\mathbf{X}'\mathbf{X})^{-1}(\mathbf{X}'\mathbf{S}_0\mathbf{X})(\mathbf{X}'\mathbf{X})^{-1}$$

여기서

$$\underset{n\times n}{\mathbf{S}_0} = \begin{bmatrix} e_1^2 & 0 & \cdots & 0 \\ 0 & e_2^2 & \cdots & 0 \\ \vdots & \vdots & & \vdots \\ 0 & 0 & \cdots & e_n^2 \end{bmatrix}$$

그리고 $e_1, \ldots, e_n$은 잔차들의 보통최소제곱추정량이다. White 추정량은 비균등 오차분산의 형태를 명시할 필요 없이, 보통최소제곱에 의한 회귀모수들에 대한 적절한 추론에 사용되기 때문에 로버스트 공분산행렬이라고도 한다.

예 20~60세의 건강한 성인 여성들의 확장기 혈압과 나이의 관계에 대한 연구에 관심이 있는 건강 연구원이 피험자 54명의 자료를 수집하였다. 자료의 일부는 표 11.1의 1, 2열에 나타나 있다. 그림 11.1a의 산점도는 확장기 혈압과 나이와의 선형적 관계를 강하게 나타내고 있고, 오차항 분산이 나이에 따라 증가하는 것을 보여 주고 있다. 연구원은 잔차에 대한 예비 분석을 시행하기 위해 가중되지 않은 최소제곱방법을 통해 선형회귀함수를 적합하였다. 적합된 회귀함수와 b_0와 b_1의 추정된 표준편차는 다음과 같다.

$$\hat{Y} = \underset{(3.994)}{56.157} + \underset{(.09695)}{.58003}X \tag{11.18}$$

	(1)	(2)	(3)	(4)	(5)	(6)
개체	나이	확장기 혈압				
i	X_i	Y_i	e_i	$\|e_i\|$	$\hat{s}_i$	w_i
1	27	73	1.18	1.18	3.801	.06921
2	21	66	−2.34	2.34	2.612	.14656
3	22	63	−5.92	5.92	2.810	.12662
···	···	···	···	···	···	···
52	52	100	13.68	13.68	8.756	.01304
53	58	80	−9.80	9.80	9.944	.01011
54	57	109	19.78	19.78	9.746	.01053

표 11.1 가중최소제곱 – 혈압 예

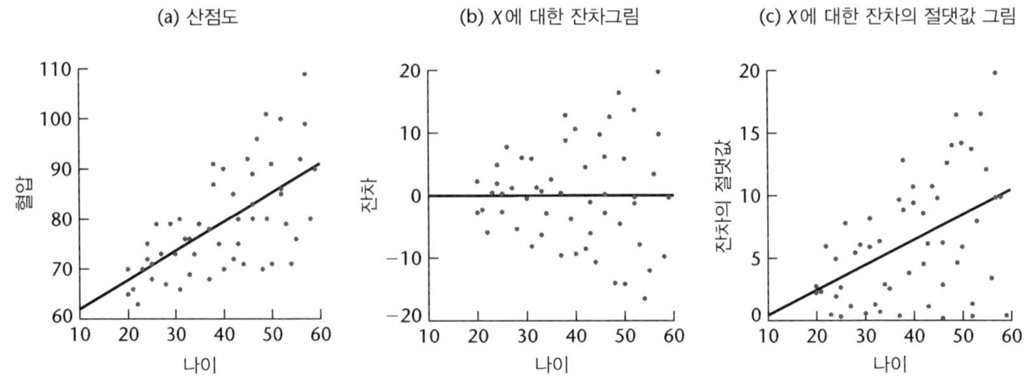

그림 11.1 비균등 오차분산 진단 그림 – 혈압 예

표 11.1의 3열에 잔차들이 나와 있고, 잔차의 절댓값은 4열에 나와 있다. 그림 11.1a는 추정된 회귀함수들을 보여 준다. 그림 11.1b는 비균등 오차분산을 확인시켜 주는 X에 대한 잔차그림이다. 그림 11.1c의 X에 대한 잔차의 절댓값 그림은 오차표준편차와 X의 선형적 관계가 타당하다는 것을 보여 준다. 그러므로 분석가는 X에 대해 잔차의 절댓값을 회귀적합하여 다음을 얻었다.

$$\hat{s} = -1.54946 + .198172X \quad \textbf{(11.19)}$$

여기서 $\hat{s}$는 추정된 기대표준편차를 나타낸다. (11.19)의 추정된 표준편차함수는 그림 11.1c에서 나와 있다.

가중값 w_i를 얻기 위하여 분석가는 표준편차함수 (11.19)로부터 적합값을 얻었다. 예를 들어 $X_1 = 27$인 사례 1의 적합값은 다음과 같다.

$$\hat{s}_1 = -1.54946 + .198172(27) = 3.801$$

적합값들은 표 11.1의 5열에 있다. 따라서 가중값들은 (11.16a)에 의해 구해진다. 사례 1의 경우에 다음을 얻는다.

$$w_1 = \frac{1}{(\hat{s}_1)^2} = \frac{1}{(3.801)^2} = .0692$$

가중값 w_i들은 표 11.1의 6열에 있다.

분석가는 가중최소제곱을 사용할 수 있는 회귀 프로그램에서 이 가중값들을 이용하여 다음과 같이 추정된 회귀함수를 얻었다.

$$\hat{Y} = 55.566 + .59634X \quad \textbf{(11.20)}$$

추정된 회귀계수들이 가중되지 않은 최소제곱을 이용하여 구한 (11.18)의 계수들과 크게 다르지 않음에 주목하라. 회귀계수들이 조금만 변화하였기 때문에, 분석가는 표준편차함수와 (11.20)의 가중회귀에 대한 잔차에 근거한 가중값들을 재추정할 필요가 없다고 결론지었다.

분석가는 다음으로 근사적인 추정된 표준편차 $s\{b_{w1}\} = .07924$를 얻기 위해 (11.13)

의 방법을 통해 추정된 회귀계수들의 추정된 분산공분산행렬을 구하였다. 이 표준편차가 (11.18)의 보통최소제곱에 의해 얻어진 추정값의 표준편차 .09695보다 다소 작다는 것은 흥미롭다. 약 18%의 감소는 가중최소제곱을 사용하여 불균등 오차분산이 고려된 결과이다.

β_1의 근사적인 95% 신뢰구간을 구하기 위해, 분석가는 (6.50)에 $t(.975; 52) = 2.007$를 넣었다. 신뢰한계는 .59634 ± 2.007 (.07924)이 되고, 근사적인 95% 신뢰구간은 다음과 같다.

$$.437 \leq \beta_1 \leq .755$$

11.5절에서 이러한 추론 근사의 타당성을 살펴볼 것이다.

부연설명

1. **등분산성**(homoscedasticity)이라고 하는 일정한 오차분산들의 조건과 반대로, 오차분산이 전체적인 자료에서 일정하지 않은 조건을 **이분산성**(heteroscedasticity)이라고 한다.
2. 회귀분석의 반응의 분산이 평균에 대한 함수적인 관계를 갖는 분포를 따르는 경우에 이분산성이 생긴다(대부분의 그러한 자료에서 Y의 비정규성 또한 볼 수 있다). 이러한 예로, X는 케이블에 플라스틱 코팅을 입히는 기계의 속도이고 Y는 케이블의 1,000피트당 코팅의 흠집의 개수를 나타내는 회귀분석을 살펴보자. Y가 X의 증가에 따라 평균이 증가하는 포아송 분포를 따른다면, 포아송 분포의 분산은 평균과 동일하기 때문에 Y의 분포는 X의 모든 수준에서 동일 분산을 가질 수 없을 것이다.
3. 추정된 분산 또는 표준편차함수에 의한 방법, 또는 복제, 근접 복제의 집단을 이용한 방법에 의한 가중값의 추정은 오차항의 분산들이 큰 차이가 있는 경우 매우 유용하다. 그러나 만약 차이가 작거나 약간 있는 정도라면, 이러한 근사직 방법에 의한 가중최소제곱은 특별히 유용하지는 않을 것이다.
4. 몇몇 다중회귀 소프트웨어 패키지들의 가중최소제곱의 결과물은 다중결정계수 R^2을 포함한다. R^2은 가중최소제곱에서 확실한 의미를 갖고 있지 않기에, 이러한 패키지들의 사용자들은 이것을 주의해서 다룰 필요가 있다.
5. 오차분산 σ_i^2들을 알고 있는 경우에 (11.9)의 회귀계수들의 가중최소제곱추정량들은 쉽게 유도될 수 있다. 유도과정을 통해 가중최소제곱이 변환된 변수들의 보통최소제곱으로 간주할 수도 있다는 것을 볼 수 있다. (11.1)의 일반화다중회귀모형은 다음과 같은 행렬의 형태로 표현될 수 있다.

$$\mathbf{Y} = \mathbf{X}\boldsymbol{\beta} + \boldsymbol{\varepsilon} \tag{11.21}$$

여기서

$$\mathbf{E}\{\boldsymbol{\varepsilon}\} = \mathbf{0}$$
$$\boldsymbol{\sigma}^2\{\boldsymbol{\varepsilon}\} = \mathbf{W}^{-1}$$

(11.2)에서 오차항의 분산공분산행렬은 (11.7)에서 정의된 가중값행렬의 역함수임에 유의하라.

이제 가중값 w_i의 제곱근을 포함하는 대각행렬을 정의하고 그것을 $\mathbf{W}^{1/2}$으로 나타낼 것이다.

$$\underset{n\times n}{\mathbf{W}^{1/2}} = \begin{bmatrix} \sqrt{w_1} & 0 & \cdots & 0 \\ 0 & \sqrt{w_2} & \cdots & 0 \\ \vdots & \vdots & & \vdots \\ 0 & 0 & \cdots & \sqrt{w_n} \end{bmatrix} \tag{11.22}$$

$\mathbf{W}^{1/2}$는 대칭이고 $\mathbf{W}^{1/2}\mathbf{W}^{1/2} = \mathbf{W}$이 된다는 것에 유의하라. 마지막 관계는 또한 역함수에서도 적용된다. $\mathbf{W}^{-1/2}\mathbf{W}^{-1/2} = \mathbf{W}^{-1}$.

$\mathbf{W}^{1/2}$을 (11.21)의 회귀모형의 양변의 앞에 곱해주면 다음을 얻을 수 있다.

$$\mathbf{W}^{1/2}\mathbf{Y} = \mathbf{W}^{1/2}\mathbf{X}\boldsymbol{\beta} + \mathbf{W}^{1/2}\boldsymbol{\varepsilon} \tag{11.23}$$

이것은 다음과 같이 표현될 수 있다.

$$\mathbf{Y}_w = \mathbf{X}_w\boldsymbol{\beta} + \boldsymbol{\varepsilon}_w \tag{11.23a}$$

여기서

$$\begin{aligned} \mathbf{Y}_w &= \mathbf{W}^{1/2}\mathbf{Y} \\ \mathbf{X}_w &= \mathbf{W}^{1/2}\mathbf{X} \\ \boldsymbol{\varepsilon}_w &= \mathbf{W}^{1/2}\boldsymbol{\varepsilon} \end{aligned} \tag{11.23b}$$

(5.45)와 (5.46)에 의해 다음을 얻을 수 있다.

$$\mathbf{E}\{\boldsymbol{\varepsilon}_w\} = \mathbf{W}^{1/2}\mathbf{E}\{\boldsymbol{\varepsilon}\} = \mathbf{W}^{1/2}\mathbf{0} = \mathbf{0} \tag{11.24a}$$

$$\begin{aligned} \boldsymbol{\sigma}^2\{\boldsymbol{\varepsilon}_w\} &= \mathbf{W}^{1/2}\boldsymbol{\sigma}^2\{\boldsymbol{\varepsilon}\}\mathbf{W}^{1/2} = \mathbf{W}^{1/2}\mathbf{W}^{-1}\mathbf{W}^{1/2} \\ &= \mathbf{W}^{1/2}\mathbf{W}^{-1/2}\mathbf{W}^{-1/2}\mathbf{W}^{1/2} = \mathbf{I} \end{aligned} \tag{11.24b}$$

따라서 (11.23a)의 회귀모형에서 오차항은 평균이 0이고, 분산은 $\sigma_i^2 \equiv 1$로 동일하고 서로 독립이다. 따라서 이러한 변환된 회귀모형에 표준회귀 과정을 적용할 수 있다.

예를 들어 (6.25)의 회귀계수들의 보통최소제곱추정량은 여기서 다음과 같다.

$$\mathbf{b}_w = (\mathbf{X}_w'\mathbf{X}_w)^{-1}\mathbf{X}_w'\mathbf{Y}_w$$

(11.23b)의 정의를 사용하면 (11.9)의 가중최소제곱의 결과를 얻는다.

$$\begin{aligned} \mathbf{b}_w &= [(\mathbf{W}^{1/2}\mathbf{X})'\mathbf{W}^{1/2}\mathbf{X}]^{-1}(\mathbf{W}^{1/2}\mathbf{X})'\mathbf{W}^{1/2}\mathbf{Y} \\ &= (\mathbf{X}'\mathbf{W}^{1/2}\mathbf{W}^{1/2}\mathbf{X})^{-1}\mathbf{X}'\mathbf{W}^{1/2}\mathbf{W}^{1/2}\mathbf{Y} \\ &= (\mathbf{X}'\mathbf{W}\mathbf{X})^{-1}\mathbf{X}'\mathbf{W}\mathbf{Y} \end{aligned}$$

6. 가중최소제곱은 오차항들이 다른 분산들을 갖고 있을 뿐 아니라 오차항들끼리 상관관계를 갖고 있는 일반화최소제곱(generalized least squares)의 특별한 경우이다.
7. 단순선형회귀에서 (11.8)의 가중최소제곱 정규방정식은 다음과 같다.

$$\begin{aligned} \sum w_iY_i &= b_{w0}\sum w_i + b_{w1}\sum w_iX_i \\ \sum w_iX_iY_i &= b_{w0}\sum w_iX_i + b_{w1}\sum w_iX_i^2 \end{aligned} \tag{11.25}$$

그리고 (11.9)의 가중최소제곱추정량 b_{w0}와 b_{w1}는 다음과 같다.

$$b_{w1} = \frac{\sum w_i X_i Y_i - \dfrac{\sum w_i X_i \sum w_i Y_i}{\sum w_i}}{\sum w_i X_i^2 - \dfrac{\left(\sum w_i X_i\right)^2}{\sum w_i}} \tag{11.26a}$$

$$b_{w0} = \frac{\sum w_i Y_i - b_1 \sum w_i X_i}{\sum w_i} \tag{11.26b}$$

만약 모든 가중값들이 같아서 w_i가 상수로 일정하다면, 가중최소제곱의 정규방정식 (11.25)는 (1.9)의 가중되지 않은 최소제곱의 정규방정식으로 환원되고, (11.26)의 가중최소제곱추정량들은 (1.10)의 가중되지 않은 최소제곱추정량들로 환원된다는 것을 주목하라. ■

11.2 ■ 다중공선성의 해결방안 – 능선회귀

먼저, 보통최소제곱을 그대로 사용하면서 적용할 수 있는 심각한 다중공선성에 대한 몇 가지 해결방안을 생각해 볼 것이고, 그 다음으로는 최소제곱법을 수정함으로써 심각한 다중공선성을 극복할 수 있는 방법인 능선회귀(ridge regression, 능형회귀)를 다룰 것이다.

몇 가지 해결방안

1. 7장에서 보았던 것처럼 추론을 하기 위한 예측변수들의 값들이 회귀모형의 자료들과 동일한 다중공선성 패턴을 갖는다면 심각한 다중공선성의 존재는 평균반응의 추정 또는 예측을 위해 적합된 모형의 유용성에 영향을 미치지 않는다. 따라서 한 가지 해결방안은 적합된 회귀모형의 사용을 동일한 다중공선성의 패턴을 갖는 예측변수들의 값들에 대한 추론으로 제한하는 것이다.
2. 7장에서 보았던 것과 같이 다항식회귀모형에서 예측변수들을 중심화(centered)하여 사용하면 예측변수들의 일차, 이차, 고차항들 사이의 다중공선성을 줄여 줄 수 있다.
3. 다중공선성을 줄이기 위해 하나 또는 여러 개의 예측변수들을 모형에서 제거할 수 있고, 그렇게 함으로써 모형에 남아 있는 예측변수들의 추정된 회귀계수들의 표준오차를 줄일 수 있다. 이 해결방안은 두 가지 중요한 한계를 갖고 있다. 첫 번째는 제거된 예측변수들에 대한 직접적인 정보를 얻을 수 없다. 두 번째는 모형에 남아 있는 예측변수들의 회귀계수 크기 규모가 모형에 포함되지 않은 상관된 예측변수들에 의해 영향을 받는다.
4. 다중공선성의 패턴을 없애는 몇 개의 사례들을 추가하는 것도 가능하다. 그러나 보통 이 선택은 사용할 수가 없다. 예를 들어 경영학과 경제학에서는 많은 예측변수들을 통제할 수 없고, 따라서 새로운 사례들은 앞의 것들과 같은 상호상관(intercorrelation) 패턴을 보이는 경향이 있다.
5. 몇몇 경제학 연구에서는 서로 다른 자료집합에서 나온 예측변수들의 회귀계수들을

추정하는 것이 가능하고, 그렇게 함으로써 다중공선성의 문제를 피하는 것이 가능하다. 예를 들어 수요연구는 이것 때문에 횡단 자료와 시계열 자료 모두를 사용할 것이다. 수요연구에서 예측변수들이 가격과 소득이라면 추정된 관계는 다음과 같다.

$$Y_i = \beta_0 + \beta_1 X_{i1} + \beta_2 X_{i2} + \varepsilon_i \tag{11.27}$$

Y는 수요이고, X_1은 소득, X_2는 가격이다. 그러면 소득의 계수 β_1은 횡단 자료로부터 추정될 것이다. 그 결과로 수요 변수 Y는 다음과 같이 조정된다.

$$Y_i' = Y_i - b_1 X_{i1} \tag{11.28}$$

마지막으로 가격의 계수 β_2는 조정된 수요 변수 Y'를 X_2에 회귀함으로써 추정될 수 있다.

6. 보통최소제곱에서 사용될 수 있는 다중공선성의 또 다른 해결방안은 크게 상관되어 있는 예측변수들로 하나 또는 여러 개의 복합지수(composite index)를 만드는 것이다. 주성분(principal components)의 방법론은 상관되지 않은 복합지수들을 제공한다. 보통 이러한 복합지수들 중 소수 몇 개에 예측변수들에 포함된 대부분의 정보가 들어 있다. 그리고 이러한 소수의 상관되지 않은 복합지수들은 높은 상관관계를 갖는 원래의 예측변수들을 대신하여 회귀분석에 사용된다. 잠재제곱근회귀(latent root regression, 고윳값회귀)라고도 하는 주성분회귀의 한계점은 지수들에 구체적인 의미를 부여하기가 어려울 수 있다는 점이다.

이러한 처방적 접근과 회귀계수들의 사전 정보들이 추정의 과정에 통합될 수 있는 베이지안 회귀에 대한 더 많은 정보는 인용문헌 11.3을 참조하여라.

능선회귀

편향추정. 능선회귀(ridge regression, 능형회귀)는 회귀계수의 편향된 추정량을 최소제곱에서 허용할 수 있도록 수정함으로써 다중공선성 문제를 해결하기 위해 제안된 여러 방법 중 하나다. 추정량이 단지 작은 편향만 갖고 있고 비편향추정량에 비해 상당히 정확하

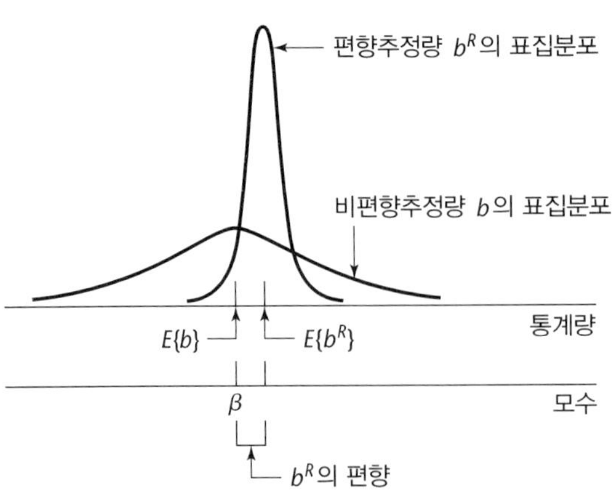

그림 11.2 큰 분산을 갖는 비편향추정량보다 작은 분산을 갖는 편향추정량이 선호될 수 있다.

다면, 실제 모수의 값에 가까울 확률이 더 크기 때문에 이것이 더 선호되는 추정량인 것은 당연하다. 그림 11.2는 이 상황을 보여 준다. 추정량 b는 불편성을 갖지만 부정확하고, 반면 추정량 b^R은 약간의 편향이 있지만 훨씬 더 정확하다. b^R이 실제 값 β에 근접할 확률이 비편향추정량 b보다 훨씬 크다.

편향과 표집변동의 결합된 효과의 측도는 C_p 기준과 관련되어 9장에서 보았던 개념인 평균제곱오차이다. 여기서 평균제곱오차는 참 모수 β로부터의 편향추정량 b^R의 편차제곱의 기댓값이다. 전과 같이 이 기댓값은 추정량 분산과 편향제곱의 합이다.

$$E\{b^R - \beta\}^2 = \sigma^2\{b^R\} + (E\{b^R\} - \beta)^2 \tag{11.29}$$

만약 추정량이 비편향성을 갖는다면, 평균제곱오차는 추정량의 분산과 동일함에 유의하라.

능선추정량. 보통최소제곱에서 (6.24)에 의해 정규방정식은 다음과 같이 주어진다.

$$(\mathbf{X}'\mathbf{X})\mathbf{b} = \mathbf{X}'\mathbf{Y} \tag{11.30}$$

모든 변수들이 (7.44)의 상관변환에 의해 변환된 경우, 변환된 회귀모형은 (7.45)에 의해 다음과 같이 주어진다.

$$Y_i^* = \beta_1^* X_{i1}^* + \beta_2^* X_{i2}^* + \cdots + \beta_{p-1}^* X_{i,p-1}^* + \varepsilon_i^* \tag{11.31}$$

그리고 (7.52a)에 의해 최소제곱정규방정식은 다음과 같이 주어진다.

$$\mathbf{r}_{XX}\mathbf{b} = \mathbf{r}_{YX} \tag{11.32}$$

여기서 $\mathbf{r}_{XX}$는 (7.47)에서 정의된 X 변수들의 상관행렬이고 $\mathbf{r}_{YX}$는 (7.48)에서 정의된 Y와 각각의 X와의 단순상관계수들의 벡터이다.

능선표준화회귀추정량들은 (11.32)의 최소제곱정규방정식에 편향상수 $c \geq 0$을 다음과 같은 형태로 도입하여 얻어진다.

$$(\mathbf{r}_{XX} + c\mathbf{I})\mathbf{b}^R = \mathbf{r}_{YX} \tag{11.33}$$

여기서 $\mathbf{b}^R$은 표준화능선회귀계수 b_k^R들의 벡터이다.

$$\underset{(p-1)\times 1}{\mathbf{b}^R} = \begin{bmatrix} b_1^R \\ b_2^R \\ \vdots \\ b_{p-1}^R \end{bmatrix} \tag{11.33a}$$

그리고 $\mathbf{I}$는 $(p-1) \times (p-1)$의 항등행렬이다. (11.33)의 정규방정식의 해는 능선표준화회귀계수들을 만든다.

$$\mathbf{b}^R = (\mathbf{r}_{XX} + c\mathbf{I})^{-1}\mathbf{r}_{YX} \tag{11.34}$$

상수 c는 추정량의 편향 크기를 반영한다. $c = 0$인 경우, (11.34)는 (7.52b)에서 주어진 것처럼 표준화된 형태의 보통최소제곱 회귀계수들로 환원된다. $c > 0$인 경우, 능선회귀계수들은 편향되어 있지만, 보통최소제곱추정량들에 비해 좀 더 안정적인(즉 덜 변동적인) 경향을 보인다.

편향상수 c의 선택. c가 커질수록 (모든 b_k^R이 0으로 향하면서) 능선회귀추정량 $\mathbf{b}^R$의 전체 평균제곱오차의 편향성분이 증가하는 반면, 분산성분은 작아진다는 것을 보일 수 있다. 또한 능선회귀계수 $\mathbf{b}^R$이 보통최소제곱추정량 $\mathbf{b}$에 비해 더 작은 총평균제곱오차를 가지도록 하는 어떤 c값이 항상 존재한다는 것을 보일 수 있다. c의 최적의 값이 매번 다르고 또 알지 못한다는 것이 어려운 점이다.

흔히 사용되는 편향상수(biasing constant) c의 결정 방법은 **능선추적**(ridge trace)과 (10.41)의 분산팽창인수 $(VIF)_k$에 근거한다. 능선추적은 일반적으로 0과 1 사이의 c값에 대한 $p-1$개 추정된 능선표준화회귀계수 값의 동시 그림이다. 많은 경험에 의하면 c가 0으로부터 약간 변화함에 따라 추정된 회귀계수 b_k^R들이 크게 변화하고 어떤 것은 심지어 부호도 변할 수 있다. 그러나 점진적으로 c가 더욱 증가할수록 이러한 큰 변동은 멈추고 회귀계수들의 크기는 천천히 0으로 이동하는 경향을 보인다. 동시에 c가 0으로부터 증가함에 따라 $(VIF)_k$의 값들은 빠르게 떨어지는 경향을 보이고, c가 더욱 증가함에 따라 점진적으로 $(VIF)_k$ 값들은 다소 작게 변화하는 경향을 보인다. 따라서 능선추적과 $(VIF)_k$의 값들을 조사하고, 회귀계수들이 능선추적에서 안정화되기 시작하고 VIF 값들이 충분히 작아졌다고 판단되는 최소 c값을 선택한다. 따라서 선택은 판단에 따른다.

예 표 7.1의 3개 예측변수가 있는 체지방 예를 통해 자료의 심각한 다중공선성의 비정형적인 몇 가지 징후들을 보았다. 실제로 3개 예측변수로 적합된 모형(표 7.2d)에서 체지방의 양이 허벅지의 둘레와 양의 관계를 가질 것이라고 예상됨에도 불구하고, 추정된 회귀계수 b_2는 음수이다. 표 7.1의 체지방 예의 자료에 대해 능선회귀를 하였다(계산 생략). c값들에 대한 능선표준화회귀계수들은 표 11.2에 나와 있고, 분산팽창인수들은 표 11.3에 나와 있다. 표 11.3에 다중결정계수 R^2도 있다. 그림 11.3은 표 11.2에 있는 것보다 더 많은 c값들

c	b_1^R	b_2^R	b_3^R
.000	4.264	−2.929	−1.561
.002	1.441	−.4113	−.4813
.004	1.006	−.0248	−.3149
.006	.8300	.1314	−.2472
.008	.7343	.2158	−.2103
.010	.6742	.2684	−.1870
.020	.5463	.3774	−.1369
.030	.5004	.4134	−.1181
.040	.4760	.4302	−.1076
.050	.4605	.4392	−.1005
.100	.4234	.4490	−.0812
.500	.3377	.3791	−.0295
1.000	.2798	.3101	−.0059

표 11.2 편향상수 c에 따른 추정된 능선표준화회귀계수 – 세 개의 예측변수를 갖는 체지방 예

c	$(VIF)_1$	$(VIF)_2$	$(VIF)_3$	R^2
.000	708.84	564.34	104.61	.8014
.002	50.56	40.45	8.28	.7901
.004	16.98	13.73	3.36	.7864
.006	8.50	6.98	2.19	.7847
.008	5.15	4.30	1.62	.7838
.010	3.49	2.98	1.38	.7832
.020	1.10	1.08	1.01	.7818
.030	.63	.70	.92	.7812
.040	.45	.56	.88	.7808
.050	.37	.49	.85	.7804
.100	.25	.37	.76	.7784
.500	.15	.21	.40	.7427
1.000	.11	.14	.23	.6818

표 11.3 회귀계수에 대한 VIF와 편향상수 c에 대한 R^2 – 세 개의 예측변수를 갖는 체지방 예

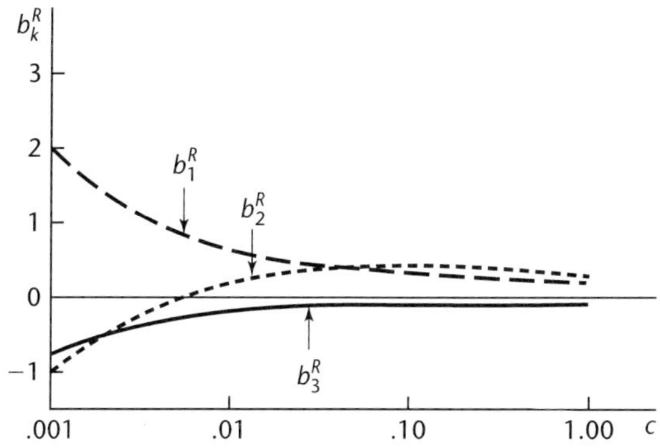

그림 11.3 표준화회귀계수의 능선추적 – 세 개의 예측변수를 갖는 체지방 예

에 대한 계산에 근거해 추정된 표준화회귀계수들의 능선추적을 나타낸다. 분석을 용이하게 하기 위해 그림 11.3의 수평축 c의 눈금은 로그척도이다.

그림 11.3의 매우 작은 c값들에 대하여 회귀계수들이 불안정함을 주목하라. 실제로 추정된 회귀계수 b_2^R은 부호가 바뀐다. 또한 표 11.3에서 *VIF*값들이 빠르게 감소한다. 여기서 $c = .02$인 지점에서 능선회귀계수가 1에 가까운 *VIF*값을 갖고, 추정된 회귀계수들이 꽤 안정적으로 되었기 때문에 $c = .02$이 선택되었다. $c = .02$으로 모형의 적합 결과는 다음과 같다.

$$\hat{Y}^* = .5463X_1^* + .3774X_2^* - .1369X_3^*$$

(7.53)에 의해 원래의 변수들로 변환하면 다음을 얻는다.

$$\hat{Y} = -7.3978 + .5553X_1 + .3681X_2 - .1917X_3$$

여기서 $\bar{Y} = 20.195$, $\bar{X}_1 = 25.305$, $\bar{X}_2 = 51.170$, $\bar{X}_3 = 27.620$, $s_Y = 5.106$, $s_1 = 5.023$, $s_2 = 5.235$, $s_3 = 3.647$이 된다.

β_2 추정값의 부적절한 부호는 이제 제거되었고, 추정된 회귀계수들은 이전의 예상과 좀 더 비슷하게 되었다. c가 증가함에 따라 변환된 변수들의 잔차제곱들의 합은 $c = 0$인 경우 .1986에서 $c = .02$인 경우 .2182로 조금 증가하였고, 반면 R^2은 .8014에서 .7818로 감소하였다. 이러한 변화들은 상대적으로 작은 편이다. $X_{h1} = 25.0$, $X_{h2} = 50.0$, $X_{h3} = 29.0$인 경우 평균 체지방은 보통최소제곱의 해를 이용하면 19.19인 반면, $c = .02$인 능선회귀로 추정된 평균 체지방은 19.33이 된다. 따라서 $c = .02$에서 능선 해(ridge solution)는 이 경우에 꽤 만족스럽고, 보통최소제곱 해의 합리적인 대안으로 보인다.

부연설명

1. (11.33)의 능선추정량의 정규방정식은 다음과 같다.

$$\begin{aligned}
(1+c)b_1^R + \quad r_{12}b_2^R + \cdots + \quad r_{1,p-1}b_{p-1}^R &= r_{Y1} \\
r_{21}b_1^R + (1+c)b_2^R + \cdots + \quad r_{2,p-1}b_{p-1}^R &= r_{Y2} \\
&\vdots \\
r_{p-1,1}b_1^R + r_{p-1,2}b_2^R + \cdots + (1+c)b_{p-1}^R &= r_{Y,p-1}
\end{aligned} \tag{11.35}$$

여기서 r_{ij}는 i번째와 j번째 X 변수들 사이의 단순상관계수이고, r_{Yj}는 반응변수 Y와 j번째 X 변수 사이의 단순상관계수이다.

2. 능선회귀계수 b_k^R의 VIF값들은 보통최소제곱 회귀계수들의 VIF값과 비슷하게 정의된다. 즉, b_k^R의 VIF값은 b_k^R의 분산이 예측변수들이 무상관(uncorrelated)인 경우에 비하여 분산이 상대적으로 얼마나 커다란지 측정한다. 능선회귀계수 b_k^R의 VIF값들이 다음의 $(p-1) \times (p-1)$ 행렬의 대각원소라는 것을 알 수 있다.

$$(\mathbf{r}_{XX} + c\mathbf{I})^{-1}\mathbf{r}_{XX}(\mathbf{r}_{XX} + c\mathbf{I})^{-1} \tag{11.36}$$

3. 보통최소제곱의 경우 (6.40)으로 주어진, 다중결정계수 R^2은 다음과 같다.

$$R^2 = 1 - \frac{SSE}{SSTO} \tag{11.37}$$

능선회귀에서도 비슷하게 정의될 수 있다. 하지만 (7.44a)에서 상관변환된(correlation-transformed) 종속변수 Y^*의 총제곱합이 다음과 같이 되기 때문에 단순화가 가능하다.

$$SSTO_R = \sum (Y_i^* - \bar{Y}^*)^2 = 1 \tag{11.38}$$

능선회귀의 적합값은 다음과 같다.

$$\hat{Y}_i^* = b_1^R X_{i1}^* + \cdots + b_{p-1}^R X_{i,p-1}^* \tag{11.39}$$

X_{ik}^*는 (7.44b)의 상관변환에 따라 변환된 X 변수들이다. 일반적으로 오차제곱합은 다음과 같다.

$$SSE_R = \sum (Y_i^* - \hat{Y}_i^*)^2 \tag{11.40}$$

여기서 $\hat{Y}_i^*$은 (11.39)에서 주어진 것이다. 그리고 능선회귀의 R^2은 다음과 같이 된다.

$$R_R^2 = 1 - SSE_R \tag{11.41}$$

4. 능선회귀추정값은 **벌점최소제곱**(penalized least squares)에 의해 구해질 수 있다. 벌점최소제곱 기준은 일반적인 오차제곱의 합과 큰 회귀계수 값에 대한 벌점 부과를 더한 것이다.

$$Q = \sum_{i=1}^{n} [Y_i^* - (\beta_1^* X_{i1}^* + \cdots + \beta_{p-1}^* X_{i,p-1}^*)]^2 + c\left[\sum_{j=1}^{p-1} (\beta_j^*)^2\right]$$

벌점은 회귀계수들의 제곱의 합에 편향상수 c를 곱한 것이다. 절댓값이 큰 회귀모수는 커다란 벌점을 받는다. 따라서 $c > 0$인 경우 '최량' 상수들은 일반적으로 보통최소제곱추정값들에 비해 절댓값의 크기가 더 작다는 것을 볼 수 있다. 이러한 이유로 능선추정량은 **축소**(shrinkage)추정량이라고도 한다.

5. 능선회귀추정값은 적합된 회귀에 사용한 자료의 작은 변화에 일반적으로 거의 영향

을 받지 않는다는 점에서 안정적인 경향을 보인다. 반면에 보통최소제곱추정값들은 예측변수들이 크게 다중공선성을 갖는 경우, 같은 조건에서 매우 불안정하다. 추정된 능선회귀함수로부터 만들어진 새로운 관측값들의 예측은 예측변수들이 상관되어 있고, 새로운 관측값들이 같은 다중공선성 패턴을 갖고 있는 경우(예를 들어 인용문헌 11.4 참조), 최소제곱 회귀함수로부터 나온 예측에 비해 좀 더 정확한 경향을 보인다. 예측변수들 사이의 상호상관이 높은 경우 능선회귀의 예측 정확도의 이점은 특별히 더 두드러진다.

6. 때때로, 추정된 능선회귀함수는 회귀함수가 근거한 관측값들의 범위를 벗어난 예측변수들의 수준에 대한 평균반응 또는 새로운 관측값의 예측에 대한 좋은 추정값을 제공해 준다. 반면 보통최소제곱에 의한 회귀함수는 그러한 상황에서 상당히 좋지 못하게 된다. 물론 관측값의 범위 밖에서는 어떠한 추정 혹은 예측이든지 항상 매우 조심스럽게 접근해야 한다.
7. 능선회귀의 중대한 한계는 보통의 추론과정이 적용되지 않으며, 정확한 분포적인 특성을 모른다는 것이다. 11.5절에서 논의될 컴퓨터 집약 절차인 붓스트랩핑(bootstrapping)은 능선회귀계수들의 정밀도를 평가하기 위해 적용될 수 있다. 능선회귀의 또 다른 한계점은 편향상수 c의 선택이 개별 판단에 의한 것이라는 점이다. 이 선택을 위해 다양한 정형적인 방법들이 개발되어 왔지만, 각자의 한계점을 갖고 있다.
8. 능선회귀과정은 추정된 회귀계수별로 편향상수를 다르게 할 수 있도록 일반화되어 왔다. 예를 들어 인용문헌 11.3을 참조하여라.
9. 능선추적의 분석을 통해, 능선회귀는 탐색적 관측연구에서의 잠재적인 예측변수들의 개수를 줄이기 위해 사용될 수 있다. 계수가 0의 값을 향하는 경향이 있고 능선추적이 불안정한 변수들은 이 방법에 의해 제거될 수 있다. 또한 능선추적이 매우 작은 값에서난 안정적인 변수들도 제거된다. 마지막으로 0으로 향하지는 않지만 능선추적이 불안정한 변수들도 제거대상이다. ■

11.3 ■ 영향 자료의 해결방안 – 로버스트 회귀

10장에서 모자행렬과 스튜던트화 제거 잔차는 X와 Y 변수에 대한 바깥값 자료를 알아보기 위한 귀중한 도구임을 알았다. 덧붙여 적합값과 추정된 회귀계수들의 이러한 바깥값 자료들의 영향력을 *DFFITS*, Cook의 거리, *DFBETAS* 측도를 이용해 어떻게 측정할지에 대해 생각해 보았다. 바깥값 자료들에 대해 관심이 있는 이유는 최소제곱이 특별히 이러한 자료들에 민감하여, 다른 나머지 자료들에게 심각하게 왜곡된 적합모형을 만드는 경우가 있기 때문이다. 이제 나오는 중요한 질문은 영향력이 큰 자료들을 어떻게 다루는지에 대한 것이다.

바깥값 자료가 기록의 오류, 측정기구의 고장 등에 의한 결과인지를 조사하는 것이 첫 단계이다. 예를 들어 전화예약시스템의 대기시간에 대한 연구에서, 하나의 대기시간이

1,000번의 벨소리로 기록되었다. 이 관측값은 매우 극단적이고 비현실적이기 때문에 명백히 오류이다. 만약 잘못된 자료를 고칠 수 있다면 고쳐야 한다. 그러나 보통 잘못된 자료는 사후에 고쳐질 수 없고 버려야 한다. 불행하게도 자료가 얻어지고 난 후에 특이한 관측값이 오류에 의한 것인지 확신할 수 없는 경우가 많다. 보통 이러한 경우에 자료를 버리지 않는다.

영향력 있는 바깥값 자료가 명백히 잘못된 것이 아니라면, 모형의 적정성을 조사하는 것이 다음 단계이다. 바깥값 자료들이 현재 받아들여진 모형에서 벗어나 있기 때문에 과학자들은 빈번하게 바깥값 자료들에 일차 관심을 갖고 있다. 이러한 바깥값 자료들을 조사하는 것은, 모형이 어떻게 수정될 필요가 있는지에 대한 중요한 실마리를 제공해 주기도 한다. 어떤 공정의 산출량에 대한 연구에서, 이전의 연구는 산출량에 있어서 두 개의 중요한 요소들 사이에 어떠한 상호작용효과도 발견하지 못하였기 때문에 일차모형으로 적합하였다. 최근 연구에서는 매우 높은 산출량 자료 하나가 따로 떨어져 있고, 매우 영향력이 높다. 이 자료의 두 요소는 아주 큰 값들을 갖고 있다. 잠정적으로 다다른 결론은 상호작용효과가 존재한다는 것이다. 이것은 추후 연구에서 확인되었다. 바깥값 자료에 의한 개선된 모형은 굉장히 향상된 공정의 생산성을 가져왔다.

바깥값 자료들은 또한 중요한 변수의 생략, 혹은 올바르지 않은 함수적 모양의 선택(즉, 지수함수 대신 이차함수의 선택)과 같은 모형의 부적합성을 발견하는 데 도움이 될 수도 있다. 영향력 있는 바깥값 자료들의 분석은 종종 모형을 강화하는 통찰력을 얻어 바깥값들이 더 이상 바깥값이 아니고 모형에 의해 설명될 수 있게 한다.

명백히 잘못되지는 않고, 모형의 향상에 의해 설명될 수 없는 영향력 있는 바깥값 자료들은 모형이 바깥값 자료들과 관련된 특별한 상황을 다루지 않도록 의도된 경우를 제외하고는 삭제하지 말아야 한다. 예를 들어 공장 연구에서 몇 개의 자료들은 바깥값이며 매우 영향력이 있었다. 이러한 자료들은 연구 시작 시점에서 예전 공정에서 새로운 공정으로 전환하면서 발생했었다. 이러한 초기의 자료들을 버리는 것은 새로운 공정이 안정화된 후에 모형을 사용하는 것으로 의도되었기 때문에 합리적으로 볼 수 있다.

덜 심각한 바깥값 자료들을 버리는 것에 대한 대안으로는 이 자료들의 영향력을 약화시키는 것이 있다. 이것이 로버스트 회귀의 목적이다.

로버스트 회귀

로버스트(robust) 회귀 과정은 자료들의 대부분에 대해 좀 더 나은 적합을 통해 보통최소제곱추정에 비해 바깥값 자료들의 영향력을 약화시킨다. 로버스트 회귀는 알려진 매끄러운 회귀함수를 바깥값이 많은 '잡음성(noisy)' 자료들에 대해(오차항들의 정규분포 가정이 적절하지 않은 경우) 적합하려고 할 때 유용하다. 로버스트 회귀 과정은 또한 자동화된 회귀분석이 필요한 경우에도 유용하다. 예를 들어 내과의 건강검진을 위한 복잡한 측정도구는 매번 사용할 때마다 보정되어야만 한다. 하지만 바깥값 자료들의 철저한 확인과 그들의 영향력에 대한 분석뿐 아니라 해결방안에 대해 주의 깊게 생각할 시간이 없다. 이런 경우에 자동화된 회귀 보정이 사용되어야 한다. 로버스트 회귀 과정은 이러한 상황에서 바깥값 자료들의 과도한 영향으로부터 자동적으로 보호해준다.

많은 로버스트 회귀 과정들이 개발되고 있다. 인용문헌 11.5와 11.6과 같은 전문서적에 기술되어 있다. 이러한 과정들 중 몇 개만 간단히 언급하고, 반복재가중최소제곱에 근거한 일반적으로 사용되는 한 가지 과정을 상세히 기술할 것이다.

LAR 혹은 LAD 회귀. 최소 L_1–노름 회귀(minimum L_1–*norm regression*)라고도 하는, 최소절대잔차(*least absolute residuals, LAR*) 또는 최소절대편차(*least absolute deviations, LAD*) 회귀는 가장 널리 쓰이는 로버스트 회귀 절차 중 하나이다. 이것은 바깥값 자료와 채택된 모형의 부적절함에 둔감하다. 최소절대잔차법은 Y 관측값들과 그것들의 평균에 대한 편차의 절댓값 합을 최소화함으로써 회귀계수를 추정한다. L_1으로 나타내어지는 최소화되는 기준은 다음과 같다.

$$L_1 = \sum_{i=1}^{n} |Y_i - (\beta_0 + \beta_1 X_{i1} + \cdots + \beta_{p-1} X_{i,p-1})| \tag{11.42}$$

편차의 제곱이 아닌 편차의 절댓값이 사용되기 때문에 LAR 방법은 최소제곱에 비해 바깥값 자료에 비중을 덜 두게 된다.

추정된 LAR 회귀계수들은 선형계획(linear programming) 기법으로 찾을 수 있다. 계산과정에 대한 자세한 것은 인용문헌 11.7과 같은 전문서적에서 볼 수 있다. 적합된 LAR 회귀모형은 일반적으로 잔차의 합이 0이 안 된다는 점에서 최소제곱에 의해 적합된 모형과 다르다. 또한 최소절대잔차법을 이용하여 추정된 회귀계수들의 해는 유일하지 않을 수도 있다.

IRLS 로버스트 회귀. 반복재가중최소제곱(*iterative reweighted least squares*, IRLS) 로버스트 회귀는 바깥값 자료들의 영향력을 약화시키기 위해 11.1절에서 논의된 가중최소제곱 절차를 이용한다. 오차분산에 근거한 가중값들 대신에, IRLS 로버스트 회귀는 사료들의 잔차에 의해 측정된 바깥값들의 멀리 떨어진 정도에 근거한 가중값들을 사용한다. 가중값들은 로버스트 적합이 얻어질 때까지 반복하여 수정된다. 잠시 후 이 과정에 대해 자세히 논의할 것이다.

LMS 회귀. 최소중위제곱(*least median of squares, LMS*) 회귀는 보통최소제곱의 편차제곱의 합을 위치(location)의 로버스트 추정량인 편차제곱의 중위수로 대체한다. 이 과정의 기준은 중위편차제곱을 회귀계수들에 대해 최소화하는 것이다.

$$\text{median}\{[Y_i - (\beta_0 + \beta_1 X_{i1} + \cdots + \beta_{p-1} X_{i,p-1})]^2\} \tag{11.43}$$

따라서 이 과정은 잔차제곱들의 중위수를 최소화하는 추정된 회귀계수들 $b_0, b_1, \ldots, b_{p-1}$을 찾아낸다.

그밖에 로버스트 회귀 과정들. 많은 다른 로버스트 회귀 과정들이 있다. 몇 개는 최소제곱기준을 적용하기 전에 하나 또는 여러 개의 극단적인 편차제곱을 제거한다. 또 어떤 것들은 순위(rank)에 근거한다. 대부분의 로버스트 회귀 과정들은 많은 계산이 필요하다.

IRLS 로버스트 회귀

11.1절에서 추정된 분산 또는 표준편차함수로부터 가중값을 얻는 것과 관련하여 불균등 오차분산의 해결방안으로서 반복재가중최소제곱을 다루었다. 로버스트 회귀에서, 가중최소제곱은 잔차의 크기와 반대로 변하는 가중값을 사용함으로써 바깥값 자료들의 영향력을 줄이기 위해 사용된다. 그렇게 함으로써 커다란 잔차를 갖는 바깥값 자료들은 작은 가중값을 받게 된다. 가중값들은 추정과정이 안정화될 때까지 매번 반복으로 새로운 잔차가 만들어질 때마다 수정된다. 단계별 요약은 다음과 같다.

1. 자료들에 가중값을 주기 위해 가중값함수를 선택한다.
2. 모든 자료들에 대한 초기 가중값을 얻는다.
3. 초기 가중값을 가중최소제곱에 사용하고, 적합된 회귀함수로부터 잔차들을 얻는다.
4. 위 3단계에서의 잔차들을 이용하여 수정된 가중값들을 얻는다.
5. 수렴값이 얻어질 때까지 반복을 계속한다.

이제 IRLS 로버스트 회귀에서 각 단계에 대해 논의할 것이다.

가중값함수. 바깥값 자료들의 영향력을 약화시키기 위해 많은 가중값함수들이 제안되어 왔다. 두 가지 널리 사용되는 가중값함수는 Huber와 이제곱(bisquare) 가중값함수이다.

$$\text{Huber:}\quad w = \begin{cases} 1 & |u| \le 1.345 \\ \dfrac{1.345}{|u|} & |u| > 1.345 \end{cases} \tag{11.44}$$

$$\text{이제곱:}\quad w = \begin{cases} \left[1 - \left(\dfrac{u}{4.685}\right)^2\right]^2 & |u| \le 4.685 \\ 0 & |u| > 4.685 \end{cases} \tag{11.45}$$

앞에서와 같이 w는 가중값을 나타내고, u는 척도화잔차를 나타낸다. Huber 가중값함수에서 상수 1.345와 이제곱 가중값함수에서 상수 4.685는 **조율상수**(tuning constants)라고 한다. 이것들은 IRLS 로버스트 과정을 정규오차회귀모형 (6.7)을 통해 발생된 자료들에 대

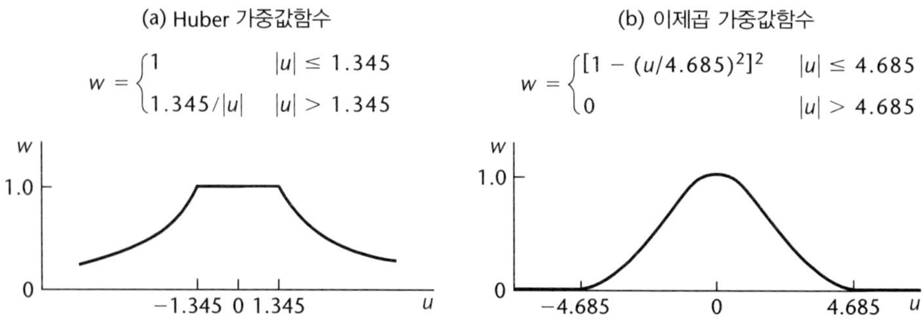

그림 11.4 두 개의 가중값함수를 이용한 IRLS 로버스트 회귀

해 95% 효율적으로 만들기 위해 선택된 것이다. 그림 11.4는 두 개의 가중값함수들의 그래프를 보여 준다. 척도화잔차의 절댓값이 커짐에 따라 각각의 가중값함수들에 따른 가중값 w의 감소 형태와 각각의 가중값함수들이 $u = 0$에서 대칭임에 유의하라. 또한 Huber 가중값함수는 척도화잔차의 절댓값이 1.345를 초과하기 전까지는 자료의 가중값이 1.0에서 감소하지 않고, 척도화잔차의 절댓값이 아무리 클지라도 모든 자료에 약간의 양의 가중값이 있는 것을 유의하라. 대조적으로 이제곱 가중값함수는 모든 자료의 가중값들이 1.0부터 감소한다(잔차가 0이 아니면). 게다가 이제곱 가중값함수는 척도화된 잔차의 절댓값이 4.685를 초과하는 자료들에 가중값 0을 부여하고, 그렇게 함으로써 이러한 극단적인 자료들이 완전히 제외된다.

초깃값. 몇 개의 가중값함수들을 이용한 계산은 초깃값에 매우 민감하다. 다른 함수들의 경우에는 큰 문제가 아니다. Huber 가중값함수가 적용되었을 때, 초기 잔차는 보통최소제곱적합에 의해 얻어진 잔차일 것이다. 반면에 이제곱 가중값함수는 초깃값에 더 민감하다. 이제곱 가중값함수를 위한 좋은 초깃값을 얻기 위해서, Huber 가중값함수가 초기의 로버스트 회귀적합을 얻기 위해 자주 사용되며, 이 적합에서의 잔차들이 이제곱 가중값함수의 여러 번 반복을 위한 초깃값으로 적용된다. 다른 방법으로는, 이제곱 가중값함수가 사용되는 경우 초기 잔차를 얻기 위해 (11.42)의 최소절대잔차회귀가 사용될 수도 있다.

척도화잔차. (11.44)와 (11.45)의 가중값함수들은 척도화잔차와 함께 사용되기 위해 고안되었다. (3.5)의 준스튜던트화 잔차들이 척도화잔차들이며 이 함수들에 적용될 수 있다. 그러나 바깥값들이 존재하는 경우, $\sqrt{MSE}$는 오차항 표준편차 σ의 저항추정량(resistant estimator)이 아니다. 즉 $\sqrt{MSE}$의 크기는 하나 또는 여러 개의 바깥값들에 의해 크게 영향을 받을 수 있다. 또한 오차항의 분포가 정규분포가 아닌 경우, $\sqrt{MSE}$는 σ의 로버스트 추정량이 아니다. 대신에 저항력 있고 로버스트한 중위절대편차(*median absolute deviation, MAD*) 추정량이 보통 사용된다.

$$MAD = \frac{1}{.6745} \text{median}\{|e_i - \text{median}\{e_i\}|\} \tag{11.46}$$

상수 .6745는 정규분포로부터의 독립적인 관측값들에 대한 σ의 비편향추정량을 제공한다. 여기서 이것은 근사적으로 편향되지 않은 추정값을 제공하는 역할을 한다.

(11.46)에 의한 척도화잔차 u_i는 다음과 같다.

$$u_i = \frac{e_i}{MAD} \tag{11.47}$$

반복의 수. 새로운 적합과 잔차를 구함으로써 새로운 가중값을 구하고, 새로운 가중값들을 사용하여 재적합하는 반복적인 과정은 그 과정이 수렴할 때까지 진행된다. 수렴은 가중값들이 비교적 작게 변화하는지, 잔차들이 비교적 작게 변화하는지, 추정된 회귀계수가 비교적 작게 변화하는지, 혹은 적합값이 비교적 작게 변화하는지 등을 봄으로써 측정할 수 있다.

예1 수학능력과 하나 예측변수

교육평가원은 자택교육에 대한 연구(The Educational Testing Service Study *America's Smallest School*: *The family*, 인용문헌 11.8)에서 학업성취도와 가정환경의 관계를 조사하였다. 선행 연구들에서 이미 학업성취도와 가족의 사회경제적인 지위(부모의 학력, 가족의 소득, 부모의 직업)를 살펴보았지만, 이 연구는 조금 더 직접적인 가정환경의 측정들을 사용하였다. 특별히 8학년 학생들의 수학 학업성취도의 관계를 다음과 같은 다섯 가지 설명변수들로 조사하였다.

부모(*PARENTS*, X_1) – 부모와 함께 집에 사는 8학년 학생들의 비율
자가매체(*HOMELIB*, X_2) – 집에 3가지 이상의 독서 매체(책, 백과사전, 잡지, 신문)가 있는 8학년 학생들의 비율
독서(*READING*, X_3) – 하루에 10쪽 이상 읽는 8학년 학생들의 비율
TV 시청(*TVWATCH*, X_4) – 하루에 6시간 이상 TV를 보는 8학년 학생들의 비율
결석(*ABSENCES*, X_5) – 지난달에 3일 이상 결석한 8학년 학생들의 비율

37개 주(states)와 Columbia 특별구(District of Columbia, 이하 D.C.), Guam, Virgin Islands의 수학능력시험 평균 자료(*MATHPROF*)와 가정환경 변수들은 NAEP(*National Assessment of Educational Progress*)가 1997년에 조사하였고, 표 11.4에 나타나 있다.

반복재가중최소제곱을 사용하는 로버스트 회귀의 첫 번째 예는 오직 한 가지의 예측변수 자가매체(X_2)를 사용한다. 이렇게 하면 자료와 적합된 회귀분석함수를 간단한 그림들로 나타낼 수 있다.

그림 11.5a에 자료의 산점도, 보통최소제곱과 국소가중산점도평활(lowess)을 사용한 일차(단순선형)회귀모형 적합도의 그림 등이 있다. lowess는 대부분의 주(state)에서 집에서 읽는 자료들과 수학능력의 평균 간의 관계가 곡선회귀임을 보여 주지만, 세 개의 점이

i	주이름	수학능력 Y	부모 X_1	자가매체 X_2	독서 X_3	TV시청 X_4	결석 X_5
1	Alabama	252	75	78	34	18	18
2	Arizona	259	75	73	41	12	26
3	Arkansas	256	77	77	28	20	23
4	California	256	78	68	42	11	28
···	···	···	···	···	···	···	···
8	D.C.	231	47	76	24	33	37
···	···	···	···	···	···	···	···
11	Guam	231	81	64	32	20	28
···	···	···	···	···	···	···	···
35	Texas	258	77	70	34	15	18
36	Virgin_Islands	218	63	76	23	27	22
37	Virginia	264	78	82	33	16	24
38	West_Virginia	256	82	80	36	16	25
39	Wisconsin	274	81	86	38	8	21
40	Wyoming	272	85	86	43	7	23

Source: ETS Policy Information Center, *America's Smallest School: The Family* (Princeton, New Jersey: Educational Testing Service, 1992).

표 11.4 자료 – 수학능력 예

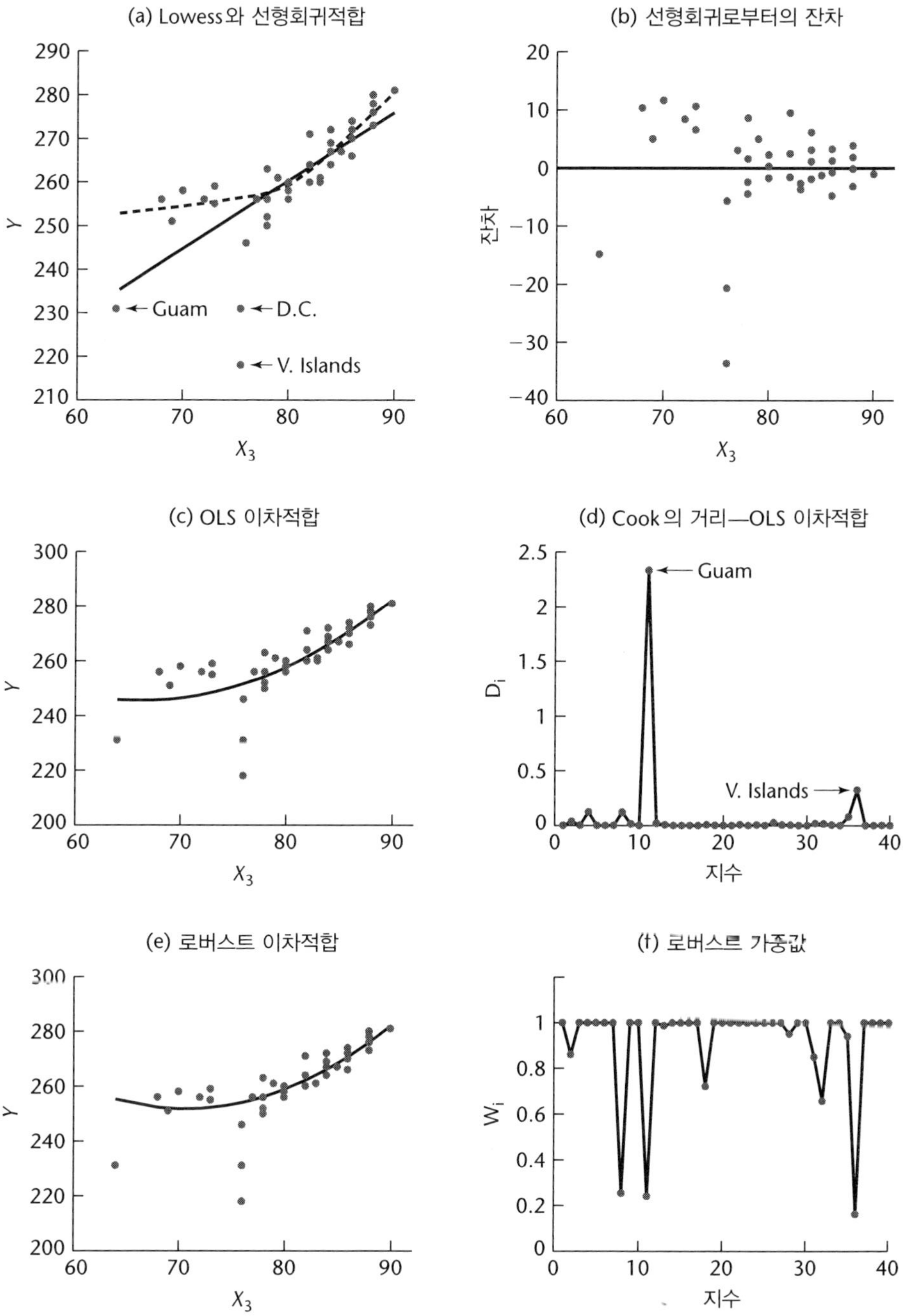

그림 11.5 lowess, 보통최소제곱적합, 로버스트 이차적합들의 비교 – 수학능력 예

명백히 특이점인 것을 볼 수 있다. D.C.와 Virgin Islands는 수학능력(Y)에 관하여 특이점이고, Guam은 수학능력(Y)과 자가매체(X)에 관하여 특이점인 것을 볼 수 있다. 그림 11.5b는 그림 11.5a에서 얻어진 적합된 일차모형의 잔차그림이다. 이 그림은 세 가지의 Y 사례들이 명백하게 특이점인 것을 보여 준다. 또한 자가매체가 적은 수준(68과 73 사이)인 여섯 개 주의 잔차그림을 주의해서 보면, 모든 평균 수학능력 점수들이 적합된 회귀선 위에

위치하는 것을 볼 수 있다. 이것은 이차다항모형이 적합할 것이라는 또 다른 자료이다.

그 다음 단계로 보통최소제곱을 다시 사용하여 이차모형 (8.2)를 적합하였다.

$$Y_i = \beta_0 + \beta_2 x_{i2} + \beta_{22} x_{i2}^2 + \varepsilon_i \tag{11.48}$$

이 모형은 중심화 예측변수 $x_{i2} = X_{i2} - \bar{X}_{i2}$와 중심화 예측변수의 제곱 x_{i2}^2의 계산이 필요하다는 것을 상기하라. 그림 11.5c는 자료의 산점도 위에 이차적합모형의 그림이 겹쳐 있다. 비록 적합이 개선되었지만, 6개의 점들이 일차적합보다 위에 있는데, 이 점들이 이차적합에도 계속 위에 있기 때문에 적합은 만족스럽지 않다. 위에서 관측된 세 개의 특이점은 회귀선에 명백하게 영향을 주고 있다. 그림 11.5d에 있는 지수그림에는 이차모형에 대한 Cook의 거리가 나타나 있다. 이 그림에서 Guam과 Virgin Islands의 영향력을 확인한다.

세 개의 특이점의 영향력을 줄이기 위해서는 반복적으로 최소제곱들과 Huber의 가중값함수 (11.44)를 재가중하여 이차모형 (8.2)를 로버스트하게 적합해야 한다. 사례 1인 Alabama에 관한 계산을 살펴보자. 회귀모형은 일차모형으로 보통최소제곱적합은 다음과 같다.

$$\hat{Y} = 258.436 + 1.8327 x_2 + 0.06491 x_2^2 \tag{11.49}$$

Alabama의 잔차는 $e_1 = -2.4109$이다. 잔차들은 표 11.5의 1열에 있다. 40개의 잔차들의 중앙값은 $\text{median}\{e_1\} = .7063$이다. 즉, $e_1 - \text{median}\{e_1\} = -2.4109 - .7063 = -3.1172$이고, 절대편차는 $|e_1 - \text{median}\{e_1\}| = 3.1172$. 40개의 절대편차들의 중앙값은 다음과 같다.

$$\text{median}\{|e_i - \text{median}\{e_i\}|\} = 3.1488$$

그러므로 중위절대편차(MAD) 추정량 (11.46)은 다음과 같다.

	(1)	(2)	(3)	(4)	(5)	(6)	(7)	(8)
	반복 0		반복 1		반복 2		반복 7	
i	e_i	u_i	w_i	e_i	w_i	e_i	w_i	e_i
1	−2.4109	−0.51643	1.00000	−3.7542	1.00000	−4.0354	1.00000	−4.1269
2	10.5724	2.26466	0.59391	8.4297	0.71515	7.4848	0.86011	6.7698
3	3.0454	0.65234	1.00000	1.5411	1.00000	1.1559	1.00000	0.9731
4	10.3104	2.20853	0.60900	7.3822	0.81663	5.4138	1.00000	3.6583
···	···	···	···	···	···	···	···	···
8	−20.6282	−4.41866	0.30439	−22.2929	0.27042	−22.7964	0.25263	−23.0873
···	···	···	···	···	···	···	···	···
11	−14.8358	−3.17791	0.42323	−18.3824	0.32795	−21.4287	0.24019	−24.3167
···	···	···	···	···	···	···	···	···
36	−33.6282	−7.20333	0.18672	−35.2929	0.17081	−35.7964	0.16161	−36.0873
37	2.4659	0.52821	1.00000	1.7722	1.00000	1.7627	1.00000	1.8699
38	−1.7129	−0.36691	1.00000	−2.7325	1.00000	−2.8490	1.00000	−2.8079
39	3.2658	0.69954	1.00000	3.2305	1.00000	3.2624	1.00000	3.3014
40	1.2658	0.27113	1.00000	1.2305	1.00000	1.2624	1.00000	1.3014

표 11.5 반복 Huber 재가중최소제곱 계산 결과 – 수학능력 예

$$MAD = \frac{3.1488}{.6745} = 4.6683$$

즉, Alabama의 척도화잔차 (11.47)은 다음과 같다.

$$u_1 = \frac{-2.4109}{4.6683} = -.5164$$

척도화된 잔차들은 표 11.5의 2열에 있다. $|u_1| = .5164 \leq 1.345$이기 때문에, Alabama의 첫 번째 Huber 가중값은 $w_1 = 1.0$이다. 첫 번째 가중값은 표 11.5의 3열에 있다. 이 가중값들을 해석하기 위해서는 보통최소제곱들을 가중값들이 1인 특별한 경우의 가중최소제곱으로 보아야 한다. 3열에서 8, 11, 36번 사례의 첫 번째 가중값들이 상당히 줄었다는 것을 볼 수 있고, 다른 주들의 가중값은 조금 줄었다는 것을 볼 수 있다.

가중최소제곱의 첫 번째 반복(반복 1)은 3열의 처음 가중값들을 사용하였고, 다음과 같은 적합회귀모형을 만든다.

$$\hat{Y} = 259.390 + 1.6701x_2 + 0.06463x_2^2 \qquad \textbf{(11.50)}$$

적합회귀모형은 (11.49)에 있는 보통최소제곱적합과 상당히 다르다. x_2의 계수가 $b_2 = 1.8327$에서 $b_2 = 1.6701$로 줄어드는 동안, 곡선성 항은 $b_{22} = .06463$으로 그전의 값 $b_{22} = .06491$과 거의 같다. 이것은 작은 X_2의 값들에서 추정회귀함수가 증가할 수 있게 하고, 그전에는 적합선 위에 있던 여섯 개의 값들을 조금 더 가깝게 지나도록 한다.

반복 2는 표 11.5의 4열에 있는 잔차들을 사용하여 그것들을 척도화시켜서 Huber 가중값들을 얻고, 이 가중값들은 가중최소제곱의 반복 2에 사용된다. 여덟 번째 반복에서 얻어진 가중값들은 일곱 번째 반복에서 얻어진 것과 매우 작은 차이를 보이므로, 반복과정은 일곱 번째에서 멈추었다. 마지막 가중값들은 표 11.5의 7열에 있다. 반복 2와 반복 7의 가중값들이 크게 다르지 않다는 것을 알 수 있다. 7열의 가중값들을 사용한 마지막 적합모형은 다음과 같다.

$$\hat{Y} = 259.421 + 1.5649x_2 + 0.08016x_2^2 \qquad \textbf{(11.51)}$$

마지막 적합의 잔차들은 표 11.5의 8열에 있다. 반복 2와 반복 7 사이에서 가중값들이 약간만 변했기 때문에 반복 2 이후 잔차들도 조금씩 변했다. 곡선성 항은 $b_{22} = .06463$에서 $b_{22} = .08016$으로 약간은 더 변한 것을 주목하여라.

그림 11.5e는 산점도와 반복재가중최소제곱된 이차회귀모형이고, 그림 11.5f는 마지막 반복에서 사용된 가중값들의 지수그림이다. 로버스트 적합은 이제 37개 주들의 반응들을 아주 잘 따라가며, 그전의 회귀선 위에 있었던 여섯 개 경우의 적합들도 이제 만족스러운 것을 알 수 있다. 그림 11.5f는 마지막 가중값들에 대해서 보여 주는데, 세 개의 특이점들의 가중값들이 명백하게 작아진 것을 볼 수 있다.

그림 11.5e로부터 주의 수준에서 자가매체의 수와 평균 수학능력은 명백하게 상향곡선 관계를 갖는다고 결론지을 수 있다. 물론 이것은 필연적으로 인과관계를 의미하는 것은 아니다. 자가매체의 수는 수학능력과 인과관계가 있는 다른 변수들과 양의 상관관계를 가질 수도 있다.

예2 수학능력과 다섯 개 예측변수들

기술적인 관점에서 평균 수학능력과 다섯 개 가정환경 변수들의 관계에 관해서 살펴보자. 그림 11.6a는 MINITAB을 이용한 자료의 산점도행렬이며, 그림 11.6b는 상관행렬이다. 또한 산점도행렬은 국소적합에 $q = .9$(근방을 정의하는 비율)를 사용한 lowess 비모수회귀적합을 보여 주고 있다.

산점도행렬의 첫 행에서 평균 수학능력은 다섯 개의 설명변수들과 각각 관계되는 것을 보여 주고 있고, 세 개의 특이점이 있는 것을 볼 수 있다. 특이점들은 앞에서 본 것과 같이 D.C., Guam, Virgin Islands이다. lowess 적합들은 부모(PARENTS), 자가매체(HOMELIB), 독서(READING)와는 양의 관계를 보여 주고, 결석(ABSENCES)과는 음의 관계를 보여 준다. TV시청(TVWATCH)에 관한 lowess 적합은 특이점들 때문에 왜곡되어 있다.

(a) SYGRAPH 산점도행렬

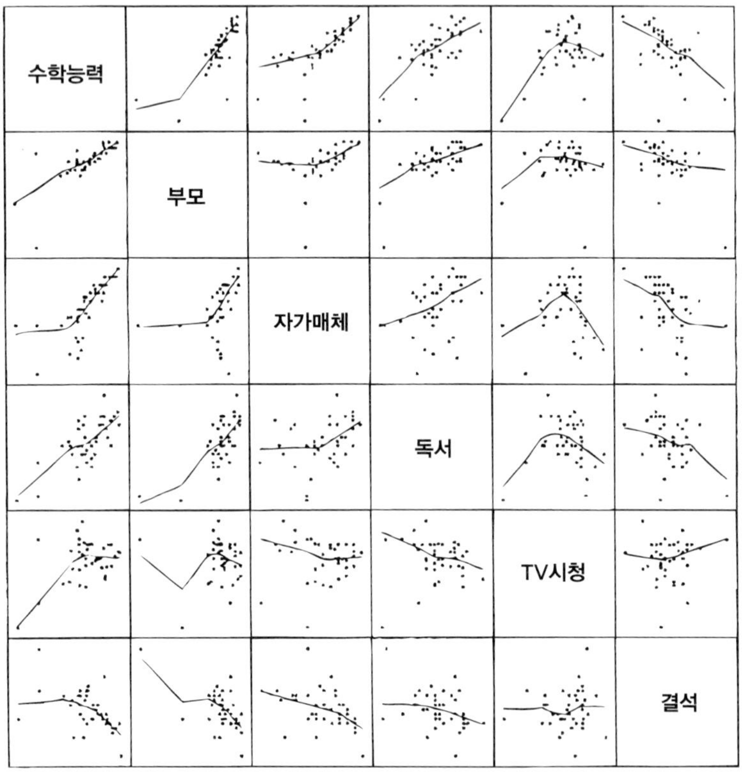

(b) 상관행렬

	수학능력	부모	자가매체	독서	TV시청
부모	0.741				
자가매체	0.745	0.395			
독서	0.717	0.693	0.377		
TV시청	−0.873	−0.831	−0.594	−0.792	
결석	−0.480	−0.565	−0.443	−0.357	0.512

그림 11.6 lowess 평활한 산점도행렬과 상관행렬 – 수학능력 예

만약 이것들은 무시한다면 음의 관계를 갖는다. 상관행렬은 선형연관도가 보통인 결석(ABSENCES)을 제외한 모든 설명변수와 평균 수학능력이 상당히 강한 선형관계임을 나타낸다.

그림 11.6a에서 수학능력과의 관계들을 해석하기 위해서는 각별한 주의가 필요하다. 산점도행렬의 나머지 부분과 그림 11.6b의 상관행렬에서 설명변수들이 서로 상관되고, 그 중 어떤 것들은 강하게 상관된 것을 볼 수 있다. 또한 몇 개의 설명변수들은 이 연구에서 고려하지 않는 중요한 다른 변수들과 상관된다. 부모와 사는 학생들의 비율과 가족 소득이 관계되어 있는 것이 하나의 예이다.

간단하게 하기 위해서 이 예에서는 오직 일차항만을 고려한다. 자료의 보통최소제곱을 사용한 일차모형의 첫 번째 적합으로 다음과 같은 추정회귀함수를 만든다.

$$\hat{Y} = 155.03 + .3911X_1 + .8639X_2 + .3616X_3 - .8467X_4 + .1923X_5 \tag{11.52}$$

b_5을 제외한 회귀계수들의 부호는 기대한 것과 같은 방향들을 갖고 있다. 적합된 모형의 다중결정계수는 $R^2 = .86$이고, 이것은 설명변수들과 평균 수학능력 간의 강한 관계를 의미한다.

표 11.6은 적합된 모형 (11.52)에 대한 몇 개의 진단값을 보여 주는데, 이것들은 지렛값 h_{ii}, 스튜던트화 제거 잔차 t_i, Cook의 거리 D_i이다. D.C., Guam, Texas, Virgin Islands들의 지렛값들은 $2p/n = 12/40 = .30$과 같거나 큰 것을 볼 수 있다. Y값에 관하여 Virgin Islands가 특이점인 것을 볼 수 있다. 즉 스튜던트화 제거 잔차값 $t_{36} = -5.21$의 절댓값이 $\alpha = .05$인 Bonferroni 임곗값 $t(1 - \alpha/2n; n - p - 1) = t(.99938; 33) = 3.53$보다 크다. 이러한 특이점들 중 Virgin Islands는 Cook의 거리에 의해 분명히 영향력이 있고, D.C.와 Guam은 어느 정도 영향력이 있다. $F(6, 34)$ 분포의 50번째 백분위가 .91이고, 25번째 백분위는 .57이다.

i	주이름	h_{ii}	t_i	D_i
1	Alabama	.16	−.05	.00
2	Arizona	.19	.40	.01
3	Arkansas	.16	1.41	.06
4	California	.29	.10	.00
⋯	⋯	⋯	⋯	⋯
8	D.C.	.69	1.41	.72
⋯	⋯	⋯	⋯	⋯
11	Guam	.34	−2.83	.57
⋯	⋯	⋯	⋯	⋯
35	Texas	.30	2.25	.33
36	Virgin_Islands	.32	−5.21	1.21
37	Virginia	.06	.90	.01
38	West_Virginia	.13	−.91	.02
39	Wisconsin	.08	.39	.00
40	Wyoming	.08	−.91	.01

표 11.6 다섯 개의 설명변수의 일차모형에 관한 진단들 – 수학능력 예

각각의 설명변수들과 $\hat{Y}$에 관한 잔차그림(그림 생략)들은 특이점들을 제외한 주(state)들의 오차분산의 비균등성이 강하지 않는 것을 보여 주고 있다. 서로의 설명변수들 간의 상관관계가 있기 때문에 다섯 개의 설명변수들을 포함하고 있는 모형의 설명력과 같은 수준을 유지하면서 더 간단한 모형을 얻을 수 있는지에 관한 의문점을 갖게 된다. 그림 11.7은 MINITAB의 최량부분집합회귀의 결과물을 나타내는데, 이것은 각 X 변수 개수별로 높은 R^2을 갖는 두 모형을 보여 준다. 세 개의 변수($p = 4$ 모수)에서의 최고의 두 모형은 C_p의 기준에 의해서 작은 편향을 갖고 있고 다섯 개의 변수들을 갖고 있는 모형만큼 높은 R^2 값을 갖고 있는 것을 볼 수 있다.

이제 두 모형 중 하나인 자가매체(HOMELIB), 독서(READING), TV시청(TVWATCH)을 포함하고 있는 모형을 살펴보자. 특이점과 영향력 관점에서 Huber 가중함수 (11.44)를 사용한 반복재가중최소제곱(IRLS) 로버스트 회귀를 이용한다. 여덟 번의 반복 후에 가중값들이 약간 변했기 때문에 여덟 번째 반복에서 반복과정을 멈추었다. 마지막 로버스트 적합 회귀함수는 다음과 같다.

$$\hat{Y} = 207.83 + .7942X_2 + .1637X_3 - 1.1695X_4 \tag{11.53}$$

회귀계수의 부호들은 기대한 것과 동일하게 나왔다. 비교를 하기 위해 회귀함수를 보통최소제곱으로 적합시킨 결과는 다음과 같다.

$$\hat{Y} = 199.61 + .7804X_2 + .4012X_3 - 1.1565X_4 \tag{11.54}$$

로버스트 회귀는 다른 회귀계수들이 그대로 유지되지만 X_3(독서, READING)이 덜 중요하게 나타난다.

로버스트 회귀모형 (11.53)이 8학년 학생들의 평균 수학능력과 세 가지 가정환경 변수들 간의 관계들을 얼마나 잘 설명하는지에 대한 지표를 얻기 위해서 평균 수학능력 점수와 그에 대응하는 적합값들로 40개 주의 순위를 정하였다. Spearman의 순위계수 (2.97)은 .945이고, 이것은 이 세 가지 변수들이 주의 평균 수학능력이 어느 것이 아주 높고 아주 낮은지를 잘 구별할 수 있다는 것을 나타낸다.

Best Subsets Regression of MATHPROF

Vars	R-sq	Adj. R-sq	C-p	S	부모	자가매체	독서	TV시청	결석
1	76.3	75.7	22.0	6.5079				X	
1	55.5	54.3	72.8	8.9157		X			
2	84.2	83.4	4.6	5.3810		X		X	
2	79.2	78.1	16.8	6.1743	X	X			
3	85.1	83.9	4.4	5.2939		X	X	X	
3	85.1	83.8	4.5	5.3062	X	X		X	
4	85.9	84.3	4.5	5.2327	X	X	X	X	
4	85.4	83.7	5.8	5.3285	X	X		X	X
5	86.1	84.1	6.0	5.2680	X	X	X	X	X

그림 11.7 MINITAB 최량집합회귀 – 수학능력 예

표 11.4에 나와 있는 평균 수학능력 자료의 분석은 결코 완벽하지 않다. 여기서는 고차영향들에 대해 분석하지 않았고 사용하기에 적합할 수 있는 다른 부분집합들을 살펴보지 않았다. 주(state) 자료의 정밀도가 변하는 것을 알아채지 못했는데, 그 이유는 자료가 서로 다른 크기의 표본에 근거하였고 부모의 학력이나 가족소득 등 수학능력에 관계되는 다른 설명변수들을 고려하지 않았기 때문이다. 더욱이 주의 평균들로 분석하였기에 직접 가족 수준에서 변수들 사이의 관계를 알아보지는 못하였다.

부연설명

1. 로버스트 회귀는 회귀함수의 지식이 필요하다. 적절한 회귀함수가 명백하지 않을 때는 11.4절에서 다룬 비모수적 회귀가 유용할 수 있다.
2. 특이점이 한 사례씩 제거되는 진단 방법을 사용하면 특이점이 여럿 있는 상황에서 특이점들을 식별하기 위하여 로버스트 회귀를 사용할 수 있다. 마지막 단계의 가중값이 상대적으로 작은 사례들은 특이점이다.
3. 수학능력 예에서 보여 주듯이 로버스트 회귀는 보통최소제곱의 결과들의 적합성을 확인하는 데 유용할 때가 많다. 로버스트 회귀가 보통최소제곱의 결과와 비슷할 때(예를 들어 잔차들이 비슷하면), 보통최소제곱이 특이 사례들에 의해 지나치게 영향을 받지 않고 있다는 것을 어느 정도 안심할 수 있다.
4. 로버스트 회귀의 한계는 추정회귀계수들의 정밀도를 평가하는 것이 보통최소제곱보다 복잡하다는 것이다. 일부 대표본의 결과를 얻었다(예를 들어 인용문헌 11.5). 그러나 특이점들이 존재한다면 제대로 작동하지 않을 것이다. 로버스트 회귀의 정밀성을 평가하는 방법으로 붓스트랩(11.5절 참조)을 이용할 수 있다.
5. Huber, 이제곱 및 다른 가중값함수들은 (11.47)의 척도화잔차들을 근거로 하고 있는데, 이것들은 주로 Y값에 대한 특이 사례들의 영향을 줄여 준다. 로버스트 회귀적합을 그들의 X값에 대한 특이 사례들에 더욱 민감하게 하기 위해서는 (10.20)의 스튜던트화 잔차들이나 (10.24)의 스튜던트화 제거 잔차들이 (11.47)의 척도화잔차들 대신 사용될 수 있다. 또한 스튜던트화 혹은 스튜던트화 제거 잔차들을 계산할 때 더 좋은 저항성과 로버스트성을 위해서 $\sqrt{MSE}$ 대신 (11.46)의 MAD로 대체될 수 있다.

   또한 가중값함수로부터 얻어진 가중값 w_i는 X의 큰 지렛대 사례들의 영향을 줄이기 위해서 변화시킬 수 있다. 하나의 제안으로, 가중값함수의 가중값 w_i를 (10.18)에 정의된 h_{ii}가 i번째 사례의 지렛값일 때인 $\sqrt{1-h_{ii}}$로 곱하는 것이 있다.

   X값에 대한 특이 사례들의 영향을 줄이는 방법들은 **유계영향회귀**(bounded influence regression) 방법이라고 한다. ■

11.4 ■ 비모수적 회귀: Lowess 방법과 회귀나무

3장에서는 회귀모형 안에 하나의 예측변수가 있을 때의 비모수적 회귀에 대해서 살펴보았다. 비모수적 회귀적합들은 반응함수의 특성을 살펴보는 데 유용하고, 자료에 이미 적합된 특정한 반응함수들의 특성을 확인할 수 있으며, 구체적으로 반응모형의 특성을 명시하지 않고 평균반응의 추정값을 얻을 수 있다고 언급하였다.

비모수적 회귀는 두 개 혹은 그 이상의 예측변수들이 있는 다중회귀로 확장될 수 있다. 그러나 이러한 확장을 하게 되면 추가적인 복잡함이 따른다. 두 개 이상의 예측변수들과는 적합된 반응표면을 그래프로 표현하는 것이 불가능하다. 그래서 이것의 모습을 볼 수 없다. 모수적 회귀와 다르게 비모수적 회귀로는 반응표면들의 어떠한 분석적 표현 수식이 만들어지지 않는다. 또한 예측변수들의 숫자가 늘어날수록 근방 안의 사례들은 더더욱 줄어들게 되어 불규칙한 평활이 된다. 이 문제는 예측변수들이 강하게 상관하고 반응표면의 관심이 X 관측값들의 영역에 국한되어 있을 때에는 덜 심각하다.

구체적으로 반응함수의 특성을 명시하지 않으면서 예측변수가 두 개 혹은 그 이상 있을 때 반응표면을 적합하는 많은 절차들이 발전해 왔다. 인용문헌 11.9는 이러한 몇 가지 절차들을 논하고 있다. 국소가중회귀(locally weighted regressions, 인용문헌 11.10), 회귀나무(regression trees, 인용문헌 11.11), 사영추적(projection pursuit, 인용문헌 11.12), 평활 스플라인(smoothing splines, 인용문헌 11.13) 등이 있다. 이 절에서는 lowess와 회귀나무를 논한다. 첫 번째로, lowess를 다중회귀로 확장시킨다. 그렇게 하게 되면 11.1절의 가중최소제곱의 필요한 기초토대를 설립했기 때문에 더 많은 세부내용을 표현할 수 있게 된다.

Lowess 방법

3장에서는 하나의 예측변수가 있는 회귀의 lowess(국소가중산점도평활) 방법에 대해 간략하게 설명하였다. Cleveland와 Devlin(인용문헌 11.10)에 의해 개발된 다중회귀의 lowess 방법은 이미 설명변수가 정해져 있고, 반응함수가 매끄러우며, 적절한 변환이 이미 만들어졌거나 다른 교정하는 절차를 해서 오차항이 상수분산 정규분포를 따르는 것을 가정한다. 어떠한 X 수준의 조합에서 lowess 방법은 근방 안의 사례들을 토대로 더 먼 거리에 있는 점들이 더 작은 가중값을 받게 하여 일차항 또는 이차항 모형으로 적합한다. 이제 (X_{h1}, X_{h2})에서 적합값을 얻고 싶을 때 두 개의 예측변수들을 갖는 lowess 방법에 대해서 설명한다.

거리측도. 각각의 사례들이 (X_{h1}, X_{h2})으로부터 얼만큼 떨어져 있는지 보여 주는 거리측도(distance measure)가 필요하다. 일반적으로 Euclidean 거리가 사용된다. i번째 사례에서 이 측정은 d_i로 나타내어지고 아래와 같이 정의된다.

$$d_i = [(X_{i1} - X_{h1})^2 + (X_{i2} - X_{h2})^2]^{1/2} \tag{11.55}$$

예측변수들이 다른 척도로 측정되어 있을 때, 각각의 변수들은 그것들의 표준편차로 나누어 척도화시켜야 한다. 만약 특이점이 존재할 때는 (11.46)의 중위절대편차 추정량을 표준편차 대신 사용할 수 있다.

가중함수. 점 (X_{h1}, X_{h2}) 근방(neighborhood)은 이 점에 가장 가까운 사례의 비율 q에 의해 정의될 수 있다. d_q를 근방 안에서 가장 먼 사례의 Euclidean 거리라고 정의한다. lowess

방법에 사용된 가중함수는 삼세제곱(tricube) 가중함수이고, 다음과 같이 정의된다.

$$w_i = \begin{cases} [1 - (d_i/d_q)^3]^3 & d_i < d_q \\ 0 & d_i \geq d_q \end{cases} \tag{11.56}$$

그러므로 근방 밖의 사례들은 0의 가중값을 받게 되고 근방 안의 사례들은 0과 1 사이의 가중값을 받게 되며 거리가 클수록 가중값은 줄어들게 된다. 이런 방법으로 (X_{h1}, X_{h2})에서 평균반응은 국소적으로 추정된다.

근방을 정의하는 q 비율은 두 개의 반대되는 경향의 균형을 맞추도록 선택한다. q가 커질수록 적합은 더 매끄러워지지만 동시에 적합값의 편향은 더 커지게 된다. 보통 q의 선택은 .4와 .6 사이가 적절하다.

국소적합. (11.55)와 (11.56)을 토대로 n의 가중값들이 주어졌을 때, 일차모형 (6.1) 혹은 이차모형 (6.16)을 적합시키기 위해서는 가중최소제곱이 사용된다. 반응표면이 상당한 굴곡을 가졌을 때는 이차모형이 좀 더 유용하지만, 일차모형으로도 적당한 전체적인 곡선성을 찾을 수 있다. 회귀모형이 가중최소제곱으로 적합되었을 때, (X_{h1}, X_{h2})에서의 적합값 $\hat{Y}_h$은 X 수준에서 반응평균의 비모수적 추정으로 쓰일 수 있다. 다른 (X_{h1}, X_{h2})의 수준으로 가중값을 재계산하고, 반응함수를 반복적으로 적합해서 그때마다 적합값 $\hat{Y}_h$을 얻음으로써 반응함수의 특성에 대한 어떠한 다른 가정을 만들지 않고도 반응표면에 대한 정보를 얻을 수 있다.

예 10장의 생명보험 예의 비모수적 회귀함수를 적합시킬 것이다. 표 11.7의 1~3열에 두 번째 그룹인 매니저 18명 자료의 일부분이 있다. 30~39세인 그룹의 매니저들의 자료에서 생명보험의 수주액(Y), 연봉(X_1), 위험회피(X_2) 사이의 관계가 조사되었다. (6.1)의 일차모형을 사용하여 국소적합을 하게 되는데, 그 이유는 사례의 개수가 그렇게 크지 않기 때문이다. 같은 이유로 국소 근방을 정의하는 사례들의 비율은 $q = .5$에서 하게 된다. 다시 말해서 각각의 국소 근방은 전체 사례들의 절반으로 이루어진다.

반응표면의 탐구는 $X_{h1} = 30$, $X_{h2} = 3$에서 시작한다. $X_{h1} = 30$, $X_{h2} = 3$에서 국소적합값을 얻기 위해서는 이 점으로부터 각각의 사례들까지의 Euclidean 거리가 필요하다. 두 개의 변수는 다른 척도를 갖고 있기 때문에 Euclidean 거리를 얻을 변수들을 표준화시키

i	(1) X_{i1}	(2) X_{i2}	(3) Y_i	(4) d_i	(5) w_i
1	66.290	7	240	3.013	0
2	40.964	5	73	1.143	.300
3	72.996	10	311	4.212	0
⋯	⋯	⋯	⋯	⋯	⋯
16	79.380	1	316	3.461	0
17	52.766	8	154	2.663	0
18	55.916	6	164	2.188	0

표 11.7 $X_{h1} = 30$, $X_{h2} = 3$에서의 비모수적 회귀적합의 lowess 계산 – 생명보험 예

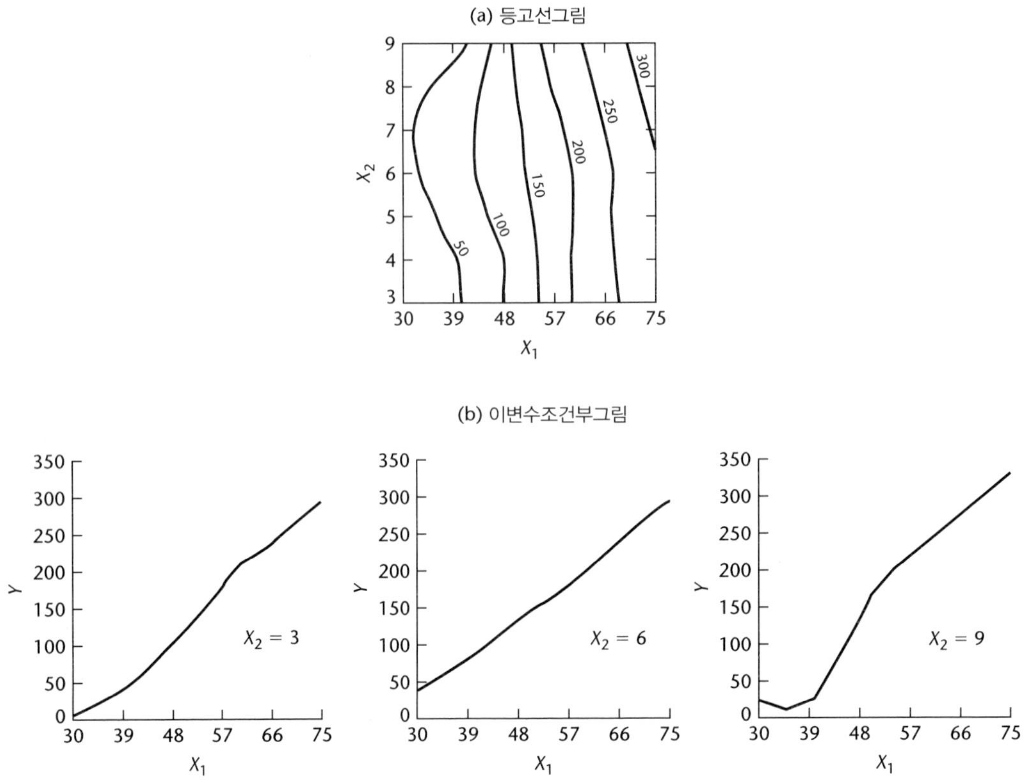

그림 11.8 lowess 비모수적 회귀의 등고선과 조건부그림들 – 생명보험 예

기 위해서 각 예측변수들의 표본표준편차를 사용할 것이다. 표본표준편차는 각각 $s_1 = 14.739$, $s_2 = 2.3044$이다. 사례 1에서 점 $X_{h1} = 30$, $X_{h2} = 3$부터의 Euclidean 거리는 다음과 같다.

$$d_1 = \left[\left(\frac{66.290 - 30}{14.739} \right)^2 + \left(\frac{7 - 3}{2.3044} \right)^2 \right]^{1/2} = 3.013$$

표 11.7의 4열에 Euclidean 거리들이 있다. Euclidean 거리의 순으로 나열되었을 때 $q = .5$에 대해 점 $X_{h1} = 30$, $X_{h2} = 3$의 근방 안에서 가장 먼 Euclidean 거리의 사례는 아홉 번째 사례이고, 그 값은 $d_q = 1.653$이다. $d_1 = 3.013 > 1.653$이기 때문에 첫 번째 사례의 가중값은 $w_1 = 0$이다. 두 번째 사례에서 Euclidean 거리는 $d_2 = 1.143$이다. 이 값이 1.653보다 작기 때문에 두 번째 사례의 가중값은 다음과 같다.

$$w_2 = [1 - (1.143/1.653)^3]^3 = .300$$

표 11.7의 5열에 계산된 가중값들이 있다.

이 가중값들을 사용한 일차적합회귀함수는 다음과 같다.

$$\hat{Y} = -134.076 + 3.571X_1 + 10.532X_2$$

따라서 $X_{h1} = 30$, $X_{h2} = 3$에서 적합값은 다음과 같다.

(1) 사례 i	(2) 스테로이드 수준 Y_i	(3) 나이 X_i	(4) 구역 번호 k	(5) 구역 R_{5k}	(6) 적합값 $\bar{Y}_{R_{5k}}$
1	27.1	23	1	$8 \le X < 9$	3.550
2	22.1	19	2	$9 \le X < 10$	8.133
3	21.9	25	3	$10 \le X < 13$	13.675
···	···	···	4	$13 \le X < 14$	16.950
25	12.8	13	5	$14 \le X < 25$	22.200
26	20.8	14			
27	20.6	18			

표 11.8 자료집합과 5 구역 회귀나무 적합 – 스테로이드 수준 예

$$\hat{Y}_h = -134.076 + 3.571(30) + 10.532(3) = 4.65$$

다른 X_{h1}, X_{h2}값의 국소적합값들은 같은 방식으로 계산된다. 표 11.8a는 적합된 반응표면의 등고선그림이다. X_1이 증가함에 따라 표면은 명백하게 증가하고 있지만, 등고선그림 안에서 X_2의 영향은 보기 힘들다. X_2의 영향은 11.8b에서 X_2의 상, 중, 하 수준에서 X_1에 대한 Y의 조건부 영향 그림들에 의해 좀 더 쉽게 볼 수 있게 된다. 11.8b의 조건부 영향 그림들은 이변수조건부그림(two-variable conditioning plots)이라고도 한다. 생명보험의 기댓값이 연봉(X_1)과 모든 수준의 위험회피(X_2)와 함께 증가하는 것을 주목해야 한다. $X_2 = 3$과 $X_2 = 6$의 반응함수들은 근사적으로 선형 형태이다. $X_2 = 9$에서 반응함수의 왼쪽 우묵한 부분은 상호작용 혹은 소음성 자료와 부적절한 평활의 결과일 수 있다. 11.8b에서 고연봉 수준에서 위험회피가 아주 높아짐에 따라서 생명보험 수주액의 기댓값이 증가하는 것을 주목해서 보아야 한다.

부연설명

1. 적합된 모수적 회귀모형의 적절성을 보기 위해서는 단순회귀에서처럼 적합된 비모수적 반응함수를 사용할 수 있다. 만약 적합된 비모수적 반응표면이 모수적 회귀함수의 (6.60)의 신뢰띠 안에 위치한다면, 비모수적 적합은 모수적 회귀함수의 적절성을 지지한다.
2. 인용문헌 11.10은 국소 근방(local neighborhood)을 정의하는 비율 q를 선택하는 것을 도와주는 방법에 대해서 논하였다. 또한 lowess의 비모수적 다중회귀를 사용해서 얻어진 모든 적합값 $\hat{Y}_h$의 정밀도를 어떻게 근사할 수 있는지에 대해서 설명하였다.
3. lowess의 비모수적 절차에 필요한 정규분포와 오차항의 상수분산 가정들은 보통의 방법처럼 확인될 수 있다. 잔차들은 각각의 사례들에 대하여 lowess의 비모수적 회귀함수를 적합하고 $e_i = Y_i - \hat{Y}_i$을 계산함으로써 구할 수 있다. 이 잔차들은 합이 0이 되는 최소제곱의 성질을 갖지 않게 되지만, 정규성과 분산의 상수성을 위해 검토될 수 있다. 또한 잔차들은 표준 진단 절차에서 발견되지 않은 특이점을 찾기 위해 쓰일 수 있다.
4. 인용문헌 11.4에서는 lowess 절차의 몇 가지 이점들에 대한 논평을 하였다. ■

회귀나무

회귀나무(regression tree)는 개념적으로 간단하지만 아주 강력한 비모수적 회귀 방법이다. 예측변수가 한 개일 때, 예측변수의 범위를 구간으로 나누고 각 구간 안의 반응들의 평균으로 회귀적합을 추정한다. 두 개 혹은 그 이상의 예측변수들에서 X 공간은 직사각형 구역으로 분할되고 회귀표면의 추정은 각각의 직사각형에 대한 반응들의 평균에 의해 주어진다. 회귀나무는 아주 큰 자료집합(데이터셋)에서 탐색적 연구를 위한 다중회귀분석의 인기 있는 대안으로 자리 잡았다. 회귀나무는 신경망(13장)과 함께 데이터 마이닝 분야에서 사용되는 표준 방법 중 하나이다. 회귀나무는 쉽게 계산할 수 있고 어떠한 가정도 필요하지 않으며 간단하게 해석할 수 있다.

한 개의 예측변수 나무: 스테로이드 수준 예. 1장의 그림 1.3은 8～25세의 건강한 여자 27명의 나이와 플라즈마 스테로이드 수준에 대한 자료를 보여 준다. 표 11.8의 2, 3열이 자료이다. 다섯 개의 영역을 토대로 한 회귀나무는 X(나이)의 범위를 다섯 개의 구간으로 세분화시킴으로써 다섯 개의 영역을 얻었고, 각 구간 안에서 Y 반응들의 표본평균을 사

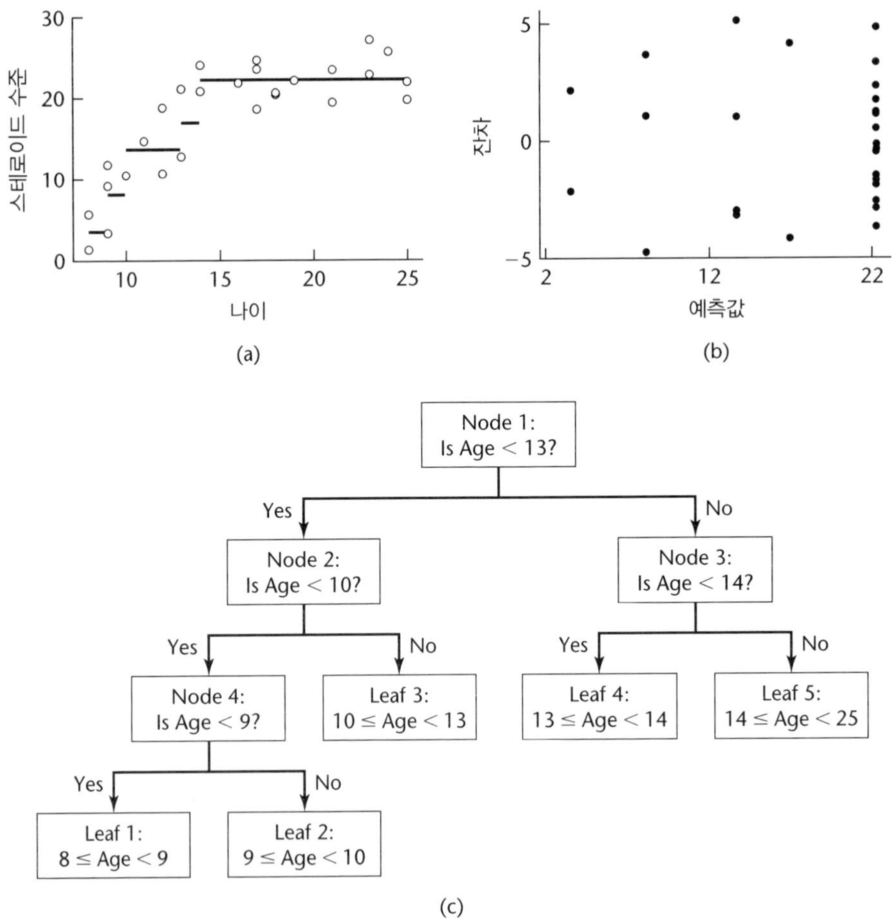

그림 11.9 적합 회귀나무, 잔차그림, 회귀나무 도표 – 스테로이드 수준 예

용하여 회귀적합의 표면을 구하였다. $R_{51} \sim R_{55}$을 사용하여 다섯 개의 구역을 나타냈고 $\bar{Y}_{R_{51}} \sim \bar{Y}_{R_{55}}$을 사용하여 그에 상응하는 표본평균을 나타냈다. 이 값들은 표 11.8의 4~6열에 있다. 그림 11.9a는 적합회귀나무이다. 회귀나무는 계단함수(step function)로 8~14세 여자아이들에서 계단이 가파르게 증가하고 있고, 그 이후에는 스테로이드 수준이 거의 일정한 것을 주목해야 한다.

그림 11.9b는 잔차 대 적합값의 그림이다. 각 구역 안 잔차의 분산들이 거의 일정한 것을 주목하여라. 이는 더 많은 세분화가 필요하지 않은 것을 나타낸다. 적당한 나무의 크기를 결정하는 것은 아래에서 논한다.

주어진 X_h에서 예측값은 그림 11.9c의 나무 도표(tree diagram)의 도움을 통해 결정할 수 있다. $X_h = 12.5$에서 예측값을 정하고 싶다고 가정하자. 마디 1(**뿌리마디**, root node)에서부터 시작하여 다음과 같은 질문을 한다. "Is Age < 13?" 12.5 < 13이기 때문에 왼쪽 가지를 따라 두 번째 마디로 가서 질문을 한다, "Is Age < 10?" 나이가 10보다 작지 않기 때문에, *Leaf* 3이라고 표시된 종점 마디로 갈라진다. 여기서 표 11.8을 통해 $\bar{Y}_{R_{53}} = 13.675$임을 알 수 있다. 두 개 이상의 예측변수가 있을 때는 그림 11.9c의 나무 도표가 특별히 더 도움된다.

회귀나무 키우기. '최량'의 회귀나무를 찾기 위해서는 구역 r과 구역들 사이의 경계들 혹은 분할점들(split points)을 명시하는 게 필요하다. r의 최량값을 결정하고 그에 관련되는 분할점들을 찾는 과정을 **나무 키우기**(growing the three)라고 한다.

우선 하나의 예측변수의 사례를 고려하고, 그 X의 범위가 $r = 2$ 구역들인 R_{21}과 R_{22}로 나누어져 있다고 가정한다. 자료를 최적의 두 개로 나누는 분할점 X_s를 찾는 것이 필요하다. 최량의 점은 회귀나무의 결과에서 오차제곱합을 최소화하는 것으로 골라지게 된다.

$$SSE = SSE(R_{21}) + SSE(R_{22})$$

여기서 $SSE(R_{rj})$는 구역 R_{rj}의 잔차제곱합이다.

$$SSE(R_{rj}) = \sum (Y_i - \bar{Y}_{R_{jk}})^2$$

스테로이드 수준 자료에 대해 그림 11.10a는 최고의 분할점이 $X_s = 13.0$에 있음을 나타낸다. 이 나무를 통해 다음을 얻을 수 있다.

$$R_{21} = \{X | X < 13\}$$
$$R_{22} = \{X | X \geq 13\}$$

이를 통해 다음을 얻는다.

$$SSE = SSE(R_{21}) + SSE(R_{22}) = 238.55 + 167.79 = 406.35$$

(2.72)에서 나무회귀의 계수의 결정은 다음과 같다.

$$R^2 = 1 - \frac{SSE}{SSTO} = 1 - \frac{406.35}{1284.8} = .684$$

또한 $MSE = SSE/(n - r) = 406.53/(27 - 2) = 16.254$이다.

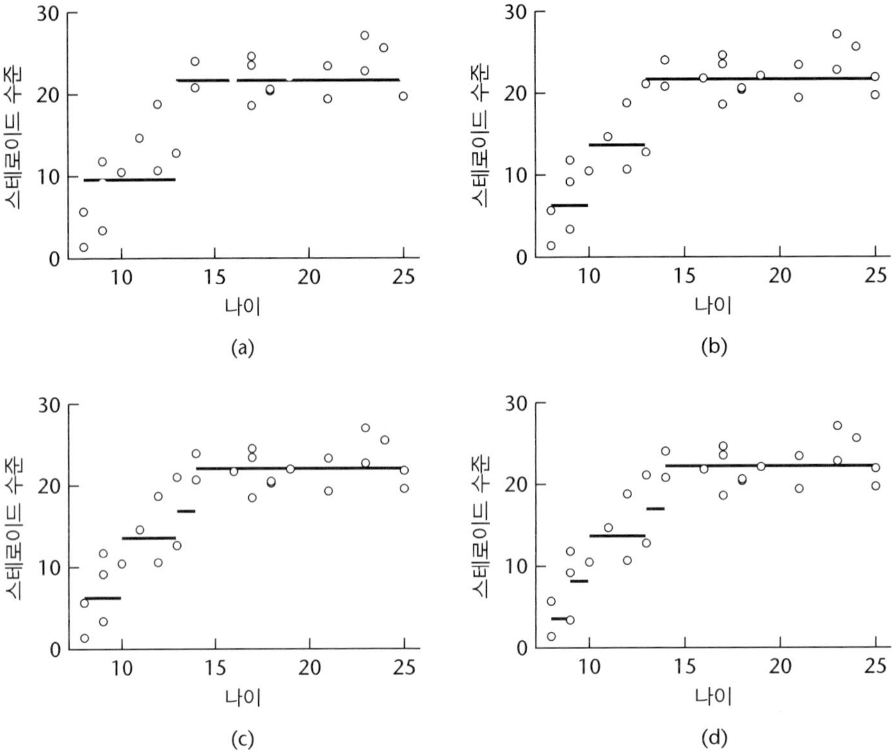

그림 11.10 회귀나무 키우기 – 스테로이드 수준 예

이 시점에서는 두 개의 구역이 있으며, 나무를 더 키우려면 세 번째 구역의 식별이 필요하다. 두 개의 선택이 있다. (1) 계속 연속으로 작업하여 존재하는 두 개 중 하나의 구역을 나눌 수 있다. 혹은 (2) 처음부터 시작하여 *SSE* 기준을 전체적으로 최소화시키는 완전히 새로운 두 개의 분할점을 찾는 것이다. 두 번째 방법은 첫 번째 방법보다 최소한 좋은 기준값을 갖게 한다. 그러나 나무가 성장함에 따라 이 방법에 관련된 계산의 양 또한 늘어나게 된다(특히 한 개 이상의 예측변수가 있을 때). 이러한 이유로 회귀나무는 보통 연속적으로 성장하게 되는데 다음의 규칙을 따른다. 만약 현재의 나무가 r 구역에 기반을 둔다면, 각 구역들의 최고 분할점을 결정하고 *SSE*를 최대로 감소시키는 구역으로 나눈다.

스테로이드 수준 예에서 그 다음 과정은 $X_s = 10$에서 R_{21}을 나누는 것을 포함하며, 다음과 같은 세 가지 구역을 만든다.

$$R_{21} = \{X|X < 10\}$$
$$R_{32} = \{X|10 \leq X < 13\}$$
$$R_{33} = \{X|X \geq 13\}$$

그림 11.10b는 이 나무에 대한 그림이다. 이 과정을 계속하면, 다음으로 $X_s = 14$에서 R_{33}을 나누고 마지막 분할은 $X_s = 19$에서 일어난다. 4 구역과 5 구역 회귀나무들은 그림 11.10c와 11.10d에 있다.

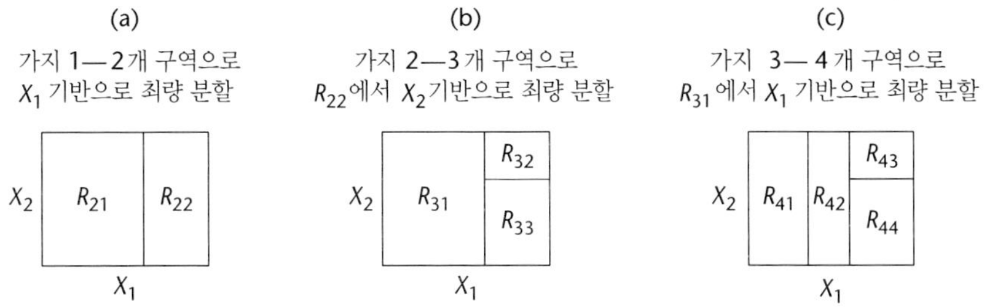

그림 11.11 회귀나무 성장 – 두 예측변수 예

두 개 혹은 그 이상의 예측변수에서 최량 구역과 분할점을 결정하는 것 이외에 분할의 기반이 되는 최고의 예측변수를 결정하는 것을 제외하면 나머지 과정은 같다. 그 규칙은 다음과 같다. 현재의 나무가 r 직사각형 구역들로 되어 있다면 각 $p - 1$ 예측변수들에 대한 각 r 구역들의 최량의 분할점을 결정한 뒤, 그 구역과 SSE를 가장 크게 감소시키는 것으로 새로운 분할을 한다. 여기서는 $r(p - 1)$ 가능성 중에 최고의 예측변수와 분할점의 조합을 고르는 것임을 주목해야 한다.

두 예측변수에 대한 이러한 과정을 그림 11.11에서 나타내었다. 첫 번째로 직사각형 X 구역을 X_1을 기반으로 할지 혹은 X_2를 기반으로 할지 고려해야 한다. X_1과 X_2에 대해 최량의 분할점들인 X_{1s}과 X_{2s}을 찾은 뒤, SSE를 최대로 감소시키는 분할점 위에 다음 세분화를 기초로 하게 한다. 그림 11.11a에 따르면, 첫 번째 분할은 X_1을 기준으로 하고, 결과로 두 개의 직사각형 구역 R_{21}과 R_{22}를 만든다. 각각의 구역에서 분할을 하게 할 최고의 예측변수와 그 관련된 분할점을 결정하고, SSE를 가장 크게 감소시키는 조합을 고른다. 그림 11.11b는 구역 R_{22}가 X_2의 기반 위에 이러한 단계로 세분화되는 것을 나타낸다. 결과적으로 세 번째 분할에서 구역 R_{31}은 X_1의 기반 위에 세분화되었고, 그림 11.11c가 보여 주듯이 4 구역 나무를 만든다.

구역의 개수 *r* 결정. 만약 나무 키우기 과정이 무제한으로 진행되면, 결과적으로 각각의 구역이 하나의 관측값을 갖는 n 구역으로 나뉘고, 더 이상의 분할은 불가능해진다. '최량' 구역의 개수는 1과 n 사이에 위치할 것이고, 보통 타당성입증검사 연구를 통해 정해진다. 예들 들어 각각의 분할에 대해서 SSE와 함께 따로 남겨 놓았던 자료 또는 타당성입증 표본자료에 대한 예측오차의 평균제곱 $MSPR$을 계산한다. 그런 뒤에 $MSPR$을 최소화시키는 나무를 선택한다.

예 부록 C.4의 대학 입학 자료를 이용하여 회귀나무를 만들어 보자. 1학년 말 평량평균(GPA)(Y)을 대학입학시험(ACT) 점수(X_1)와 고등학교 반 순위($HSRank$; X_2)에 대한 함수로 적합하였다. 자료는 705개의 사례로 이루어져 있고, 타당성입증을 위해 확률표본 $n^* = 353$개의 사례가 선택되었다. 그림 11.12a는 $MSPR$ 대 구역의 개수(종점 마디의 수)에 대한 그림이다. 그림은 $r = 5$까지 예측하는 능력이 개선되는 것을 보여 주고 $MSPR = .318$임을 보여 준다(이 모형의 MSE는 .322이다). $r > 5$일 때, 타당성입증 표본에서 반응을 예측하는 능력은 구역의 개수가 증가함에 따라 약화된다. MSE의 그림 또한 같이 있는데, 예상

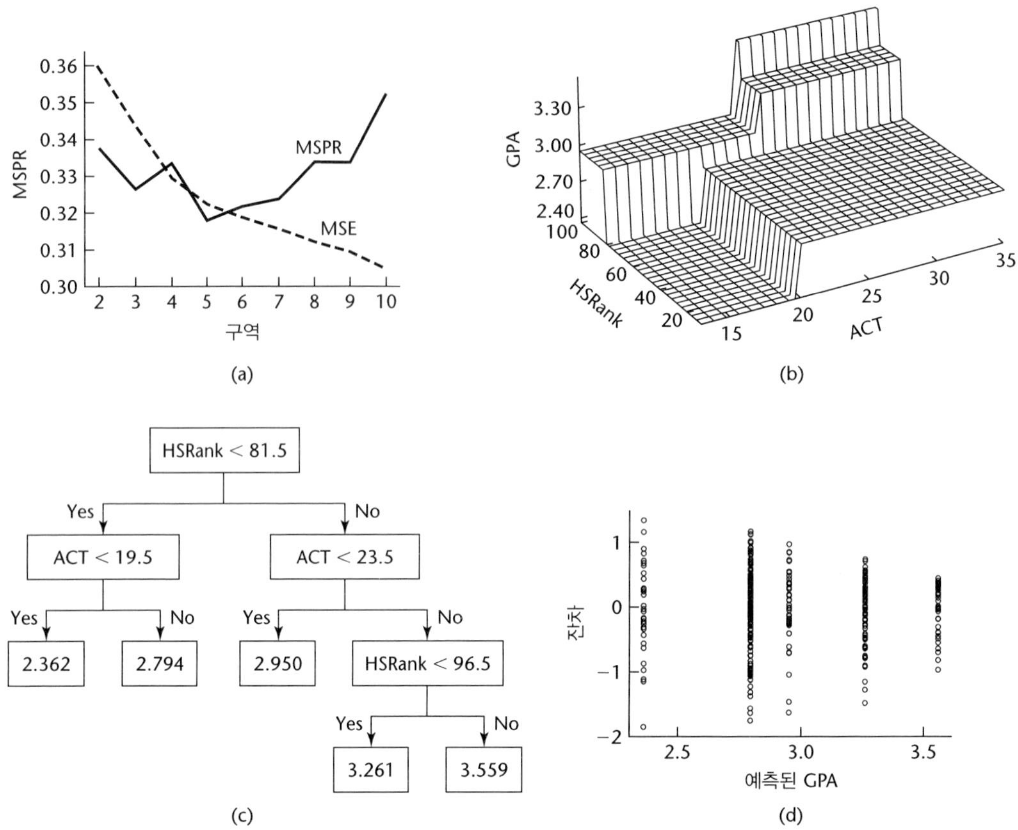

그림 11.12 S-plus 회귀나무 결과 – 대학 입학 예

한 대로 *MSE*가 나무의 크기에 따라 단순 감소한다. 적합회귀나무표면은 그림 11.12b에 나타나 있으며, 그에 해당하는 나무 도표는 11.12c이다.

그림 11.12d는 잔차 대 예측값에 대한 그림이다. 잔차들의 분산이 어느 정도 일정하여 더 많은 분할은 필요로 하지 않는 것을 나타낸다.

회귀나무의 적합을 표준적인 회귀 방법들로 얻어진 적합과 질적으로 비교하는 것은 유익하다. 완전이차모형을 사용하면 다음과 같은 식을 얻는다.

$$\hat{Y} = 1.77 - .0223X_1 + .0780X_2 + .000187X_1^2 - .00133X_2^2 + .000342X_1X_2$$

이차회귀모형의 *MSPR*은 .296인데, 이것은 회귀나무를 통해 얻은 값(.318)보다 약간 좋다. 흥미롭게도 이차회귀모형을 통해 얻어진 *MSE*값(.333)은 회귀나무를 통해 얻은 값(.322)과 거의 비슷하다.

요약하자면, 기대한 것과 같이 회귀나무는 ACT와 고등학교 등수가 증가함에 따라 대학교 GPA도 증가하는 것을 시사한다. 전체적으로 고등학교 순위는 ACT 성적보다 더 확연한 영향을 미치는 것을 볼 수 있다. 이 나무의 R^2은 훈련자료에서는 .256이고 타당성입증 자료에서는 .157이다. 대학교 1학년 GPA는 고등학교 순위와 ACT 성적과 관련된다고 결론지을 수 있지만, 이 예측변수들에 의해 설명되는 GPA의 변동 비율은 굉장히 작다.

부연설명

1. 구역의 개수 r은 비용복잡성기준(cost complexity criterion)을 최소화하는 것에 의해 선택되는 경우도 있다.

$$C_{\lambda}(r) = \sum_{k=1}^{r} SSE(R_{rk}) + \lambda r$$

비용복잡성기준에는 두 가지 성분이 있다. 잔차제곱합과 이용된 구역의 개수(r)에 대한 벌점 λr이다. 조율 매개변수(tuning parameter) $\lambda \geq 0$은 나무의 크기(복잡성, complexity)와 적합도 사이의 균형을 결정한다. 더 큰 λ의 값일수록 더 작은 나무를 선택한다. 이 기준은 11.2절에서 언급한 대로 능선회귀추정 때 사용할 수 있었던 **벌점최소제곱**(penalized least square)의 형태이다. 또한 벌점최소제곱은 13.6절에서 설명했듯이 신경망에서도 사용된다. 일반적으로 최적의 λ 값은 타당성입증 연구를 통해 정해진다.

2. 회귀나무는 반응 Y가 질적일 때 자주 사용된다. 이러한 경우 X_h에서 반응을 예측하는 것은 Y_h가 어떤 반응범주에 속하는지 결정하는 것과 같다. 이것은 분류의 문제이고, 결과적으로 얻은 나무는 분류 나무(classification tree)라고 한다. 세부사항은 인용문헌 11.11과 11.15에서 제공한다. ■

11.5 ■ 붓스트랩 – 비표준적인 상황에서 정밀도 평가에 대한 해결방안

표준적합회귀모형에 대해 앞의 장들에서 설명된 방법들은 회귀계수추정, 적합값, 새로운 관측값의 예측의 정밀도에 대한 평가에 이용할 수 있다. 그러나 비표준적인 상황들의 경우, 예를 들어 비일정 오차분산들이 반복재가중최소제곱에 의해 추정되었거나 로버스트 회귀추정이 사용되었을 때, 정밀도를 평가하는 표준적인 방법은 유효하지 않거나 표본의 개수가 클 때만 근사적으로 적용 가능하다. 붓스트랩(bootstrap) 방법은 이러한 복잡한 사례의 표본 추정값의 정밀도를 추정하는 것을 제공하기 위해 Efron(인용문헌 11.16)에 의해 개발되었다. 현재는 몇 개의 붓스트랩 방법이 개발되었다. 이제 설명할 붓스트랩 방법은 원칙이 간단하며 비모수적 특성을 갖고 있다. 모든 붓스트랩 방법이 그렇듯 아주 많은 컴퓨터 계산이 필요하다.

일반적인 절차

붓스트랩 방법을 회귀계수 추정의 정밀도를 평가하는 측면에서 설명할 것이다. 이 설명은 적합값 등 다른 추정값에도 똑같이 적용할 수 있다. 어떠한 방법을 통한 적합회귀모형(단순 혹은 다중)이 있고 추정회귀계수 b_1을 얻었다고 가정하면, 이제 붓스트랩 방법으로 이 추정값들의 정밀도를 평가하고 싶을 것이다. 본질적으로 붓스트랩 방법은 표본크기 n의 관측된 표본자료로부터 복원이 있는 확률적 추출을 한다. 복원추출(sampling with replacement)은 붓스트랩 표본이 원래의 자료에서 몇 개의 중복자료가 생기고, 몇 개의 다른 자료가 생략된 것을 의미한다. 다음으로 붓스트랩은 처음 적합에 사용된 것과 같은 적합절차를 사용하여 붓스트랩 표본으로부터의 추정회귀계수를 계산한다. 이것은 첫 번째 붓스트랩 추정값 b_1^*을 만든다. 이 과정은 상당히 많이 반복되는데, 한 번 반복될 때마다 원래의 표본에서 붓스트랩 표본크기 n은 복원으로 추출되고 붓스트랩 표본의 추정회귀계수를 얻는다. 모든 붓스트랩 추정값 b_1^*의 추정표준편차는 $s^*\{b_1^*\}$이고, 이것은 표집분포 b_1의 변동의 추정값이고 b_1의 정밀도에 대한 측정값이다.

붓스트랩 추출

회귀의 붓스트랩 추출은 두 가지 기본적인 방식으로 행해질 수 있다. 적합되고 있는 회귀함수가 자료의 좋은 모형이며, 오차항은 상수분산을 갖고, 예측변수들은 고정변수로 가정될 때 **고정 X 추출**(*fixed X sampling*)이 적절하다. 여기서 본래의 적합 잔차 e_i를 복원 표본대상이 되는 자료로 생각할 수 있다. 잔차의 크기가 n인 붓스트랩 표본을 얻게 되면 e_1^*, ..., e_n^*이 되며, 붓스트랩 표본잔차들을 본래의 적합으로부터 적합값에 더하여 Y_1^*, ..., Y_n^*으로 표시되는 새로운 붓스트랩 Y값을 얻을 수 있다.

$$Y_i^* = \hat{Y}_i + e_i^* \tag{11.57}$$

붓스트랩 Y^*값들은 붓스트랩 추정값 b_1^*을 얻기 위해 초기에 사용했던 것과 같은 절차를 통해서 원래의 X 변수들에 회귀된다.

적합되고 있는 회귀함수의 적정성을 확신할 수 없을 때, 오차항이 일정하지 않을 때, 그리고 예측변수들이 고정으로 가정되지 않을 때는 **확률 X 추출**(*random X sampling*)이 적절하다. 단순회귀에서 본래 표본의 X와 Y의 짝 자료들이 복원추출의 대상이 된다. 즉, 두 번째 절차는 n번의 복원으로 사례들을 표집하고, n개 짝의 (X^*, Y^*) 값들의 붓스트랩 표본을 산출한다. 이 붓스트랩 표본으로 붓스트랩 추정값 b_1^*을 얻는다.

추정값의 정밀도 평가를 위해 몇 개의 붓스트랩 표본이 적정한지는 각각 특별한 상황에 따라 달라진다. 50개 정도의 작은 붓스트랩 표본들이 충분할 때도 있다. 보통은 200~500개의 붓스트랩 표본들이 적당하다. 붓스트랩 표본의 개수를 늘리면서 붓스트랩 추정값의 변동을 $s^*\{b_1^*\}$로 계산한다. 이 값이 꽤 안정적이게 되면 붓스트랩을 중단한다.

붓스트랩 신뢰구간

붓스트랩은 신뢰구간 근사에도 사용될 수 있다. 서로 다른 방법으로 붓스트랩 신뢰구간을 얻기 위한 많은 연구들이 진행 중이다(인용문헌 11.17과 11.18 참조). $1-\alpha$ 신뢰구간을 얻는 상대적으로 간단한 절차는 **반사 방법**(reflection method)이다. 이 절차는 대개는 적당한 근사를 만들지만, 항상 그런 것은 아니다. β_1의 반사 방법 신뢰구간은 붓스트랩 분포 b_1^*의 $(\alpha/2)100$과 $(1-\alpha/2)100$ 백분위수로 얻어진다. 이 백분위수들은 각각 $b_1^*(\alpha/2)$와 $b_1^*(1-\alpha/2)$로 표현된다. β_1의 원래 표본의 추정값 b_1에서부터 이 백분위수들까지의 거리들을 d_1과 d_2로 표시한다.

$$d_1 = b_1 - b_1^*(\alpha/2) \tag{11.58a}$$

$$d_2 = b_1^*(1-\alpha/2) - b_1 \tag{11.58b}$$

β_1의 $1-\alpha$ 신뢰구간 근사는 다음과 같다.

$$b_1 - d_2 \le \beta_1 \le b_1 + d_1 \tag{11.59}$$

반사 방법을 통한 붓스트랩 신뢰구간 근사는 정밀도의 붓스트랩 추정값보다 더 많은 수의 붓스트랩의 표본개수를 필요로 하는데, 그 이유는 꼬리 백분위수가 필요하기 때문이다. 반사 붓스트랩 신뢰구간을 구하기 위한 붓스트랩 표본의 합리적 최소 개수는 약 500개이다.

예 붓스트랩 방법을 두 가지 예로 보일 것이다. 첫 번째 예에서는 표준 분석의 방법들이 이용되며, 붓스트랩은 이와 비슷한 결과를 얻는다는 것을 간단하게 보여 주는 데 사용된다. 두 번째 예에서는 추정 절차가 복잡한 붓스트랩 추정의 정밀도 평가의 방법을 제공한다.

예1 Toluca Company

표 1.1 Toluca Company의 예를 이용하여 붓스트랩 방법이 어떻게 표준 분석결과를 근사하는지 알아본다. 2장에서 기울기 β_1의 추정은 $b_1 = 3.5702$이고 추정값의 추정 정밀도는 $s\{b_1\} = .3470$임을 찾았고, β_1의 95% 신뢰구간은 $2.85 \le \beta_1 \le 4.29$인 것을 찾았다.

붓스트랩 방법을 통해 적합값 $b_1 = 3.5702$의 정밀도를 평가하기 위해서 고정 X 추출을 사용할 것이다. 여기서 단순선형회귀함수가 자료를 잘 적합하고, 오차분산은 일정하게 나타나며, 같은 로트 크기로 연구를 반복하는 것이 합리적으로 보인다. 로트 크기(X)와 작업시간(Y) 자료의 일부분이 표 11.9의 1, 2열에 나와 있다. 원래 자료의 적합값과 잔차들은 표 1.2의 3, 4열과 같다. 표 11.9의 5열은 첫 번째 붓스트랩 n 표본의 잔차들 e_i^*인데, 4열에서 복원추출되었다. 결과적으로 6열은 첫 번째 붓스트랩 표본 Y_i^*관측값들을 보여 준다. 예를 들어 (11.57)에 이해 $Y_1^* = \hat{Y}_1 + e_i^* = 347.98 - 19.88 = 328.1$가 얻어졌다.

단순선형회귀모형 (2.1)에 근거하여 6열의 Y_i^*값들이 1열의 X값들로 회귀하여 $b_1^* = 3.7564$을 얻었다. 같은 방법으로 999개의 다른 붓스트랩 표본들을 추출하였고 각각의 b_i^*이 얻어졌다. 그림 11.13은 1,000개 붓스트랩 b_1^* 추정값의 히스토그램을 나타낸다. 이 붓스트랩 표본분포는 상당히 대칭적이며 정규분포와 유사해 보인다는 점에 주목하라. 그림

	(1)	(2)	(3)	(4)	(5)	(6)
	원래 표본				붓스트랩 표본 1	
i	X_i	Y_i	$\hat{Y}_i$	e_i	e_i^*	Y_i^*
1	80	399	347.98	51.02	−19.88	328.1
2	30	121	169.47	−48.47	10.72	180.2
3	50	221	240.88	−19.88	−6.68	234.2
···	···	···	···	···	···	···
23	40	244	205.17	38.83	4.02	209.2
24	80	342	347.98	−5.98	−45.17	302.8
25	70	323	312.28	10.72	51.02	363.3

표 11.9 X가 고정일 때 붓스트랩 표본추출 – Toluca Company 예

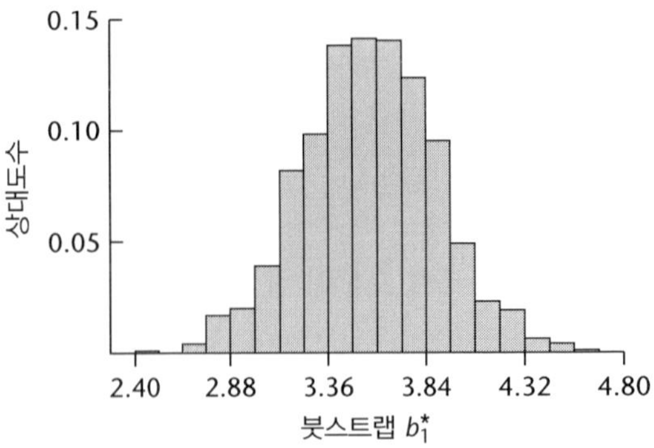

$b_1^*(.025) = 2.940$ $s^*\{b_1^*\} = .3251$ $b_1^*(.975) = 4.211$

그림 11.13 b_1^*을 추정하는 붓스트랩의 히스토그램 – Toluca Company 예

11.13에서 1,000개 b_1^* 추정값의 표준편차는 $s^*\{b_1^*\} = .3251$로, 분석적 추정값인 $s\{b_1\} = .3470$과 상당히 흡사함을 알 수 있다.

붓스트랩 반사 방법으로 β_1에 대한 95% 신뢰구간을 구하기 위해 그림 11.13에서 붓스트랩 표본분포의 2.5번째 백분위수와 97.5번째 백분위수가 각각 $b_1^*(.025) = 2.940$, $b_1^*(.975) = 4.211$이다. (11.58)을 이용하여 다음을 구할 수 있다.

$$d_1 = 3.5702 - 2.940 = .630$$
$$d_2 = 4.211 - 3.5702 = .641$$

마지막으로 신뢰한계 $3.5702 + .630 = 4.20$과 $3.5702 - .641 = 2.93$을 구하기 위해 (11.59)의 식을 이용하였고, β_1에 대한 대략적인 95% 신뢰구간은 다음과 같다.

$$2.93 \leq \beta_1 \leq 4.20$$

이 한계값은 분석적 방법을 통해 구한 신뢰한계값 2.85와 4.29와 상당히 유사하다는 점에 유의하라.

예2 혈압

표 11.1의 혈압 예와 관련하여 분석가는 비일정 오차분산을 고려하기 위해 가중최소제곱을 사용하였고, 알려지지 않은 가중값을 추정하기 위해 표준편차함수를 적합하였다. 추정된 회귀계수 $b_{w1} = .59634$의 정밀도를 추정하고, β_1의 신뢰구간을 구하기 위하여 분석가가 사용한 추론 과정은 근사일 뿐이다. 추정값이 좋은지 조사하기 위해 붓스트랩 방법에 의한 가중값의 부정확함을 인지하는 방향으로 추정된 회귀계수의 정밀도를 평가할 것이다. X 변수(나이)는 아마 확률적인 것으로 취급되어야 하고, 오차분산은 X의 수준에 따라 달라지므로 확률 X 추출을 사용할 것이다. 표 11.10에 표 11.1의 1, 2열에 있는 나이(X)와 확장기 혈압(Y)에 대한 자료가 있다. 3, 4열은 1, 2열에서 복원추출된 첫 번째 붓스트랩 표본에 대한 관측값들(X_i^*, Y_i^*)이다. Y^*를 X^*에 대하여 보통최소제곱추정으로 회귀하면 다음과 같이 적합된 회귀공식을 얻는다.

	(1)	(2)	(3)	(4)	(5)	(6)	(7)
	원래의 표본		붓스트랩 표본 1				
i	X_i	Y_i	X_i^*	Y_i^*	e_i^*	$\hat{s}_i^*$	w_i^*
1	27	73	49	101	14.20	10.64	.0088
2	21	66	34	73	−2.65	5.72	.0305
3	22	63	49	101	14.20	10.64	.0088
⋯	⋯	⋯	⋯	⋯	⋯	⋯	⋯
52	52	100	46	89	4.43	9.65	.0107
53	58	80	27	73	2.55	3.43	.0850
54	57	109	40	70	−10.11	7.69	.0169

표 11.10 X가 랜덤일 때 붓스트랩 표본추출 – 혈압 예

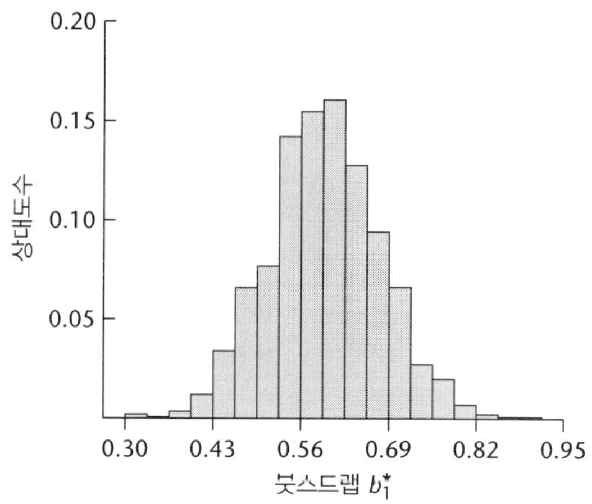

$b_1^*(.025) = .4375$ $s^*\{b_1^*\} = .0825$ $b_1^*(.975) = .7583$

그림 11.14 b_1^*을 추정하는 붓스트랩의 히스토그램 – 혈압 예

$$\hat{Y}^* = 50.384 + .7432X^*$$

이 적합된 함수에 대한 잔차는 5열에 나타나 있다. 이 잔차들의 절댓값이 X^*에 대하여 회귀되면, 적합된 표준편차함수는 다음과 같다.

$$\hat{s}^* = -5.409 + .32745X^*$$

적합값 $\hat{s}_i^*$들은 6열에 있다. 마지막으로 가중값 $w_i^* = 1/(\hat{s}_i^*)^2$는 7열에 있다. 예를 들어 $w_i^* = 1/(10.64)^2 = .0088$이다. 마지막으로 7열에 있는 가중값이 사용되어 Y^*가 X^*에 대하여 회귀되고, 붓스트랩 추정값 $b_1^* = .838$을 얻는다.

이 과정은 1,000번 반복되었다. 1,000번의 붓스트랩 값 b_1^*에 대한 히스토그램은 그림 11.14이며 이는 정규분포에 근사한다. 1,000번의 붓스트랩 값에 대한 표준편차는 그림 11.14에 있고 $s^*\{b_1^*\} = .0825$이다. 이 정밀도 값을 (11.13)의 추정으로 얻은 값과 비교하면, .0825와 .07924인데 추정된 가중값 사용으로 추정 표준편차의 작은 증가가 일어난 것을 볼 수 있다. 그러므로 가중값의 추정 분산으로 인한 b_{w1}의 변동성은 크지 않으며 표준

추론과정은 좋은 근삿값을 제공한다고 볼 수 있다.

β_1에 대한 95% 붓스트랩 신뢰구간은 그림 11.14에 있는 백분위수 $b_1^*(.025) = .4375$과 $b_1^*(.975) = .7583$를 이용하여 (11.59)로부터 구할 수 있다. 추정된 95% 신뢰한계는 다음과 같다[(11.20)으로부터 $b_{w1} = .59634$임을 상기하라].

$$b_{w1} - d_2 = .59634 - (.7583 - .59634) = .4344$$
$$b_{w1} + d_1 = .59634 + (.59634 - .4375) = .7552$$

그리고 β_1에 대한 신뢰구간은 다음과 같다.

$$.434 \leq \beta_1 \leq .755$$

이 신뢰구간이 앞서 표준추론과정을 이용하여 계산한 것과 비슷함에 주목하라 ($.437 \leq \beta_1 \leq .755$). 이것은 가중값들이 추정되었음에도 불구하고 표준추론과정을 이용해도 적절하다는 것을 다시 확인해 준다.

부연설명

d_1이 (11.59)의 상위 신뢰한계와 연관되어 있고 d_2가 하위 신뢰한계와 연관되어 있는 이유는 b_1에 대한 표본분포의 상위 $(1 - \alpha/2)100$ 백분위수가 β_1에 대한 하위 신뢰한계를 식별하고, 하위 $(\alpha/2)100$ 백분위수는 상위 신뢰한계를 식별하기 때문이다. 이것을 보기 위해 b_1에 대한 표본분포를 생각해 보자. 확률 $1 - \alpha$에 대하여 b_1이 다음 구간에 있을 것이라고 할 수 있다.

$$b_1(\alpha/2) \leq b_1 \leq b_1(1 - \alpha/2) \tag{11.60}$$

$b_1(\alpha/2)$와 $b_1(1 - \alpha/2)$가 b_1에 대한 표본분포인 $(\alpha/2)100$와 $(1 - \alpha/2)100$ 백분위수를 의미한다. 이제 이러한 백분위수를 표본분포의 평균 $E\{b_1\} = \beta_1$으로부터의 거리로써 표현한다.

$$\begin{aligned} D_1 &= \beta_1 - b_1(\alpha/2) \\ D_2 &= b_1(1 - \alpha/2) - \beta_1 \end{aligned} \tag{11.61}$$

그리고 다음과 같다.

$$\begin{aligned} b_1(\alpha/2) &= \beta_1 - D_1 \\ b_1(1 - \alpha/2) &= \beta_1 + D_2 \end{aligned} \tag{11.62}$$

(11.62)를 (11.60)으로 대체하고 부등호들을 재배치하면 β_1이 식 가운데로 오게 하고 한계를 확인할 수 있다.

$$b_1 - D_2 \leq \beta_1 \leq b_1 + D_1$$

(11.59)의 신뢰구간은 D_1과 D_2를 d_1과 d_2로 대체함으로써 구할 수 있다. 이것은 붓스트랩 표본분포의 백분위수를 b_1의 표본분포에 각각 상응하는 추정된 백분위수값으로 사용하고 b_1을 표본분포 β_1의 평균값에 대한 추정값으로 사용한 것이다. ■

11.6 ■ 사례 예 – MNDOT 교통량 추정

교통 감시는 교통량, 교통 구성, 차량 속도, 차량 무게와 같은 다양한 종류의 자료를 수집하는 것으로 이루어진다. 이러한 자료는 고속도로 계획, 엔지니어링 디자인, 교통 제어뿐만 아니라 예산분배를 위한 법적 판단이나 주립고속도로 노선의 선택, 속도 제한의 설정 등에 필요한 정보를 제공한다. 교통 감시에 있어 가장 중요한 변수는 도로 또는 고속도로의 구간에 대한 연평균일일교통량(*average annual daily traffic*, AADT)이다. AADT는 1년에 걸쳐 매일 특정 도로구간을 지나가는 차량 개수의 평균값으로 정의된다. AADT에 대한 정보는 자동교통측정기(*automatic traffic recorders*, ATRs)의 평균값으로 집계되는 경우가 많다. 비용상 이러한 측정기를 모든 주립도로에 설치하는 것은 불가능하므로 Cheng(인용문헌 11.19)은 Minnesota 주의 관찰되지 않는 도로구간의 AADT를 추정하는 데 회귀분석을 사용하였다.

AADT 데이터베이스

교통량에 대한 예측 가능성이 높은 변수로 Minnesota 교통국(*Minnesota Department of Transportation, MNDOT*)의 도로일지 자료로부터 7가지 주요 예측변수를 설정하였다. 그것들은 도로구간의 종류, 도로 부근의 인구밀도, 도로구간의 차선수, 도로구간의 넓이 등을 포함하였다. 7개 중 4개의 변수들은 질적 변수이며, 19개의 지표변수를 필요로 한다. 예비회귀분석은 2개의 질적 변수에 대하여 많은 수준이 도움이 되지 않는다는 것을 보여주었다. 따라서 오차제곱합이 소량만 감소한다는 판단과 통계적 정보를 이용하여 카테고리들을 붕괴하여 19개가 아닌 10개의 지표변수로 AADT 데이터베이스를 만들었다.

초기분석에 포함되었던 변수들은 다음과 같다.

CTYPOP(X_1)—도로구간이 위치한 카운티의 인구수(도로구간에 인접한 지역의 인구밀도의 제일 좋은 대용값)

LANES(X_2)—도로구간의 차로 개수

WIDTH(X_3)—도로구간의 폭(단위: feet)

CONTROL(X_4)—해당 도로구간의 진입에 대한 통제가 가능한지 가능하지 않은지에 대한 두 가지의 질적 변수 (1 = 진입 통제, 2 = 진입 통제 안 함)

CLASS(X_5, X_6, X_7)—도로구간의 기능을 정의하는 4가지의 질적 변수 (1 = 시골 주간(interstate, 주와 주 사이), 2 = 시골 비주간(noninterstate), 3 = 도시 주간, 4 = 도시 비주간)

TRUCK(X_8, X_9, X_{10}, X_{11})—해당 도로구간에 트럭이 진입할 수 있는지 없는지를 나타내는 5가지 범주의 질적 변수(용적톤수와 제한 시기 등)

LOCALE(X_{12}, X_{13})—지역을 분류하는 3가지 범주의 질적 변수 [1 = 시골, 2 = 도시(인구수 ≤ 50,000), 3 = 도시(인구수 > 50,000)]

자료의 일부가 표 11.11에 나타나 있다. 총 121 ATRs에 대한 완벽한 기록을 이용할 수 있다. 지표변수에 대한 코딩은 생략되었으며 질적 변수에 대한 범주만을 나타냈다.

도로구간 i	AADT Y_i	자치주 인구수 X_{i1}	차로 X_{i2}	폭 X_{i3}	진입 통계 분류 X_{i4}	기능 분류 (X_{i5} to X_{i7})	트럭 진입 분류 (X_{i8} to $X_{i,11}$)	지역 분류 ($X_{i,12}$, $X_{i,13}$)
1	1,616	13,404	2	52	2	2	5	1
2	1,329	52,314	2	60	2	2	5	1
3	3,933	30,982	2	57	2	4	5	2
···	···	···	···	···	···	···	···	···
119	14,905	459,784	4	68	2	4	5	2
120	15,408	459,784	2	40	2	4	5	3
121	1,266	43,784	2	44	2	4	5	2

Source: C. Cheng, "Optimal Sampling for Traffic Volume Estimation," unpublished Ph.D. dissertation, University of Minnesota, Carlson School of Management, 1992.

표 11.11 자료 – MNDOT 교통 추정 예

모형개발

자료에 대한 lowess 적합이 추가된 SYSTAT 산점도행렬이 그림 11.15에 나와 있다. 첫 번째 행의 몇몇 예측변수들이 AADT와 관련된 것을 볼 수 있다. lowess 적합은 잠재적으로 LANES와 AADT 간의 곡선관계를 의미한다. 비록 1, 2, 3 등의 질적 분류에 대한 AADT의 lowess 적합이 무의미하지만, 그것들은 각 범주별 교통량의 평균값을 보여 준다. 예를 들어 CLASS에 대한 AADT의 lowess 적합은 CLASS의 세 번째 범주에 대한 평균 AADT가 다른 세 개 범주보다 더 높다는 것을 보여 준다. 또한 산점도행렬은 AADT의 변동성이 CTYPOP와 같은 몇몇 예측변수와 더불어 증가하는 것을 제시한다.

모든 예측변수가 사용된 보통최소제곱추정이 적용된 일차모형의 초기 회귀적합은 CTYPOP와 LANES가 중요한 변수임을 보여 준다. 이 초기 적합에 대한 진단은 두 가지의 잠재적 문제를 제안한다. 첫째로, 예측값에 대한 잔차그림에서 오차분산이 일정하지 않다는 점이 나타났다. 또한 최대 분산 팽창인수 (10.41)은 24.55로, 다소 심각한 정도의 다중공선성 징후를 보인다. 최대 Cook의 거리 (10.33)은 .2076으로, 개별 자료에 대해서 어떠한 것도 특별한 영향력이 있지 않다는 점을 보여 준다. 많은 변수들이 중요하지 않은 것으로 보여 부분집합 선택 과정을 이용하여 초기 모형을 구하는 것을 고려하였다.

SAS의 모두 가능 회귀 과정 PROC RSQUARE가 이용되었다. 계산의 분량을 줄이기 위해 CTYPOP와 LANES를 강제로 포함하였다. SAS 결과는 그림 11.16에 나와 있다. 왼쪽 열은 모형의 X 변수의 숫자 $p - 1$을 나타낸다. 질적 변수의 이름은 예측변수와 1로 코드화된 지표변수로 나타내었다. 예를 들어 CLASS1은 예측변수 CLASS에 대한 첫 번째 지표변수를 의미한다. 그것은 범주 1(시골 주간)로서, 1로 코드화된 X_5를 의미한다. 두 개의 간단한 모형들이 특히 의미 있어 보인다. $R_p^2 = .805$, $C_p = 5.23$의 값을 갖는 X_1(CTYPOP), X_2(LANES), X_7(CLASS = 3)로 구성된 모형이 3변수 모형 중 가장 좋은 것으로 보인다. $p = 4$에 대한 이 모형의 C_p 통계량은 이 모형이 조금 편향되어 있다는 점을 제시한다. 최량의 4변수 모형은 X_1(CTYPOP), X_2(LANES), X_4(CONTROL = 1), X_5(CLASS = 1)로 되어 있다. 이 모형으로 선택 기준 값들이 좋아졌다. $R_p^2 = .812$, $C_p = 2.65$. 이 결과들을 바탕으로 하여 이 두 가지 모형에서의 예측변수를 모아 다음과 같은 다섯 가지 예측변수 X_1(CTYPOP), X_2(LANES), X_4(CONTROL = 1), X_5(CLASS = 1),

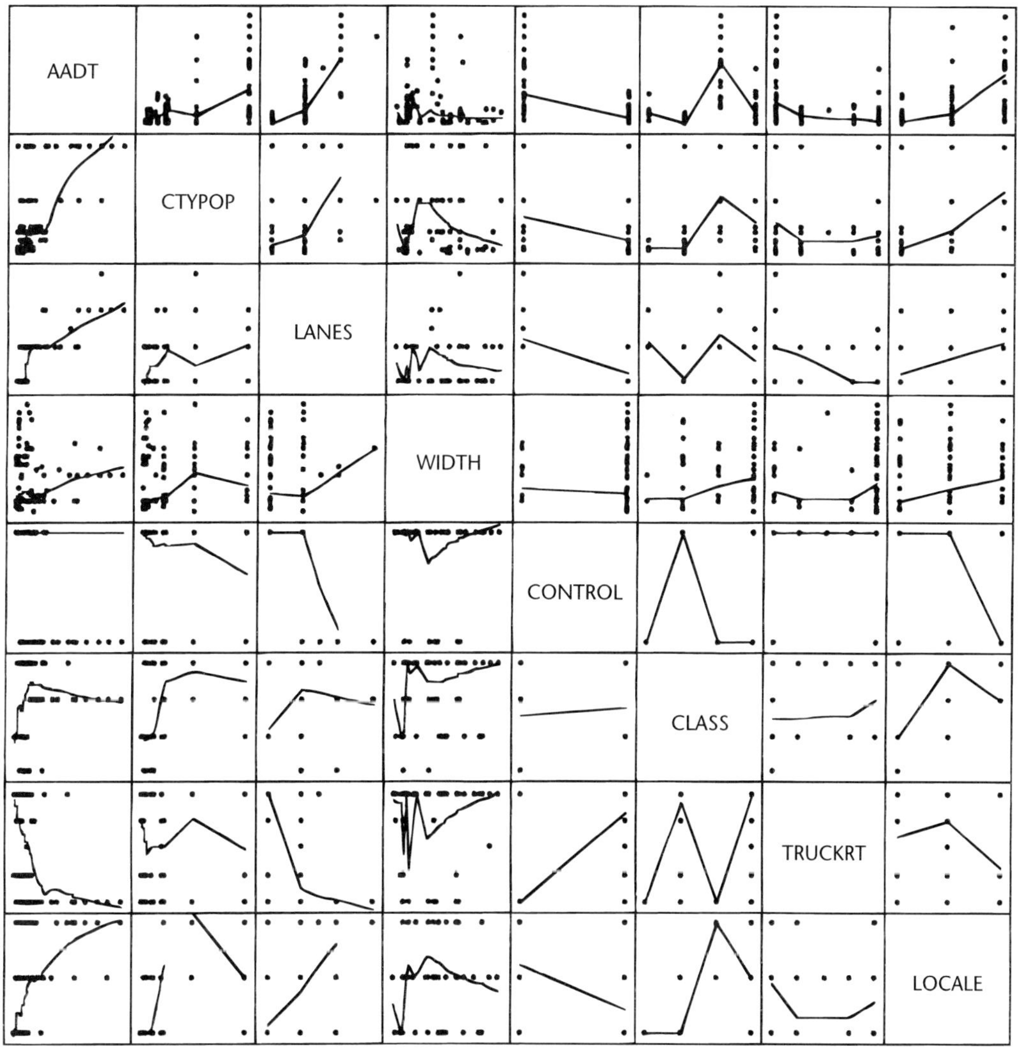

그림 11.15 SYSTAT 산점도행렬 – MNDOT 교통량 추정 예

X_7(CLASS = 3)을 포함한 모형을 조사하기로 하였다. X_6(CLASS = 2)이 탈락되었기 때문에 CLASS의 변수들 CLASS = 2와 CLASS = 4가 하나의 범주로 통합되었다는 점에 유의하라.

그림 11.17a는 5개 변수 모형의 적합값에 대한 스튜던트화 잔차그림이다. 잔차그림은 두 가지의 잠재적 문제를 보여 준다. (1) 잔차들은 작거나 큰 $\hat{Y}$의 값에 대하여 양의 값을 취하고 중간값에 대해서는 음의 값을 갖는 경향이 있어 반응함수의 곡선성을 시사한다. (2) 잔차의 변동성은 $\hat{Y}$가 증가함에 따라 증가하는 경향을 보여 오차분산의 비상수성을 의미한다.

다음으로 가능성 있는 상호작용 효과와 곡선성이 조사되었다. 각각의 질적 변수(CTYPOP와 LANES)의 제곱항이 가능한 X 변수 풀(pool)에 추가되었다. 잠재적인 다중공선성 문제를 줄이기 위해 각각의 변수들을 먼저 중심화하였다. 추가로 4개의 예측변수

```
 N = 121      Regression Models for Dependent Variable: AADT

          R-square     C(p)  Variables in Model
   In

     2    0.694589  69.7231  CTYPOP LANES

NOTE: The above variables are included in all models to follow.

----------------------------------------
     3    0.804522   5.2315   CLASS3
     3    0.751353  37.3903   CONTROL1
     3    0.725755  52.8725   TRUCK1
     3    0.704495  65.7318   LOCALE2
     3    0.704250  65.8798   CLASS1
-------------------------------------
     4    0.812099   2.6490   CONTROL1 CLASS1
     4    0.810364   3.6986   CLASS3 LOCALE2
     4    0.808001   5.1275   CLASS3 LOCALE1
     4    0.807122   5.6590   CLASS2 CLASS3
     4    0.806300   6.1562   CLASS3 TRUCK4
-------------------------------------------
     5    0.816245   2.1414   CONTROL1 CLASS1 LOCALE2
     5    0.815842   2.3848   CONTROL1 CLASS1 LOCALE1
     5    0.814362   3.2803   CONTROL1 CLASS1 CLASS2
     5    0.813901   3.5589   CONTROL1 CLASS1 TRUCK4
     5    0.812788   4.2321   CONTROL1 CLASS1 TRUCK2
---------------------------------------------------
     6    0.818304   2.8958   WIDTH CONTROL1 CLASS1 LOCALE1
     6    0.817992   3.0845   CONTROL1 CLASS1 TRUCK4 LOCALE2
     6    0.817915   3.1309   CONTROL1 CLASS1 TRUCK2 LOCALE2
     6    0.817741   3.2367   CONTROL1 CLASS1 TRUCK2 LOCALE1
     6    0.817738   3.2383   WIDTH CONTROL1 CLASS1 LOCALE2
-----------------------------------------------------------
     7    0.820443   3.6023   WIDTH CONTROL1 CLASS1 TRUCK4 LOCALE1
     7    0.819942   3.9050   WIDTH CONTROL1 CLASS1 TRUCK4 LOCALE2
     7    0.819473   4.1891   WIDTH CONTROL1 CLASS1 TRUCK2 LOCALE1
     7    0.819180   4.3663   CONTROL1 CLASS1 TRUCK2 TRUCK4 LOCALE2
     7    0.819007   4.4705   WIDTH CONTROL1 CLASS1 CLASS2 LOCALE1
-----------------------------------------------------------------
```

그림 11.16 모두 가능 회귀의 SAS 결과물 – MNDOT 교통 추정량 예

를 서로 곱하여 만들어진 9개의 교차곱항이 X 변수에 추가되었다.

X 변수 풀이 확대됨으로써 SAS의 모두 가능 회귀 과정을 다시 실행하였다(결과물 생략). 분석 결과는 5가지 X 변수 모형을 제시하였다: CTYPOP, LANES, LANES^2, CONROL1, CTYPOP $\times$ CONTROL1. 이 모형에 대한 R_p^2는 .925이며, 회귀계수에 대한 모든 P값은 0+이다. 비록 이 모형이 다섯 변수 모형 중 가장 큰 R_p^2값을 지니지는 않지만 해석하기 쉬운데다가 C_p, R_p^2 기준에 의해 식별된 다른 모형과 확연한 차이를 갖지 않기 때문에 바람직하다고 말할 수 있다. 그림 11.17b에 나타난 $\hat{Y}$에 대한 스튜던트화 잔차그림은 곡선성이 더 이상 존재하지 않는다는 것을 보여 준다. 또한 Cook의 거리 측도(최대 = .47)뿐만 아니라 분산팽창인수(최대 = 2.5) 역시 이 단계에서 심각한 문제를 보여 주지 않았다. Breusch-Pagan 검정에서 나타난 것과 같이 오차분산의 비상수성은 지속되었다.

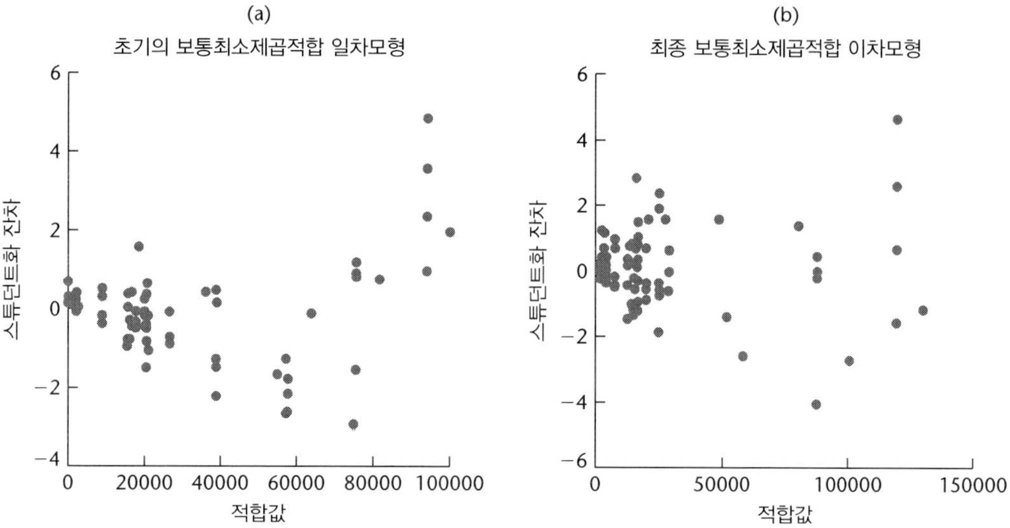

그림 11.17 스튜던트화 잔차 VS 적합값의 산점도 – MNDOT 교통 추정 예

가중최소제곱추정

오차항의 비상수성의 문제를 해결하기 위해 표준편차함수를 이용한 가중최소제곱(weighted least squares)이 적용되었다. 잔차그림은 잔차의 절댓값이 CTYPOP와 LANES에 따라 변한다는 것을 보여 주었다. 잔차의 절댓값을 CTYPOP와 LANES로 회귀한 일차모형의 적합은 R^2 = .386이며 CTYPOP와 LANES에 대한 P값이 각각 .001과 0+이며 이것으로 추정 표준편차함수로 사용하였다. 대개의 경우에 그러하듯이 추정 표준편차함수의 R^2값(.386)이 추정 반응함수의 R^2값(.925)보다 상당히 작은 것을 주목하라.

표준편차함수로부터 얻은 가중값을 사용하여 회귀계수의 가중최소제곱추정값을 얻을 수 있었다. 몇몇의 회귀계수추정값들이 비가중최소제곱으로 얻은 것들과 상당히 달랐기 때문에 가중최소제곱 적합으로부터 얻은 잔차들은 표준편차함수를 재추정하는 데 사용되었고, 개선된 가중값을 얻었다. 반복재가중 최소제곱 과정을 두 번 더 반복하여 안정된 추정 계수를 얻었다.

최종 가중값에 따른 가중최소제곱 적합의 MINITAB 회귀 결과는 그림 11.18에 나타나 있다. 회귀계수의 부호가 예측한 대로 전부 양(+)인 것에 주목하라.

CTYPOP: 지역인구밀도가 증가함에 따라 교통량이 증가
LANES: 차로의 증가에 따라 교통량이 증가
CONTROL1: 도로구간의 진입 통제가 있을 때 교통량이 최댓값
LANES^2: 그림 11.15에서 보이는 AADT에서 LANES까지의 lowess 적합의 모양과 위로 구부러지는 포물선이 일치
CTYPOP × CONTROL1: 더 높은 인구밀도에서 진입 통제에 따른 교통량 증가가 확연

그림 11.19a는 적합값에 대한 스튜던트화 잔차그림이고, 그림 11.19b는 스튜던트화 잔

```
The regression equation is
AADT = 9602 + 0.0146 CTYPOP + 6162 LANES + 16556 CONTROL1 + 2250 LANES2
          + 0.0637 POPXCTL1

Predictor        Coef       Stdev    t-ratio       p
Constant         9602        1432       6.71   0.000
CTYPOP       0.014567    0.003047       4.78   0.000
LANES          6161.8       933.9       6.60   0.000
CONTROL1        16556        2966       5.58   0.000
LANES2         2249.7       755.8       2.98   0.004
POPXCTL1     0.063696    0.008421       7.56   0.000

Analysis of Variance

SOURCE         DF         SS         MS         F         P
Regression      5     919.55     183.91     93.13     0.000
Error         115     227.10       1.97
Total         120    1146.65
```

그림 11.18 MINITAB 가중최소제곱 결과 – MNDOT 교통 추정 예

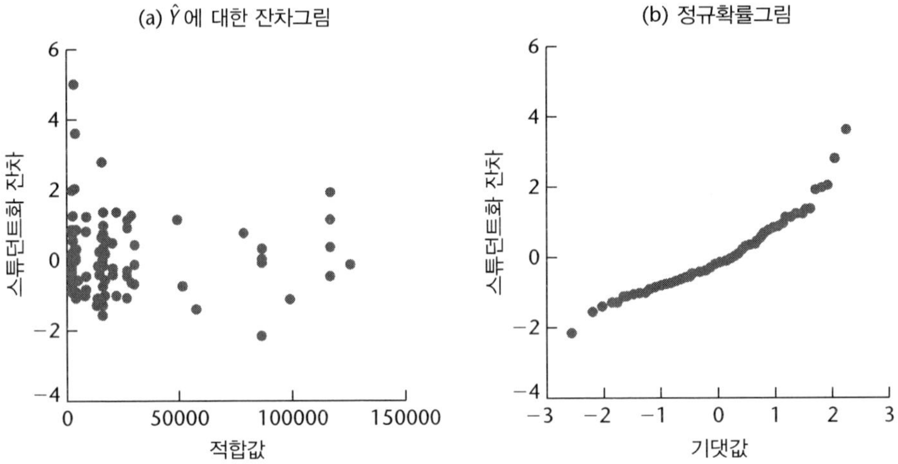

그림 11.19 최종 가중최소제곱 회귀적합의 잔차그림 – 교통량 추정 예

차의 정규확률그림이다. 스튜던트화 잔차의 변동성이 이제는 거의 일정하다는 것에 주목하라. 그림 11.19b의 정규확률그림이 정규성으로부터의 몇몇 이탈을 보여 주지만(이것은 정규성에 대한 상관관계 검정으로 확인되었다), 특히 큰 표본크기를 고려했을 때 이러한 이탈은 심각한 것으로 보이지 않는다.

AADT를 추정하기 위한 모형의 유용성을 평가하기 위해 시골, 근교, 도시의 도로구간에 대한 평균 교통량의 95% 신뢰구간이 만들어졌다. 이러한 도로구간에 대한 예측변수의 수준은 표 11.12의 1~3열에 있다. 추정된 평균 교통량은 4열에 있다. 각각의 도로구간에 대한 추정된 평균반응의 추정 표준편차는 5열에 있으며 이것들은 (6.58)의 (11.13)에서 $\mathbf{s}^2\{\mathbf{b}_w\}$값을 이용하여 구할 수 있다.

도로구간	(1) CTYPOP	(2) LANES	(3) CONTROL1	(4) $\hat{Y}_h$	(5) $s\{\hat{Y}_h\}$	(6) 신뢰한계 하한	(7) 신뢰한계 상한
시골	113,571	2	0	3,365	354	2,663	4,066
근교	222,229	4	0	16,379	1,827	12,758	19,999
도시	941,411	6	1	116,024	6,597	102,953	129,095

표 11.12 평균반응에 대한 95% 근사 신뢰한계 – 교통량 추정 예

$$s^2\{\hat{Y}_h\} = \mathbf{X}_h' \mathbf{s}^2\{\mathbf{b}_w\}\mathbf{X}_h = MSE_w \mathbf{X}_h'(\mathbf{X}'\mathbf{W}\mathbf{X})^{-1}\mathbf{X}_h \tag{11.63}$$

여기서 벡터 $\mathbf{X}_h$의 값은 (6.53)에 정의되어 있다. 5열의 추정 표준편차는 근삿값일 뿐이다. 왜냐하면 최소제곱가중값들은 적합값의 정밀도를 측정하기 위해 확률 X 추출 방법에 의한 붓스트랩 방법을 사용하여 표준편차함수로 추정되었기 때문이다. 붓스트랩 표집분포의 표준편차는 5열의 추정 표준편차와 비슷하다. 결과의 일치는 표준편차함수에 의한 가중값의 반복 추정이 적합값의 정밀도에 큰 영향을 미치지 않는 다는 것을 보여 준다.

(6.59)를 이용한 $E\{Y_h\}$에 대한 95% 신뢰한계는 표 11.12의 6, 7열에 나타나 있다. 이러한 추정값의 정밀도는 계획 목적으로는 충분하다고 여겨진다. 하지만 근교 및 시골 도로 추정값은 나쁜 상대적 정밀도이기 때문에, 카운티의 인구가 항상 도로 구간 근접 인구밀도를 대변하지 않으므로 도로구간에 근접한 인구밀도에 대한 더 나은 기록 방법이 추천된다. 더 나은 정보는 더 좋은 회귀모형으로 이어지며 시골 및 근교 도로구간에 대한 더 정확한 추정값을 얻을 수 있다.

여기에 제시된 회귀모형개발 방식은 물론 유용한 회귀모형을 찾는 단 하나의 방법은 아니다. 또한 분석 역시 설명된 바와 같이 완벽하지 않다. 예를 들어 그림 11.19a의 잔차그림은 적어도 한 개의 특이점($r_{92} = 5.02$)의 존재를 시사한다. 이 경우의 가능한 내서 방안이 고려되어야 할 것이다. 또한 정규성에 대한 이탈은 반응변수의 변환으로 개선될 수 있을 것이다. 이러한 변환은 또한 오차항의 변동성을 상당히 안정화하여 가중최소제곱방법이 필요하지 않게 할 수도 있다. 사실, Box-Cox 변환 방법을 이용한 추후의 분석은 반응값의 세제곱근 변환이 이 경우에 매우 효과가 있음을 보여 주었다. 가중최소제곱방법으로 얻은 모형적합과 대안적 접근으로 발전된 모형적합 간의 마지막 선택은 모형타당성연구에 근거하여 결정될 수 있을 것이다.

인용문헌

11.1. Davidian, M., and R. J. Carroll. "Variance Function Estimation," *Journal of the American Statistical Association* 82 (1987), pp. 1079–91.

11.2. Greene, W. H. *Econometric Analysis*, 5th ed. Upper Saddle River, New Jersey: Prentice Hall, 2003.

11.3. Belsley, D. A. *Conditioning Diagnostics: Collinearity and Weak Data in Regression*. New York: John Wiley & Sons, 1991.

11.4. Frank, I. E., and J. H. Friedman. "A Statistical View of Some Chemometrics Regression Tools," *Technometrics* 35 (1993), pp. 109–35.

11.5. Hoaglin, D. C.; F. Mosteller; and J.W. Tukey. *Exploring Data Tables, Trends, and Shapes*. New York: John Wiley & Sons, 1985.

11.6. Rousseeuw, P. J., and A. M. Leroy. *Robust Regression and Outlier Detection*. New York: John Wiley & Sons, 1987.

11.7. Kennedy, W. J., Jr., and J. E. Gentle. *Statistical Computing*. New York: Marcel Dekker, 1980.

11.8. ETS Policy Information Center. *America's Smallest School: The Family*. Princeton, N. J.: Educational Testing Service, 1992.

11.9. Haerdle, W. *Applied Nonparametric Regression*. Cambridge: Cambridge University Press, 1992.

11.10. Cleveland, W. S., and S. J. Devlin. "Locally Weighted Regression: An Approach to Regression Analysis by Local Fitting," *Journal of the American Statistical Association* 83 (1988), pp. 596–610.

11.11. Breiman, L.; J. H. Friedman; R. A. Olshen; and C. J. Stone. *Classification and Regression Trees*. Belmont, Calif.: Wadsworth, 1984.

11.12. Friedman, J. H., and W. Stuetzle. "Projection Pursuit Regression," *Journal of the American Statistical Association* 76 (1981), pp. 817–23.

11.13. Eubank, R. L. *Spline Smoothing and Nonparametric Regression*, 2nd ed. New York: Marcel Dekker, 1999.

11.14. Hastie, T., and C. Loader. "Local Regression: Automatic Kernel Carpentry" (with discussion), *Statistical Science* 8 (1993), pp. 120–43.

11.15. Hastie, T., Tibshirani, R., and J. Friedman. *The Elements of Statistical Learning: Data Mining, Inference, and Prediction*. New York: Springer-Verlag, 2001.

11.16. Efron, B. *The Jackknife, The Bootstrap, and Other Resampling Plans*. Philadelphia, Penn.: Society for Industrial and Applied Mathematics, 1982.

11.17. Efron, B., and R. Tibshirani. "Bootstrap Methods for Standard Errors, Confidence Intervals, and Other Measures of Statistical Accuracy," *Statistical Science* 1 (1986), pp. 54–77.

11.18. Efron, B. "Better Bootstrap Confidence Intervals" (with discussion), *Journal of the American Statistical Association* 82 (1987), pp. 171–200.

11.19. Cheng, C. "Optimal Sampling for Traffic Volume Estimation," unpublished Ph.D. dissertation, University of Minnesota, Carlson School of Management, 1992.

문제

11.1. 한 학생이 다른 학생에게 말하였다. "당신의 잔차는 오차분산의 비상수성을 명확히 보여 주고 있어. 그렇기 때문에 당신의 회귀 결과는 완전히 유효하지 않아." 논평하여라.

11.2. 분석가는 제안하였다. "로버스트 회귀의 좋은 점은 바깥값과 영향력 있는 관측값에 대해서 걱정하지 않아도 된다는 것이다." 논평하여라.

11.3. lowess 방법은 예측변수가 많거나 표본크기가 작을 경우 어려워진다. 이것은 '차원의 저주(curse of dimensinality)'라고도 한다. 이 문제의 특성에 대해서 논의하여라.

11.4. 회귀나무는 예측변수가 많거나 표본크기가 작을 경우 이용하기 어려워진다. 이 문제의 특성에 대해서 논의하여라.

11.5. 능선회귀를 이용할 때, 회귀계수의 신뢰구간을 구하기 위하여 붓스트랩 방법이 어떻게 이용되는지 설명하여라.

11.6. **컴퓨터 보조 학습(Computer-assisted learning)**. 학생 12명의 컴퓨터 보조 학습 연구에 대한 자료이고, 수업을 마칠 때까지의 반응의 수(X)와 컴퓨터 시간의 비용(Y, 단위: cent)은 다음과 같다.

i:	1	2	3	4	5	6	7	8	9	10	11	12
X_i:	16	14	22	10	14	17	10	13	19	12	18	11
Y_i:	77	70	85	50	62	70	55	63	88	57	81	51

a. 보통최소제곱으로 선형회귀함수를 적합시키고, 잔차를 구하고, X에 대한 잔차그림을 그려라. 잔차그림이 제시하는 것은 무엇인가?

b. 유형을 두 그룹으로 나누고, 가장 작은 적합값 $\hat{Y}_i$ 6개 값은 그룹 1로, 나머지 6개 값은 그룹 2로 하자. 오차분산의 상수성에 대한 Brown-Forsythe 검정을 $\alpha = .05$로 하여라. 결정규칙, 결론을 서술하여라.

c. X에 대한 잔차의 절댓값을 그려라. 오차항의 표준편차와 X 사이의 관계에 대해서 그림이 제시하는 것은 무엇인가?

d. X에 대한 잔차의 절댓값을 회귀시킴으로써 표준편차함수를 추정하여라. 그 다음, (11.16a)를 이용하여 각 사례의 추정된 가중값을 계산하여라. 가장 큰 가중값과 가장 작은 가중값을 갖는 사례는 어느 것인가?

e. 추정된 가중값을 이용하여 β_0와 β_1의 가중최소제곱추정값을 구하여라. 이 추정값들이 (a)에서 구한 보통최소제곱추정값과 유사한가?

f. (e)의 가중최소제곱추정값인 b_{w0}와 b_{w1}의 추정된 표준편차와 (a)의 보통최소제곱추정값의 추정된 표준편차를 비교하여라. 무엇을 알 수 있는가?

g. (d)와 (e)의 단계를 한 번 더 반복하여라. 추정된 회귀계수에 큰 변화가 있는가? 그렇다면 무엇을 해야 하는가?

*11.7. **기계 속도(Machine speed)**. 기계에서 생산된 결함이 있는 제품 수(Y)는 기계의 속도 세팅(X)과 선형적인 관계가 있는 것으로 알려져 있다. 아래 자료는 최근 품질 관리 자료에서 수집되었다.

i:	1	2	3	4	5	6	7	8	9	10	11	12
X_i:	200	400	300	400	200	300	300	400	200	400	200	300
Y_i:	28	75	37	53	22	58	40	96	46	52	30	69

a. 보통최소제곱으로 선형회귀함수를 적합시키고, 잔차를 구하고, X에 대한 잔차그

림을 그려라. 잔차그림이 제시하는 것은 무엇인가?

b. $\log_e \sigma_i^2 = \gamma_0 + \gamma_1 X_i$을 가정하고, 오차분산의 상수성에 대한 Brown-Forsythe 검정을 $\alpha = .10$을 이용하여 구하여라. 가설들, 결정규칙, 결론을 서술하여라.

c. X에 대한 잔차의 절댓값을 그려라. 오차항의 표준편차와 X 사이의 관계에 대해서 그림이 제시하는 것은 무엇인가?

d. X에 대한 잔차의 제곱을 회귀시킴으로써 표준편차함수를 추정하고, (11.16b)를 이용하여 각각에 대한 추정된 가중값을 계산하여라.

e. 추정된 가중값을 이용하여, β_0와 β_1의 가중최소제곱추정값을 구하여라. 이 추정값들이 (a)에서 구한 보통최소제곱추정값과 유사한가?

f. (e)의 가중최소제곱추정값인 b_{w0}와 b_{w1}의 추정된 표준편차와 (a)의 보통최소제곱추정값의 추정된 표준편차를 비교하여라. 무엇을 알 수 있는가?

g. (d)와 (e)의 단계를 한 번 더 반복하여라. 추정된 회귀계수에 큰 변화가 있는가? 그렇다면 무엇을 해야 하는가?

11.8. **직원 연봉(Eemployee salaries).** 첨단 산업 회사들은 R&D 부서의 기술직 직원의 연봉 범위를 정하기 위하여 연봉 정보를 공유하는 데 동의하였다. 자료는 현재 연봉(Y), 최종 취득 학위를 코드화한 변수(1 = 학사학위, 2 = 석사학위, 3 = 박사학위), 마지막 학위 후의 경험 연수(years)(X_3), 현재 고용된 사람들의 수(X_4)로 되어 있다. 자료는 아래와 같다.

직원 i	Y_{i1}	학위	X_{i3}	X_{i4}
1	58.8	3	4.49	0
2	34.8	1	2.92	0
3	163.7	3	29.54	42
...	...	...	...	...
63	40.0	2	.44	0
64	60.5	3	2.10	0
65	104.8	3	19.81	24

a. 가장 높은 취득 학위에 대한 2개의 지표변수를 만들어라.

학위	X_1	X_2
학사	0	0
석사	1	0
박사	0	1

b. 일차모형과 보통최소제곱을 이용하여 X_1, X_2, X_3, X_4에 대해 Y를 회귀시키고, 잔차를 구하고, 그것을 $\hat{Y}$에 대하여 그림으로 나타내어라.

c. 유형을 두 그룹으로 나누고, 가장 작은 적합값 $\hat{Y}_i$ 33개 값은 그룹 1로, 나머지 32개 값은 그룹 2로 하자. 오차분산의 상수성에 대한 Brown-Forsythe 검정을 $\alpha = .10$을 이용하여 구하여라. 결정규칙, 결론을 서술하여라.

d. X_3과 X_4에 대한 잔차의 절댓값을 그려라. 오차항의 표준편차와 X_3과 X_4 사이의 관계에 대해서 그림이 제시하는 것은 무엇인가?

e. X_3과 X_4에 대한 잔차의 절댓값을 회귀시킴으로써 표준편차함수를 일차 형식으로 추정하고, (11.16a)를 이용하여 각각에 대해 추정된 가중값을 계산하여라.

f. 추정된 가중값을 이용하여 회귀모형의 가중최소제곱추정값을 구하여라. 이 추정값들이 (b)에서 구한 보통최소제곱추정값과 유사한가?

g. (f)의 가중최소제곱추정값의 추정된 표준편차와 (b)의 보통최소제곱추정값의 추정된 표준편차를 비교하여라. 무엇을 알 수 있는가?

h. (e)와 (f)의 단계를 한 번 더 반복하여라. 추정된 회귀계수에 큰 변화가 있는가? 그렇다면 무엇을 해야 하는가?

11.9. 문제 10.13의 **화장품 판매(Cosmetics sales)** 자료를 참조하여라. 아래는 추정된 능선표준화회귀계수, 분산팽창인수, 선택된 편향상수 c에 대한 R^2이 있다.

c:	.00	.01	.02	.04	.06	.08	.09	.10
b_1^R:	.490	.461	.443	.463	.410	.401	.398	.394
b_2^R:	.296	.322	.336	.349	.354	.356	.356	.356
b_3^R:	.169	.167	.167	.166	.165	.164	.164	.164
$(VIF)_1$:	20.07	10.36	6.37	3.20	1.98	1.38	1.20	1.05
$(VIF)_2$:	20.72	10.67	6.55	3.27	2.07	1.40	1.21	1.06
$(VIF)_3$:	1.22	1.17	1.14	1.08	1.02	.98	.95	.93
R^2:	.7417	.7416	.7145	.7412	.7409	.7045	.7402	.7399

a. 주어진 c값에 대한 능선추적(ridge trace) 그림을 만들어라. $c = 0$ 근처에서 능선회귀계수들이 크게 변하는가?

b. 능선추적을 바탕으로 한 편향상수 c, VIF 값, R^2에 대한 합리적인 값을 제시하여라.

c. (b)에서 선택된 추정된 표준화회귀계수를 원래 변수로 변형하고 44개 자료에 대한 적합값을 구하여라. 문제 10.13a에서 보통최소제곱으로 구한 적합값들과 이 적합값들은 얼마나 유사한가?

*11.10. **화학 적재물(Chemical shipment).** 창고에 도착하는 드럼 안에 들어 있는 화학 물질의 적재물 20개가 있다. 적재물 안에 있는 드럼의 수(X_1), 적재물의 총 중량(X_2, 단위: 100pounds), 그리고 적재물 취급을 위해 필요한 시간(Y, 단위: 분)

i:	1	2	3	...	18	19	20
X_{i1}:	7	18	5	...	21	6	11
X_{i2}:	5.11	16.72	3.20	...	15.21	3.64	9.57
Y_i:	58	152	41	...	155	39	90

아래에는 추정된 능선표준화회귀계수, 분산팽창인수, 선택된 편향상수 c에 대한 R^2이 주어져 있다.

c:	.000	.005	.01	.05	.07	.09	.10	.20
b_1^R:	.451	.453	.455	.460	.460	.459	.458	.444
b_2^R:	.561	.556	.552	.526	.517	.508	.504	.473
$(VIF)_1 = (VIF)_2$:	7.03	6.20	5.51	2.65	2.03	1.61	1.46	.71
R^2:	.9869	.9869	.9869	.9862	.9856	.9852	.9844	.9780

a. 회귀모형 (6.1)을 자료에 적합시키고 적합값을 찾아라.
b. 주어진 c값에 대한 능선추적그림을 만들어라. $c = 0$ 근처에서 능선회귀계수들이 크게 변하는가?
c. $(VIF)_1$ 값과 $(VIF)_2$ 값이 같은 이유는 무엇인가?
d. 능선추적을 바탕으로 한 편향상수 c, VIF 값, R^2에 대한 합리적인 값을 제시하여라.
e. (c)에서 선택된 추정 표준화회귀계수를 원래 변수로 변형하여 20개 자료에 대한 적합값을 구하여라. (a)에서 보통최소제곱으로 구한 적합값들과 이 적합값들은 얼마나 유사한가?

*11.11. 문제 1.20의 **복사기 유지보수(Copier maintenance)** 자료를 참조하여라. 특별한 상황 때문에 봉사시간이 너무 길었던 두 사례는 원자료에 포함 시키지 않았다.

사례 i	X_i	Y_i
46	6	132
47	5	166

a. 합쳐진(47개 사례) 자료를 이용하여 보통최소제곱방법으로 단순회귀분석모형을 적합시키고, 적합된 회귀함수와 자료를 함께 그려라. 적합된 반응함수에 사례 46과 47을 더하는 것은 어떤 영향을 미치는가?
b. (11.47)의 척도화잔차를 구하고, (11.44)의 Huber 가중값함수를 이용하여 IRLS 로버스트 회귀의 첫 번째 반복에 대한 가중값을 구하여라. 어떤 자료가 가장 작은 Huber 가중값을 갖는가? 그 이유는 무엇인가?
c. (b)에서 계산한 가중값을 이용하여 회귀계수의 가중최소제곱추정값을 구하여라. (a)에서 보통최소제곱으로 구한 값들과 비교하면 어떤가?
d. IRLS 절차를 2번 더 반복하여라. 마지막 반복에서 어떤 자료가 가장 작은 Huber 가중값을 갖는가? 마지막 IRLS 로버스트 회귀추정값과 (a)에서 구한 보통최소제곱추정값을 비교하면 어떤가?
e. (a)에서의 그래프에 (d)에서 구한 마지막 IRLS 추정 회귀함수를 그려라. 보통최소제곱적합과 로버스트 적합은 크게 다른가? 그렇다면 어떠한 적합이 더 좋은가?

11.12. **몸무게와 키(Weight and height).** 키(X, 단위: inches)로부터 몸무게(Y, 단위: pounds)를 얼마나 잘 예측할 수 있는지 알아보기 위하여 20명의 남자 신입생의 몸무게와 키를 기록하였다. 자료는 다음과 같이 주어졌다. 일차회귀모형 (1.1)이 적절하다고 가정하자.

i:	1	2	3	...	18	19	20
X_i:	74	65	72	...	69	68	67
Y_i:	185	195	216	...	177	145	137

a. 보통최소제곱방법으로 단순회귀분석모형을 적합시키고, 적합된 회귀함수와 자

료를 함께 그려라. 또한 Cook의 거리(10.33)의 지수그림을 그려라. 그림들이 제시하는 것은 무엇인가?

b. (11.47)에서 척도화잔차를 구하고, (11.44)에서 Huber 가중값함수를 이용하여 IRLS 로버스트 회귀의 첫 번째 반복에 대한 가중값을 구하여라. 어떤 자료가 가장 작은 Huber 가중값을 갖는가? 그 이유는 무엇인가?

c. (b)에서 계산한 가중값을 이용하여 회귀계수의 가중최소제곱추정값을 구하여라. (a)에서 보통최소제곱으로 구한 값들과 비교하면 어떤가?

d. IRLS 절차를 2번 더 반복하여라. 마지막 반복에서 어떤 자료가 가장 작은 Huber 가중값을 갖는가? 마지막 IRLS 로버스트 회귀추정값과 (a)에서 구한 보통최소제곱추정값을 비교하면 어떤가?

연습문제

11.13. $\sigma_i^2 = kX_i$이고, k가 적절한 상수일 때, 단순선형회귀함수를 적합하는 가중최소제곱 정규방정식을 유도하여라.

11.14. $\bar{Y}_w$와 $\bar{X}_w$가 가중평균일 때, (11.26a)의 가중최소제곱추정량인 b_{w1}을 $Y_i - \bar{Y}_w$과 $X_i - \bar{X}_w$로 표현하여라.

11.15. 문제 11.6 **컴퓨터 보조 학습(Computer-assisted learning)** 자료를 참조하여라. (e)에서 구한 가중최소제곱추정값이 (11.23)의 변환과 보통최소제곱을 이용한 것과 동일함을 수치적으로 증명하여라.

11.16. 문제 11.7 **기계 속도(Machine speed)** 자료를 참조하여라. (e)에서 구한 가중최소제곱추정값이 (11.23)의 변환과 보통최소제곱을 이용한 것과 동일함을 수치적으로 증명하여라.

11.17. 가중값이 $w_i = .3/X_i$으로 주어졌을 때, (11.6)의 가중최소제곱 기준을 고려하여라. $i = 1, \ldots, 4$일 때 오차항에 대한 분산공분산행렬을 구하여라. $1 \neq j$일 때 $\sigma\{\varepsilon_i, \varepsilon_j\} = 0$을 가정한다.

11.18. 관측값 Y_i의 분산공분산행렬이 $k\mathbf{W}^{-1}$이고, $\mathbf{W}$는 (11.7)에 주어졌고, k는 비례상수일 때, 가중최소제곱추정량에 대한 (11.10)의 분산공분산행렬 $\boldsymbol{\sigma}^2\{\mathbf{b}_w\}$을 유도하여라.

11.19. (11.29)의 평균제곱오차를 유도하여라.

11.20. 표 7.1의 **체지방(body fat)** 예를 참조하여라. 최소절대잔차 회귀를 이용했을 때 회귀계수의 LAR 추정값은 $b_0 = -17.027$, $b_1 = .4173$, $b_2 = .5203$이다.

a. LAR 적합의 절대잔차의 합을 구하여라.

b. 최소제곱으로 추정된 회귀계수 $b_0 = -19.174$, $b_1 = .2224$, $b_2 = .6594$에 대하여 절대잔차의 합을 구하여라. 이 합이 (a)에서 구한 합보다 더 큰가? 이것은 예측된 것인가?

프로젝트

11.21. X = 10, 20, 30, 40, 50일 때 Y에 대한 관측값을 얻으려고 한다. 실제 회귀함수는 $E\{Y\} = 20 + 10X$이다. 오차항은 독립적이고 정규분포를 따르며, $E\{\varepsilon_i\} = 0$이고 $\sigma^2\{\varepsilon_i\} = .8X_i$이다.

a. X의 수준에 따른 임의의 관측값 Y를 생성하고, 단순선형회귀함수의 회귀계수 β_1에 대한 보통최소제곱추정값과 가중최소제곱추정값을 계산하여라.

b. 새로운 임의의 숫자를 매번 생성하여 (a)를 200번 반복하여라.

c. β_1의 200개 보통최소제곱추정값의 평균과 분산을 계산하고, 200개의 가중최소제곱추정값에도 똑같이 하여라.

d. 보통최소제곱과 가중최소제곱추정량이 모두 비편향으로 나타나는가? 설명하여라. 어떤 추정량이 여기에 더 정확한 것 같은가? 서술하여라.

11.22. 문제 6.15의 **환자 만족도(Patient satisfaction)** 자료를 참조하여라.

a. 다음 편향상수 c = .000, .005, .01, .02, .03, .04, .05에 대하여 추정된 능선표준화회귀계수, 분산팽창인수, R^2을 구하여라.

b. 주어진 c 값에 대하여 능선추적그림을 만들어라. 능선회귀계수는 $c = 0$ 근처에서 큰 변화를 보이는가?

c. 능선추적, *VIF* 값, R^2에 기초하여 편향상수 c에 대한 합리적인 값을 제안하여라.

d. (c)에서 선택된 추정된 표준화회귀계수를 원래 변수로 변형하고 46개 자료에 대한 적합값을 구하여라. 문제 6.15c에서 보통최소제곱으로 구한 적합값들과 이 적합값들은 얼마나 유사한가?

11.23. **시멘트 구성성분(Cement composition).** 다음 자료는 시멘트의 구성에 의한 굳을 때 발생하는 열에 대한 효과이다. 수집된 변수는 알루민산삼칼슘(tricalcium aluminate)의 양(X_1), 규산삼칼슘(tricalcium silicate)의 양(X_2), 철알민산사칼슘(tetracalcium alumino ferrite)의 양(X_3), 규산이칼슘(dicalcium silicate)의 양(X_4), 시멘트의 그램당 칼로리(Y)이다.

i:	1	2	3	. . .	11	12	13
X_{i1}:	7	1	11	. . .	1	11	10
X_{i2}:	26	29	56	. . .	40	66	68
X_{i3}:	6	15	8	. . .	23	9	8
X_{i4}:	60	52	20	. . .	34	12	12
Y_i:	78.5	74.3	104.3	. . .	83.8	113.3	109.4

Adapted from H. Woods, H. H. Steinour, and H. R. Starke, "Effect of Composition of Portland Cement on Heat Evolved During Hardening," *Industrial and Engineering Chemistry,* 24, 1932, 1207–1214.

a. 자료의 4개 예측변수에 대하여 회귀모형을 적합시켜라. 추정된 회귀함수를 서술하여라.

b. 다음 편향상수 c = .000, .002, .004, .006, .008, .02, .04, .06, .08, .10에 대하여 추정된 능선표준화회귀계수, 분산팽창인수, R^2을 구하여라.

c. (b)에 나열된 c 값에 대하여 능선추적그림을 만들어라. 능선회귀계수는 $c = 0$ 근

처에서 큰 변화를 보이는가?

d. 능선추적, VIF값, R^2에 기초하여 편향상수 c에 대한 합리적인 값을 제안하여라.

e. (d)에서 선택된 추정된 표준화회귀계수를 원래 변수로 변형하고 13개 자료에 대한 적합값을 구하여라. (a)에서 보통최소제곱으로 구한 적합값들과 이 적합값들은 얼마나 유사한가?

11.24. 문제 6.18의 **상업용 부동산(Commercial properties)** 자료를 참조하여라.

a. 최소절대잔차회귀를 이용하여 모수 $\beta_0, \beta_1, \beta_2, \beta_3, \beta_4$에 대한 추정값을 구하여라.

b. (a)에서의 LAR 적합의 절대잔차의 합을 구하여라.

c. 문제 6.18c의 최소제곱으로 추정된 회귀함수에 대하여 절대잔차의 합을 구하여라. 이 합이 (b)에서 구한 합보다 더 큰가? 이것은 예측된 것인가?

11.25. **농작물 수확량(Crop yield)**. 농업 경제학자는 새로운 하이브리드 토마토의 수확(Y)에 습도(X_1, 단위: inches)와 온도(X_2, 단위: °C)가 미치는 영향을 연구하였다. 실험 자료는 다음과 같다.

i:	1	2	3	. . .	23	24	25
X_{i1}:	6	6	6	. . .	14	14	14
X_{i2}:	20	21	22	. . .	22	23	24
Y_i:	49.2	48.1	48.0	. . .	42.1	43.9	40.5

농업 경제학자는 독립적인 정규오차항에 이차다항회귀모형 (8.7)이 여기에 적절할 것으로 기대하고 있다.

a. 상호작용항과 온도의 이차항을 생략한 이차다항회귀모형을 적합시켜라.

b. (a)에서 얻어진 표면의 등고선그림을 그려라.

c. 습도와 온도의 함수로서 수확 반응표면의 비모수적 추정을 얻기 위하여 lowess 방법을 이용한다. (11.53)의 가중값함수, $q = 9/25$, 비척도화된 변수로 Euclidean 거리 척도를 이용하여라. 국소 일차모형을 이용하여 (X_{h1}, X_{h2})값의 직교그리드 9×9에 대한 적합값 $\hat{Y}_h$를 구하여라. $X_{h1} = 6, 7, \ldots, 13, 14$이고, $X_{h2} = 20, 20.5, \ldots, 23.5, 24$이다.

d. lowess 표면의 결과에 대한 등고선그림을 그려라. lowess 등고선은 (b)의 다항식 모형의 등고선과 일치하는가?

11.26. 문제 11.6의 **컴퓨터 보조 학습(Computer-assisted learning)** 자료를 참조하여라.

a. 문제 11.6e의 가중최소제곱 적합에 기반하여, (6.50)의 방법으로 추정된 표준편차 $s\{b_{w1}\}$을 이용하여 β_1에 대한 대략 95% 신뢰구간을 구하여라.

b. 확률 X 추출을 사용하여 크기 12의 750번 붓스트랩 표본을 구하여라. 각 붓스트랩 표본으로, (1) X에 Y를 회귀시키는 보통최소제곱을 사용하여 잔차를 구하고, (2) 절대잔차를 X에 회귀하여 표준편차함수를 추정하고, 적합된 표준편차함수와 (11.16a)를 이용하여 가중값을 구하고, (3) 가중최소제곱으로 X에 Y를 회귀시켜 붓스트랩 추정 회귀계수 b_1^*을 구하여라(각 붓스트랩 표본에 대해서, 단 한 번의 반복재가중최소제곱 절차가 사용되어야 한다).

c. 750번의 붓스트랩 추정값 b_1^*의 히스토그램을 그려라. b_1^*의 붓스트랩 표본분포는 정규분포에 근사하게 나타나는가?

d. 750번의 붓스트랩 추정값 b_1^*의 표본표준편차를 계산하여라. (a)에서 사용된 추정된 표준편차 $s\{b_{w1}\}$와 어떻게 비교할 수 있는가?

e. 반사 방법 (11.59)를 이용하여 β_1에 대한 95% 붓스트랩 신뢰구간을 구하여라. (a)에서 구한 신뢰구간과 비교하면 어떤가? (a)의 대략적인 구간이 이 자료에 유용한가?

11.27. 문제 11.7의 **기계 속도(Machine speed)** 자료를 참조하여라.

a. 문제 11.7e의 가중최소제곱 적합에 기반하여, (6.50)의 방법으로 추정된 표준편차 $s\{b_{w1}\}$을 이용하여 β_1에 대한 대략 90% 신뢰구간을 구하여라.

b. 확률 X 추출을 사용하여 크기 12의 800번의 붓스트랩 표본을 구하여라. 각 붓스트랩 표본으로 (1) X에 Y를 회귀시키는 보통최소제곱을 사용하여 잔차를 구하고, (2) 절대잔차를 X에 회귀하여 표준편차함수를 추정하고, 적합된 표준편차함수와 (11.16a)를 이용하여 가중값을 구하고, (3) 가중최소제곱으로 X에 Y를 회귀시켜 붓스트랩 추정 회귀계수 b_1^*을 구하여라(각 붓스트랩 표본에 대해서, 단 한 번의 반복재가중최소제곱 절차가 사용되어야 한다).

c. 800번의 붓스트랩 추정값 b_1^*의 히스토그램을 그려라. b_1^*의 붓스트랩 표본분포는 정규분포에 근사하게 나타나는가?

d. 800번의 붓스트랩 추정값 b_1^*의 표본표준편차를 계산하여라. (a)에서 사용된 추정된 표준편차 $s\{b_{w1}\}$와 어떻게 비교할 수 있는가?

e. 반사 방법 (11.59)를 이용하여 β_1에 대한 90% 붓스트랩 신뢰구간을 구하여라. (a)에서 구한 신뢰구간과 비교하면 어떤가? (a)의 대략적인 구간이 이 자료에 유용한가?

11.28. **마일리지 연구(Mileage study).** 가솔린 소비 감소에 대한 새로운 실험적 오버드라이브 기어의 효율성에 대해 이 기어를 장착한 가벼운 트럭에서의 12번의 시도로 연구되었다. 다음 자료에서 X_i는 i번째 시험 운행에서의 일정한 속도(시간당 miles)이고, Y_i는 관측된 갤런당 마일이다.

i:	1	2	3	4	5	6	7	8	9	10	11	12
X_i:	35	35	40	40	45	45	50	50	55	55	60	60
Y_i:	22	20	28	31	37	38	41	39	34	37	27	30

독립적인 정규오차항의 이차회귀모형 (8.2)가 적절하다고 예상된다.

a. 회귀모형 (8.2)를 적합시켜라. 적합된 회귀함수와 자료를 그림으로 나타내어라. 이차회귀함수가 좋은 적합을 나타내는가?

b. 자동차 엔지니어는 평균 연비 $E\{Y\}$가 최대화되는 지점에서 $X_{\max}$ 속도를 추정하고 싶어한다. 이차항 모형 (8.2)에서 β_{11}이 음일 때, $X_{\max} = \bar{X} - (.5\beta_1/\beta_{11})$를 보일 수 있다. $\hat{X}_{\max} = \bar{X} - (.5b_1/b_{11})$을 이용하여 평균 연비가 최대화가 되는 지점에서 $X_{\max}$ 속도를 추정하여라. 추정된 최적의 속도에서의 추정된 평균 연비는 얼

마인가?

c. 고정 X 추출을 이용하여 표본크기 12의 1000번의 붓스트랩을 구하여라. 각각의 붓스트랩 표본에서 회귀모형 (8.2)를 적합시키고 붓스트랩 추정값 $\hat{X}^*_{\max}$을 구하여라.

d. 1000번의 붓스트랩 추정값 $\hat{X}^*_{\max}$의 히스토그램을 그려라. $\hat{X}^*_{\max}$의 붓스트랩 표본분포가 정규분포에 근사하는가?

e. 반사 방법 (11.56)을 이용하여 $X_{\max}$에 대한 90% 붓스트랩 신뢰구간을 구하여라. $X_{\max}$는 얼마나 정밀하게 추정되었는가?

11.29. 문제 1.27의 **근육량(Muscle mass)** 자료를 참조하여라.

a. 두 구역 회귀나무를 적합시켜라. 나이에 기반하여 첫 번째로 나뉘는 지점은 어디인가? 결과에 따른 두 구역 회귀나무의 SSE는 얼마인가?

b. (a)의 두 구역 회귀나무의 두 번째로 나뉘는 지점을 찾아라. 결과에 따른 세 구역 회귀나무의 SSE는 얼마인가?

c. (b)의 세 구역 회귀나무의 세 번째로 나뉘는 지점을 찾아라. 결과에 따른 네 구역 회귀나무의 SSE는 얼마인가?

d. (c)의 네 구역 회귀나무의 자료의 산점도를 그려라. 나무가 자료를 얼마나 잘 적합하는가? 나이에 따른 근육량의 변화에 대하여 나무가 제시하는 것은 무엇인가?

e. (d)의 네 구역 회귀나무에 대해서 e_i 대 $\hat{Y}_i$ 잔차그림을 그려라. 무엇을 알게 되었는가?

11.30. 문제 6.15의 **환자 만족도(Patient satisfaction)** 자료를 참조하여라. 첫 번째 두 예측변수만을 고려하여라(환자나이 X_1, 질병의 심각함 X_2).

a. 두 구역 회귀나무를 적합시켜라. 첫 번째로 나뉘는 지점은 어디이고 어떤 예측변수에 기반하는가? 결과에 따른 두 구역 회귀나무의 SSE는 얼마인가?

b. (a)의 두 구역 회귀나무의 두 번째로 나뉘는 지점을 찾아라. X_1와 X_2 중 어디에 기반하는가? 결과에 따른 세 구역 회귀나무의 SSE는 얼마인가?

c. (b)의 세 구역 회귀나무의 세 번째로 나뉘는 지점을 찾아라. X_1와 X_2 중 어디에 기반하는가? 결과에 따른 네 구역 회귀나무의 SSE는 얼마인가?

d. (c)의 네 구역 회귀나무의 네 번째로 나뉘는 지점을 찾아라. X_1와 X_2 중 어디에 기반하는가? 결과에 따른 다섯 구역 회귀나무의 SSE는 얼마인가?

e. (d)의 다섯 구역 회귀나무의 자료의 3차원 등고선그림을 그려라. 두 예측변수의 상대적인 중요도에 대해서 나무가 제시하는 것은 무엇인가?

f. (d)의 다섯 구역 회귀나무에 대해서 e_i 대 $\hat{Y}_i$ 잔차그림을 그려라. 무엇을 알게 되었는가?

사례연구

11.31. 부록 C.5와 사례연구 9.30의 자료 **전립선 암(Prostate cancer)** 데이터셋을 참조하여

라. 모형구축 자료로서 65개의 관측값을 확률표본으로 선택하였다.

a. PSA를 예측하기 위하여 회귀나무를 개발하여라. 구역(나무의 크기)의 수를 선택한 이유에 대해 적고, 회귀나무에 대하여 설명하여라.

b. 모형의 예측 능력을 평가하고, 종양학자에게 도움이 되는지에 대해 논의하여라.

c. 사례연구 9.30에서 얻은 가장 좋은 회귀모형과 회귀나무 모형의 성능을 비교하여라. 어떤 모형이 더 쉽게 해석되는가? 이유는 무엇인가?

11.32. 부록 C.7와 사례연구 9.31의 **부동산 매매(Real estate sales)** 데이터셋을 참조하여라. 모형구축 자료로서 300개의 관측값을 확률표본으로 선택하였다.

a. 매매 가격을 예측하기 위하여 회귀나무를 개발하여라. 구역(나무의 크기)의 수를 선택한 이유에 대해 적고, 회귀나무에 대하여 설명하여라.

b. 모형의 예측 능력을 평가하고, 매매 가격을 예측하는 데 도움이 되는지에 대해 논의하여라.

c. 사례연구 9.31에서 얻은 가장 좋은 회귀모형과 회귀나무 모형의 성능을 비교하여라. 어떤 모형이 더 쉽게 해석되는가? 이유는 무엇인가?

12장 | 시계열 자료의 자기상관

지금까지의 기본적인 회귀분석모형은 확률오차항 ε_i가 무상관 확률변수이거나 독립적인 정규확률변수라는 것을 가정했었다. 경영학이나 경세학에서는 시계열 자료를 포함하여 회귀분석을 활용하는 경우가 많다. 이러한 자료에서 오차항이 무상관이거나 독립이라는 가정은 보통 적절하지 않다. 더 정확히 말하자면, 오차항은 흔히 시간에 따라 분명히 연관되어 있다. 시간에 따라 연관되어 있는 오차항을 **자기상관**(autocorrelated)되어 있거나 **연속적으로 연관**(serially correlated)되었다고 말한다.

시계열 자료를 포함하는 경영학이나 경제학의 회귀분석의 활용에서 오차항이 자기상관되는 중요한 이유 중 하나는 모형으로부터 하나 혹은 여러 가지 중요한 변수가 누락된 것이다. 오차항은 분실된 변수의 효과를 포함하기 때문에, 이러한 '결측된(missing)' 중요한 변수들이 시간순서의 효과에 따라 상관이 되어 있다면, 회귀분석의 오차항도 상관되어 있는 경향이 있을 것이다. 예를 들어 30년 동안의 연간 상품 매출량과 상품의 연간 평균 가격의 회귀분석을 생각해 보자. 만약에 인구의 크기가 판매에 중요한 역할을 한다면, 모형에서 인구의 크기변수를 누락하는 것이 오차항을 자기상관되게 만들 수 있다. 왜냐하면 매출에 대한 인구크기의 영향이 시간에 따라 상관되어 있을 수 있기 때문이다.

경제학 자료에서 자기상관된 오차항의 또 다른 원인은 반응변수 시계열의 체계적인 포함오차(coverage errors)의 존재이다. 그런 오차들은 흔히 시간에 따라 양의 상관관계가 있다.

12.1 ■ 자기상관 문제

회귀분석모형의 오차항이 자기상관되어 있을 때 보통최소제곱추정 방법은 몇 가지 중요한 결과에 이른다. 먼저 여기에 정리하고, 후에 자세한 사항을 다루고자 한다.

1. 추정된 회귀분석계수는 비편향이지만, 더 이상 최소분산의 성질을 가지지 못하고 상당히 비효율적일 수 있다.
2. *MSE*는 오차항의 분산을 심각하게 과소추정할 수 있다.
3. 보통최소제곱추정 방법으로 계산된 $s\{b_k\}$는 추정된 회귀계수의 실제 표준편차를 심각하게 과소추정할 수 있다.
4. 앞에서 논의했듯이 t, F 분포를 이용한 검정이나 신뢰구간은 더 이상 엄격하게 적용될 수 없다.

이러한 문제들을 직관적으로 설명하기 위해서 시계열 자료를 갖는 단순회귀모형을 고려해 보자.

$$Y_t = \beta_0 + \beta_1 X_t + \varepsilon_t$$

여기서 Y_t와 X_t는 시간에 따른 관측값들이다. 오차항 ε_t가 다음과 같이 양의 자기상관관계를 갖는다고 가정해 보자.

$$\varepsilon_t = \varepsilon_{t-1} + u_t$$

교란(disturbances)이라고 하는 u_t는 독립인 정규확률변수이다. 그러므로 어떤 오차항 ε_t는 이전 오차항인 ε_{t-1}와 새로운 교란항인 u_t의 합이 된다. 여기서 u_t는 평균이 0, 분산이 1이라고 가정한다.

표 12.1의 1열은 평균이 0이고 분산이 1인 정규변수 u_t에 대해 확률적으로 관측된 10개의 관측값을 보여 주고 있다. 이러한 자료는 표준정규 난수발생기로부터 얻었다. $\varepsilon_0 = 3.0$이라고 가정해 보자. 그러면 다음과 같은 값을 얻는다.

$$\varepsilon_1 = \varepsilon_0 + u_1 = 3.0 + .5 = 3.5$$
$$\varepsilon_2 = \varepsilon_1 + u_2 = 3.5 - .7 = 2.8$$
$$\text{등등.}$$

오차항 ε_t는 표 12.1의 2열에 나타내었고, 그림 12.1에 그려져 있다. 이러한 오차항의 체계적인 패턴에 주목하라. 인접한 오차항들이 서로 같은 부호과 크기를 나타내고 있다는 사실로부터 그들이 시간에 따른 양의 관계가 있다는 것을 알 수 있다.

회귀분석모형의 X_t가 시간을 나타내고 있다고 가정해 보자. 그러면 $X_1 = 1$, $X_2 = 2$, 등등과 같이 나타내어진다. 추가로 $\beta_0 = 2$, $\beta_1 = .5$인 것을 알고 있다고 하자. 그러면 참 회귀함수는 $E\{Y\} = 2 + .5X$가 된다. 표 12.1의 2열에 있는 오차항에 기초하여 관측된 Y값이 3열에 나와 있다. 예를 들어 $Y_0 = 2 + .5(0) + 3.0 = 5.0$, $Y_1 = 2 + .5(1) + 3.5 = 6.0$이 된다. 그림 12.2a는 참회귀선인 $E\{Y\} = 2 + .5X$와 표 12.1 3열의 관측된 Y값을 보여

t	(1) u_t	(2) $\varepsilon_{t-1} + u_t = \varepsilon_t$	(3) $Y_t = 2 + .5X_t + \varepsilon_t$
0	—	3.0	5.0
1	.5	3.0 + .5 = 3.5	6.0
2	−.7	3.5 − .7 = 2.8	5.8
3	.3	2.8 + .3 = 3.1	6.6
4	0	3.1 + 0 = 3.1	7.1
5	−2.3	3.1 − 2.3 = .8	5.3
6	−1.9	.8 − 1.9 = −1.1	3.9
7	.2	−1.1 + .2 = −.9	4.6
8	−.3	− .9 − .3 = −1.2	4.8
9	.2	−1.2 + .2 = −1.0	5.5
10	−.1	−1.0 − .1 = −1.1	5.9

표 12.1 양의 자기상관되어 있는 오차항 예

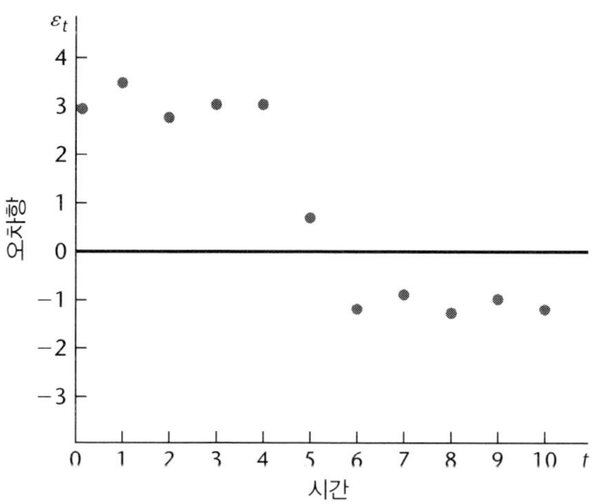

그림 12.1 양의 자기상관되어 있는 오차항 예

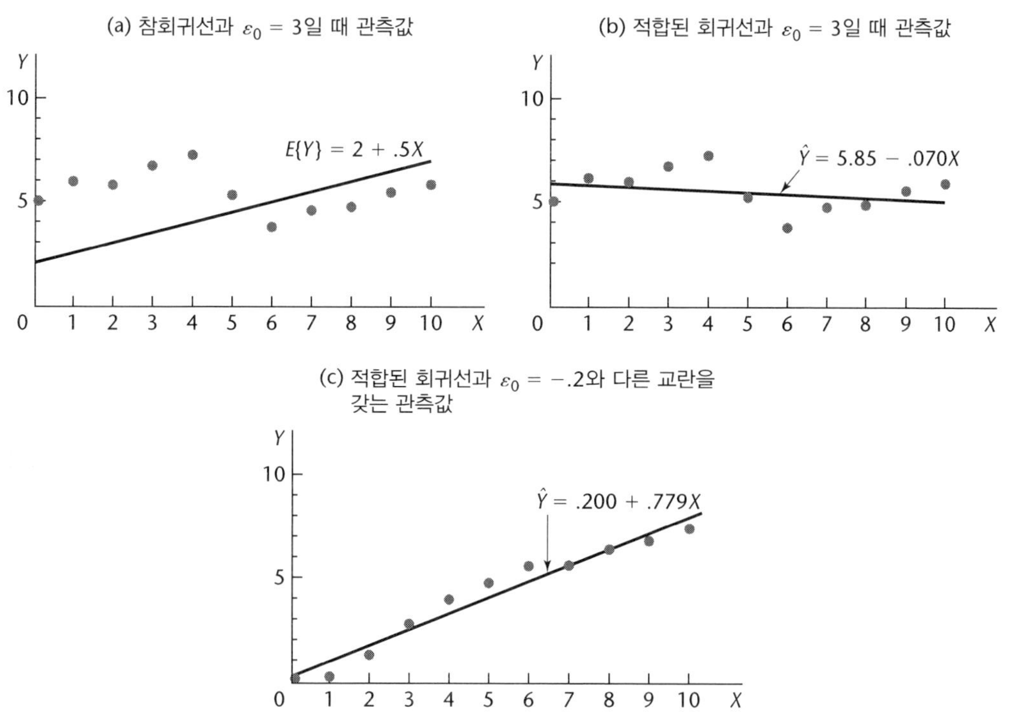

그림 12.2 양의 자기상관오차항을 갖는 회귀

주고 있다. 그림 12.2b에서는 보통최소제곱 방법으로 적합한 추정된 회귀선과 관측된 Y 값이 표시되어 있다. 초기 ε_0값이 크고 양의 자기상관이 있기 때문에, 이어지는 오차항들은 한동안 큰 값을 갖는 경향을 갖는다. 그렇기 때문에 적합된 회귀선이 참 회귀선과 분명히 차이가 나는 것을 볼 수 있다. 양의 자기상관오차항의 이러한 지속적인 패턴이 추정된 회귀선을 참 회귀선과 다르게 만든다. 이러한 지속적인 패턴 때문에 그림 12.2c

에서 보이는 것과 같이 $\varepsilon_0 = -.2$처럼 초기의 ε_0값이 작고 교란항이 다르면 크게 달라진 적합된 회귀선을 얻는다. 양의 자기상관오차항 때문에 표본에 따라 적합된 회귀선에서의 변동이 상당히 크게 되고, 최소제곱추정 방법으로 얻어진 추정된 회귀계수의 분산값을 크게 만들 수 있다.

앞에 언급했듯이 자기상관되어 있는 오차항을 가지고 최소제곱추정을 할 때의 또 다른 중요한 문제는 *MSE*가 ε_t의 분산을 심각하게 과소평가할 수 있다는 것이다. 그림 12.2는 이것을 분명히 보여 준다. 그림 12.2b에서 적합된 회귀선 근처의 *Y*값의 변동은 그림 12.2a에서 참회귀선 근처의 *Y*값 변동보다 상당히 작다. 이것은 양의 자기상관이 있을 경우 최소제곱추정 방법을 사용할 때, 회귀계수가 실제보다 정밀하게 보일 수 있는 한 가지 요인이다.

자기상관되어 있는 오차항으로 인해 발생하는 문제들의 심각성을 볼 때, 자기상관의 존재를 탐지해 내는 것이 중요하다. 비록 주관적일지라도 시간에 따른 잔차그림은 자기상관오차를 탐지하는 도구로 효과적이다. 형식적인 통계학적 검증 방법도 개발되어 있다. 널리 쓰이는 방법은 다음에 살펴볼 일차자기회귀오차모형에 기초로 한다. 이 모형은 간단하지만 오차항이 연속적으로 상관되어 있을 때, 경영학이나 경제학에 흔히 적용 가능하다는 것을 경험적으로 제시하고 있다.

12.2 ■ 일차자기회귀오차모형

단순선형회귀

확률오차항이 일차자기회귀모형이나 *AR*(1) 과정을 따를 때, 한 개의 예측변수에 대한 일반화단순선형회귀모형은 다음과 같다.

$$\begin{aligned} Y_t &= \beta_0 + \beta_1 X_t + \varepsilon_t \\ \varepsilon_t &= \rho\varepsilon_{t-1} + u_t \end{aligned} \tag{12.1}$$

여기서

ρ는 $|\rho| < 1$인 모수
u_t는 독립인 $N(0, \sigma^2)$

일반화회귀모형 (12.1)은 오차항에 대한 구조를 제외하고는 단순선형회귀모형 (2.1)과 같다. 모형 (12.1)의 각 오차항은 이전의 오차항의 일부($\rho > 0$일 때)와 새로운 교란항 u_t로 구성되어 있다. 모수 ρ는 **자기상관모수**(autocorrelation parameter)라고 한다.

다중회귀

오차항이 일차자기회귀 과정을 따를 때 일반화 다중회귀모형은 다음과 같다.

$$\begin{aligned} Y_t &= \beta_0 + \beta_1 X_{t1} + \beta_2 X_{t2} + \cdots + \beta_{p-1} X_{t,p-1} + \varepsilon_t \\ \varepsilon_t &= \rho\varepsilon_{t-1} + u_t \end{aligned} \tag{12.2}$$

이때,

$|\rho| < 1$
u_t는 독립인 $N(0, \sigma^2)$

그러므로 일반화다중회귀모형 (12.2)는 오차항에 대한 구조를 제외하고는 이전의 다중회귀모형 (6.7)과 같다.

오차항의 성질

모형에서 오차항 ε_t이 상관되어 있기 때문에, 회귀모형 (12.1)과 (12.2)는 일반화회귀모형이다. 하지만 오차항은 여전히 평균이 0이고, 일정한 분산을 가지고 있다.

$$E\{\varepsilon_t\} = 0 \tag{12.3}$$

$$\sigma^2\{\varepsilon_t\} = \frac{\sigma^2}{1 - \rho^2} \tag{12.4}$$

여기서 오차항의 분산은 자기상관모수 ρ의 함수이다.

인접한 오차인 ε_t와 ε_{t-1}의 공분산은 다음과 같다.

$$\sigma\{\varepsilon_t, \varepsilon_{t-1}\} = \rho\left(\frac{\sigma^2}{1 - \rho^2}\right) \tag{12.5}$$

ε_t와 ε_{t-1} 사이의 상관계수 $\rho\{\varepsilon_t, \varepsilon_{t-1}\}$는 다음과 같다.

$$\rho\{\varepsilon_t, \varepsilon_{t-1}\} = \frac{\sigma\{\varepsilon_t, \varepsilon_{t-1}\}}{\sigma\{\varepsilon_t\}\sigma\{\varepsilon_{t-1}\}} \tag{12.6}$$

(12.4)에 따라 각각의 오차항의 분산은 $\sigma^2/(1 - \rho^2)$이고, (12.5)를 이용한 상관계수는 다음과 같다.

$$\rho\{\varepsilon_t, \varepsilon_{t-1}\} = \frac{\rho\left(\dfrac{\sigma^2}{1 - \rho^2}\right)}{\sqrt{\dfrac{\sigma^2}{1 - \rho^2}}\sqrt{\dfrac{\sigma^2}{1 - \rho^2}}} = \rho \tag{12.6a}$$

그러므로 자기상관모수 ρ는 인접한 오차항의 상관계수가 된다.

s 기간만큼 떨어져 있는 오차항 사이의 공분산은 다음과 같이 나타낼 수 있다.

$$\sigma\{\varepsilon_t, \varepsilon_{t-s}\} = \rho^s\left(\frac{\sigma^2}{1 - \rho^2}\right) \qquad s \neq 0 \tag{12.7}$$

이것을 **자기공분산함수**(autocovariance function)라고 한다. 그러므로 ε_t와 ε_{t-s} 사이의 상관계수는 다음과 같다.

$$\rho\{\varepsilon_t, \varepsilon_{t-s}\} = \rho^s \qquad s \neq 0 \tag{12.8}$$

(12.8)은 **자기상관함수**(autocorrelation function)라고 한다. 그러므로 ρ가 양수일 때 모든 오

차항은 상관되어 있다. 그러나 그들이 떨어져 있을수록 그들 사이의 상관관계는 작아진다. 자기회귀오차모형 (12.1)과 (12.2)의 오차항은 오직 $\rho = 0$일 때만 무상관되어 있다.

(12.4)와 (12.7)에 나와 있는 오차항의 분산과 공분산으로부터, 일차자기회귀 일반화회귀모형 (12.1)과 (12.2)의 분산공분산행렬을 말할 수 있다.

$$\underset{n\times n}{\boldsymbol{\sigma}^2\{\boldsymbol{\varepsilon}\}} = \begin{bmatrix} \kappa & \kappa\rho & \kappa\rho^2 & \cdots & \kappa\rho^{n-1} \\ \kappa\rho & \kappa & \kappa\rho & \cdots & \kappa\rho^{n-2} \\ \vdots & \vdots & \vdots & & \vdots \\ \kappa\rho^{n-1} & \kappa\rho^{n-2} & \kappa\rho^{n-3} & \cdots & \kappa \end{bmatrix} \tag{12.9}$$

$$\kappa = \frac{\sigma^2}{1-\rho^2} \tag{12.9a}$$

(12.9)의 분산공분산행렬은 0이 아닌 공분산항을 포함함으로써 (12.1), (12.2)의 회귀모형의 일반화된 특성을 반영한다.

부연설명

1. 일차자기회귀오차항 ε_t의 정의를 확장하는 것이 유용하다.

$$\varepsilon_t = \rho\varepsilon_{t-1} + u_t$$

위의 정의는 모든 t에 대해서 성립하기 때문에 $\varepsilon_{t-1} = \rho\varepsilon_{t-2} + u_{t-1}$와 같이 쓸 수 있다. 이 표현을 위의 식에 대입하면 다음과 같이 나타낼 수 있다.

$$\varepsilon_t = \rho(\rho\varepsilon_{t-2} + u_{t-1}) + u_t = \rho^2\varepsilon_{t-2} + \rho u_{t-1} + u_t$$

ε_{t-2}를 $\rho\varepsilon_{t-3} + u_{t-2}$로 바꾸면 다음과 같은 식을 얻는다.

$$\varepsilon_t = \rho^3\varepsilon_{t-3} + \rho^2 u_{t-2} + \rho u_{t-1} + u_t$$

이와 같은 방식을 계속하면 다음과 같이 얻을 수 있다.

$$\varepsilon_t = \sum_{s=0}^{\infty} \rho^s u_{t-s} \tag{12.10}$$

그러므로 시점 t에서의 오차항 ε_t는 현재와 그전의 교란항의 선형결합으로 나타낼 수 있다. $0 < \rho < 1$일 때, (12.10)은 ε_t을 결정하는 데 있어서 $t - s$ 시점이 과거일수록 교란항 u_{t-s}의 비중이 작아진다는 것을 의미한다.

2. 오차항의 기댓값이 0이라는 (12.3)은 (12.10)의 ε_t에 기댓값을 취하고 (12.1)과 (12.2)의 모형에서 모든 t에 대해 $E\{u_t\} = 0$이라는 사실로부터 따르는 것으로 알 수 있다.
3. (12.4)의 오차항의 분산을 도출하기 위해 모형 (12.1)과 (12.2)에서 u_t가 독립이고 분산이 σ^2이라는 가정을 활용한다. 그러면 (12.10)으로부터 다음과 같이 따른다.

$$\sigma^2\{\varepsilon_t\} = \sum_{s=0}^{\infty} \rho^{2s}\sigma^2\{u_{t-s}\} = \sigma^2 \sum_{s=0}^{\infty} \rho^{2s}$$

$|\rho| < 1$일 때, 다음과 같은 사실이 알려져 있다.

$$\sum_{s=0}^{\infty} \rho^{2s} = \frac{1}{1-\rho^2}$$

그러므로 다음과 같은 식을 얻을 수 있다.

$$\sigma^2\{\varepsilon_t\} = \frac{\sigma^2}{1-\rho^2}$$

4. (12.5)에서 ε_t와 ε_{t-1}의 공분산을 도출하기 위해 다음과 같은 사실을 알아야 한다.

$$\sigma^2\{\varepsilon_t\} = E\left\{\varepsilon_t^2\right\}$$
$$\sigma\{\varepsilon_t, \varepsilon_{t-1}\} = E\{\varepsilon_t \varepsilon_{t-1}\}$$

이런 결과는 (A.15a)와 (A.21a)로부터 얻을 수 있고, (12.3)으로부터 모든 t에 대하여 $E\{\varepsilon_t\} = 0$이기 때문에 (12.10)으로부터 다음과 같은 식을 얻는다.

$$E\{\varepsilon_t \varepsilon_{t-1}\} = E\{(u_t + \rho u_{t-1} + \rho^2 u_{t-2} + \cdots)(u_{t-1} + \rho u_{t-2} + \rho^2 u_{t-3} + \cdots)\}$$

다시 쓰면 다음과 같다.

$$\begin{aligned} E\{\varepsilon_t \varepsilon_{t-1}\} &= E\{[u_t + \rho(u_{t-1} + \rho u_{t-2} + \cdots)][u_{t-1} + \rho u_{t-2} + \rho^2 u_{t-3} + \cdots]\} \\ &= E\{u_t(u_{t-1} + \rho u_{t-2} + \rho^2 u_{t-3} + \cdots)\} \\ &\quad + E\{\rho(u_{t-1} + \rho u_{t-2} + \rho^2 u_{t-3} + \cdots)^2\} \end{aligned}$$

0이 아닌 모든 s에 관해서 $E\{u_t u_{t-s}\} = 0$이기 때문에 u_t가 독립이라는 가정과 모든 t에 관해서 $E\{u_t\} = 0$이라는 사실을 이용하면, 처음 항은 없어지고 다음과 같이 얻을 수 있다.

$$E\{\varepsilon_t \varepsilon_{t-1}\} = \rho E\left\{\varepsilon_{t-1}^2\right\} = \rho\sigma^2\{\varepsilon_{t-1}\}$$

따라서 (12.4)에 의해 다음을 얻는다(모든 t에 대해).

$$\sigma\{\varepsilon_t, \varepsilon_{t-1}\} = \rho\left(\frac{\sigma^2}{1-\rho^2}\right)$$

5. 모형 (12.1)과 (12.2)의 일차자기회귀오차 과정은 가장 단순한 형태이다. 이차자기회귀 과정은 다음과 같을 것이다.

$$\varepsilon_t = \rho_1 \varepsilon_{t-1} + \rho_2 \varepsilon_{t-2} + u_t \qquad \textbf{(12.11)}$$

더 높은 차수의 과정도 상정 가능하다. 더 복잡한 자기회귀오차 과정을 위해서 전문화된 접근방법이 개발되었다. 이러한 것은 인용문헌 12.1에 나오는 시계열 과정의 처리와 예측에 논의되어 있다. ■

12.3 ■ Durbin-Watson 자기상관 검정

자기상관 검정을 위한 Durbin-Watson 검정은 (12.1)이나 (12.2)와 같은 일차자기회귀오차모형을 가정한다. 이 검정은 예측변수를 고정값으로 두었을 때, 자기상관모수 (12.1), (12.2)의 ρ가 0인지 아닌지를 결정한다. $\rho = 0$이면 $\varepsilon_t = u_t$이고, 교란항인 u_t가 독립이므로 ε_t는 $\rho = 0$일 때 독립이다.

경제학이나 경영학에서 상관되어 있는 오차항은 양의 연속 상관관계를 보이는 경향이 있으므로, 보통 고려되는 가설은 다음과 같다.

$$\begin{aligned} H_0&: \rho = 0 \\ H_a&: \rho > 0 \end{aligned} \tag{12.12}$$

Durbin-Watson 검정통계량 D는 회귀함수를 적합하기 위해 최소제곱추정을 사용하며, 잔차를 계산하면 다음과 같다.

$$e_t = Y_t - \hat{Y}_t \tag{12.13}$$

그리고 다음과 같이 검정통계량을 계산한다.

$$D = \frac{\sum_{t=2}^{n}(e_t - e_{t-1})^2}{\sum_{t=1}^{n} e_t^2} \tag{12.14}$$

여기서 n은 표본수이다.

정확한 기각값을 구하는 것은 어렵지만, Durbin-Watson은 하한값 d_L과 상한값 d_U를 얻어서 이러한 범위 밖에 있는 D값에 대해서 분명한 결정을 내려준다. (12.12)에 있는 가설검정의 결정규칙은 다음과 같다.

$$\begin{aligned} &D > d_U\text{이면, } H_0\text{로 결론 내린다.} \\ &D < d_L\text{이면, } H_a\text{로 결론 내린다.} \\ &d_L \le D \le d_U\text{이면, 결론 내릴 수 없다.} \end{aligned} \tag{12.15}$$

양의 자기상관이 있을 경우 인접한 오차항 ε_t, ε_{t-1}는 같은 정도의 값을 갖는 경향이 있기 때문에 작은 D값은 $\rho > 0$이라는 결과를 낳는다. 이런 이유로 잔차들의 차이 $e_t - e_{t-1}$는 $\rho > 0$일 경우 작은 경향이 있고, D의 분자 부분이 작게 된다. 그러므로 검정통계량 D는 작게 된다.

표 B.7은 다양한 표본크기(n)에 따른 d_L, d_U을 포함하고 있는데, 두 개(.05, .01)의 유의수준, 그리고 회귀분석에서 X 변수의 다양한 개수($p - 1$)에 따라 제공되어 있다.

예 Blaisdell Company는 업계 매출을 예측변수로 사용해서 그들의 매출을 예측하고 싶어 한다(업계 매출은 무역협회로부터 정확한 예측이 가능하다). 1998～2002년에 대한 계절 조정된 분기별 회사 매출 및 업계 매출 자료의 일부가 표 12.2의 1열과 2열에 나타나 있다. 산점도(표기 생략)는 선형회귀모형이 적합하다는 것을 보여 준다. 그러나 시장조사 분석가는 오차항이 양의 자기상관이 있는지 알고 싶어한다.

연도와 분기	t	(1) 회사 매출 ($ millions) Y_t	(2) 업계 매출 ($ millions) X_t	(3) 잔차 e_t	(4) $e_t - e_{t-1}$	(5) $(e_t - e_{t-1})^2$	(6) e_t^2
1998: 1	1	20.96	127.3	−.026052	—	—	.0006787
2	2	21.40	130.0	−.062015	−.035963	.0012933	.0038459
3	3	21.96	132.7	.022021	.084036	.0070620	.0004849
4	4	21.52	129.4	.163754	.141733	.0200882	.0268154
···	···	···	···	···	···	···	···
2002: 1	17	27.52	164.2	.029112	−.076990	.0059275	.0008475
2	18	27.78	165.6	.042316	.013204	.0001743	.0017906
3	19	28.24	168.7	−.044160	−.086476	.0074781	.0019501
4	20	28.78	171.7	−.033009	.011151	.0001243	.0010896
합계						.0979400	.1333018

$$\hat{Y} = -1.4548 + .17628X$$

$$s\{b_0\} = .21415 \qquad s\{b_1\} = .00144$$

$$MSE = .00741$$

표 12.2 자료, 회귀분석 결과, Durbin-Watson 검정 계산 – Blaisdell Company 예(회사와 업계의 매출 자료는 계절 조정되었다.)

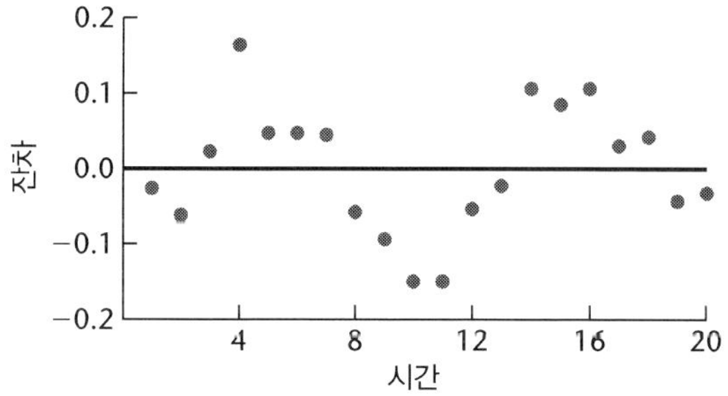

그림 12.3 시간에 따른 잔차그림 – Blaisdell Company 예

표 12.2의 자료를 가지고 최소제곱추정 방법을 이용하여 적합한 결과가 표 12.2의 아래에 있다. 잔차 e_t는 표 12.2의 3열에 있고, 그림 12.3에는 시간에 따른 그림이 그려져 있다. 잔차가 얼마나 장시간 동안 0보다 위나 아래에 지속적으로 있었는지 보아라. 오차항이 양의 자기상관성이 있다는 것은 적절한 회귀함수가 적용되었을 때 이러한 패턴으로 알 수 있다.

분석가는 이러한 그래픽적 진단을 Durbin-Watson 검정을 이용해서 확인하고 싶다. 가설은 다음과 같다.

$$H_0: \rho = 0$$
$$H_a: \rho > 0$$

표 12.2의 4, 5, 6열에는 검정통계량 D를 계산하기 위한 계산식이 주어져 있다. 분석가는 다음과 같은 통계량을 얻었다.

$$D = \frac{\sum_{t=2}^{20}(e_t - e_{t-1})^2}{\sum_{t=1}^{20} e_t^2} = \frac{.09794}{.13330} = .735$$

유의수준 .01, $n = 20$, $p - 1 = 1$일 때, 표 B.7로부터 검정 상한과 하한은 다음과 같다.

$$d_L = .95 \qquad d_U = 1.15$$

$D = .735$이기 때문에 하한 $d_L = .95$보다 작고, (12.15)의 결정규칙을 보면 적절한 결론은 H_a라는 것을 의미한다. 즉, 오차항은 양의 자기상관이 있다.

부연설명

1. 만약에 음의 자기상관을 위한 검정이 필요하다면, 검정통계량으로 $4 - D$가 사용된다. D는 위에서 정의하였다. 검정은 양의 자기상관을 검정하는 방법과 같은 방식으로 수행된다. 즉, 만약에 $4 - D$가 d_L보다 작다면 $\rho < 0$이고, 음의 자기상관관계가 있다라는 결론을 내린다.
2. $H_0 : \rho = 0$과 $H_a : \rho \neq 0$을 위한 양측검정은 단측검정을 각각 수행함으로써 가능하다. α가 단측검정에서의 제1종 위험일 때, 2α는 양측검정에서의 제1종 위험이 된다.
3. Durbin-Watson 검정이 d_L과 d_U 사이에서 불확정적인 결과를 내린다면, 원칙적으로 더 많은 자료가 필요하다. 물론 시계열 자료에 있어서 더 많은 자료를 얻는 것이 불가능하거나, 추가적인 자료가 미래에 존재해서 자료를 얻으려면 많이 지연이 되고 나서나 가능할 것이다. Durbin-Watson은 이러한 경계 검정이 불확정적인 결과를 보여 줄 때 사용할 수 있는 근사 검정을 제시하였다(인용문헌 12.2). 하지만 자유도가 40 이상이어야만 어느 정도의 정확성이 있다.

   합리적인 방법은 불확실한 결과를 자기상관을 제시하는 것으로 간주하여, 다음 절에 논의될 해결방안을 사용하는 것이다. 해결방안이 최소제곱추정 방법의 결과에 큰 영향을 주지 않으면 오차항이 자기상관되어 있지 않다는 가정을 만족하는 것이고, 해결방안이 회귀분석 결과에 큰 영향을 미치면(추정된 회귀계수의 더 큰 표준편차, 자기상관된 오차항의 제거 같은), 해결방안으로 얻은 결과가 아마 더 유용할 것이다.
4. Durbin-Watson 검정은 모형을 오지정(misspecification)하는 것에 대해서는 로버스트하지 않다. 예를 들어 이 방법은 이차자기회귀모형 (12.11)에서 오차항의 자기상관의 존재를 찾아내지 못할 수 있다.
5. Durbin-Watson 검정이 널리 사용되고 있지만, Theil과 Nagar(인용문헌 12.3)가 제시한 것과 같이 자기상관에 대한 다른 검정도 가능하다. ■

12.4 ■ 자기상관을 위한 해결방안

오차항에 자기상관이 존재할 때 할 수 있는 두 가지 해결방안은 하나 혹은 그 이상의 예측변수를 회귀모형에 추가하거나, 변수를 변환하는 것이다.

예측변수 추가

앞에서 언급했듯이, 자기상관된 오차항의 주된 이유 중의 하나는 반응변수에 대하여 시간 순서의 영향을 가지고 있는 중요한 예측변수 하나 혹은 그 이상을 모형에서 누락하는 것이다. 오차항의 자기상관이 있는 것으로 밝혀졌을 때, 첫 번째 해결방안은 이러한 생략된 중요 변수를 찾는 일이어야 한다. 이전 설명에서, 30년 동안 제품의 연간 평균가격과 연간 매출 자료의 회귀분석에서 분실된 변수로 인구크기를 언급하였다.

반응변수의 장기 지속효과가 하나 혹은 여러 개의 예측변수로 잡아낼 수 없는 경우, 선형추세나 지수추세와 같이 추세성분이 회귀모형에 추가될 수 있다. 8.3절 시계열 응용에서 언급했듯이 반응변수가 계절에 영향을 받을 경우, 계절효과에 대한 지표변수를 사용하는 것은 오차항의 자기상관성을 줄이거나 없애는 데 도움이 될 수 있다(예: 분기 판매 자료).

변수변환 사용

추가적인 예측변수를 사용하는 것이 자기상관오차항의 문제를 제거하는 데 도움이 되지 않을 경우에 한해서만 변수변환에 기초한 해결방안이 사용될 수 있다. 변수변환에 의존하는 여러 가지 해결방안이 개발되어 왔다. 이 중에서 세 가지만 설명하고자 한다. 여기서의 설명은 단순선형회귀로 하지만, 직접적으로 다중회귀분석에 확장될 수 있다.

설명할 세 가지의 방법은 각각 일차자기회귀오차항 회귀모형 (12.1)의 흥미로운 특성에 기초하고 있다. 변환된 종속변수를 고려하자.

$$Y_t' = Y_t - \rho Y_{t-1}$$

회귀모형 (12.1)의 Y_t와 Y_{t-1}을 위의 이러한 표현에 대입하면 다음과 같다.

$$\begin{aligned} Y_t' &= (\beta_0 + \beta_1 X_t + \varepsilon_t) - \rho(\beta_0 + \beta_1 X_{t-1} + \varepsilon_{t-1}) \\ &= \beta_0(1-\rho) + \beta_1(X_t - \rho X_{t-1}) + (\varepsilon_t - \rho\varepsilon_{t-1}) \end{aligned}$$

그러나 (12.1)에 의하여 $\varepsilon_t - \rho\varepsilon_{t-1} = u_t$이다. 따라서 다음과 같다.

$$Y_t' = \beta_0(1-\rho) + \beta_1(X_t - \rho X_{t-1}) + u_t \tag{12.16}$$

여기서 u_t는 독립인 교란항이다. 그러므로 변환된 Y_t'를 사용하면, 회귀모형은 독립인 오차항을 포함한다. 더욱이 모형 (12.16)은 여전히 새로운 X 변수 $X_t' = X_t - \rho X_{t-1}$을 갖는 단순선형회귀모형이다. (12.16)을 다시 쓰면 다음과 같다.

$$Y_t' = \beta_0' + \beta_1' X_t' + u_t \tag{12.17}$$

여기서,

$$\begin{aligned} Y_t' &= Y_t - \rho Y_{t-1} \\ X_t' &= X_t - \rho X_{t-1} \\ \beta_0' &= \beta_0(1-\rho) \\ \beta_1' &= \beta_1 \end{aligned}$$

그러므로 변환된 변수 Y_t', X_t'를 사용함으로써, 독립된 항을 갖는 표준 단순선형회귀 모형을 얻는다. 이것은 이 모형의 최소제곱추정 방법이 평소대로의 최적의 특성을 갖고 있음을 의미한다.

보통 ρ의 값은 모르는 값이기 때문에, (12.17)의 변환된 모형을 사용하기 위해서는 자기상관계수 ρ의 추정이 필요하다. 설명할 세 가지의 방법은 수행 방법이 다르지만, 각각의 방법으로 얻어지는 결과는 매우 유사하다.

r로 표현되는 ρ의 추정값이 얻어지면, 변환된 변수는 ρ의 추정값을 사용하여 얻어진다.

$$Y_t' = Y_t - rY_{t-1} \tag{12.18a}$$

$$X_t' = X_t - rX_{t-1} \tag{12.18b}$$

그러면 회귀모형 (12.17)은 이러한 변환된 변수들로 적합되고, 추정된 회귀함수를 얻는다.

$$\hat{Y}' = b_0' + b_1'X' \tag{12.19}$$

만약 이 적합된 회귀함수에서 오차항의 자기상관이 없어졌다면, 다음과 같이 원래의 변수로 적합된 회귀모형식으로 되돌아 갈 수 있다.

$$\hat{Y} = b_0 + b_1X \tag{12.20}$$

이때

$$b_0 = \frac{b_0'}{1-r} \tag{12.20a}$$

$$b_1 = b_1' \tag{12.20b}$$

원래의 변수로 적합한 회귀계수의 추정된 표준편차는, 변환된 변수로 적합한 회귀계수의 표준편차에서 얻을 수 있다.

$$s\{b_0\} = \frac{s\{b_0'\}}{1-r} \tag{12.21a}$$

$$s\{b_1\} = s\{b_1'\} \tag{12.21b}$$

Cochrane-Orcutt 절차

Cochrane-Orcutt 절차는 세 단계의 반복으로 이루어진다.

1. **ρ의 추정.** 이것은 가정된 모형 (12.1)의 자기회귀오차 과정이 원점을 지나는 회귀식이라는 것에 주목함으로써 달성된다.

   $$\varepsilon_t = \rho\varepsilon_{t-1} + u_t$$

   이때 ε_t는 반응변수, ε_{t-1}은 예측변수, u_t는 오차항, ρ는 원점을 지나는 직선의 기울기이다. ε_t와 ε_{t-1}을 모르기 때문에, 최소제곱추정으로 얻은 잔차 e_t와 e_{t-1}을 각각 반응변수와 예측변수로 사용하고, 원점에 대한 직선을 적합함으로써 ρ를 추정한다. 원점에 대한 회귀의 이전 논의로부터, r로 표현되는 ρ의 추정값은 (4.14)로부터 다음과 같이 얻을 수 있다.

$$r = \frac{\sum_{t=2}^{n} e_{t-1}e_t}{\sum_{t=2}^{n} e_{t-1}^2} \tag{12.22}$$

2. **변환된 모형의 적합(12.17).** 다음으로 (12.22)의 추정값 r을 이용해서 (12.18)의 변환된 변수 Y_t'와 X_t'를 얻는다. 그리고 (12.19)의 적합된 회귀함수를 얻기 위해서 변환된 값과 보통최소제곱추정 방법을 사용한다.
3. **반복의 필요성에 대한 검정.** Durbin-Watson 검정은 변환된 모형의 오차항이 상관관계가 있는지 검정하기 위해 시행된다. 만약 검정이 오차항이 상관되어 있지 않음을 나타내게 되면, 절차는 종료된다. 원래의 변수를 이용하여 적합된 회귀모형은 (12.20)을 통하여 회귀계수를 다시 변환함으로써 얻어진다.

만약에 Durbin-Watson 검정이 처음 반복을 한 후에도 여전히 자기상관이 있다고 나타내면, 모수 ρ는 적합된 회귀모형 (12.20)을 이용하여 얻어진 새로운 잔차를 가지고 다시 추정되며, (12.20)은 변환변수와 적합된 회귀모형 (12.19)를 이용하여 얻어진다. 그러면 새로운 r을 가지고 변환된 변수를 얻게 된다. 이러한 절차는 Durbin-Watson 검정에서 변환된 모형의 오차항이 상관되어 있지 않다고 될 때까지 한 번이나 두 번 더 계속된다. 만약에 한 번이나 두 번의 반복 후에도 이러한 절차가 종료되지 않을 경우, 다른 절차가 사용되어야 한다.

예 Blaisdell Company 예에서 원래 변수를 적용해 얻어진 보통최소제곱추정 방법을 이용한 잔차에 기초하여, 자기상관모수 ρ를 추정하는 데 필요한 계산식은 표 12.3에 나타내었다. 1열에는 표 12.2에 있는 잔차가 표시되어 있고, 2열에는 e_{t-1}, 3열과 4열에는 필요한 계산이 표시되어 있다. 그러므로 다음과 같이 추정할 수 있다.

$$r = \frac{.0834478}{.1322122} = .631166$$

이제 (12.18)에 나와 있는 변환된 변수 Y_t'와 X_t'를 얻는다.

t	(1) e_t	(2) e_{t-1}	(3) $e_{t-1}e_t$	(4) e_{t-1}^2
1	−.026052	—	—	—
2	−.062015	−.026052	.0016156	.0006787
3	.022021	−.062015	−.0013656	.0038459
4	.163754	.022021	.0036060	.0004849
...	...	...	...	...
17	.029112	.106102	.0030889	.0112576
18	.042316	.029112	.0012319	.0008475
19	−.044160	.042316	−.0018687	.0017906
20	−.033009	−.044160	.0014577	.0019501
합계			.0834478	.1322122

$$r = \frac{\sum e_{t-1}e_t}{\sum e_{t-1}^2} = \frac{.0834478}{.1322122} = .631166$$

표 12.3 Cochrane-Orcutt 절차를 이용하여 ρ를 추정하는 데 필요한 계산 – Blaisdell Company 예

t	(1) Y_t	(2) X_t	(3) $Y'_t = Y_t - .631166Y_{t-1}$	(4) $X'_t = X_t - .631166X_{t-1}$
1	20.96	127.3	—	—
2	21.40	130.0	8.1708	49.653
3	21.96	132.7	8.4530	50.648
4	21.52	129.4	7.6596	45.644
...	...	...	...	...
17	27.52	164.2	10.4911	62.772
18	27.78	165.6	10.4103	61.963
19	28.24	168.7	10.7062	64.179
20	28.78	171.7	10.9559	65.222

$$\hat{Y}' = -.3941 + .17376X'$$

$$s\{b'_0\} = .1672 \qquad s\{b'_1\} = .002957$$

$$MSE = .00451$$

표 12.4 변환된 변수 및 Cochrane-Orcutt 절차의 첫 번째 반복을 통한 회귀분석 결과 – Blaisdell Company 예

$$Y'_t = Y_t - .631166Y_{t-1}$$
$$X'_t = X_t - .631166X_{t-1}$$

변환된 변수들은 표 12.4에서 찾을 수 있다. 1열과 2열은 원래의 변수 Y_t, X_t이고, 3열과 4열에는 변환된 변수 Y'_t, X'_t가 있다. 선형회귀식의 보통최소제곱추정은 이제 이런 변환된 변수를 사용하여 적합하게 되고, 변환 후에는 $n-1$개의 사례가 남게 된다. 적합된 회귀선과 그 외의 회귀분석의 결과는 표 12.4의 아래에 보인다. 변환된 변수를 가지고 적합된 회귀선은 다음과 같다.

$$\hat{Y}' = -.3941 + .17376X' \tag{12.23}$$

여기서

$$Y'_t = Y_t - .631166Y_{t-1}$$
$$X'_t = X_t - .631166X_{t-1}$$

변환된 회귀모형 (12.17)의 확률항은 교란항 u_t이기 때문에 $MSE = .00451$은 교란항 분산의 추정값이다. $\sigma^2\{u_t\} = \sigma^2$이라는 것을 주목하라.

(12.23)에 나와 있는 변환된 변수의 적합된 회귀함수로부터 잔차가 얻어지고, Durbin-Watson 통계량이 계산된다. 계산결과(계산 생략) $D = 1.65$이다. 표 B.7로부터 $\alpha = .01$, $p - 1 = 1$, $n = 19$일 때 다음을 찾을 수 있다.

$$d_L = .93 \qquad d_U = 1.13$$

$D = 1.65 > d_U = 1.13$이기 때문에, 변환된 변수를 가지고 적합한 모형의 오차항의 자기상관계수는 0이라고 결론지을 수 있다.

자기상관된 오차항의 문제를 성공적으로 처리하였기 때문에, 이제 (12.23)의 적합모형을 (12.20)을 이용하여 원래의 변수로 되돌린다.

$$b_0 = \frac{b'_0}{1-r} = \frac{-.3941}{1-.631166} = -1.0685$$
$$b_1 = b'_1 = .17376$$

원래의 변수로 바꾼 적합회귀식은 다음과 같게 된다.

$$\hat{Y} = -1.0685 + .17376X \quad \textbf{(12.24)}$$

마지막으로 (12.21)을 이용하여 원래의 변수에 대한 회귀계수의 추정된 표준편차를 얻을 수 있다. 표 12.4의 결과로부터 다음을 얻는다.

$$s\{b_0\} = \frac{s\{b'_0\}}{1-r} = \frac{.1672}{1-.631166} = .45332$$
$$s\{b_1\} = s\{b'_1\} = .002957$$

부연설명

1. Cochrane-Orcutt의 접근법은 항상 적절하게 작동되지는 않는다. 주된 이유는 오차항이 자기상관되어 있을 때, (12.22)의 추정값 r은 자기상관모수 ρ를 과소추정하는 경향이 있다. 이러한 편향이 심각할 경우, Cochrane-Orcutt 접근법의 효과를 현저히 줄일 수 있다.
2. (12.14)에 있는 Durbin-Watson 검정통계량 D와 (12.22)의 자기상관모수의 추정값 r 사이에는 다음과 같은 대략적인 관계가 있다.

$$D \approx 2(1-r) \quad \textbf{(12.25)}$$

   r이 -1에서 1 사이의 값을 갖기 때문에, 이러한 관계는 Durbin-Watson 통계량의 범위가 대략적으로 0과 4 사이라는 것을 나타낸다. 그리고 $r = 0$일 때 D는 대략적으로 2가 된다. Blaisdell Company 예에서 최소제곱추정의 적합을 보면 $D = .735$, $r = .631$, $2(1-r) = .738$이 됨을 알수 있다.
3. 특정 상황하에서는 시간 1에서 준변환된(pseudotransformed) 값을 만드는 것이 도움이 될 수 있다. 그러면 변환된 변수를 사용한 회귀분석에서 $n-1$개의 사례가 아닌 n개의 사례를 가지고 적합할 수 있다. 이것을 위한 절차는 인용문헌 12.4에 논의되어 있다.
4. 잔차의 합이 0이 되는 것과 같은, 최소제곱에서 잔차의 특성은 변환된 변수를 가지고 적합한 회귀함수의 잔차에 적용이 된다. 적합된 회귀함수에 적용되는 것은 아니고, 원래의 변수로 되돌렸을 때 적용된다. ■

Hildreth-Lu 절차

(12.18)의 변수변환에 사용되는 자기상관모수 ρ를 추정하는 Hildreth-Lu 절차는 Box-Cox 절차에서 모수 λ를 추정하는 것과 유사한데, λ는 표준적인 회귀모형의 적합성을 향상시키는 Y의 멱변환(power transformation)에 사용된다. Hildreth-Lu 절차를 이용하여 선택된 ρ는 (12.17)의 변환된 회귀모형에서 오차제곱합을 최소화시키는 값이다.

$$SSE = \sum (Y'_t - \hat{Y}'_t)^2 = \sum (Y'_t - b'_0 - b'_1 X'_t)^2 \quad \textbf{(12.26)}$$

컴퓨터 프로그램으로 *SSE*를 최소화하는 ρ값을 찾을 수 있다. 다른 방법 중 하나는 수치적 방법으로, ρ의 값을 다르게 바꿔가면서 회귀분석을 반복하여 *SSE*를 최소화시키는 ρ의 값을 대략적으로 찾을 수 있다. *SSE*를 최소화시키는 ρ의 범위에서 더 정밀한 탐색을 통해서 더 정확한 ρ의 값을 찾을 수 있다.

*SSE*를 최소화시키는 ρ를 찾으면, 그 ρ값을 적용한 적합회귀함수로 그 변환이 성공적으로 자기상관을 제거했는지 검사하게 된다. 만약 그렇다면 (12.20)을 이용하여 원래의 변수를 사용한 적합회귀모형을 얻을 수 있다.

예 표 12.5에는 Hildreth-Lu 절차에 따른 회귀분석 결과가 나와 있다. Blaisdell Company 자료를 가지고 (12.17)의 변환된 회귀모형을 자기상관모수 ρ를 다르게 하면서 적합하였다. *SSE*는 ρ가 .96 근처에 있을 때 최소화되는 것을 알 수 있다. 따라서 ρ의 추정값 $r = .96$으로 놓고자 한다. $r = .96$일 때, 변환된 변수에 따른 적합회귀모형과 그 외의 회귀분석 결과는 표 12.5의 아래에 나와 있다. 변환된 변수에 따른 적합회귀모형은 다음과 같다.

$$\hat{Y}' = .07117 + .16045X' \tag{12.27}$$

여기서

$$Y'_t = Y_t - .96Y_{t-1}$$
$$X'_t = X_t - .96X_{t-1}$$

이 적합된 모형을 위한 Durbin-Watson 검정통계량은 $D = 1.73$이다. $n = 19$, $p - 1 = 1$, $\alpha = .01$일 때 상위 임계값 $d_U = 1.13$이므로, 변환된 모형에서는 자기상관이 남아 있지 않다는 결론을 얻는다.

그러므로 회귀함수 (12.27)을 (12.20)을 사용하여 원래의 변수로 다시 변환하면, 다음과 같은 식을 얻는다.

$$\hat{Y} = 1.7793 + .16045X \tag{12.28}$$

이러한 회귀계수에 대한 추정 표준편차는 다음과 같다.

$$s\{b_0\} = 1.450 \qquad s\{b_1\} = .006840$$

ρ	*SSE*	ρ	*SSE*
.10	.1170	.94	.0718
.30	.0938	.95	.07171
.50	.0805	.96	.07167
.70	.0758	.97	.07175
.90	.0728	.98	.07197
.92	.0723		

For $\rho = .96$: $\hat{Y}' = .07117 + .16045X'$

$s\{b'_0\} = .05798$ $\quad$ $s\{b'_1\} = .006840$

$MSE = .00422$

표 12.5 Hildreth-Lu 결과 – Blaisdell Company 예

부연설명

1. Hildreth-Lu 절차는 Cochrane-Orcutt 절차와는 다르게 자기상관모수 ρ의 추정값을 얻고 나면 반복을 필요로 하지 않는다.
2. 흔히 그렇듯이, 표 12.5를 보면 ρ의 함수로서 SSE는 최솟값 근처의 넓은 범위에서 매우 안정적임을 알 수 있다. 이것은 추정값 b_0가 r의 값에 민감하기 때문에, β_0에 특별히 관심을 갖을 필요가 없을 경우에 최적의 ρ을 찾는 수치적 방법이 너무 세밀할 필요가 없다는 것을 의미한다. ■

일차 차분 절차

Blaisdell Company 예처럼 자주 자기상관모수 ρ가 크고, ρ의 함수로서 SSE가 1.0까지 큰 ρ값에 대해서 꽤나 평평하기 때문에, 몇몇 경제학자와 통계학자는 (12.17)의 변환된 모형에서 $\rho = 1.0$으로 사용하는 것을 제안하였다. 만약 $\rho = 1$이면, $\beta_0' = \beta_0(1 - \rho) = 0$이고 변환된 모형 (12.17)은 다음과 같다.

$$Y_t' = \beta_1' X_t' + u_t \tag{12.29}$$

여기서

$$Y_t' = Y_t - Y_{t-1} \tag{12.29a}$$

$$X_t' = X_t - X_{t-1} \tag{12.29b}$$

따라서 다시 말하면, 회귀계수 $\beta_1' = \beta_1$은 보통최소제곱 방법으로 바로 추정될 수 있고, 이때는 원점통과 회귀식을 사용한다. (12.29a), (12.29b)의 변환된 변수가 보통 일차 차분(first difference)이다. 이러한 일차 차분 접근법은 여러 응용에서 오차항의 자기상관을 줄이는 데 효과적이라고 밝혀져 있다. 물론 Cochrane-Orcutt 절차나 Hildreth-Lu 절차보다 훨씬 더 간단하다.

변환된 변수에 대한 적합된 회귀함수는 다음과 같다.

$$\hat{Y}' = b_1' X' \tag{12.30}$$

그리고 이 식은 다음과 같이 원래의 변수로 다시 변환될 수 있다.

$$\hat{Y} = b_0 + b_1 X \tag{12.31}$$

이때

$$b_0 = \bar{Y} - b_1' \bar{X} \tag{12.31a}$$

$$b_1 = b_1' \tag{12.31b}$$

예 표 12.6은 Blaisdell Company 예에서, (12.29a, b)에 나와 있는 일차 차분 변환에 기초하여 변환된 변수 Y_t', X_t'가 있다. 원점을 지나는 선형회귀를 최소제곱방법을 이용하여 추정한 결과는 표 12.6 아래에 나와 있다. 변환된 변수를 가지고 적합된 회귀함수는 다음과 같다.

$$\hat{Y}' = .16849X' \tag{12.32}$$

t	(1) Y_t	(2) X_t	(3) $Y_t' = Y_t - Y_{t-1}$	(4) $X_t' = X_t - X_{t-1}$
1	20.96	127.3	—	—
2	21.40	130.0	.44	2.7
3	21.96	132.7	.56	2.7
4	21.52	129.4	−.44	−3.3
...	...	...	...	...
17	27.52	164.2	.54	3.5
18	27.78	165.6	.26	1.4
19	28.24	168.7	.46	3.1
20	28.78	171.7	.54	3.0
		$\hat{Y}' = .16849X'$		
		$s\{b_1'\} = .005096$	$MSE = .00482$	

표 12.6 일차 차분과 일차 차분 절차를 이용한 회귀분석 결과 – Blaisdell Company 예

여기서

$$Y_t' = Y_t - Y_{t-1}$$
$$X_t' = X_t - X_{t-1}$$

일차 차분 절차가 자기상관을 제거했는지 확인하기 위해서, Durbin-Watson 검정을 사용한다. 일차 차분 절차를 가지고 Durbin-Watson 검정을 할 때 주의해야 할 점이 두 가지 있다. 일차 차분 절차는 과잉수정일 수 있고, 오차항을 음의 자기상관 상태로 만들 수도 있다. 따라서 일차 차분 자료를 가지고 자기상관 검정을 할 때에는 양측 Durbin-Watson 검정을 하는 것이 적절할 수 있다. 두 번째 주의해야 할 점은 (12.29)의 일차 차분 모형은 절편이 없다는 것이다. 하지만 Durbin-Watson 검정은 절편을 갖는 적합회귀가 필요하다. 절편이 없는 모형에서 자기상관을 위한 타당한 검정은 이러한 목적에 의하여 절편항이 있는 회귀함수를 적합시킴으로써 수행된다. 물론, 절편항이 없는 모형을 적합시키는 것이 여전히 기본 관심이 되는 모형이다.

Blaisdell Company 예에서, 적합된 절편항이 있는 일차 차분 회귀모형의 Durbin-Watson 검정통계량은 $D = 1.75$이다. 이것은 단측검정이나($\alpha = .01$), 양측검정($\alpha = .02$) 모두에서 오차항이 상관되어 있지 않다는 것을 의미한다.

일차 차분 절차가 성공적으로 자기상관을 제거했으므로, (12.31)을 이용하여 원래의 변수를 가지고 적합시킨 모형으로 돌아간다.

$$\hat{Y} = -.30349 + .16849X \tag{12.33}$$

여기서

$$b_0 = 24.569 - .16849(147.62) = -.30349$$

$b_1 = b_1'$이기 때문에, 표 12.6으로부터 b_1의 추정된 표준편차는 $s\{b_1\} = .005096$이라는 것을 알 수 있다.

절차	b_1	$s\{b_1\}$	r	σ^2의 추정값 (MSE)
Cochrane-Orcutt	.1738	.0030	.63	.0045
Hildreth-Lu	.1605	.0068	.96	.0042
일차 차분	.1685	.0051	1.0	.0048
보통최소제곱	.1763	.0014	—	—

표 12.7 세 가지 변환 절차에 따른 중요 회귀분석 결과 – Blaisdell Company 예

세 가지 방법의 비교

표 12.7은 세 가지 변환 방법에 대한 중요 회귀분석 결과를 포함하고, 원래의 변수를 이용한 보통최소제곱회귀 방법을 이용한 결과도 포함되어 있다. 몇몇 중요한 부분이 눈에 띈다.

1. β_1에 대한 추정값이 모두 서로 비슷하다.
2. Hildreth-Lu와 일차 차분 변환 방법을 이용한 b_1의 추정 표준편차는 서로 매우 유사하다. Cochrane-Orcutt 절차를 이용한 표준편차는 어느 정도 작다. 원래의 변수를 가지고 보통최소제곱회귀 방법을 이용하여 얻은 b_1의 추정 표준편차는 더 작다. 이것은 예상했듯이, 양의 자기상관이 존재하는 경우 보통최소제곱추정 방법을 이용하여 구한 추정 표준편차 $s\{b_K\}$는 실제 표준편차 $\sigma\{b_k\}$를 심각하게 과소추정할 수 있다는 것을 전에 언급하였다.
3. 세 가지 변환 방법은 본질적으로 동일한 σ^2의 추정값을 제공한다. 그리고 이것은 교란항 u_t의 분산이다.

Blaisdell Company 예는 모두 작동이 잘 되었지만, 세 가지의 변환 방법이 항상 동일하게 작동이 잘 되지는 않는다. Hildreth-Lu나 일차 차분 절차가 바람직할 수 있는 경우에, Cochrane-Orcutt 절차는 첫 번째나 두 번째 반복에서 자기상관을 제거하는 데 실패할지도 모른다. 변환 방법 중 몇 가지가 자기상관을 제거하는 데 효과적일 때에는 여러 절차 중 계산을 단순하게 할 수 있는 절차를 선택해야 한다.

부연설명

Cochrane-Orcutt, Hildreth-Lu, 일차 차분 절차 및 자기상관오차에 대한 다른 교정 절차의 자세한 설명은 인용문헌 12.4에서 찾을 수 있다. ■

12.5 ■ 자기상관오차항과 예측

자기회귀오차모형을 사용할 때 한 가지 중요한 점은 예측을 하는 것이다. 이러한 모형들을 가지고, 가장 최근 n기간 동안의 오차항에 대한 정보가 $n + 1$ 시점의 예측에 사용될 수 있다. 자기회귀오차모형이 적절할 때, 연속된 기간의 오차항은 상관되어 있기 때문에

이것은 더욱 정확한 예측을 제공한다. 따라서 만약 n 시점의 매출이 기댓값보다 높고, 연속적인 오차항이 양의 상관관계가 있다면, $n + 1$ 시점의 매출 또한 그들의 기댓값보다 높을 것이다.

자기상관오차항이 존재할 때, 예측의 개발에 기초가 되는 기본 아이디어를 살펴보자. 다시 단순선형자기회귀오차항 회귀모형 (12.1)을 이용할 것이다. 다중회귀모형 (12.2)로의 확장은 직접적이다. 먼저 Cochrane-Orcutt와 Hildreth-Lu 절차 중 하나가 회귀모수를 추정하기 위해 사용된 경우의 예측을 고려한다.

(12.1)의 회귀모형을 표현하면 다음과 같다.

$$Y_t = \beta_0 + \beta_1 X_t + \varepsilon_t$$

오차항의 다음과 같은 구조를 사용하면,

$$\varepsilon_t = \rho\varepsilon_{t-1} + u_t$$

다음과 같은 식을 얻는다.

$$Y_t = \beta_0 + \beta_1 X_t + \rho\varepsilon_{t-1} + u_t$$

$n + 1$ 시점에 대하여 다음과 같이 표현할 수 있다.

$$Y_{n+1} = \beta_0 + \beta_1 X_{n+1} + \rho\varepsilon_n + u_{n+1} \tag{12.34}$$

그러므로 Y_{n+1}은 세 가지의 구성성분으로 이루어진다.

1. 기댓값 $\beta_0 + \beta_1 X_{n+1}$
2. ρ와 이전 오차항 ε_n과의 곱
3. $E\{u_{n+1}\} = 0$인 독립, 확률 교란항

F_{n+1}로 표시되는 $n + 1$ 시점의 예측은 (12.34)에 있는 세 가지의 구성성분을 다룸으로써 만들어질 수 있다.

1. 적합된 회귀함수로부터 주어진 X_{n+1}에 대하여, 평소와 같이 기댓값 $\beta_0 + \beta_1 X_{n+1}$을 추정한다.

$$\hat{Y}_{n+1} = b_0 + b_1 X_{n+1}$$

   여기서 b_0, b_1은 (12.20)을 이용하여 b'_0, b'_1로부터 얻어진 원래의 변수에 대한 추정 회귀계수이다.
2. ρ는 (12.22)에 의해서 r로 추정되고, ε_n는 잔차 e_n으로 추정된다.

$$e_n = Y_n - (b_0 + b_1 X_n) = Y_n - \hat{Y}_n$$

   따라서 $\rho\varepsilon_n$은 re_n으로 추정된다.
3. 교란항 u_{n+1}은 기댓값 0을 가지며 이전의 정보와는 독립적이다. 따라서 예측을 할 때 기댓값이 0이라는 것을 이용한다.

따라서 기간 $n + 1$의 예측값은 다음과 같다.

$$F_{n+1} = \hat{Y}_{n+1} + re_n \quad \textbf{(12.35)}$$

반응변수의 새로운 관측값 $Y_{n+1(\text{new})}$에 대한 대략적인 $1 - \alpha$ 예측구간은 새로운 관측값에 대한 보통의 예측한계 (2.36)을 적용함으로써 얻어진다. 하지만 변환된 관측값에 기초해 있으므로, 분산추정량 $s^2\{\text{pred}\}$를 위한 공식 (2.38a)의 Y_i, X_i은 (12.18)에 있는 Y_t', X_t'로 대체된다.

단순선형회귀에서 $Y_{n+1(\text{new})}$에 대한 대략적인 $1 - \alpha$ 예측한계는 다음과 같다.

$$F_{n+1} \pm t(1 - \alpha/2; n - 3)s\{\text{pred}\} \quad \textbf{(12.36)}$$

이때 (2.38a)에 의하여 정의된 $s\{\text{pred}\}$는 변환된 관측값에 기초해 있다. $n - 1$개의 변환된 사례가 있고, 단순선형회귀함수에서 모수 2개를 추정하는 데에 자유도 2개를 잃어버리기 때문에 t분포의 자유도는 $n - 3$이 된다.

예측이 일차 차분 절차에 기초해 있을 때에도, (12.35)를 이용한 예측이 여전히 가능하다. 하지만 $r = 1$이 된다. 추정 표준편차 $s\{\text{pred}\}$는 1개의 예측변수에 대하여 표 4.1에 있는 공식 (4.20)을 사용하여 계산되고, 변환된 변수를 사용한다. 마지막으로 (12.29)의 절편이 없는 모형에서는 한 개의 모수만 추정되므로, (12.36)의 t 분포의 자유도는 $n - 2$가 된다.

예 Blaisdell Company 예에서 무역협회는 2003년도 1분기(즉, 21분기)에 계절요인을 제거한 업계 매출이 $X_{21} = 175.3$백만 달러가 될 것이라고 전망했다. Blaisdell Company의 21분기의 매출을 예측하기 위해 (12.24)의 Cochrane-Orcutt 적합회귀모형을 사용하고자 한다.

$$\hat{Y} = -1.0685 + .17376X$$

첫 번째로 잔차 e_{20}을 얻는 것이 필요하다.

$$e_{20} = Y_{20} - \hat{Y}_{20} = 28.78 - [-1.0685 + .17376(171.7)] = .0139$$

$X_{21} = 175.3$일 때 적합값은 다음과 같다.

$$\hat{Y}_{21} = -1.0685 + .17376(175.3) = 29.392$$

21분기를 위한 예측은 다음과 같다.

$$F_{21} = \hat{Y}_{21} + re_{20} = 29.392 + .631166(.0139) = 29.40$$

20분기에 회사의 매출이 추정된 평균보다 약간 큰 값이라는 사실이 21분기 회사 매출 예측에 작은 긍정적인 영향을 주는 것에 주목하라.

$Y_{21(\text{new})}$에 대하여 95% 예측구간을 설정하려고 한다. 표 12.4의 변환된 변수 자료를 사용하여 (2.38)에 의해 다음에 대한 $s\{\text{pred}\}$를 계산하였다.

$$X'_{n+1} = X_{n+1} - .631166X_n = 175.3 - .631166(171.7) = 66.929$$

그러면 $s\{\text{pred}\} = .0757$(계산 생략)이 된다. $t(.975; 17) = 2.110$인 것을 이용하면 예측한계 $29.40 \pm 2.110(.0757)$을 얻을 수 있고, 예측구간은 다음과 같다.

$$29.24 \leq Y_{21(\text{new})} \leq 29.56$$

계절조정된 20분기 회사 매출값 28.78백만 달러와 다른 과거 매출 자료, 그리고 21분기 업계 매출 175.3백만 달러를 가지고 대략 95% 신뢰도로 예측을 하면, 21분기 계절조정된 Blaisdell Company 매출은 29.24백만 달러와 29.56백만 달러 사이에 있을 것으로 보인다.

21분기의 계절적 요인을 포함한 실제 매출의 예측을 얻기 위해서 Blaisdell Company는 여전히 첫 분기의 계절요인을 계절적으로 조정된 매출에 포함시켜야 한다.

다른 변환 과정을 통한 예측은 Cochrane-Orcutt 과정과 아주 비슷하다. 일차 차분 방법을 통한 21분기 예측의 추정된 회귀함수 (12.33)은 다음과 같다.

$$F_{21} = [-.30349 + .16849(175.3)] + 1.0[28.78 + .30349 - .16849(171.70)]$$
$$= 29.39$$

표 12.6의 변환된 자료로 (4.20)에 의해 계산된 추정된 표준편차 $s\{\text{pred}\}$는 $s\{\text{pred}\} = .0718$(계산 생략)이다. 95% 예측구간에 대하여 $t(.975; 18) = 2.101$이 되어야 한다. 그러므로 예측한계는 $29.39 \pm 2.101(.0718)$이고 근사적인 95% 예측구간은 다음과 같다.

$$29.24 \le Y_{21(\text{new})} \le 29.54$$

이 예측은 Cochrane-Orcutt 추정과 실용적으로 같다.

Hildreth-Lu 절차에 기반한 추정된 회귀함수 (12.28)의 근사적인 95% 예측구간은(계산 생략) 다음과 같다.

$$29.24 \le Y_{21(\text{new})} \le 29.52$$

이 예측도 앞의 두 방법과 거의 같다.

부연설명

1. 자기회귀오차모형 (12.1)과 (12.2)에서 얻은 예측은 과거의 관측값 Y_n, Y_{n-1} 등과 조건부 관계이다. 또한 Blaisdell Company 예에서와 같이 흔히 예상하는 X_{n+1}에도 조건부 관계이다.
2. 12.2절의 앞선 오차항에 대한 ε_t의 재귀적 관계를 이용하여, 둘 혹은 그 이상의 시점 뒤를 예측하는 것도 가능하다. 예를 들어 X_{n+2}가 주어졌을 때, $n + 2$ 시점의 예측은 Cochrane-Orcutt 혹은 Hildreth-Lu 추정에 의해 다음과 같이 얻을 수 있다.

$$F_{n+2} = \hat{Y}_{n+2} + r^2 e_n \tag{12.37}$$

(12.37)의 예측에 대한 일차 차분 방법의 추정은 $r = 1$로 계산된다.

3. 근사적인 예측한계 (12.36)은 변환 (12.18)에서 사용된 r값이 ρ의 참값이라고 가정한다. 즉 $r = \rho$이다. 이런 경우라면, 변환된 모형 (12.17)을 다루기 때문에 표준 회귀 가정을 적용한다. (12.35)의 예측 F_{n+1}에 변환된 모형에서 얻어진 예측한계가 적용 가능한지를 살펴보기 위해, (2.37)의 $\sigma^2\{\text{pred}\}$가 $Y_{h(\text{new})} - \hat{Y}_h$의 분산임을 상기하라. 이 변환된 변수들의 상황에서 다음과 같은 대응값을 얻는다.

$Y_{h(\text{new})}$는 $Y'_{n+1} = Y_{n+1} - rY_n$에 대응함
$\hat{Y}_h$는 $\hat{Y}'_{n+1} = b'_0 + b'_1 X'_{n+1} = b_0(1 - r) + b_1(X_{n+1} - rX_n)$에 대응함

차분 $Y'_{n+1} - \hat{Y}'_{n+1}$는

$$\begin{aligned} Y'_{n+1} - \hat{Y}'_{n+1} &= (Y_{n+1} - rY_n) - b_0(1-r) - b_1(X_{n+1} - rX_n) \\ &= Y_{n+1} - (b_0 + b_1 X_{n+1}) - r(Y_n - b_0 - b_1 X_n) \\ &= Y_{n+1} - \hat{Y}_{n+1} - re_n \\ &= Y_{n+1} - F_{n+1} \end{aligned}$$

따라서 Y_{n+1}과 F_{n+1}은 각각 (2.37)의 $Y_{h(\text{new})}$와 $\hat{Y}_h$의 역할을 한다. 예측한계 (12.36)은 r이 ρ에 대한 추정이기 때문에 근삿값이다. ■

인용문헌

12.1. Box, G. E. P., and G. M. Jenkins. *Time Series Analysis, Forecasting and Control*. Rev. ed. San Francisco: Holden-Day, 1976.

12.2. Durbin, J., and G. S. Watson. "Testing for Serial Correlation in Least Squares Regression. II," *Biometrika* 38 (1951), pp. 159–78.

12.3. Theil, H., and A. L. Nagar. "Testing the Independence of Regression Disturbances," *Journal of the American Statistical Association* 56 (1961), pp. 793–806.

12.4. Greene, W. H. *Econometric Analysis*, 5th ed. Upper Saddle River, New Jersey: Prentice Hall, 2003.

문제

12.1. 표 12.1을 참조하여라.

a. 그래프의 $t = 1, \ldots, 10$에서 ε_{t-1}에 대한 ε_t의 그림을 그려라. 오차항들에서 양의 일차자기상관은 어떻게 그려지는가?

b. $t = 1, \ldots, 10$에서 ε_{t-1}에 대한 u_t를 그린다면 어떤 패턴이겠는가?

12.2. 문제 1.22의 **플라스틱 경도(Plastic hardness)** 자료를 참조하여라. 만일 12개의 다른 시점에서 같은 항목들이 측정되었다면, 회귀모형의 오차항들은 어떻게 자기상관되겠는가? 논의하여라.

12.3. 한 학생이 (12.1)과 (12.2)의 일차자기회귀오차모형은 경영학의 시계열 자료에 대해서 t시점의 오차항이 한 시점 이상의 과거에서 확률효과를 받기 때문에 너무 단순하다고 하였다. 이에 대해 논평하여라.

12.4. 한 학생이 학기 보고서를 쓰면서 단순선형회귀모형의 보통최소제곱법을 양의 자기상관오차를 가진 시계열 자료에 사용하였다. 그리고 β_1의 90% 신뢰구간이 사용하기에 너무 넓다는 것을 알게 되었다. 따라서 그 학생은 추정의 정밀성을 높이기 위하여 회귀모형 (12.1)을 사용하기로 결정하였다. 이에 대해 논평하여라.

12.5. 예측변수가 3개인 회귀모형 (12.2)의 자기상관모수 ρ에 대한 다음의 각 검정에서,

표본크기가 38인 Durbin-Watson 통계량에 기반한 적절한 결정규칙을 서술하여라. (1) $H_0 : \rho = 0$, $H_a : \rho \neq 0$, $\alpha = .02$; (2) $H_0 : \rho = 0$, $H_a : \rho < 0$, $\alpha = .05$; (3) $H_0 : \rho = 0$, $H_a : \rho > 0$, $\alpha = .01$.

*12.6. 문제 1.20의 **복사기 유지보수(Copier maintenance)** 자료를 참조하여라. 관측값들은 시간순서에 의해 정렬되어 있다. 회귀모형 (12.1)이 적합하다고 가정하자. $\alpha = .01$을 이용하여 양의 자기상관이 존재하는지 검정하여라. 가설들, 결정규칙, 결론을 서술하여라.

12.7. 문제 6.9의 **식료품 소매상(Grocery retailer)** 자료를 참조하여라. 관측값들은 시간순서에 의해 정렬되어 있다. 회귀모형 (12.2)이 적합하다고 가정하자. $\alpha = .05$를 이용하여 양의 자기상관이 존재하는지 검정하여라. 가설들, 결정규칙, 결론을 서술하여라.

12.8. 문제 11.25의 **농작물 수확량(Crop yield)** 자료를 참조하여라. 관측값들은 시간순서에 의해 정렬되어 있다. 두 개의 예측변수들의 일차, 이차항은 있고 상호작용항은 없는 회귀모형 (12.2)가 적합하다고 가정하자. $\alpha = .01$을 이용하여 양의 자기상관이 존재하는지 검정하여라. 가설들, 결정규칙, 결론을 서술하여라.

*12.9. **마이크로컴퓨터 부품(Microcomputer components)**. 마이크로컴퓨터 부품 생산회사의 한 연구직 직원은 지난 16개월 동안 이 부품들을 쓰는 처리장치의 업계 생산량 값(X, 백만 달러)과 사용된 회사의 부품 값(Y, 천 달러)의 자료를 수집하였다. 연구원은 단순선형회귀관계가 성립할 것이라 생각하였고 양의 자기상관도 예상하였다. 자료는 다음과 같다.

t:	1	2	3	...	14	15	16
X_t:	2.052	2.026	2.002	...	2.080	2.102	2.150
Y_t:	102.9	101.5	100.8	...	104.8	105.0	107.2

a. 보통최소제곱법을 통한 단순선형회귀모형을 적합시키고 잔차를 구하여라. 또한 $s\{b_0\}$와 $s\{b_1\}$을 구하여라.

b. 시간에 따른 잔차를 그리고 양의 자기상관에 대한 어떤 단서를 찾을 수 있는지 설명하여라.

c. $\alpha = .05$를 이용하여 양의 자기상관에 대한 정형적인 검정을 실시하여라. 가설들, 결정규칙, 결론을 서술하여라. (b)의 잔차분석과 검정결과가 일치하는가?

*12.10. 문제 12.9의 **마이크로컴퓨터 부품(Microcomputer components)** 자료를 참조하여라. 연구원은 회귀모형 (12.1)을 이용하기로 결정하였고 모형을 적합시키기 위해 Cochrane-Orcutt 절차를 사용하였다.

a. 자기상관모수의 점추정값을 구하여라. 이 점추정값과 Durbin-Watson 검정통계량의 근사적인 관계 (12.25)가 얼마나 잘 성립하는가?

b. 변환된 모형 (12.17)에서 회귀계수 β_0'과 β_1'의 추정값인 b_0'과 b_1'을 구하기 위해 한 번의 반복을 적용하고, 추정된 회귀함수를 서술하여라. 또한 $s\{b_0'\}$와 $s\{b_1'\}$를 구하여라.

c. $\alpha = .05$를 이용하여 양의 자기상관이 남아 있는지를 첫 번째 반복으로 검정하여라. 가설들, 결정규칙, 결론을 서술하여라.

d. (b)에서 추정한 회귀함수를 원래 변수에 대하여 다시 표현하여라. 또한 $s\{b_0\}$와 $s\{b_1\}$을 구하여라. Cochrane-Orcutt 절차를 통해 추정된 회귀계수와 보통최소제곱법을 통해 얻은 12.9a의 표준편차와 비교하여라.

e. (c)와 (d)의 결과에 기반할 때, Cochrane-Orcutt 절차가 여기서 효율적인가?

f. 17번째 달의 산업 생산량이 2.210(백만 달러)이라고 한다. 95%의 예측구간을 적용한 17번째 달의 회사의 부품 사용량을 예측하여라. 그 구간을 해석하여라.

g. 95% 신뢰구간을 통해 β_1을 추정하여라. 그 구간을 해석하여라.

*12.11. 문제 12.9의 **마이크로컴퓨터 부품(Microcomputer components)** 자료를 참조하여라. 회귀모형 (12.1)이 적용된다고 가정한다.

a. Hildreth-Lu 절차를 적용하여 자기상관모수의 점추정값을 구하여라. $\rho = .1, .2, \ldots, 1.0$의 값에서 추정하고 *SSE*를 최소화하는 ρ의 값을 선택하여라.

b. (a)의 추정에서 변환된 회귀함수 (12.17)의 추정을 구하여라. 또한 $s\{b_0'\}$와 $s\{b_1'\}$를 구하여라.

c. 이 변환된 회귀모형에서 양의 자기상관이 남아 있는지를 $\alpha = .05$에서 검정하여라. 가설들, 결정규칙, 결론을 서술하여라.

d. (b)에서 추정한 회귀함수를 원래 변수에 대하여 다시 표현하여라. 또한 $s\{b_0\}$와 $s\{b_1\}$을 구하여라. Hildreth-Lu 절차를 통해 추정된 회귀계수와 보통최소제곱법을 통해 얻은 12.9a의 표준편차와 비교하여라.

e. (c)와 (d)의 결과에 기반할 때, Hildreth-Lu 절차가 여기서 효율적인가?

f. 17번째 달의 산업 생산량이 2.210(백만 달러)이라고 한다. 95%의 예측구간을 적용한 17번째 달의 회사의 부품 사용량을 예측하여라. 그 구간을 해석하여라.

g. 95% 신뢰구간을 통해 β_1을 추정하여라. 그 구간을 해석하여라.

*12.12. 문제 12.9의 **마이크로컴퓨터 부품(Microcomputer components)** 자료를 참조하여라. 회귀모형 (12.1)이 적용된다고 가정하고 일차 차분 절차가 사용되었다.

a. 변환된 회귀모형 (12.29)의 회귀모형 β_1'를 추정하고 이 추정값의 표준편차를 구하여라. 추정된 회귀함수를 서술하여라.

b. 일차 차분 절차의 오차항이 자기상관되었는지를 $\alpha = .10$의 양측검정으로 검정하여라.

c. (a)에서 추정된 회귀함수를 원래 변수에 대하여 다시 표현하여라. 또한 $s\{b_1\}$을 구하여라. 일차 차분 절차를 통해 추정된 회귀계수와 표준편차 $s\{b_1\}$를 일반적인 최소제곱법을 통해 얻은 12.9a의 결과와 비교하여라.

d. (b)와 (c)의 결과에 근거하여 일차 차분 절차가 여기서 효율적인가?

e. 17번째 달의 산업 생산량이 2.210(백만 달러)라고 한다. 95%의 예측구간을 적용한 17번째 달의 회사의 부품 사용량을 예측하여라. 그 구간을 해석하여라.

f. 95% 신뢰구간을 통해 β_1을 추정하여라. 그 구간을 해석하여라.

12.13. **광고대행사(Advertising agency)**. 한 광고대행사의 관리담당 동업자는 월간 청구서들의 정확한 예측이 가능한지에 대하여 관심이 있다. 청구금액의 월간 자료(Y, 천 달러)와 최근 20개월 동안의 직원 근무시간(X, 천 시간)은 다음과 같다. 단순선형회귀모형이 적합할 것이라 보이지만 양의 자기상관오차항이 존재할 수 있다.

t:	1	2	3	...	18	19	20
X_t:	2.521	2.171	2.234	...	3.117	3.623	3.618
Y_t:	220.4	203.9	207.2	...	252.4	278.6	278.5

a. 보통최소제곱법을 통한 단순선형회귀모형을 적합시키고 잔차를 구하여라. 또한 $s\{b_0\}$와 $s\{b_1\}$을 구하여라.
b. 시간에 따른 잔차를 그리고 양의 자기상관에 대한 어떤 단서를 찾을 수 있는지 설명하여라.
c. $\alpha = .01$을 사용하여 양의 자기상관이 남아 있는지를 첫 번째 반복으로 검정하여라. 가설들, 결정규칙, 결론을 서술하여라.

12.14. 문제 12.13 **광고대행사(Advertising agency)** 자료를 참조하여라. 회귀모형 (12.1)이 적용된다고 가정하고 Cochrane-Orcutt 절차가 사용되었다.
a. 자기상관모수의 점추정값을 구하여라. 이 점추정값과 Durbin-Watson 검정통계량의 근사적인 관계 (12.25)가 얼마나 잘 성립하는가?
b. 변환된 모형 (12.17)에서 회귀계수 β'_0과 β'_1의 추정값인 b'_0과 b'_1을 구하기 위해 한 번의 반복을 적용하고, 추정된 회귀함수를 서술하여라. 또한 $s\{b'_0\}$와 $s\{b'_1\}$를 구하여라.
c. $\alpha = .01$을 이용하여 양의 자기상관이 남아 있는지를 첫 번째 반복으로 검정하여라. 가설들, 결정규칙, 결론을 서술하여라.
d. (b)에서 추정한 회귀함수를 원래 변수에 대하여 다시 표현하여라. 또한 $s\{b_0\}$와 $s\{b_1\}$을 구하여라. Cochrane-Orcutt 절차를 통해 추정된 회귀계수와 보통최소제곱법을 통해 얻은 문제 12.13a의 표준편차와 비교하여라.
e. (c)와 (d)의 결과에 근거하여 Cochrane-Orcutt 절차가 여기서 효율적인가?
f. 21번째 달의 근무시간이 3.625(천 시간)이라고 예상된다. 99%의 예측구간을 사용한 21번째 달의 청구금액을 예측하여라. 그 구간을 해석하여라.
g. 99% 신뢰구간을 통해 β_1을 추정하여라. 그 구간을 해석하여라.

12.15. 문제 12.13의 **광고대행사(Advertising agency)** 자료를 참조하여라. 회귀모형 (12.1)이 적용된다고 가정한다.
a. Hildreth-Lu 절차를 적용하여 자기상관모수의 점추정값을 구하여라. $\rho = .1, .2, \ldots, 1.0$의 값에서 추정하고 SSE를 최소화하는 ρ의 값을 선택하여라.
b. (a)의 추정에서 변환된 회귀함수 (12.17)의 추정값을 구하여라. 또한 $s\{b'_0\}$와 $s\{b'_1\}$를 구하여라.
c. 이 변환된 회귀모형에서 양의 자기상관이 남아 있는지를 $\alpha = .01$에서 검정하여라. 가설들, 결정규칙, 결론을 서술하여라.

d. (b)에서 추정한 회귀함수를 원래 변수에 대하여 다시 표현하여라. 또한 $s\{b_0\}$와 $s\{b_1\}$을 구하여라. Hildreth-Lu 절차를 통해 추정된 회귀계수와 보통최소제곱법을 통해 얻은 12.13a의 표준편차와 비교하여라.

e. (c)와 (d)의 결과에 기반할 때, Hildreth-Lu 절차가 여기서 효율적인가?

f. 21번째 달의 근무시간이 3.625(천 시간)이라고 예상된다. 99%의 예측구간을 적용한 21번째 달의 청구금액을 예측하여라. 그 구간을 해석하여라.

g. 99% 신뢰구간을 통해 β_1을 추정하여라. 그 구간을 해석하여라.

12.16. 문제 12.13의 **광고대행사(Advertising agency)** 자료를 참조하여라. 회귀모형 (12.1)이 적용된다고 가정하고 일차 차분 절차가 적용되었다.

a. 변환된 회귀모형 (12.29)의 회귀계수 β_1'를 추정하고 이 추정값의 표준편차를 구하여라. 추정된 회귀함수를 서술하여라.

b. 일차 차분 절차의 오차항이 자기상관되었는지를 $\alpha = .02$의 양측검정으로 검정하여라. 가설들, 결정규칙, 결론을 서술하여라. 여기서 양측검정이 의미 있는 이유는 무엇인가?

c. (a)에서 추정한 회귀함수를 원래 변수에 대하여 다시 표현하여라. 또한 $s\{b_1\}$을 구하여라. 일차 차분 절차를 통해 추정된 회귀계수와 표준편차 $s\{b_1\}$를 일반적인 최소제곱법을 통해 얻은 12.13a의 결과와 비교하여라.

d. (b)와 (c)의 결과에 근거하여 일차 차분 절차가 여기서 효율적인가?

e. 21번째 달의 근무시간이 3.625(천 시간)라고 예상된다. 99%의 예측구간을 적용한 21번째 달의 청구금액을 예측하여라. 그 구간을 해석하여라.

f. 99% 신뢰구간을 통해 β_1을 추정하여라. 그 구간을 해석하여라.

12.17. **McGill Company 매출(McGill Company sales)**. 아래는 McGill Company의 계절조정된 분기별 매출(Y, 백만 달러)과 전체 업계의 매출(X, 백만 달러)의 최근 20분기 자료이다.

t:	1	2	3	...	18	19	20
X_t:	127.3	130.0	132.7	...	165.6	168.7	172.0
Y_t:	20.96	21.40	21.96	...	27.78	28.24	28.78

a. 여기서 자기상관모수 ρ가 양수일지, 음수일지 혹은 0일지를 예상하여라.

b. 보통최소제곱법을 통한 단순선형회귀모형을 적합시키고 잔차를 구하여라. 또한 $s\{b_0\}$와 $s\{b_1\}$을 구하여라.

c. 시간에 따른 잔차를 그리고, 양의 자기상관에 대한 어떤 단서를 찾을 수 있는지 설명하여라.

d. 양의 자기상관에 대한 정형적인 검정을 $\alpha = .01$에서 실행하여라. 가설들, 결정규칙, 결론을 서술하여라. (c)의 잔차분석과 이 검정 결과가 일치하는가?

12.18. 문제 12.17의 **McGill Company 매출(McGill Company sales)** 자료를 참조하여라. 회귀모형 (12.1)이 적용된다고 가정하고 Cochrane-Orcutt 절차가 적용되었다.

a. 자기상관모수의 점추정값을 구하여라. 이 점추정값과 Durbin-Watson 검정통계량의 근사적인 관계 (12.25)가 얼마나 잘 성립하는가?
b. 변환된 모형 (12.17)에서 회귀계수 β_0'과 β_1'의 추정값인 b_0'과 b_1'을 구하기 위해 하나의 반복을 적용하고, 추정된 회귀함수를 서술하여라. 또한 $s\{b_0'\}$와 $s\{b_1'\}$를 구하여라.
c. $\alpha = .01$을 사용하여 양의 자기상관이 남아 있는지를 첫 번째 반복으로 검정하여라. 가설들, 결정규칙, 결론을 서술하여라.
d. (b)에서 추정한 회귀함수를 원래 변수에 대하여 다시 표현하여라. 또한 $s\{b_0\}$와 $s\{b_1\}$을 구하여라. Cochrane-Orcutt 절차를 통해 추정된 회귀계수와 보통최소제곱법을 통해 얻은 12.17b의 표준편차와 비교하여라.
e. (c)와 (d)의 결과에 근거하여 Cochrane-Orcutt 절차가 여기서 효율적인가?
f. 21번째 분기의 업계 전체 매출이 181.0(백만 달러)라고 예상된다. 90%의 예측구간을 적용한 21번째 분기의 McGill Company의 매출을 예측하여라. 그 구간을 해석하여라.
g. 90% 신뢰구간을 통해 β_1을 추정하여라. 그 구간을 해석하여라.

12.19. 문제 12.17의 **McGill Company 매출(McGill Company sales)** 자료를 참조하여라. 회귀모형 (12.1)이 적용된다고 가정한다.

a. Hildreth-Lu 절차를 적용하여 자기상관모수의 점추정값을 구하여라. $\rho = .1, .2, \ldots, 1.0$의 값에서 추정하고 *SSE*를 최소화하는 ρ의 값을 선택하여라.
b. (a)의 추정에서 변환된 회귀함수 (12.17)의 추정값을 구하여라. 또한 $s\{b_0'\}$와 $s\{b_1'\}$를 구하여라.
c. 이 변환된 회귀모형에서 양의 자기상관이 남아 있는지를 $\alpha = .01$에서 검정하여라. 가설들, 결정규칙, 결론을 서술하여라.
d. (b)에서 추정한 회귀함수를 원래 변수에 대하여 다시 표현하여라. 또한 $s\{b_0\}$와 $s\{b_1\}$을 구하여라. Hildreth-Lu 절차를 통해 추정된 회귀계수와 보통최소제곱법을 통해 얻은 12.17b의 표준편차와 비교하여라.
e. (c)와 (d)의 결과에 기반할 때, Hildreth-Lu 절차가 여기서 효율적인가?
f. 21번째 분기의 업계 전체 매출이 181.0(백만 달러)이라고 예상된다. 90%의 예측구간을 적용한 21번째 분기의 McGill Company의 매출을 예측하여라. 그 구간을 해석하여라.
g. 90% 신뢰구간을 통해 β_1을 추정하여라. 그 구간을 해석하여라.

12.20. 문제 12.17의 **McGill Company 매출(McGill Company sales)** 자료를 참조하여라. 회귀모형 (12.1)이 적용된다고 가정하고 일차 차분 절차가 적용되었다.

a. 변환된 회귀모형 (12.29)의 회귀계수 β_1'를 추정하고 이 추정값의 표준편차를 구하여라. 추정된 회귀함수를 서술하여라.
b. 일차 차분 절차의 오차항이 양의 자기상관관계가 있는지 $\alpha = .01$에서 검정하여라.
c. (a)에서 추정한 회귀함수를 원래 변수에 대하여 다시 표현하여라. 또한 $s\{b_1\}$을 구하여라. 일차 차분 절차를 통해 추정된 회귀계수와 표준편차 $s\{b_1\}$를 보통최소

제곱법을 통해 얻은 12.17b의 결과와 비교하여라.

d. (b)와 (c)의 결과에 근거하여 일차 차분 절차가 여기서 효율적인가?

e. 21번째 분기의 업계 전체 매출이 181.0(백만 달러)이라고 예상된다. 90%의 예측구간을 적용한 21번째 분기의 McGill Company의 매출을 예측하여라. 그 구간을 해석하여라.

f. 90% 신뢰구간을 통해 β_1을 추정하여라. 그 구간을 해석하여라.

12.21. 한 학생이 (12.29a, b)의 일차 차분 변환을 적용하면서 몇 X_t' 값이 0인데 그에 대응하는 Y_t' 값이 0이 아니라는 것을 알아냈다. 이것이 이 자료에서 일차 차분 변환이 적합하지 않다는 것을 의미하는가?

연습문제

12.22. $s = 2$일 때 (12.7)을 도출하여라.

12.23. 일차자기회귀오차모형 (12.1)을 참조하여라. Y_t는 회사의 시장점유율이고 X_t는 경쟁사의 판매가에 대비한 회사의 판매가의 백분율이라고 가정하자. $\beta_0 = 100$, $\beta_1 = -.35$, $\rho = .6$, $\sigma^2 = 1$, $\varepsilon_0 = 2.403$이다. $t = 1, \ldots, 10$에서 X_t와 u_t는 다음과 같다.

t:	1	2	3	4	5	6	7	8	9	10
X_t:	100	115	120	90	85	75	70	95	105	110
u_t:	.764	.509	−.242	−1.808	−.485	.501	−.539	.434	−.299	.030

a. 참회귀선을 그려라. 관측값 $Y_t(t = 1, \ldots, 10)$를 생성하고 같은 그래프에 그림을 그려라. 생성된 관측값 Y_t에 대하여 최소제곱법을 통한 회귀선을 적합시키고 이 또한 같은 그래프에 그려라. 적합된 회귀선이 어떻게 참회귀선과 관계되어 있는가?

b. (a)의 과정을 $\rho = 0$으로 반복하여라. 두 번의 경우에서 어떤 경우 적합한 회귀선이 참된 회귀선과 더 가까운가? 이것이 기대된 결과인가?

c. $\rho = -.7$에서 관측값 Y_t를 생성하여라. $\rho = .6$, $\rho = 0$, $\rho = -.7$의 각 경우 연속적인 오차항의 차이 $\varepsilon_t - \varepsilon_{t-1}$을 구하여라($t = 1, \ldots, 10$).

d. (c)의 세 가지 경우 중 어느 것이 $\sum(\varepsilon_t - \varepsilon_{t-1})^2$이 가장 작은가? 또 어느 경우가 가장 큰가? 어떤 일반화를 제시할 수 있는가?

12.24. $p - 1 = 2$인 다중회귀모형 (12.2)에서 확률항이 무상관인 변환된 모형을 도출하여라.

12.25. (12.11)에서 주어진 자기회귀오차과정모형 $Y_t = \beta_0 + \beta_1 X_t + \varepsilon_t$을 가정한다.

a. 회귀모형의 확률항인 변환된 변수 Y_t'와 X_t'는 상관관계가 있는가?

b. Cochrane-Orcutt 절차를 사용하여 모수 ρ_1과 ρ_2를 어떻게 추정할 것인가?

c. Hildreth-Lu 절차로 모수 ρ_1과 ρ_2를 어떻게 추정할 것인가?

12.26. 이차자기회귀오차과정 (12.11)을 적용한 단순선형회귀모형에서 예측 F_{n+1}을 도출하여라.

프로젝트

12.27. 참회귀모형은 $Y_t = 10 + 24X_t + \varepsilon_t$이고, 여기서 $\varepsilon_t = .8\varepsilon_{t-1} + u_t$이다. u_t는 독립이며 $N(0, 25)$를 따른다.

a. $N(0, 25)$에서 독립인 난수 11개를 생성하여라. 첫 번째 난수를 ε_0로 사용하고 10개의 오차항 $\varepsilon_1, \dots, \varepsilon_{10}$을 얻은 후 $X_1 = 1, X_2 = 2, \dots, X_{10} = 10$에 대응하는 10개의 관측값 $Y_1, \dots, Y_{10}$을 계산하여라. 보통최소제곱법을 통한 선형회귀함수를 적합시키고 *MSE*를 계산하여라.

b. 매번 새로운 난수를 사용하여 (a)를 100번 반복하여라.

c. 추정된 100번의 b_1의 평균을 계산하여라. 양의 자기상관이 존재함에도 b_1이 β_1에 대한 비편향추정량이 되는가?

d. 추정된 100번의 *MSE*의 평균을 계산한다. *MSE*가 σ^2에 대한 편향 추정량인가? 만일 그렇다면 편향의 정도는 큰가 작은가?

사례연구

12.28. 부록 C.6과 사례연구 9.29의 **웹사이트 개발자(Website developer)** 데이터셋을 참조하여라. 관측값들은 시간순서로 정렬되어 있다. 사례연구 9.29에서 개발한 모형을 적용하여 양의 자기상관이 존재하는지 $\alpha = .01$를 사용하여 검정하여라. 만일 자기상관이 존재한다면, 필요한 모형의 수정과 분석을 시행하여라.

12.29. 부록 C.8에 있는 **난방 설비(Heating equipment)** 데이터셋을 참조하여라. 관측값들은 시간순서로 정렬되어 있다. 월간 난방기구 주문 수에 대해 적절한 예측모형을 도출하여라. 잠재적 예측변수들로 매물로 나온 새 주택, 현재의 월간 기온과 과거 평균 기온 간의 온도 편차, 우대 대출 금리, 유통업자의 현재 재고수준, 유통업자의 판매량, 그리고 제공된 할인율이 있다. $\alpha = .05$에서 자기상관이 존재하는지 판단하여야 한다. 만일 자기상관이 존재한다면, 필요한 모형의 수정과 분석을 시행하여라.

III부 비선형회귀

13장 | 비선형회귀와 신경망

일반적으로 많은 회귀분석의 응용 사례에서는 지금까지 고려한 선형회귀모형으로도 만족스럽게 근사시킬 수 있다. 하지만 경우에 따라서 비선형회귀가 경험적으로나 이론적으로 더 적합한 경우들이 있다. 예를 들어 유아기 때의 빠른 성장과, 사춘기의 확연한 성장, 그리고 성인이 되기 얼마 전부터 완만하게 성장하는, 인간의 출생부터 성장하는 과정은 자연에서 발견되는 전형적인 비선형성이다. 또 다른 예로는 약물 복용량과 반응의 상관관계가 있는데, 매우 적은 복용량에서는 완만한 상관관계를 보이고 반응이 활발해지는 구간부터 순간 급격한 S형의 변화를 보이다가 포화상태에 이르면서 완만하게 증가하는 비선형적인 경향이 있다. 이번 장과 앞으로 나올 비선형회귀모형에서는 이러한 모형에서 회귀모수에 대한 추정값을 어떻게 얻고, 어떻게 추론하는지에 대해 다룰 것이다.

이 장에서는 지수비선형회귀모형을 소개하고 비선형회귀의 기본 방법에 대해 다룬다. 또한 데이터마이닝에서 널리 사용되는 신경망모형에 대해서도 소개한다. 14장에서는 로지스틱회귀모형과 반응변수가 이항(binary)이거나 두 개 이상의 수준을 가진 범주형자료일 때, 그것들의 사용에 대해 알아볼 것이다.

13.1 ■ 선형과 비선형회귀모형

선형회귀모형

앞 장에서 우리는 선형회귀, 즉 회귀모수들의 선형관계로 표현되는 모형을 고려하였다. 이 모형은 (6.7)의 일반선형회귀모형으로 표현될 수 있다.

$$Y_i = \beta_0 + \beta_1 X_{i1} + \beta_2 X_{i2} + \cdots + \beta_{p-1} X_{i,p-1} + \varepsilon_i \tag{13.1}$$

앞에서 보았던 것처럼 선형회귀모형은 $p-1$개 예측변수들의 일차모형만이 아니라 더 복잡한 모형도 포함한다. 예를 들어 다항회귀모형은 하나 혹은 그 이상의 예측변수들이 회귀모수에 의해 선형결합된 모형으로, 다음은 2개의 예측변수의 일차항, 이차항, 상호작용항이 있는 모형이다.

$$Y_i = \beta_0 + \beta_1 X_{i1} + \beta_2 X_{i1}^2 + \beta_3 X_{i2} + \beta_4 X_{i2}^2 + \beta_5 X_{i1} X_{i2} + \varepsilon_i \tag{13.2}$$

변환된 변수들이 모수에 대하여 선형결합된 모형 또한 선형회귀모형의 부류에 속한다. 다음은 그러한 모형이다.

$$\log_{10} Y_i = \beta_0 + \beta_1 \sqrt{X_{i1}} + \beta_2 \exp(X_{i2}) + \varepsilon_i \tag{13.3}$$

선형회귀모형의 형식은 일반적으로 다음과 같이 쓸 수 있다.

$$Y_i = f(\mathbf{X}_i, \boldsymbol{\beta}) + \varepsilon_i \tag{13.4}$$

여기서 $\mathbf{X}_i$는 i번째 사례의 예측변수들의 관측값의 벡터이다.

$$\mathbf{X}_i = \begin{bmatrix} 1 \\ X_{i1} \\ \vdots \\ X_{i,p-1} \end{bmatrix} \tag{13.4a}$$

$\boldsymbol{\beta}$는 (6.18c)의 회귀계수들의 벡터이고, $f(\mathbf{X}_i, \boldsymbol{\beta})$는 (6.54)의 선형회귀모형과 같은 기댓값 $E\{Y_i\}$을 나타낸다.

$$f(\mathbf{X}_i, \boldsymbol{\beta}) = \mathbf{X}_i' \boldsymbol{\beta} \tag{13.4b}$$

비선형회귀모형

비선형회귀모형은 (13.4)의 선형회귀모형과 같은 기본 형식을 가진다.

$$Y_i = f(\mathbf{X}_i, \boldsymbol{\gamma}) + \varepsilon_i \tag{13.5}$$

관측값 Y_i는 마찬가지로 비선형반응함수 $f(\mathbf{X}, \boldsymbol{\gamma})$에 의해 주어지는 평균반응 $f(\mathbf{X}_i, \boldsymbol{\gamma})$와 오차항 ε_i의 합이다. 오차항은 선형회귀에서와 같이 기댓값이 0을 갖고 상수분산을 가지며, 상관관계가 없는 것으로 가정한다. 흔히 오차항은 상수분산을 갖는 독립적인 정규확률변수들, 즉 정규오차모형이 활용된다.

반응함수 $f(\mathbf{X}, \boldsymbol{\gamma})$에서 모수벡터는 앞으로 함수가 모수들에 비선형임을 상기하도록 $\boldsymbol{\beta}$가 아닌 $\boldsymbol{\gamma}$로 표시한다. 이제 실제로 널리 쓰이는 비선형회귀모형의 두 가지 예를 소개하겠다.

지수회귀모형. 널리 쓰이는 비선형회귀모형 중 하나는 **지수회귀모형**(exponential regression model)이다. 하나의 예측변수가 있을 때 정규오차항을 포함하는 이 회귀모형의 식 중 하나는 다음과 같다.

$$Y_i = \gamma_0 \exp(\gamma_1 X_i) + \varepsilon_i \tag{13.6}$$

여기서

γ_0와 γ_1은 모수,
X_i는 알고 있는 상수들,
ε_i는 독립인 $N(0, \sigma^2)$이다.

이 모형의 반응함수는 다음과 같다.

$$f(\mathbf{X}, \boldsymbol{\gamma}) = \gamma_0 \exp(\gamma_1 X) \qquad \textbf{(13.7)}$$

이 모형은 모수 γ_0와 γ_1에 대하여 선형이 아님을 주목하라.

하나의 예측변수와 정규오차항을 갖는 비선형지수회귀모형의 보다 일반적인 식은 다음과 같다.

$$Y_i = \gamma_0 + \gamma_1 \exp(\gamma_2 X_i) + \varepsilon_i \qquad \textbf{(13.8)}$$

여기서 오차항은 독립적이며 일정한 분산 σ^2을 갖는 정규분포이다. 이 회귀모형에 대한 반응함수는 다음과 같다.

$$f(\mathbf{X}, \boldsymbol{\gamma}) = \gamma_0 + \gamma_1 \exp(\gamma_2 X) \qquad \textbf{(13.9)}$$

(13.8)의 지수회귀모형은 성장연구(growth study)에서 많이 활용된다. 이 연구에서 시간 X가 주어졌을 때 성장률은 남은 성장값에 비례한다. γ_0는 최대성장값이다. 그 외에도 시간의 경과(X)에 대한 물질의 농축(Y)을 나타내는 데 이 회귀모형이 활용된다. 그림 13.1a는 (13.9)에 모수 $\gamma_0 = 100$, $\gamma_1 = -50$, $\gamma_2 = -2$인 반응함수를 보여 준다. 이제 이 장의 뒷부분에서 지수회귀모형 (13.6)과 (13.8)에 대해 더 논의할 것이다.

로지스틱회귀모형. 또 다른 중요한 비선형회귀모형은 **로지스틱회귀모형**(logistic regression model)이다. 하나의 예측변수와 정규오차항을 갖는 이 모형은 다음과 같다.

$$Y_i = \frac{\gamma_0}{1 + \gamma_1 \exp(\gamma_2 X_i)} + \varepsilon_i \qquad \textbf{(13.10)}$$

여기서 오차항 ε_i는 σ^2을 상수분산으로 하는 독립된 정규확률변수이다. 여기서 반응함수는 다음과 같다.

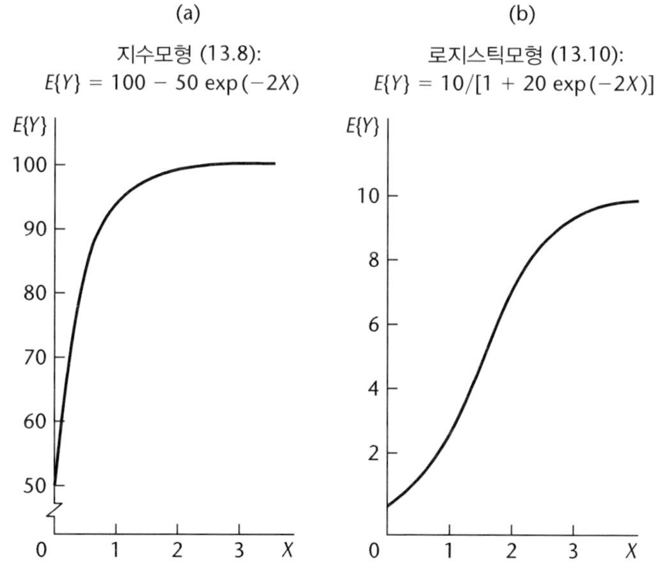

그림 13.1 지수와 로지스틱 반응함수

$$f(\mathbf{X}, \boldsymbol{\gamma}) = \frac{\gamma_0}{1 + \gamma_1 \exp(\gamma_2 X)} \tag{13.11}$$

이 반응함수는 모수 γ_0, γ_1, γ_2에 대하여 선형이 아님을 주목하라.

로지스틱회귀모형은 종(species)의 수(Y)와 시간(X)의 관계를 연구하는 개체군 연구(population study)에 활용된다. 그림 13.1b는 로지스틱반응함수 (13.11)의 모수 $\gamma_0 = 10$, $\gamma_1 = 20$, $\gamma_2 = -2$에 해당하는 그림이다. 이때 $\gamma_0 = 10$은 성장의 최댓값을 의미한다.

(13.10)의 로지스틱회귀모형은 반응변수가 질적 변수일 때도 널리 사용된다. 예로 어느 가구가 그 해에 새로운 차량을 구입할지를 차주의 현재 나이, 가구 수입, 가구원 수를 예측변수로 한 로지스틱회귀모형을 들 수 있다. 이 모형에서 반응변수(자동차를 구입할지, 하지 않을지)는 0, 1의 지표변수로 나타낼 수 있는 질적 변수이다. 따라서 여기서 오차항은 상수분산을 갖는 정규분포가 되지 않는다. 로지스틱회귀모형과 그 반응변수가 질적 변수일 때의 활용은 14장에서 자세히 논의될 것이다.

비선형회귀모형의 일반적 형태. 앞에서 살펴본 두 가지 비선형회귀모형의 예에서 보았듯이 이 모형은 선형회귀모형의 일반적 형태와 비슷하다. 각 관측값 Y_i는 비선형회귀모형의 반응함수 $f(\mathbf{X}_i, \boldsymbol{\gamma})$에 의한 평균반응과 확률오차항 ε_i의 합으로 상정되어 있다. 나아가 오차항 ε_i는 흔히 상수분산을 갖는 독립된 정규확률변수로 가정한다.

비선형회귀모형의 중요한 차이점은 회귀모수의 숫자가 반드시 모형의 X 변수의 숫자와 직접 연관되어 있지 않다는 점이다. 선형회귀모형에서는 만일 모형에 $p - 1$개의 X 변수가 있다면 이 모형은 p개의 회귀계수를 포함한다. (13.8)의 지수회귀모형에서는 하나의 X 변수가 있지만 회귀계수는 3개가 존재한다. 로지스틱회귀모형 (13.10)에서도 마찬가지이다. 따라서 이제 비선형회귀모형에서 X 변수의 개수를 q라고 하고, 반응함수 안에 있는 회귀계수의 개수는 계속해서 p라고 하겠다. 예를 들어 지수회귀모형 (13.6)은 $p = 2$개의 회귀모수와 $q = 1$개의 X 변수를 갖고 있다.

또한 X 변수들의 관측값 벡터 $\mathbf{X}_i$에서 최초 원소 1을 제외한 것을 다시 $\mathbf{X}_i$라고 정의하겠다. 따라서 비선형회귀모형의 일반적 형태는 다음과 같이 표현된다.

$$Y_i = f(\mathbf{X}_i, \boldsymbol{\gamma}) + \varepsilon_i \tag{13.12}$$

여기서

$$\underset{q\times 1}{\mathbf{X}_i} = \begin{bmatrix} X_{i1} \\ X_{i2} \\ \vdots \\ X_{iq} \end{bmatrix} \qquad \underset{p\times 1}{\boldsymbol{\gamma}} = \begin{bmatrix} \gamma_0 \\ \gamma_1 \\ \vdots \\ \gamma_{p-1} \end{bmatrix} \tag{13.12a}$$

부연설명

비선형반응함수 중 변환에 의해 선형화될 수 있는 것들을 **본질적 선형**(intrinsic-ally linear) 반응함수라고도 한다. 예를 들어 다음의 지수반응함수

$$f(\mathbf{X}, \boldsymbol{\gamma}) = \gamma_0[\exp(\gamma_1 X)]$$

는 로그변환에 의해 선형화되므로 본질적으로 선형반응함수이다.

$$\log_e f(\mathbf{X}, \boldsymbol{\gamma}) = \log_e \gamma_0 + \gamma_1 X$$

변환된 반응함수는 선형모형의 형태로 나타낼 수 있다.

$$g(\mathbf{X}, \boldsymbol{\gamma}) = \beta_0 + \beta_1 X$$

여기서 $g(\mathbf{X}, \boldsymbol{\gamma}) = \log_e f(\mathbf{X}, \boldsymbol{\gamma})$, $\beta_0 = \log_e \gamma_0$, $\beta_1 = \gamma_1$이다.

비선형반응함수가 본질적으로 선형인 것이 반드시 그 선형모형이 적합하다는 것을 의미하는 것은 아니다. 그 이유는 반응함수를 선형화하는 변환이 모형 안의 오차항에도 영향을 미치기 때문이다. 예를 들어 다음의 정규오차항을 가진 지수회귀모형이 적절한 모형이라고 하자.

$$Y_i = \gamma_0 \exp(\gamma_1 X_i) + \varepsilon_i$$

반응함수를 선형화하는 Y의 로그변환은 정규오차항 ε_i에도 영향을 주기 때문에 선형화 모형의 오차항은 더 이상 상수분산을 갖는 정규오차항이 아니다. 따라서 비선형회귀모형을 선형화할 때 적절하게 변환되었는지 알아보는 것이 중요하다. 비선형회귀모형이 선형화된 것보다 더 낫다고 판명될 수 있다. ■

회귀모수의 추정

선형회귀모형과 마찬가지로, 비선형회귀모형의 모수들은 최소제곱법, 혹은 최대가능도법(method of maximum likelihood)을 통해서 얻어진다. 또한 선형회귀에서처럼 비선형회귀모형 (13.12)의 오차항들이 독립이며 상수분산을 갖는 정규라면, 두 가지 추정 방법은 같은 모수의 추정을 얻게 된다.

선형회귀와는 다르게 비선형회귀모형의 최소제곱추정량과 최대가능도추정량의 해석적 표현은 대개 찾을 수 없다. 대신 두 추정 과정에서 많은 계산이 요구되는 수치탐색과정이 반드시 필요하다. 그러므로 비선형회귀모형의 분석은 보통 컴퓨터 소프트웨어를 활용해 수행된다.

예 단순한 방식으로 비선형회귀모형의 적합과 분석을 설명하기 위해, 두 개의 모수와 어느 정도 작은 표본크기를 가진 예를 살펴보자. 이 예를 통해 과도한 세부내용 없이 개념과 과정을 알 수 있을 것이다.

한 병원 관리자가 중상을 입은 환자들이 병원을 떠난 후에 장기적인 회복의 정도를 측정하기 위한 회귀모형을 만들고 싶어하였다. 예측변수로는 입원일(X), 반응변수로는 장기회복의 예후지수(prognostic index, Y)를 사용한다. 예후지수는 그 값이 클수록 좋은 예후를 나타낸다. 표 13.1에 15명의 환자에 대한 자료가 나타나 있다. 그림 13.2는 자료의 산점도이다. 이전의 연구자료에서 예측변수와 설명변수가 지수관계라는 것을 알아냈다. 따라서 모수가 2개인 비선형지수회귀모형 (13.6)의 적절성을 알아보기로 결정하였다.

$$Y_i = \gamma_0 \exp(\gamma_1 X_i) + \varepsilon_i \tag{13.13}$$

환자 i	예후지수 X_i	입원날짜 Y_i
1	2	54
2	5	50
3	7	45
4	10	37
5	14	35
6	19	25
7	26	20
8	31	16
9	34	18
10	38	13
11	45	8
12	52	11
13	53	8
14	60	4
15	65	6

표 13.1 자료 – 중상환자 예

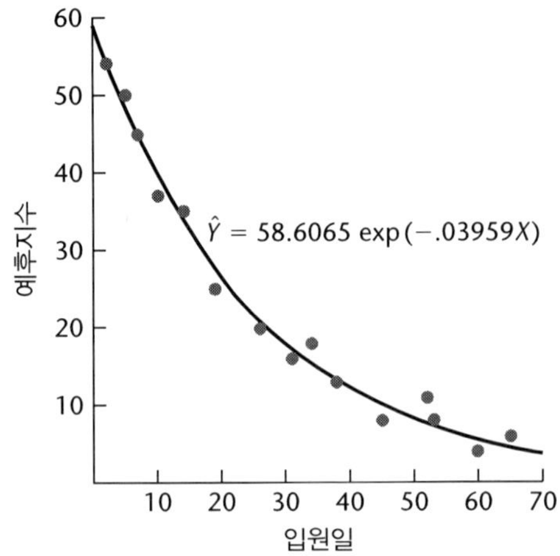

그림 13.2 산점도와 적합된 비선형회귀함수 – 중상환자 예

여기서 ε_i는 독립적이며 상수분산을 갖는 정규분포이다. 만일 모형이 적합하다면 회귀모수 γ_0와 γ_1의 추정이 요구된다.

13.2 ■ 비선형회귀의 최소제곱추정

1장에서 단순선형회귀의 최소제곱법은 (1.8)의 기준 Q의 최소화를 필요로 한다는 것을 공부하였다.

$$Q = \sum_{i=1}^{n} [Y_i - (\beta_0 + \beta_1 X_i)]^2 \tag{13.14}$$

주어진 표본 (X_i, Y_i)에 대하여 Q를 최소화하는 β_0와 β_1의 최소제곱추정값을 b_0와 b_1으로 표기한다.

또한 1장에서 최소제곱추정값을 찾는 한 방법으로 수치탐색과정을 사용하였다. 이 방법으로 (13.14)의 Q의 최솟값이 얻어질 때까지 β_0와 β_1을 체계적으로 변화하여, 서로 다른 β_0와 β_1에 대해 Q를 계산한다. Q를 최소화하는 β_0와 β_1들이 b_0와 b_1의 최소제곱추정값이다.

최소제곱추정값을 찾는 두 번째 방법은 최소제곱정규방정식을 이용하는 것이다. 여기서 최소제곱정규방정식은 Q의 β_0와 β_1에 대해 미분한 도함수를 0으로 놓은 것이다. 정규방정식의 해로 최소제곱추정값이 얻어진다.

6장에서 보았던 것처럼, 이 과정은 바로 (6.22)의 최소제곱기준인 다중선형회귀로 확장된다. 선형회귀의 최소제곱추정의 개념 또한 바로 비선형회귀모형으로 확장된다. 최소제곱기준은 다음과 같다.

$$Q = \sum_{i=1}^{n} [Y_i - f(\mathbf{X}_i, \boldsymbol{\gamma})]^2 \tag{13.15}$$

여기서 $f(\mathbf{X}_i, \boldsymbol{\gamma})$는 비선형반응함수 $f(\mathbf{X}, \boldsymbol{\gamma})$에 따른 i번째 사례의 평균반응이다. (13.15)의 최소제곱기준 Q는 최소제곱추정값을 얻기 위해 비선형회귀모수 $\gamma_0, \gamma_1, \ldots, \gamma_{p-1}$에 대하여 최소화되어야 한다. 최소제곱추정을 얻기 위한 두 방법(수치탐색과 정규방정식)은 그대로 비선형회귀에서도 사용될 수 있다. 선형회귀모형과 다른 점이 있는데, 일반적으로 해석적인 해법을 찾을 수 없기 때문에 정규방정식의 해를 구하기 위해서는 대개 반복적인 수치탐색과정이 필요하다는 점이다.

예 중상환자 예 (13.13)에서 반응함수는 다음과 같다.

$$f(\mathbf{X}, \boldsymbol{\gamma}) = \gamma_0 \exp(\gamma_1 X)$$

따라서 최소제곱기준 Q는 다음과 같다.

$$Q = \sum_{i=1}^{n} [Y_i - \gamma_0 \exp(\gamma_1 X_i)]^2$$

상수분산을 갖는 독립된 정규오차항 ε_i일 경우, 최대가능도법은 그 가능도함수를 고려하여 같은 기준을 도출한다.

$$L(\boldsymbol{\gamma}, \sigma^2) = \frac{1}{(2\pi\sigma^2)^{n/2}} \exp\left[-\frac{1}{2\sigma^2} \sum_{i=1}^{n} [Y_i - \gamma_0 \exp(\gamma_1 X_i)]^2\right]$$

선형회귀와 마찬가지로 회귀모수 γ_0와 γ_1에 대하여 가능도함수를 최대화시키는 것은 지수이 합을 최소화하는 것과 같은데, 따라서 최대가능도추정이 최소제곱추정과 같음을 알 수 있다.

이제 정규방정식과 직접적인 수치탐색 방법을 통해서 어떻게 최소제곱추정값을 얻는지를 알아보겠다.

정규방정식의 해

비선형회귀모형의 정규방정식을 얻기 위해서는 다음 식

$$Y_i = f(\mathbf{X}_i, \boldsymbol{\gamma}) + \varepsilon_i$$

를 참조하고, 최소제곱기준 Q를 $\gamma_0, \gamma_1, \ldots, \gamma_{p-1}$에 대하여 최소화해야 한다.

$$Q = \sum_{i=1}^{n} [Y_i - f(\mathbf{X}_i, \boldsymbol{\gamma})]^2$$

γ_k에 대한 Q의 편미분은 다음과 같다.

$$\frac{\partial Q}{\partial \gamma_k} = \sum_{i=1}^{n} -2[Y_i - f(\mathbf{X}_i, \boldsymbol{\gamma})]\left[\frac{\partial f(\mathbf{X}_i, \boldsymbol{\gamma})}{\partial \gamma_k}\right] \tag{13.16}$$

p개의 편도함수를 각각 0과 같도록 하고 모수 γ_k들에 최소제곱추정값인 g_k를 대입하여 p개의 정규방정식을 단순화할 수 있다.

$$\sum_{i=1}^{n} Y_i \left[\frac{\partial f(\mathbf{X}_i, \boldsymbol{\gamma})}{\partial \gamma_k}\right]_{\boldsymbol{\gamma}=\mathbf{g}} - \sum_{i=1}^{n} f(\mathbf{X}_i, \mathbf{g}) \left[\frac{\partial f(\mathbf{X}_i, \boldsymbol{\gamma})}{\partial \gamma_k}\right]_{\boldsymbol{\gamma}=\mathbf{g}} = 0 \qquad (13.17)$$
$$k = 0, 1, \ldots, p-1$$

여기서 $\mathbf{g}$는 최소제곱추정값 g_k들의 벡터이다.

$$\underset{p\times 1}{\mathbf{g}} = \begin{bmatrix} g_0 \\ g_1 \\ \vdots \\ g_{p-1} \end{bmatrix} \qquad (13.18)$$

(13.17)의 대괄호 안의 항은 (13.16)의 편도함수에서 모수 γ_k들에 최소제곱추정값인 g_k를 대입한 것이다.

비선형회귀모형의 정규방정식 (13.17)은 모수의 추정값인 g_k에 대해 비선형이고, 심지어 가장 단순한 사례에서도 해를 찾기가 어렵다. 따라서 정규방정식의 해를 구하는 데 보통 반복적인 수치탐색과정이 필요하다. 여전히 어려운 점은 여러 해가 존재할 수 있다는 것이다.

예 중상환자 예에서 i번째 사례의 평균반응은 다음과 같다.

$$f(\mathbf{X}_i, \boldsymbol{\gamma}) = \gamma_0 \exp(\gamma_1 X_i) \qquad (13.19)$$

따라서 $f(\mathbf{X}_i, \boldsymbol{\gamma})$의 편도함수들은 다음과 같다.

$$\frac{\partial f(\mathbf{X}_i, \boldsymbol{\gamma})}{\partial \gamma_0} = \exp(\gamma_1 X_i) \qquad (13.20a)$$

$$\frac{\partial f(\mathbf{X}_i, \boldsymbol{\gamma})}{\partial \gamma_1} = \gamma_0 X_i \exp(\gamma_1 X_i) \qquad (13.20b)$$

(13.19), (13.20a), (13.20b)의 γ_0와 γ_1을 각각의 최소제곱추정값인 g_0와 g_1으로 대체하면, (13.17)의 정규방정식은 다음과 같다.

$$\begin{aligned} \sum Y_i \exp(g_1 X_i) - \sum g_0 \exp(g_1 X_i) \exp(g_1 X_i) &= 0 \\ \sum Y_i g_0 X_i \exp(g_1 X_i) - \sum g_0 \exp(g_1 X_i) g_0 X_i \exp(g_1 X_i) &= 0 \end{aligned}$$

식을 정리하면 정규방정식은 다음과 같다.

$$\begin{aligned} \sum Y_i \exp(g_1 X_i) - g_0 \sum \exp(2g_1 X_i) &= 0 \\ \sum Y_i X_i \exp(g_1 X_i) - g_0 \sum X_i \exp(2g_1 X_i) &= 0 \end{aligned}$$

이 정규방정식들은 g_0와 g_1에 대하여 선형이 아니며, 폐쇄형(closed form) 해법이 존재하지 않는다. 따라서 최소제곱추정값의 해를 찾기 위해 반복적인 수치적 방법이 필요하다.

직접적 수치탐색—Gauss-Newton 방법

많은 비선형회귀 문제에서, 정규방정식을 찾고 이 해를 반복적인 수치적 방법을 통하여 구하는 것보다는 직접적 수치탐색(direct numerical search) 방법이 더욱 실용적이다. 주요 통계패키지들이 비선형회귀문제를 풀기 위한 직접적 수치탐색 방법을 하나 혹은 그 이상 쓰고 있다. 이 수치탐색 방법 중 하나를 소개하겠다.

Gauss–Newton 방법, 혹은 선형화 방법(linearization method)이라고 하는 이 방법은 비선형회귀모형을 Taylor 급수(*Taylor series*) 전개를 적용하여 선형으로 근사시킨 후, 모수에 대한 보통최소제곱추정법을 사용한다. 일반적으로 이 과정의 반복을 통해 비선형회귀 문제의 해법을 찾을 수 있다.

Gauss-Newton 방법은 회귀모수 $\gamma_0, \gamma_1, \ldots, \gamma_{p-1}$의 초깃값 $g_0^{(0)}, g_1^{(0)}, \ldots, g_{p-1}^{(0)}$을 통해 시작된다. 괄호 안의 숫자는 반복숫자를 의미한다. 초깃값 $g_k^{(0)}$는 이전의 관련된 연구나, 이론적 기댓값, 혹은 상대적으로 기준값 Q(13.15)가 작은 값이 되도록 하는 모수값들에 대한 사전 연구를 통해 얻는다. 추후에 초깃값을 정하는 세부적인 문제에 대해 더 논하도록 하겠다.

모수들에 대한 초깃값들이 정해지면, n개의 사례에 대한 평균반응 $f(\mathbf{X}_i, \boldsymbol{\gamma})$를 초깃값 $g_k^{(0)}$를 중심으로 하는 Taylor 급수 전개를 통해 근사시킨다. i번째 사례는 다음과 같다.

$$f(\mathbf{X}_i, \boldsymbol{\gamma}) \approx f\left(\mathbf{X}_i, \mathbf{g}^{(0)}\right) + \sum_{k=0}^{p-1} \left[\frac{\partial f(\mathbf{X}_i, \boldsymbol{\gamma})}{\partial \gamma_k}\right]_{\boldsymbol{\gamma}=\mathbf{g}^{(0)}} \left(\gamma_k - g_k^{(0)}\right) \tag{13.21}$$

여기서

$$\underset{p\times 1}{\mathbf{g}^{(0)}} = \begin{bmatrix} g_0^{(0)} \\ g_1^{(0)} \\ \vdots \\ g_{p-1}^{(0)} \end{bmatrix} \tag{13.21a}$$

$\mathbf{g}^{(0)}$는 모수 초깃값들의 벡터이다. (13.21)의 대괄호 안의 항은 이전의 정규방정식 (13.17)에서 보았던 같은 회귀함수의 편도함수이다. 하지만 여기서는 $\gamma_k = g_k^{(0)}$로 계산되었다. $k = 0, 1, \ldots, p-1$.

표기를 다음과 같이 단순화하겠다.

$$f_i^{(0)} = f\left(\mathbf{X}_i, \mathbf{g}^{(0)}\right) \tag{13.22a}$$

$$\beta_k^{(0)} = \gamma_k - g_k^{(0)} \tag{13.22b}$$

$$D_{ik}^{(0)} = \left[\frac{\partial f(\mathbf{X}_i, \boldsymbol{\gamma})}{\partial \gamma_k}\right]_{\boldsymbol{\gamma}=\mathbf{g}^{(0)}} \tag{13.22c}$$

i번째 사례의 평균반응에 대한 Taylor 근사 (13.21)은 다음과 같이 표기할 수 있다.

$$f(\mathbf{X}_i, \boldsymbol{\gamma}) \approx f_i^{(0)} + \sum_{k=0}^{p-1} D_{ik}^{(0)} \beta_k^{(0)}$$

그리고 비선형회귀모형 (13.12)의 근사는 다음과 같다.

$$Y_i = f(\mathbf{X}_i, \boldsymbol{\gamma}) + \varepsilon_i$$

이는 다음을 얻게 한다.

$$Y_i \approx f_i^{(0)} + \sum_{k=0}^{p-1} D_{ik}^{(0)} \beta_k^{(0)} + \varepsilon_i \tag{13.23}$$

$f_i^{(0)}$을 좌측으로 이동하고 $Y_i - f_i^{(0)}$를 $Y_i^{(0)}$라고 하면, 다음과 같은 선형회귀모형의 근사를 얻게 된다.

$$Y_i^{(0)} \approx \sum_{k=0}^{p-1} D_{ik}^{(0)} \beta_k^{(0)} + \varepsilon_i \qquad i = 1, \ldots, n \tag{13.24}$$

여기서

$$Y_i^{(0)} = Y_i - f_i^{(0)} \tag{13.24a}$$

선형회귀모형의 근사 (13.24)의 형태는 다음과 같다.

$$Y_i = \beta_0 X_{i0} + \beta_1 X_{i1} + \cdots + \beta_{p-1} X_{i,p-1} + \varepsilon_i$$

(13.24)에서 반응 $Y_i^{(0)}$는 잔차, 다시 말해 모수들에 초깃값이 대입된 비선형회귀함수 주위의 관측값들의 편차를 의미한다. X 변수의 관측값 $D_{ik}^{(0)}$는 각 n개의 사례에 초기 추정값을 대입한 평균반응에 대하여 계산된 편도함수이다. 각 회귀계수 $\beta_k^{(0)}$는 회귀모수의 참값과 모수추정의 초깃값과의 차이를 나타낸다. 따라서 회귀계수는 초기 회귀계수에서 수정되어야 하는 정도를 의미한다. 그러므로 선형회귀모형근사 (13.24)를 적합시키는 것의 목적은 회귀계수 $\beta_k^{(0)}$를 추정하고 이 추정값을 초기 회귀계수추정값의 수정에 사용하기 위함이다. 이 선형회귀근사의 적합에서 모형에 절편항이 없다는 것을 알아야 한다. 그러므로 컴퓨터의 다중회귀 패키지를 사용할 때 절편이 없도록 설정하는 것이 필요하다.

선형회귀근사 (13.24)를 행렬형식으로 나타내면 다음과 같다.

$$\mathbf{Y}^{(0)} \approx \mathbf{D}^{(0)} \boldsymbol{\beta}^{(0)} + \boldsymbol{\varepsilon} \tag{13.25}$$

여기서

$$\textbf{(13.25a)} \quad \underset{n\times 1}{\mathbf{Y}^{(0)}} = \begin{bmatrix} Y_1 - f_1^{(0)} \\ \vdots \\ Y_n - f_n^{(0)} \end{bmatrix} \qquad \textbf{(13.25b)} \quad \underset{n\times p}{\mathbf{D}^{(0)}} = \begin{bmatrix} D_{10}^{(0)} & \cdots & D_{1,p-1}^{(0)} \\ \vdots & & \vdots \\ D_{n0}^{(0)} & \cdots & D_{n,p-1}^{(0)} \end{bmatrix}$$

$$\textbf{(13.25c)} \quad \underset{p\times 1}{\boldsymbol{\beta}^{(0)}} = \begin{bmatrix} \beta_0^{(0)} \\ \vdots \\ \beta_{p-1}^{(0)} \end{bmatrix} \qquad \textbf{(13.25d)} \quad \underset{n\times 1}{\boldsymbol{\varepsilon}} = \begin{bmatrix} \varepsilon_1 \\ \vdots \\ \varepsilon_n \end{bmatrix}$$

근사모형 (13.25)는 일반선형회귀모형 (6.19)와 완전히 같은 형태임을 상기하자. 편도함수들의 행렬 **D**가 이제 행렬 **X**의 역할을 한다(하지만 절편을 위한 1의 열은 없다). 따라서 보통최소제곱을 통한 모수 $\boldsymbol{\beta}^{(0)}$의 추정값은 (6.25)에 따라서 얻어진다.

$$\mathbf{b}^{(0)} = \left(\mathbf{D}^{(0)\prime}\mathbf{D}^{(0)}\right)^{-1}\mathbf{D}^{(0)\prime}\mathbf{Y}^{(0)} \tag{13.26}$$

여기서 $\mathbf{b}^{(0)}$는 최소제곱법으로 추정된 회귀계수들의 벡터이다. 앞에서 언급된 것처럼 회귀계수 $b_k^{(0)}$는 일반적인 다중회귀 컴퓨터 프로그램에서 절편이 없도록 설정하여 얻을 수 있다.

그리고 수정하여 추정된 최소제곱회귀계수 $g_k^{(1)}$는 (13.22b)의 방법으로 얻을 수 있다.

$$g_k^{(1)} = g_k^{(0)} + b_k^{(0)}$$

여기서 $g_k^{(1)}$은 첫 번째 반복이 끝난 γ_k의 수정된 추정값이다. 행렬 형태로 수정 과정을 다음과 같이 나타낼 수 있다.

$$\mathbf{g}^{(1)} = \mathbf{g}^{(0)} + \mathbf{b}^{(0)} \tag{13.27}$$

이때 수정된 회귀계수들이 적절한 방향으로 조정되고 있는지를 확인할 수 있다. (13.15)의 최소제곱기준의 측도인 Q를 초기 회귀계수 $\mathbf{g}^{(0)}$에 대해 계산한 것을 $SSE^{(0)}$라고 표기한다. 이는 다음과 같다.

$$SSE^{(0)} = \sum_{i=1}^{n}\left[Y_i - f\left(\mathbf{X}_i, \mathbf{g}^{(0)}\right)\right]^2 = \sum_{i=1}^{n}\left(Y_i - f_i^{(0)}\right)^2 \tag{13.28}$$

첫 반복이 끝나면 수정하여 추정된 회귀계수들은 $\mathbf{g}^{(1)}$이고, 이 단계에서 계산된 최소제곱기준의 측도는 이제 $SSE^{(1)}$이라고 한다. 이는 다음과 같다.

$$SSE^{(1)} = \sum_{i=1}^{n}\left[Y_i - f\left(\mathbf{X}_i, \mathbf{g}^{(1)}\right)\right]^2 = \sum_{i=1}^{n}\left(Y_i - f_i^{(1)}\right)^2 \tag{13.29}$$

Gauss-Newton 방법이 최초 반복에서 효과적으로 작동하고 있다면, 수정된 회귀계수 **g**(1)이 더 좋은 추정값이기 때문에 $SSE^{(1)}$이 $SSE^{(0)}$보다 작아져야 한다.

$SSE^{(0)}$와 $SSE^{(1)}$을 계산하는 데 Taylor 전개를 이용한 선형근사가 아닌, 비선형회귀함수 $f(\mathbf{X}_i, \mathbf{g}^{(0)})$와 $f(\mathbf{X}_i, \mathbf{g}^{(1)})$가 사용된다는 것을 주의하라.

적합된 모형 (13.25)는 오직 비선형모형에 대한 근사이기 때문에 수정된 회귀계수 $\mathbf{g}^{(1)}$은 비선형회귀분석 문제에 대한 최소제곱추정값이 아니다. 따라서 Gauss-Newton 방법은 새로 시작되는 값에 $\mathbf{g}^{(1)}$을 이용하여 앞에서 소개된 절차를 반복한다. 이러한 방법으로 새로운 수정된 추정값 $\mathbf{g}^{(2)}$와 새로운 최소제곱기준 측도인 $SSE^{(2)}$를 찾아낸다. 이러한 반복 과정은 연속적인 계수 추정값들 사이의 차이 $\mathbf{g}^{(s+1)} - \mathbf{g}^{(s)}$, 그리고(또는) 연속적인 최소제곱기준 측도들 사이의 차이 $SSE^{(s+1)} - SSE^{(s)}$가 무시할 수 있을 정도로 작아질 때까지 계속된다. 여기서 회귀계수의 최종적으로 얻어진 추정값은 간단히 **g**로, 마지막 최소제곱기준 측도, 즉 오차제곱합은 SSE로 표기하기로 한다.

Gauss-Newton 방법은 많은 비선형회귀분석 응용에서 효과적으로 작동한다. 그러나 어떤 경우에는 수렴하기까지 굉장히 많은 반복을 필요로 하기도 하고, 끝까지 수렴하지 않는 경우도 있다.

예 중상환자 예에서 모수 γ_0와 γ_1에 대한 초깃값은 반응변수를 로그변환해야만 그것을 선형화할 수 있다는 사실을 인지하고 구해야 한다.

$$\log_e \gamma_0[\exp(\gamma_1 X)] = \log_e \gamma_0 + \gamma_1 X$$

따라서 변환된 Y 변수를 사용하는 선형회귀모형은 지수모형에 대한 초기 근사로서 적합된다.

$$Y_i' = \beta_0 + \beta_1 X_i + \varepsilon_i$$

여기서

$$\begin{aligned} Y_i' &= \log_e Y_i \\ \beta_0 &= \log_e \gamma_0 \\ \beta_1 &= \gamma_1 \end{aligned}$$

이 선형회귀모형은 보통최소제곱법에 의해 적합되고, 회귀계수추정값 $b_0 = 4.0371$, $b_1 = -.03797$을 산출하게 된다(계산 생략). 따라서 초깃값은 $g_0^{(0)} = \exp(b_0) = \exp(4.3071) = 56.6646$, $g_1^{(0)} = b_1 = -.03797$이 나온다.

이 단계에서 최소제곱기준 측도는 각각의 경우에 대해 초기 모수값인 $g_0^{(0)}$와 $g_1^{(0)}$를 사용한 비선형회귀함수 (13.7)의 평가를 필요로 한다. 예를 들어 $X_1 = 2$인 첫 번째 경우에서 다음과 같은 결과를 얻게 된다.

$$f\left(\mathbf{X}_1, \mathbf{g}^{(0)}\right) = f_1^{(0)} = g_0^{(0)} \exp\left(g_1^{(0)} X_1\right) = (56.6646) \exp[-.03797(2)] = 52.5208$$

$Y_1 = 54$이므로 평균반응값과의 편차는 다음과 같다.

$$Y_1^{(0)} = Y_1 - f_1^{(0)} = 54 - 52.5208 = 1.4792$$

$f_1^{(0)}$이 모수의 최초 추정값 $\mathbf{g}^{(0)}$을 사용하였을 때의 추정된 평균반응이므로, 편차 $Y_1^{(0)}$은 최초 적합 단계에서 사례 1에 대한 잔차라는 사실을 다시 한 번 기억하도록 한다. 이 사례와 다른 표본의 사례에서의 0단계 잔차들이 $\mathbf{Y}^{(0)}$ 벡터를 구성하며, 그것은 표 13.2에서 확인할 수 있다.

그러면 초기 단계에서 최소제곱기준 측도는 단순히 0단계에서의 잔차제곱합이 된다.

$$\begin{aligned} SSE^{(0)} &= \sum \left(Y_i - f_i^{(0)}\right)^2 = \sum \left(Y_i^{(0)}\right)^2 \\ &= (1.4792)^2 + \cdots + (1.1977)^2 = 56.0869 \end{aligned}$$

모수에 대한 초기 추정값을 수정하기 위해서는 행렬 $\mathbf{D}^{(0)}$와 벡터 $\mathbf{Y}^{(0)}$가 필요하다. 벡터 $\mathbf{Y}^{(0)}$는 0단계에서 최소제곱기준 측도를 계산하는 과정에서 이미 구해졌다. 행렬 $\mathbf{D}^{(0)}$를 구하기 위해서는 $\boldsymbol{\gamma} = \mathbf{g}^{(0)}$에서 계산된 회귀함수 (13.19)를 편미분해야 한다. 그 편미분 결과

$$\underset{15\times 1}{\mathbf{Y}^{(0)}} = \begin{bmatrix} Y_1 - f_1^{(0)} \\ \cdot \\ \cdot \\ \cdot \\ Y_{15} - f_{15}^{(0)} \end{bmatrix} = \begin{bmatrix} Y_1 - g_0^{(0)}\exp(g_1^{(0)}X_1) \\ \cdot \\ \cdot \\ \cdot \\ Y_{15} - g_0^{(0)}\exp(g_1^{(0)}X_{15}) \end{bmatrix} = \begin{bmatrix} 1.4792 \\ 3.1337 \\ 1.5609 \\ -1.7624 \\ 1.6996 \\ -2.5422 \\ -1.1139 \\ -1.4629 \\ 2.4172 \\ -.3871 \\ -2.2625 \\ 3.1327 \\ .4259 \\ -1.8063 \\ 1.1977 \end{bmatrix}$$

$$\underset{15\times 2}{\mathbf{D}^{(0)}} = \begin{bmatrix} \exp(g_1^{(0)}X_1) & g_0^{(0)}X_1\exp(g_1^{(0)}X_1) \\ \cdot & \cdot \\ \cdot & \cdot \\ \cdot & \cdot \\ \exp(g_1^{(0)}X_{15}) & g_0^{(0)}X_{15}\exp(g_1^{(0)}X_{15}) \end{bmatrix} = \begin{bmatrix} .92687 & 105.0416 \\ .82708 & 234.3317 \\ .76660 & 304.0736 \\ .68407 & 387.6236 \\ .58768 & 466.2057 \\ .48606 & 523.3020 \\ .37261 & 548.9603 \\ .30818 & 541.3505 \\ .27500 & 529.8162 \\ .23625 & 508.7088 \\ .18111 & 461.8140 \\ .13884 & 409.0975 \\ .13367 & 401.4294 \\ .10247 & 348.3801 \\ .08475 & 312.1510 \end{bmatrix}$$

표 13.2 $\mathbf{D}^{(0)}$와 $\mathbf{Y}^{(0)}$ 행렬 – 중상환자 예

는 (13.20)에 주어져 있다. 표 13.2에서는 행렬 $\mathbf{D}^{(0)}$ 성분들을 기호 형태와 숫자값 모두 이용하여 보여 주고 있다. 사례 1의 계산 과정을 설명할 때, 표 13.1에서 $X_1 = 2$라는 사실을 알 수 있다. 따라서 $\mathbf{g}^{(0)}$의 편미분을 계산하면, 다음과 같은 사실을 알게 된다.

$$D_{10}^{(0)} = \left[\frac{\partial f(\mathbf{X}_1, \boldsymbol{\gamma})}{\partial \gamma_0}\right]_{\boldsymbol{\gamma}=\mathbf{g}^{(0)}} = \exp\left(g_1^{(0)}X_1\right) = \exp[-.03797(2)] = .92687$$

$$D_{11}^{(0)} = \left[\frac{\partial f(\mathbf{X}_1, \boldsymbol{\gamma})}{\partial \gamma_1}\right]_{\boldsymbol{\gamma}=\mathbf{g}^{(0)}} = g_0^{(0)}X_1\exp\left(g_1^{(0)}X_1\right)$$

$$= 56.6646(2)\exp[-.03797(2)] = 105.0416$$

이제 절편이 없는 회귀분석을 사용하여 표 13.2의 $\mathbf{D}^{(0)}$에 있는 두 개의 X 변수들에 대해, 표 13.2의 반응변수 $Y^{(0)}$를 회귀하여 최소제곱추정값인 $\mathbf{b}^{(0)}$를 구할 준비가 되었다. 컴퓨터 프로그램을 사용하여 표준 다중회귀분석을 해본 결과, $b_0^{(0)} = 1.8932$, $b_1^{(0)} = -.001563$이라는 결과가 산출되었다. 따라서 벡터 $\mathbf{b}^{(0)}$의 회귀계수추정값은 다음과 같다.

(a) 모수의 추정값과 최소제곱기준 측도

반복	g_0	g_1	SSE
0	56.6646	−.03797	56.0869
1	58.5578	−.03953	49.4638
2	58.6065	−.03959	49.4593
3	58.6065	−.03959	49.4593

(b) 최종 최소제곱추정값

k	g_k	$s\{g_k\}$
0	58.6065	1.472
1	−.03959	.00171

$$MSE = \frac{49.4593}{13} = 3.80456$$

(c) 추정된 회귀계수에 대한 추정 근사 분산공분산행렬

$$\mathbf{s}^2\{\mathbf{g}\} = MSE(\mathbf{D}'\mathbf{D})^{-1} = 3.80456\begin{bmatrix} 5.696\text{E}-1 & -4.682\text{E}-4 \\ -4.682\text{E}-4 & 7.697\text{E}-7 \end{bmatrix}$$

$$= \begin{bmatrix} 2.1672 & -1.781\text{E}-3 \\ -1.781\text{E}-3 & 2.928\text{E}-6 \end{bmatrix}$$

표 13.3 Gauss-Newton 방법을 이용한 반복 작업과 최종 비선형최소제곱에 대한 회귀계수추정값 – 중상환자 예

$$\mathbf{b}^{(0)} = \begin{bmatrix} 1.8932 \\ -.001563 \end{bmatrix}$$

(13.27)에 의해, 이제 수정된 최소제곱추정값 $\mathbf{g}^{(1)}$이 구해진다.

$$\mathbf{g}^{(1)} = \mathbf{g}^{(0)} + \mathbf{b}^{(0)} = \begin{bmatrix} 56.6646 \\ -.03797 \end{bmatrix} + \begin{bmatrix} 1.8932 \\ -.001563 \end{bmatrix} = \begin{bmatrix} 58.5578 \\ -.03953 \end{bmatrix}$$

초기 반복 후 얻어진 수정된 모수추정값은 $g_0^{(1)} = 58.5578$, $g_1^{(1)} = -.03953$이다. 표 13.3a에서는 초깃값과 최초 반복에 대한 회귀계수추정값과 최소제곱기준 측도를 보여 주는데, 여기서 나타나듯 회귀계수추정값은 초깃값에서 아주 약간만 수정됨을 주의하라. 또한 최소제곱기준 측도는 최초 반복에서 축소된다는 사실도 기억해야 한다.

두 번째 반복에서는 수정된 모수추정값인 $g_0^{(1)} = 58.5578$, $g_1^{(1)} = -.03953$에 기초하여 지수회귀함수와 첫 번째 편미분으로 얻어진 잔차를 수정해야 한다. $Y_1 = 54$, $X_1 = 2$인 사례 1에서는 다음과 같은 결과를 얻을 수 있다.

$$Y_1^{(1)} = Y_1 - f_1^{(1)} = 54 - (58.5578)\exp[-.03953(2)] = -.1065$$
$$D_{10}^{(1)} = \exp\left(g_1^{(1)}X_1\right) = \exp[-.03953(2)] = .92398$$
$$D_{11}^{(1)} = g_0^{(1)}X_1\exp\left(g_1^{(1)}X_1\right) = 58.5578(2)\exp[-.03953(2)] = 108.2130$$

이러한 결과물을 표 13.2의 사례 1에서 이와 유사한 0단계의 결과물과 비교함으로써, 사례 1에서의 잔차의 절대적인 규모가 1단계 수정된 적합의 결과로 상당히 축소된다는 것, 그리고 두 번의 편미분이 적당한 수준으로 조절된다는 것을 확인할 수 있다. 모든 사례에

서 수정된 잔차 $Y_i^{(1)}$과 편미분 $D_{i0}^{(1)}$, $D_{i1}^{(1)}$를 구한 후에는, 절편 없는 회귀식 적합을 이용하여 수정된 잔차를 수정된 편미분에 회귀시키고, 추정된 회귀모수는 (13.27)에 따라 다시 수정한다.

이러한 과정은 세 번의 반복을 통해 이루어진다. 표 13.3a는 각각의 반복 작업에 대한 회귀계수추정값과 최소제곱기준 측도를 포함하고 있다. 여기서 우리는 일차 반복에서는 회귀계수추정값을 적당히 수정하고 최소제곱기준에 의해 훨씬 좋은 수준의 적합을 가능하게 하는 반면, 이차 반복을 통해서는 아주 적은 수준의 회귀계수추정값과 적합의 개선을 얻음을 확인할 수 있다. 삼차 반복에서는 계수 추정값과 최소제곱기준 측도에서 아무런 변화를 가져오지 못했다.

따라서 3회의 반복 후 탐색 과정이 마무리되었다. 따라서 최종 회귀계수추정값은 $g_0 = 58.6065$, $g_1 = -.03959$이며, 적합된 회귀함수는 나음과 같다.

$$\hat{Y} = (58.6065)\exp(-.03959X) \tag{13.30}$$

이 적합모형에 대한 오차제곱합은 $SSE = 49.4593$이다. 그림 13.2에서 자료의 산점도와 함께 이 회귀함수 추정값의 그래프를 제시하고 있다. 적합은 좋은 것으로 보인다.

부연설명

1. Gauss-Newton 방법에서 초깃값 설정은 매우 중요하다. 초깃값을 제대로 설정하지 못할 경우에는 수렴이 지나치게 느리거나 극솟값으로 수렴하거나 심지어 발산하기도 한다. 그러나 좋은 초깃값을 설정할 경우에는 일반적으로 빨리 수렴하고, 만약 여러 개의 극솟값이 존재할 경우에는 극솟값이 아닌 최솟값으로 수렴하게 된다. 빨리 수렴한다는 것은 초기 추정값이 최소제곱추정값과 큰 차이가 있다고 하더라도, 일반적으로 선형근사모형 (13.25)가 비선형회귀모형에 좋은 근사가 됨을 의미한다. 반면에 느린 수렴은, 특히 최소제곱추정값에 상당히 가까운 초기 추정값의 경우, 선형근사모형이 비선형모형에는 좋은 근사가 아님을 의미한다.
2. 회귀모수의 초깃값을 구하는 방법은 다양하다. 회귀모수에 대한 좋은 초깃값을 얻는 하나의 방법은 관련된 선행 연구들을 이용하는 것이다. 다른 방법으로는 p개의 대표적인 관측값들을 선택하여 각 p 관측값에 대해 회귀함수 $f(\mathbf{X}_i, \boldsymbol{\gamma})$를 Y_i와 같다고 두고 (확률오차에 대한 부분은 무시한다), p개의 모수에 대한 p개의 방정식을 풀어 그 해가 관찰된 자료에 대하여 합리적으로 좋은 적합을 보인다면 그 해를 초깃값으로 사용하는 방법이다. 또 다른 가능성은 모수 공간에서 격자 탐색(grid search)을 하는 것이다. 즉 격자에서 $\mathbf{g}$에 대해 실험적으로 다양한 선택을 한 뒤, 각각의 선택에 대한 최소제곱기준 Q를 평가하고, Q가 최소가 되는 벡터 $\mathbf{g}$를 초깃값으로 사용하는 것이다.
3. Gauss-Newton 방법이나 다른 직접적인 탐색 절차를 사용할 때는, 결과값이 얻어진 후에 다른 초깃값에 대해서도 같은 결과가 나오는지 확인해 보는 것이 바람직하다.
4. 비선형회귀분석을 다루는 패키지 중 어떤 것들은 사용자가 직접 초깃값을 설정하도록 한다. 다른 것들은 격자 탐색을 사용하여 초깃값을 구한다.
5. 대부분의 비선형 컴퓨터 프로그램들은 자주 사용하는 회귀함수를 라이브러리로 가지고 있다. 라이브러리에 존재하지 않고 사용자가 직접 작성한 비선형 반응함수의 경우,

Gauss-Newton 방법을 사용하는 몇몇 컴퓨터 프로그램에서는 사용자가 회귀함수의 편도함수까지도 직접 입력해야 한다.

6. Gauss-Newton 방법은 크게 왔다 갔다 하거나(진동하거나, oscillate) 오차제곱합을 증가시키는 반복 작업을 하기도 한다. 이러한 일탈은 일시적일 수도 있지만, 때로는 심각한 수렴 문제를 야기하기도 한다. 이러한 부분을 개선하기 위해 Hartley 수정(인용문헌 13.1)과 같은 Gauss-Newton 방법의 다양한 수정들이 제안되고 있다.
7. 선형회귀분석의 최소제곱법의 몇 가지 특성은 비선형회귀분석의 최소제곱법에서는 적용되지 않는다. 예를 들어 비선형최소제곱법에서 잔차는 합이 0이 되지 않는다. 그 외에도 비선형에서 오차제곱합 *SSE*와 회귀제곱합 *SSR*의 합은 총제곱합 *SSTO*가 되지 않기도 한다. 결과적으로 다중결정계수 $R^2 = SSR/SSTO$는 비선형회귀분석에서는 의미 있는 기술통계량이 아니다. ■

다른 직접적인 탐색 절차

Gauss-Newton 방법을 제외하고, 자주 사용되는 두 가지 다른 직접적인 탐색 절차는 최대경사법과 Marquardt 알고리즘이다. **최대경사법**(method of steepest descent, 최대하강법)은 회귀계수 **g**가 변화하는 방향을 반복적으로 결정함으로써 최소제곱기준 측도 Q의 최솟값을 찾는 방법이다. 최대경사법은 초깃값 $\mathbf{g}^{(0)}$가 좋지 않을 때, 즉 최종 결과인 **g**와 지나치게 차이가 클 때 특히 효과적이다.

Marquardt 알고리즘(Marquardt *algorithm*)은 Gauss-Newton 방법과 최대경사법의 장점만을 이용하고자 하며, 두 방법의 중간적인 위치에 있다.

직접적인 탐색 절차에 대한 추가 정보는 인용문헌 13.2와 13.3과 같은 전문 자료에서 참고할 수 있다.

13.3 ■ 모형구축 및 진단

비선형회귀모형의 모형구축 절차는 선형회귀모형의 구축 절차와는 다소 차이가 있을 수 있다. 그 이유는 많은 비선형모형의 함수 형태가 선형회귀모형에서는 적절한 직접적인 방식으로 예측변수와 곡선성, 그리고 상호작용효과를 더하거나 제거하는 데 비교적 적절하지 않기 때문이다. 어떤 종류의 비선형회귀모형은 직접적인 방식으로 예측변수를 추가하거나 제거하는 데 알맞기도 하다. 14장에서 그러한 비선형회귀모형을 두 가지 다루게 되는데, 그 부분에서 로지스틱과 포아송 다중회귀모형을 고려한다.

선택된 비선형회귀모형의 타당성입증 검사는 선형회귀모형과 같은 방식으로 이루어진다.

비선형회귀모형을 설계하는 과정에서 적합된 모형의 적절성을 검사하는 진단도구의 사용은 중요한 역할을 한다. 회귀모형의 적절성은 선형, 비선형에 관계 없이 항상 고려되어야 하는 부분이다. 비선형회귀모형은 선형회귀모형의 경우에서와 같은 이유로 적절하지 않을 수 있다. 예를 들어 비선형성장모형이 시계열 자료에서 사용되는 경우, 오차항들이 서로 상관되어 있을 가능성이 있다. 또한 지수모형 (13.6), (13.8)처럼 점근선을 갖는 비선형성장모형이 적합될 때에는 오차의 분산이 일정하지 않은 경우가 자주 존재한다. 일반적으로 점근선 근처의 오차분산은 다른 곳에서의 오차분산과 다르다.

복제(replicate, 반복) 관측이 가능하고 표본크기가 충분히 크면, 비선형회귀함수의 적절성도 (6.68)의 선형회귀모형의 적합성결여 검정(lack of fit test) 방법으로 검정할 수 있다. 이 검정법은 비선형회귀모형에 근사적인 것일 수 있으나, 표본크기가 충분히 크면 실제 유의수준은 설정 수준에 가까워진다. 따라서 비선형반응함수에 대한 정형적인 적합성결여 검정을 수행할 때는, (3.16)에 따라 순수오차 제곱합을 계산하고, (3.24)에 따라 적합성결여 제곱합을 구하며, 일반적인 방식으로 검정통계량 (6.68b)를 계산한다.

시간과 잔차, 적합값과 잔차, 그리고 각 예측변수와 잔차의 그래프는 선형회귀모형에서처럼, 추정된 모형으로부터의 차이를 진단하는 데 유용하다. 비선형회귀분석에서 잔차 그래프들을 해석할 때, 비선형회귀분석의 잔차들의 합이 반드시 0이 되는 것은 아니라는 것을 기억해야 한다.

비일정 오차분산이 존재한다는 것이 발견되면 비선형회귀모형을 적합하는데 가중최소제곱법이 사용된다. 대안으로는 오차항의 분산을 안정화하고 선형회귀모형의 사용을 가능하게 만들도록 반응변수의 변환을 검토해 보는 것이다.

예 잔치는 중상환자 예에서 적합된 비선형회귀함수 (13.30)을 사용하여 얻어졌다.

$$e_i = Y_i - (58.6065)\exp(-.03959X_i)$$

그림 13.3a에는 적합값과 잔차의 그래프를 나타내었고, 13.3b에는 잔차의 정규확률그림을 나타내었다. 이 그림들에는 모형 가정과의 심각한 차이가 나타나지 않고 있다. 그림 13.3a에 나와 있는 적합값에 대한 잔차 그래프는 오차분산이 y축 가까이에 있는 작은 적합값의 경우에 비해 다소 큰 값을 갖는지 의문을 갖게 한다. Brown-Forsythe 검정 (3.9)를 수행해 보았다. P값은 .64이며, 이것은 오차분산이 일정하다는 것을 의미한다.

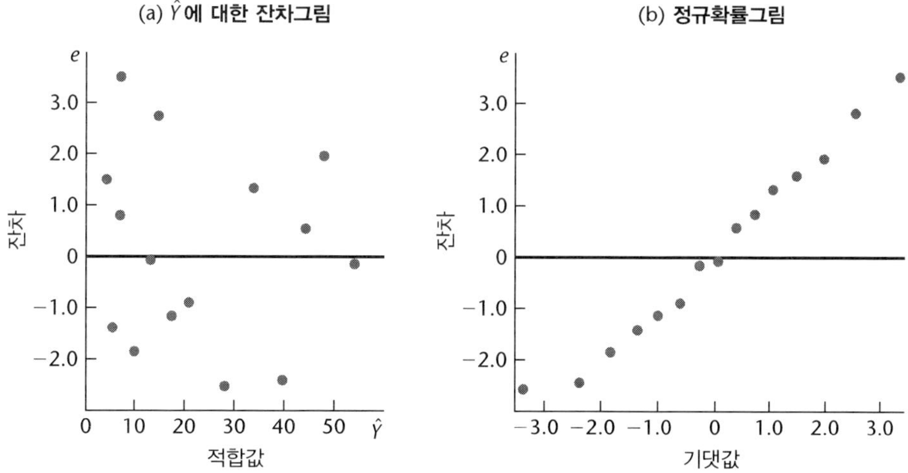

그림 13.3 진단 잔차그림 – 중상환자 예

다른 진단 방법과 마찬가지로 이러한 결과에 기초하여 지수회귀모형 (13.13)이 자료에 적합하다는 결론을 내릴 수 있다.

13.4 ■ 비선형회귀모수에 대한 추론

정규오차항을 가진 선형회귀모형에서는 표본크기에 관계없이 회귀모수에 대한 정확한 추론 절차가 가능하다. 그러나 정규오차항을 가진 비선형회귀모형에 대해서는 적용되지 않는데, 여기서는 최소제곱추정량과 최대가능도추정량 모두 표본크기에 관계 없이 정규분포를 따르지 않고, 비편향추정량도 아니며, 최소분산을 갖지도 않는다.

결과적으로 비선형회귀분석에서 회귀모수에 대한 추론은 일반적으로 대표본이론에 근거한다. 이 이론은 정규오차항을 갖는 비선형회귀모형에 대한 최소제곱추정량과 최대가능도추정량은 표본크기가 크면 근사적으로 정규분포를 따르고 비편향추정량과 최소분산에 가까워진다는 내용이다. 대표본이론은 오차항이 정규분포를 따르지 않을 때에도 적용될 수 있다.

비선형회귀에 대한 대표본추론에 관련해 자세히 알아보기 전에 먼저 오차항 분산 σ^2이 어떻게 비선형회귀모형에 대해 추정되는지 알아보자.

오차항 분산의 추정

비선형회귀모수에 대한 추론은 오차항의 분산 σ^2에 대한 추정을 필요로 한다. 이 추정값은 선형회귀분석과 같은 형태로, 오차제곱합이 다시 잔차제곱합이 된다.

$$MSE = \frac{SSE}{n-p} = \frac{\sum(Y_i - \hat{Y}_i)^2}{n-p} = \frac{\sum[Y_i - f(\mathbf{X}_i, \mathbf{g})]^2}{n-p} \quad \textbf{(13.31)}$$

여기서 $\mathbf{g}$는 최종 모수추정값의 벡터이며, 따라서 잔차는 마지막으로 추정된 회귀계수 $\mathbf{g}$를 사용하여 적합된 비선형회귀함수 주위의 편차이다. 비선형회귀분석에서 MSE는 σ^2의 비편향추정량이 아니지만, 표본의 크기가 충분히 크면 편향이 작아진다.

대표본이론

오차항이 독립적이고 정규분포를 따르며 표본크기가 충분히 크다면, 다음의 정리가 비선형회귀모형의 추론의 근거가 될 것이다.

> 오차항 ε_i가 독립이고 $N(0, \sigma^2)$을 따르며 표본크기 n이 크면, $\mathbf{g}$의 표본분포는 근사적으로 정규분포를 따른다. 평균벡터의 기댓값은 근사적으로 다음과 같다. **(13.32)**
>
> $$E\{\mathbf{g}\} \approx \boldsymbol{\gamma} \quad \textbf{(13.32a)}$$
>
> 회귀계수의 분산공분산행렬은 근사적으로 이렇게 추정된다.
>
> $$\mathbf{s}^2\{\mathbf{g}\} = MSE(\mathbf{D}'\mathbf{D})^{-1} \quad \textbf{(13.32b)}$$

여기서 **D**는 (13.25b)의 $\mathbf{D}^{(0)}$가 $\mathbf{g}^{(0)}$에서 계산된 편도함수값의 행렬인 것과 마찬가지로, 최종 최소제곱추정값 **g**를 이용하여 구해진 편도함수값의 행렬이다. 다시 **D**가 **X** 행렬의 역할을 할 때, 분산공분산행렬의 근사 추정값 $\mathbf{s}^2\{\mathbf{g}\}$가 (6.48)의 선형회귀분석에서와 정확히 같은 형태라는 것을 주목하자.

따라서 표본크기가 크고 오차항이 독립이며 상수분산을 갖는 정규분포를 따른다면, 비선형회귀분석에서 **g**의 최소제곱추정량은 근사적으로 정규분포를 따르고 비편향추정량이 된다. 또한 근사적으로 최소분산을 가진다. (13.32b)의 분산공분산행렬이 최소분산의 추정값이기 때문이다. 오차항이 정규분포를 따르지 않는다고 해도 정리 (13.32)가 여전히 성립한다.

정리 (13.32)에 의하여 표본크기가 충분히 크다면 비선형회귀모형에 대한 추론은 선형회귀분석과 동일한 방식으로 이루어진다. 따라서 회귀모수에 대한 구간추정은 (6.50)에 따라 이루어지고, 검정은 (6.51)에 따른다. 필요한 추정분산은 (13.32b)에 제시되어 있는 행렬 $\mathbf{s}^2\{\mathbf{g}\}$를 통해 얻으면 된다. 이러한 추론 절차는 비선형회귀분석에 적용된 경우에는 근삿값에 불과하지만, 그 근삿값은 꽤 훌륭한 경우가 많다. 어떤 비선형회귀모형에서는 표본크기가 상당히 작아도 비선형근사가 좋은 결과를 가지기도 한다. 그러나 다른 비선형회귀모형에서는 표본크기가 충분히 커야만 한다.

언제 대표본이론을 적용할 수 있을까?

이상적으로는 주어진 비선형회귀식을 적용할 때 점근적 이론(asymptotic theory) (13.32)에 기초한 대표본추론을 사용할 수 있을 만큼 표본크기가 충분히 크다는 것을 알려주는 규칙을 찾아야 한다. 불행히도 대표본추론 방법을 사용하는 것이 적절하지 여부를 알려주는 간단한 규칙은 존재하지 않는다. 그러나 주어진 회귀식에서 대표본추론 절차를 사용하는 것이 적절한지 평가하는 다양한 지침들이 개발되어 왔다.

1. 비선형회귀모수의 추정값을 찾는 반복적 과정에서 빠른 수렴은 (13.25)의 선형근사를 비선형회귀모형에 사용하는 것이 좋은 추정이며 추정값의 점근적인 특성들을 적용할 수 있음을 의미하기도 한다. 느린 수렴은 대표본추론을 적용하기 전에 다른 지침을 고려해 보아야 한다.
2. 대표본추론 절차를 사용하는 것의 적절성에 관한 지침을 제공하는 다양한 측도가 개발되어 있다. Bates와 Watts(인용문헌 13.4)는 비선형의 곡선성 측도들을 개발하였다. 이들은 자료에 적합된 비선형회귀함수가 (13.25)의 선형근사로 이루어지는 것이 적당한가에 대한 한계를 나타낸다. Box(인용문헌 13.5)는 회귀계수추정량의 편향을 추정하는 공식을 찾아냈다. 작은 편향은 대표본추론 절차의 적절성을 뒷받침하는 근거가 된다. Hougaard(인용문헌 13.6)는 회귀계수추정량의 표집분포의 왜도를 추정하는 방법을 개발하였다. 아주 작은 왜도는 표집분포의 근사적인 정규성을 의미하고, 따라서 대표본추론 과정이 적용 가능함을 보여 준다.
3. 11장에 있는 붓스트랩 추출 방법은 비선형회귀모수추정값의 표집분포가 근사적으로 정규분포를 따르는지, 표집분포의 분산이 선형근사모형의 분산에 가까운지, 각 모수

추정값의 편향이 충분히 작은지 등을 검사하는 직접적인 방법을 제시한다. 만약 그렇다면, 비선형회귀분석추정값의 표집 성향이 **선형에 가깝다**(close-to-linear)라고 하고, 대표본추론 절차가 근삿값으로 사용된다. 표집분포가 정규분포에 근사하지 않고, 분산이 선형근사모형의 분산에 비해 훨씬 크며, 상당한 수준의 편향이 존재하는 비선형회귀추정값은 **선형에서 먼**(far-from-linear) 성향이 있다고 말하고, 대표본추론 절차를 적용하는 것이 적절하지 않다.

일단 많은 붓스트랩 표본들이 뽑아지고 각각의 표본에 대해 비선형회귀모수추정값이 구해지면, 각각의 모수추정값에 대한 붓스트랩 표집분포가 근사적으로 정규성을 갖는지 검사할 수 있게 된다. 회귀계수추정값의 붓스트랩 분포의 분산을 구하고 (13.32b)에서 얻어진 대표본 분산 추정값에 가까운지 확인한다. 이와 유사하게 회귀계수에 대한 붓스트랩 신뢰구간을 구하고 대표본 신뢰구간과 비교한다. 이러한 구간들 사이의 일치는 대표본추론 절차의 적절성을 뒷받침한다. 또한 최종 회귀모수추정값과 붓스트랩 표집분포의 평균 사이의 차이는 회귀식 추정값의 편향의 추정값이 된다. 비선형회귀식 추정값의 매우 작거나 무시 가능한 편향은 대표본추론 절차의 적용이 적절함을 의미한다.

해결방안. 진단 결과 대표본추론 절차를 사용하는 것이 적절하지 않다면, 해결방안을 찾아보아야 한다. 첫 번째 가능성은 비선형회귀모형의 모수를 재설정하는 것이다. 예를 들어 많은 연구에서 다음의

$$Y_i = \gamma_0 X_i/(\gamma_1 + X_i) + \varepsilon_i$$

과 같은 비선형모형에 대하여 대표본추론 절차의 사용이 적절하지 않다는 것을 보여 준다. 그러나 다음과 같은 재모수화(reparameterization)를 하면(여기서 $\theta_1 = 1/\gamma_0$, $\theta_2 = \gamma_1/\gamma_2$)

$$Y_i = X_i/(\theta_1 X_i + \theta_2) + \varepsilon_i$$

적합 수준이 동일하며, 표본크기가 충분히 크지 않은 경우 대표본추론 절차를 사용할 때 발생하는 문제들이 나타나지 않는다(자세한 사항은 인용문헌 13.7 참조).

다른 해결방법은 대표본추론 방법 대신 정밀도와 신뢰구간에 대한 붓스트랩 추정값을 사용하는 것이다. 그러나 (13.25)의 선형근사가 비선형회귀모형에 대한 좋은 근사가 아닐 경우에는 수렴 속도가 매우 느리고, 정밀도와 신뢰구간에 대한 붓스트랩 추정값을 구하기도 어려울 것이다. 사용 가능한 마지막 해결방안은 표본크기를 늘리는 것이다.

예 표 13.3a에 나와 있듯이, 중상환자 예에서 최종 오차제곱합은 $SSE = 49.4593$이었다. 비선형반응함수 (13.19)에서 $p = 2$ 모수가 존재하기 때문에 다음과 같은 결과를 얻을 수 있다.

$$MSE = \frac{SSE}{n-p} = \frac{49.4593}{15-2} = 3.80456$$

표 13.3b에 평균제곱이 있으며, 표 13.3c에는 회귀계수추정값의 분산공분산행렬의 대표본 추정값이 나와 있다. 행렬 $(\mathbf{D}'\mathbf{D})^{-1}$는 최종 회귀계수 $\mathbf{g}$에 기초하고 있으며, 세부 계산 과정은 생략되어 있다.

표 13.3c를 통해 $s^2\{g_0\} = 2.1672$, $s^2\{g_1\} = .000002928$이라는 사실을 알 수 있다. 회귀계수의 표준편차에 대한 추정값은 표 13.3b에 주어져 있다.

회귀계수추정값의 대표본 분산에 대한 적절성과 일반적인 대표본추론의 응용가능성 등을 확인하기 위해, 크기가 15인 붓스트랩 표본을 1,000개 생성해 보았다. 지수모형이 자료에 잘 적합되고, 오차항의 분산이 상당히 일정한 것으로 보이기 때문에 고정 X 추출과정이 사용되었다. g_0^*와 g_1^*의 붓스트랩 표집분포의 히스토그램이 이러한 분포들의 특성과 함께 그림 13.4에 제시되어 있다. 여기서 g_0^*의 분포가 정규분포와 유사하다는 사실을 확인할 수 있다. g_1^*의 분포는 표집분포가 약간 왼쪽으로 길게 되어 있으나 정규분포와의 차이가 그렇게 크지는 않다는 것을 보여 준다. $\bar{g}_0^*$와 $\bar{g}_1^*$으로 표기된 분포의 평균들은 최종적으로 얻어진 최소제곱추정값과 매우 근사한데, 이것은 추정값의 편향이 매우 작아 무시할 수 있다는 것을 의미한다.

$$\bar{g}_0^* = 58.67 \qquad \bar{g}_1^* = -.03936$$
$$g_0 = 58.61 \qquad g_1 = -.03959$$

더욱이 붓스트랩 표집분포의 표준편차는 표 13.3b에 나와 있는 대표본 표준편차와 매우 유사하다.

$$s^*\{g_0^*\} = 1.423 \qquad s^*\{g_1^*\} = .00142$$
$$s\{g_0\} = 1.472 \qquad s\{g_1\} = .00171$$

이러한 사실들은 모두, 표본크기($n = 15$)가 그다지 크지 않을 때조차도 대표본추론 방법을 적용하는 것이 적절하다는 것을 의미한다.

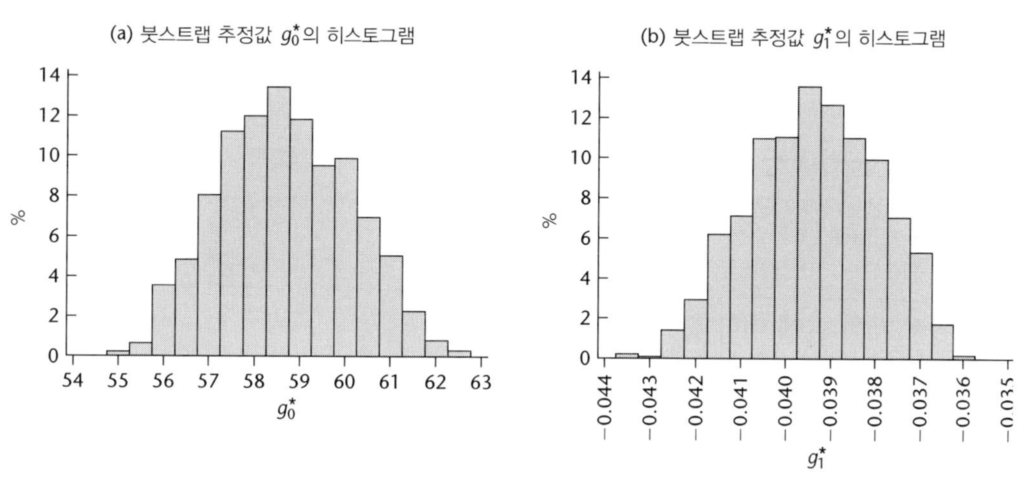

$\bar{g}_0^* = 58.67$
$s^*\{g_0^*\} = 1.423$
$g_0^*(.025) = 56.044$
$g_0^*(.975) = 61.436$

$\bar{g}_1^* = -.03936$
$s^*\{g_1^*\} = .00142$
$g_1^*(.025) = -.04207$
$g_1^*(.975) = -.03681$

그림 13.4 붓스트랩 표집분포 – 중상환자 예

하나의 γ_k에 대한 구간추정

대표본 정리 (13.32)에 근거하여 표본크기가 크고 오차항이 정규분포를 따를 때 다음의 근사 결과가 유효한 것으로 본다.

$$\frac{g_k - \gamma_k}{s\{g_k\}} \sim t(n-p) \qquad k = 0, 1, \ldots, p-1 \tag{13.33}$$

여기서 $t(n-p)$는 $n-p$의 자유도를 가진 t 변수를 의미한다. 따라서 하나의 γ_k에 대한 $1-\alpha$ 신뢰한계의 근삿값은 (6.50)과 같은 방식으로 이루어진다.

$$g_k \pm t(1-\alpha/2; n-p)s\{g_k\} \tag{13.34}$$

여기서 $t(1-\alpha/2; n-p)$는 $n-p$ 자유도를 가진 t분포의 $(1-\alpha/2)100$ 백분위수이다.

예 중상환자 예에서, γ_1의 95% 신뢰구간을 추정하고자 한다. 여기서는 $t(.975; 13) = 2.160$의 값을 이용하고, 표 13.3b로부터 $g_1 = -.03959$, $s\{g_1\} = .00171$이다. 신뢰한계는 $-.03959 \pm 2.160(.00171)$이고, γ_1의 95% 근사신뢰구간은 다음과 같다.

$$-.0433 \le \gamma_1 \le -.0359$$

따라서 근사적으로 95%의 신뢰수준에서 γ_1이 $-.0433$와 $-.0359$ 사이에 있다는 결론을 내릴 수 있다. 대표본 신뢰구간의 적절성을 확인하기 위해 γ_1의 95% 붓스트랩 신뢰구간을 구한다. (11.58)과 그림 13.4b의 결과를 이용하여 다음과 같은 결과를 얻을 수 있다.

$$d_1 = g_1 - g_1^*(.025) = -.03959 + .04207 = .00248$$
$$d_2 = g_1^*(.975) - g_1 = -.03681 + .03959 = .00278$$

그러면 (11.59)에 의해 반사법 신뢰한계는 다음과 같다.

$$g_1 - d_2 = -.03959 - .00278 = -.04237$$
$$g_1 + d_1 = -.03959 + .00248 = -.03711$$

따라서 95% 붓스트랩 신뢰구간은 $-.0424 \le \gamma_1 \le -.0371$이 된다. 이 신뢰구간은 대표본 신뢰구간과 매우 유사하며, 다시 한 번 대표본추론 절차의 적절성을 뒷받침하는 근거가 된다.

여러 개의 γ_k에 대한 동시구간추정

비선형회귀분석에서 여러 개의 회귀모수들에 대한 근사 결합신뢰구간은 Bonferroni 절차에 따라 구한다. m개의 모수를 근사 모임신뢰계수(family confidence coefficient) $1-\alpha$로 추정할 때, 결합 Bonferroni 신뢰한계는 다음과 같다.

$$g_k \pm Bs\{g_k\} \tag{13.35}$$

여기서

$$B = t(1-\alpha/2m; n-p) \tag{13.35a}$$

예 중상환자 예에서, γ_0와 γ_1의 동시구간 추정값을 90%의 근사 모임신뢰계수로 구하고자 한다. Bonferroni 절차를 이용한다면 두 모수에 대해 각각 95% 개별신뢰계수를 갖는 개별적인 신뢰구간을 구해야 한다. 95% 개별신뢰계수에서 γ_1의 신뢰구간은 이미 구해 놓았다. 표 13.3b의 결과를 이용하여 구한 γ_0의 95% 개별신뢰한계는 $58.6065 \pm 2.160(1.472)$이고, γ_0의 신뢰구간은 다음과 같다.

$$55.43 \leq \gamma_0 \leq 61.79$$

따라서 90% 근사 모임신뢰계수를 갖는 동시신뢰구간은 다음과 같다.

$$55.43 \leq \gamma_0 \leq 61.79$$
$$-.0433 \leq \gamma_1 \leq -.0359$$

하나의 γ_k에 대한 가설검정

하나의 γ_k에 대한 대표본 가설검정은 일반적인 방식으로 설정될 수 있다. γ_{k0} 가 γ_k의 특정한 값이라고 한다면 다음을 검정하기 위해서는,

$$\begin{aligned} &H_0: \gamma_k = \gamma_{k0} \\ &H_a: \gamma_k \neq \gamma_{k0} \end{aligned} \tag{13.36a}$$

n이 충분히 크다고 할 때 (6.49)에 따른 t^* 검정통계량을 사용한다.

$$t^* = \frac{g_k - \gamma_{k0}}{s\{g_k\}} \tag{13.36b}$$

제1종 오류의 가능성을 α로 조절하기 위한 의사결정 원칙은 다음과 같다.

$$\begin{aligned} &|t^*| \leq t(1-\alpha/2; n-p)\text{이면, } H_0\text{로 결론 내린다.} \\ &|t^*| > t(1-\alpha/2; n-p)\text{이면, } H_a\text{로 결론 내린다.} \end{aligned} \tag{13.36c}$$

예 중상환자 예에서 다음과 같은 가설들을 검정하고자 한다.

$$\begin{aligned} &H_0: \gamma_0 = 54 \\ &H_a: \gamma_0 \neq 54 \end{aligned}$$

여기서 검정통계량 (13.36b)는 다음과 같다.

$$t^* = \frac{58.6065 - 54}{1.472} = 3.13$$

유의수준 $\alpha = .01$에서 $t(.995; 13) = 3.012$를 구한다. $|t^*| = 3.13 > 3.012$이기 때문에 가설 $\gamma_0 \neq 54$를 채택한다. 근사적인 양측검정의 P값은 .008이다.

여러 개의 γ_k에 대한 가설검정

여러 개의 γ_k를 동시에 고려하는 대표본 검정을 하고자 한다면, 일반적인 선형 가설검정과 같은 방법으로 접근하면 된다. 먼저 완전모형(full model)을 적합하여 $SSE(F)$를 구하고

축소모형(reduced model)을 적합하여 $SSE(R)$을 구한 후, 선형회귀분석에서처럼 다음과 같은 검정통계량 (2.70)을 산출해내는 것이다.

$$F^* = \frac{SSE(R) - SSE(F)}{df_R - df_F} \div MSE(F) \tag{13.37}$$

n이 크다면, 위의 검정통계량은 H_0가 참이라고 할 때 근사적으로 분포 $F(df_R - df_F, df_F)$를 따른다.

13.5 ■ 학습 곡선 예

두 번째 예를 통하여 이 장에서 다루었던 비선형회귀분석 개념에 대한 추가적인 설명을 하려고 한다. 어느 전자제품 생산회사가 두 개의 다른 장소에서 새로운 제품을 생산해 보았다고 하자(장소 A: $X_1 = 1$, 장소 B: $X_1 = 0$). 장소 B는 현대적인 설비를 갖추고 있으므로 초기 학습단계가 지난 후에도 장소 A보다 효율적일 것으로 예상된다. 한 산업공학자는 학습 후의 현대적 설비의 단위당 예상생산비용을 계산해 보았다. 각 장소에서의 주당 단위 생산비용은 이 예상비용의 일정 비율로 표시된다. 이 비율의 역수가 바로 상대효율의 측도이며, 이 연구에서는 상대효율측도를 반응변수(Y)로 사용하기로 한다.

새로운 제품이 생산될 때 시간이 흐를수록 효율이 증가하지만, 그 증가수준은 점차 느려져 결국 그 과정이 안정화된다는 것은 잘 알려진 사실이다. 따라서 상대효율(*relative efficiency*, Y)과 시간(*time*, X_2)과의 관계를 표현하기 위해 위 점근선(upper asymptote)이 있는 지수모형을 사용하기로 한다. 이는 두 생산지의 차이로 인한 일정한 효과(상수)를 포함한다. 모형은 다음과 같이 결정된다.

$$Y_i = \gamma_0 + \gamma_1 X_{i1} + \gamma_3 \exp(\gamma_2 X_{i2}) + \varepsilon_i \tag{13.38}$$

γ_2와 γ_3가 음수일 때, X_2가 충분히 크면 γ_0는 장소 B의 위 점근선이 되고, $\gamma_0 + \gamma_1$은 장소 A의 위 점근선이 된다. 모수 γ_2와 γ_3는 학습 속도를 반영하는데, 이는 두 장소에서 동일하다고 가정한다.

각 장소에서의 상대 생산효율에 대한 주간 자료를 얻을 수 있다면, 설명을 단순화하기 위해서 최초 90주간의 자료 중 몇 주간의 관측값만을 선택하여 사용할 것이다. 장소, 주, 상대효율에 대한 자료 중 일부가 표 13.4에 제시되어 있다. 이 자료의 그래프는 그림 13.5에 나와 있다. 학습은 두 장소 모두 상대적으로 빠르게 진행되며, 90주가 지나면서 장소 B의 상대효율은 1.0을 초과한다는 사실에 유의하라. 즉, 이 단계에서의 실제 단위비용은 산업공학자의 예상 단위비용보다 낮았다.

회귀모형 (13.38)은 모수 γ_2와 γ_3에 대해 비선형이다. 따라서 직접적인 수치적 탐색 추정 절차가 적용된다. 여기서 모수들의 초깃값이 필요하다. 이것들은 일부는 과거의 경험으로부터 얻어졌고, 일부는 자료분석을 통해 얻어졌다. 이전의 연구를 통해 γ_3가 $-.5$근처의 값이라는 사실을 알고 있었으며, 따라서 $g_3^{(0)} = -.5$를 초깃값으로 사용하였다. 어떤 주의 장소 A와 B 사이의 상대효율 차이가 90주간 평균 $-.0459$였으므로, 초깃값을 $g_1^{(0)} =$

관측값 i	장소 X_{i1}	주 X_{i2}	상대효율 Y_i
1	1	1	.483
2	1	2	.539
3	1	3	.618
...	...	...	...
13	1	70	.960
14	1	80	.967
15	1	90	.975
16	0	1	.517
17	0	2	.598
18	0	3	.635
...	...	...	...
28	0	70	1.028
29	0	80	1.017
30	0	90	1.023

표 13.4 자료 – 학습 곡선 예

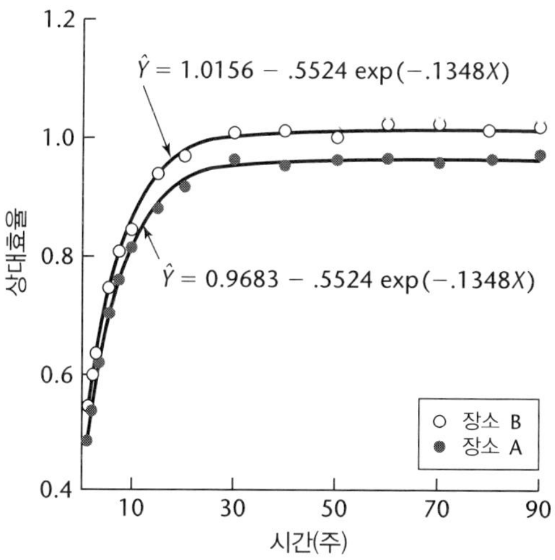

그림 13.5 산점도와 적합 비선형회귀함수–학습 곡선 예

$-.0459$로 지정하였다. 장소 B의 상대효율 중 최대 관측값은 1.028이었다. 따라서 $g_0^{(0)} = 1.025$ 정도가 합리적인 초깃값으로 생각된다. 이제 γ_2의 초깃값만 결정되지 못하였다. 전체 기간의 중간에서의 전형적인 상대효율 관측값인 $Y_{24} = 1.012$를 선택하고, 그것을 $X_{24,1} = 0$, $X_{24,2} = 30$, 그리고 그 외의 회귀계수의 초깃값들을 이용한(오차항은 무시함) 반응함수에 넣고 방정식을 풀어서 이것을 결정하게 된다.

$$1.012 = 1.025 - (.5)\exp(30\gamma_2)$$

γ_2에 대한 방정식을 풀어서 초깃값 $g_2^{(0)} = -.122$를 구하였다. 여러 개의 다른 대표 관측값에 대하여도 유사한 초깃값들이 계산되었기에 $g_2^{(0)} = -.122$는 합리적인 초깃값으로 생각되었다.

	(1)	(2)	(3)	(4)
	비선형최소제곱		붓스트랩	
k	g_k	$s\{g_k\}$	$\bar{g}_k^*$	$s^*\{g_k^*\}$
0	1.0156	.003672	1.015605	.003374
1	−.04727	.004109	−.04724	.003702
2	−.5524	.008157	−.55283	.007275
3	−.1348	.004359	−.13495	.004102

표 13.5 비선형최소제곱추정값과 표준편차와 붓스트랩 결과 – 학습 곡선 예

네 개의 초깃값 $g_0^{(0)} = 1.025$, $g_1^{(0)} = -.0459$, $g_2^{(0)} = -.122$, $g_3^{(0)} = -.5$를 가지고 최소제곱추정값을 구하는 데에는 컴퓨터 패키지의 직접적인 수치적 탐색 프로그램을 사용하였다. 최소제곱회귀계수는 5번의 반복 작업 후에 안정화되었다. 최종 추정결과는 표집분포의 표준편차에 대한 대표본 추정값과 함께 표 13.5의 1열과 2열에 있다. 적합된 회귀함수는 다음과 같다.

$$\hat{Y} = 1.0156 - .04727X_1 - (.5524)\exp(-.1348X_2) \tag{13.39}$$

오차제곱합 $SSE = .00329$이고, $30 - 4 = 26$의 자유도를 갖는다. 그림 13.5에는 자료의 그래프와 함께 두 장소에 대한 적합된 회귀함수가 나와 있다. 적합 수준이 상당히 좋고, 잔차 그래프(제시 생략)에는 가정된 모형에서 눈에 띄게 어긋나는 모습은 볼 수 없었다.

여기서 대표본추론 절차의 적용 가능성을 조사하기 위해, 고정된 X에 대한 붓스트랩 표본을 사용하자. 크기가 30인 1천 개의 붓스트랩 표본들이 생성되었다. 각각의 추출분포에 대한 붓스트랩 평균과 표준편차 추정값이 표 13.5의 3열과 4열에 제시되어 있다. 먼저 표 13.5의 1열에 있는 각각의 최소제곱추정값 g_k가 3열에 나와 있는 각각의 붓스트랩 평균인 $\bar{g}_k^*$와 상당히 유사하다는 것에 주목하자. 이것은 추정값들이 매우 작은 편향을 가지고 있다는 의미이다. 또한 표 13.5의 2열에 있는 대표본 표준편차 $s\{g_k\}$는 각각에 대응되는 4열의 붓스트랩 표준편차 $s^*\{g_k^*\}$에 상당히 가까운데, 이는 다시 한 번 대표본추론 절차의 적용 가능성을 뒷받침하는 근거가 된다. 마지막으로, 그림 13.6을 보면 4개의 붓스트랩 표집분포에 대한 MINITAB 히스토그램이 나와 있다. 이것들은 근사적으로 정규 표집

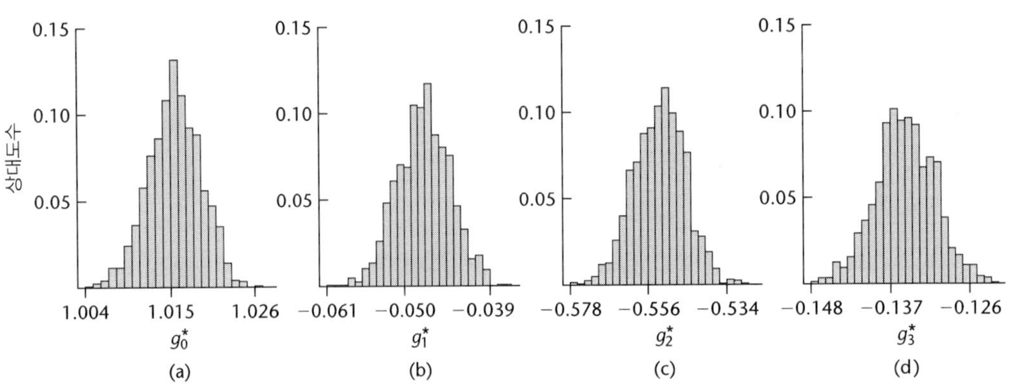

그림 13.6 붓스트랩 표집분포의 MINITAB 히스토그램 – 학습 곡선 예

분포와 일치하는듯 하다. 이러한 결과들은 모두 비선형회귀분석의 추정값들의 표집 습성(sampling behavior)들이 선형에 가깝게 보인다는 것을 나타내고, 따라서 여기서 대표본추론을 적용하는 것이 적절하다는 것을 뒷받침한다.

특별히 장소의 영향을 반영하는 모수 γ_1에 특별한 관심이 있었다. 95%의 근사신뢰구간을 구해볼 것이다. $t(.975; 26) = 2.056$이라는 것을 알고 있다. 표 13.5에서 추정된 표준편차는 $s\{g_1\} = .004109$이다. 따라서 γ_1의 95% 근사신뢰한계는 $-.04727 \pm 2.056(.004109)$이고 γ_1의 근사신뢰구간은 다음과 같다.

$$-.0557 \leq \gamma_1 \leq -.0388$$

붓스트랩 반영 방법을 이용한 γ_1의 95% 근사신뢰구간을 비교의 목적으로 (11.59)를 이용하여 구해 보았디. 그것은 다음과 같다.

$$-.0547 \leq \gamma_1 \leq -.0400$$

이것은 대표본추론 절차로 구한 추정값과 매우 유사하다. γ_1이 음수로 나타났기 때문에, 이러한 신뢰구간은 덜 현대적인 설비를 가진 장소 A가 효율성이 떨어지는 경향이 있음을 증명한다.

부연설명

1. 학습 곡선 모형이 같은 단위에 대한 반복적 관측으로 구성된 자료, 예를 들어 다른 시점에 같은 생산단위에서의 효율성 자료에 적합될 때, 오차항들은 상관관계가 있을 수 있다. 그러므로 이런 경우에는 오차항이 상관되지 않았다는 가정이 적절한지 확인하는 것이 중요하다. 학습 곡선 모형의 예에서 잔차 대 시간 순서의 그림에서는 오차항들 사이에 심각한 자기상관이 있다는 것을 보이지 않았다.
2. 학습 곡선 모형에서 오차분산이 일정하지 않은 경우가 드물지 않다. 그래서 일정 오차분산의 가정이 적절한지 확인하는 것이 중요하다. 학습 곡선 모형의 예에서는 잔차 대 적합값, 잔차 대 시간의 그림에서 이분산성(heteroscedasticity)에 대한 심각한 문제가 보이지 않았다. ■

13.6 ■ 신경망모형화 소개

최근 몇 년 동안 저가의 컴퓨터 메모리와 자동 자료수집 시스템의 대중화로 인해 이용 가능한 자료의 양이 폭발적으로 증가하였다. 지금까지 논의된 회귀분석모형화 기술들은 1,000개 이하의 관측값과 50개 이하의 예측변수를 포함하는 데이터셋(data set)을 사용하여 개발된 것이다. 그러나 이제 수백만 개의 관측값과 수백, 수천 개의 예측변수들을 포함하는 데이터셋을 다루는 일은 흔한 일이 되었다. 마케팅에서 판매시점 자료, 신용카드 평점 자료, 생산과정에 대한 온라인 모니터링, 광학 문자 인식(*OCR*), 인터넷 이메일 필터링 자료, 마이크로칩 배열(마이크로어레이) 자료, 컴퓨터 의료 기록 자료 등이 그러한 예에 포함된다. 사용 가능한 자료의 이러한 지수적 증가는 통계학, 인공지능, 데이터마이닝 분야의 연구자들에게 굉장히 큰 데이터셋에도 적용할 수 있는, 단순하고 유연하며 강력한 자료 모형화 절차를 개발할 동기를 제공한다. 이 절에서는 그러한 기술 중 하나인 신경망 모형화에 대해 논한다.

신경망모형

신경망 접근법의 기본 아이디어는 다양한 예측변수들의 선형 결합에 대한 비선형함수로서 반응변수를 모형화하는 것이다. 표준다중회귀분석모형 (6.7)은 예측변수들의 하나의 선형 결합, 즉 $E\{Y_i\} = \beta_0 + \beta_1 X_{i1} + \cdots + \beta_{p-1} X_{i,p-1}$만을 포함하고 있었다. 따라서 우리가 설명하고자 하는 것은 신경망모형이 선형 통계모형보다 더 많은 모수들을 포함하는 비선형의 통계모형이라는 것이다. 이로 인한 결과들 중 하나는 모형들이 일반적으로 과모수화되어(overparameterized) 설명할 수 없는 모수들을 생성한다는 것인데, 이것은 신경망 모형화 기법의 중대한 결점이다. 신경망 접근법의 이점은 만들어진 모형이 때로는 표준적인 회귀분석모형보다 미래의 반응값을 더 잘 예측한다는 사실이다. 그러한 모형들은 대규모 자료들을 사용하고, 오직 따로 떼어놓은(입증, validation) 데이터셋에서 반응값을 예측하는 능력으로만 평가를 하게 된다

이 절에서는 가장 단순하지만 가장 널리 사용되는 신경망모형인, **단일은닉층, 피드포워드(앞먹임) 신경망**(single-hidden-layer, feedforward neural network)에 대해 설명한다. 이 신경망은 **단층 퍼셉트론**(single-layer perceptron)이라고도 한다. 신경망모형에서 i번째 반응변수인 Y_i는 m개의 유도된 **예측값**(m derived predictor values)인 $H_{i0}, H_{i1}, \ldots, H_{i,m-1}$의 비선형함수 g_Y로 다음과 같이 모형화된다.

$$Y_i = g_Y(\beta_0 H_{i0} + \beta_1 H_{i1} + \cdots + \beta_{i,m-1} H_{i,m-1}) + \varepsilon_i = g_Y(\mathbf{H}_i'\boldsymbol{\beta}) + \varepsilon_i \qquad \textbf{(13.40)}$$

여기서

$$\underset{m\times 1}{\boldsymbol{\beta}} = \begin{bmatrix} \beta_0 \\ \beta_1 \\ \vdots \\ \beta_{m-1} \end{bmatrix} \qquad \underset{m\times 1}{\mathbf{H}_i} = \begin{bmatrix} H_{i0} \\ H_{i1} \\ \vdots \\ H_{i,m-1} \end{bmatrix} \qquad \textbf{(13.40a)}$$

H_{i0}를 1과 같다고 두면, $j = 1, \ldots, p-1$일 때 i번째 관측값에 대해 유도된 j번째 예측값 H_{ij}가 예측변수들의 선형결합으로 이루어진 다음과 같은 비선형 함수 g_j가 된다.

$$H_{ij} = g_j(\mathbf{X}_i'\boldsymbol{\alpha}_j) \qquad j = 1, \ldots, m-1 \qquad \textbf{(13.41)}$$

여기서

$$\underset{p\times 1}{\boldsymbol{\alpha}_j} = \begin{bmatrix} \alpha_{j0} \\ \alpha_{j1} \\ \vdots \\ \alpha_{j,p-1} \end{bmatrix} \qquad \underset{p\times 1}{\mathbf{X}_i} = \begin{bmatrix} X_{i0} \\ X_{i1} \\ \vdots \\ X_{i,p-1} \end{bmatrix} \qquad \textbf{(13.41a)}$$

그리고 $X_{i0} = 1$이다. $\mathbf{X}_i'$가 행렬 $\mathbf{X}$의 i번째 행이라는 사실을 주목하자. 방정식 (13.40)과

(13.41)은 다음과 같은 신경망모형을 만든다.

$$Y_i = g_Y(\mathbf{H}_i'\boldsymbol{\beta}) + \varepsilon_i = g_Y\left[\beta_0 + \sum_{j=1}^{m-1}\beta_j g_j(\mathbf{X}_i'\boldsymbol{\alpha}_j)\right] + \varepsilon_i \tag{13.42}$$

m개의 함수, g_Y, g_1, …, g_{m-1}은 신경망 관련 문헌에서는 **활성화 함수**(activation functions)라고 표현되기도 한다. 신경망모형을 완전히 정의하기 위해서는 m개의 활성화 함수들을 찾아야 한다. 이러한 함수들 각각에 대한 일반적인 선택은 로지스틱함수이다.

$$g(Z) = \frac{1}{1+e^{-Z}} = [1+e^{-Z}]^{-1} \tag{13.43}$$

이 함수는 유연하여 다양한 환경에 적용될 수 있다.

단순한 예로, 단일 예측변수인 X_1의 경우를 생각해 보자. i번째 관측값에 대한 j번째 예측변수를 (13.41)로부터 유도한 값은 다음과 같다.

$$g_j(\mathbf{X}_i'\boldsymbol{\alpha}_j) = [1+\exp(-\alpha_{j0} - \alpha_{j1}X_{i1})]^{-1} \tag{13.44}$$

[(13.44)는 (13.11)에서 $\gamma_0 = 1$, $\gamma_1 = e^{-\alpha_{j0}}$, $\gamma_2 = -\alpha_{j1}$을 이용한 재모수화 결과라는 사실을 주목하자.] α_{j0}와 α_{j1}에 다양한 값을 설정할 때의 이 함수의 그래프들이 그림 13.7에 제시되어 있다. 그림 13.7a에는, $\alpha_{j0} = 0$으로 고정되고 $\alpha_{j1} = .1, 1, 10$일 때의 로지스틱함수들의 그래프가 나와 있다. $\alpha_{j1} = .1$일 때 로지스틱함수는 넓은 범위에 걸쳐 근사적으로 선형이다. $\alpha_{j1} = 10$일 때 함수는 그래프의 중심부에서 매우 비선형적인 모습이다. 일반적으로 상당히 비선형인 반응에는 상대적으로 (절댓값이) 큰 모수들이 필요하며, 거의 선형인 반응에는 상대적으로 작은 모수들이 필요하다. α_{j1}의 부호를 바꾸면 그림 13.7b에서 보이는 것처럼 로지스틱함수의 방향이 변화하게 된다. 마지막으로 α_{j1}의 값이 주어질 때 로지스틱함수의 X_1축 위치는 α_{j0}를 이용해 조절한다. 그림 13.7c는 고정된 $\alpha_{j1} = 1$과 $\alpha_{j0} = -5, 0, 5$에 대한 로지스틱함수의 그래프이다. 그림 13.7의 모든 그래프들이 알파벳 S자 형태, **시그모이드 형태**(sigmoidal-shape)를 나타내고 있다는 것과 로지스틱함수의 최댓값이 1이고, 최솟값이 0이라는 사실에 주목하라.

(13.43)의 g를 각각 (13.42)의 g_Y, g_1, …, g_{m-1}로 대체하면 이 절에서 논의하고 있는 신경망모형의 구체적인 값을 산출할 수 있다.

$$\begin{aligned} Y_i &= [1+\exp(-\mathbf{H}_i'\boldsymbol{\beta})]^{-1} + \varepsilon_i \\ &= \left[1+\exp\left[-\beta_0 - \sum_{j=1}^{m-1}\beta_j[1+\exp(-\mathbf{X}_i'\boldsymbol{\alpha}_j)]^{-1}\right]\right]^{-1} + \varepsilon_i \\ &= f(\mathbf{X}_i, \boldsymbol{\alpha}_1, \ldots, \boldsymbol{\alpha}_{m-1}, \boldsymbol{\beta}) + \varepsilon_i \end{aligned} \tag{13.45}$$

여기서

$\boldsymbol{\beta}, \boldsymbol{\alpha}_1, \ldots, \boldsymbol{\alpha}_{m-1}$은 미지의 모수 벡터,
$\mathbf{X}_i$는 값이 알려진 상수 벡터,
ε_i는 잔차이다.

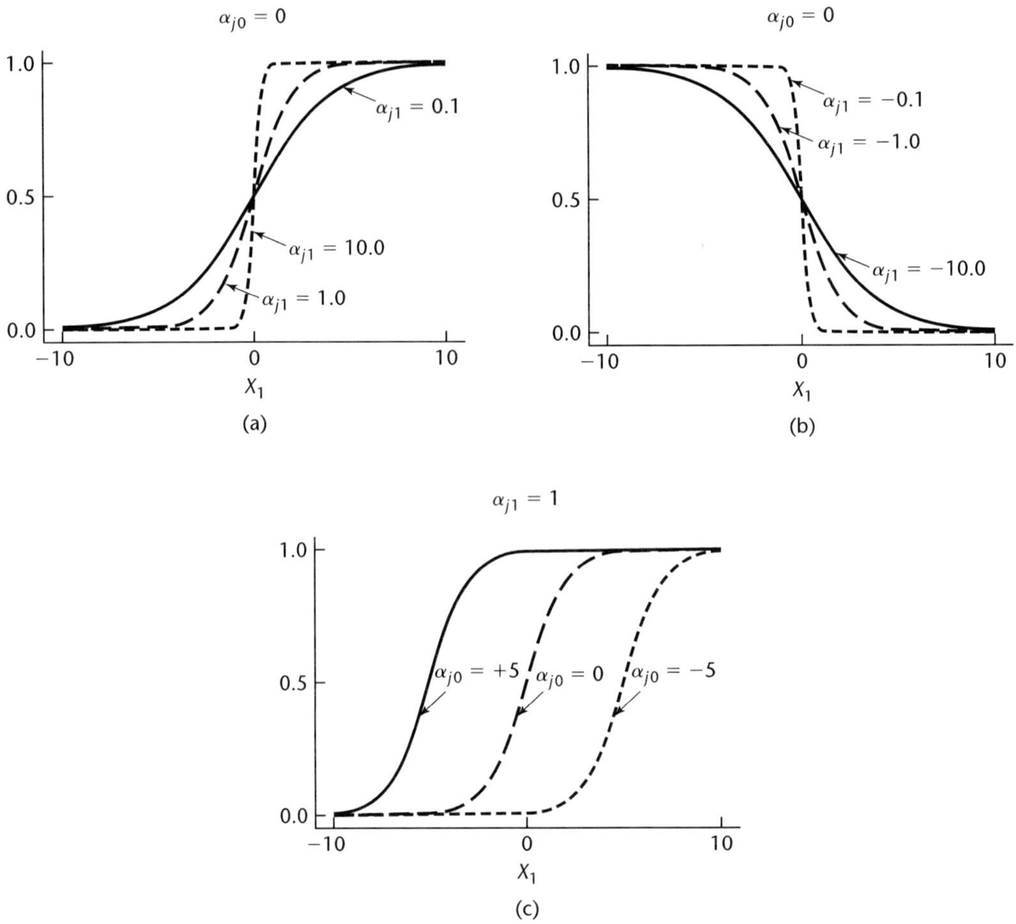

그림 13.7 단일 예측변수에 대한 다양한 로지스틱활성화함수

신경망모형 (13.45)는 (13.12)의 특별한 예이고, 따라서 비선형회귀모형이 된다. 원칙적으로 이 장에서 논의된 비선형모형의 추정, 가설검정, 예측에 관한 모든 방법론들을 적용할 수 있다. 사실 미지의 계수들을 추정하는 데 모든 비선형회귀분석 패키지를 사용할 수 있다. 그러나 이러한 모형들이 일반적으로 과모수화되며, 보통의 추정 방법을 사용하는 것은 낮은 예측능력을 갖는 모형을 적합시킨다는 사실을 기억해야 한다. 이것은 선형회귀모형에 의미 없는 예측변수들을 너무 많이 포함시키는 것과 같다. 모형 (13.45)가 더 뛰어난 예측능력을 갖도록 적합시키는 특수한 절차는 이 절에서 뒤에 다시 다루어질 예정이다.

로지스틱활성화함수는 0과 1 사이에서 정의되기 때문에 Y_i를 척도화하여 척도화 값 Y_i^{sc}가 이 한계 안으로 들어오도록 해야 한다. 다음을 이용하여 구할 수 있다.

$$Y_i^{sc} = \frac{Y_i - Y_{\min}}{Y_{\max} - Y_{\min}}$$

여기서 $Y_{\min}$과 $Y_{\max}$는 반응변수의 최솟값과 최댓값이다. 또한 모든 예측변수들이 평균 0,

표준편차 1을 갖도록 중심과 범위를 조정하는 것이 일반적이다. 이러한 변수변환은 일반적으로 신경망 소프트웨어를 이용하면 자동으로 조정된다.

네트워크 표현

네트워크 도표(network diagram)는 신경망모형을 묘사하는 데 자주 사용된다. 다음과 같은 표준적인 선형회귀함수가 있다.

$$E\{Y\} = \beta_0 + \beta_1 X_1 + \cdots + \beta_{p-1} X_{p-1}$$

이는 그림 13.8a에 제시되어 있는 네트워크로 표현될 수 있다. 각 예측변수 X_i로부터 반응변수로의 연결선에 대응되는 회귀모수 β_i를 표시하였다.

피드포워드, 단일은닉층 신경망모형 (13.45)가 그림 13.8b에 나와 있다. 예측변수 마디(node)들은 $X_0, X_1, \ldots, X_{p-1}$로 표기되고, 도표의 좌측에 위치하게 된다. 도표의 중심에는 m개의 은닉 마디(m hidden nodes)들이 위치한다. 이러한 마디들은 관계식 (13.41)로 p개의 예측변수 마디들과 연결된다. 따라서 이러한 연결선들은 α 모수들을 이용하여 표기된다. 마지막으로 은닉 마디들은 β 모수에 의해 반응변수 Y에 연결된다.

부연설명

1. 신경망은 인간의 뇌에 관한 모형으로서 처음 사용되었다. 마디들은 뉴런(neuron)을 나타내고, 뉴런들 사이의 연결선들은 시냅스(synapse)를 의미하였다. 시냅스는 신호가 한계점을 초과할 때 발포한다(fire). 이것은 활성화 함수에 대한 계단함수들의 사용을 제안하고 있는데, 후에 로지스틱함수와 같은 매끄러운 함수들로 대체되었다.
2. 로지스틱활성화함수는 가끔씩 n차원의 정규확률밀도함수인 **방사 기저 함수**(radial basis function)로 대체될 수 있다. 상세한 사항은 인용문헌 13.8에 있다. ■

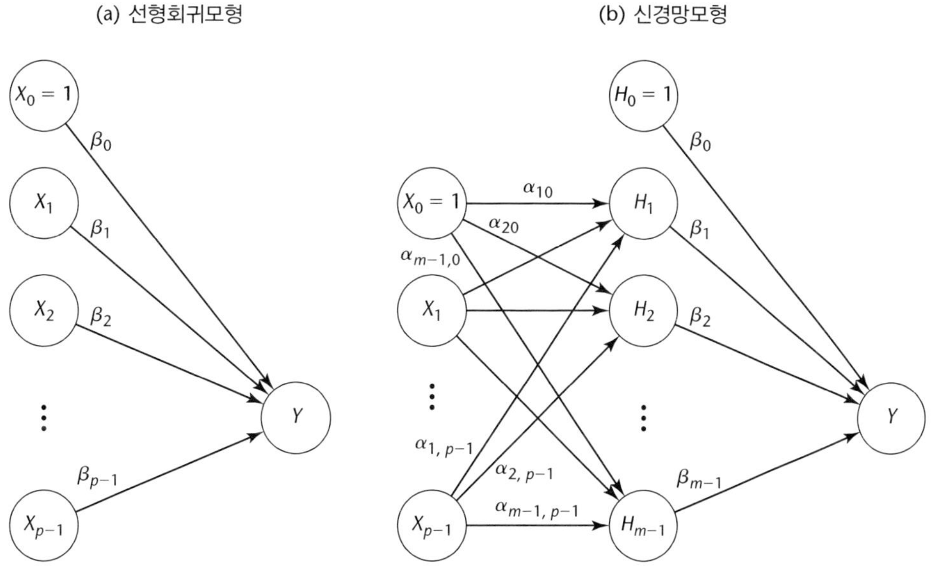

그림 13.8 선형회귀모형과 신경망모형의 네트워크 표현

선형회귀의 일반화로서의 신경망

표준적인 다중회귀모형은 신경망모형 (13.45)의 특별한 경우라는 것을 쉽게 알 수 있다. 만약 우리가 활성화 함수를 $g_Y, g_1, \ldots, g_{m-1}$ 각각으로 선택하면 항등 활성화(identity activation)가 된다.

$$g(Z) = Z$$

그러면

$$E\{Y_i\} = \beta_0 + \beta_1 H_{i1} + \cdots + \beta_{m-1} H_{i,m-1} \tag{13.46a}$$

그리고

$$H_{ij} = \alpha_{j0} + \alpha_{j1} X_{i1} + \cdots + \alpha_{j,p-1} X_{i,p-1} \tag{13.46b}$$

(13.46b)를 (13.46a)로 대체하고 결과들을 재정리하면 다음과 같다.

$$\begin{aligned} E\{Y_i\} &= \left[\beta_0 + \sum_{j=1}^{m-1} \beta_j \alpha_{j0}\right] + \left[\sum_{j=1}^{m-1} \beta_j \alpha_{j1}\right] X_{i1} + \cdots + \left[\sum_{j=1}^{m-1} \beta_j \alpha_{j,p-1}\right] X_{i,p-1} \\ &= \beta_0^* + \beta_1^* X_{i1} + \cdots + \beta_{p-1}^* X_{i,p-1} \end{aligned} \tag{13.47}$$

여기서

$$\begin{aligned} \beta_0^* &= \beta_0 + \sum_{j=1}^{m-1} \beta_j \alpha_{j0} \\ \beta_k^* &= \sum_{j=1}^{m-1} \beta_j \alpha_{jk} \qquad (k = 1, \ldots, p-1) \end{aligned} \tag{13.47a}$$

그러므로 항등 활성화 함수들을 가진 신경망모형은 표준적인 선형회귀모형으로 귀결된다.

하지만 신경망회귀계수들의 해석에 문제가 있을 수 있다. 만약 회귀함수가 (13.47)에 제시된 $E\{Y_i\} = \beta_0^* + \beta_1^* X_{i1} + \cdots + \beta_p^* X_{i,\,p-1}$로 주어진다면, 그때 (13.47a)에서 p개의 항등식을 만족하는 신경망모수들의 어떠한 집합도 올바른 모형을 만들어 낼 수 있다. 항등식들보다 더 많은 신경망모수들이 있다면 올바른 모형을 만들어낼 신경망모수들의 무한히 많은 집합들을 가질 수 있다. 따라서 신경망모수들의 특정한 집합은 이 경우에 내부적인 의미를 가지지 못한다.

이 과모수 문제는 항등함수를 대신한 로지스틱활성화함수의 이용으로 해결될 수 있다. 그러나 일반적으로 은닉 마디들의 수가 많다면 과모수가 될 것이며, 이 문제가 명시적으로 모수들이 추정될 때 고려되지 않는다면 낮은 예측능력으로 적합모형이 유도될 것이다. 이제 이러한 추정 절차들을 다뤄볼 것이다.

모수추정: 벌점최소제곱

9장에서는 모형선택과 타당성입증 검사를 다루었다. 거기에서 R^2은 결코 새로운 예측변수 한 개의 추가로 감소되지 않지만 너무 많은 예측변수들을 포함하게 되면 타당성입증 검사 절차에서 따로 떼어 놓은 반응변수들을 예측하는 능력이 저하될 수 있다. 예측변수들의 추가에 대한 벌점을 포함하는 $R^2_{a,p}$, SBC_p, AIC_p와 같은 다양한 모형선택기준이 개발되어 왔다. 능선회귀추정값을 회귀계수제곱합에 직접적으로 벌점을 포함하는 벌점최소제곱으로 얻을 수 있다는 것을 11.2절에서 언급하였다. 과대적합의 수준을 조절하기 위하여, 신경망의 모수추정에 벌점최소제곱이 빈번히 사용되고 있다.

벌점최소제곱기준은 다음과 같다.

$$Q = \sum_{i=1}^{n} [Y_i - f(\mathbf{X}_i, \boldsymbol{\beta}, \boldsymbol{\alpha}_1, \ldots, \boldsymbol{\alpha}_{m-1}]^2 + p_\lambda(\boldsymbol{\beta}, \boldsymbol{\alpha}_1, \ldots, \boldsymbol{\alpha}_{m-1}) \tag{13.48}$$

여기서 과대적합벌점은

$$p_\lambda(\boldsymbol{\beta}, \boldsymbol{\alpha}_1, \ldots, \boldsymbol{\alpha}_{m-1}) = \lambda \left[\sum_{i=0}^{m-1} \beta_i^2 + \sum_{i=1}^{m-1} \sum_{j=0}^{p-1} \alpha_{ij}^2 \right] \tag{13.48a}$$

따라서 벌점은 양의 상수 λ를 비선형회귀계수제곱합에 곱한 값이다. 그 벌점은 모수들의 수 $m + mp$가 아닌, 모수들의 총 크기에 부과된다는 사실에 주목하라. **벌점가중값**(penalty weight) λ는 회귀계수들이 과대적합과 과소적합 사이의 상충관계에 대한 균형을 유지하도록 할당된다. 만약 λ가 크면 모수추정값들은 상대적으로 절대 크기가 작아질 것이다. 만약 λ가 작으면 추정값들은 상대적으로 커질 것이다. λ의 최량값은 일반적으로 .001과 .1 사이이며 교차타당성입증 검사로 선택한다. 예를 들면, .001과 .1 사이의 λ값들의 범위에서 모형을 적합하고 검사용 표본의 총 예측오차를 최소화시키는 값을 선택한다. 모수추정값들은 축소추정값(shrinkage estimates)들이라고 하며 $\lambda > 0$의 사용은 절대 크기의 감소를 이끌기 때문이다.

13.3절에서는 비선형최소제곱추정값들을 찾는 Gauss-Newton 방법과 같은 다양한 검색절차들을 설명하였다. 그와 같은 방법들은 신경망과 벌점최소제곱기준 (13.48)에도 사용된다. 547쪽의 부연설명 1에서 초깃값의 선택이 중요하다는 것을 알았다. 초깃값의 잘못된 선택은 다중최소가 있을 때 (최솟값보다는) 극솟값에 수렴할 수 있다. 빈번한 다중최소의 문제는 신경망을 적합할 때 모형 (13.48)의 모수와 함수적 형태의 수가 너무 많은 이유 때문이다. 이러한 이유로, 매번 다르게 무작위로 선택된 초깃값들에 대하여 많은 횟수(전형적으로 10~50번)로 모형을 적합한다. 기저함수 (13.48)의 가장 낮은 값을 주는 모수추정값들의 집합, 즉 최고 중의 최고를 선택하여 그에 대한 추가 연구를 실시한다. 신경망 논문에서는 기준 (13.48)을 최소화하는 모수값들의 집합을 찾는 것을 **신경망훈련**(training the network)을 한다고 한다. 최종 추정값들에 도달하기까지 행해지는 검색횟수를 **돌아보기**(순방, tour) 횟수라고 한다.

부연설명

신경망은 **역전파**(back-propagation)라고 하는 절차로 구해진다. 역전파는 매우 느린 최대경사(steepest descent)법이다. 추천되는 방법들로는 **켤레경사도**(conjugate gradient)법이나 **변수계량**(variable metric)법이 있다. 인용문헌 13.8에 역전파나 다른 탐색절차들과 관련한 훨씬 많은 상세사항들이 있다. ■

예: 허혈성 심장 질환

부록 C.9의 허혈성 심장 질환(ischemic heart disease) 자료로 신경망모형 (13.44)와 벌점최소제곱법을 이용해 적합시키는 절차를 설명한다. 이 자료는 건강보험에서 수집된 것이고 관동맥 심장병(coronary heart disease)으로 보험 청구한 788명의 고객들에 대한 정보이다. 반응변수(Y)는 제공받은 서비스들의 총비용에 자연로그를 취한 값이며 여기서 예측변수들은 다음과 같다.

Predictor	Description
X_1:	중재시술 수
X_2:	기록된 처방 약물 수
X_3:	중복이환 – 치료를 어렵게 하는 다른 병의 수
X_4:	심장병 치료 중 발생한 다른 합병증의 수

처음 400개의 관측값들은 모형 (13.45)를 적합하기 위해 사용되며 나머지 $n^* = 388$ 관측값들은 타당성입증 검사용이다(관측값들은 원래 무작위 순서로 정렬되었으므로 검사용 자료들은 확률표본이 된다). 신경망모형을 적합하고 평가하기 위해 JMP를 사용하였다.

그림 13.9에서 JMP 조절패널을 보여 주고 있으며, 이는 사용자들이 모형의 다양한 특성들과 적합하는 절차를 지정할 수 있게 해준다. 여기서, 5개의 은닉 마디들을 선택하였고 벌점 가중값으로서 $\lambda = .05$를 사용하고 있다.

또한 기본값(내정값, default value)으로 돌아보기 횟수(20), 탐색절차에 대한 최대반복 횟수(50), 수렴기준(.00001)을 선택하였다. "돌아보기에 로그를 취함(log the tours)"을 선택하여, 20번 돌아보기 각각의 결과들에 대한 기록을 얻을 수 있을 것이다. 모형 (13.45)의 JMP 망 표현은 그림 13.10에 나타나 있다. 이 표현은 상수 마디들 X_0와 H_0는 제외시켰다. 표기에서 $m = 6$ 은닉 마디들과 $p = 5$ 예측변수 마디들이 있고 $m + p(m - 1) = 6 + 5(6 - 1) = 31$개의 모수를 추정해야 한다.

20번의 시도 혹은 돌아보기 후에 최량적합의 결과들은 그림 13.11에 나타나 있다. 벌

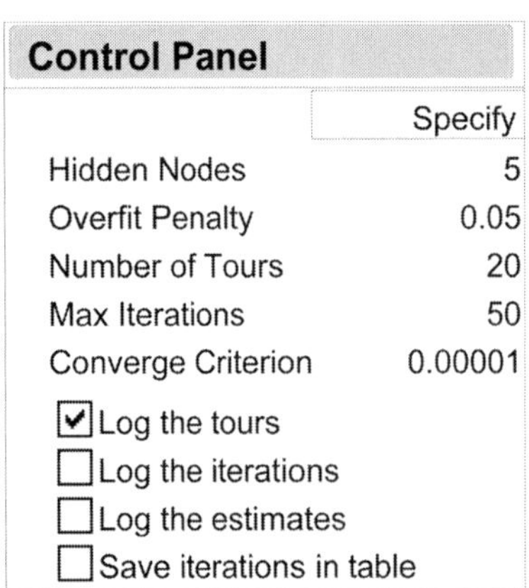

그림 13.9 신경망적합에 대한 JMP 조절 패널 – 허혈성 심장 질환 예

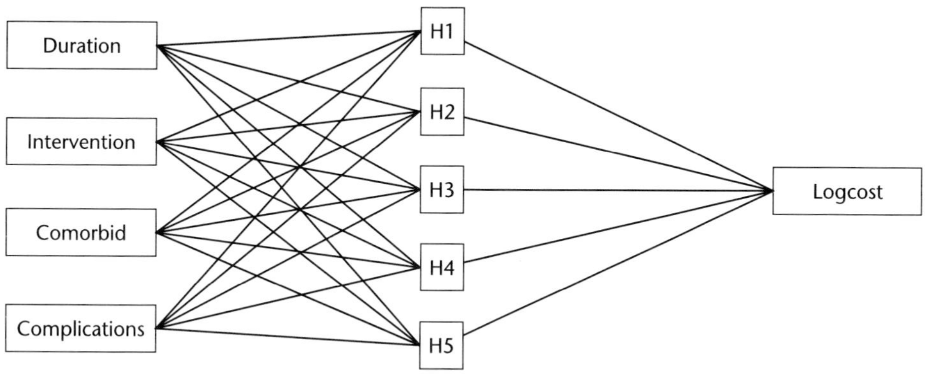

그림 13.10 JMP 신경망 도표 – 허혈성 심장 질환 예

Results

	Objective	
		17 Converged At Best
SSE	120.90315177	2 Converged Worse Than Best
Penalty	4.4087731663	0 Stuck on Flat
Total	125.31192493	0 Failed to Improve
		1 Reached Max Iter

Y	SSE	SSE Scaled	SSE Excluded	RMSE	RSquare	RSquare Excluded
logCost	441.3037691	120.90315177	407.68215505	0.55465449	0.6962	0.7024

그림 13.11 신경망적합에 대한 JMP 결과 – 허혈성 심장 질환 예

점최소제곱기준값은 125.31이다. 척도화된 반응변수들의 *SSE*는 120.90이다. JMP는 비척도화된 (원래의) 반응변수들의 *SSE*는 441.30임을 나타내고 있다. 타당성입증 검사용 자료에 대한 총 예측오차는 다음과 같다.

$$SSE_{VAL} = \sum_{i=401}^{788} (Y_i - \hat{Y}_i)^2 = 407.68$$

평균제곱예측오차 (9.20)은 $MSPR = SSE_{VAL}/n^* = 407.68/388 = 1.05$로 구해진다. JMP는 또한 훈련 자료(.6962)와 타당성입증 검사 자료(.7024)의 R^2도 제공해 준다. 이것은 다음을 이용하여 구할 수 있다.

$$R^2_{VAL} = 1 - \frac{SSE_{VAL}}{SST_{VAL}}$$

여기서 SST_{VAL}은 타당성입증 검사 자료의 총제곱합이다. 이 R^2값들은 대략적으로 동일하기 때문에, 벌점가중값 $\lambda = .05$의 사용이 과소적합과 과대적합 사이의 좋은 균형을 이루었다고 결론 내릴 수 있다.

Parameter Estimates

Parameter	Estimate
H1:Intercept	0.3216346311
H2:Intercept	1.2553122156
H3:Intercept	2.5829942469
H4:Intercept	-1.505357347
H5:Intercept	-1.832118976
H1:Duration	-0.410405493
H1:Interventions	2.7694118008
H1:Comorbids	1.3823080642
H1:Complications	0.4148583852
H2:Duration	0.1040924583
H2:Interventions	0.983043751
H2:Comorbids	2.3589628016
H2:Complications	-0.201333282
H3:Duration	1.5025299752
H3:Interventions	1.0761596691
H3:Comorbids	-0.414620124
H3:Complications	0.0543940406
H4:Duration	1.2332218124
H4:Interventions	-4.887856867
H4:Comorbids	-1.576610999
H4:Complications	-1.068032684
H5:Duration	-0.159788267
H5:Interventions	1.2562445429
H5:Comorbids	0.1951585824
H5:Complications	0.3717883109
logCost:Intercept	-0.443318204
logCost:H1	-2.165884717
logCost:H2	1.4877032149
logCost:H3	1.5396831425
logCost:H4	-2.285420806
logCost:H5	1.662288417

그림 13.12 신경망적합에 대한 JMP 모수추정 – 허혈성 심장 질환 예

		다중선형회귀	
	신경망	일차	이차
모수의 수	31	5	15
MSE	1.20	1.74	1.34
MSPR	1.05	1.28	1.09

표 13.6 다중선형회귀모형과 신경망모형 비교 – 허혈성 심장 질환 예

그림 13.12는 JMP에서 31개 모수들의 추정값을 보여 주고 있다. 이 값들을 보여만 주고 해석을 시도하지는 않을 것이다. 앞에서 말했듯이 여기서 관심 있는 부분은 미래의 반응변수들을 예측하는 것이다.

비교를 위해 4개의 예측변수들 X_1, X_2, X_3, X_4에 대해 Y의 2개의 최소제곱회귀를 적합한다. 첫 번째는 4개의 예측변수들과 절편항으로 구성된 일차모형이다. 두 번째는 절편과 4개의 선형항, 4개의 제곱항, 6개의 교차곱들로 구성된 완전 이차모형이다. 이 2개의 다중회귀모형들과 신경망모형에 대한 결과들은 표 13.6에 요약되어 있다.

그 결과로부터 검사용 반응변수들을 예측하는 신경망모형이 일차다중회귀보다 좋고 이차다중회귀모형보다는 약간 더 나음을 알 수 있다. 신경망의 *MSPR*은 1.05이지만 일차, 이차다중회귀모형의 이 통계량은 각각 1.28과 1.09이다.

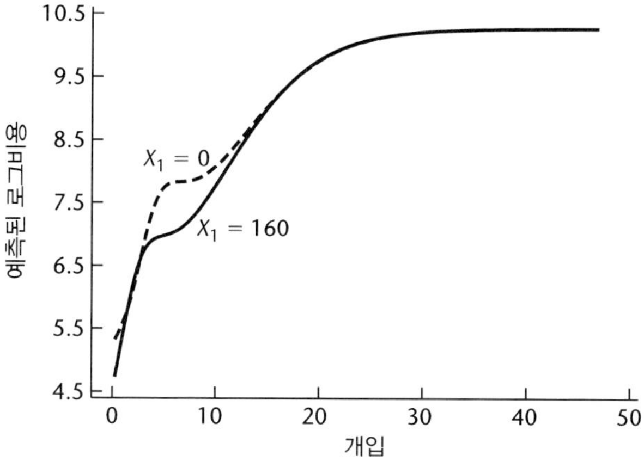

그림 13.13 조건부효과그림 – 허혈성 심장 질환 예

모형 해석과 예측

개별적인 모수들 그리고 유도된 예측변수들은 대개는 해석할 수 없지만 개별적인 예측변수들의 효과에 대한 이해는 조건부효과그림(conditional effects plot)의 적용을 통해 가능할 수 있다. 예를 들어, 그림 13.13은 허혈성 심장 질환 자료의 예에서 기간(duration) (X_1) 0과 160의 두 개 값과 개입(intervention)의 수(X_2)에 대한 예측된 반응변수와의 그림을 보여 주고 있다. 나머지 예측변수들은 중복이환(*comorbidities*, $X_3 = 3.55$), 합병증(*complications*, $X_4 = .05$) 훈련자료에 있는 값들의 평균으로 고정되어 있다. 그림 13.13은 비용의 자연로그값이 개입의 수가 0에서 25로 증가할 때 급속노로 증가함 역시 보여 주며, 그 후 정체상태에 도달하여 개입의 수가 25에서 50으로 증가할 때 플래토(고원, plateau)에 진입하여 안정된 값을 가지게 된다. 기간변수는 개입이 5와 10 사이일 경우를 제외하고 거의 효과를 가지고 있는 것 같지는 않다.

신경망모형들은 많은 자료들을 이용할 때 예측에 있어 매우 효과적인 도구라고 할 수 있다. 어떤 예측이든 불확실성을 수량화하는 것은 항상 중요하다. 추정과 예측에 대한 대략적인 신뢰구간들을 만드는 방법들이 발달해 왔고 JMP와 같은 몇몇 패키지들은 이러한 구간들을 제공해 주고 있다. 상세사항들은 인용문헌 13.9에 있다.

신경망모형에 관한 몇 가지 최종 부연설명

최근 몇 년간, 신경망은 많은 분야에서 광범위하게 적용되고 있다. 실제로 그들은 데이터마이닝의 분야에서 기본도구들 중 하나가 되고 있고, 그것들의 사용은 계속해서 늘어나고 있다. 이런 현상의 이유 중 큰 부분은 10개, 100개, 심지어 1000개의 모수들을 가진 복잡한 모형들을 적합해 주는 좋은 성능의 컴퓨터를 쉽게 사용할 수 있기 때문이다.

신경망 분야에서만 사용되는 어휘들이 있다. 아래의 표는 통계학자들에 의해 흔히 사용되는 많은 용어들과 신경망에서 사용되는 그에 상응하는 용어들을 나열해 놓은 것이다(인용문헌 13.10).

통계 용어	신경망 용어
계수(coefficient)	가중값(weight)
예측변수(predictor)	입력(input)
반응변수(response)	출력(output)
관찰값(observation)	견본(exemplar)
모수추정(parameter estimation)	학습(training or learning)
최대경사(steepest descent)	역전파(back-propagation)
절편(intercept)	편향함(bias term)
유도된 예측변수(derived predictor)	은닉 마디(hidden node)
벌점함수(penalty function)	가중값 감쇠(weight decay)

신경망모형에는 다음과 같은 이점들이 있다.

1. 모형 (13.45)는 극도로 유연하며, 광범위한 반응표면형태를 나타내는 데 사용될 수 있다. 예를 들어 충분한 자료로 곡선성, 상호작용, 플래토, 계단함수들을 효과적으로 모형화될 수 있다.
2. 신경망모형에서는 잔차들이 상호 독립적이며, 정규분포를 따르고, 일정분산을 갖는다는 조건들과 같은 회귀가정들이 요구되지 않는다.
3. 반응변수나 예측변수에 있는 이상점은 여전히 모형적합에 해로운 영향을 줄 수 있다. 하지만 유계된(bounded) 로지스틱활성화함수의 사용은 회귀접근과 비교했을 때 개별 자료의 영향을 제한하는 경향이 있다.

물론 신경망의 사용과 연관된 단점들도 있다. 일반적으로 모형모수들을 해석할 수 없고, 그 방법은 자료가 많아야만 유용한 경우가 많다. 적합성결여 검정, 영향력 있는 관측값들과 이상점의 확인, 다양한 예측변수들의 효과에 대한 유의성 검정과 같은 진단은 현재 일반적으로 이용할 수 없다.

인용문헌

13.1. Hartley, H. O. "The Modified Gauss-Newton Method for the Fitting of Non-linear Regression Functions by Least Squares," *Technometrics* 3 (1961), pp. 269–80.

13.2. Gallant, A. R. *Nonlinear Statistical Models*. New York: John Wiley & Sons, 1987.

13.3. Kennedy, W. J., Jr., and J. E. Gentle. *Statistical Computing*. New York: Marcel Dekker, 1980.

13.4. Bates, D. M., and D. G. Watts. *Nonlinear Regression Analysis and Its Applications*. New York: John Wiley & Sons, 1988.

13.5. Box, M. J. "Bias in Nonlinear Estimation," *Journal of the Royal Statistical Society B* 33 (1971), pp. 171–201.

13.6. Hougaard, P. "The Appropriateness of the Asymptotic Distribution in a Nonlinear Regression Model in Relation to Curvature," *Journal of the Royal Statistical Society B* 47 (1985), pp. 103–14.

13.7. Ratkowsky, D. A. *Nonlinear Regression Modeling*. New York: Marcel Dekker, 1983.

13.8. Hastie, T., Tibshirani, R., and J. Friedman. *The Elements of Statistical Learning: Data Mining, Inference, and Prediction*. New York: Springer, 2001.

13.9. DeVeaux, R. D., Schumi, J., Schweinsberg, J., and L. H. Ungar. "Prediction Intervals for Neural Networks via Nonlinear Regression," *Technometrics* 40 (1998), pp. 273–82.

13.10. DeVeaux, R. D., and L. H. Ungar. "A Brief Introduction to Neural Networks," www.williams.edu/mathematics/rdeveaux/pubs.html (1996).

문제

*13.1. 다음의 반응함수들 각각에 대하여, 이것이 선형반응함수인지, 본질적 선형반응함수인지 혹은 비선형반응함수인지를 나타내어라. 본질적 선형반응함수의 경우에 적절한 변환으로 그것을 어떻게 선형화할 수 있는지 보여라.

a. $f(\mathbf{X}, \boldsymbol{\gamma}) = \exp(\gamma_0 + \gamma_1 X)$

b. $f(\mathbf{X}, \boldsymbol{\gamma}) = \gamma_0 + \gamma_1(\gamma_2)^{X_1} - \gamma_3 X_2$

c. $f(\mathbf{X}, \boldsymbol{\gamma}) = \gamma_0 + \dfrac{\gamma_1}{\gamma_0} X$

13.2. 다음의 반응함수들 각각에 대하여, 이것이 선형반응함수인지, 본질적 선형반응함수인지 혹은 비선형반응함수인지를 나타내어라. 본질적 선형반응함수의 경우에 적절한 변환으로 그것을 어떻게 선형화할 수 있는지 보여라.

a. $f(\mathbf{X}, \boldsymbol{\gamma}) = \exp(\gamma_0 + \gamma_1 \log_e X)$

b. $f(\mathbf{X}, \boldsymbol{\gamma}) = \gamma_0 (X_1)^{\gamma_1} (X_2)^{\gamma_2}$

c. $f(\mathbf{X}, \boldsymbol{\gamma}) = \gamma_0 - \gamma_1(\gamma_2)^X$

*13.3. a. 로지스틱반응함수를 그려라.

$$f(\mathbf{X}, \boldsymbol{\gamma}) = \frac{300}{1 + (30)\exp(-1.5X)} \qquad X \geq 0$$

b. 이 반응함수의 점근선은 무엇인가? 반응함수가 그것의 점근선의 90%에 도달하기 위한 X의 값은 무엇인가?

13.4. a. 지수반응함수를 그려라.

$$f(\mathbf{X}, \boldsymbol{\gamma}) = 49 - (30)\exp(-1.1X) \qquad X \geq 0$$

b. 이 반응함수의 점근선은 무엇인가? 반응함수가 그것의 점근선의 95%에 도달하기 위한 X의 값은 무엇인가?

*13.5. **가정용 컴퓨터(Home computers)**. 컴퓨터 제조업자는 가족이 가정용 컴퓨터를 구매할 가능성과 가정용 컴퓨터의 가격 사이의 관계를 조사하기 위해 시장조사회사를 고용하였다. 다음의 자료는 두 개의 비슷한 도시에서 동일하게 행해진 조사에 근거하고 있다. 각 도시에서 800개의 가정들을 무작위로 선정하여 가장들에게 그들이 주어진 가격에 가정용 컴퓨터를 구매할 것 같은지 아닌지를 물어보았다. 8개의

가격들(X, 달러)에 대한 조사가 이루어졌고 각 도시에서 100명의 가장들에게 무작위로 각 주어진 가격을 할당하였다. 주어진 가격에 구매할 것 같은 비율은 Y로 표시한다.

City A

i:	1	2	3	4	5	6	7	8
X_i:	200	400	800	1200	1600	2000	3000	4000
Y_i:	.65	.46	.34	.26	.17	.15	.06	.04

City B

i:	9	10	11	12	13	14	15	16
X_i:	200	400	800	1200	1600	2000	3000	4000
Y_i:	.63	.50	.30	.24	.19	.12	.08	.05

지역효과는 없다고 예상되며 그 자료는 8개의 가격 각각에 대하여 독립적인 반복실험으로 간주된다. 다음의 독립적인 정규오차항을 가진 지수모형이 적당하다고 여겨진다.

$$Y_i = \gamma_0 + \gamma_2 \exp(-\gamma_1 X_i) + \varepsilon_i$$

a. γ_0, γ_1, γ_2의 초기 추정값을 얻기 위해 X가 유계 없이 증가할 때 $f(\mathbf{X}, \boldsymbol{\gamma})$가 하위 점근선 γ_0로 접근한다는 것에 주목하여라. 따라서 $g_0^{(0)} = 0$이고 오차항을 무시할 때, 로그변환은 $Y_i' = \beta_0 + \beta_1 X_i$이다. 단 $Y_i' = \log_e Y_i$, $\beta_0 = \log_e \gamma_2$, $\beta_1 = -\gamma_1$이다. 그러므로 변환된 자료에 근거하여 선형회귀함수를 적합하고 초기 추정값들 $g_0^{(0)} = 0$, $g_1^{(0)} = -b_1$, $g_2^{(0)} = \exp(b_0)$을 이용하여라.

b. (a)에서 구한 초깃값을 이용하여 γ_0, γ_1, γ_2의 최소제곱추정값을 찾아라.

*13.6. 문제 13.5의 **가정용 컴퓨터(Home computers)** 자료를 참조하여라.

a. 추정된 비선형회귀함수와 자료를 그려라. 적합이 적절해 보이는가?

b. 잔차를 구하고 그것을 적합값과 X에 대해 각각의 그래프로 그려라. 또한 정규확률그림을 그려라. 그 모형이 적절해 보이는가?

*13.7. 문제 13.5의 **가정용 컴퓨터(Home computers)** 자료를 참조하여라. 대표본추론이 여기서 적절하다고 가정하자. 비선형회귀함수의 적합성결여에 대한 정형적 근사 검정을 행하여라. $\alpha = .01$을 사용하여라. 가설들, 결정규칙, 결론을 서술하여라.

*13.8. 문제 13.5의 **가정용 컴퓨터(Home computers)** 자료를 참조하여라. 적합된 모형이 적절하고 대표본추론이 이용될 수 있다고 가정하자. 모수 γ_0, γ_1, γ_2에 대한 근사 결합신뢰구간들을 Bonferroni 절차와 90% 모임신뢰계수를 이용하여 구하여라.

*13.9. 문제 13.5의 **가정용 컴퓨터(Home computers)** 자료를 참조하여라. 그 자료가 반복시행으로 고려되기 위해서 두 도시가 충분히 비슷해야 하는지 아닌지를 생각해 보아라. 문제 13.5에서 제안한 모형에 (13.38)과 유사한 위치효과 모수를 넣는 것은 4개의 모수가 있는 비선형회귀모형을 만들어낸다.

$$Y_i = \gamma_0 + \gamma_3 X_{i2} + \gamma_2 \exp(-\gamma_1 X_{i1}) + \varepsilon_i$$

여기서

$$X_2 = \begin{cases} 0 & \text{도시가 A일 경우} \\ 1 & \text{도시가 B일 경우} \end{cases}$$

a. 문제 13.5a에서 얻은 것과 같은 초깃값과 $g_3^{(0)} = 0$을 이용하여 모수 $\gamma_0, \gamma_1, \gamma_2, \gamma_3$의 최소제곱추정값을 찾아라.

b. 대표본추론은 여기서 합리적으로 적용될 수 있다고 가정하자. γ_3의 대략적인 95% 신뢰구간을 구하여라. 이 구간은 도시 차이에 대해 무엇을 나타내는가? 이 결과는 문제 13.7에서 구한 결론과 일치하는가? 꼭 그래야만 하는가? 논의하여라.

13.10. **효소 운동학(Enzyme kinetics)**. 효소 운동 연구에서 반응속도(Y)는 농도(X)와 나음과 같이 연관이 있을 것이라고 예상된다.

$$Y_i = \frac{\gamma_0 X_i}{\gamma_1 + X_i} + \varepsilon_i$$

18개의 농도가 관측되었고 그 결과는 다음과 같다.

i:	1	2	3	...	16	17	18
X_i:	1	1.5	2	...	30	35	40
Y_i:	2.1	2.5	4.9	...	19.7	21.3	21.6

a. γ_0와 γ_1의 초깃값을 얻기 위하여 오차항을 무시하면, $Y_i' = \beta_0 + \beta_1 X_i'$를 갖는다. 여기서 $Y_i' = 1/Y_i$, $\beta_0 = 1/\gamma_0$, $\beta_1 = \gamma_1/\gamma_0$, $X_i' = 1/X_i$이다. $g_0^{(0)} = 1/b_0$ 그리고 $g_1^{(0)} = b_1/b_0$ 초기추정값을 얻기 위해 변환된 자료로 선형회귀함수를 적합시켜라.

b. (a)에서 구한 초깃값을 이용하여, 모수 γ_0, γ_1의 최소제곱추정값을 찾아라.

13.11. 문제 13.10의 **효소 운동학(Enzyme kinetics)** 자료를 참조하여라.

a. 추정된 비선형회귀함수와 자료를 그려라. 적합이 적절해 보이는가?

b. 잔차를 구하고 그것을 적합값과 X에 대해 각각의 그래프로 그려라. 또한 정규확률그림을 그려라. 그림은 무엇을 보여 주는가?

c. 여기서 정형적 근사 적합성결여 검정을 행할 수 있는가? 설명하여라.

d. 오직 18번의 시행이 주어졌을 때, 18번의 다른 농도수준을 고려할 때와 비교했을 때, 몇몇 반복시행을 제외하고 더 많은 농도 수준들을 고려하는 것의 이점과 단점은 무엇인가?

13.12. 문제 13.10의 **효소 운동학(Enzyme kinetics)** 자료를 참조하여라. 적합된 모형이 적절하고 대표본추론이 이용될 수 있다고 가정하자. (1) γ_0의 근사 95% 신뢰구간을 구하여라. (2) $\gamma_1 = 20$인지 아닌지를 검정하여라. $\alpha = .05$를 사용하여라. 가설들, 결정규칙, 결론을 서술하여라.

*13.13. **약물 반응(Drug responsiveness)**. 약리학자는 다음의 비선형회귀모형을 사용하여 약물의 반응을 모형화하였다.

$$Y_i = \gamma_0 - \frac{\gamma_0}{1 + \left(\frac{X_i}{\gamma_2}\right)^{\gamma_1}} + \varepsilon_i$$

X는 복용량을 나타내고 Y는 반응도로서 최대가능반응도의 백분율로 표현하였다. 모형에서 γ_0는 포화상태에서 기대반응이며, γ_2는 반(half) 최고 반응값을 내는 농도이며, γ_1은 기울기와 연관되어 있다. 13개 복용량에 따른 19개의 경우에 대한 자료는 다음과 같다.

i:	1	2	3	. . .	17	18	19
X_i:	1	2	3	. . .	7	8	9
Y_i:	.5	2.3	3.4	. . .	94.8	96.2	96.4

초깃값 $g_0^{(0)} = 100$, $g_1^{(0)} = 5$, $g_2^{(0)} = 4.8$을 이용하여 모수 γ_0, γ_1, γ_2의 최소제곱추정값을 구하여라.

*13.14. 문제 13.13의 **약물 반응(Drug responsiveness)** 자료를 참조하여라.

a. 추정된 비선형회귀함수와 자료를 그려라. 적합이 적절해 보이는가?

b. 잔차를 구하고 그것을 적합값과 X에 대해 각각의 그래프로 그려라. 또한 정규확률그림도 그려라. 그림이 그 회귀모형의 적절성을 보여 주고 있는가?

*13.15. 문제 13.13의 **약물 반응(Drug responsiveness)** 자료를 참조하여라. 대표본추론은 여기서 적절하다고 가정하자. 비선형회귀함수의 적합성결여에 대한 정형적 근사 검정을 행하여라. $\alpha = .01$을 사용하여라. 가설들, 결정규칙, 결론을 서술하여라.

*13.16. 문제 13.13의 **약물 반응(Drug responsiveness)** 자료를 참조하여라. 적합된 모형이 적절하고 대표본추론이 여기서 적용 가능하다고 가정하자. 91% 모임신뢰계수를 가진 Bonferroni 절차를 사용하여 모수 γ_0, γ_1, γ_2의 근사 결합신뢰구간을 구하고 결과를 해석하여라.

13.17. **공정 산출량(Process yield)**. 화학공정의 산출량(Y)은 온도(X_1)와 압력(X_2)에 의해 결정된다. 다음의 비선형회귀모형이 적용될 수 있다.

$$Y_i = \gamma_0 (X_{i1})^{\gamma_1} (X_{i2})^{\gamma_2} + \varepsilon_i$$

대규모 생산 이전에, 다양한 온도와 압력의 조합에 대한 공정 산출량을 연구하기 위해 18번의 시험 공정을 시행하였다. 그 결과는 다음과 같다.

i:	1	2	3	. . .	16	17	18
X_{i1}:	1	10	100	. . .	1	10	100
X_{i2}:	1	1	1	. . .	100	100	100
Y_i:	12	32	103	. . .	43	128	398

a. γ_0, γ_1, γ_2의 초깃값을 구하기 위해 확률오차항을 무시한 로그변환산출량은 $Y_i' = \beta_0 + \beta_1 X_{i1}' + \beta_1 X_{i2}'$이다. 여기서 $Y_i' = \log_{10} Y_i$, $\beta_0 = \log_{10} \gamma_0$, $\beta_1 = \gamma_1$, $X_{i1}' = \log_{10} X_{i1}$, $\beta_2 = \gamma_2$, $X_{i2}' = \log_{10} X_{i2}$이다. 변환된 자료에 대하여 일차다중회귀모형을 적합시키고 초깃값 $g_0^{(0)} = \text{antilog}_{10}\, b_0$, $g_1^{(0)} = b_1$, $g_2^{(0)} = b_2$을 이용하여라.

b. (a)에서 얻어진 초깃값을 이용하여 모수 γ_0, γ_1, γ_2의 최소제곱추정값을 찾아라.

13.18. 문제 13.17의 **공정 산출량(Process yield)** 자료를 참조하여라.

a. 추정된 비선형회귀함수와 자료를 그려라. 적합이 적절해 보이는가?

b. 잔차를 구하고 그것을 $\hat{Y}$, X_1, X_2에 대해 각각의 그래프로 그려라. 또한 정규확률 그림을 그려라. 그림은 그 모형의 적절성에 대해 무엇을 보여 주는가?

13.19. 문제 13.17의 **공정 산출(Process yield)** 자료를 참조하여라. 대표본추론이 여기서 적절하다고 가정하자. 비선형회귀함수의 적합성결여에 대한 정형적 근사 검정을 행하여라. $\alpha = .05$를 사용하여라. 가설들, 결정규칙, 결론을 서술하여라.

13.20. 문제 13.17의 **공정 산출(Process yield)** 자료를 참조하여라. 추정된 모형이 적절하고 대표본추론이 적용 가능하다고 가정하자.

a. $H_0 : \gamma_1 = \gamma_2$ 대 $H_a : \gamma_1 \neq \gamma_2$를 $\alpha = .05$로 가설검정하여라. 가설들, 결정규칙, 결론을 서술하여라.

b. Bonferroni 절차와 95% 모임신뢰계수를 이용하여 모수 γ_1, γ_2에 대한 근사 결합 신뢰구간을 구하여라.

c. (a)와 (b)에서 나온 결과에 근거하여 모수 γ_1, γ_2에 대해 결론 내릴 수 있는 것은 무엇인가?

연습문제

13.21. (미적분학 필요) 문제 13.5의 **가정용 컴퓨터(Home computers)** 자료를 참조하여라.

a. 최소제곱정규방정식을 구하고 추정된 회귀계수 g_0, g_1, g_2에서 비선형임을 보여라.

b. 오차항이 $N(0, \sigma^2)$을 따르고 독립적이라고 가정할 때 비선형회귀모형의 가능도 함수를 서술하여라.

13.22. (미적분학 필요) 문제 13.10의 **효소 운동학(Enzyme kinetics)** 자료를 참조하여라.

a. 최소제곱정규방정식을 구하고 추정된 회귀계수 g_0, g_1에서 비선형임을 보여라.

b. 오차항이 $N(0, \sigma^2)$을 따르고 독립적이라고 가정할 때 비선형회귀모형의 가능도 함수를 서술하여라.

13.23. (미적분학 필요) 문제 13.17의 **공정 산출량(Process yield)** 자료를 참조하여라.

a. 최소제곱정규방정식을 구하고 추정된 회귀계수 g_0, g_1, g_2에서 비선형임을 보여라.

b. 오차항이 $N(0, \sigma^2)$을 따르고 독립적이라고 가정할 때 비선형회귀모형의 가능도 함수를 서술하여라.

13.24. 문제 13.13의 **약물 반응(Drug responsiveness)** 자료를 참조하여라.

a. $E\{\varepsilon_i\} = 0$일 때 다음을 보여라.

$$E\{Y\} = \gamma_0\left(\frac{A}{1 + A}\right)$$

여기서

$$A = \exp[\gamma_1(\log_e X - \log_e \gamma_2)] = \exp(\beta_0 + \beta_1 X')$$
$$\beta_0 = -\gamma_1 \log_e \gamma_2, \beta_1 = \gamma_1, \text{ and } X' = \log_e X.$$

b. γ_0를 알 때 다음을 보여라.

$$\frac{E\{Y'\}}{1 - E\{Y'\}} = \exp(\beta_0 + \beta_1 X')$$

여기서 $Y' = Y/\gamma_0$이다.

c. 이 결과는 변환된 변수에 대한 단순선형회귀함수를 얻기 위해 어떤 변환을 제안하고 있는가?

d. 비선형회귀모수의 최소제곱추정값을 찾기 위한 초깃값들은 선형회귀계수의 추정값으로부터 어떻게 구해질 수 있는가?

프로젝트

13.25. 문제 13.10의 **효소 운동학(Enzyme kinetics)** 자료를 참조하여라. 비선형회귀모형 모수들의 최소제곱추정값을 찾기 위한 초깃값들은 격자(grid) 탐색으로 구해진다. 다음의 두 모수들에 대한 경계가 명시되었다.

$$5 \leq \gamma_0 \leq 65$$
$$5 \leq \gamma_1 \leq 65$$

경계값과 각 모수 범위에 대한 5개의 다른 등간격 점들의 모든 가능한 조합들을 이용하여 49개의 격자점들을 얻을 수 있다. 각 격자점에 대한 최소제곱기준 (13.15)를 계산하고 최량적합을 제공하는 점을 확인한다. 이 점은 합리적인 초깃값들을 제공하는가?

13.26. 문제 13.17의 **공정 산출량(Process yield)** 자료를 참조하여라. 비선형회귀모형모수의 최소제곱추정값들을 찾는 초깃값들은 격자 탐색으로 구해진다. 다음의 모수들에 대한 경계는 다음과 같다.

$$1 \leq \gamma_0 \leq 21$$
$$.2 \leq \gamma_1 \leq .8$$
$$.1 \leq \gamma_2 \leq .7$$

경계값들의 모든 가능한 조합과 모수경계의 각 중간점을 이용하여 27개의 격자점을 구하여라. 각 격자점의 최소제곱기준 (13.15)를 구하고 최량적합을 주는 그 점들을 확인하여라. 이 점은 여기서 합리적인 초깃값을 주는가?

13.27. 문제 13.5의 **가정용 컴퓨터(Home computers)** 자료를 참조하여라.

a. 여기서 대표본추론의 적절함을 알기 위해, 고정 X 추출 절차를 이용한 표본크기 16의 1,000번의 붓스트랩을 실시하여라. 각 붓스트랩 표본에서, g_0^*, g_1^*, g_2^*의 최

소제곱추정값을 구하여라.

b. g_0^*, g_1^*, g_2^*의 붓스트랩 표본분포의 히스토그램을 그려라. 이 분포는 대략적으로 정규성을 갖는가?

c. g_0^*, g_1^*, g_2^*의 붓스트랩 표본분포의 평균과 표준편차를 계산하여라. 최종 최소제곱추정값과 붓스트랩 평균과 표준편차는 비슷한가?

d. (11.59)에 반사법을 이용하여 γ_1의 신뢰구간을 구하여라. 신뢰계수는 .9667이다. 이 구간을 문제 13.8에서 대표본추론 방법으로 구한 것과 비교하면 어떤가?

e. 여기서 대표본추론의 적절성에 대하여 (b), (c), (d)에서 구한 것이 의미하는 바는 무엇인가? 논의하여라.

13.28. 문제 13.10의 **효소 운동학(Enzyme kinetics)** 자료를 참조하여라.

a. 여기서 대표본추론의 적절함을 알기 위해, 고정 X 추출 절차를 이용한 표본크기 18의 1,000번의 붓스트랩을 실시하여라. 각 붓스트랩 표본에서, g_0^*, g_1^*의 최소제곱추정값을 구하여라.

b. g_0^*, g_1^*의 붓스트랩 표집분포의 히스토그램을 그려라. 이 분포는 대략적으로 정규성을 갖는가?

c. g_0^*, g_1^*의 붓스트랩 표집분포의 평균과 표준편차를 계산하여라. 최종 최소제곱추정값과 붓스트랩 평균과 표준편차는 비슷한가?

d. (11.59)에 반사법을 이용하여 γ_0의 신뢰구간을 구하여라. 신뢰계수는 .95이다. 이 구간을 문제 13.12에서 대표본추론 방법으로 구한 것과 비교하면 어떤가?

e. 여기서 대표본추론의 적절성에 대하여 (b), (c), (d)에서 구한 것이 의미하는 바는 무엇인가? 논의하여라.

13.29. 문제 13.13의 **약물 반응(Drug responsiveness)** 자료를 참조하여라.

a. 여기서 대표본추론의 적절함을 알기 위해, 고정 X 추출 절차를 이용한 표본크기 19의 1,000번의 붓스트랩을 실시하여라. 각 붓스트랩 표본에서, g_0^*, g_1^*, g_2^*의 최소제곱추정값을 구하여라.

b. g_0^*, g_1^*, g_2^*의 붓스트랩 표집분포의 히스토그램을 그려라. 이 분포는 대략적으로 정규성을 갖는가?

c. g_0^*, g_1^*, g_2^*의 붓스트랩 표집분포의 평균과 표준편차를 계산하여라. 최종 최소제곱추정값과 붓스트랩 평균과 표준편차는 비슷한가?

d. (11.59)에 반사법을 이용하여 γ_2의 신뢰구간을 구하여라. 신뢰계수는 .97이다. 이 구간을 문제 13.16에서 대표본추론 방법으로 구한 것과 비교하면 어떤가?

e. 여기서 대표본추론의 적절성에 대하여 (b), (c), (d)에서 구한 것이 의미하는 바는 무엇인가? 논의하여라.

13.30. 문제 13.17의 **공정 산출량(Process yield)** 자료를 구하여라.

a. 여기서 대표본추론의 적절함을 알기 위해, 고정 X 추출 절차를 이용한 표본크기 18의 1,000번의 붓스트랩을 실시하여라. 각 붓스트랩 표본에서, g_0^*, g_1^*, g_2^*의 최소제곱추정값을 구하여라.

b. g_0^*, g_1^*, g_2^*의 붓스트랩 표집분포의 히스토그램을 그려라. 이 분포는 대략적으로 정규성을 갖는가?

c. g_0^*, g_1^*, g_2^*의 붓스트랩 표집분포의 평균과 표준편차를 계산하여라. 최종 최소제곱추정값과 붓스트랩 평균과 표준편차는 비슷한가?

d. (11.59)에 반사법을 이용하여 γ_1의 신뢰구간을 구하여라. 신뢰계수는 .975이다. 이 구간을 문제 13.20b에서 대표본추론 방법으로 구한 것과 비교하면 어떤가?

e. 여기서 대표본추론의 적절성에 대하여 (b), (c), (d)에서 구한 것이 의미하는 바는 무엇인가? 논의하여라.

사례연구

13.31. 부록 C.5와 사례연구 9.30의 **전립선 암(Prostate cancer)** 데이터셋을 참조하여라. 모형구축 자료로 사용하기 위한 65개 관측값을 확률추출하여라.

a. PSA를 예측할 수 있는 신경망모형을 만들어라. 은닉 마디의 수와 벌점함수가중값을 선택하고 당신의 모형을 해석하여라.

b. 모형의 예측력을 평가하고 암 연구자에게 유용한지 논하여라.

c. 사례연구 9.30에서 얻어진 최량회귀모형과 신경망모형의 성능을 비교해 보아라. 어느 모형이 더 쉽게 해석되는가? 그 이유는 무엇인가?

13.32. 부록 C.7과 사례연구 9.31의 **부동산 매매(Real estate sales)** 데이터셋을 참조하여라. 모형구축 자료로 사용하기 위한 300개 관측값을 확률추출하여라.

a. 판매가격을 예측할 수 있는 신경망모형을 만들어라. 은닉 마디의 수와 벌점함수 가중값을 선택하고 모형을 해석하여라.

b. 모형의 예측력을 평가하고 판매가격을 예측할 수 있는 도구로서 유용한지 논하여라.

c. 사례연구 9.31에서 얻어진 최량회귀모형과 신경망모형의 성능을 비교해 보아라. 어느 모형이 더 쉽게 해석되는가? 그 이유는 무엇인가?

14장 | 로지스틱회귀, 포아송 회귀, 일반화선형모형

오차항이 정규분포를 따르는 비선형회귀모형을 13장에서 알아보았다. 이 장에서는 반응결과물이 이산형이고, 오차항이 정규분포를 따르지 않는 2가지 중요한 경우의 비선형회귀모형에 대해 알아본다. 첫 번째, 반응변수가 2가지 가능한 결과물들, 즉 회사의 재정상태(건전상태, 지불불능상태) 혹은 혈압상태(고혈압, 고혈압이 아님) 등의 질적 변수일 때 로지스틱비선형회귀모형을 적용할 수 있다. 또한 반응변수가 3가지 이상의 결과를 갖는 질적 변수일 때, 가령 혈압이 고, 정상, 저로 분류될 때에도 이 모형이 적용될 수 있다.

다음으로 1년 동안 북부 중서부지방에 일어난 토네이도의 횟수 같이 반응변수를 셀 수는 있지만 많이 일어나는 것은 드물다면 포아송 회귀모형을 사용할 수 있다. 마지막으로 앞에서 설명한 정규오차선형모형뿐 아니라, 13장과 이 장에서 논의된 거의 모든 비선형회귀모형이 일반화선형모형이라는 것을 설명한다.

이 장에서 다루는 비선형회귀모형은 관측연구 혹은 실험연구로부터 얻어진 어느 쪽 자료에도 분석하는 데 적절하다.

14.1 ■ 이항반응변수의 회귀모형

다양한 회귀의 응용에서 관심 반응변수가 2가지 가능한 질적값(qualitative outcome)만을 갖는다고 하자. 따라서 0과 1의 값을 갖는 이항지표변수(binary indicator variable)로 나타난다.

1. 회사의 크기에 따라 업계관계부서가 있는지에 대한 분석에서, 반응변수는 2가지 가능한 값을 갖는다. 회사에 업계관계부서가 있다. 회사에 업계관계부서가 없다. 이것들은 각각 1과 0으로 코딩된다.
2. 결혼한 여자의 나이, 자녀 수, 남편의 소득에 따른 노동참여의 연구에서, 반응변수 Y는 가능한 2가지 값을 갖는다. 결혼한 여자 노동자, 무노동 결혼한 여자. 이 값들은 다시 1과 0으로 각각 코딩된다.
3. 가장의 나이, 유동성 자산의 양, 가장의 직업유형에 따른 책임보험가입에 관한 연구에서, 반응변수 Y는 2가지 가능한 값을 갖는다. 가장이 책임보험이 있거나, 책임보험이 없거나, 이 값들은 다시 1과 0으로 각각 코딩된다.

4. 나이, 성별, 담배 이력, 콜레스테롤 수준, 알맞은 체중량 퍼센트, 혈압에 관한 관동맥성 심장병의 경시적 연구(longitudinal study)에서, 반응변수 Y는 2가지 가능한 결과를 갖는다. 연구기간 동안 심장질병이 생긴 사람, 생기지 않은 사람. 이 결과물은 다시 1과 0으로 각각 코딩된다.

이 예들은 반응변수가 이항(이원, binary)이며 지표변수로 표현되는 광범위한 경우를 보여 주고 있다. 0과 1의 값으로 나타나는 이항반응변수는 **이항반응**(binary response) 혹은 **이분적 반응**(dichotomous response)이라고도 한다. 이제 결과변수가 이항일 때 반응함수의 의미를 생각해 보고 반응변수 유형에 따른 몇 가지 특별한 문제들을 풀어 볼 것이다.

결과변수가 이항인 반응함수의 의미

단순선형회귀모형을 고려해 보자.

$$Y_i = \beta_0 + \beta_1 X_i + \varepsilon_i \qquad Y_i = 0, 1 \tag{14.1}$$

여기서 결과 Y_i는 이항, 즉 0 또는 1의 값을 갖는다. 기대반응 $E\{Y_i\}$는 이 경우 특별한 의미를 갖는다. $E\{\varepsilon_i\} = 0$이기 때문에 다음과 같다.

$$E\{Y_i\} = \beta_0 + \beta_1 X_i \tag{14.2}$$

Y_i가 다음과 같은 확률분포를 갖는 Bernoulli 확률변수라고 생각하면

Y_i	확률
1	$P(Y_i = 1) = \pi_i$
0	$P(Y_i = 0) = 1 - \pi_i$

따라서 π_i는 $Y_i = 1$일 때의 확률이며 $1 - \pi_i$는 $Y_i = 0$일 때의 확률이다. (A.12)에서 확률변수의 기댓값의 정의에 따르면 다음 식을 얻을 수 있다.

$$E\{Y_i\} = 1(\pi_i) + 0(1 - \pi_i) = \pi_i = P(Y_i = 1) \tag{14.3}$$

(14.2)와 (14.3)을 등식으로 놓으면 다음 식을 발견할 수 있다.

$$E\{Y_i\} = \beta_0 + \beta_1 X_i = \pi_i \tag{14.4}$$

따라서 반응함수가 주어졌을 때 평균반응 $E\{Y_i\} = \beta_0 + \beta_1 X_i$는 예측변수의 수준이 X_i일 때 $Y_i = 1$일 확률이다. 이 평균반응에 대한 해석은 반응함수가 단순선형인지, 복합다항회귀인지를 말해준다. 결과변수가 0, 1인 지표변수일 때 평균반응은 항상 예측변수의 주어진 수준들에 대한 $Y = 1$일 확률을 나타낸다. 그림 14.1은 지표결과변수에 대한 단순선형 반응함수를 설명하고 있다. 여기서 지표변수 Y는 회사에 업계관계부서가 있는지에 대한 여부를 의미하며, 예측변수 X는 회사의 크기를 의미한다. 그림 14.1의 반응함수는 주어진 크기의 회사에 업계관계부서가 있을 확률을 보여 준다.

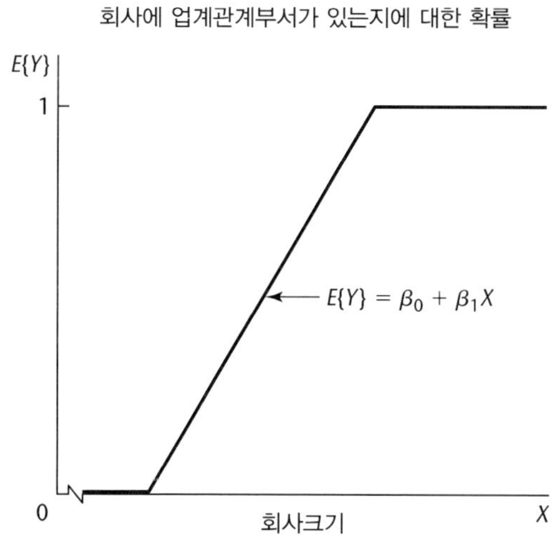

그림 14.1 반응변수가 이항일 때 반응함수의 예시 – 업계관계부서 예

반응변수가 이항일 경우 특수한 문제들

불행히도 반응변수가 지표변수일 경우에는 특수한 문제들이 생긴다. 단순선형회귀모형을 이용하여 다음 3가지 경우에 대해 알아보자.

1. **비정규 오차항.** 0, 1의 이항반응변수에 관하여 각각의 오차항 $\varepsilon_i = Y_i - (\beta_0 + \beta_1 X_i)$은 2가지 값만을 갖는다.

$$Y_i = 1: \quad \varepsilon_i = 1 - \beta_0 - \beta_1 X_i \tag{14.5a}$$

$$Y_i = 0: \quad \varepsilon_i = -\beta_0 - \beta_1 X_i \tag{14.5b}$$

   ε_i가 정규분포를 따른다는 가정하의 정규오차회귀모형 (2.1)은 분명히 적절하지 못하다.

2. **비일정 오차분산.** 오차항 ε_i가 갖는 또 다른 문제는 반응변수가 지표변수일 경우 일정한 분산을 갖지 않는다는 것이다. 이를 보이기 위해 단순선형회귀모형 (14.1)에서 (A.15)를 이용하여 $\sigma^2\{Y_i\}$를 구한다.

$$\sigma^2\{Y_i\} = E\{(Y_i - E\{Y_i\})^2\} = (1 - \pi_i)^2\pi_i + (0 - \pi_i)^2(1 - \pi_i)$$

   혹은

$$\sigma^2\{Y_i\} = \pi_i(1 - \pi_i) = (E\{Y_i\})(1 - E\{Y_i\}) \tag{14.6}$$

   ε_i의 분산은 Y_i의 분산과 같다. 왜냐하면 $\varepsilon_i = Y_i - \pi_i$와 π_i는 상수이기 때문이다.

$$\sigma^2\{\varepsilon_i\} = \pi_i(1 - \pi_i) = (E\{Y_i\})(1 - E\{Y_i\}) \tag{14.7}$$

   혹은

$$\sigma^2\{\varepsilon_i\} = (\beta_0 + \beta_1 X_i)(1 - \beta_0 - \beta_1 X_i) \tag{14.7a}$$

(14.7a)에서 $\sigma^2\{\varepsilon_i\}$가 X_i에 의존한다. 따라서 오차분산은 X의 수준에 따라서 다를 것이며, 보통최소제곱은 더 이상 최적이 아닐 것이다.

3. **반응함수의 제약.** 반응함수가 결과변수가 0, 1의 지표변수일 때 확률을 나타내기 때문에 평균반응은 다음과 같은 제약이 있다.

$$0 \le E\{Y\} = \pi \le 1 \tag{14.8}$$

많은 반응함수들은 이 제약을 자동적으로 갖지 않는다. 예를 들어 선형반응함수는 모형의 범위에서 예측변수의 값에 따라 제한 범위 밖으로 나갈 수 있다.

반응함수에 대해 (14.8)에서의 필연적으로 만들어진 제약 때문에 생기는 어려움은 매우 심각하다. 비일정 오차분산의 문제를 다루기 위해서는 가중최소제곱을 사용할 수 있다. 더욱이 큰 표본크기를 이용한 최소제곱법은 비록 그 오차항의 분포가 정규성과 멀지라도 꽤 일반적인 조건하에서 점근적으로 정규성을 갖는 추정량을 제공해 준다. 그러나 0과 1 사이의 평균반응에 대한 제약은 선형반응함수를 배제시킬 것이다. 예를 들어 업계관계부서 예에서 평균반응의 제약에 관하여 선형반응함수의 사용은 그림 14.1에서 설명하듯이, 소규모회사의 평균반응에 대해서는 0의 확률을 요구하며 대규모회사의 평균반응에 대해서는 1의 확률을 요구한다. 그러한 모형은 적절하지 않은 경우가 많다. 대신에 확률

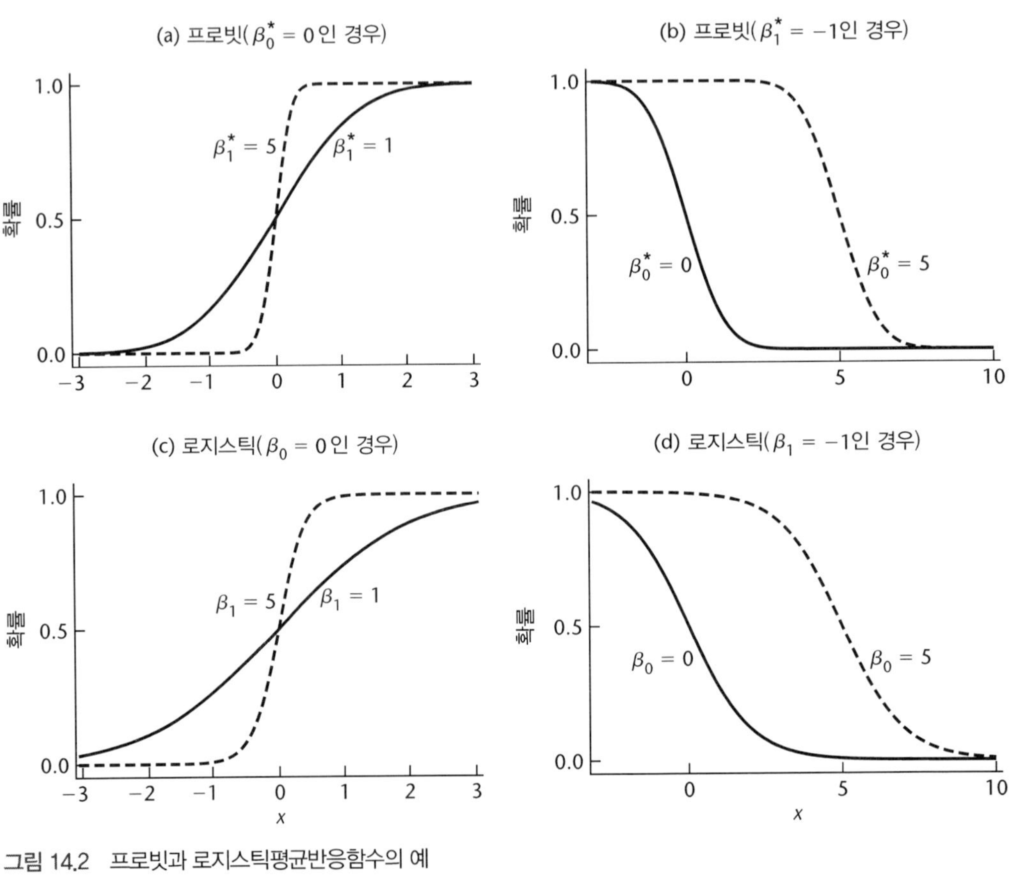

그림 14.2 프로빗과 로지스틱평균반응함수의 예

값이 점근적으로 0과 1이 되게 하는 그림 14.2에서의 S자 형태 곡선 모형이 대부분 더 적절하다고 할 수 있다.

14.2 ■ 이항반응변수에 대한 시그모이드 반응함수들

이 절에서는 이항반응변수들을 모형화하는 3가지 반응함수를 소개한다. 이 함수들은 0과 1을 경계로 하며, **시그모이드 형태**(sigmoidal-shape), 즉 S자 형태의 특성을 가지고 있고 점근적으로 0과 1로 접근한다. 이 함수들은 이항반응변수들이 기본적인 연속반응변수에 대하여 0과 1로 재코딩(혹은 이분, dichotomization)할 때 자연적으로 발생하며 이산형 이항반응변수의 경우에도 적절한 함수들이다.

프로빗 평균반응함수

임신기간(Y^c)에 엄마의 음주(X−임신 동안 음주량의 지수)의 영향에 대한 연구를 하는 보건연구자들을 살펴보자. 여기서 반응변수인 임신기간이 연속반응변수라는 것을 강조하기 위해 위 첨자 c를 사용한다. 이것을 단순선형회귀모형으로 나타내면 다음과 같다.

$$Y_i^c = \beta_0^c + \beta_1^c X_i + \varepsilon_i^c \tag{14.9}$$

그리고 ε_i^c이 평균 0, 분산 σ_c^2인 정규분포를 갖는다고 가정할 것이다.

만약 연속반응변수인 임신기간이 이용 가능하다면 보통의 단순선형회귀분석을 진행할 것이다. 하지만 이 예에서 연구자들은 각각의 임신기간을 다음과 같은 규칙으로 조기출산(preterm) 혹은 만기출산(full term)으로 코딩하였다.

$$Y_i = \begin{cases} 1, & Y_i^c \le 38\text{인 경우 (조기출산)} \\ 0, & Y_i^c > 38\text{인 경우 (만기출산)} \end{cases}$$

(14.3)과 (14.9)로부터 다음을 얻을 수 있다.

$$P(Y_i = 1) = \pi_i = P\left(Y_i^c \le 38\right) \tag{14.10a}$$

$$= P\left(\beta_0^c + \beta_1^c X_i + \varepsilon_i^c \le 38\right) \tag{14.10b}$$

$$= P\left(\varepsilon_i^c \le 38 - \beta_0^c - \beta_1^c X_i\right) \tag{14.10c}$$

$$= P\left(\frac{\varepsilon_i^c}{\sigma_c} \le \frac{38 - \beta_0^c}{\sigma_c} - \frac{\beta_1^c}{\sigma_c} X_i\right) \tag{14.10d}$$

$$= P(Z \le \beta_0^* + \beta_1^* X_i) \tag{14.10e}$$

여기서 $\beta_0^* = (38 - \beta_0^c)/\sigma_c$, $\beta_1^* = -\beta_1^c/\sigma_c$이며 $Z = \varepsilon_i^c/\sigma_c$는 표준정규분포를 따른다. 만약 $P(Z \le z) = \Phi(z)$로 놓으면 (14.10a–e)로부터 다음을 얻는다.

$$P(Y_i = 1) = \Phi(\beta_0^* + \beta_1^* X_i) \tag{14.11}$$

(14.3)과 (14.11)의 방정식은 **프로빗 평균반응함수**(probit mean response function)라고 하는 비선형회귀함수를 만들어 낸다.

$$E\{Y_i\} = \pi_i = \Phi(\beta_0^* + \beta_1^* X_i) \tag{14.12}$$

표준정규누적분포함수 Φ의 역함수, Φ^{-1}은 프로빗 변환(probit transformation)이라고도 한다. 식의 양변에 프로빗 변환을 적용함으로써 (14.12)에 있는 $\beta_0^* + \beta_1^* X_i$ 선형예측변수를 풀 수 있고 얻어지는 식은 다음과 같다.

$$\Phi^{-1}(\pi_i) = \pi_i' = \beta_0^* + \beta_1^* X_i \tag{14.13}$$

그 결과 나타나는 $\pi_i' = \beta_0^* + \beta_1^* X_i$은 **프로빗 반응함수**(probit response function)라고 하며, 더 일반적으로는 **선형예측변수**(linear predictor)라고도 한다.

β_0^*, β_1^*의 다양한 값들에 대한 프로빗 평균반응함수 (14.12)의 그림은 그림 14.2a와 14.2b에 있다. 이 반응함수의 몇 가지 특성들은 다음과 같다.

1. 프로빗 평균반응함수는 0과 1 사이에 있으며 그것은 점근적으로 이 극한들에 접근한다.
2. β_1^* ($\beta_1^* > 0$)이 증가하면, 평균함수는 더 S자 형태를 가지게 되며 중심에서 더 급속도로 변화한다. 그림 14.2a는 둘 다 절편계수는 0이고 기울기계수는 1과 5인 두 가지 프로빗 평균반응함수들을 보여 주고 있다. 그 곡선이 $\beta_1^* = 5$일 때 더 확연한 S자 형태를 보인다.
3. 양수에서 음수로의 β_1^* 부호의 변화는 평균반응함수를 단조증가함수에서 단조감소함수로 변화시킨다. 그림 14.2a의 프로빗 평균반응함수들은 양의 기울기계수인 반면, 그림 14.2b의 함수들은 음의 기울기계수이다.
4. 절편 β_0^*의 증가 혹은 감소는 평균반응함수를 수평으로 이동시킨다(이동방향은 β_0^*, β_1^*의 부호 양쪽에 달려있다). 그림 14.2b는 두 개의 프로빗 평균반응함수들을 보여 주는데, 둘 다 기울기계수는 -1이며 절편계수는 0과 5이다. 그 곡선이 β_0^*가 0에서 5로 변화함에 따라 오른쪽으로 이동한다는 것에 주목하라.
5. 마지막으로 프로빗 반응함수의 **대칭성**(symmetry property)을 살펴보자. 만약 반응변수가 $Y_i' = 1 - Y_i$을 사용하여 재코딩되면, 즉 1과 0을 0과 1로 바꾸면 그 계수들의 모든 부호들이 바뀐다. 이것은 표준정규분포의 대칭성을 따른다. $\Phi(Z) = 1 - \Phi(-Z)$이기 때문에 $P(Y_i' = 1) = P(Y_i = 0) = 1 - \Phi(\beta_0^* + \beta_1^* X_i) = \Phi(-\beta_0^* - \beta_1^* X_i)$이 된다.

로지스틱평균반응함수

(14.9)에서 기본적인 연속반응변수에 대해 정규분포를 따르는 오차에 대한 가정이 π_i를 모형화하기 위해 표준정규누적분포함수 Φ를 적용할 수 있음을 살펴보았다. 정규분포와 매우 비슷한 대안의 오차분포가 로지스틱분포(logistic distribution)이다. 그림 14.3은 각각 평균 0과 분산 1을 갖는 표준정규밀도함수와 로지스틱밀도함수의 그림을 보여 주고 있다. 로지스틱분포가 약간 두꺼운 꼬리를 가지고 있지만 거의 구분할 수 없다. 평균이 0이고 표준편차가 $\sigma = \pi/\sqrt{3}$인 로지스틱확률변수 ε_L의 밀도는 다음과 같은 식을 갖는다.

$$f_L(\varepsilon_L) = \frac{\exp(\varepsilon_L)}{[1 + \exp(\varepsilon_L)]^2} \tag{14.14a}$$

또한 누적분포함수는 다음과 같다.

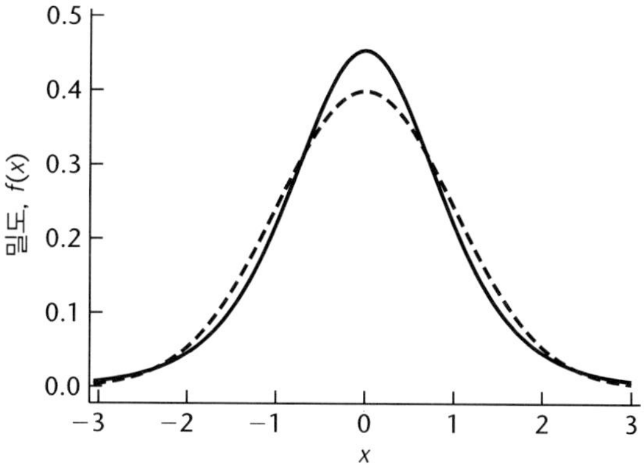

그림 14.3 정규밀도(점선)와 로지스틱밀도(실선)의 그림. 각각 평균 0과 분산 1을 가짐.

$$F_L(\varepsilon_L) = \frac{\exp(\varepsilon_L)}{1+\exp(\varepsilon_L)} \tag{14.14b}$$

이제 (14.9)의 ε_i^c가 평균이 0이고 표준편차가 σ_c인 로지스틱분포를 따른다고 가정해 보자. 그렇다면 (14.10d)에 따라 다음과 같다.

$$P(Y_i = 1) = P\left(\frac{\varepsilon_i^c}{\sigma_c} \le \beta_0^* + \beta_1^* X_i\right)$$

여기서 ε_i^c/σ_c는 평균이 0이고 표준편차가 1인 로지스틱분포를 따른다. 이때 우변의 확률식 안에 $\pi/\sqrt{3}$을 양변에 곱하여도 확률은 변하지 않는다. 따라서 다음과 같은 식을 얻는다.

$$P(Y_i = 1) = \pi_i = P\left(\frac{\pi}{\sqrt{3}}\frac{\varepsilon_i^c}{\sigma_c} \le \frac{\pi}{\sqrt{3}}\beta_0^* + \frac{\pi}{\sqrt{3}}\beta_1^* X_i\right) \tag{14.15a}$$

$$= P(\varepsilon_L \le \beta_0 + \beta_1 X_i) \tag{14.15b}$$

$$= F_L(\beta_0 + \beta_1 X_i) \tag{14.15c}$$

$$= \frac{\exp(\beta_0 + \beta_1 X_i)}{1+\exp(\beta_0 + \beta_1 X_i)} \tag{14.15d}$$

이때 $\beta_0 = (\pi/\sqrt{3})\beta_0^*$와 $\beta_1 = (\pi/\sqrt{3})\beta_1^*$는 로지스틱회귀의 모수이다. 요약하면 **로지스틱 평균반응함수**(logistic mean response function)는 다음과 같다.

$$E\{Y_i\} = \pi_i = F_L(\beta_0 + \beta_1 X_i) = \frac{\exp(\beta_0 + \beta_1 X_i)}{1+\exp(\beta_0 + \beta_1 X_i)} \tag{14.16}$$

간단한 계산을 하면 (14.16)은 다음과 같이 쓸 수 있다.

$$E\{Y_i\} = \pi_i = [1+\exp(-\beta_0 - \beta_1 X_i)]^{-1} \tag{14.17}$$

(14.16)의 가운데 등식에 누적분포함수 F_L의 역수를 적용해 보면 다음과 같다.

$$F_L^{-1}(\pi_i) = \beta_0 + \beta_1 X_i = \pi_i' \tag{14.18}$$

$F_L^{-1}(\pi_i)$의 변환을 확률 π_i의 **로짓변환**(logit transformation)이라고 하며, 그 식은 다음과 같다.

$$F_L^{-1}(\pi_i) = \log_e\left(\frac{\pi_i}{1-\pi_i}\right) \tag{14.18a}$$

이때 (14.18a)의 $\pi_i/(1-\pi_i)$를 **오즈**(odds)라고 한다. 또한 (14.18)의 선형예측변수를 **로짓 반응함수**(logit response function)라고 한다.

그림 14.2c와 14.2d는 각각 로지스틱평균반응함수를 보여 주며, 이때 모수들은 프로빗 평균반응함수에서 나온 그림 14.2a와 14.2b의 모수들과 일치한다. 이 그림들을 살펴보면 로지스틱평균반응함수들은 본질적으로 프로빗 평균반응함수와 유사한 것임을 알 수 있다. 앞에서 언급한 프로빗 평균반응함수의 5가지 성질 역시 로지스틱평균반응함수에서도 적용된다. 로지스틱과 프로빗 평균반응함수의 차이가 관측되었다면, 이는 대부분 앞에서 언급한 모수들의 척도화(scaling)의 차이에서 비롯되었을 것이다. 프로빗 평균반응함수의 대칭적 성질 역시 로지스틱평균반응함수에도 적용됨을 주목하자.

보 로그–로그 반응함수

세 번째 평균반응함수는 ε^c의 오차분포가 대칭이 아닐 때 사용되는 경우가 있다. 그림 14.4는 평균이 0이고 분산이 1인 **극단값분포**(extreme value distribution) 또는 Gumbel **확률분포**(*Gumbel probability distribution*)의 밀도함수 $f_G(\varepsilon)$를 표준정규분포와 앞에서 언급한 로지스틱밀도분포와 비교하여 나타낸 것이다. 이 분포는 표준정규분포와 로지스틱밀도분포와는 명확히 구별되게 오른쪽으로 길게 뻗어(skewed to the right) 있음을 유념하자. (14.9)의 ε^c의 Gumbel 오차함수의 사용은 다음과 같은 평균반응함수로 유도된다.

$$\pi_i = 1 - \exp\left(-\exp\left(\beta_0^G + \beta_1^G X_i\right)\right) \tag{14.19}$$

선형예측변수 $\beta_0^G + \beta_1^G X_i$에 대해 식을 푼다면, **보 로그–로그**(complementary log-log) 반응모형을 얻을 수 있다.

$$\pi_i' = \log[-\log(1-\pi(X_i))] = \beta_0^G + \beta_1^G X_i \tag{14.19a}$$

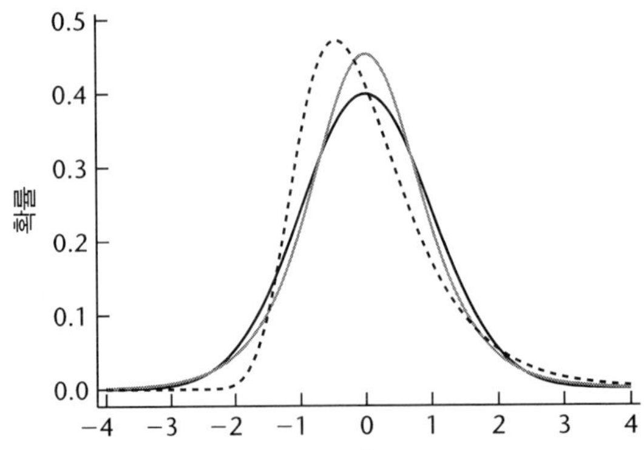

그림 14.4 각각 평균이 0이고 분산이 1인 Gumbel(점선), 정규(검은선), 로지스틱(회색선) 밀도함수그림.

앞에서 언급한 로짓과 프로빗 모형에 대한 대칭적 성질은 (14.19)에서는 성립하지 않는다.

이 장의 남은 부분에서는 로지스틱평균반응함수의 사용에 대해 집중적으로 알아볼 것이다. 로지스틱평균반응모형이 최근 가장 광범위하게 사용되는 이유는 다음과 같다. (1) 회귀모수들이 상대적으로 간단하고 해석이 용이하며, (2) 통계 소프트웨어가 로지스틱회귀모형 분석에 대해 광범위하게 사용 가능하기 때문이다. 다음 두 절에서는 이항자료의 단순로지스틱회귀모형과 다중로지스틱회귀모형에 대한 적합을 보다 자세히 살펴볼 것이다.

부연설명

로지스틱과 프로빗 평균반응함수에서 이항변수 Y_i가 원래는 관측된 연속반응변수 Y_i^c를 이분류하여 얻어졌다고 추정되지만, 이러한 절차가 꼭 필요하지는 않다. 실제로 반응함수는 이러한 이분류화를 통해 얻어지지 않는 이항반응변수일 때에도 자주 사용된다. 또한 이러한 이항반응변수는 그 기저에 관측되지 않거나 잠재적인 연속변수의 이분류화를 통해 얻어졌다고 해석할 수도 있다. ■

14.3 ■ 단순로지스틱회귀

로지스틱반응함수의 모수를 추정하는 데에는 최대가능도(maximun likelihood)법을 사용한다. 최대가능도법은 반응변수 Y_i가 이항자료이기 때문에 생기는 문제점들을 다루는 데 매우 적합하다. 1.8절에서 설명했듯이 첫째로 표본 관측값들의 결합확률함수(joint probability function)를 설정하는 것이 필요하다. (1.26)처럼 관측값 Y에 정규분포를 사용하는 대신에, 이제 이항확률변수에 대해 Bernoulli 분포를 활용할 것이다.

단순로지스틱회귀모형

첫째로, 단순로지스틱회귀모형(simple logistic regression model)에 관한 형식적인 서술이 필요하다. 반응변수가 이항확률변수일 때, 각 Y는 모수 $E\{Y\} = \pi$인 Bernoulli 확률분포이며, 확률 π와 $1 - \pi$로 1과 0의 값을 가졌던 것을 떠올려 보자. 이에 따라 단순로지스틱회귀모형은 다음과 같은 형태를 갖는다.

$$Y_i = E\{Y_i\} + \varepsilon_i$$

이때 오차항 ε_i의 분포는 반응변수 Y_i의 분포인 Bernoulli 분포에 의해 결정되기 때문에 단순로지스틱회귀모형을 다음과 같이 서술하는 것이 선호된다.

Y_i는 기댓값 $E\{Y_i\} = \pi_i$인 독립적인 Bernoulli 확률변수이다.
이때 $E\{Y_i\}$는 다음과 같다.

$$E\{Y_i\} = \pi_i = \frac{\exp(\beta_0 + \beta_1 X_i)}{1 + \exp(\beta_0 + \beta_1 X_i)} \tag{14.20}$$

관측값 X는 상수로 알려져 있다고 가정한다. 그러나 만약 관측값 X가 확률변수라면, $E\{Y_i\}$는 X_i의 값에 따라 달라지는 조건부평균이 될 것이다.

가능도함수

각각의 관측값 Y_i가 다음과 같은 Bernoulli 확률변수이다.

$$P(Y_i = 1) = \pi_i$$
$$P(Y_i = 0) = 1 - \pi_i$$

따라서 Y_i의 확률분포는 다음과 같이 쓸 수 있다.

$$f_i(Y_i) = \pi_i^{Y_i}(1-\pi_i)^{1-Y_i} \qquad Y_i = 0, 1; \quad i = 1, \ldots, n \tag{14.21}$$

즉, $f_i(1) = \pi_i$, $f_i(0) = 1 - \pi_i$이기 때문에 간단히 말하면 $f_i(Y_i)$는 $Y_i = 1$ 또는 0일 때의 확률인 것이다.

관측값 Y_i들은 독립이기 때문에 결합확률함수는 다음과 같다.

$$g(Y_1, \ldots, Y_n) = \prod_{i=1}^{n} f_i(Y_i) = \prod_{i=1}^{n} \pi_i^{Y_i}(1-\pi_i)^{1-Y_i} \tag{14.22}$$

앞에서 말했듯이 최대가능도추정값을 찾을 때에는 결합확률함수의 로그를 이용하는 것이 훨씬 더 쉽다.

$$\begin{aligned}\log_e g(Y_1, \ldots, Y_n) &= \log_e \prod_{i=1}^{n} \pi_i^{Y_i}(1-\pi_i)^{1-Y_i} \\ &= \sum_{i=1}^{n}[Y_i \log_e \pi_i + (1 - Y_i)\log_e(1-\pi_i)] \\ &= \sum_{i=1}^{n}\left[Y_i \log_e\left(\frac{\pi_i}{1-\pi_i}\right)\right] + \sum_{i=1}^{n}\log_e(1-\pi_i)\end{aligned} \tag{14.23}$$

이항확률변수에 대해 $E\{Y_i\} = \pi_i$이기 때문에 (14.16)으로부터 다음 식을 도출할 수 있다.

$$1 - \pi_i = [1 + \exp(\beta_0 + \beta_1 X_i)]^{-1} \tag{14.24}$$

또한 (14.18a)에 따라서 다음의 식도 얻을 수 있다.

$$\log_e\left(\frac{\pi_i}{1-\pi_i}\right) = \beta_0 + \beta_1 X_i \tag{14.25}$$

따라서 (14.23)의 식은 아래와 같이 나타낼 수 있다.

$$\log_e L(\beta_0, \beta_1) = \sum_{i=1}^{n} Y_i(\beta_0 + \beta_1 X_i) - \sum_{i=1}^{n}\log_e[1 + \exp(\beta_0 + \beta_1 X_i)] \tag{14.26}$$

이때 $g(Y_1, \ldots, Y_n)$를 대신하여 $L(\beta_0, \beta_1)$을 쓴 것이며, 이를 통해서 위의 함수를 표본 관측값이 주어졌을 때 추정된 모수에 대한 가능도함수로 간주할 수 있게 된다.

최대가능도추정

단순로지스틱회귀모형에서 β_0와 β_1의 최대가능도추정량은 (14.26)의 로그가능도함수(우도함수)를 최대화시키는 β_0와 β_1의 값이다. 수식 형태로 (14.26)의 로그가능도함수를 최대화시키는 β_0와 β_1을 찾는 것은 불가능하다. 따라서 최대가능도추정량 b_0와 b_1을 찾기 위해서는 컴퓨터를 이용한 수치적 탐색기법이 필요하다. 수치적 탐색기법에는 여러 방법이 널리 쓰이고 있는데, 그 중 한 방법이 반복재가중최소제곱(iteratively reweighted least squares)법이다. 이는 14.4절에서 배울 것이다. 인용문헌 14.1에 최대가능도추정량을 찾는 여러 수치적 탐색기법이 소개되어 있다. 최대가능도추정량 b_0와 b_1을 찾기 위하여 로지스틱회귀에 맞게 설계된 통계 소프트웨어 프로그램을 이용할 것이다.

이렇게 최대가능도추정량 b_0와 b_1을 찾았다면, 적합반응함수를 얻기 위하여 (14.20)의 반응함수의 값들을 b_0와 b_1으로 대체한다. i번째 경우에 대한 적합값으로 $\hat{\pi}_i$를 사용한다.

$$\hat{\pi}_i = \frac{\exp(b_0 + b_1 X_i)}{1 + \exp(b_0 + b_1 X_i)} \tag{14.27}$$

적합로지스틱반응함수는 다음과 같다.

$$\hat{\pi} = \frac{\exp(b_0 + b_1 X)}{1 + \exp(b_0 + b_1 X)} \tag{14.28}$$

(14.18)에 로짓변환을 적용한다면, (14.28)의 적합반응함수는 다음과 같이 쓸 수 있다.

$$\hat{\pi}' = b_0 + b_1 X \tag{14.29}$$

이때,

$$\hat{\pi}' = \log_e\left(\frac{\hat{\pi}}{1 - \hat{\pi}}\right) \tag{14.29a}$$

(14.29)를 적합로짓반응함수(fitted logit response function)라고 한다.

적합로지스틱반응함수가 구해졌다면, 보통 그 다음 단계는 적합반응함수의 적절성을 검토하는 것이다. 만약 적합이 잘되었다면 그것에 관한 다양한 추론과 예측도 해야 한다. 그러나 로지스틱반응함수에 관한 적합도를 검토하는 방법과 이에 관한 추론과 예측을 하는 방법은 예측변수가 여러 개인 다중로지스틱회귀모형을 배운 후에 살펴보도록 하겠다.

예 한 시스템 분석가가 제한된 시간 내에 디버깅을 포함한 복잡한 프로그래밍 업무를 완성하는 능력에 있어서 컴퓨터 프로그래밍 경험이 미치는 효과에 대해 연구하였다. 25명의 참가자가 연구에 참여하였다. 참가자들의 프로그래밍 경험은 표 14.1a의 1열에서 볼 수 있듯이 다양하였다(프로그래밍 경험은 월 단위로 측정하였다). 모든 참가자에게 동일한 프로그래밍 업무가 주어졌고, 참가자들의 수행 결과는 표의 2열에 나타나 있다. 수행 결과는 이항으로 표시하였다. 만약 주어진 시간에 완벽히 업무를 수행하였다면 $Y = 1$로 표시하고, 완벽하게 수행하지 못한 경우는 $Y = 0$으로 표시하였다. 그림 14.5는 이 자료의 산점도이다. 이 산점도는 반응변수의 특성 때문에 경험의 양이 늘어날수록 업무를 성공적으로 완성하는 능력이 증가한다는 정보 외에는 다른 많은 정보를 포함하고 있지는 않다. 자료에 적합된 lowess 비모수 반응곡선도 그림 14.5에 같이 있다. 비모수적 lowess 적합에 의해서 반응함수는 시그모이드의 S자 형태를 나타낸다. 이에 따라서 (14.20)의 로지스틱

(a) 자료				
	(1)	(2)	(3)	(4)
참가자	경험(달)	업무수행도	적합값	이탈도잔차
i	X_i	Y_i	$\hat{\pi}_i$	dev_i
1	14	0	.310	−.862
2	29	0	.835	−1.899
3	6	0	.110	−.483
...	...	...	...	...
23	28	1	.812	.646
24	22	1	.621	.976
25	8	1	.146	1.962

(b) 최대가능도추정값			
회귀계수	추정회귀계수	추정표준편차	추정오즈비
β_0	−3.0597	1.259	—
β_1	.1615	.0650	1.175

표 14.1 자료와 최대가능도추정값 – 프로그래밍 업무 예

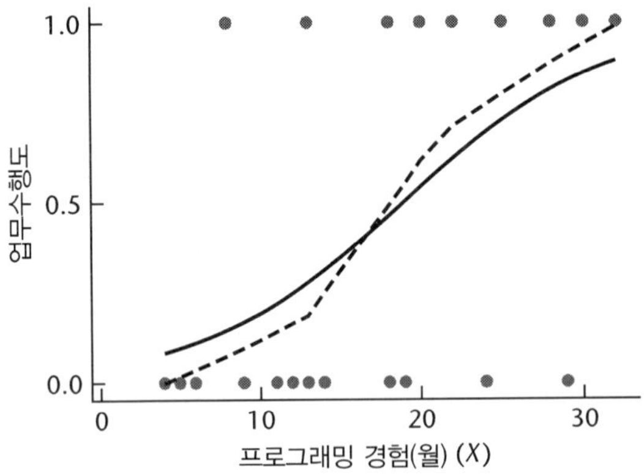

그림 14.5 산점도, lowess 곡선(점선), 추정 로지스틱평균반응함수(실선) – 프로그래밍 업무 예

회귀모형의 적합이 결정되었다.

자료를 기존의 로지스틱회귀 패키지로 분석하였다. 그 결과는 표 14.1b와 같다. $b_0 = -3.0597$이고 $b_1 = .1615$이기 때문에 추정된 로지스틱회귀함수 (14.28)은 다음과 같다.

$$\hat{\pi} = \frac{\exp(-3.0597 + .1615X)}{1 + \exp(-3.0597 + .1615X)} \tag{14.30}$$

적합값은 표 14.1a의 3열에 나와 있다. 예를 들어 $X_1 = 14$일 때 $i = 1$에 대하여 추정된 평균반응은 다음과 같다.

$$\hat{\pi}_1 = \frac{\exp[-3.0597 + .1615(14)]}{1 + \exp[-3.0597 + .1615(14)]} = .310$$

이 적합값은 14달의 프로그래밍 경험이 있는 사람이 프로그래밍 업무를 성공적으로 끝마칠 추정확률이다. lowess 적합 외에도, 그림 14.5는 적합로지스틱반응함수인 $\hat{\pi}(x)$의 그림

또한 보여 준다.

b_1에 관한 해석

적합로지스틱반응함수 (14.30)에서 추정된 회귀계수 b_1에 관한 해석은 선형회귀모형에서 기울기에 관한 해석처럼 간단하지 않다. 그 이유는 X의 시작점의 위치에 따라서 X의 한 단위 증가가 로지스틱회귀모형에 미치는 영향이 각기 다르기 때문이다. 따라서 b_1에 관한 해석은 추정된 오즈 $\hat{\pi}/(1-\hat{\pi})$이 X의 시작점에 상관없이 X가 한 단위 증가하면 $\exp(b_1)$배 증가한다는 적합로지스틱함수의 특성에 따라야 한다.

아래의 식을 보면 적합로짓반응함수 (14.29)에서 $X = X_j$로 되었다.

$$\hat{\pi}'(X_j) = b_0 + b_1 X_j$$

$\hat{\pi}'(X_j)$는 구체적으로 적합값과 연관된 X의 수준을 나타낸다. 또한 $X = X_j + 1$일 때의 적합로짓반응함수의 값은 아래와 같다.

$$\hat{\pi}'(X_j + 1) = b_0 + b_1(X_j + 1)$$

이때 위의 두 적합값의 차이는 다음과 같다.

$$\hat{\pi}'(X_j + 1) - \hat{\pi}'(X_j) = b_1$$

이제 (14.29a)에 따르면 $\hat{\pi}'(X_j)$는 $X = X_j$일 때의 추정된 오즈에 로그를 취해준 값과 같다[이를 $\log_e(\text{odds}_1)$이라고 표기하자]. 마찬가지로 $\hat{\pi}'(X_j + 1)$는 $X = X_j + 1$일 때의 추정된 오즈에 로그를 취해준 값과 같다[이를 $\log_e(\text{odds}_2)$이라고 표기하자]. 따라서 두 적합로짓반응값의 차이는 아래와 같이 나타낼 수 있다.

$$\log_e(\text{odds}_2) - \log_e(\text{odds}_1) = \log_e\left(\frac{\text{odds}_2}{\text{odds}_1}\right) = b_1$$

양변에 로그가 없어지도록 식을 계산해 주면 추정된 오즈의 비율은 $\exp(b_1)$과 같다. 이를 **오즈비**(odds ratio)라고 하며 기호로 $\widehat{OR}$으로 나타낸다.

$$\widehat{OR} = \frac{\text{odds}_2}{\text{odds}_1} = \exp(b_1) \tag{14.31}$$

예 앞의 프로그래밍 업무 예에서 그림 14.5를 보면 경험한 월수가 많을수록 성공확률이 가파르게 증가하는 것을 볼 수 있다. 구체적으로 살펴본다면, 표 14.1b에서 오즈비 $\widehat{OR} = \exp(b_1) = \exp(.1615) = 1.175$로서 경험한 월수가 1달 늘어날 때 업무를 완성하는 오즈가 17.5% 증가함을 뜻한다.

한 달의 단위 증가량이 비교적 작기 때문에, 1.175의 추정된 오즈비는 시간에 따라 더 차이가 나는 오즈의 변화는 보여 주지 못할 수도 있다. 일반적으로 c 단위의 차이가 있을 때의 추정된 오즈비는 $\exp(cb_1)$이다. 예를 들어 10달의 경험이 있는 사람과 25달의 경험이 있는 사람을 상대적으로 경험이 많은 사람과 적은 사람으로 비교해 보면 $c = 15$이고 오즈비는 $\exp[15(.1615)] = 11.3$으로 추정된다. 이는 상대적으로 경험이 많은 사람을 적

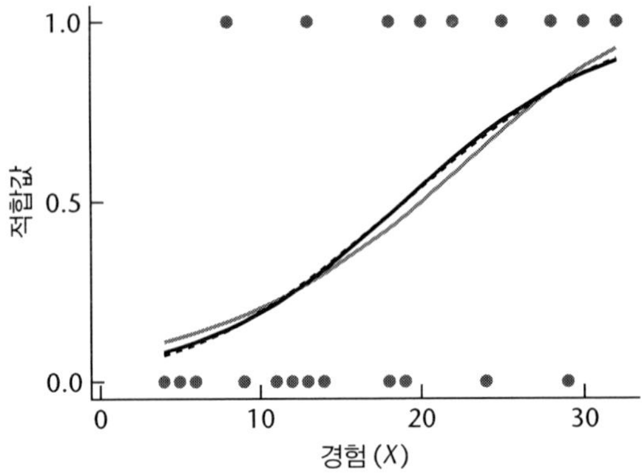

그림 14.6 로지스틱(실선), 프로빗(점선), 보 로그–로그(회색선) 적합 결과 – 프로그래밍 업무 예

은 사람과 비교하였을 때 업무를 수행하는 오즈가 11배 증가함을 뜻한다.

부연설명
추정된 회귀계수 b_1에 대한 오즈비의 해석은 로지스틱회귀모형이 역학조사를 모형화하고 해석하는 데 특히 유용하다. ■

프로빗 함수와 보 로그–로그 반응함수의 사용

14.2절에서 논의하였듯이 프로빗, 보 로그-로그 함수와 같은 대안적 *S*자형 반응함수도 다음과 같이 활용 가능하다. 예를 들어 표 14.1의 프로그래밍 업무 자료를 위의 대안적 반응함수에 적합시켜 보자. 그림 14.6은 적합로지스틱, 프로빗, 보 로그-로그 평균반응함수 자료의 산점도를 보여 준다. 로지스틱과 프로빗 함수는 매우 유사한 형태를 가지고 있는 데 반해, 보 로그-로그 함수는 그와는 약간 다른 작은 *S*자 형태 모양을 가짐을 볼 수 있다.

반복 관측 – 이항 결과물

실험을 통해 얻은 자료 중에는 몇몇의 예측변수 *X*에서 여러 번의 반복 관측이 일어나는 경우가 있다. 예를 들어 1,000명의 소비자에게 신상품을 보여 주고 그에 대한 정보를 설명한 다음에 주어진 가격에서 이 상품의 구매여부를 묻는 실험이 설계되었다고 하자. 5개의 가격을 정하고 각 가격에 200명의 소비자가 확률 배정되었다. 이때 반응변수는 이항변수(구매를 하거나, 하지 않거나)이며 예측변수는 가격으로서 5개의 수준을 갖는다.

반복 관측이 존재할 때, (14.26)의 로그가능도함수는 다음과 같이 단순화할 수 있다. 반복 관측값에 대하여 3.7절의 적합성결여를 위한 *F*검정의 표기를 사용할 것이다. 반복측정은 각 $X_1, \ldots, X_c$의 X 수준에서 얻어졌으며, X_j의 수준에서 이항반응변수는 n_j개가 있다고 표기하자. 또한 X_j에서 얻어진 i번째 이항 반응값은 Y_{ij}로 표기하며 이때 $i = 1, \ldots, n_j$, $j = 1, \ldots, c$이다. 수준 X_j에서 1의 개수인 $Y_{.j}$는 다음과 같다.

$$Y_{.j} = \sum_{i=1}^{n_j} Y_{ij} \tag{14.32a}$$

또한 X_j 수준에서 1의 비율을 p_j로 나타낸다.

$$p_j = \frac{Y_{.j}}{n_j} \tag{14.32b}$$

확률변수 $Y_{.j}$는 다음과 같은 **이항분포**(binomial distribution)를 갖는다.

$$f(Y_{.j}) = \binom{n_j}{Y_{.j}} \pi_j^{Y_{.j}} (1-\pi_j)^{n_j - Y_{.j}} \tag{14.33}$$

이때

$$\binom{n_j}{Y_{.j}} = \frac{n_j!}{(Y_{.j})!(n_j - Y_{.j})!}$$

$a!$은 $a(a-1)(a-2)\cdots 1$을 뜻한다. 이항확률변수 $Y_{.j}$는 평균이 $n_j\pi_j$이며 분산은 $n_j\pi_j(1-\pi_j)$이다. 그렇다면 로그가능도함수는 이제 다음과 같이 나타낼 수 있다.

$$\begin{aligned}\log_e L(\beta_0, \beta_1) = \sum_{j=1}^{c} \Bigg\{ \log_e \binom{n_j}{Y_{.j}} + Y_{.j}(\beta_0 + \beta_1 X_j) \\ - n_j \log_e[1 + \exp(\beta_0 + \beta_1 X_j)] \Bigg\}\end{aligned} \tag{14.34}$$

예 주어진 상품에 대한 가격할인 쿠폰의 효과를 연구하기 위해서 1,000가구가 확률적으로 선택되었다. 각 가구에 광고지와 한 상품에 대한 쿠폰을 넣어 우편으로 보냈다. 쿠폰의 할인금액은 5가지 경우로 달랐으며(5, 10, 15, 20, 30 달러), 각 할인금액에 따른 그룹마다 200가구씩 확률 배정되었다. 이 연구에서 예측변수 X는 쿠폰의 할인금액이며, 반응변수 Y는 6개월 이내의 쿠폰의 사용여부인 이항변수이다.

표 14.2는 이 연구에 관한 자료이다. X_j는 쿠폰의 할인금액을 나타내며, n_j는 쿠폰 할인금액 X_j를 받은 가구의 수를, $Y_{.j}$는 쿠폰을 사용한 가구의 수를, p_j는 쿠폰 할인금액이 X_j일 때 쿠폰을 사용한 가구의 비율을 뜻한다. 이때 (14.20)과 같은 로지스틱회귀모형은 로지스틱회귀 패키지 프로그램을 이용하여 구하였고, 그때의 반응함수는 다음과 같았다.

$$\hat{\pi} = \frac{\exp(-2.04435 + .096834X)}{1 + \exp(-2.04435 + .096834X)} \tag{14.35}$$

	(1)	(2)	(3)	(4)	(5)
수준	할인금액	가구의 수	쿠폰 사용 수	쿠폰 사용 비율	모형에 기초한 추정값
j	X_j	n_j	$Y_{.j}$	p_j	$\hat{\pi}_j$
1	5	200	30	.150	.1736
2	10	200	55	.275	.2543
3	15	200	70	.350	.3562
4	20	200	100	.500	.4731
5	30	200	137	.685	.7028

표 14.2 자료 – 쿠폰 유효성 예

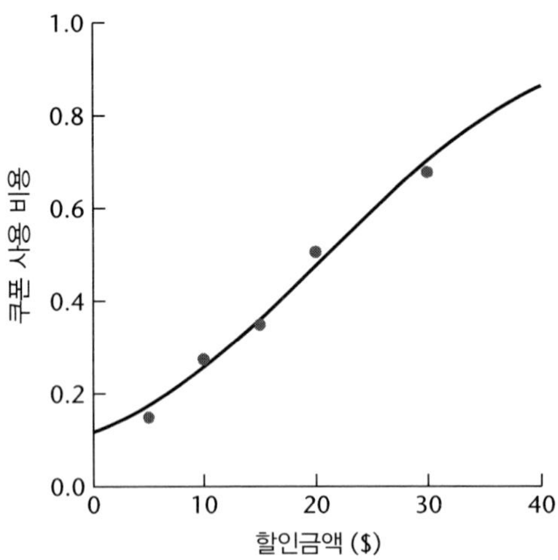

그림 14.7 쿠폰 사용의 비율과 적합로지스틱반응함수그림 – 쿠폰 유효성 예

표 14.2의 5열은 적합값을 나타낸다. 그림 14.7은 각 X_j 수준에서의 쿠폰사용 비율과 적합반응함수를 보여 주고 있다. 그림을 보면 로지스틱반응함수의 적합이 매우 잘된 것을 볼 수 있다. 오즈비는 다음과 같다.

$$\widehat{OR} = \exp(b_1) = \exp(.096834) = 1.102$$

즉, 사용한 쿠폰의 오즈는 쿠폰 할인금액이 1달러 증가할 때마다 10.2% 증가할 것으로 추정된다.

14.4 ■ 다중로지스틱회귀

다중로지스틱회귀모형

단순로지스틱회귀모형 (14.20)은 두 개 이상의 예측변수로 간단하게 확장시킬 수 있다. 실제로 적절한 기술(description)과 유용한 예측을 위해서는 로지스틱회귀와 함께 대개 여러 개의 예측변수가 필요하다.

단순로지스틱회귀모형을 확장할 때에는 간단하게 (14.16)의 $\beta_0 + \beta_1 X$를 $\beta_0 + \beta_1 X_1 + \cdots + \beta_{p-1} X_{p-1}$으로 바꾸면 된다. 이를 공식으로 간단히 하기 위해서 다음과 같은 3개의 벡터를 이용해 행렬로 표기할 것이다.

$$\underset{p\times 1}{\boldsymbol{\beta}} = \begin{bmatrix} \beta_0 \\ \beta_1 \\ \vdots \\ \beta_{p-1} \end{bmatrix} \qquad \underset{p\times 1}{\mathbf{X}} = \begin{bmatrix} 1 \\ X_1 \\ X_2 \\ \vdots \\ X_{p-1} \end{bmatrix} \qquad \underset{p\times 1}{\mathbf{X}_i} = \begin{bmatrix} 1 \\ X_{i1} \\ X_{i2} \\ \vdots \\ X_{i,p-1} \end{bmatrix} \tag{14.36}$$

이를 이용하면 다음과 같이 나타낼 수 있다.

$$\mathbf{X}'\boldsymbol{\beta} = \beta_0 + \beta_1 X_1 + \cdots + \beta_{p-1} X_{p-1} \tag{14.37a}$$

$$\mathbf{X}_i'\boldsymbol{\beta} = \beta_0 + \beta_1 X_{i1} + \cdots + \beta_{p-1} X_{i,p-1} \tag{14.37b}$$

(14.20)의 단순로지스틱반응함수는 아래와 같이 다중로지스틱반응함수로 확장할 수 있다.

$$E\{Y\} = \frac{\exp(\mathbf{X}'\boldsymbol{\beta})}{1+\exp(\mathbf{X}'\boldsymbol{\beta})} \tag{14.38}$$

또한 단순로지스틱반응식 (14.17)은 다음과 같이 확장 가능하다.

$$E\{Y\} = [1+\exp(-\mathbf{X}'\boldsymbol{\beta})]^{-1} \tag{14.38a}$$

마찬가지로 로짓변환 (14.18a)는 다음과 같다.

$$\pi' = \log_e\left(\frac{\pi}{1-\pi}\right) \tag{14.39}$$

로짓반응함수 또는 선형예측변수는 아래와 같다.

$$\pi' = \mathbf{X}'\boldsymbol{\beta} \tag{14.40}$$

따라서 다중로지스틱회귀모형은 다음과 같다.

Y_i는 기댓값 $E\{Y_i\} = \pi_i$인 독립적인 Bernoulli 확률변수이다.
이때,

$$E\{Y_i\} = \pi_i = \frac{\text{cxp}(\mathbf{X}_i'\boldsymbol{\beta})}{1+\exp(\mathbf{X}_i'\boldsymbol{\beta})} \tag{14.41}$$

와 같다. 관측값 X는 알려진 상수라고 가정한다. 반대로 만약 X가 확률변수라면 $E\{Y_i\}$는 $X_{i1}, \ldots, X_{i,p-1}$가 주어졌을 때의 조건부평균이 된다.

단순로지스틱반응함수 (14.16)처럼 다중로지스틱반응함수 (14.41)은 $\mathbf{X}'\boldsymbol{\beta}$에 대하여 단조이고 S자형이며, π가 .2와 .8 사이에서는 거의 직선 형태이다. X 변수는 예측변수와는 다르며, 그렇지 않은 몇몇의 X 변수는 곡선성과 상호작용 효과를 나타낼 것이다. 또한 예측변수는 대부분 양적 변수이지만, 지표변수로 표시된 질적 변수를 쓰기도 한다. 이러한 유연성은 다중로지스틱회귀모형의 큰 장점이다.

부연설명

로지스틱회귀모형이 질적 변수만을 포함하고 있을 때에는 주로 로그선형모형을 사용한다. 로그선형모형에 관한 자세한 분석은 인용문헌 14.2에 나와 있다. ■

모형 적합

앞선 방법처럼 다중로지스틱반응함수 (14.41)의 모수를 추정할 때에도 최대가능도법을 활용한다. (14.26)의 단순로지스틱회귀의 로그가능도함수는 다중로지스틱함수에 대하여 다음과 같이 확장 가능하다.

$$\log_e L(\boldsymbol{\beta}) = \sum_{i=1}^{n} Y_i(\mathbf{X}_i'\boldsymbol{\beta}) - \sum_{i=1}^{n} \log_e[1 + \exp(\mathbf{X}_i'\boldsymbol{\beta})] \tag{14.42}$$

$\beta_0, \beta_1, \ldots, \beta_{p-1}$의 값은 $\log_e L(\boldsymbol{\beta})$를 최대로 만드는 값으로 수치적 방법을 이용하여 구한다. 이렇게 구한 최대가능도추정량은 $b_0, b_1, \ldots, b_{p-1}$으로 표기한다. $\mathbf{b}$는 최대가능도추정량 벡터를 뜻한다.

$$\underset{p\times 1}{\mathbf{b}} = \begin{bmatrix} b_0 \\ b_1 \\ \vdots \\ b_{p-1} \end{bmatrix} \tag{14.43}$$

이러한 적합로지스틱반응함수와 적합값은 다음과 같이 나타낼 수 있다.

$$\hat{\pi} = \frac{\exp(\mathbf{X}'\mathbf{b})}{1 + \exp(\mathbf{X}'\mathbf{b})} = [1 + \exp(-\mathbf{X}'\mathbf{b})]^{-1} \tag{14.44a}$$

$$\hat{\pi}_i = \frac{\exp(\mathbf{X}_i'\mathbf{b})}{1 + \exp(\mathbf{X}_i'\mathbf{b})} = [1 + \exp(-\mathbf{X}_i'\mathbf{b})]^{-1} \tag{14.44b}$$

이때

$$\mathbf{X}'\mathbf{b} = b_0 + b_1 X_1 + \cdots + b_{p-1} X_{p-1} \tag{14.44c}$$

$$\mathbf{X}_i'\mathbf{b} = b_0 + b_1 X_{i1} + \cdots + b_{p-1} X_{i,p-1} \tag{14.44d}$$

와 같다.

기하학적 해석. Dwaine Studios 예의 그림 6.7에서 예측변수가 두 개인 표준 다중회귀모형을 적합시킬 때, 추정된 회귀표면은 3차원상에서 평면이었던 것을 떠올려 보자. 두 개의 연속예측변수에 대한 다중로지스틱회귀의 적합 역시 3차원상의 표면으로 나타내어지

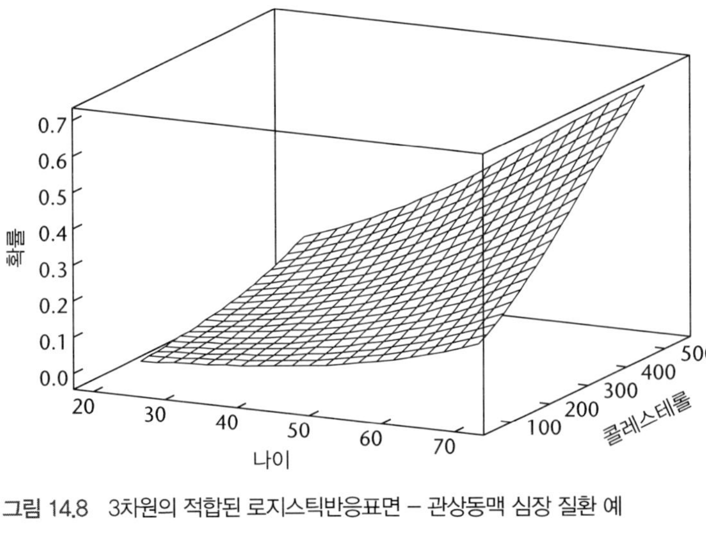

그림 14.8 3차원의 적합된 로지스틱반응표면 – 관상동맥 심장 질환 예

지만, 이때의 표면은 단순로지스틱모형에서 본 것처럼 *S*자형의 표면을 갖는다. 예를 들어 그림 14.8은 관상동맥질환의 발현(Y, 이항변수)과 두 개의 연속형 예측변수인 콜레스테롤 수준(X_1)과 나이(X_2)와의 관계에 관한 로지스틱반응함수의 3차원 그림을 나타낸다. 이 표면은 콜레스테롤 수준과 나이가 증가함에 따라 대략적으로 직선 형태로 증가하지만, 예측변수들의 값이 작을 때에는 거의 평평한 형태이다.

최대가능도추정량을 구할 때에는 로지스틱회귀에 관한 통계패키지 프로그램을 사용한다. 다중로지스틱회귀모형에 관한 해석과 적합을 설명하기 위하여 바로 다음의 예를 살펴보자.

예 모기에 의해 확산되는 어떤 전염병의 발생에 관한 조사 연구에서, 같은 도시 내의 두 개의 구역에서 실험에 참여하기로 동의한 사람들만을 대상으로 연구를 진행하였다. 실험참가자들에게 주어진 기간에 이 전염병에 관한 특정 증상이 있었는지에 관한 인터뷰를 진행하였다. 반응변수 Y는 질병이 발생하면 1로, 그렇지 않으면 0으로 표기하였다.

이 연구에는 이미 드러나 있거나 잠재적인 위험인자를 표시하는 3개의 예측변수를 사용하였는데, 이 3가지 변수는 나이, 사회경제적 지위, 도시 내에서의 지역위치이다. 나이(X_1)는 양적 변수이다. 사회경제적 지위는 3가지 수준을 가진 범주형변수이다. 두 개의 지표변수(X_2와 X_3)를 이용하여 3가지 사회경제적 지위를 다음과 같이 나타내었다.

지위	X_2	X_3
상위	0	0
중간	1	0
하위	0	1

도시 구역 역시 범주형변수이다. 위 연구에서는 오직 두 개 구역만 조사하였기 때문에 한 개의 지표변수(X_4)만 사용되었으며, 구역 1인 경우 $X_4 = 0$, 구역 2인 경우 $X_4 = 1$로 표시하였다.

상위 사회경제적 계층을 기준 계층(지표변수 X_2와 X_3를 모두 0으로 표기한 계층)로 선택한 이유는 상위 계층의 사람들이 가장 낮은 발병률을 가질 것으로 기대됐기 때문이다. 상위 계층을 기준 계층으로 설정함으로써 회귀계수 β_2와 β_3에 대한 오즈비는 1보다 큰 값을 가지므로 이에 대한 해석이 쉬워질 것이다. 같은 이유로 발병률이 낮을 것으로 예상된 구역 1은 지표변수 X_4에 대한 기준구역으로 설정되었다.

196명의 개인에 대한 자료는 부록 C.10에 나와 있다. 처음 98개의 사례가 모형을 적합시키는 데 사용되었다. 뒤의 98개의 사례는 적합된 모형의 타당성을 입증하는 데 사용하기 위해 남겨 놓았다. 표 14.3의 1~5열은 모형을 적합시키는 데 사용된 98개의 사례의 일부분을 나타낸다. 지표변수는 오직 두 개의 범주형변수를 설명하는 데 쓰였다는 것을 유념하자. 이 연구의 제일의 목적은 각각의 예측변수들이 질병의 발생확률과 연관이 있는지 알아보는 것이다.

3가지 예측변수에 대한 다중로지스틱회귀모형을 우선적으로 일차회귀모형으로 고려해 보는 것이 가장 합리적이다.

	사례	(1) 나이	(2) 사회경제적 지위	(3)	(4) 도시 구역	(5) 발병 상태	(6) 적합값
	i	X_{i1}	X_{i2}	X_{i3}	X_{i4}	Y_i	$\hat{\pi}_i$
	1	33	0	0	0	0	.209
코드	2	35	0	0	0	0	.219
	3	6	0	0	0	0	.106
	4	60	0	0	0	0	.371
	5	18	0	1	0	1	.111
	6	26	0	1	0	0	.136
	...	...	...	...	...	...	...
	98	35	0	1	0	0	.171

표 14.3 모형구축 자료의 일부분 – 질병 발생 예

(a) 추정된 회귀계수, 표준편차, 오즈비

회귀계수	추정회귀계수	추정표준편차	추정오즈비
β_0	−3.8877	.9955	—
β_1	.02975	.01350	1.030
β_2	.4088	.5990	1.505
β_3	−.30525	.6041	.737
β_4	1.5747	.5016	4.829

(b) 추정된 근사 분산공분산행렬

$$\mathbf{s}^2\{\mathbf{b}\} = \begin{array}{c} \begin{matrix} b_0 & b_1 & b_2 & b_3 & b_4 \end{matrix} \\ \begin{bmatrix} .4129 & -.0057 & -.1836 & -.2010 & -.1632 \\ -.0057 & .00018 & .00115 & .00073 & .00034 \\ -.1836 & .00115 & .3588 & .1482 & .0129 \\ -.2010 & .00073 & .1482 & .3650 & .0623 \\ -.1632 & .00034 & .0129 & .0623 & .2516 \end{bmatrix} \end{array}$$

표 14.4 로지스틱회귀함수의 최대가능도추정값 (14.45) – 질병 발생 예

$$E\{Y\} = [1 + \exp(-\mathbf{X}'\boldsymbol{\beta})]^{-1} \tag{14.45}$$

이때,

$$\mathbf{X}'\boldsymbol{\beta} = \beta_0 + \beta_1 X_1 + \beta_2 X_2 + \beta_3 X_3 + \beta_4 X_4 \tag{14.45a}$$

이 모형은 98개의 사례에 대하여 최대가능도법을 이용하여 적합시켰다. 그 결과는 표 14.4a에 요약되어 있다. 추정된 로지스틱반응함수는 다음과 같다.

$$\hat{\pi} = [1 + \exp(3.8877 - .02975X_1 - .4088X_2 + .30525X_3 - 1.5747X_4]^{-1} \tag{14.46}$$

적합 일차다중로지스틱반응함수에서 추정된 회귀계수에 관한 해석은 단순로지스틱반응함수일 때와 유사하다. $\exp(b_k)$는 예측변수 X_k에 대한 추정 오즈비이다. 다중로지스틱회귀의 해석이 유일하게 다른 점은 X_k에 대한 추정된 오즈비가 다른 모든 예측변수가 상수

로 고정되어 있음을 가정한다는 것이다. 일차모형에서는 상수로 고정된 수준들은 고려하지 않아도 된다. 예를 들어 표 14.4a를 보면, 발병률에 대한 오즈는 사회경제적 지위와 구역이 고정되었을 때 나이(X_1)가 한 살 증가함에 따라 3% 증가한다(추정 오즈비 1.030). 또한 나이와 사회경제적 지위가 주어졌을 때 구역 2(X_4)의 발병률에 대한 오즈는 구역 1보다 거의 5배 가량 크다(추정 오즈비 4.829). 이들은 점추정량이며 이 추정량들이 얼마나 정확한지 따져봐야 한다.

표 14.3의 6열은 적합값 $\hat{\pi}_i$를 나타낸다. 이 값은 기존의 방법처럼 계산할 수 있다. 예를 들어 $i = 1$인 사례에 대하여 $X_{11} = 33$, $X_{12} = 0$, $X_{13} = 0$, $X_{14} = 0$일 때 추정된 평균반응값은 다음과 같다.

$$\begin{aligned}\hat{\pi}_1 &= \{1 + \exp[2.3129 - .02975(33) - .4088(0) + .30525(0) - 1.5747(0)]\}^{-1} \\ &= .209\end{aligned}$$

다항로지스틱회귀

가끔 일차로지스틱모형은 자료를 적합하는 데 충분하지 않아서 더 복잡한 모형이 요구되는 경우도 있다. 이 중에 한 모형이 다음과 같은 로짓반응함수를 가진 k차 다항로지스틱회귀(polynomial logistic regression)모형이다.

$$\pi'(x) = \beta_0 + \beta_{11}x + \beta_{22}x^2 + \cdots + \beta_{kk}x^k \tag{14.47}$$

이때 x는 $X - \bar{X}$인 중심화 예측변수를 나타낸다. 이 모형은 여전히 모수 β에 대한 선형함수이다. 간단한 예로 이차다항모형은 다음과 같다.

$$\pi'(x) = \beta_0 + \beta_{11}x + \beta_{22}x^2$$

예 벤처자금을 유치하는 회사의 특징에 관한 연구가 482개의 기업공개회사(*initial public offering companies*, IPO*s*)를 대상으로 실시되었다. 알고 싶은 반응변수는 회사가 벤처자금을 지원받는지 여부이다. 예측변수는 회사의 액면가, 주식의 양, 차입금에 의한 기업인수의 유무이다. IPO 자료는 부록 C.11에 나와 있다. 이 예에서는 회사의 액면가만을 예측변수로 고려할 것이다.

그림 14.9a는 벤처자금(Y)과 자연로그로 변환한 회사의 액면가(X)에 관한 그림을 lowess 곡선과 적합일차로지스틱함수로 겹쳐 놓았다(액면가를 자연로그로 변환하여 나타낸 이유는 액면가의 자릿수가 너무 크므로 심한 왜도가 발생하기 때문이다). lowess 곡선은 분명히 동산 모양을 나타낸다. 즉, 규모가 작거나 큰 회사에서 벤처자금의 가능성은 거의 0에 가깝지만 중간 규모의 회사의 오즈는 .5를 넘는다. 일차로지스틱회귀적합은 평균반응함수의 동산 모양의 특징을 표현하기 어려우며 부적절하다. 표 14.5는 적합 이차반응함수를 보여 준다.

$$\hat{\pi}' = .3005 + .5516x - .8615x^2$$

이때 $x = X - \bar{X}$이다. 또한 표 14.5는 14.5절에서 언급한 각 계수에 대한 추정표준오차,

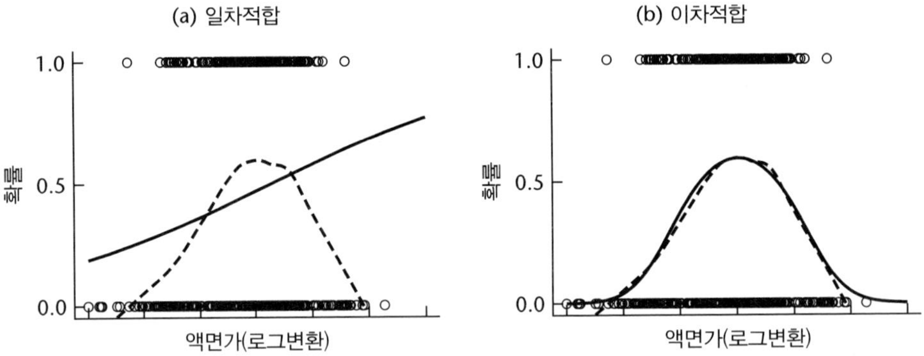

그림 14.9 일, 이차로지스틱회귀적합(실선)과 Lowess 평활곡선(점선) – IPO 예

예측변수	추정계수	추정표준오차	z^*	P값
상수	$b_0 = 0.3005$	0.1240	2.42	0.015
x	$b_{11} = 0.5516$	0.1385	3.98	0.000
x^2	$b_{22} = -0.8615$	0.1404	−6.14	0.000

표 14.5 이차모형에 대한 로지스틱회귀분석 결과물 – IPO 예

계수가 0인 가설을 검정하는 통계량 z^*, P값 3가지가 제시되어 있다. 표를 보면 b_{22}에 대한 P값이 .000으로서 이차항이 유의함을 알 수 있다. 그림 14.9b는 자료, lowess 곡선, 이차다항로지스틱회귀적합을 보여 준다. 이차다항적합이 lowess 곡선에 거의 겹치는 것을 주목하자.

위의 예는 예측변수가 한 개일 때 다항회귀의 사용을 보여 준다. 8.1절의 다중선형회귀모형에서 언급한 것과 마찬가지로 다중로지스틱회귀에서도 고차항과 상호작용항은 모형의 적합성을 높여 줄 수 있다.

부연설명

1. 로지스틱회귀모형에서 모수 $\boldsymbol{\beta}$에 대한 최대가능도추정값은 반복재가중최소제곱법을 통해 얻을 수 있다. 이 절차는 컴퓨터를 이용해 계산되지만 매우 간단한 방법이다.

   a. $\mathbf{b}(0)$로 표기되는 회귀모수의 초깃값을 설정한다. 적절한 초깃값은 보통 $X_1, \ldots, X_{p-1}$의 예측변수와 Y의 일차선형모형의 보통최소제곱법을 이용하여 얻는다.

   b. 초깃값을 이용하여 아래의 값을 계산한다.

$$\hat{\pi}_i'(0) = \mathbf{X}_i'[\mathbf{b}(0)] \tag{14.48a}$$

$$\hat{\pi}_i(0) = \frac{\exp[\hat{\pi}_i'(0)]}{1+\exp[\hat{\pi}_i'(0)]} \tag{14.48b}$$

   c. 새로운 반응변수를 계산한다.

$$Y_i'(0) = \hat{\pi}_i'(0) + \frac{Y_i - \hat{\pi}_i(0)}{\hat{\pi}_i(0)[1-\hat{\pi}_i(0)]} \tag{14.49a}$$

   이때의 가중값은 다음과 같다.

$$w_i(0) = \hat{\pi}_i(0)[1 - \hat{\pi}_i(0)] \qquad \textbf{(14.49b)}$$

d. (14.49b)의 가중값은 가진 일차선형모형을 이용하여 **b**(1)으로 표기하는 수정된 추정회귀계수를 얻기 위해서 예측변수 $X_1, \ldots, X_{p-1}$에 대한 (14.49a)의 $Y'(0)$을 회귀한다.

e. 추정한 회귀계수의 변화가 매우 작아질 때까지 앞에서 구한 수정된 추정회귀계수를 사용하여 b～d 단계를 반복한다. 수렴까지 보통 3～4번의 반복이면 충분하다.

2. 다중로지스틱회귀모형이 일차모형이 아니고 이차나 그 이상의 고차항의 예측변수를 포함하고 있거나 상호작용항을 포함하고 있을 때에는 추정된 회귀계수 b_k에 대한 해석이 복잡해진다.
3. 다중로지스틱회귀모형에 필요한 π와 $\mathbf{X}'\boldsymbol{\beta}$가 S자형 관계를 갖는다는 가정이 적합하지 않을 때에는 모든 반응변수를 범주형변수로 바꾸거나 로그선형모형(log-linear model)으로 변환해야 한다. 예를 들어 앞의 질병 예에서 나이 변수를 0–18, 19–50, 51–75의 세 가지 계급을 가진 범주형변수로 변환할 수 있다. 인용문헌 14.2에 예측변수가 범주형일 때 이항반응변수에 대해 로그선형모형을 사용하는 방법이 나와 있다.
4. 예측변수의 개수가 많거나 서로 상관관계가 높을 때 다중로지스틱회귀함수의 수치적 탐색이 수렴하지 않을 수 있다. 또한 여러 예측변수가 완벽하게 또는 거의 완벽하게 결과를 분별하는 경우에도 수렴문제가 생긴다. 다중공선성이 발생했을 때와 마찬가지로 모수와 표준오차가 매우 큰 값으로 추정되면 이러한 문제를 의심해 봐야 한다. 수렴문제가 생기면 예측변수의 개수를 줄여 이러한 문제를 해결해야 한다. ■

14.5 ■ 회귀모수에 관한 추론

선형회귀모형일 때와 마찬가지로 로지스틱회귀에서도 회귀계수에 관한 추론, 평균반응의 추정, 새로운 관측값에 대한 예측에 관심이 있다.

추론방법은 표본크기가 큰 경우를 가정할 것이다. 표본크기가 큰 경우에 로지스틱회귀의 최대가능도추정량은 근사적으로 편향이 없거나 작고 분산과 공분산이 로그가능도함수의 이차 편도함수의 함수인 정규분포를 따른다.

구체적으로 (14.42)의 로그가능도함수의 이차 편도함수행렬을 **G**라고 표기하면, 모수 $\beta_0, \beta_1, \ldots, \beta_{p-1}$에 관하여 다음과 같이 쓸 수 있다.

$$\underset{p\times p}{\mathbf{G}} = [g_{ij}] \qquad i = 0, 1, \ldots, p-1;\ j = 0, 1, \ldots, p-1 \qquad \textbf{(14.50)}$$

이때,

$$g_{00} = \frac{\partial^2 \log_e L(\boldsymbol{\beta})}{\partial \beta_0^2}$$

$$g_{01} = \frac{\partial^2 \log_e L(\boldsymbol{\beta})}{\partial \beta_0 \partial \beta_1}$$

등등.

이 행렬을 Hessian 행렬(*Hessian matrix*)이라고 한다. Hessian 행렬의 이차 편도함수가 $\boldsymbol{\beta} = \mathbf{b}$일 때, 즉 최대가능도추정값일 때 로지스틱회귀의 추정된 회귀계수에 대한 분산공분산행렬은 다음과 같다.

$$\mathbf{s}^2\{\mathbf{b}\} = ([-g_{ij}]_{\boldsymbol{\beta}=\mathbf{b}})^{-1} \tag{14.51}$$

(14.51)의 추정된 분산과 공분산은 대부분 로지스틱회귀 컴퓨터 패키지를 이용하여 구한다.

단순로지스틱회귀모형 (14.20)과 다중로지스틱회귀모형 (14.41)의 회귀계수에 관한 추론은 표본의 크기가 클 때 아래의 결과를 기초로 한다.

$$\frac{b_k - \beta_k}{s\{b_k\}} \sim z \qquad k = 0, 1, \ldots, p-1 \tag{14.52}$$

이때 z는 표준정규확률변수이며 $s\{b_k\}$는 (14.51)로부터 얻어진 b_k의 근사 추정표준편차이다.

단일 β_k의 검정: Wald 검정

단일회귀모수에 대한 대표본검정은 (14.52)에 기반하였다. 가설은 다음과 같다.

$$\begin{aligned} &H_0: \beta_k = 0 \\ &H_a: \beta_k \neq 0 \end{aligned} \tag{14.53a}$$

검정통계량은 다음과 같다.

$$z^* = \frac{b_k}{s\{b_k\}} \tag{14.53b}$$

결정규칙은 다음과 같다.

$$\begin{aligned} &|z^*| \leq z(1-\alpha/2)\text{이면, } H_0\text{로 결론 내린다.} \\ &|z^*| > z(1-\alpha/2)\text{이면, } H_a\text{로 결론 내린다.} \end{aligned} \tag{14.53c}$$

단측대립가설은 단측결정규칙이 된다. (14.53)의 검정 절차를 Wald **검정**이라고 한다. z^*의 제곱을 대신 사용하기도 하는데, 이때 검정은 자유도가 1인 카이제곱분포를 기초로 한다. 이러한 검정 또한 Wald 검정이라고 한다.

예 프로그래밍 업무 예에서 β_1은 양수라고 기대되었다. 따라서 가설은 다음과 같이 설정한다.

$$\begin{aligned} &H_0: \beta_1 \leq 0 \\ &H_a: \beta_1 > 0 \end{aligned}$$

표 14.1b의 결과를 적용한다면 검정통계량 (14.53b)는 다음과 같다.

$$z^* = \frac{.1615}{.0650} = 2.485$$

$\alpha = .05$에서 $z(.95) = 1.645$이다. 따라서 결정규칙은 다음과 같다.

$$\begin{aligned} &z^* \leq 1.645\text{이면, } H_0\text{로 결론 내린다.} \\ &z^* > 1.645\text{이면, } H_a\text{로 결론 내린다.} \end{aligned}$$

$z^* = 2.485 > 1.645$이기 때문에 H_a로 결론 내린다. 즉 기대한 대로 β_1는 양수이다. 이 검정의 단측 P값은 .0065이다.

단일 β_k의 구간추정

(14.52)로부터 β_k에 대한 $1 - \alpha$ 신뢰한계를 구할 수 있다.

$$b_k \pm z(1 - \alpha/2)s\{b_k\} \tag{14.54}$$

이때 $z(1 - \alpha/2)$는 표준정규분포의 $(1 - \alpha/2)100$ 백분위수이다.

오즈비 $\exp(\beta_k)$의 신뢰한계는 다음과 같다.

$$\exp[b_k \pm z(1 - \alpha/2)s\{b_k\}] \tag{14.55}$$

예 프로그래밍 업무 예에서 β_1의 95% 신뢰구간을 추정하려고 한다. 표 14.1b를 보면 $b_1 = .1615$, $s\{b_1\} = .0650$로 추정되었으며, $z(.975) = 1.960$이다. 따라서 신뢰한계는 $.1615 \pm 1.960(.0650)$이고 β_1의 95% 신뢰구간은 다음과 같다.

$$.0341 \le \beta_1 \le .2889$$

따라서 β_1이 대략적으로 .0341과 .2889 사이에 있다는 것을 95% 신뢰할 수 있다. 오즈비에 대한 95% 신뢰한계는 exp(.0341) = 1.03과 exp(.2889) = 1.33이다.

$n = 25$인 이 예에서 대표본추론 절차가 해당되는지 조사하기 위해서 13장에서 소개된 붓스트랩 표집을 사용할 수 있다. 그렇지 않으면 어떠한 대표본 가정도 하지 않은 로지스틱회귀에 맞춰 개발된 추정 방법을 사용하면 된다. LogXact(인용문헌 14.3)를 통해 자료를 분석하면 β_1의 95% 신뢰한계는 .041과 .296이다. 대표본한계는 .034와 .289로 LogXact를 사용한 방법과 매우 유사한 값을 가지기 때문에 여기서는 대표본이론을 사용해도 된다고 봐도 무방하다.

만약 프로그래밍을 경험한 기간이 5달 차이가 나는 사람들의 오즈비를 알고 싶다면, 오즈비에 대한 점추정량은 $\exp(5b_1) = \exp[5(.1615)] = 2.242$일 것이며, 95% 신뢰한계는 b_1의 신뢰한계로부터 얻어지므로 $\exp[5(.0341)] = 1.186$과 $\exp[5(.2889)] = 4.240$이다. 따라서 95% 신뢰 안에서 프로그래밍 업무 성공의 오즈는 경험한 달이 5달 늘어남에 따라 19%에서 324% 증가한다.

부연설명

1. 만약 대표본에 관한 추론이 성립하지 않으면, 붓스트랩 절차가 회귀계수의 신뢰한계를 얻는 데 사용될 수 있다. 여기서 붓스트랩은 14.8절에서 언급한 것처럼 Bernoulli 확률변수를 필요로 한다.
2. 여기서 대표본추론을 위해 13장의 비선형회귀를 위해 사용하였던 t 근사가 아닌 z 근사를 사용하였다. 로지스틱회귀에 대해서는 z 근사를 사용하는 것이 일반적이다. 표본의 크기가 클 때, t 분포와 표준정규분포 사이의 차이는 매우 작아진다.
3. 여러 개의 로지스틱회귀모수에 대한 결합신뢰구간은 Bonferroni 절차를 통해서 구할

수 있다. $1 - \alpha$의 모임신뢰구간으로 모수 g개가 추정될 때, 결합 Bonferroni 신뢰한계는 다음과 같다.

$$b_k \pm Bs\{b_k\} \tag{14.56}$$

이때,

$$B = z(1 - \alpha/2g) \tag{14.56a}$$

4. 로지스틱회귀모형에서 검정력과 표본크기를 고려하고 싶다면 인용문헌 14.4를 참조하라. ■

여러 개의 $\beta_k = 0$인지 검정: 가능도비검정

다중로지스틱회귀모형에서 X 변수의 부분집합을 제거할 수 있는지, 즉 그 부분집합에 해당하는 회귀계수 β_k들이 0인지 검정하고 싶은 경우가 많다. 가장 보편적으로 이용하는 검정 절차는 최대가능도추정을 이용하는 것으로, 선형모형에 대한 일반적인 검정 절차와 유사하다. 이 검정을 **가능도비검정**(likelihood ratio test)이라고 하며, 일반선형검정과 마찬가지로 완전모형과 축소모형을 비교하는 방법을 기초로 한다. 이 검정은 표본크기가 클 때 유효하다.

먼저 반응함수의 완전로지스틱모형은 다음과 같다.

$$\pi = [1 + \exp(-\mathbf{X}'\boldsymbol{\beta}_F)]^{-1} \qquad \text{완전모형} \tag{14.57}$$

이때,

$$\mathbf{X}'\boldsymbol{\beta}_F = \beta_0 + \beta_1 X_1 + \cdots + \beta_{p-1} X_{p-1}$$

이제 완전모형에 대한 최대가능도추정값인 $\mathbf{b}_F$를 찾고, $\boldsymbol{\beta}_F = \mathbf{b}_F$일 때 가능도함수 $L(\boldsymbol{\beta})$를 계산할 것이다. 이때 완전모형의 가능도함수를 $L(F)$라고 표기하기로 하자.

검정하고 싶은 가설은 다음과 같다.

$$\begin{aligned} &H_0: \beta_q = \beta_{q+1} = \cdots = \beta_{p-1} = 0 \\ &H_a: H_0\text{에서 한 개 이상 } \beta_k\text{가 0이 아닌 경우} \end{aligned} \tag{14.58}$$

단, 편의상 마지막 $p - q$ 계수를 검정하도록 모형을 배열한 것이다. 따라서 축소된 로지스틱모형은 다음과 같은 반응함수를 갖는다.

$$\pi = [1 + \exp(-\mathbf{X}'\boldsymbol{\beta}_R)]^{-1} \qquad \text{축소모형} \tag{14.59}$$

이때,

$$\mathbf{X}'\boldsymbol{\beta}_R = \beta_0 + \beta_1 X_1 + \cdots + \beta_{q-1} X_{q-1}$$

이제 축소모형의 최대가능도추정값 $\mathbf{b}_R$을 얻었으며, $\boldsymbol{\beta}_R = \mathbf{b}_R$일 때 q개의 모수를 포함한 축소모형의 가능도함수를 계산하면 된다. 이러한 축소모형의 가능도함수 값을 $L(R)$로 표기한다. 모수의 부분집합을 사용한 가능도함수로부터 더 큰 값을 얻을 수는 없기 때문에 $L(R)$은 $L(F)$를 초과할 수 없다.

가능도비검정을 위한 실제 검정통계량, G^2은 다음과 같다.

$$G^2 = -2\log_e\left[\frac{L(R)}{L(F)}\right] = -2[\log_e L(R) - \log_e L(F)] \tag{14.60}$$

만약 비 $L(R)/L(F)$가 작으면, H_a는 적절한 결론이고, 그러면 G^2은 크다. 따라서 G^2의 큰 값은 결론 H_a로 귀결된다.

대표본이론은 (14.58)에 있는 H_0를 유지할 때 n이 크다면, G^2은 근사적으로 $\chi^2(p-q)$ 분포를 따른다고 한다. 자유도는 $df_R - df_F = (n-q) - (n-p) = p-q$에 해당한다. 적절한 결정규칙은 다음과 같다.

$$\begin{aligned} &G^2 \le \chi^2(1-\alpha; p-q)\text{이면, } H_0\text{로 결론 내린다.}\\ &G^2 > \chi^2(1-\alpha; p-q)\text{이면, } H_a\text{로 결론 내린다.}\end{aligned} \tag{14.61}$$

예 질병 발생 예에서, 모형구축은 선험적으로 핵심 설명변수들이라고 할 수 있는 나이, 사회경제적 지위, 지역의 세 개 예측변수들로 시작하였다. 로지스틱회귀모형은 이 세 개의 변수들을 포함시켜서 적합하였고 이 모형에 대한 로그가능도(log-likelihood)도 얻었다. 검정은 변수가 모형에서 제거될 수 있는지 알아보기 위해 행해진다. 먼저, 나이(X_1)가 로지스틱모형에서 제거되어 축소모형에 대한 로그가능도를 얻었다. 결과는 다음과 같다.

$$\begin{aligned} L(F) &= L(b_0, b_1, b_2, b_3, b_4) = -50.527\\ L(R) &= L(b_0, b_2, b_3, b_4) = -53.102\end{aligned}$$

따라서 필요한 검정통계량은 다음과 같음을 알 수 있다.

$$G^2 = -2[\log_e L(R) - \log_e L(F)] = -2[-53.102 - (-50.527)] = 5.150$$

$\alpha = .05$에 대하여 $\chi^2(.95; 1) = 3.84$이다. 따라서 검정 $H_0 : \beta_1 = 0,\ H_a : \beta_1 \neq 0$에 대한 적절한 결정규칙은 다음과 같다.

$$\begin{aligned} &G^2 \le 3.84\text{이면, } H_0\text{로 결론 내린다.}\\ &G^2 > 3.84\text{이면, } H_a\text{로 결론 내린다.}\end{aligned}$$

$G^2 = 5.15 \ge 3.84$이기 때문에, X_1을 모형에서 제거하지 않아야 된다는 H_a로 결론 내린다. 이 검정의 P값은 .023이다.

사회경제적 지위 (X_2, X_3)와 지역 (X_4)에 대한 검정은 .55와 .001의 P값을 갖는다. 사회경제적 지위에 대한 P값은 이 변수가 다른 두 예측변수들을 포함하는 모형으로부터 제거될 수 있다고 제안한다. 하지만 이 변수는 선험적으로 중요하게 여겨지기 때문에 추가적인 분석들이 행해졌다. 사회경제적 지위가 로지스틱회귀모형의 유일한 예측변수일 때, 이 예측변수가 도움이 되는지에 대한 검정의 P값은 .16으로, 이 변수에 대해서 약간의 중요성을 제시한다. 게다가 나이와 지역에 대한 추정된 회귀계수들과 그들의 추정된 표준편차는 사회경제적 지위가 모형에 있는지에 대해 눈에 띄게 영향을 받지 않는다. 따라서 선험적인 중요성의 관점에서 사회경제적 지위는 계속 로지스틱회귀모형에 포함되는 것으로 결정되었다.

어떤 이요인상호작용(two-factor interaction)에 대한 항이 모형에 필요한지의 여부가 다음 문제이다. 이제 완전모형은 주된 효과에 덧붙여 모든 가능한 이요인상호작용을 포함하고, 모형에 대한 $\mathbf{X}'\boldsymbol{\beta}_F$은 다음과 같다.

$$\begin{aligned}\mathbf{X}'\boldsymbol{\beta}_F = {}& \beta_0 + \beta_1 X_1 + \beta_2 X_2 + \beta_3 X_3 + \beta_4 X_4 + \beta_5 X_1 X_2 + \beta_6 X_1 X_3 \\ & + \beta_7 X_1 X_4 + \beta_8 X_2 X_4 + \beta_9 X_3 X_4 \qquad \text{완전모형}\end{aligned}$$

다음 검정을 하려고 한다.

$$H_0\colon \beta_5 = \beta_6 = \beta_7 = \beta_8 = \beta_9 = 0$$
$$H_a\colon H_0\text{에서 모든 } \beta_k\text{가 0이 아닌 경우}$$

축소모형에 대한 $\mathbf{X}'\boldsymbol{\beta}_R$은 다음과 같다.

$$\mathbf{X}'\boldsymbol{\beta}_R = \beta_0 + \beta_1 X_1 + \beta_2 X_2 + \beta_3 X_3 + \beta_4 X_4 \qquad \text{축소모형}$$

다중회귀분석 패키지를 돌린 결과 다음을 얻었다.

$$L(F) = -46.998$$
$$L(R) = -50.527$$
$$G^2 = -2[\log_e(R) - \log_e(F)] = 7.058$$

H_0가 참이면 G^2은 근사적으로 자유도 5인 카이제곱분포를 따르게 된다. $\alpha = .05$에 대하여 $\chi^2(.95; 5) = 11.07$이다. $G^2 = 7.058 < 11.07$이기 때문에 이요인상호작용이 로지스틱회귀모형에 필요하지 않다는 H_0로 결론 내린다. 이 검정의 P값은 .22이다. 상호작용이 없는 로지스틱회귀모형이 바람직하다. 그렇지 않으면 $\exp(\beta_k)$는 더 이상 오즈비로 해석될 수 없기 때문이다.

따라서 적합된 로지스틱회귀모형 (14.46)이 채택되었고 이것을 진단과 타당성입증 검사를 해야 할 것이다.

부연설명

하나의 회귀모수에 대한 Wald 검정 (14.53)은 가능도비검정 (14.60)보다 용도가 넓다. 가능도비검정은 $H_0 : \beta_k = 0$을 검정하는 데에만 사용 가능한 반면 Wald 검정은 β_k가 0이 아닌 다른 값을 갖는지에 대한 검정도 가능하다. $H_0 : \beta_k = 0$을 검정하는 두 방법은 동일하지 않으며 다른 결론을 맺기도 한다. 예를 들면 질병 발생 예에서 사회경제적 지위와 지역이 모형에 있고 나이를 제거하는 Wald 검정의 P값은 .0275인데 가능도비검정의 P값은 .023이다. ■

14.6 ■ 자동모형선택법

몇몇 자동모형선택법은 로지스틱회귀모형을 구축하는 데에 유효하다. 모두 가능회귀(all-possible-regressions)와 단계적(stepwise) 절차가 여기에 속한다. 이제, 모형선택에 대한 기준을 논의하는 것부터 시작한다.

모형선택기준

다중회귀분석모형에 대한 부분 중, 9장에서 모형선택기준 R_p^2, $R_{a,p}^2$, C_p, AIC_p, SBC_p, $PRESS_p$의 사용에 대해서 알아보았다. 로지스틱회귀분석의 모형을 세울 때 AIC_p와 SBC_p 기준이 쉽게 적용 가능하며 시판된 소프트웨어를 통해 어렵지 않게 사용 가능하다. 이러한 이유로 이 두 가지 기준을 사용한다. $\log_e L(\mathbf{b})$가 (14.42)에서의 로그가능도함수일 때, 다음과 같이 나타낼 수 있다.

$$AIC_p = -2\log_e L(\mathbf{b}) + 2p \tag{14.62}$$

$$SBC_p = -2\log_e L(\mathbf{b}) + p\log_e(n) \tag{14.63}$$

이제 촉망받는 모형은 이러한 기준에 대해 상대적으로 작은 값을 얻을 것이다. 소프트웨어 패키지에 의해서 자주 제공되는 세 번째 기준은 로그가능도에 -2배한 것, 즉 $-2\log_e L(\mathbf{b})$이다. 이 기준에 대하여 작은 값을 제공하는 모형을 찾을 것이다. 이 세 번째 기준에 대한 단점은 $-2\log_e L(\mathbf{b})$가 모형에 항이 추가됨에 따라 절대로 증가하지 않는다는 것이다. 이는 예측변수를 추가하는 것에 대한 벌점(penalty)이 없기 때문이다. 다중선형회귀에서 SSE_p나 R_p^2의 쓰임과 유사하다. AIC_p와 SBC_p에 $-2\log_e L(\mathbf{b})$를 포함하고 있는 것을 (14.62)와 (14.63)에서 쉽게 볼 수 있다. 하지만 p항의 수에 대하여 벌점이 추가되어 있다. 이 벌점은 AIC_p에는 $2p$, 그리고 SBC_p에는 $p\log_e(n)$이다.

최량부분집합 절차

'최량'부분집합 절차(best subsets procedures)는 9.4절의 다중선형회귀에서 논의되었다. 이러한 절차는 특정기순에 대해 최석의 값을 제공하는 부분집합모형들의 그룹을 식별한다. 모수의 수가 그렇게 크지 않은 한(전형적으로 30~40개보다 작은) 이러한 절차는 유용하다. 9.4절에서 언급했듯이, 시간절약 알고리즘은 모든 2^{p-1} 후보들을 평가하지 않고, 가장 유망한 모형을 식별할 수 있도록 개발되었다. 이러한 절차는 로지스틱회귀에서도 유사하게 적용될 수 있다. AIC_p와 SBC_p 기준에 기반한 최량부분집합 절차의 사용에 대하여 알아 보자.

예 질병 발생 예에서 4개의 변수, 나이(X_1), 사회경제적 지위(X_2, X_3), 지역(X_4)이 있다. 일반적으로 두 개의 질적 예측변수인 사회경제적 지위 변수를 묶어 연계하는 것이 유리하다. 즉, 모형은 두 예측변수를 모두 포함하거나 모두 포함하지 않아야 한다. 대부분의 통계 소프트웨어 패키지가 이 전통적인 방식을 따르지 않기 때문에 그 변수들이 독립적으로 포함되도록 할 것이다. 표 14.6a의 2~5열에 $2^4 = 16$개의 가능한 회귀모형이 있다. 각 16개의 모형에 대한 AIC_p, SBC_p, 그리고 $-2\log_e L(\mathbf{b})$ 기준의 값이 표 14.6a의 6~8열에 나와 있고, p에 대한 그림 14.10a–c에 각각 그려져 있다.

그림 14.10a와 14.10b에서 본 것과 같이 AIC_p와 SBC_p 모두 $p = 3$에서 최소이다. 표 14.6b를 보면 두 개의 기준에 대한 두 개의 최적 예측모형이 X_1(나이), X_4(지역)를 포함한

(a) 가능한 모든 모형 결과 (모형 i에서 X_j이면 $X_{ij} = 1$, 그렇지 않으면 $X_{ij} = 0$)

모형 i	(1) 모수 p	(2) 나이 X_{i1}	(3) 사회경제적 지위 X_{i2}	(4) 사회경제적 지위 X_{i3}	(5) 도시 구역 X_{i4}	(6) AIC_p	(7) SBC_p	(8) $-2\log_e L(\mathbf{b})$
1	1	0	0	0	0	124.318	126.903	122.318
2	2	1	0	0	0	118.913	124.083	114.913
3	2	0	1	0	0	124.882	130.052	120.882
4	2	0	0	1	0	122.229	127.399	118.229
5	2	0	0	0	1	111.534	116.704	107.534
6	3	1	1	0	0	119.109	126.864	113.109
7	3	1	0	1	0	117.968	125.723	111.968
8	3	1	0	0	1	108.259	116.014	102.259
9	3	0	1	1	0	124.085	131.840	118.085
10	3	0	1	0	1	112.881	120.636	106.881
11	3	0	0	1	1	112.371	120.126	106.371
12	4	1	1	1	0	119.502	129.842	111.502
13	4	1	1	0	1	109.310	119.650	101.310
14	4	1	0	1	1	109.521	119.861	101.521
15	4	0	1	1	1	114.204	124.543	106.204
16	5	1	1	1	1	111.054	123.979	101.054

(b) 각 기준에 대한 4개의 최량모형

	AIC_p 기준		SBC_p 기준	
순위	예측변수	AIC_p	예측변수	SBC_p
1	X_1, X_4	108.259	X_1, X_4	116.014
2	X_1, X_2, X_4	109.310	X_4	116.704
3	X_1, X_3, X_4	109.521	X_1, X_2, X_4	119.650
4	X_1, X_2, X_3, X_4	111.054	X_1, X_3, X_4	119.861

표 14.6 최량부분집합 결과 – 질병 발생 예

다. AIC_p 기준으로 유망하다고 나타난 다른 모형들은 X_1, X_2, X_4 그리고 X_1, X_3, X_4와 같은 3개의 예측변수의 부분집합이다. 그리고 완전모형은 4개의 모든 예측변수를 포함한다. SBC_p 또한 방금 언급한 두 3개의 예측변수의 부분집합뿐만 아니라 X_4 하나의 예측변수를 가진 모형도 식별한다. 더 작은 모형을 선호하는 SBC_p의 경향이 이 예에서 잘 나타난다.

그림 14.10c에 있는 $-2\log_e L(\mathbf{b})$의 그림은 두 개 혹은 세 개의 예측변수 부분집합을 나타낸다. 최적의 2개의 예측변수모형에서 최적의 3개의 예측변수모형으로의 이동에 대한 $-2\log_e L(\mathbf{b})$에서의 추가적인 감소는 작고, 3개의 예측변수모형에서 완전한 4개의 예측변수모형으로 이동할 때 그 값은 계속 작아진다.

단계적 모형선택

9장의 다중선형회귀에 대한 모형선택의 부분에서 언급했듯이 예측변수들의 수가 많으면 (예를 들어 40 혹은 그 이상) 모형선택에 대한 모두가능회귀 절차는 실행 불가능하다. 이러한 경우, 단계적 선택 절차가 일반적으로 사용된다. 9.4절에서 논의한 다중선형회귀의 단계적 절차는 로지스틱회귀에서도 쉽게 사용된다. 요구되는 유일한 변화는 예측변수를 추가하거나 제거하는 결정규칙이다. 다중선형회귀의 경우, 이 결정은 b_k와 관련 있는 t값

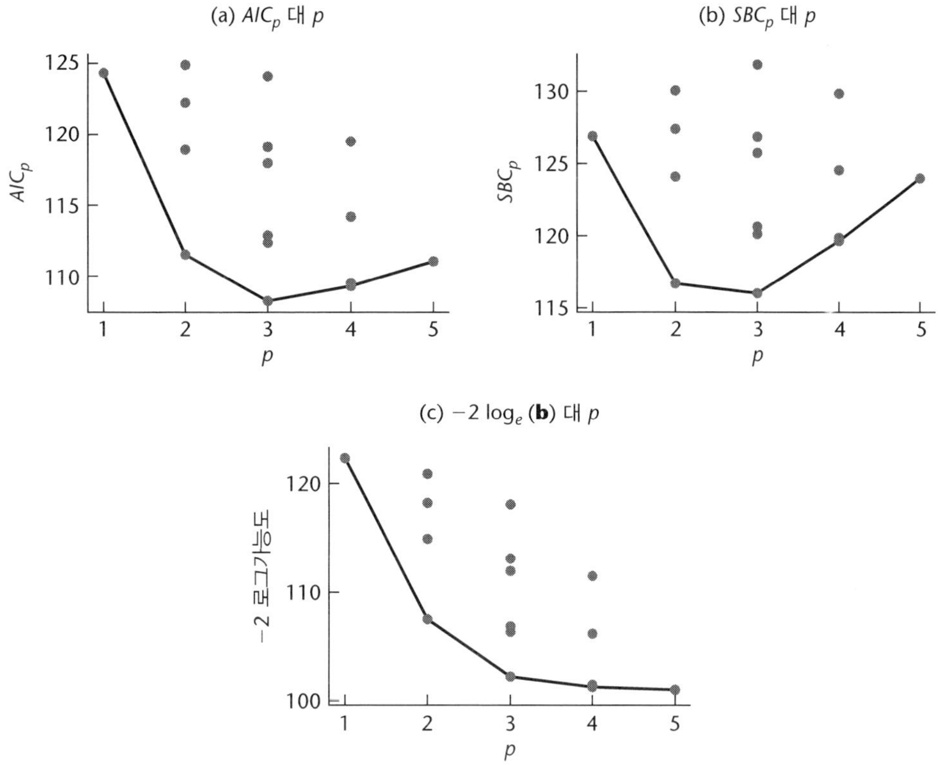

그림 14.10 AIC_p, SBC_p, $-2\log_e L(\mathbf{b})$ 그림 – 질병 발생 예

인 t_k와 이것의 P값에 기반한다. 로지스틱회귀의 경우, (14.53b)에 있는 k번째 추정된 회귀모수, 그리고 이것의 P값에 대한 Wald 통계량 z^*의 결정에 기초하여 유사한 절차를 얻는다. 이러한 변화로 전진단계법, 전진선택법, 후진제거법의 알고리즘과 같은 다양한 단계적 변형의 구현이 쉽다. 질병 발생 자료에 대한 전진단계선택법을 설명한다.

예 그림 14.11은 질병 발생 예에 대한 SPSS의 전진단계선택 절차를 통해 나온 결과물의 일

Logistic Regression
Block 1: Method = Forward Stepwise (Wald)

Variables in the Equation

		B	S.E.	Wald	*df*	Sig.	Exp(*B*)
Step 1[a]	SECTOR	1.743	.473	13.593	1	.000	5.716
	Constant	−3.332	.765	18.990	1	.000	.036
Step 2[b]	AGE	.029	.013	4.946	1	.026	1.030
	SECTOR	1.673	.487	11.791	1	.001	5.331
	Constant	−4.009	.873	21.060	1	.000	.018

a. Variable(s) entered on step 1: SECTOR.

b. Variable(s) entered on step 2: AGE.

그림 14.11 SPSS 로지스틱 단계적 선택 절차의 결과 일부 – 질병 발생 예

부이다. 이러한 과정은 만약 Wald 검정통계량이 .05보다 작은 P값일 때만 예측변수를 추가할 것이다. 첫 번째 단계에서는 P값이 .000인 지역(X_4)이 들어간다. 두 번째 단계에서는, P값이 .026인 나이(X_1)가 들어간다. 이 시점에서 절차는 종료된다. 더 이상 P값이 .05보다 작은 결과를 갖는 예측변수가 없기 때문이다. 따라서 전진단계선택법의 절차에서는 AIC_p, SBC_p의 기준에서와 같은 모형을 식별한다. 또한 SPSS는 (14.53b)의 'Wald' 열에 있는 Wald 검정통계량 z^*의 제곱을 출력한다. 앞에서 언급했듯이 $(z^*)^2$이 사용되면 P값은 자유도가 1인 카이제곱분포에서 얻는다.

14.7 ■ 적합도검정

적합된 로지스틱회귀모형이 적절한지는 모든 회귀모형의 경우처럼 사용되기 전에 검사를 할 필요가 있다. 특히, 자료에 대한 추정된 반응함수가 변화가 없는지 그리고 로지스틱 반응함수의 핵심 성질인 S자 형태인지를 검사할 필요가 있다. 적합도검정은 모형적합의 전반적인 측도를 제공하며, 몇 안 되는 자료에서 적합이 좋지 않은 경우에는 예민하지 않은 편이다. 개별 자료에 대한 로지스틱회귀진단은 다음 절에서 살펴볼 것이다.

몇몇의 적합도검정을 논하기 전에 다시 반복과 비반복 이항자료의 구별이 필요하다. 3.7절과 6.8절에서, 단순선형회귀모형과 다중선형회귀모형의 적합성결여에 대한 F검정을 논했었다. 단순선형회귀에 대해서 적합성결여 검정은 한 개의 예측변수의 하나 혹은 그 이상의 수준에 대한 반복 관측을 필요로 한다. 그리고 다중회귀에서는 다중 혹은 모든 예측변수의 같은 값에 대한 반복된 관측이 있어야 한다. 이러한 사항은 두 가지 적합도검정, 즉 Pearson 카이제곱과 이탈(deviance)적합도검정에 대해 마찬가지이다. 이제 비반복 자료나 반복 자료를 조금만 포함한 자료에 유용한 Hosmer-Lemeshow 검정을 제시한다.

Pearson 카이제곱 적합도검정

Pearson 카이제곱 적합도검정은 Y_{ij} 관측값이 독립적이며 적절한 표본크기의 반복 자료 사용이 가능하다고 가정한다. 검정은 로지스틱반응함수에서 중요한 이탈을 감지하지만, 작은 이탈에 대해서는 민감하지 않다. 가설은 다음과 같다.

$$\begin{aligned} H_0&: E\{Y\} = [1 + \exp(-\mathbf{X}'\boldsymbol{\beta})]^{-1} \\ H_a&: E\{Y\} \neq [1 + \exp(-\mathbf{X}'\boldsymbol{\beta})]^{-1} \end{aligned} \tag{14.64}$$

단순선형회귀와 다중선형회귀에서의 적합성결여에 대한 검정과 마찬가지로, 예측변수의 서로 다른 조합의 수를 c라고 하고, 예측변수의 조합 $\mathbf{X}_j$에서의 i번째 이항반응변수를 Y_{ij}라고 나타낸다. 그리고 j번째 계급($j = 1, \ldots, c$)에 있는 자료의 수를 n_j라고 나타낸다. (14.32a)를 상기하자.

$$\sum_{i=1}^{n_j} Y_{ij} = Y_{.j} \tag{14.65}$$

결과물이 1로 나오는 j번째 계급에 있는 자료의 수는 O_{j1}이라고 하고, 결과물이 0으로 나오는 j번째 계급에 있는 자료의 수는 O_{j0}라고 한다. 반응변수 Y_{ij}는 결과가 1과 0으로 나오는 Bernoulli 변수이기 때문에 O_{j1}과 O_{j0}의 자료의 수는 $j = 1, \ldots, c$에 대하여 다음과 같다.

$$O_{j1} = \sum_{i=1}^{n_j} Y_{ij} = Y_{.j} \tag{14.66a}$$

$$O_{j0} = \sum_{i=1}^{n_j} (1 - Y_{ij}) = n_j - Y_{.j} = n_j - O_{j1} \tag{14.66b}$$

만약 로지스틱반응함수가 적절하다면 Y_{ij}의 기댓값은

$$E\{Y_{ij}\} = \pi_j = [1 + \exp(-\mathbf{X}'_j \boldsymbol{\beta})]^{-1} \tag{14.67}$$

로 주어지고, 추정된 적합값 $\hat{\pi}_j$은 다음과 같다.

$$\hat{\pi}_j = [1 + \exp(-\mathbf{X}'_j \mathbf{b})]^{-1} \tag{14.68}$$

그 결과, 로지스틱반응함수가 적절하면 j번째 계급의 $Y_{ij} = 1$과 $Y_{ij} = 0$에 대한 자료 수의 기댓값은 다음과 같다.

$$E_{j1} = n_j \hat{\pi}_j \tag{14.69a}$$

$$E_{j0} = n_j(1 - \hat{\pi}_j) = n_j - E_{j1} \tag{14.69b}$$

이때 E_{j1}은 j번째 계급의 1의 수에 대한 추정된 기댓값이고, E_{j0}은 0의 수에 대한 추정된 기댓값이다.

검정통계량은 보통 카이제곱 적합도검정통계량이다.

$$X^2 = \sum_{j=1}^{c} \sum_{k=0}^{1} \frac{(O_{jk} - E_{jk})^2}{E_{jk}} \tag{14.70}$$

만약 로지스틱반응함수가 적절하면, n_j가 크고 $p < c$일 때, X^2은 근사적으로 자유도 $c - p$의 χ^2 분포를 따른다. 다른 카이제곱 적합도검정과 같이 기대빈도 E_{jk}가 5이거나 그 이상이면 바람직하고, 1보다 작으면 사용할 수 없다.

검정통계량 X^2의 큰 값은 로지스틱반응함수가 적절하지 않다는 것을 가리킨다. (14.64)에 있는 대립가설에 대한 검정의 결정규칙은 유의수준이 α일 때 다음과 같다.

$$\begin{aligned} &X^2 \le \chi^2(1-\alpha; c-p)\text{이면, } H_0\text{로 결론 내린다.} \\ &X^2 > \chi^2(1-\alpha; c-p)\text{이면, } H_a\text{로 결론 내린다.} \end{aligned} \tag{14.71}$$

예 쿠폰 유효성 예에서 다섯 개의 계급이 있다. 표 14.7은 각각의 j번째 계급에 대해 이항 결과물의 수는 n_j, π_j의 모형에 기반한 추정값은 $\hat{\pi}_j$, 관측된 1의 비율은 p_j, 각 계급의 $Y_{ij} = 0$과 $Y_{ij} = 1$에 대한 자료 수 O_{j0}과 O_{j1}, 그리고 마지막으로 추정된 기대빈도 E_{j0}과 E_{j1}를 보이고 있다(계산 생략).

계급 j	n_j	$\hat{\pi}_j$	p_j	사용되지 않은 쿠폰 수 관측값 O_{j0}	기댓값 E_{j0}	사용된 쿠폰 수 관측값 O_{j1}	기댓값 E_{j1}
1	200	.1736	.150	170	165.3	30	34.7
2	200	.2543	.275	145	149.1	55	50.9
3	200	.3562	.350	130	128.8	70	71.2
4	200	.4731	.500	100	105.4	100	94.6
5	200	.7028	.685	63	59.4	137	140.6

표 14.7 로지스틱회귀함수에 대한 적합도검정 – 쿠폰 유효성 예

검정통계량 (14.76)은 다음과 같이 계산된다.

$$X^2 = \frac{(170-165.3)^2}{165.3} + \frac{(30-34.7)^2}{34.7} + \cdots + \frac{(137-140.6)^2}{140.6}$$
$$= 2.15$$

$\alpha = .05$와 $c - p = 5 - 2 = 3$에 대해서, $\chi^2(.95; 3) = 7.81$을 필요로 한다. $X^2 = 2.15 \leq 7.81$이기 때문에 로지스틱반응함수가 적절하다는 H_0로 결론 내린다. 이 검정에서 P값은 .54이다.

이탈적합도검정

로지스틱회귀모형에 대한 **이탈적합도검정**(deviance goodness of fit test)은 단순선형회귀모형 그리고 다중선형회귀모형에 대하여 적합성결여에 대한 F검정과 완전히 유사하다. 적합성결여에 대한 F검정과 Pearson 카이제곱 적합도검정과 같이 c개의 예측변수 $X_1, \ldots, X_c$의 조합이 있다고 가정하며, X_j에서의 반복 이항 관측값의 수는 n_j, 그리고 예측변수의 조합 $\mathbf{X}_j$에서의 i번째 이항반응변수를 Y_{ij}라고 나타낸다.

표준적 회귀에 대한 적합성결여 검정은 완전모형 $E\{Y_{ij}\} = \mu_i$의 축소모형 $E\{Y_{ij}\} = \mathbf{X}'_j\boldsymbol{\beta}$에 대한 일반선형검정에 기초하였다. 비슷하게, 이탈적합도검정은 가능도비검정에 기반하여 만들어진다. 이때 축소모형은

$$E\{Y_{ij}\} = [1 + \exp(-\mathbf{X}'_j\boldsymbol{\beta})]^{-1} \qquad \text{축소모형} \tag{14.72}$$

이고, 완전모형은 다음과 같다.

$$E\{Y_{ij}\} = \pi_j \qquad j = 1, \ldots, c \qquad \text{완전모형} \tag{14.73}$$

여기서 π_j은 $j = 1, \ldots, c$에서의 모수이다. 표준적인 회귀에서의 적합성결여 검정에서 완전모형은 각각의 유일한 예측변수의 조합 $\mathbf{X}_j$에 대한 유일한 평균에 대하여 허용이 되었다. 마찬가지로 이탈적합도검정에서 완전모형은 각 예측변수의 조합에 대한 유일한 확률 π_j에 대하여 허용이 된다. 로지스틱회귀에서의 이 완전모형은 보통 **포화모형**(saturated model)이라고 한다.

(14.60)의 가능도비 검정을 보면 완전모형과 축소모형에 대한 최대가능도값, $L(F)$과 $L(R)$을 얻어야 한다. $L(R)$은 축소모형을 적합하여 얻어지고, 완전모형에 있는 c개의 모수에 대한 최대가능도추정값은 (14.32b)에 있는 표본 비율로 얻어진다.

$$p_j = \frac{Y_{.j}}{n_j} \qquad j = 1, 2, \ldots, c \tag{14.74}$$

$\hat{\pi}_j$이 축소모형의 $j = 1, \ldots, c$일 때 $\mathbf{X}_j$에서의 추정값 π_j이라고 하면, (14.60)에 있는 가능도비 검정통계량은 다음과 같이 나타난다.

$$\begin{aligned} G^2 &= -2[\log_e L(R) - \log_e L(F)] \\ &= -2\sum_{j=1}^{c}\left[Y_{.j}\log_e\left(\frac{\hat{\pi}_j}{p_j}\right) + (n_j - Y_{.j})\log_e\left(\frac{1-\hat{\pi}_j}{1-p_j}\right)\right] \\ &= DEV(X_0, X_1, \ldots, X_{p-1}) \end{aligned} \tag{14.75}$$

(14.75)에 있는 가능도비 검정통계량은 이탈(deviance)이라고 한다. 그리고 예측변수 X_0, $X_1, \ldots, X_{p-1}$에 기반한 로지스틱회귀모형에 대해 $DEV(X_0, X_1, \ldots, X_{p-1})$로 나타낸다. 이탈은 $-2\log_e L$에 관해, $X_0, X_1, \ldots, X_{p-1}$에 기반하여 완전모형과 적합된 축소 로지스틱회귀모형과의 사이의 편차를 측정한다.

만약 로지스틱반응함수가 정확한 반응함수이고 표본의 크기 n_j가 크면, 이탈은 근사적으로 자유도 $c-p$인 카이제곱분포를 따를 것이다. 이탈의 큰 값은 적합된 로지스틱회귀모형이 맞지 않다는 것을 의미한다. 따라서 가설들을 검정하기 위해

$$\begin{aligned} &H_0\text{: } E\{Y\} = [1+\exp(-\mathbf{X}'\boldsymbol{\beta})]^{-1} \\ &H_a\text{: } E\{Y\} \neq [1+\exp(-\mathbf{X}'\boldsymbol{\beta})]^{-1} \end{aligned} \tag{14.76}$$

이며, 적절한 결정규칙은 다음과 같다.

$$\begin{aligned} &DEV(X_0, X_1, \ldots, X_{p-1}) \leq \chi^2(1-\alpha; c-p)\text{이면, } H_0\text{로 결론 내린다.} \\ &DEV(X_0, X_1, \ldots, X_{p-1}) > \chi^2(1-\alpha; c-p)\text{이면, } H_a\text{로 결론 내린다.} \end{aligned} \tag{14.77}$$

예 쿠폰 유효성 예에서, (14.75)에 있는 이탈을 바로 구하기 위해 표 14.2에 있는 결과를 사용하였다.

$$\begin{aligned} DEV(X_0, X_1) &= -2\left[30\log_e\left(\frac{.1736}{.150}\right) + (200-30)\log_e\left(\frac{.8264}{.850}\right)\right. \\ &\quad \left. + \cdots + 137\log_e\left(\frac{.7028}{.685}\right) + (200-137)\log_e\left(\frac{.2972}{.315}\right)\right] \\ &= 2.16 \end{aligned}$$

$\alpha = .05$이고 $c - p = 3$에 대해서 $\chi^2(.95; 3) = 7.81$이다. $DEV(X_0, X_1) = 2.16 \leq 7.81$이기 때문에 로지스틱모형이 만족스럽게 적합되었다는 H_0로 결론 내린다. 이 검정의 P값은 근사적으로 .54로 앞에서 Pearson 카이제곱 적합도검정에서와 같은 값으로 나타났다.

부연설명

만약 (14.75)에 나와 있는 첫 번째 항에서 어떤 j에 대하여 $p_j = 0$이면, $Y_{.j} = 0$이고

$$Y_{.j} \log_e\left(\frac{\hat{\pi}_j}{p_j}\right) = 0$$

마찬가지로 (14.75)에 나와 있는 두 번째 항에서 어떤 j에 대해서 $p_j = 1$이면, $Y_{.j} = n_j$이고

$$(n_j - Y_{.j}) \log_e\left(\frac{1-\hat{\pi}_j}{1-p_j}\right) = 0$$

이다. ■

Hosmer-Lemeshow 적합도검정

Hosmer와 Lemeshow(인용문헌 14.4)는 비반복 자료나 반복이 거의 없는 자료에 대해서 추정된 확률값에 기초하는 자료의 그룹화를 제안하였다. 예를 들어 모든 j에 대하여 $n_j = 1$인 경우처럼 반복이 없다고 가정하자. 이 절차는 적합된 $\hat{\pi}_i$ 값이 비슷한 값들을 같은 계급으로 묶는다. 각 계급의 자료 수는 비슷하게 한다. 이 그룹화 작업은 적합된 로짓 값인 $\hat{\pi}_i' = \mathbf{X}_i'\mathbf{b}$을 사용하는 것과 동일하게 행해진다. 이 로짓 값 $\hat{\pi}_i'$은 적합된 평균반응 $\hat{\pi}_i$과 단조적으로(monotonically) 연관되어 있기 때문이다. 적합된 로짓 값 $\hat{\pi}_i'$에 따라 그룹화 작업을 할 것이다. 전체 자료 수에 따라 보통 5~10개의 계급을 사용한다. 그룹들이 형성되면, Hosmer-Lemeshow 적합도 통계량은 앞에서 설명한 관측된 빈도와 기대빈도가 있는 $c \times 2$ 표로 (14.70)에 있는 Pearson 카이제곱 검정통계량을 이용하여 계산한다. Hosmer와 Lemeshow는 광범위한 시뮬레이션 연구를 통하여 (14.70) 검정통계량이 자유도 $c - 2$의 카이제곱분포로 잘 근사한다는 것을 보여 주었다.

예 질병 발생 예에서 다섯 개의 계급을 사용할 것이다. 표 14.8은 적합된 로짓 값 $\hat{\pi}_i'$과 각 계급에 대한 자료 수 n_j에 대한 계급구간을 보여 준다. 또한 각각의 계급에 대하여 $Y_{ij} = 0$과 $Y_{ij} = 1$에 대한 자료 수 O_{j0}과 O_{j1}을 제공한다. 마지막으로 표 14.8은 로지스틱회귀모형 (14.46)에 기반한 추정된 기대빈도 E_{j0}와 E_{j1}이다.

검정통계량 (14.70)은 다음과 같이 계산된다.

계급			질병이 있는 사람의 수		질병이 없는 사람의 수	
계급 j	$\hat{\pi}_i'$ 구간	n_j	관측값 O_{j0}	기댓값 E_{j0}	관측값 O_{j1}	기댓값 E_{j1}
1	−2.60 ~ −2.08 미만	20	19	18.196	1	1.804
2	−2.08 ~ −1.43 미만	20	17	17.093	3	2.907
3	−1.43 ~ −.70 미만	20	14	14.707	6	5.293
4	−.70 ~ .16 미만	19	9	10.887	10	8.113
5	.16 ~ 1.70 미만	19	8	6.297	11	12.703
	합계	98	67	67.180	31	30.820

표 14.8 로지스틱회귀함수에 대한 Homer-Lemeshow 적합도검정 – 질병 발생 예

$$X^2 = \frac{(19-18.196)^2}{18.196} + \frac{(1-1.804)^2}{1.804} + \cdots + \frac{(8-6.297)^2}{6.297} + \frac{(11-12.703)^2}{12.703}$$
$$= 1.98$$

모든 n_j는 비슷하게 20이고, 두 개의 기대빈도가 5보다 작지만 1보다는 크기 때문에 카이제곱검정이 적절하다. $\alpha = .05$와 $c - 2 = 3$이면, $\chi^2(.95; 3) = 7.81$이다. $X^2 = 1.98 \le 7.81$이기 때문에 로지스틱반응함수가 적절하다는 H_0로 결론 내린다. 이 검정에서 P 값은 .58이다.

부연설명

Pearson 카이제곱과 이탈적합도검정은 반복 관측값이 존재할 때와 각 X에서의 반복되는 수가 충분히 클 때만 적절하다는 것을 언급하였다. 일부 패키지는 충분한 수의 반복 관측값의 여부와 관계 없이 이러한 통계량들에 대한 P 값을 제공하기 때문에 로지스틱회귀의 출력물을 해석할 때에는 주의해야 한다. ■

14.8 ■ 로지스틱회귀진단

이 절에서는 잔차분석을 하고 로지스틱회귀에 대한 영향력 자료를 찾아낸다. 먼저 로지스틱회귀에 대하여 정의된 다양한 잔차와 그리고 관련 있는 그림을 설명한다. 그 다음 영향관찰값(influential observations)의 식별로 넘어간다. 반응변수는 이항이라고 가정한다. 그룹화되어 있지 않은 경우에 초점을 둔다.

로지스틱회귀잔차

로지스틱회귀에 대한 잔차분석은 반응변수 Y_i가 0 아니면 1의 값을 갖기 때문에 선형회귀모형에 대한 분석보다 훨씬 더 어렵다. 결과적으로 i번째 잔차 e_i는 두 값 중 하나의 값을 갖는다고 가정한다.

$$e_i = \begin{cases} 1-\hat{\pi}_i & Y_i = 1\text{인 경우} \\ -\hat{\pi}_i & Y_i = 0\text{인 경우} \end{cases} \tag{14.78}$$

보통의 잔차는 정규분포하지 않으며, 적합된 모형이 올바르다는 가정하에서 그들의 분포는 모른다. 일반적으로 적합값이나 예측변수들에 대한 잔차의 그림에서 얻는 정보가 없다.

Pearson 잔차. 잔차는 Y_i의 추정된 표준오차, 즉 $\sqrt{\hat{\pi}_i(1-\hat{\pi}_i)}$로 나누어 비교하기 쉽게 만들 수 있다. Pearson 잔차(Pearson *residuals*)는 다음과 같이 주어진다.

$$r_{P_i} = \frac{Y_i - \hat{\pi}_i}{\sqrt{\hat{\pi}_i(1-\hat{\pi}_i)}} \tag{14.79}$$

Pearson 잔차는 (14.70)의 Pearson 카이제곱 적합도통계량과 관련이 있다. 이를 보기 위해 먼저 (14.70)을 다음과 같이 확장한다.

$$X^2 = \sum_{j=1}^{c}\sum_{k=0}^{1}\frac{(O_{jk}-E_{jk})^2}{E_{jk}} = \sum_{j=1}^{c}\frac{(O_{j0}-E_{j0})^2}{E_{j0}} + \sum_{j=1}^{c}\frac{(O_{j1}-E_{j1})^2}{E_{j1}}$$

(14.79a)

이항의 결과물을 갖는 자료에 대해서 $j = i$, $c = n$, $O_{j1} = Y_i$, $O_{j0} = 1 - Y_i$, $E_{j1} = \hat{\pi}_i$, $E_{j0} = 1 - \hat{\pi}_i$라고 하면, (14.79a)는 다음과 같이 된다.

$$\begin{aligned} X^2 &= \sum_{i=1}^{n}\frac{[(1-Y_i)-(1-\hat{\pi}_i)]^2}{1-\hat{\pi}_i} + \sum_{i=1}^{n}\frac{(Y_i-\hat{\pi}_i)^2}{\hat{\pi}_i} \\ &= \sum_{i=1}^{n}\frac{(Y_i-\hat{\pi}_i)^2}{1-\hat{\pi}_i} + \sum_{i=1}^{n}\frac{(Y_i-\hat{\pi}_i)^2}{\hat{\pi}_i} \\ &= \sum_{i=1}^{n}\frac{(Y_i-\hat{\pi}_i)^2}{\hat{\pi}_i(1-\hat{\pi}_i)} \end{aligned}$$

(14.79b)

따라서 (14.79)의 Pearson 잔차제곱합은 숫자상으로 (14.79a)에 있는 Pearson 카이제곱 검정통계량과 같아지는 것을 알 수 있다. 그러므로 Pearson 잔차의 제곱은 Pearson 카이제곱 검정통계량에 대한 각각의 반응변수의 기여도를 측정한다. (14.79b)의 검정통계량은 비반복 이항자료에 대한 카이제곱분포로 근사하지 않는다.

스튜던트화 Pearson 잔차. Pearson 잔차는 적합값 $\hat{\pi}_i$에서의 고유의 변화가 허용되지 않기 때문에 단위 분산을 갖지 않는다. 더 나은 절차는 보통의 잔차를 추정된 표준편차로 나누는 것이다. 이 값은 h_{ii}가 로지스틱회귀에 대한 $n \times n$ 추정된 모자행렬(해트 행렬)의 i번째 대각원소일 때, 근사적으로 $\sqrt{\hat{\pi}_i(1-\hat{\pi}_i)(1-h_{ii})}$로 나타난다.

$$\mathbf{H} = \widehat{\mathbf{W}}^{\frac{1}{2}}\mathbf{X}(\mathbf{X}'\widehat{\mathbf{W}}\mathbf{X})^{-1}\mathbf{X}'\widehat{\mathbf{W}}^{\frac{1}{2}} \qquad \textbf{(14.80)}$$

여기서 $\widehat{\mathbf{W}}$는 원소 $\hat{\pi}_i(1-\hat{\pi}_i)$로 이루어진 $n \times n$ 대각행렬이고, $\mathbf{X}$는 보통 $n \times p$ 설계행렬 (6.18b)이며, $\widehat{\mathbf{W}}^{\frac{1}{2}}$은 $\widehat{\mathbf{W}}$에 있는 값의 제곱근의 원소를 갖는 대각행렬이다. **스튜던트화 Pearson 잔차**(*studentized Pearson residuals*)는 다음과 같이 정의된다.

$$r_{SP_i} = \frac{r_{P_i}}{\sqrt{1-h_{ii}}} \qquad \textbf{(14.81)}$$

다중선형회귀에서 모자행렬은 $\hat{\mathbf{Y}} = \mathbf{HY}$의 표현을 만족한다. 로지스틱회귀에 대한 모자행렬은 유사하게 나타낸다. 근사적으로 $\hat{\boldsymbol{\pi}}' = \mathbf{HY}$를 만족하며, 이때 $\hat{\boldsymbol{\pi}}'$는 선형예측변수의 $(n \times 1)$ 벡터이다.

이탈잔차. (14.75)에 있는 모형의 이탈은 축소모형이 로지스틱회귀모형이고, 완전모형이 그룹화된 결과 자료에 대한 완전모형일 때의 가능도비검정에서 얻었다. 이항 결과물 자료에 대해서 X 범주의 수는 $c = n$, $n_j = 1$, $j = i$, $Y_{.j} = Y_i$, $p_j = Y_{.j}/n_j = Y_i$가 되고, 그리고 (14.75)는 $Y_i = 0$과 $Y_i = 1$에 대해서 $Y_i \log_e(Y_i) = (1-Y_i)\log_e(1-Y_i) = 0$이기 때문에 다음과 같이 된다.

$$G^2 = -2\sum_{i=1}^{n}\left[Y_i \log_e\left(\frac{\hat{\pi}_i}{Y_i}\right) + (1-Y_i)\log_e\left(\frac{1-\hat{\pi}_i}{1-Y_i}\right)\right]$$
$$= -2\sum_{i=1}^{n}[Y_i \log_e(\hat{\pi}_i) + (1-Y_i)\log_e(1-\hat{\pi}_i) - Y_i\log_e(Y_i)$$
$$- (1-Y_i)\log_e(1-Y_i)]$$
$$= -2\sum_{i=1}^{n}[Y_i \log_e(\hat{\pi}_i) + (1-Y_i)\log_e(1-\hat{\pi}_i)] \tag{14.82}$$

따라서 이항자료에 대해서 모형의 (14.75)에 대한 이탈은 다음과 같다.

$$DEV(X_0, \ldots, X_{p-1}) = \quad 2\sum_{i=1}^{n}[Y_i \log_e(\hat{\pi}_i) + (1-Y_i)\log_e(1-\hat{\pi}_i)] \tag{14.82a}$$

i 번째 경우에 대한 이탈잔차(deviance residual)는 dev_i로 나타내고, 이는 (14.82a)의 모형의 이탈 DEV에 i 번째 경우의 기여에 대한 부호(signed) 제곱근으로 정의된다.

$$dev_i = sign(Y_i - \hat{\pi}_i)\sqrt{-2[Y_i \log_e(\hat{\pi}_i) + (1-Y_i)\log_e(1-\hat{\pi}_i)]} \tag{14.83}$$

여기서 부호는 $Y_i \geq \hat{\pi}_i$일 때 양수이고, $Y_i < \hat{\pi}_i$일 때 음수이다. 따라서 이탈잔차의 제곱합은 (14.82a)에 있는 모형의 이탈과 같다.

$$\sum_{i=1}^{n}(dev_i)^2 = DEV(X_0, X_1, \ldots, X_{p-1})$$

따라서 각각의 이탈잔차제곱은 (14.82a)에 있는 이탈적합도검정통계량에 대한 각각의 이항반응변수의 기여를 측정한다. (14.82a)의 검정통계량은 비반복 이항자료에 대한 카이제곱검정으로 근사하지 않는다.

예 표 14.9의 1~7열은 질병 발생 예의 비율에 대해서 반응변수 Y_i, 예측평균반응변수 $\hat{\pi}_i$, 잔차 e_i, Pearson 잔차 r_{P_i}, 스튜던트화 Pearson 잔차 r_{SP_i}, 이탈잔차 dev_i, 모자행렬의 대각원소 h_{ii}가 나타나 있다. 첫 번째 자료에 대해 잔차를 얻기 위한 계산을 설명한다. 첫 번째 자료에 대한 잔차는 (14.78)에서

i	(1) Y_i	(2) $\hat{\pi}_i$	(3) e_i	(4) r_{P_i}	(5) r_{SP_i}	(6) dev_i	(7) h_{ii}
1	0	0.209	−0.209	−0.514	−0.524	−0.685	.039
2	0	0.219	−0.219	−0.529	−0.541	−0.703	.040
3	0	0.106	−0.106	−0.344	−0.350	−0.473	.033
...	...	...	...	...	...	...	...
96	0	0.114	−0.114	−0.358	−0.363	−0.491	.025
97	0	0.092	−0.092	−0.318	−0.322	−0.439	.024
98	0	0.171	−0.171	−0.455	−0.463	−0.613	.036

표 14.9 로지스틱회귀잔차와 모자행렬 대각원소 – 질병 발생 예

$$e_1 = Y_1 - \hat{\pi}_1 = 0 - .209 = -.209$$

으로 구한다.

첫 번째 Pearson 잔차 (14.79)는 다음과 같다.

$$r_{P_1} = \frac{e_1}{\sqrt{\hat{\pi}_1(1-\hat{\pi}_1)}} = \frac{-.209}{\sqrt{.209(1-.209)}} = -.514$$

r_{P_1}과 표 14.9의 7번째 열에 있는 지렛값 h_{11}을 (14.81)에 대입하여 스튜던트화 Pearson 잔차를 산출한다.

$$r_{SP_1} = \frac{r_{P_1}}{\sqrt{1-h_{11}}} = \frac{-.514}{\sqrt{1-.039}} = -.524$$

마지막으로 첫 번째 이탈잔차는 (14.83)에 의해 얻어진다.

$$\begin{aligned} dev_1 &= sign(Y_1 - \hat{\pi}_1)\sqrt{-2[Y_1 \log_e(\hat{\pi}_1) + (1-Y_1)\log_e(1-\hat{\pi}_1)]} \\ &= sign(-.209)\sqrt{-2[0 \log_e(.209) + (1-0)\log_e(1-.209)]} \\ &= -\sqrt{-2\log_e(.791)} = -.685 \end{aligned}$$

비록 이 그림들이 특별히 유용하지 않다고 강조하지만, 예측평균반응변수에 대한 다양한

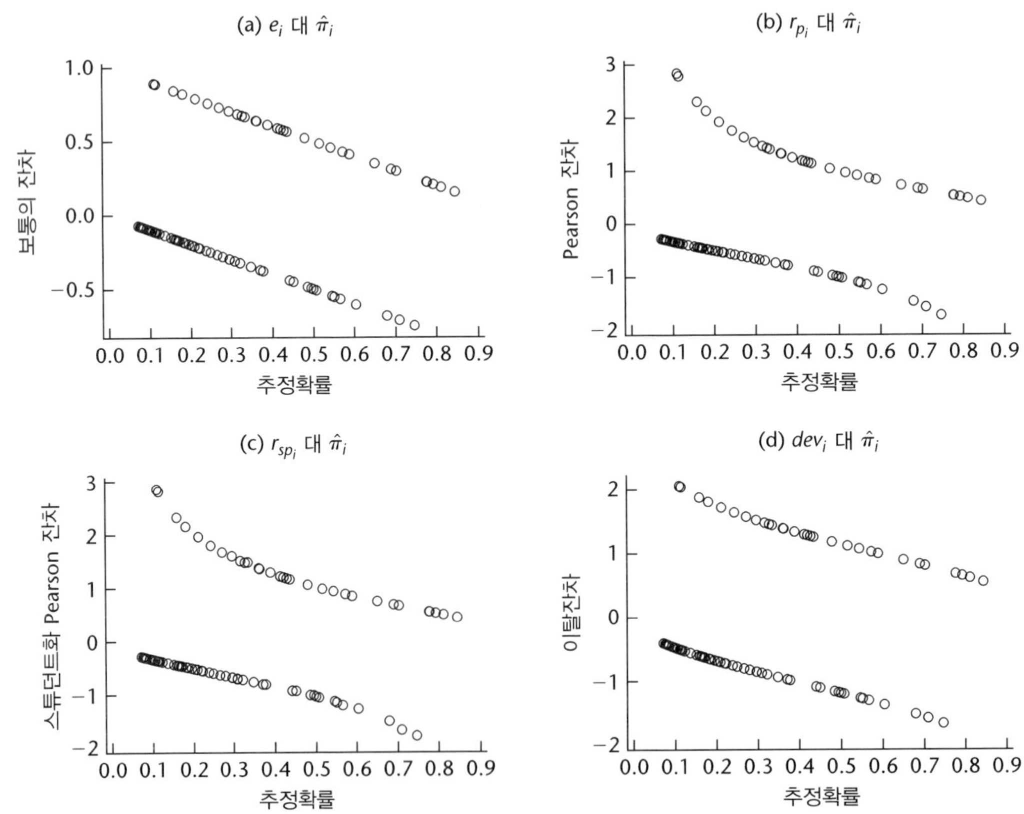

그림 14.12 예측평균반응변수에 대한 선별 잔차그림 – 질병 발생 예

잔차그림이 그림 14.12에 나타나 있다. 예를 들어 그림 14.12a를 보면 −1의 기울기를 갖는 감소하는 경향의 잔차를 볼 수 있다. 이러한 두 개의 선형 경향은 잔차가 X_i에서의 두 값 $1 - \hat{\pi}_i$ 혹은 $0 - \hat{\pi}_i$ 중에 하나를 갖는다는 위에서 언급한 사실이 원인이다. 이 값들을 $\hat{\pi}_i$에 대하여 그렸을 때 결과적으로 기울기 −1을 갖는 두 개의 선형 경향을 보일 것이다. 다른 그림들도 같은 패턴으로 된다.

진단 잔차그림

로지스틱회귀분석의 적합 적절성에 대한 유용한 정보를 제공하는 두 개의 유용한 잔차그림을 알아보자. 일반 회귀에서 잔차그림은 모형의 부적합성, 비상수(비균등)분산, 반응변수의 특이점을 진단하는 데 유용하다. 로지스틱회귀에서는 일반적으로 모형의 부적합성에만 집중한다. 14.1절에서 논했듯이, 비상수분산은 항상 로지스틱회귀의 세팅에서 나타나며 이 형태는 알려져 있다. 게다가 이항로지스틱의 반응 특이점은 진단하기 어렵고, 만약 X 공간의 특별한 영역에서 모든 반응변수들이 하나 혹은 두 개를 제외하고 같은 반응값을 가지면 분명하게 눈에 띈다. 따라서 모형의 적절성에 초점을 둔다.

Lowess에 의한 잔차 대 예측확률. 만약 로지스틱회귀모형이 맞다면 $E\{Y_i\} = \pi_i$이고, 근사적으로 다음을 따른다.

$$E\{Y_i - \hat{\pi}_i\} = E\{e_i\} = 0$$

만약 모형이 맞다면, 추정된 확률인 $\hat{\pi}_i$(혹은 선형예측값 $\hat{\pi}'_i$)에 대한 그림의 lowess는 근사적으로 절편 0에서 수평선으로 나타난다. 여기에서의 중요한 점은 모형이 적합하지 않을 수도 있다는 것을 알려준다는 것이다. 실제로 보통 잔차, Pearson 잔차, 또는 스튜던트화 Pearson 잔차에 대한 lowess가 이루어진다(로지스틱회귀잔차그림에 관한 더 자세한 설명은 인용문헌 14.5에서 찾을 수 있다).

예 그림 14.13에 있는 a~d의 그림은 질병 발생 예에 대한 잔차그림이다. 각 그림에는 제안된 lowess가 중첩되어 있다[MINITAB의 lowess 옵션에서 평활계수(degree of soothing)를 .7로 하고 단계(steps)를 0으로 설정하면 된다]. 그림 14.13의 a와 b에서는 측정된 확률과 선형예측변수에 대한 스튜던트화 Pearson 잔차가 그려져 있다. 그림 14.13의 c와 d에서는 모형의 이탈잔차에 대한 비슷한 그림이 그려져 있다. 모든 경우에서 lowess는 기울기와 절편이 0이다. 따라서 모형이 부적절하다는 것을 볼 수 없다.

모의 덮개를 이용한 절반-정규확률그림. 모의 덮개(simulated envelope)를 이용한 이탈잔차의 절반-정규확률그림은 선형회귀모형의 선형 부분 적합성을 검정하는 것과 바깥값인 이탈잔차를 식별할 때 유용하다. 절반-정규확률그림은 잔차가 정규분포를 따르지 않아도 이탈잔차의 바깥값을 확인하는 데 도움이 된다. 정규확률그림에서는 k번째 순서잔차가 (3.6)에서와 같이 $z[(k - .375)/(n + .25)]$ 또는 이것의 $\sqrt{MSE}$ 배만큼의 백분위수에 대해서 그려져 있다. 절반-정규확률그림에서는 k번째 순서절대잔차가 다음에 대하여 그려져 있다.

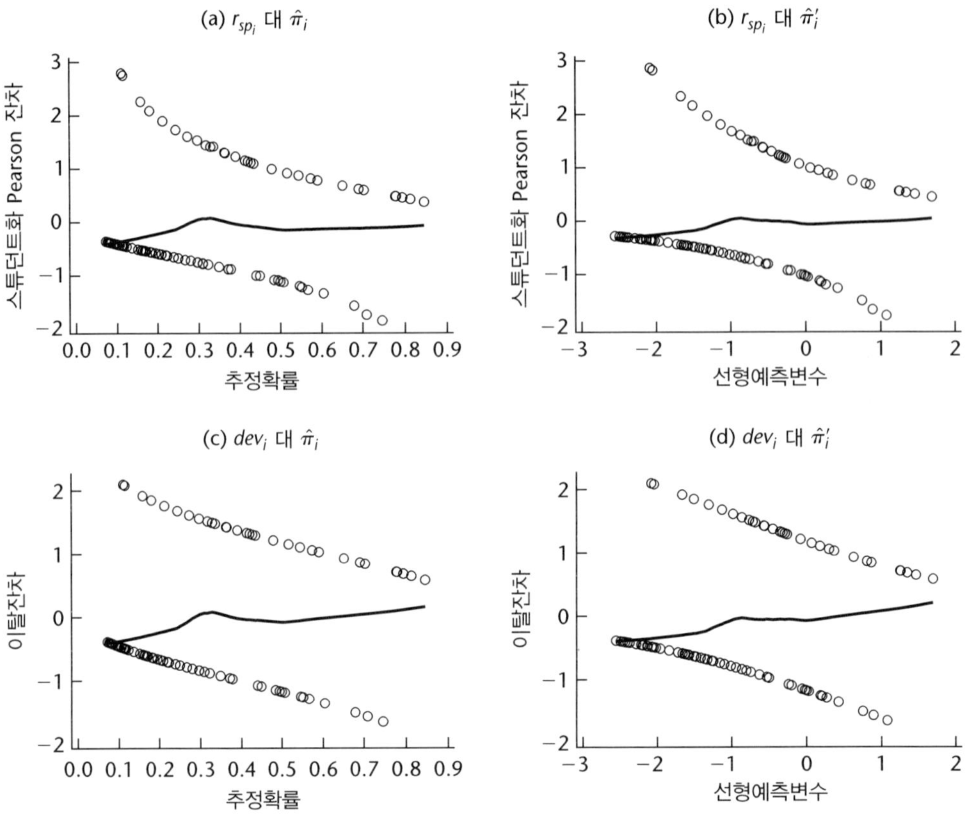

그림 14.13 Lowess에 의한 잔차그림 – 질병 발생 예

$$z\left(\frac{k+n-1/8}{2n+1/2}\right) \tag{14.84}$$

다른 점들과 떨어져 있는 특이점들이 절반-정규확률그림의 우측 상단에 나타날 것이다. 그러나 적합한 모형이 맞다고 할지라도 절대잔차에 대한 절반-정규확률그림이 반드시 직선인 것은 아니다.

이탈잔차의 바깥값을 식별하기 위해서 절반-정규확률그림을 **모의 덮개**(simulated envelope, 인용문헌 14.6 참조)와 결합한다. 이 덮개는 적합한 모형이 유효하다면 잔차들이 모두 속하게 되는 대역을 구성한다.

절대 이탈잔차의 절반-정규확률그림에 대한 모의 덮개는 다음과 같은 방법으로 만들어진다.

1. 초기 적합모형에서 각 n개의 자료마다 자료 i의 Bernoulli 모수를 $\hat{\pi}_i$로 둔 Bernoulli 결과물 (0, 1)을 생성한다. $\hat{\pi}_i$는 $Y_i = 1$의 추정확률이다.
2. 예측변수가 원래의 값을 유지하는 n개의 새로운 응답에 대한 로지스틱회귀모형을 적합하고, 이탈잔차를 얻는다. 절대 이탈잔차를 오름차순으로 정렬한다.
3. 2번까지의 과정을 18번 반복한다.
4. 19개의 그룹으로부터 가장 작은 이탈잔차를 모아, 이 값들에서 최솟값, 평균, 최댓값

을 구한다.

5. 두 번째로 작은 이탈잔차의 그룹을 만들고, 세 번째로 작은 이탈잔차의 그룹을 만드는 식으로 계속해서 네 번째 단계를 반복한다.
6. (14.84)의 일치하는 기댓값에 대하여 n개의 정렬된 잔차 그룹의 최솟값, 평균, 최댓값을 원래의 자료를 그린 절반-정규확률그림에 그린 뒤 점을 직선으로 이어준다.

19개의 시뮬레이션을 적용하여 적합모형이 유효할 때 원래 자료로부터의 가장 큰 절대 이탈잔차가 모의 덮개 외부에 있을 가능성은 20번 중 한 번 또는 5%이다. 시뮬레이션된 값의 평균에서 멀리 떨어진 점들이 있거나 모의 덮개에 가깝거나 외부에 점들이 있게 되면 적합모형이 적절하지 않다는 지표이다.

예 표 14.10a는 로지스틱회귀모형에 적합한 질병 발생 예에 대한 자료의 일부이다. 또한 19개의 시뮬레이션 표본에 대한 시뮬레이션된 응답의 일부가 있다. 예를 들어 사례 1의 시

(a) 시뮬레이션된 Bernoulli 결과물

			시뮬레이션 표본		
i	Y_i	$\hat{\pi}_i$	(1)	···	(19)
1	0	.209	0	···	0
2	0	.219	0	···	0
···	···	···	···	···	···
97	0	.092	0	···	0
98	0	.171	1	···	0

(b) 시뮬레이션 표본에 대한 순서절대 이탈잔차

순서 위치	시뮬레이션 표본		
k	(1)	···	(19)
1	.468	···	.368
2	.468	···	.368
···	···	···	···
97	1.849	···	2.085
98	1.919	···	2.228

(c) 시뮬레이션 표본에 대한 순서절대 이탈잔차의 최솟값, 평균, 최댓값

순서 위치	시뮬레이션 표본			원래 자료	$z\left(\frac{k+97.875}{196.5}\right)$
k	최솟값	평균	최댓값		
1	.046	.289	.491	.386	.008
2	.060	.296	.491	.386	.021
···	···	···	···	···	···
97	1.804	2.273	3.194	2.082	2.397
98	1.869	2.387	3.391	2.098	2.729

표 14.10 절반-정규 확률그림에 대한 모의 덮개 결과 – 질병 발생 예

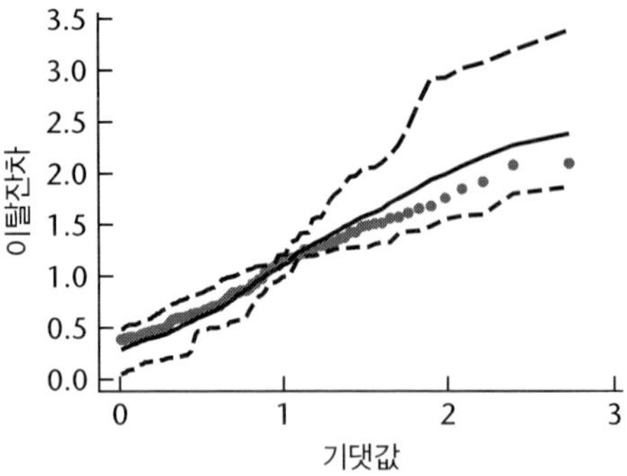

그림 14.14 절반-정규확률그림과 모의 덮개 – 질병 발생 예

뮬레이션 응답들은 $\hat{\pi}_i = .209$의 확률을 가진 Bernoulli 확률 결과물을 생성함으로써 얻을 수 있다.

표 14.10b는 19개의 시뮬레이션 표본에 대한 순서절대 이탈잔차를 보여 준다. 마지막으로 표 14.10c는 순위의 순서 위치에 대한 19개의 시뮬레이션 표본, 순위의 순서 위치에 대한 원래의 표본의 순서절대 이탈, 해당 z 백분위에 대한 최솟값, 평균, 최댓값을 보여 준다. 표 14.10c의 결과는 그림 14.14에 나타나 있다. 이 그림을 통해 가장 큰 이탈잔차(여기서는 사례 5와 사례 14)가 오른쪽에서 가장 멀리 떨어져 있고, 다른 자료로부터 분리되어 있다는 것을 명확하게 알 수 있다. 그러나 그것들은 모의 덮개 안에 있어서 해결방안(remedial measures)이 필요하지 않다. 또한 그림 14.10은 대부분의 절대 이탈잔차가 시뮬레이션 평균과 근접해 있기 때문에 이러한 경우 로지스틱회귀분석이 적합하다는 것을 보여 준다.

영향 관측값의 발견

영향 관측값을 식별하는 데 사용할 수 있는 세 가지 측정 도구에 대해서 알아 보자. 세 가지의 분석 측면에서 개별 이항 사례의 영향력에 대해 고려해 볼 것이다.

1. Pearson 카이제곱통계량 (14.79b)
2. 이탈통계량 (14.82a)
3. 적합선형예측변수 $\hat{\pi}_i'$

표준적인 회귀 상황에서도 그랬듯이, 분석 결과의 개별 사례의 효과를 평가하기 위해 사례 제거 진단(case-deletion diagnostics)을 사용할 것이다.

Pearson 카이제곱에서의 영향과 이탈통계량. X^2(14.79b)과 DEV(14.82a)를 전체 자료를 기반으로 한 Pearson 통계량과 이탈통계량으로 표현하고, $X^2_{(i)}$와 $DEV_{(i)}$를 사례 i가 제거된 검정통계량의 값으로 표현한다. i번째 **델타 카이제곱통계량**(delta chi-square statistics)은 i번째 자료가 제거되어서 Pearson 통계량이 변화하는 양을 나타낸다.

$$\Delta X_i^2 = X^2 - X_{(i)}^2$$

이와 비슷하게, i번째 **델타 이탈통계량**(delta deviance statistics)은 i번째 자료가 제거되어서 이탈통계량이 변화하는 양을 나타낸다.

$$\Delta dev_i = DEV - DEV_{(i)}$$

n개의 델타 카이제곱통계량이나 델타 이탈통계량의 계산은 가능도의 최대화가 필요한데, 이것은 시간이 많이 소모될 수 있다. 더욱 빠르게 계산하기 위해서 다음과 같은 일단계(one-step) 근삿값이 개발되었다.

$$\Delta X_i^2 = r_{SP_i}^2 \quad \textbf{(14.85)}$$

$$\Delta dev_i = h_{ii} r_{SP_i}^2 + dev_i^2 \quad \textbf{(14.86)}$$

요약하면, ΔX_i^2과 Δdev_i는 각각 i번째 사례가 제거되었을 때 Pearson 카이제곱통계량과 이탈통계량의 변화를 나타낸다. 이것들은 요약 통계에서 i번째 사례의 영향력 측도를 보여 준다.

델타 카이제곱통계량과 이탈통계량의 해석은 항상 간단하지만은 않다. 표준적 회귀 상황에서 회귀 진단의 규모를 판단하기 위해 다양한 어림규칙(rule of thumb)을 사용한다. 이것의 예로는 Bonferroni 바깥값 검정(10.2절)이 있는데 이것은 스튜던트화 제거 잔차(10.26)과 함께 사용된다. 또 다른 예로는 Cook의 거리(10.4절)의 해석을 위한 F분포의 다양한 백분위수의 사용을 들 수 있다. 위와 같은 가이드라인은 일반적으로 로지스틱회귀 분석에서는 사용할 수가 없다. 델타 통계량의 분산이 어떤 특정 제약이 없이는 알 수 없기 때문이다. 어떤 자료가 바깥값인지 또는 심한 영향력을 갖는지 판단하기 위한 전형적인 방법은 적절한 그래프에서 주관적인 시각적 판단에 따른다. 대개는 사례 i, $\hat{\pi}_i$ 또는 $\hat{\pi}_i'$에 대해 델타 카이제곱통계량과 델타 이탈통계량을 그림으로 표현한다. 극단값들은 자료 숫자에 대해 그린 그림에서 치솟는 큰 값(spike)으로 나타나고, $\hat{\pi}_i$ 또는 $\hat{\pi}_i'$에 대한 그림의 상단 구석에 바깥값으로 나타난다.

예 표 14.11의 1~6열은 각각 질병 발생 자료에서 계산한 Pearson 잔차(r_{P_i}), 스튜던트화 Pearson 잔차(r_{SP_i}), 모자행렬 대각원소(h_{ii}), 이탈잔차(dev_i), 델타 카이제곱통계량(ΔX_i^2), 델타 이탈잔차(Δdev_i)이다. ΔX_i^2과 Δdev_i를 얻기 위한 계산과정을 살펴 보자. (14.85)에서 언급했듯이, 최초의 델타 카이제곱통계량은 최초의 스튜던트화 Pearson 잔차의 제곱으로 주어진다.

i	(1) r_{P_i}	(2) r_{SP_i}	(3) h_{ii}	(4) dev_i	(5) ΔX_i^2	(6) Δdev_i	(7) D_i
1	−0.514	−0.524	.039	−0.685	0.275	0.479	0.002
2	−0.529	−0.541	.040	−0.703	0.292	0.506	0.002
3	−0.344	−0.350	.033	−0.473	0.122	0.228	0.001
...	...	...	...	...	...	...	...
96	−0.358	−0.363	.025	−0.491	0.132	0.245	0.001
97	−0.318	−0.322	.024	−0.439	0.104	0.195	0.001
98	−0.455	−0.463	.036	−0.613	0.214	0.383	0.002

표 14.11 Pearson 잔차, 스튜던트화 Pearson 잔차, 모자행렬 대각원소, 이탈잔차, 델타 카이제곱통계량, 델타 이탈통계량, Cook의 거리 – 질병 발생 예

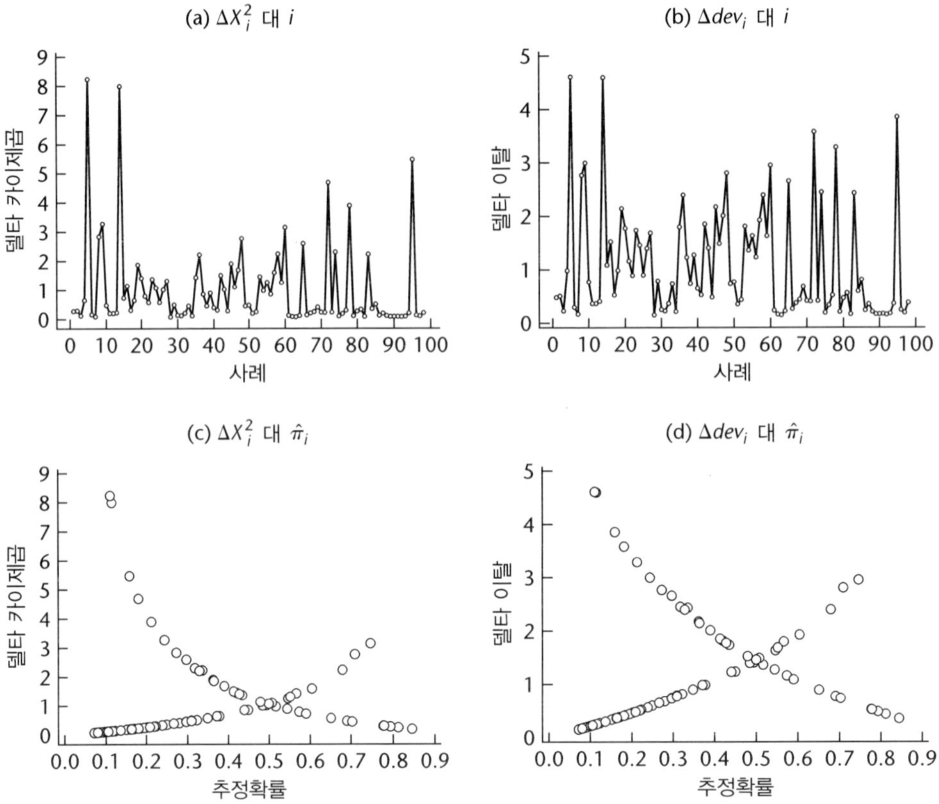

그림 14.15 델타 카이제곱과 델타 이탈통계량 그림 – 질병 발생 예

$$\Delta X_1^2 = r_{SP_1}^2 = (-.524)^2 = .275$$

표 14.11의 3, 4열에 각각 나와 있는 $h_{11} = .039$, $dev_1 = -.685$ 값들과 (14.86)을 이용해서 최초의 델타 이탈통계량을 다음과 같이 구한다.

$$\Delta dev_1 = h_{11} r_{SP_1}^2 + dev_1^2 = .039(-.524)^2 + (-.685)^2 = .479$$

그림 14.15a와 14.15b는 질병 발생 예에 대하여 델타 카이제곱과 델타 이탈통계량에 대한 지수그림을 제공한다. 5번과 14번의 사례에 대응하는 두 개의 치솟는 큰 값(spike)으로 이 사례들이 델타 이탈과 델타 카이제곱통계량에 대한 가장 큰 값을 갖는다는 것을 명확히 알 수 있다. 그림 14.15c와 14.15d는 모형에서 추정된 확률에 대하여 델타 카이제곱과 델타 이탈통계량이 각각 그려져 있다. 5번째와 14번째 사례는 그래프의 왼쪽 상단 모서리에 두드러져 보인다. 이 결과는 5번과 14번 사례가 사실상 결론에 지대한 영향을 미친다고 제시한다. 따라서 이 자료들은 분석의 나중 단계에서 해결방안의 대상이 될 수 있으므로 표시하였다.

적합선형예측변수에서의 영향력: Cook의 거리. 10장에서 영향 관측값의 식별을 위해 Cook의 거리 통계량, D_i를 소개하였다. 표준적인 회귀의 경우, D_i는 i번째 자료가 제거되었을 때 적합된 반응 벡터 $\hat{\mathbf{Y}}$에서의 표준화된 변화를 측정한다. 마찬가지로 로지스틱회귀에 대한 Cook의 거리는 i번째 자료가 제거되었을 때 선형 예측 $\hat{\pi}_i$의 표준 변화를 측정한다. 위에서 언급한 델타 통계량과 같이, 이 값을 얻을 때 정확히 가능도의 n개의 극대화를 필요로 한다. 대신, 다음의 일단계 근사가 사용된다(인용문헌 14.5).

$$D_i = \frac{r_{P_i}^2 h_{ii}}{p(1-h_{ii})^2} \tag{14.87}$$

지렛값 h_{ii}의 지수그림은 X 공간의 특이점을 식별할 때 유용하고, D_i의 지수그림은 적합선형예측변수에 큰 효과를 미치는 자료를 식별하는 데에 쓰인다. 델타 카이제곱과 델타 이탈통계량의 경우와 마찬가지로 이런 진단의 규모를 판단하는 어림규칙은 존재하지 않는다. 그리고 적절한 그래픽의 시각적 평가에 의존해야 한다. 델타 이탈(혹은 델타 카이제곱)의 **비례 영향력그림**(proportional influence plot) 또는 **거품그림**(bubble plot)을 사용하여 이탈(혹은 Pearson 카이제곱)통계량과 선형예측변수에 대한 영향력을 동시에 가늠할 수 있다. 그림 심볼의 면적은 D_i에 비례한다.

예 질병 발생 예의 일부에 대한 표 14.11의 7열에 Cook의 거리가 나와 있다. Cook의 거리 계산을 설명하기 위해 다시 첫 번째 자료를 살펴 본다. 표 14.11의 열 1과 3을 통하여 값 $h_{11} = .039$, $r_{P_i} = -.514$을 구한다. 그리고 (14.87)에 $p = 5$를 대입함으로써 다음을 얻을 수 있다.

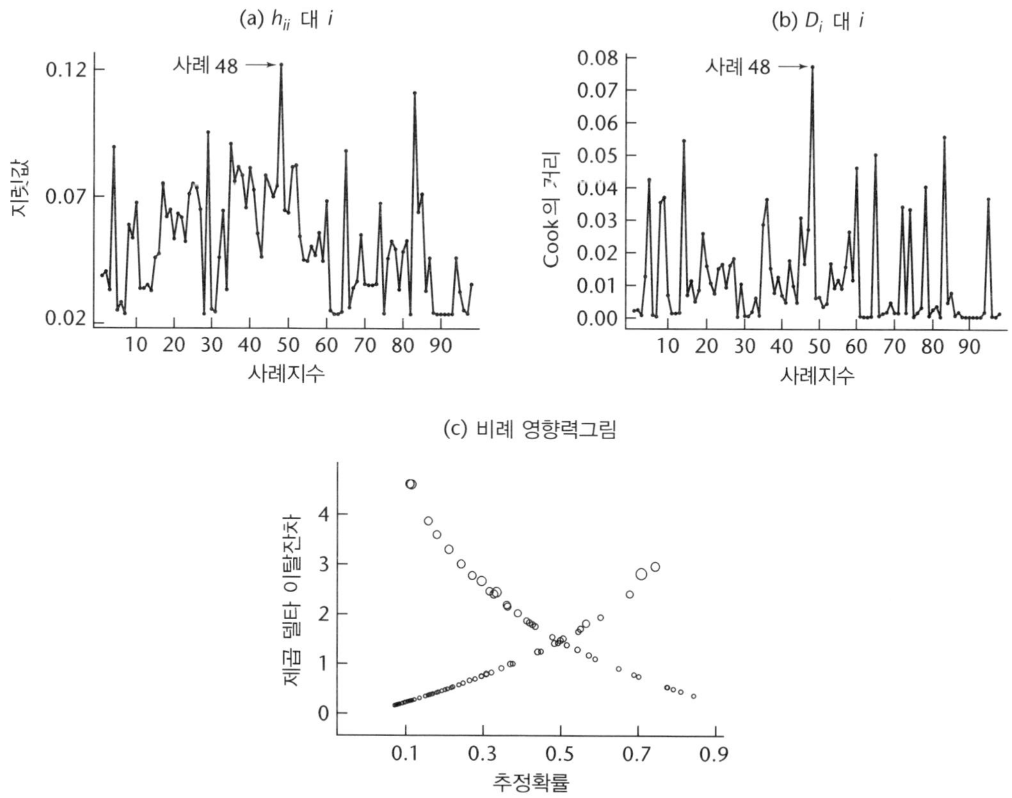

그림 14.16 지렛값의 지수그림, Cook의 거리, 델타 이탈통계량의 비례 영향력그림 – 질병 발생 예

$$D_1 = \frac{r_{P_i}^2 h_{ii}}{p(1-h_{ii})^2} = \frac{(-.514)^2(.039)}{5(1-.039)^2} = .0022$$

그림 14.16a∼c는 h_{ii}의 지수그림, D_i의 지수그림, 델타 이탈통계량의 비례 영향력 그림을 보여 준다. 지렛대그림은 X 공간에서 상대적으로 솟아 있는(따라서 잠재적으로 영향력이 큰) 48번째 사례를 표시하고 있고 Cook의 거리 그림은 48번째 사례가 선형예측변수에 미치는 영향력이 가장 강하다는 것을 나타내고 있다. 이전에 Pearson 카이제곱통계량과 이탈통계량에 미치는 영향력이 가장 큰 것이 확인되었던 5번째와 14번째 사례가 상대적으로 선형예측변수에 미치는 영향력이 작다는 사실에 유의하자. 그림 14.16c의 비례 영향력 그림에서도 이와 같은 사실을 확인할 수 있다. 델타 이탈값이 가장 큰 이 두 자료는 그림의 왼쪽 상단에 위치하고 있다. 이 자료들에 대한 그림에 표시된 점은 극단적으로 크지는 않은데, 이는 이 자료들이 적합선형예측변수 값과 관련하여 특별히 영향력이 크지 않음을 나타낸다. 48번째 사례를 일시적으로 제거하고 로지스틱회귀적합을 하였다(적합 결과 생략). 결과는 전체 자료를 통해 얻은 결과와 눈에 띄게 다르지 않았고, 이 자료는 유지되었다.

14.9 ▪ 평균반응에 대한 추론

많은 경우, 예측변수의 하나 또는 여러 개의 서로 다른 값의 집합에 대한 확률 π의 추정이 필요하다. 예를 들어 질병 발생 예에서 구역 1 도시에 살면서 나이가 10세인 낮은 사회경제적 지위의 사람이 질병에 걸릴 확률에 관심이 있을 수 있다.

점추정량

X 변수들의 수준들에 대한 벡터를 $\mathbf{X}_h$로 표시하고

$$\underset{p\times 1}{\mathbf{X}_h} = \begin{bmatrix} 1 \\ X_{h1} \\ X_{h2} \\ \vdots \\ X_{h,p-1} \end{bmatrix} \tag{14.88}$$

평균반응은 π_h로 표시한다.

$$\pi_h = [1 + \exp(-\mathbf{X}_h'\boldsymbol{\beta})]^{-1} \tag{14.89}$$

π_h의 점추정량은 $\hat{\pi}_h$로 표시하고 그 형태는 다음과 같다.

$$\hat{\pi}_h = [1 + \exp(-\mathbf{X}_h'\mathbf{b})]^{-1} \tag{14.90}$$

여기서 $\mathbf{b}$는 (14.43)에서 추정된 회귀계수의 벡터이다.

구간추정

두 단계를 거쳐 π_h에 대한 신뢰구간을 구할 수 있다. 먼저 로짓평균반응 π_h'에 대한 신뢰

한계를 계산한다. 그 다음 평균반응 π_h에 대한 신뢰한계를 구하기 위해 (14.38a)의 관계를 이용한다. 이를 명확히 보이기 위해 (14.38a)의 $\mathbf{X} = \mathbf{X}_h$를 이용할 수 있다.

$$E\{Y_h\} = [1 + \exp(-\mathbf{X}_h'\boldsymbol{\beta})]^{-1}$$

$E\{Y_h\} = \pi_h$, $\mathbf{X}_h'\boldsymbol{\beta} = \pi_h'$를 이용하여 다시 표현하면 다음과 같다.

$$\pi_h = [1 + \exp(-\pi_h')]^{-1} \tag{14.91}$$

(14.91)의 관계식은 π_h'에 대한 신뢰한계를 π_h에 대한 신뢰한계로 전환한 것이다.

로짓평균반응 $\pi_h' = \mathbf{X}_h'\boldsymbol{\beta}$의 점추정량은 $\pi_h' = \mathbf{X}_h'\mathbf{b}$이다. (5.46)에 따르면 $\hat{\pi}_h' = \mathbf{X}_h'\mathbf{b}$의 추정된 근사 분산은 다음과 같다.

$$s^2\{\hat{\pi}_h'\} = s^2\{\mathbf{X}_h'\mathbf{b}\} = \mathbf{X}_h'\mathbf{s}^2\{\mathbf{b}\}\mathbf{X}_h \tag{14.92}$$

여기서 $\mathbf{s}^2\{\mathbf{b}\}$는 n이 클 때 (14.51)의 회귀계수의 추정된 근사 분산공분산행렬이다.

로짓평균반응 π_h'에 대한 근사 $1 - \alpha$ 대표본신뢰한계는 익숙한 형태로 나타낼 수 있다.

$$L = \hat{\pi}_h' - z(1 - \alpha/2)s\{\hat{\pi}_h'\} \tag{14.93a}$$

$$U = \hat{\pi}_h' + z(1 - \alpha/2)s\{\hat{\pi}_h'\} \tag{14.93b}$$

여기서 L과 U는 순서대로 π_h'에 대한 신뢰한계 하한과 상한을 나타낸다.

마지막으로 π_h'에 대한 신뢰한계의 L과 U를 평균반응 π_h에 대한 근사 $1 - \alpha$ 신뢰한계의 L^*과 U^*로 대체하기 위해 (14.91)에서의 π_h와 π_h' 사이에 단조 관계를 이용할 수 있다.

$$L^* = [1 + \exp(-L)]^{-1} \tag{14.94a}$$

$$U^* = [1 + \exp(-U)]^{-1} \tag{14.94b}$$

여러 개의 평균반응에 대한 동시신뢰구간

서로 다른 $\mathbf{X}_h$ 벡터에 대응되는 여러 개의 평균반응 π_h를 신뢰계수 $1 - \alpha$로 추정해야 할 때, Bonferroni 동시신뢰구간을 이용할 수 있다. g개의 신뢰구간을 구하는 절차는 (14.93)의 $z(1 - \alpha/2)$가 $z(1 - \alpha/2g)$로 대체된다는 사실만 제외하면 하나의 신뢰구간을 구하는 방법과 같다.

예 표 14.3의 질병 발생 예에서, 구역 1에 살면서 나이가 10세인 사회경제적 지위가 낮은 사람이 질병에 걸릴 확률 π_h에 대한 95% 근사신뢰구간을 구하려고 한다. (14.88)의 $\mathbf{X}_h$ 벡터는 여기에서 다음과 같다.

$$\mathbf{X}_h = \begin{bmatrix} 1 \\ 10 \\ 0 \\ 1 \\ 0 \end{bmatrix}$$

표 14.4a에서의 결과를 이용하면 로짓평균반응의 점추정값을 구할 수 있다.

$$\hat{\pi}'_h = \mathbf{X}'_h\mathbf{b} = -2.3129(1) + .02975(10) + .4088(0) - .30525(1) + 1.5747(0)$$
$$= -2\ 32065$$

(14.92)를 이용해 $\hat{\pi}'_h$의 추정된 분산을 얻을 수 있다(계산 생략).

$$s^2\{\hat{\pi}'_h\} = .2945$$

또한 $s\{\hat{\pi}'_h\} = .54268$이다. $1 - \alpha = .95$에 대해 $z(.975) = 1.960$이다. 그러므로 로짓평균반응 π'_h에 대한 신뢰한계는 (14.93)에 의해 다음과 같다.

$$L = -2.32065 - 1.960(.54268) = -3.38430$$
$$U = -2.32065 + 1.960(.54268) = -1.25700$$

마지막으로 평균반응 π_h에 대한 95% 근사신뢰구간을 구하기 위해 (14.94)를 이용할 수 있다.

$$L^* = [1 + \exp(3.38430)]^{-1} = .033$$
$$U^* = [1 + \exp(1.25700)]^{-1} = .22$$

그러므로 평균반응 π_h에 대한 95% 근사신뢰구간은 다음과 같다.

$$.033 \le \pi_h \le .22$$

따라서 95% 근사신뢰구간을 이용해, 구역 1에 살면서 나이가 10세인 사회경제적 지위가 낮은 사람이 질병에 걸릴 확률은 .033과 .22 사이임을 알 수 있다. 이 신뢰구간은 이러한 특정한 특징을 지닌 사람이 질병에 걸릴 확률이 높지 않음을 나타낸다. 하지만 신뢰구간 범위가 다소 넓으므로 정밀성은 떨어진다.

부연설명

(14.94)에서 π_h에 대한 신뢰한계는 점추정값을 기준으로 대칭이 아니다. 예를 들어 질병 발생 예에서 점추정값은 다음과 같다.

$$\hat{\pi}_h = [1 + \exp(2.32065)]^{-1} = .089$$

반면 신뢰한계는 .033에서 .22이다. 비대칭의 원인은 $\hat{\pi}_h$가 $\hat{\pi}'_h$의 선형함수가 아니기 때문이다. ■

14.10 ■ 새로운 관측값에 대한 예측

다중로지스틱회귀는 새로운 관측값에 대한 예측을 위해 자주 사용된다. 예를 들어 보건담당자는 환자의 나이, 성별, 다양한 증상에 대한 정보를 가지고 특정한 수술 절차가 새로운 환자들의 상태를 좋게 만들 것인지 예측하기를 원한다. 또 다른 예로 컴퓨터 회사의 마케팅 담당자는 현재 컴퓨터 사용연수, 회사 업무량 및 기타 요소들에 대한 정보를 이용해 소매점이 새로운 컴퓨터를 구매할지 여부에 대해 예측하고자 한다.

예측규칙의 선택

X 변수의 관측된 값인 $\mathbf{X}_h$가 주어진 상태에서 이항 결과를 예측하는 것은 추정값 $\hat{\pi}_h$가 크면 결과값이 1로 예측되고 추정값 $\hat{\pi}_h$가 작으면 결과값이 0으로 예측될 것이라는 점에서 간단하다. 이항 결과를 예측하는 것의 문제점은 결과값이 0인지 1인지를 구분해 주는 절사점(cutoff point)을 결정하는 일이다. 절사점을 어떻게 결정하기 위한 다양한 접근법이 존재한다. 세 가지 접근법을 알아보자.

1. **.5를 절사점으로 이용하는 방법.** 이 접근법을 이용한 예측규칙은 다음과 같다.

   $\hat{\pi}_h$이 .5를 초과하면 1로 예측하고 그렇지 않으면 0으로 예측한다.

   이 접근법은 (a) 관심 모집단에서 결과값 0 또는 1이 발생하는 사건이 같은 정도로 일어날 때, (b) 0, 1을 잘못 예측하여 발생하는 비용이 대략적으로 같을 때 적절한 방법이다.
2. **다중로지스틱회귀모형을 적합한 한 자료를 통해 가장 좋은 절사점을 찾는 방법.** 이 접근법은 서로 다른 절사점을 평가하는 것이다. 각각의 절사점에서 규칙은 모형구축 자료에서의 n개의 사례를 이용해 정해지며 잘못 예측된 자료의 비율을 알아낸다. 잘못된 예측 비율이 가장 낮은 절사점이 최종적으로 선택된다.

   이 접근법은 (a) 자료가 관련 모집단으로부터 뽑힌 확률표본이고 따라서 해당 표본이 모집단의 0과 1의 적절한 비율을 반영할 때와 (b) 0, 1을 잘못 예측하여 발생하는 비용이 대략적으로 같을 때 적절한 방법이다. 최적의 절사점을 통해 관측된 잘못 예측한 비율은 특히 모형구축 자료가 크지 않을 때, 새로운 관측값을 제대로 예측하는 절사 능력을 과대표시하기 쉽다. 그 이유는 절사점이 로지스틱모형을 적합시킨 자료를 참고하여 정해지고 따라서 이 자료에 대해서는 가장 좋기 때문이다. 결론적으로 9장에서 설명한 것처럼 적합된 회귀모형을 이용한 관측된 예측 능력이 새로운 관측값을 예측하는 데에도 타당한 지표인지 확인하기 위해 타당성입증 자료를 이용하는 것이 중요하다.
3. **절사점을 결정하기 위해 사전확률과 잘못 예측하여 발생하는 비용을 사용하는 방법.** 1과 0이 발생할 가능성에 대한 사전 정보가 있는 경우, 사전 정보는 최적의 절사점을 찾는 데 이용될 수 있다. 1로 잘못 예측하여 발생하는 비용이 0으로 잘못 예측하여 발생하는 비용과 상당히 다를 때, 이처럼 잘못된 결론에 따른 비용은 잘못 예측하여 발생하는 기대비용을 최소화하는 방법을 통해 절사점을 결정하는 데 이용할 수 있다. 인용문헌 14.7과 같은 특정한 참고 목록에서는 최적 절사점을 결정하는 데 사전 정보와 잘못된 예측 비용의 이용에 대해 논의하고 있다.

예 연구의 주목적이 나이, 사회경제적 지위, 도시 구역이 중요한 위험요인인지를 확인하기 위한 것이지만, 새로운 관측값을 예측하는 데 필요한 절사점을 어떻게 얻을지에 대해 설명하기 위해 표 14.3의 질병 발생 예를 이용할 것이다. 한 사람이 질병이 발생했다고 잘못 예측하여 발생하는 비용이 한 사람이 질병이 발생하지 않았다고 잘못 예측하여 발생하는 비용과 거의 같다고 가정할 것이다. 적합된 로지스틱반응함수는 (14.46)에 제시되어 있다.

확률표본이 두 개의 도시 구역에서 선택되었기 때문에, 연구에서 98개의 자료가 관련된 모집단의 횡단면을 구성하고 있다. 결론적으로 정보는 모집단에서 질병에 걸린 사람들의 비율에 대한 표본에 주어져 있다. 연구에 참여한 98명의 사람들 중, 31명은 질병에 걸렸다(부록 C.10에 있는 질병 발생 자료를 참조). 그러므로 질병에 걸렸다고 예측된 사람들의 비율은 31/98 = .316이다. 이 비율은 예측규칙에서 최적의 절사점을 찾는 시작점으로 이용될 수 있다.

따라서 첫 번째 규칙은 다음과 같다.

$$\hat{\pi}_h \geq .316\text{이면, 예측 1; } \hat{\pi}_h < .316\text{이면, 예측 0} \tag{14.95}$$

표 14.3의 6열을 참고하면 사례 1에 대한 비율은 $\hat{\pi}_1 = .209$이다. 그러므로 (14.95)의 예측규칙은 그 사람이 질병에 걸리지 않았다고 보는 예측을 하도록 만든다. 이는 옳게 예측한 것이다. 이와 유사하게 (14.95)의 예측규칙은 사례 2와 사례 3은 질병에 걸리지 않았다고 옳게 예측한다. 그러나 사례 4에 대한 (14.95)의 규칙을 이용한 예측(이 사람은 $\hat{\pi}_4 = .371 \geq .316$이므로 질병에 걸렸다고 예측)은 잘못된 결정이다. 다시 이와 유사하게 사례 5에 대한 예측(이 사람은 $\hat{\pi}_5 = .111 < .316$이므로 질병에 걸리지 않았다고 예측)은 잘못된 결정이다. 표 14.12a는 예측규칙 (14.95)를 이용해서 얻은 올바른 분류와 잘못된 분류 빈도에 대한 요약 정보를 보여 준다. 질병에 걸리지 않은 67명의 사람들 중, 20명은 질병에 걸린 것으로 잘못 예측되었다. 다시 말해 오류율은 29.9%이다. (14.95)의 규칙을 이용한 결과 질병에 걸린 31명의 사람들 중 25.8%인 8명이 질병에 걸리지 않았다고 잘못 예측되었다. 전체적으로는 98명 중 20 + 8 = 28명의 질병 상태가 잘못 예측되었다. 이에 따른 (14.95)의 규칙을 이용한 오류율은 28/98 = .286, 즉 28.6%이다.

다른 절사점에 대해서도 유사한 분석이 이루어졌고 분석에 고려된 절사점 중에서 다음 규칙이 가장 좋은 것으로 나타났다.

$$\hat{\pi}_h \geq .325\text{이면 예측 1; } \hat{\pi}_h < .325\text{이면 예측 0} \tag{14.96}$$

표 14.12b는 (14.96)의 예측규칙을 이용한 옳은 분류와 잘못된 분류에 대한 요약 정보를 나타내고 있다. 이 규칙에 대한 예측 오류율은 (9 + 17)/98 = .265, 즉 26.5%이다. 이 규칙에서 사람들의 질병 유무 예측 오류율(9/31, 17/67)은 서로 비슷하다. 그러므로 두 집단에 대한 잘못된 예측의 위험이 공정하게 균형이 맞춰져 있고 이는 바람직하다고 볼 수 있다. 또한 사람들의 질병 유무와 관련된 오류율은 절사점이 최적 절사점으로부터 벗어나 이동함에 따라 이 균형이 깨짐을 알 수 있다.

	(a) 규칙 (14.95)			(b) 규칙 (14.96)		
참분류	$\hat{Y}=0$	$\hat{Y}=1$	합계	$\hat{Y}=0$	$\hat{Y}=1$	합계
$Y=0$	47	20	67	50	17	67
$Y=1$	8	23	31	9	22	31
합계	55	43	98	59	39	98

표 14.12 로지스틱반응함수 (14.46)과 예측규칙 (14.95), (14.96)을 이용한 분류 결과 – 질병 발생 예

시각적으로 이러한 정보를 보여 주는 효과적인 방법은 가능한 절사점 $\hat{\pi}_h$을 통해 $P(\hat{Y} = 1 | Y = 1)$(민감도, sensitivity라고 함)(true positive, 참 양성, 진 양성)를 $1 - P(\hat{Y} = 0 | Y = 0)$(1–특이도, specificity라고 함)(false positive, 거짓 양성, 위 양성)의 함수로 그린 **수령인 운영 특성 곡선**[receiver operating characteristic(ROC) curve]을 이용하는 것이다. 그림 14.17은 (14.46)의 모형에서 0과 1 사이의 모든 가능한 절사점에 대해 ROC 곡선을 그린 결과이다(조건부확률의 정의에 대해서는 A.7a 참조).

그림 14.17의 ROC 곡선에서 하나의 점이 어떻게 정해지는지 알아보기 위해 절사점이 .316인 (14.95)의 규칙을 고려해 보자. 표 14.12a로부터 **민감도**는 다음과 같다.

$$P(\hat{Y} = 1|Y = 1) = \frac{23}{31} = .74$$

또한 1–**특이도**는 다음과 같다.

$$1 - P(\hat{Y} = 0|Y = 0) = 1 - \frac{47}{67} = .30$$

이 점은 그림 14.17의 ROC 곡선에 표시되어 있다.

ROC 곡선 아래의 면적은 모형의 유용한 예측력 측도이고 이는 **일치성 지표**(concordance index)와도 동일하다. $Y_i = 1$과 $Y_j = 0$이 되는 관측값의 어떠한 짝 (i, j)를 생각해 보자. $Y_i > Y_j$이기 때문에 $\hat{\pi}_i > \hat{\pi}_j$라면 이 짝은 일치한다(concordant)고 할 수 있다. 일치성 지수는 예측값과 관측값이 일치할 확률을 추정한다(인용문헌 14.2). .5의 값은 예측이 확률적 예상보다 나을 게 없음을 의미한다. (14.96)의 질병 발생 모형에 대해 ROC 면적은 .777이다.

타당성입증 검사 연구는 최적의 절사점을 통해 관측된 예측 오류율이 새로운 관측값에 대한 잘못된 예측의 위험성을 적절하게 나타낸지, 즉 이 절사점이 정말로 새로운 관측값

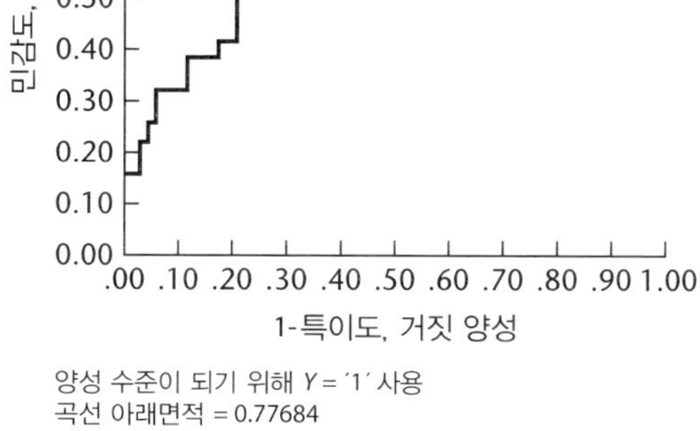

그림 14.17 JMP ROC 곡선 – 질병 발생 예

을 과소추정하는지를 알아보기 위해 필요하다. 이미 (14.96)의 적합된 로지스틱회귀모형이 잘못된 예측을 할 상대적으로 높은 위험성 때문에 어떤 경우에도 예측모형으로서 유용하지 않을 수 있다는 것이 드러났다.

부연설명

예측규칙 방법의 한계는 그것이 절사점 $\hat{\pi}_h$이 임의로 결정되어 연속예측변수 $\hat{\pi}$을 이분화한다는 것이며 표본에서 관측되는 1과 0의 상대적 빈도에 크게 의존한다는 점이다. ■

예측 오류율의 타당성입증

모형구축 자료로부터 관찰된 예측 오류율의 신뢰성은 선택된 예측규칙에 타당성입증 검사 자료를 적용해 확인해 볼 수 있다. 새로운 예측 오류율이 모형구축 자료를 통해 얻은 오류율과 거의 같다면 적합된 로지스틱회귀모형과 선택된 예측규칙의 예측력의 신뢰성에 대한 증거를 제공해준다. 새로운 자료에서 굉장히 높은 예측 오류율이 발생한다면, 적합된 로지스틱회귀모형과 선택된 예측규칙은 새로운 관측값을 원래의 예측력만큼 잘 예측하지 못한다.

예 질병 발생 예에서 모형구축 자료를 토대로 한 적합된 회귀모형함수 (14.46)

$$\hat{\pi} = [1 + \exp(-3.8877 - .02975X_1 - .4088X_2 + .30525X_3 - 1.5747X_4)]^{-1}$$

를 이용하여 부록 C.10의 질병 발생 자료에서 사례 99~196에 대한 추정된 확률 $\hat{\pi}_h$를 계산한다. 이 자료들이 타당성입증용 자료이다. 선택된 예측규칙 (14.96)

$$\hat{\pi}_h \geq .325\text{이면 예측 1; } \hat{\pi}_h < .325\text{이면 예측 0}$$

으로 확률을 추정하였다. 예측 오류율은 다음과 같다.

질병 상태		
질병 있음	질병 없음	합계
46.2	38.9	40.8

40.8%의 총 예측 오류율은 모형구축 자료를 이용해 구한 오류율 26.5%보다 상당히 크다. 그러므로 적합된 로지스틱회귀모형과 선택된 예측규칙의 예측 능력은 신뢰하기 어렵다.

질병 발생 예의 주목적은 예측을 하는 것이 아니었음을 다시 한 번 강조한다. 그보다는 주요한 설명변수를 골라내는 것이 주목적이었다. 타당성입증용 자료에 대한 오류율은 로지스틱회귀모형에 아직 포함되지는 않았지만 어떤 사람이 질병에 걸렸는지에 영향을 미치는 다른 주요 설명변수가 있을 것임을 의미한다.

부연설명

예측변수가 연속형일 때 이항반응변수를 예측하는 다중로지스틱회귀의 대안으로 **판별분석**(discriminant analysis)을 고려할 수 있다. 이 방법은 예측변수가 결합 다변량정규분포를 따른다고 가정한다. 이 조건이 만족되지 않더라도 판별분석을 이용할 수 있지만, 이 경우 판별분석은 최선이 아니며 로지스틱회귀가 더 선호된다. 판별분석의 더 깊은 논의는 인용문헌 14.8에서 확인할 수 있다. ■

14.11 ■ 명목형 반응에 대한 다가로지스틱회귀

로지스틱회귀는 이분적(dichotomous) 반응변수와 예측변수들 간 관계를 모형화하기 위해 가장 빈번하게 사용된다. 하지만 반응변수의 수준이 둘 이상일 수도 있는데, **다가**(polytomous, 다분) 또는 **다범주**(multicategory) 로지스틱회귀모형을 적용할 수 있다. 다가로시스틱회귀모형은 많은 분야에서 이용될 수 있다. 예를 들어 사업 분야에서 시장 조사자는 소비자의 상품 선택(상품 A, 상품 B, 상품 C)과 소비자의 나이, 성별, 지리적 위치, 다른 잠재적 설명변수와의 관련성에 대해 알고자 할 수 있다. 이것은 반응범주가 순수하게 질적이고 어느 쪽으로도 순서가 없기 때문에 **명목형**(nominal) 다가 회귀분석의 예이다. **순서형**(ordinal) 반응범주 또한 다가회귀를 이용해 모형화할 수 있다. 예를 들어 순서형 척도(약한, 중간, 심각)로 측정되는 질병의 심각성과 환자의 나이, 성별, 몇몇 다른 설명변수 사이의 관계가 관심사일 수 있다. 순서형 다가로지스틱회귀에 대해 14.12절에서 자세히 살펴볼 것이다.

이 절에서는 명목형 다범주 반응에 대한 다가로지스틱회귀의 이용을 논의할 것이다. 개념을 설명하기 위해 이항로지스틱회귀의 맥락에서 14.12절에 소개한 임신기간 예를 이용한다. 하지만 이번에는 반응이 두 개의 범주를 초과한다.

다가 반응을 포함한 임신기간 자료

연구는 몇몇 위험요인과 임신기간 사이의 상관관계 정도를 알아보려는 목적으로 진행되었다. 위험요인으로는 엄마의 나이, 영양 상태, 흡연 경력, 음주 경력을 고려하였다. 관심 반응인 임신기간은 다음과 같이 코드화된(coded) 세 개의 범주 변수이다.

Y_i	임신기간 범주
1	조기출산 (36주 미만)
2	중기출산 (36~37주)
3	만기출산 (38주 혹은 그 이상)

대도시 병원에서 최근에 출산한 102명의 여성에 대한 관련 자료가 이용되었다. 이 자료의 일부분이 표 14.13에 있다. 다가 반응인 임신기간(Y)은 첫 열에 나타나 있다. 5열은 영양 상태(X_1)의 지수를 나타낸다(높은 점수는 더 나은 영양 상태를 의미한다). 예측변수인 나이는 세 가지 집단으로 범주화되었다. 20세 이하(1로 코드화), 21세 이상 30세 미만(2로 코드화), 30세 이상(3으로 코드화). 표 14.13의 6열과 7열에 나타난 두 개의 지표변수(X_2와 X_3)는 다음과 같다.

사례	(1) 기간	(2) 반응 범주	(3)	(4)	(5) 영양 상태	(6) 나이 범주	(7)	(8) 음주 경력	(9) 흡연 경력
i	Y_i	Y_{i1}	Y_{i2}	Y_{i3}	X_{i1}	X_{i2}	X_{i3}	X_{i4}	X_{i5}
1	1	1	0	0	150	0	0	0	1
2	1	1	0	0	124	1	0	0	0
3	1	1	0	0	128	0	0	0	1
···	···	···	···	···	···	···	···	···	···
100	3	0	0	1	117	0	0	1	1
101	3	0	0	1	165	0	0	1	1
102	3	0	0	1	134	0	0	1	1

표 14.13 자료 - 다가 반응을 이용한 임신기간 예

계급	X_2	X_3
21세 이하	1	0
21세 이상 30세 미만	0	0
30세 이상	0	1

[연구자는 중간 범주(21세 이상 30세 미만)를 이 질적 변수에 대한 참고(referent, 지시체, 지칭대상, 준거) 범주로 삼았다. 이 나이 집단에 속한 엄마들이 조기출산 위험성이 가장 낮은 경향을 보였기 때문이다. 이에 따라 나이 예측변수에 대해 양의 회귀계수가 나올 것이고 좀 더 간단한 해석이 가능해진다.] 음주와 흡연 경력 또한 질적 예측변수로 이용되었다. 이 범주는 '예'(1로 코드화), '아니오'(0으로 코드화)이다. 음주 경력(X_4)과 흡연 경력(X_5)은 14.13의 8열과 9열에 기록되어 있다.

임신기간이 세 개의 범주를 지닌 질적 변수이기 때문에 세 개의 이항반응변수를 다음과 같이 만들었다.

$$Y_{i1} = \begin{cases} 1 & \text{사례 } i \text{ 반응이 범주 1인 경우} \\ 0 & \text{그렇지 않은 경우} \end{cases}$$

$$Y_{i2} = \begin{cases} 1 & \text{사례 } i \text{ 반응이 범주 2인 경우} \\ 0 & \text{그렇지 않은 경우} \end{cases}$$

$$Y_{i3} = \begin{cases} 1 & \text{사례 } i \text{ 반응이 범주 3인 경우} \\ 0 & \text{그렇지 않은 경우} \end{cases}$$

세 개의 코드화된 변수는 표 14.13의 2, 3, 4열에 있다. $Y_{i1} + Y_{i2} + Y_{i3} = 1$이기 때문에 세 개의 이항변수들 중 어느 하나의 값은 나머지 두 개의 값에 따라 결정된다는 점에 주의할 필요가 있다. 예를 들어 $Y_{i3} = 1 - Y_{i1} - Y_{i2}$로 표현할 수 있다.

먼저 임신기간을 시간에 따른 범주들의 순서를 무시한 명목반응으로 취급한다. 이후에 임신기간을 순서반응으로 하는 경우, 어떤 모형 결과를 얻게 되는지를 보일 것이다.

$J-1$개의 명목반응에 대한 기저범주로짓

일반적으로 J개의 반응범주들을 가정한다. i번째 관측값에 대해 J개의 이항반응변수(Y_{i1}, …, Y_{ij})가 있을 것이다.

$$Y_{ij} = \begin{cases} 1 & \text{사례 } i \text{ 반응이 범주 } j\text{인 경우} \\ 0 & \text{그렇지 않은 경우} \end{cases}$$

하나의 범주는 반응 i에 대해서만 결정되기 때문에 다음과 같이 쓸 수 있다.

$$\sum_{j=1}^{J} Y_{ij} = 1$$

다범주의 자료를 다루기 때문에 약간의 추가적인 표기가 필요하다. 먼저 π_{ij}는 i번째 반응에서 범주 j의 확률을 의미한다. 따라서 다음과 같다.

$$\pi_{ij} = P(Y_{ij} = 1)$$

이항반응의 자료에서 $J = 2$이다. 만약 i번째 반응이 범주 1이라면 $Y_i = 1$, i번째 반응이 범주 2라면 $Y_i = 0$으로 코드화를 한다고 가정해 보자. 따라서 다음과 같다.

$$\pi_i = \pi_{i1} \quad \text{및} \quad 1 - \pi_i = \pi_{i2}$$

이항로지스틱회귀에서 선형예측변수를 이용해 π_i의 로짓을 모형화하였다. 이항로지스틱회귀에서는 단 두 개의 범주만 있기 때문에, 사실 로짓은 범주 1의 반응 확률과 범주 2의 반응 확률을 비교하는 것과 같다.

$$\pi'_i = \log_e\left[\frac{\pi_i}{1 - \pi_i}\right] = \log_e\left[\frac{\pi_{i1}}{\pi_{i2}}\right] = \pi'_{i12} = \mathbf{X}'_i\boldsymbol{\beta}_{12}$$

선형예측변수가 범주 1과 2에 대한 확률비의 로그를 모형화하고 있다는 사실을 상소하기 위해 π'_{i12}와 $\boldsymbol{\beta}_{12}$를 이용했다는 사실을 기억하자.

J개의 다가 범주의 자료에는 $J(J - 1)/2$개의 범주 짝이 존재하고 따라서 $J(J - 1)/2$개의 선형예측변수가 있다. 예를 들어 임신기간 자료에서는 $J = 3$이고 $(3 - 1)/2 = 3$개의 비교가 존재한다.

$$\pi'_{i12} = \log_e\left[\frac{\pi_{i1}}{\pi_{i2}}\right] = \mathbf{X}'_i\boldsymbol{\beta}_{12}$$

$$\pi'_{i13} = \log_e\left[\frac{\pi_{i1}}{\pi_{i3}}\right] = \mathbf{X}'_i\boldsymbol{\beta}_{13}$$

$$\pi'_{i23} = \log_e\left[\frac{\pi_{i2}}{\pi_{i3}}\right] = \mathbf{X}'_i\boldsymbol{\beta}_{23}$$

다행히 $J(J - 1)/2$개의 로지스틱회귀모형을 모두 구현할 필요는 없다. 하나의 범주는 **기저**(baseline)범주 또는 **참고**(referent)범주로 선택될 것이고, 따라서 나머지 범주들을 그것과 비교하게 될 것이다. 기저범주 또는 참고범주의 선택은 임의적이다. 많은 경우 마지막 범주가 선택되고 따라서 이 방법이 보통 통계 소프트웨어 프로그램에서의 초기사양으로 이용된다. 이에 대한 한 가지 예외는 가장 낮은 위험을 지니는 범주가 참고범주로 사용되는 유행병 연구에서 찾을 수 있다.

범주 J를 기저범주로 이용한다면 이러한 참고범주에 대해 오직 $J-1$번의 비교만을 수행하면 된다. j번째 비교에 대한 로짓은 다음과 같다.

$$\pi'_{ijJ} = \log_e\left[\frac{\pi_{ij}}{\pi_{iJ}}\right] = \mathbf{X}'_i\boldsymbol{\beta}_{jJ} \qquad j = 1, 2, \ldots, J-1 \tag{14.97a}$$

비교는 항상 범주 J에 대해서만 이루어지기 때문에, (14.97a)를 이용해 $\pi'_{ij} = \pi'_{ijJ}$, $\boldsymbol{\beta}_j = \boldsymbol{\beta}_{jJ}$라고 정의하면 다음과 같이 표현할 수 있다.

$$\pi'_{ij} = \log_e\left[\frac{\pi_{ij}}{\pi_{iJ}}\right] = \mathbf{X}'_i\boldsymbol{\beta}_j \qquad j = 1, 2, \ldots, J-1 \tag{14.97b}$$

$J-1$개의 로짓만을 고려하는 이유는 다른 어떠한 비교에 대한 로짓을 그것들로부터 알아낼 수 있기 때문이다. 이를 확인하기 위해 $J=4$인 경우 범주 1과 2를 비교한다고 가정해 보자. 이를 표현하면 다음과 같다.

$$\begin{aligned}\log_e\left[\frac{\pi_{i1}}{\pi_{i2}}\right] &= \log_e\left[\frac{\pi_{i1}}{\pi_{i4}} \times \frac{\pi_{i4}}{\pi_{i2}}\right] \\ &= \log_e\left[\frac{\pi_{i1}}{\pi_{i4}}\right] - \log_e\left[\frac{\pi_{i2}}{\pi_{i4}}\right] \\ &= \mathbf{X}'_i\boldsymbol{\beta}_1 - \mathbf{X}'_i\boldsymbol{\beta}_2\end{aligned}$$

일반적인 표현으로 범주 k와 범주 l을 비교하기 위해서 다음을 고려할 수 있다.

$$\log_e\left[\frac{\pi_{ik}}{\pi_{il}}\right] = \mathbf{X}'_i(\boldsymbol{\beta}_k - \boldsymbol{\beta}_l) \tag{14.98}$$

(14.98)의 표현처럼 $J-1$개의 로짓이 주어지면 $J-1$개의 선형예측변수 $\mathbf{X}'\boldsymbol{\beta}_j$에 대응되는 범주확률에 대한 식을 얻는 것이 가능하다(수식 설명 생략). 그 결과는 다음과 같다.

$$\pi_{ij} = \frac{\exp(\mathbf{X}'_i\boldsymbol{\beta}_j)}{1 + \sum_{k=1}^{J-1}\exp(\mathbf{X}'_i\boldsymbol{\beta}_k)} \qquad j = 1, 2, \ldots, J-1 \tag{14.99}$$

이제 $J-1$개의 모수 벡터 $\boldsymbol{\beta}_1, \boldsymbol{\beta}_2, \ldots, \boldsymbol{\beta}_{J-1}$의 추정값을 얻기 위한 방법을 생각해 보자.

최대가능도추정

모수 벡터 $\boldsymbol{\beta}_1, \ldots, \boldsymbol{\beta}_{J-1}$의 추정값을 얻기 위해 일반적으로 이용되는 두 가지 접근법이 있다. 두 가지 경우 모두 최대가능도추정을 이용한다. 첫 번째 접근법은 기저범주에 대해 $J-1$번의 각각의 비교를 위해 따로따로 이항로지스틱회귀가 수행될 것이다. 예를 들어, $\boldsymbol{\beta}_1$을 추정하기 위해 $Y_{i1}=1$ 또는 $Y_{iJ}=1$을 제외한 모든 경우를 배제할 것이다. 이제 두 개의 범주만이 존재하기 때문에 이항로지스틱회귀를 직접 수행할 수 있다. 이러한 접근법은 다범주로지스틱회귀가 가능한 통계 소프트웨어를 이용하기 힘들 때 특히 유용하다(인용문헌 14.9).

통계적 관점에서 더 효과적인 접근 방법은 $J-1$개의 로짓에 대한 추정값을 동시에 얻는 것이다. 이를 위해서는 전체 자료의 가능도가 필요하다. 구체적인 적용을 위해 $J = 4$개의 범주가 있고 세 번째 범주가 i번째 반응의 관심사로 선택되었다고 가정해 보자. i번째의 자료는 다음과 같다고 하자.

$$Y_{i1} = 0 \qquad Y_{i2} = 0 \qquad Y_{i3} = 1 \qquad Y_{i4} = 0$$

이 반응의 확률은 다음과 같다.

$$\begin{aligned} P(Y_i = 3) &= \pi_{i3} \\ &= [\pi_{i1}]^0 \times [\pi_{i2}]^0 \times [\pi_{i3}]^1 \times [\pi_{i4}]^0 \\ &= \prod_{j=1}^{4} [\pi_{ij}]^{Y_{ij}} \end{aligned}$$

n개의 독립적인 관측값과 J개의 범주에 대해 가능도는 다음과 같이 쉽게 구할 수 있다.

$$P(Y_1, \ldots, Y_n) = \prod_{i=1}^{n} P(Y_i) = \prod_{i=1}^{n} \left[\prod_{j=1}^{J} [\pi_{ij}]^{Y_{ij}} \right] \tag{14.100}$$

이는 다시 로그최대가능도로 다음과 같이 표현될 수 있다.

$$\log_e[P(Y_1, \ldots, Y_n)] = \sum_{i=1}^{n} \left(\sum_{j=1}^{J-1} (Y_{ij} \mathbf{X}_i' \boldsymbol{\beta}_j) - \log_e \left[1 + \sum_{j=1}^{J-1} \exp(\mathbf{X}_i' \boldsymbol{\beta}_j) \right] \right) \tag{14.101}$$

$\boldsymbol{\beta}_1, \ldots, \boldsymbol{\beta}_{J-1}$에 대한 최대가능도추정값은 (14.101)을 최대화시키는 $\mathbf{b}_1, \ldots, \mathbf{b}_{J-1}$이다. 이전처럼 이 추정값들을 얻기 위해 표준적인 통계 소프트웨어 프로그램을 이용할 것이다.

이항로지스틱회귀에서와 마찬가지로 $J-1$개의 적합된 반응함수는 $J-1$개의 모수 벡터에 대한 최대가능도추정값을 (14.99)에 대입하여 얻을 수 있다.

$$\hat{\pi}_{ij} = \frac{\exp(\mathbf{X}_i' \mathbf{b}_j)}{1 + \sum_{k=1}^{J-1} \exp(\mathbf{X}_i' \mathbf{b}_k)} \tag{14.102}$$

명목다가로지스틱회귀모형의 분석과 해석을 설명하기 위해 예를 이용해 보자.

예 표 14.13의 임신기간 자료에서 $J - 1 = 2$개의 일차선형예측변수 집합은 다음과 같이 얻을 수 있다.

$$\log_e \left[\frac{\pi_{ij}}{\pi_{i3}} \right] = \mathbf{X}_i' \boldsymbol{\beta}_j \qquad (j = 1, 2)$$

MINITAB의 명목로지스틱회귀 결과물이 그림 14.18에 제시되어 있다. 반응은 1, 2, 3 세 가지 수준을 지니고 있고 참고 반응 사건은 $Y_i = 3$이다. 이 결과에 다음에 추정된 회귀계수, 추정된 근사 표준오차, Wald 검정통계량, P값, 두 개의 추정된 선형예측변수에 대한 추정 오즈비, 오즈비에 대한 95% 신뢰구간이 나열되어 있는 로지스틱회귀표가 있다. $\boldsymbol{\beta}_1$, $\boldsymbol{\beta}_2$에 대한 최대가능도추정값은 다음과 같다.

```
                         Polytomous Nominal MTB Output
Response Information

Variable   Value      Count
preterm    3             41  (Reference Event)
           2             35
           1             26
           Total        102

Logistic Regression Table
                                                                Odds          95% CI
Predictor         Coef      SE Coef          Z        P        Ratio      Lower       Upper
Logit 1:  (2/3)
Constant          3.958       1.941       2.04    0.041
nutritio      -0.04645     0.01489      -3.12    0.002         0.95       0.93        0.98
agecat1         2.9135      0.8575       3.40    0.001        18.42       3.43       98.91
agecat3         1.8875      0.8088       2.33    0.020         6.60       1.35       32.23
alcohol         1.0670      0.6495       1.64    0.100         2.91       0.81       10.38
smoking         2.2305      0.6682       3.34    0.001         9.30       2.51       34.47

Logit 2:  (1/3)
Constant         5.475        2.272       2.41    0.016
nutritio      -0.06542     0.01824      -3.59    0.000         0.94       0.90        0.97
agecat1         2.9570      0.9645       3.07    0.002        19.24       2.91      127.41
agecat3         2.0597      0.8947       2.30    0.021         7.84       1.36       45.30
alcohol         2.0429      0.7097       2.88    0.004         7.71       1.92       31.00
smoking         2.4524      0.7315       3.35    0.001        11.62       2.77       48.72

Log-likelihood = -84.338
Test that all slopes are zero: G = 52.011, DF = 10, P-Value = 0.000
```

그림 14.18 MINITAB 명목로지스틱회귀 결과 – 임신기간 예

$$\mathbf{b}_1 = \begin{bmatrix} 3.958 \\ -0.0464 \\ 2.9135 \\ 1.8875 \\ 1.0670 \\ 2.2305 \end{bmatrix} \qquad \mathbf{b}_2 = \begin{bmatrix} 5.475 \\ -0.0654 \\ 2.9570 \\ 2.0597 \\ 2.0429 \\ 2.4524 \end{bmatrix}$$

추론을 위해 적합된 모형을 이용하기 전에, 이항로지스틱회귀에서 이미 논의했던 다양한 회귀진단을 수행해야 한다. 다가로지스틱회귀에서 여러 개의 범주는 이를 이항로지스틱회귀의 경우보다 더 어려운 문제로 만든다. 따라서 최대가능도추정 절의 첫 단락에 설명되어 있듯이 $J-1$개 각각의 이항로지스틱회귀를 이용해 로지스틱회귀진단을 확인하고 적합을 평가하는 것을 권장한다. 이에 따라 두 개의 로지스틱회귀모형 적합을 각각 평가하고 다가로지스틱모형적합에 대해 진단을 내릴 것이다. 적합도에 대한 Hosmer-Lemeshow 검정, 이탈잔차에 대한 분석, 영향력 통계량그림을 통한 진단을 임신기간 자료에 적용하였고 심각한 문제는 발견되지 않았다(결과 생략). 이제 모형에 대한 해석과 추론을 해 보자.

그림 14.18에 있듯이 모든 Wald 검정 P값은 .05보다 작았고(첫 번째 선형예측변수인 음주 경력을 제외하고) 모든 예측변수들이 모형에 남았다. 모든 경우에서 추정된 회귀계수의 부호로 결정되는 예측변수와 추정된 로짓 사이의 상관관계의 방향은 예상했던 것과 같았다.

청소년들의 경우 만기출산에 대한 조기출산의 추정된 오즈는 20~30대 여성에 대한 추

정된 오즈의 18.42배였다. 이 오즈비에 대한 95% 신뢰구간은 3.43의 하한, 98.91의 상한을 나타냈다. 그러므로 나이 효과가 굉장히 큰 것으로 추정되었지만 이 추정값에는 상당히 큰 불확실성이 있었다. 이와 유사하게 만기 출산에 대한 중기출산을 한 청소년들의 추정된 오즈는 19.24였다. 95% 신뢰구간의 하한은 2.91, 상한은 127.41이었다. 이보다는 덜하지만 흡연 경력, 음주 경력, 30세 이상의 나이는 또한 만기출산에 대한 조기출산 또는 중기출산의 추정된 오즈를 증가시켰다. 영양 상태에 대한 추정된 계수가 음수라는 사실은 낮은 영양 상태가 만기출산에 대한 조기출산 또는 중기출산의 오즈를 증가시킨다는 사실과 연관된다.

부연설명

로그가능도로부터 (14.101)을 유도하기 위해 (14.100)의 로그를 구하고 $\pi_{iJ} = 1 - \sum_{j=1}^{J-1} \pi_{ij}$와 $Y_{iJ} = 1 - \sum_{j=1}^{J-1} Y_{ij}$라고 하면 다음과 같다.

$$\begin{aligned}
\log_e P(Y_1, \ldots, Y_n) &= \sum_{i=1}^{n} \left(\sum_{j=1}^{J-1} Y_{ij} \log_e[\pi_{ij}] + \left(1 - \sum_{j=1}^{J-1} Y_{ij}\right) \log_e \left[1 - \sum_{j=1}^{J-1} \pi_{ij}\right] \right) \\
&= \sum_{i=1}^{n} \left(\sum_{j=1}^{J-1} Y_{ij} \log_e[\pi_{ij}] + \log_e \left[1 - \sum_{j=1}^{J-1} \pi_{ij}\right] \right. \\
&\qquad \left. - \sum_{j=1}^{J-1} Y_{ij} \log_e \left[1 - \sum_{j=1}^{J-1} \pi_{ij}\right] \right) \\
&= \sum_{i=1}^{n} \left(\sum_{j=1}^{J-1} Y_{ij} \log_e \left[\frac{\pi_{ij}}{\pi_{iJ}}\right] + \log_e \left[1 - \sum_{j=1}^{J-1} \pi_{ij}\right] \right)
\end{aligned}$$

(14.97b)의 $\log_e[\pi_{ij}/\pi_{iJ}]$와 (14.99)이 π_{ij}를 대체함으로써 (14.101)의 로그가능도를 구할 수 있다. ■

14.12 ■ 순서반응에 대한 다가로지스틱회귀

지금까지 순서가 없는 범주에 대한 다가로지스틱회귀모형을 다루었다. 하지만 대부분의 경우 범주는 순서가 존재한다. 다음의 반응변수를 고려해 보자.

1. 식품은 1~10점의 기호척도(hedonic scale)로 소비자들이 평가한다.
2. 경제 연구에서 사람들은 무직, 비정규직, 정규직으로 분류된다.
3. 생산된 판금(sheet metal)의 품질은 투명도와 표면 반사도에 따라 1~5점 척도로 평가된다.
4. 고용인은 7점 척도[견디기 힘든(unacceptable), 열악한(poor), 어지간한(fair), 기꺼운(acceptable), 좋은(good), 훌륭한(excellent), 뛰어난(outstanding)]를 통해 근로환경을 평가한다.
5. 암의 심각성은 1~4 단계에 따라 평가된다.

이러한 반응은 14.11절에서 설명한 명목로지스틱회귀에서의 방법을 이용하여 분석할 수 있지만 범주의 순서를 명확하게 고려하면 더 간단하고 더 쉽게 해석이 가능한 모형을 만들 수 있는 더 효과적인 방법이 있다. 이 경우 자주 사용되는 모형을 **비례 오즈 모형**(proportional odds model)이라고 한다.

이 모형을 이해하기 위해 임신기간 예를 다시 살펴보자. 임신기간이 Y_i^c라는 연속형 반응이라고 가정할 것이다. 또한 설명을 쉽게 하기 위해 하나의 양적 예측변수, 영양 지수 X_{i1}만이 존재한다고 가정해 보자. Y_i^c를 단순선형회귀모형으로 표현해 보자.

$$Y_i^c = \beta_0^* + \beta_1^* X_{i1} + k\varepsilon_L$$

여기서 ε_L은 평균이 0이고 표준편차가 $\pi/\sqrt{3}$인 (14.14)의 표준 로지스틱분포를 따르고 k는 다음을 만족하는 상수이다.

$$\sigma\left\{Y_i^c\right\} = k\sigma\{\varepsilon_L\} = k\frac{\pi}{\sqrt{3}}$$

연구자는 출산 시기의 특정한 범주에 관심이 있고 따라서 임신기간 Y_i^c를 다음의 상한과 각 범주의 절사점을 이용하여 이산화하였다(discretize).

Y_i	범주	Y_i^c	절사점 T
1	조기출산	$0 \le Y_i^c < 36$ 주	$T_1 = 36$ 주
2	중기출산	36 주 $\le Y_i^c < 38$ 주	$T_2 = 38$ 주
3	만기출산	38 주 $\le Y_i^c < \infty$	$T_3 = \infty$

순서로지스틱회귀(ordinal logistic regression)에 대한 비례 오즈 모형은 명목로지스틱회귀(nominal logistic regression)에서의 특정한 범주확률 $P(Y_i = j)$가 아닌 누적확률 $P(Y_i \le j)$를 모형화한다. 이제 누적확률에 대한 필요한 수식들을 정리해 보자.

$j = 1$에 대해 다음을 보일 수 있다.

$$P(Y_i \le 1) = P\left(Y_i^c \le T_1\right) \quad \textbf{(14.103a)}$$

$$= P(\beta_0^* + \beta_1^* X_i + k\varepsilon_L \le T_1) \quad \textbf{(14.103b)}$$

$$= P(k\varepsilon_L \le T_1 - \beta_0^* - \beta_1^* X_i) \quad \textbf{(14.103c)}$$

$$= P\left(\varepsilon_L \le \frac{T_1 - \beta_0^*}{k} - \frac{\beta_1^*}{k}X_i\right) \quad \textbf{(14.103d)}$$

$$= P(\varepsilon_L \le \alpha_1 + \beta_1 X_i) \quad \textbf{(14.103e)}$$

여기서 $\alpha_1 = (T_1 - \beta_0^*)/k$, $\beta_1 = -\beta_1^*/k$이다. ε_L이 표준 로지스틱분포를 따르기 때문에 (14.103e)의 누적확률은 (14.14b)의 누적분포함수를 이용해 구할 수 있다.

$$P(Y_i \le 1) = \pi_{i1} = \frac{\exp(\alpha_1 + \beta_1 X_i)}{1 + \exp(\alpha_1 + \beta_1 X_i)} \quad \textbf{(14.103f)}$$

$j = 2$에 대한 (14.103)의 수식에서 다음을 얻을 수 있다.

$$P(Y_i \le 2) = P\left(Y_i^c \le T_2\right) \quad \textbf{(14.104a)}$$
$$= P(\beta_0^* + \beta_1^* X_i + k\varepsilon_L \le T_2) \quad \textbf{(14.104b)}$$
$$= P(k\varepsilon_L \le T_2 - \beta_0^* - \beta_1^* X_i) \quad \textbf{(14.104c)}$$
$$= P\left(\varepsilon_L \le \frac{T_2 - \beta_0^*}{k} - \frac{\beta_1^*}{k} X_i\right) \quad \textbf{(14.104d)}$$
$$= P(\varepsilon_L \le \alpha_2 + \beta_1 X_i) \quad \textbf{(14.104e)}$$
$$= \frac{\exp(\alpha_2 + \beta_1 X_i)}{1 + \exp(\alpha_2 + \beta_1 X_i)} \quad \textbf{(14.104f)}$$

(14.103f)와 (14.104f) 사이에 한 가지 차이점은 절편이 α_1과 α_2로 다르다는 점이다. 기울기 β_1은 두 수식에서 모두 같다. J개의 순서 범주를 포함한 다중회귀에 대해 다음과 같은 정의를 할 수 있다.

$$\mathbf{X}_i = \begin{bmatrix} X_{i1} \\ X_{i2} \\ \cdots \\ X_{i,p-1} \end{bmatrix} \qquad \boldsymbol{\beta} = \begin{bmatrix} \beta_1 \\ \beta_2 \\ \cdots \\ \beta_{p-1} \end{bmatrix}$$

식 (14.103f)와 (14.104f)를 범주 j에 대해 적용해 보면 다음과 같다.

$$P(Y_i \le j) = \frac{\exp(\alpha_j + \mathbf{X}_i'\boldsymbol{\beta})}{1 + \exp(\alpha_j + \mathbf{X}_i'\boldsymbol{\beta})} \qquad (j = 1, 2, \ldots, J-1) \quad \textbf{(14.105)}$$

모형 (14.105)는 비례 오즈 모형이라고도 한다. 양쪽의 로짓변환을 통해 $J-1$개의 누적로짓(cumulative logits)을 구할 수 있다.

$$\log_e\left[\frac{P(Y_i \le j)}{1 - P(Y_i \le j)}\right] = \alpha_j + \mathbf{X}_i'\boldsymbol{\beta} \qquad (j = 1, \ldots, J-1) \quad \textbf{(14.106)}$$

(14.106)의 순서로짓과 (14.97b)의 명목로짓의 차이는 이제 명확하다. 명목형의 경우 $J-1$개의 모수 벡터 $\boldsymbol{\beta}_j$ 각각은 모두 다르다. 순서반응에 대해서 기울기 계수 벡터 $\boldsymbol{\beta}$는 $J-1$개의 누적로짓에서 동일하지만 절편이 다르다.

이항로지스틱회귀에서처럼 각각의 기울기 모수는 연관된 예측변수가 한 단위 증가할 때 로그오즈비(여기에서는 누적 오즈비)의 변화로 해석될 수 있다. 일반적으로 $j = 1, \ldots, J-1$에 대해 (14.106)은 다음을 만족시킨다.

$$\log_e\left[\frac{P(Y_i \le k)}{P(Y_i > k)} \div \frac{P(Y_j \le k)}{P(Y_j > k)}\right] = (\mathbf{X}_i - \mathbf{X}_j)'\boldsymbol{\beta} \quad \textbf{(14.107)}$$

이제 임신기간 예로 돌아가기 전에 간단하게 추정 방법에 대해 살펴보자.

최대가능도추정. 명목로지스틱회귀의 경우와 마찬가지로 각각의 이항로지스틱회귀가 $J-1$개의 (14.106)의 선형예측변수 추정값을 얻기 위해 사용된다. $j = 1, \ldots, J-1$에 대한 이항결과변수를 다음과 같이 정의할 수 있다.

$$Y_i^{(j)} = \begin{cases} 1 & \text{if } Y_i \leq j \\ 0 & \text{if } Y_i > j \end{cases}$$

그 다음 $Y_i^{(j)}$를 이용해 로지스틱회귀분석을 수행할 수 있다. 이 접근법으로 $J-1$개의 기울기 모수 벡터 $\boldsymbol{\beta}$의 추정값을 얻을 수 있다.

해당 소프트웨어를 이용할 수 있다면, 최대가능도추정을 통해 추정값 $\alpha_1, \ldots, \alpha_{J-1}$과 $\boldsymbol{\beta}$를 동시에 구하는 것이 더 좋은 접근법이다. (14.100)으로부터 가능도는 다음과 같이 주어진다.

$$\begin{aligned} P(Y_1, \ldots, Y_n) &= \prod_{i=1}^{n} \left(\prod_{j=1}^{J} [\pi_{ij}]^{Y_{ij}} \right) \\ &= \prod_{i=1}^{n} \left(\prod_{j=1}^{J} [P(Y_i \leq j) - P(Y_i \leq j-1)]^{Y_{ij}} \right) \end{aligned} \quad \textbf{(14.108)}$$

$P(Y_i \leq J) = 1$, $P(Y_i \leq 0) = 0$으로 대체하고 (14.105)에서 $j = 1, \ldots, J-1$일 때 $P(Y_i \leq j)$에 대한 식은 $\alpha_1, \ldots, \alpha_{J-1}$과 $\boldsymbol{\beta}$에 대한 가능도에 대한 식으로 표현된다. 최대가능도추정값은 (14.108)을 최대화시키는 $\alpha_1, \ldots, \alpha_{J-1}$과 $\boldsymbol{\beta}$의 추정값인 $a_1, \ldots, a_{J-1}$와 $\mathbf{b}$가 된다. 이전과 마찬가지로 최대화를 위해 표준적인 통계 소프트웨어를 이용할 것이다. 이제 임신기간 예로 돌아가 보자.

예 반응이 명목형이 아닌 순서형이라고 가정하고 임신기간 자료의 분석을 진행할 것이다. $Y_i = 1$은 조기출산, $Y_i = 2$는 중기출산, $Y_i = 3$을 만기출산을 의미한다는 것을 기억하자. MINITAB 순서로지스틱회귀 결과는 그림 14.19에 나와 있다. $J = 3$이므로 프로그램은

```
Link Function: Logit

Response Information

Variable   Value     Count
preterm    1            26
           2            35
           3            41
           Total       102

Logistic Regression Table
                                                   Odds       95% CI
Predictor        Coef      SE Coef       Z      P  Ratio   Lower    Upper
Const(1)        2.930        1.465    2.00  0.045
Const(2)        5.025        1.521    3.30  0.001
nutritio     -0.04887      0.01168   -4.18  0.000   0.95    0.93     0.97
agecat1        1.9760       0.5875    3.36  0.001   7.21    2.28    22.82
agecat3        1.3635       0.5547    2.46  0.014   3.91    1.32    11.60
smoking        1.5915       0.4525    3.52  0.000   4.91    2.02    11.92
alcohol        1.6699       0.4727    3.53  0.000   5.31    2.10    13.42

Log-likelihood = -86.756
Test that all slopes are zero: G = 47.174, DF = 5, P-Value = 0.000
```

그림 14.19 MINITAB 순서로지스틱회귀 결과 – 임신기간 예

두 개의 절편 추정값 $a_1 = 2.930$, $a_2 = 5.025$와 $p - 1 = 5$개의 기울기 계수 추정값 $b_1 = -.04887$, $b_2 = -1.9760$, $b_3 = 1.3635$, $b_4 = 1.5915$, $b_5 = 1.6699$를 제공해 준다. Wald P 값은 모든 회귀계수가 유의수준 .05에서 통계적으로 유의적이라는 것을 보여 준다.

위에서 정리했듯이 계수는 예측변수가 한 단위 증가할 때 누적 오즈비의 변화로 해석할 수 있다. 예를 들어 결과를 보면 흡연자($X_5 = 1$)인 경우 조기출산 또는 중기출산 $P(Y_i \leq 2)$의 로그오즈가 비흡연자($X_5 = 0$)인 경우의 로그오즈보다 $b_4 = 1.5915$배 크다는 사실을 보여 준다. 누적 오즈비의 추정값은 $\exp(1.519) = 4.91$로 주어졌고 실제 누적 오즈비에 대한 95% 신뢰구간은 하한이 2.02, 상한이 11.92이다. 나머지 기울기 모수 또한 비슷한 방법으로 해석할 수 있다.

순서로지스틱회귀모형의 해석은 명목로지스틱회귀모형보다 쉬운데, 이는 오직 하나의 기울기 벡터 $\boldsymbol{\beta}$가 추정되기 때문이다.

부연설명

비례 오즈 모형은 순서형 반응 Y_i가 연속형 반응 Y_i^c을 이산형으로 만들어진 예를 들어 설명했지만 이는 꼭 필요한 단계는 아니다. 이 모형은 이산화 과정이 없는 순서형 반응에 대하여 잘 적용된다. ■

14.13 ■ 포아송 회귀

이제 반응 결과가 이산형인 또 다른 비선형회귀모형을 고려해 보자. 포아송 회귀는 반응이 계수(count)인데, 많은 계수는 잘 일어나지 않는 경우이다. 예를 들어 각 가정에서 일주일간 개별 슈퍼마켓에 간 횟수는 계수(count)이다. 한 주 동안에 아주 많이 슈퍼마켓을 가는 일은 드물 것이다. 연구자는 한 가족이 한 주 동안 쇼핑을 한 횟수와 그 가족의 수입, 아이들 수, 가게로부터의 거리, 또 다른 설명변수들 간에 상관관계를 알고자 한다. 다른 예로 지난 1년 동안 건강관리 단체 회원의 입원 횟수와 회원의 나이, 수입, 이전의 건강 상태와의 관계가 관심사일 수도 있다.

포아송 분포

포아송 분포는 많은 수의 계수 또는 빈도(frequency)가 작은 경우는 많이 발생하지만 큰 경우는 잘 일어나지 않는 사건의 계수($Y_i = 0, 1, 2, \ldots$)가 결과값인 경우에 적용할 수 있다. 포아송 확률분포는 다음과 같다.

$$f(Y) = \frac{\mu^Y \exp(-\mu)}{Y!} \qquad Y = 0, 1, 2, \ldots \tag{14.109}$$

$f(Y)$는 결과값이 Y인 경우의 확률을 의미하고 $Y! = Y(Y-1) \cdots 3 \cdot 2 \cdot 1$이다.

포아송 확률분포의 평균과 분산은 다음과 같다.

$$E\{Y\} = \mu \tag{14.110a}$$

$$\sigma^2\{Y\} = \mu \tag{14.110b}$$

분산이 평균과 동일하다는 사실에 주목하자. 그러므로 쇼핑의 빈도가 포아송 분포를 따르고 세 아이가 있는 가족의 쇼핑 빈도의 평균이 아이가 없는 가족의 쇼핑 빈도의 평균보다 크다면 두 가족의 쇼핑 빈도 분포의 분산 또한 다를 것이다.

부연설명

때때로 계수 반응인 Y가 다른 단위의 시간이나 공간에 적용될 수 있다. 예를 들어 특정 한 달 동안 총 쇼핑 빈도를 알아내는 게 목적인 조사에서 몇몇 빈도는 한 달 중 지난 주의 자료로부터 나왔을 수 있다. 이러한 경우 μ는 한 단위의 시간 또한 공간(예를 들어 한 달)에 따른 Y에 대한 평균이라고 하고 t는 Y에 대응되는 시간 또는 공간 단위의 수라고 하자. 예를 들어 Y가 기준 시간이 한 달인 한 주 동안의 쇼핑 빈도라고 하면 $t = 7/30$이다. Y가 한 달 동안의 쇼핑 빈도수라고 하면 $t = 1$이다. 이에 따라 포아송 확률분포는 다음과 같이 표현될 수 있다.

$$f(Y) = \frac{(t\mu)^Y \exp(-t\mu)}{Y!} \qquad Y = 0, 1, 2, \ldots \tag{14.111}$$

이 절에서는 모든 반응 Y_i가 같은 단위의 시간 또는 공간에 대한 것이라고 가정하자. ■

포아송 회귀모형

포아송 회귀모형은 다른 비선형회귀모형처럼 다음과 같이 표현될 수 있다.

$$Y_i = E\{Y_i\} + \varepsilon_i \qquad i = 1, 2, \ldots, n$$

간단하게 μ_i로 표현되는 i번째 경우에 대한 평균반응은 예측변수 $X_1, \ldots, X_{p-1}$의 집합에 대한 함수라고 가정하자. 평균반응 μ_i가 i번째 예측변수 값인 $\mathbf{X}_i$와 회귀계수 값인 $\boldsymbol{\beta}$의 함수라는 것을 표현하기 위해 $\mu(\mathbf{X}_i, \boldsymbol{\beta})$라고 나타낼 것이다. 포아송 회귀에 대해 흔히 사용되는 함수는 다음과 같다.

$$\mu_i = \mu(\mathbf{X}_i, \boldsymbol{\beta}) = \mathbf{X}_i'\boldsymbol{\beta} \tag{14.112a}$$

$$\mu_i = \mu(\mathbf{X}_i, \boldsymbol{\beta}) = \exp(\mathbf{X}_i'\boldsymbol{\beta}) \tag{14.112b}$$

$$\mu_i = \mu(\mathbf{X}_i, \boldsymbol{\beta}) = \log_e(\mathbf{X}_i'\boldsymbol{\beta}) \tag{14.112c}$$

세 가지 모든 경우에서 평균반응 μ_i는 음수가 아니어야 한다.

포아송 회귀에서 오차항 ε_i의 분포가 반응 Y_i의 분포(포아송 분포)의 함수이기 때문에 포아송 회귀모형은 다음과 같이 쉽게 표현될 수 있다.

$$Y_i\text{는 기댓값이 } \mu_i \text{인 포아송 확률변수와 독립이다.}$$
$$\mu_i = \mu(\mathbf{X}_i, \boldsymbol{\beta}) \tag{14.113}$$

가장 보편적으로 이용되는 반응함수는 $\mu_i = \exp(\mathbf{X}'\boldsymbol{\beta})$이다.

최대가능도추정

(14.113)의 포아송 회귀모형에 대한 가능도함수는 다음과 같이 표현할 수 있다.

$$L(\boldsymbol{\beta}) = \prod_{i=1}^{n} f_i(Y_i) = \prod_{i=1}^{n} \frac{[\mu(\mathbf{X}_i, \boldsymbol{\beta})]^{Y_i} \exp[-\mu(\mathbf{X}_i, \boldsymbol{\beta})]}{Y_i!}$$

$$= \frac{\left\{\prod_{i=1}^{n}[\mu(\mathbf{X}_i, \boldsymbol{\beta})]^{Y_i}\right\} \exp\left[-\sum_{i=1}^{n} \mu(\mathbf{X}_i, \boldsymbol{\beta})\right]}{\prod_{i=1}^{n} Y_i!} \tag{14.114}$$

$\mu(\mathbf{X}_i, \boldsymbol{\beta})$의 함수 형태가 결정되면 (14.114)의 최대화를 통해 회귀계수 $\boldsymbol{\beta}$의 최대가능도추정값을 구할 수 있다. 이전과 같이 로그가능도함수를 이용하는 것이 더 쉬운 방법이다.

$$\log_e L(\boldsymbol{\beta}) = \sum_{i=1}^{n} Y_i \log_e[\mu(\mathbf{X}_i, \boldsymbol{\beta})] - \sum_{i=1}^{n} \mu(\mathbf{X}_i, \boldsymbol{\beta}) - \sum_{i=1}^{n} \log_e(Y_i!) \tag{14.115}$$

최대가능도추정값 $b_0, b_1, \ldots, b_{p-1}$을 구하기 위해 수치적 방법을 사용하였다. 반복재가중최소제곱법이 사용될 수도 있다. 포아송 회귀의 최대가능도추정값을 찾는 통계 소프트웨어 패키지를 이용할 것이다.

최대가능도추정값을 찾은 후 적합된 반응함수와 적합값을 구할 수 있다.

$$\hat{\mu} = \mu(\mathbf{X}, \mathbf{b}) \tag{14.116a}$$

$$\hat{\mu}_i = \mu(\mathbf{X}_i, \mathbf{b}) \tag{14.116b}$$

(14.112)의 세 함수에 대해 적합된 반응함수와 적합값은 다음과 같다.

$$\mu = \mathbf{X}'\boldsymbol{\beta}: \quad \hat{\mu} = \mathbf{X}'\mathbf{b} \quad \hat{\mu}_i = \mathbf{X}_i'\mathbf{b} \tag{14.116c}$$

$$\mu = \exp(\mathbf{X}'\boldsymbol{\beta}): \quad \hat{\mu} = \exp(\mathbf{X}'\mathbf{b}) \quad \hat{\mu}_i = \exp(\mathbf{X}_i'\mathbf{b}) \tag{14.116d}$$

$$\mu = \log_e(\mathbf{X}'\boldsymbol{\beta}): \quad \hat{\mu} = \log_e(\mathbf{X}'\mathbf{b}) \quad \hat{\mu}_i = \log_e(\mathbf{X}_i'\mathbf{b}) \tag{14.116e}$$

모형구축

포아송 회귀모형의 구축은 (14.60)의 가능도비검정통계량 G^2을 이용해 계수들에 대한 검정을 시행하는 로지스틱회귀의 모형구축 방법과 유사하다. 포아송 회귀모형 (14.113)에서 모형이탈은 다음과 같다.

$$DEV(X_0, X_1, \ldots, X_{p-1}) = -2\left[\sum_{i=1}^{n} Y_i \log_e\left(\frac{\hat{\mu}_i}{Y_i}\right) + \sum_{i=1}^{n}(Y_i - \hat{\mu}_i)\right] \tag{14.117}$$

여기서 $\hat{\mu}_i$은 (14.116b)에 의한 i번째 자료에 대한 적합값이다. i번째 자료의 이탈잔차는 다음과 같다.

$$dev_i = \pm\left[-2Y_i \log_e\left(\frac{\hat{\mu}_i}{Y_i}\right) - 2(Y_i - \hat{\mu}_i)\right]^{1/2} \tag{14.118}$$

이탈잔차의 부호는 $Y_i - \hat{\mu}_i$의 부호에 따라 결정된다. 이탈잔차의 지수그림과, 모의 덮개(simulated envelope)와 같이 그린 절반정규확률그림은 특이점을 찾아내거나 모형의 적합도를 판단하는 데 유용하다.

부연설명

만약 $Y_i = 0$이면 (14.117)과 (14.118)에서의 $[Y_i \log_e(\hat{\mu}_i/Y_i)]$은 0이다. ■

추론

포아송 회귀분석모형에 대한 추론은 로지스틱회귀분석에서와 같은 방식으로 진행된다. 예를 들어 예측변수 값 $\mathbf{X}_h$에 대한 평균반응값을 추정한다고 하자. 이 추정값은 (14.116)에 $\mathbf{X}_h$로 대체하여 얻을 수 있다.

포아송 회귀분석에서는, 예를 들어 $P(Y = 0 | \mathbf{X}_h)$와 같이 특정 수준의 예측변수 값에 대한 특정한 결과값의 확률을 추정하는 데 관심이 있다. 이러한 추정확률은 $\hat{\mu}_h$을 (14.109)에 대입하여 구할 수 있다.

각 회귀계수에 대한 구간추정은 포아송 회귀분석이 가능한 프로그램에서 얻은 대표본 근사 표준편차추정값을 이용하여 구할 수 있다.

예 Miller Lumber Company는 목재, 페인트, 배관 물품, 전기, 가정용품을 취급하는 큰 판매점이다. 대표성 있는 2주 동안 상점에서 조사가 이루어졌고 고객의 주소를 얻었다. 이 주소들은 고객이 살고 있는 지역을 확인하는 데 사용하였다. 조사기간이 종료되고 나서, 10마일 반경 내의 지역에서 온 총 고객 수와 이와 연관된 인구통계학 정보(평균 수입, 주택 수 등)에 대해 자료를 얻었다. 고객 수에 관계될 것으로 예상되는 몇 가지 다른 변수는 지도를 이용하여 각 지역에서 가장 가까운 경쟁 점포까지의 거리와 매장까지의 거리가 얻어졌다.

예비 잠재적 예측변수들 중 선택작업을 통하여 다음 5개의 예측변수를 선정하였다.

X_1 : 주택 수
X_2 : 평균 수입(달러)
X_3 : 주택 연령(연수)
X_4 : 가장 가까운 경쟁 점포까지 거리(마일)
X_5 : 매장까지의 거리(마일)
Y_i : 조사 구역별 매장 방문 고객 수

$n = 110$개 구역 조사 자료는 표 14.14에 나와 있다.

자료 번호 i	주택 수 X_1	평균 수입 X_2	주택 연령 X_3	경쟁 점포 거리 X_4	매장 거리 X_5	손님 수 Y
1	606	41,393	3	3.04	6.32	9
2	641	23,635	18	1.95	8.89	6
3	505	55,475	27	6.54	2.05	28
...	...	...	...	...	...	...
108	817	54,429	47	1.90	9.90	6
109	268	34,022	54	1.20	9.51	4
110	519	52,850	43	2.92	8.62	6

표 14.14 자료 – Miller Lumber Company 예

(a) 적합된 포아송 반응함수				
$\hat{\mu} = \exp[2.942 + .000606X_1 - .0000117X_2 - .00373X_3 + .168X_4 - .129X_5]$				
$DEV(X_0, X_1, X_2, X_3, X_4, X_5) = 114.985$				
(b) 추정계수, 표준편차, G^2 검정통계량				
회귀계수	**추정회귀계수**	**추정표준편차**	**G^2**	**P값**
β_0	2.9424	.207		
β_1	.0006058	.00014	18.21	.000
β_2	−.00001169	.0000021	31.80	.000
β_3	−.003726	.0018	4.38	.036
β_4	.1684	.026	41.66	.000
β_5	−.1288	.016	67.50	.000

표 14.15 적합된 포아송 반응함수와 관련 결과 – Miller Lumber Company 예

다음 반응함수로 포아송 회귀모형 (14.113)을 적합하였다.

$$\mu(\mathbf{X}, \boldsymbol{\beta}) = \exp(\mathbf{X}'\boldsymbol{\beta})$$

LISP-STAT(인용문헌 14.10)을 이용하였다(역자주: LISP-STAT은 32 bit용 프로그램이고 64 bit용 프로그램은 없다). 주요 결과가 표 14.15에 나와 있다. 이 모형에 대한 이탈값은 114.985이다.

각각의 회귀계수에 대해 (14.60)의 가능도비검정통계량을 계산하였다. 이러한 G^2 검정통계량들은 표 14.15b에 자유도 1의 카이제곱에 근거한 P 값과 함께 나와 있다. 각각의 P 값으로부터 예측변수가 회귀모형의 적합에 도움을 주는 것으로 판단하여 모형에 포함되도록 하였다.

이탈잔차 dev_i의 일부가 표 14.16에 나와 있고, 반응값 Y_i의 적합값 $\hat{\mu}_i$도 함께 있다. 이탈잔차에 대한 분석은 특별한 문제가 없음을 알려준다. 그림 14.20은 이탈잔차에 대한 지수그림을 나타내었다. 몇 개의 큰 음수의 이탈잔차가 있는데 이 점들은 $Y = 0$인 조사 구역에서 발생한다. 즉, 이 구역에서는 고객이 없다. 이것들은 아마도 포아송 회귀분석모형을 이용하여 적합하기 어려운 사례들이다.

자료 번호 i	Y_i	$\hat{\mu}_i$	dev_i
1	9	12.3	−.999
2	6	8.8	−.992
3	28	28.1	−.024
···	···	···	···
108	6	5.3	.289
109	4	4.4	−.197
110	6	6.4	−.171

표 14.16 반응값, 적합값, 이탈잔차 – Miller Lumber Company 예

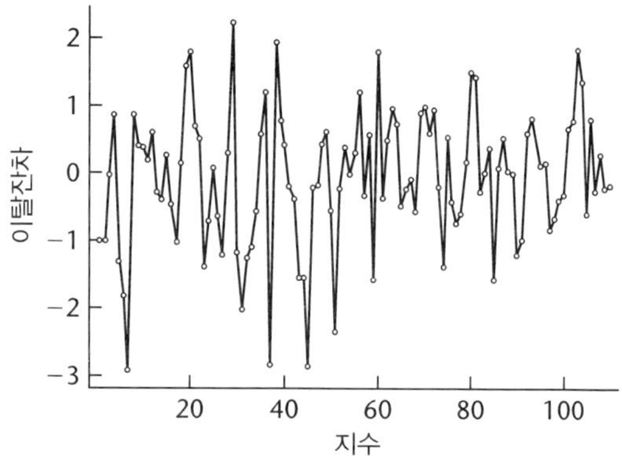

그림 14.20 이탈잔차의 지수그림 – Miller Lumber Company 예

14.14 ■ 일반화선형모형

이 책에서 다루었던 모든 선형 그리고 비선형회귀분석모형은 **일반화선형모형**(generalized linear models) 형태에 포함된다. 이런 형태는 Nelder와 Wedderbun에 의해 처음 제안되었고(인용문헌 14.11), 정규오차선형회귀모형과 비선형 지수족, 로지스틱, 포아송 회귀모형, 그리고 범주형자료의 로그선형모형도 포함한다.

일반화선형모형에 대한 구성은 다음과 같이 설명할 수 있다.

1. $Y_1, \ldots, Y_n$은 n개의 독립된 반응이며 $E\{Y_i\} = \mu_i$의 평균값을 갖는 **지수족**(exponential family) 확률분포를 따른다.
2. 예측변수 $X_{i1}, \ldots, X_{i,p-1}$로 이루어진 **선형예측변수**(linear predictor)는 $\mathbf{X}_i'\boldsymbol{\beta}$로 표기된다.

$$\mathbf{X}_i'\boldsymbol{\beta} = \beta_0 + \beta_1 X_{i1} + \cdots + \beta_{p-1} X_{i,p-1}$$

3. **연결함수**(link function) g는 선형예측변수를 반응변수의 평균과 연결한다.

$$\mathbf{X}_i'\boldsymbol{\beta} = g(\mu_i)$$

일반화선형모형에서는 반응변수 Y_i에 대한 비상수분산 σ_i^2이 가능하다. 그러나 분산 σ_i^2은 평균반응 μ_i에 대한 예측변수의 함수여야 한다.

연결함수에 대한 개념을 설명하기 위해 첫 번째 로지스틱회귀모형 (14.41)에 대해 생각해 보자. 거기에는 로지스틱변환인 (14.18a)의 $F_L^{-1}(\pi_i)$가 선형예측변수 $\mathbf{X}_i'\boldsymbol{\beta}$와 평균반응값 $\mu_i = \pi_i$를 연결하는 함수이다.

$$g(\mu_i) = g(\pi_i) = \log_e\left(\frac{\pi_i}{1 - \pi_i}\right) = \mathbf{X}_i'\boldsymbol{\beta}$$

두 번째 예로 (14.113)의 포아송 회귀분석모형을 고려해 보자. 여러 개의 반응함수 (14.112) 중에 (14.112b)의 반응함수 $\mu_i = \exp(\mathbf{X}_i'\boldsymbol{\beta})$는 다음 연결 관계를 갖고 있다.

$$g(\mu_i) = \log_e(\mu_i) = \mathbf{X}_i'\boldsymbol{\beta}$$

포아송 회귀모형에 대해 적용할 수 있는 연결함수가 많은데 단조적(monotonic)이고 미분가능(differentiable)인 조건만 맞으면 된다.

마지막으로 (6.7)의 정규오차회귀모형을 보자. 연결함수는 단순히 나타내면 다음과 같다.

$$g(\mu_i) = \mu_i$$

연결 관계가 다음과 같기 때문이다.

$$\mathbf{X}_i'\boldsymbol{\beta} = \mu_i$$

정규오차 경우에 대한 연결함수 $g(\mu_i)$는 항등연결함수(identity link function) 또는 단일연결함수(unity link function)라고도 한다.

일반화선형모형에 속하는 어떤 회귀모형이든지 통일된 방법으로 분석할 수 있다. 회귀계수의 최대가능도추정량은 반복재가중최소제곱으로 얻어질 수 있다[정규오차 선형회귀모형 (6.7)에 대해서는 보통최소제곱에 의해]. 모형구축을 하기 위하여 모형에서 빼야 할 예측변수를 결정하는 것은 가능도비검정이다. 인용문헌 14.12에 일반화선형모형에 대한 자세한 내용이 있다.

인용문헌

14.1. Kennedy, W. J., Jr., and J. E. Gentle. *Statistical Computing*. New York: Marcel Dekker, 1980.

14.2. Agresti, A. *Categorical Data Analysis*. 2nd ed. New York: John Wiley & Sons, 2002.

14.3. *LogXact 5*. Cytel Software Corporation. Cambridge, Massachusetts, 2003.

14.4. Hosmer, D. W., and S. Lemeshow. *Applied Logistic Regression*. 2nd ed. New York: John Wiley & Sons, 2000.

14.5. Cook, R. D., and S. Weisberg. *Applied Regression Including Computing and Graphics*. New York: John Wiley & Sons, 1999.

14.6. Atkinson, A. C. "Two Graphical Displays for Outlying and Influential Observations in Regression," *Biometrika* 68 (1981), pp. 13–20.

14.7. Johnson, R. A., and D. W. Wichern. *Applied Multivariate Statistical Analysis*. 5th ed. Englewood Cliffs, N.J.: Prentice Hall, 2001.

14.8. Lachenbruch, P. A. *Discriminant Analysis*. New York: Hafner Press, 1975.

14.9. Begg, C. B., and R. Gray. "Calculation of Polytomous Logistic Regression Parameters Using Individualized Regressions," *Biometrika* 71 (1984), pp. 11–18.

14.10. Tierney, L. *LISP-STAT: An Object-Oriented Environment for Statistical Computing and Dynamic Graphics*. New York: John Wiley & Sons, 1990.

14.11. Nelder, J. A., and R. W. M. Wedderburn. "Generalized Linear Models," *Journal of the Royal Statistical Society A* 135 (1972), pp. 370–84.

14.12. McCullagh, P., and J. A. Nelder. *Generalized Linear Models*. 2nd ed. London: Chapman and Hall, 1999.

문제

14.1. 한 학생이 말하였다. "반응변수가 이항이고 Bernoulli 분포를 따를 때, 왜 반응함수가 0과 1 사이에만 있어야 하는지 모르겠다. 어떠한 반응함수를 사용하더라도 0, 1 자료에 적합하면 이 문제가 해소될 수 있다." 논평하여라.

14.2. 로지스틱변환 (14.18)이 로지스틱반응함수를 선형화하는데, 왜 각각의 반응 Y_i에 이 변환을 사용하고, 선형반응함수를 적합할 수 없는지 설명하여라.

14.3. 만약 반응변수가 이항변수이고 실제 반응함수가 J-형태이면, 로지스틱반응함수의 사용이 적당한지 설명하여라.

14.4. a. $\beta_0 = -25$, $\beta_1 = .2$인 (14.16)의 로지스틱평균반응함수를 그려라.
b. 어떤 X의 값에 대하여 반응함수값이 .5가 되는가?
c. $X = 150, 151$에 대해 각각 오즈를 구하고, $X = 150$의 오즈에 대한 $X = 151$의 오즈의 비율을 구하여라. 이 값이 $\exp(\beta_1)$과 같아야 하는데 정말 그런지 확인하여라.

*14.5. a. $\beta_0 = 20$, $\beta_1 = -.2$인 (14.16)의 로지스틱평균반응함수를 그려라.
b. 어떤 X의 값에 대하여 반응함수값이 .5가 되는가?
c. $X = 125, 126$에 대해 각각 오즈를 구하고, $X = 125$의 오즈에 대한 $X = 126$의 오즈의 비율을 구하여라. 이 값이 $\exp(\beta_1)$과 같아야 하는데 정말 그런지 확인하여라.

14.6. *a.* $\beta_0^* = -25$이고 $\beta_1^* = .2$인 (14.12)의 프로빗 평균반응함수를 그려라. 문제 14.4 (a)에서 구한 로지스틱평균반응함수와 비교하여라.
b. 어떤 X의 값에 대하여 반응함수값이 .5가 되는가?

*14.7. **연회비(Annual dues).** 어떤 전문인 협회의 이사회는 회비 증가의 영향을 파악하기 위해 30명의 확률 표본조사를 실시하였다. 그 결과는 아래의 표와 같다. X는 설문조사에 상정되어 있는 연회비 인상폭이며, $Y = 1$은 제시된 연회비에는 회원자격을 갱신하지 않겠다는 것이며, $Y = 0$은 갱신한다는 의견이다.

i:	1	2	3	...	28	29	30
X_i:	30	30	30	...	49	50	50
Y_i:	0	1	0	...	0	1	1

(14.20)의 로지스틱회귀모형이 적합하다고 여겨진다.
a. β_0, β_1에 대한 최대가능도추정량을 구하여라. 적합반응함수를 서술하여라.
b. 자료의 산점도에 (a)에서 적합한 로지스틱반응함수와 lowess 함수를 겹쳐 그려라. 로지스틱함수가 잘 적합된 것으로 보이는가?
c. $\exp(b_1)$를 구하고 해석하여라.
d. 회비를 40달러 인상했을 때 회원자격을 갱신하지 않을 확률을 추정하여라.
e. 회원의 75%가 회원자격을 갱신하지 않을 연회비 인상폭을 구하여라.

14.8. 문제 14.7의 **연회비(Annual dues)** 자료를 참조하여라.
a. (14.12)의 프로빗 평균반응함수를 이용하여 자료를 적합하여라. 문제 14.7의 (a)에서 구한 로지스틱 적합에 대한 질적 비교를 하여라.
b. (14.19)의 보 로그-로그 평균반응함수에 대해 적합하여라. 문제 14.7의 (a)에서 구한 로지스틱 적합에 대한 질적 비교를 하여라. 결론은 무엇인가?

14.9. **업무능력(Performance ability).** 심리학자가 직원들의 심리적 안정 상태(X)가 직원들의 업무능력(Y)에 미치는 영향에 대한 조사를 하였다. 심리적 안정상태는 필기 시험에 의해 측정되었으며, 높은 점수는 안정된 심리 상태를 의미한다. 업무능력은 감독관에 의해 조사되었으며 $Y = 1$은 업무가 가능함을 의미하고 $Y = 0$는 불가능을 의미한다. 27명에 대한 조사 결과는 다음과 같다.

i:	1	2	3	...	25	26	27
X_i:	474	432	453	...	562	506	600
Y_i:	0	0	0	...	1	0	1

(14.20)의 로지스틱회귀모형이 적합하다고 여겨진다.

a. β_0, β_1의 최대가능도추정량을 구하여라. 적합된 반응함수를 서술하여라.

b. 자료의 산점도에 (a)에서 적합한 로지스틱반응함수와 lowess 함수를 겹쳐 그려라. 로지스틱함수가 잘 적합된 것으로 보이는가?

c. $\exp(b_1)$를 구하고 해석하여라.

d. 심리적 안정상태에 대한 필기 시험 결과가 550인 직원이 업무가 가능할 확률을 추정하여라.

e. 직원의 70%가 업무가 가능하도록 하는 필기 점수를 추정하여라.

14.10. 문제 14.9의 **업무능력(Performance ability)** 자료를 참조하여라.

a. (14.12)의 프로빗 평균반응함수를 이용하여 자료를 적합하여라. 문제 14.9의 (a)에서 구한 로지스틱 적합에 대한 질적 비교를 하여라. 결론은 무엇인가?

b. (14.19)의 보 로그-로그 평균반응함수에 대해 적합하여라. 문제 14.9의 (a)에서 구한 로지스틱 적합에 대한 질적 비교를 하여라. 결론은 무엇인가?

*14.11. **병 회수(Bottle return)**. 보증금 액수에 따른 1리터 청량음료병의 반환 여부 가능성에 대해 면밀히 통제된 실험이 실시되었다. 반환되는 경우에는 1점을 주고, 반환되지 않은 경우에는 0점을 주었다. 6가지의 보증금 액수(X_j, 단위: 센트)에 따른 팔린 500(n_j)개의 병에 대한 반환된 병($Y_{.j}$)의 수가 다음과 같다.

j:	1	2	3	4	5	6
보증금 액수 X_j:	2	5	10	20	25	30
팔린 숫자 n_j:	500	500	500	500	500	500
반한된 숫지 $Y_{.j}$:	72	103	170	296	406	449

분석가는 (14.20)의 로지스틱회귀모형이 보증금과 병 회수 확률의 관계에 대한 연구에 적절하다고 믿는다.

a. X_j에 대한 추정된 비율 $p_j = Y_{.j}/n_j$를 그려라. 이 그림은 로지스틱회귀모형이 적합하다는 분석가의 가정과 일치하는가?

b. β_0, β_1의 최대가능도추정량을 구하여라. 적합된 반응함수를 서술하여라.

c. (a)에서의 추정된 비율에 대한 산점도에 (b)에서의 적합된 반응함수를 겹쳐 그려라. 로지스틱함수가 잘 적합된 것으로 보이는가?

d. $\exp(b_1)$를 구하고 해석하여라.

e. 보증금이 15센트일 때, 병이 회수될 추정확률을 구하여라.

f. 75%의 병이 회수될 보증금을 추정하여라.

14.12. **독극물 실험(Toxicity experiment)**. 독극물에 대한 실험을 하기 위하여 1,500마리의 곤충을 250마리씩 6개의 그룹으로 확률적으로 나눴다. 곤충들은 그룹별로 정해진 양만큼의 독극물에 노출되었다. 하루 후 곤충들을 관찰하였다. 살아 있으면 0, 그렇

지 않으면 1로 기록했다. 결과는 다음과 같다. X_j는 그룹 j에 사용한 독극물의 양(로그 척도)을 나타내며, $Y_{.j}$는 그룹 j에서 250마리(n_j) 중 죽은 곤충의 수이다.

j:	1	2	3	4	5	6
X_j:	1	2	3	4	5	6
n_j:	250	250	250	250	250	250
$Y_{.j}$:	28	53	93	126	172	197

(14.20)의 로지스틱회귀모형이 적합하다고 여겨진다.

a. X_j에 따른 추정된 비율 $p_j = Y_{.j}/n_j$를 그려라. 이 그림이 로지스틱회귀모형이 적합하다는 분석가의 가정과 일치하는가?
b. β_0, β_1의 최대가능도추정량을 구하여라. 적합된 반응함수를 서술하여라.
c. (a)에서의 추정 비율의 산점도에 (b)에서의 로지스틱반응함수를 겹쳐 그려라. 적합된 로지스틱함수가 적절해 보이는가?
d. $\exp(b_1)$를 구하고 해석하여라.
e. 독극물의 양이 $X = 3.5$인 경우 곤충이 죽을 확률을 추정하여라.
f. 중위 치사량, 즉 50%의 확률로 곤충이 죽을 독극물의 양을 추정하여라.

14.13. **자동차 구매(Car purchase)**. 어느 마케팅 조사 회사는 자동차 회사와 함께 어느 가족이 내년에 새 차를 구입할 가능성에 대한 로지스틱회귀모형을 사용하는 것이 가능한지 알아보기 위한 시험 연구(pilot study)를 실시하였다. 교외에 사는 33가족이 선택되었다. X_1은 연간 가족 수입(단위: 천달러), X_2는 가족들이 쓰고 있는 가장 오래된 차의 연식(단위: 년)이다. 12달 후에 그동안 새로운 자동차를 샀는지($Y = 1$), 사지 않았는지($Y = 0$)를 방문 조사하였다.

i:	1	2	3	...	31	32	33
X_{i1}:	32	45	60	...	21	32	17
X_{i2}:	3	2	2	...	3	5	1
Y_i:	0	0	1	...	0	1	0

(14.41)의 두 개의 예측변수를 사용한 다중로지스틱모형의 일차 식이 적절하다고 가정한다.

a. β_0, β_1, β_2에 대한 최대가능도추정량을 구하여라. 적합된 반응함수를 서술하여라.
b. $\exp(b_1)$, $\exp(b_2)$를 구하고 해석하여라.
c. 가족 연간 수입이 50,000달러이고, 차의 연식이 3년인 경우 다음 해에 새 차를 살 확률을 추정하여라.

*14.14. **독감 주사(Flu shots)**. 어느 지역 진료소는 모든 사람들, 특히 합병증의 위험이 높은 노인들에게 유행이 예상되는 독감에 대한 예방주사를 접종하도록 독려하는 안내문을 보냈다. 시험 후속 연구(pilot follow-up study)에서 무작위로 추출된 159명에게 독감 주사 접종 여부에 대해 물었다. 독감 주사를 맞았으면 $Y = 1$, 그렇지 않은 경우 $Y = 0$으로 나타냈다. 그리고 X_1은 나이, X_2는 건강에 대한 인지상태이다. X_2 값이 높을수록 건강에 대한 관심이 더 높음을 의미한다. 성별에 대한 자료도 포함되어 $X_3 = 0$이면 여성을, $X_3 = 1$이면 남성을 의미한다.

i:	1	2	3	...	157	158	159
X_{i1}:	59	61	82	...	76	68	73
X_{i2}:	52	55	51	...	22	32	56
X_{i3}:	0	1	0	...	1	0	1
Y_i:	0	0	1	...	1	1	1

(14.41)의 세 개의 예측변수를 사용한 다중로지스틱모형의 일차 식이 적절하다고 가정한다.

a. $\beta_0, \beta_1, \beta_2, \beta_3$의 최대가능도추정량을 구하여라. 적합된 반응함수를 서술하여라.

b. $\exp(b_1)$, $\exp(b_2)$, $\exp(b_3)$를 구하고 해석하여라.

c. 나이가 55살이며, 건강에 대한 관심 지수가 60인 남성이 독감 주사를 맞을 확률을 추정하여라.

*14.15. 문제 14.7의 **연회비(Annual dues)** 자료를 참조하여라. 적합된 모형이 적절하며, 대표본추론이 적용 가능하다고 가정한다.

a. $\exp(\beta_1)$에 대한 90%의 신뢰구간을 구하고 해석하여라.

b. 연회비 인상이 회원자격 갱신과 관련이 있는지에 대해 Wald 검정을 하여라(α = .10). 가설들, 결정규칙, 결론을 서술하여라. 검정의 대략적인 P 값은 얼마인가?

c. 연회비 인상이 회원자격 갱신과 관련이 있는지에 대해 가능도비검정을 하여라(α = .10). 완전모형, 축소모형, 결정규칙, 결론을 서술하여라. 검정의 대략적인 P 값은 얼마인가? (b)에서의 Wald 검정과 비교하여라.

14.16. 문제 14.9의 **업무능력(Performance ability)** 자료를 참조하여라. 적합된 모형이 적절하며, 대표본추론이 적용 가능하다고 가정한다.

a. $\exp(\beta_1)$에 대한 95%의 신뢰구간을 구하고 해석하여라.

b. 심리적 안정 상태와 업무 수행 가능성 여부가 관련이 있는지에 대해 Wald 검정을 하여라(α = .05). 가설들, 결정규칙, 결론을 서술하여라. 검정의 대략적인 P 값은 얼마인가?

c. 심리적 안정 상태가 업무 수행 가능성 여부와 관련이 있는지에 대해 가능도비검정을 하여라(α = .05). 완전모형, 축소모형, 결정규칙, 결론을 서술하여라. 검정의 대략적인 P 값은 얼마인가? (b)에서의 Wald 검정과 비교하여라.

*14.17. 문제 14.11의 **병 회수(Bottle return)** 자료를 참조하여라. 적합된 모형이 적절하며, 대표본추론이 적용 가능하다고 가정한다.

a. β_1에 대한 대략적인 95% 신뢰구간을 구하여라. 그리고 신뢰구간을 오즈비에 대한 것으로 바꾸어라. 오즈비 구간을 해석하여라.

b. 보증금이 병의 회수 여부와 관계있는지에 대해 Wald 검정을 하여라(α = .05). 가설들, 결정규칙, 결론을 서술하여라. 검정의 대략적인 P 값은 얼마인가?

c. 보증금이 병의 회수 여부와 관계있는지에 대해 가능도비검정을 하여라(α = .05). 완전모형, 축소모형, 결정규칙, 결론을 서술하여라. 검정의 대략적인 P 값은 얼마인가? (b)에서의 Wald 검정과 비교하여라.

14.18. 문제 14.12의 **독극물 실험(Toxicity experiment)** 자료를 참조하여라. 적합된 모형이

적절하며, 대표본추론이 적용 가능하다고 가정한다.

a. β_1에 대한 대략적인 99% 신뢰구간을 구하여라. 그리고 신뢰구간을 오즈비에 대한 것으로 바꾸어라. 오즈비 구간을 해석하여라.

b. 독극물의 양이 곤충이 죽을 확률과 관계있는지에 대해 Wald 검정을 하여라(α = .01). 가설들, 결정규칙, 결론을 서술하여라. 검정의 대략적인 P 값은 얼마인가?

c. 독극물의 양이 곤충이 죽을 확률과 관계있는지에 대해 가능도비검정을 하여라(α = .01). 완전모형, 축소모형, 결정규칙, 결론을 서술하여라. 검정의 대략적인 P 값은 얼마인가? (b)에서의 Wald 검정과 비교하여라.

14.19. 문제 14.13의 **자동차 구매(Car purchase)** 자료를 참조하여라. 적합된 모형이 적절하며, 대표본추론이 적용 가능하다고 가정한다.

a. 수입이 2만 달러 차이 나는 가구들에 대한 오즈비 $\exp(20\beta_1)$와 가장 오래된 차의 연식이 2년 차이가 나는 가구들에 대한 오즈비 $\exp(2\beta_2)$에 대한 90% 결합신뢰구간을 구하고 해석하여라.

b. X_2 (가구당 가장 오래된 차의 연식)가 회귀분석모형에서 제외될 수 있는지 Wald 검정을 하여라(α = .05). 가설들, 결정규칙, 결론을 서술하여라. 검정의 대략적인 P 값은 얼마인가?

c. X_2 (가구당 가장 오래된 차의 연식)가 회귀분석모형에서 제외될 수 있는지 가능도비검정을 하여라(α = .05). 완전모형, 축소모형, 결정규칙, 결론을 서술하여라. 검정의 대략적인 P 값은 얼마인가? (b)에서의 Wald 검정과 비교하여라.

d. 세 개의 이차항(수입의 제곱, 연식의 제곱, 수입과 연식의 상호관계)이 수입과 연식만 포함한 일차식에 동시 포함되어야 하는지에 대해 가능도비검정을 하여라(α = .05) 완전모형, 축소모형, 결정규칙, 결론을 서술하여라. 검정의 대략적인 P 값은 얼마인가?

*14.20. 문제 14.14의 **독감 주사(Flu shots)** 자료를 참조하여라.

a. 나이 차이가 30살인 남성 고객들에 대한 오즈비 $\exp(30\beta_1)$와 건강 인지상태 지수 차이가 25인 남성 고객들에 대한 오즈비 $\exp(25\beta_2)$에 대한 90% 결합신뢰구간을 구하고 해석하여라.

b. X_3(고객의 성별)이 회귀분석모형에서 제외될 수 있는지 Wald 검정을 하여라(α = .05). 가설들, 결정규칙, 결론을 서술하여라. 검정의 대략적인 P 값은 얼마인가?

c. X_3(고객의 성별)이 회귀분석모형에서 제외될 수 있는지 가능도비검정을 하여라(α = .05). 완전모형, 축소모형, 결정규칙, 결론을 서술하여라. 검정의 대략적인 P 값은 얼마인가? (b)에서의 Wald 검정과 비교하여라.

d. 세 개의 이차항(나이의 제곱, 건강 인지상태의 제곱, 나이와 건강 인지상태의 상호관계)이 나이와 건강 인지상태만 포함한 일차식에 동시 포함되어야 하는지에 대해 가능도비검정을 하여라(α = .05). 완전모형, 축소모형, 결정규칙, 결론을 서술하여라. 검정의 대략적인 P 값은 얼마인가?

14.21. 문제 14.13의 **자동차 구매(Car purchase)** 자료를 참조하여라. 예측변수가 연식과 수입에 관련된 모든 일차, 이차항으로 구성되었다고 가정한다.

a. 전진선택법을 사용하여 회귀모형에 들어갈 예측변수를 결정하여라. 각 단계마다 α 위험을 .10으로 한다.

b. 후진제거법을 사용하여 회귀모형에서 제거될 예측변수를 결정하여라. 각 단계마다 α 위험을 .10으로 한다. 전진선택법 (a)와 비교하여라.

c. AIC_p를 기준으로 최적 모형을 찾고 (a), (b)와 비교하여라.

d. SBC_p를 기준으로 최적 모형을 찾고 (a), (b), (c)와 비교하여라.

*14.22. 문제 14.14의 **독감 주사(Flu shots)** 자료를 참조하여라. 예측변수가 나이와 건강 인지상태에 관련된 모든 일차, 이차항으로 구성되었다고 가정한다.

a. 전진선택법을 사용하여 회귀모형에 들어갈 예측변수를 결정하여라. 각 단계마다 α 위험을 .10으로 한다.

b. 후진제거법을 사용하여 회귀모형에서 제거될 예측변수를 결정하여라. 각 단계마다 α 위험을 .10으로 한다. 전진선택법 (a)와 비교하여라.

c. AIC_p를 기준으로 최적 모형을 찾고 (a), (b)와 비교하여라.

d. SBC_p를 기준으로 최적 모형을 찾고 (a), (b), (c)와 비교하여라.

*14.23. 문제 14.11의 **병 회수(Bottle return)** 자료를 참조하여라. 문제에서 주어진 그룹을 사용하여 (14.20)의 로지스틱회귀분석모형이 적절한지에 대한 카이제곱 적합도검정을 하여라. 제1종 오류를 .01로 하여라. 가설들, 결정규칙, 결론을 서술하여라.

14.24. 문제 14.12의 **독극물 실험(Toxicity experiment)** 자료를 참조하여라. 문제에서 주어신 그룹을 사용하여 (14.20)의 로지스틱회귀분석모형이 적절한지에 대한 카이제곱 적합도검정을 하여라. 제1종 오류를 .01로 하여라. 가설들, 결정규칙, 결론을 서술하여라.

*14.25. 문제 14.7의 **연회비(Annual dues)** 자료를 참조하여라.

a. 로지스틱회귀함수의 적절성을 평가하기 위해 적합된 로짓값 $\hat{\pi}'$에 따라 사례 10개씩 3개의 그룹을 형성한다. $\hat{\pi}'$ 구간의 중간값과 추정된 비율 p_j에 대한 그림을 그려라. 그림이 단조 시그모이드 형태의 반응함수 모양을 하고 있는가? 설명하여라.

b. (14.81)의 스튜던트화 잔차를 구하고, 추정된 모형의 확률값 대 스튜던트화 잔차 그림을 그리고, lowess를 겹쳐 놓아라. 로지스틱회귀모형의 적합이 잘 되었는지 판단하여라.

14.26. 문제 14.9의 **업무능력(Performance ability)** 자료를 참조하여라.

a. 로지스틱회귀함수의 적절성을 평가하기 위해 적합된 로짓값 $\hat{\pi}'$에 따라 사례 9개씩 3개의 그룹을 형성한다. $\hat{\pi}'$ 구간의 중간값과 추정된 비율 p_j에 대한 그림을 그려라. 그림이 단조 시그모이드 형태의 반응함수 모양을 하고 있는가? 설명하여라.

b. (14.83)의 이탈잔차를 구하고, 추정된 모형의 확률값 대 이탈잔차그림을 그리고, lowess를 겹쳐 놓아라. 로지스틱모형의 적합이 잘 되었는지 판단하여라.

14.27. 문제 14.13과 14.21의 **자동차 구매(Car purchase)** 자료를 참조하여라.

a. 문제 14.21 (d)의 로지스틱회귀함수의 적절성을 평가하기 위해 적합된 로짓값 $\hat{\pi}'$에 따라 사례 11개씩 3개의 그룹을 형성한다. $\hat{\pi}'$ 구간의 중간값과 추정된 비율 p_j에 대한 그림을 그려라. 그림이 단조 시그모이드 형태의 반응함수 모양을 하고 있는가? 설명하여라.

b. (14.81)의 스튜던트화 잔차를 구하고, 추정된 모형의 확률값 대 스튜던트화 잔차그림을 그리고, lowess를 겹쳐 놓아라. 로지스틱모형의 적합이 잘 되었는지 판단하여라.

*14.28. 문제 14.14와 14.22의 **독감 주사(Flu shots)** 자료를 참조하여라.

a. 문제 14.22 (d)의 로지스틱회귀함수의 적절성을 평가하기 위해 적합된 로짓값 $\hat{\pi}'$에 따라 사례 약 20개씩 8개의 그룹을 형성한다. $\hat{\pi}'$ 구간의 중간값과 추정된 비율 p_j에 대한 그림을 그려라. 그림이 단조 시그모이드 형태의 반응함수 모양을 하고 있는가? 설명하여라.

b. 로지스틱회귀함수의 적절성에 대한 Hosmer-Lemeshow 적합도검정을 (a)에서 만든 그룹을 이용하여 실시하여라($\alpha = .05$). 가설들, 결정규칙, 결론을 서술하여라. 검정의 P 값은 얼마인가?

c. (14.83)의 이탈잔차를 구하고, 추정된 모형의 확률값 대 이탈잔차의 그림을 그리고, lowess를 겹쳐 놓아라. 로지스틱모형의 적합이 잘 되었는지 판단하여라.

*14.29. 문제 14.7의 **연회비(Annual dues)** 자료를 참조하여라.

a. 문제 14.7a에서 적합한 로지스틱회귀모형에 대한 (14.80)의 추정된 모자행렬의 대각원소의 지수그림을 그려라. 그림을 이용하여 X값의 특이 관측값을 확인하여라.

b. 각 관측값의 영향력을 평가하기 위해 (14.85)의 델타 카이제곱통계량, (14.86)의 델타 이탈통계량, (14.87)의 Cook의 거리를 구하여라. 각각의 지수그림을 그리고, 영향력 관측값을 찾아보아라.

14.30. 문제 14.9의 **업무능력(Performance ability)** 자료를 참조하여라.

a. 문제 14.9a에서 적합한 로지스틱회귀모형에 대한 (14.80)의 추정된 모자행렬의 대각원소의 지수그림을 그려라. 그림을 이용하여 X값의 특이 관측값을 확인하여라.

b. 각 관측값의 영향력을 평가하기 위해 (14.85)의 델타 카이제곱통계량, (14.86)의 델타 이탈통계량, (14.87)의 Cook의 거리를 구하여라. 각각의 지수그림을 그리고, 영향력 관측값을 찾아보아라.

14.31. 문제 14.13과 14.21의 **자동차 구매(Car purchase)** 자료를 참조하여라.

a. 문제 14.21d에서 적합한 로지스틱회귀모형에 대한 (14.80)의 추정된 모자행렬의

대각원소의 지수그림을 그려라. 그림을 이용하여 X값의 특이 관측값을 확인하여라.

b. 각 관측값의 영향력을 평가하기 위해 (14.85)의 델타 카이제곱통계량, (14.86)의 델타 이탈통계량, (14.87)의 Cook의 거리를 구하여라. 각각의 지수그림을 그리고, 영향력 관측값을 찾아보아라.

*14.32. 문제 14.14의 **독감 주사(Flu shots)** 자료를 참조하여라.

a. 문제 14.14a에서 적합한 로지스틱회귀모형에 대한 (14.80)의 추정된 모자행렬의 대각원소의 지수그림을 그려라. 그림을 이용하여 X값의 특이 관측값을 확인하여라.

b. 각각의 관측값의 영향력을 평가하기 위해 (14.85)의 델타 카이제곱통계량, (14.86)의 델타 이탈통계량, (14.87)의 Cook의 거리를 구하여라. 각각의 지수그림을 그리고, 영향력 관측값을 찾아보아라.

*14.33. 문제 14.7의 **연회비(Annual dues)** 자료를 참조하여라.

a. 문제 14.7a에서 구한 적합된 회귀함수를 이용하여 연회비 인상(X_h)이 40달러인 경우에 대한 평균반응 π_h의 90% 근사신뢰구간을 구하여라.

b. 문제 14.7a에서 적합된 회귀모형에 근거하여 예측을 하려고 한다. 절사점 .40, .45, .50, .55, .60에 대해 전체 오류율, 갱신 회원의 오류율, 비갱신 회원의 오류율을 구하여라.

c. (b)의 결과를 이용하면 어느 절사점이 오류율을 가장 작게 만드는가? 이 절사점에서 갱신, 비갱신 회원의 오류율이 거의 비슷한가? 모형의 예측력을 평가하기 위해 ROC 곡선의 아래 면적을 구하여라. 결론은 무엇인가?

d. (c)에서의 최적 절사점에 대한 전체 오류율이, 적합된 회귀모형과 선택된 절사점의 예측력에 대해 믿을만한 지표인지 설명하여라.

14.34. 문제 14.9의 **업무능력(Performance ability)** 자료를 참조하여라.

a. 문제 14.9a에서 구한 적합된 회귀함수를 이용하여 심리적 안정 상태 시험 점수 $X_h = 550, 625$에 대한 평균반응 π_h의 90% 근사신뢰구간을 구하고 해석하여라.

b. 문제 14.9a에서 적합된 회귀모형에 근거하여 예측을 하려고 한다. 절사점 .325, .425, .525, .625에 대해 전체 오류율, 업무수행 가능 직원의 오류율, 업무수행 불가능 직원의 오류율을 구하여라.

c. (b)의 결과를 이용하면 어느 절사점이 오류율을 가장 작게 만드는가? 이 절사점에서 가능, 불가능 직원의 오류율이 거의 비슷한가? 모형의 예측력을 평가하기 위해 ROC 곡선의 아래 면적을 구하여라. 결론은 무엇인가?

d. (c)에서의 최적 절사점에 대한 전체 오류율이, 적합된 회귀모형과 선택된 절사점의 예측력에 대한 믿을만한 지표인지 설명하여라.

14.35. 문제 14.11의 **병 회수(Bottle return)** 자료를 참조하여라.

a. 문제 14.11a에서 구한 적합된 회귀함수를 이용하여 보증금 $X_h = 15$ 센트에 대한 95% 근사신뢰구간을 구하고 해석하여라.

b. 문제 14.11a에서 적합된 회귀모형에 근거하여 예측을 하려고 한다. 절사점 .150, .300, .450, .600, .750에 대해 전체 오류율, 반환의 오류율, 비반환의 오류율을 구하여라.

c. (b)의 결과를 이용하면 어느 절사점이 오류율을 가장 작게 만드는가? 이 절사점에서 반환, 비반환의 오류율이 거의 비슷한가? 모형의 예측력을 평가하기 위해 ROC 곡선의 아래 면적을 구하여라. 결론을 서술하여라.

d. (c)에서의 최적 절사점에 대한 전체 오류율이, 적합된 회귀모형과 선택된 절사점의 예측력에 대해 믿을만한 지표인지 설명하여라.

*14.36. 문제 14.14의 **독감 주사(Flu shots)** 자료를 참조하여라.

a. 문제 14.14a에서 구한 적합된 회귀함수를 이용하여 나이가 65세이고, 건강 인지 상태 지수가 50인 여성에 대한 평균반응 π_h의 90% 근사신뢰구간을 구하고 해석하여라.

b. 문제 14.14a에서 적합된 회귀모형에 근거하여 예측을 하려고 한다. 절사점 .05, .10, .15, .20에 대해 전체 오류율, 접종의 오류율, 비접종의 오류율을 구하여라.

c. (b)의 결과를 이용하면 어느 절사점이 오류율을 가장 작게 만드는가? 이 절사점에서 접종, 비접종의 오류율이 거의 비슷한가? 모형의 예측력을 평가하기 위해 ROC 곡선의 아래 면적을 구하여라. 결론은 무엇인가?

d. (c)에서의 최적 절사점에 대한 전체 오류율이, 적합된 회귀모형과 선택된 절사점의 예측력에 대해 믿을 만한 지표인지 설명하여라.

14.37. 다가로지스틱회귀는 이항 반응 결과물을 명목자료와 순서자료에 대한 다항 반응 결과물로 확장할 때 사용한다. 다범주(multicategory) 순서 결과값들을 이항로지스틱 회귀모형의 연속형, 명목 수준 다가 회귀모형, 또는 비례 오즈 모형으로 다루는 것에 대한 각각의 장점과 단점에 대하여 논하여라.

*14.38. 문제 1.21의 **항공 화물 파손(Airfreight breakage)** 자료를 참조하여라.

a. 반응함수 $\mu(\mathbf{X}, \boldsymbol{\beta}) = \exp(\beta_0 + \beta_1 X)$로 (14.113)의 포아송 회귀모형을 적합하여라. 회귀계수 추정값, 회귀계수의 표준편차 추정값, 그리고 추정된 반응함수를 서술하여라.

b. 이탈잔차를 구하고 지수그림에 나타내어라. 바깥값이 있는가?

c. $X = 0, 1, 2, 3$의 경우에 대해 깨진 앰플(ampule, 일회용 주사액 병)의 평균값을 추정하여라. 문제 1.21a에서 선형회귀로 얻는 적합값과 비교하여라.

d. 자료의 산점도에 포아송과 선형회귀함수를 겹쳐 그려라. 어떤 회귀함수가 더 잘 적합한지 논하여라.

e. 관리부서는 연결 이동이 없을 때 10개 이하의 앰플이 깨지는 확률을 추정하고 싶어한다. 포아송 회귀함수를 사용하여 추정하여라.

f. β_1에 대한 95% 근사신뢰구간을 구하고 설명하여라.

14.39. **노인병학 연구(Geriatric study)**. 노인병학(geriatrics) 연구자는 낙상(fall)에 대한 두 가지 개입(intervention, 중재, 간섭)의 효과에 대한 연구를 계획하였다. 100명을 확

률적으로 교육($X_1 = 0$) 또는 교육과 에어로빅($X_1 = 1$)에 배정하였다. 실험 대상은 65세 이상이며 꽤 건강한 상태이다. 세 가지 영향력이 있을 것이라고 생각된 통제 변수는 성별(X_2: 0 = 여자, 1 = 남자), 균형 지수(X_3), 체력 지수(X_4)이다. 높은 균형 지표는 안정적이라는 것을 의미하며, 높은 체력 지수는 체력이 강한 것을 나타낸다. 참가자들에게 6개월 동안 낙상 수(Y)를 기록하게 하여 다음 자료가 얻어졌다.

개체 i	낙상 수 Y_i	개입 X_{i1}	성별 X_{i2}	균형 지표 X_{i3}	체력 지표 X_{i4}
1	1	1	0	45	70
2	1	1	0	62	66
3	2	1	1	43	64
...	...	...	...	...	...
98	4	0	0	69	48
99	4	0	1	50	52
100	2	0	0	37	56

a. 회귀함수 $\mu(\mathbf{X}, \boldsymbol{\beta}) = \exp(\beta_0 + \beta_1 X_1 + \beta_2 X_2 + \beta_3 X_3 + \beta_4 X_4)$로 (14.113)의 포아송 회귀모형을 적합하여라. 회귀계수 추정값, 회귀계수의 표준편차 추정값, 추정된 반응함수를 서술하여라.

b. 이탈잔차를 구하고 지수그림에 나타내어라. 바깥값이 있는가?

c. 적합한 모형이 적절하다고 가정하고, 가능도비검정을 사용하여 성별(X_2)이 모형에서 제거될 수 있는지 결정하여라($\alpha = .05$). 완전모형, 축소모형, 결정규칙, 결론을 서술하여라. 검정의 P 값은 얼마인가?

d. X_1, X_3, X_4의 일차항만 포함한 모형에서, β_1에 대한 95% 근사신뢰구간을 구하고 신뢰구간에 대해 설명하여라. 균형과 체력을 통제하였을 때 에어로비 운동이 낙상의 빈도를 감소시키는가?

연습문제

14.40. (14.16)과 (14.17)이 같음을 보여라.

14.41. (14.26)으로부터 (14.34)를 유도하여라.

14.42. (14.16)과 (14.18)을 이용하여 (14.18a)를 유도하여라.

14.43. (미적분 필요) 최대가능도추정 이론에 의하면 최대가능도추정량의 추정 대표본 분산공분산행렬은 정보행렬의 역행렬이다. 정보행렬의 원소는 $\boldsymbol{\beta} = \mathbf{b}$에서의 로그가능도함수에 대한 이차 편미분의 기댓값에 음수 기호를 붙인 것이다.

$$\left[-E\left\{ \frac{\partial^2 \log_e L(\boldsymbol{\beta})}{\partial \beta_i \partial \beta_j} \right\}_{\boldsymbol{\beta}=\mathbf{b}} \right]^{-1}$$

이 행렬이 로지스틱회귀의 경우에 (14.51)과 같이 단순화됨을 보여라. $p - 1 = 1$인 경우를 생각하여라.

14.44. (미적분 필요) (14.51)을 이용하여 표 14.1a의 예에 대한 추정된 회귀계수의 분산공분산행렬을 추정하고 표 14.1b에 있는 추정된 표준편차와 비교하여라.

14.45. (13.10)의 로지스틱반응함수가 $E\{Y_i\} = \pi_i$이며 독립인 Bernoulli 분포를 따르는 Y_i에 대해 (14.20)과 같이 됨을 보여라.

14.46. $\mathbf{X}'\boldsymbol{\beta} = \beta_0 + \beta_1 X_1 + \beta_2 X_2 + \beta_3 X_1 X_2$인 다중로지스틱회귀모형을 고려하자. X_1의 오즈비를 유도하여라. 여기에서의 $\exp(\beta_1)$이 상호작용항이 없는 회귀모형에서와 같은 의미를 갖는가?

14.47. Bernoulli 반응 Y_i는 다음과 같은 기댓값을 갖는다.

$$E\{Y_i\} = \pi_i = 1 - \exp\left[-\exp\left(\frac{X_i - \gamma_0}{\gamma_1}\right)\right]$$

여기서의 연결함수가 π_i의 보 로그-로그변환 $\log_e[-\log_e(1 - \pi_i)]$임을 보여라.

프로젝트

14.48. 부록 C.10의 **질병 발생(Disease outbreak)** 데이터셋을 참조하여라. 예금계좌 상태가 반응변수이고, 나이, 사회 경제적 지위, 도시 구역이 예측변수이다. 1~98까지의 사례들을 이용하여 로지스틱회귀모형을 만들 수 있다.

a. 예측변수에 대한 일차항과 상호작용항이 있는 (14.41) 로지스틱회귀모형에 적합하여라.

b. $\alpha = .01$ 수준에서 모든 상호작용항이 회귀모형에서 제거될 수 있는지 가능도비 검정을 하여라. 완전모형, 축소모형, 결정규칙, 결론을 서술하여라. 검정의 대략적인 P 값은 얼마인가?

c. (a)에서의 로지스틱회귀모형에서 후진제거법을 사용하여라. 각 단계의 α 위험은 .05이다. 남아 있는 예측변수는 어떤 것들인가?

14.49. 부록 C.10과 프로젝트 14.48의 **질병 발생(Disease outbreak)** 데이터셋을 참조하여라. 나이와 사회경제적 지위에 대한 일차항으로 이루어진 (14.41)의 로지스틱회귀모형의 평가를 계속한다.

a. 약 20개씩 다섯 집단으로 만들어 로지스틱회귀함수의 적절성에 대해 Hosmer-Lemeshow 적합도검정을 하여라($\alpha = .05$). 가설들, 결정규칙, 결론을 서술하여라. 검정의 대략적인 P 값은 얼마인가?

b. 이탈잔차를 구하고, 추정확률값 대 이탈잔차의 그림을 그려라. lowess를 겹쳐 놓아라. 그림을 통해 로지스틱회귀모형의 적절성에 대해 논하여라.

c. (14.80)의 추정된 모자행렬의 대각원소에 대한 지수그림을 그리고, X 관측값 중 바깥값이 있는지 확인하여라.

d. 각각 관측값의 영향력을 평가하기 위해 (14.85)의 델타 카이제곱통계량, (14.86)의 델타 이탈통계량, (14.87)의 Cook의 거리를 구하여라. 각각 지수그림을 그리

고, 영향력 있는 관측값을 식별하여라. 알아낸 내용을 요약하여라.

e. 이탈잔차의 절댓값에 대한 절반정규분포그림을 그리고, 모의 덮개를 겹쳐 놓아라. 바깥값이 있는가? 로지스틱모형이 잘 적합하는가? 논의하여라.

f. 예금계좌 상태를 예측하기 위해 최적의 절사점을 찾아야 한다. 절사점 .45, .50, .55, .60에서 표본자료에 대해 전체 오류율, 예금계좌가 있는 사람에 대한 오류율, 예금계좌가 없는 사람에 대한 오류율을 구하여라. 전체 오류율을 최소로 만드는 절사점은 어느 것인가? 이 절사점에서 계좌가 있는 사람과 없는 사람에 대한 오류율이 비슷한가? 모형의 예측력을 평가하기 위해 ROC 곡선의 아래 면적을 구하여라. 결론은 무엇인가?

14.50. 부록 C.10과 프로젝트 14.49의 **질병 발생(Disease outbreak)** 데이터셋을 참조하여라. 자료 99 ~ 196을 이용하여 프로젝트 14.49 회귀모형의 타당성을 평가하려고 한다.

a. 14.49f에서 구해진 규칙을 이용하여 타당성입증 자료의 예측값을 구하여라. 타당성입증 자료에 대한 모든 오류율을 구하여라. 14.49f에서 구한 모형구축 자료의 세 가지 오류율과 비교하여라.

b. 모형구축 자료와 타당성입증 자료를 전부 합하여 프로젝트 14.49에서 구축한 모형을 적합하여라. 추정된 회귀계수와 회귀계수의 추정된 표준편차가 모형구축 자료로 얻은 것과 비슷한가? 이 값들은 비슷해야만 하는가? 논의하여라.

c. (b)에서 적합된 회귀모형을 이용하여 나이와 사회경제적 지위의 오즈비에 대한 90% 결합신뢰구간을 구하여라. 구간에 대해 해석하여라.

14.51. 부록 C.1의 **SENIC** 데이터셋을 참조하여라. 의학 대학 제휴는 반응변수이다. 제휴가 있으면 $Y = 1$, 제휴가 없으면 $Y = 0$. 예측변수에는 나이, 정기 흉부 엑스레이 비율, 평균 일일 환자수, 간호사수가 있다. 모든 113개 자료로 로지스틱회귀모형을 구축할 것이다.

a. 모든 예측변수에 대한 일차항과 상호작용항이 있는 (14.41) 로지스틱회귀모형에 적합하여라. 적합된 반응함수를 서술하여라.

b. $\alpha = .05$ 수준에서 모든 상호작용항이 회귀모형에서 제거될 수 있는지 검정하여라. 완전모형, 축소모형, 결정규칙, 결론을 서술하여라. 검정의 대략적인 P값은 얼마인가?

c. 일차항만 있는 (14.41)의 로지스틱회귀모형에 대해 전진 단계적 회귀를 이용하여 회귀모형에 들어갈 변수를 선택하여라. 각 단계별로 α 위험은 .10이다. 어떤 변수가 선택되었는가?

d. 일차항만 있는 (14.41)의 로지스틱회귀모형에 대해 AIC_p 기준과 SBC_p 기준을 사용하여 최량부분집합 모형을 찾아라. 이 두 기준으로 같은 모형이 선택되었는가? (c)에서 구한 모형과 같은 것이 있는가?

14.52. 부록 C.1과 프로젝트 14.51의 **SENIC** 데이터셋을 참조하여라. 예측변수로 나이와 평균 일일 환자수의 일차항으로 이루어진 (14.41)의 회귀모형의 평가를 계속한다.

a. 약 23개씩 다섯 집단으로 만들어 로지스틱회귀함수의 적절성에 대해 Hosmer-

Lemeshow 적합도검정을 하여라(α = .05). 가설들, 결정규칙, 결론을 서술하여라. 검정의 대략적인 P 값은 얼마인가?

b. 이탈잔차를 구하고, 추정확률값 대 이탈잔차의 그림을 그려라. lowess를 겹쳐 놓아라. 그림을 통해 로지스틱회귀모형의 적절성에 대해 논하여라.

c. 이탈잔차의 절댓값에 대한 절반정규분포그림을 그리고, 모의 덮개를 겹쳐 놓아라. 바깥값이 있는가? 로지스틱모형이 잘 적합하는가? 논의하여라.

d. (14.80)의 추정된 모자행렬의 대각원소에 대한 지수그림을 그리고, X 관측값 중 바깥값이 있는지 확인하여라.

e. 각각 관측값의 영향력을 평가하기 위해 (14.85)의 델타 카이제곱통계량, (14.86)의 델타 이탈통계량, (14.87)의 Cook의 거리를 구하여라. 각각 지수그림을 그리고, 영향력 있는 관측값을 식별하여라. 알아낸 내용을 요약하여라.

f. 의대 제휴를 예측하기 위하여 최적의 절사점을 찾아야 한다. 절사점 .30, .40, .50, .60에서 표본자료에 대해 전체 오류율, 의대 제휴에 대한 오류율, 의대 제휴 없음에 대한 오류율을 구하여라. 전체 오류율을 최소로 만드는 절사점은 어느 것인가? 이 절사점에서 의대 제휴와 의대 제휴 없음에 대한 오류율이 비슷한가? 모형의 예측력을 평가하기 위해 ROC 곡선의 아래 면적을 구하여라. 결론은 무엇인가?

g. 환자의 평균 나이가 55세이고 평균 일일 환자수가 500명인 병원의 의대 제휴 오즈의 90% 근사신뢰구간을 구하여라.

14.53. 문제 14.7의 **연회비(Annual dues)** 자료를 참조하여라. 모의 덮개를 구하고, 이탈잔차 절댓값에 대한 절반표준정규분포그림에 겹쳐라. 적합된 모형이 적절하지 않은 근거가 있는가? 바깥값이 있는가? 논의하여라.

14.54. 문제 14.7의 **연회비(Annual dues)** 자료를 참조하여라. 대표본추론의 적절성을 평가하기 위해 다음의 모수적 붓스트랩 절차를 이용하여라. 각 30개 사례에 대해 적합된 모형에 따라 X_i에 대한 추정된 확률 $\hat{\pi}_i$을 이용하여 Bernoulli 결과값 (0, 1)을 생성하여라. 붓스트랩 표본을 이용하여 로지스틱회귀모형을 적합하고 붓스트랩 추정값 b_0^*와 b_1^*을 얻어라. 이것을 500번 반복하여라. 500번 시행에 대해 b_0^*와 b_1^*의 평균과 표준편차를 계산하여라. b_0^*와 b_1^* 붓스트랩 분포 각각에 대한 히스토그램을 그리고, 정규분포 형태를 따르는지 확인하여라. 원래 자료에서의 점추정값 b_0와 b_1, 그리고 그것들의 추정표준편차를 붓스트랩 분포의 평균과 표준편차와 비교하여라. 대표본추론의 적정성에 대한 결론은 무엇인가? 논의하여라.

14.55. 문제 14.13의 **자동차 구매(Car purchase)** 자료를 참조하여라. 모의 덮개를 구하고, 이탈잔차 절댓값에 대한 절반표준정규분포그림에 겹쳐라. 적합된 모형이 적절하지 않은 근거가 있는가? 바깥값이 있는가? 논의하여라.

14.56. 문제 14.13의 **자동차 구매(Car purchase)** 자료를 참조하여라. 대표본추론의 적절성을 평가하기 위해 다음의 모수적 붓스트랩 방법을 이용하여라. 각 33개 사례에 대해 적합된 모형에 따라 예측변수의 원래 수준에 대한 추정된 확률 $\hat{\pi}_i$을 이용하여

Bernoulli 결과값 (0, 1)을 생성하여라. 붓스트랩 표본을 이용하여 로지스틱회귀모형을 적합하여라. 이것을 500번 반복하여라. 500번 시행에 대해 b_1^*과 b_2^*의 평균과 표준편차를 계산하여라. b_1^*과 b_2^* 붓스트랩 분포 각각에 대한 히스토그램을 그리고 정규분포 형태를 따르는지 확인하여라. 원래 자료에서의 점추정값 b_1과 b_2, 그리고 그것들의 추정표준편차를 붓스트랩 분포의 평균과 표준편차와 비교하여라. 대표본추론의 적정성에 대한 결론은 무엇인가? 논의하여라.

14.57. 부록 C.1의 **SENIC** 데이터셋을 참조하여라. 구역(region)은 명목형 수준의 코드화된 반응변수 1 = NE, 2 = NC, 3 = S, 4 = W로 나타내었다. 예측변수는 나이, 정기 흉부 엑스레이 비율, 침대 수, 의대 제휴, 평균 일일 환자수, 간호사수, 이용 가능한 시설과 서비스가 있다. 113개 모든 자료에 대해 다가로지스틱회귀모형을 구축하려고 한다.

a. 반응변수의 1 = NE를 기준 구역으로 하여 (14.99)의 다가 회귀모형을 적합하여라. 어느 예측변수가 제일 중요한가? 결과를 해석하여라.
b. 명목로지스틱회귀모형에서 나이 변수를 제거할 수 있는지 가능도비검정을 하여라(α = .05). 완전모형, 축소모형, 결정규칙, 결론을 서술하여라. 검정의 대략적인 P 값은 얼마인가?
c. 나이와 이용 가능한 시설과 서비스에 대한 모든 매개변수를 명목로지스틱회귀모형에서 제거할 수 있는지 가능도비검정을 하여라(α = .05). 완전모형, 축소모형, 결정규칙, 결론을 서술하여라. 검정의 대략적인 P 값은 얼마인가?
d. 636쪽 하단에 설명되어 있는 (a)에서의 완전모형에서 기준 범주에 대한 3가지 비교 범주에 대하여 각각 이항로지스틱회귀분석을 하여라. (a)에서 구한 기울기 계수와 비교하여라.
e. (d)에서 구한 각각의 이항로지스틱회귀에 대해 이탈잔차를 구하고, 추정된 확률값 대 이탈잔차그림을 그리고, lowess를 겹쳐 놓아라. 그림들이 이항로지스틱회귀모형의 적절성을 지지하는가?
f. (d)에서 구한 각각의 이항로지스틱회귀에 대해 (14.85)의 델타 카이제곱통계량, (14.86)의 델타 이탈통계량, (14.87)의 Cook의 거리를 구하여라. 각각 지수그림을 그리고, 영향력 있는 관측값을 식별하여라. 알아낸 내용을 요약하여라.

14.58. 부록 C.2의 **CDI** 데이터셋을 참조하여라. 구역(region)은 명목형 수준의 코드화된 반응변수 1 = NE, 2 = NC, 3 = S, 4 = W로 나타내었다. 예측변수는 인구밀도(총인구/면적), 18~34세 인구 비율, 65세 이상 인구 비율, 1인당 강력범죄율(강력범죄수/총 인구), 고졸 비율, 학사 학위 비율, 빈곤층 비율, 실업자 비율, 1인당 소득이 있다. 짝수 번째 자료에 대해 다가로지스틱회귀모형을 구축하려고 한다.

a. 반응변수의 1 = NE를 기준 구역으로 하여 (14.99)의 다가 회귀모형을 적합하여라. 어느 예측변수가 제일 중요한가? 결과를 해석하여라.
b. 명목로지스틱회귀모형에서 예측변수를 제거할 수 있는지 연속적으로 가능도비검정을 하여라(α = .01). 가설들, 결정규칙, 결론을 서술하여라.

c. 636쪽 하단에 설명되어 있는 (a)에서의 완전모형에서 기준 범주에 대한 3가지 비교 범주에 대하여 각각 이항로지스틱회귀분석을 하여라. (a)에서 구한 기울기 계수와 비교하여라.

d. (c)에서 구한 각각의 이항로지스틱회귀에 대해 이탈잔차를 구하고, 추정된 확률값 대 이탈잔차그림을 그리고, lowess를 겹쳐 놓아라. 그림들이 이항로지스틱회귀모형의 적절성을 지지하는가?

e. (d)에서 구한 각각의 이항로지스틱회귀에 대해 (14.85)의 델타 카이제곱통계량, (14.86)의 델타 이탈통계량, (14.87)의 Cook의 거리를 구하여라. 각각 지수그림을 그리고, 영향력 있는 관측값을 식별하여라. 알아낸 내용을 요약하여라.

14.59. 부록 C.5의 **전립선 암(Prostate cancer)** 데이터셋을 참조하여라. 글리슨 점수(변수 9)는 순서반응변수이다. 예측변수는 PSA 수준, 암 크기, 무게, 나이, 전립선 비대, 정낭 침입, 캡슐 침투가 있다(변수 2～8).

a. (14.105)의 비례 오즈 모형을 적합하여라. 어떤 변수가 가장 중요한가? 설명하여라.

b. 연속적인 Wald 검정을 통해 명목로지스틱회귀모형에서 제거할 수 있는 예측변수를 찾아라($\alpha = .05$). 가설들, 결정규칙, 결론을 서술하여라. 검정의 대략적인 P 값은 얼마인가?

c. (a)의 완전모형에서 시작하여, 후진제거법으로 모형에서 제거할 수 있는 예측변수를 찾아라. 각 단계별로 α 위험은 .05을 사용하여라. 어느 변수들이 남아 있는가?

d. (c)의 모형에서 642쪽 상단에 설명되어 있는 대로 이항변수 $Y_i^{(1)}$와 $Y_i^{(2)}$ 각각에 대해 이항로지스틱회귀분석을 하여라. (c)에서 구한 계수의 추정값과 비교하여라.

e. (d)에서 구한 각각의 이항로지스틱회귀분석에 대해 이탈잔차를 구하고, 추정된 확률값 대 이탈잔차의 그림을 그리고, lowess를 겹쳐 놓아라. 그림이 이항로지스틱회귀모형의 적절성을 지지하는가?

f. (d)에서 구한 각각의 이항로지스틱회귀분석에 대해 (14.85)의 델타 카이제곱통계량, (14.86)의 델타 이탈통계량, (14.87)의 Cook의 거리를 구하여라. 각각의 지수그림을 그리고, 영향력 있는 관측값을 식별하여라. 알아낸 내용을 요약하여라.

14.60. 부록 C.7의 **부동산 매매(Real estate sales)** 데이터셋을 참조하여라. 건설 품질(변수 10)은 순서반응변수이다. 예측변수는 판매 가격, 완료 면적, 방수, 욕실수, 에어컨, 차고 크기, 수영장, 완공 연도, 대지 크기, 고속도로 인접성(변수 2～9, 12, 13)이다.

a. (14.105)의 비례 오즈 모형을 적합하여라. 어떤 변수가 가장 중요한가? 설명하여라.

b. 연속적인 Wald 검정을 통해 명목로지스틱회귀모형에서 제거할 수 있는 예측변수를 찾아라($\alpha = .01$). 가설들, 결정규칙, 결론을 서술하여라. 검정의 대략적인 P 값은 얼마인가?

c. (a)의 완전모형에서 시작하여, 후진제거법으로 모형에서 제거할 수 있는 예측변수를 찾아라. 각 단계별로 α 위험은 .05을 사용하여라. 어느 변수들이 남아 있는가?

d. (c)의 모형에서 642쪽 상단에 설명되어 있는 대로 이항변수 $Y_i^{(1)}$와 $Y_i^{(2)}$ 각각에 대해 이항로지스틱회귀분석을 하여라. (c)에서 구한 계수의 추정값과 비교하여라.

e. (d)에서 구한 각각의 이항로지스틱회귀분석에 대해 이탈잔차를 구하고, 추정된 확률값 대 이탈잔차의 그림을 그리고, lowess를 겹쳐 놓아라. 그림이 이항로지스틱회귀모형의 적절성을 지지하는가?

f. (d)에서 구한 각각의 이항로지스틱회귀분석에 대해 (14.85)의 델타 카이제곱통계량, (14.86)의 델타 이탈통계량, (14.87)의 Cook의 거리를 구하여라. 각각의 지수그림을 그리고, 영향력 있는 관측값을 식별하여라. 알아낸 내용을 요약하여라.

14.61. 부록 C.9의 **허혈성 심장 질환(Ischemic heart disease)** 데이터셋을 참조하여라. 반응변수는 응급실 방문 횟수(변수 7)이고, 예측변수는 총 비용, 나이, 성별, 중재시술 횟수, 약물의 수, 합병증 수, 중복질환수, 지속 기간이다(변수 2～6, 8～10).

a. 반응함수 $\mu(\mathbf{X}, \boldsymbol{\beta}) = \exp(\mathbf{X}'\boldsymbol{\beta})$를 이용하여 (14.113)의 포아송 회귀모형을 적합하여라. 회귀계수, 회귀계수의 표준편차의 추정값과 추정된 반응함수를 서술하여라.

b. (14.118)의 이탈잔차를 구하고, 추정된 확률값 대 이탈잔차의 그림을 그리고, lowess를 겹쳐 놓아라. 그림이 포아송 회귀모형의 적절성을 지지하는가?

c. 연속적인 Wald 검정을 통해 포아송 회귀모형에서 제거할 수 있는 예측변수를 찾아라($\alpha = .01$). 가설들, 결정규칙, 결론을 서술하여라.

d. (a)의 추정된 포아송 회귀모형이 적절하다고 가정하고 지속 기간, 합병증, 중복질환 변수를 제거할 수 있는지 가능도비검정을 하여라($\alpha = .05$). 완전모형, 축소모형, 결정규칙, 결론을 서술하여라.

e. 후진제거법을 통하여 예측변수 중 회귀모형에서 제거될 수 있는 변수를 찾아라(각 단계별 α 위험은 .10). 남게 된 변수들은 어떤 것인가?

사례연구

14.62. 부록 C.11의 **IPO** 데이터셋을 참조하여라. 관심 있는 반응변수가 벤처금융투자이고 예측변수는 회사의 액면가, 발행된 주식수, 차입매수 경험 여부가 있다. 예측변수의 변수변환, 예측변수 이차항의 포함 여부, 잔차분석과 영향 관측값, 모형선택, 적합도 평가, ROC 곡선, 모형의 타당성입증을 포함하는 모든 분석을 하여라. 단계별로 분석한 모형을 작성하고, 최종 모형에 대한 강점과 약점을 평가하여라.

14.63. 부록 C.7의 **부동산 매매(Real estate sales)** 데이터셋을 참조하여라. 고품질 건축물이

라고 하는 이항반응변수 Y를 품질(변수 10)이 1이면 $Y = 1$이고, 아니면(즉 품질이 2와 3이면) $Y = 0$으로 하여 만들어라. 관심 있는 반응변수가 고품질 건축물이고 판매 가격, 완료 면적, 방수, 욕실수, 에어컨, 차고 크기, 수영장, 완공 연도, 스타일, 대지 크기, 고속도로 인접성으로 된 예측변수에 대해 분석하여라(변수 2~9, 11~13). 예측변수의 변수변환, 예측변수 이차항의 포함 여부, 잔차분석과 영향 관측값, 모형선택, 적합도 평가, ROC 곡선, 모형의 타당성입증을 포함하는 모든 분석을 하여라. 단계별로 분석한 모형을 작성하고, 최종 모형에 대한 강점과 약점을 평가하여라.

14.64. 부록 C.5의 **전립선 암(Prostate cancer)** 데이터셋을 참조하여라. 위중 암(high-grade cancer)에 대한 이항반응변수 Y를 글리슨 점수(Gleason score) (변수 9)가 8이면 $Y = 1$이고 나머지(즉, 글리슨 점수가 6이나 7인 경우)는 $Y = 0$으로 하여 만들어라. 관심 있는 반응변수는 위중 암이며, PSA 수준, 암 크기, 무게, 나이, 전립선 비대, 정낭 침입, 캡슐 침투로 된 예측변수에 대해 분석하여라(변수 2~8). 분석은 예측변수의 변환, 예측변수 이차항의 포함 여부, 잔차분석과 영향 관측값, 모형선택, 적합도 평가, ROC 곡선, 모형의 타당성입증을 포함하는 모든 분석을 하여라. 단계별로 분석한 모형을 작성하고, 최종 모형에 대한 강점과 약점을 평가하여라.

부록 A | 확률과 통계의 기초

이 부록은 확률과 통계에 관련된 몇 가지 기본적인 결과들을 다루었다. 책을 공부하면서 참조할 수 있는 자료이다.

A.1 ■ 합 연산자와 곱 연산자

합 연산자(Summation Operator)

합 연산자 $\sum$는 다음과 같이 정의된다.

$$\sum_{i=1}^{n} Y_i = Y_1 + Y_2 + \cdots + Y_n \tag{A.1}$$

이 연산자의 중요한 성질들은 다음과 같다.

$$\sum_{i=1}^{n} k = nk \quad \text{(여기서 } k\text{는 상수이다.)} \tag{A.2a}$$

$$\sum_{i=1}^{n}(Y_i + Z_i) = \sum_{i=1}^{n} Y_i + \sum_{i=1}^{n} Z_i \tag{A.2b}$$

$$\sum_{i=1}^{n}(a + cY_i) = na + c\sum_{i=1}^{n} Y_i \quad \text{(여기서 } a\text{와 } c\text{는 상수이다.)} \tag{A.2c}$$

이중 합 연산자 $\sum\sum$는 다음과 같이 정의된다.

$$\begin{aligned}\sum_{i=1}^{n}\sum_{j=1}^{m} Y_{ij} &= \sum_{i=1}^{n}(Y_{i1} + \cdots + Y_{im}) \\ &= Y_{11} + \cdots + Y_{1m} + Y_{21} + \cdots + Y_{2m} + \cdots + Y_{nm}\end{aligned} \tag{A.3}$$

이중 합 연산자의 중요한 성질은 다음과 같다.

$$\sum_{i=1}^{n}\sum_{j=1}^{m} Y_{ij} = \sum_{j=1}^{m}\sum_{i=1}^{n} Y_{ij} \tag{A.4}$$

곱 연산자(Product Operator)

곱 연산자 Π는 다음과 같이 정의된다.

$$\prod_{i=1}^{n} Y_i = Y_1 \cdot Y_2 \cdot Y_3 \cdots Y_n \tag{A.5}$$

A.2 ■ 확률

합의 정리(Addition Theorem)

A_i와 A_j를 확률공간에서 정의된 두 사건이라고 하면 다음이 성립한다.

$$P(A_i \cup A_j) = P(A_i) + P(A_j) - P(A_i \cap A_j) \tag{A.6}$$

여기서 $P(A_i \cup A_j)$은 A_i와 A_j 둘 중 하나 또는 두 사건이 동시에 일어날 확률을 의미한다. $P(A_i)$와 $P(A_j)$는 각각 A_i의 확률과 A_j의 확률을 의미한다. 그리고 $P(A_i \cap A_j)$은 A_i와 A_j가 동시에 일어날 확률을 의미한다.

곱의 정리(Multiplication Theorem)

$P(A_i \mid A_j)$를 A_j가 일어났다는 전제하에 A_i가 일어날 조건부확률이라고 하자. 그리고 $P(A_j \mid A_i)$을 A_i가 일어났다는 전제하에 A_j가 일어날 조건부확률이라고 하자. 이 조건부확률들은 다음과 같이 정의된다.

$$P(A_i|A_j) = \frac{P(A_i \cap A_j)}{P(A_j)} \qquad P(A_j) \neq 0 \tag{A.7a}$$

$$P(A_j|A_i) = \frac{P(A_i \cap A_j)}{P(A_i)} \qquad P(A_i) \neq 0 \tag{A.7b}$$

곱의 정리는 다음과 같다.

$$P(A_i \cap A_j) = P(A_i)P(A_j|A_i) = P(A_j)P(A_i|A_j) \tag{A.8}$$

여사건(Complementary Events)

A_i의 여사건은 $\bar{A}_i$로 표현된다. 다음의 여사건의 성질들은 유용하게 사용된다.

$$P(\bar{A}_i) = 1 - P(A_i) \tag{A.9}$$

$$P(\overline{A_i \cup A_j}) = P(\bar{A}_i \cap \bar{A}_j) \tag{A.10}$$

A.3 ■ 확률변수

앞으로 이 장에서 특별한 언급이 없는 한 확률변수 Y는 유한한 개수의 출현값을 가지는 것으로 가정한다.

기댓값(Expected Value)

확률변수 Y에 대하여 $Y_1, \ldots, Y_k$의 출현값과 다음의 확률함수가 주어진 것으로 가정한다.

$$f(Y_s) = P(Y = Y_s) \qquad s = 1, \ldots, k \tag{A.11}$$

Y의 기댓값 $E\{Y\}$는 다음과 같이 정의된다.

$$E\{Y\} = \sum_{s=1}^{k} Y_s f(Y_s) \tag{A.12}$$

$E\{\ \}$는 **기댓값 연산자**(expectation operator)라고 한다.

기댓값 연산자의 중요한 성질은 다음과 같다.

$$E\{a + cY\} = a + cE\{Y\} \qquad \text{(여기서 } a\text{와 } c\text{는 상수이다.)} \tag{A.13}$$

이 성질의 특수한 경우들은 다음과 같다.

$$E\{a\} = a \tag{A.13a}$$

$$E\{cY\} = cE\{Y\} \tag{A.13b}$$

$$E\{a + Y\} = a + E\{Y\} \tag{A.13c}$$

부연설명

만약 확률변수 Y가 확률밀도함수 $f(Y)$를 갖는 연속형이라면 $E\{Y\}$는 다음과 같이 정의된다.

$$E\{Y\} = \int_{-\infty}^{\infty} Y f(Y)\, dY \tag{A.14}$$

■

분산

확률변수 Y의 분산은 $\sigma^2\{Y\}$로 표시하며 다음과 같이 정의된다.

$$\sigma^2\{Y\} = E\{(Y - E\{Y\})^2\} \tag{A.15}$$

이와 동치인 표현은 다음과 같다.

$$\sigma^2\{Y\} = E\{Y^2\} - (E\{Y\})^2 \tag{A.15a}$$

$\sigma^2\{\ \}$은 **분산 연산자**(variance operator)라고 한다.

Y에 대한 선형함수의 분산을 자주 접할 수 있다. 이때 $a + cY$의 분산은 $\sigma^2\{a + cY\}$로 표시하며 이는 다음과 같다.

$$\sigma^2\{a + cY\} = c^2\sigma^2\{Y\} \qquad \text{(여기서 } a\text{와 } c\text{는 상수이다.)} \tag{A.16}$$

이것의 특수한 경우들은 다음과 같다.

$$\sigma^2\{a + Y\} = \sigma^2\{Y\} \tag{A.16a}$$

$$\sigma^2\{cY\} = c^2\sigma^2\{Y\} \tag{A.16b}$$

부연설명

만약 Y가 연속형 확률변수라면 $\sigma^2\{Y\}$는 다음과 같이 정의된다.

$$\sigma^2\{Y\} = \int_{-\infty}^{\infty} (Y - E\{Y\})^2 f(Y)\, dY \tag{A.17}$$

■

결합확률분포, 주변확률분포, 조건부확률분포(Joint, Marginal, and Conditional Probability Distributions)

두 확률변수 Y와 Z의 결합확률함수는 $g(Y, Z)$로 다음과 같이 표시한다.

$$g(Y_s, Z_t) = P(Y = Y_s \cap Z = Z_t) \qquad s = 1, \ldots, k; t = 1, \ldots, m \tag{A.18}$$

Y의 주변확률함수 $f(Y)$는 다음과 같다.

$$f(Y_s) = \sum_{t=1}^{m} g(Y_s, Z_t) \qquad s = 1, \ldots, k \tag{A.19a}$$

그리고 Z의 주변확률함수 $h(Z)$는 다음과 같다.

$$h(Z_t) = \sum_{s=1}^{k} g(Y_s, Z_t) \qquad t = 1, \ldots, m \tag{A.19b}$$

$Z = Z_t$가 주어졌을 때 Y의 조건부확률함수는 다음과 같다.

$$f(Y_s|Z_t) = \frac{g(Y_s, Z_t)}{h(Z_t)} \qquad h(Z_t) \neq 0; s = 1, \ldots, k \tag{A.20a}$$

그리고 $Y = Y_s$가 주어졌을 때 Z의 조건부확률함수는 다음과 같다.

$$h(Z_t|Y_s) = \frac{g(Y_s, Z_t)}{f(Y_s)} \qquad f(Y_s) \neq 0; t = 1, \ldots, m \tag{A.20b}$$

공분산(Covariance)

Y와 Z의 공분산은 $\sigma\{Y, Z\}$로 표시하며 다음과 같이 정의된다.

$$\sigma\{Y, Z\} = E\{(Y - E\{Y\})(Z - E\{Z\})\} \tag{A.21}$$

이와 동등한 표현은 다음과 같다.

$$\sigma\{Y, Z\} = E\{YZ\} - (E\{Y\})(E\{Z\}) \tag{A.21a}$$

여기서 $\sigma\{\ ,\ \}$는 **공분산 연산자**(covariance operator)라고 한다.

$a_1 + c_1Y$와 $a_2 + c_2Z$의 공분산은 $\sigma\{a_1 + c_1Y, a_2 + c_2Z\}$로 표시하며 다음과 같다.

$$\sigma\{a_1 + c_1Y, a_2 + c_2Z\} = c_1c_2\sigma\{Y, Z\} \qquad (\text{여기서 } a_1, a_2, c_1, c_2\text{는 상수이다.}) \tag{A.22}$$

이것의 특수한 경우들은 다음과 같다.

$$\sigma\{c_1Y, c_2Z\} = c_1c_2\sigma\{Y, Z\} \tag{A.22a}$$

$$\sigma\{a_1 + Y, a_2 + Z\} = \sigma\{Y, Z\} \tag{A.22b}$$

정의에 따라 다음의 결과가 도출된다.

$$\sigma\{Y, Y\} = \sigma^2\{Y\} \tag{A.23}$$

여기서 $\sigma^2\{Y\}$는 Y의 분산이다.

상관계수(Coefficients of Correlation)

평균과 분산이 각각 $E\{Y\}$와 $\sigma^2\{Y\}$인 확률변수 Y의 표준화된 형태는 다음과 같다.

$$Y' = \frac{Y - E\{Y\}}{\sigma\{Y\}} \tag{A.24}$$

여기서 Y'은 확률변수 Y의 **표준화된 확률변수**(standardized random variable) 형태를 의미한다.

확률변수 Y와 Z의 상관계수는 $\rho\{Y, Z\}$로 표시하며 이는 표준화된 확률변수 Y'과 Z'의 공분산과 같다.

$$\rho\{Y, Z\} = \sigma\{Y', Z'\} \tag{A.25}$$

상관계수는 다음의 형태로도 표현할 수 있다.

$$\rho\{Y, Z\} = \frac{\sigma\{Y, Z\}}{\sigma\{Y\}\sigma\{Z\}} \tag{A.25a}$$

여기서 $\rho\{\ ,\ \}$는 **상관계수 연산자**(correlation operator)라고 한다.

상관계수는 -1과 1 사이의 값을 갖는다.

$$-1 \le \rho\{Y, Z\} \le 1 \tag{A.26}$$

$\sigma\{Y, Z\} = 0$일 때 (A.25a)에 따라 $\rho\{Y, Z\} = 0$이며 이때 Y와 Z는 서로 상관성이 없다고 한다.

독립 확률변수(independent Random Variables)

두 이산형 확률변수 사이의 독립성은 다음과 같이 정의된다.

> 확률변수 Y와 Z는 다음의 경우에만 독립이다.
>
> $$g(Y_s, Z_t) = f(Y_s)h(Z_t) \qquad s = 1, \ldots, k;\ t = 1, \ldots, m \tag{A.27}$$

만약 Y와 Z가 독립 확률변수라면 다음이 성립한다.

$$\sigma\{Y, Z\} = 0 \ \text{ 및 } \ \rho\{Y, Z\} = 0 \qquad (\text{여기서 } Y\text{와 } Z\text{는 독립이다.}) \tag{A.28}$$

(Y와 Z가 결합 정규분포를 따르는 특수한 경우, $\sigma\{Y, Z\} = 0$는 Y와 Z의 독립을 의미한다.)

확률변수의 함수(Functions of Random variabels)

$Y_1, \ldots, Y_n$이 n개의 확률변수일 때 a_i들이 상수인 함수 $\sum a_i Y_i$는 다음의 성질들을 갖는다.

$$E\left\{\sum_{i=1}^{n} a_i Y_i\right\} = \sum_{i=1}^{n} a_i E\{Y_i\} \quad (\text{여기서 } a_i\text{는 상수이다.}) \tag{A.29a}$$

$$\sigma^2\left\{\sum_{i=1}^{n} a_i Y_i\right\} = \sum_{i=1}^{n}\sum_{j=1}^{n} a_i a_j \sigma\{Y_i, Y_j\} \quad (\text{여기서 } a_i\text{는 상수이다.}) \tag{A.29b}$$

특히 $n = 2$인 경우 다음과 같다.

$$E\{a_1Y_1 + a_2Y_2\} = a_1E\{Y_1\} + a_2E\{Y_2\} \quad \textbf{(A.30a)}$$

$$\sigma^2\{a_1Y_1 + a_2Y_2\} = a_1^2\sigma^2\{Y_1\} + a_2^2\sigma^2\{Y_2\} + 2a_1a_2\sigma\{Y_1, Y_2\} \quad \textbf{(A.30b)}$$

만약 확률변수 Y_i들이 독립이라면 다음이 성립한다.

$$\sigma^2\left\{\sum_{i=1}^{n} a_iY_i\right\} = \sum_{i=1}^{n} a_i^2\sigma^2\{Y_i\} \qquad (Y_i\text{가 독립일 때}) \quad \textbf{(A.31)}$$

특수한 경우들은 다음과 같다.

$$\sigma^2\{Y_1 + Y_2\} = \sigma^2\{Y_1\} + \sigma^2\{Y_2\} \qquad (Y_1\text{과 } Y_2\text{가 독립일 때}) \quad \textbf{(A.31a)}$$

$$\sigma^2\{Y_1 - Y_2\} = \sigma^2\{Y_1\} + \sigma^2\{Y_2\} \qquad (Y_1\text{과 } Y_2\text{가 독립일 때}) \quad \textbf{(A.31b)}$$

만약 Y_i들이 서로 독립인 확률변수들이라면, 두 선형함수 $\sum a_iY_i$와 $\sum c_iY_i$의 공분산은 다음과 같다.

$$\sigma\left\{\sum_{i=1}^{n} a_iY_i, \sum_{i=1}^{n} c_iY_i\right\} = \sum_{i=1}^{n} a_ic_i\sigma^2\{Y_i\} \qquad (Y_i\text{가 독립일 때}) \quad \textbf{(A.32)}$$

중심극한정리(Central Limit Theorem)

중심극한정리는 통계적 추론에서 기초적인 역할을 한다.

만약 $Y_1, \ldots, Y_n$들이 $\sigma^2\{Y\}$가 유한인 확률함수 $f(Y)$를 갖는 모집단으로부터의 독립 확률 관측값일 때, 표본평균 $\bar{Y}$는 다음과 같다.

$$\bar{Y} = \frac{\sum_{i=1}^{n} Y_i}{n} \quad \textbf{(A.33)}$$

만약 표본의 크기 n이 충분히 클 때 표본평균은 근사적으로 평균이 $E\{Y\}$이며 분산이 $\sigma^2\{Y\}/n$인 정규분포를 따른다.

A.4 ■ 정규확률분포, 그리고 이와 관련된 분포들

정규확률분포(Normal Probability Distribution)

정규분포를 따르는 확률변수 Y의 확률밀도함수는 다음과 같다.

$$f(Y) = \frac{1}{\sqrt{2\pi}\sigma}\exp\left[-\frac{1}{2}\left(\frac{Y-\mu}{\sigma}\right)^2\right] \qquad -\infty < Y < \infty \quad \textbf{(A.34)}$$

μ와 σ는 정규분포의 두 모수이며 exp(a)는 e^a를 의미한다.

정규확률변수 Y의 평균과 분산은 다음과 같다.

$$E\{Y\} = \mu \tag{A.35a}$$

$$\sigma^2\{Y\} = \sigma^2 \tag{A.35b}$$

정규확률변수의 선형함수 정규확률변수 Y의 선형함수는 다음의 성질을 갖는다.

> 만일 Y가 정규확률변수이면 변환된 변수 $Y' = a + cY$ (a와 c는 상수)는 평균 $a + cE\{Y\}$, 분산 $c^2\sigma^2\{Y\}$인 정규분포를 한다. **(A.36)**

표준정규확률변수(Standard Normal Random Variable). 표준정규확률변수는 다음과 같다.

$$z = \frac{Y - \mu}{\sigma} \quad \text{(여기서 } Y\text{는 정규확률변수이다.)} \tag{A.37}$$

이는 평균이 0이고 분산이 1인 정규분포를 따르며 다음과 같이 표시한다.

$$z \sim N(0, 1) \tag{A.38}$$

(0: 평균, 1: 분산)

부록 B의 표 B.1에는 백분위수 $z(A)$에 대한 누적확률 A의 값들이 실려 있다.

$$P\{z \leq z(A)\} = A \tag{A.39}$$

예를 들어 $z(A) = 2.00$일 때 $A = .9772$이다. 표준정규분포는 0에 대하여 대칭이기 때문에 $z(A) = -2.00$일 때 $A = 1 - .9772 = .0228$이다.

독립인 정규확률변수들의 선형결합 $Y_1, \ldots, Y_n$이 서로 독립인 정규분포 확률변수들일 때 다음이 성립한다.

> $Y_1, \ldots, Y_n$이 독립인 정규확률변수일 때 선형결합 $a_1Y_1 + a_2Y_2 + \cdots + a_nY_n$은 평균 $\sum a_i E\{Y_i\}$, 분산 $\sum a_i^2 \sigma^2\{Y_i\}$인 정규분포를 한다. **(A.40)**

χ^2 분포

$z_1, \ldots, z_\nu$이 서로 독립인 ν개의 표준정규확률변수들일 때, 카이제곱 확률변수는 다음과 같이 정의한다.

$$\chi^2(\nu) = z_1^2 + z_2^2 + \cdots + z_\nu^2 \quad \text{(여기서 } z_i\text{들은 독립이다.)} \tag{A.41}$$

χ^2 분포는 자유도(degrees of freedom, df)라고 하는 한 개의 모수 ν를 갖는다. 자유도가 ν인 χ^2 분포의 평균은 다음과 같다.

$$E\{\chi^2(\nu)\} = \nu \tag{A.42}$$

부록 B의 표 B.3에는 χ^2 분포의 백분위수들이 실려 있다. $\chi^2(A; \nu)$는 다음과 같이 정의된다.

$$P\{\chi^2(\nu) \leq \chi^2(A; \nu)\} = A \tag{A.43}$$

만약 $\nu = 5$라면 자유도가 5인 χ^2 분포의 90번째 백분위수는 $\chi^2(.90; 5) = 9.24$이다.

t 분포

표준정규분포를 따르는 확률변수 z와 카이제곱분포를 따르는 확률변수 $\chi^2(v)$가 각각 독립이라고 하자. 이때 확률변수 t는 다음과 같이 정의한다.

$$t(\nu) = \frac{z}{\left[\frac{\chi^2(\nu)}{\nu}\right]^{1/2}} \quad \text{(여기서 } z\text{와 } \chi^2(v)\text{는 독립이다.)} \tag{A.44}$$

t 분포는 자유도 v를 단 하나의 모수로 갖는다. 자유도가 v인 t 분포의 평균은 다음과 같다.

$$E\{t(\nu)\} = 0 \tag{A.45}$$

부록 B의 표 B.2에는 t 분포의 백분위수들이 실려 있다. $t(A; v)$는 다음과 같이 정의된다.

$$P\{t(\nu) \leq t(A; \nu)\} = A \tag{A.46}$$

만약 $v = 10$이라면 자유도가 10인 t 분포의 90번째 백분위수는 $t(.90; 10) = 1.372$이다. t 분포는 0을 중심으로 대칭이기 때문에 $t(.10; 10) = -1.372$이다.

F 분포

$\chi^2(v_1)$과 $\chi^2(v_2)$가 각각 χ^2 확률변수이며 서로 독립이라고 하자. 이때 F 확률변수는 다음과 같이 정의한다.

$$F(\nu_1, \nu_2) = \frac{\chi^2(\nu_1)}{\nu_1} \div \frac{\chi^2(\nu_2)}{\nu_2} \quad \text{(여기서 } \chi^2(v_1)\text{과 } \chi^2(v_2)\text{는 독립이다.)} \tag{A.47}$$

(ν_1: 분자 df, ν_2: 분모 df)

F 분포는 **분자 자유도**(numerator degrees of freedom) v_1과 **분모 자유도**(denominator degrees of freedom) v_2의 두 모수를 갖는다.

부록 B의 표 B.4에는 다양한 F 분포들의 백분위수들이 실려 있다. $F(A; v_1, v_2)$는 다음과 같이 정의된다.

$$P\{F(\nu_1, \nu_2) \leq F(A; \nu_1, \nu_2)\} = A \tag{A.48}$$

$v_1 = 2$, $v_2 = 3$이라고 가정하자. 분자 자유도와 분모 자유도가 각각 2와 3인 F 분포의 90번째 백분위수는 $F(.90; 2, 3) = 5.46$이다.

50% 이하의 백분위수는 다음의 관계식을 활용하여 얻을 수 있다.

$$F(A; \nu_1, \nu_2) = \frac{1}{F(1 - A; \nu_2, \nu_1)} \tag{A.49}$$

따라서 $F(.10; 3, 2) = 1/F(.90; 2, 3) = 1/5.46 = .183$이다.

t 확률변수와 F 확률변수 사이에는 다음의 관계식이 존재한다.

$$[t(\nu)]^2 = F(1, \nu) \tag{A.50a}$$

그리고 t 분포의 백분위수와 F 분포의 백분위수 사이의 관계는 다음과 같다.

$$[t(.5 + A/2; \nu)]^2 = F(A; 1, \nu) \tag{A.50b}$$

부연설명

이 책에서 $z(A)$, $\chi^2(A; \nu)$, $t(A; \nu)$, $F(A; \nu_1, \nu_2)$는 $A(100)$번째 백분위수(percentile)로 간주된다. 마찬가지로, 이들은 A 분위수(fractile)들로 간주된다. ■

A.5 ■ 통계적 추정

추정량들의 성질

추정량들의 네 가지 중요한 성질들은 다음과 같다.

모수 θ의 추정량 $\hat{\theta}$은 다음과 같을 때 **비편향추정량**(unbiased estimator)이라고 한다. **(A.51)**

$$E\{\hat{\theta}\} = \theta$$

모수 θ의 추정량 $\hat{\theta}$은 다음과 같을 때 **일치추정량**(consistent estimator)이라고 한다. **(A.52)**

$$\lim_{n\to\infty} P(|\hat{\theta} - \theta| \geq \varepsilon) = 0 \qquad (\varepsilon > 0)$$

모수 θ의 추정량 $\hat{\theta}$은 $\hat{\theta}$이 주어졌을 때의 표본관측값들의 조건부 결합확률함수가 모수 θ에 의존하지 않을 때 **충분통계량**(sufficient estimator)이라고 한다. **(A.53)**

만약 어떤 확률의 추정량 $\hat{\theta}^*$에 대해서도 다음이 성립할 때 추정량 $\hat{\theta}$은 모수 θ의 **최소분산추정량**(minimum variance estimator)이다. **(A.54)**

$$\sigma^2\{\hat{\theta}\} \leq \sigma^2\{\hat{\theta}^*\} \qquad (\text{모든 } \hat{\theta}^* \text{에 대해})$$

최대가능도추정량(Maximum Likelihood Estimators)

최대가능도추정법은 추정량을 찾는 일반적인 방법이다. 하나의 모수 θ를 지니는 확률함수 $f(Y; \theta)$에서 임의로 표본을 추출한다고 가정하자. 서로 독립인 관측값 $Y_1, \ldots, Y_n$이 주어졌을 때 표본관측값의 결합확률함수는 다음과 같다.

$$g(Y_1, \ldots, Y_n) = \prod_{i=1}^{n} f(Y_i; \theta) \tag{A.55a}$$

관측값들이 주어졌을 때 만약 결합확률함수를 θ의 함수로 간주한다면 이는 **가능도함수**(likelihood function) $L(\theta)$라고 한다.

$$L(\theta) = \prod_{i=1}^{n} f(Y_i; \theta) \tag{A.55b}$$

$L(\theta)$를 θ에 대하여 극대화한다면 θ에 대하여 최대가능도추정량을 구할 수 있다. 일반적인 조건들하에서 최대가능도추정량은 일치성과 충분성을 갖는다.

최소제곱추정량(Least Squares Estimators)

최소제곱법은 추정량을 찾는 일반적인 방법이다. 표본관측값들이 다음의 형태를 갖는다고 가정하자(모수 θ가 한 개인 경우를 가정).

$$Y_i = f_i(\theta) + \varepsilon_i \qquad i = 1, \dots, n \tag{A.56}$$

여기서 $f_i(\theta)$는 모수 θ의 함수이며 ε_i들은 일반적으로 기댓값 $E\{\varepsilon_i\} = 0$으로 가정하는 확률변수들이다.

주어진 표본관측값들에 대하여 최소제곱법을 사용했을 때 다음의 제곱합은 θ의 함수로 간주된다.

$$Q = \sum_{i=1}^{n} [Y_i - f_i(\theta)]^2 \tag{A.57}$$

θ의 최소제곱추정량은 Q를 θ에 대하여 최소화하여 얻을 수 있다. 많은 경우 최소제곱추정량은 불편성과 일치성을 갖는다.

A.6 ■ 모평균에 대한 추론 – 정규모집단

평균이 μ이고 표준편차가 σ인 정규모집단으로부터 임의 추출한 n개의 관측값 $Y_1, \dots, Y_n$이 있다고 가정하자. 표본평균과 표본표준편차는 다음과 같다.

$$\bar{Y} = \frac{\sum_i Y_i}{n} \tag{A.58a}$$

$$s = \left[\frac{\sum_i (Y_i - \bar{Y})^2}{n - 1}\right]^{1/2} \tag{A.58b}$$

그리고 $\bar{Y}$의 표본분포의 추정된 표준편차는 $s\{\bar{Y}\}$로 표시하며 다음과 같다.

$$s\{\bar{Y}\} = \frac{s}{\sqrt{n}} \tag{A.58c}$$

이때 다음이 성립한다.

확률표본이 정규모집단으로부터 얻은 것이면

$\dfrac{\bar{Y} - \mu}{s\{\bar{Y}\}}$는 자유도 $n - 1$의 t 분포를 따른다. (A.59)

구간추정(interval Estimation)

신뢰계수가 $1 - \alpha$인 μ의 신뢰한계는 다음과 같이 구한다.

$$\bar{Y} \pm t(1 - \alpha/2; n - 1)s\{\bar{Y}\} \tag{A.60}$$

대안들	결정규칙
	(a)
H_0: $\mu = \mu_0$	$\lvert t^* \rvert \le t(1-\alpha/2; n-1)$이면, H_0로 결론 내린다.
H_a: $\mu \ne \mu_0$	$\lvert t^* \rvert > t(1-\alpha/2; n-1)$이면, H_a로 결론 내린다.
	여기서: $t^* = \dfrac{\bar{Y} - \mu_0}{s\{\bar{Y}\}}$
	(b)
H_0: $\mu \ge \mu_0$	$t^* \ge t(\alpha; n-1)$이면, H_0로 결론 내린다.
H_a: $\mu < \mu_0$	$t^* < t(\alpha; n-1)$이면, H_a로 결론 내린다.
	(c)
H_0: $\mu \le \mu_0$	$t^* \le t(1-\alpha; n-1)$이면, H_0로 결론 내린다.
H_a: $\mu > \mu_0$	$t^* > t(1-\alpha; n-1)$이면, H_a로 결론 내린다.

표 A.1 정규모집단의 평균 μ에 대한 검정의 결정규칙

예1 다음의 조건들이 주어졌을 때 μ의 95% 신뢰구간을 구하고자 한다.

$$n = 10 \qquad \bar{Y} = 20 \qquad s = 4$$

이때 다음의 값들이 필요하다.

$$s\{\bar{Y}\} = \frac{4}{\sqrt{10}} = 1.265 \qquad t(.975; 9) = 2.262$$

95% 신뢰한계는 20 ± 2.262(1.265)이며 μ의 95% 신뢰구간은 다음과 같다.

$$17.1 \le \mu \le 22.9$$

검정(Test)

모평균 μ에 대한 단측검정과 양측검정은 (A.59)를 활용한 다음의 검정통계량을 통해 이루어진다.

$$t^* = \frac{\bar{Y} - \mu_0}{s\{\bar{Y}\}} \tag{A.61}$$

표 A.1은 가능한 세 가지 경우들에 대하여 각각 제1종 오류를 범할 위험을 α로 통제하는 결정규칙을 제시한다.

예2 다음의 두 가지 대안 중 하나를 선택하여라.

$$H_0: \mu \le 20$$
$$H_a: \mu > 20$$

이때 α는 .05 수준으로 통제되어 있으며 다음의 값들이 주어졌다.

$$n = 15 \qquad \bar{Y} = 24 \qquad s = 6$$

결정을 위해서는 다음이 필요하다.

$$s\{\bar{Y}\} = \frac{6}{\sqrt{15}} = 1.549$$
$$t(.95; 14) = 1.761$$

결정규칙은 다음과 같다.

$t^* \leq 1.761$이면 H_o라고 결론 내린다.
$t^* > 1.761$이면 H_a라고 결론 내린다.

이때 $t^* = (24 - 20)/1.549 = 2.58 > 1.761$이므로 H_a라고 결론 내린다.

예3 다음의 두 가지 대안 중 하나를 선택하여라.

$$H_0: \mu = 10$$
$$H_a: \mu \neq 10$$

이때 α는 .02 수준으로 통제되어 있으며 다음의 값들이 주어졌다.

$$n = 25 \qquad \bar{Y} = 5.7 \qquad s = 8$$

결정을 위해서는 다음이 필요하다.

$$s\{\bar{Y}\} = \frac{8}{\sqrt{25}} = 1.6$$
$$t(.99; 24) = 2.492$$

결정규칙은 다음과 같다.

$|t^*| \leq 2.492$이면 H_0라고 결론 내린다.
$|t^*| > 2.492$이면 H_a라고 결론 내린다.

여기서 $|\ \ |$은 절댓값을 의미한다. 이때 $|t^*| = |(5.7 - 10)/1.6| = |-2.69| = 2.69 > 2.492$이므로 H_a라고 결론 내린다.

표본 출현값에 대한 P값(P-Value for Sample Outcome) 표본 출현값에 대한 P값은 $\mu = \mu_0$일 때 표본 출현값이 관측된 값에 비해 더 극단적일 수 있는 확률이다. 큰 P값은 H_0를 지지하는 반면, 작은 P값은 H_a를 지지한다. 검정은 주어진 α 수준의 위험과 P값을 비교하는 방법을 통해서도 시행할 수 있다. 만약 P값이 α보다 크거나 같다면 H_0라고 결론 내린다. 만약 P값이 α보다 작다면 H_a라고 결론 내린다.

예4 예 2에서 $t^* = 2.58$이다. 이 표본 결과값에 대한 P값은 $P\{t(14) > 2.58\}$이다. 표 B.2에서 $t(.985; 14) = 2.415$와 $t(.990; 14) = 2.624$를 찾을 수 있다. 따라서 P값은 .010과 .015 사이의 값이다. 정확한 P값은 통계용 계산기 혹은 통계용 컴퓨터 패키지를 통해 구할 수 있다(.0109). 따라서 $\alpha = .05$에 대하여 H_a라고 결론 내린다.

예5 예 3에서 $t^* = -2.69$이다. 표 B.2에서 단측 P값 $P\{t(24) < -2.69\}$는 .005와 .0075 사이에서 찾을 수 있다. 정확한 단측 P값은 .0064이다. 검정은 양측검정이고 t 분포는 대칭형태이기 때문에, 양측 P값은 단측 P값의 두 배, 혹은 $2(.0064) = .013$이다. 따라서 $\alpha = .02$에 대하여 H_a라고 결론 내린다.

검정과 신뢰구간 사이의 관계 검정과 신뢰구간 사이에는 직접적인 관계가 있다. 예를 들어 양측 신뢰한계 (A.60)은 검정을 위하여 사용될 수 있다.

$$H_0: \mu = \mu_0$$
$$H_a: \mu \neq \mu_0$$

만약 μ_0가 $1 - \alpha$ 신뢰구간 내에 있다면, 표 A.1a의 유의수준 α에서의 양측검정 결정규칙에 따라서 H_0라고 결론 내릴 수 있으며 그 반대도 성립한다. 만약 μ_0가 $1 - \alpha$ 신뢰구간 내에 없다면, 결정규칙에 따라서 H_a라고 결론 내릴 수 있으며 그 반대도 성립한다.

단측신뢰구간과 단측검정 결정규칙 사이에도 유사한 대응관계가 있다.

A.7 ■ 두 모평균 간의 비교 – 정규모집단

독립표본들

각각의 평균이 μ_1과 μ_2, 그리고 표준편차는 σ로 동일한 두 정규모집단이 있다. 평균 μ_1과 μ_2의 비교는 두 모집단에서 추출한 독립표본에 기반하여 이루어질 수 있다.

$$\text{표본 1}: Y_1, \ldots, Y_{n_1}$$
$$\text{표본 2}: Z_1, \ldots, Z_{n_2}$$

두 모평균들의 추정량은 표본평균이다.

$$\bar{Y} = \frac{\sum_i Y_i}{n_1} \tag{A.62a}$$

$$\bar{Z} = \frac{\sum_i Z_i}{n_2} \tag{A.62b}$$

그리고 $\mu_1 - \mu_2$의 추정량은 $\bar{Y} - \bar{Z}$이다.

서로 동일한 분산 σ^2의 추정량은 다음과 같다.

$$s^2 = \frac{\sum_i (Y_i - \bar{Y})^2 + \sum_i (Z_i - \bar{Z})^2}{n_1 + n_2 - 2} \tag{A.63}$$

그리고 추정량은 $\sigma^2\{\bar{Y} - \bar{Z}\}$이며 $\bar{Y} - \bar{Z}$의 표본분포의 분산은 다음과 같다.

$$s^2\{\bar{Y} - \bar{Z}\} = s^2\left(\frac{1}{n_1} + \frac{1}{n_2}\right) \tag{A.64}$$

따라서 다음이 성립한다.

독립인 두 표본이 같은 표준편차를 갖는 정규분포에서 나온 것이라면
$\dfrac{(\bar{Y} - \bar{Z}) - (\mu_1 - \mu_2)}{s\{\bar{Y} - \bar{Z}\}}$ 은 자유도 $n_1 + n_2 - 2$인 t 분포를 한다. **(A.65)**

구간추정 $\mu_1 - \mu_2$의 신뢰계수가 $1 - \alpha$인 신뢰한계는 (A.65)를 이용하여 구할 수 있다.

$$(\bar{Y} - \bar{Z}) \pm t(1 - \alpha/2; n_1 + n_2 - 2)s\{\bar{Y} - \bar{Z}\} \tag{A.66}$$

예 6 다음이 주어졌을 때 $\mu_1 - \mu_2$의 95% 신뢰구간을 구하여라.

$$n_1 = 10 \qquad \bar{Y} = 14 \qquad \sum(Y_i - \bar{Y})^2 = 105$$

$$n_2 = 20 \qquad \bar{Z} = 8 \qquad \sum(Z_i - \bar{Z})^2 = 224$$

이때 다음이 필요하다.

$$s^2 = \frac{105 + 224}{10 + 20 - 2} = 11.75 \qquad s\{\bar{Y} - \bar{Z}\} = 1.328$$

$$s^2\{\bar{Y} - \bar{Z}\} = 11.75\left(\frac{1}{10} + \frac{1}{20}\right) = 1.7625 \qquad t(.975; 28) = 2.048$$

따라서 $\mu_1 - \mu_2$의 95% 신뢰구간은 다음과 같다.

$$3.3 = (14 - 8) - 2.048(1.328) \le \mu_1 - \mu_2 \le (14 - 8) + 2.048(1.328) = 8.7$$

검정 $\mu_1 - \mu_2$에 대한 단측검정과 양측검정은 (A.65)를 이용하여 이루어진다. 표 A.2에는 가능한 세 가지 경우들에 대하여 다음의 통계량에 기반한 결정규칙들이 제시되어 있다.

$$t^* = \frac{\bar{Y} - \bar{Z}}{s\{\bar{Y} - \bar{Z}\}} \tag{A.67}$$

대안들	결정규칙
	(a)
$H_0: \mu_1 = \mu_2$	$\lvert t^*\rvert \le t(1 - \alpha/2; n_1 + n_2 - 2)$이면, H_0로 결론 내린다.
$H_a: \mu_1 \ne \mu_2$	$\lvert t^*\rvert > t(1 - \alpha/2; n_1 + n_2 - 2)$이면, H_a로 결론 내린다.
	여기서: $t^* = \dfrac{\bar{Y} - \bar{Z}}{s\{\bar{Y} - \bar{Z}\}}$
	(b)
$H_0: \mu_1 \ge \mu_2$	$t^* \ge t(\alpha; n_1 + n_2 - 2)$이면, H_0로 결론 내린다.
$H_a: \mu_1 < \mu_2$	$t^* < t(\alpha; n_1 + n_2 - 2)$이면, H_a로 결론 내린다.
	(c)
$H_0: \mu_1 \le \mu_2$	$t^* \le t(1 - \alpha; n_1 + n_2 - 2)$이면, H_0로 결론 내린다.
$H_a: \mu_1 > \mu_2$	$t^* > t(1 - \alpha; n_1 + n_2 - 2)$이면, H_a로 결론 내린다.

표 A.2 두 독립 정규모집단($\sigma_1 = \sigma_2 = \sigma$)의 평균 μ_1, μ_2에 대한 검정의 결정규칙

여기서 제1종 오류의 위험은 α 수준으로 통제되어 있다.

예7 다음의 두 가지 대안 중 하나를 선택하여라.

$$H_0: \mu_1 = \mu_2$$
$$H_a: \mu_1 \neq \mu_2$$

이때 α는 .10 수준으로 통제되어 있으며 예 6의 자료를 사용한다. 판단을 위해서는 $t(.95; 28) = 1.701$이 필요하며 결정규칙은 다음과 같다.

$|t^*| \leq 1.701$이면 H_0라고 결론 내린다.
$|t^*| > 1.701$이면 H_a라고 결론 내린다.

이때 $|t^*| = |(14 - 8)/1.328| = |4.52| = 4.52 > 1.701$이므로 H_a라고 결론 내린다.

여기서 단측 P값은 $P\{t(28) > 4.52\}$의 확률이다. 표 B.2로부터 이 P값은 .0005 이하임을 확인할 수 있다. 정확히 계산된 단측 P값은 .00005이다. 따라서 양측 P값은 .0001이다. 따라서 $\alpha = .10$에 대하여 적절한 결론은 H_a이다.

짝관측값(Paired Observations)

만약 두 표본으로부터의 관측값이 서로 짝지어져 있다면 (예를 들어 i번째 표본의 고용 전 점수 Y_i와 1년의 직장 경험 후 점수 Z_i) 다음과 같은 값의 차이를 이용한다.

$$W_i = Y_i - Z_i \qquad i = 1, \dots, n \tag{A.68}$$

이는 한 모집단으로 추출된 표본과 유사하다. 따라서 W_i가 정규모집단의 관측값과 같이 다루어질 수 있을 때, 다음이 성립한다.

자이 W_i가 정규분포에서 나온 것이라고 간주할 수 있고

$$\bar{W} = \frac{\sum_i W_i}{n} \qquad s^2\{\bar{W}\} = \left(\frac{\sum_i (W_i - \bar{W})^2}{n-1}\right) \div n \tag{A.69}$$

일 때 $\dfrac{\bar{W} - (\mu_1 - \mu_2)}{s\{\bar{W}\}}$는 자유도 $n - 1$인 t 분포를 한다.

A.8 ■ 모분산에 대한 추론 – 정규모집단

정규모집단으로부터 표본을 추출할 때, 표본분산 σ^2에 대하여 다음이 성립한다. 여기서 s는 (A.58b)와 같이 정의된다.

확률표본이 정규분포에서 나온 것이라면

$$\frac{(n-1)s^2}{\sigma^2} \text{는 자유도 } n - 1\text{인 } \chi^2 \text{ 분포를 한다.} \tag{A.70}$$

대안들	결정규칙
	(a)
$H_0: \sigma^2 = \sigma_0^2$	$\chi^2(\alpha/2; n-1) \le \frac{(n-1)s^2}{\sigma_0^2} \le \chi^2(1-\alpha/2; n-1)$이면,
$H_a: \sigma^2 \ne \sigma_0^2$	H_0로 결론짓고, 그렇지 않으면 H_a로 결론 내린다.
	(b)
$H_0: \sigma^2 \ge \sigma_0^2$	$\frac{(n-1)s^2}{\sigma_0^2} \ge \chi^2(\alpha; n-1)$이면, H_0로 결론 내린다.
$H_a: \sigma^2 < \sigma_0^2$	$\frac{(n-1)s^2}{\sigma_0^2} < \chi^2(\alpha; n-1)$이면, H_a로 결론 내린다.
	(c)
$H_0: \sigma^2 \le \sigma_0^2$	$\frac{(n-1)s^2}{\sigma_0^2} \le \chi^2(1-\alpha; n-1)$이면, H_0로 결론 내린다.
$H_a: \sigma^2 > \sigma_0^2$	$\frac{(n-1)s^2}{\sigma_0^2} > \chi^2(1-\alpha; n-1)$이면, H_a로 결론 내린다.

표 A.3 정규모집단의 분산 σ에 대한 검정의 결정규칙

구간추정

모분산 σ^2에 대한 $1-\alpha$ 신뢰계수의 신뢰구간 내 신뢰한계 하한 L과 신뢰한계 상한 U들은 (A.70)을 이용하여 구할 수 있다.

$$L = \frac{(n-1)s^2}{\chi^2(1-\alpha/2; n-1)} \qquad U = \frac{(n-1)s^2}{\chi^2(\alpha/2; n-1)} \tag{A.71}$$

예 8 예 1의 자료 ($n = 10, s = 4$)를 사용하여 σ^2의 98% 신뢰구간을 구하여라.

여기서 다음의 값들이 필요하다.

$$s^2 = 16 \qquad \chi^2(.01; 9) = 2.09 \qquad \chi^2(.99; 9) = 21.67$$

따라서 σ^2의 98% 신뢰구간은 다음과 같다.

$$6.6 = \frac{9(16)}{21.67} \le \sigma^2 \le \frac{9(16)}{2.09} = 68.9$$

검정

σ^2에 대한 단측검정과 양측검정은 (A.70)을 이용하여 이루어진다. 표 A.3에는 제1종 오류의 위험이 α 수준으로 통제되었을 때 세 가지 가능한 경우에 대한 결정규칙이 제시되어 있다.

부연설명

여기서 서술된 모분산에 대한 추론 절차는 정규모집단 가정에 의해 크게 영향을 받으며, 정규분포 가정을 벗어나면 로버스트(robust)하지 않다. ■

A.9 ■ 두 모분산에 대한 추론 – 정규모집단

서로 독립이며 각각의 평균과 분산이 μ_1과 σ_1^2, 그리고 μ_2과 σ_2^2인 두 정규모집단으로부터 독립인 표본들이 추출되었다고 하자. A.7의 표기법에 따라 두 표본분산은 다음과 같다.

$$s_1^2 = \frac{\sum_i (Y_i - \bar{Y})^2}{n_1 - 1} \tag{A.72a}$$

$$s_2^2 = \frac{\sum_i (Z_i - \bar{Z})^2}{n_2 - 1} \tag{A.72b}$$

그리고 다음이 성립한다.

두 독립표본이 정규모집단에서 나오면 $\dfrac{s_1^2}{\sigma_1^2} \div \dfrac{s_2^2}{\sigma_2^2}$은 $F(n_1 - 1, n_2 - 1)$ 분포를 한다. **(A.73)**

구간추정

σ_1^2/σ_2^2에 대한 신뢰계수 $1 - \alpha$의 신뢰한계 하한 L과 신뢰한계 상한 U는 (A.73) 을 이용하여 구할 수 있다.

$$\begin{aligned} L &= \frac{s_1^2}{s_2^2}\left[\frac{1}{F(1-\alpha/2; n_1 - 1, n_2 - 1)}\right] \\ U &= \frac{s_1^2}{s_2^2}\left[\frac{1}{F(\alpha/2; n_1 - 1, n_2 - 1)}\right] \end{aligned} \tag{A.74}$$

대안들	결정규칙
	(a)
$H_0: \sigma_1^2 = \sigma_2^2$	$F(\alpha/2; n_1 - 1, n_2 - 1) \le \dfrac{s_1^2}{s_2^2}$
$H_a: \sigma_1^2 \neq \sigma_2^2$	$\le F(1 - \alpha/2; n_1 - 1, n_2 - 1)$이면, H_0로 결론 내리고, 그렇지 않으면 H_a로 결론 내린다.
	(b)
$H_0: \sigma_1^2 \ge \sigma_2^2$	$\dfrac{s_1^2}{s_2^2} \ge F(\alpha; n_1 - 1, n_2 - 1)$이면, H_0로 결론 내린다.
$H_a: \sigma_1^2 < \sigma_2^2$	$\dfrac{s_1^2}{s_2^2} < F(\alpha; n_1 - 1, n_2 - 1)$이면, H_a로 결론 내린다.
	(c)
$H_0: \sigma_1^2 \le \sigma_2^2$	$\dfrac{s_1^2}{s_2^2} \le F(1 - \alpha; n_1 - 1, n_2 - 1)$이면, H_0로 결론 내린다.
$H_a: \sigma_1^2 > \sigma_2^2$	$\dfrac{s_1^2}{s_2^2} > F(1 - \alpha; n_1 - 1, n_2 - 1)$이면, H_a로 결론 내린다.

표 A.4 두 독립 정규모집단의 분산 σ_1^2, σ_2^2에 대한 검정의 결정규칙

예 9 다음의 자료가 주어졌을 때 σ_1^2/σ_2^2에 대한 90% 신뢰구간을 구하여라.

$$n_1 = 16 \qquad n_2 = 21 \qquad s_1^2 = 54.2 \qquad s_2^2 = 17.8$$

이때 다음이 필요하다.

$$F(.05; 15, 20) = 1/F(.95; 20, 15) = 1/2.33 = .429$$
$$F(.95; 15, 20) = 2.20$$

따라서 σ_1^2/σ_2^2에 대한 90% 신뢰구간은 다음과 같다.

$$1.4 = \frac{54.2}{17.8}\left(\frac{1}{2.20}\right) \le \frac{\sigma_1^2}{\sigma_2^2} \le \frac{54.2}{17.8}\left(\frac{1}{.429}\right) = 7.1$$

검정

σ_1^2/σ_2^2에 대한 단측검정과 양측검정은 (A.73)을 이용하여 이루어진다. 표 A.4에는 제1종 오류의 위험이 α 수준으로 통제되었을 때 세 가지 가능한 경우에 대한 결정규칙이 제시되어 있다.

예 10 다음의 두 가지 대안 중 하나를 선택하여라.

$$H_0: \sigma_1^2 = \sigma_2^2 \qquad H_a: \sigma_1^2 \ne \sigma_2^2$$

이때 α는 .02 수준으로 통제되어 있으며 예 9의 자료를 사용한다.

이때 다음이 필요하다.

$$F(.01; 15, 20) = 1/F(.99; 20, 15) = 1/3.37 = .297$$
$$F(.99; 15, 20) = 3.09$$

결정규칙은 다음과 같다.

만약 $.297 \le \frac{s_1^2}{s_2^2} \le 3.09$면 H_0라고 결론 내린다.

그 이외의 경우 H_a라고 결론 내린다.

$s_1^2/s_2^2 = 54.2/17.8 = 3.04$이므로 H_0라고 결론 내린다.

부연설명

여기서 서술된 두 모분산의 비율에 대한 추론 절차는 정규모집단 가정에 의해 크게 영향을 받으며, 정규분포 가정을 벗어나면 로버스트하지 않다. ■

부록 B | 표

−∞에서 $z(A)$까지의 표준정규곡선 아래의 면적

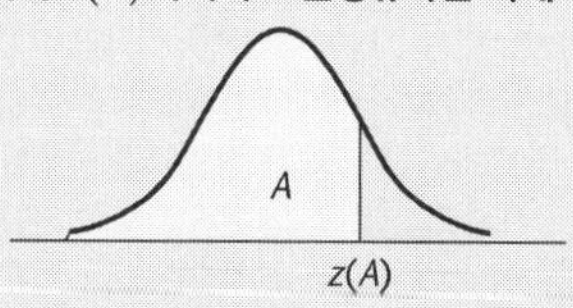

z	.00	.01	.02	.03	.04	.05	.06	.07	.08	.09
.0	.5000	.5040	.5080	.5120	.5160	.5199	.5239	.5279	.5319	.5359
.1	.5398	.5438	.5478	.5517	.5557	.5596	.5636	.5675	.5714	.5753
.2	.5793	.5832	.5871	.5910	.5948	.5987	.6026	.6064	.6103	.6141
.3	.6179	.6217	.6255	.6293	.6331	.6368	.6406	.6443	.6480	.6517
.4	.6554	.6591	.6628	.6664	.6700	.6736	.6772	.6808	.6844	.6879
.5	.6915	.6950	.6985	.7019	.7054	.7088	.7123	.7157	.7190	.7224
.6	.7257	.7291	.7324	.7357	.7389	.7422	.7454	.7486	.7517	.7549
.7	.7580	.7611	.7642	.7673	.7704	.7734	.7764	.7794	.7823	.7852
.8	.7881	.7910	.7939	.7967	.7995	.8023	.8051	.8078	.8106	.8133
.9	.8159	.8186	.8212	.8238	.8264	.8289	.8315	.8340	.8365	.8389
1.0	.8413	.8438	.8461	.8485	.8508	.8531	.8554	.8577	.8599	.8621
1.1	.8643	.8665	.8686	.8708	.8729	.8749	.8770	.8790	.8810	.8830
1.2	.8849	.8869	.8888	.8907	.8925	.8944	.8962	.8980	.8997	.9015
1.3	.9032	.9049	.9066	.9082	.9099	.9115	.9131	.9147	.9162	.9177
1.4	.9192	.9207	.9222	.9236	.9251	.9265	.9279	.9292	.9306	.9319
1.5	.9332	.9345	.9357	.9370	.9382	.9394	.9406	.9418	.9429	.9441
1.6	.9452	.9463	.9474	.9484	.9495	.9505	.9515	.9525	.9535	.9545
1.7	.9554	.9564	.9573	.9582	.9591	.9599	.9608	.9616	.9625	.9633
1.8	.9641	.9649	.9656	.9664	.9671	.9678	.9686	.9693	.9699	.9706
1.9	.9713	.9719	.9726	.9732	.9738	.9744	.9750	.9756	.9761	.9767
2.0	.9772	.9778	.9783	.9788	.9793	.9798	.9803	.9808	.9812	.9817
2.1	.9821	.9826	.9830	.9834	.9838	.9842	.9846	.9850	.9854	.9857
2.2	.9861	.9864	.9868	.9871	.9875	.9878	.9881	.9884	.9887	.9890
2.3	.9893	.9896	.9898	.9901	.9904	.9906	.9909	.9911	.9913	.9916
2.4	.9918	.9920	.9922	.9925	.9927	.9929	.9931	.9932	.9934	.9936
2.5	.9938	.9940	.9941	.9943	.9945	.9946	.9948	.9949	.9951	.9952
2.6	.9953	.9955	.9956	.9957	.9959	.9960	.9961	.9962	.9963	.9964
2.7	.9965	.9966	.9967	.9968	.9969	.9970	.9971	.9972	.9973	.9974
2.8	.9974	.9975	.9976	.9977	.9977	.9978	.9979	.9979	.9980	.9981
2.9	.9981	.9982	.9982	.9983	.9984	.9984	.9985	.9985	.9986	.9986
3.0	.9987	.9987	.9987	.9988	.9988	.9989	.9989	.9989	.9990	.9990
3.1	.9990	.9991	.9991	.9991	.9992	.9992	.9992	.9992	.9993	.9993
3.2	.9993	.9993	.9994	.9994	.9994	.9994	.9994	.9995	.9995	.9995
3.3	.9995	.9995	.9995	.9996	.9996	.9996	.9996	.9996	.9996	.9997
3.4	.9997	.9997	.9997	.9997	.9997	.9997	.9997	.9997	.9997	.9998

백분위수

누적확률 A:	.90	.95	.975	.98	.99	.995	.999
$z(A)$:	1.282	1.645	1.960	2.054	2.326	2.576	3.090

표 B.1 표준정규분포의 누적확률

$P\{t(\nu) \le t(A;\nu)\} = A$인 $t(A;\nu)$

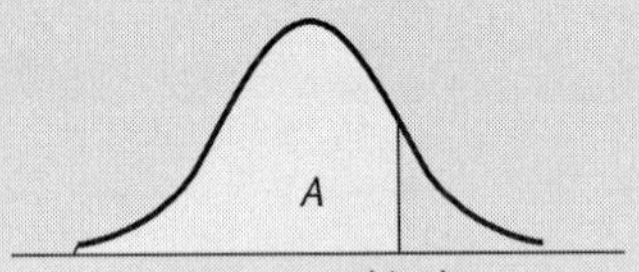

ν	A: .60	.70	.80	.85	.90	.95	.975
1	0.325	0.727	1.376	1.963	3.078	6.314	12.706
2	0.289	0.617	1.061	1.386	1.886	2.920	4.303
3	0.277	0.584	0.978	1.250	1.638	2.353	3.182
4	0.271	0.569	0.941	1.190	1.533	2.132	2.776
5	0.267	0.559	0.920	1.156	1.476	2.015	2.571
6	0.265	0.553	0.906	1.134	1.440	1.943	2.447
7	0.263	0.549	0.896	1.119	1.415	1.895	2.365
8	0.262	0.546	0.889	1.108	1.397	1.860	2.306
9	0.261	0.543	0.883	1.100	1.383	1.833	2.262
10	0.260	0.542	0.879	1.093	1.372	1.812	2.228
11	0.260	0.540	0.876	1.088	1.363	1.796	2.201
12	0.259	0.539	0.873	1.083	1.356	1.782	2.179
13	0.259	0.537	0.870	1.079	1.350	1.771	2.160
14	0.258	0.537	0.868	1.076	1.345	1.761	2.145
15	0.258	0.536	0.866	1.074	1.341	1.753	2.131
16	0.258	0.535	0.865	1.071	1.337	1.746	2.120
17	0.257	0.534	0.863	1.069	1.333	1.740	2.110
18	0.257	0.534	0.862	1.067	1.330	1.734	2.101
19	0.257	0.533	0.861	1.066	1.328	1.729	2.093
20	0.257	0.533	0.860	1.064	1.325	1.725	2.086
21	0.257	0.532	0.859	1.063	1.323	1.721	2.080
22	0.256	0.532	0.858	1.061	1.321	1.717	2.074
23	0.256	0.532	0.858	1.060	1.319	1.714	2.069
24	0.256	0.531	0.857	1.059	1.318	1.711	2.064
25	0.256	0.531	0.856	1.058	1.316	1.708	2.060
26	0.256	0.531	0.856	1.058	1.315	1.706	2.056
27	0.256	0.531	0.855	1.057	1.314	1.703	2.052
28	0.256	0.530	0.855	1.056	1.313	1.701	2.048
29	0.256	0.530	0.854	1.055	1.311	1.699	2.045
30	0.256	0.530	0.854	1.055	1.310	1.697	2.042
40	0.255	0.529	0.851	1.050	1.303	1.684	2.021
60	0.254	0.527	0.848	1.045	1.296	1.671	2.000
120	0.254	0.526	0.845	1.041	1.289	1.658	1.980
∞	0.253	0.524	0.842	1.036	1.282	1.645	1.960

표 B.2 *t* 분포 백분위수

ν	A						
	.98	.985	.99	.9925	.995	.9975	.9995
1	15.895	21.205	31.821	42.434	63.657	127.322	636.590
2	4.849	5.643	6.965	8.073	9.925	14.089	31.598
3	3.482	3.896	4.541	5.047	5.841	7.453	12.924
4	2.999	3.298	3.747	4.088	4.604	5.598	8.610
5	2.757	3.003	3.365	3.634	4.032	4.773	6.869
6	2.612	2.829	3.143	3.372	3.707	4.317	5.959
7	2.517	2.715	2.998	3.203	3.499	4.029	5.408
8	2.449	2.634	2.896	3.085	3.355	3.833	5.041
9	2.398	2.574	2.821	2.998	3.250	3.690	4.781
10	2.359	2.527	2.764	2.932	3.169	3.581	4.587
11	2.328	2.491	2.718	2.879	3.106	3.497	4.437
12	2.303	2.461	2.681	2.836	3.055	3.428	4.318
13	2.282	2.436	2.650	2.801	3.012	3.372	4.221
14	2.264	2.415	2.624	2.771	2.977	3.326	4.140
15	2.249	2.397	2.602	2.746	2.947	3.286	4.073
16	2.235	2.382	2.583	2.724	2.921	3.252	4.015
17	2.224	2.368	2.567	2.706	2.898	3.222	3.965
18	2.214	2.356	2.552	2.689	2.878	3.197	3.922
19	2.205	2.346	2.539	2.674	2.861	3.174	3.883
20	2.197	2.336	2.528	2.661	2.845	3.153	3.849
21	2.189	2.328	2.518	2.649	2.831	3.135	3.819
22	2.183	2.320	2.508	2.639	2.819	3.119	3.792
23	2.177	2.313	2.500	2.629	2.807	3.104	3.768
24	2.172	2.307	2.492	2.620	2.797	3.091	3.745
25	2.167	2.301	2.485	2.612	2.787	3.078	3.725
26	2.162	2.296	2.479	2.605	2.779	3.067	3.707
27	2.158	2.291	2.473	2.598	2.771	3.057	3.690
28	2.154	2.286	2.467	2.592	2.763	3.047	3.674
29	2.150	2.282	2.462	2.586	2.756	3.038	3.659
30	2.147	2.278	2.457	2.581	2.750	3.030	3.646
40	2.123	2.250	2.423	2.542	2.704	2.971	3.551
60	2.099	2.223	2.390	2.504	2.660	2.915	3.460
120	2.076	2.196	2.358	2.468	2.617	2.860	3.373
∞	2.054	2.170	2.326	2.432	2.576	2.807	3.291

표 B.2 (계속) t 분포 백분위수

$P\{\chi^2(\nu) \leq \chi^2(A;\nu)\} = A$인 $\chi^2(A;\nu)$

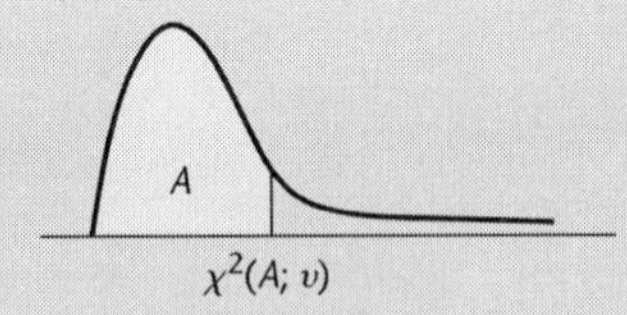

ν	A .005	.010	.025	.050	.100	.900	.950	.975	.990	.995
1	0.0^4393	0.0^3157	0.0^3982	0.0^2393	0.0158	2.71	3.84	5.02	6.63	7.88
2	0.0100	0.0201	0.0506	0.103	0.211	4.61	5.99	7.38	9.21	10.60
3	0.072	0.115	0.216	0.352	0.584	6.25	7.81	9.35	11.34	12.84
4	0.207	0.297	0.484	0.711	1.064	7.78	9.49	11.14	13.28	14.86
5	0.412	0.554	0.831	1.145	1.61	9.24	11.07	12.83	15.09	16.75
6	0.676	0.872	1.24	1.64	2.20	10.64	12.59	14.45	16.81	18.55
7	0.989	1.24	1.69	2.17	2.83	12.02	14.07	16.01	18.48	20.28
8	1.34	1.65	2.18	2.73	3.49	13.36	15.51	17.53	20.09	21.96
9	1.73	2.09	2.70	3.33	4.17	14.68	16.92	19.02	21.67	23.59
10	2.16	2.56	3.25	3.94	4.87	15.99	18.31	20.48	23.21	25.19
11	2.60	3.05	3.82	4.57	5.58	17.28	19.68	21.92	24.73	26.76
12	3.07	3.57	4.40	5.23	6.30	18.55	21.03	23.34	26.22	28.30
13	3.57	4.11	5.01	5.89	7.04	19.81	22.36	24.74	27.69	29.82
14	4.07	4.66	5.63	6.57	7.79	21.06	23.68	26.12	29.14	31.32
15	4.60	5.23	6.26	7.26	8.55	22.31	25.00	27.49	30.58	32.80
16	5.14	5.81	6.91	7.96	9.31	23.54	26.30	28.85	32.00	34.27
17	5.70	6.41	7.56	8.67	10.09	24.77	27.59	30.19	33.41	35.72
18	6.26	7.01	8.23	9.39	10.86	25.99	28.87	31.53	34.81	37.16
19	6.84	7.63	8.91	10.12	11.65	27.20	30.14	32.85	36.19	38.58
20	7.43	8.26	9.59	10.85	12.44	28.41	31.41	34.17	37.57	40.00
21	8.03	8.90	10.28	11.59	13.24	29.62	32.67	35.48	38.93	41.40
22	8.64	9.54	10.98	12.34	14.04	30.81	33.92	36.78	40.29	42.80
23	9.26	10.20	11.69	13.09	14.85	32.01	35.17	38.08	41.64	44.18
24	9.89	10.86	12.40	13.85	15.66	33.20	36.42	39.36	42.98	45.56
25	10.52	11.52	13.12	14.61	16.47	34.38	37.65	40.65	44.31	46.93
26	11.16	12.20	13.84	15.38	17.29	35.56	38.89	41.92	45.64	48.29
27	11.81	12.88	14.57	16.15	18.11	36.74	40.11	43.19	46.96	49.64
28	12.46	13.56	15.31	16.93	18.94	37.92	41.34	44.46	48.28	50.99
29	13.12	14.26	16.05	17.71	19.77	39.09	42.56	45.72	49.59	52.34
30	13.79	14.95	16.79	18.49	20.60	40.26	43.77	46.98	50.89	53.67
40	20.71	22.16	24.43	26.51	29.05	51.81	55.76	59.34	63.69	66.77
50	27.99	29.71	32.36	34.76	37.69	63.17	67.50	71.42	76.15	79.49
60	35.53	37.48	40.48	43.19	46.46	74.40	79.08	83.30	88.38	91.95
70	43.28	45.44	48.76	51.74	55.33	85.53	90.53	95.02	100.4	104.2
80	51.17	53.54	57.15	60.39	64.28	96.58	101.9	106.6	112.3	116.3
90	59.20	61.75	65.65	69.13	73.29	107.6	113.1	118.1	124.1	128.3
100	67.33	70.06	74.22	77.93	82.36	118.5	124.3	129.6	135.8	140.2

Source: Reprinted, with permission, from C. M. Thompson, "Table of Percentage Points of the Chi-Square Distribution," *Biometrika* 32 (1941), pp. 188–89.

표 B.3 χ^2 분포 백분위수

$$P\{F(\nu_1, \nu_2) \le F(A; \nu_1, \nu_2)\} = A인\ F(A; \nu_1, \nu_2)$$

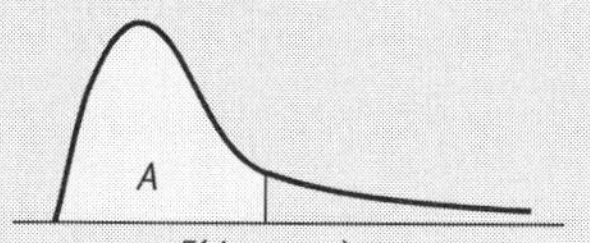

$$F(A; v_1, v_2) = \frac{1}{F(1 - A; v_2, v_1)}$$

분모 df	A	분자 df 1	2	3	4	5	6	7	8	9
1	.50	1.00	1.50	1.71	1.82	1.89	1.94	1.98	2.00	2.03
	.90	39.9	49.5	53.6	55.8	57.2	58.2	58.9	59.4	59.9
	.95	161	200	216	225	230	234	237	239	241
	.975	648	800	864	900	922	937	948	957	963
	.99	4,052	5,000	5,403	5,625	5,764	5,859	5,928	5,981	6,022
	.995	16,211	20,000	21,615	22,500	23,056	23,437	23,715	23,925	24,091
	.999	405,280	500,000	540,380	562,500	576,400	585,940	592,870	598,140	602,280
2	.50	0.667	1.00	1.13	1.21	1.25	1.28	1.30	1.32	1.33
	.90	8.53	9.00	9.16	9.24	9.29	9.33	9.35	9.37	9.38
	.95	18.5	19.0	19.2	19.2	19.3	19.3	19.4	19.4	19.4
	.975	38.5	39.0	39.2	39.2	39.3	39.3	39.4	39.4	39.4
	.99	98.5	99.0	99.2	99.2	99.3	99.3	99.4	99.4	99.4
	.995	199	199	199	199	199	199	199	199	199
	.999	998.5	999.0	999.2	999.2	999.3	999.3	999.4	999.4	999.4
3	.50	0.585	0.881	1.00	1.06	1.10	1.13	1.15	1.16	1.17
	.90	5.54	5.46	5.39	5.34	5.31	5.28	5.27	5.25	5.24
	.95	10.1	9.55	9.28	9.12	9.01	8.94	8.89	8.85	8.81
	.975	17.4	16.0	15.4	15.1	14.9	14.7	14.6	14.5	14.5
	.99	34.1	30.8	29.5	28.7	28.2	27.9	27.7	27.5	27.3
	.995	55.6	49.8	47.5	46.2	45.4	44.8	44.4	44.1	43.9
	.999	167.0	148.5	141.1	137.1	134.6	132.8	131.6	130.6	129.9
4	.50	0.549	0.828	0.941	1.00	1.04	1.06	1.08	1.09	1.10
	.90	4.54	4.32	4.19	4.11	4.05	4.01	3.98	3.95	3.94
	.95	7.71	6.94	6.59	6.39	6.26	6.16	6.09	6.04	6.00
	.975	12.2	10.6	9.98	9.60	9.36	9.20	9.07	8.98	8.90
	.99	21.2	18.0	16.7	16.0	15.5	15.2	15.0	14.8	14.7
	.995	31.3	26.3	24.3	23.2	22.5	22.0	21.6	21.4	21.1
	.999	74.1	61.2	56.2	53.4	51.7	50.5	49.7	49.0	48.5
5	.50	0.528	0.799	0.907	0.965	1.00	1.02	1.04	1.05	1.06
	.90	4.06	3.78	3.62	3.52	3.45	3.40	3.37	3.34	3.32
	.95	6.61	5.79	5.41	5.19	5.05	4.95	4.88	4.82	4.77
	.975	10.0	8.43	7.76	7.39	7.15	6.98	6.85	6.76	6.68
	.99	16.3	13.3	12.1	11.4	11.0	10.7	10.5	10.3	10.2
	.995	22.8	18.3	16.5	15.6	14.9	14.5	14.2	14.0	13.8
	.999	47.2	37.1	33.2	31.1	29.8	28.8	28.2	27.6	27.2
6	.50	0.515	0.780	0.886	0.942	0.977	1.00	1.02	1.03	1.04
	.90	3.78	3.46	3.29	3.18	3.11	3.05	3.01	2.98	2.96
	.95	5.99	5.14	4.76	4.53	4.39	4.28	4.21	4.15	4.10
	.975	8.81	7.26	6.60	6.23	5.99	5.82	5.70	5.60	5.52
	.99	13.7	10.9	9.78	9.15	8.75	8.47	8.26	8.10	7.98
	.995	18.6	14.5	12.9	12.0	11.5	11.1	10.8	10.6	10.4
	.999	35.5	27.0	23.7	21.9	20.8	20.0	19.5	19.0	18.7
7	.50	0.506	0.767	0.871	0.926	0.960	0.983	1.00	1.01	1.02
	.90	3.59	3.26	3.07	2.96	2.88	2.83	2.78	2.75	2.72
	.95	5.59	4.74	4.35	4.12	3.97	3.87	3.79	3.73	3.68
	.975	8.07	6.54	5.89	5.52	5.29	5.12	4.99	4.90	4.82
	.99	12.2	9.55	8.45	7.85	7.46	7.19	6.99	6.84	6.72
	.995	16.2	12.4	10.9	10.1	9.52	9.16	8.89	8.68	8.51
	.999	29.2	21.7	18.8	17.2	16.2	15.5	15.0	14.6	14.3

표 B.4 *F* 분포 백분위수

분모		분자 df								
df	*A*	10	12	15	20	24	30	60	120	∞
1	.50	2.04	2.07	2.09	2.12	2.13	2.15	2.17	2.18	2.20
	.90	60.2	60.7	61.2	61.7	62.0	62.3	62.8	63.1	63.3
	.95	242	244	246	248	249	250	252	253	254
	.975	969	977	985	993	997	1,001	1,010	1,014	1,018
	.99	6,056	6,106	6,157	6,209	6,235	6,261	6,313	6,339	6,366
	.995	24,224	24,426	24,630	24,836	24,940	25,044	25,253	25,359	25,464
	.999	605,620	610,670	615,760	620,910	623,500	626,100	631,340	633,970	636,620
2	.50	1.34	1.36	1.38	1.39	1.40	1.41	1.43	1.43	1.44
	.90	9.39	9.41	9.42	9.44	9.45	9.46	9.47	9.48	9.49
	.95	19.4	19.4	19.4	19.4	19.5	19.5	19.5	19.5	19.5
	.975	39.4	39.4	39.4	39.4	39.5	39.5	39.5	39.5	39.5
	.99	99.4	99.4	99.4	99.4	99.5	99.5	99.5	99.5	99.5
	.995	199	199	199	199	199	199	199	199	200
	.999	999.4	999.4	999.4	999.4	999.5	999.5	999.5	999.5	999.5
3	.50	1.18	1.20	1.21	1.23	1.23	1.24	1.25	1.26	1.27
	.90	5.23	5.22	5.20	5.18	5.18	5.17	5.15	5.14	5.13
	.95	8.79	8.74	8.70	8.66	8.64	8.62	8.57	8.55	8.53
	.975	14.4	14.3	14.3	14.2	14.1	14.1	14.0	13.9	13.9
	.99	27.2	27.1	26.9	26.7	26.6	26.5	26.3	26.2	26.1
	.995	43.7	43.4	43.1	42.8	42.6	42.5	42.1	42.0	41.8
	.999	129.2	128.3	127.4	126.4	125.9	125.4	124.5	124.0	123.5
4	.50	1.11	1.13	1.14	1.15	1.16	1.16	1.18	1.18	1.19
	.90	3.92	3.90	3.87	3.84	3.83	3.82	3.79	3.78	3.76
	.95	5.96	5.91	5.86	5.80	5.77	5.75	5.69	5.66	5.63
	.975	8.84	8.75	8.66	8.56	8.51	8.46	8.36	8.31	8.26
	.99	14.5	14.4	14.2	14.0	13.9	13.8	13.7	13.6	13.5
	.995	21.0	20.7	20.4	20.2	20.0	19.9	19.6	19.5	19.3
	.999	48.1	47.4	46.8	46.1	45.8	45.4	44.7	44.4	44.1
5	.50	1.07	1.09	1.10	1.11	1.12	1.12	1.14	1.14	1.15
	.90	3.30	3.27	3.24	3.21	3.19	3.17	3.14	3.12	3.11
	.95	4.74	4.68	4.62	4.56	4.53	4.50	4.43	4.40	4.37
	.975	6.62	6.52	6.43	6.33	6.28	6.23	6.12	6.07	6.02
	.99	10.1	9.89	9.72	9.55	9.47	9.38	9.20	9.11	9.02
	.995	13.6	13.4	13.1	12.9	12.8	12.7	12.4	12.3	12.1
	.999	26.9	26.4	25.9	25.4	25.1	24.9	24.3	24.1	23.8
6	.50	1.05	1.06	1.07	1.08	1.09	1.10	1.11	1.12	1.12
	.90	2.94	2.90	2.87	2.84	2.82	2.80	2.76	2.74	2.72
	.95	4.06	4.00	3.94	3.87	3.84	3.81	3.74	3.70	3.67
	.975	5.46	5.37	5.27	5.17	5.12	5.07	4.96	4.90	4.85
	.99	7.87	7.72	7.56	7.40	7.31	7.23	7.06	6.97	6.88
	.995	10.2	10.0	9.81	9.59	9.47	9.36	9.12	9.00	8.88
	.999	18.4	18.0	17.6	17.1	16.9	16.7	16.2	16.0	15.7
7	.50	1.03	1.04	1.05	1.07	1.07	1.08	1.09	1.10	1.10
	.90	2.70	2.67	2.63	2.59	2.58	2.56	2.51	2.49	2.47
	.95	3.64	3.57	3.51	3.44	3.41	3.38	3.30	3.27	3.23
	.975	4.76	4.67	4.57	4.47	4.42	4.36	4.25	4.20	4.14
	.99	6.62	6.47	6.31	6.16	6.07	5.99	5.82	5.74	5.65
	.995	8.38	8.18	7.97	7.75	7.65	7.53	7.31	7.19	7.08
	.999	14.1	13.7	13.3	12.9	12.7	12.5	12.1	11.9	11.7

표 B.4 (계속) *F* 분포 백분위수

분모 df	A	분자 df 1	2	3	4	5	6	7	8	9
8	.50	0.499	0.757	0.860	0.915	0.948	0.971	0.988	1.00	1.01
	.90	3.46	3.11	2.92	2.81	2.73	2.67	2.62	2.59	2.56
	.95	5.32	4.46	4.07	3.84	3.69	3.58	3.50	3.44	3.39
	.975	7.57	6.06	5.42	5.05	4.82	4.65	4.53	4.43	4.36
	.99	11.3	8.65	7.59	7.01	6.63	6.37	6.18	6.03	5.91
	.995	14.7	11.0	9.60	8.81	8.30	7.95	7.69	7.50	7.34
	.999	25.4	18.5	15.8	14.4	13.5	12.9	12.4	12.0	11.8
9	.50	0.494	0.749	0.852	0.906	0.939	0.962	0.978	0.990	1.00
	.90	3.36	3.01	2.81	2.69	2.61	2.55	2.51	2.47	2.44
	.95	5.12	4.26	3.86	3.63	3.48	3.37	3.29	3.23	3.18
	.975	7.21	5.71	5.08	4.72	4.48	4.32	4.20	4.10	4.03
	.99	10.6	8.02	6.99	6.42	6.06	5.80	5.61	5.47	5.35
	.995	13.6	10.1	8.72	7.96	7.47	7.13	6.88	6.69	6.54
	.999	22.9	16.4	13.9	12.6	11.7	11.1	10.7	10.4	10.1
10	.50	0.490	0.743	0.845	0.899	0.932	0.954	0.971	0.983	0.992
	.90	3.29	2.92	2.73	2.61	2.52	2.46	2.41	2.38	2.35
	.95	4.96	4.10	3.71	3.48	3.33	3.22	3.14	3.07	3.02
	.975	6.94	5.46	4.83	4.47	4.24	4.07	3.95	3.85	3.78
	.99	10.0	7.56	6.55	5.99	5.64	5.39	5.20	5.06	4.94
	.995	12.8	9.43	8.08	7.34	6.87	6.54	6.30	6.12	5.97
	.999	21.0	14.9	12.6	11.3	10.5	9.93	9.52	9.20	8.96
12	.50	0.484	0.735	0.835	0.888	0.921	0.943	0.959	0.972	0.981
	.90	3.18	2.81	2.61	2.48	2.39	2.33	2.28	2.24	2.21
	.95	4.75	3.89	3.49	3.26	3.11	3.00	2.91	2.85	2.80
	.975	6.55	5.10	4.47	4.12	3.89	3.73	3.61	3.51	3.44
	.99	9.33	6.93	5.95	5.41	5.06	4.82	4.64	4.50	4.39
	.995	11.8	8.51	7.23	6.52	6.07	5.76	5.52	5.35	5.20
	.999	18.6	13.0	10.8	9.63	8.89	8.38	8.00	7.71	7.48
15	.50	0.478	0.726	0.826	0.878	0.911	0.933	0.949	0.960	0.970
	.90	3.07	2.70	2.49	2.36	2.27	2.21	2.16	2.12	2.09
	.95	4.54	3.68	3.29	3.06	2.90	2.79	2.71	2.64	2.59
	.975	6.20	4.77	4.15	3.80	3.58	3.41	3.29	3.20	3.12
	.99	8.68	6.36	5.42	4.89	4.56	4.32	4.14	4.00	3.89
	.995	10.8	7.70	6.48	5.80	5.37	5.07	4.85	4.67	4.54
	.999	16.6	11.3	9.34	8.25	7.57	7.09	6.74	6.47	6.26
20	.50	0.472	0.718	0.816	0.868	0.900	0.922	0.938	0.950	0.959
	.90	2.97	2.59	2.38	2.25	2.16	2.09	2.04	2.00	1.96
	.95	4.35	3.49	3.10	2.87	2.71	2.60	2.51	2.45	2.39
	.975	5.87	4.46	3.86	3.51	3.29	3.13	3.01	2.91	2.84
	.99	8.10	5.85	4.94	4.43	4.10	3.87	3.70	3.56	3.46
	.995	9.94	6.99	5.82	5.17	4.76	4.47	4.26	4.09	3.96
	.999	14.8	9.95	8.10	7.10	6.46	6.02	5.69	5.44	5.24
24	.50	0.469	0.714	0.812	0.863	0.895	0.917	0.932	0.944	0.953
	.90	2.93	2.54	2.33	2.19	2.10	2.04	1.98	1.94	1.91
	.95	4.26	3.40	3.01	2.78	2.62	2.51	2.42	2.36	2.30
	.975	5.72	4.32	3.72	3.38	3.15	2.99	2.87	2.78	2.70
	.99	7.82	5.61	4.72	4.22	3.90	3.67	3.50	3.36	3.26
	.995	9.55	6.66	5.52	4.89	4.49	4.20	3.99	3.83	3.69
	.999	14.0	9.34	7.55	6.59	5.98	5.55	5.23	4.99	4.80

표 B.4 (계속) *F* 분포 백분위수

분모 df	A	분자 df 10	12	15	20	24	30	60	120	∞
8	.50	1.02	1.03	1.04	1.05	1.06	1.07	1.08	1.08	1.09
	.90	2.54	2.50	2.46	2.42	2.40	2.38	2.34	2.32	2.29
	.95	3.35	3.28	3.22	3.15	3.12	3.08	3.01	2.97	2.93
	.975	4.30	4.20	4.10	4.00	3.95	3.89	3.78	3.73	3.67
	.99	5.81	5.67	5.52	5.36	5.28	5.20	5.03	4.95	4.86
	.995	7.21	7.01	6.81	6.61	6.50	6.40	6.18	6.06	5.95
	.999	11.5	11.2	10.8	10.5	10.3	10.1	9.73	9.53	9.33
9	.50	1.01	1.02	1.03	1.04	1.05	1.05	1.07	1.07	1.08
	.90	2.42	2.38	2.34	2.30	2.28	2.25	2.21	2.18	2.16
	.95	3.14	3.07	3.01	2.94	2.90	2.86	2.79	2.75	2.71
	.975	3.96	3.87	3.77	3.67	3.61	3.56	3.45	3.39	3.33
	.99	5.26	5.11	4.96	4.81	4.73	4.65	4.48	4.40	4.31
	.995	6.42	6.23	6.03	5.83	5.73	5.62	5.41	5.30	5.19
	.999	9.89	9.57	9.24	8.90	8.72	8.55	8.19	8.00	7.81
10	.50	1.00	1.01	1.02	1.03	1.04	1.05	1.06	1.06	1.07
	.90	2.32	2.28	2.24	2.20	2.18	2.16	2.11	2.08	2.06
	.95	2.98	2.91	2.84	2.77	2.74	2.70	2.62	2.58	2.54
	.975	3.72	3.62	3.52	3.42	3.37	3.31	3.20	3.14	3.08
	.99	4.85	4.71	4.56	4.41	4.33	4.25	4.08	4.00	3.91
	.995	5.85	5.66	5.47	5.27	5.17	5.07	4.86	4.75	4.64
	.999	8.75	8.45	8.13	7.80	7.64	7.47	7.12	6.94	6.76
12	.50	0.989	1.00	1.01	1.02	1.03	1.03	1.05	1.05	1.06
	.90	2.19	2.15	2.10	2.06	2.04	2.01	1.96	1.93	1.90
	.95	2.75	2.69	2.62	2.54	2.51	2.47	2.38	2.34	2.30
	.975	3.37	3.28	3.18	3.07	3.02	2.96	2.85	2.79	2.72
	.99	4.30	4.16	4.01	3.86	3.78	3.70	3.54	3.45	3.36
	.995	5.09	4.91	4.72	4.53	4.43	4.33	4.12	4.01	3.90
	.999	7.29	7.00	6.71	6.40	6.25	6.09	5.76	5.59	5.42
15	.50	0.977	0.989	1.00	1.01	1.02	1.02	1.03	1.04	1.05
	.90	2.06	2.02	1.97	1.92	1.90	1.87	1.82	1.79	1.76
	.95	2.54	2.48	2.40	2.33	2.29	2.25	2.16	2.11	2.07
	.975	3.06	2.96	2.86	2.76	2.70	2.64	2.52	2.46	2.40
	.99	3.80	3.67	3.52	3.37	3.29	3.21	3.05	2.96	2.87
	.995	4.42	4.25	4.07	3.88	3.79	3.69	3.48	3.37	3.26
	.999	6.08	5.81	5.54	5.25	5.10	4.95	4.64	4.48	4.31
20	.50	0.966	0.977	0.989	1.00	1.01	1.01	1.02	1.03	1.03
	.90	1.94	1.89	1.84	1.79	1.77	1.74	1.68	1.64	1.61
	.95	2.35	2.28	2.20	2.12	2.08	2.04	1.95	1.90	1.84
	.975	2.77	2.68	2.57	2.46	2.41	2.35	2.22	2.16	2.09
	.99	3.37	3.23	3.09	2.94	2.86	2.78	2.61	2.52	2.42
	.995	3.85	3.68	3.50	3.32	3.22	3.12	2.92	2.81	2.69
	.999	5.08	4.82	4.56	4.29	4.15	4.00	3.70	3.54	3.38
24	.50	0.961	0.972	0.983	0.994	1.00	1.01	1.02	1.02	1.03
	.90	1.88	1.83	1.78	1.73	1.70	1.67	1.61	1.57	1.53
	.95	2.25	2.18	2.11	2.03	1.98	1.94	1.84	1.79	1.73
	.975	2.64	2.54	2.44	2.33	2.27	2.21	2.08	2.01	1.94
	.99	3.17	3.03	2.89	2.74	2.66	2.58	2.40	2.31	2.21
	.995	3.59	3.42	3.25	3.06	2.97	2.87	2.66	2.55	2.43
	.999	4.64	4.39	4.14	3.87	3.74	3.59	3.29	3.14	2.97

표 B.4 (계속) *F* 분포 백분위수

분모 df	A	1	2	3	4	5	6	7	8	9
30	.50	0.466	0.709	0.807	0.858	0.890	0.912	0.927	0.939	0.948
	.90	2.88	2.49	2.28	2.14	2.05	1.98	1.93	1.88	1.85
	.95	4.17	3.32	2.92	2.69	2.53	2.42	2.33	2.27	2.21
	.975	5.57	4.18	3.59	3.25	3.03	2.87	2.75	2.65	2.57
	.99	7.56	5.39	4.51	4.02	3.70	3.47	3.30	3.17	3.07
	.995	9.18	6.35	5.24	4.62	4.23	3.95	3.74	3.58	3.45
	.999	13.3	8.77	7.05	6.12	5.53	5.12	4.82	4.58	4.39
60	.50	0.461	0.701	0.798	0.849	0.880	0.901	0.917	0.928	0.937
	.90	2.79	2.39	2.18	2.04	1.95	1.87	1.82	1.77	1.74
	.95	4.00	3.15	2.76	2.53	2.37	2.25	2.17	2.10	2.04
	.975	5.29	3.93	3.34	3.01	2.79	2.63	2.51	2.41	2.33
	.99	7.08	4.98	4.13	3.65	3.34	3.12	2.95	2.82	2.72
	.995	8.49	5.80	4.73	4.14	3.76	3.49	3.29	3.13	3.01
	.999	12.0	7.77	6.17	5.31	4.76	4.37	4.09	3.86	3.69
120	.50	0.458	0.697	0.793	0.844	0.875	0.896	0.912	0.923	0.932
	.90	2.75	2.35	2.13	1.99	1.90	1.82	1.77	1.72	1.68
	.95	3.92	3.07	2.68	2.45	2.29	2.18	2.09	2.02	1.96
	.975	5.15	3.80	3.23	2.89	2.67	2.52	2.39	2.30	2.22
	.99	6.85	4.79	3.95	3.48	3.17	2.96	2.79	2.66	2.56
	.995	8.18	5.54	4.50	3.92	3.55	3.28	3.09	2.93	2.81
	.999	11.4	7.32	5.78	4.95	4.42	4.04	3.77	3.55	3.38
∞	.50	0.455	0.693	0.789	0.839	0.870	0.891	0.907	0.918	0.927
	.90	2.71	2.30	2.08	1.94	1.85	1.77	1.72	1.67	1.63
	.95	3.84	3.00	2.60	2.37	2.21	2.10	2.01	1.94	1.88
	.975	5.02	3.69	3.12	2.79	2.57	2.41	2.29	2.19	2.11
	.99	6.63	4.61	3.78	3.32	3.02	2.80	2.64	2.51	2.41
	.995	7.88	5.30	4.28	3.72	3.35	3.09	2.90	2.74	2.62
	.999	10.8	6.91	5.42	4.62	4.10	3.74	3.47	3.27	3.10

(분자 df: 1–9)

표 B.4 (계속) *F* 분포 백분위수

분모 df	A	분자 df 10	12	15	20	24	30	60	120	∞
30	.50	0.955	0.966	0.978	0.989	0.994	1.00	1.01	1.02	1.02
	.90	1.82	1.77	1.72	1.67	1.64	1.61	1.54	1.50	1.46
	.95	2.16	2.09	2.01	1.93	1.89	1.84	1.74	1.68	1.62
	.975	2.51	2.41	2.31	2.20	2.14	2.07	1.94	1.87	1.79
	.99	2.98	2.84	2.70	2.55	2.47	2.39	2.21	2.11	2.01
	.995	3.34	3.18	3.01	2.82	2.73	2.63	2.42	2.30	2.18
	.999	4.24	4.00	3.75	3.49	3.36	3.22	2.92	2.76	2.59
60	.50	0.945	0.956	0.967	0.978	0.983	0.989	1.00	1.01	1.01
	.90	1.71	1.66	1.60	1.54	1.51	1.48	1.40	1.35	1.29
	.95	1.99	1.92	1.84	1.75	1.70	1.65	1.53	1.47	1.39
	.975	2.27	2.17	2.06	1.94	1.88	1.82	1.67	1.58	1.48
	.99	2.63	2.50	2.35	2.20	2.12	2.03	1.84	1.73	1.60
	.995	2.90	2.74	2.57	2.39	2.29	2.19	1.96	1.83	1.69
	.999	3.54	3.32	3.08	2.83	2.69	2.55	2.25	2.08	1.89
120	.50	0.939	0.950	0.961	0.972	0.978	0.983	0.994	1.00	1.01
	.90	1.65	1.60	1.55	1.48	1.45	1.41	1.32	1.26	1.19
	.95	1.91	1.83	1.75	1.66	1.61	1.55	1.43	1.35	1.25
	.975	2.16	2.05	1.95	1.82	1.76	1.69	1.53	1.43	1.31
	.99	2.47	2.34	2.19	2.03	1.95	1.86	1.66	1.53	1.38
	.995	2.71	2.54	2.37	2.19	2.09	1.98	1.75	1.61	1.43
	.999	3.24	3.02	2.78	2.53	2.40	2.26	1.95	1.77	1.54
∞	.50	0.934	0.945	0.956	0.967	0.972	0.978	0.989	0.994	1.00
	.90	1.60	1.55	1.49	1.42	1.38	1.34	1.24	1.17	1.00
	.95	1.83	1.75	1.67	1.57	1.52	1.46	1.32	1.22	1.00
	.975	2.05	1.94	1.83	1.71	1.64	1.57	1.39	1.27	1.00
	.99	2.32	2.18	2.04	1.88	1.79	1.70	1.47	1.32	1.00
	.995	2.52	2.36	2.19	2.00	1.90	1.79	1.53	1.36	1.00
	.999	2.96	2.74	2.51	2.27	2.13	1.99	1.66	1.45	1.00

Source: Reprinted from Table 5 of Pearson and Hartley, *Biometrika Tables for Statisticians,* Volume 2, 1972, published by the Cambridge University Press, on behalf of The Biometrika Society, by permission of the authors and publishers.

표 B.4 (계속) *F* 분포 백분위수

	α = .05								
	δ								
df	1.0	2.0	3.0	4.0	5.0	6.0	7.0	8.0	9.0
1	.07	.13	.19	.25	.31	.36	.42	.47	.52
2	.10	.22	.39	.56	.72	.84	.91	.96	.98
3	.11	.29	.53	.75	.90	.97	.99	1.00	1.00
4	.12	.34	.62	.84	.95	.99	1.00	1.00	1.00
5	.13	.37	.67	.89	.98	1.00	1.00	1.00	1.00
6	.14	.39	.71	.91	.98	1.00	1.00	1.00	1.00
7	.14	.41	.73	.93	.99	1.00	1.00	1.00	1.00
8	.14	.42	.75	.94	.99	1.00	1.00	1.00	1.00
9	.15	.43	.76	.94	.99	1.00	1.00	1.00	1.00
10	.15	.44	.77	.95	.99	1.00	1.00	1.00	1.00
11	.15	.45	.78	.95	.99	1.00	1.00	1.00	1.00
12	.15	.45	.79	.96	1.00	1.00	1.00	1.00	1.00
13	.15	.46	.79	.96	1.00	1.00	1.00	1.00	1.00
14	.15	.46	.80	.96	1.00	1.00	1.00	1.00	1.00
15	.16	.46	.80	.96	1.00	1.00	1.00	1.00	1.00
16	.16	.47	.80	.96	1.00	1.00	1.00	1.00	1.00
17	.16	.47	.81	.96	1.00	1.00	1.00	1.00	1.00
18	.16	.47	.81	.97	1.00	1.00	1.00	1.00	1.00
19	.16	.48	.81	.97	1.00	1.00	1.00	1.00	1.00
20	.16	.48	.81	.97	1.00	1.00	1.00	1.00	1.00
21	.16	.48	.82	.97	1.00	1.00	1.00	1.00	1.00
22	.16	.48	.82	.97	1.00	1.00	1.00	1.00	1.00
23	.16	.48	.82	.97	1.00	1.00	1.00	1.00	1.00
24	.16	.48	.82	.97	1.00	1.00	1.00	1.00	1.00
25	.16	.49	.82	.97	1.00	1.00	1.00	1.00	1.00
26	.16	.49	.82	.97	1.00	1.00	1.00	1.00	1.00
27	.16	.49	.82	.97	1.00	1.00	1.00	1.00	1.00
28	.16	.49	.83	.97	1.00	1.00	1.00	1.00	1.00
29	.16	.49	.83	.97	1.00	1.00	1.00	1.00	1.00
30	.16	.49	.83	.97	1.00	1.00	1.00	1.00	1.00
40	.16	.50	.83	.97	1.00	1.00	1.00	1.00	1.00
50	.17	.50	.84	.98	1.00	1.00	1.00	1.00	1.00
60	.17	.50	.84	.98	1.00	1.00	1.00	1.00	1.00
100	.17	.51	.84	.98	1.00	1.00	1.00	1.00	1.00
120	.17	.51	.85	.98	1.00	1.00	1.00	1.00	1.00
∞	.17	.52	.85	.98	1.00	1.00	1.00	1.00	1.00

표 B.5 양측 t 검정의 검정력

	α = .01								
	δ								
df	**1.0**	**2.0**	**3.0**	**4.0**	**5.0**	**6.0**	**7.0**	**8.0**	**9.0**
1	.01	.03	.04	.05	.06	.08	.09	.10	.11
2	.02	.05	.09	.16	.23	.31	.39	.48	.56
3	.02	.08	.17	.31	.47	.62	.75	.85	.92
4	.03	.10	.25	.45	.65	.82	.92	.97	.99
5	.03	.12	.31	.55	.77	.91	.97	.99	1.00
6	.04	.14	.36	.63	.84	.95	.99	1.00	1.00
7	.04	.16	.40	.68	.88	.97	1.00	1.00	1.00
8	.04	.17	.43	.72	.91	.98	1.00	1.00	1.00
9	.04	.18	.45	.75	.93	.99	1.00	1.00	1.00
10	.04	.19	.47	.77	.94	.99	1.00	1.00	1.00
11	.04	.19	.49	.79	.95	.99	1.00	1.00	1.00
12	.04	.20	.50	.80	.96	.99	1.00	1.00	1.00
13	.05	.21	.52	.82	.96	1.00	1.00	1.00	1.00
14	.05	.21	.53	.83	.96	1.00	1.00	1.00	1.00
15	.05	.21	.54	.83	.97	1.00	1.00	1.00	1.00
16	.05	.22	.55	.84	.97	1.00	1.00	1.00	1.00
17	.05	.22	.55	.85	.97	1.00	1.00	1.00	1.00
18	.05	.22	.56	.85	.97	1.00	1.00	1.00	1.00
19	.05	.23	.56	.86	.98	1.00	1.00	1.00	1.00
20	.05	.23	.57	.86	.98	1.00	1.00	1.00	1.00
21	.05	.23	.57	.86	.98	1.00	1.00	1.00	1.00
22	.05	.23	.58	.87	.98	1.00	1.00	1.00	1.00
23	.05	.24	.58	.87	.98	1.00	1.00	1.00	1.00
24	.05	.24	.59	.87	.98	1.00	1.00	1.00	1.00
25	.05	.24	.59	.88	.98	1.00	1.00	1.00	1.00
26	.05	.24	.59	.88	.98	1.00	1.00	1.00	1.00
27	.05	.24	.59	.88	.98	1.00	1.00	1.00	1.00
28	.05	.24	.60	.88	.98	1.00	1.00	1.00	1.00
29	.05	.25	.60	.88	.98	1.00	1.00	1.00	1.00
30	.05	.25	.60	.88	.98	1.00	1.00	1.00	1.00
40	.05	.26	.62	.90	.99	1.00	1.00	1.00	1.00
50	.05	.26	.63	.90	.99	1.00	1.00	1.00	1.00
60	.05	.26	.63	.91	.99	1.00	1.00	1.00	1.00
100	.06	.27	.65	.91	.99	1.00	1.00	1.00	1.00
120	.06	.27	.65	.91	.99	1.00	1.00	1.00	1.00
∞	.06	.28	.66	.92	.99	1.00	1.00	1.00	1.00

표 B.5 (계속) 양측 t 검정의 검정력

	유의수준 α				
n	**.10**	**.05**	**.025**	**.01**	**.005**
5	.903	.880	.865	.826	.807
6	.910	.888	.866	.838	.820
7	.918	.898	.877	.850	.828
8	.924	.906	.887	.861	.840
9	.930	.912	.894	.871	.854
10	.934	.918	.901	.879	.862
12	.942	.928	.912	.892	.876
14	.948	.935	.923	.905	.890
16	.953	.941	.929	.913	.899
18	.957	.946	.935	.920	.908
20	.960	.951	.940	.926	.916
22	.963	.954	.945	.933	.923
24	.965	.957	.949	.937	.927
26	.967	.960	.952	.941	.932
28	.969	.962	.955	.944	.936
30	.971	.964	.957	.947	.939
40	.977	.972	.966	.959	.953
50	.981	.977	.972	.966	.961
60	.984	.980	.976	.971	.967
70	.986	.983	.979	.975	.971
80	.987	.985	.982	.978	.975
90	.988	.986	.984	.980	.977
100	.989	.987	.985	.982	.979

Source: Reprinted, with permission, from S. W. Looney and T. R. Gulledge, Jr., "Use of the Correlation Coefficient with Normal Probability Plots," *The American Statistician* 39 (1985), pp. 75–79.

표 B.6 오차항이 분포가 정규분포일 때 순서화된 잔차와 정규 기댓값의 상관계수에 대한 임계값

유의수준 $\alpha = .05$										
	$p-1=1$		$p-1=2$		$p-1=3$		$p-1=4$		$p-1=5$	
n	d_L	d_U	d_L	d_U	d_L	d_U	d_L	d_U	d_L	d_U
15	1.08	1.36	0.95	1.54	0.82	1.75	0.69	1.97	0.56	2.21
16	1.10	1.37	0.98	1.54	0.86	1.73	0.74	1.93	0.62	2.15
17	1.13	1.38	1.02	1.54	0.90	1.71	0.78	1.90	0.67	2.10
18	1.16	1.39	1.05	1.53	0.93	1.69	0.82	1.87	0.71	2.06
19	1.18	1.40	1.08	1.53	0.97	1.68	0.86	1.85	0.75	2.02
20	1.20	1.41	1.10	1.54	1.00	1.68	0.90	1.83	0.79	1.99
21	1.22	1.42	1.13	1.54	1.03	1.67	0.93	1.81	0.83	1.96
22	1.24	1.43	1.15	1.54	1.05	1.66	0.96	1.80	0.86	1.94
23	1.26	1.44	1.17	1.54	1.08	1.66	0.99	1.79	0.90	1.92
24	1.27	1.45	1.19	1.55	1.10	1.66	1.01	1.78	0.93	1.90
25	1.29	1.45	1.21	1.55	1.12	1.66	1.04	1.77	0.95	1.89
26	1.30	1.46	1.22	1.55	1.14	1.65	1.06	1.76	0.98	1.88
27	1.32	1.47	1.24	1.56	1.16	1.65	1.08	1.76	1.01	1.86
28	1.33	1.48	1.26	1.56	1.18	1.65	1.10	1.75	1.03	1.85
29	1.34	1.48	1.27	1.56	1.20	1.65	1.12	1.74	1.05	1.84
30	1.35	1.49	1.28	1.57	1.21	1.65	1.14	1.74	1.07	1.83
31	1.36	1.50	1.30	1.57	1.23	1.65	1.16	1.74	1.09	1.83
32	1.37	1.50	1.31	1.57	1.24	1.65	1.18	1.73	1.11	1.82
33	1.38	1.51	1.32	1.58	1.26	1.65	1.19	1.73	1.13	1.81
34	1.39	1.51	1.33	1.58	1.27	1.65	1.21	1.73	1.15	1.81
35	1.40	1.52	1.34	1.58	1.28	1.65	1.22	1.73	1.16	1.80
36	1.41	1.52	1.35	1.59	1.29	1.65	1.24	1.73	1.18	1.80
37	1.42	1.53	1.36	1.59	1.31	1.66	1.25	1.72	1.19	1.80
38	1.43	1.54	1.37	1.59	1.32	1.66	1.26	1.72	1.21	1.79
39	1.43	1.54	1.38	1.60	1.33	1.66	1.27	1.72	1.22	1.79
40	1.44	1.54	1.39	1.60	1.34	1.66	1.29	1.72	1.23	1.79
45	1.48	1.57	1.43	1.62	1.38	1.67	1.34	1.72	1.29	1.78
50	1.50	1.59	1.46	1.63	1.42	1.67	1.38	1.72	1.34	1.77
55	1.53	1.60	1.49	1.64	1.45	1.68	1.41	1.72	1.38	1.77
60	1.55	1.62	1.51	1.65	1.48	1.69	1.44	1.73	1.41	1.77
65	1.57	1.63	1.54	1.66	1.50	1.70	1.47	1.73	1.44	1.77
70	1.58	1.64	1.55	1.67	1.52	1.70	1.49	1.74	1.46	1.77
75	1.60	1.65	1.57	1.68	1.54	1.71	1.51	1.74	1.49	1.77
80	1.61	1.66	1.59	1.69	1.56	1.72	1.53	1.74	1.51	1.77
85	1.62	1.67	1.60	1.70	1.57	1.72	1.55	1.75	1.52	1.77
90	1.63	1.68	1.61	1.70	1.59	1.73	1.57	1.75	1.54	1.78
95	1.64	1.69	1.62	1.71	1.60	1.73	1.58	1.75	1.56	1.78
100	1.65	1.69	1.63	1.72	1.61	1.74	1.59	1.76	1.57	1.78

표 B.7 Durbin-Watson 검정 경계

	유의수준 $\alpha = .01$									
	$p-1=1$		$p-1=2$		$p-1=3$		$p-1=4$		$p-1=5$	
n	d_L	d_U	d_L	d_U	d_L	d_U	d_L	d_U	d_L	d_U
15	0.81	1.07	0.70	1.25	0.59	1.46	0.49	1.70	0.39	1.96
16	0.84	1.09	0.74	1.25	0.63	1.44	0.53	1.66	0.44	1.90
17	0.87	1.10	0.77	1.25	0.67	1.43	0.57	1.63	0.48	1.85
18	0.90	1.12	0.80	1.26	0.71	1.42	0.61	1.60	0.52	1.80
19	0.93	1.13	0.83	1.26	0.74	1.41	0.65	1.58	0.56	1.77
20	0.95	1.15	0.86	1.27	0.77	1.41	0.68	1.57	0.60	1.74
21	0.97	1.16	0.89	1.27	0.80	1.41	0.72	1.55	0.63	1.71
22	1.00	1.17	0.91	1.28	0.83	1.40	0.75	1.54	0.66	1.69
23	1.02	1.19	0.94	1.29	0.86	1.40	0.77	1.53	0.70	1.67
24	1.04	1.20	0.96	1.30	0.88	1.41	0.80	1.53	0.72	1.66
25	1.05	1.21	0.98	1.30	0.90	1.41	0.83	1.52	0.75	1.65
26	1.07	1.22	1.00	1.31	0.93	1.41	0.85	1.52	0.78	1.64
27	1.09	1.23	1.02	1.32	0.95	1.41	0.88	1.51	0.81	1.63
28	1.10	1.24	1.04	1.32	0.97	1.41	0.90	1.51	0.83	1.62
29	1.12	1.25	1.05	1.33	0.99	1.42	0.92	1.51	0.85	1.61
30	1.13	1.26	1.07	1.34	1.01	1.42	0.94	1.51	0.88	1.61
31	1.15	1.27	1.08	1.34	1.02	1.42	0.96	1.51	0.90	1.60
32	1.16	1.28	1.10	1.35	1.04	1.43	0.98	1.51	0.92	1.60
33	1.17	1.29	1.11	1.36	1.05	1.43	1.00	1.51	0.94	1.59
34	1.18	1.30	1.13	1.36	1.07	1.43	1.01	1.51	0.95	1.59
35	1.19	1.31	1.14	1.37	1.08	1.44	1.03	1.51	0.97	1.59
36	1.21	1.32	1.15	1.38	1.10	1.44	1.04	1.51	0.99	1.59
37	1.22	1.32	1.16	1.38	1.11	1.45	1.06	1.51	1.00	1.59
38	1.23	1.33	1.18	1.39	1.12	1.45	1.07	1.52	1.02	1.58
39	1.24	1.34	1.19	1.39	1.14	1.45	1.09	1.52	1.03	1.58
40	1.25	1.34	1.20	1.40	1.15	1.46	1.10	1.52	1.05	1.58
45	1.29	1.38	1.24	1.42	1.20	1.48	1.16	1.53	1.11	1.58
50	1.32	1.40	1.28	1.45	1.24	1.49	1.20	1.54	1.16	1.59
55	1.36	1.43	1.32	1.47	1.28	1.51	1.25	1.55	1.21	1.59
60	1.38	1.45	1.35	1.48	1.32	1.52	1.28	1.56	1.25	1.60
65	1.41	1.47	1.38	1.50	1.35	1.53	1.31	1.57	1.28	1.61
70	1.43	1.49	1.40	1.52	1.37	1.55	1.34	1.58	1.31	1.61
75	1.45	1.50	1.42	1.53	1.39	1.56	1.37	1.59	1.34	1.62
80	1.47	1.52	1.44	1.54	1.42	1.57	1.39	1.60	1.36	1.62
85	1.48	1.53	1.46	1.55	1.43	1.58	1.41	1.60	1.39	1.63
90	1.50	1.54	1.47	1.56	1.45	1.59	1.43	1.61	1.41	1.64
95	1.51	1.55	1.49	1.57	1.47	1.60	1.45	1.62	1.42	1.64
100	1.52	1.56	1.50	1.58	1.48	1.60	1.46	1.63	1.44	1.65

Source: Reprinted, with permission, from J. Durbin and G. S. Watson, "Testing for Serial Correlation in Least Squares Regression. II," *Biometrika* 38 (1951), pp. 159–78.

표 B.7 (계속) Durbin-Watson 검정 경계

r ρ	z' ζ	r ρ	z' ζ	r ρ	z' ζ	r ρ	z' ζ
.00	.0000	.25	.2554	.50	.5493	.75	.973
.01	.0100	.26	.2661	.51	.5627	.76	.996
.02	.0200	.27	.2769	.52	.5763	.77	1.020
.03	.0300	.28	.2877	.53	.5901	.78	1.045
.04	.0400	.29	.2986	.54	.6042	.79	1.071
.05	.0500	.30	.3095	.55	.6184	.80	1.099
.06	.0601	.31	.3205	.56	.6328	.81	1.127
.07	.0701	.32	.3316	.57	.6475	.82	1.157
.08	.0802	.33	.3428	.58	.6625	.83	1.188
.09	.0902	.34	.3541	.59	.6777	.84	1.221
.10	.1003	.35	.3654	.60	.6931	.85	1.256
.11	.1104	.36	.3769	.61	.7089	.86	1.293
.12	.1206	.37	.3884	.62	.7250	.87	1.333
.13	.1307	.38	.4001	.63	.7414	.88	1.376
.14	.1409	.39	.4118	.64	.7582	.89	1.422
.15	.1511	.40	.4236	.65	.7753	.90	1.472
.16	.1614	.41	.4356	.66	.7928	.91	1.528
.17	.1717	.42	.4477	.67	.8107	.92	1.589
.18	.1820	.43	.4599	.68	.8291	.93	1.658
.19	.1923	.44	.4722	.69	.8480	.94	1.738
.20	.2027	.45	.4847	.70	.8673	.95	1.832
.21	.2132	.46	.4973	.71	.8872	.96	1.946
.22	.2237	.47	.5101	.72	.9076	.97	2.092
.23	.2342	.48	.5230	.73	.9287	.98	2.298
.24	.2448	.49	.5361	.74	.9505	.99	2.647

Source: Abridged from Table 14 of Pearson and Hartley, *Biometrika Tables for Statisticians,* Volume 1, 1966, published by the Cambridge University Press, on behalf of The Biometrika Society, by permission of the authors and publishers.

표 B.8 상관계수의 z' 변환

부록 C | 데이터셋(Data Sets)

데이터셋 C.1 ■ SENIC

원내감염통제효능연구(**SENIC** Project: Study on the Efficacy of Nosocomial Infection Control)의 주요한 목표는 미국 병원에서 감염 감시와 통제 프로그램이 원내 감염률(병원 안에서 감염된)을 낮출 수 있는지를 밝혀내는 것이다. 이 자료는 조사된 338개의 병원 중에서 선택된 113개 병원의 확률표본이다.

자료의 각 줄은 식별 번호와 각 병원당 11개 변수들의 정보가 있다. 여기에 제시되는 이 자료는 1975~1976년에 연구한 자료이다. 이 12개의 변수들은 다음과 같다.

변수 번호	변수 이름	설명
1	식별 번호(Identification number)	1~113
2	입원 기간(Length of stay)	병원의 모든 환자들의 평균 입원 기간(일 단위)
3	나이(Age)	환자들의 평균 나이(연 단위)
4	감염 위험(Infection risk)	평원에서 감염을 얻을 평균 추정 확률(백분율 단위)
5	정기 배양 비율(Routine culturing ratio)	원내 감염 징후나 증상이 없는 환자수 대비 배양한 수의 비율, 100배
6	정기 흉부 엑스레이 비율(Routine chest X-ray ratio)	폐렴의 징후나 증상이 없는 환자수 대비 엑스레이 촬영 수 비율, 100배
7	침대수(Number of beds)	연구 기간 동안 병원의 평균 침대수
8	의대 제휴(Medical school affiliation)	1 = 그렇다, 2 = 아니다
9	지역(Region)	지리적인 지역, 1 = NE, 2 = NC, 3 = S, 4 = W
10	평균 일일 환자수(Average daily census)	연구 기간 동안 평균 하루 병원 환자수
11	간호사수(Number of nurses)	연구 기간 동안 전일제 동등*의 등록된 또는 면허 있는 간호사들의 수 평균(전일제 수 + 시간제의 1/2)
12	이용 가능한 시설 및 서비스(Available facilities and services)	35개의 잠재적인 시설과 서비스 중 병원에서 제공하는 백분율

* [역자 주] 전일제 동등(full-time equivalent): 전일제 근로자 또는 전일제에 준하는 만큼으로 계산할 때의 근로자수를 계산하는 방법이다. 예로, 반일 근로자 2명을 전일 근로자 1명으로 계산한다.

Reference: Special Issue, "The SENIC Project," *American Journal of Epidemiology* 111 (1980), pp. 465–653. Data obtained from Robert W. Haley, M.D., Hospital Infections Program, Center for Infectious Diseases, Centers for Disease Control, Atlanta, Georgia 30333.

1	2	3	4	5	6	7	8	9	10	11	12
1	7.13	55.7	4.1	9.0	39.6	279	2	4	207	241	60.0
2	8.82	58.2	1.6	3.8	51.7	80	2	2	51	52	40.0
3	8.34	56.9	2.7	8.1	74.0	107	2	3	82	54	20.0
...	...	...	...	...	...	...	...	...	...	...	...
111	7.70	56.9	4.4	12.2	67.9	129	2	4	85	136	62.9
112	17.94	56.2	5.9	26.4	91.8	835	1	1	791	407	62.9
113	9.41	59.5	3.1	20.6	91.7	29	2	3	20	22	22.9

데이터셋 C.2 ■ CDI

이 자료는 미국에서 가장 인구가 많은 440개 카운티 인구 정보(county demographic information, CDI)이다. 자료의 각 줄은 카운티(역자 주: 미국 자치행정구역단위 중 하나) 이름, 카운티 약어와 함께 식별 번호와 각 단일 카운티의 14개 변수들의 정보를 제공한다. 결측자료가 있는 카운티들은 자료에서 삭제되었다. 이 정보는 일반적으로 1990년과 1992년에 대한 것이다. 17개의 변수들은 다음과 같다.

변수 번호	변수 이름	설명
1	식별 번호(Identification number)	1~440
2	카운티(County)	카운티 이름
3	주(State)	주 약어의 2글자 알파벳
4	땅 면적(Land area)	땅 면적(평방 마일)
5	총 인구(Total population)	추정된 1990년 인구수
6	18~34세 인구 비율(%)(Percent of population aged 18~34)	18~34세의 1990년 CDI 인구의 비율(%)
7	65세 이상 인구 비율(%) (Percent of population 65 or older)	65세 이상의 1990년 CDI 인구의 비율(%)
8	활동 의사수(Number of active physicians)	1990년에 직업적으로 활동한 비연방(nonfederal) 의사들의 수
9	병원 침대수(Number of hospital beds)	1990년의 침대, 소아침대(crib), 아기침대(bassinet)의 총수
10	총 강력범죄(Total serious crimes)	사법 당국에서 집계한 살인, 강간, 강도, 가중 폭행, 침입절도, 절도, 자동차 절도 등 1990년의 강력범죄의 총수
11	고졸 비율(%)(Percent high school graduates)	12년 이상의 학교를 수료한 성인 인구(25세 이상의 사람)의 비율(%)
12	학사 학위 비율(%)(Percent bachelor's degrees)	학사 학위가 있는 성인 인구(25세 이상의 사람)의 비율(%)
13	빈곤층 비율(%)(Percent below poverty level)	1990년 소득이 빈곤 수준 이하인 CDI 인구의 비율(%)
14	실업자 비율(%)(Percent unemployment)	1990년 노동 인구 중 실업자의 비율(%)

15	1인당 소득(Per capita income)	1990년 CDI 인구의 1인당 소득(달러)
16	총 개인 소득(Total personal income)	1990년 CDI 인구의 총 개인 소득(백만 달러 단위)
17	지리적 지역(Geographic region)	지리적 지역 구분은 미국 인구 조사국(Bureau of the Census)에 의한 것임. 1 = NE, 2 = NC, 3 = S, 4 = W

Source: Geospatial and Statistical Data Center, University of Virginia.

1	2	3	4	5	6	7	8	9	10
1	Los_Angeles	CA	4060	8863164	32.1	9.7	23677	27700	688936
2	Cook	IL	946	5105067	29.2	12.4	15153	21550	436936
3	Harris	TX	1729	2818199	31.3	7.1	7553	12449	253526
...	...	...	...	...	...	...	...	...	...
438	Montgomery	TN	539	100498	35.7	7.9	87	188	6537
439	Maui	HI	1159	100374	26.2	11.3	192	182	7130
440	Morgan	AL	582	100043	26.3	11.7	122	464	4693

11	12	13	14	15	16	17
70.0	22.3	11.6	8.0	20786	184230	4
73.4	22.8	11.1	7.2	21729	110928	2
74.9	25.4	12.5	5.7	19517	55003	3
...	...	...	...	...	...	...
77.9	16.5	10.8	8.0	13169	1323	3
77.0	17.8	5.7	3.2	18504	1857	4
69.4	15.5	9.4	7.1	16458	1647	3

데이터셋 C.3 ■ 시장 점유율(Market Share)

포장식품 제조회사의 경영진이 한 제품의 시장 점유율에 어떤 요인이 영향을 주는지 알아보려고 한다. 전국 데이터베이스(Nielsen)로부터 연속되는 36개월의 자료가 수집되었다. 자료의 각 줄은 식별 번호와 각 달의 6개의 다른 변수들의 정보가 있다. 이는 1999년 9월부터 2002년 8월까지의 자료들이다. 이 변수들은 다음과 같다.

변수 번호	변수 이름	설명
1	식별 번호(Identification number)	1~36
2	시장 점유율(Market share)	상품의 평균 월 시장 점유율(%)
3	가격(Price)	상품의 평균 월 가격(달러)
4	종합 Nielsen 시청률(Gross Nielsen rating points)	상품이 받은 광고 노출량의 지수
5	할인 가격(Discount price)	기간 동안 할인 가격의 존재 유무 1: 할인 있음, 0: 할인 없음
6	묶음 행사(Package promotion)	기간 동안 묶음 행사의 존재 유무 1: 행사 있음, 0: 행사 없음
7	월(Month)	월(1~12월)
8	연도(Year)	연(1999~2002년)

1	2	3	4	5	6	7	8
1	3.15	2.198	498	1	1	Sep	1999
2	2.52	2.186	510	0	0	Oct	1999
3	2.64	2.293	422	1	1	Nov	1999
...	...	...	...	...	...	...	...
34	2.80	2.518	270	1	0	Jun	2002
35	2.48	2.497	322	0	1	Jul	2002
36	2.85	2.781	317	1	1	Aug	2002

데이터셋 C.4 ■ 대학 입학(University Admissions)

어느 주립대학의 입학처장은 학생들의 입학시험성적과 고등학교 성적 순위가 학생들의 1학년 말 평량평균(grade-point average)을 얼마나 정확하게 예측하는지 확인하고 싶었다. 입학년도는 1996년부터 2000년까지이다. 자료의 각 줄에는 식별 번호 및 각 학생들의 4개의 다른 변수들의 정보가 있다. 이 5개의 변수들은 다음과 같다.

변수 번호	변수 이름	설명
1	식별 번호(Identification number)	1~705
2	GPA(GPA)	1학년 말 평량평균
3	고등학교 성적 순위(High school class rank)	고등학교 성적 순위의 백분율: 낮은 백분율은 더 높은 순위를 나타냄
4	ACT 점수(ACT score)	ACT(American College Test) 입학시험점수
5	입학년도(Academic year)	1학년이 대학에 들어온 연도

1	2	3	4	5
1	0.980	61	20	1996
2	1.130	84	20	1996
3	1.250	74	19	1996
...	...	...	...	...
703	4.000	97	29	2000
704	4.000	97	29	2000
705	4.000	99	32	2000

데이터셋 C.5 ■ 전립선 암(Prostate Cancer)

대학의료센터 비뇨기과 그룹은 후기 전립선 암을 가진 남자 환자의 전립선 특이항원(PSA: prostate-specific antigen)과 많은 예후 임상 측정값(prognostic clinical measurement) 사이의 관련성에 관심이 있었고, 근치적 절제술(radical prostectomy) 예정인 97명의 남자에 대한 자료를 수집하였다. 자료의 각 줄은 식별 번호와 각 사람의 8개의 다른 변수에 대한 정보를 제공한다. 이 9개의 변수는 다음과 같다.

변수 번호	변수 이름	설명
1	식별 번호(Identification number)	1~97
2	PSA 수준(PSA level)	전립선 특이항원 혈청 수준(mg/ml)
3	암 크기(Cancer volume)	전립선 암 크기 추정치(cc)
4	무게(Weight)	전립선 무게(gm)
5	나이(Age)	환자의 나이(세)
6	전립선 비대(Benign prostatic hyperplasia)	전립선 비대의 양(cm^2)
7	정낭 침입(Seminal vesicle invasion)	정낭 침입의 존재 유무: 있으면 1; 아니면 0
8	캡슐 침투(Capsular penetration)	캡슐 침투 정도(cm)
9	글리슨 점수(Gleason score)	두 가지 패턴의 총점을 사용하여 나타낸 병리학적으로 결정된 질병의 등급(합산된 점수가 6, 7, 8로 높은 점수이면 더 나쁜 예후를 나타냄)

1	2	3	4	5	6	7	8	9
1	0.651	0.5599	15.959	50	0	0	0	6
2	0.852	0.3716	27.660	58	0	0	0	7
3	0.852	0.6005	14.732	74	0	0	0	7
...	...	...	...	...	...	...	...	...
95	170.716	18.3568	29.964	52	0	1	11.7048	8
96	239.847	17.8143	43.380	68	4.7588	1	4.7588	8
97	265.072	32.1367	52.985	68	1.5527	1	18.1741	8

Adapted in part from: Hastie, T. J.; R. J. Tibshirani; and J. Friedman. *The Elements of Statistical Learning: Data Mining, Inference, and Prediction*. New York: Springer-Verlag, 2001.

데이터셋 C.6 ■ 웹사이트 개발자(Website Developer)

웹사이트를 개발하는 회사의 경영진은 매 분기 개발되어 고객에게 전달된 웹사이트의 수에 가장 큰 영향을 미치는 변수가 어떤 것인지에 대해 관심이 있었다. 자료는 2001년 1월부터 2002년 8월까지 각 3명으로 구성된 13개 웹사이트 개발팀의 웹사이트 제작물로부터 수집되었다. 자료의 각 줄은 식별 번호와 13개 팀의 6개의 다른 변수들의 정보를 제공한다. 8개의 변수는 다음과 같다.

변수 번호	변수 이름	설명
1	식별 번호(Identification number)	1~73
2	전달된 웹사이트(Websites delivered)	그 분기 동안 완성되어 고객에게 전달된 웹사이트의 수
3	주문 잔고(Backlog of orders)	그 분기 마지막에 잔고로 남은 웹사이트 주문 개수
4	팀 번호(Team number)	1~13
5	팀 경험기간(Team experience)	팀이 함께 일한 개월수
6	절차 변경(Process change)	2002년 2사분기 동안 발생한 웹사이트 개발 절차의 변경: 2002년 2 또는 3 분기이면 1; 아니면 0
7	연도(Year)	2001년 또는 2002년
8	분기(Quarter)	1, 2, 3, 4

1	2	3	4	5	6	7	8
1	1	12	1	3	0	2001	1
2	2	18	1	6	0	2001	2
3	7	26	1	9	0	2001	3
...	...	...	...	...	...	...	...
71	7	36	13	14	0	2002	1
72	19	37	13	17	1	2002	2
73	12	26	13	20	1	2002	3

데이터셋 C.7 ■ 부동산 매매(Real Estate Sales)

한 도시의 조세 사정인은 주택 및 주변 소유물의 다양한 특징들을 통해 중서부 도시의 주택 판매 가격을 예측하는 데 관심이 있었다. 자료는 2002년에 이루어진 522개의 동등자격 거래(arms-length transaction)*에 의한 주택 판매에 대한 것이다. 그 자료의 각 줄은 식별 번호와 12개의 다른 변수들의 정보를 제공한다. 이 13개의 변수들은 다음과 같다.

변수 번호	변수 이름	설명
1	식별 번호(Identification number)	1~522
2	판매 가격(Sales price)	주거지 판매 가격(달러)
3	완료 면적(Finished square feet)	완료된(finished)* 주거 면적(평방 피트)
4	방수(Number of bedrooms)	주택의 총 방의 개수
5	욕실수(Number of bathrooms)	주택의 총 욕실 개수
6	에어컨(Air conditioning)	에어컨이 있으면 1; 없으면 0
7	차고 크기(Garage size)	차고가 수용할 수 있는 차의 대수
8	수영장(Pool)	수영장이 있으면 1; 없으면 0
9	완공 연도(Year built)	건물이 최초 건설된 연도
10	품질(Quality)	공사의 질을 나타내는 지수: 1은 높은 품질을 나타냄; 2는 중간 품질을 나타냄; 3은 낮은 품질을 나타냄
11	스타일(Style)	건축 스타일의 질적 지표
12	대지 크기(Lot size)	롯트(lot), 집터의 크기(평방 피트)
13	고속도로 인접성(Adjacent to highway)	고속도로가 가까이 있으면 1; 아니면 0

*[역자 주] 서먹서먹하게 거리를 둔다는 뜻이고 상법에서는 거래가 이루어질 때 쌍방이 동등한 자격으로 거래가 이루어지는 것을 말한다. 부모가 자식에게 집을 팔 때는 싸게 팔려고 하기 때문에 감정사의 가격으로 거래가 되면 arms-length transaction이 된다. "The professor in my regression-models class never wants to keep his students at arm's length." 내가 수강하고 있는 회귀모형 과목의 교수는 학생들과 가깝게 지내려고 한다.

완료된(finished) 면적: (미국에서) 주거지 면적을 잴 때 난방시설(냉방시설까지 포함하기도 함)이 되어 있는 곳만 계산하는 것. 난방시설이 되어 있지 않은(unfinished) 주차장 등은 면적계산에서 빠지게 된다.

1	2	3	4	5	6	7	8	9	10	11	12	13
1	360000	3032	4	4	1	2	0	1972	2	1	22221	0
2	340000	2058	4	2	1	2	0	1976	2	1	22912	0
3	250000	1780	4	3	1	2	0	1980	2	1	21345	0
...	...	...	...	...	...	...	...	...	...	...	...	...
520	133500	1922	3	1	0	2	0	1950	3	1	14805	0
521	124000	1480	3	2	1	2	0	1953	3	1	28351	0
522	95500	1184	2	1	0	1	0	1951	3	1	14786	0

데이터셋 C.8 ■ 난방 설비(Heating Equipment)

한 난방 설비 제조업자는 다양한 경제 지표, 연쇄적인 공급과정(supply-chain)의 요인들, 특정 판매 지역의 날씨 등의 정보를 통해 매월 주문의 양을 예측하는 데에 관심이 있었다. 분석을 위한 그 지역의 자료는 월 단위로 4년간(1999~2002년) 수집되었다. 자료의 각 줄은 식별 번호와 9개의 다른 변수들의 정보를 제공한다. 이 10개의 변수들은 다음과 같다.

변수 번호	변수 이름	설명
1	식별 번호(Identification number)	1~43
2	주문수(Number of orders)	그 달의 난방 설비 주문 개수
3	이자율(Interest rate)	그 달의 실제 우대 금리*
4	새 주택(New homes)	완공되어 판매 지역에 매물로 나온 그 달의 새 주택의 수
5	할인(Discount)	유통업자에게 제공되는 그 달의 할인률(0~5); 값은 보통 0이고, 이는 할인하지 않는 것을 뜻한
6	재고(Inventories)	창고에 있는 그 달의 유통업자의 재고
7	판매량(Sell through)	이전 달에 유통업자가 시공업자에게 판 설비의 개수
8	온도 편차(Temperature deviation)	그 달의 평균 온도와 그 달의 30년 평균 온도의 차이
9	연도(Year)	1999, 2000, 2001, 2002년
10	월(Month)	1~12

* [역자 주] 우리금리(prime rate): 미국의 대은행이 신용도가 높은 대기업에 무담보로 단기 사업 자금을 빌려 줄 때 적용하는 금리

1	2	3	4	5	6	7	8	9	10
1	121	0.0750	64	0	3536	615	2.22	1999	1
2	227	0.0750	64	0	3042	813	0.28	1999	2
3	446	0.0750	65	0	2456	704	0.79	1999	3
...	...	...	...	...	...	...	...	...	...
41	754	0.0475	64	0	1417	927	0.81	2002	6
42	1098	0.0475	65	0	1244	877	0.28	2002	7
43	1158	0.0475	65	0	1465	809	0.50	2002	8

데이터셋 C.9 ■ 허혈성 심장 질환(Ischemic Heart Disease)

한 건강보험회사는 허혈성(관상동맥의) 심장 질환(ischemic heart disease)*을 원인으로 보험금을 청구했던 가입자 788명의 정보를 수집하였다. 자료는 1998년 1월 1일부터 1999년 12월 31일까지의 기간 동안 이들 788명의 가입자에게 제공된 서비스의 총 비용 및 기본적인 다양한 서비스들의 특징들이다. 자료의 각 줄은 식별 번호와 각 가입자들의 9개의 다른 변수들의 정보를 제공한다. 이 10개의 변수들은 다음과 같다.

변수 번호	변수 이름	설명
1	식별 번호(Identification number)	1∼788
2	총 비용(Total cost)	가입자들이 청구한 총 비용(달러)
3	나이(Age)	가입자의 나이(세)
4	성별(Gender)	가입자의 성별: 남자면 1; 아니면 0
5	중재시술(Interventions)	중재시술* 또는 조정 절차가 시행된 총 횟수
6	약물(Drugs)	기록된 처방 약물 개수
7	응급실 방문(Emergency room visits)	응급실 방문 횟수
8	합병증(Complications)	심장병 치료 중에 발생한 다른 합병증의 개수
9	중복질환(Comorbidities)	가입자가 해당 기간에 가지고 있던 다른 질병의 수
10	지속 기간(Duration)	치료 상태의 지속 기간의 일수

*[역자 주] 허혈성 심장 질환: 혈관수축에 의한 국소빈혈로 생기는 심장 질환. 협심증, 심근경색, 무증상 허혈성 심질환으로 나뉜다.
중재시술(intervention): 튜브나 스텐트와 같은 기구를 삽입하는 시술

1	2	3	4	5	6	7	8	9	10
1	179.1	63	0	2	1	4	0	3	300
2	319.0	59	0	2	0	6	0	0	120
3	9310.7	62	0	17	0	2	0	5	353
...	...	...	...	...	...	...	...	...	...
786	2677.7	68	0	3	2	6	0	10	303
787	1282.2	58	0	7	2	2	0	7	244
788	586.0	56	0	4	4	6	0	3	336

데이터셋 C.10 ■ 질병 발생(Disease Outbreak)

한 도시의 두 구역에서 확률표본으로 선택된 196명의 사람에 대한 연구로부터의 자료이다. 자료의 각 줄은 식별 번호와 각 사람의 5개의 다른 변수들에 대한 정보를 제공한다. 이 6개의 변수들은 다음과 같다.

변수 번호	변수 이름	설명
1	식별 번호(Identification number)	1∼196
2	나이(Age)	사람의 나이 (세)
3	사회경제적 지위(Socioeconomic status)	1 = 높음, 2 = 중간, 3 = 낮음

4	구역(Sector)	도시 내의 구역: 1 = 구역 1, 2 = 구역 2
5	질병(Disease status)	1 = 질병 있음, 0 = 질병 없음
6	예금계좌(Savings account status)	1 = 예금계좌 있음, 0 = 예금계좌 없음

Adapted in part from H. G. Dantes, J. S. Koopman, C. L. Addy, et al., "Dengue Epidemics on the Pacific Coast of Mexico," *International Journal of Epidemiology* 17 (1988), pp. 178–86.

1	2	3	4	5	6
1	33	1	1	0	1
2	35	1	1	0	1
3	6	1	1	0	0
...	...	...	...	...	...
194	31	3	1	0	0
195	85	3	1	0	1
196	24	2	1	0	0

데이터셋 C.11 ■ IPO

비공개기업은 기업을 공개하기 위하여 주식을 발행하여 상장하는 경우가 많은데, 이를 기업공개(initial public offering, IPOs)라고 한다. 벤처금융의 투자를 끌어들이는 회사의 특징이 무엇인지 확인하기 위해 482개의 IPO에 대한 연구가 수행되었다. 관심 있는 반응변수는 기업이 벤처금융으로부터 지원을 받았는지, 받지 않았는지 여부이다. 가능성 있는 예측변수는 회사의 액면가, 발행한 주식의 수, 그리고 차입매수가 있었는지를 포함한다. 자료의 각 줄은 식별 번호와 각 회사에 대한 4개의 다른 변수에 대한 정보를 제공한다. 이 5가지 변수들은 다음과 같다.

변수 번호	변수 이름	설명
1	식별 번호(Identification number)	1~482
2	벤처금융투자(Venture capital funding)	벤처금융의 투자유치 유무: 유치면 1; 아니면 0
3	액면가(Face value of company)	회사 안내서에 있는 추정된 액면가(달러)
4	발행 주식수(Number of shares offered)	발행한 주식의 총 수
5	차입매수(Leveraged buyout)	차입매수*의 여부: 맞으면 1; 아니면 0

* [역자 주] 차입매수(leveraged buyout): 매수회사가 매수 자금의 상당 부분을 피매수회사의 자산을 담보로 해서 차입한 자금으로 충당하여 기업을 매수하는 것

1	2	3	4	5
1	0	1,200,000	3,000,000	0
2	0	1,454,000	1,454,000	1
3	0	1,500,000	300,000	0
...	...	...	...	...
480	0	159,500,000	7,250,000	0
481	0	165,000,000	11,000,000	0
482	0	234,600,000	9,200,000	0

부록 D | 참고문헌

참고문헌을 다음과 같은 범주로 묶었다.

1. 일반회귀분석
2. 일반선형모형
3. 진단과 모형구축
4. 통계 전산
5. 비선형회귀분석
6. 기타 회귀분석 주제

1. 일반회귀분석

Allison, P. D. *Multiple Regression: A Primer*. Thousand Oaks, Calif.: Sage Publications, 1999.

Bowerman, B. L., and R. T. O'Connell. *Linear Statistical Models: An Applied Approach*. 2nd ed. Boston: Duxbury Press, 1990.

Chatterjee, S.; A. S. Hadi; and B. Price. *Regression Analysis by Example*. 3rd. ed. New York: John Wiley & Sons, 1999.

Cohen, J.; P. Cohen; S. G. West; and L. S. Aiken. *Applied Multiple Regression/Correlation Analysis for the Behavioral Sciences*. 3rd ed. Hillsdale, NJ: Lawrence Erlbaum Associates, 2003.

Cook, R. D., and S. Weisberg. *Applied Regression Including Computing and Graphics*. New York: John Wiley & Sons, 1999.

Daniel, C., and F. S. Wood. *Fitting Equations to Data: Computer Analysis of Multifactor Data*. 2nd ed. New York: John Wiley & Sons, 1999.

Draper, N. R., and H. Smith. *Applied Regression Analysis*. 3rd ed. New York: John Wiley & Sons, 1998.

Freund, R. J., and R. C. Littell. *SAS System for Regression*. 3rd ed. New York: John Wiley & Sons, 2000.

Graybill, F. A., and H. Iyer. *Regression Analysis: Concepts and Applications*. Belmont, Calif.: Duxbury Press, 1994.

Hamilton, L. C. *Regression with Graphics: A Second Course in Applied Statistics*. Pacific Grove, Calif.: Brooks/Cole Publishing, 1992.

Kleinbaum, D. G.; L. L. Kupper; K. E. Muller; and A. Nizam. *Applied Regression Analysis and Other Multivariate Methods*. 3rd ed. Belmont, Calif.: Duxbury Press, 1998.

Mendenhall, W., and T. Sincich. *A Second Course in Business Statistics: Regression Analysis*. 5th ed. Upper Saddle River, New Jersey: Prentice Hall, 1996.

Muller, K. E., and B. A. Fetterman. *Regression and ANOVA: An Integrated Approach Using SAS Software*. New York: John Wiley & Sons, 2003.

Myers, R. H. *Classical and Modern Regression with Applications*. 2nd ed. Boston: Duxbury Press, 1990.

Pedhazur, E. J. *Multiple Regression in Behavioral Research*. 3rd ed. Belmont, Calif.: Duxbury Press, 1997.

Rawlings, J. O.; S. G. Pantula; and D. A. Dickey. *Applied Regression Analysis: A Research Tool*. New York: Springer-Verlag, 1998.

Ryan, T. P. *Modern Regression Methods*. New York: John Wiley & Sons, 1997.

Seber, G. A. F., and A. S. Lee. *Linear Regression Analysis*. 2nd ed. New York: John Wiley & Sons, 2003.

Sen, A., and M. Srivastava. *Regression Analysis: Theory, Methods, and Applications*. 4th ed. New York: Springer-Verlag, 1997.

2. 일반선형모형

Graybill, F. A. *Theory and Application of the Linear Model*. Boston: Duxbury Press, 1976.

Hocking, R. R. *Methods and Applications of Linear Models: Regression and the Analysis of Variance*. 2nd ed. New York: John Wiley & Sons, 2003.

Littell, R. C.; W. W. Stroup; and R. J. Freund. *SAS System for Linear Models*. 4th ed. New York: John Wiley & Sons, 2002.

Searle, S. R. *Linear Models*. New York: John Wiley & Sons, 1997.

Searle, S. R. *Linear Models for Unbalanced Data*. New York: John Wiley & Sons, 1987.

3. 진단과 모형구축

Allen, D. M. "Mean Square Error of Prediction as a Criterion for Selecting Variables." *Technometrics* 13 (1971), pp. 469–75.

Anscombe, F. J., and J. W. Tukey. "The Examination and Analysis of Residuals." *Technometrics* = (1963), pp. 141–60.

Atkinson, A. C. "Two Graphical Displays for Outlying and Influential Observations in Regression." *Biometrika* 68 (1981), pp. 13–20.

Atkinson, A. C. *Plots, Transformations, and Regression*. Oxford: Clarendon Press, 1987.

Barnett, V., and T. Lewis. *Outliers in Statistical Data*. 3rd ed. New York: John Wiley & Sons, 1994.

Belsley, D. A. *Conditioning Diagnostics: Collinearity and Weak Data in Regression*. New York: John Wiley & Sons, 1991.

Belsley, D. A.; E. Kuh; and R. E. Welsch. *Regression Diagnostics: Identifying Influential Data and Sources of Collinearity*. New York: John Wiley & Sons, 1980.

Box, G. E. P., and D. R. Cox. "An Analysis of Transformations." *Journal of the Royal Statistical Society B* 26 (1964), pp. 211–43.

Box, G. E. P., and N. R. Draper. *Empirical Model-Building and Response Surfaces*. New York: John Wiley & Sons, 1987.

Box, G. E. P., and P. W. Tidwell. "Transformations of the Independent Variables." *Technometrics* 4 (1962), pp. 531–50.

Breiman, L., and P. Spector. "Submodel Selection and Evaluation in Regression: The *X*-Random

Case." *International Statistical Review* 60 (1992), pp. 291–319.

Breusch, T. S., and A. R. Pagan. "A Simple Test for Heteroscedasticity and Random Coefficient Variation." *Econometrica* 47 (1979), pp. 1287–94.

Brown, M. B., and A. B. Forsythe. "Robust Tests for Equality of Variances." *Journal of the American Statistical Association* 69 (1974), pp. 364–67.

Carroll, R. J., and D. Ruppert. *Transformation and Weighting in Regression*. New York: Chapman & Hall, 1988.

Chatterjee, S., and A. S. Hadi. *Sensitivity Analysis in Linear Regression*. New York: John Wiley & Sons, 1988.

Conover, W. J.; M. E. Johnson; and M. M. Johnson. "A Comparative Study of Tests for Homogeneity of Variances, with Applications to the Outer Continental Shelf Bidding Data." *Technometrics* 23 (1981), pp. 351–61.

Cook, R. D. "Exploring Partial Residual Plots." *Technometrics* 35 (1993), pp. 351–62.

Cook, R. D., and S. Weisberg. "Diagnostics for Heteroscedasticity in Regression." *Biometrika* 70 (1983), pp. 1–10.

Cox, D. R. *Planning of Experiments*. New York: John Wiley & Sons, 1958.

Davidian, M., and R. J. Carroll. "Variance Function Estimation." *Journal of the American Statistical Association* 82 (1987), pp. 1079–91.

Durbin, J., and G. S. Watson. "Testing for Serial Correlation in Least Squares Regression. II." *Biometrika* 38 (1951), pp. 159–78.

Faraway, J. J. "On the Cost of Data Analysis." *Journal of Computational and Graphical Statistics* 1 (1992), pp. 213–29.

Flack, V. F., and P. C. Chang. "Frequency of Selecting Noise Variables in Subset-Regression Analysis: A Simulation Study." *The American Statistician* 41 (1987), pp. 84–86.

Freedman, D. A. "A Note on Screening Regression Equations." *The American Statistician* 37 (1983), pp. 152–55.

Hoaglin, D. C.; F. Mosteller; and J. W. Tukey. *Exploring Data Tables, Trends, and Shapes*. New York: John Wiley & Sons, 1985.

Hoaglin, D. C., and R. Welsch. "The Hat Matrix in Regression and ANOVA." *The American Statistician* 32 (1978), pp. 17–22.

Hocking, R. R. "The Analysis and Selection of Variables in Linear Regression."
Biometrics 32 (1976), pp. 1–49.

Hoerl, A. E., and R. W. Kennard. "Ridge Regression: Applications to Nonorthogonal Problems." *Technometrics* 12 (1970), pp. 69–82.

Joglekar, G.; J. H. Schuenemeyer; and V. LaRiccia. "Lack-of-Fit Testing When Replicates Are Not Available." *The American Statistician* 43 (1989), pp. 135–43.

Levene, H. "Robust Tests for Equality of Variances," in *Contributions to Probability and Statistics*, ed. I. Olkin. Palo Alto, Calif.: Stanford University Press, 1960, pp. 278–92.

Lindsay, R. M., and A. S. C. Ehrenberg. "The Design of Replicated Studies." *The American Statistician* 47 (1993), pp. 217–28.

Looney, S. W., and T. R. Gulledge, Jr. "Use of the Correlation Coefficient with Normal Probability Plots." *The American Statistician* 39 (1985), pp. 75–79.

Mallows, C. L. "Some Comments on C_p." *Technometrics* 15 (1973), pp. 661–75.

Mansfield, E. R., and M. D. Conerly. "Diagnostic Value of Residual and Partial Residual Plots." *The American Statistician* 41 (1987), pp. 107–16.

Mantel, N. "Why Stepdown Procedures in Variable Selection." *Technometrics* 12 (1970), pp. 621–25.

Miller, A. J. *Subset Selection in Regression*. 2nd ed. London: Chapman & Hall, 2002.

Pope, P. T., and J. T. Webster. "The Use of an *F*-Statistic in Stepwise Regression Procedures." *Technometrics* 14 (1972), pp. 327–40.

Rousseeuw, P. J., and A. M. Leroy. *Robust Regression and Outlier Detection*. New York: John Wiley & Sons, 1987.

Shapiro, S. S., and M. B. Wilk. "An Analysis of Variance Test for Normality (Complete Samples)." *Biometrika* 52 (1965), pp. 591–611.

Snee, R. D. "Validation of Regression Models: Methods and Examples." *Technometrics* 19 (1977), pp. 415–28.

Stone, M. "Cross-Validatory Choice and Assessment of Statistical Prediction." *Journal of the Royal Statistical Society B* 36 (1974), pp. 111–47.

Velleman, P. F., and D. C. Hoaglin. *Applications, Basics, and Computing of Exploratory Data Analysis*. Boston: Duxbury Press, 1981.

4. 통계 전산

BMDP New System 2.0. Statistical Solutions, Inc.

JMP Version 5. SAS Institute Inc.

Kennedy, W. J., and J. E. Gentle. *Statistical Computing*. New York: Marcel Dekker, 1980.

LogXact 5. Cytel Software Corporation. Cambridge, Massachusetts, 2003.

MATLAB 6.5. The MathWorks, Inc.

MINITAB Release 13. Minitab Inc.

S-Plus 6 for Windows. Insightful Corporation

SAS/STAT Release 8.2. SAS Institute, Inc.

SPSS 11.5 for Windows. SPSS Inc.

SYSTAT 10.2. SYSTAT Software Inc.

Tierney, L. *LISP-STAT: An Object-Oriented Environment for Statistical Computing and Dynamic Graphics*. New York: John Wiley & Sons, 1990.

5. 비선형회귀분석

Allison, P. D. *Logistic Regression Using the SAS System: Theory and Applications*. New York: John Wiley & Sons, 1999.

Bates, D. M., and D. G. Watts. *Nonlinear Regression Analysis and Its Applications*. New York: John Wiley & Sons, 1988.

Begg, C. B., and R. Gray. "Calculation of Polytomous Logistic Regression Parameters Using Individualized Regressions." *Biometrika* 71 (1984), pp. 11–18.

Box, M. J. "Bias in Nonlinear Estimation." *Journal of the Royal Statistical Society B* 33 (1971), pp. 171–201.

DeVeaux, R. D., Schumi, J., Schweinsberg, J., and L. H. Ungar. "Prediction Intervals for Neural Networks via Nonlinear Regression." *Technometrics* 40 (1998), pp. 273–82.
DeVeaux, R. D., and L. H. Ungar. "A Brief Introduction to Neural Networks," http://www.williams.edu/Mathematics/rdeveaux/pubs.html (1996).
Gallant, A. R. "Nonlinear Regression." *The American Statistician* 29 (1975), pp. 73–81.
Gallant, A. R. *Nonlinear Statistical Models*. New York: John Wiley & Sons, 1987.
Halperin, M.; W. C. Blackwelder; and J. I. Verter. "Estimation of the Multivariate Logistic Risk Function: A Comparison of Discriminant Function and Maximum Likelihood Approaches." *Journal of Chronic Diseases* 24 (1971), pp. 125–58.
Hartley, H. O. "The Modified Gauss-Newton Method for the Fitting of Non-linear Regression Functions by Least Squares." *Technometrics* 3 (1961), pp. 269–80.
Hosmer, D. W., and S. Lemeshow. "Goodness of Fit Tests for the Multiple Logistic Regression Model." *Communications in Statistics A* 9 (1980), pp. 1043–69.
Hosmer, D. W., and S. Lemeshow. *Applied Logistic Regression*. 2nd ed. New York: John Wiley & Sons, 2000.
Hougaard, P. "The Appropriateness of the Asymptotic Distribution in a Nonlinear Regression Model in Relation to Curvature." *Journal of the Royal Statistical Society B* 47 (1985), pp. 103–14.
Kleinbaum, D. G.; L. L. Kupper; and L. E. Chambless. "Logistic Regression Analysis of Epidemiologic Data: Theory and Practice." *Communications in Statistics A* 11 (1982), pp. 485–547.
Landwehr, J. M.; D. Pregibon; and A. C. Shoemaker. "Graphical Methods for Assessing Logistic Regression Models (with discussion)." *Journal of the American Statistical Association* 79 (1984), pp. 61–83.
Marquardt, D. W. "An Algorithm for Least Squares Estimation of Non linear Parameters." *Journal of the Society of Industrial and Applied Mathematics* 11 (1963), pp. 431–41.
Menard, S. *Applied Logistic Regression Analysis*. Thousand Oaks, Calif.: Sage Publications, 1995.
Pregibon, D. "Logistic Regression Diagnostics." *Annals of Statistics* 9 (1981), pp. 705–24.
Prentice, R. L. "Use of the Logistic Model in Retrospective Studies." *Biometrics* 32 (1976), pp. 599–606.
Ratkowsky, D. A. *Nonlinear Regression Modeling*. New York: Marcel Dekker, 1983.
Truett, J.; J. Cornfield; and W. Kannel. "A Multivariate Analysis of the Risk of Coronary Heart Disease in Framingham." *Journal of Chronic Diseases* 20 (1967), pp. 511–24.

6. 기타 회귀분석 주제

Agresti, A. *Categorical Data Analysis*. 2nd ed. New York: John Wiley & Sons, 2002.
Altman, N. S. "An Introduction to Kernel and Nearest-Neighbor Nonparametric Regression." *The American Statistician* 46 (1992), pp. 175–85.
Berkson, J. "Are There Two Regressions?" *Journal of the American Statistical Association* 45 (1950), pp. 164–80.
Bishop, Y. M. M.; S. E. Fienberg; and P. W. Holland. *Discrete Multivariate Analysis: Theory and Practice*. Cambridge, Mass.: MIT Press, 1975.

Box, G. E. P. "Use and Abuse of Regression." *Technometrics* 8 (1966), pp. 625–29.

Box, G. E. P., and G. M. Jenkins. *Time Series Analysis, Forecasting and Control*. 3rd ed. San Francisco: Holden-Day, 1994.

Breiman, L.; J. H. Friedman; R. A. Olshen; and C. J. Stone. *Classification and Regression Trees*. New York: Chapman & Hall, 1993.

Christensen, R. *Log-Linear Models and Logistic Regression*. 2nd ed. New York: Springer-Verlag, 1997.

Cleveland, W. S. "Robust Locally Weighted Regression and Smoothing Scatterplots." *Journal of the American Statistical Association* 74 (1979), pp. 829–36.

Cleveland, W. S., and S. J. Devlin. "Locally Weighted Regression: An Approach to Regression Analysis by Local Fitting." *Journal of the American Statistical Association* 83 (1988), pp. 596–610.

Collett, D. *Modelling Binary Data*. 2nd ed. London: Chapman & Hall, 2002.

Cox, D. R. "Notes on Some Aspects of Regression Analysis." *Journal of the Royal Statistical Society A* 131 (1968), pp. 265–79.

Cox, D. R. *The Analysis of Binary Data*. 2nd ed. London: Chapman & Hall, 1989.

Efron, B. *The Jackknife, The Bootstrap, and Other Resampling Plans*. Philadelphia: Society for Industrial and Applied Mathematics, 1982.

Efron, B. "Better Bootstrap Confidence Intervals" (with discussion). *Journal of the American Statistical Association* 82 (1987), pp. 171–200.

Efron, B., and R. Tibshirani. "Bootstrap Methods for Standard Errors, Confidence Intervals, and Other Measures of Statistical Accuracy." *Statistical Science* 1 (1986), pp. 54–77.

Efron, B., and R. J. Tibshirani. *An Introduction to the Bootstrap*. New York: Chapman & Hall, 1993.

Eubank, R. L. *Nonparametric Regression and Spline Smoothing*. 2nd ed. New York: Marcel Dekker, 1999.

Finney, D. J. *Probit Analysis*. 3rd ed. Cambridge, England: Cambridge University Press, 1971.

Frank, I. E., and J. H. Friedman. "A Statistical View of Some Chemometrics Regression Tools." *Technometrics* 35 (1993), pp. 109–35.

Friedman, J. H., and W. Stuetzle. "Projection Pursuit Regression." *Journal of the American Statistical Association* 76 (1981), pp. 817–23.

Fuller, W. A. *Measurement Error Models*. New York: John Wiley & Sons, 1987.

Gibbons, J. D. *Nonparametric Methods for Quantitative Analysis*. 2nd ed. Columbus, Ohio: American Sciences Press, 1985.

Graybill, F. A. *Matrices with Applications in Statistics*. 2nd ed. Belmont, Calif.: Duxbury Press, 2001.

Greene, W. H. *Econometric Analysis*. 5th ed. Upper Saddle River, NJ: Prentice Hall, 2003.

Haerdle, W. *Applied Nonparametric Regression*. Cambridge, England: Cambridge University Press, 1990.

Harrell, F. E. *Regression Modeling Strategies: With Application to Linear Models, Logistic Regression, and Survival Analysis*. New York: Springer-Verlag, 2001.

Hastie, T., and C. Loader. "Local Regression: Automatic Kernel Carpentry" (with discussion). *Statistical Science* 8 (1993), pp. 120–43.

Hastie, T. J., and R. J. Tibshirani. *Generalized Additive Models*. New York: Chapman & Hall, 1990.

Hastie, T. J.; R. J. Tibshirani; and J. Friedman. The *Elements of Statistical Learning: Data Mining, Inference, and Prediction*. New York: Springer-Verlag, 2001.

Hochberg, Y., and A. C. Tamhane. *Multiple Comparison Procedures*. John Wiley & Sons, 1987.

Hogg, R. V. "Statistical Robustness: One View of Its Use in Applications Today." *The American Statistician* 33 (1979), pp. 108–15.

Johnson, R. A., and D. W. Wichern. *Applied Multivariate Statistical Analysis*. 5th ed. Englewood Cliffs, NJ: Prentice-Hall, 2002.

Kendall, M. G., and J. D. Gibbons. *Rank Correlation Methods*. 5th ed. London: Oxford University Press, 1990.

Lachenbruch, P. A. *Discriminant Analysis*. New York: Hafner Press, 1975.

McCulloch, P., and J. A. Nelder. *Generalized Linear Models*. 2nd ed. New York: Chapman & Hall, 1989.

Miller, R. G., Jr. *Simultaneous Statistical Inference*. 2nd ed. New York: Springer-Verlag, 1991.

Nelder, J. A., and R. W. M. Wedderburn. "Generalized Linear Models." *Journal of the Royal Statistical Society A* 135 (1972), pp. 370–84.

Pindyck, R. S., and D. L. Rubinfeld. *Econometric Models and Economic Forecasts*. 4th ed. New York: McGraw-Hill, 1997.

Satterthwaite, F. E. "An Approximate Distribution of Estimates of Variance Components." *Biometrics Bulletin* – (1946), pp. 110–14.

Searle, S. R. *Matrix Algebra Useful for Statistics*. New York: John Wiley & Sons, 1982.

Snedecor, G. W., and W. G. Cochran. *Statistical Methods*. 8th ed. Ames, Iowa: Iowa State University Press, 1989.

Theil, H., and A. L. Nagar. "Testing the Independence of Regression Disturbances." *Journal of the American Statistical Association* 56 (1961), pp. 793–806.

찾아보기

'최량' 부분집합 알고리즘 · 379
3차원 산점도 · 247
Akaike의 정보기준 · 377
Bates, D. M. · 570
Berkson, J. · 179
Berkson 모형 · 174
Bernoulli 확률변수 · 587
BMDP · 10, 34
Bonferroni 결합추정 · 162
  신뢰계수 · 162
  로지스틱회귀 · 603
  평균반응 · 166
  비선형회귀 · 554
  새로운 관측값에 대한 예측 · 167, 245
  회귀계수 · 555
Bonferroni 부등식 · 162
Bonferroni 절차 · 167
Box, G. E. P. · 151, 261, 523, 570
Box, M. J. · 570
Box-Cox 변환 · 139
Breiman, L. · 392, 490
Breusch-Pagan 검정 · 121, 124
Cheng, C. · 490
Cleveland, W S. · 151, 490
Cochrane-Orcutt 절차 · 512
Cox, D. R. · 179
Durbin-Watson test · 120, 508
DFBETAS · 420
DFFITS · 417
Efron · 477, 490
ETS · 490
F 검정
  분산분석 · 73
  t 검정과의 동등성 · 75
  적합성결여에 대한 · 125
  회귀관계의 · 239
F 분포, Scheffé 절차 · 167
Galton, Francis · 6
Gulledge, T. R., Jr. · 121, 151
Gumbel 확률분포 · 586
Hildreth-Lu 절차 · 515
Hosmer-Lemeshow 검정 · 610
Hougaard, P. · 551, 570
Huber 가중값함수 · 458
IRLS 로버스트 회귀 · 457
  J−1개의 명목반응에 대한 기저 범주 로짓 · 634
Kolmogorov-Smirnov 검정 · 120
Levene 검정 · 121
Levene 검정의 변형 · 121
Lilliefors 검정 · 120
Looney, S. W. · 121, 151
Mallow의 C_p 기순 · 374
Marquardt 알고리즘 · 548
MINITAB · 10, 27, 49, 109
Minnesota 교통국 · 483
MSE_p 기준 · 373
Pearson 카이제곱 적합도검정 · 610
$PRESS_p$ 기준 · 378
$R^2_{a,p}$ 기준 · 373
R^2_p 기준 · 372
Scheffé 절차
  새로운 관측값에 대한 예측 · 167
  새로운 관측값들에 대한 예측 · 245
Schwarz의 Bayesian 기준 (SBC_p) · 377
Shapiro-Wilk 검정 · 121
Spector, P. · 386, 392
SYGRAPH · 106
SYSTAT 산점도 · 21
t 검정
  F 검정과의 동등성 · 75
  검정력 · 54
Taylor 급수 · 541
Tidwell, P. W. · 250, 261
Wald 검정 · 602
Watts, D. G. · 551, 570
*X*값, 확률변수 · 82
X 수준 · 178
*Y*값, 확률 · 82
Z 변환 · 89

가

가능도값 · 29
가능노비심성 · 604
가능도함수 · 30
가법효과 · 229
가변수
  Gauss-Newton 방법 · 541
  Gauss-Markov 정리 · 16
가중최소제곱법 · 134
가중값함수 · 144, 458
간섭 상호작용효과 · 326
개별 결과 · 59
개별신뢰계수 · 161
거짓 양성 · 631
거품그림 · 625
검정
  오차분산의 비상수성 · 111, 134
  분산의 상수성 · 120
  모임 · 161

- 적합도 · 610
- 적합성결여 · 125
- 정규성에 대한 · 120
- 특이점에 대한 · 120
- 확률성에 대한 · 120

결정규칙 · 74
결합추정 · 161
겹선형 상호작용항 · 323
계수
- 상관 · 80
- 결정 · 78
- 다중상관 · 241, 246
- 다중결정 · 258
- 부분상관 · 285
- 부분결정 · 283
- 단순상관 · 269

연속적으로 연관 · 501
계층적 접근 · 316
고정 *X* 추출 · 478
곡선관계 · 484
공분산분석모형 · 346
관측자료 · 14
관측값 · 59
관측값에서 측정오차의 존재 · 172
관측연구 · 363
교란 · 502
교차타당성입증 · 389, 565
국소가중산점도평활 · 439
국소가중회귀산점도평활 · 143
극단값 분포(Gumbel 확률분포) · 586
기대평균제곱 · 72
기저범주 · 635

나

내적(내부적) 스튜던트화 잔차 · 411
누적로짓 · 641
능선추적 · 452
능선회귀 · 450

다

다가(다범주)로지스틱회귀모형 · 633
- 명목형 반응 · 633
- 순서형 반응 · 633

다범주로지스틱회귀모형 · 633
다변량정규분포 · 206
다중로지스틱회귀
- 기하학적 해석 · 596
- 모형의 · 594
- 다항로지스틱회귀 · 599
- 새로운 관측값에 대한 예측 · 628

다중회귀계수
- 구간추정 · 241
- 결합추정 · 242
- 최소제곱추정량 · 237
- 검정 · 242
- 분산공분산행렬 · 236

다중회귀모형
- 분산분석표 · 239
- 진단 · 246
- 추가제곱합 · 271
- 일반선형회귀모형 · 231
- 상호작용효과 · 233
- 로지스틱모형 · 594
- 국소가중회귀 · 468
- 행렬 형태 · 235
- 다중공선성과 그 효과 · 293
- 해결방안 · 249
- 표준화 · 286
- 두 개의 예측 변수 · 250

다중회귀 평균반응
- 추정 · 242

다중공선성 · 271
- 진단 · 423
- 해결방안 · 449
- 능선회귀 · 450

다항로지스틱회귀 · 599
다항회귀모형 · 233
단계적 회귀 방법 · 381
단계적 회귀 선택 · 381, 608
단순선형회귀모형 · 10
- 분산분석표 · 71
- 예측변수의 진단 · 105
- 명시되어 있지 않은 오차항의 분포 · 10
- 일반적 선형검정접근법 · 76
- 구간추정 · 55
- 결합추정 · 161
- 행렬 형태의 · 207
- 정규오차 · 27
- 새로운 관측값에 대한 예측 · 59
- 회귀계수 · 12
- 잔차분석 · 107
- 원점 통과 · 168

단순선형회귀 평균반응
- 구간추정 · 55
- 결합추정 · 161
- 점추정 · 22

단순회귀모형 계수 · 12
- 구간추정 · 55
- 최소제곱추정 · 18, 209
- 점추정 · 22, 169
- 검정 · 27
- 분산공분산행렬 · 236

단일은닉층, 피드포워드 신경망 · 560
단층 퍼셉트론 · 560
단측검정 · 51
대각행렬 · 194
대칭 · 194
대칭행렬 · 194
대표본이론 · 550
델타 이탈통계량 · 622
델타 카이제곱통계량 · 622
도구변수 · 174
독립변수 · 3, 4
등분산성 · 447

라

로버스트 회귀 • 456
로지스틱평균반응함수 • 584
로지스틱회귀모형 • 535
로지스틱회귀진단 • 615
영향 관측값의 발견 • 622
잔차그림 • 619
잔차 • 615
로짓반응함수 • 586
로짓변환 • 586

마

멱등행렬 • 213
멱변환 • 250
모의 덮개 • 619
모임신뢰계수 • 161
모임추정값 • 165
모자행렬 • 212
모형구축 집합 • 389
모형선택과 타당성입증 • 361
자동모형선택법 • 606
자동적인 검색 절차 • 366
후진제거 • 385
모형선택기준 • 607
전진선택 • 385
전진 단계적 회귀 • 382
모형의 영역 • 8
무게중심 • 415
민감도 • 631

바

반복 • 125
반복관측값 • 125
반복재가중최소제곱 • 444
반사 방법 • 478
버림오차 • 286, 365
반응 • 22
반응변수 • 3, 4
반응표면 • 229
반응함수 • 583
방사 기저 함수 • 563
벌점가중값 • 565
벌점최소제곱 • 454
베타 계수 • 293
벡터 • 187
모든 원소가 • 197
확률 • 203
변수
사이의 관계 • 3
변환 • 135
변수계량법 • 565
변수변환 • 250, 364, 511
변환된 변수들에 대한 상관행렬 • 288, 289
보 로그-로그 변환 • 586, 592
보정 문제 • 177
본질적 선형반응함수 • 536
부분 *F* 검정 • 279
부분회귀그림 • 401
분산분석표 • 71, 239
분산 • 56
오차항 • 25, 107
예측오차의 • 62
잔차의 • 107
오차분산의 상수성 • 248
분산공분산행렬
확률벡터의 • 204
회귀계수의 • 243
잔차의 • 213, 407
분산분석모형 • 346
분산분석
다중상관계수 • 241
다중결정계수 • 240
자유도 • 70
평균제곱의 기댓값 • 72
F 검정 • 73, 249
평균제곱 • 238
총제곱합 분해 • 67
제곱합 • 214
분산팽창인수 • 423
분해
자유도 • 70
총제곱합 • 67
붓스트랩 신뢰구간 • 478
붓스트랩핑 • 444, 455
비독립 잔차 • 107
비례 영향력 그림 • 626
비례 오즈 모형 • 640
비례상수 • 442
비모수적 회귀 • 467
비모수적 회귀곡선 • 143
비선형회귀모형 • 235
비선형회귀모형, 변환 • 135
비순서형 상호작용 • 343
비정규 오차항 • 581
비정규성, 변환 • 137
비정칙행렬 • 199
비중심 *F*분포 • 74
비중심 척도 • 54
비편향 • 440

사

사례 • 5
제거 잔차 • 411
산점도 • 5
산점도행렬 • 246
삼차모형 • 313
상관모형
이변량정규분포 • 83
회귀모형과 구분 • 82
조건부확률분포 • 85
다변량정규분포 • 206
회귀분석 • 87
상관계수 • 80, 84
이변량정규분포 • 83
조건부추론 • 85
추론 • 88
스피어만 순위 • 92
상관변환 • 286
상자그림 • 106
상호상관 • 303
상호작용효과계수 • 315

상호작용효과
  지표변수 • 346
  간섭/적대 • 326
  강화 유형 • 326
상호작용효과의 강화 • 325
상호작용 회귀모형 • 323
새로운 관측값에 대한 예측
  로지스틱회귀 • 628
  다중회귀 • 244
  단순선형회귀 • 220
  단순선형회귀모형 • 59
선형검정 • 126, 127
선형 연관성의 정도 • 78
선형모형 • 235
선형종속 • 197
선형예측변수 • 584
선형회귀함수 • 8
선형에서 먼 성향 • 552
선형독립 • 197
선형 대 선형(겹선형) 상호작용항 • 323
선형에 가깝다 • 552
선형효과계수 • 312
설명변수 • 4
솔질 • 247
수령인 운영 특성 곡선 • 631
수정 다중결정계수 • 240, 258
수정변수그림 • 401
수학 능력 • 460
순서형 상호작용 • 343
순수오차제곱합 • 128
순수오차평균제곱 • 133
순위상관 절차 • 92
순차도 • 105
스칼라 • 191
스칼라행렬 • 195
스튜던트화 제거 잔차 • 407, 412
스튜던트화 잔차 • 411
스튜던트화 추정량 • 47
스튜던트화 Pearson 잔차 • 616
스피어만 순위상관계수 • 92
시계열 자료 • 143, 337, 501
시그모이드 반응함수 • 583
시행 • 5
신경망 • 560
  조건부 영향 그림 • 471
  설명 예 • 566
  선형회귀의 일반화로서의 • 564
  네트워크 표현 • 563
  벌점최소제곱 • 564
  피드포워드, 단일은닉층 신경망모형 • 563
  신경망훈련 • 565
신경망훈련 • 565
신뢰계수 • 53, 58, 63
  본페로니 절차 • 162
  모임 • 161, 162
  오차의 위험 • 53
실험자료 • 14
실험단위 • 14
실험설계 • 14

아

알고리즘 • 379, 381
양적 변수 • 341
이제곱 가중값함수 • 458
양측검정 • 50, 76
억제변수 • 301
역예측 • 175
역전파 • 505
역행렬 • 199
역회귀 • 178
연결함수 • 648
열벡터 • 187
영벡터 • 196
영향 관측값 발견 • 622
영향값들의 식별 • 417
예측오차평균제곱 • 387
예측 오류율 • 632
예측구간 • 59
예측변수 • 4
  추가변수그림 • 403
  진단 • 105
  측정오차 • 172
  다중공선성과 그 효과 • 293
  다중회귀 • 227
  중요한 예측변수의 누락 • 118, 135
  다항회귀 • 311
  질적 • 330
예측 집합 • 389
오즈비 • 591
오차분산 • 112, 317, 442
오차평균제곱
  회귀계수 • 442
  모든 n개의 적합값 • 375
오차분산의 비상수성 • 134
오차분산의 상수성에 대한 검정 • 121
오차제곱합 • 25, 68
오차평균제곱 • 27, 70
오차항 • 10, 11
  자기상관 • 501
  분산의 상수성 검정 • 122
  비독립 • 119, 134
  비정규성 • 134
오차항 분산 • 32, 550
오차항의 비정규성과 이분산 • 137
완전확률화설계(완전임의화설계) • 14
완전모형 • 76
완전모형 일반화 선형검정 • 127
외적(외부적) 스튜던트화 잔차 • 412
요인(통제변수) • 363
약물 복용량과 반응의 상관관계 • 533
원점 통과 회귀 • 168
유계영향회귀 • 467
유도된 예측값 • 560
은닉 마디 • 563
이동평균법 • 143
이동중위수 방법 • 143

이변량정규분포 · 83
이변수조건부그림 · 471
이분산성 · 559
이분적 반응 · 580
이중 교차타당성입증 절차 · 391
이차반응함수 · 312
이차모형 · 312
이차회귀모형 · 315
이차회귀함수 · 8, 134
이차효과계수 · 313
이차형태 · 215
이탈 · 610
이탈적합도검정 · 610
이항변수 · 332
　결과변수 · 580
　반응변수 · 565
이항분포 · 593
인과관계 · 9, 10
일반적 선형검정 · 76, 126
일반선형회귀모형 · 234, 311
일반화최소제곱 · 448
일차자기회귀오차모형 · 504
　Cochrane-Orcutt 절차 · 512
　Durbin-Watson 검정 · 508
　일차 차뷴 절차 · 517
　예측 · 520
　Hildreth-Lu 절차 · 516
일차 차분 절차 · 517
일차회귀모형 · 10, 230, 335
일치성 지표 · 631

자

자기공분산함수 · 505
자기상관 · 501
　Durbin-Watson 검정 · 508
　모수 · 504
　해결방안 · 510
자기상관함수 · 506
자기상관오차항과 예측 · 519
자동적인 검색 절차 · 366
자동모형선택법 · 606
자료분할 · 389
자료수집 · 362
자유도 · 70
자택교육에 대한 연구 · 460
잔차 · 213, 237
　제거 · 411
　단순선형회귀로부터의 이탈 · 108
　로지스틱회귀진단 · 615
　생략된 중요한 예측변수 · 248
　특이섬 · 112
　검정에 대한 개관 · 120
　성질 · 107
　회귀모형에서 · 24
　척도화된 · 459, 463
　준스튜던트화 · 107, 108
　스튜던트화 · 408
　스튜던트화 제거 · 412
　스튜던트화 Pearson · 616
　분산공분산행렬 · 213
잔차그림 · 619
잔차분석 · 107
잔차제곱합 · 26
잔차평균제곱 · 27
잠재설명변수 · 366
적대 유형 · 326
적합 · 315
적합도검정 · 610
　편차 · 613
　Hosmer-Lemeshow · 610
　Pearson 카이제곱 · 610
적합로짓반응함수 · 589
적합성결여에 대한 F 검정 · 125, 249
적합성결여 평균제곱 · 130
적합값 · 211
　영향력 · 415
　다중공선성 · 293
　잔차 · 237
　총평균제곱오차 · 374
전진 단계적 회귀 · 381
전진선택 검색 절차 · 385
전치행렬 · 187, 189
절반-정규확률그림 · 619
절사점 · 629
점구름 · 247
점그림 · 105
점근정규성 · 53
점추정량 · 18, 88, 626
정규오차회귀모형 · 27
　회귀선에 대한 신뢰띠 · 65
　에 대한 추론 · 51
　b_1의 표집분포 · 44
　X와 Y 사이의 · 80
정규방정식 · 209
정규성
　평가 · 117
　상관검정 · 121
　검정 · 121
정규성에 대한 상관검정 · 121
정규확률그림 · 116
정방행렬 · 187
정칙행렬 · 199
제곱합 · 26, 214, 238
　행렬의 형태 · 214
　분해 · 67
　이차형태로서의 · 216
제어실험 · 14
조건부확률분포 · 85
조건부효과그림 · 324
조율상수 · 458
종속변수 · 4
주변수 · 363
주성분회귀 · 450
준스튜던트화 잔차 · 107, 108
줄기–잎 그림 · 106
중심화 · 287
중위절대편차 · 459
지렛대 · 414
지수회귀모형 · 534
지수회귀함수 · 134, 546
지수족 확률분포 · 648
지표변수 · 231, 331

할당된 코드 • 338
대안적 코딩 • 340
회귀함수 비교 • 346
상호작용 • 341
양적변수 • 339
시계열 적용 • 337
직교 다항식 • 323
직접적 수치탐색 • 541
진단 그림
예측변수 • 106
잔차 • 109
질적 예측변수 • 231, 330
둘 이상의 • 344
두 개 이상의 계급이 있는 • 335
두 계급 • 330
변수만 갖는 경우 • 345

차

참양성 • 631
참고(기저)범주 • 635
처리 • 14
척도화 • 287
척도화된 잔차 • 459, 463
초평면 • 230
총 비보정 제곱합 • 71
총오차 • 374
총제곱합 • 68
총체적 F 검정 • 281
총평균제곱오차 • 374
최대경사(최대하강)법 • 548
최대가능도추정 • 30, 636
로지스틱회귀 • 587
포아송 회귀모형 • 644
최소 L_1–노름 회귀 • 457
최소절대잔차 회귀 • 457
최소절대편차 회귀 • 457
최소제곱추정 • 168
기준 • 18
일반화 • 448
최대가능도추정 • 32
다중회귀 • 237
벌점 • 454
단순선형회귀 • 208
표준화회귀계수 • 290
가중 • 487
최소중위제곱 회귀 • 457
추가변수그림 • 285
추가제곱합 • 271, 273
축소모형 • 76
일반적인 선형검정 • 128

카

켄달의 τ • 94
켤레경사도 • 565
코크란 정리 • 73
쿡의 거리 • 419

타

타당성입증 • 389
타당성입증 집합 • 389
통계적 관계 • 3
통제되지 않은 변수 • 363
통제변수 • 363
특이 사례 • 467
특이도 • 631
특이점 • 364
극단적인 관측값 • 112
검정 • 120, 413

파

판별분석 • 632
편향추정 • 34, 450
편회귀계수 • 229
평균
분포의 • 59
예측구간 • 59
잔차의 • 107
평균반응에 대한 Working-Hotelling 결합추정
신뢰띠 • 65
다중회귀 • 244
단순선형회귀 • 165
평균반응
구간추정 • 55
로지스틱회귀
구간추정 • 626
점추정 • 626
다중회귀
추정 241
결합 추론 • 242
단순선형회귀
구간추정 • 55
결합추정 • 161
점추정 • 22
평균에 대한 예측 • 64
평균제곱 • 70
분산분석 • 238
예측 • 78
평활법 • 143
포아송 회귀모형 • 644
포화모형 • 612
표준화다중회귀모형 • 286
표준화회귀계수 • 290
표준편차, 스튜던트화 통계량 • 61
표집분포 • 52, 72
프로빗 반응함수 • 584
프로빗 평균반응함수 • 583
플루토늄 측정 • 146
피셔 z 변환 • 89
피어슨 곱적률 상관계수 • 92

하

학습 곡선 모형 • 559
할당된 코드 • 338
함수적 관계 • 3, 406
항등행렬 • 195
행렬
합 • 189
단위 • 195

정의 • 185
행렬식 • 200
대각 • 194
차원 • 185
원소 • 185
동치 • 188
모자 • 212
헤시안 • 602
멱등 • 213
항등 • 195
역 • 198
선형 관계 • 197
행렬 곱셈 • 191
스칼라 곱셈 • 191
정칙행렬 • 199
이차형태 • 216
확률 • 203
계수 • 197
스칼라 • 195
산점도 • 246
단순선형회귀모형 • 207
제곱합 • 214
뺄셈 • 190
대칭 • 194
전치 • 187
벡터 • 187
영벡터 • 196
행렬식 • 286
행렬의 계수 • 197
행벡터 • 187
헤시안 행렬 • 602
협력 상호작용 • 325
확률 X 추출 • 478
확률벡터 • 203
확률분포 • 53
확률성에 대한 검정 • 120
확률행렬 • 203
활성화 함수 • 561
회귀
인과관계 • 9
항 • 6
회귀관계의 함수 형태 • 8
회귀계수 • 12
붓스트랩 • 477
다중공선성의 영향 • 298
상호작용효과 • 315
예측변수에 대한 해석 • 324
비교가능성 결여 • 287
추정된 표준화 • 290
회귀곡선 • 7
회귀나무 • 468
회귀모형
자기상관 문제 • 501
기본 개념 • 6
이항반응변수 • 579
붓스트랩 • 477
구축 • 362
모형타당성입증 • 361
수준의 선택 • 178
상관계수 • 80, 84
결정계수 • 78
상관모형과 구분 • 82
선형 관계의 정도 • 91
측정오차의 영향 • 172
오차항에 대한 검정 • 338
일차자기회귀 • 504
일반화선형 • 648
상호작용 • 323
역예측 • 146, 175
로지스틱회귀
평균반응 • 614
다중 • 594
모수 • 599
다분 • 633
단순 • 587
비선형회귀
구축 • 548
Gauss-Newton 방법 • 541
학습 곡선 • 556
최소제곱추정 • 538
로지스틱 • 535
모수 • 550
포아송 • 643
정규오차 • 82
정규오차항 • 231
원점 통과 • 168
해결방안의 개요 • 133
포아송 회귀모형 • 579, 644
다항 • 233
질적 예측변수를 포함한 • 233
잔차분석 • 107
선택과 타당성 • 361
자동적인 검색 절차 • 366
후진제거 • 385
모형선택기준 • 607
전진선택 • 385
전진 단계적 회귀 • 382
평활법 • 143
삼차 • 313
변환 • 135
타당성 • 367
회귀분석 • 3
분산분석 접근 • 67
완전임의화설계 • 14
컴퓨터 패키지 • 10
실험자료 • 14
에 대한 추론 • 43
관측자료 • 14
절차의 개요 • 15
변환 • 135
사용 • 87
회귀선 • 65
회귀선에 대한 신뢰띠 • 65
회귀제곱합 • 69
회귀평균제곱 • 70
회귀표면 • 229
회귀함수 • 7
두 개 혹은 그 이상의 비교 • 346
제약 • 582
추정 • 16
초평면 • 230
상호작용 모형 • 341

비선형 · 109
특이 사례 · 467
다항회귀 · 311
이차 · 8, 134
적합검정 · 318
적합성결여 검정 · 125
회귀관계 검정 · 258
원점 통과 · 168
후진 단계적 회귀 절차 · 385
훈련표본 · 189
히스토그램 · 115

| 역자 소개 |

김철응
Carnegie Mellon University 통계학박사
현, 연세대학교 응용통계학과 교수

응용 선형회귀모형 - 제4판 -

저자	Michael H. Kutner · Christopher J. Nachtsheim · John Neter
역자	김철응
발행인	주정희
발행처	자유아카데미
주소	경기도 파주시 회동길 37-42 파주출판도시
전화	031-955-1321
팩스	031-955-1322
홈페이지	www.freeaca.com
전자우편	main@freeaca.com(대표) editor@freeaca.com(편집) crm@freeaca.com(영업)
등록	제406-2003-017호, 1980. 7. 12
제4판1쇄	2017년 2월 28일 발행
정가	37,000원

역자와의 협의하에 인지생략

Printed in Korea
ISBN 979-11-5808-055-6 93310